21世纪高等院校教材

有机化学

周　乐　主编

科学出版社
北　京

内 容 简 介

本书针对应用化学专业和一些对有机化学知识要求较高的非化学专业学习的需要，深入研究和广泛吸收国内外经典教材的优点，并结合编者多年的教改成果编写而成。

全书共分21章。第一至第十五章是本书的重点。第一章属于基础理论部分，主要包括从高中化学、大学化学原理和无机化学到有机化学的过渡性和共性的基础理论知识，以及学习有机化学所必需的一些基础理论知识。第二至第十四章(第三、第七章除外)主要按照官能团分类来分别介绍各类有机化合物的结构和性质。第三章和第七章分别介绍立体化学和有机化合物结构的波谱分析。第十五章根据反应类型重点介绍周环反应。第十六章介绍各类有机化合物的制备方法，主要介绍各单官能团之间的相互转化，既是对前面各章知识的复习，又是对各章知识的综合应用。第十七至第二十章分别介绍四类重要的生物大分子。第二十一章简单介绍合成高分子化合物。

本书在每章末都介绍了与之相应的或与有机化学有关的一些拓展性知识，其目的是提高读者学习有机化学的兴趣，了解有机化学的应用及其发展方向。

本书可作为高等院校应用化学、医学、农药、生物技术、生物工程和制药工程等专业本科生的基础课教材，也可供自学者和工程技术人员参考。

图书在版编目(CIP)数据

有机化学/周乐主编. —北京:科学出版社,2009
21世纪高等院校教材

ISBN 978-7-03-022040-0

Ⅰ. 有…　Ⅱ. 周…　Ⅲ. 有机化学—高等学校—教材　Ⅳ. O62

中国版本图书馆CIP数据核字(2008)第157302号

责任编辑:丁　里　沈晓晶 / 责任校对:张　琪
责任印制:徐晓晨 / 封面设计:耕者设计工作室

科学出版社出版
北京东黄城根北街16号
邮政编码:100717
http://www.sciencep.com

北京虎彩文化传播有限公司印刷
科学出版社发行　各地新华书店经销
*
2009年1月第一版　开本:B5(720×1000)
2018年1月第八次印刷　印张:37 1/4
字数:713 000

定价:65.00元
(如有印装质量问题,我社负责调换)

《有机化学》编写委员会

主　编　周　乐（西北农林科技大学）

副主编　朱　玮（西北农林科技大学）
李炳奇（石河子大学）
白红进（塔里木大学）
曹长年（青海大学）
吉保明（洛阳师范学院）
马希汉（西北农林科技大学）
郭　珍（青海师范大学）

编　委　（按姓氏拼音排序）
白红进（塔里木大学）
曹长年（青海大学）
曹会兰（渭南师范学院）
耿会玲（西北农林科技大学）
郭　珍（青海师范大学）
黄华鸣（洛阳师范学院）
黄家兴（中国农业大学）
吉保明（洛阳师范学院）
李炳奇（石河子大学）
刘文杰（塔里木大学）
马柏林（西北农林科技大学）
马希汉（西北农林科技大学）
汪玉秀（西北农林科技大学）
王俊儒（西北农林科技大学）
王　俏（延安大学）
杨金凤（石河子大学）
杨新娟（西北农林科技大学）
周　乐（西北农林科技大学）
周文明（西北农林科技大学）
朱　玮（西北农林科技大学）

前　言

近十几年来，应用化学作为一个新兴专业得到了迅猛发展。目前，无论是开设应用化学专业的高校，还是应用化学专业的在读学生都已超过了传统的化学专业。但是，应用化学的相关教材建设却远远落后于专业自身的发展。目前大多数学校应用化学专业所使用的有机化学教材都是化学专业的教材，还有个别学校采用的是生物类或工科类的教材。对于应用化学专业来说，这些教材的内容不是太多、太深，就是太少、太浅。因此，迫切需要加强应用化学专业的教材建设。这是编写本书的原因之一。另外，随着各学科的快速发展，学科间的交叉、融合也日益加强。有机化学知识越来越多地渗透到与有机化学密切相关的生物类、医学、药学和制药工程、材料等专业中。针对这些专业对现用有机化学教材提出的意见、建议和要求，我们认为有必要对这些与有机化学关系密切的专业进行分类和分层次教学，以适应和满足这些专业的不断发展对有机化学知识的需要。这是我们编写本书的第二个原因。

根据应用化学和其他相关专业的特点和需要，同时结合我们多年的教改成果，并且广泛吸收国内外经典教材的优点，我们在编写本书的指导思想、编排体系和教学内容上都有较大的改革和突破，具体体现在以下几方面：

(1) 在满足学生对有机化学知识需求的同时，将提高学生的自学能力、培养学生分析问题和解决问题的能力作为首要目的。不仅要求学生知道是什么，更重要的是要求学生知道为什么。为此，将“有机化合物的构性相关规则”应用并贯穿于所有章节，以培养学生逐渐掌握以结构为中心的分析问题和解决问题的习惯和能力，避免学生养成过分依赖死记硬背的习惯。

(2) 在内容和编排体系上不过分追求其完整性，而是以有利于教学和学生自学为主要目的。例如，在介绍各类单官能团化合物和一些重要合成反应(如周环反应)之后，在第十六章引入以单官能团转换为主的“有机化合物的制备”。这种编排不同于其他现有教材的各章单独介绍的做法，不仅可以避免有些合成反应(如伍尔兹反应)的过早出现，还可以收到对前面各章内容的复习和总结的效果。更重要的是，有助于学生了解各种官能团之间的相互联系以及系统掌握一些常见的重要有机合成反应。又如，基于羰基 α-H 和 α-C 的共性，在介绍醛、酮、羧酸和羧酸衍生物之后，在第十三章集中介绍“羰基 α-取代反应和羰基缩合反应”。这样编排不仅便于老师和学生对不同类型的羰基化合物 α-位反应进行比较、归纳和总结，掌握各类羰基化合物 α-位反应的共性和差异，也可避免同一反应类型在不同章节的重复介绍，同时也突出了羰基 α-位反应在有机合成中的重要性，解决了“醛和酮”一章内容过多的问题。基于同样的考虑，在本书第九章中，将醇和酚的性质也编排在一起来介绍。

(3) 突出以共价键理论和电子效应理论为基础，以构性相关规则为指导和基本程序，以反应机理为重点的基本特色。对于不重要或不是很清楚的反应机理一般不介绍，对重要、明确且具有一定普遍性的反应机理则一定讲清、讲透。例如，对于亲核取代反应机理的介绍在本书中占据了较大的篇幅，而对于不饱和烃的常规催化氢化反应、醇/酚类的氧化反应等机理一般不做介绍或一带而过。

(4) 为了便于双语教学，本书对一些常见且重要的化学名词都给出了相应的英文名称。

(5) 为了提高学生学习有机化学的兴趣和拓宽知识面，本书在每章末附加了一些供学生自学的内容。主要包括三个方面：与有机化学密切相关的分支学科的介绍，如绿色化学、组合化学、超分子化学、抗体酶学、有机合成化学、不对称合成技术等；有机化合物的分离技术，如色谱技术；与相关章节密切相关的重要化合物的介绍，如生物碱、黄酮、β-内酰胺类抗生素、维生素 C、维生素 D 等。

本书是由西北农林科技大学、中国农业大学、石河子大学、青海大学、青海师范大学、延安大学、塔里木大学、渭南师范学院和洛阳师范学院九所院校的二十位教师共同编写的。参加本书编写的人员有：周乐(第一章、第七章)、王俊儒(第二章)、马希汉(第三章、第四章)、朱玮(第五章)、马柏林(第六章)、郭珍(第八章、第十八章)、王俏(第九章)、曹长年(第十章、第十三章)、曹会兰(第十一章)、黄华鸣(第十二章、第二十一章)、白红进、刘文杰(第十四章)、杨金凤(第十五章)、周文明(第十六章)、李炳奇(第十七章)、汪玉秀(第十九章)、黄家兴(第二十章)。吉保明、杨新娟和耿会玲负责在各位老师编写的基础上对本书的习题和自学内容部分进行编审，同时担任书稿的校对工作。全书由周乐统稿，并负责英文审校。

特别感谢西北农林科技大学傅建熙教授给予本书的关心，并进行了认真的审稿。同时，还要感谢中国农业大学张署生教授和青海师范大学王建朝教授对本书的大力支持和热情帮助。另外，在本书编写过程中，得到了西北农林科技大学教务处和理学院的大力支持，在此也一并表示感谢。

由于编者水平所限，书中错误和不妥之处在所难免，恳望专家和读者批评指正。

编　者

2008 年 9 月于陕西杨凌

目　　录

第一章　有机化学导论

第一节　原子结构与化学键

一、原子结构

原子是由原子核和核外电子组成的，其半径约为 10^{-10} m。其中，原子核是由带正电荷的质子和电中性的中子组成的，因此，原子核整体上带正电荷。相对于原子而言，原子核体积非常小，半径 $10^{-14}\sim10^{-15}$ m，但其却几乎包含了原子所有的质量。电子的质量对于原子来说可以忽略不计。电子在距离原子核 10^{-10} m 以内的范围内绕原子核运动。

不同原子是用其原子核中的质子数来表示的，即原子序数。原子的质量数则是原子核中的质子数和中子数之和。具有相同原子序数但原子质量不同的原子互称同位素。通常所说的某元素相对原子质量是指该元素天然存在的各种同位素的相对原子质量按照其天然丰度比进行计算后所得的平均值。

（一）原子轨道

按照量子化学的原子模型，原子核外特定电子的运动行为可以用薛定谔方程来表示。薛定谔方程的解称为波函数或轨道，常用希腊字母 ψ 表示。

波函数的平方（ψ^2）可以绘制成三维空间图像，这个三维图像所包围的空间即表示对应电子在核外运动的区域，这就是我们通常所说的原子轨道（atomic obital）。但是电子在其轨道的不同空间位置出现的概率是不相等的，如果在电子运动的区域内用小点的密集程度表示电子运动出现的概率大小，则原子轨道就变成了不同运动状态的电子的分布形状，即电子云。

原子轨道有 4 种类型：s、p、d、f，其中 s 轨道和 p 轨道与有机化学关系最密切。不同的原子轨道具有不同的三维空间形状。s 轨道为球形，p 轨道为纺锤形或哑铃形；d 轨道共有 5 个，其中 4 个在一个平面上形成苜蓿叶形状，第 5 个 d 轨道像一个拉长哑铃垂直于上述平面且在中间部位带有一个圆环。

原子的核外电子是以原子轨道形式分层分布的，一般来说，电子层数越大，其轨道能量也越高。每一个原子轨道层可包含若干个原子轨道，不同原子的相同原子轨道层所含有的原子轨道数是相同的且是一个定数，如第一层只含有 1 个 s 轨道，表示为 1s，第二层含有 4 个原子轨道，即 1 个 s 轨道、3 个 p 轨道，分别表示为

2s、2p。每一个原子轨道最多只能容纳 2 个电子，因此，每一个原子轨道层最多所能容纳的电子数是其所含原子轨道数的 2 倍，如第二原子轨道层共有 4 个原子轨道，则该层最多能容纳的电子数就是 8。

同一原子轨道层上常常存在能量相同的若干个原子轨道，这些轨道称为简并轨道，如第二层上的 3 个 p 轨道。同一层上的各个简并轨道尽管能量和形状都相同，但各自在空间的分布取向是不相同的。s 轨道在每一层上只有一个，故没有简并轨道，其形状为球形，其空间分布是以原子核为球心。除了第一层外，其他各层都有 3 个 p 轨道，其空间取向是每一个 p 轨道分别分布于一个三维坐标系的坐标轴上。

（二）电子填充

核外电子具有最低能量状态时称为基态(ground-state)。在基态时，核外电子的填充是按照能量由高到低的次序依次配置的。这种电子的最低能量配置称为基态电子构型(ground-state electron configuration)。电子的填充遵循以下 3 个规则：

(1) 最低能量轨道优先填充。其填充的先后次序为 1s→2s→2p→3s→3p→4s→3d→4p→5s。

(2) 只有自旋方向相反的两个电子才能填充到同一个原子轨道，称为泡利不相容原理(Pauli exclusion principle)。

(3) 当电子填充几个能量相同的简并轨道时，每一个轨道上优先填充一个自旋方向相同的电子，称为洪德规则(Hund's rule)。

例如，氢原子只有 1 个电子，在基态时这个电子优先填充在能量最低的 1s 轨道上。碳原子核外有 6 个电子，在基态时核外电子的配置为 $1s^2 2s^2 2p_x^1 2p_y^1$。

二、化学键

（一）化学键理论的发展

1858 年，凯库勒(Kekulé)和库珀(Couper)各自独立地提出，在所有有机物中碳原子都有 4 个"亲和单位"(affinity unit)，也就是今天所说的 4 个价键。当碳原子与其他原子形成稳定化合物时总是形成 4 个共价键。凯库勒进一步说，碳原子之间还可以通过相互成键而形成原子链。在凯库勒-库珀理论提出之后不久，埃伦迈尔(Erlenmeyer)提出了乙炔中存在碳碳叁键，布朗(Brown)提出了乙烯中存在碳碳双键，这就形成了原子间的重键理论。1865 年，凯库勒再次提出碳链两端的碳原子可以通过成键形成原子环。

尽管凯库勒-库珀理论在描述碳原子的四价本质方面是正确的，但却只属于二维平面理论。1874 年，范特霍夫（van't Hoff）和勒贝尔（Le Bel）提出了碳原子四价的三维空间理论。他们认为碳原子的 4 个共价键在空间的取向不是随意的，而是具有特定的立体取向。勒贝尔进一步指出与碳原子成键的 4 个原子处在正四面体的顶角，碳原子位于正四面体的中心。

（二）化学键的本质

原子为什么要形成化学键？这是因为成键前各自独立的原子的总能量较成键之后形成的化合物的能量高，也就是说成键之后形成的化合物是一个能量较低的稳定系统。或者说，原子通过成键可以释放出一部分能量使自己变得更加稳定。相反，若要打断一个化学键，则必须给化合物一定的能量。

要了解原子是如何形成化学键的，就必须首先了解原子的一些有关特性。根据元素周期律可知，原子的最外层即价电子层具有 8 个电子（电子八隅体，electron octet）时，原子将具有特殊的稳定性，如零族的稀有气体。自然界所有的物质或系统都有从不稳定状态转变为稳定状态的趋势，原子也不例外。因此，每一元素的原子都有通过失去或获得电子的方式而变成与距离它最近的稀有气体原子相同的电子结构的趋势，这一趋势决定该元素的一切化学性质。例如，第一主族的碱金属原子选择失去一个 s 层电子变成具有稀有气体原子电子结构的稳定阳离子，而第七主族的卤素原子则选择获得 1 个电子而变成具有稀有气体原子电子结构的稳定阴离子。当碱金属原子和卤素原子相遇时，碱金属原子要失去的电子数刚好等于卤素原子要获得的电子数，此时两个原子之间便可发生电子的转移，从而形成一个稳定的阳离子和一个稳定的阴离子，两个离子通过静电作用结合在一起，形成离子化合物。这种阴、阳离子间通过静电作用而形成的化学键就是离子键（ionic bond）。

对于具有相同稀有气体原子电子结构的不同离子来说，离子所带电荷越多，其稳定性将越差。因此，对于处于第二周期中部的碳原子（$1s^2 2s^2 2p^2$）来说，无论是失去 4 个价电子形成四价阳离子，还是获得 4 个外来电子形成四价阴离子，都不能形成稳定的离子。事实上，碳原子在与其他原子成键时既不是失去电子，也不是获得电子，而是与其他原子共享电子，从而获得具有稀有气体原子的稳定电子结构。这种通过电子共享而形成的化学键就是共价键（covalent bond），最早由路易斯（Lewis）于 1916 年提出。

（三）共价键理论

为了解释共价键是如何形成的，化学家提出了两种理论：价键理论（valence bond theory）和分子轨道理论（molecular orbital theory）。两种理论各有优缺点，因此，人们趋向于用两种理论解决不同的具体问题。

1. 价键理论

价键理论认为，当两个原子要成键时，每一个原子的价电子层必须具有未成对的单电子，且两个电子的自旋方向相反。当两个原子相互靠近到一定程度时，它们的单电子所在的原子轨道发生部分重叠(又称交盖)。在原子轨道的重叠区域，两个原子的单个价电子发生配对，成对后的电子便被双方原子所共享，至此便形成了共价键。显然，价键理论涉及原子价电子层的未成对电子。

原子轨道的重叠过程是一个放热过程。原子之间靠得越近，轨道的重叠部分就越多，放热也就越多，所形成的共价键也就越稳定。但是，原子之间是不能无限靠近的。随着原子逐渐靠近，原子核之间的相互排斥力也随之增大，由此导致体系的能量也随之升高。因此，成键原子之间存在一个最佳距离。在最佳距离时，体系的能量最低，共价键最稳定。在最稳定状态下，成键原子核之间的距离称为键长，其单位用 nm(10^{-9} m)表示。

由于配对后的电子对只能存在于两个原子轨道的重叠区，故成键电子具有定域性。配对后的电子不能再同时与其他单电子配对，也就说一个单电子只能参与一个化学键的形成，因此共价键具有饱和性。两个原子轨道在相互重叠时总是选择能够形成最大程度重叠区域的方向进行重叠，只有这样才能形成最稳定的共价键。这就是共价键的方向性。例如，s 轨道与 p 轨道重叠成键时，一般情况下总是选择沿着 p 轨道的轨道轴方向成键。

2. 原子轨道杂化理论

按照价键理论，碳原子的价电子层只有两个未成对的单电子($2p_x^1$、$2p_y^1$)，由此预测碳原子只能形成两个共价键。但是，我们已经知道甲烷分子中的碳原子是四价的，即形成了 4 个共价键，且 4 个共价键完全相同，并分别指向以碳原子为中心的正四面体的顶角。为了解释这一问题，1931 年鲍林(Pauling)在价键理论的基础上提出了原子轨道杂化理论，简称杂化理论。杂化理论实际上是价键理论的进一步丰富和完善。

杂化理论认为，在原子的电子层中，几个不同类型且能量相近的原子轨道在需要的时候可以通过相互混合和重组，形成数目相等且各自完全相同的原子轨道。不同原子轨道相互混合和重组的过程称为轨道杂化(hybridization)，新形成的原子轨道称为杂化轨道(hybrid orbital)。对于甲烷中的碳原子来说，其成键过程中的轨道杂化可以用图 1.1 表示。

碳原子的 2s 轨道和 2p 轨道能量相近，可以发生轨道杂化。杂化之前，原子首先吸收能量，导致 2s 轨道上的 1 个电子被激发并跃迁至没有电子排布的 $2p_z$空轨道，同时跃迁的电子发生自旋方向的改变，这种状态称为原子的激发态。然后，激

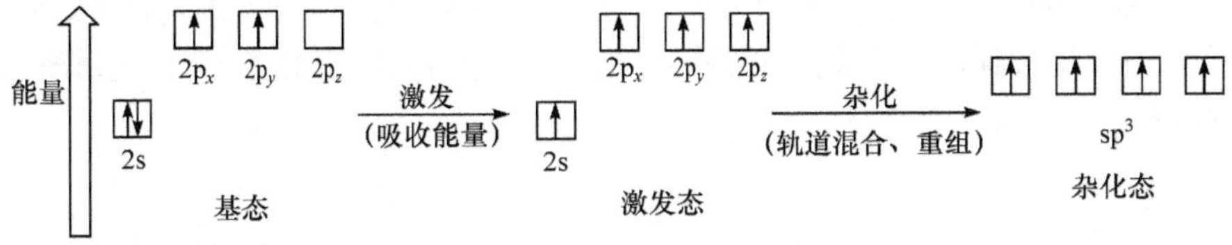

图 1.1　碳原子的 sp^3 轨道杂化

发态的 1 个 2s 轨道和 3 个 2p 轨道立即进行轨道的“混合与杂化”，形成 4 个具有相同能量的简并杂化轨道，用 sp^3 表示，其中右上角的数字表示参与杂化的原子轨道数目。杂化之后，碳原子的价电子层中就含有了 4 个未成对的电子，此时碳原子可以参与形成 4 个共价键。与杂化前的原子轨道相比，杂化轨道的能量、形状、半径以及在空间的取向均发生了变化。其中，轨道形状的改变大大提高了其成键能力，这就是原子进行轨道杂化的原因。各杂化轨道的空间取向是由轨道间排斥力最小原则控制的，是各轨道间相互排斥力达到平衡的结果。

(1) 碳的 sp^3 杂化与甲烷的结构。sp^3 轨道的形状像一个不对称的哑铃，其中只有较大的一瓣才能参与成键，且能与其他原子轨道形成更大程度的重叠，即形成更强的共价键。根据轨道间排斥力最小原则，4 个 sp^3 轨道在空间的相对取向是各杂化轨道较大的一瓣分别指向以碳原子为中心的正四面体的顶角（图 1.2）。当 4 个氢原子与 sp^3 杂化的碳成键时，每个氢原子沿着一个 sp^3 轨道的对称轴，用 1s 轨道与碳原子的 sp^3 轨道较大的一瓣进行头对头地轨道重叠。这种由原子轨道以“头对头”重叠方式所形成的共价键称为 σ 键。这样，甲烷分子的 4 个氢原子就分别处在以碳原子为中心的正四面体的 4 个顶角，任何两个 H—C 键之间的夹角都是 109°28′。这种同一原子形成的不同共价键之间的夹角称为键角。键长和键角决定了分子的立体结构。两个碳原子的 sp^3 轨道之间也可以发生“头对头”地重叠而形成 C—C σ 键，其形状如图 1.2 所示。

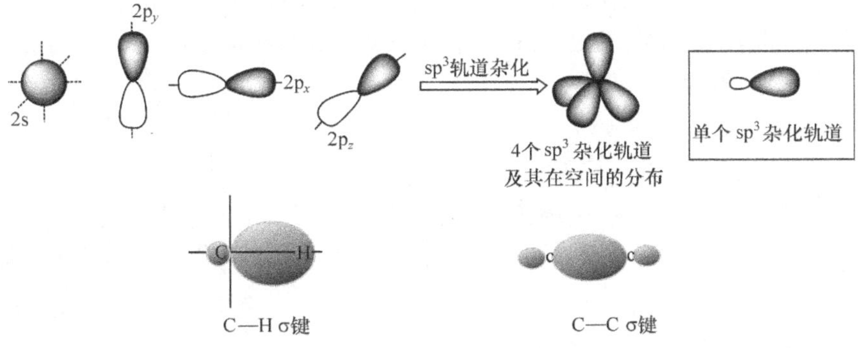

图 1.2　碳原子的 sp^3 轨道形状及 σ 键的形状

当成键的碳原子和氢原子的数目比为 1∶3 时，氢原子的数目不能满足碳形成甲烷的要求，此时碳原子之间可以利用剩余的一个 sp^3 轨道相互成键，这样就形成了乙烷分子(图 1.3)。

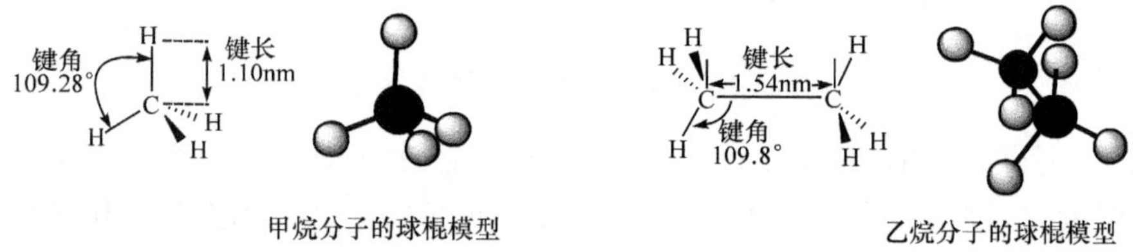

图 1.3　甲烷分子和乙烷分子的结构和球棍模型

(2) 碳的 sp^2 杂化与乙烯的结构。当成键的碳原子和氢原子的数目比为 1∶2 时，氢原子的数目不仅不能满足碳形成甲烷的要求，也不能满足碳形成乙烷的要求。此时，碳原子为了满足其形成 4 个共价键的要求，采取 sp^2 杂化方式，即 1 个 2s 和 2 个 2p 轨道进行杂化，形成 3 个 sp^2 杂化轨道，同时剩余 1 个未杂化的 p 轨道。sp^2 杂化轨道的形状类似于 sp^3 杂化轨道，但其半径较后者小一些。根据轨道间排斥力最小原则，3 个 sp^2 轨道在空间的相对取向是分别指向以碳原子为中心的正三角形的一个角，任何 2 个 sp^2 轨道间的夹角都是 120°。未杂化的 p 轨道则垂直于 3 个 sp^2 轨道所在的平面(图 1.4)。其中 2 个 sp^2 轨道分别与 2 个氢原子形成 2 个 C—H σ 键，剩余的第 3 个 sp^2 轨道则与另一个碳原子剩余的第 3 个 sp^2 轨道进行“头对头”重叠形成 C—C σ 键。每个碳原子剩余的一个未杂化的 p 轨道则选择在相互平行时通过侧面进行“肩并肩”重叠成键。这种通过 p 轨道之间“肩并肩”重叠而形成的共价键称为 π 键，这样就形成了乙烯分子(图 1.5)。显然，乙烯分子中的碳碳之间形成了两个共价键，一个为 σ 键，一个为 π 键，两个键合起来称为双键(double bond)。为了满足两个碳原子的 p 轨道之间“肩并肩”的最大重叠，乙烯分子中 C—C σ 键必须旋转成使所有原子都处于同一平面，正是这一原因决定了乙烯分子的平面结构。在乙烯分子中，H—C—C 的夹角接近 120°，为 121.7°，而 H—C—H 的夹角为 116.6°。

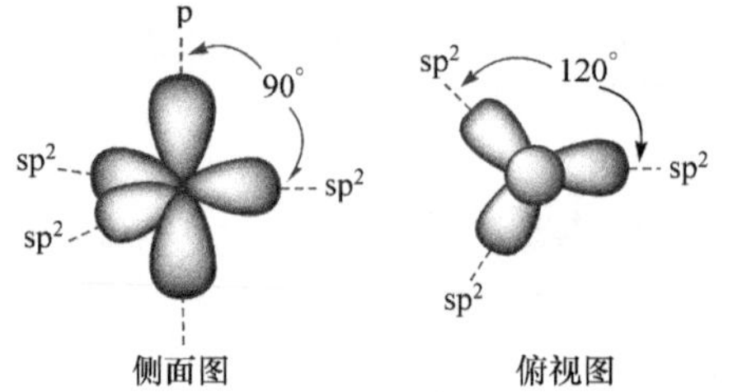

图 1.4　sp^2 杂化轨道及其 p 轨道的空间分布

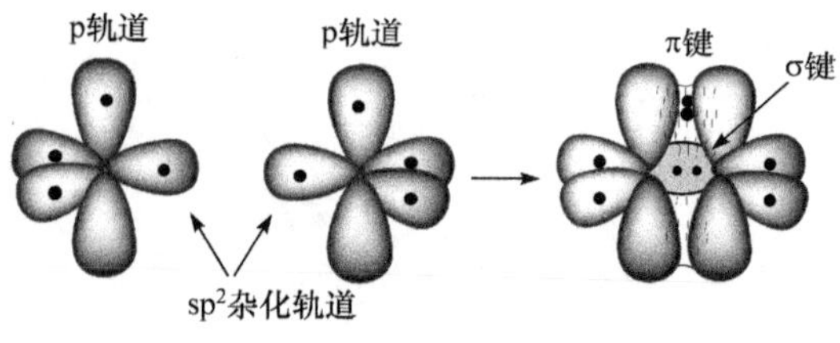

图 1.5　两个 sp^2 杂化原子的成键

(3) 碳的 sp 杂化与乙炔的结构。当成键的碳原子和氢原子的数目比为1∶1时，碳原子和氢原子不可能形成甲烷或乙烯，此时碳原子采用另一种杂化形式，即 sp 杂化进行成键。sp 杂化就是一个 s 轨道和 p 轨道杂化成两个等价的 sp 轨道。sp 杂化轨道的形状也类似于 sp^3 杂化轨道，但其轨道半径更小，小于 sp^2 杂化轨道。碳原子剩余两个未杂化的 p 轨道。两个 sp 杂化轨道呈线形分布，但每个 sp 杂化轨道较大的一瓣互为反方向。每个碳原子用一个 sp 杂化轨道进行"头对头"重叠，形成一个 C—C σ 键。每个碳原子的另一个 sp 杂化轨道分别与氢原子形成 H—C σ 键。每个碳原子剩余的两个未杂化的 p 轨道再两两"肩并肩"进行重叠，形成两个 π 键(图 1.6)。这样就形成乙炔分子。显然，乙炔分子的碳碳之间存在 3 个共价键，其中 1 个 σ 键，2 个 π 键，这种键称为叁键(triple bond)。碳原子的 sp 轨道杂化及其成键方式决定了乙炔分子的所有原子必然呈线形排列(图 1.7)。

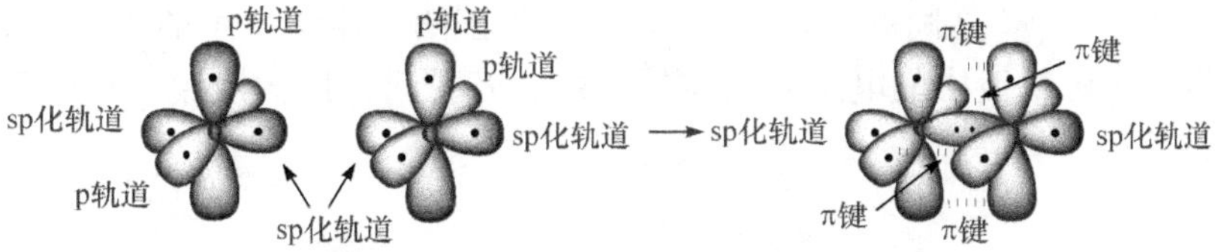

图 1.6　两个 sp 杂化原子的成键

图 1.7　乙炔分子的键长和球棍模型

(4) 氮和氧的杂化。与碳原子类似，能形成共价键的其他原子，如 N 和 O 的成键也可以用轨道杂化理论来解释。

氮原子的价电子层有 5 个电子($2s^2$、$2p^3$)。如果氮原子利用其 p 轨道的 3 个单电子($2p_x^1$、$2p_y^1$、$2p_z^1$)与 3 个氢原子成键，按照价键理论，所形成的 H—N—H 的夹角应该为 90°，但实际测定的结果证明，氨分子中的 H—N—H 夹角为 107.3°，接近甲烷中的 H—C—H 的夹角 109.5°。显然，氮原子在形成氨的过程中，采取了类似于甲烷碳的 sp^3 杂化方式。所不同的是，氮原子所形成的 4 个 sp^3 杂化轨道中有一个轨道填充两个已经配对的电子。按照价键理论的共价键饱和性，这对电子不可能再成键，称为非键电子(nonbonding electron)，其所在的轨道称为非键轨道。其他 3 个 sp^3 杂化轨道各填充一个自旋方向相同的单电子，它们分别与一个氢原子形成 H—N σ 键。氮原子上的 sp^3 杂化非键轨道在氨分子中占据的空间较 N—H

键所占据的稍多。非键轨道中的电子对对于氨的化学性质非常重要。氨分子的结构如图 1.8 所示。

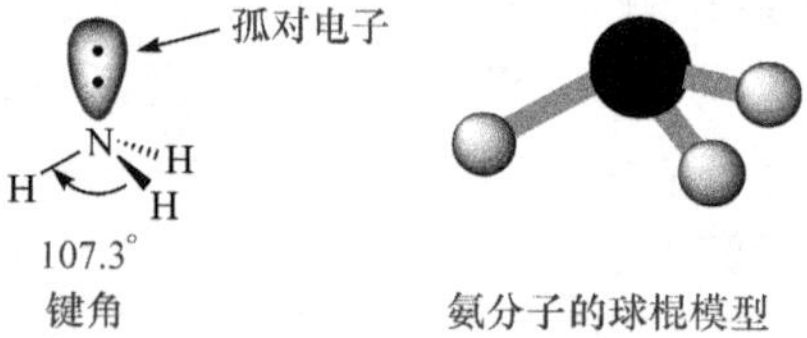

图 1.8　氨分子的结构和球棍模型

与甲烷中的 C 原子和氨中的 N 原子类似，水分子中的氧原子也是采用 sp^3 杂化形式成键的。氧原子的价电子层有 6 个电子（$2s^2$、$2p^4$），当其发生 sp^3 杂化后，其中两个 sp^3 杂化轨道中分别填充两个自旋方向相反的电子对，即有两个 sp^3 杂化轨道为非键轨道；另外两个 sp^3 杂化轨道中各有一个单电子，可分别与一个氢原子形成 σ 键。H—O—H 之间的夹角为 104.5°，小于正四面体结构中的 109.5°，这主要是由于两个非键轨道中的电子对具有较大的相互排斥作用的缘故。水分子的结构如图 1.9 所示。

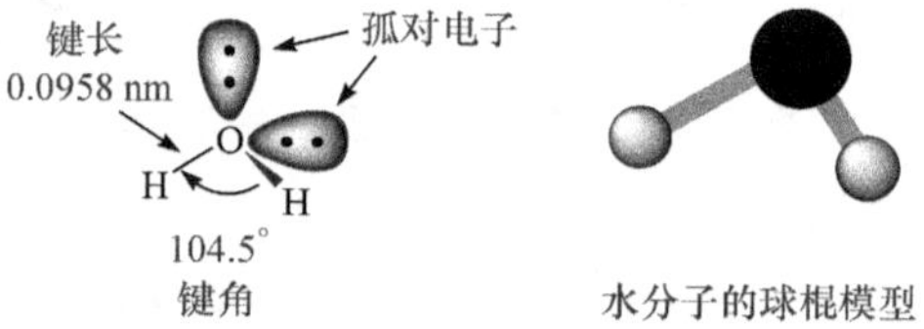

图 1.9　水分子的结构和球棍模型

其实，原子究竟采用哪一种杂化方式成键主要取决于哪一种杂化方式能够使原子在成键时能形成更稳定的分子。所以，尽管 N 原子和 O 原子在大部分情况下都是采用 sp^3 杂化形式成键，但在有些情况下也可以采用 sp^2 杂化形式成键。

3. 分子轨道理论

分子轨道（molecular orbital, MO）理论是共价键的一种数学模型。其基本观点是：电子的运动是一种波动，电子的原子轨道或者说电子的运动状态可以用一个波函数表示；分属两个原子的两个原子轨道的波函数可以通过线性组合而形成新的波函数，而新的波函数所描述的就是新的电子运动轨道，即分子轨道，因此新的波函数称为分子轨道波函数。两个原子轨道间的线性组合相当于价键理论中两个原子轨道的相互重叠或交盖。原子轨道在组合成分子轨道的过程中遵循轨道数目守恒的原则，即有多少原子轨道参与组合，必然形成多少个分子轨道。

由于波动是有相位变化的，因此不同的原子轨道波函数在进行线性组合时就有两种方式：相位相同（正、负号相同）时加和；相位相反（正、负号相反）时相减。原子轨道波函数的加和性组合形成能量较低的分子轨道，称为成键分子轨道（bonding MO），成键电子一般处在成键分子轨道中。同样，原子轨道的相减性组合形成能量较高的分子轨道，称为反键分子轨道（antibonding MO）。与原子轨道一样，分子轨道有其特定的大小、形状和能量。就 H—H σ 键而言，其成键分子轨道的能量低于线性组合的原子轨道（1s 轨道），其形状类似于一个完整的鸡蛋，表明成键电子在两个原子核间出现的概率较高；反键分子轨道的能量高于形成线性组合的原子轨道，形状则类似于一个中间劈开的鸡蛋，后者在两个原子核间存在一个节点（node）。节点表明成键电子在两个原子核间出现的概率为零（图 1.10）。换句话说，电子若处在成键分子轨道上，则两个原子形成共价键并结合在一起；电子若处在反键分子轨道上，则两个原子互相排斥并分开。π 键的分子轨道如图 1.11 所示。

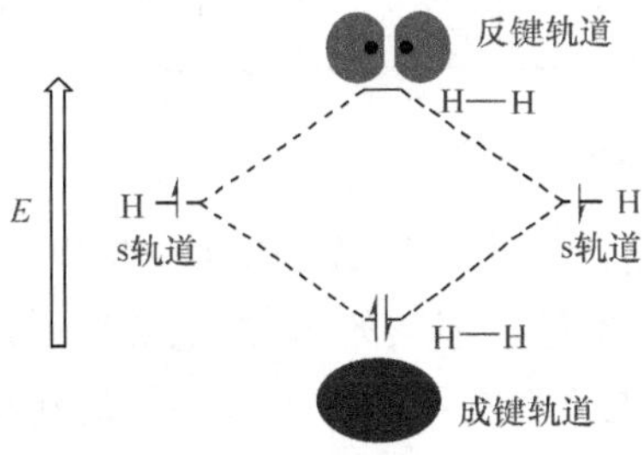

图 1.10　氢分子的 σ 键分子轨道

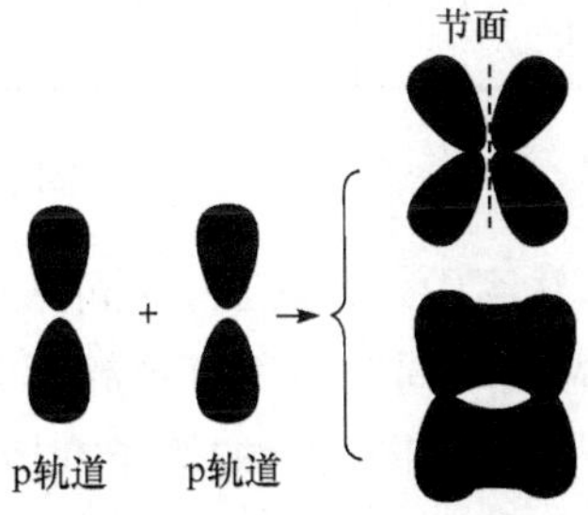

图 1.11　π 键的分子轨道

价键理论认为，形成共价键时只是两个原子轨道发生部分重叠，共价键中的电子对也只有在两个原子轨道重叠区域才属于双方原子共享。而分子轨道理论认为，形成共价键时的两个原子轨道是完全重组，所形成的分子轨道属于整个分子，成键电子也是围绕整个分子运动的。也就是说，价键理论强调成键原子各自的独立性，而分子轨道强调分子的整体性，因此分子轨道理论是一种比价键理论更科学、更先进的共价键理论，它在描述共轭结构（见第四章第四节）时具有更明显的优势。

第二节　极性共价键与酸碱理论

一、极性共价键

（一）电负性与极性共价键

元素的电负性（electronegativity，EN）是指其原子在化合物分子中吸引电子的能力。鲍林将氟的电负性规定为 4，然后通过比较得到其他元素的电负性值，称为相对电负性。奥尔雷德-罗周(Allred-Rechow)根据原子核对电子的静电引力也算出一套电负性数据，与鲍林的数据很接近。图 1.12 列出了主族元素的鲍林电负性。

H 2.1																
Li 1.0	Be 1.6											B 2.0	C 2.5	N 3.0	O 3.5	F 4.0
Na 0.9	Mg 1.2											Al 1.5	Si 1.8	P 2.1	S 2.5	Cl 3.0
K 0.8	Ca 1.0	Sc 1.3	Ti 1.5	V 1.6	Cr 1.6	Mn 1.5	Fe 1.8	Co 1.9	Ni 1.9	Cu 1.9	Zn 1.6	Ga 1.6	Ge 1.8	As 2.0	Se 2.4	Br 2.8
Rb 0.8	Sr 1.0	Y 1.2	Zr 1.4	Nb 1.6	Mo 1.8	Tc 1.9	Ru 2.2	Rh 2.2	Pd 2.2	Ag 1.9	Cd 1.7	In 1.7	Sn 1.8	Sb 1.9	Te 2.1	I 2.5
Cs 0.7	Ba 0.9	La 1.0	Hf 1.3	Ta 1.5	W 1.7	Re 1.9	Os 2.2	Ir 2.2	Pt 2.2	Au 2.4	Hg 1.9	Tl 1.8	Pb 1.9	Bi 1.9	Po 2.0	At 2.1

图 1.12　主族元素的鲍林电负性

从图中可以看出，在同一主族，从上到下随元素原子序数的增加，电负性值减小；在同一周期的所有主族元素，从左到右随元素原子序数的增加，电负性增加。

两种不同元素的原子在成键时，由于各自电负性的不同会形成不同的化学键。当二者的电负性差大于或等于 2 时，一般形成离子键；当二者的电负性差小于 2 时则形成共价键。对共价键来说，随着成键原子的电负性差的增加，成键电子对将更多地偏向于电负性较大的原子。此时，化学键上的电子分布是不均匀的，在电负性较大的原子附近将有较多的负电荷，而在电负性较小的原子附近有较多的正电荷，这种现象就像一根磁铁的南极和北极，故称为化学键的极性(polarity)，这种化学键称为极性共价键(polar covalent bond)，如 C—Cl 键(电负性差 0.5)和 C—O 键(电负性差 1.0)。成键原子间的电负性差越大，其形成的化学键的极性也就越大。当两个相同的原子(电负性差为 0)或两个电负性比较接近的不同原子成键时，成键电子的分布是完全均匀或接近均匀的，这种化学键称为非极性共价键，如 C—C 键(电负性差 0)和 C—H 键(电负性差 0.4)。

(二) 偶极矩与极性共价键

极性是有方向性的，规定极性的方向为由正电荷中心指向负电荷中心的方向。极性共价键可以用“十”字箭头或静电分布图表示如下：

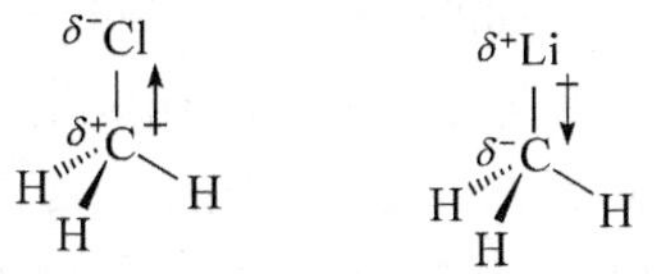

“十”字箭头的方向表示极性的方向，即负电荷较多的方向，另一方表示正电荷较多的方向。在静电分布图中，δ^+、δ^-分别表示部分正、负电荷的分布。

与共价键的极性一样，当分子的电子分布不均匀时也会产生极性，这样的分子称为极性分子。分子的极性来自所有共价键的极性的矢量和。分子极性的大小是用偶极矩(dipole moment)表示的，偶极矩的定义是：假设分子中由两个带电荷$+q$和$-q$的点，其正、负电荷之间的距离是d，则分子的偶极矩μ等于q和d的乘积，即

$$\mu=q\times d$$

分子的偶极矩可以通过实验方法测定。偶极矩的单位用德拜(Debye,D)表示，1 D=3.336×10^{-30} C·m(注：1个电子的电量=1.6×10^{-19} C，原子间的距离一般在10^{-10} m数量级)。

知道了分子的偶极矩，就可以计算分子中电荷的分布量。例如，实验测得氯甲烷(CH_3Cl)的偶极矩μ为1.87 D。假定忽略分子中非极性C—H键对分子极性的贡献，则分子的极性主要来自于C—Cl键。C—Cl键的键长(bond length)为1.78×10^{-10} m。因此，氯原子或碳原子所带的电量就可以通过下面的计算获得

$$q=\frac{\mu}{d}=\frac{1.87\times 3.336\times 10^{-30}}{1.78\times 10^{-10}}=3.5\times 10^{-20}(\mathrm{C})$$

氯原子或碳原子所带的电量等于0.22个电子的电量，表明一氯甲烷中的C—Cl键的离子性只有22%，主要属于共价键。

对于水和氨来说，分子的极性除了化学键极性的贡献之外，氧原子和氮原子上的孤对电子也有相当大的贡献(图1.13)。

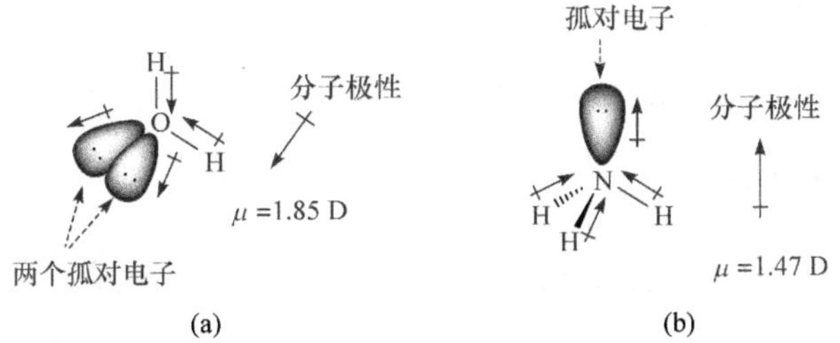

图1.13 水分子(a)和氨分子(b)的极性

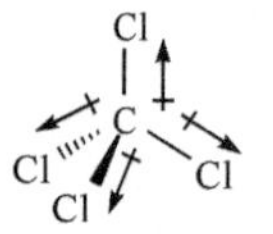

图 1.14 四氯化碳的分子极性

完全对称的分子，不管其分子中是否存在极性键，其分子的偶极矩都为零，如甲烷、四氯化碳(图 1.14)、乙烷等。

由此可见，根据分子的组成和立体结构可以定性判断分子的极性；反过来，根据分子的极性和组成也可以判断分子的对称性，从而获得有关分子立体结构的一些信息。

（三）有效电荷与偶极分子

当一些原子采用非正常化合键成键时，这些原子在形式上将带有电荷，这种电荷称为有效电荷(formal charge)。例如，硝基甲烷(CH_3NO_2)分子中的 N，其化合价是 4，而不是一般的 5 价。分子中形成单键的氧的化合价是 1 价而不是通常的 2 价。此时，N 带有 1 个有效电荷，而形成单键的氧带有 1 个有效负电荷。类似的例子还有二甲亚砜[$(CH_3)_2S{=}O$]。

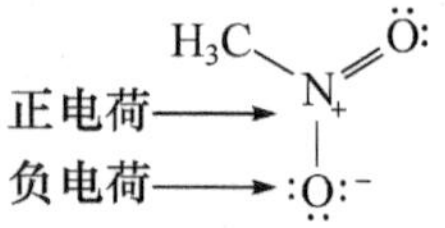

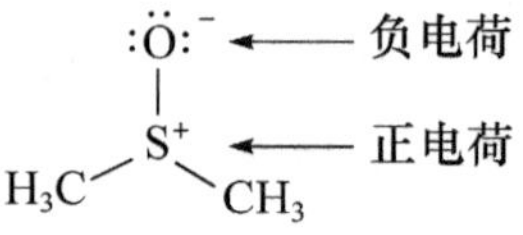

原子的有效电荷可以通过下面的公式计算：

有效电荷＝游离原子的价电子数－成键状态下原子的价电子数

＝游离原子的价电子数－成键电子数的 1/2－非键电子数

有效电荷的存在与化学键和分子的极性有密切的关系。虽然硝基甲烷和二甲亚砜分子中的个别原子带有有效电荷，但分子整体上呈电中性，这样的分子称为偶极子(dipolar)。偶极子的特性对于化学反应性能具有重要影响。

二、酸碱理论

有机化学中有很多内容可以用酸-碱行为来解释。最重要和常用的两种酸碱理论分别是布朗斯台德-劳莱(Brønsted-Lowry)酸碱质子理论(1923 年)和路易斯酸碱电子理论(1923 年)。

（一）布朗斯台德-劳莱酸碱质子理论

1. 酸碱质子理论

酸碱质子理论认为，凡是能给出质子的分子或离子都是酸，凡能与质子结合的分子或离子都是碱。

根据酸碱质子理论，酸给出质子后余下的部分就是碱，反过来，碱接受了质子就成为酸，这种对应关系称为共轭关系(conjugation relationship)。

$$酸 \rightleftharpoons 碱 + H^+$$

式中右边的碱是左边酸的共轭碱(conjugated base);左边的酸又是右边碱的共轭酸(conjugated acid)。彼此联系起来就称为酸碱对。显然,酸中有碱,碱中有酸,酸碱相互依存,并可互相转化。酸越强,它的共轭碱就越弱;酸越弱,它的共轭碱就越强。

2. 酸碱的强度表示

酸碱的强度是指酸给出质子和碱接受质子的能力。酸碱的强与弱总是相对而言的。一般所说的强酸或强碱分别指在水溶液中能够全部电离出质子或能够全部接受质子的物质。弱酸或弱碱分别指在稀的水溶液中只有部分分子或离子能够电离出质子或接受质子的物质,如乙酸就是弱酸,氨就是弱碱。

由于同一个酸或碱在不同溶剂、不同浓度时所给出的或所接受的质子数目可能是不同的,因此测定和描述酸或碱的强度时一定是针对特定溶剂的。另一方面,如果物质在溶剂中的浓度过大也会影响其酸性或碱性的强弱,故弱酸或弱碱的强度可用其平衡常数(K_{eq})来表示。对于给定的弱酸 HA,其在水溶液中的电离平衡和平衡常数可以表示如下:

$$HA + H_2O \rightleftharpoons A^- + H_3O^+$$

$$K_{eq}=\frac{[H_3O^+][A^-]}{[HA][H_2O]}$$

由于酸度的测定一般选择稀的水溶液,浓度的单位选择 $mol \cdot L^{-1}$,此时水的浓度近似为一定值 55.6 $mol \cdot L^{-1}$。因此,如果将水浓度从平衡常数中直接扣除,并用$[H^+]$代替$[H_3O^+]$,则简化后的平衡常数将表示下面简单反应的平衡常数(K_a),称为酸度常数(acidity constant)或电离常数。

$$HA \rightleftharpoons A^- + H^+$$

$$K_a=K_{eq}[H_2O]=\frac{[H^+][A^-]}{[HA]}$$

K_a与一般的平衡常数一样,在一定温度下,对于特定酸的稀溶液来说,它是一个定值。K_a值越大表明其酸性越强。常见的无机酸,如 H_2SO_4、HNO_3、HCl,其电离常数为 $10^2 \sim 10^9$,可以说几乎是全部电离的;一般有机酸的电离常数为$10^{-5} \sim 10^{-15}$。

与弱酸类似,弱碱的强度也可以用其在稀水溶液中的电离常数或碱度常数来表示,其符号是 K_b。K_b值越大表明其碱性越强。另外,碱度也可用碱的共轭酸的电离常数 K_a值来表示。K_a值越大表明其碱性越弱,反之则碱性越强。

$$BH^+ + H_2O \rightleftharpoons B + H_3O^+$$

$$K_a=K_{eq}[H_2O]=\frac{[H_3O^+][B]}{[BH^+]}$$

在实际应用中，酸性强度和碱性强度通常用其电离常数的自然对数的负值表示，即$-\lg K_a$和$-\lg K_b$，其简写符号分别为 pK_a和 pK_b。此时，酸度越强或者碱度越强，pK_a或 pK_b将越小。如果一个酸的酸度较大，即 pK_a值较小，则其共轭碱的碱度较小，即 pK_b值较大。

现在为了统一酸碱强度(acid and base strength)的标准，多用 pK_a值表示碱度的强弱。这是基于碱及其共轭酸的电离常数积等于水的离解常数 K_w，它们之间的关系如下：

$$K_a K_b = [OH^-][H_3O^+] = K_w = 10^{-14}$$

$$pK_a + pK_b = pK_w = 14$$

$$pK_a = pK_w - pK_b$$

3. 酸碱反应的预测

酸碱的反应本质其实是质子的转移反应。质子的转移总是从较强的酸转移到较弱的酸或较弱的酸的共轭碱，也就说从 pK_a较小的酸转移到 pK_a较大的酸或其共轭碱。因此，利用不同酸的电离常数可以预测酸碱反应的方向。

(二) 路易斯酸碱理论

路易斯酸碱电子理论是和布朗斯台德-劳莱酸碱质子理论同一年提出的，但路易斯酸碱理论比质子理论的适用范围更大。

路易斯酸碱电子理论认为：凡是能给出电子对的分子、离子或原子团都属于碱，凡是能接受电子对的分子、离子或原子团都是酸。作为路易斯酸必须具有能够接受电子对的空的低能量轨道或能够提供质子(质子有空的 1s 轨道)的极性 X—H 键(X=O、卤素原子)。第三主族元素的化合物，如 BF_3、$AlCl_3$，由于具有未填充的空价层轨道，故都是路易斯酸。与此类似，很多过渡族元素的化合物，如 $SnCl_4$、$ZnCl_2$、$FeCl_3$、$TiCl_4$等，也都是路易斯酸。所有的金属离子都能接受电子对，故金属离子都是路易斯酸。所有的负离子都含有能够提供电子对的孤对电子，都是路易斯碱。有些含有孤对电子的中性分子，如含杂原子 N、O、S 等的分子，都能提供电子对，故它们都是路易斯碱。

实际上，任何化合物都可以看作路易斯酸和路易斯碱的共生体。例如，NaCl 可看作路易斯酸 Na^+ 和路易斯碱 Cl^- 的共生体。又如，氯甲烷(CH_3Cl)分子中 C—Cl 键是一个极性键，碳原子带有部分正电荷，可以接受电子对，是路易斯酸，而氯原子带有部分负电荷和电子对，可以提供电子对，是路易斯碱，带部分正电荷的碳和带部分负电荷的氯是一对路易斯酸碱对。在一些含有 N、O、S 等杂原子的有机分子中广泛地存在类似的路易斯酸碱对，有时甚至是多个路易斯酸碱对共存于一个分子。这些酸碱对的存在对于化合物的化学反应及其反应性能具有重要的影响。因此,很多有机反应可以用路易斯酸碱反应来理解。

值得强调的是,因为化合物都是酸碱对的共生体,所以它既可表现出酸的一面,也可表现出碱的一面。因此,判断一个物质是酸还是碱,必须根据其具体的反应而言,离开具体反应谈论一个物质的酸碱性是没有意义的。例如,乙酸在水中表现的是酸的一面,故认为它是酸,但乙酸在浓硫酸中是通过氧提供电子对而接受质子的,故它表现为碱。

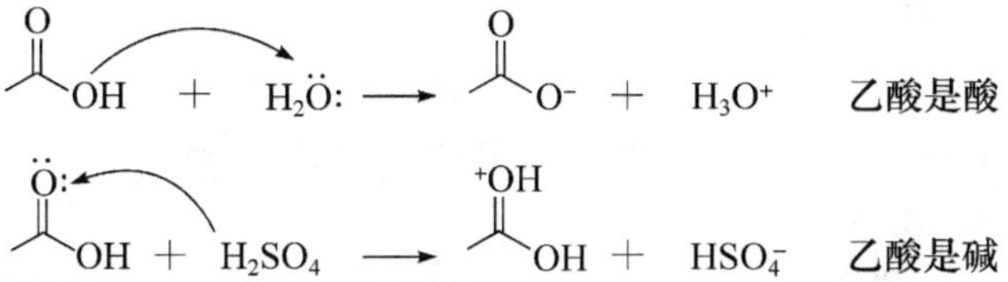

质子论是狭义的酸碱理论,电子论是广义的酸碱理论,二者各有优缺点。质子论在酸碱强度方面易于量化,电子论包含的酸碱对象更多,但难于对其强度进行量化。很多不能用质子论解释的化学现象都能够用电子论从酸碱反应的角度得到合理的定性解释。因此,两种理论在有机化学中经常交替使用。

第三节　有机化合物的结构表示

一、有机分子结构的书面表示

对于绝大多数有机化合物来说,分子式只能表示出分子中各元素的组成,但并不能表示出分子中各原子的连接次序和方式。换句话说,就是一个特定的分子式可以对应于不同的有机分子。为了能够清楚地区别一种有机分子和其他有机分子,有机化学常用结构式来表示有机分子。分子的结构式就是能够表明分子中各原子相互连接次序和连接方式的一种图示式。

为了表示有机分子结构式,规定分子中的原子用其元素符号代表,共享电子对或共价键用短线表示,并置于两个成键原子之间。若两个原子之间有两对共享电子或形成两个共价键,用两根平行的短线"═"表示。同理,共享三对电子或形成三个共价键就用三根平行的短线"≡"表示。

由于有机物中的碳原子都是四价,氧原子都是二价,氢原子都是一价,因此有机分子结构式的表示可以简化为缩简式,或称为紧缩式(condensed structure)。在缩简式中,省略所有代表氢原子形成的键和碳碳单键的短线,仅保留用于表示碳碳重键(双键和叁键)和碳原子与其他原子(非碳、氢原子)之间的化学键的短线。

即使是采用缩简式，对于一些结构复杂的有机分子来说，书写其结构也是非常繁琐的事情。为此，化学家建立了一种更简单的表示法——骨架结构（skeletal structure）。骨架结构是在缩简式结构的基础上进一步省略碳原子和氢原子的符号。只有在需要强调某一个碳原子或氢原子时才将其元素符号表示出来。在这种情况下，用于表示化学键的短线之间的交叉点就代表碳原子，短线的末端也表示碳原子。每个碳原子上的氢原子数目可以根据碳原子四价和氢原子一价推算出来。

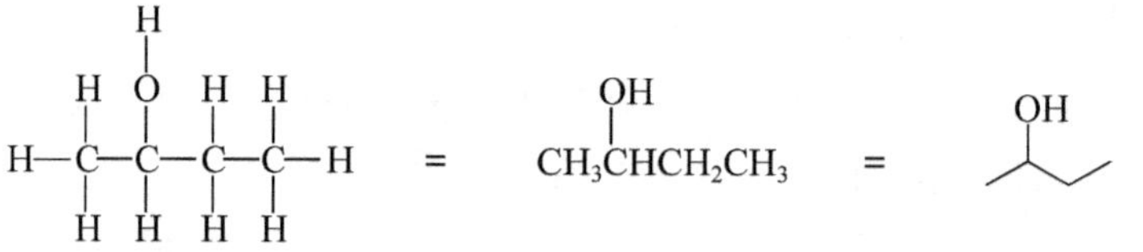

价线式　　缩简式　　骨架式

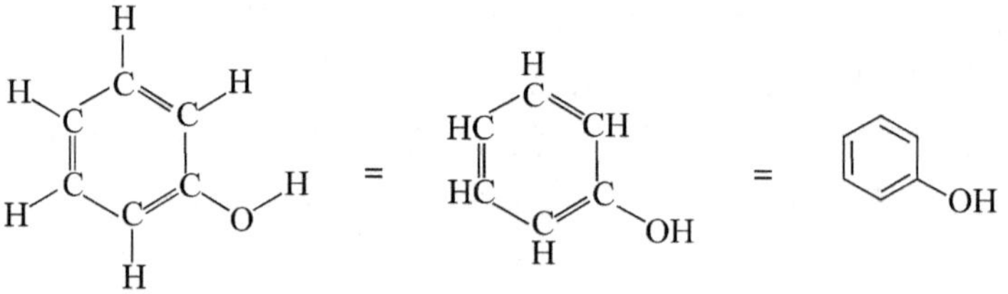

价线式　　缩简式　　骨架式

二、共振

（一）共振的概念

如果我们要用路易斯电子结构或凯库勒的价线结构表示硝基甲烷的结构，那么，我们应该选择下面哪一种表示法呢？

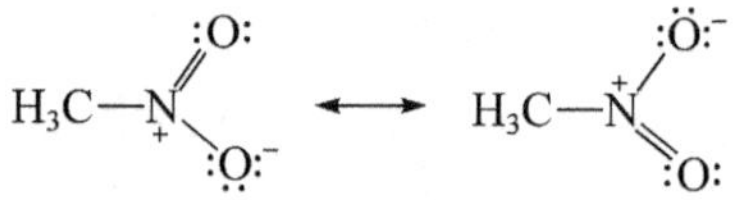

其实，无论选择上面的哪一种表示法，都不能表示出硝基甲烷的真实结构。实验结果表明，硝基甲烷中的两个氮氧键之间的距离是一样的，都是 122 pm，其长度介于 N—O 单键的键长（116 pm）和 N ═O 双键的键长（130 pm）之间。这说明，硝基甲烷的真实结构应该是介于上述两种结构之间的一种结构。

硝基甲烷的上述两种凯库勒结构式称为共振式（resonance form），两种共振式的唯一不同就是 π 键和非键电子的位置不同，但所有的原子都处在相同的位置，原子间的连接次序也未发生变化。二者的共振关系可以通过双头箭头表示。也就是说，硝基甲烷的真实结构是上面两种结构的一种共振杂化体(resonance hybrid)，双头箭头并不是表示硝基甲烷的两种共振式可以互相切换或转化，也不是表示二者处于动态平衡。类似的例子还有乙酸根负离子。

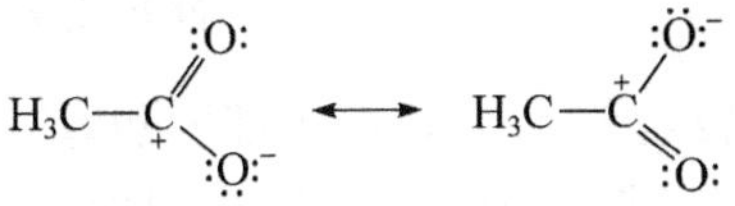

乙酸根中的两个碳氧键的键长都是 127 pm，介于 C—O 单键键长(135 pm)和 C═O 双键的键长(120 pm)之间。

(二) 共振式的规定

为了统一共振式的书写和解释，人们给出了共振式的 5 条规定。

规定 1　按照路易斯结构或凯库勒价线结构写出的任何单个共振式都是人们想像的，并不能代表分子的真实情况。真实的分子结构是所有可能的共振式的一种杂化体。杂化体表示的是一个单独的物质，而不是由几个共振式所代表的化合物的混合物。

规定 2　不同共振式的唯一区别仅在于它们的 π 键和(或)非键电子的位置不同。分子中所有原子的位置及其杂化形式都没有变化。由一种共振式到另一共振式的电子转移可以用弯箭头表示。箭头末端表示要转移的电子对，箭头端表示电子对要转移到的位置(原子或化学键)。

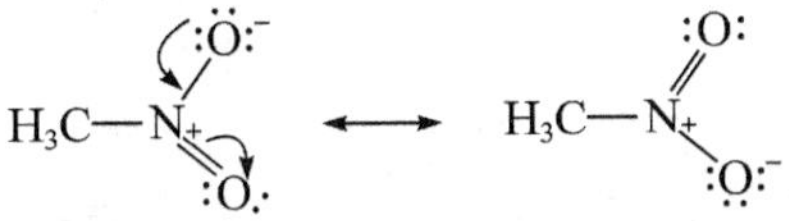

规定 3　一个分子的不同共振式不一定非要是等价的。在第十章我们将会看到，丙酮在强碱作用下可以形成阴离子。丙酮阴离子有两种共振式，一种共振式中的负电荷和 π 键的位置分别在碳原子和碳氧键之间，而另一种共振式中的负电荷和 π 键的位置则分别在氧原子和碳碳键之间。尽管如此，两种共振式对总的共振杂化体都有贡献。

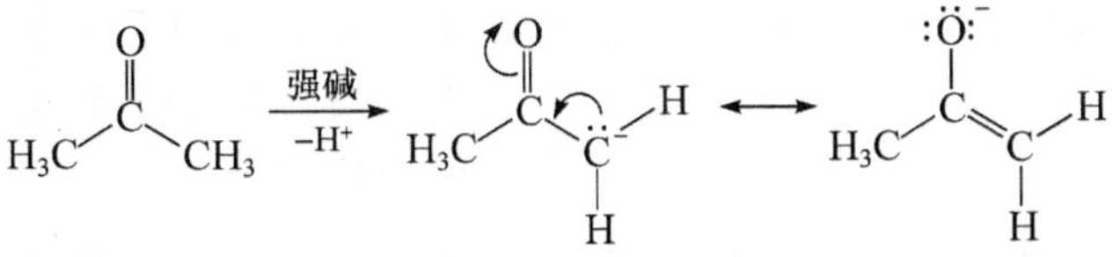

规定 4　任何共振式必须是有效的路易斯结构，并遵循共价键的一般原则。

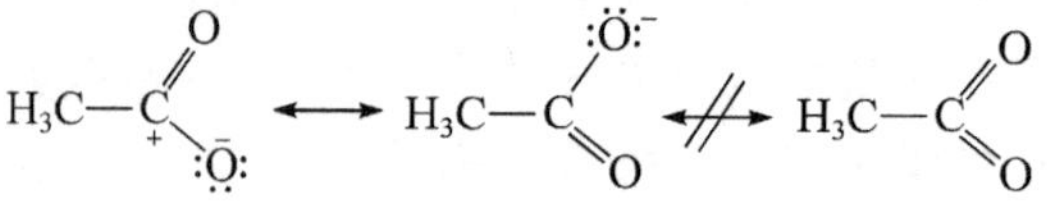

规定 5　共振杂化体较任何单个共振式都要更稳定。也就是说，共振导致稳定。一般来说，一个分子的共振式越多，其稳定性越高。

(三) 共振式的表示

一般来说，任何带有重键的三原子结构片段都有两种共振式。其通式如下：

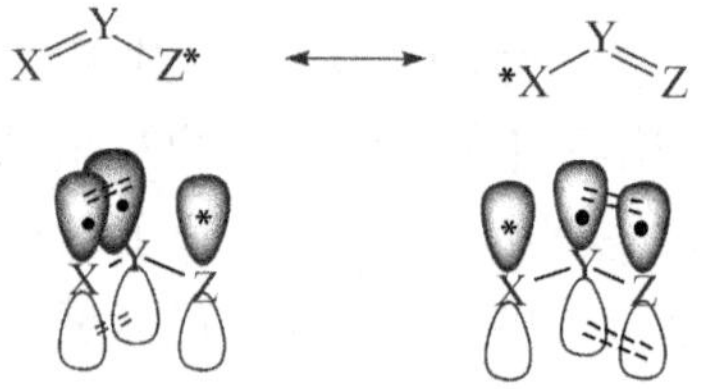

* 等于 1 个、2 个或 0 个电子

X、Y、Z：可以是 C、N、O、S、P

与丙酮类似，2,4-戊二酮在强碱作用下也可以通过失去 1 个质子而形成负离子。在负离子中，中间碳原子带有形式负电荷，而其两边的氧原子分别含有非键孤对电子。因此，通过电子对转移，可以写出三种共振式：

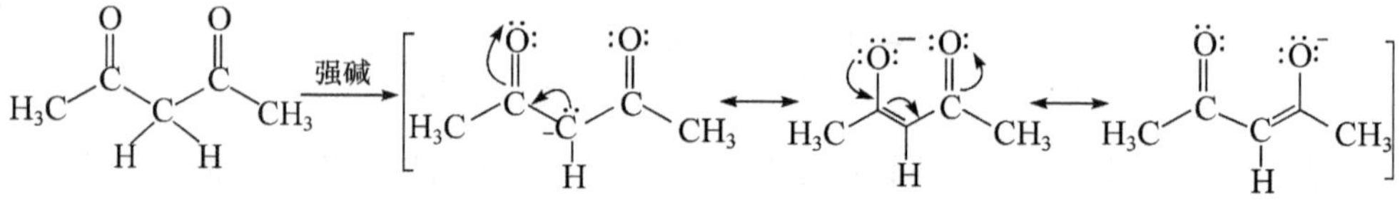

第四节　官能团与有机化合物的分类

一、官能团

官能团(functional group)是指具有特征化学性质的一组原子团，如—OH(羟基)、—COOH(羧基)等。分子中官能团的化学性质代表分子的主要化学性质，具有相同官能团的不同分子具有相同或非常相似的化学性质，据此有机化学中常根据官能团的结构特征来对有机物进行分类。表 1.1 列出一些常见官能团的结构、名称、代表化合物及其所代表的化合物类型。

表 1.1　一些常见的官能团

官能团名称	官能团结构	化合物示例	化合物类型
双键	$>C=C<$	$H_2C=CH_2$	烯烃
叁键	$-C\equiv C-$	$HC\equiv CH$	炔烃
芳环	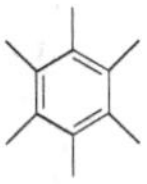		芳香烃
碳卤键	$-X$ （X=卤素）	CH_3CH_2Br	卤代烃
羟基	$-OH$	CH_3CH_2OH	醇
		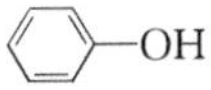	酚
醚键	$-\overset{|}{\underset{|}{C}}-O-\overset{|}{\underset{|}{C}}-$	CH_3OCH_3	醚
氨基	$-NH_2$ $-\overset{H}{N}-$ $\underset{/|\backslash}{N}$	CH_3NH_2 $(CH_3)_2NH$ $(CH_3)_3N$	胺
氰基	$-CN$	CH_3CN	腈
硝基	$-NO_2$	CH_3NO_2	硝基化合物
磺酸基	$-SO_3H$	CH_3SO_3H	磺酸
亚磺酰基	$-\overset{O}{\overset{\|}{S}}-$	$H_3C-\overset{O}{\overset{\|}{S}}-CH_3$	亚砜
磺酰基	$-\underset{O}{\underset{\|}{\overset{O}{\overset{\|}{S}}}}-$	$H_3C-\underset{O}{\underset{\|}{\overset{O}{\overset{\|}{S}}}}-CH_3$	砜
巯基	$-SH$	CH_3CH_2SH 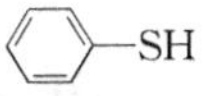	硫醇 硫酚
硫醚键	$-S-$	CH_3SCH_3	硫醚
醛基	$-\overset{O}{\overset{\|}{C}}-H$	$H_3C-\overset{O}{\overset{\|}{C}}-H$	醛
羰基	$-\overset{O}{\overset{\|}{C}}-$	$H_3C-\overset{O}{\overset{\|}{C}}-CH_3$	酮
羧基	$-\overset{O}{\overset{\|}{C}}-OH$	$H_3C-\overset{O}{\overset{\|}{C}}-OH$	羧酸
酯基	$-\overset{O}{\overset{\|}{C}}-OR$	$CH_3CO_2CH_2CH_3$	酯
氨甲酰基	$-\overset{O}{\overset{\|}{C}}-NH_2$ $-\overset{O}{\overset{\|}{C}}-\overset{H}{\overset{|}{N}}-$ $-\overset{O}{\overset{\|}{C}}-\overset{|}{N}-$	$H_3C-\overset{O}{\overset{\|}{C}}-NH_2$ $H_3C-\overset{O}{\overset{\|}{C}}-\overset{H}{\overset{|}{N}}-CH_3$ $H_3C-\overset{O}{\overset{\|}{C}}-\overset{CH_3}{\overset{|}{N}}-CH_3$	酰胺
卤甲酰基	$-\overset{O}{\overset{\|}{C}}-X$	$H_3C-\overset{O}{\overset{\|}{C}}-Cl$	酰卤
夹氧二酰基	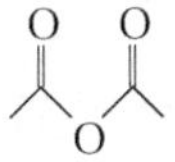	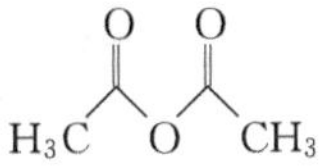	酸酐
氨基 羧基	$-NH_2$ $-COOH$	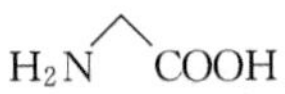	氨基酸

实际上，大部分有机化合物常常含有两个或两个以上的不同官能团，常将这类化合物称为复官能团或多官能团化合物。这类化合物的化学性质除了具有各个官能团自身所具有的一些特征反应外，还常常表现出一些特殊的化学反应，这主要是由官能团之间的相互作用引起的。

二、有机化合物的分类

对于只含一个官能团的简单分子，利用官能团对化合物分类是非常方便的。但是，大部分有机物都含有多个官能团，且结构复杂，此时官能团分类法不仅不方便，而且很多情况下也不可行。因此，有机化学中还有另外一种分类法，即组合分类法。

组合分类法是将分子的骨架特征和官能团特征结合在一起对有机物进行分类。例如，酚类就属于组合分类，是指分子中含有芳环骨架，且在芳环上连有官能团羟基的一类化合物。组合分类法常将有机物分为以下三大类。

（一）开链化合物

开链化合物（或脂肪族化合物）是指仅由碳、氢元素组成且不含环状结构的化合物。例如：

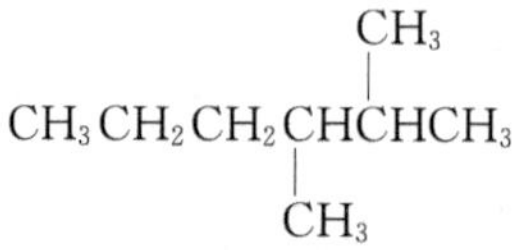

2,3-二甲基己烷

$H_3CHC=CHCH_2CH_3$

2-戊烯

（二）碳环化合物

碳环化合物是指仅由碳、氢元素组成且含有环状结构的一类化合物。如果再结合分子中是否含有芳环，可进一步将碳环化合物分为脂环化合物和芳香族化合物。不含芳环的碳环化合物称为脂环化合物，含芳环的碳环化合物称为芳香族化合物。例如：

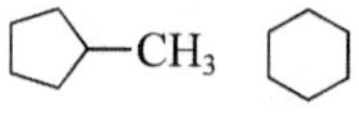

甲基戊烷　己烷

（脂环化合物）

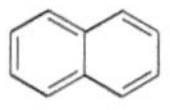

苯　萘

（芳香族化合物）

（三）杂环化合物

有机化学中常将除碳、氢原子以外的其他原子称为杂原子，将由杂原子形成或杂原子与碳原子一起形成的环状结构称为杂环。杂环化合物是指分子中含有杂环结构单元的一类化合物。例如：

呋喃

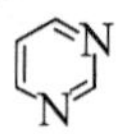

嘧啶

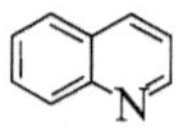

喹啉

由于有机化合物的数目繁多、结构复杂，仅仅依靠将有机化合物分为几个大类是远远不够的。因此对于无论哪种分类法所得到的大类，人们还需要对其进行进一步的二次甚至是三次分类。这些次级分类的方法也是各种各样，如酸碱分类法、碳原子类型分类法等。这些次级分类法将会陆续出现在本书相关的章节。

第五节　电子效应

一、诱导效应

在极性共价键中，共享电子对较多地偏向于电负性较大的原子一方。在多原子组成的共价分子中，电负性较大的原子的这种吸电子作用不仅会影响自身化学键的电子云分布，也会影响分子其他化学键上电子云的分布，并最终导致整个分子中的成键电子云沿着分子链中的化学键向电负性原子方向发生偏移，这种现象称为诱导效应(induction effect)，用 I 表示。诱导效应有三个特点：

(1) 诱导效应有＋I 和－I 之分，＋I 表示斥电子诱导效应，－I表示吸电子诱导效应。＋I 和－I 的判定是以氢原子作为标准。电负性比氢大的原子或基团具有吸电子诱导效应；电负性比氢小的原子或基团具有斥电子诱导效应。具有＋I 的原子或基团使与之相连的原子周围的电子密度升高。相反，具有－I 的原子或基团使与之相连的原子周围的电子密度降低。

(2) 诱导效应有传递性。诱导效应是沿分子中的 σ 键传递的，电负性原子对分子中某一化学键的诱导效应大小与二者之间的距离有关。随着距离的增加，诱导效应急剧减小，一般到第四个原子时，就可以忽略不计了。因此，在多数情况下，诱导效应主要对分子中电负性原子自身的化学键及其邻位化学键的极性和化学反应产生显著的影响。

(3) 诱导效应有静态诱导效应和动态诱导效应之分。静态诱导效应是指无外力影响下单纯由于成键双方原子的电负性不同而产生的诱导效应。动态诱导效应是指化学键或分子受到附近其他离子或极性分子的局部电场的影响而产生的新的诱导效应。动态诱导效应一般使非极性化学键产生极性，极性化学键的极性进一步增强。就分子本身而言，一般来说动态极化的程度与成键原子的原子半径及其电负性有关，原子的半径大而电负性小时，其可能的动态极化程度也就越大。

值得注意的是，在化学反应时，化学键的极性常常受静态和动态两种诱导效应的综合影响，且有时动态诱导效应的影响程度会超过静态诱导效应，故在化学反应中某一化学键的极性可能与其在孤立分子中的极性是显著不同的。因此，了解诱导效应对于分析化合物的化学反应是非常重要的。

二、共轭体系与共轭效应

当 π 键的邻位原子存在 p 轨道或 π 键时，π 键电子云可与邻位原子的 p 轨道电子云或邻位 π 键电子云发生相互重叠，从而形成一个不同于孤立 π 键的新的结构体系，称为共轭体系(conjugated system)。显然，共轭体系有 π-π 共轭和 p-π 共轭两种类型(图 1.15)。

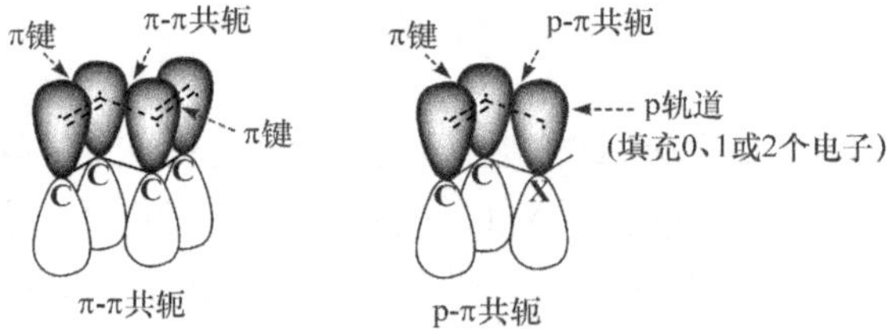

图 1.15 共轭体系的两种类型

共轭体系的特点是：

(1) 所有直接参与共轭体系形成的原子都是 sp^2 杂化且处于同一个平面，只有这样，两个 π 电子云或 π 电子云与 p 轨道才能发生最大程度的"肩并肩"重叠。因此，形成共轭体系形成的基本条件是参与形成共轭体系的原子都必须是 sp^2 杂化且共处于一个平面。

(2) 单、双键趋于平均化。也就是说，共轭体系中的单键键长比一般的单键键长短，而其双键键长比一般的孤立双键的键长长。其结果是使原来孤立的单、双键的键长差异减小，而且，随着共轭体系的延长，这种键长差异越来越小。对于具有闭合环状共轭体系的苯来说，单、双键完全平均化。

(3) 共轭体系中的电子可以在整个体系中运动，即共轭体系的电子具有较大的离域性，由此导致共轭体系的能量比非共轭体系的能量低。

(4) π 电子的定向转移可使共轭链上出现正、负极性交替现象。这种现象的存在决定了共轭体系具有一些不同于孤立 π 键的独特反应。

共轭体系中的 π 键电子效应称为共轭效应(conjugation effect)，用 C 表示。共轭效应也有传递性，但它不同于沿原子核连线传递的诱导效应，共轭效应的传递是靠分子内共轭体系中 π 电子云的相对移动来传递的，且共轭效应传递的程度不受共轭体系长短的影响。

共轭效应也有＋C 和－C 之分。通常将共轭体系中具有较大电负性或较高电子密度的原子或基团所显示的共轭效应称为－C 效应，反之则称为＋C 效应。

p-π 共轭体系是最简单的共轭体系。在 p-π 共轭体系中，π 键邻位的原子采用的是 sp^2 杂化且具有一个未杂化的 p 轨道，p 轨道与 π 电子云发生了"肩并肩"重叠。需要注意的是，p 轨道中可以有电子，也可以没有电子，可以有一个电子，也可以有两个电子。因此，在 p-π 共轭体系中，π 键邻位的原子可以是正离子、负离子、自由基(p 轨道中有 1 个电子)或电中性的原子。

硝基甲烷的结构可以用 p-π 共轭效应来解释。在硝基甲烷中，N 原子和 O 原子都是采用 sp^2 杂化。所不同的是，在 N 原子的每个杂化轨道里各填充 1 个电子，未杂化的 p 轨道中有 2 个配对的电子，而 O 原子的杂化轨道中有 2 个分别填充 2 个电子，有 1 个填充 1 个电子，未杂化的 p 轨道中有 1 个电子。N 原子的 3 个 sp^2 杂化轨道分别与碳原子的 1 个 sp^3 轨道和 2 个 O 原子的 2 个 sp^2 轨道形成 3 个 σ 键。每个 O 原子的 p 轨道和 N 原子的 p 轨道“肩并肩”形成一个含有 4 电子的共轭体系。共轭体系的形成使得硝基中的两个 C—O 键的键长相等，它们既不是 N—O 单键，也不是 N═O 双键。这就是硝基甲烷共振式的理论基础。

三、超共轭效应

超共轭效应(hyperconjugation effect)指由于 π 键或 p 轨道与邻位 C—H σ 键之间的电子云重叠而形成的电子效应。因此，超共轭效应有 σ-π 和 σ-p 两种类型(图 1.16)。超共轭效应对化合物性质的影响比 π-π 共轭或 p-π 共轭弱得多。

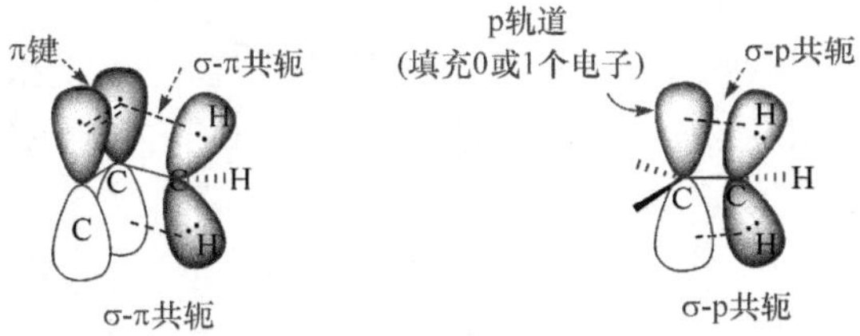

图 1.16　超共轭效应的两种类型

超共轭效应的一般结果是，σ 键的电子可以离域到 π 键和(或)p 轨道上，π 键或 p 轨道上的电子也可以离域到 σ 键，即 σ 键和 π 键或 p 轨道上的电子离域性增强，体系变得更为稳定。在一般情况下，电子离域之后，由于 π 键或 p 轨道上的电子密度总体增加，故相对于 π 键而言，烷基可看作是供电子基团。

σ-π 超共轭效应的强度与参与超共轭的 C—H 键数目呈正相关。也就是说，发生 σ-π 超共轭的 C—H 数目越多，σ-π 超共轭效应的强度就越大，超共轭体系也就越稳定。

碳正离子或碳自由基中的碳原子都是 sp^2 杂化，当其邻位的 C—H 键与其空的或含有单电子的 p 轨道发生超共轭之后，碳上正电荷得到分散或单电子的离域性增大，体系变得更为稳定。需要注意的是，烷基的超共轭效应与烷基的诱导效应是两种不同的电子效应，多数情况下二者都表现为供电子效应，但有时也会相反。

第六节　有机反应概述

一、有机反应类型

反应类型和反应机理是有机化学中关于化学反应的两个重要内容。一般来说，有机反应主要有四种类型：加成反应、消除反应、取代反应和重排反应。

1. 加成反应

加成反应(addition reaction)是指两个反应物生成一个新产物而没有任何原子丢失的反应。最典型的例子就是乙烯与 HBr 反应生成溴乙烷。

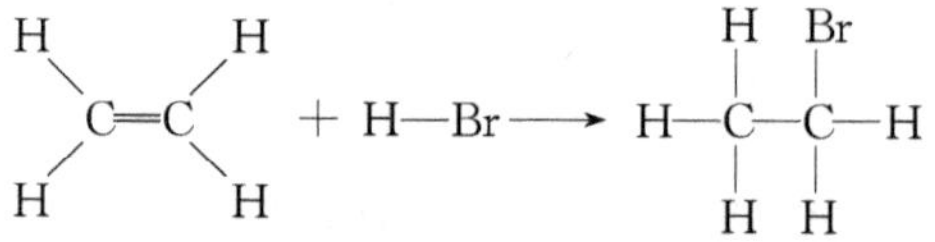

乙烯　　溴乙烷

2. 消除反应

消除反应(elimination reaction)刚好与加成反应相反，是指一个反应物分解成两个产物。一般情况下，其中一个产物是小分子无机物，如 H_2O、HX(卤化氢)等。例如：

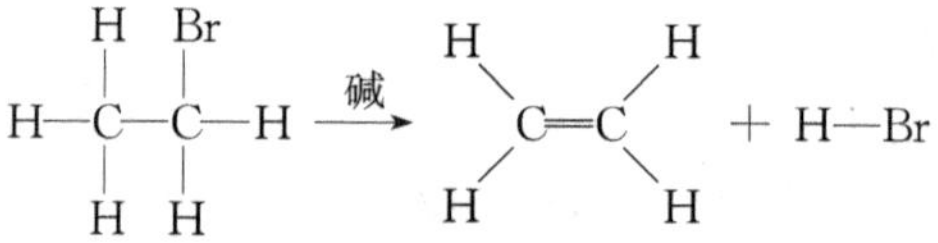

溴乙烷　　乙烯

3. 取代反应

取代反应(substitution reaction)是指两个反应物发生部分结构片断(包括原子、原子团或较复杂的结构单元)的交换而生成两个新化合物的反应。例如，甲烷和氯气反应生成氯甲烷和氯化氢的反应就是取代反应。

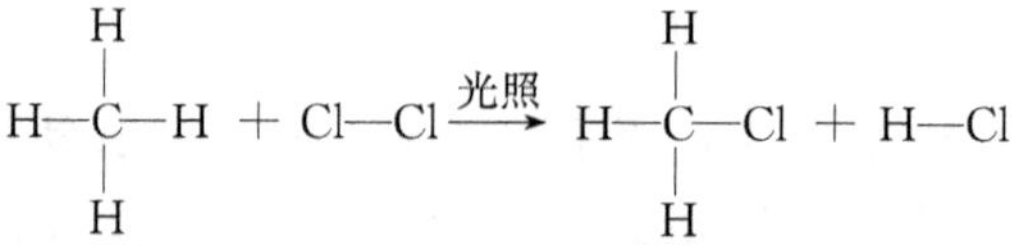

甲烷　　氯甲烷

4. 重排反应

重排反应(rearrangement reaction)是指一个分子经过化学键和(或)原子的重

组而生成另一个新的异构化产物的反应。例如，1-丁烯在酸催化下变成2-丁烯的反应就是重排反应。

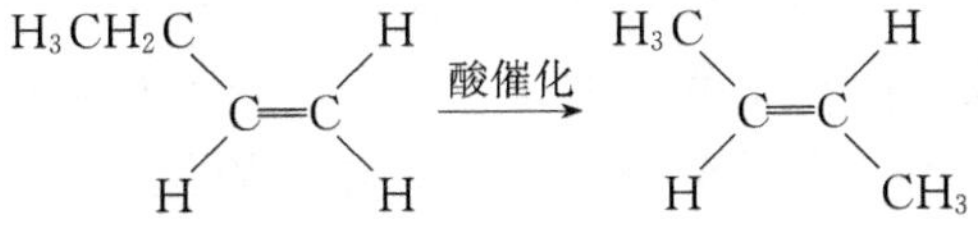

1-丁烯　　　　2-丁烯

二、反应机理

简单来说，反应机理(reaction mechanism)就是关于反应是如何发生的一个化学过程。具体地说，反应机理就是描述在化学反应中涉及哪些过程或反应步骤，每一过程中发生了什么，即哪些化学键断裂，哪些化学键形成，化学键断裂和形成的次序是什么，各步反应的相对速率怎样等。一个完整的反应机理应该能够解释所有的反应物、产物及各产物的相对量。

所有共价化合物的反应都涉及原有化学键的断裂和新化学键的形成。共价键断裂的方式可分为两种：均裂(homolytic)和异裂(heterolytic)。均裂是指在化学键断裂中，共价键中的共享电子对被成键双方原子所均分，其结果是产生两个分别带有单电子的原子或结构碎片。有机化学上将带有单电子的结构片段称为自由基(radical)或游离基。异裂是指在化学键断裂中，共价键中的共享电子被成键原子的一方全部拿走，结果产生一个带负电荷的原子或结构片段及一个带正电荷的原子或结构片段。在结构式中表示电子转移时常用两种弯曲的箭头“⌒”和“⌒”。⌒表示只有一个电子发生转移，⌒表示两个电子一起转移。箭头所指的地方表示转移电子的最终归属，箭头末端是指所要转移的电子或电子对。

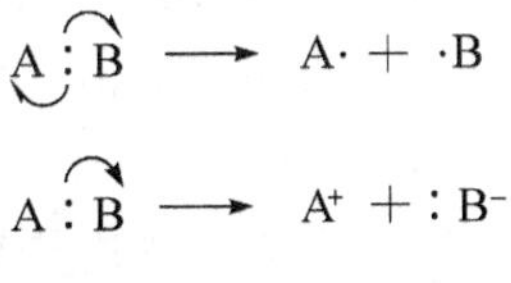

均裂

异裂

根据化学键的断裂和形成的方式，有机反应可分为自由基反应、极性反应和周环反应三种。自由基反应(radical reaction)是指由共价键均裂产生的自由基而引发的反应。极性反应(polar reaction)是指涉及化学键的异裂的反应。周环反应(pericyclic reaction)是指在化学反应过程中原有化学键的断裂和新化学键的形成同时发生的一类反应，这类反应又称协同反应(concerted reaction)。其中，自由基反应和极性反应最为常见。

(一) 自由基反应

自由基(rad·)原子的价电层存在一个未配对的单电子,原子的价电层未达到8电子的稳定结构,故自由基非常活泼和不稳定。为了获得稳定的结构,自由基可以从其他分子夺取一个原子而成键或从其他分子的化学键中夺取一个电子而成键。两种结果都导致形成新的自由基。

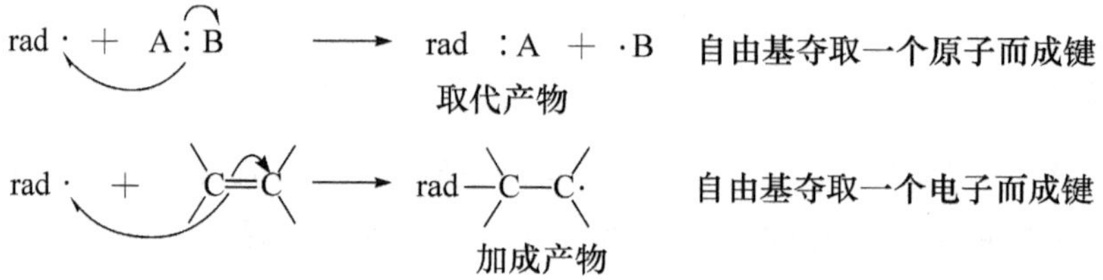

(二) 极性反应

在含有极性共价键的分子中,虽然分子整体上是电中性的,但对于其中所含的极性共价键来说,电负性较大的原子带有部分负电荷(δ^-),电负性较小的原子带有部分正电荷(δ^+)。化学键的极性可以是化学键本身所固有的,如$C^{\delta^+}—Cl^{\delta^-}$,也可以通过分子与溶剂或离子的相互作用而诱导出来。例如,甲醇中C—O键的极性可以通过氧原子与质子的结合(质子化)而增强,氧原子质子化后,C原子上的正电荷更多。极性加强后的化学键更容易发生化学键的异裂,也就是说更容易发生极性反应。很多有机极性反应可以通过酸催化来实现就是这个原因。

由于外来因素(离子或极性分子)的影响而导致化学键极性增强的变化称为化学键的极化(polarization)。化学键的极化程度用极化度(polarizability,又称极化率)表示。不同键的极化度是不同的。化学键的极化度是由化学键中原子或"离子"(带部分电荷)的可极化性决定的。成键原子的可极化性越大,所形成的共价键的极化度就越大。原子可极化性大小的规律是:具有相同价电层电子结构的原子,电子层数越多,可极化性越大。据此可判断一些类似化学键的极化度大小,如碳卤键的极化度次序为C—I > C—Br > C—Cl > C—F。

有机极性反应的基本特征是一个分子中的富电子位点与另一个分子中的缺电子位点的反应。当电子对由富电子原子转移到缺电子原子时,新的化学键就形成了。相反,当电子对离开原来化学键时,原有化学键就断裂了。在极性反应中,一般将富电子的反应物称为亲核试剂(nucleophile),将缺电子的反应物称为亲电试剂(electrophile),它们各自相应的反应性能分别称为亲核性和亲电性。亲核试剂可以是中性分子或负离子,如NH_3、H_2O、OH^-、Br^-等,它们都是路易斯碱。亲电试剂也可以是中性分子或正离子,如SO_3、Br^+、$CH_3CH_2^+$等,它们都是路易斯酸。正因为如此，大多数有机极性反应都可以看作酸碱反应，并可以用酸碱理论来解释。

与酸碱共生的关系一样，亲电性和亲核性也是共生的。也就是说，一个化合物既可以充当亲电试剂，也可以充当亲核试剂，这与其在具体反应中的表现有关。例如，H_2O 在与 CH_3MgBr 和 CH_3AlCl_4 的反应中分别是亲电试剂和亲核试剂。

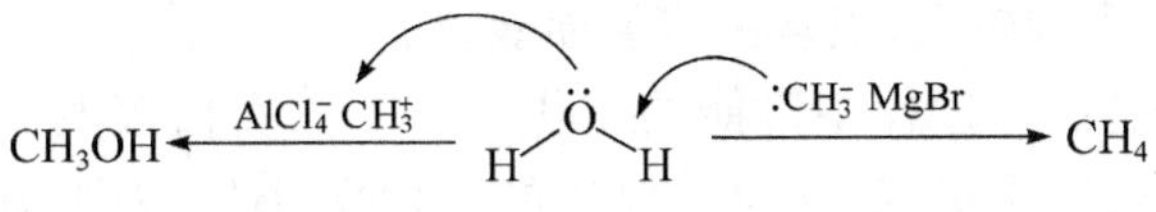

三、反应的描述

很多有机反应都是可逆反应（reversible reaction）。对于可逆反应来说，当反应达到一定程度时，正、负反应的速率相等，此时称为反应的平衡点或反应平衡。

（一）反应平衡、反应速率和能量变化

反应平衡点可以用反应平衡常数（equilibrium constant）K_{eq}表示。K_{eq}等于各反应产物浓度的乘积与各反应物浓度乘积的比值。

$$aA + bB \rightleftharpoons cC + dD$$

$$K_{eq} = \frac{[C]^c[D]^d}{[A]^a[B]^b}$$

利用 K_{eq} 值的大小可以判断总的反应方向。若 $K_{eq}=1$，当$[C]^c[D]^d > [A]^a[B]^b$时，总的反应将由左向右进行；当$[C]^c[D]^d < [A]^a[B]^b$时，总的反应将由右向左进行。一般来说，当 K_{eq} 大于 10^3 时，反应平衡时反应物的浓度将小于 10^{-3}，此时反应物浓度几乎测不出来，可以近似地认为该反应是不可逆反应。例如，乙烯和 HBr 加成反应的平衡常数约为 7.5×10^7，反应平衡时体系中的乙烯浓度仅为 10^{-7}。在表示 K_{eq}非常大的反应时，常用不对称双箭头表示。较长的箭头指向优势反应一边即右边，较短的箭头指向弱势反应一边即左边。

$$H_2C{=}CH_2 + HBr \rightleftharpoons CH_3CH_2Br$$

可逆反应中的优势反应是放热反应（exothermic reaction），而弱势反应是吸热反应（endothermic reaction）。总反应的能量变化用吉布斯自由能变（Gibbs free-energy change）ΔG 表示。对于正反应占优势的可逆反应，其 $K_{eq}>1$，$\Delta G^\ominus$（标准吉布斯自由能变）为负值。对于逆反应占优势的可逆反应，其$K_{eq}<1$，$\Delta G^\ominus$ 为正值。$\Delta G^\ominus$ 与 K_{eq}的关系如下：

$$\Delta G^\ominus = -RT\ln K_{eq}$$

或

$$K_{eq} = e^{-\Delta G^\ominus/RT}$$

式中，$R=8.314\ J\cdot K^{-1}\cdot mol^{-1}=1.987\ cal\cdot K^{-1}\cdot mol^{-1}$；$T$ 为热力学温度；$e=2.718$。

反应的标准吉布斯自由能变与其焓变(enthalpy，反应热)$\Delta H^{\ominus}$和熵变(entropy)$\Delta S^{\ominus}$的关系如下：

$$\Delta G^{\ominus}=\Delta H^{\ominus}-T\Delta S^{\ominus}$$

其中 $\Delta H^{\ominus}$对 $\Delta G^{\ominus}$影响较大，通常占有主导地位。

$\Delta H^{\ominus}$反映的是反应过程中键能的变化。$\Delta H^{\ominus}$为负值表明新形成的化学键较反应物中原有的化学键稳定，反应是放热的。相反，$\Delta H^{\ominus}$为正值则表明旧键较新键稳定，反应是吸热的。

$\Delta S^{\ominus}$反映的是分子无序度的变化或者伴随反应的运动自由度的变化。例如，对于下列反应(a)来说，运动自由度减小，$\Delta S^{\ominus}$为负值；相反，对于下列反应(b)来说，由于一个分子分解成两个分子，故运动自由度增加，$\Delta S^{\ominus}$为正值。

$$A + B \longrightarrow C \qquad (a)$$

$$A \longrightarrow B + C \qquad (b)$$

虽然平衡常数 K_{eq}能够告诉我们在什么情况下达到平衡以及平衡时有多少产物可能生成，但它并不能告诉我们反应的速率有多快，达到平衡需要多长时间。一个具有很大 K_{eq}的反应，可能是一个反应速率很快的反应，也可能是一个很慢的反应。也就说，反应速率和反应平衡是两个完全不同，也互不相干的概念。

反应速率是一个反应动力学的概念，也是一个比较复杂的问题。影响反应速率的因素很多，包括反应物本身的结构、反应物浓度、反应温度、反应介质、催化剂等。

在催化剂和反应介质等固定的情况下，双分子反应的反应速率可以用下式表示：

反应速率＝碰撞概率×取向概率×能量概率

碰撞概率主要取决于反应物的浓度和反应温度。反应物浓度越高，分子间的碰撞概率就越高。温度越高，分子运动越快，单位时间碰撞的概率就越高。此外，碰撞概率还与相对分子质量有关。相对分子质量增大，分子运动减慢，碰撞减少。

取向概率是指一个分子在一定方向上碰撞到另一个分子的反应部位的概率。有些反应要求一个分子只能按照一个方向碰撞到另一个分子的反应部位才可能反应。相反，有些反应对分子间的碰撞方向要求较低，在两个或两个以上的特定方向碰撞都可能导致反应的发生。显然，后一种的反应取向概率较高，有助于提高反应速率。

尽管一种反应物的所有分子都处在一个反应体系中，但各个分子的能量并不相同，只有那些能量高于反应活化能的分子才有可能发生反应。这类分子数占其总分子数的比例就是该反应物的能量概率。显然，提高反应温度可提高反应物的能量概率。

（二）键能与键离解能

共价键的断裂是吸热的，共价键的形成是放热的。一个共价键断裂所需要吸收的热量用键离解能（bond dissociation energy）表示，其符号为 D。键离解能是指在 25 ℃断裂 1 mol 特定共价键并形成两个自由基碎片所吸收的能量。与离解能关系密切的另一个概念是键能。键能是指在 25 ℃ 使 1 mol 气态双原子分子的化学键全部断裂成两个自由原子所需要吸收的能量。对于多原子分子来说，键能是多个相同共价键离解能的平均值。例如，甲烷中四个 C—H 键的离解能是不同的，C—H 键的键能是四个 C—H 键离解能的平均值。换句话说，C—H 键的键能在所有化合物中都是一样的，但不同化合物中 C—H 键的离解能可能是不同的。

键能是化学键稳定性的主要标志之一。一般来说，在同类键中，键能越大，键越稳定。键能越大，表明成键双方原子的原子轨道重叠的程度越大，共价性越强。

如果知道一个反应中所有断裂键和所有形成键的离解能，便可计算出反应的焓变 $\Delta H^{\ominus}$，进而再由 $\Delta H^{\ominus}$ 粗略判断一个反应是否是优势反应。要比较准确地判断一个反应是否是优势反应需要采用 $\Delta G^{\ominus}$。但是，由于一般无法通过计算准确获得 $\Delta S^{\ominus}$，因此也就无法获得 $\Delta G^{\ominus}$。另外，即使能够计算出 $\Delta G^{\ominus}$，由 $\Delta G^{\ominus}$ 对反应的判断也是粗略的。这主要是因为键能是在气态测定的，而实际上大部分反应都是在溶液中进行的。溶剂与反应物以及反应物与反应物之间的相互作用常常会很大程度地改变化学键的强度。另外，极性反应物在极性溶剂中受到溶剂化效应的影响，会发生一定程度的定向排列，从而减小体系中分子的无序度（$\Delta S^{\ominus}$）。以上两方面说明，溶液中反应的 $\Delta S^{\ominus}$ 和 $\Delta H^{\ominus}$ 是不同于气态反应的。因此，无论是用气态的 $\Delta H^{\ominus}$ 还是 $\Delta G^{\ominus}$ 对反应所进行的判断都只能是粗略的。

（三）反应的能量曲线、反应过渡态和反应中间体

除了周环反应，其他的有机反应都可以看作分步进行。在形成最终产物之前的，反应进程中的每一步都会形成与之对应的产物，这些产物一般都具有较高的能量，不稳定，且存在时间很短。这些产物可以分为两类：过渡态（transition state）和中间体（intermediate）。过渡态是指涉及旧键正在断裂而新键正在形成的一类活性结构体。中间体是指已经完成了某些化学键断裂和新化学键形成，但还未形成最终产物的一类活性结构体。简单地说，中间体就是反应进程中除最后一步外的每一步反应的反应产物，而过渡态则是在形成每一步反应产物过

程中形成的具有最高能量的活性结构体。由于中间体和过渡态都是不稳定的，且存在时间很短，因此它们一般不能被分离出来，尤其是过渡态是不可能被分离出来的。有机反应中间体的类型主要有自由基、正离子和负离子。

反应进程中反应物结构的变化及其对应能量的变化常用反应能量图(reaction energy diagram)表示。纵坐标表示能量，横坐标表示反应进程。图 1.17 是乙烯与 HBr 加成反应的反应能量图。

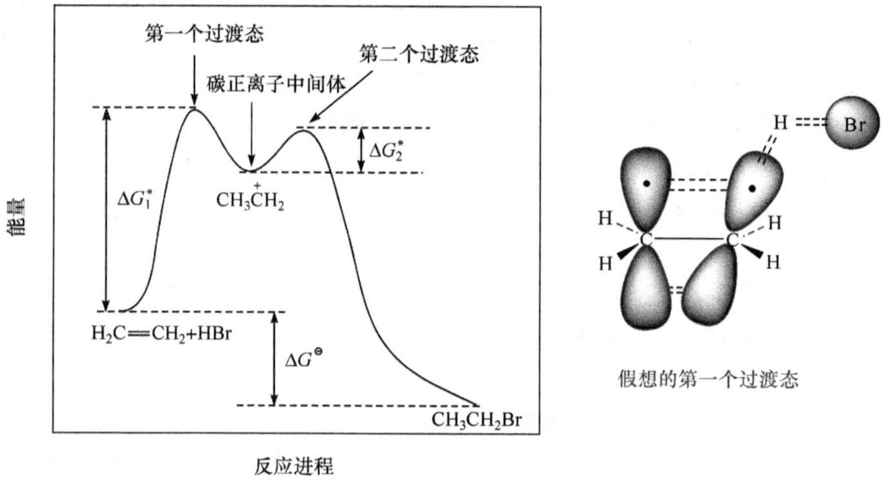

图 1.17　乙烯与 HBr 加成反应的反应能量图

由图 1.17 可以看出反应能量图是如何动态地描述一个反应过程的。首先，在横坐标的左边显示出两个反应物的总能量。当两个分子相互碰撞并反应时，它们的电子云相互排斥，能量升高。如果碰撞的力量足够大且方向合适，两个分子之间的距离进一步缩小，电子云的相互排斥作用增强，双分子组合体的能量也随之继续升高。当原有化学键开始部分断裂和新的化学键开始部分形成的时候，双分子组合体的能量达到最大，此时的双分子组合体就是第一个过渡态。反应物与过渡态的能量差称为活化能(activation energy，ΔG_1^*)。活化能的高低与反应速率呈负相关。很多有机反应的活化能都为 40～150 kJ/mol (10～35 kcal/mol)。当反应活化能小于 80 kJ/mol 时，反应可以在室温或低于室温下进行。加热可以提高分子的能量，从而使更多的分子有机会发生有效碰撞和形成反应过渡态，进而提高反应速率。

反应过渡态一方面可以继续反应，完成化学键的形成和断裂，生成中间体或产物；另一方面也可以沿原路返回，分解成原反应物。两个过程都是放热的。在上例中，中间体是一个碳正离子($CH_3CH_2^+$)并含有一个新的 C—H 键，其能量较反应物高。也就是说，从反应物到中间体是吸热的。对于一个涉及多步反应的复杂反应来说,每一步都有自己的 ΔG_i^* 和 $\Delta G_i^\ominus$。总反应也有自己的 ΔG^* 和 $\Delta G^\ominus$。

中间体($CH_3CH_2^+$)一旦生成,将很快与 Br^- 发生第二步反应——亲核反应,并最终生成产物。在第二步反应中,中间体充当了新的反应物的角色。与第一步类似,在第二步反应中也会形成一个相应的过渡态(第二个过渡态),其能量大于中间体,但低于第一个过渡态。显然,中间体的能量一般低于相邻两个过渡态。图 1.18 是常见反应能量图的四种类型。

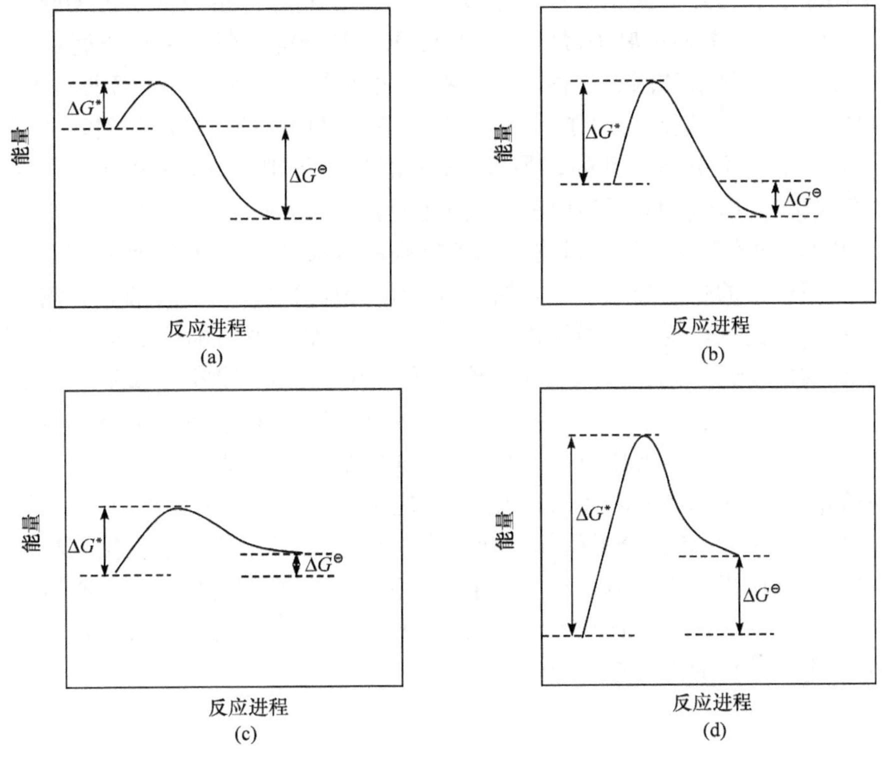

图 1.18 四种常见反应能量图

生物体内的有机反应与实验室的人工反应很类似,其反应过程也可以用反应能量图来表示。所不同的是,生物有机反应是用酶作催化剂的,称为酶促反应(enzyme-catalyzed reaction)。酶促反应常常涉及更多的反应步骤,每步的反应活化能都很小,这就是生物有机反应能在较低温度下进行的原因。另外,酶促反应的速率是控制在一定范围内的,这样可以保证反应不会太剧烈,从而避免因为大量放热损害生物体。

四、有机反应的特点

与无机物相比,在物理性质方面,有机物具有易燃烧、易溶于有机溶剂而难溶于水、熔点和沸点较低不导电等特点。在化学结构方面，有机物基本上都是共价化合物且结构复杂。结构上的差异决定了有机物的反应与无机物不同。具体表现在两个方面。

(一) 反应速率低

化学反应在本质上是化学键和原子重组的过程，在这个过程中必然涉及一些化学键的断裂和另外一些化学键的形成。有机物反应涉及的是共价键的断裂与形成，而无机物反应主要是离子键的断裂和形成。共价键的断裂和形成远比离子键的断裂和形成要复杂和困难。强电解质的无机物在水溶液中是全部电离的，电离后形成的正、负离子呈水合离子状态，且二者是相对自由的。也就是说，在溶液中，离子化合物的离子键是断开的。另外，离子键与共价键不同，它没有方向性。因此，在溶液中不同电性的离子从任何方向相遇，都可能通过正、负电荷的相互吸引而形成新的离子键。所以，无机物的离子反应一般都是非常快的，有的甚至是瞬间完成。与离子键的自发断裂不同，共价键的断裂很难自发进行，一般首先需要其他分子或离子对其进行足够的诱导极化，且只有具有特定方向的诱导极化才有可能起到活化共价键的作用。活化后的共价键再与另外的反应物分子按照一定的方向相互作用，形成过渡态或产物。对于绝大多数有机反应来说，常常涉及多个化学键的断裂和多个化学键的形成，反应过程常包含多个反应步骤，每个反应步骤都要形成相应的反应过渡态和中间体，每个形成反应过渡态的过程都是可逆的。另外，从分子碰撞理论来看，有机分子的体积和表面积都很大，反应物分子发生在特定化学键上的有效碰撞概率也必然很小。以上几个因素的综合影响导致大多数有机反应的速率都很慢，有的甚至需要几十小时或几十天才能完成。因此，大多数有机反应都需要一定的催化剂来加速反应。

(二) 反应副产物多且受反应条件影响大

首先，与无机物中的离子键不同，一般有机分子中的共价键数目都很多，且其中具有相近离解能的共价键也比较多。如果反应条件选择不当，如温度过高，就会使一个有机分子中多个化学键都有可能发生反应，即造成反应选择性降低。其次，由于反应过程中分子之间的碰撞是随机的，因此，从碰撞概率来看，空间环境相同或相近的不同化学键发生碰撞的概率也是相同或相近的，所不同的仅是不同化学键部位的有效碰撞概率不同，反映在产物方面就是不同产物的产率不同。最后，由于反应产物中也含有一些与反应物相同或相近的共价键，导致产物也可以进一步与反应物发生反应。以上三方面的因素最终导致有机反应的产物选择性较差，副产物较多，产率不高。一般认为能达到70%以上产率的就是一个不错的反应。

第七节　有机化合物的构性分析

“有机化合物的构性相关规则”是一个用于有机化合物结构与性质相关分析的理论，是由傅建熙教授1993年提出并应用的。该理论包括两个内容：构性相关规则的指导思想和构性相关分析的基本程序。

一、构性相关规则

构性相关规则的指导思想包括三个基本内容：

(1) 物质的性质是由其结构决定的，而物质分子的官能团决定此类物质的主要性质。

这一指导思想符合唯物辩证法关于现象与本质、主要矛盾和次要矛盾以及内因与外因的基本关系的论点。物质的理化性质属于物质的现象，物质的分子结构是其本质。根据辩证法中本质决定现象的观点，物质的性质只能由其结构来决定。因此，要想预测和分析一个化合物的理化性质，可以利用有机化学的基本理论通过对其分子结构的合理分析来实现。两个物质理化性质方面的差异一定与其结构方面的差异有关，反之亦然。例如，甲醇和二甲醚沸点之间的差异就是缘于甲醇分子中存在能形成氢键的羟基(—OH)而甲醚中没有。另外，理化性质的表现固然需要一定的外因(温度、压力、溶剂、浓度等)和内因(分子结构)，但内因即分子结构起主导作用。因此，在分析物质的理化性质时，应重点考虑分子的结构。从主要矛盾和次要矛盾的观点来看，分子官能团中的一些化学键一般都是分子中化学键键能最小、极性最大或最易极化的，这些化学键是分子的主要矛盾，而键能较大、极性较小或难于极化的化学键则是次要矛盾。分析分子结构时，紧紧抓住其官能团及其相关的化学键就等于抓住了分子理化性质变化的主要矛盾，也就等于抓住了分子的主要理化性质。综上可见，紧紧抓住分子的结构及其官能团，并掌握一套对之进行合理分析的理论和方法是学好有机化学的关键。

(2) 化学反应的实质就是在反应过程中反应物的某些化学键发生断裂，组成反应物分子的原子或原子团又重新形成新的化学键的过程。化学键不同，其断裂方式和难易程度也不同。

对有机化学反应的研究证明，有机反应的本质就是分子中一些化学键和原子的重组。在化学键重组过程中必然涉及一些化学键的断裂和另外一些化学键的形成。但是，不同化学键的特性(键能、键长、键角、键极性)是不同的，不同的键特性决定了不同化学键的断裂方式和难易程度也不同。例如，C—H键的键能大，极性小，故容易发生均裂，而不容易发生异裂；C—Cl键的键能小，极性大，因此容易发生异裂，不容易发生均裂。前者易发生自由基反应，后者易发生极性反应。

(3) 物质的分子是一个有机整体,所以组成分子的各部分之间必定相互制约和影响,产生这些制约和影响的微观因素主要是分子内的电效应。其宏观表现主要是分子内的各结构单元可以共同参与反应和同类物质中每个化合物都具有自己的独特性。

分子轨道理论认为,任何成键电子都是围绕整个分子运动的,因此分子中的所有原子是一个有机的整体,各化学键之间通过电子效应而相互联系和影响。可以说,分子中的任何原子对分子的任何性质都有一定程度的影响。另外,成键电子在整个分子中的电子分布(电子密度)是非均匀的,不同区域的电子受原子核或分子的束缚程度也是不同的。电子密度较高或电子受原子核或分子束缚程度较小的地方决定同类分子的主要化学性质或特征反应。成键电子间的相互影响导致分子的不同结构单元可以一起参与反应,从而使不同的化合物表现出一定的独特性质。

二、有机化合物构性相关分析的基本程序

有机化合物构性相关分析的基本程序是为了具体实施构性相关分析而给出的一个参考性程序。

构性相关分析的基本程序有以下五个步骤:

(1) 写出目标分子的结构式。

(2) 找出目标分子结构式中的官能团。

(3) 用化学键和电子效应理论分析分子中官能团的化学键和其他结构单元中的化学键特性,再根据化学键特性与有机反应的关系推断出官能团可能发生的反应类型。

(4) 利用电子效应分析官能团和其他结构单元之间的相互影响,尤其是官能团对其附近化学键的影响,最后推断出非官能团结构单元可能发生的反应类型及官能团与其他结构单元一起可能参与的反应类型。

(5) 分类总结出分析的结论。可以按照官能团的反应、非官能团的反应、官能团与非官能团结构单元共同参与的反应三大类进行归纳总结。

第八节 有机化合物的结构、性能与功能

小分子的结构简单性决定了其性能和功能的有限性。当足够多的有机小分子以共价键相互连接成有机大分子时,其组成和结构上的量变将导致分子性能和功能上的质变。这种现象广泛地存在于自然界,尤其是生物界。例如,单糖是溶于水的,由单糖聚合而成的多糖却难溶于甚至不溶于水,如淀粉、纤维素等。单核苷酸

不能储存遗传信息，而由不同单核苷酸按照一定规律聚合而成的多聚核苷酸却是存储生物信息的遗传物质，如DNA、RNA。常见氨基酸没有复杂的空间结构，也没有高效催化有机反应的功能，但由不同氨基酸聚合而成的蛋白质却可以形成极其复杂的空间结构，并因此而具有催化、免疫、调节等重要的生物功能。当众多的多糖分子或蛋白质分子集合在一起时，所形成的集合体便具有了一定抵抗外部作用的特性，正是这种特性才使生物体形成了一定的形状和功能。显而易见，分子的性能和功能是分子在其组成和结构的量变方面达到一定程度的必然结果。分子的组成和结构不同，其性能和功能也不同。基于这一认识，化学家可以通过改变分子的组成和结构来改变分子的性能和功能，进而获得具有新性能和新功能的有机分子。

人们对生物高分子结构、性能和功能关系的认识促使化学家们开始探索人工合成非生物高分子的研究，并于1907年首次合成人工高分子——酚醛树脂。经过一个世纪的研究和发展，高分子有机化学已经成为具有广阔应用前景且比较成熟的一门学科。众多的通用高分子有机材料，如化学纤维、塑料、橡胶、油漆涂料、黏合剂等和特种高分子材料已经广泛应用于生产生活的各个方面。特种高分子材料是指具有特殊物理、力学、化学性质和功能的高分子材料，其性能和特征都大大超出了原有通用高分子材料。特种高分子材料包括功能高分子材料和高性能高分子材料。高性能高分子材料是指对外力有特别强的抵抗能力的高分子有机材料，主要针对的是工程高分子材料。功能高分子材料是指当有外部刺激时，能通过化学或物理的方法作出反应的有机高分子材料，如分离膜、离子交换树脂、高分子催化剂、固定化酶、生物反应器、高分子液晶、导电性高分子、超导高分子、感电子性高分子、感光高分子、导光性高分子、压电性高分子、热电性高分子、人工脏器用材料(人工肾、人工心肺等)、药物活性高分子、缓释性高分子药物、高分子农药、可降解性高分子材料、光敏性高分子等。不难看出，人工有机高分子材料的应用正在深刻地影响和改变着我们的生活。

习　题

1. 为什么有机化合物数量很多?
2. 根据下列化合物的物理性质判断形成各化合物的化学键类型，并解释离子化合物和共价化合物熔点(m. p.)、沸点(b. p.)的不同。

	(1) Cl_2	(2) NaCl	(3) ICl	(4) H_2O
b. p. /℃	34.6	1413	97	100
m. p. /℃	−101.6	800.4	27.2	0

3. 指出形成下列化合物的化学键类型。

(1) Li_2O　　(2) PH_3　　(3) N_2O　　(4) CaF_2

4. 在下列配位共价键形成过程中，哪个是电子接受体？哪个是电子给予体？

(1) H_3^+O　(2) $[Cu(NH_3)_4]^{2+}$　(3) $AgCl_2^-$　(4) $H_3N:BF_3$

5. 按照路易斯-朗缪尔(Langmuir)的8电子规则，写出下列化合物的电子结构式。

(1) H_2CO　(2) N_2　(3) CO_2　(4) HONO　(5) HCN

6. 写出下列化合物的路易斯结构式。

(1) H_2NOH　(2) CH_3OH　(3) ClNO　(4) HOCN　(5) CH_3NH_2

7. 求算下列分子中每个原子所带的形式电荷数。

(1) H : O : Cl　(2) NH_4^+　(3) $H_2O:BF_3$　(4) $H_2C:$　(5) H_3C^+　(6) $H_3C:^-$　(7) H_3C

8. 什么是官能团？为什么官能团在有机化合物中非常重要？

9. 某化合物的含碳量为48.63%，含氢量为8.18%，(1) 试推测该化合物的最简式；(2) 如果该分子的相对分子质量分别为74.1和222.3，该化合物所对应的分子式应是什么？

10. 如果遵循洪德规则，基态碳原子的电子应该怎样排布？不遵循洪德规则又该怎样排布？

11. 在什么结构存在的情况下C原子是(1) sp^3杂化 (2) sp^2杂化 (3) sp杂化？

12. 画出下列化合物的结构式，并指明各化合物中C原子和N原子的杂化方式。

(1) NH_4^+　(2) CH_3NH_2　(3) $H_2C{=}O$　(4) $H_2C{=}NH$　(5) $HC{\equiv}N:$

13. 三氟化氮(NF_3)和氨(NH_3)在其四面体的第四个角都有一对孤对电子，并且分子中各元素之间的电负性之差相似(N和F之间为1.0，N和H之间为0.9)，为什么NH_3的偶极矩(1.46 D)比NF_3的偶极矩(0.24 D)大？

14. 指出下列反应的类型(一个反应可能不止一种类型)。

(1) $H_2C{=}CH_2 + Br_2 \longrightarrow BrH_2C{-}CH_2Br$

(2) $H\ddot{O}^- + CH_3Cl \longrightarrow CH_3OH + Cl^-$

(3) $Me_2NH_2^+ + CH_3O^- \longrightarrow Me_2NH + CH_3OH$

(4) $CHCl_3 + OH^- \longrightarrow :CCl_2 + H_2O + Cl^-$

(5)  $+ H_2O \xrightarrow{H^+} HOCH_2CH_2OH$

(6) $CH_3CHBrCHBrCH_3 + Zn \longrightarrow CH_3CH{=}CHCH_3 + ZnBr_2$

(7) $(NH_4)^+(NCO)^- \longrightarrow O{=}C(NH_2)_2$

(8) $C_6H_6 + Cl_2 \xrightarrow{Fe} C_6H_5Cl + HCl$

(9) $BrCH_2CH_2CH_2Br + Zn \longrightarrow$  $+ ZnBr_2$

15. 写出下列物质的共轭酸。

(1) $C_2H_5NH_2$　(2) CH_3O^-　(3) $H_2C:$　(4) $:\ddot{\underset{\cdot\cdot}{O}}{-}\ddot{\underset{\cdot\cdot}{O}}:$　(5) CH_3OH　(6) $H_2C{=}CH_2$

16. 如果15题中的各物质存在共轭碱，请给出。

17. 下列物质哪些是两性物质？为什么？

(1) NH_3　(2) NH_4^+　(3) Br^-　(4) HCO_3^-　(5) HF

18. 在下面各反应的两种试剂中，哪个是路易斯酸？哪个是路易斯碱？

(1) $CH_3CH{=}O + H^+ \longrightarrow CH_3CH{=}OH^+$　(2) $H_2C{=}O + :NH_3 \longrightarrow H_2C(NH_3^+){-}O^-$

(3) $O{=}C{=}O + OH^- \longrightarrow O{=}C(OH){-}O^-$　(4) $SiF_4 + 2:\ddot{\underset{\cdot\cdot}{F}}:^- \longrightarrow [SiF_6]^{2-}$

(5) $Ag^{+}+2\,{:}NH_3 \longrightarrow [Ag(NH_3)_2]^{+}$　　(6) $(CH_3)_3N{:}+BF_3 \longrightarrow (CH_3)_3\overset{+}{N}-\overset{-}{B}F_3$

19\. 为什么 $H_2\ddot{N}-\underset{\underset{\ddot{N}H}{\|}}{C}-\ddot{N}H_2$ 是强碱，而 RNH_2 是弱碱？

绿色化学简介

绿色化学(green chemistry)又称环境友好化学(environment-friendly chemistry)，其核心是利用化学原理，从源头上减少或消除在生产和使用化学品过程中对环境的污染。

虽然绿色化学还没有一个明确的定义，但其主要的研究内容是设计对人类和环境"更安全"的化合物和生产线以及生产工艺。这种安全不仅是针对人类的健康，还包括生态环境、动物、水生生物和植物，不仅针对直接影响而且还考虑间接影响(如转化物、代谢物)。绿色化学的原则主要有12条：

(1) 防止污染优于污染治理。

(2) 提高反应的原子经济性，使材料尽可能多地转化为产物。

(3) 尽量减少化学合成中的有毒原料、产物。

(4) 设计安全的化学品，保留其功效，降低其毒性。

(5) 使用无毒、无害的溶剂和助剂。

(6) 合理使用和节约能源。

(7) 利用可再生资源代替消耗型资源合成化学品。

(8) 减少不必要的衍生化步骤。

(9) 采用高选择性催化剂优于使用化学剂量助剂。

(10) 产物在完成使用后不在环境中久留，容易降解为无毒、无害的物质。

(11) 发展分析方法，对污染物实行在线监测和控制。

(12) 少使用易燃、易爆物质，降低事故隐患。

目前，绿色化学研究的重点是：设计或重新设计对人类健康和环境更安全的化合物，这是绿色化学的关键部分；探索新的、更安全的、对环境更友好的化学合成路线和生产工艺，这可从研究、变换基本原料和起始化合物以及引入新试剂入手；改善化学反应条件，降低对人类健康和环境的危害，减少废弃物的生产和排放。

第二章　烷烃和环烷烃

只由碳、氢两种元素形成的有机化合物称为碳氢化合物，简称烃(hydrocarbon)。根据分子中是否存在碳碳重键及重键的类型，一般将烃分为烷烃、烯烃、炔烃和芳香烃。根据烃分子中是否存在环状结构，也可将烃分为开链烃和环烃。由于开链化合物最早是从脂肪中得到的，故开链烃又称为脂肪烃(aliphatic hydrocarbon)。

烷烃(alkane)是指分子中不含碳碳重键的烃，常称为饱和烃(saturated hydrocarbon)。烷烃有开链烷烃和环烷烃(cycloalkane)之分，其中开链烷烃常简称烷烃。本章介绍烷烃和环烷烃的命名、结构、异构现象、构象以及理化性质。

第一节　烷烃与同分异构现象

一、烷烃的通式和同系列

在开链烷烃分子中，碳原子和碳原子之间以及碳原子和氢原子之间均以 σ 键相连。对于开链烷烃来说，碳原子之间既可相互连接成直链(straight-chain)碳架，也可连接成带有支链(branched-chain)的碳架。在直链烷烃的分子中，碳架中间的每个碳都连有两个氢原子，只有两端的两个碳分别连有 3 个氢原子，故开链烷烃的通式可用C_nH_{2n+2}(n 为碳原子数)表示。

最简单的烷烃是含一个碳的烷烃，称为甲烷(CH_4)。随着碳原子数依次增多，分别是乙烷(C_2H_6)、丙烷(C_3H_8)、丁烷(C_4H_{10})、戊烷(C_5H_{12})等。它们的结构式分别如下：

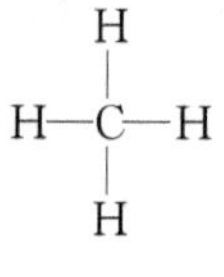

甲烷

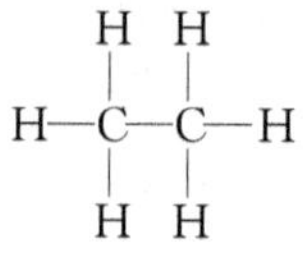

乙烷

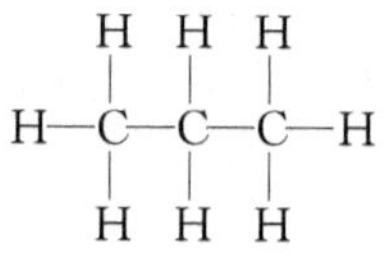

丙烷

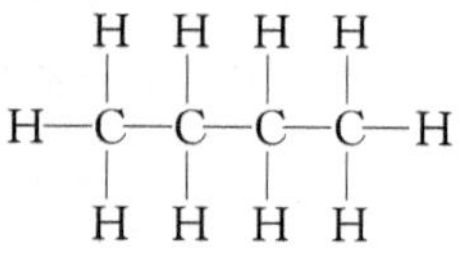

丁烷

从上述结构式可以看出，不同开链烷烃的分子之间都是相差一个或几个 CH_2(亚甲基)单位。这种具有同一通式，结构和化学性质相似，组成相差一个或多个CH_2单位的一系列化合物称为同系列。同系列中的不同化合物互称为同系物(homologue)。相邻同系物之间的差称为同系差，如 CH_2。同系列关系是有机化学中普遍存在的一种现象，它在有机化学的发展中极为重要。

由于同系列中各同系物(特别是高级同系物)的结构和性质相似,其物理性质也随着分子中碳原子数目的增加而呈规律性变化,因此掌握了同系列中几个典型的有代表性的化合物的化学性质,就可推知同系列中其他化合物的一般化学性质,为研究数目庞大的有机物提供了方便。

在应用同系列概念时,除了注意同系物的共性外,还要注意它们的个性。尤其是相距较远的同系物,由于分子在组成方面的变化较大,有可能会因此而导致某些物理性质和化学性质在一定程度上发生变化。另外,即使是相距较近的同系物,也可能由于结构上的变化(异构)而引起某些性质在一定程度上发生较大的变化。

二、烷烃的同分异构现象

分子式相同而结构式不同的现象称为同分异构(isomerism)现象,具有这一现象的化合物之间互称为同分异构体(isomer),也称结构异构体。有机化合物的数目庞大,同分异构现象极为普遍。同分异构体是所有异构体的总称,可分为构造异构体(constitutional isomer)和立体异构体(steric isomer)两大类。前者是指因分子中原子的连接次序或键合性质的不同引起的异构现象。对开链烷烃来说,其异构现象一般是由碳骨架不同而产生的,这类异构体称为碳架异构体、碳链异构体或碳胳异构体(carbon skeleton isomer)。例如,丁烷有两种骨架,它们互为碳架异构体;戊烷有 3 种不同的碳架,它们也互为碳架异构体。

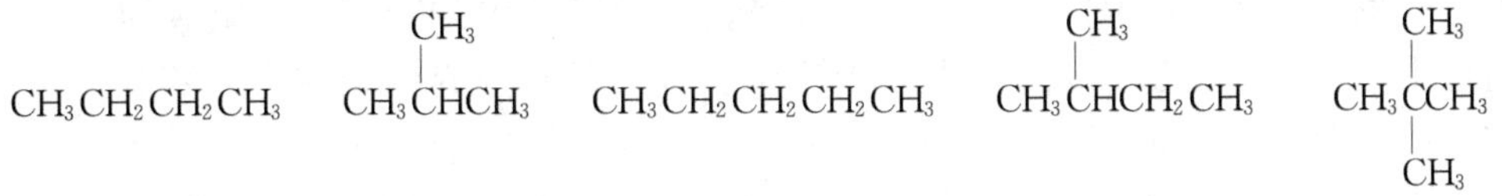

(正)丁烷　　异丁烷　　(正)戊烷　　异戊烷　　新戊烷

很明显,两种丁烷结构上的差异是分子中碳原子的连接次序不同。同样,戊烷的 3 种结构也是由碳原子的连接次序不同造成的。

随着烷烃分子中碳原子数的增加,碳原子之间就有更多的连接方式,碳架异构体的数目也会迅速增加。表 2.1 列出了一些烷烃碳架异构体的数目。

表 2.1　烷烃碳架异构体的数目

碳原子数	异构体数目	碳原子数	异构体数目	碳原子数	异构体数目	碳原子数	异构体数目
1	1	5	3	9	35	13	802
2	1	6	5	10	75	14	1 858
3	1	7	9	11	159	15	4 347
4	2	8	18	12	355	20	366 319

第二节 烷烃的命名

目前，人们发现的有机化合物已接近 2000 万种。为了区分不同的化合物，以便交流和文献检索，学习和掌握有机化合物的正确命名方法是非常重要的。常用的有机化合物的命名方法有俗名法、普通命名法、系统命名法和国际纯粹与应用化学联合会(International Union of Pure and Applied Chemistry)指定的命名法，简称 IUPAC 命名法。普通命名法又称习惯命名法，主要适用于简单化合物，俗名法多用于结构复杂的化合物的命名，IUPAC 命名法是全球通用的英文命名法。

中文的命名法是中国化学会根据 IUPAC 命名法原则，同时结合中国文字的特点制定的有机化合物中文命名法，简称系统命名法。需要注意的是，系统命名法并不完全等同于 IUPAC 命名法。本书将重点介绍系统命名法。

一、系统命名法

烷烃系统命名法的基本原则主要有 4 点。

(一) 主碳链的选择与母体烃的选择

选择含碳原子数目最多的碳链作为主链，将主链对应的直链烷烃作为母体化合物，其对应的名称为“某烷”。当主链碳原子的总数为 1～10 时，依次分别用天干——甲、乙、丙、丁、戊、己、庚、辛、壬、癸表示“某烷”中的“某”。主链碳原子总数超过 10 时，用中文数字表示“某”。例如，十四个碳的直链烷烃称为十四烷。直链烷烃中不存在支碳链，其唯一的碳链就是其主链。若分子中存在两个或多个含碳原子数相同的最长碳链时，应选择含支碳链最多的最长碳链为主链。例如，下面结构式的主链是带有编号的碳链，其母体化合物为辛烷。

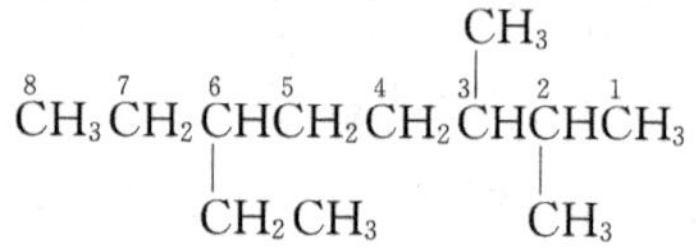

(二) 取代基及其表示

取代基就是将有机分子中人为地去掉一个或几个氢原子后剩余的部分，通常用 R—表示。烷烃对应的取代基就是烷基，直链烷基的名称是将对应烷烃名称“某烷”中的“烷”换成“基”来表示，如甲烷分子去掉一个氢后的剩余部分称为甲基，乙烷分子去掉一个氢后的剩余部分称为乙基。在上面的结构中，主碳链上连有 3 个烷基，即 2 个甲基和 1 个乙基。表 2.2 列出了一些常见烷基的结构和名称。

表 2.2　一些常见烷基的结构和名称

烷　烃	相应的烷基骨架	普通命名法	系统命名法	缩写符号
甲烷 CH_4	$CH_3—$	甲基	甲基	Me
乙烷 CH_3CH_3	$CH_3CH_2—$	乙基	乙基	Et
丙烷 $CH_3CH_2CH_3$	$CH_3CH_2CH_2—$	(正)丙基	丙基	*n*-Pr
	$(CH_3)_2CH—$	异丙基	1′-甲基乙基	*i*-Pr
(正)丁烷 $CH_3CH_2CH_2CH_3$	$CH_3CH_2CH_2CH_2—$	正丁基	丁基	*n*-Bu
	$CH_3\underset{\mid}{C}HCH_2CH_3$	仲丁基	1′-甲基丙基	*s*-Bu
异丁烷 $(CH_3)_3CH$	$(H_3C)_2HCH_2C—$	异丁基	2′-甲基丙基	*i*-Bu
	$(H_3C)_3C—$	叔丁基	1′,1′-二甲基乙基	*t*-Bu
(正)戊烷	$CH_3CH_2CH_2CH_2CH_2—$	正戊基	戊基	—
$CH_3CH_2CH_2CH_2CH_3$	$CH_3CH_2CH_2\underset{\mid}{C}HCH_3$	—	1′-甲基丁基	—
	$CH_3CH_2\underset{\mid}{C}HCH_2CH_3$	—	1′-乙基丙基	—
异戊烷 $(CH_3)_2CHCH_2CH_3$	$CH_3\underset{\underset{CH_3}{\mid}}{C}HCH_2CH_2—$	异戊基	3′-甲基丁基	—

注：括号中的正字可以省略；在英文命名时，正用 *n*-，异用 *iso*（或 *i*-），新用 *neo*，二级用词头 *sec*-（或 *s*-），三级用词头 *tert*-（或 *t*-）表示，后面用一短横线连接。

在取代基的系统命名法中，对于含有支链的复杂取代基，其系统命名法涉及取代基中主碳链的选择和编号。符合主碳链的条件是，含形成取代基的碳原子，且具有最多碳原子数的碳链。主碳链上的其他支链则为取代基主链上的取代基。取代基主链的编号从形成取代基的碳原子开始，采用“1′、2′、3′、…”的编号系统，以区别于分子母体碳链的编号。在书写取代基名称时，将取代基主链上的取代基名称连同其所在主链上位次一起置于主碳链名称的前面，位次的编号与取代基的名称之间用连字符“-”相连，不同取代基之间也用连字符相连。碳数越少、结构越简单的取代基，在名称中的位置越靠前，即越靠左，如 3′-甲基-2′-乙基丁基。

（三）主链各碳原子编号

与取代基主链的编号不同，分子主链的编号是从距取代基最近的一端开始，依次用阿拉伯数字对主链碳原子编号。取代基的位置（位次）就是它所连接的主链碳原子的号码数。

按照上述规定，若主链有两种可能的不同编号体系时，应采用“最低系列”编号法，即按照由近到远的次序，依次比较两种编号中取代基的位次，最先遇到位次小的编号为正确的编号。例如，在下面结构式的主链上，在由左到右的编号体系中，4个取代基的位次分别为2、3、4、6；在由右到左的编号体系中，各取代基的位次分别为2、4、5、6。在两种编号体系中，第一个取代基的位次都是2，而第二个取代基在前一种编号中为3，在后一种编号中为4，故正确的编号应该是由左到右的编号体系。

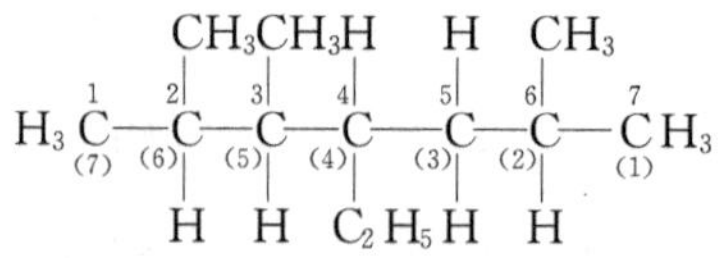

（四）书写化合物的名称

在系统命名法中，烷烃名称的基本格式为取代基的位次-相同取代基的个数-取代基的名称主链名称。例如，上面烷烃分子的名称为

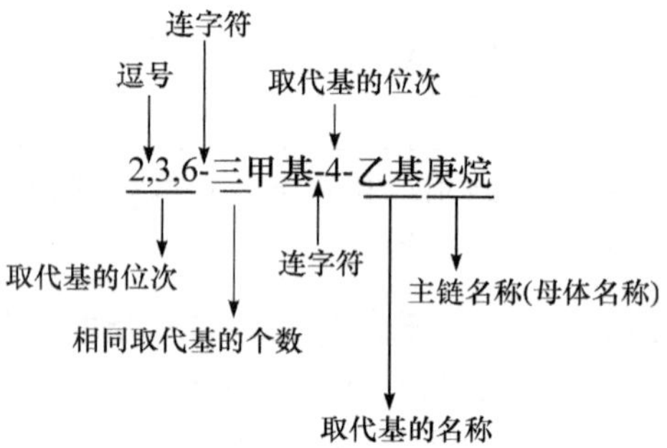

烷烃名称的书写有以下规律：

(1) 取代基与母体的关系：所有取代基都放在母体的前面。

(2) 取代基与取代基的关系：取代基与取代基之间用连字符隔开。不同的取代基在母体名称前的位置是由其优先次序决定的。取代基的优先次序是按照“次序规则”来确定的。把相同的取代基合并，其总数目用中文数字二、三、四等表示，并置于相应取代基的前面。

(3) 位次与取代基的关系：位次与取代基之间也用连字符隔开。每个取代基(包括相同取代基)的位次都要写出来，并且写在相应取代基的前面。

(4) 位次与位次的关系：表示相同取代基的若干个编号之间必须用逗号隔开。

（五）碳原子类型和次序规则

1. 碳原子类型

有机化学上常将碳原子分为 4 类或 4 级。

（1）与一个碳原子相连，是一级碳原子（或称伯碳，primary carbon），用 1°C 表示。1°C 上的氢称为一级氢，用 1°H 表示。

（2）与两个碳原子相连，是二级碳原子（或称仲碳，secondary carbon），用 2°C 表示。2°C 上的氢称为二级氢，用 2°H 表示。

（3）与三个碳原子相连，是三级碳原子（或称叔碳，tertiary carbon），用 3°C 表示。3°C上的氢称为三级氢，用 3°H 表示。

（4）与四个碳原子相连，是四级碳原子（或称季碳，quaternary carbon），用 4°C 表示。

不同类型的碳原子和氢原子的反应性能有一定的差别。

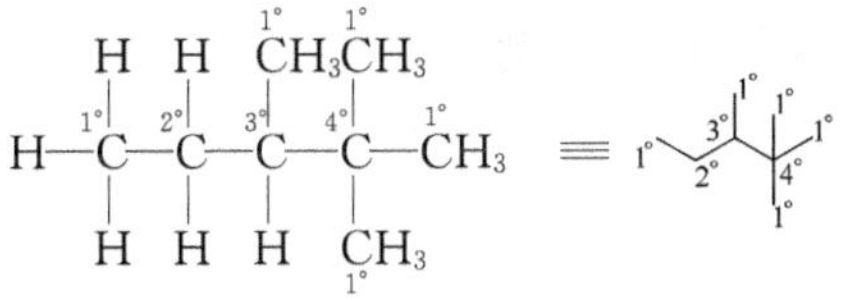

2. 次序规则

有机化合物中的各种基团可以按一定的规则来排列优先次序，这个规则称为次序规则，其主要内容如下：

（1）单原子取代基的优先次序是按原子序数由大到小的次序排序的，原子序数大者为“较优”基团；若两个原子互为同位素，则质量高者为“较优”基团。较优取代基在化合物的名称中距离母体化合物名称较近。有机化合物中常见元素的优先次序如下：

$$I > Br > Cl > S > P > F > O > N > C > D > H$$

（2）对于两个多原子取代基，则首先比较形成取代基的原子的原子序数，原子序数大的为较优基团。如果两个直接形成取代基的原子的原子序数相同，则采用外推法，逐一比较取代基上下一个原子的原子序数，直到确定出两个取代基的优先次序。若一个取代基上的等位原子有几个，则首先按照次序规则从中选出最优的原子，然后对两个取代基中最优原子进行比较。需要注意的是，只有两个取代基上等价位次上的原子才可以进行相互比较。例如，$—CH_3$与$—CH_2CH_3$，第一个均为碳原子，再按顺序比较与碳相连的下一个原子，在$—CH_3$中的下一个原子分别为H、H、H，在$—CH_2CH_3$中的下一个原子分别为C、H、H。比较后者中的C和前者中的 H，由于 C 的原子序数大于 H，故乙基较甲基优先。

(3) 当取代基含有重键时，可以把与双键或叁键相连的原子看作是以单键与 2 个或 3 个原子相连。例如：

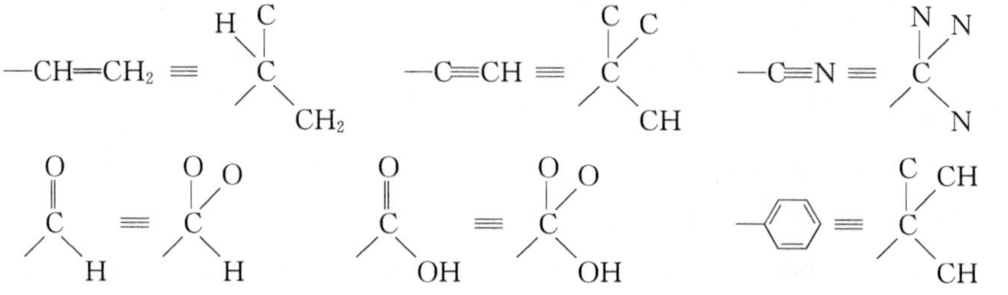

(4) 若参与比较的原子的价键数少于 4，则可以补充适量的原子序数为零的假想原子，并将假想原子的排序放在最后。例如，$CH_3CH_2NHCH_3$ 中，N 上只有 3 个基团，则 N 的第四个基团为一个原子序数为零的假想原子，4 个基团的优先次序为 $CH_3CH_2—>CH_3—>H—>$假想原子。

下面是一个复杂烷烃的命名实例：

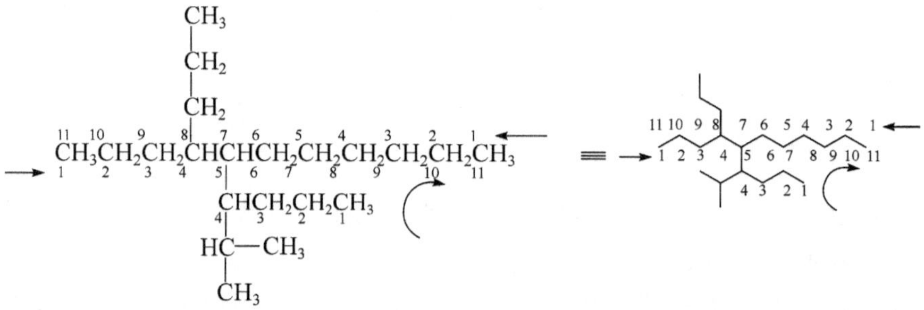

该化合物有两条等长的最长链，两根长链均有两个侧链(第二行编号和第三行编号)，侧链位次均为 4、5，侧链的碳原子数均为 3、7。此时，应根据侧链分支少的优先的原则来确定主链。由于水平主链上的两个支链中只有一个有支链，而弯曲主链(第三行编号)的两个支链上都有支链，故应选择水平主链作为分子的主链。按照前面讨论的取代基的命名，5-位取代基的名称应为 5-1′-异丙基丁基或 5-(1-异丙基丁基)。该化合物的名称为 4-丙基-5-(1-异丙基丁基)十一烷。

二、普通命名法

普通命名法的要点有两条：

(1) 对于直链烷烃，其普通命名法和系统命名法相同。

(2) 对于含支链的简单烷烃，用正、异、新等词头来区分异构体。

词头 “正”或“*n*-”表示该烷基为直链，“正”或“*n*-”也可省略。“异”或“*iso*”表示碳链的末端有$(CH_3)_2CH$—结构，且碳链的其他部位无支链。“新”或“*neo*”表示链的末端有$CH_3C(CH_3)_2CH_2$—结构，且链的其他部位无支链。戊烷的 3 个同分异构体的普通命名如下：

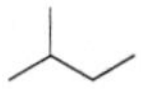

正戊烷　异戊烷　新戊烷

基于这一规定，烃基也可以根据形成取代基的碳原子的级别，分别用“仲”、“叔”等词头来区分同分异构体分子所形成的不同取代基。仲、叔分别表示形成取代基的碳原子连有 2 个、3 个碳原子。

由于用正、异、新等词头所能表示的化合物结构是非常有限的，因此普通命名法只适用于一些结构简单或特殊的化合物的命名。下面的两个烷烃只能用系统命名法命名，而无法用普通命名法命名。

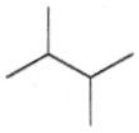

3-甲基戊烷　2,3-二甲基丁烷

三、其他命名法

衍生物命名法：烷烃的衍生物命名法以甲烷为母体，其他部分则作为甲烷的取代基来命名。在衍生物命名法中，为了方便，一般总是选择连有烷基最多的碳原子作为甲烷母体碳原子。

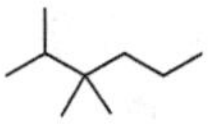

二甲基正丙基异丙基甲烷

俗名法：俗名法通常是根据化合物的来源或特殊性质来命名的。例如，甲烷产生于沼池里腐烂的植物，所以称为沼气(marsh gas)。对于结构复杂的天然化合物经常采用俗名法来命名。

第三节　烷烃的结构与性质

一、烷烃的结构与物理性质

烃的主要来源是天然气(natural gas)和石油(petroleum)。尽管各地天然气组分不尽相同，但几乎都含有 75%(体积分数，下同)甲烷、15%乙烷及 5%丙烷，其余为高级烷烃。含烷烃种类最多的是石油。分析结果表明，石油中含有1～50个碳原子的开链烷烃及一些以环戊烷、环己烷及其衍生物为主的环烷烃，有的产地的石油中还含有芳香烃。我国各地产的石油，其成分也不相同，但可根据需要把它们分馏成不同的馏分加以应用。烷烃不仅是燃料的重要来源，也是现代化学工业的原料。

有机化合物的物理性质(physical property)一般包括化合物的状态(state)、熔点(melting point)、沸点(boiling point)、密度(density)、溶解度(solubility)、折射率(refractive index)、偶极矩等。除存在状态外，它们在一定条件下都有固定的数值，因此，常把这些数值称为物理常数。各种化合物的物理常数可以在化学和物理手册中查找。通过测定物理常数，可以检验物质的纯度，或做定性鉴定。表2.3列出了一些正烷烃的物理常数。

表 2.3　一些正烷烃的物理常数

名称	熔点/℃	沸点/℃	相对密度(d_4^{20})	折射率(n_4^{20})	名称	熔点/℃	沸点/℃	相对密度(d_4^{20})	折射率(n_4^{20})
甲烷	−182.5	−161.5	0.554(0 ℃)	—	壬烷	−53.6	150.8	0.718	1.4054
乙烷	−183.2	−88.6	0.546(−88 ℃)	—	癸烷	−29.7	174.1	0.730	1.4102
丙烷	−187.7	−42.1	0.585(−44.5 ℃)	1.2898	十一烷	−25.6	194.5	0.741	1.4172
丁烷	−138.3	−0.5	0.579	1.3326	十二烷	−9.6	214.5	0.751	1.4216
戊烷	−129.7	36.1	0.626	1.3575	十六烷	18.5	287.5	0.774	1.4345
己烷	−95.3	68.7	0.659	1.3570	十七烷	22.5	303.0	0.775	1.4369
庚烷	−90.6	98.4	0.684	1.3877	十八烷	28.0	317.0	0.775(28 ℃)	1.4390
辛烷	−56.8	125.7	0.703	1.3974					

由表2.3可以看出，正烷烃的物理常数(如熔点和沸点)随着相对分子质量的增加而递增。实际上，有机物的很多物理性质如熔点、沸点、汽化热、熔化热、溶解度、表面张力、黏度等都与有机分子间的作用力即范德华力(van der Waals force)有关。一般来说，某物质的范德华力越大，则它的熔点、沸点就越高。分子间的范德华力有3种来源，即色散力(dispersion force)、诱导力(inductive force)和取向力(orientation force)。色散力是分子的瞬时偶极间的作用力，它的大小与分子的变形性等因素有关。一般相对分子质量和分子体积越大，分子内所含的电子数越多，分子的变形性越大，色散力也越大。诱导力是分子的固有偶极与诱导偶极间的作用力，它的大小与分子的极性和变形性等有关。取向力是分子的固有偶极间的作用力，它的大小与分子的极性和温度有关。极性分子的偶极矩越大，取向力越大。在极性分子间有色散力、诱导力和取向力；在极性分子与非极性分子间有色散力和诱导力；在非极性分子间只有色散力。对大多数分子来说，色散力是主要的。只有偶极矩很大的分子(如水)，取向力才是主要的。诱导力通常是很小的。由于烷烃

属于非极性分子,因此烷烃分子间的作用主要是色散力,色散力的大小决定烷烃的熔点和沸点的高低。

范德华力的大小与分子间的接触面积有关,而分子间的接触面积与分子的大小和形状有关。一般来说,分子越大,分子的表面积就越大,分子间的范德华引力也越强。低级烷烃每增加一个 CH_2,相对分子质量变化较大,沸点也相差较大,高级烷烃相差较小,故低级烷烃较易分离,高级烷烃则难以分离。

对于同分异构体来说,分子的结构不同导致分子的立体构型也不同,并最终导致分子间的接触面积和分子间色散力的不同,进而影响不同异构体的熔点和沸点。分支链越多的烷烃,分子间的接触面越小(图 2.1),分子间的色散力也越小,分子的沸点越低。在烷烃的同分异构体中,直链烷烃的熔点和沸点最高。以上规律可通过分析和比较表 2.4 中的相关数据来进行验证。

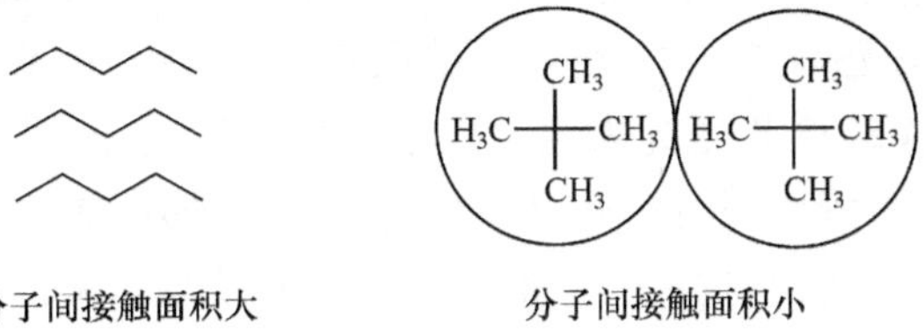

图 2.1　分子间接触面积示意图

表 2.4　一些正烷烃和异构烷烃的沸点比较

名　称	沸点/℃	名　称	沸点/℃
丁烷	−0.5	己烷	68.7
异丁烷	−12.0	异己烷	60.0
戊烷	36.1	3-甲基戊烷	63.0
异戊烷	28.0	2,2-二甲基丁烷	50.0
新戊烷	9.5	2,3-二甲基丁烷	58.0

分子间作用力的强度比化学键小一两个数量级,克服这些作用力所需的能量较低,因此一般有机化合物的熔点、沸点很少超过 300 ℃。烷烃作为非极性化合物,其分子间作用力只有色散力,故烷烃的分子间作用力一般很小。因此,在室温和 1 atm 下,含有 1～4 个碳原子的烷烃为气体,含有 5～16 个碳原子的烷烃为液体,含有 17 个碳原子以上的正烷烃为固体,但直至含有 60 个碳原子的正烷烃(熔点 99 ℃),其熔点也没有超过 100 ℃。低沸点的烷烃为无色液体、有特殊气味,高沸点烷烃为黏稠油状液体、无味。

物质的熔点随相对分子质量的增加而升高,还与分子在晶格中的排列整齐程度有关。分子对称性越高,分子间的排列越整齐,分子间作用力越大,熔点越高。在正烷烃同系列中,随相对分子质量的增加,含奇数碳原子的烷烃的熔点较相邻含偶数碳原子烷烃升高的较小。由图 2.2 可以看出，含奇数碳原子的烷烃和含偶数碳原子的烷烃，其熔点变化分别呈现两条近似平行的曲线。

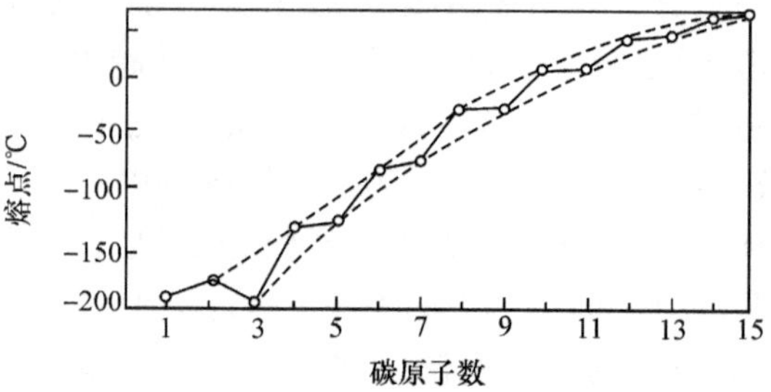

图 2.2　正烷烃的熔点变化规律

通过 X 射线衍射分析，固体正烷烃晶体为锯齿形，单数碳原子齿状链中两端甲基同处在一边，如正戊烷 ，双数碳链中两端甲基不在同一边，如正己烷 。双数碳链彼此更为靠近，相互作用力大，故含偶数碳的正烷烃增加一个碳原子后的熔点增值比含奇数碳的正烷烃增加一个碳原子后的熔点增值要高。

烷烃的相对密度随相对分子质量增大而增大，但都小于 1。这也是分子间相互作用力的结果，密度增加到一定数值后，相对分子质量增加而密度变化很小(表 2.3)。

所有烷烃都是非极性分子。根据相似相溶原理，烷烃可溶于非极性或弱极性的有机溶剂，如苯、氯仿和四氯化碳、烃类溶剂，不溶于极性溶剂，如水。

二、烷烃的结构与化学性质

烷烃的结构通式(R、R′为 H 或烷基)可表示如下：

$$\begin{array}{c} \mathrm{H} \\ | \\ \mathrm{R{-}C{-}R'} \\ | \\ \mathrm{H} \end{array}$$

烷烃不含官能团，分子中只有 C—C 键和 C—H 键，都是 σ 键，比较牢固，既不容易发生异裂，也不容易发生均裂。如果要发生均裂，断裂 C—C 键约需 347 kJ · mol^{-1}，断裂 C—H 键需 308～435 kJ · mol^{-1}。由于 C—C 键和 C—H 键都是非极性键，因此二者都不存在发生异裂的倾向和优势。因此，在一般情况下，烷烃具有高度的化学稳定性，与强酸、强碱及常用的氧化剂、还原剂都不发生反应。相对而言，烷烃更容易通过化学键的均裂而发生化学反应。化学键均裂的条件一般是光照、加热或有引发剂存在。烷烃通过化学键均裂而进行的反应称为自由基反应。

很多烷烃分子中都存在伯、仲、叔 3 种氢原子，这 3 种氢原子发生 C—H 键均裂的离解能有明显的不同，因而在自由基反应中也表现出不同的反应活性。3 种氢原子对应的 C—H 键的离解能由大到小的次序为伯氢＞仲氢＞叔氢。因此，在相同且可比的情况下，3 种氢原子对应的 C—H 键的均裂速率由大到小的次序为叔氢＞仲氢＞伯氢。

		离解能 $\Delta H(kJ\cdot mol^{-1})$
叔氢	$(CH_3)_2C(CH_3)\text{—}H \longrightarrow H_3C\text{—}\dot{C}(CH_3)\text{—}CH_3 + H\cdot$	380
仲氢	$CH_3CH(H)CH_3 \longrightarrow CH_3\dot{C}H\text{—}CH_3 + H\cdot$	397
伯氢	$CH_3CH_2CH_2\text{—}H \longrightarrow CH_3CH_2\text{—}\dot{C}H_2 + H\cdot$	410
	$H_3C\text{—}CH_2\text{—}H \longrightarrow CH_3\text{—}\dot{C}H_2 + H\cdot$	410
	$H_3C\text{—}H \longrightarrow \cdot CH_3 + H\cdot$	435

另外，所有的烷烃都能燃烧，最终氧化生成二氧化碳和水，并放出大量的热能。

(一) 烷烃的卤代反应

烷烃中的氢原子被卤原子取代的反应称为卤代反应(halogenation reaction)。这种分子中的氢原子被其他原子或原子团置换的反应称为取代反应。卤代反应包括氟代(fluorination)、氯代(chlorination)、溴代(bromination)和碘代(iodization)。但有实用意义的卤代反应是氯代和溴代。

烷烃和卤素在室温和黑暗中不发生反应，但在强烈日光照射下，它们能同卤素(除碘外)发生剧烈反应。例如，在漫射光、加热(250～400 ℃)或催化剂的作用下，烷烃分子中的氢原子可以被卤素原子逐一取代，生成烃的各种卤代衍生物。如果用漫射光照射或加热甲烷和氯的混合物，则发生甲烷的氯代反应。

$$CH_4 \xrightarrow[Cl_2]{h\nu} \underset{\text{一氯甲烷}}{CH_3Cl} \xrightarrow[Cl_2]{h\nu} \underset{\text{二氯甲烷}}{CH_2Cl_2} \xrightarrow[Cl_2]{h\nu} \underset{\text{三氯甲烷(氯仿)}}{CHCl_3} \xrightarrow[Cl_2]{h\nu} \underset{\text{四氯化碳}}{CCl_4}$$

烷烃的卤代反应是分步进行的。如果控制氯和甲烷的物质的量之比并使甲烷大大过量，则主要得到一氯甲烷；如果使氯大大过量，则主要得到四氯化碳。工业上精馏可使卤代烃的混合物得到分离。以上氯化产物，除一氯甲烷外，都是重要的有机溶剂和化工试剂。

如果在强日光下，甲烷和氯发生爆炸性的氧化反应(而不是取代反应)，生成碳和氯化氢。

$$CH_4 + 2Cl_2 \xrightarrow{\text{强烈日光}} C + 4HCl$$

1. 甲烷的氯代反应机理

甲烷的氯代反应是按自由基机理进行的。自由基取代反应属于链式反应，其机理通常由 3 个过程组成，即链引发、链增长和链终止。下面以甲烷的氯代为例来说明烷烃卤代的自由基取代反应机理。

(1) 链引发。链引发是自由基取代反应的初始阶段。在光照下，氯分子吸收能量均裂成两个反应活性很强的氯原子，又称为单原子自由基。

$$Cl—Cl \xrightarrow{h\nu} 2Cl\cdot$$

链引发阶段是反应分子吸收能量后产生活性质点(自由基)的过程。这种反应主要是由光照、辐射、加热或过氧化物等引起的。

(2) 链增长。上面产生的氯原子具有未成对的电子，很活泼。它很快从甲烷分子中夺取一个氢原子，生成氯化氢，同时使甲烷分子变成甲基自由基；甲基自由基也同样很活泼，可进一步从未反应的氯分子中夺取一个氯原子，生成一个一氯甲烷分子，同时使氯分子的另一个氯原子变成活性的单原子自由基，即氯原子自由基。

$$Cl\cdot + CH_4 \longrightarrow \cdot CH_3 + HCl$$
$$\cdot CH_3 \xrightarrow{Cl_2} CH_3Cl + Cl\cdot$$

上面的过程称为自由基的链增长。可以看出，在链增长过程中，参与反应的氯自由基通过夺去甲烷分子中的氢原子而形成新的自由基，即甲基自由基。甲基自由基通过夺取氯分子中的氯原子而形成取代产物，同时形成新的氯自由基。前一过程就是自由基的链传递，后一过程则是自由基的链增长。自由基的链传递是后续形成取代产物的前提和基础，自由基的链增长过程则保证了自由基取代反应能够连续不断地进行下去。与甲烷形成一氯甲烷的情况类似，一氯甲烷由于分子中存在氢，因此，反应体系中形成的一氯甲烷也可以发生氯代反应，生成二氯甲烷。同理，二氯甲烷和三氯甲烷也可以发生自由基氯代反应，分别形成三氯甲烷和四氯甲烷。

$$Cl\cdot + CH_3Cl \longrightarrow \cdot CH_2Cl + HCl$$
$$\cdot CH_2Cl \xrightarrow{Cl_2} CH_2Cl_2 + Cl\cdot$$
$$Cl\cdot \xrightarrow{CH_4} \cdots$$

(3) 链终止。自由基可以相互结合，使反应体系中的自由基消耗殆尽，反应停止。

$$2Cl\cdot \longrightarrow Cl_2$$
$$\cdot CH_3 + \cdot CH_3 \longrightarrow CH_3CH_3$$
$$\cdot CH_3 + Cl\cdot \longrightarrow CH_3Cl$$
$$\cdots$$

由上面一系列反应可以看出，自由基反应得到的一般都是多种产物的混合物。

图 2.3 是甲烷氯代链传递反应过程中的势能变化图。在自由基传递过程中，其反应如下：

$$Cl\cdot + CH_4 \longrightarrow \cdot CH_3 + HCl$$

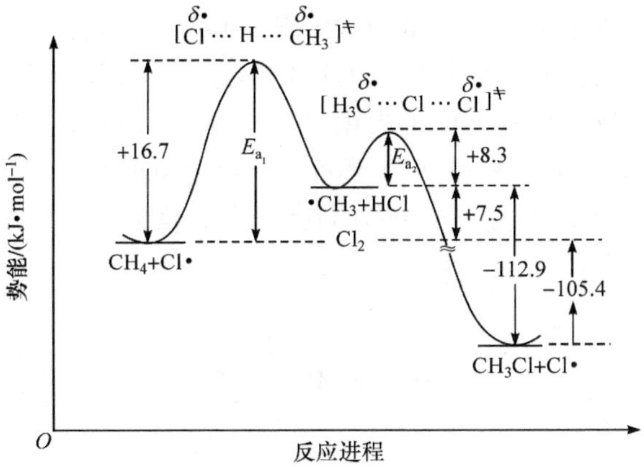

图 2.3　甲烷氯代链传递反应过程中的势能变化

虽然该步的反应热只有 $+7.5\ kJ\cdot mol^{-1}$，但反应却需要 $+16.7\ kJ\cdot mol^{-1}$ 的活化能(E_{a_1})才能形成第一过渡态 $[Cl\cdots H\cdots CH_3]^{\neq}$，并形成 $\cdot CH_3$ 和 HCl (图 2.3)。图 2.3 中的 $\delta\cdot$ 表示带有部分自由基。接下来的链增长过程是放热反应，但也需要 $+8.3\ kJ\cdot mol^{-1}$ 的活化能(E_{a_2})才能形成第二过渡态 $[H_3C\cdots Cl\cdots Cl]^{\neq}$，并形成 CH_3Cl 和 $Cl\cdot$。由于 E_{a_1} 大于 E_{a_2}，因此第一步为慢反应，是决定整个反应的限速反应，或称为决速反应。

2. 甲烷的卤代

在光或热(250～400 ℃)作用下，氯、溴能与烷烃发生反应，氟可在稀有气体稀释下进行烷烃的氟化，而碘一般不能发生类似反应。

在同类型的反应中，可以通过比较决速反应的活化能大小，了解反应进行的难易。一个反应的活化能越高，反应越难进行，反应速率越低。氟与甲烷反应的 E_{a_1} 较小，为 $+4.2\ kJ\cdot mol^{-1}$，因此甲烷的氟代反应很容易进行。另外，由于氟代反应属于放热反应,因此随着反应的启动,反应温度将急剧升高,由此导致反应速率随温度的升高而迅速提高,反应很难控制,且高温导致生成的氟甲烷分解,最终生成碳与氟化氢。与氟代反应相反,碘与甲烷反应需要的E_{a_1}很大,为$+141\ kJ\cdot mol^{-1}$,反应一般很难进行。氯代和溴代的E_{a_1}分别为$+16.7\ kJ\cdot mol^{-1}$和$+75.3\ kJ\cdot mol^{-1}$,二者介于氟代和碘代反应的E_{a_1}之间,因此,甲烷的氯代和溴代反应可以在一般人工可控的条件较好地进行。但溴代反应的条件要比相应的氯代反应的要求高一些,需要在光照并加热至 127 ℃时才能较好地进行。

总的来说,甲烷的卤代反应主要是氯代和溴代,其中氯代反应比溴代易于进行。

3. 碳自由基的稳定性

带有未成键单电子的原子或基团称为自由基,因此,自由基有单原子自由基和基团自由基之分。自由基一般是分子通过化学键的均裂而产生的。单电子在碳原子上的自由基称为碳自由基。甲基自由基的碳呈 sp^2 杂化,3 个 sp^2 杂化轨道呈平面对称分布,即具有平面三角形结构,每个 sp^2 杂化轨道与一个氢原子的 s 轨道形成 σ 键。在垂直 sp^2 杂化轨道平面的方向有一个 p 轨道,自由基的单电子填充在 p 轨道中。甲基自由基的结构如下:

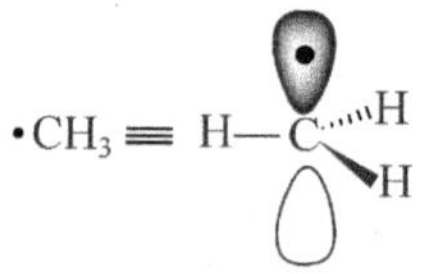

自由基的能量比其对应的母体分子要高得多,因此,自由基是反应活性很高的反应中间体。由伯、仲、叔碳形成的相应自由基分别称为一级自由基、二级自由基、三级自由基。不同的自由基,其稳定性和反应性能是不同的。不同自由基的稳定性可通过比较相应母体化合物形成自由基的反应热,即 C—H 键的离解能的大小来评价。形成自由基时的离解能越小,所形成的自由基的稳定性越好。根据伯、仲、叔碳上的 C—H 键的离解能大小可知不同自由基的稳定性顺序为

$$3°C\cdot > 2°C\cdot > 1°C\cdot > H_3C\cdot$$

自由基越稳定,表明自由基越容易形成,母体分子形成自由基的速率也越高。因此,上面的顺序也代表了不同自由基的形成速率由高到低的顺序。根据前面的讨论可知,烷基自由基的形成速率是烷烃卤代反应的决速步,结合不同自由基的形成速率,可知烷烃分子中伯、仲、叔氢原子发生自由基取代反应的活性次序应该为 $3°H > 2°H > 1°H > CH_4$。如果从结构上分析上面的规律,可以发现形成自由基的碳上连接的烷基越多,这样的自由基就越稳定。

自由基反应一般不受溶剂和酸、碱等催化剂的影响。但是,当反应体系中有氧气时,反应往往有一个诱导期(induction period)。如果反应体系中存在能捕捉自

由基的杂质,常使反应减慢或停止,这种物质称为抑制剂(inhibitor)。在自由基反应中常通过加入抑制剂来终止反应。

4. 烷烃卤代反应的选择性

当分子中同时含有几种不同氢的烷烃分子发生单卤代反应时,尽管卤代产物也是混合物,但不同氢被取代所形成的产物的量却是不同的,这是因为烷烃中不同氢的卤代反应速率不同。同一分子发生不同反应的速率差异称为反应的选择性。下面是丙烷和2-甲基丙烷的单氯代和单溴代产物的相对含量。

氯代
$$2CH_3CH_2CH_3 + 2Cl_2 \xrightarrow[25\ ^\circ C]{h\nu} \underset{45\%}{CH_3CH_2CH_2Cl} + \underset{55\%}{CH_3CH(Cl)CH_3} + 2HCl$$

$$CH_3CH(CH_3)CH_3 + 2Cl_2 \xrightarrow[25\ ^\circ C]{h\nu} \underset{64\%}{CH_3CH(CH_3)CH_2Cl} + \underset{36\%}{CH_3C(CH_3)(Cl)CH_3} + 2HCl$$

溴代
$$2CH_3CH_2CH_3 + 2Br_2 \xrightarrow[127\ ^\circ C]{h\nu} \underset{3\%}{CH_3CH_2CH_2Br} + \underset{97\%}{CH_3CH(Br)CH_3} + 2HBr$$

$$CH_3CH(CH_3)CH_3 + 2Br_2 \xrightarrow[127\ ^\circ C]{h\nu} \underset{痕量}{CH_3CH(CH_3)CH_2Br} + \underset{>99\%}{CH_3C(CH_3)(Br)CH_3} + 2HBr$$

同一烷烃分子形成不同单卤代烃的相对产量,是由烷烃分子中不同氢的卤代速率不同和分子中不同氢的相对数目决定的。以丙烷的单氯代为例,在丙烷分子中有伯氢和仲氢两类氢。根据前面的讨论,仲氢的氯代反应速率高于伯氢,但这是针对分子内伯氢和仲氢数目相同时而言的。实际上,丙烷中的伯氢和仲氢的相对数目比为3∶1,这就相当于反应体系中伯氢的"浓度"是仲氢的3倍,因此,尽管伯氢的相对氯代速率低于仲氢,但3倍于仲氢的伯氢数目使伯氢的氯代概率较仲氢高出2倍,其结果是由概率因素引起的伯氢绝对氯代速率的增加在一定程度上弥补了伯氢相对氯代速率的不足。这就是为什么形成的1-氯丙烷和2-氯丙烷的物质的量比为9∶11而不是3∶1。这也从另一个方面证明了仲氢的相对氯代速率高于伯氢,如果二者的相对氯代速率相同,按照反应概率,最终的产物的物质的量比应该是3∶1而不是9∶11。当分子中相对氯代速率较低的氢原子数目很多时,反应概率因素引起的绝对氯代速率的增加有可能使其绝对氯代速率超过相对氯代速率较高的氢,叔丁烷的伯氢氯代产物和叔氢氯代产物的物质的量比为

16∶9 就是这个原因。

比较丙烷和 2-甲基丙烷的单氯代和单溴代产物的相对含量可以看出，溴代反应的选择性高于氯代反应。这是因为溴自由基的反应活性比氯自由基要小很多，溴代反应的活化能较氯代反应高。这种“反应活性越低，反应选择性就越强”的规律在有机反应上具有普遍性。值得注意的是，反应选择性的高低还与反应温度有关。在能够满足反应的前提下，温度越低，反应的选择性就越高。对于烷烃的卤代反应来说，如果温度超过 450 ℃，各种氢都能以很快的速率发生卤代反应，结果导致卤代反应的选择性很差，甚至没有选择性。

(二) 烷烃的热裂

无氧存在时，烷烃在高温(800 ℃左右)下发生碳碳键断裂，大分子化合物变为小分子化合物，这种反应称为热裂(pyrolysis)。烷烃的热裂反应在石油产品的深加工方面有重要的应用。热裂反应的过程很复杂，产物也复杂。在热裂反应中，C—C 键和 H—C 键均可断裂，断裂可以在分子的任何部位发生。分子越大，越易断裂，热裂后的分子还可以再进行热裂。热裂反应的反应机理是热作用下的自由基反应。下面以己烷为例来说明：

$$CH_3CH_2CH_2CH_2CH_2CH_3 \longrightarrow \begin{cases} CH_3\cdot + CH_3CH_2CH_2CH_2—CH_2\cdot \\ CH_3—CH_2\cdot + CH_3CH_2CH_2—CH_2\cdot \\ 2CH_3CH_2—CH_2\cdot \end{cases}$$

热裂后产生的各种自由基可以按随机组合的方式两两互相结合，形成新的烷烃。例如：

$$CH_3\cdot + CH_3—CH_2\cdot \longrightarrow CH_3CH_2—CH_3$$

$$2CH_3—CH_2\cdot \longrightarrow CH_3CH_2CH_2CH_3$$

热裂产生的自由基也可以通过自由基之间的 H 迁移，生成烯烃和烷烃。例如：

$$CH_3—\dot{C}H_2 + CH_3\overset{H}{\overset{|}{C}H}—\dot{C}H_2 \longrightarrow CH_2CH_3 + CH_3CH{=}CH_2$$

大分子烷烃热裂的产物主要是小分子的烷烃和烯烃。在工业上，烷烃的热裂反应是在管制反应器中完成的，反应物先通过一个加热至 800 ℃左右的反应管，然后迅速冷却到 300～400 ℃，整个过程在 1 s 内完成。热裂产物可用冷冻法加以分离。合成塑料、橡胶、纤维等的原料均可通过此反应得到。

目前，用热裂反应生产的乙烯，全球年产数千万吨，且在不断增长。所用烷烃原料不同，产物也有差别，如用石脑油为原料，热裂后可得甲烷 15％、乙烯 31.3％、乙烷 3.4％、丙烯 13.1％、丁二烯 4.2％、丁烯和丁烷 2.8％、汽油 22％、燃料油 6％，还有少量其他产品。

石脑油中除了含有直链烷烃外，还有支链烷烃、环烷烃、芳香烃。环烷烃热裂可得乙烯与丁二烯。芳香烃的热裂仅发生在侧链上。生产乙烯最好选择含直链烷烃较多的石油馏分作原料。

除了直接热裂外，还可采用催化热裂。催化剂的存在不仅可以降低反应温度，还可以改变反应机理。

（三）烷烃的氧化反应与燃烧

烷烃在室温下一般不与氧化剂或空气中的氧反应，但在适当的条件下，可以使它们部分氧化，生成各种含氧衍生物，如醇、醛、酸等。

例如，在生活中橡胶制品用久了变硬变黏，塑料制品用久了变硬易裂，食用油放久了变质，这些现象称为老化。老化过程很慢，老化的主要原因是空气中的氧与有机分子发生缓慢的自动氧化反应(autoxidation reaction)，并引发分子发生其他反应。氧主要与有机分子中较活泼的氢发生反应，如烷烃中的三级氢(R_3CH)、醛中醛基上的氢(CHO)、醚中 α-位上的氢、烯丙位的氢等。

$$R_3CH + O_2 \longrightarrow R_3C\cdot + \cdot OOH$$
$$R_3C\cdot + O_2 \longrightarrow R_3COO\cdot$$
$$R_3CH + R_3COO\cdot \longrightarrow R_3COOH + R_3C\cdot$$

由上面的反应可以看出，氧与烷烃的反应可使烷烃变成自由基，从而引发烷烃的自由基链式反应。自由基链式反应一旦引发，反应将快速进行并会导致爆炸。氧和有机过氧化物都是常用的自由基引发剂，因此，使用过氧化物时一定要注意，事先需阅读有关的操作手册。

烷烃的催化氧化是工业上制备饱和脂肪酸常用的方法。例如，高级烷烃(如石蜡，一般是 C_{20}～C_{25}烷烃的混合物)在 120～150 ℃和以锰盐作催化剂时，被空气氧化成高级脂肪酸。

$$2R—CH_3 + 3O_2 \xrightarrow[120\sim150\ ℃]{锰盐} 2RCOOH + 2H_2O$$

由此得到的高级脂肪酸可代替油脂制造肥皂。

低级烷烃(C_1～C_4)经氧化可得到甲醇、甲醛、甲酸、乙酸、丙酮等。例如，甲烷在 600 ℃用 NO 催化氧化可得甲醛。

$$CH_4 + O_2 \xrightarrow[600\ ℃]{NO} HCHO + H_2O$$

烷烃在高温和足够的空气中燃烧，生成二氧化碳和水，并放出大量的热能。

$$CH_4 + 2O_2 \longrightarrow CO_2 + 2H_2O \qquad \Delta H_c^\ominus = -890\ kJ\cdot mol^{-1}$$

烷烃的燃烧是汽油和柴油在内燃机中的基本反应。燃烧时放出的热量称为燃烧热，燃烧热是热化学中的重要数据。标准状态(298K、0.1 MPa)下，1 mol 纯烷烃完全燃烧成 CO_2和 H_2O 时放出的热称为燃烧热(heat of combustion)，用 $\Delta H_c^\ominus$

表示，燃烧热是负值。

所有的烷烃都能燃烧，完全燃烧的结果都生成 CO_2 和 H_2O，同时放出大量热。低级烷烃(C_1～C_6)的蒸气与一定比例的空气混合后，遇到火花就会发生爆炸性燃烧。例如，甲烷在空气中的含量达 5.53%～14%时，遇到火花即爆炸，这就是煤矿井中发生瓦斯爆炸的原因。

第四节 环 烷 烃

碳环烃是指在分子中含有碳原子相互连接成环状结构的烃。按照碳环烃分子中碳、氢比例和碳环骨架结构的不同，又可把它分为脂环烃和芳香烃两大类。碳环烃及其衍生物广泛存在于自然界。

分子中含有环状结构的烷烃称为环烷烃，又称脂环化合物(alicyclic compound)。只含有一个环的环烷烃称为单环烷烃，单环烷烃的通式为 C_nH_{2n}，与单烯烃互为同分异构体。环烷烃按环的大小分为：①小环：三、四元环；②普通环：五、六、七元环；③中环：八至十一元环；④大环：十二元环以上。含有两个或多个环的环烷烃称为多环烷烃。多环烷烃又分为一般多环烷烃、联多环烷烃(cycloalkane ring assembly)、桥环烷烃(bridged cycloalkane)和螺环烷烃(spiro cycloalkane)。一般多环是指分子中各环之间不直接相连，联多环是指分子中各环之间通过一个单键直接相连，桥环是指分子中不同环之间通过两个或多个共用碳原子相连，而螺环是指两个环之间共用一个碳原子。

一、环烷烃的顺反异构现象与构型标记

在环烷烃分子中，由于环骨架限制了环碳原子间的 C—C σ 键的自由旋转，因此，每个环碳上所连的原子或基团被固定在环平面的特定方向上。当环上带有两个或多个基团时，由于取代基在环平面上方和下方分布的情况不同，就有可能产生两种或多种立体异构体，这种异构称为环的几何异构或顺反异构。对于二取代环烷烃来说，若两个取代基在环平面的同一侧，则称为顺式构型，用“顺”或“*cis*”表示。相反，若两个取代基分别在环平面的两侧，则称为反式构型，用“反”或“*trans*”表示。例如，1，2-二氯环丙烷就有顺式和反式两种异构体。

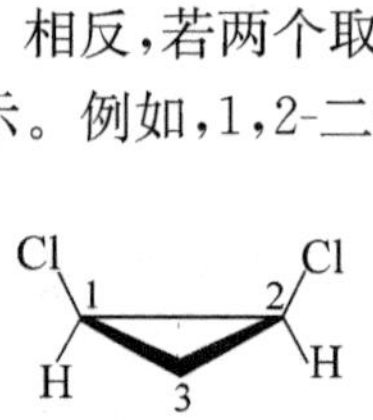

顺-1,2-二氯环丙烷

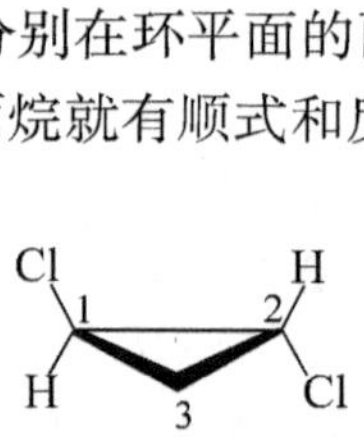

反-1,2-二氯环丙烷

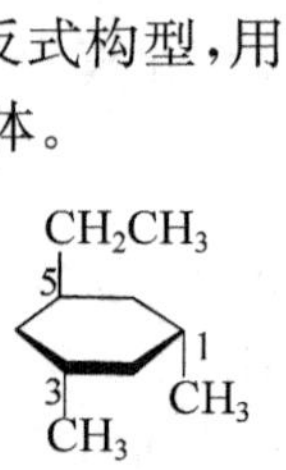

r-1,顺-1,3-二甲基-反-5-乙基环己烷

当环上带有三个或更多基团时，若用顺、反表示构型，要选用一个基团的取向作参照，通常选用1-位的基团为参照基团，用 r-1（r 是 relative 的首写字母）表示，放在名称的最前面。

值得注意的是，取代环己烷构型的"顺/反"表示法只能表示出取代基在空间的相对取向，而不能表示出各取代基的绝对构型。关于其绝对构型的表示将在第三章讨论。

如果增加环上的取代基，其几何异构体的数目也相应增多。例如，1，2，3，4-四甲基环丁烷有四个几何异构体。

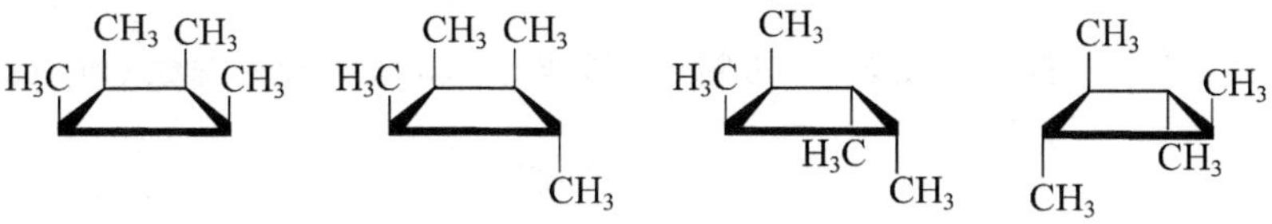

二、环烷烃的命名

（一）单环烷烃的命名

脂环烃是一类性质类似于开链烃的碳环烃。它们可以看作开链烃分子中碳链两端各去掉一个氢原子后闭合而成的。脂环烃可分为环烷烃、环烯烃和环炔烃等。分子中只有一个环的环烷烃称为单环烷烃。

未取代的单环脂环烃的命名是在相应的开链烃名称前面加上词头"环"字，称为"环某烷"、"环某烯"或"环某炔"。例如：

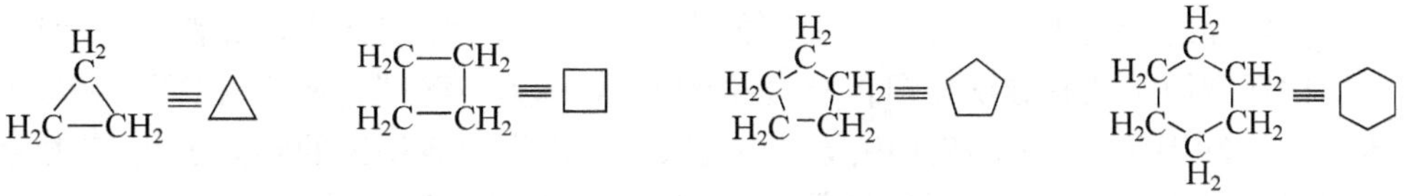

环丙烷　　环丁烷　　环戊烷　　环己烷

取代基环烷烃的命名可分两种情况。当取代基比较简单时，通常将环作为母体来命名。当环上有两个或多个取代基时，要对母体环进行编号。编号从在顺序规则中排在最后的基团所连的碳原子开始，然后按照最低系列原则对其他环碳原子编号。例如：

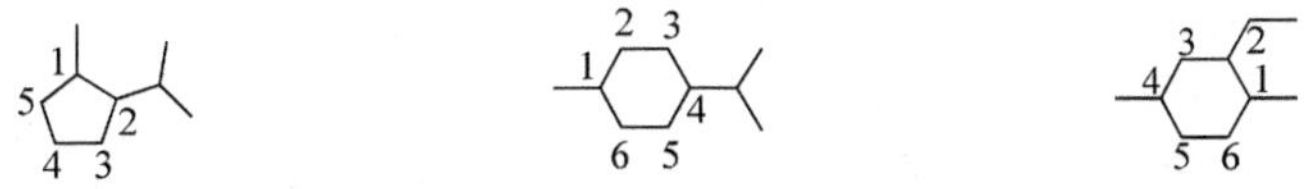

1-甲基-2-异丙基环戊烷　　1-甲基-4-异丙基环己烷　　1,4-二甲基-2-乙基环己烷

应该注意，在英文命名时，环编号的起点是从取代基英文名称的首写字母最靠前的取代基开始的。例如，1，4-二甲基-2-乙基环己烷的英文名称为 1-ethyl-3，

5-dimethylcyclohexane。

由于环是闭合的，没有端基，有时会出现有几种编号方式都符合最低系列原则的情况。例如，下列化合物就有两种编号方式[(i)和(ii)]，且都符合最低系列原则。在这种情况下，应使次序规则中排在较后的基团的位次尽可能小，故正确的编号应该为(i)，其名称为 1,3-二甲基-5-乙基环己烷。

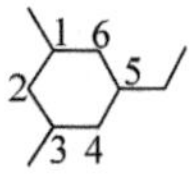

(i)

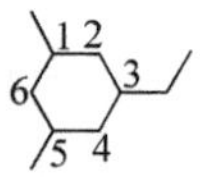

(ii)

当环上的取代基比较复杂时，可将环作为取代基，按照开链烷烃来命名。例如：

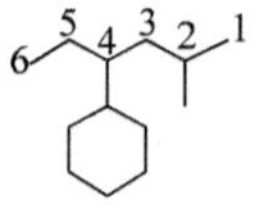

2-甲基-4-环己基己烷

（二）桥环烷烃的命名

桥环结构中环与环之间共用两个或两个以上碳原子，共用的碳原子称为桥头碳(bridgehead carbon)，两个桥头碳之间可以是碳链，也可以是一个键，称为"桥"。桥环结构中环的多少可通过断裂环上 C—C 键来打开所有的环来判断。如需断两个 C—C 键，则桥环烃称为二环(bicyclo)；若需断裂三个 C—C 键，则属于三环(tricyclo)等。

桥环烃的命名需要首先表示出环的多少，用"二环"、"三环"等来表示。然后，根据桥环碳原子的总数确定母体化合物的名称，称为"某烷"。最后，在环数和母体名称之间，用阿拉伯字母按照由大到小的次序依次标出各桥链的碳原子数，各数字之间用圆点分开。在计算桥链碳数时，不包括桥头碳原子。若两个桥头碳原子直接以单键相连，则该桥的碳数以"0"表示。

桥环的编号从一个桥头碳原子开始，按照先长桥后短桥的原则依次编号。从哪一个桥头碳原子开始编号应由最低系列原则来决定，即正确的编号是取代基较小的编号。例如：

二环[1. 1. 0]烷

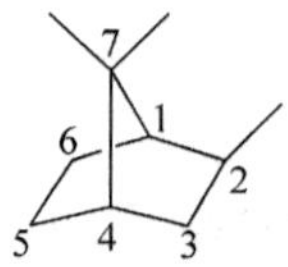

2,7,7-三甲基二环[2.2.1]庚烷

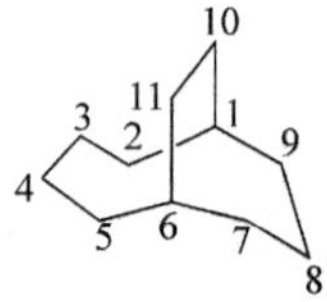

二环[4.3.2]十一烷

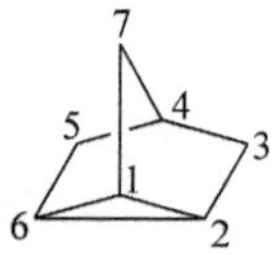

三环[2.2.1.$0^{2,6}$]庚烷

对于一些结构复杂的桥环烃化合物，常用俗名。例如：

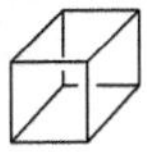

立方烷

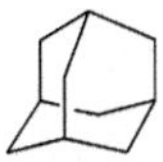

金刚烷

(三) 螺环烷烃的命名

在螺环结构中，两个碳环共用一个碳原子，该共用原子称为螺原子(spiro atom)。螺环化合物的词头是“螺”。螺环的母体化合物名称是由形成螺环的总碳原子数加上化合物的类名构成，如螺环烷烃称为“某烷”。螺环原子的编号顺序是：从最小环上与螺原子直接相连的环原子开始，然后先小环后大环。在此前提下，同时尽可能给取代基以最小的位次。显然，环原子的编号只能从最小环上与螺原子直接相连的两个原子中的一个开始。当编完最小环(包括螺原子在内)后，再对次小环进行编号。

螺环化合物的命名还需要在词头“螺”和类名“某烷”之间标明两个环的大小。环的大小用环上的碳原子总数减去 1(螺原子)来表示，书写时按照由小到大的次序依次标出，各数字间以圆点相隔。

螺环上如果有取代基，取代基及其位次应写在词头“螺”之前，即“螺”字的左边。例如：

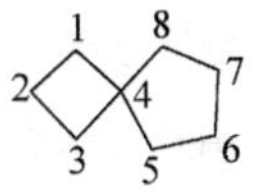

螺[3.4]辛烷

螺[5.5]十一烷

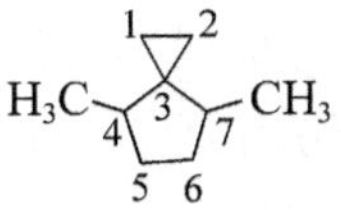

4,7-二甲基螺[2.4]庚烷

三、环张力理论与环烷烃的稳定性

(一) 拜耳张力学说

自 1883 年合成出三元和四元碳环化合物后，人们发现小环化合物比较容易开环，而五元、六元环系则是稳定的。为了解释不同环的稳定性，1885 年，德国化学家拜耳(Baeyer)提出了张力学说(strain theory)。该学说认为：所有环状化合物都具有平面型结构(plane structure)。根据正常 sp^3 杂化碳原子的轨道夹角为 109°28′的事实，环状化合物的稳定性可以通过比较环上 C—C—C 键角与 109°28′的偏离程度来评价，偏离程度用偏转角来表示：

$$偏转角=\frac{109°28'-相应正多边形夹角}{2}$$

偏转角越大，表明环的稳定性越差。下面是三元环到七元环的偏转角：

偏转角 +24°44′ +9°44′ +0°44′ −5°16′ −10°3′

偏转角为正表示键向内屈挠，负表示键向外屈挠。张力学说认为，偏转角的存在导致环上的键角产生角张力（angle strain），又称为拜耳张力，并认为偏转角越大，角张力就越大。从能量来讲，角张力大的环结构能量较高，比较不稳定，容易通过 C—C 键的断裂而发生开环，这就是拜耳张力学说。

用现在的观点来看，张力学说并不完全正确。这主要是因为张力学说的前提是不完全正确的。在人们还无法测定环烷烃结构时，张力学说错误地认为所有的环状结构都是平面的。因此，张力学说按照环平面结构所计算的键角是不符合事实的。实际上，除环丙烷外，其他的环烷烃的环碳原子都不是共平面的。因此，张力学说可以合理地解释环丙烷的不稳定性，而不能解释其他环烷烃的稳定性。事实上，五元环及其以上的环烷烃都是稳定的。尽管如此，但角张力概念的引入及角张力的大小决定化合物或化学键的稳定性的观点却是非常重要和有用的。

（二）环烷烃的稳定性与现代理论的解释

判断化合物中是否存在张力及张力大小的最简单的方法是测定该化合物的总能量，并与相应的无张力化合物来比较。二者的差值称为张力能（energe of stain）。张力能越大，表明分子内的张力越大。

测定张力能的最简单方法是测定化合物的总燃烧值，然后计算出每 CH_2 单位的燃烧值，并与相应的无张力化合物的每 CH_2 单位的燃烧值进行比较。由于所有烷烃完全燃烧后都生成 CO_2 和 H_2O，同时放出燃烧热，因此，分子的每 CH_2 单位的燃烧热越大，表明分子的热力学能和张力能越大。

表 2.5 几种环烷烃的燃烧热（$kJ \cdot mol^{-1}$）

环烷烃	碳原子数(n)	总燃烧热($\Delta H_c^\ominus$)	每个 CH_2 燃烧热($\Delta H_c^\ominus/n$)	总张力能[$n\times(\Delta H_c^\ominus/n-658.6)$]
环丙烷	3	2091.2	697.1	115.5
环丁烷	4	2744.3	686.1	110.0
环戊烷	5	3320.0	664.0	27.0
环己烷	6	3951.8	658.6	0
环庚烷	7	4636.7	662.4	26.6
环辛烷	8	5310.3	663.8	41.6
环壬烷	9	5981.0	664.6	54.0
环癸烷	10	6635.8	663.6	50.0
环十四烷	14	9220.4	658.6	0
环十五烷	15	9884.7	659.0	0.6

由表 2.5 可以看出，从环丙烷至环戊烷，每个 CH_2 的燃烧热逐渐降低，说明环越小越不稳定，并且随着环的增大，环的张力能逐渐减小，环逐渐变得稳定。从环戊烷起，各种环烷烃的每个 CH_2 的燃烧热接近一个常数，这说明大环化合物是稳定的。

由表 2.5 中的每个 CH_2 的燃烧值可以看出，环烷烃环稳定性的从大到小的次序是环己烷≈六元环以上的环烷烃 ≈ 环戊烷＞环丁烷＞环丙烷。环己烷的热力学能最低，是最稳定的环烷烃，这也是六元环化合物在自然界广泛存在的重要原因之一。环丙烷和环丁烷的热力学能较高，稳定性很差，容易发生开环反应。

环烷烃分子中的碳原子都是 sp^3 杂化，典型的 C—C σ 键应该是两个成键轨道沿两个原子核连线“头对头”重叠而成。但是，在环烷烃结构中，两个要形成 C—C 键的 sp^3 轨道一方面要通过向内弯曲而实现沿两个原子核连线“头对头”的重叠，另一方面又要受到同碳上其他 sp^3 轨道的排斥。前者使分子热力学能降低，后者使分子热力学能升高。结果在两个 sp^3 轨道的轨道轴还没有完全内弯到两个成键原子核的连线上时，上述两种作用便达到了平衡，此时也就形成了环上 C—C σ 键。显然，在形成环丙烷上的 C—C σ 键时，两个 sp^3 轨道并没有达到最大重叠，而只是发生了部分重叠，因此，所形成的 σ 键也就不是典型的 σ 键。环丙烷上的这种 C—C σ 键称为弯曲键(bent bond)。弯曲键由于轨道间的重叠面积较小，稳定性也较差，容易发生断裂。对环丙烷在低温下的 X 射线衍射研究证实，环丙烷上 C—C σ 键的电子密度在两个原子核连线的外侧有很高的分布，这就为弯曲键的存在提供了有力的证据(图 2.4)。

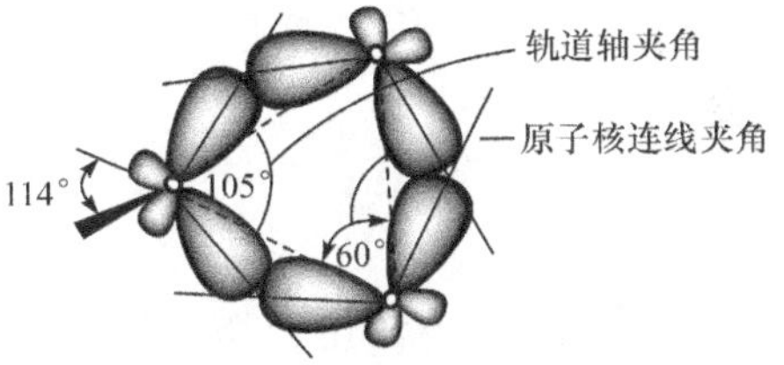

图 2.4　环丙烷 sp^3 杂化轨道交叉重叠形成的弯曲键

四、环烷烃的结构与物理性质

环烷烃的物理性质与直链烷烃相似，在常温下，小环环烷烃是气体，常见中环环烷烃是液体，大环环烷烃呈固态。环烷烃和直链烷烃都不溶于水。环烷烃分子中单键旋转受到一定的限制，环对碳骨架有固定作用，分子较紧凑，不易扭动，分子运动幅度较小，具有一定的对称性和刚性，分子之间容易靠近，范德华力较大。另外，环烷烃分子在晶格内作有序性排列也容易。而直链烷烃可以比较自由地摇动，分子间“拉”得不紧，容易挥发，所以沸点较低。由于这种摇动，难以在晶格内作有次序的排列，所以熔点也较低。由于没有环的牵制，链状化合物的排列也较环状化合物松散，所以密度也较低。因此，环烷烃的沸点、熔点和密度都比同碳数直链烷烃高。表 2.6 列出了几种环烷烃的沸点、熔点、密度。

表 2.6 几种环烷烃的部分物理常数

环烷烃	熔点/℃	沸点/℃	d_4^{20}	环烷烃	熔点/℃	沸点/℃	d_4^{20}
环丙烷	−127	−32.9	0.689*	环己烷	6.4	80.8	0.778
环丁烷	−90	11	0.689**	环庚烷	−13	117	0.810
环戊烷	−94	49.5	0.746	环辛烷	14	147	0.830

* 在−40 ℃时测定；** 在加压下测定。

五、环烷烃的结构与化学性质

环丙烷和环丁烷由于角张力的存在，分子不稳定，容易发生开环反应。所以环丙烷能与氢、卤素和卤化氢等发生加成反应。而环戊烷、环己烷、环庚烷及大环烷烃由于分子内不存在角张力，C—C—C 键角等于或接近正常 sp^3 杂化碳的键角（109°28′），分子比较稳定，在一般条件下很难发生 C—C 键断裂而开环。因此，它们的化学性质类似于开链烷烃，对一般试剂表现出很强的惰性，与强酸（如硫酸）、强碱（如氢氧化钠）、强氧化剂（如高锰酸钾）等试剂都不发生反应，但在高温或光照下能与卤素发生类似于开链烷烃的自由基取代反应，生成卤代环烷烃。

（一）小环环烷烃的开环反应

1. 催化氢解

在加热和催化剂（如 Ni）存在下，小环化合物中的弯曲键能够与氢发生反应，生成相应的开链烃。环戊烷等较大的环烷烃只有在较高温度下才发生催化氢化反应。值得注意的是，环开裂反应一般主要发生在含氢最多和含氢最少的两个环碳原子之间。

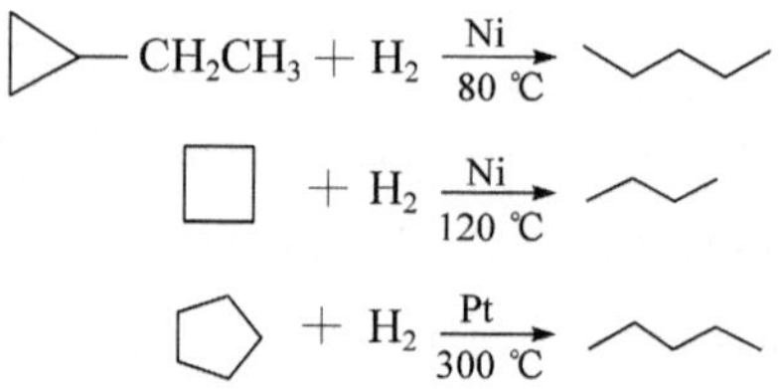

2. 与卤素的反应

环丙烷在常温下就能同卤素发生加成反应，生成二卤代物。例如：

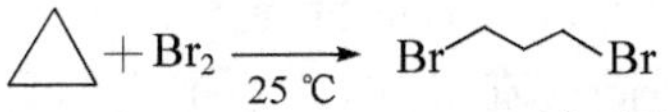

1,3-二溴丙烷

环丁烷和环戊烷等环较大的环烷烃在常温时不发生卤解反应。

3. 与氢卤酸的反应

环丙烷及取代物在常温下也可与氢卤酸等发生开环加成反应。对于取代环丙烷来说，开环一般发生于含氢较多的碳原子和含氢较少的碳原子之间，且 HX 中的氢原子加在含氢较多的碳原子上，而卤素原子加在含氢较少的碳原子上。例如：

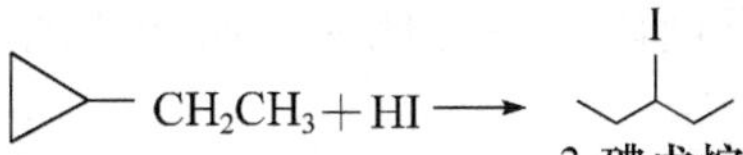

3-碘戊烷

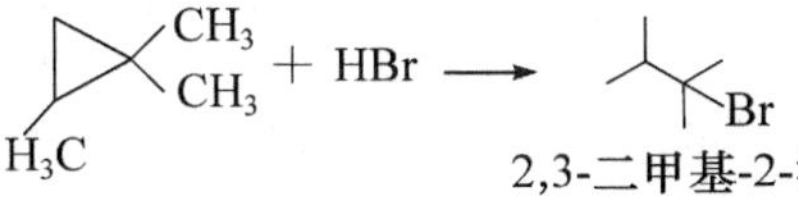

2,3-二甲基-2-溴丁烷

五元、六元、七元环在一般情况不发生上述反应。

（二）取代反应

在高温或光照条件下，环烷烃与烷烃一样，可发生自由基取代反应。例如：

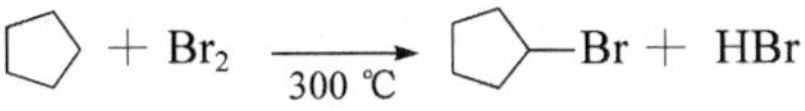

1-溴环戊烷

第五节　烷烃的立体化学

一、烷烃的构象表示

以单键相连的两个原子可以绕着它们之间的单键键轴作相对自由的旋转，这种旋转常简称为单键的旋转。单键的旋转可使分子中的原子或基团在空间形成不同的取向或指向，这种分子中不同原子或基团在空间的特定取向称为分子的构象(conformation)。由于单键的旋转是随意的，因此一个分子可以有无数的构象。同一分子的不同构象互称为构象异构体(conformation isomer)。从严格意义上说，不同的构象异构体应该是不同的化合物。但是，由于在一般情况下不同构象之间可通过分子内单键的旋转或分子的扭曲而快速地互相转化，因此，在绝大多数情况下很难将两个不同的构象异构体彻底分开。这也就是说，通常所说的纯净有机物实际上是由无数构象异构体构成的混合体系。正因为如此，一般将不同的构象异构体看作同一化合物的不同存在形式，而不把它们看作不同的化合物。

构象异构属于立体异构的一种，它是有机化学中存在的最普遍的一类同分异构现象。构象不但决定有机分子存在的空间状态，而且还常常决定它们的反应性能。所以，构象研究在有机化学上有重要意义。

1. 构象的表示方法

由于构象异构属于立体异构现象，因此，一般的平面结构式的表示方法是不能用来表示分子的构象的。构象的表示常用伞形式、透视式（也称锯架式）或纽曼(Newman)投影式等透视图来表示（图 2.5）。3 种表示法的区别仅在于观察（透视）分子的角度不同而已。下面以乙烷为例来说明构象的 3 种表示方法。

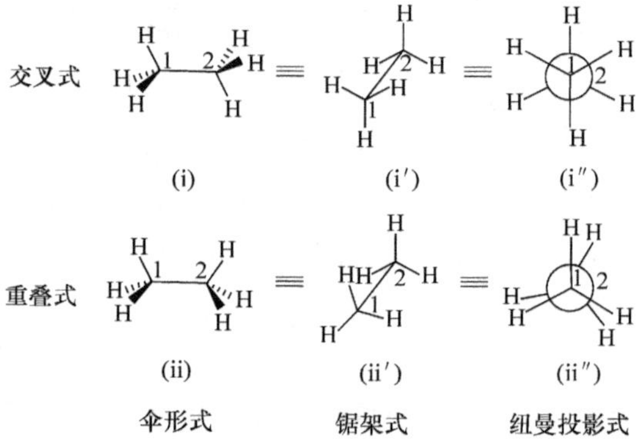

图 2.5　乙烷的交叉式和重叠式构象

当乙烷分子中的两个甲基以其 C—C 单键为轴自由转动时，旋转任何一个角度都会产生一个与之对应的构象，因此乙烷可以产生无数种构象。但是，在乙烷无数种构象中，有两种最典型的构象，即交叉式(staggered)和重叠式(eclipsed)，如图 2.5 所示。在交叉式中，两个碳原子所连的氢原子之间距离最远，相互排斥最小，故交叉式是分子能量最低的构象。相反，在重叠式中，两个碳原子所连的氢原子之间距离最近，相互排斥最大，故重叠式是分子能量最高的构象。因此，交叉式和重叠式又称为极限构象、极端构象或典型构象。

当用伞形式、锯架式或纽曼投影式来表示乙烷的交叉式或重叠式时，伞形式代表的是眼睛从垂直于 C—C 键轴方向观察到的分子三维图像。书写时，将主要观察的对象（C—C 键）以及与其共平面的化学键用实线表示，并认为该平面就是纸面，用虚线表示伸向纸面后方的化学键，用楔形线表示伸向纸面前方的化学键。锯架式代表的是眼睛从与 C—C 键轴呈 45°夹角的方向观察到分子的立体图像。纽曼投影式代表的是眼睛从 C—C 键轴的延长线上观察到的分子的三维立体图像。显然，在纽曼投影式中，乙烷的两个碳原子是重叠的。为了表示两个重叠的原子，规定用化学键的交叉点代表前面的原子，用圆圈"○"表示后面的原子。应该注意的是用投影式表示乙烷的重叠构象(ii″)时，为了能够识别出前后两个碳原子上的氢原子，在书写时，两个氢原子及其所形成的 C—H 键应该稍微偏离一个角度。

2. 乙烷的极限构象及其与势能关系

在乙烷的交叉式和重叠式中，两个碳原子上相距最近的两个氢原子间的距离分别为 250 pm 和 229 pm(注：C—C 键长为 154 pm)，乙烷其他的构象中氢原子间的距离为 250～229 pm。这说明，在乙烷所有的构象中，交叉式中的氢原子间的距离最远，重叠式中的氢原子间的距离最近。

当原子靠近到一定程度时，原子间的范德华力将由吸引力变为排斥力，且距离越近，范德华排斥力越大。因此，在乙烷的重叠式中，两个氢原子间的排斥力最大，分子的热力学能最高，最不稳定。相反，在乙烷的交叉式中，两个氢原子间的排斥力最小，分子的热力学能最低，最稳定。这种交叉式构象又称为优势构象或最稳定构象(stable conformation) 。

从能量上讲，单键旋转的能垒一般为 12～42 $kJ \cdot mol^{-1}$，乙烷交叉式和重叠式构象只相差 12.5 $kJ \cdot mol^{-1}$，因此，在室温时，分子热运动所提供的能量就足以使乙烷分子中的 C—C 键迅速旋转，因此不能分离出乙烷的某一特定构象。当温度降低时，单键的旋转变慢，各种构象转化成最稳定构象的趋势加大，交叉式构象逐渐增多。X 射线衍射分析方法及核磁共振方法测定表明，当温度达到乙烷的凝固点－170 ℃时，乙烷分子基本上以交叉式构象存在。

乙烷分子其他构象的能量介于重叠式与交叉式之间。分子总是倾向于以能量最低的稳定形式存在。一旦偏离稳定形式，非稳定构象就具有恢复成稳定构象的力量，称为扭转张力(torsionstrain)。这种张力来源于范德华排斥力。各种构象之间克服扭转张力、发生相互转化所需的能量称为扭转能。

以单键的旋转角度为横坐标，以各种构象的势能(potential energy)为纵坐标，将单键连续旋转 360°，就可以画出一条势能曲线。由势能曲线与坐标共同组成的图为构象的势能关系图。图 2.6 是乙烷分子各种构象的势能关系图。图中曲线上的任何一点代表一种构象及其势能，位于曲线中最低的一点，即谷底势能最低，它所代表的构象就是最稳定构象，即交叉式。位于曲线中峰顶的点，即最高点，势能最高，该点所代表的构象就是最不稳定的构象，即重叠式。越稳定的构象存在的时间相对越长。

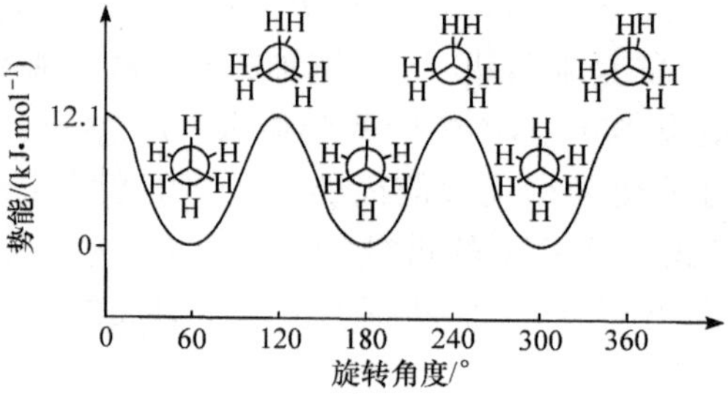

图 2.6　乙烷分子各种构象的势能变化曲线

二、丁烷的构象

正丁烷有 3 个可旋转的 C—C 单键，因此，它的构象要比乙烷复杂得多。如果围绕 C_2—C_3 单键将 C_2 和 C_3 相对旋转 360°，同样可以得到无数个构象异构体。按照前面画势能关系图的方法，同样也可以得到正丁烷的势能关系图(图 2.7)。

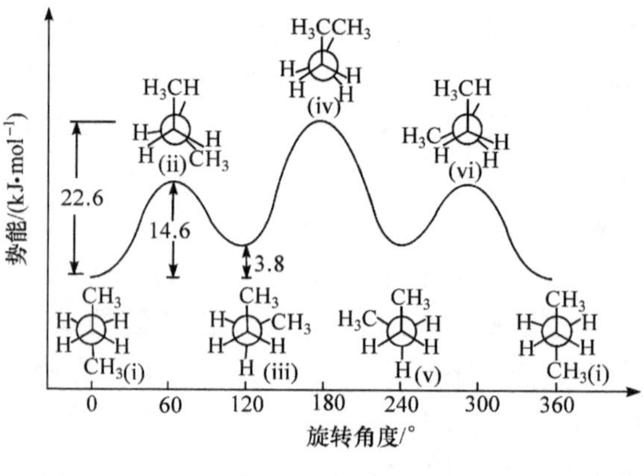

图 2.7　正丁烷分子各种构象的势能变化曲线

在图 2.7 所标出的 6 种典型构象中，(ii)和(vi)的势能相同，(iii)和(v)的势能相同。因此，实际上只有 4 种极限构象：(i)、(ii)、(iii)、(iv)。它们分别称为对位交叉式(反叠，*ap*，anti periplanar 的简写)、部分重叠式(反错，*ac*，anti clinal 的简写)、邻位交叉式(顺错，*sc*，syn clinal 的简写)、全重叠式(顺叠，*sp*，syn periplanar 的简写)。在两种重叠式中，两个大基团(CH_3)重叠在一起的称为全重叠式构象(iv)，能量最高。一个大基团与一个小基团(CH_3 和 H)重叠的称为部分重叠式构象[(ii)或(vi)]。部分重叠式的能量比全重叠式稍低。在两种交叉式中，其中两个大基团处于对位的称为对位交叉式(i)，能量最低，而两个大基团处于邻位的称为邻交叉式(*gauche* conformation)[(iii)或(v)]，能量稍高于对位交叉式。它们的热力学能大小次序为全重叠式>部分重叠式>邻位交叉式>对位交叉式。所以，正丁烷的优势构象为对位交叉式构象。

正丁烷的构象异构体的转动能垒为22.6 kJ · mol^{-1}，在室温下，分子间的碰撞足以提供这些能量，因此这些构象异构体可以互相转化而不能分离，形成一个动态平衡体系。在平衡状态时，不同的构象在所有构象中所占的百分比是不同的，平衡状态时各构象所占的比例称为构象分布。例如，正丁烷在室温时，对位交叉式构象约占70%，邻位交叉式构象约占30%，其他两种构象极少。显然，分子总是倾向于以稳定的构象形式存在。

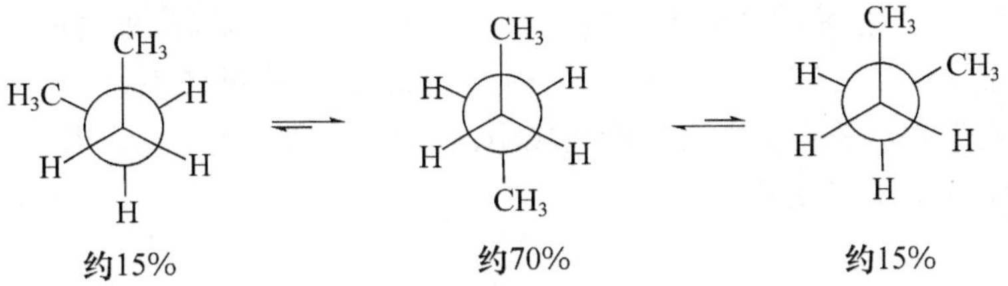

如果正丁烷中每两个相邻碳原子的其他键都取交叉式构象，则正丁烷分子的整体构象如下：

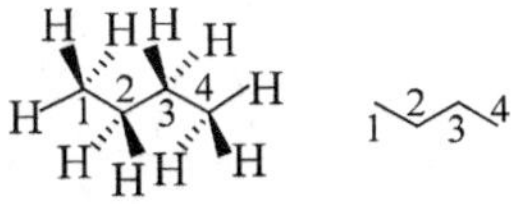

上面是最稳定的正丁烷构象。可以看出，4个碳原子处于同一平面上，且呈现锯齿状分布。实际上，在所有直链烷烃的最稳定构象中，其碳链都是呈锯齿状分布的。

第六节　环烷烃的构象

与开链烷烃不同，尽管环烷烃的环C—C键也是σ键，但由于环的固定，环上C—C键的自由旋转受到很大程度的限制，因此，环烷烃表现出很多与开链烷烃不同的构象特征，且不同大小的环，其构象的特征也不同。

一、环丙烃的构象

环丙烷分子的3个碳原子是处在同一平面上的，并构成正三角形，碳原子核间的连线夹角为60°。由于三元环的刚性很大，因此，环丙烷上的3个C—C键都不能像乙烷分子中的C—C键那样随意旋转。同时，成环碳原子的sp^3杂化特征决定了环丙烷上的6个氢原子只能处在环平面的上方或下方，且只能形成重叠式构象(图2.8)。

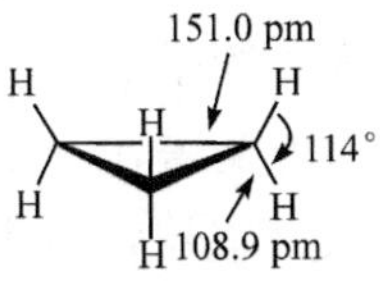

图2.8　环丙烷的几何结构

二、环丁烷的构象

根据碳原子的 sp^3 杂化轨道的空间取向以及 σ 键的成键要求，在稳定状态下，环丁烷的 4 个环碳原子不可能处于同一平面上，而是形成一个折叠的环，两个折叠面之间的夹角约为 35°(图 2.9)。从图 2.9 上可以看出，折叠环上相邻碳原子上的氢原子处于交叉分布状态，因此，折叠式(puckered conformation)能量较低，是最稳定的一种构象，即优势构象。但是，折叠式也可以通过两个折叠面的扭转而变成平面环状构象，后者可进一步转化成另一个折叠构象。由图 2.9 可以看出，在环丁烷的平面构象中，相邻碳原子上的氢原子都处于重叠分布状态，根据前面讨论过的构象与能量的关系可知，环丁烷的平面构象的能量最高，是最不稳定的一种构象。由于平面构象和折叠构象之间的能垒较小，约为 6.3 kJ · mol^{-1}，因此，两种构象之间可以在室温下快速互变。

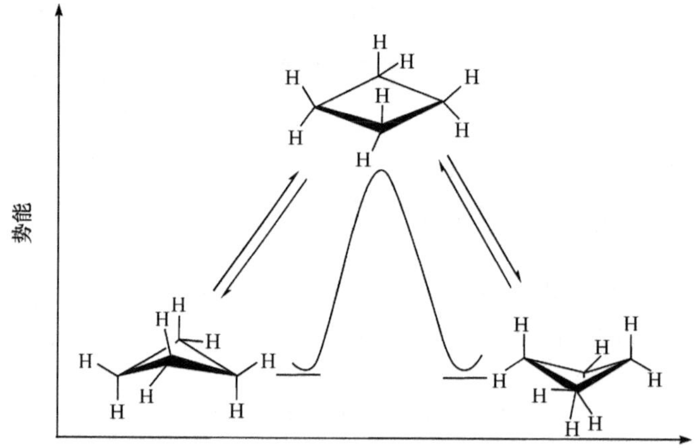

图 2.9　环丁烷构象翻转互变的能态变化

三、环戊烷的构象

对于环戊烷来说，分子为了能够最大限度地减小原子间的排斥力即扭转张力，环戊烷的稳定构象一般呈信封式或半椅式。在信封式构象(envelope conformation)中，有 4 个环碳原子处在同一平面中，第 5 个碳原子向上或向下微微翘起，它到 4 原子平面的垂直距离约为 50 pm，成键的 sp^3 杂化轨道近乎在轨道对称轴的方向上交盖，C—C—C 键角为 108°，接近 109°28′，环张力很小，分子稳定，整个结构像一个开启的信封。在半椅式构象(half-chair conformation)中，3 个碳原子在同一平面上，另外 2 个碳原子一个在平面的上方，另一个则在平面的下方。两种构象可以互变，碳原子在平面内外的互相关系也在不断地转换。环戊烷的平面和折叠构象分别表示如下：

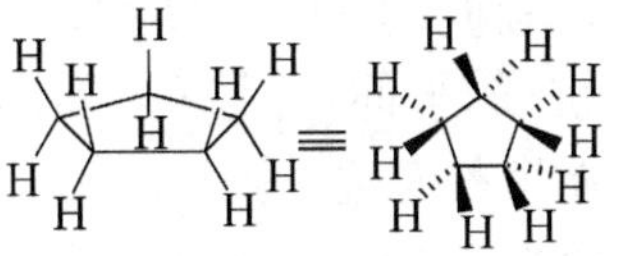

平面式

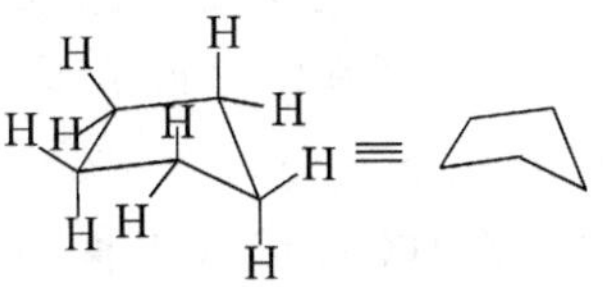

信封式

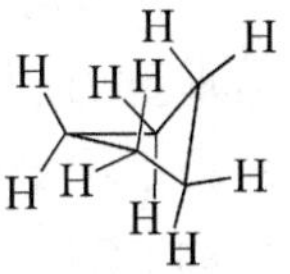

半椅式

四、环己烷的构象

早在 1890 年，萨克斯(Sachse)根据碳原子的 sp^3 杂化的正四面体模型，认为 6 个碳原子的环可以不在同一平面上，同时还保持着正四面体的正常角度。此后，莫尔(Mohr)(1918)正式提出了非平面无张力环的学说，并画出了模型。他认为：环己烷的 6 个碳原子不在同一平面上，而是形成了椅式(chair form)和船式(boat form)两种典型的构象。在这两个构象中，碳原子都可以保持 sp^3 的正常键角(图 2.10)。

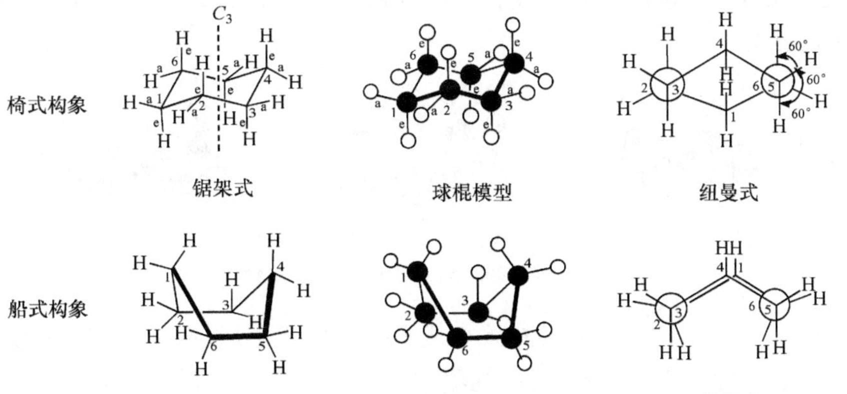

图 2.10　环己烷两种构象的锯架式、球棍模型和纽曼式

(一) 环己烷的椅式构象和船式构象

1. 环己烷的椅式构象

环己烷的椅式构象因形似一把椅子而得名，是一个非常对称的结构(图 2.10)。环中的相邻碳原子处在一上一下的位置。向下的 3 个碳原子(C_1、C_3、C_5)组成的平面和向上的 3 个碳原子(C_2、C_4、C_6)组成的平面互相平行，两个平面的间距为 50 pm。分子中存在一个三重对称轴(C_3)，C_3 轴通过分子的中心并垂直于上

述的两个平面。

椅式环己烷的氢原子可以分为两类：一类是C—H键与分子的C_3对称轴大致是垂直的，近似位于C_1、C_3、C_5所在的平面或C_2、C_4、C_6所在的平面，这类C—H键称为平伏键(或称水平键)，用e(e是equatorial的字首，赤道的意思)来表示，因此又称e键。e键共有6个，其中3个略往上伸，另外3个略向下伸。分子中的其余6个C—H键都是与C_3对称轴平行的，称为竖直键(或称直立键)，用a(a是axial的字首，轴的意思)表示，故又称a键。其中3个a键伸向环的下面，另外3个伸向环的上面(图2.10)。

由图2.10中两种构象的纽曼投影式可以清楚地看出，在椅式构象中，相邻碳上的原子或基团都处于交叉分布状态，而在船式构象中则都处于重叠分布状态，因此，椅式构象要比船式稳定，椅式构象是环己烷最稳定的构象，即优势构象，而船式构象则是最不稳定的构象。根据计算，椅式构象的热力学能要比船式构象低29～31 $kJ \cdot mol^{-1}$。

环己烷中的两种典型构象之间也可以通过环骨架的扭曲而相互转化，而且一种椅式构象可以通过船式而变成另外一种椅式(图2.11)。这一对椅式构象互称为构象转换体。

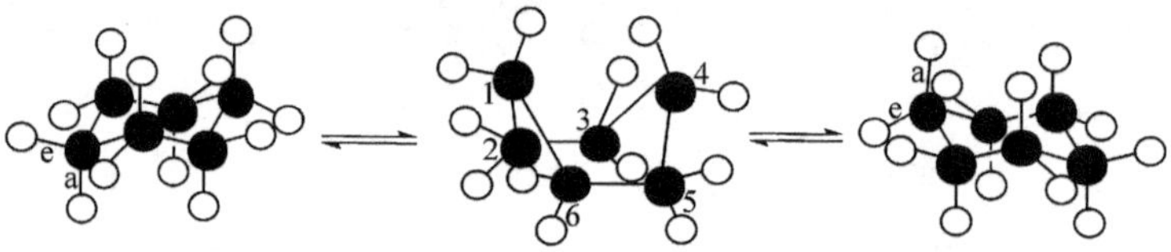

图2.11　两种椅式构象间的相互转换

由图2.11可以看出，一种椅式变成另一种椅式之后，原来在前一构象中的e键变成了后一构象中的a键，前一构象中的a键则变成了后一构象中的e键。两种椅式构象可以通过分子的热运动发生环的翻转互变，这种互变称为转环作用。椅式环己烷处于这两种构象的动态平衡体系中。

在环己烷的椅式构象中，碳碳单键的键长和碳的键角都与正常的碳碳单键的键长及碳的sp^3杂化的键角相同，因此，这种构象既无键长变化引起的热力学能升高，也无角张力。并且不同碳原子上的氢原子之间的距离较大，因此也不存在原子间的范德华排斥力。因此，环己烷的分子热力学能较低，化学性质就像开链烷烃一样稳定。

2. 环己烷的船式构象

在船式构象中，C_2、C_3、C_5、C_6处在同一平面，好像一个船底。C_2和C_3及C_5和

C_6处于全重叠式，因此，它们之间存在相当大的扭转张力。另外，C_1和C_4都处在船底平面的上方，可分别看作船头和船尾。船头C_1和船尾C_4上各有一个向内的C—H键，该键上的氢原子称为旗杆氢原子。两个旗杆氢原子之间的间距只有183 pm，小于氢原子范德华半径之和240 pm，故这两个旗杆氢原子间有范德华排斥力。扭转张力和排斥力都是分子不稳定的因素，二者的共同作用使得环己烷的船式构象不仅没有椅式稳定，而且还推动船式构象向椅式构象的转变。不难想像，在各种构象并存的动态平衡体系中，环己烷主要是以椅式构象存在的。

（二）取代环己烷的构象

1. 单取代环己烷的构象

从环己烷的构象分析可知，环己烷的椅式构象有两种构象转换体，但二者的能量是相同的。这主要是因为环己烷碳原子上连接的都是相同的氢原子。如果环己烷上有一个取代基时，取代环己烷的两种椅式构象转换体就不再等价了。图2.12是甲基环己烷的两种椅式构象转换体。

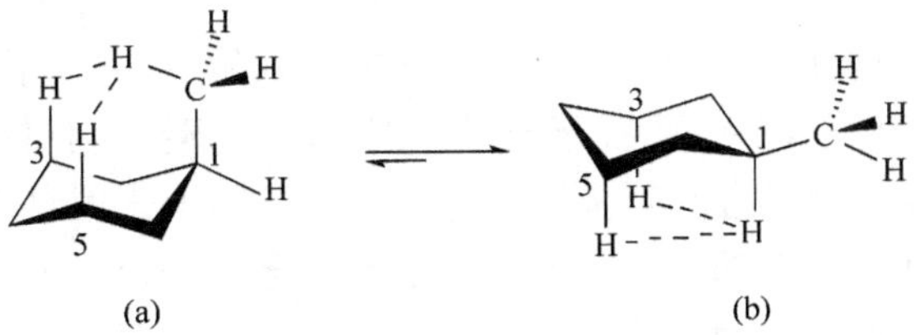

图2.12　甲基环己烷的椅式构象

在构象(a)中，甲基处于a键上，甲基的氢原子距离环平面同侧的两个H_a距离很近，相互之间存在强烈的范德华排斥力，因此构象(a)的分子热力学能很高，不稳定。在构象(b)中，甲基处于e键，且甲基上的氢和环上的原子之间可以处于交叉分布，整个分子不存在范德华排斥力，也不存在扭转张力，故尽管两种构象都是椅式，但构象(b)远比构象(a)稳定，构象(b)是甲基环己烷的最优构象。实验测得，在室温下，(b)约占95%，(a)只有5%。

从上面讨论可知，对于单取代环己烷来说，分子主要以取代基位于平伏键的椅式构象存在，且取代基越大，取代基位于平伏键的椅式构象的比例也就越大，如叔丁基处于e键的构象比例几乎接近100%。

2. 二取代环己烷的构象

从单取代环己烷的构象分析中得知，取代基处于椅式环己烷中的平伏键时的构象为最优构象。类似的分析也可以知道，对于二取代或多个取代基的环己烷的椅式构象来说，平伏键上连接的取代基数目越多，其热力学能越低，分子越稳定。那么，所有的取代基能否同时都处于平伏键呢？答案是有些化合物可以，而有些化合物却不可以。这主要与取代基的位置和相对空间取向有关。

在环己烷分子中，由于成环碳原子间的C—C键受到环骨架的限制而不能像开链烷烃中的C—C键那样自由旋转，因此，每个环碳原子上连接的原子或基团的空间取向就被相对固定下来，或者伸向环平面的上方，或者伸向环平面的下方。当环上连有两个或多个取代基时，就会因为各取代基的相对空间取向不同而产生几何异构现象。例如，1，4-二甲基环己烷就有顺式和反式两种几何异构体（图2.13）。

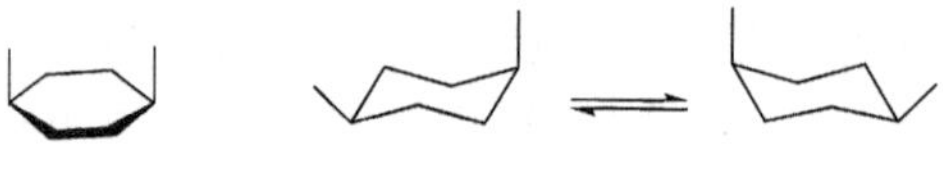

(a) ae型　(b) ea型

图2.13　顺-1，4-二甲基环己烷及其椅式构象的转换

不同的几何异构体，其优势构象是不同的。对顺-1，4-二甲基环己烷来说，由于两个甲基都位于环的同一侧，而环己烷1位和4位碳上同时指向环同一侧的化学键分别是a键和e键，因此，对椅式构象来说，顺-1，4-二甲基环己烷的两个甲基是不可能同时处在e键上的，只能是一个处于a键，而另一个处于e键，这也就是顺-1，4-二甲基环己烷的优势构象，这种构象称为ae型。图2.13中ae型和ea型能量是相同的。由同样的分析可知，反-1，4-二甲基环己烷的优势构象是两个取代基都处在e键上的椅式构象。这种构象称为ee型。

如果二取代环己烷的某一几何异构体无法满足两个取代基都处于e键，而此时两个取代基又不相同时，其优势构象应该是较大的基团处在e键而较小的基团处在a键的椅式构象。例如，顺-1-甲基-4-异丙基环己烷的优势构象如图2.14(a)所示。

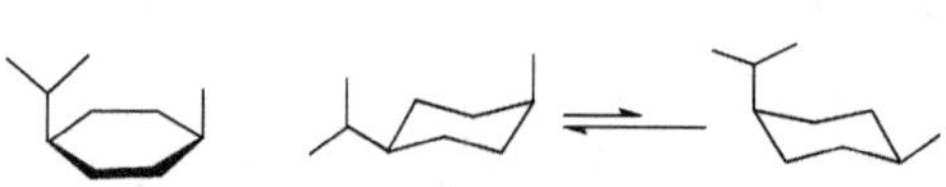

(a)　(b)

图2.14　顺-1-甲基-4-异丙基环己烷的优势构象

顺-1，4-二叔丁基环己烷的情况比较特殊。顺-1，4-二叔丁基环己烷中两个叔丁基[—$C(CH_3)_3$]是不可能同时处于e键的，只能一个占e键，另一个占a键。但叔丁基处在直立键会导致分子内产生很强的范德华排斥力。这种排斥力迫使环本

身发生扭转，变成扭船式构象，这样两个大的基团都可占据近似的平伏键。

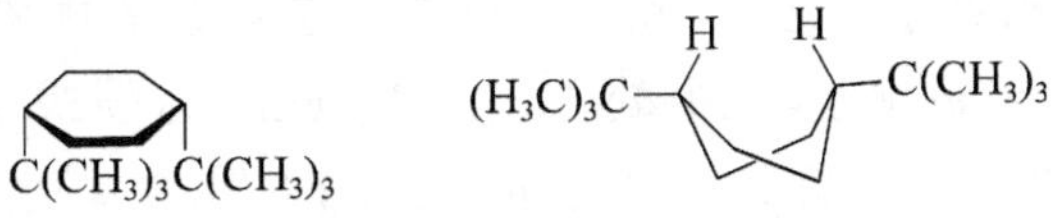

顺-1,4-二叔丁基环己烷的扭船式构象

五、联多环化合物的构象

两个环己烷通过共用两个相邻的碳原子稠合起来的化合物称为十氢化萘(可视其为萘环与 10 个氢的加成产物)。十氢化萘相当于邻二取代的环己烷，因此，十氢化萘也有顺、反两种异构体。在反式异构体中，两个桥头碳原子上所连接的氢原子分别处于环的异侧，而在顺式中，二者同处于环的同侧。在表示十氢化萘的构型时，用楔形键或黑点表示桥头氢在纸面上方，用虚线或未标黑点表示桥头氢在纸面下方。其他取代基也可用楔形键与虚线表示其构型。

顺式十氢化萘

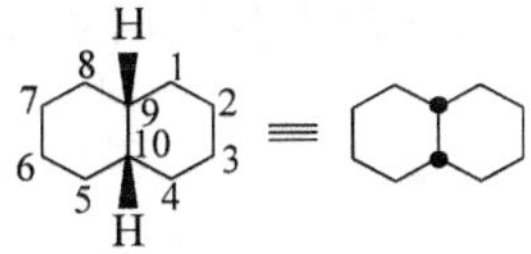

反式十氢化萘

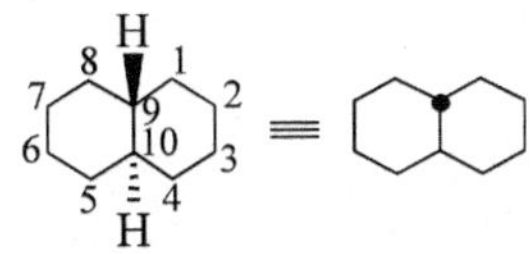

1925 年，休克尔(Hückel)首次将顺、反异构体分离出来，并测出它们的物理常数。反式异构体：沸点 187 ℃，燃烧热 6277.3 kJ · mol^{-1}；顺式异构体：沸点 196 ℃，燃烧热 6286 kJ · mol^{-1}。

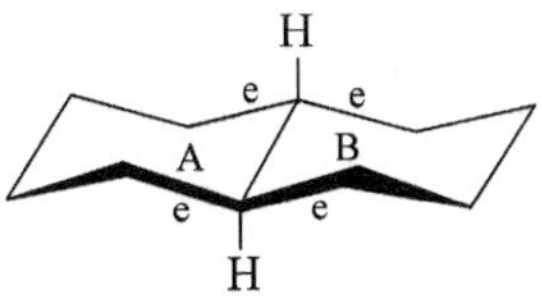

反式(ee型)

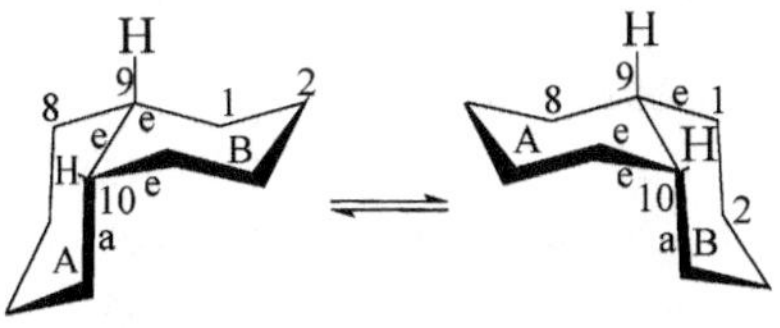

(i)　　(ii)

顺式(ea型)

根据环己烷构象的稳定性规律可知，十氢化萘的稳定构象一定是两个环己烷结构都处于椅式的构象。但两个椅式的环己烷结构在稠合时却会有两种不同的方式，从而产生两种不同的结构。如果将一个环看成是另一个环上的两个“取代基”，则在稳定的反式十氢化萘中，两个“取代基”将有两种空间相对取向。一种是两个“取代基”都处于 e 键上，此时为反式十氢化萘的优势构象；另一种是两个“取代基”一个处于 e 键上，一个处于 a 键上，此时为顺式十氢化萘的优势构象。显然，反式异构体由于两个取代基都处于 e 键，比顺式稳定。这一点可由二者的燃烧热数据得到证明，反式十氢化萘的燃烧热比顺式低 8.8 kJ · mol^{-1}。

X 射线衍射实验研究证明，十氢化萘的顺式和反式异构体的稳定构象都是由两个椅式环稠合起来的，但顺式异构体有两种稳定构象的转化体，而反式只有一种。这是因为对于顺式异构体的稳定构象来说，环己烷 A 上的两个“取代基”的空间取向为 ae 型，而环己烷 B 上的两个“取代基”的空间取向为 ee 型，分子可以通过扭曲变形使 A 环和 B 环上的“取代基”的空间取向发生转化，即 A 环变成 ee 型，B 环变成 ae 型，转化前后的两种构象体(i)和(ii)互为实物与镜像关系的关系(称为对映构象异构体)，能量相等。与顺式异构体不同，在反式异构体的稳定构象中，两个环己烷上的“取代基”均处于 e 键，因此反式十氢化萘只能有一种优势构象。

在联多环化合物中，环己烷大都采用椅式构象相稠合，因为这样得到的联多环化合物构象稳定。

习　题

1. 利用系统命名法命名下列化合物。

(1) $CH_3CH_2C(CH_3)_2CH_2CH_2CH_3$　　(2) $(CH_3)_2CH(CH_2)_4CH(CH_3)CH_2C(CH_3)_3$

(3) 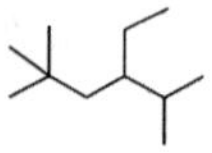　(4) 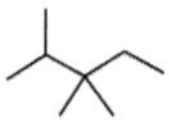　(5) 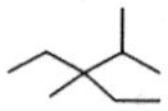　(6) 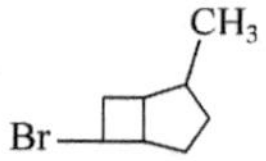

(7) 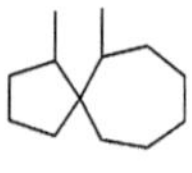　(8) 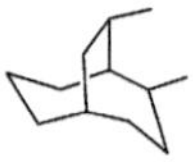　(9) 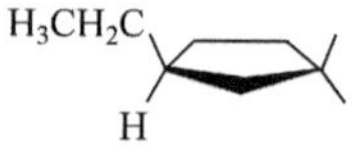

2. 写出下列化合物的结构式。

(1) 异丙基环戊烷　　(2) 顺-1-甲基-4-叔丁基环己烷

(3) 1,1-二甲基-2-异丙基环丙烷　　(4) 2-甲基-3-苯基戊烷

(5) 反十氢化萘　　(6) 二环[4.3.0]壬烷

(7) 螺[4.5]癸烷

3. 写出下列化合物的优势构象，如果有顺反异构，请指出其优势构象是顺式还是反式。

(1) 1-氯丙烷(用纽曼投影式表示)　　(2) 1,2-二氯-1,2-二溴乙烷(用纽曼投影式表示)

(3) 1-甲基-1-异丙基环己烷　　(4) 顺-1-甲基-3-叔丁基环己烷　　(5) 反十氢化萘

4. 写出 1,3-二甲基环己烷的顺反异构体及各自的优势构象，并指出哪种异构体比较稳定。

5. 试写出下列化合物在光照条件下氯代反应的活性次序。反应中哪种键首先断裂？为什么？

(1) CH_4　　(2) $H_3C-CH(CH_3)-CH_2-CH_3$　　(3) $H_3C-C(CH_3)_2-CH_3$　　(4) $H_3C-CH_2-CH_3$

6. 写出甲基环己烷与溴发生自由基取代反应生成的一溴代产物构造式，指出哪个产物产率最高，并写出各产物的稳定构象。

7. 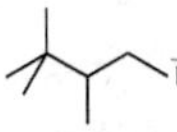可以生成哪几种类型的自由基？写出它们的结构简式，并指出它们的稳定性大小次序。

8. 写出甲基环丙烷在下列条件下的反应方程式。

(1) H_2，Pt/C，加热　　(2) 燃烧　　(3) Br_2，室温　　(4) HI　　(5) Br_2，$h\nu$

9. 写出新戊烷在光照条件下与氯气反应的主要产物，并写出其反应机理。

10. 按要求完成下列各题。

(1) 下列化合物的沸点高低顺序为

A. 正戊烷　　B. 正己烷　　C. 异戊烷　　D. 新戊烷

(2) 下列化合物的熔点高低顺序为

A. 3,3-二甲基戊烷　　B. 庚烷　　C. 环庚烷　　D. 2-甲基己烷

(3) 按照系统命名的次序规则，下列基团的优先顺序为

A. $-OCH_2Br$　　B. $-OCH_3$　　C. $-OH$　　D. $-CH=CH_2$

(4) 下列化合物每摩尔 CH_2 的燃烧热大小顺序为

A. 环丁烷　　B. 环己烷　　C. 环丙烷　　D. 环戊烷

(5) 2,3-二甲基丁烷最稳定的构象是

A. 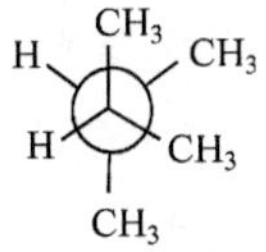　B. 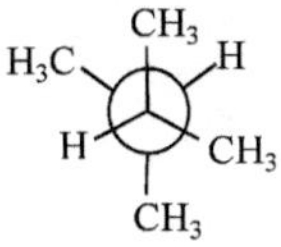　C. 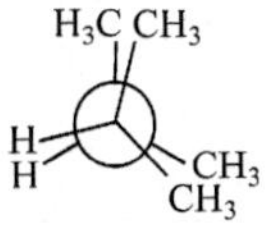　D. 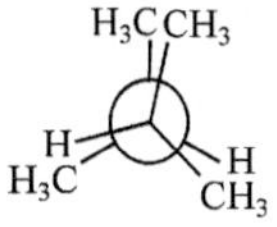

(6) 下列反应的机理属于

A. 自由基取代　　B. 亲电取代　　C. 亲核取代　　D. 离子型反应

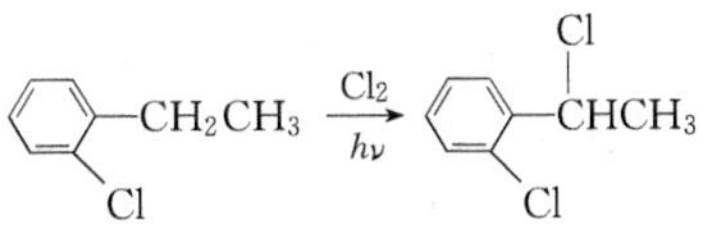

(7) 下列自由基的相对稳定性顺序为

A. 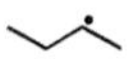　B. 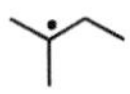　C. 　D. 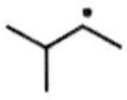

11. 完成下列反应式。

(1)  $+HI \longrightarrow$　　(2) 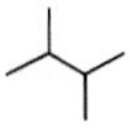 $+Cl_2 \xrightarrow{h\nu}$

(3) 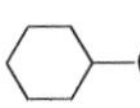$-CH_3 + Br_2 \xrightarrow{h\nu}$　　(4) 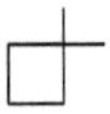 $+H_2 \xrightarrow[120\ ℃]{Ni}$

石油化学简介

烃的主要来源是天然气和石油。尽管各地的天然气组分不同,但几乎都含有75%的甲烷、15%的乙烷及5%的丙烷,其余为较高级的烷烃。

石油原油是棕褐色或暗绿色的、黏稠的油状液体,有臭味,主要组分为各种烃类(约占90%以上),此外,还含有少量烃的含氧、氮或硫的衍生物。石油中含有1~50个碳原子的开链烷烃及一些环状烷烃,环烷烃中以环戊烷、环己烷及其衍生物为主,有的石油中还含有芳香烃。石油是现代社会最重要的能源之一,也是有机合成工业的基本原料之一。石油必须经过炼制才能作为燃料或化工原料使用。

石油化学工业简称石油化工,是现代化学工业的主体,是世界各国经济发展的支柱产业。石油化工指以石油和天然气为原料,经过各种化学和物理过程生产石油产品和石油化工产品的加工工业。石油产品又称油品,主要包括各种燃料油(汽油、煤油、柴油等)和润滑油以及液化石油气、石油焦炭、石蜡、沥青等。生产石油产品的加工过程常称为石油炼制,简称炼油。最简单的炼制方法是将原油分馏,根据产物的用途和组成不同,收集沸点范围不同的馏分,如石油气、石油醚、汽油、煤油、柴油、润滑油、石蜡等。分馏出来的产品大都含有杂质,往往还有一定的颜色或臭味,为了得到商业产品,必须对它们进行精制,以除去杂质、颜色和臭味等。石油产品的组分和用途见附表。

附表 石油产品的组分和用途

产 品	含碳原子数目	沸点范围/℃	用 途
石油气	C_1~C_4	<40	化工原料、燃料、液化石油气
石油醚(轻汽油)	C_5~C_7	30~100	溶剂、化工原料
汽油	C_6~C_{12}	70~200	内燃机燃料、溶剂
溶剂汽油	C_7~C_9	120~150	溶剂
航空煤油	C_9~C_{15}	150~250	喷气式飞机燃料
煤油	C_{12}~C_{16}	200~275	燃料、工业洗涤剂
柴油	C_{15}~C_{20}	260~340	柴油机燃料
润滑油	C_{18}~C_{22}		机器润滑、防锈
凡士林	C_{20}~C_{24}	熔点 37~52	防锈、医药软膏基质
石蜡	C_{20}~C_{30}	熔点 60~65	蜡纸、蜡烛、化工原料
燃料油	C_{20}以上(混合物)	>350	发电厂、船舶和大型加热设备用燃料
沥青	(复杂混合物)	不挥发	铺路、建筑材料

石油化工是对炼油过程所获得的初级产品进行深度化学加工，以获得基本石化产品的化学工业。其产品称为石油化工产品，三烯（乙烯、丙烯和丁二烯）、三苯（苯、甲苯和二甲苯）和甲醇常被称为基本石油化工产品。利用这些基本石化产品可以制备有机高分子合成材料、表面活性剂、溶剂和涂料等。石油化工的基本技术是催化重整(catalytic reforming)技术。利用催化重整技术可以从石油中 C_6 以上成分芳构化生产芳香烃，将重质油轻质化，变为汽油、柴油和液化气。

以石油为原料可以生产八大基本有机原料：乙烯、丙烯、丁二烯、乙炔、苯、甲苯、二甲苯和萘（石油化工一级产品）。将这些基本有机原料再经过一系列加工，可制得乙醇、丙酮、苯酚等化工原料（石油化工二级产品）。最后还可以从这些化工原料合成各种产品，如橡胶、塑料、合成纤维等（石油化工三级产品）。目前，世界乙烯产量的80%左右、丙烯产量的65%左右都用于生产合成树脂。

近年来，利用微生物来分离提纯石油中的某些成分，以及利用微生物发酵法将石油转化成氨基酸、蛋白质、维生素和糖类等物质的研究已成为石油工业中新的研究领域。一旦这类研究转化为工业生产，石油将再次改变人类的生活。

综上所述，石油工业的发展对于国民经济以及化学化工的发展都是非常重要的。

第三章　立体化学

绝大多数有机化合物都不是简单的线形或平面结构，而是具有一定三维空间的立体结构。立体化学是研究有机化合物的立体结构及有机化合物立体结构在化学反应中的变化规律。本章主要讨论有机化合物立体结构中的对映异构现象。关于其他立体异构和有机反应的立体化学内容将在相关化合物和相关反应的章节进行讨论。

第一节　手性分子及其光学活性

一、手性和手性分子

手性(chirality)是指物体和其镜像不能叠合的性质。例如，人的右手和左手就像一个物体和其镜像的关系，二者不能叠合，因此无论右手还是左手都是具有手性的。手性的本质实际上是不对称性。一个不对称的物体一定是具有手性的，该物体就称为手性物体。

手性是三维物体的基本属性，手性现象在自然界是普遍存在的。正像巴斯德(Pasteur)在100多年前预言的那样，宇宙是手性的，自然界的基本现象和定律是由手性决定的，有机分子也不例外，大部分天然有机化合物都是具有手性的，称为手性分子(chiral molecule)。例如，天然的糖、氨基酸、蛋白质、核酸等基本上都是手性有机分子。

二、对映体及其光学活性

对于一个手性分子，一定能够找到一个与之呈镜像关系且不能叠合的另一个分子，这两种分子称为对映体(enantiomer)，二者是互为对映的。例如，乳酸就有两种不同的立体结构，二者互为对映关系(图3.1和图3.2)。

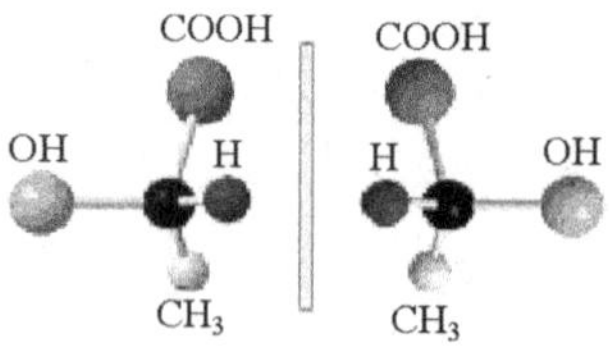

图3.1　乳酸分子的两种构型

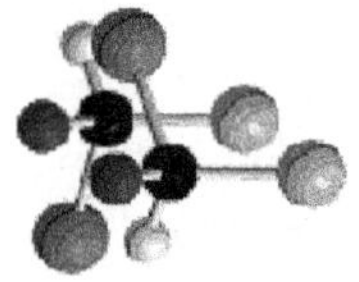

图3.2　乳酸两种构型不能重叠

对映体的构造相同,但构型不同。虽然对映异构和顺反异构都是立体异构中的构型异构,但顺反异构体之间不是互为镜像,而对映异构体之间互为镜像,分子具有手性。

当不存在外界手性环境影响时,对映体具有完全相同的化学和物理性质。例如,两种立体结构不同的乳酸具有相同的熔点、溶解度、色谱保留时间、红外光谱(IR)和核磁共振谱(NMR)等。因此,对映体的分离和结构鉴定都需要采用一些专用的特殊方法才能完成。

那么,手性分子有什么特殊性质呢?那就是手性分子的光学活性(optical activity),即所有手性分子都能旋转平面偏振光的振动方向,而非手性分子没有这种性质。因此,手性分子又称为光学活性分子或旋光性分子。平面偏振光的偏振面的旋转角度称为旋光度(optical rotation)。互为对映体的两个分子在相同条件下具有相同的旋光度和不同的旋光方向,一个若为顺时针方向旋转,另一个则一定为逆时针反向旋转。利用手性分子的光学特性,可以通过旋光度测定实验来判断一个化合物是否是手性分子,或两个化合物是否是对映体。

三、旋光度的测定和表示

光是一种电磁波,光波振动方向垂直于光波前进的方向。普通光的光波可以在垂直于它前进方向的任何可能的平面上振动。假设一束普通光从垂直于纸面的方向射来,则它的横截面如图 3.3 中的"普通光"所示,图中双箭头表示光可能的振动方向。从图中可以看出,普通光是由在各个纵向平面上振动并前进的不同波长的光所组成的。

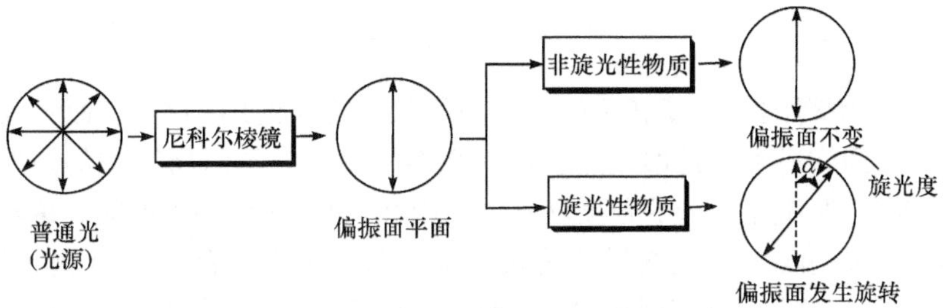

图 3.3 偏振光的形成和旋转

如果将普通光通过一个尼科尔棱镜,则透过棱镜的光只在一个纵向平面上振动,这样得到的光称为平面偏振光(plane-polarized light)。偏振光的振动平面称为偏振面。如果让偏振光通过非光学活性物质,如水或乙醇等,则透过的偏振光仍在原来的方向上振动。若将偏振光通过乳酸、苹果酸等光学活性物质,则透过的偏振光的偏振面将发生一定角度的旋转。这种能使偏振光的偏振面发生旋转的性质称为旋光性(optical activity)。旋光性的大小是用旋光度 α 表示的。旋光性的方向一般用"＋"或"－"表示。"＋"表示"右旋"，即偏振光的偏振面发生顺时针旋转；"－"表示"左旋"，即偏振光的偏振面发生逆时针旋转。比较老的表示方法是用"*d*"或"*l*"。"*d*"和"*l*"分别相当于上法中的"＋"和"－"，分别是英文右旋(dextrorotary)和左旋(levorotary)的第一个字母。例如，左旋乳酸可表示为(－)-乳酸或 *l*-乳酸；右旋乳酸可表示为(＋)-乳酸或 *d*-乳酸。

旋光性物质的旋光度和旋光方向是用旋光仪来测定的。旋光仪主要由光源、尼科尔起偏镜、盛测试样品溶液的样品管、尼科尔检偏镜和检测器组成(图 3.4)。光源发射出来的光是混合光，经起偏镜后变成平面偏振光，后者再通过样品管。如果样品是旋光性物质，由于旋光性物质能够旋转平面偏振光的偏振面，因此，入射样品溶液的平面偏振光的偏振面和其透射出来的平面偏振光的偏振面不再共平面，而是具有一定的夹角。由于尼科尔棱镜只允许与其晶轴共平面的平面偏振光通过，因此，只有将检偏镜旋转至与样品旋光度相同的角度时，透射光才能穿过检偏镜，进入观察者的眼睛或到达仪器的检测器。检偏镜旋转的角度即旋光度可通过固定在检偏镜前面的一个圆形角度盘直接读出。

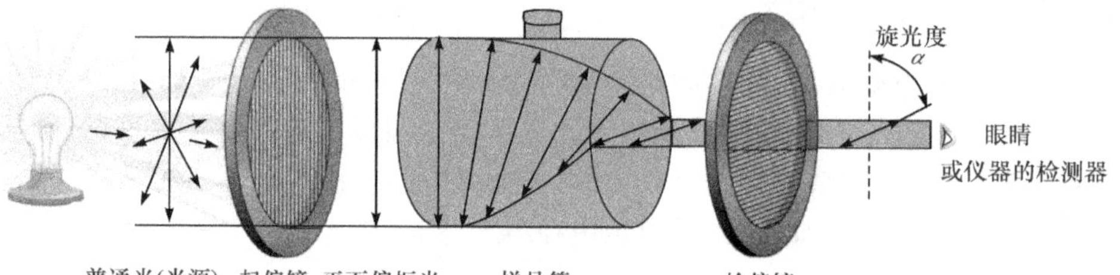

图 3.4 旋光仪示意图

由旋光仪测得的旋光度甚至旋光方向不仅与物质的结构有关，而且与测定的条件有关，因为旋光现象是偏振光透过旋光性物质的分子时所造成的。偏振光遇到的分子越多，偏振光旋转的角度就越大。因此，由旋光仪测得的旋光度与被测样品的浓度(如果是溶液)、光在样品溶液中穿行的距离即样品管长度呈正比关系。为了便于比较不同物质的旋光性能，一般规定用比旋光度[α]来表示。比旋光度可通过测定样品的旋光度，然后按下式进行计算得到：

$$[\alpha]=\frac{\alpha}{lc}$$

式中，l 为样品管的长度，单位为 dm；c 为样品的浓度，单位为 $g \cdot mL^{-1}$；α 为在此条件下测得的旋光度。因此，比旋光度的含义就是光程(样品管长度)为 1 dm、浓度为 1 $g \cdot mL^{-1}$时，样品溶液的旋光度。若被测物质是液体，也可直接用纯物质进行测定，无需再用别的溶剂配制成溶液。此时，上式中的 c 可用待测纯物质的密度（$g \cdot cm^{-3}$）代替。

除了光程和样品浓度等影响因素外，旋光度 α 还受测定时的温度、偏振光的波长以及溶剂的种类和性质的影响。因此，在表示比旋光度$[\alpha]$时，规定必须注明测定时的温度、波长和溶剂。其中温度置于$[\alpha]$的右上角，波长置于$[\alpha]$的左下角，溶剂则置于$[\alpha]$之后的括号内。例如，葡萄糖水溶液的比旋光度为 $[\alpha]_D^{20}(H_2O)=+52.5°$，这说明葡萄糖水溶液在 20 ℃时的比旋光度为右旋 52.5°，测定波长为 D 钠光。

在其他影响因素固定不变时，比旋光度仅取决于物质的结构。因此，比旋光度是物质特有的物理常数。例如，牛奶变酸产生的乳酸熔点为 53 ℃、比旋光度为 −3.8°；动物肌肉运动产生的乳酸熔点为 53 ℃ 、比旋光度为+3.8°。

第二节　手性分子的判定

一、手性原子

不仅分子有手性和非手性之分，有机分子中的原子也有手性和非手性之分。由于手性的本质就是不对称性，因此当一个 sp^3 杂化的原子连接有 4 个各不相同的原子或基团时，这个原子所连接的 4 个原子或基团在空间上的分布就有不对称性，此时就称 sp^3 杂化的原子为手性原子。有机分子中最常见的手性原子就是手性碳原子，简称手性碳。例如，下面分子中带“ * ”的碳原子都是手性碳。

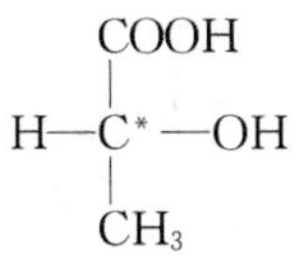

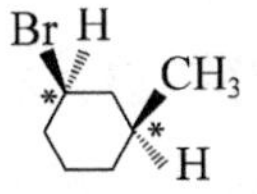

在有机分子中，除了手性碳外，S、P、N、Si、As 等其他原子也会形成手性原子。对于三价 N 和 P 形成的有机胺和有机膦来说，如果杂原子所连的 3 个原子或基团各不相同，则分子具有手性。在这样的分子中，N、P 原子采取的都是不等性 sp^3 杂化，其中有一个 sp^3 轨道填充有一对电子，没有参与成键，此时可将其孤对电子当作一个特殊的基团，如特勒格（Tröger）碱的手性 N 原子。此外，一些金属离子如 Mn、Cu、Bi 和 Zn 等在形成四面体配位化合物时，如果 4 个配体各不相同，也可能形成手性金属离子。

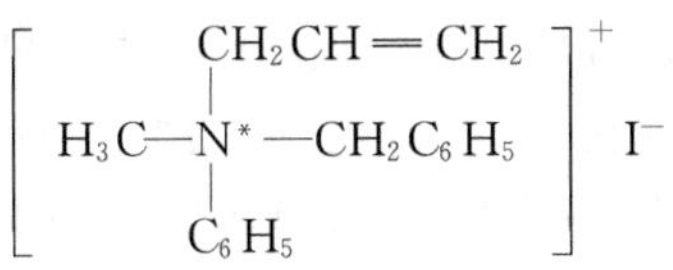

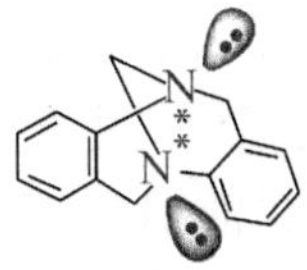

特勒格碱

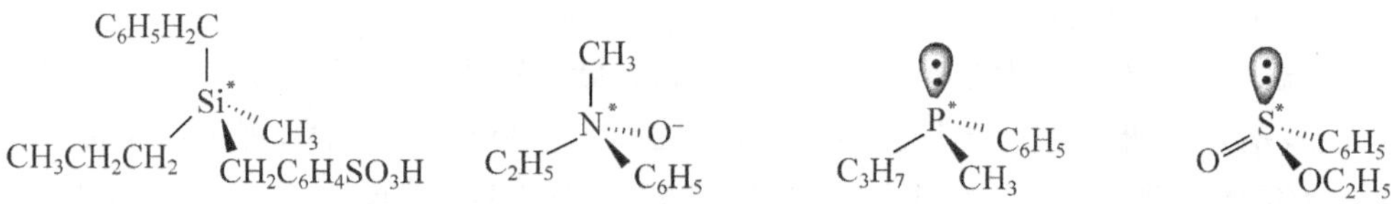

对于手性碳来说，sp^3杂化和连有四个各不相同的原子或基团是其形成手性碳的两个基本条件。由于手性是三维立体的一种属性，因此，sp 杂化碳的线性结构和 sp^2 杂化碳的平面结构都不可能产生手性，即 sp 杂化和 sp^2 杂化的碳一定不是手性碳。

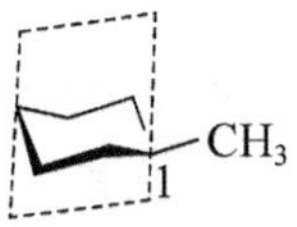

C_1不是手性碳

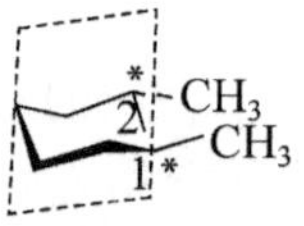

C_1和C_2都是手性碳

在判断一个原子是否是手性原子时，经常会遇到该原子是成环原子或桥头原子，此时，应该如何判断成环原子或桥头原子所连接的两个或几个环残余基团是否相同呢？方法是：通过待判定的成环原子或桥头原子作一个环的对称面（注：不考虑环上的取代基），若对称面两侧的结构单元是完全相同的，就认为成环原子所连的两个环残余基团是相同的。否则，就认为两个环残余基团是不相同的。例如，甲基环己烷 C_1 连有一个 H、一个 CH_3 和两个环残余基团。通过 C_1 画出环的对称面，对称面两侧的环残余基团是完全相同的，故 C_1 不是手性碳。用类似的方法可以判断出，1，2-二甲基环己烷的 C_1 和 C_2 都是手性碳。

二、手性分子的判定

尽管大多数手性分子都含有手性原子，但手性原子既不是手性分子的必要条件，也不是其充分条件。换句话说，手性原子和手性分子之间没有必然的联系。

判断一个分子是否是手性分子固然可以通过测定其旋光度来完成，但也可以通过对分子结构进行分析来完成。那么，手性分子的结构具有什么特性呢？由于手性的本质就是三维不对称性，因此，分析一个分子是否存在对称性将是判断其是否是手性分子的最直接、可靠的方法。

与分子手性有关的对称因素主要有对称面、对称中心和交替对称轴。凡是具有这三种对称因素的任何一种，分子都是具有对称性的，因而也就不是手性分子。换句话说，凡是手性分子一定不存在上述三种对称因素中的至少一种。

对称面：对称面是指通过一个平面可以将分子平分为对等两半，两半呈互为镜像的关系，这个平面就是分子的对称面。例如，2-丙醇分子就存在一个由 OH、H 和 C 组成的对称面，该平面把分子分为对称的两半。因此，2-丙醇不是手性分子［图 3.5(a)］。

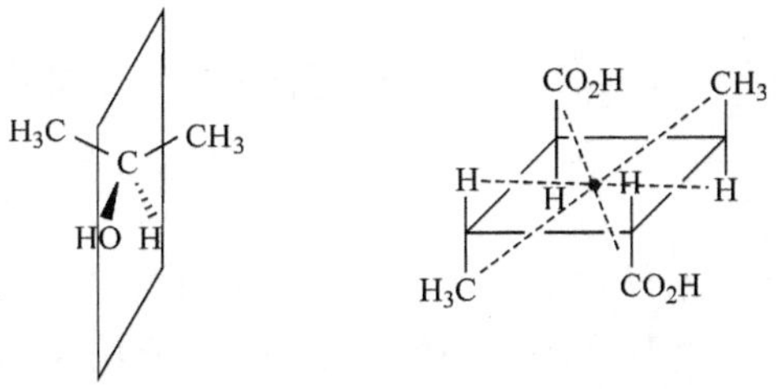

(a) 对称面 (b) 对称中心

图 3.5 分子的对称面与对称中心

对称中心：如果分子中有一个点 P，从分子中任何一个原子出发向这个点作一直线并延伸出去，如果在与该点前一线段等距离处遇到相同的原子，则这个点就是这个分子的对称中心[图 3.5(b)]。

交替对称轴(旋转反映轴)：设想分子中有一条直线，当分子以此直线为轴旋转 $360°/n$(n 为正整数)后，再用一个与此直线垂直的平面进行反映，如果得到的镜像与原来分子完全相同，这条直线就是 n 重交替对称轴，如图 3.6 所示。

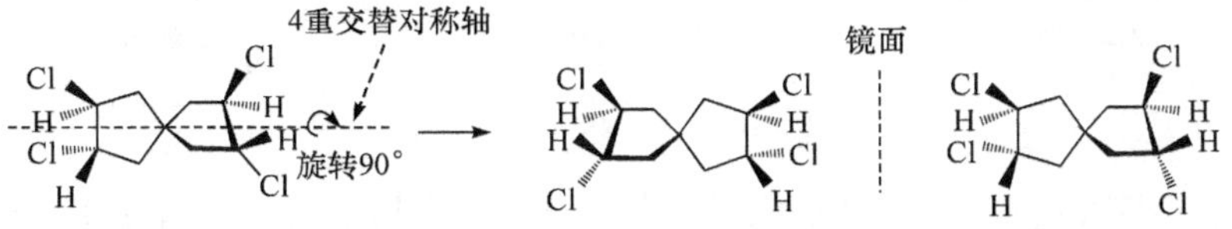

图 3.6 分子的交替对称轴

(i)和(ii)为同一分子，而(iii)为(ii)的镜像，所以(iii)也是(i)的镜像。由于(i)和(iii)是完全相同的分子，因此，有 4 重交替对称轴的分子与其镜像能够叠合，无手性。

不仅有 4 重交替对称轴的分子无手性，有其他交替对称轴(1 重、2 重等)的分子也没有手性。对称面相当于一个 1 重交替对称轴，对称中心相当于一个 2 重交替对称轴，即有对称面就一定有一个 1 重交替对称轴，有对称中心就一定有一个 2 重交替对称轴。因此总的来说，只要分子中有交替对称轴，则这个分子就无手性。

对于大多数分子一般只需考虑对称面和对称中心就可以判断其是否是手性分子。有对称面或对称中心的分子一定不是手性分子；无对称面也无对称中心的分子，绝大多数情况下都是手性分子，只有个别情况例外。例如，图 3.6 中的化合物(i)既无对称面又无对称中心，但它不是手性分子，因为具有 4 重交替对称轴。

第三节　手性分子的构型及其表示

一、构型的表示法

旋光异构体属于立体异构，因此，一般的平面构造式是不可能准确地表示出手性分子的结构的。为了能够清楚、准确地表示出手性分子的三维结构特点，化学上一般用分子的立体结构投影式——费歇尔(Fischer)投影式和透视式来表示。对于简单的手性分子，还常用球棍模型来表示。此外，在特殊情况下，还采用纽曼投影式来表示。图 3.7 是乳酸的一对对映体的结构的 3 种表示方法。

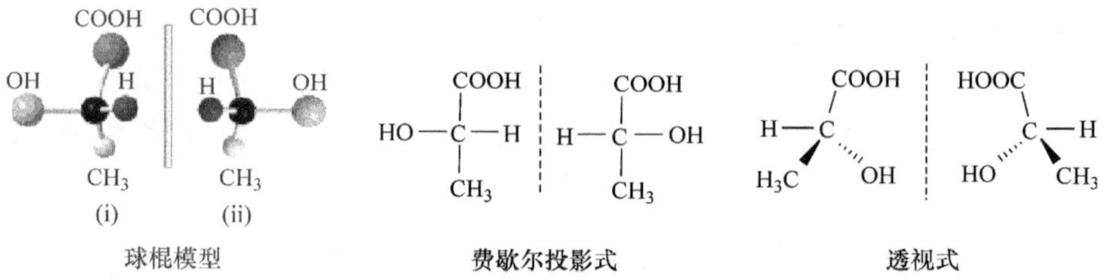

图 3.7　构型的表示方法

球棍模型虽然直观，但其书面表示很不方便，尤其不适宜于含多个手性碳的复杂手性分子。

透视式是手性分子最常用的表示方法，特别适宜于含环手性原子和含多个手性碳的复杂分子。书写透视式的基本要点是：将手性原子和手性原子所连的 4 个基团(或原子)中任何两个一起置于纸面上，其间的共价键用直线表示。手性碳连接的另外两个基团(或原子)分别置于纸面的里面和外面，位于纸面里面的基团或原子用虚线或虚的楔形线连接，位于纸面外面的基团(或原子)用实的楔形线连接。楔形线的大头一端表示距离观察者较近。

费歇尔投影式是用立体分子在平面上的投影式来表示分子的立体结构的一种表示法。为了使平面投影式能够准确表示立体结构且使投影式和立体结构之间具有唯一的对应关系，在对立体分子投影时，分子的“姿势”必须遵循一定的统一要求，这就是投影规则。投影规则的内容是：投影时，使手性碳上连接的两个基团(或原子)位于水平线上且距离光源最近。此时，手性碳所连的另外两个基团(或原子)将位于一个垂直线上且距离光源最远。投影的结果是：距离光源最近的两个基团在投影式中位于手性碳两侧的水平位置，而距离光源最远的两个基团分别位于手性碳的正上方和正下方。图 3.8 是乳酸的投影示意图。

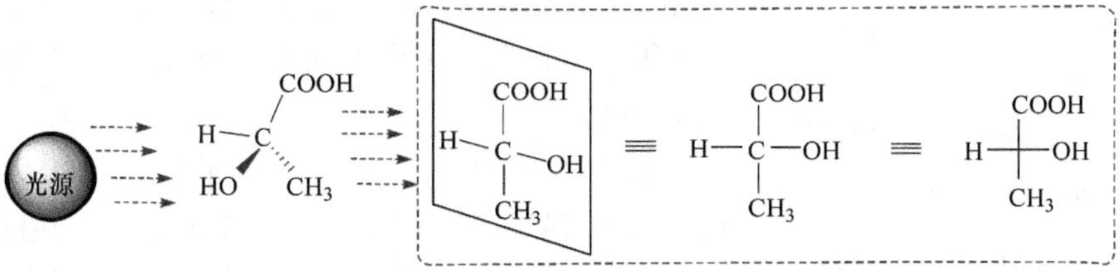

图 3.8 乳酸的费歇尔投影式

在使用费歇尔投影式时，应注意：费歇尔投影式中的横键和竖键分别代表一定的立体含义，因此，不能随意旋转或翻转费歇尔投影式，但可以旋转 180°；若费歇尔投影式中的手性原子为碳原子，则常常可以省略不写，而用横、竖键的交点表示；习惯上，碳链一般写在竖直方向上并将编号较小的原子写在上方；在费歇尔投影规则的实际操作中，并不需要用真正的光源对分子投影，而只需用假想光源照射即可。

二、构型的确定和标记

我们已经知道一对对映体是两个立体异构体，二者具有不同的光学活性，即有右旋体和左旋体之分，但是，我们并不清楚哪一个立体构型与哪种光学活性相对应。例如，通过旋光度的测定，我们知道肌肉运动产生的乳酸是右旋的，即右旋体。但右旋乳酸应该是乳酸两个对映体中的哪个构型呢？显然，唯一的办法就是对每个旋光异构体的三维结构进行测定。目前，测定的方法主要有 X 射线衍射法、手性光学法、化学相关法、Prolog 法、Horeau 法和 NMR 法等。但是，在很早以前，人们还没有测定手性分子立体结构的有效方法。

对于双键的平面几何异构体，可以采用顺/反或 Z/E 来区别和命名。同样，对两个互为对映关系的立体异构体，也有两种命名法，即 D/L 标记法和 R/S 标记法。

(一) D/L 标记法

D/L 标记法属于一种相对构型表示法。其核心是选择一对立体构型“确定”的对映体作为参考，其他手性分子的构型通过与参考分子的构型进行比较来确定。参考分子的构型“确定”实际上是人为主观假定的，因为在手性分子研究的早期人们是无法准确测定手性分子的三维结构的。显然，D/L 标记法是一种较老的手性分子构型表示法。

相对构型表示法所用的参考分子是甘油醛。甘油醛有右旋体和左旋体两种旋光异构体，二者互为镜像关系，是一对对映体。在早期，尽管两种甘油醛的旋光度是可以测定出来的，但每种甘油醛的真实立体结构却是无法测定的。为此，人们主

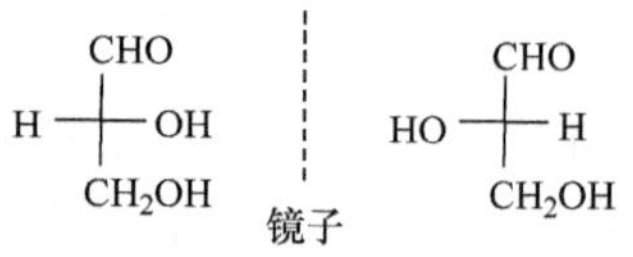

D-(+)-甘油醛　　L-(-)-甘油醛

图 3.9　甘油醛的 D/L 标记法

观规定，甘油的右旋体和左旋体的构型分别如图 3.9 所示，并规定右旋体和左旋体的构型分别用 D 和 L 表示。

其他手性分子中的手性原子的构型可以通过化学反应将其转化成(＋)-甘油醛或(－)-甘油醛来间接确定。如果手性分子中的某个手性碳能够通过一个或多个化学反应转化成(＋)-甘油醛，则该手性碳的构型用 D 来表示。反之，若最终转化成(－)-甘油醛，则手性碳的构型用 L 来表示。应该明确，在确定分子手性原子的相对构型之前，必须首先清楚分子的构造式，然后才能对其进行化学转化。在化学转化过程中，除了要求化学反应可靠之外，一般还要求所用的化学反应不能导致手性碳所形成的 4 个共价键的断裂。如果必须涉及手性原子的化学键断裂，则要求所用化学反应的立体选择性是明确和专一的。如果待确定手性原子上连接的基团是 H、CHO、OH 或 CH_2OH 的话，则不允许进行基团转换。

虽然早期对(＋)-甘油醛和(－)-甘油醛的构型是人为假定的，但巧合的是，后来通过 X 射线衍射法对两个对映体的绝对构型的测定，证明(＋)-甘油醛和(－)-甘油醛的绝对构型与早期人们假定的构型刚好一致。因此，今天所用的相对构型表示法实际上就是绝对构型的表示法。

目前，相对构型表示法主要用于糖和氨基酸的手性构型的表示。其他化合物一般都采用绝对构型表示法——*R*/*S* 构型标记法。

(二) *R*/*S* 构型标记法

R/*S* 构型标记法属于绝对构型表示法。其具体操作方法是：

(1) 基团排序：先对手性原子所连的 4 个不同的基团按照次序规则，进行从优到次的顺序排序。例如，假设 4 个基团为 a、b、c、d，优先次序为 $a > b > c > d$。

(2) 观察：从由“d→手性原子”延长线的方向，即距离排序最次的基团(d)最远的方向，观察手性原子所连的其他 3 个基团，这 3 个基团(a、b、c)就指向观察者。显然，观察分子的方位是有严格要求的。

(3) 构型标记：若这 3 个基团由优到次呈顺时针排列，则为 *R* 构型(*R* 为拉丁文 rectus 的第一个字母)，如图 3.10(a)所示；若 3 个基团由优到次呈逆时针排列，则为 *S* 构型(*S* 为拉丁文 sinister 的第一个字母)，如图 3.10(b)所示。

构型描述的是手性分子的三维立体特征，而手性分子的旋光方向表示的是其光学特性，二者没有必然的联系。因此，无论是 D/L 标记法，还是 *R*/*S* 标记法，都是用于表示手性分子的三维构型的，与手性分子的旋光方向无关。

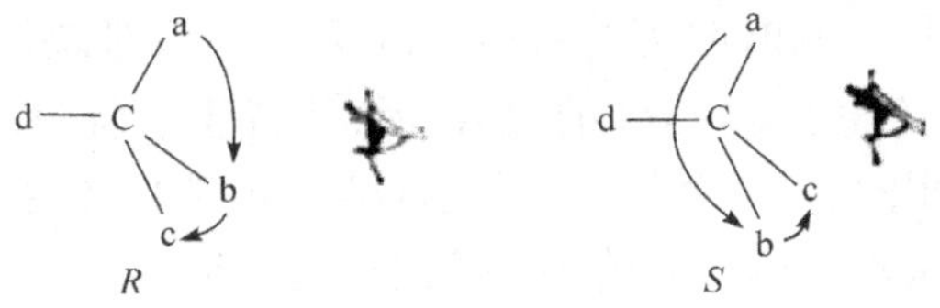

(a)　　(b)

图 3.10　构型的 R/S 标记法

费歇尔投影式和纽曼投影式都含有一定立体结构信息的平面结构，要准确地判断出这些投影式中手性原子的构型，必须按照投影规则并通过想像将平面结构转化成立体结构，然后按照 R/S 命名规则对手性原子的构型进行判定。如果一个分子中含有多个手性原子，可分别对每个手性原子的构型进行判定，即在判定其中一个手性碳的构型时，可不考虑其他原子的手性。例如：

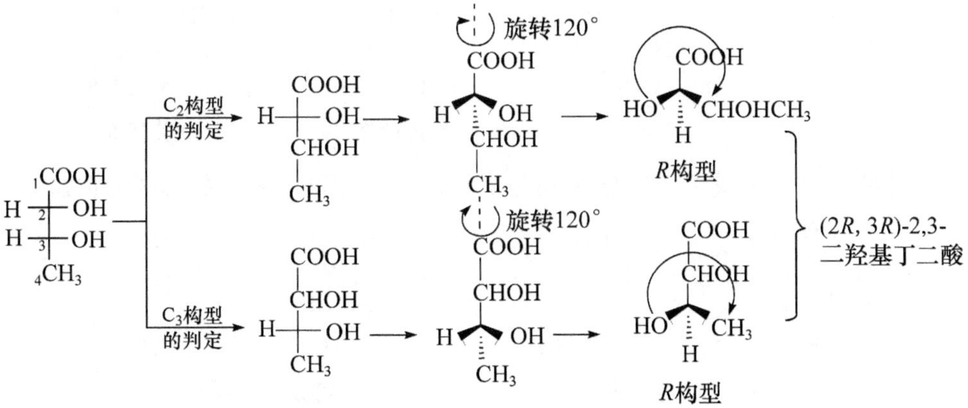

第四节　含多个手性碳的化合物

一、含两个不同手性碳原子的化合物

含一个手性碳的分子有两个旋光异构体，含两个不相同手性碳的分子有四个旋光异构体。如果分子内有 n 个手性碳，旋光异构体的数目最多为 2^n（n 为正整数）。外消旋体数目最多为 2^{n-1}。例如，2-羟基-3-氯丁二酸有四个手性碳，存在四个旋光异构体：

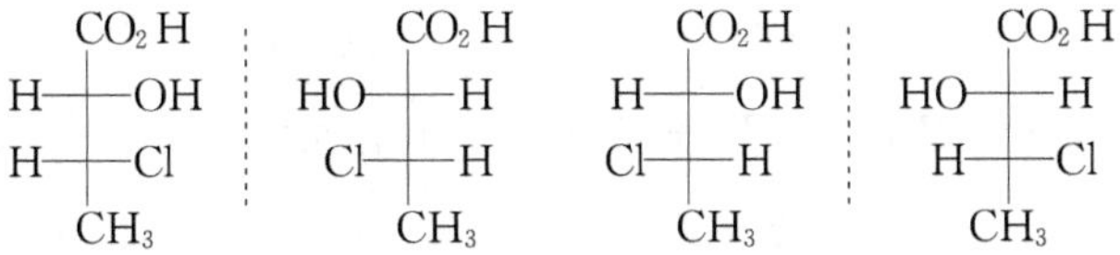

(2S,3R)　(2R,3S)　(2S,3S)　(2R,3R)

(i)　(ii)　(iii)　(iv)

在四个异构体中，(i)和(ii)为对映体，(iii)和(iv)为对映体，(i)和(ii)或(iii)和(iv)等量混合，其旋光度为零，这样的混合物称为外消旋体(racemate)。(i)和(iii)的一个手性碳构型相同，另一个相反，因此(i)与(iii)之间不存在对映体关系，但仍属于旋光异构体。这样的两个化合物称为非对映体(diastereomer)。(i)与(iv)、(ii)与(iii)、(ii)与(iv)也属于非对映体。非对映体之间不仅旋光能力不同，许多物理性质如沸点、熔点、溶解度等也不同。

如果分子内含有两个手性碳，且两个手性碳至少连有一个相同的基团时，还可用“赤式”(erythro，同边之意)和“苏式”(threo，异边之意)表示两个非对映异构体的构型。这种方法是以赤藓糖和苏阿糖为基础命名的。用费歇尔投影式表示构型时，将两个手性碳中相同的基团投影在横键上，如果相同基团在同侧，称为“赤式”，在两侧则称为“苏式”。

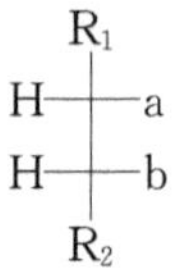
赤式

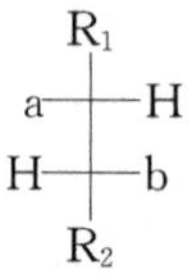
苏式

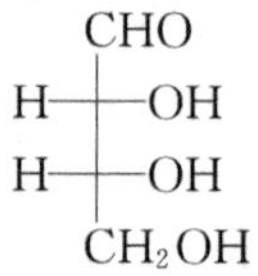
D-赤藓糖

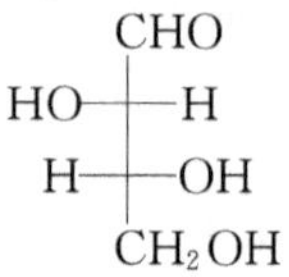
D-苏阿糖

例如，赤式和苏式-2,3-二氯戊烷的四个旋光异构体的费歇尔投影式分别如下：

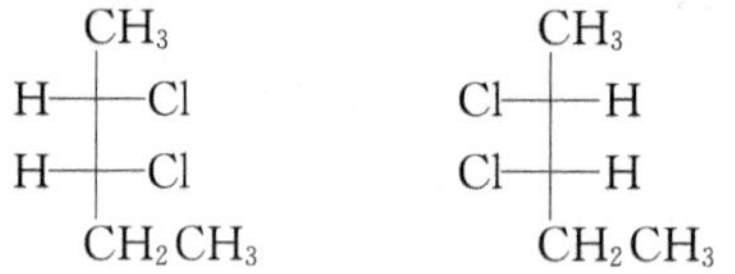
赤式-2,3-二氯戊烷

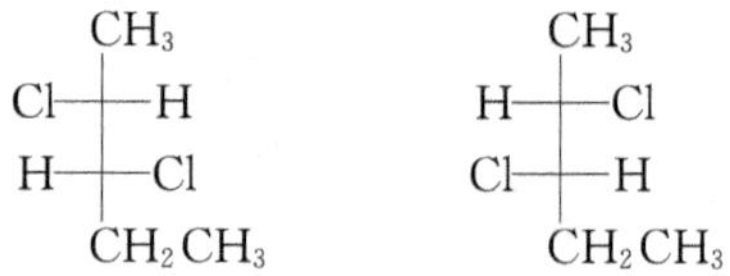
苏式-2,3-二氯戊烷

二、含有两个相同手性碳原子的化合物

酒石酸含有两个手性碳原子，每个手性碳都连有 COOH、OH、H 和 CHOHCOOH 四个基团，所以称为含有两个相同手性碳的化合物。理论上，酒石酸最多有 $2^2=4$ 个旋光异构体，用费歇尔投影式表示如下：

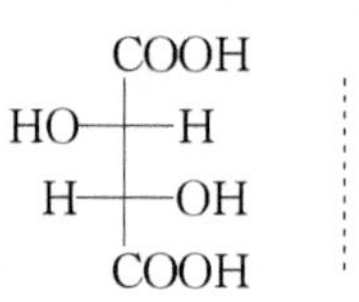
(2*S*,3*S*)-(−)-酒石酸

(i)

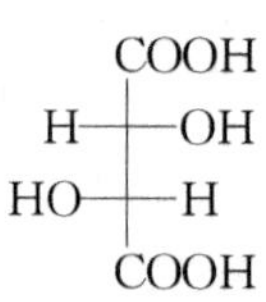
(2*R*,3*R*)-(+)-酒石酸

(ii)

外消旋体

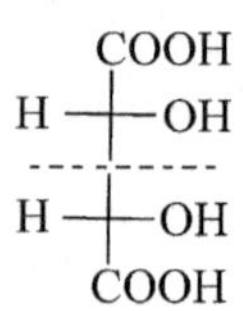
(2*R*,3*S*)

(iii)

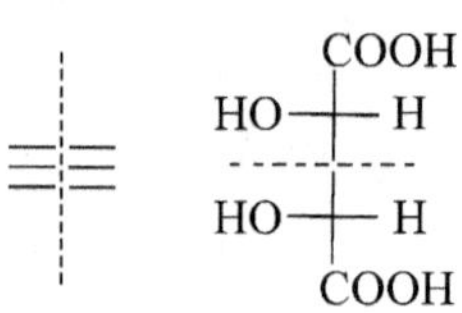
(2*S*,3*R*)

(iv)

内消旋酒石酸或 *meso*-酒石酸

(i)和(ii)是实物与镜像关系,是一对对映体。(iii)和(iv)表面上是实物与镜像的关系,但两者能重合,将(iii)在纸面上旋转180°便得到(iv),所以(iii)和(iv)是同一分子,因此酒石酸实际上只有三个旋光异构体:一对对映体和一个内消旋体。分析(iii)或(iv)的分子对称性,可以看出分子内有一个对称面,故分子是非手性分子,无旋光性。将这样含有手性碳,但旋光度为零的分子称为内消旋体,用*meso*-表示。表3.1列出了酒石酸的左旋体、右旋体、外消旋体和内消旋体的物理性质。

表3.1 酒石酸的物理性质

酒石酸	熔点/℃	$[\alpha]_D^{25}$	溶解度/[g·(100g H_2O)$^{-1}$]	pK_{a_1}	pK_{a_2}
(+)	170	+12	139	2.93	4.23
(−)	170	−12	139	2.93	4.23
(±)	204	0	20.6	2.96	4.24
meso	104	0	125	3.11	4.80

由表3.1可以看出,一对对映体除了旋光方向相反外,其他的物理性质完全相同。但右旋体或左旋体与外消旋体或内消旋体具有不同的物理性质,外消旋体和内消旋体也具有不同的物理性质。

第五节 不含手性碳的手性分子

在有机化合物中,大部分手性分子的手性都是源自分子中存在的手性原子,这类手性分子称为中心手性分子。但也有一些分子并不含有手性原子,却仍然属于手性分子。这类手性分子主要有丙二烯型化合物、联苯类化合物和螺环类化合物等。

一、丙二烯型化合物

丙二烯分子中的中间碳原子采用sp杂化,两端的碳原子则采用sp^2杂化。中间碳原子的两个p轨道与其两侧的两个碳原子的p轨道分别形成一个π键,但两个π键所在的平面是互相垂直的,由此导致丙二烯两端原子上连接的四个H原子不能共平面。如果丙二烯两端的碳原子都连有不同的原子或基团,则整个分子没有对称面和对称中心,是一个手性分子。例如,2,3-戊二烯有一对对映体。如果在丙二烯任何一端连有两个相同的取代基,则分子具有对称面,不再具有旋光性。

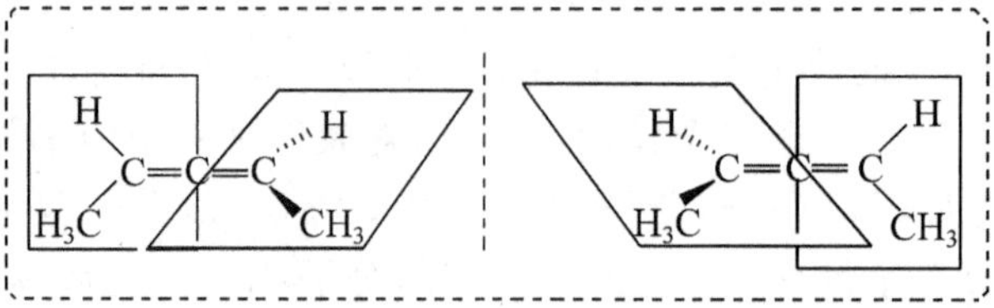

2,3-戊二烯的对映异构体

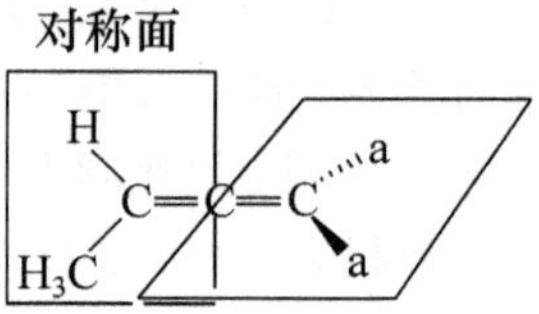

无旋光异构体

二、单键旋转受阻的联苯类化合物

在联苯分子中，两个苯环可以围绕中间单键旋转。如果在苯环的邻位上即 2,2′,6,6′-位上引入体积较大的取代基（—NO_2、—COOH 等），由于基团之间的空间位阻作用，基团之间相互排斥，并引起两个苯环的平面发生一定程度的相对旋转，形成二面角，即两个苯环不能共平面。同时，基团间的空间位阻效应也阻止了两个苯环绕单键自由旋转。此时，联苯的这种结构与丙二烯的结构非常类似。如果每个苯环 2,6-位连接的基团不相同，则整个分子就没有对称面和对称中心，是一个手性分子。

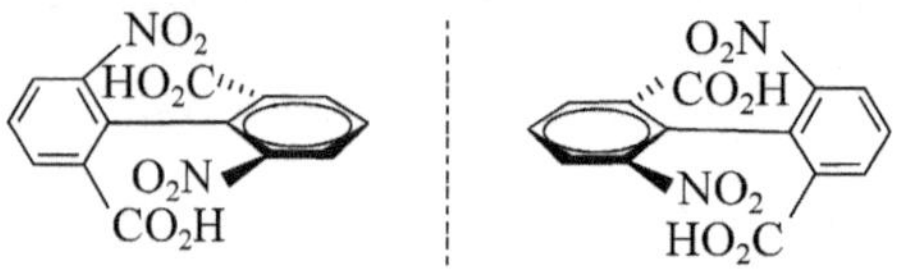

与丙二烯型分子一样，若在一个或两个苯环的 2,6-位所连的基团是相同的，则分子存在对称面，不是手性分子。

手性联苯类有机膦化合物在不对称有机合成方面具有广泛而重要的应用，它们是制备手性催化剂的常用配体。下面是几个在不对称合成中经常使用的重要手性联苯类有机膦化合物：

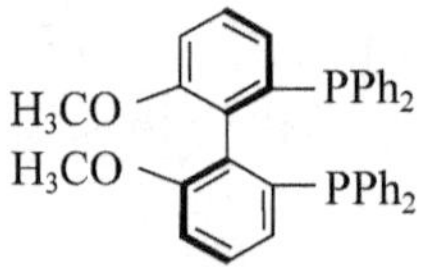

(*R*)-MeO-BIPHEP

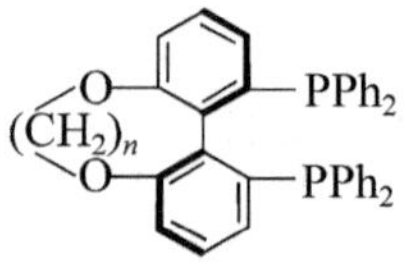

(*R*)-C_n-Tunephos

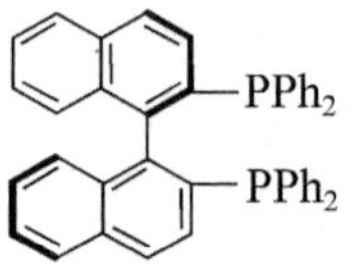

(*R*)-BINAP

三、其他不含手性原子的化合物

螺环类、分子扭曲型化合物等常因分子中几个环不能共平面而形成手性分子。例如：

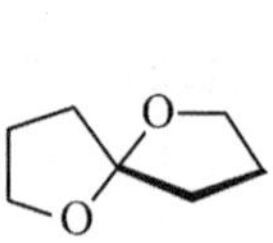

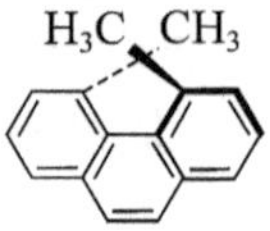

多个苯环组成的螺芳烃由于环的拥挤导致 A 环和 B 环不能共平面，其中之一向外扭曲，这种分子也缺乏对称性，故也是手性分子。与螺芳烃类似的还有 DNA 的右手螺旋结构和左手螺旋结构，它们属于一对对映体。

第六节　潜手性碳和潜手性面

一、潜手性碳原子

乙醇中的亚甲基碳连有 CH_3、OH、H、H 四个基团，其中两个是 H 原子，故乙醇的亚甲基碳不是手性碳。但是，若将其中一个 H 原子更换成其他基团或原子，使亚甲基碳变成连有四个互不相同的基团时，亚甲基碳便成为手性碳。具有这种结构特点的 sp^3 碳原子称为潜手性碳原子（prochiral carbon）或潜手性中心。亚甲基上的两个 H 原子称为潜手性氢原子。同样，丙酸分子中的亚甲基的碳原子也是潜手性碳。具有潜手性碳原子的分子称为潜手性分子。

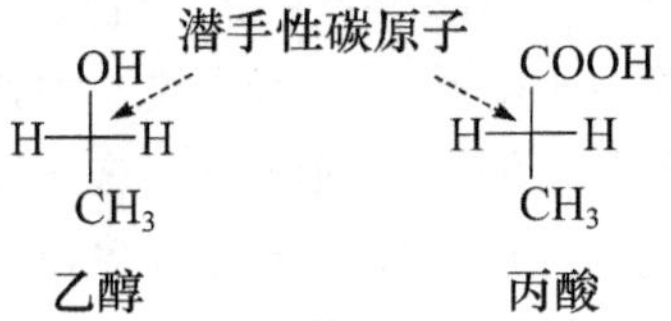

潜手性分子

如果用氘(D)取代乙醇亚甲基中的一个 H 原子，则取代不同的 H 原子会产生不同构型的手性碳。为了区别两个潜手性氢原子，有必要对潜手性氢原子进行标记。其方法是：如果一个 H 原子被氘(D)取代后，产生的手性碳为 *R* 构型，则这个 H 原子就称潜手性 *R*-H(*pro*-H_R)；反之，若转变成 *S* 构型，这个 H 原子就称为潜手性 *S*-H(*pro*-H_S)。

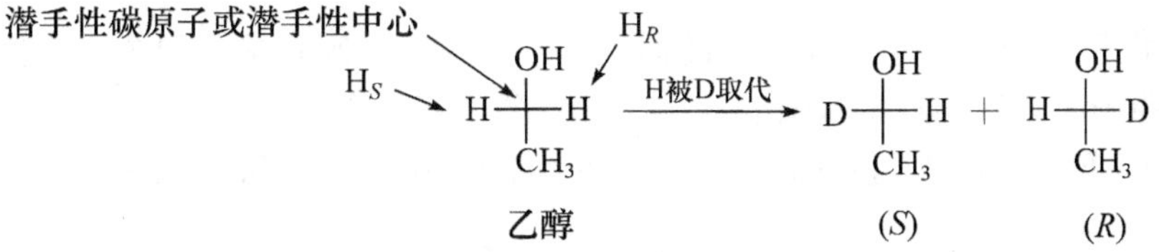

如果分子中已经有一个或多个手性中心，则分子的潜手性碳在形成手性碳的过程中将导致非对映异构体。例如：

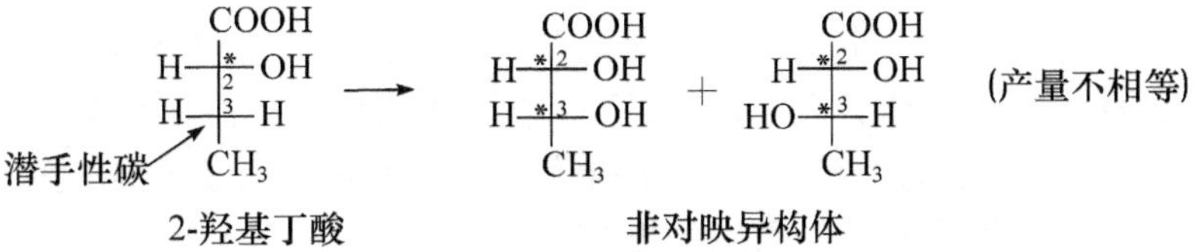

2-羟基丁酸中的 C_2 是手性的，C_3 是个潜手性碳，整个分子是一个手性分子。当 C_3 上的一个氢原子被一个不同于其余三个原子或基团的原子或基团(如—OH)取代时，就生成一个新的手性碳原子。在形成新手性碳的过程中，不同的 H 原子被取代将生成两种不同构型的新手性碳，但分子原有的手性碳($^*C_2$)的构型不变。由于两个潜手性 H 原子位于分子的一个手性中心附近，因此手性中心赋予了两个潜手性 H 原子两种不同的空间环境，由此导致两个潜手性 H 原子被取代的速率不同，并最终导致两种生成物的产量不相等，而且往往相差很大。这种性质常被用来将手性分子中潜手性碳原子选择性地转变成具有特定构型的手性碳，这种无需对产物拆分而直接制备手性化合物的方法是手性合成[chiral synthesis，或称为不对称合成(asymmetric synthesis)]的常用策略之一。

二、潜手性面

对于具有平面结构的 sp^2 杂化的原子，如羰基碳原子、C═C 双键碳原子，当其双键发生加成反应时，碳原子由 sp^2 杂化转变成 sp^3 杂化。如果此时碳原子连接的四个原子或基团互不相同，则该碳原子就是一个手性碳。例如，苯乙酮加氢氢化后可生成等量的(*R*)-1-苯乙醇和(*S*)-1-苯乙醇两个对映体。这主要是由于进攻 H 可以随机地从苯乙酮平面的两侧去进攻双键，且两种方向的进攻概率相等。显然，苯乙酮的羰基碳也是潜手性原子，苯乙酮分子平面的两个面则称为潜手性面(*pro*-face)。

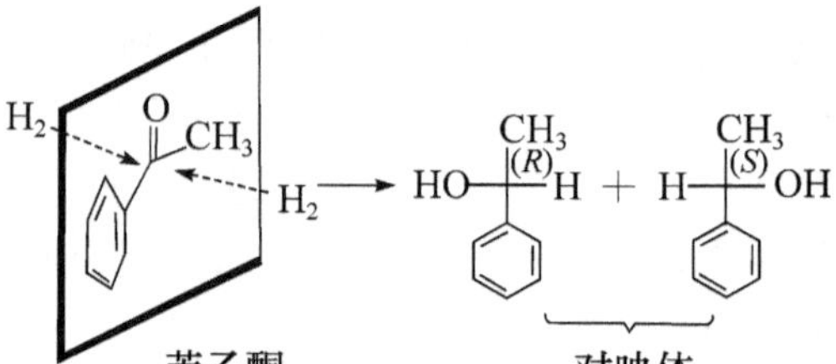

苯乙酮　　　　对映体

与潜手性原子不同，潜手性面的标记是按照次序规则直接在两个潜手性面上对潜手性原子所连接的三个基团进行“优次排序”。若三个基团或原子呈顺时针排列，标记为 re-面(re-face)。反之，若呈逆时针排列，则标记为 si-面(si-face)。

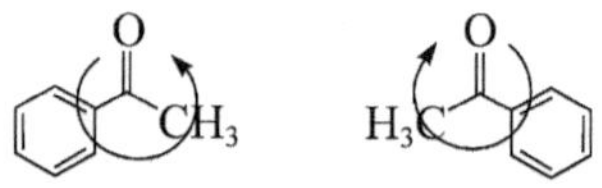

si-面　　　　re-面

一个非手性试剂与一个具潜手性面的分子反应时将产生等量的对映异构体，得到无旋光性的外消旋体。但是，如果用一个手性试剂或手性催化剂与潜手性面反应，则会产生不等量的两种旋光性异构体。这是不对称有机合成上由 sp^2 杂化潜手性原子构建手性中心经常采用的方法。

第七节 旋光异构体的理化性质

一、旋光异构体的物理性质

对映体除旋光方向相反外，其他物理性质，如比旋光度、熔点、沸点、密度、折射率和溶解度(在非手性溶剂中)等都完全相同。

非对映体中，不同异构体之间只有部分手性中心的构型是相同的，由此导致不同异构体的分子间相互作用是不同的，表现在物理性质上，就是具有不同的旋光能力(旋光度大小)、熔点、沸点、密度、折射率和溶解度等。基于物理性质的不同，理论上可以用一般的物理分离方法，如分馏、重结晶、色层法等，来分离非对映体。

外消旋体属于混合物，但又不同于一般意义上的混合物，它有固定的物理常数，如熔点、沸点、密度、折射率和溶解度等。外消旋体无旋光性，其他物理性质也与单纯的左旋体或右旋体不同。外消旋体可以分离成两个纯净的化合物(右旋体和左旋体)，这种分离称为外消旋体的拆分(resolution)。由于一对对映体的大多数物理性质是相同的，因此外消旋体的拆分不能用一般的分离方法，而必须采用特殊的手性分离方法。

内消旋体实际上是旋光异构体的一种特殊个体，其分子本身无手性和旋光性，因此，作为单纯化合物的内消旋体和作为混合物的外消旋体以及有旋光性的右旋体或左旋体之间的物理性质存在明显的差别。因此，内消旋体和右旋体或左旋体之间可通过一般的分离方法来分离。

二、旋光异构体的化学性质

对映体与非手性试剂反应时，因为每种异构体的能量完全相同，且反应的过渡态互为镜像，所以反应的活化能完全相同，反应的速率也完全相同。与手性试剂反应时，虽然每种异构体的能量仍然完全相同，但反应的过渡态不再互为镜像(它们是非对映体)，所以反应的活化能不同，反应的速率也不相同，有时某个异构体可能完全不反应。

非对映体的物理性质完全不同，而化学性质也不尽相同，主要表现在反应速率的不同。非对映体由于具有相同的官能团，属于同一类化合物，因此具有相似的化学性质。但不同种异构体的能量不同，当非对映体和同一试剂反应时，不同反应的过渡态不具有镜像关系，所以不同异构体反应的活化能是不同的，由此导致各反应的速率也不相同。

外消旋体的化学性质和相应的左旋体或右旋体基本相同。

第八节　外消旋体的拆分

在有机合成中，很多反应的产物都是外消旋体，即左旋体和右旋体的产物各占50%。但有时我们需要的目标物却只是右旋体或左旋体，即光学纯产物。为此，实验室常采用对消旋体进行拆分的方法来获得所需要的光学纯目标物。

外消旋体的拆分方法主要有以下几种。

1. 机械分离法

对外消旋体进行重结晶，根据右旋体和左旋体晶形的不同进行人工分拣。这也是人们最早成功进行外消旋体有机物(酒石酸)拆分的方法(1948 年)。但这种方法的效率较低，适用的对象也很有限。

2. 接种结晶法

将外消旋体配制成热饱和溶液，然后将左旋体或右旋体的晶体放入溶液中，冷却。首先析出的是含量较高的旋光异构体。对获得的晶体再反复进行同样的结晶处理，即可获得纯度较高的左旋体或右旋体。这种方法的缺点是回收率较低，难以获得超高纯度的光学活性单体。

以上两种方法都是基于同一个原理：外消旋体的结晶速率慢于右旋体或左旋体自身的结晶速率。

3. 使用手性拆分剂

根据非对映体之间可以通过常规分离方法来分离的事实，人们提出了利用手性拆分剂来分离外消旋体的方法，并在实践中得到广泛的应用。手性拆分剂的一般拆分原理是：向外消旋体溶液中加入一种能与待分离物反应的手性物质即拆分剂，体系中便形成了“左旋体-拆分剂”产物和“右旋体-拆分剂”产物，两种产物属于非对映异构体，然后利用常规分离方法，如重结晶、色谱分离等，对两种产物进行分离。最后，将分离到的纯净产物再通过化学法除去拆分剂，便得到了纯的左旋体或右旋体。对于酸、碱类化合物的拆分，常利用酸碱反应的特性来进行。对于酸类外消旋体，选择碱性手性拆分剂；对于碱类外消旋体，选择酸性手性拆分剂。其分离原理表示如下：

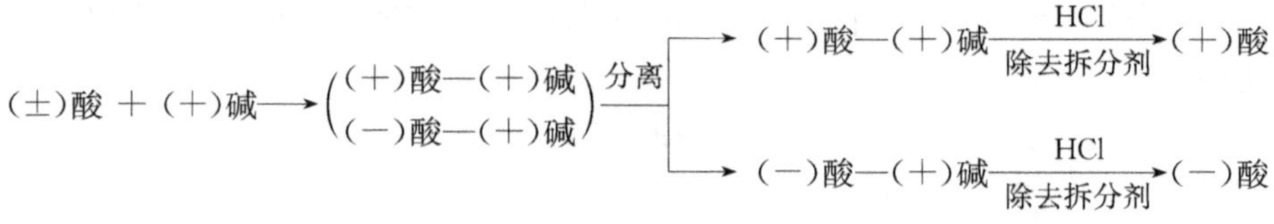

常用的酸性拆分剂有(+)酒石酸、樟脑磺酸等，常用的碱性拆分剂有马钱子碱、奎宁等。

将手性拆分剂的拆分原理应用于色谱分离中便形成了手性色谱分离技术。这种技术的核心是采用了手性分离材料为固定相。在分离过程中，两个对映体与手性固定相形成具有不同吸附力的两个非对映吸附物或结合物，从而使两个对映体表现出不同的色谱行为，即具有不同的色谱保留时间。目前，已有很多手性色谱柱商品。

此外，外消旋体的拆分还有酶法拆分(参见第十八章)、化学动力学拆分等多种方法。

第九节 天然手性分子的生物活性

天然手性分子的光学活性与分子的生物活性有密切关系。不同的旋光异构体，其生物活性常常不同，有时甚至差别很大，或者只有一个异构体有活性，其他的异构体则没有活性甚至有其他的不良活性。一般来说，左旋体的生物活性大于右旋体。例如，(−)-莨菪碱的瞳孔放大作用比(+)-异构体的大 20 倍，D-(−)-肾上腺素的血管收缩作用为 L-(+)-异构体的 12～15 倍，D-(−)-异丙肾上腺素的支气管扩张作用为 L-(+)-异构体的 800 倍。

一种物质要表现出其生物活性，首先必须与生物体内相应的受体进行结合。而受体的结合部位都是具有一定三维立体结构的空穴。分子要与受体能够很好的结合，它的立体结构就必须与受体结合部位的三维立体空穴相匹配。匹配的程度越高，分子的活性就越强。

一般认为，肾上腺素类药物有 3 部分和受体形成 3 点结合(图 3.11)：①氨基；②苯环及两个酚羟基；③侧链的醇羟基。由图 3.11 可见，L-(+)-肾上腺素只有两个基团能与受体结合，因而生理作用很弱。根据这一理论，L-(+)-肾上腺素的羟基不起作用，如除去氧，即为去氧肾上腺素，手性消失，没有旋光性，作用和L-(+)-肾上腺素相似。

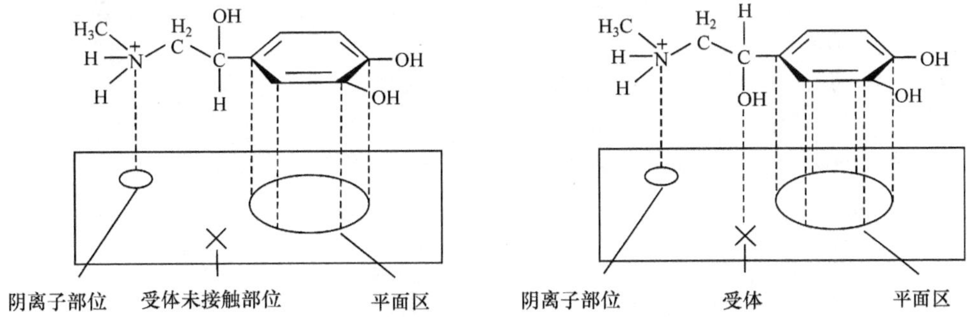

图 3.11 肾上腺素类药物与受体的匹配关系

习　　题

1. 解释下列名词。

(1) 旋光性　(2) 比旋光度　(3) 手性　(4) 手性碳原子

(5) 外消旋体　(6) 对映体　(7) 立体专一性反应

2. 指出下列说法是否正确(正确的用“√ ”表示,不正确的用“×”表示)。

(1) 分子无对称面就必然有手性。

(2) 有旋光性物质的分子中必有手性碳原子存在。

(3) 具有手性的分子一定有旋光性。

(4) 有对称中心的分子必无手性。

(5) 对映异构体具有完全相同的化学性质。

3. 写出下列化合物的结构式。

(1) (2*R*,3*R*)-2-苯基-3-氯丁烷　(2) (2*R*,3*S*,4*R*)-2-氯-3,4-二溴己烷

(3) (*R*,*S*)-2,4-二溴戊烷　(4) (*R*,*S*)-1,2-二甲基环己烷的优势构象

4. 麻黄素的结构为 —$CHOHCH(NHCH_3)CH_3$,写出它所有光学活性异构体的构型。

5. 指出下列各对投影式之间的关系——同一物或对映体。

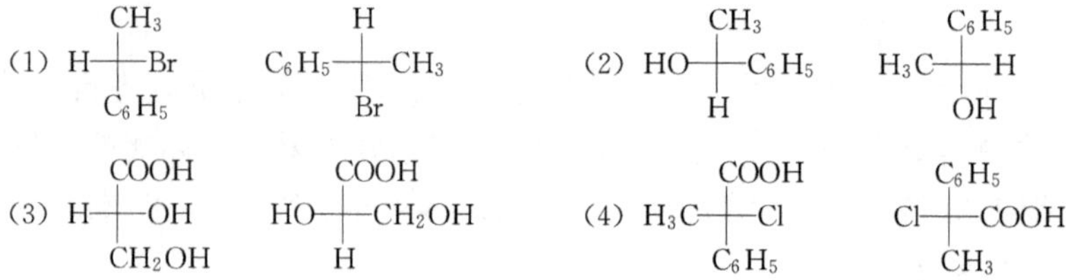

6. 指出投影式(1)的 *R*/*S* 构型,判断其他各式与(1)的关系。

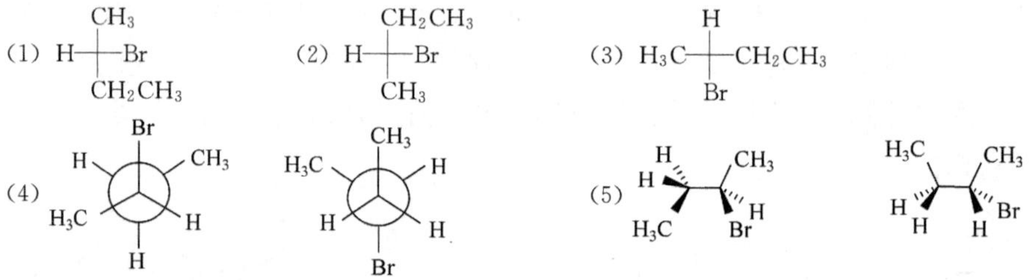

7. 判断下列各手性碳原子的 *R*/*S* 构型,给出各化合物的系统命名。

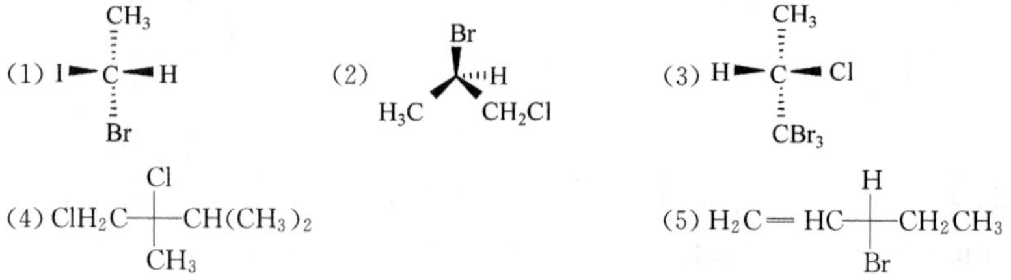

8. 将下列各化合物写成费歇尔投影式,将手性碳原子标以 *R*/*S* 构型。

(1) 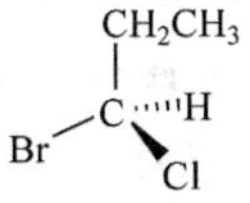 (2) 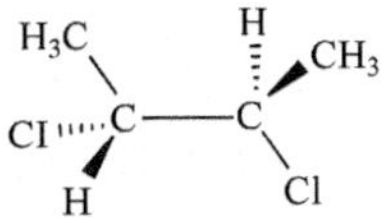 (3) 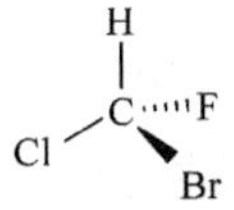 (4) 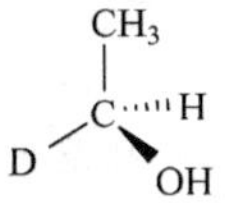

(5) 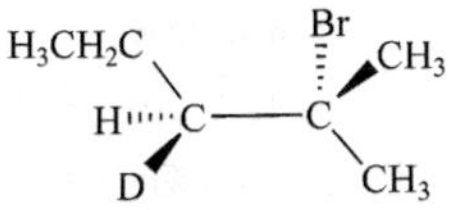 (6) 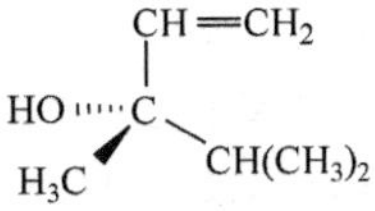 (7) 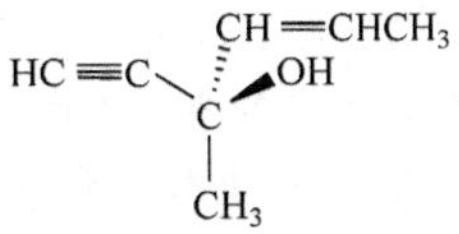

9. 指出下列化合物有多少立体异构体；写出其费歇尔投影式；指出对映体[用(±)表示]、非对映体、内消旋体(用 *meso* 表示)；给每个手性碳原标以 *R*/*S* 构型。

(1) $CH_3CHBrCHBrCH_3$ (2) $CH_3CH_2CHBrCHBrCH_3$ (3) $CH_3CHClCHClCHClCH_3$

(4) $CH_3CHBrCHClCHClCH_3$ (5) $CH_3CH_2CCl_2CH_3$

10. 4-羟基-2-溴环己烷羧酸有多少可能的立体异构体？画出每个异构体的最稳定的构象式。

11. 预测 $CH_3CH{=}C{=}CHCH{=}CHCH_3$ 有多少立体异构体，指出哪些是对映体、非对映体和顺反异构体。

12. 2-丁烯与溴水反应可以得到溴代醇(3-溴-2-丁醇)，顺-2-丁烯生成溴代醇(i)和它的对映体，反-2-丁烯生成(ii)和它的对映体。试说明形成溴代醇的立体化学过程。

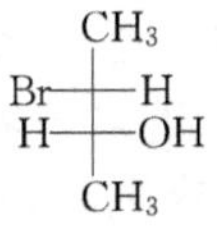
(i)

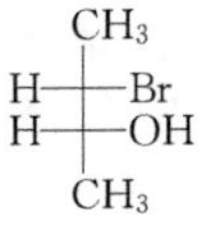
(ii)

13. 将 5.678 g 蔗糖配成 20 mL 水溶液，20 ℃时，在 1 dm 样品管中用钠黄光测得旋光度为+18.8°。请计算蔗糖的比旋光度。

14. 某化合物(A)的分子式为 C_6H_{10}，加氢后可生成甲基环戊烷。(A)经臭氧化分解后仅生成一种产物(B)，(B)有旋光性。试推导(A)和(B)的结构式。

15. 用高锰酸钾处理顺-2-丁烯，生成一个熔点为 32 ℃的邻二醇；处理反-2-丁烯，生成熔点为 19 ℃的邻二醇。它们都无旋光性，但 19 ℃的邻二醇可拆分为两个旋光度相等、方向相反的邻二醇。试写出它们的结构式、标出构型以及相应的反应式。

16. 某化合物(A)的分子式为 C_6H_{10}，具有光学活性，可与碱性硝酸银的氨溶液反应生成白色沉淀。若以 Pt 为催化剂催化氢化，则(A)转变为 C_6H_{14}(B)，(B)无光学活性。试推测(A)和(B)的结构式。

17. 化合物 C_8H_{12}(A)，具有光学活性。(A)在 Pt 催化下加氢生成 C_8H_{18}(B)，(B)无光学活性。(A)在部分毒化的钯催化剂催化下，小心加氢得到产物 C_8H_{14}(C)，(C)具有光学活性，试写出(A)～(C)的结构式(提示：两个基团构造相同但构型不同，属于不同基团)。

手性药物简介

手性药物是指由具有药理活性的手性化合物组成的药物。早在 1851 年，巴斯德就说过"不对称性是生物化学和非生物化学唯一清晰的分界线"。生命活动是由一系列的复杂的生化反应过程来控制的，而大部分生化反应则是按照不对称选择规律来完成的，包括药物与其受体的结合反应。因此，作为药理活性物质，其分子的三维结构必须满足生物受体对底物的不对称选择要求。这就决定了很多药物分子必须具备一定的手性，同时也决定了不同的立体异构体可能具有不同的药理活性或活性强度。一般来说，底物与受体的手性匹配度越高，其药理活性就越强。具体有 5 种情况。

(1) 只有一种对映体有活性，而另一种无显著的药理作用。例如，沙丁胺醇和特布他林是两个支气管扩张药物，其 R 构型分别比 S 构型强 80 倍至 200 倍。说明 S 构型对映体无显著作用。

(2) 两个对映体具有等同或相近的药理活性。如果二者的毒副作用差异不大，则可直接使用其外消旋体作为药物。盖替沙星就是一个例子。若对映体的两个异构体有相近的活性，但其外消旋体的活性较低，则宜选用单一对映体。如奥美拉唑，两个对映体对治疗胃溃疡的活性相差不大，但其外消旋体的活性却较小，因此临床一般选用治疗指数高的 S 构型对映体作为药物。

(3) 两个对映体具有完全不同的生物活性。例如，四咪唑的 S 构型是驱蠕虫药，R 构型是抗抑郁药；苯丙胺的 S 构型是精神振奋药，R 构型是食欲抑制剂；甲状腺素钠的 S 构型是甲状腺激素，R 构型是降血脂药；右丙氧芬的 $(2R,3S)$ 构型是镇咳药，$(2S, 3R)$ 构型是镇痛药。

(4) 两个对映体中一个有活性，另一个没有活性且有毒副作用。最出名的例子当属反应停悲剧。20 世纪 60 年代，镇静药肽胺哌啶酮(反应停)当时以消旋体用作缓解妊娠反应药物，但后来发现该药具有严重的胎儿致畸作用，成为震惊世界的医药悲惨事件。现在已经证明，该药的两个对映体中只有 R 构型对映体具有镇静作用，S 构型对映体则是一种强致畸剂。

(5) 对映体中，一个有活性而另一个可发生拮抗作用。哌西那朵的右旋体是阿片受体激动剂，左旋体为阿片受体拮抗剂；在钙通道拮抗剂二氢吡啶类药物的研究中发现，许多二氢吡啶类药物的一个对映体为钙通道拮抗剂，而另一个则是钙通道活化剂。

随着人们对手性药物的不断认识，手性药物在药品市场中的比例也越来越大，外消旋体药物也越来越多地被单一对映体药物所代替。20 世纪 90 年代，约 90% 的手性合成药物都是外消旋体。但到 2002 年，单一对映体药物已经占到全球药物市场的 37%，销售额高达 1470 亿美元。

为了满足人们对单一对映体药物的需求，寻找获取单一对映体的有效途径就成了化学家研究的重点。目前，获取单一对映体的方法主要有两个：①传统的手性拆分法；②不对称合成法。不对称合成法的研究在近 10 年获得了长足的发展，有些已经得到工业应用。诺尔斯(Knowles)、野依良治(Noyori)和沙普利斯(Sharpless)3 位化学家因其在有机不对称氢化和氧化方面的杰出贡献而分享了 2001 年诺贝尔化学奖。

第四章　烯　　烃

烯烃(alkene 或 olefin)是分子中含有碳碳双键的碳氢化合物，属于不饱和烃(unsaturated hydrocarbon)。不饱和烃是指分子中含有碳碳重键(碳碳双键或碳碳叁键)的烃类。碳碳双键是烯烃的官能团。

烯烃在自然界的存在非常广泛。例如，乙烯就是植物中存在的促使水果成熟的植物激素；α-蒎烯是萜类的主要成分；含有 11 个不饱和双键的 β-胡萝卜素是人类饮食中不可缺少的多烯烃类化合物，它是生成维生素 A 的前体物质。

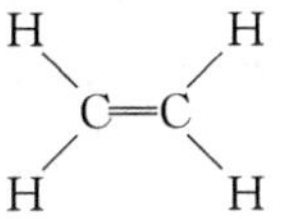

乙烯

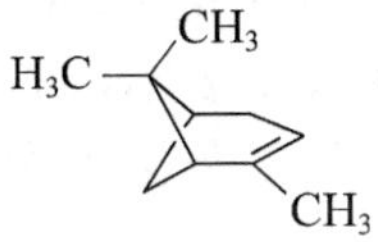

α-蒎烯

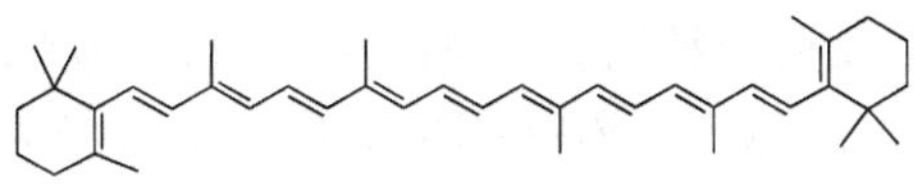

β-胡萝卜素

第一节　烯烃的分类和命名

一、烯烃的分类

根据分子中所含双键的数目可将烯烃分为单烯烃、二烯烃和多烯烃。根据两个双键的相对位置，二烯烃又可分为 3 类。

(1) 累积二烯烃：两个双键与同一个碳原子相连接，最简单的累积二烯烃为丙二烯 $CH_2{=}CH{=}CH_2$。

(2) 孤立二烯烃：两个双键间至少存在一个亚甲基结构的烃，如 1，4-戊二烯 $CH_2{=}CHCH_2CH{=}CH_2$。

(3) 共轭二烯烃：两个双键通过一个单键相连。最简单的共轭二烯烃是 1，3-丁二烯 $CH_2{=}CHCH{=}CH_2$。

累积二烯烃一般不稳定，孤立二烯烃的结构和性质与单烯烃相似，共轭二烯烃不但结构特殊，其性质也特殊。

烯烃为不饱和烃，其不饱和程度用不饱和度(degree of uansaturation)Ω 表示。一个双键或一个环状结构单元代表一个不饱和度。不饱和度表示化合物分子中所出现的双键和环的总数目。显然，饱和直链烷烃(C_nH_{2n+2})的不饱和度为 0。与碳数相同的直链烷烃的分子式相比较，分子每减少 2 个氢原子，其不饱和度就增加 1。分子的不饱和度可根据其分子式计算出来。对于由 C、H、O、N(三价)、S(二价)、卤素等几种元素组成的有机分子(不包括盐类)，其不饱和度可通过下式来计算：

$$\Omega = n_C - \frac{n_H + n_X - n_N}{2} + 1$$

式中，n_C、n_H、n_X、n_N分别代表分子式中 C 原子、H 原子、卤原子和 N 原子的原子数目。由上式可见，在计算不饱和度时不考虑分子中的二价原子，如 O、S 等。因为分子中有无二价原子不影响其不饱和度，二价原子参与的不饱和键对不饱和度的贡献已经从分子的含氢数中得到了反映。

例如，分子式为 C_5H_9N 的化合物的不饱和度为 $\Omega=5-(9-1)/2+1=2$；苯(C_6H_6)的不饱和度为 $\Omega=6-6/2+1=4$。

二、烯烃的命名

烯烃的系统命名法基本上与烷烃相似，其要点是：

(1) 首先选择含有双键在内的最长碳链作为主链，按主链中所含碳原子的数目命名为某烯。主链碳原子数在 10 以内的用天干表示，如主链含有 3 个碳原子时，即称为丙烯；在 10 以上时，用中文字十一、十二等表示，并在烯之前加上碳字，如十二碳烯。

(2) 给主链编号时从距离双键最近的一端开始，侧链视为取代基，双键的位次须标明，用两个双键碳原子位次较小的一个表示，放在烯烃名称的前面。

(3) 其他同烷烃的命名规则。

例如：

3,5-二甲基-2-己烯　3,3-二甲基-1-戊烯　3-甲基-2-乙基-1-丁烯　3-甲基环己烯

烯烃去掉一个 H 原子后剩下的一价基团称为某烯基，烯基的编号自去掉 H 原子的碳原子开始。例如：

$H_2C=CH—$	$H_2C=CH—CH_2—$	$H_3C—HC=CH—$
乙烯基	2-丙烯基(烯丙基)	1-丙烯基(丙烯基)

第二节　烯烃的构造异构和几何异构

一、烯烃的构造异构

与烷烃相似，含有 4 个及以上碳原子的烯烃都存在碳链异构。例如：

1-丁烯　　异丁烯

与烷烃不同的是，烯烃分子中存在官能团双键。在碳骨架不变的情况下，双键在碳链中的位置不同也可产生异构体，如下式中的 1-丁烯和 2-丁烯，这种异构现象称为官能团位置异构。

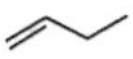

1-丁烯

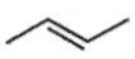

2-丁烯

碳链异构和官能团位置异构都是由于分子中原子之间的连接方式不同而产生的，所以都属于构造异构。

另外，含相同碳原子数目的单烯烃和单环烷烃也互为同分异构体，如丙烯和环丙烷、丁烯与环丁烷和甲基环丙烷等，它们也属于构造异构体。

二、烯烃的几何异构

1. 几何异构的产生

由第一章可知，烯烃碳碳双键中的碳原子为 sp^2 杂化，每个原子的三个 sp^2 杂化轨道分布于同一平面，简称 sp^2 平面。成键时，两个双键原子的两个 sp^2 平面又位于同一平面，即形成双键的两个原子以及与双键原子直接相连的其他四个原子共处于同一平面，这个平面简称双键平面。两个双键原子上的未杂化 p 轨道在分别垂直于双键平面的同时，通过肩并肩的重叠形成 π 键。与烷烃中的碳碳 σ 键不同，形成 π 键的两个原子为了能最大程度的发生 p 轨道之间的肩并肩重叠，两个成键原子是不能相对自由旋转的。否则，π 键将会断裂。正是由于 π 键的存在限制了双键原子间的相对自由旋转，因此，当两个双键碳原子上同时连有两个不同原子或基团时，就会产生两种不同的空间排列方式，如 2-丁烯：

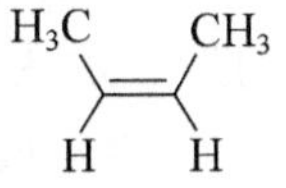

顺-2-丁烯(沸点 3.7 ℃)

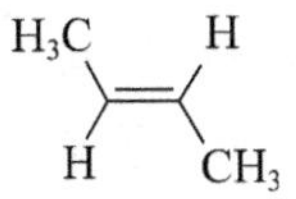

反-2-丁烯(沸点 0.88 ℃)

这种由于分子中的原子或基团在二维空间的排布方式不同而产生的同分异构现象称为几何异构(geometric isomerism)，也称顺反异构(*cis-trans* isomerism)。通常，分子中原子或基团在二维或三维空间的排布方式称为构型，因此几何异构属于构型异构，它是立体异构的一种。

需要强调的是，只有两个双键碳原子上分别连接有不同的原子或基团时才会产生几何异构现象。当双键的任何一个碳原子上连接的两个原子或基团相同时，不存在几何异构现象。例如，下列化合物就没有几何异构体。

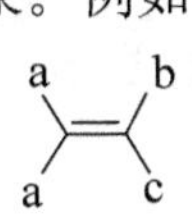

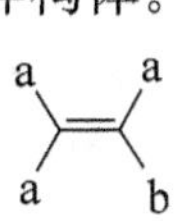

2. 几何异构体的命名

(1) 顺/反表示法。对于两个双键碳原子上连有相同或相似的原子或基团的几何异构体,习惯上采用顺/反命名法来表示不同的几何构型。两个相同或相似的原子或基团处于双键同一侧的称为顺式,反之则称为反式。命名时分别用"顺"(*cis*)、"反"(*trans*)来表示,并置于名称的最前面,以连字符与化合物名称相连。例如:

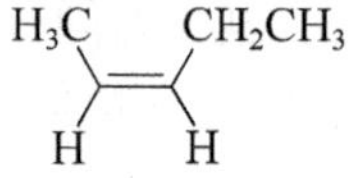
顺-2-戊烯

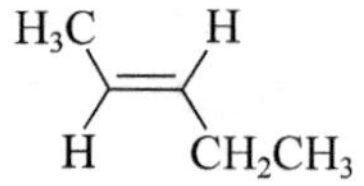
反-2-戊烯

(2) Z/E 表示法。对于两个双键碳原子上连有完全不同的原子或基团的几何异构体,不能用顺/反命名法表示不同的几何构型,需要改用 Z/E 命名法来表示。例如:

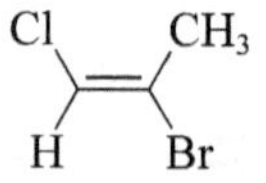
(*E*)-1-氯-2-溴丙烯

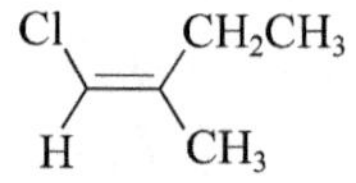
(*Z*)-2-甲基-1-氯-1-丁烯

用 Z/E 命名法时,首先根据次序规则将每个双键碳原子上所连接的两个原子或基团分别进行排序。排在前面的称为"较优"基团(high-priority group),排在后面的称为次优基团(low-priority group)。当两个碳原子上的较优基团位于双键的同一侧时,其几何构型表示为"*Z*",称为 *Z* 式(*Z* 是德文 zusammen 的字首,同侧之意);反之,当两个较优基团位于双键的异侧时,其几何构型表示为"*E*",称为 *E* 式(*E* 是德文 entgegen 的字首,相反之意)。然后将 *Z* 或 *E* 加括号放在烯烃名称之前,同时用连字符与烯烃名称相连。

Z/E 表示法属于系统命名法,适用于所有烯烃的几何异构体的命名,而顺/反命名法属于习惯命名法,二者所依据的规则不同,彼此之间没有必然的联系。顺式可以是 *Z*,也可以是 *E*,反之亦然。例如:

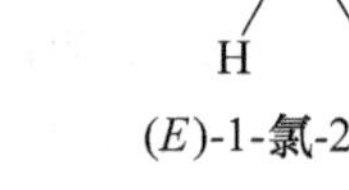
顺-2-戊烯或(*Z*)-2-戊烯

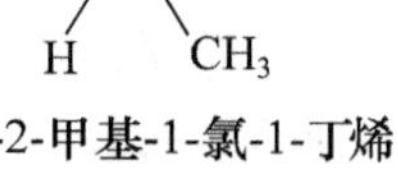
顺-3-甲基-2-戊烯或(*E*)-3-甲基-2-戊烯

如果分子中存在几个具有几何异构的双键,命名时要逐个标明其构型。例如,3-甲基-2,4-庚二烯有 4 种几何异构体:

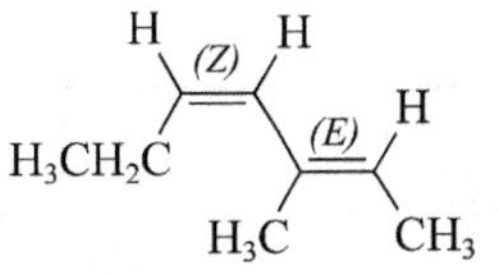

顺,顺-3-甲基-2,4-庚二烯
(2*E*,4*Z*)-3-甲基-2,4-庚二烯

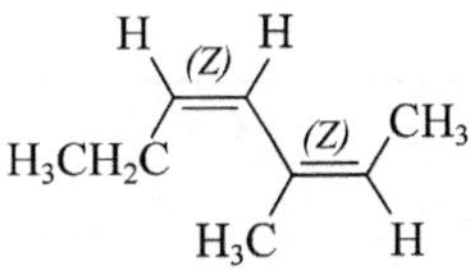

反,顺-3-甲基-2,4-庚二烯
(2*Z*,4*Z*)-3-甲基-2,4-庚二烯

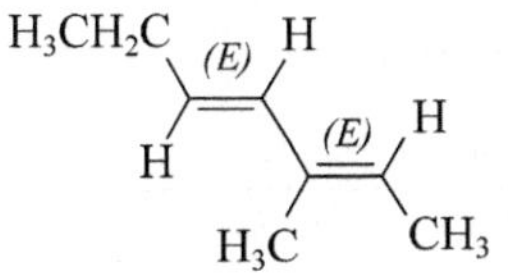

顺,反-3-甲基-2,4-庚二烯
(2*E*,4*E*)-3-甲基-2,4-庚二烯

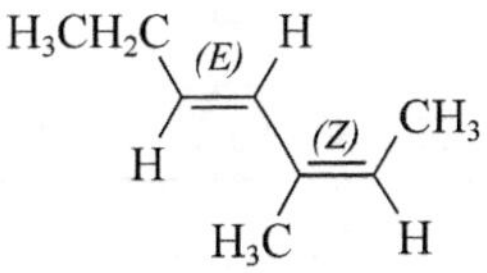

反,反-3-甲基-2,4-庚二烯
(2*Z*,4*E*)-3-甲基-2,4-庚二烯

第三节 烯烃的结构与性质

一、烯烃的结构与物理性质

（一）熔点和沸点

在常温下，含 2～4 个碳原子的烯烃为气体，含 5～18 个碳原子的为液体，19 个碳原子以上的为固体。它们的沸点、熔点和相对密度都随相对分子质量的增加而递升，但相对密度都小于 1，都是无色物质，不溶于水，易溶于非极性和弱极性的有机溶剂，如石油醚、乙醚、四氯化碳等。含相同碳原子数目的直链烯烃的沸点比支链的高。对于碳架相同的烯烃，双键向碳链中间移动时，沸点和熔点都升高。顺式异构体的沸点比反式的高，熔点则比反式的低。常见开链烯烃和环烯烃(cyclene)的熔点和沸点见表 4.1。

表 4.1 常见开链烯烃和环烯烃的物理常数

化合物	熔点/℃	沸点/℃	化合物	熔点/℃	沸点/℃
乙烯(ethene)	−169.1	−103.7	1-戊烯(1-pentene)	−138.0	30.2
丙烯(propene)	−185.0	−47.6	顺-2-戊烯(*cis*-2-pentene)	−151.4	36.9
1-丁烯(1-butene)	−185	−6.1	反-2-戊烯(*trans*-2-pentene)	−136	36.35
顺-2-丁烯(*cis*-2-butene)	−138.9	3.7	2-甲基-2-丁烯 (2-methyl-2-butene)	−134.1	38.4
反-2-丁烯(*trans*-2-butene)	−105.5	0.88	1-己烯(1-hexene)	−138.0	63.5
2-甲基丙烯(2-methylpropene)	−140	−6.6	2,3-二甲基-2-丁烯 (2,3-dimethyl-2-butene)	−74.6	73.5

续表

化合物	熔点/℃	沸点/℃	化合物	熔点/℃	沸点/℃
1-庚烯(1-heptene)	−119.7	94.9	环己烯(cyclohexene)	−104.0	83.1
1-辛烯(1-octene)	−104	119.2	1-甲基环己烯 (1-methylcyclohexene)	—	109.5
1-癸烯(1-decene)	−81.0	172.0	3-甲基环己烯 (3-methylhexene)	—	102.5
环戊烯(cyclopentene)	−98.3	44.1	环庚烯(cycloheptene)	—	114.0

(二)偶极矩

从第一章可知,杂化轨道的电负性大小有下列次序:sp > sp^2 > sp^3,烯烃中双键碳原子的电负性大于烷烃中的饱和碳原子,故烯烃是有弱偶极矩的分子。例如,在丙烯中,对于甲基与双键碳原子相连的键来说,键中电子偏向双键碳原子,形成偶极,负极指向双键,正极位于甲基一边,整个分子成为偶极分子(μ=0.4 D)。

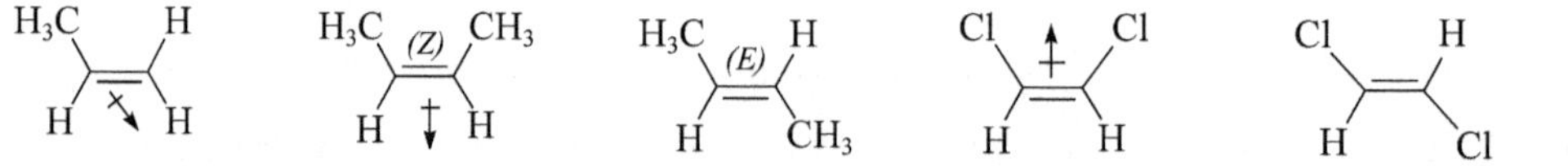

μ=0.4 D 丙烯　μ=0.25 D 顺-2-丁烯　μ=0 D 反-2-丁烯　μ=0.4 D 顺-1,2-二氯乙烯　μ=0D 反-1,2-二氯乙烯

分子的偶极矩为各化学键的偶极矩的矢量和,因此,顺-2-丁烯的偶极矩为μ=0.25 D,而反-2-丁烯的偶极矩为零。分子的偶极矩与物质的沸点和熔点有直接关系。有偶极矩的分子间存在偶极-偶极相互作用,且分子的偶极矩越大,这种偶极-偶极相互作用越强,因此顺-2-丁烯的沸点比其反式异构体高(表 4.1)。一般来说,在 abC═Cab(a,b 为任何取代基)中,顺式异构体总是偶极分子,沸点较高。例如,在 1,2-二氯乙烯的两个几何异构体中,顺式的偶极矩 μ=0.4 D,沸点为 60.3 ℃;反式的偶极矩为零,沸点为 48.4 ℃。熔点除了受偶极-偶极相互作用的影响外,还与分子间排列的紧密程度有直接的关系。分子间排列的紧密程度直接与分子间另一种范德华力——色散力成正相关。反式异构体在晶格中比顺式排列得更紧密,因此熔点较高。

(三)烯烃的稳定性

虽然反式和顺式的 2-丁烯在一般条件下不能自动相互转化,但在强酸催化下可使它们互变,并达到动态平衡。在平衡时,两种异构体的比例并不相等,反式/顺式＝76/24。这一结果说明，两种烯烃具有不同的稳定性，反式的稳定性大于顺式。

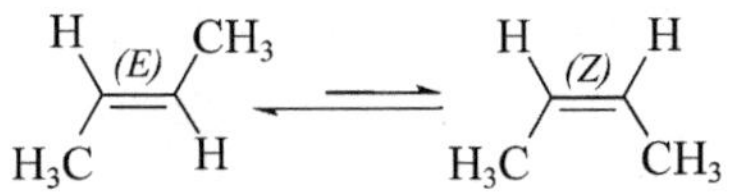

反式(76%)　　顺式(24%)

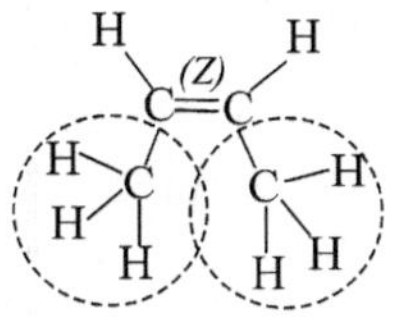

顺-2-丁烯

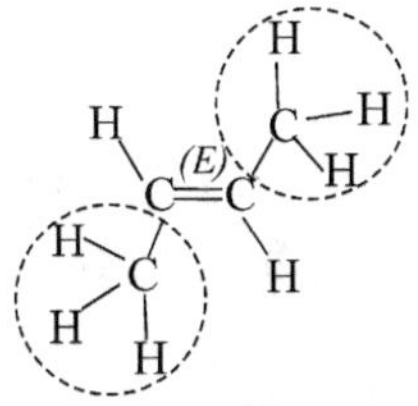

反-2-丁烯

造成这种稳定性差异的原因是，在顺-2-丁烯分子中，两个体积较大的甲基挤在一起，相互间存在排斥，使分子的能量升高。而在反-2-丁烯分子中，两个体积较大的甲基分别处在双键的两侧，相互间不存在排斥，故分子能量较低。

根据烯烃的燃烧热和氢化热可以推测它们的相对稳定性。

(1) 燃烧热。互为异构体的分子在燃烧时都生成数量相等的 CO_2 和 H_2O，并放出一定的热量(燃烧热)。燃烧热越大，说明分子中所含的能量越高，越不稳定。

4 种丁烯异构体的燃烧热分别为 1-丁烯 2718 $kJ \cdot mol^{-1}$、顺-2-丁烯 2711 $kJ \cdot mol^{-1}$、反-2-丁烯 2708 $kJ \cdot mol^{-1}$、异丁烯 2701 $kJ \cdot mol^{-1}$。稳定次序为异丁烯＞反-2-丁烯＞顺-2-丁烯＞1-丁烯。可以看出，在含同数碳原子的烯烃异构体中，与双键碳原子相连的烷基的数目多的较稳定；在顺、反异构体中，反式较稳定。

(2) 氢化热。烯烃在催化剂存在下加氢生成烷烃：

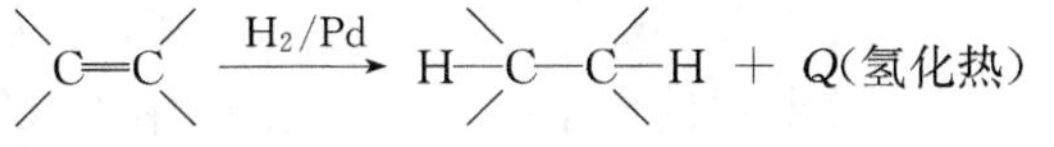

加氢过程中放出的热称为氢化热。在含同一碳架的烯烃异构体中，氢化热越高，表明烯烃中所含能量越高，稳定性越差。例如，顺-2-丁烯和反-2-丁烯加氢后都生成丁烷，前者的氢化热为 118.9 $kJ \cdot mol^{-1}$，后者为 114.7 $kJ \cdot mol^{-1}$，反式较顺式低 4.2 $kJ \cdot mol^{-1}$，与比较燃烧热得出的结论一致。

表 4.2 给出了一些烯烃的氢化热。从表 4.2 可以看出，4 种丁烯异构体的稳定性次序为异丁烯＞反-2-丁烯＞顺-2-丁烯＞1-丁烯，与燃烧热得出的结论一致。另外，还可以看出，随着双键碳上烷基数目的增加，烯烃的稳定性增大。例如，乙烯的氢化热为 136.5 $kJ \cdot mol^{-1}$，在双键碳上增加一个甲基变成丙烯后，氢化热为 125.2 $kJ \cdot mol^{-1}$，稳定性增大 11.3 $kJ \cdot mol^{-1}$。作为一般规律，烯烃的相对稳定性有如下次序：

$$R_2C{=}CR_2 > R_2C{=}CHR > RCH{=}CHR > RCH{=}CH_2 > CH_2{=}CH_2$$

表 4.2　一些烯烃的氢化热(kJ · mol^{-1})

化合物	氢化热	化合物	氢化热
$CH_2{=}CH_2$	136.5	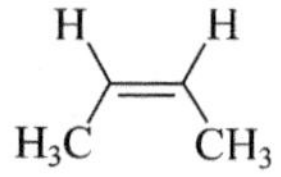	118.9
$CH_3CH{=}CH_2$	125.2		
$CH_3CH_2CH{=}CH_2$	126.0		
$(CH_3)_2C{=}CH_2$	117.6	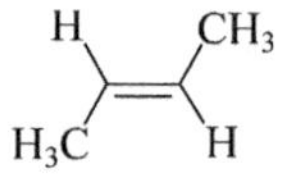	114.7
$CH_3CH_2CH_2CH_2CH{=}CH_2$	126.4	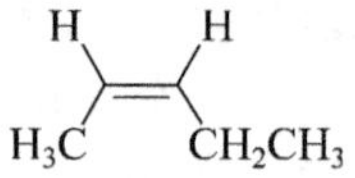	117.6
$(CH_3)_2CHC(CH_3){=}CH_2$	116.4		
$CH_3CH_2CH{=}C(CH_3)_2$	111.8	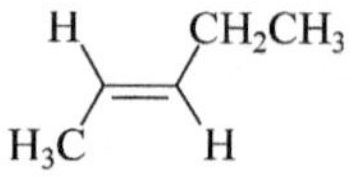	113.9
$(CH_3)_2C{=}C(CH_3)_2$	110.5		
$(CH_3)_3CCH_2C(CH_3){=}CH_2$	113.0		

造成上述烯烃稳定性差异的原因有两个:①超共轭作用;②共价键的强度。烯烃中碳碳双键的 π 键电子云可以和相邻取代基上的C—H σ 键电子云发生部分重叠,即超共轭效应,从而使成键电子的离域性增大,分子能量降低。双键上的取代基越多,能发生超共轭作用的 σ 键就越多,超共轭效应也就越强,烯烃也就越稳定。除超共轭作用外,共价键的强度是决定烯烃稳定性的另一个重要因素。由一个碳的 sp^2 杂化轨道和另一个碳的 sp^3 杂化轨道所形成的 C—C σ 键比由两个 sp^3 杂化轨道所形成的共价键的强度大,因此,对1-丁烯和 2-丁烯两种异构体而言,前者为单取代烯烃,有一个 sp^3—sp^3 键和一个 sp^3—sp^2 键,而后者为双取代烯烃,存在两个 sp^3—sp^2 键。一般来说,取代基越多的烯烃中 sp^3—sp^2 键与 sp^3—sp^3 键之比要大于取代基少的烯烃,故更稳定。

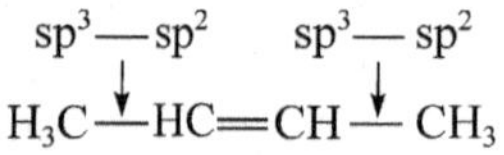

2-丁烯烃(较稳定)

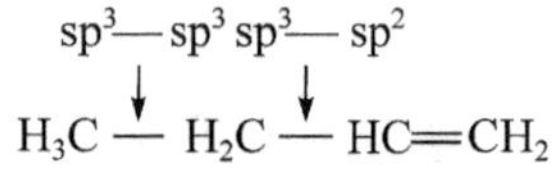

1-丁烯烃(较不稳定)

二、烯烃的结构与化学性质

C═C 双键是烯烃的官能团,其结构决定烯烃的特征反应和主要反应。C═C 双键由 C—C σ 键和一个 C—C π 键组成。与 σ 键电子不同,π 键电子不是固定在两个成键碳原子之间,而是分散在两个成键碳原子核连线的上下方,距离成键原子核较远,受原子核的束缚较小。首先,与 σ 电子相比,π 键电子位于分子碳骨架的外围，π 电子云将 C═C 双键的原子夹在中间，因而 π 键电子具有更大的暴露性，容易被缺电子体(如亲电试剂、氧化剂等)进攻；其次，π 键的键能较 σ 键的键能小很多，因此 π 键比 σ 键更容易断裂；再次，如果烯烃的 π 键断裂后能与其他的原子形成两个 σ 键，即发生加成反应，则在能量上是有利的。由于以上 3 方面的原因，烯烃的化学性质远比烷烃要活泼，其特征反应是加成反应。

受 C═C 双键的影响，与双键碳相邻的碳原子上的氢(称为 α-氢原子)也表现出一定的活泼性。

(一) 亲电加成反应

烯烃双键的形状及其电子云分布的特点决定了烯烃容易受到正电荷或具有正电荷中心的缺电子试剂(又称为亲电试剂，electrophilic reagent)的进攻。这种由亲电试剂进攻目标分子并引发的加成反应称为亲电加成反应(electrophilic addition reaction)。能与烯烃发生亲电加成的试剂主要有卤素(Br_2、Cl_2)、卤化氢、硫酸及水等。

1. 与卤素的加成

(1) 与卤素的加成反应。烯烃很容易与溴和氯发生加成反应，生成邻二卤代物。

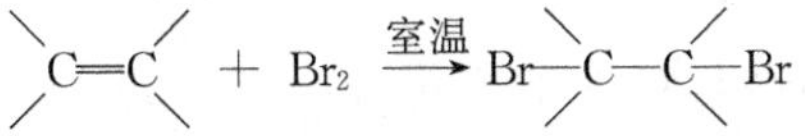

此反应在室温下就可进行，反应速率很快。例如，将乙烯或丙烯气体通入溴的四氯化碳溶液中，立即生成无色的 1,2-二溴乙烷或 1,2-二溴丙烷，溴的红棕色很快褪去，利用此反应可对烯烃进行定性鉴别。

每年有 600 万 t 的 1,2-二氯乙烷是通过乙烯与氯反应生成的，用作合成聚氯乙烯的原料或化学溶剂。

有机化合物发生化学反应的速率快慢常用反应物的反应活性的高低来定性描述，活性高即说明发生化学反应速率快。烯烃与卤素的反应速率既与卤素的种类有关，又与烯烃的结构有关。不同的卤素与烯烃发生加成反应的活性次序为

$$F_2 > Cl_2 > Br_2 > I_2$$

F_2 因过于活泼，与烯烃的反应非常激烈而难以控制，而 I_2 却因活性过低而常常不与烯烃发生反应，因此，烯烃与卤素的反应通常是指与 Cl_2 或 Br_2 的反应。

不同的烯烃与溴发生加成反应的反应速率如下：

烯烃	$(CH_3)_2C{=}C(CH_3)_2$	>	$(CH_3)_2C{=}CH$	>	$CH_3CH{=}CH_2$	>	$CH_2{=}CH_2$	>	$CH_2{=}CHBr$
相对速率	14		10.4		2		1		<0.04

从上述结果可见，烯烃双键连有烷基越多，亲电加成反应速率越快。这是因为烯烃发生亲电加成反应速率快慢与双键上 π 电子云的密度大小和反应中间体的稳定性有关。如果双键上连有斥电子基团，双键上电子云密度增大，亲电试剂更易进攻 π 电子云并发生加成反应。而烷基具有供电子的诱导效应和超共轭效应，所以，烯烃所连烷基越多，供电子能力越强，双键上电子云密度越大，亲电加成反应速率越快，所以，2,3-二甲基-2-丁烯反应速率最快。相反，如果双键上连有吸电子基团，则其发生亲电反应的活性降低。例如，溴乙烯(CH_2═CHBr)与溴的反应活性比乙烯差。虽然溴原子对双键既有吸电子诱导效应，又有 p-π 共轭的给电效应，但溴的吸电子诱导作用强于给电共轭作用，故溴原子的存在使溴乙烯双键上的电子密度比乙烯上的要低，由此导致溴乙烯与溴的加成反应活性比乙烯低。由于同样的原因，其他卤原子连到双键后，其亲电加成反应速率也比乙烯低。

(2) 与卤素的亲电加成反应机理。溴与烯烃的加成反应属于反式亲电加成机理，其过程可用下式表示：

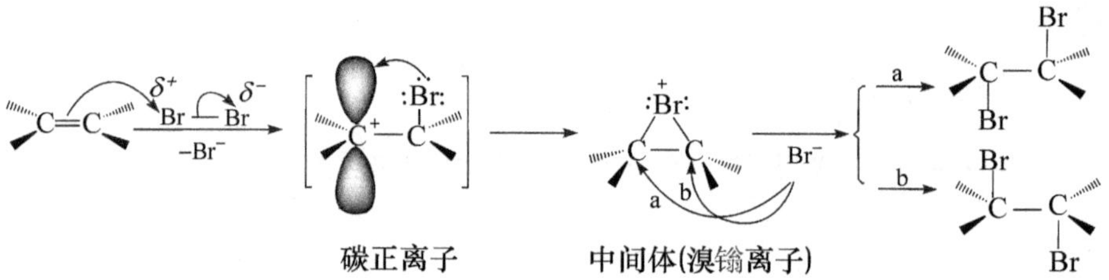

由上式可以看出，烯烃与溴的加成是分步进行的，且期间经过一个环正离子中间体——溴鎓离子(bromonium ion)。第一步，溴分子利用自身的瞬时偶极或由其他极性分子诱导而产生的诱导偶极的正电性一端去进攻双键 π 电子，通过电子对的转移而形成一个 C—Br 键，与此同时发生 Br—Br 键的异裂和 π 键的断裂。第一步的最初结果是形成一个碳正离子(carbonium ion)，后者很快转变成溴鎓离子。在中间体中，溴的化合价为 2 价，原来 sp^2 杂化的两个双键原子都转变成了 sp^3 杂化。第二步，在第一步中离解下来的 Br^- 从远离中间体中 Br^+ 的方向去进攻原双键碳原子，这种加成过程称为反式加成。两个不同的进攻目标(a 和 b)导致形成两种可能不同的产物。显然，反应的第二步决定溴与双键加成反应的立体化学，即反式立体化学(anti stereochemistry)。

上述反式亲电加成机理可以由以下实验事实得到部分的支持：

(1) 干燥的乙烯与溴的无水四氯化碳溶液在玻璃容器中不易发生反应。若置于涂有石蜡的玻璃容器中时，则更难反应。但当加入一点水后，就很容易发生反应，溴水的颜色褪去。这说明溴与乙烯的加成反应是受极性物质如水、玻璃(弱碱性)等影响的，极性物质对双键和溴分子起到了极化作用，从而加速了反应的进行。这表明溴与烯烃的加成属于离子型或极性加成反应。

(2) 当乙烯与溴的加成反应在中性氯化钠溶液中进行时,得到的产物除 1,2-二溴乙烷外,还有生成 1-氯-2-溴乙烷。但如果不加入溴,乙烯与氯化钠不发生反应。

$$H_2C{=}CH_2+Br_2 \xrightarrow{NaCl} \underset{Br}{\underset{|}{H_2C}}-\underset{Br}{\underset{|}{CH_2}} + \underset{Br}{\underset{|}{H_2C}}-\underset{Cl}{\underset{|}{CH_2}}$$

这说明烯烃与溴的加成是分步进行的,而且第一步一定是溴先加到双键上,并形成了碳正离子或溴鎓离子;第二步,溶液中的 Br^- 和 Cl^- 竞争性地进攻碳正离子或溴鎓离子,最后生成 1,2-二溴乙烷和 1-氯-2-溴乙烷的混合物。事实上,如果向反应体系中加入其他阴离子,也可生成含有其他阴离子的化合物。

(3) 当溴与环戊烯发生加成反应时,只生成外消旋的反式 1,2-二溴环戊烷,而没有顺式 1,2-二溴环戊烷产生。这说明溴与环戊烯的加成具有反式立体化学的规律,其合理的反应中间体就是溴鎓离子,而不是碳正离子。

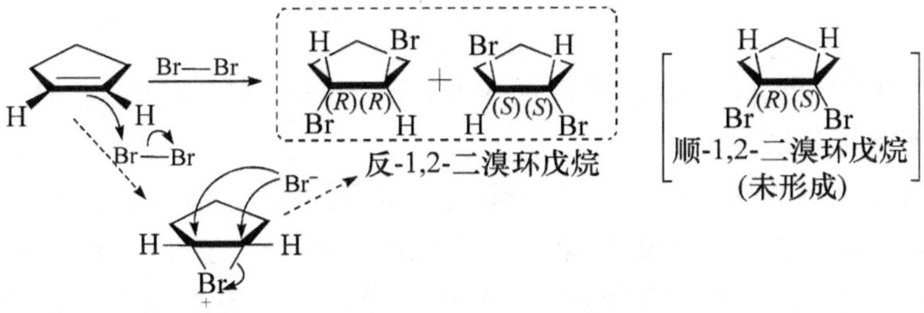

(4) 以上 3 个实验事实只是间接地支持了溴与烯烃的亲电加成机理。实际上,自从金博尔(Kimball)和罗伯特(Robert)于 1937 年提出溴与烯烃的亲电加成机理至今,人们一直都在寻找有关反应中间体——溴鎓离子存在的直接证据。但是,直到最近,欧拉(Olah)才第一次制备出了稳定的溴鎓离子的液态 SO_2 溶液。溴鎓离子不仅能够存在,而且在低温下还能稳定存在的事实是对溴与烯烃的亲电加成机理的最强有力的支持。

烯烃和氯的反应与烯烃和溴的反应类似。

2. 与不对称试剂的加成

溴、氯等属于对称性分子,与烯烃的加成结果是在每个双键碳原子上加上相同的原子,因此这类加成反应比较简单。如果是 HX 等不对称试剂与烯烃进行加成,则两个双键碳原子上加上去的原子或基团是不相同的。当不对称的烯烃与不对称的试剂发生加成反应时,就会产生加成反应的区域选择性问题,因此这类加成比溴和烯烃的加成要复杂一些。另外,HX 等不对称试剂与烯烃的加成机理也不同于溴与烯烃的加成反应。

(1) 与卤化氢的加成反应。卤化氢气体或浓的氢卤酸溶液能与烯烃进行加成反应，生成相应的卤代烷烃。

$$CH_2{=}CH_2+HX \longrightarrow CH_3CH_2X$$

反应可以在烃类、二氯甲烷、氯仿、乙酸等有机溶剂中进行。例如：

顺-3-己烯　　3-氯己烷 76%

碘化氢可以用碘化钾和磷酸代替。例如：

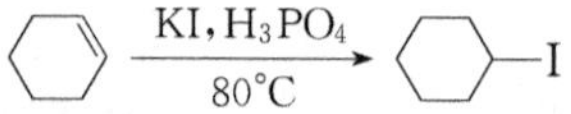

环己烯　　一碘环己烷 88%～90%

不同卤化氢与相同的烯烃进行加成时，反应活性顺序为 HI＞HBr＞HCl，氟化氢一般不与烯烃加成。

烯烃与卤化氢的加成反应机理和烯烃与卤素的加成相似，也是分两步进行的离子型亲电加成反应。不同的是第一步由亲电试剂 H^+ 进攻 π 键，生成碳正离子中间体，而不是溴加成中的环溴鎓离子中间体，然后 X^- 再去进攻碳正离子。在这两步反应中，第一步反应是吸热的，活化能高，反应慢，是决速步骤；第二步是负离子结合到碳正离子上，活化能很低，反应快。其势能变化曲线如图 4.1 所示。

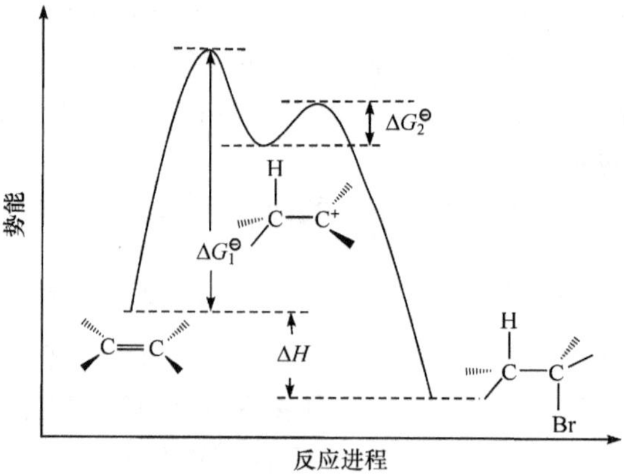

图 4.1　烯烃与卤代氢加成的势能曲线图

为什么烯烃与卤素加成时经过溴鎓离子中间体，而与卤化氢加成却经过碳正离子中间体呢？对于烯烃与卤素加成来说，加成的第一步也是先形成碳正离子，然后卤素最外层的一对孤对电子与碳正离子的空 p 轨道重叠形成环状正离子——卤鎓离子。对于环正离子来说，组成三元环正离子的每个原子都具有八隅体的电子结构，这样的结构比单纯的碳正离子稳定，这就是烯烃与卤素加成时经过卤鎓离子中间体的主要原因。而卤化氢与烯烃加成时，H^+ 先加到双键上并形成碳正离子。由于 H 体积太小，核外又没有孤对电子，因此不易形成像卤鎓离子一样的环正离子，而只能形成碳正离子。

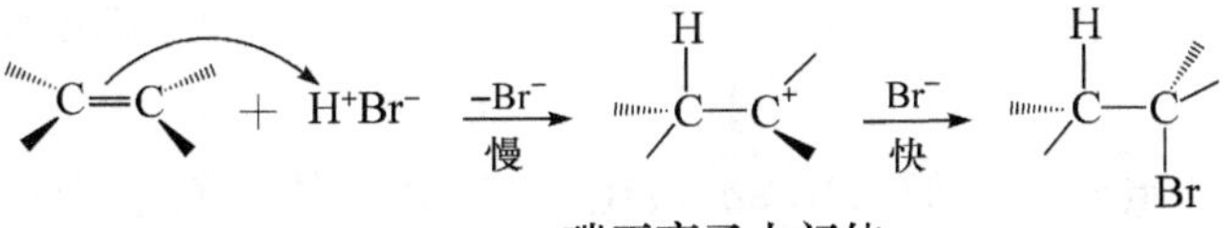

碳正离子中间体

加成的区域选择性——马氏规则。丙烯等不对称的烯烃与卤化氢加成时，可能得到两种不同的产物。

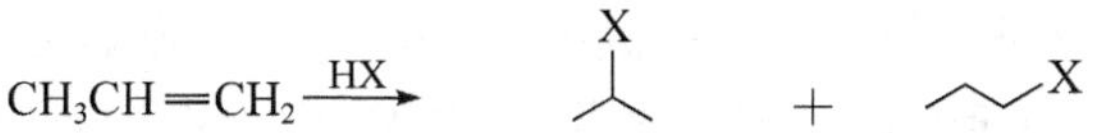

2-卤代丙烷　　1-卤代丙烷
(主要产物)　　(次要产物)

实验证明，丙烯与卤化氢加成的主要产物是 2-卤代丙烷。这说明不对称烯烃和 HX 等不对称试剂的加成反应存在一定的区域选择性。

1868 年，俄国化学家马尔科夫尼科夫(Markovnikov)在总结了大量实验事实的基础上，提出了一个重要的经验规则：不对称烯烃与不对称试剂发生加成反应时，氢原子总是加到含氢较多的双键碳原子上，卤原子或其他原子或基团加在含氢较少的双键碳原子上。这个规则称为马尔科夫尼科夫规则，简称马氏规则。应用马氏规则可以预测不对称烯烃与不对称试剂加成时的主要产物。例如：

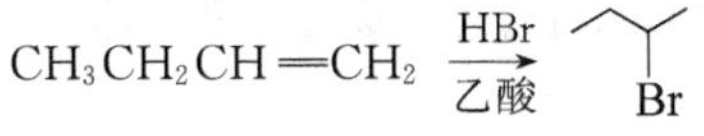

80%

马氏规则可以用电子效应或反应中间体的稳定性来解释。当丙烯与 HBr 加成时，丙烯分子中的甲基是一个供电子基团，结果使双键上的 π 电子云发生极化，π 电子云发生极化的方向与甲基供电子方向一致，这样，含氢原子较多的双键碳原子带部分负电荷。加成时，HBr 分子中带正电荷的 H^+ 优先加到带负电荷(含氢较多)的双键碳原子上，然后，Br^- 才加到另一个双键碳上，形成符合马氏规则的产物。

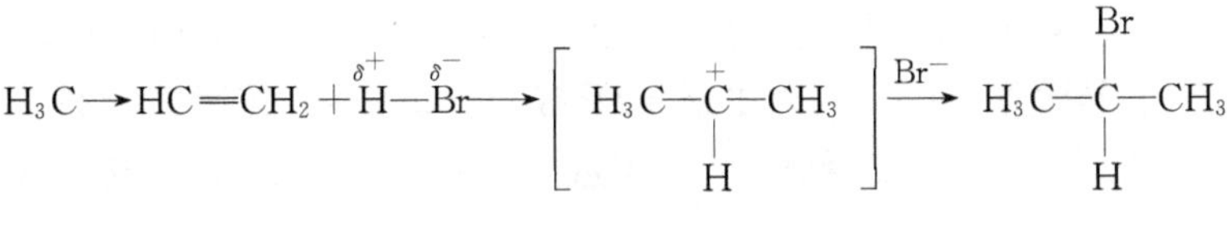

事实上，H^+可以进攻双键的任何一个碳原子，只是进攻两种目标的概率不同而已。两种不同的进攻目标导致产生两种不同的碳正离子中间体，即(i)和(ii)。

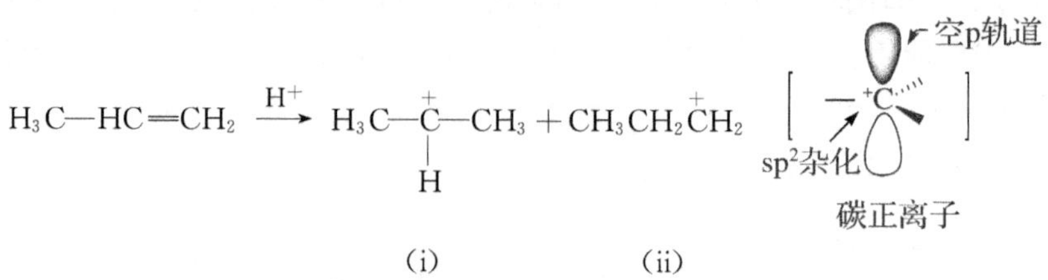

碳正离子的碳原子一般采用 sp^2 杂化方式，其中的 p 轨道为空轨道。碳原子及其所直接连接的其他 3 个原子共处于同一平面。

由于碳正离子的价电层只有 6 个电子(3 个 σ 键)，是一个缺电子体，与其相连的烷基可通过供电子的诱导效应(+I)和超共轭效应使正电荷得到分散，进而在一定程度上稳定碳正离子。与带正电荷的碳原子相连的烷基越多，正电荷的分散程度越大，碳正离子的稳定性就越强。因此，碳正离子中间体(i)比(ii)稳定，形成中间体(i)的活化能也就比形成中间体(ii)要低，反应也就越容易形成(i)，从而产生更多的符合马氏规则的产物。丙烯分子中的甲基是一个供电子基团，表现出供电子诱导效应，甲基的成键电子云向缺电子的碳正离子方向移动，使碳正离子的正电荷减少一部分，因而使其正电荷得到分散，体系趋于稳定。因此，带正电荷的碳上连接的烷基越多，供电子诱导效应越大，碳正离子的稳定性越高。

一般烷基碳正离子的稳定性次序为叔碳正离子＞仲碳正离子＞伯碳正离子＞甲基碳正离子。例如：

$$(CH_3)_3C^+ > (CH_3)_2CH^+ > CH_3CH_2^+ > CH_3^+$$

双键上连有供电子基团的烯烃与 HX 加成时遵循马氏规则。如果双键连有吸电子基团(如 CF_3、CN、COOH、NO_2等)，在很多情况下，生成的主要产物是反马氏规则的。例如：

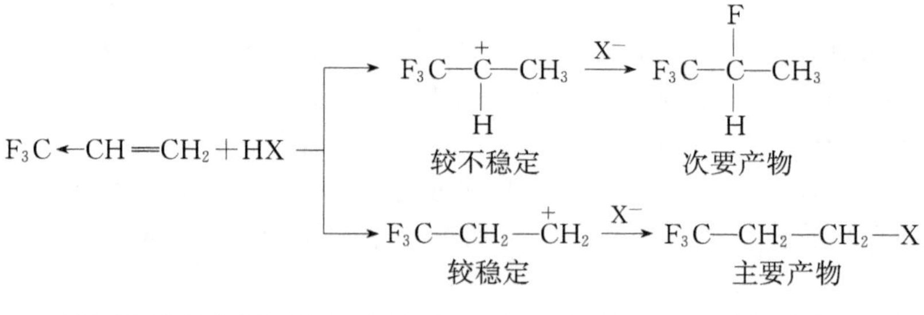

由于$-CF_3$是强吸电子基团，它连到双键上后，使 C=C 键(包括 σ 键和 π 键)发生极化，结果导致距$-CF_3$ 较近的碳原子带部分负电荷，较远的碳原子带部分正电荷。因此，H^+更多地进攻距离$-CF_3$较近的双键碳原子。从生成的碳正离子稳

定性来分析，也可得同样的结论。因此，双键连有吸电子基团时，主要生成反马氏规则的产物。从反应速率上来说，吸电子基团连接在双键上会降低双键碳上的 π 电子密度，因而不利于缺电子试剂进攻双键的 π 键，故其反应速率比乙烯慢得多。相反，供电子基团连接在双键上可提高烯烃的亲电加成反应活性。

另外，如果双键上含有 O、N、X 等具有孤对电子的原子或基团时，加成产物还是符合马氏规则的。例如：

$$ClCH=CH_2 + HCl \longrightarrow Cl_2CHCH_3$$

这是因为卤素对双键既有吸电子诱导效应（－I），又有供电子 p-π 共轭效应（＋C）。－I 效应使与氯相连的双键碳原子带部分负电荷，＋C 效应则使其带部分正电荷。由于＋C 效应大于－I 效应，因此氯乙烯的亲电加成反应仍然生成马氏规则产物。

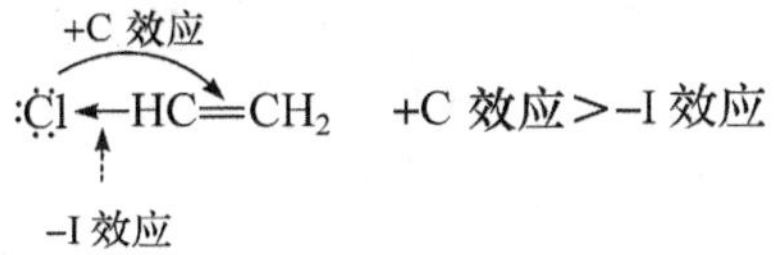

上述反应的区域选择性同样也可以用碳正离子中间体的稳定性来解释。当 H^+ 进攻 C_2 时，生成的碳正离子中间体有两种共振极限式；而当 H^+ 进攻 C_1 时，生成的碳正离子中间体只有一种共振极限式，故前一种碳正离子较后一种碳正离子稳定，形成前一种碳正离子的活化能也就相对较低，由此导致主要形成符合马氏规则的产物。

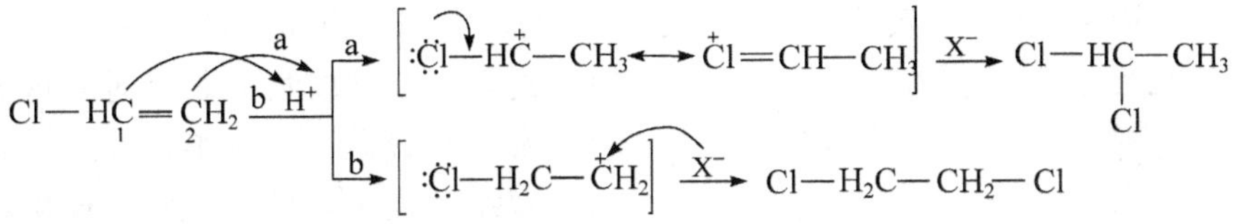

在形成碳正离子的反应中，优先生成较稳定的碳正离子。如果结构允许，则较不稳定的碳正离子常常会通过取代基迁移而重排(rearrangement)为较稳定的碳正离子。例如：

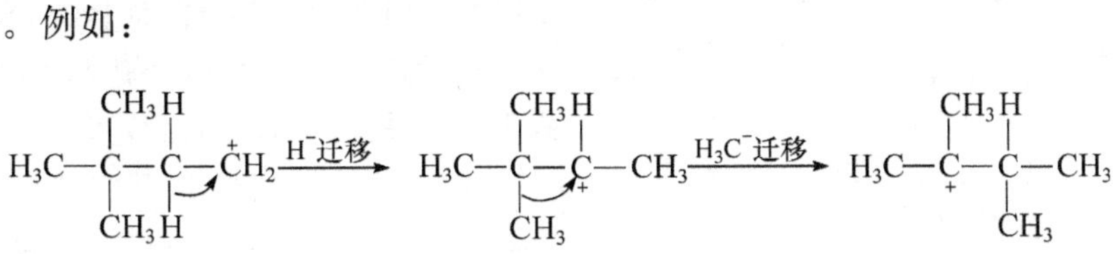

伯碳正离子　　仲碳正离子　　叔碳正离子

由于碳正离子能发生重排，故有些烯烃与 HX 加成反应的主要产物的结构有反常，甚至产物与反应物的分子骨架都不同。例如，3-甲基-1-丁烯与卤化氢反应时，除了生成 2-甲基-3-氯丁烷外，还生成 2-甲基-2-氯丁烷。

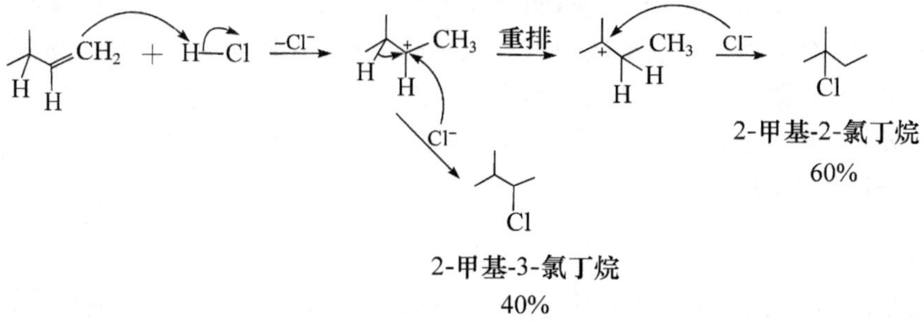

又如，3，3-二甲基-1-丁烯与氯化氢在硝基甲烷溶液中反应，主要产物 2，2-二甲基-3-氯丁烷是碳正离子通过甲基的转移重排而形成的。

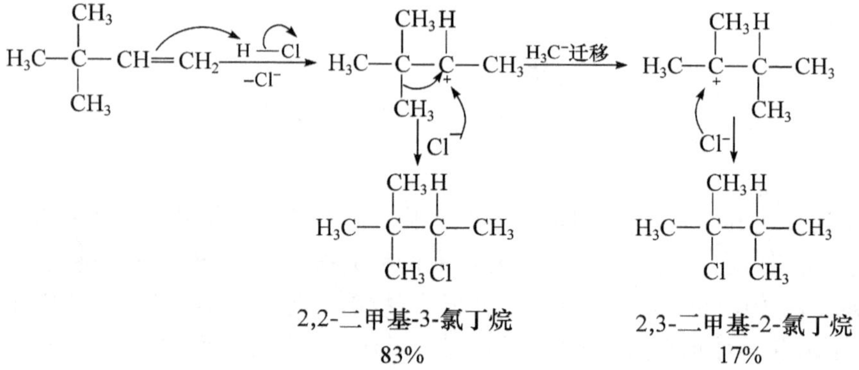

任何化学反应都需要经过一个能量较高的过渡态，然后才能形成能量较低的产物或反应中间体。由反应中间体形成产物的过程同样也需要经过一个能量较高的过渡态。由于过渡态存留时间极短，人们还无法对过渡态的结构进行详细的研究。为此，哈蒙德(Hammond)提出，可以从与过渡态能量相近的物质的结构来推测反应过渡态的结构。哈蒙德认为，分子能量的变化程度与其结构上的变化程度具有相关性。分子能量变化越小，其分子结构的变化也越小。因此，过渡态的结构应当与和它能量相近的反应物或产物的结构接近。这就是哈蒙德假说(Hammond postulate)。例如，在吸热反应中，过渡态的能量与产物的能量相近，它的结构就与产物的结构相似[图 4.2(a)]；在放热反应中，过渡态的能量与反应物接近，它在结构上也就与反应物的结构相近[图 4.2(b)]。

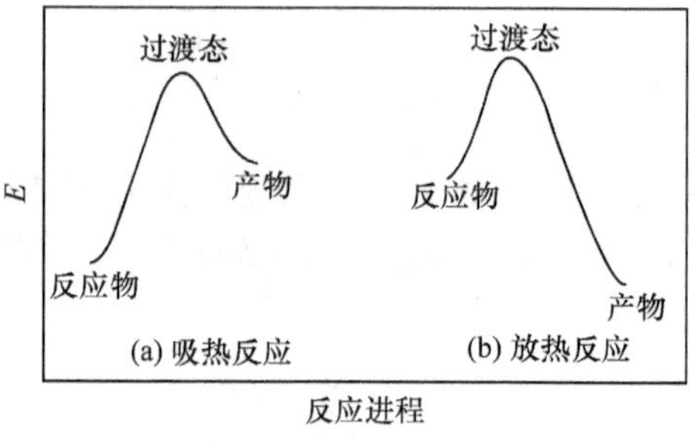

图 4.2 吸热反应(a)和放热反应(b)过程能量的变化曲线

根据哈蒙德假说，过渡态的稳定性或能量高低可以由与它能量较接近的反应物或产物的稳定性来判断。过渡态越稳定或能量越低，形成过渡态的所需要的活化能就越小，反应速率就越大，形成的产物一般为优势产物。

以卤化氢与烯烃的亲电加成反应为例来说明。烯烃与氢离子形成碳正离子属吸热过程，因此，其限速反应的过渡态结构应该与限速步骤形成的中间体碳正离子(限速步骤产物)的结构相似。较稳定的碳正离子必然对应于较稳定的过渡态，因此活化能较低，反应速率较快，由此碳正离子形成的加成产物也就较多。对于不对称双键来说，其亲电加成反应可形成两种不同的碳正离子，较稳定的碳正离子必然对应于较低的活化能和较快的反应速率，形成的加成产物也为优势产物。这实际上就是马氏规则的热力学和动力学解释。图 4.3 给出了烯烃在与溴化氢加成过程中的能量变化。

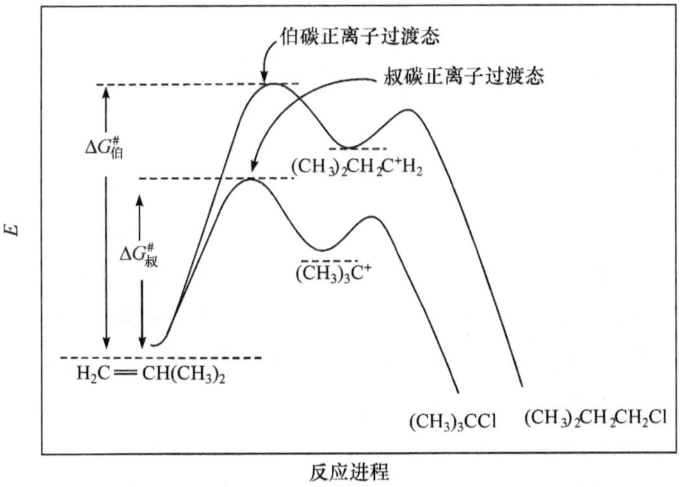

图 4.3　异丁烯烃与 HCl 加成过程中的能量变化曲线图

(2) 与硫酸加成。烯烃与冷的浓硫酸混合，反应生成硫酸氢酯。将硫酸氢酯溶于水并加热，可水解成相应的醇。例如：

$$CH_2{=}CH_2 + HOSO_3H \longrightarrow \underset{\text{硫酸氢酯}}{CH_3CH_2OSO_3H} \xrightarrow[\triangle]{H_2O} CH_3CH_2OH$$

不对称烯烃与硫酸的加成反应遵守马氏规则。例如：

$$H_3C{-}CH{=}CH_2 + HOSO_3H \longrightarrow \underset{\text{硫酸氢异丙酯}}{H_3C{-}\underset{OSO_3H}{\underset{|}{CH}}{-}CH_3} \xrightarrow[\triangle]{H_2O} \underset{\text{异丙醇}}{H_3C{-}\underset{OH}{\underset{|}{CH}}{-}CH_3}$$

这是工业上制备醇的方法之一，其优点是对烯烃的原料纯度要求不高，技术成熟，转化率高。其缺点是反应需使用大量的酸，易腐蚀设备，且后处理困难。由于硫酸氢酯能溶于浓硫酸，因此可用来提纯某些化合物。例如，烷烃一般不与浓硫酸反应，也不溶于硫酸，用冷的浓硫酸洗涤烷烃和烯烃的混合物，可以除去烷烃中的烯烃。

（3）与羧酸加成。与硫酸类似，烯烃也可与羧酸发生加成反应，但一般需要强酸进行催化。例如：

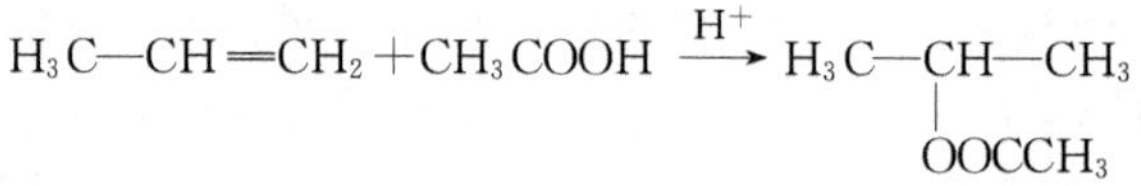

乙酸异丙酯

该反应同样属于亲电加成机理。

（4）与水加成。一般情况下烯烃与水不发生反应，但在强酸（常用硫酸或磷酸）催化下，烯烃与水直接加成生成醇。不对称烯烃与水的加成反应也遵从马氏规则。例如：

$$CH_2=CH_2 + H_2O \xrightarrow[300^\circ C, 7MPa]{H_3PO_4/\text{硅藻土}} CH_3CH_2OH$$

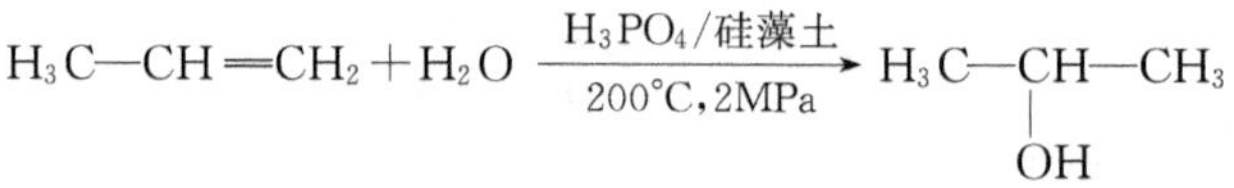

异丙醇

这也是醇的工业制法之一，称为直接水合法。此法简单、便宜，但设备要求较高。

（5）加次卤酸。烯烃与次卤酸加成生成 β-卤代醇，并服从马氏规则。次卤酸中的卤原子带有部分正电荷，所以，加成时卤素作为亲电试剂先加到双键上，羟基作为负电性基团后加到双键上。例如：

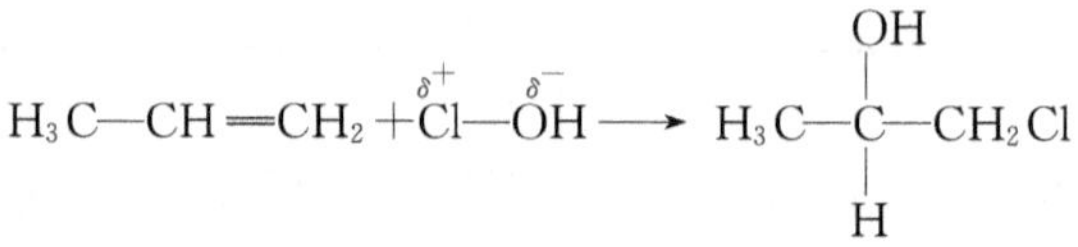

1-氯-2-丙醇

与双键和溴的反应类似，在上述反应中，氯首先进攻双键碳原子形成环状氯鎓正离子，然后水分子从氯原子的背面进攻碳正离子，最后脱去质子得到产物。加成产物为反式构型。

（二）烯烃的自由基加成和取代反应

1. 反马氏规则加成

在过氧化物存在或光照下，溴化氢与不对称烯烃的加成，主要生成反马氏规则的加成产物。例如：

$$H_3C-CH=CH_2 + HBr \xrightarrow{\text{过氧化物}} CH_3CH_2CH_2Br$$

这种由于过氧化物的存在而引起烯烃加成取向的改变称为过氧化物效应。该反应的机理是自由基加成反应(radical addition reaction)，不是亲电加成机理。

与自由基取代反应一样，自由基加成反应也是链式反应，并由链引发、链增长和链终止 3 个过程组成。3 个过程可分别表示如下：

链引发：　$R—O—O—R \xrightarrow[\text{或 } h\nu]{\triangle} 2R—O\cdot \xrightarrow{HBr} ROH + Br\cdot$

链增长：

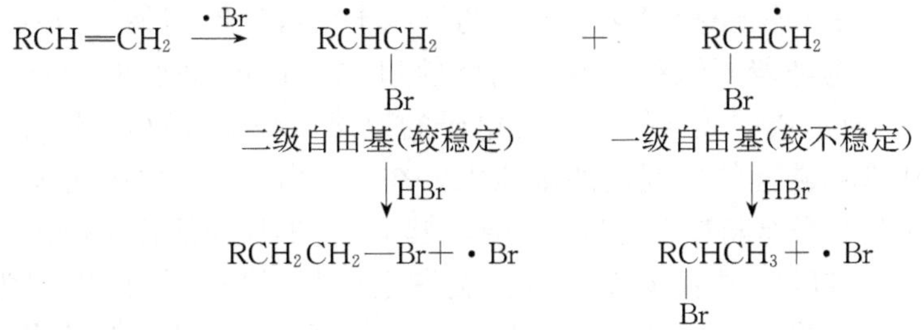

链终止：　$\cdot Br + \cdot Br \longrightarrow Br_2$

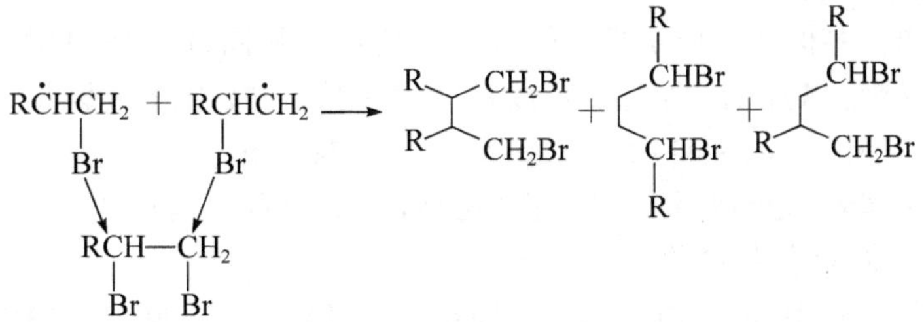

在上述反应中，第一步：过氧化物均裂产生的烷氧自由基与溴化氢反应产生溴自由基，这是自由基反应机理的链引发阶段；第二步：产生的溴自由基进攻双键碳，生成新的烃基自由基，后者再与溴化氢反应生成加成产物，同时生成新的溴自由基，此过程可连续不断地进行下去，为链增长阶段。溴自由基在进攻双键碳时，会优先进攻连氢原子较多的双键碳，形成较稳定的自由基，因此最后得到的是反马氏规则产物。

HCl 和 HI 与不对称烯烃反应时无过氧化物效应。这是因为前者与过氧化物不能产生氯自由基，后者虽能与过氧化物产生碘自由基，但碘自由基活泼性较差，很难与双键发生加成反应。另外，HI 很容易和双键进行离子反应，所以自由基加成反应难以实现。此外，HI 是一个还原剂，它能破坏过氧化物，也抑制了自由基加成反应的发生。

2. *α*-氢原子的卤代反应

烯烃与卤素在室温下可发生双键的亲电加成反应，但在高温(500～600 ℃)时则主要发生 *α*-氢原子被卤原子取代的反应。例如：

$$H_3C—CH═CH_2+Cl_2 \xrightarrow{500\ ℃} ClH_2C—CH═CH_2+HCl$$

3-氯-1-丙烯

这是工业上生产 3-氯-1-丙烯的方法。它主要用于制备甘油、环氧氯丙烷和树脂等。与烷烃的卤代反应相似，烯烃的 α-氢原子的卤代反应也是受光、高温、过氧化物（如过氧化苯甲酸）引发，进行自由基取代反应。

烯烃双键和炔烃叁键碳原子上的氢原子比烷烃饱和碳上的氢原子难发生卤代反应。因为随着不饱和碳原子杂化轨道中 s 成分的增加，杂化轨道的半径减小，碳核对所形成的碳氢键之间的电子的束缚力增加，使得不饱和碳上的碳氢键的键能比饱和碳上的碳氢键的键能大。在发生卤代反应的限速步骤中，不饱和烃形成自由基时需要断裂键能较大的碳氢键，这样的反应活化能很大，故不饱和碳原子自由基很难形成。不同杂化碳上氢发生卤代反应的活性次序为饱和碳上的氢＞双键碳上的氢＞叁键碳上的氢。因此，烯烃和炔烃在一般卤代条件下不发生不饱和碳上的卤代反应。

烯烃的自由基卤代反应机理与烷烃的卤代反应相同，但烯烃的卤代反应的位置选择性比烷烃要高得多，即主要形成 α-卤代烯烃产物。主要原因是，在自由基链增长过程中形成的烯丙型自由基（C═C—C·）能通过 p-π 共轭效应而稳定。比较稳定的自由基较易形成，形成的速率也高，故由此自由基形成的最终产物——α-卤代烯烃较多，即优势产物。

在链增长步骤中，卤自由基与 α-氢原子反应形成活性中间体为烯丙基自由基，该自由基有两种共振体，较为稳定，形成这样的中间体的反应活化能较低，卤代反应容易进行。例如：

如果用 *N*-溴代丁二酰亚胺（*N*-bromo succinimide，NBS）为溴化剂，在光或过氧化物作用下，则 α-氢原子的溴代可以在较低温度下进行。例如：

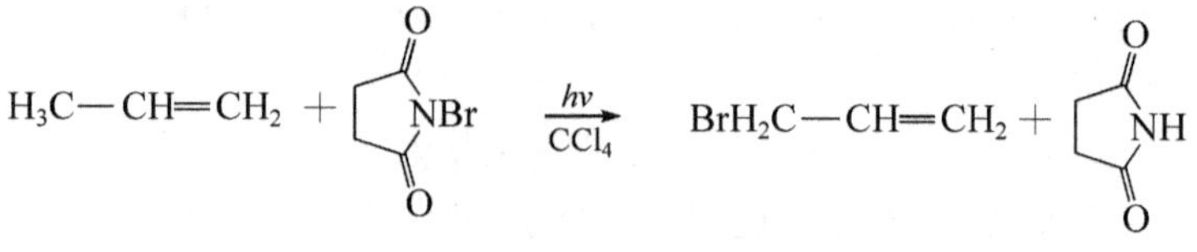

（三）与卡宾的加成反应

烯烃的另外一种类型的加成反应是与卡宾（carbene）的反应，生成环丙烷。卡宾（R_2C：）为电中性的反应中间体，其中连接两个烃基的碳为二价，其价电子层仅有 6 个电子。因此，卡宾属于高度缺电子体，具有极高的不稳定性和反应活性，一般只能作为反应中间体而存在。卡宾的缺电子性使其可以作为亲电试剂而与烯烃发生加成反应。与其他烯烃的亲电加成反应不同，卡宾的加成反应是一步完成的而不是分步完成，π键的断裂和σ键的形成是同时完成的，期间没有中间体生成。另外，卡宾与双键的加成结果是形成环丙烷骨架，因此，卡宾的加成反应是有机合成上构建环丙烷骨架的重要方法之一。

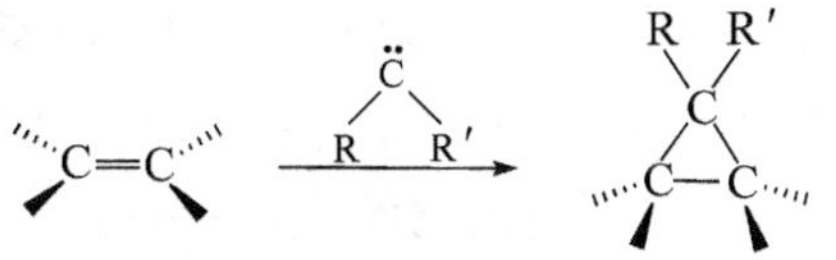

最常见的卡宾是二氯卡宾，可以由氯仿与强碱（如氢氧化钾等）反应制备。由于氯仿缺乏β-H，而其α-H的酸性又很强，因此遇到强碱时，氯仿可发生α-消除反应，失去一分子HCl，生成二氯卡宾。其中，氯仿先失去一个质子，形成三氯甲烷阴离子（$^{-}CCl_3$），再失去一个氯阴离子后生成二氯卡宾。

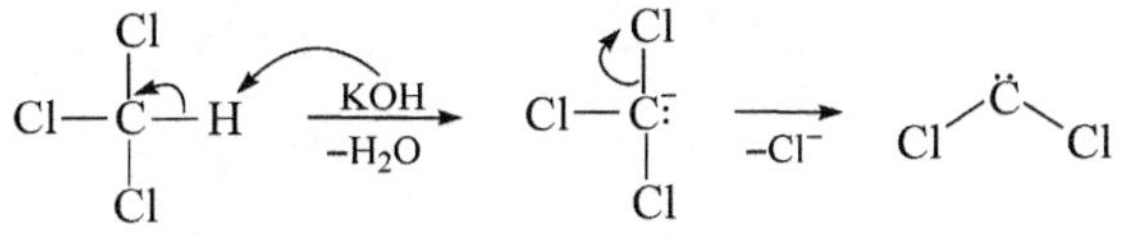

二氯卡宾中的碳原子为sp^2杂化，有两个sp^2杂化轨道分别与氯成键，另一个含有一对孤对电子，未参与成键。未杂化的p轨道不含电子，垂直于3个sp^2杂化轨道所形成的平面。二氯卡宾的电子构型与碳正离子相似，均为sp^2杂化，都有一个空p轨道。

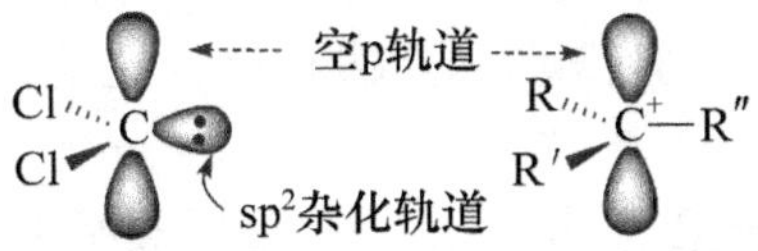

如果在产生二氯卡宾的同时有烯烃存在，卡宾立即与烯烃发生加成反应，生成二氯环丙烷。反应具有顺式加成的立体选择性。例如：

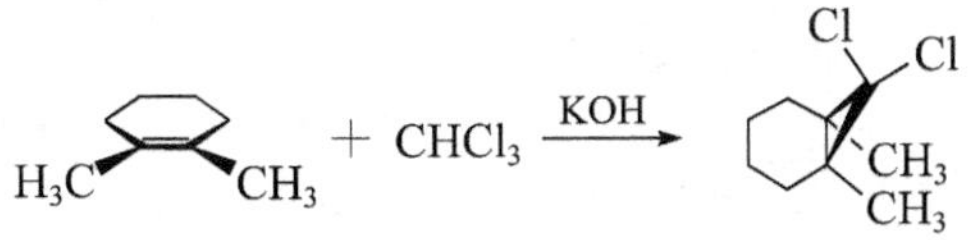

（四）与BH_3的加成反应

在BH_3分子中，硼的价电子层只有6个电子，其电子构型与碳正离子相似，均为sp^2杂化，都有一个空p轨道。因此，BH_3是一个不稳定的缺电子体，具有极高的反应活性。它可与四氢呋喃（THF）等具有电子对的路易斯碱发生路易斯酸碱反应，形成稳定的BH_3-THF配合物。

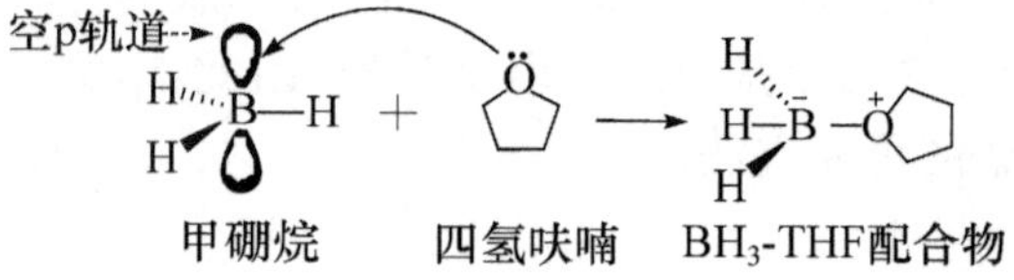

甲硼烷(BH_3)与烯烃的 π 电子对也可以发生与 THF 类似的反应，生成甲硼烷-烯烃的 π 复合物。但反应并不会就此停止，而是进一步转化成四元环过渡态，并最终形成加成产物。在整个加成过程中没有碳正离子形成。这种反应称为烯烃的硼氢化反应(hydroboration reaction)。

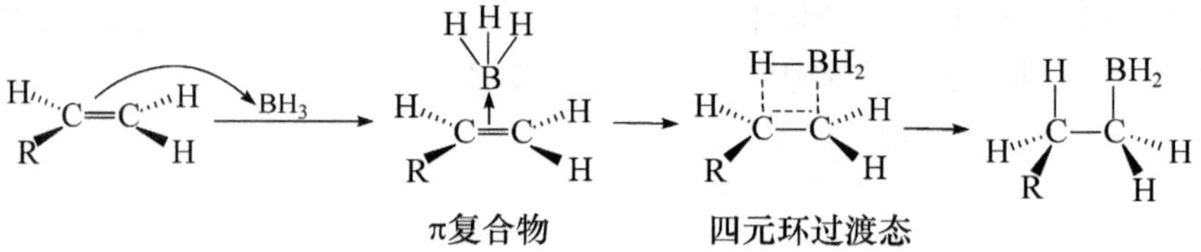

硼的电负性(2.0)和氢的电负性(2.1)差不多，加成时 B—H 键不能像H—X 键一样完全异裂成 B^+。实际上，由于 BH_3 中的 B 本身就是很强的亲电中心，因此也无需发生 B—H 键的异裂。另外，由于 B 较 H 的电负性略小，BH_3 中的 B 带有部分正电荷，而 H 则带有部分负电荷，因此，在形成四元环过渡态时，B 原子会优先选择负电荷较多的双键碳原子结合，即选择含氢较多的双键碳。这就是硼烷与烯烃加成的位置选择性。并且，四元环过渡态的形成过程是一个在双键同面发生的协同过程，因此具有顺式加成的特点，这就是硼烷与烯烃加成的立体选择性。

硼烷与烯烃的加成结果相当于 B—H 键断裂后再分别加成到双键碳上。由于 BH_3 有 3 个氢原子，因此 1 分子 BH_3 与 3 分子的烯烃反应，生成三烷基硼(R_3B)。三烷基硼经 H_2O_2 氧化、碱水解后可得到相当于反马氏加成的醇。例如：

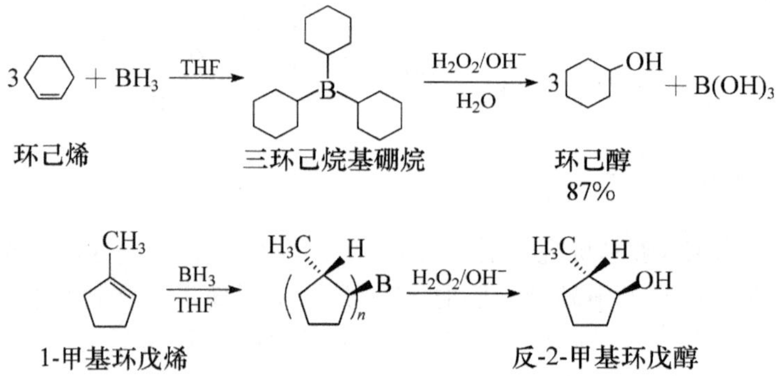

硼氢化反应受立体因素的控制，硼原子主要加成在空间位阻较小，取代基较少的双键碳原子上，具有很高的区域选择性，加成产物经氧化后生成反马氏规则的产物。例如：

$$(CH_3)_2C{=}CHCH_3 \xrightarrow[2.\ H_2O_2/OH^-]{1.\ BH_3/THF} (CH_3)_2CH\underset{\displaystyle OH}{\underset{|}{C}}HCH_3$$

3-甲基-2-丁烯　　　　3-甲基-2-丁醇 98%

烯烃直接与水反应不能获得伯醇，但烯烃通过硼氢化反应再碱性氧化水解可得到伯醇。这个反应提供了一个由端烯烃制备伯醇的方法。烯烃通过硼氢化-氧化反应制备醇的反应操作简便，产率也高，在有机合成上有较好的应用价值。

在三烷基硼化合物的氧化反应中，过氧化氢在碱性溶液中转化为过氧化氢负离子，后者进攻缺电子的硼原子，得到的产物中含有易断裂的 O—O 键，使得 R 基团容易由硼原子转移到氧原子上。由于 C—B 键的断裂和 C—O 键的形成是协同发生的，因此碳原子的构型不变。

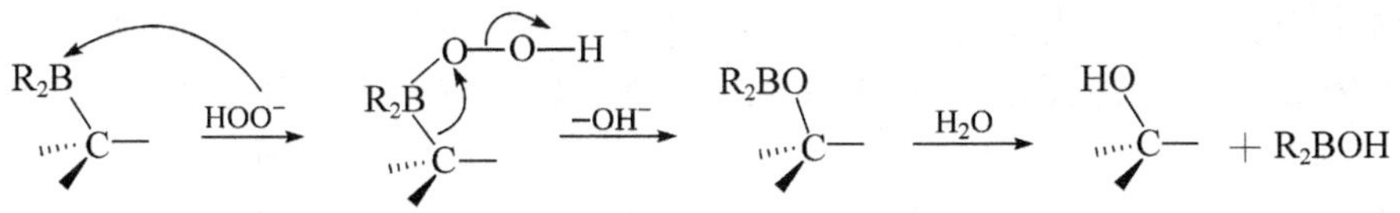

（五）羟汞化-还原反应

烯烃在酸性水溶液中和水发生加成反应并不是将烯烃按照马氏规则转化为醇的最好方法。这是因为大多数烯烃不溶于水，反应进行地很缓慢，并且这一反应常伴随众多副反应发生。而羟汞化-脱汞反应则很好地弥补了烯烃水合反应的不足。烯烃在 $Hg(OAc)_2$ 和水作用下生成羟汞化产物，后者再经 $NaBH_4$ 还原生成符合马氏规则的醇。例如：

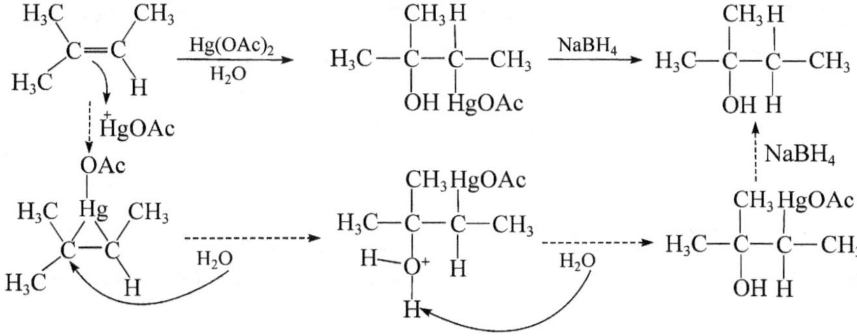

反应首先是 $Hg(OAc)_2$ 转化为 $(HgOAc)^+$，$(HgOAc)^+$ 进攻双键生成三元环中间体，然后水解生成羟汞化产物，后者再经还原得醇。从反应机理可以看出该反应无重排产物。

（六）聚合反应

在催化剂作用下，许多不饱和烃通过 π 键断裂和不同分子间 C—C σ 键的形成，将分子一个接一个地互相连接在一起而形成相对分子质量巨大的化合物（又称高分子化合物）的反应称为聚合反应。例如，在一定的催化条件下，乙烯聚合为聚乙烯。

$$nCH_2{=}CH_2 \xrightarrow[\triangle]{\text{催化剂}} {+}H_2C{-}CH_2{+}_n$$

聚乙烯

这种由许多单个分子以共价键相连而形成的高分子化合物称为聚合物。合成高分子化合物的主要直接原料称为单体（monomer），如乙烯是聚乙烯的单体。n 为聚合度（degree of polymerization）。

在聚合过程中，乙烯通过双键中 π 键的断裂而相互加成，所以这种聚合反应又称为加成聚合反应。由于是分子间相互加成，烯烃在聚合过程中，每断裂一个 π 键即伴随生成两个 σ 键，因此总的来说它是一个放热反应。一经引发之后，反应即容易进行。

催化剂不同，烯烃聚合的机理也可能不同，烯烃的聚合主要有自由基聚合和离子型聚合两类。不同的催化剂和不同的聚合反应条件都会影响聚合物的结构、组成和性能，因此，改变聚合反应条件可以获得所期望的聚合物。关于烯烃的聚合详见第二十一章。

（七）氧化与还原反应

烯烃容易被氧化，氧化产物与烯烃结构、氧化剂和氧化条件有关。

(1) 高锰酸钾氧化。用稀的碱性或中性高锰酸钾溶液在较低温度下氧化烯烃时，在双键处引入两个羟基，生成邻二醇。反应过程中，高锰酸钾溶液的紫色褪去，并且生成棕褐色的二氧化锰沉淀，所以这个反应可以用来鉴别烯烃。

$$3R{-}CH{=}CH_2 + 2KMnO_4 + 4H_2O \xrightarrow{\text{稀 }OH^-\text{ 或中性}} R{-}\underset{\displaystyle OH}{\underset{|}{CH}}{-}\underset{\displaystyle OH}{\underset{|}{CH_2}} + 2MnO_2\downarrow + 2KOH$$

若用酸性高锰酸钾溶液氧化烯烃，碳链在双键处断裂。如果双键碳原子没有氢，裂解后生成酮；如果有一个氢原子，生成羧酸，链端的双键碳原子则氧化成二氧化碳。例如：

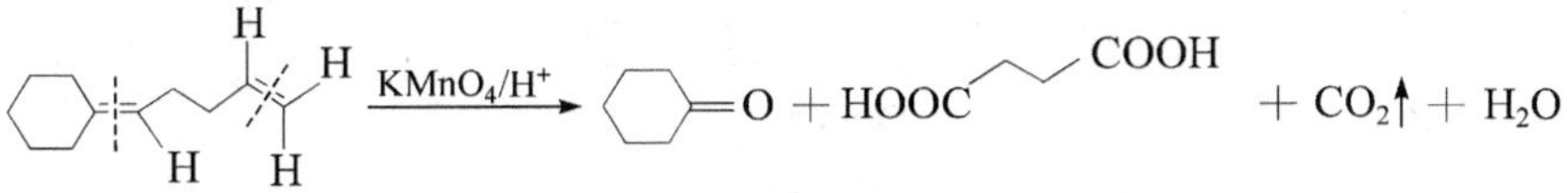

由于不同结构的烯烃的氧化产物不同，通过分析氧化得到的产物，可以推断原来烯烃的结构。

(2) 四氧化锇氧化。四氧化锇(OsO_4)与烯烃的反应与中性或碱性高锰酸钾相似，产物也是顺式二醇。

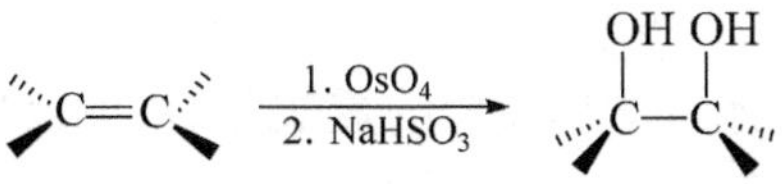

该反应又称为烯烃的羟基化反应(hydroxylation reaction)，即烯烃双键上的两个碳原子各加成一个羟基。该反应不涉及碳正离子中间体，而是通过 OsO_4 一步加成到烯烃双键，形成环锇酸酯中间体，后者在亚硫酸氢钠溶液中分解为邻二醇。例如：

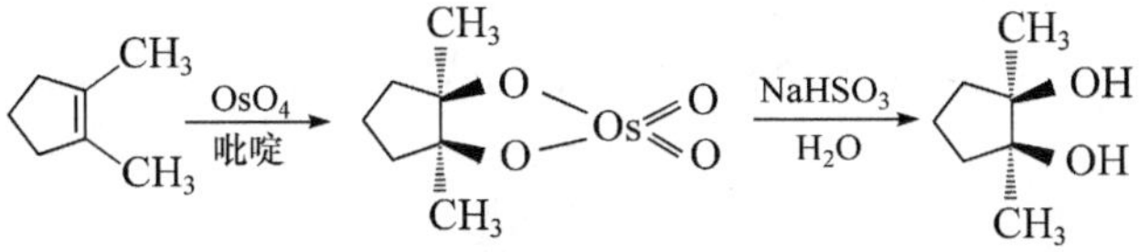

1,2-二甲基环戊二烯　环状锇酸酯中间体　顺-1,2-二甲基-1,2-环戊二醇

OsO_4 是剧毒物质，改进的方法是用过氧化氢和催化量的 OsO_4。反应生成的环状锇酸酯经过氧化氢氧化得到 OsO_4 和邻二醇，OsO_4 重新进入催化循环。例如：

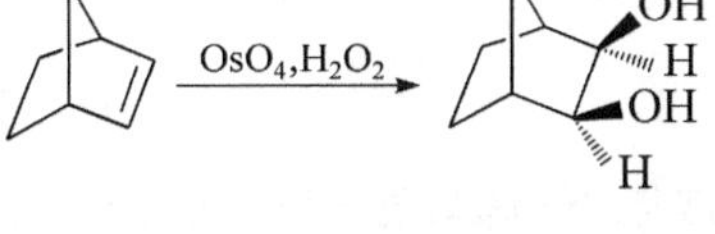

(3) 臭氧氧化。将含有 6 %～8 %(体积分数)臭氧的氧气通入液体烯烃或烯烃的非水溶液(通常的溶剂有二氯甲烷、乙醇、乙酸乙酯等)中，臭氧迅速而定量地与烯烃反应，臭氧分子中两端的两个氧原子协同加在两个碳原子上，生成分子臭氧化物。后者立刻重排生成糊状臭氧化合物。由于臭氧化物不稳定易爆炸，反应过程中不把它从溶液中分离出来，而是直接在溶液中水解，生成相应的羰基化合物和过氧化氢。为防止产物醛被过氧化氢进一步氧化，水解时通常加入还原剂(如锌粉)。

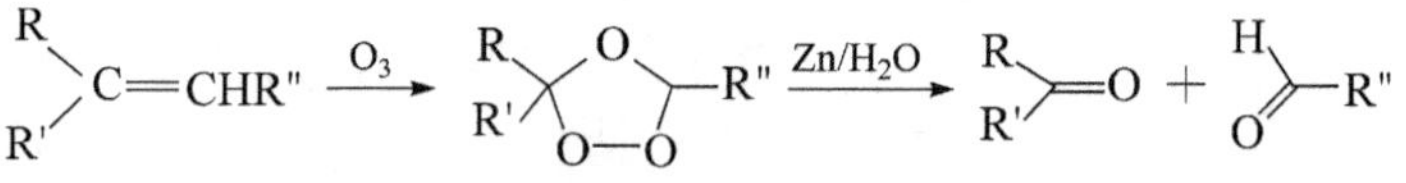

臭氧化物　　　　酮　　　醛

例如：

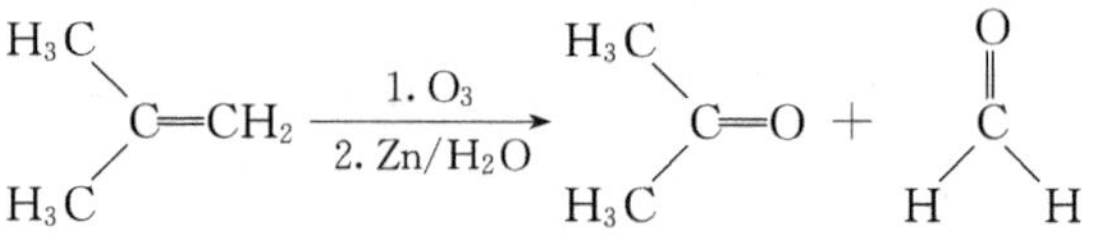

丙酮　　　　甲醛

与烯烃的高锰酸钾氧化一样，烯烃的臭氧化/水解反应也可以用来推断原来烯烃的结构。例如，烯烃中的 CH_2═基变成甲醛 CH_2═O，RCH ═基变成其他醛 RCH ═O，R_2C ═基变成酮 R_2C ═O 等。因此，烯烃经过臭氧化反应后，如果只生成一种氧化产物，说明烯烃具有对称性，双键在碳链中间；如果产物中有甲醛，说明双键在链端。若另一种产物为其他醛，说明双键碳原子上只有一个烷基；若另一产物为酮，说明另一个双键碳原子上有两个烷基。如果氧化结果未发生分子断链，产物中同时出现两个羰基，说明双键位于碳环上。

(4) 催化氧化。在银催化下，将乙烯与空气或氧气混合，乙烯被氧化生成环氧乙烷。

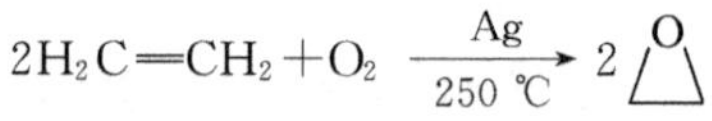

这是工业上生产环氧乙烷的主要方法。但必须严格控制温度。如果超过300 ℃，则碳碳双键断裂，生成 CO_2 和 H_2O。环氧乙烷是重要的有机合成中间体。

实验室构建环氧乙烷结构的常用方法是用有机过氧酸氧化烯烃。例如：

过氧乙酸　　1,2-环氧丙烷

(5) 催化加氢。常温常压下，烯烃很难同氢气发生反应，但是在催化剂(如铂、钯、镍等)存在下，烯烃与氢可比较容易地发生加成反应，生成相应的烷烃。这是因为催化剂可以降低加氢反应的活化能，使反应容易进行。

$$RCH{=}CH_2 + H_2 \xrightarrow{\text{催化剂}} RCH_2CH_3$$

烯烃的催化加氢反应是定量进行的，因此，可以通过测定氢气体积的办法确定烯烃中双键的数目。

氢化反应是放热反应，1 mol 不饱和化合物氢化时放出的热量称为氢化热。每个双键的氢化热大约为 125 kJ · mol^{-1}。通过测定不同烯烃的氢化热，可比较烯烃的相对稳定性。氢化热越小的烯烃越稳定。例如：

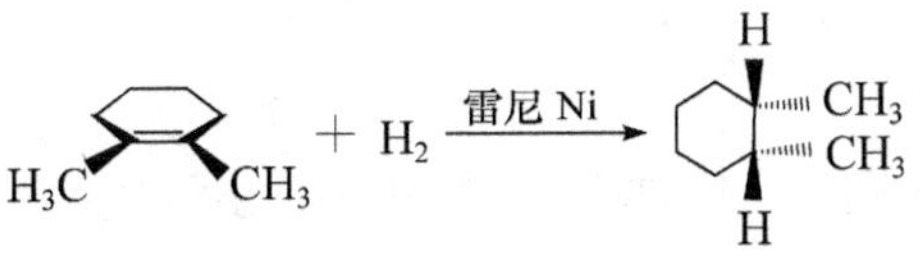

烯烃的催化氢化机理还不是很清楚，但有两点是清楚的：①催化氢化反应是在催化剂表面完成的，增加催化剂的表面积可提高氢化反应的速率，因此，催化剂一般都制备成高度分散的粉末状，并吸附在惰性的多孔性载体物质上以增加其表面积，常用的催化剂有 Pd-活性炭、雷尼(Ranny)Ni 等；②催化氢化具有顺式加成的立体化学特性。

当实验室中使用高效的催化剂时，反应基本上可以在常温常压下进行。在工业上，由于使用的催化剂活性较小，加氢反应常在高温(200～300 ℃)和加压下进行。

烯烃的催化加氢在工业上和研究工作中都具有重要意义，如油脂氢化制硬化油、人造奶油等；为除去粗汽油中的少量烯烃杂质，可进行催化氢化反应，将少量烯烃还原为烷烃，从而提高油品的质量。

(八) 生物体内的烯烃加成反应

生物体内的化学过程一直是一个非常具有吸引力的研究领域。即使一个最简单的单细胞生物，它也能轻松地完成化学家在实验室完成的很复杂的有机合成反应。但是，一般来说，二者的原理是相同的。

生物体内的化学反应和化学家在实验室所进行的化学反应有所不同。例如，前者一般在细胞内的水性介质中进行，而后者是在有机溶剂中进行。又如，生物体中的化学反应往往涉及非常复杂的酶的催化。但总的来说，生物体内进行的化学反应类型与化学实验室中进行的化学反应是一样的。生物体内就有许多烯烃加成的例子。例如，与实验室中硫酸催化水和烯烃的加成反应一样，生物体内的延胡索酸酶能催化水和延胡索酸的加成反应。

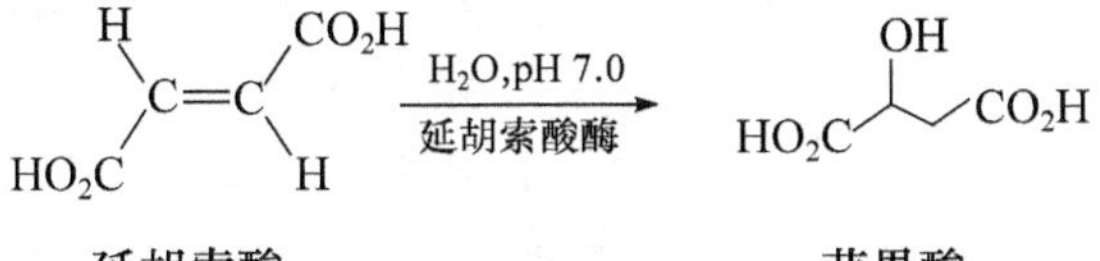

延胡索酸　　　　苹果酸

这一反应是生物化学中三羧循环过程中的其中一步反应。三羧循环是生物体物质代谢的主要途径。与实验室进行的化学反应相比，生物酶催化反应的化学选择性更强。例如,延胡索酸酶仅催化延胡索酸的加成反应,对马来酸(延胡索酸的顺式异构体)不起作用。

第四节 共轭二烯烃的结构与化学性质

一、共轭二烯烃的结构

共轭二烯烃(conjugated diene)在结构和性质上都表现出一系列的特性。1,3-丁二烯是最简单的共轭二烯烃,下面以它为例来说明共轭二烯烃的结构特点。

由结构测定得知,1,3-丁二烯所有原子都在同一平面上,即1,3-丁二烯为平面分子,其键长和键角分别如图4.4所示。

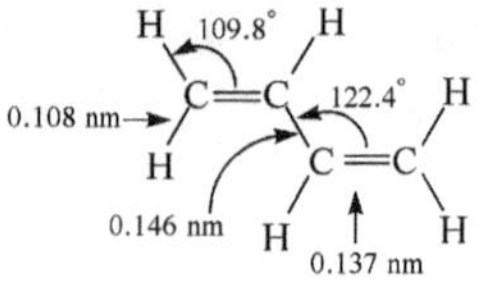

图4.4 1,3-丁二烯分子的键长和键角

比较乙烷、乙烯和1,3-丁二烯中的C—C单键和C═C双键的键长可以看出,1,3-丁二烯中的两个C═C双键的键长比乙烯的C═C双键(0.134 nm)的键长有所增长,而C_2—C_3单键的键长比乙烷的C—C单键的键长(0.154 nm)有所缩短。显然,1,3-丁二烯中的单、双键键长发生了一定程度的平均化;另外,1,3-丁二烯的氢化热(238.9 $kJ \cdot mol^{-1}$)比1,4-戊二烯的(254.4 $kJ \cdot mol^{-1}$)小,即前者比后者更稳定。分子的单键、双键键长在一定程度上的平均化和分子稳定性的增加是分子存在共轭体系的两个重要特征。

1,3-丁二烯分子为什么会发生以上两个方面的变化呢?这可以由价键理论和分子轨道理论两方面来解释。

价键理论认为,在1,3-丁二烯分子中,4个碳原子都是sp^2杂化的,相邻碳原子之间以sp^2杂化轨道相互轴向重叠形成3个C—C σ键,其余的sp^2杂化轨道分别与氢原子的1s轨道重叠形成6个C—H σ键。此外,每个碳原子还有一个填充有单电子的未参与杂化的p轨道,这些p轨道分别垂直于各自碳原子的sp^2杂化轨道组成的平面。为了能够最大程度的相互重叠而成键,这些p轨道选择了彼此间相互平行的空间分布形式,并由此导致4个碳原子的sp^2轨道平面也形成了共平面,即1,3-丁二烯的4个碳原子和6个氢原子都在同一个平面上。相互平行的相邻p轨道之间都能发生"肩并肩"重叠,由此形成了由4个碳原子的4个p轨道共同参与的包含4个电子的大π键(图4.5)。

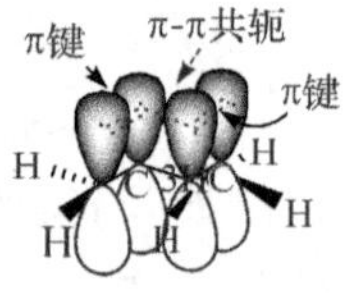

图4.5 1,3-丁二烯分子中p轨道重叠示意图

由于不同碳原子周围的化学环境不尽相同,因此不同碳原子间的p轨道重叠的程度也不同,其中C_1与C_2、C_3与C_4的p轨道重叠程度较大,而C_2与C_3的p轨道

重叠程度相对较少，故 C_1═C_2 和 C_3═C_4 的键长较 C_2—C_3 的键长稍短。C_2、C_3 之间已不再是简单的 C—C 单键，而是具有一定的双键性。显然，1,3-丁二烯中的碳碳键只是在一定程度上发生了平均化，而没有达到完全平均化。但可以预测，如果构成共轭体系的所有碳原子的化学环境都相同，则碳碳键的键长将会发生完全平均化。其中苯就是一个典型的例子(参见第八章)。另外，大 π 键中的 π 电子不再定域于两个碳原子间，而是可以离域到构成共轭体系的 4 个碳原子周围。从表面上看，这种共轭体系就像是两个 π 键通过π 电子云的重叠而形成的，故又称为 π-π 共轭。电子的离域结果使成键原子形成了一个更紧密的有机分子，分子更加稳定，能量较低。

按照分子轨道理论，1,3-丁二烯分子中 4 个碳原子的 4 个未杂化的 p 轨道线性组合形成 4 个分子轨道：两个成键轨道 ψ_1、ψ_2 和两个反键轨道 ψ_3、ψ_4，如图 4.6 所示，图中的虚线表示垂直于分子平面的节面。从图可以看出，ψ_1 分子轨道没有节面，ψ_2、ψ_3 和 ψ_4 轨道分别有 1 个、2 个和 3 个节面。节面上电子云密度等于零，节面数目越多轨道能量越高。ψ_1 能量最低，ψ_2 能量稍高，它们的能量均比原来的原子轨道的能量低，都是成键轨道。ψ_3 和 ψ_4 的能量依次增高，且均高于原来的原子轨道的能量，都是反键轨道。基态时，1,3-丁二烯分子中的 4 个 π电子占有能量较低的 ψ_1 和 ψ_2 成键轨道，能量较高的反键轨道 ψ_3 和 ψ_4 中没有电子。成键 π 电子的运动范围不再仅局限于构成双键的两个碳原子之间，而是扩展到整个分子的 4 个碳原子之间的 π 分子轨道中，这种现象称为电子的离域。π 分子轨道 ψ_1 和 ψ_2 的叠加不但使 C_1 与 C_2、C_3 与 C_4 之间的电子云密度增大，也部分增大了 C_2 与 C_3 之间的电子云密度，使之不同于一般的碳碳 σ 键，具有部分双键的性质。

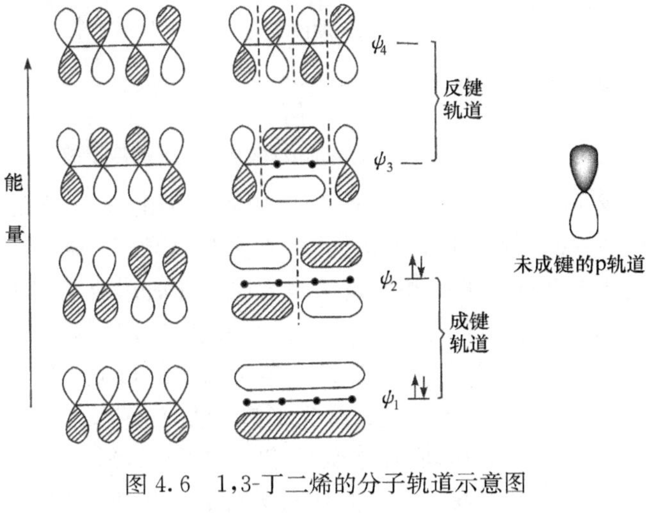

图 4.6 1,3-丁二烯的分子轨道示意图

由于π电子的离域，共轭分子中单、双键的键长趋于平均化，C_2—C_3键具有某些双键的性质。同样由于电子离域的结果，共轭体系的能量显著降低，稳定性明显增加。

二、共轭二烯烃的构象异构

根据价键理论对1,3-丁二烯成键的解释，4个碳原子上的p轨道为了能最大程度的发生“肩并肩”重叠，任何两个碳原子之间，包括C_2和C_3之间，都不能相对自由旋转。因此，1,3-丁二烯有两种几何异构体。

s-反式　　　　*s*-顺式

*s*表示C_2和C_3之间的形式单键(single bond)，*s*-反式是指两个H_2C基团或两个H原子位于C_2—C_3形式单键的异侧，*s*-顺式则表示两个H_2C基团或两个H原子位于C_2—C_3形式单键的同侧。*s*-顺式的势能较*s*-反式高10.5～13.0 kJ · mol，由*s*-反式转变成*s*-顺式所需的活化能为26.8～29.3 kJ · mol。在室温下，分子的热运动能够提供足够的能量，它们能迅速转变，形成动态平衡。因此，在室温下是无法将二者分离开的。但在低温下，两种异构体的相互转变却是很难实现的。

三、共轭烯烃的亲电加成与烯丙基碳正离子

共轭二烯烃除具有单烯烃的所有性质外，还表现出由共轭体系决定的一些特殊化学性质。例如，1,3-丁二烯与卤素、卤化氢等亲电试剂进行亲电加成反应时，除了生成一般单烯烃的加成产物(1,2-加成产物)外，还会生成另一种加成产物——1,4-加成产物。

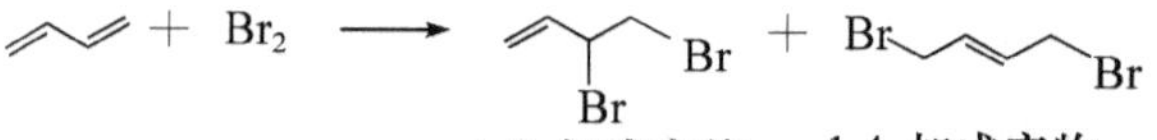

1,2-加成产物　　1,4-加成产物

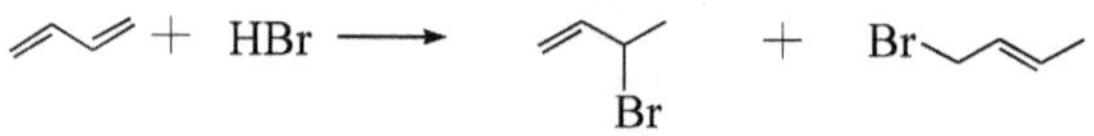

1,2-加成产物　　1,4-加成产物

为什么会生成1,4-加成产物呢？因为共轭体系中的π电子在一定条件下可以发生定向转移，并使共轭链上出现正、负极性交替现象。一般来说，亲电试剂总是优先进攻共轭体系两端中的一端。这是因为这种加成形成的碳正离子可以通过p-π共轭效应而稳定。以HBr与1,3-丁二烯的亲电加成反应为例，H^+首先加成到C_1上，同时形成C_2或C_4碳正离子，其中C_4碳正离子的形成可以采用价键理论和共振论来解释。当H^+加成到C_1上后，最先形成的是C_2碳正离子，然后共轭体系中π电子向C_1方向发生定向移动，转移至C_2和C_3之间后，形成了C_4碳正离子。需要说明的是，π电子的定向转移一般总是成对进行的。也正因为如此，一般很少形

成高度不稳定的 C_3 碳正离子。从共振论来理解，C_2 和 C_4 碳正离子实际上是丁烯碳正离子的两种比较稳定的极限共振式。

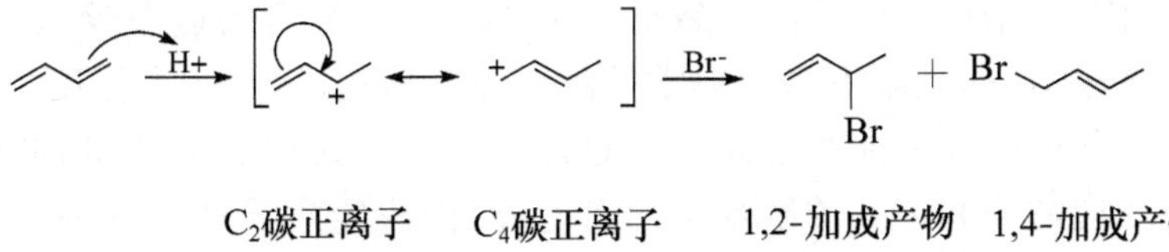

C_2 和 C_4 两种丁烯碳正离子的存在使得 Br^- 具有两个不同的进攻目标，并由此产生两种加成产物——3-溴-1-丁烯(1,2-加成产物)和 1-溴-2-丁烯(1,4-加成产物)。

共轭二烯烃的 1,2-加成和 1,4-加成是同时发生的，产物的比例与反应物的结构、反应温度等有关，一般随反应温度的升高和溶剂极性的增加，1,4-加成产物的比例增加。

图 4.7 表示 1,3-丁二烯与 HBr 加成反应进程和能量的关系。由图可以看出，两种加成在形成碳正离子之前是相同的，即经过同一个反应中间体。所不同的是后半部分，具体表现在两个方面：由反应中间体碳正离子形成 1,2-加成产物和 1,4-加成产物的活化能不同。前者的活化能较低，故反应较快。化学上将产物的组成分布主要是由各产物的相对生成速率决定的反应称为动力学控制(kinetic control)反应，故 1,2-加成反应为动力学控制反应。由反应中间体碳正离子到1,2-加成产物和 1,4-加成产物的焓变($\Delta H^{\ominus}$)不同，说明 1,4-加成产物比 1,2-加成产物稳定。化学上将产物的组成主要是由各产物的相对稳定性决定(由各产物的生成反应的平衡常数之比所决定)的反应称为热力学控制(thermodynamic control)反应，故 1,4-加成反应为热力学控制反应。

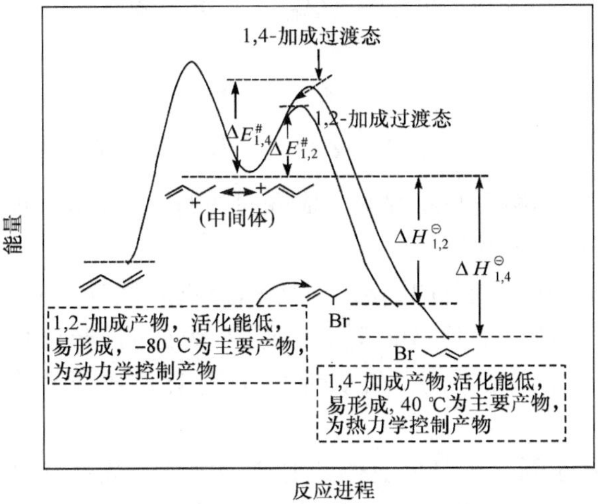

图 4.7 共轭二烯烃亲电加成反应中的热力学控制和动力学控制

在低温(—80 ℃)时,只有很少的碳正离子中间体能够获得形成 1,4-加成反应过渡态的活化能,但大部分碳正离子中间体却能够获得形成 1,2-加成反应的过渡态的活化能,因此,浓度上的差异导致低温下 1,2-加成反应的速率较快,而 1,4-加成反应的速率较慢,即低温下为动力学控制反应。但是,当在较高温度(40 ℃)时,所有的碳正离子中间体都能很容易获得足以形成两种过渡态的能量,此时能够发生两种加成反应的中间体的浓度基本没有差异,而决定主要产物的因素是产物的稳定性。显然,高温下的主要产物是 1,4-加成产物,即以热力学控制反应为主。

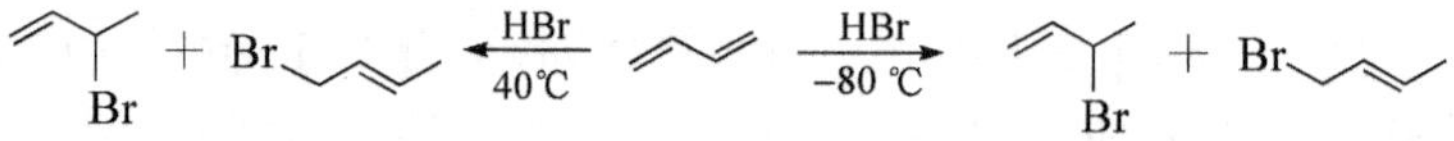

1,2-加成产物 1,4-加成产物　　　1,2-加成产物 1,4-加成产物

15%　81%　　　81%　19%

除温度因素外,亲电试剂、溶剂的极性、反应时间等因素也会对两种加成产物的比例产生影响。一般来说,亲电试剂和溶剂的极性越大,反应时间越长,越有利于 1,4-加成产物的形成。

四、双烯合成

1928 年,德国化学家第尔斯(Diels)和阿尔德(Alder)发现,共轭二烯烃与含有双键或叁键的化合物能发生 1,4-加成反应,生成六元环状化合物,这类反应称为第尔斯-阿尔德反应,又称双烯加成反应。例如:

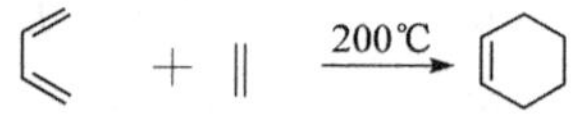

1,3-丁二烯　乙烯　环己烯

1,3-丁二烯　乙炔　1,4-环己二烯

在这类反应中,旧键的断裂与新键的生成同时进行,反应是一步完成的,没有活性中间体(碳正离子或自由基等)生成。

双烯合成反应中,通常将共轭二烯烃称为双烯体(diene),与双烯体反应的不饱和化合物称为亲双烯体(dienophile)。实践证明,亲双烯体上连有吸电子取代基(如硝基、羧基、羰基等)和双烯体上连有供电子取代基时,反应容易进行。

共轭烯烃与顺丁烯二酸酐反应得到的产物为结晶固体,因此可以利用此反应检验共轭双烯的存在,也可以用此法提纯共轭双烯。

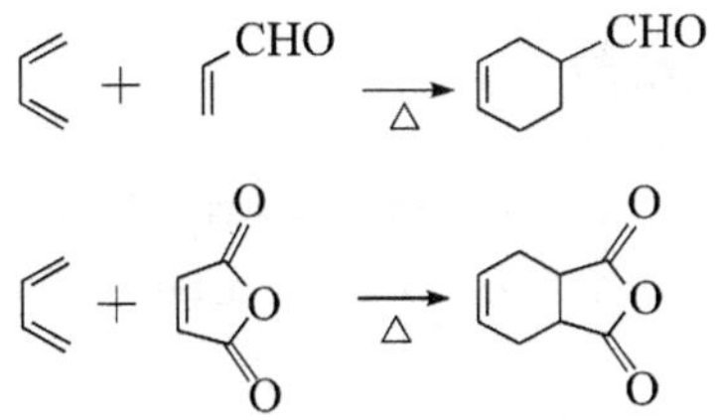

第尔斯-阿尔德反应具有 3 个特点：

（1）第尔斯-阿尔德反应为顺式加成反应，即只有 *s*-顺式共轭二烯才能发生反应。如果 *s*-反式异构体由于某种结构因素而不能转化为 *s*-顺式异构体，则第尔斯-阿尔德反应不能发生。例如，下列 *s*-反式共轭二烯就不能发生第尔斯-阿尔德反应。

（2）第尔斯-阿尔德反应具有高度的立体专一性。如果亲双烯体中的两个取代基为顺式构型，生成环状化合物后，两个取代基仍然是顺式构型；反之，如果两取代基为反式构型，产物中两取代基也为反式构型。例如：

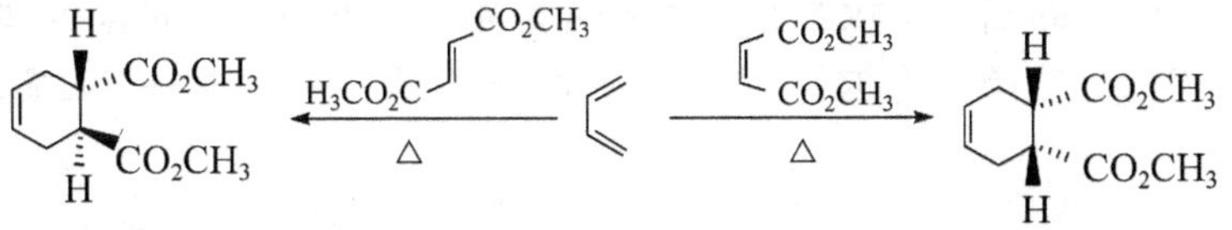

环己烯-反-4,5-二甲酸二甲酯　　**环己烯-顺-4,5-二甲酸二甲酯**

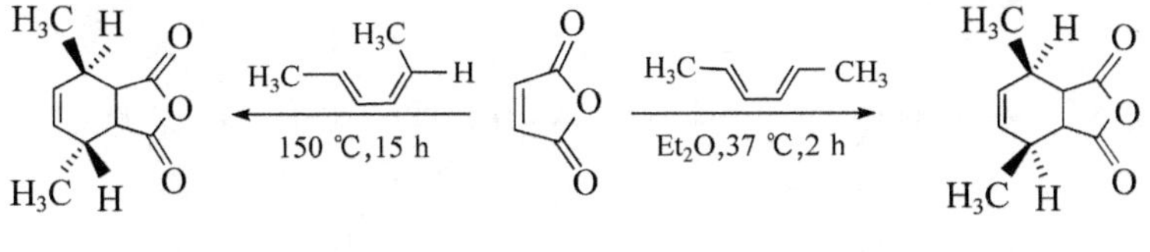

反-3,6-二甲基环己烯-4,5-二甲酐　　**马来酸酐**　　**顺-3,6-二甲基环己烯-4,5-二甲酐**

两个双键固定在顺位的共轭二烯烃在环加成反应中反应活性特别高。例如，环戊二烯与马来酸酐的反应速率为 1,3-丁二烯的 1000 倍。

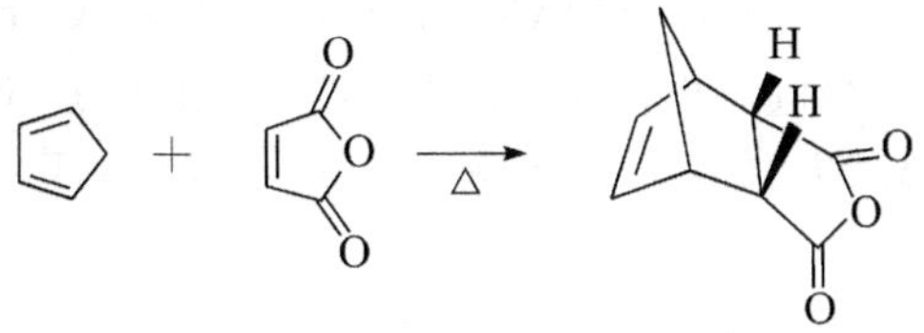

（3）双烯反应属于热反应。热反应是指只有在受热的情况下才能发生的反应，它是相对于光反应而言的。关于双烯反应的机理可参见第十五章。

五、共轭二烯的聚合反应与橡胶

与单烯烃一样，共轭二烯烃也可以在一定条件下发生聚合反应，生成高分子多烯化合物。天然橡胶可以看作由异戊二烯单体通过1,4-加成聚合而成的顺-1,4-聚异戊二烯。

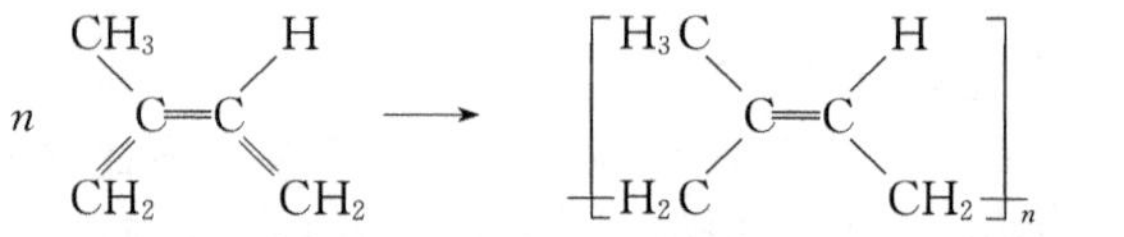

橡胶是具有高弹性的高分子聚合物，分为天然橡胶和合成橡胶。天然橡胶是由橡胶树得到的白色胶乳经加工制得的。纯的天然橡胶软且发黏，必须经过硫化处理才能进行加工，制成橡胶制品。硫化是将天然橡胶与硫或有机硫化物一起加热，发生化学反应，使线状高分子链被硫原子连接起来(交联)，形成网状结构。处理后的天然橡胶具有优良的弹性、机械性能、抗扭曲性和绝缘性。

天然橡胶弹性好，但其在数量和某些性能和功能方面远远不能满足现代工业的需要。合成橡胶的出现不仅弥补了天然橡胶数量上的不足，而且各种合成橡胶往往具有某些比天然橡胶优越的性能。例如，顺丁橡胶的耐磨性和耐寒性比天然橡胶好。

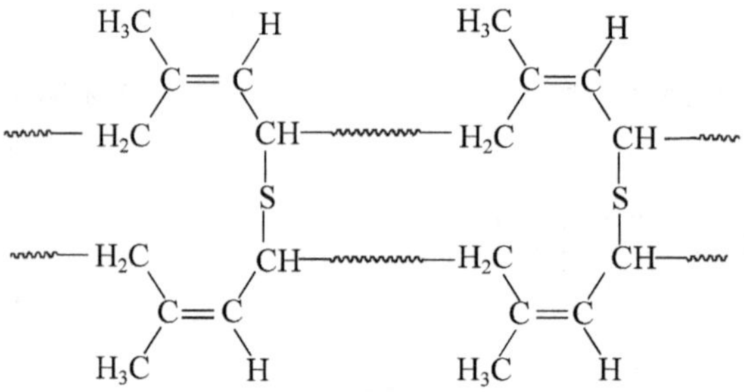

硫化后的橡胶结构

合成橡胶是由一种共轭二烯烃聚合或由共轭二烯与其他烯烃共同聚合得到的高分子聚合物。例如，丁二烯在齐格勒-纳塔催化剂(Ziegler-Natta catalyst)作用下得到顺丁橡胶。它具有优良的耐磨性，其弹性、耐老化性和耐低温性都超过天然橡胶，是合成橡胶的第二大品种。其产品大约60%以上用于制造轮胎。

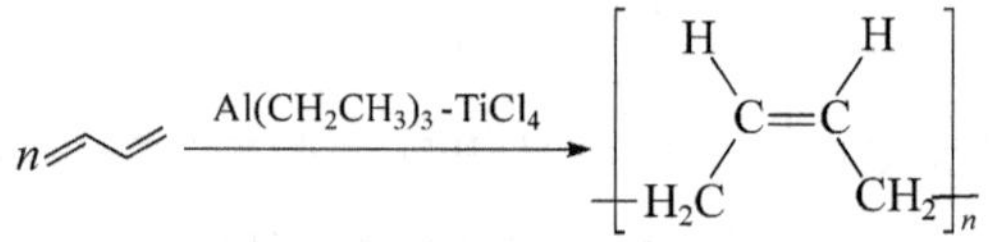

顺-1,4-聚丁二烯(顺丁橡胶)

2-氯丁二烯聚合得到氯丁橡胶，其最大的优点是耐燃、耐酸碱、耐氧化、耐老化，可以用于制造运输带、防毒面具、电缆外皮等。

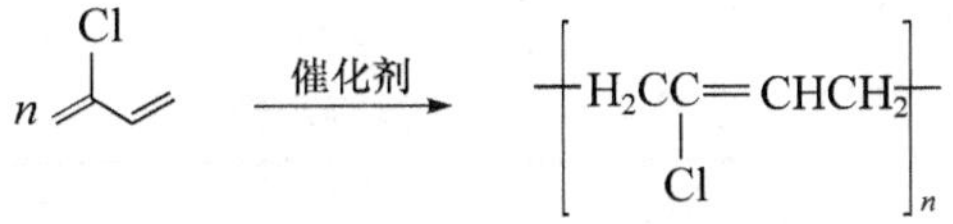

2-氯丁二烯　　聚氯丁橡胶

1，3-丁二烯与苯乙烯共聚得到丁苯橡胶，具有较好的综合性能，是橡胶中产量最大的品种，在耐磨、耐老化等方面均优于天然橡胶，但其缺点与天然橡胶和顺丁橡胶一样，不耐油和有机溶剂，适合做轮胎的外胎、运输皮带、防腐衬里等。

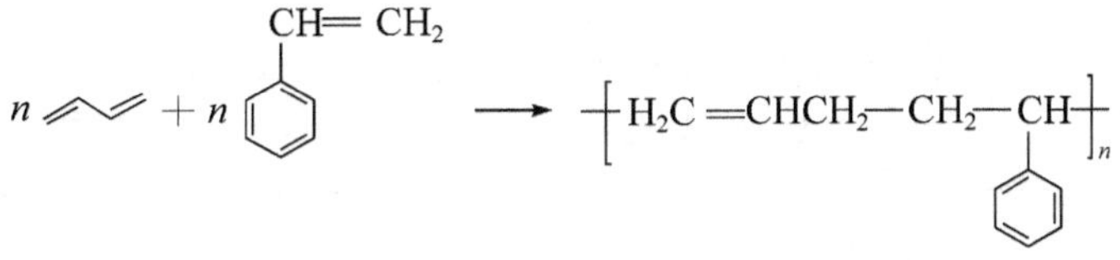

1,3-丁二烯　苯乙烯　　丁苯橡胶

1，3-丁二烯与丙烯腈共聚得到丁腈橡胶，其最大的优点是耐油性好，其拉伸强度比丁苯橡胶好，耐热性比天然橡胶好，但电绝缘性和耐寒性差，可塑性低，加工较困难。它主要用做垫圈及制造飞机和汽车等需要的耐油零件。

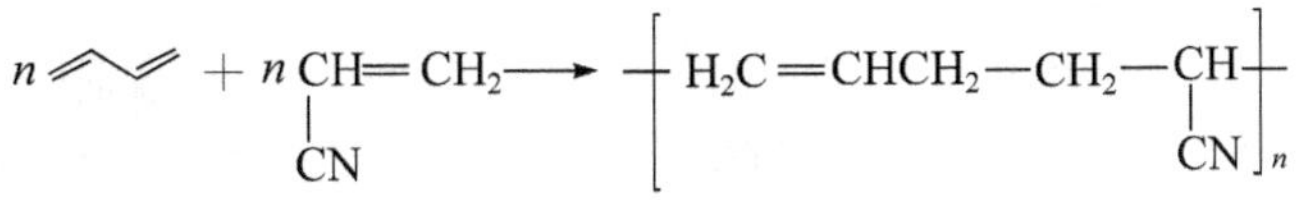

1,3-丁二烯　丙烯腈　　丁腈橡胶

国际上采用的催化剂为齐格勒-纳塔催化剂（$R_3Al-TiCl_4$）。我国发展了稀土催化体系，可以制备纯度高达96％的顺-1，4-聚异戊二烯。顺-1，4-聚异戊二烯与天然橡胶的性能十分相似，几乎可用于一切天然橡胶能使用的场合。它广泛用于体育器械、医疗器械、日常生活等方面。但其主要用途还是制造轮胎。

虽然各种合成橡胶各有特色，但从通用橡胶所要求的全面性来看，还没有一种合成橡胶能超过天然橡胶。

第五节　同分异构现象小结

同分异构现象是指有机物具有相同的分子式，但具有不同结构的现象。有机化学中的同分异构现象十分普遍。有机化合物的同分异构体是多层次的，可以分为构造异构体和立体异构体。构造异构体是指由于分子内各原子间的连接顺序或方式不同所形成的异构体。立体异构体是指分子内各原子间的连接顺序或方式相同，但是原子或基团在二维或三维空间的排列不同所形成的异构体。现将各种异构现象总结如下，见表 4.3。

表 4.3　同分异构现象

	同分异构现象	产生原因	举例
构造异构	碳链异构	碳链不同	
	官能团异构	官能团不同	CH_3OCH_3 CH_3CH_2OH
	位置异构	(取代基或)官能团在碳链或碳环上的位置不同	
	互变异构	官能团异构的一种特殊表现形式，如烯醇式和酮式	
立体异构	构象异构	分子的物理变形	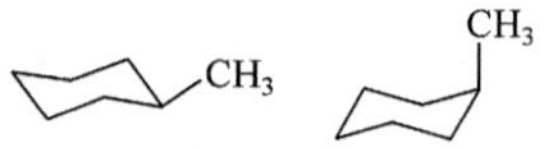
	顺反异构	碳碳双键或环状不能自由旋转	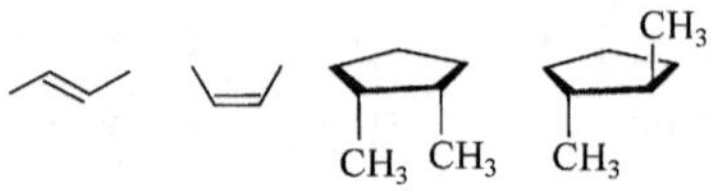
	光学异构	分子不对称	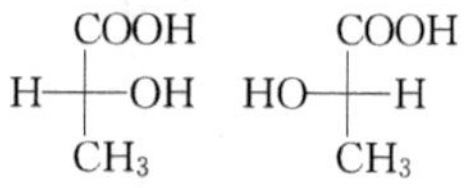

习　　题

1. 用系统命名法命名下列化合物，若是顺反异构体应在名称中标明构型。

(1) 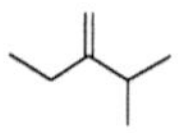　(2) 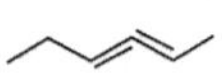　(3) 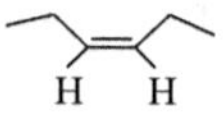

(4) 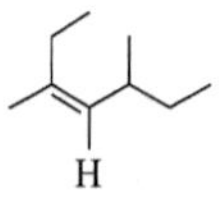　(5) 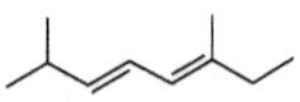　(6) 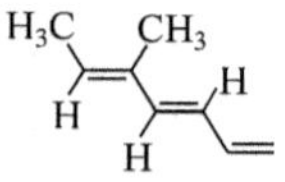

2. 写出下列化合物的结构式。

(1) 4-甲基-3-辛烯　(2) 2-甲基-3-乙基-3-辛烯

(3) (*E*)-2-己烯　(4) (*Z*)-3-甲基-2-戊烯

(5) 顺-3,4-二甲基-3-己烯　(6) (3*Z*,5*E*)-5-甲基-1,3,5-庚三烯

3. 下列化合物哪些有顺反异构体？写出其顺反异构体的构型并用顺/反命名法或 Z/E 命名法命名。

(1) $CH_3CH_2CH_2CH=CHCH_3$　　(2) $CH_3CH_2CH=C(CH_3)_2$

(3) $CH_3CH_2CH=CCH_2CH_3$（C 上连 CH_3）

(4) $CH_3CH_2C=CCH_2CH_2CH_3$（两个双键碳上分别连 CH_3、CH_2CH_3）

(5) $(CH_3)_2CHCH_2-CCH_2CH_3$（C 上以双键连 CH_2）

(6) $CH_3CH=C-CH=CH_2$（C 上连 CH_3）

4. 写出分子式为 C_7H_{14} 烯烃的各种开链异构体的结构式，并用系统命名法命名。

5. 指出下列各组化合物属于哪类（碳链、官能团、官能团位置或顺反）异构。

(1) 2-己烯与 3-己烯　　(2) 顺-4-辛烯与反-4-辛烯

(3) 2-甲基-2-戊烯与 4-甲基-2-戊烯　　(4) 2,3-二甲基己烷与 2,2,3,3-四甲基丁烷

6. 写出下列化合物与 HBr 发生加成反应的主要产物。

(1) 1-戊烯　(2) 2-甲基-2-丁烯　(3) 2,3-二甲基-1-丁烯　(4) 3-甲基-2-戊烯

7. 完成下列反应式（写出主要产物）。

(1) $CH_3CH=CHCH_3 + H_2 \xrightarrow{Ni}$

(2) 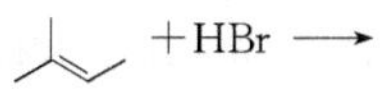

(3) 

(4) 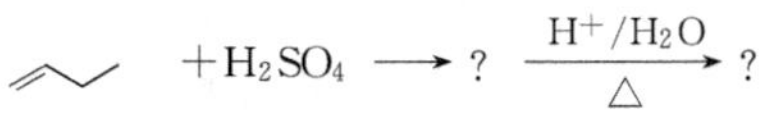

(5) 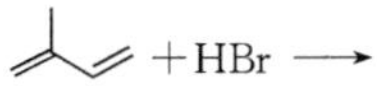

(6) 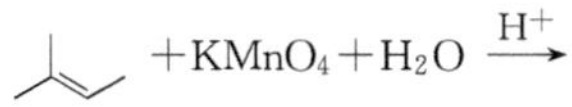

(7) 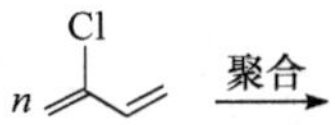

(8) 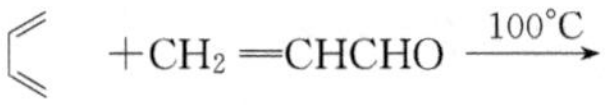

(9) 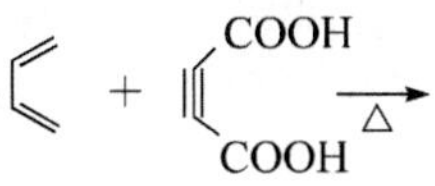

(10) 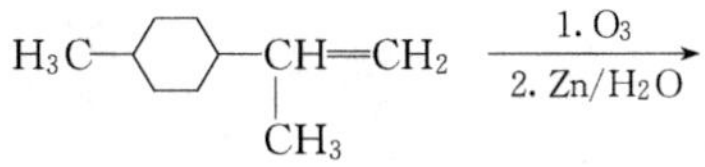

(11) 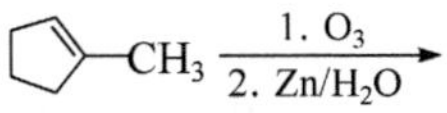

(12) 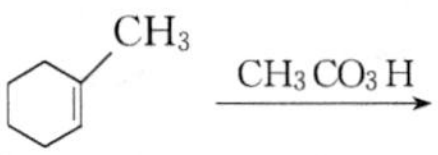

(13) 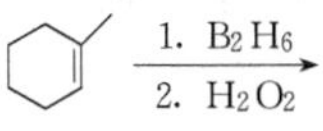

(14) 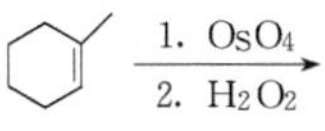

(15) 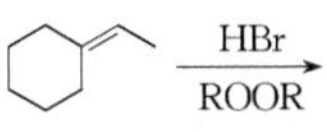

(16) 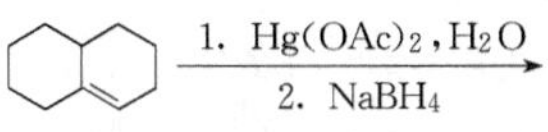

(17) 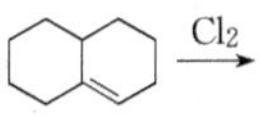

(18) 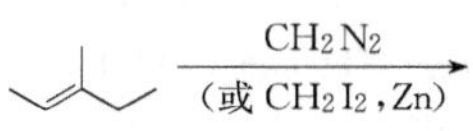

8. 写出下列反应的机理。

(1) 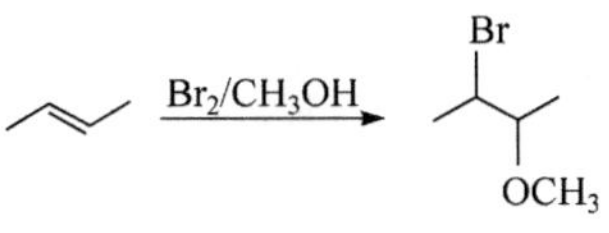

(2) 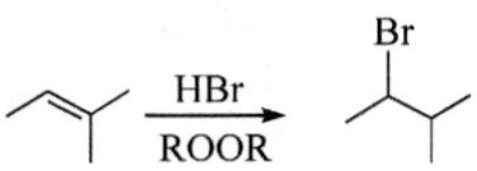

(3) 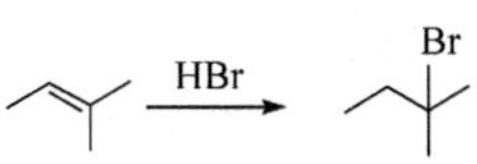

(4) 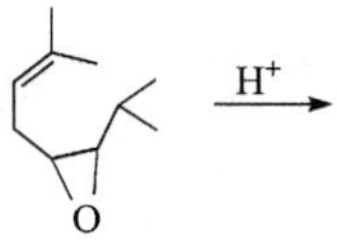

9. 比较下列碳正离子的稳定性。

(1) $CH_3CH_2CH_2C^+H_2$　$CH_3CH_2C^+HCH_3$　$CH_2=CHC^+HCH_3$　$CH_3CH=CHC^+H_2$

(2) $(CH_3)_2CHC^+H_2$　$(CH_3)_3C^+$　$CH_3CH_2C^+HCH_3$　$CH_2=CHC^+HCH_3$

10. 比较下列化合物与 HBr 加成的反应活性。

(1) $CH_3CH_2CH=CH_2$　(2) $CH_3CH=CHCH_3$　(3) $CH_3CH=C(CH_3)_2$　(4) 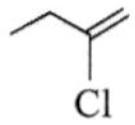

11. 松节油的主要成分之一是 α-蒎烯(A)，其分子式 $C_{10}H_{16}$，它可以发生以下反应：

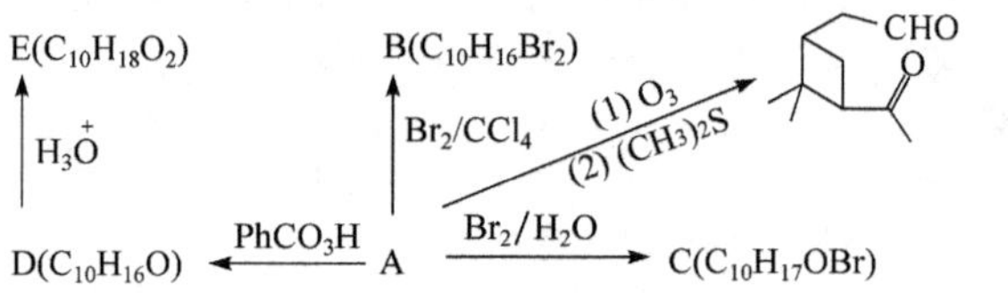

试确定(A)～(E)的结构。

12. 一未知化合物可以使 Br_2 的 CCl_4 溶液褪色，经催化氢化得到十氢化萘，经高锰酸钾氧化给出产物(A)和(B)，试给出该化合物结构。

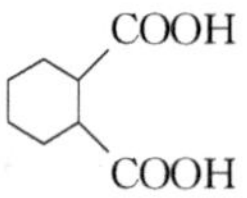

(A)

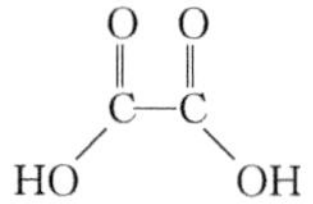

(B)

13. 怎样从亚甲基环己烷制备下列化合物？

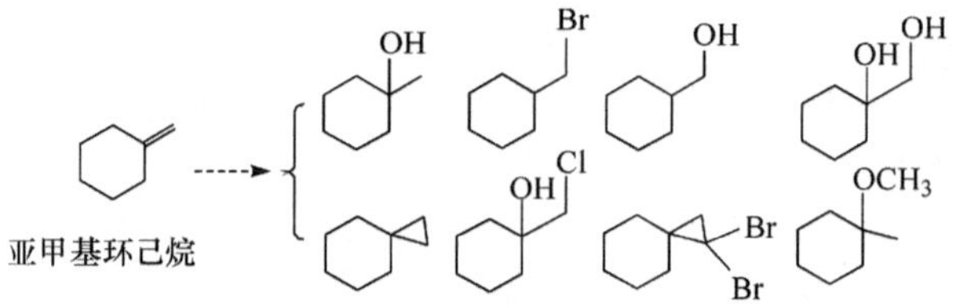

14. 某二烯烃和一分子溴加成生成 2,5-二溴-3-己烯，该二烯烃经臭氧分解生成两分子 CH_3CHO 和一分子 $O=CHCH=O$。

(1) 写出该二烯烃的结构式。

(2) 若上述二溴加成物再加一分子溴，得到的产物是什么？

15. 某化合物 C_8H_{12}(A)，经 H_2/Pd 处理可得化合物 C_8H_{16}(B)，(A)经臭氧化后再用 Zn/H_2O 处理可得 $O=CHCH=O$和 $CH_3COCH_2CH_2COCH_3$，试推测(A)和(B)的结构式。

16. (1) 试给出下列反应的机理：

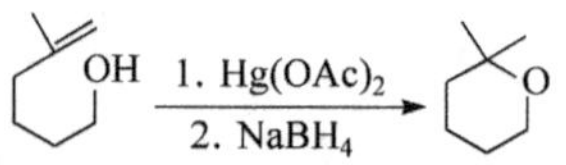

(2) 试给出下列反应的产物：

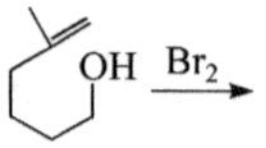

有机反应式的书写

与无机反应不同，绝大多数有机反应都存在各种副反应，其中有些可能是人们还不清楚或不完全清楚的副反应，在很多情况下，要用有机反应方程式将所有的产物都表示出来不仅是不可能的，也是没有必要的。因此，在有机化学中常用反应式（A+B⟶C）而不是反应方程式（A+B══C）来表示有机反应。在反应式中一般只写出反应的主要产物或主要产物和主要副产物。另外，由于有机反应受反应条件（温度、溶剂、催化剂等）的影响非常大，不同的反应条件不仅会影响反应的速率，还常常有可能导致反应类型和反应产物的不同，因此，在表示有机反应式时一般都需要在反应式的箭头上方或下方标出反应的主要条件。

（乙醚 ← 溶剂）

$$H_2C{=}CH_2 + HBr \xrightarrow[25\ ℃]{\text{乙醚}} CH_3CH_2Br \qquad (a)$$

（HBr ← 反应物）

$$H_2C{=}CH_2 \xrightarrow[\text{乙醚},25\ ℃]{HBr} CH_3CH_2Br \qquad (b)$$

在用反应式来表示有机反应时，常常会根据关注的重点不同而有两种不同的表示方法[反应(a)和反应(b)]。在反应(a)中，表示乙烯和溴化氢两种反应物都是我们所关注的，我们对二者的关注度各占50%；在反应(b)中，表示我们重点关注或要讨论的是乙烯而不是溴化氢。在反应(b)中，反应物一般置于箭头的上方，而溶剂等反应条件则放在箭头的下方。当我们要表示一个由多个相对独立的单元反应串连组成的多步反应时，常常采用反应(b)的表示方式。例如：

$$H_2C{=}CH_2 \xrightarrow[\text{乙醚},25\ ℃]{HBr} CH_3CH_2Br \xrightarrow[H_2O,\triangle]{NaOH} CH_3CH_2OH \xrightarrow{Na} CH_3CH_2ONa$$

需要注意的是，如果某反应生成两种产物，而我们需要表示其中某一个产物的后续反应时，不能再用"直线"方式表示，而需要采用类似"折线"的方式来表示。例如，若要表示下面反应的产物C的后续反应时，其正确的表示方法如下：

$$A \xrightarrow{a} B + C \xrightarrow{b} D \qquad\qquad \begin{array}{l} A \xrightarrow{a} B + C \\ \qquad\qquad\ \ \downarrow b \\ \qquad\qquad\ \ D \end{array}$$

错误　　　　　　　　正确

在多步反应中，如果其中某一步产物无需分离出来，可直接向第一个反应完的体系中加入第二种试剂而发生后续反应，则两个反应常合并为一个反应来表示，不同的反应物及其被加入反应体系的先后次序用阿拉伯数字标出即可。例如：

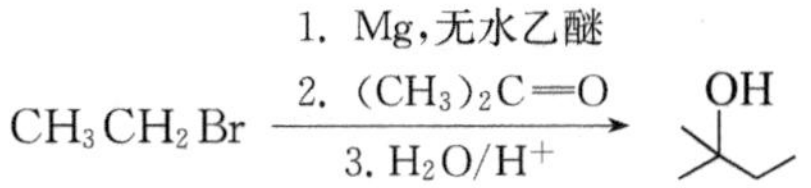

第五章 炔 烃

炔烃(alkyne)是分子中含有碳碳叁键的烃，链状单炔烃的通式为 C_nH_{2n-2}。碳碳叁键是炔烃的官能团。乙炔（$HC\equiv CH$)是最简单的炔烃，早先曾广泛应用于制造乙醛、乙酸、氯乙烯和其他高附加值化学品。

第一节 炔烃的分类和命名

一、炔烃的分类

炔烃可分为开链炔烃和环状炔烃。根据分子中叁键的位置可将开链炔烃分为端基炔烃（$RC\equiv CH$）和非端基炔烃（$RC\equiv CR'$）。与烯烃不同的是，由于炔烃分子中的叁键及其相连的两个碳原子（$C—C\equiv C—C$）在一条直线上，因此只有较大的环才能容纳这一结构，已合成的最小环炔烃为环壬炔。环庚炔和环辛炔由于分子中张力过大，分离后立即聚合。

二、炔烃的命名

炔烃的普通命名法是把乙炔作为母体，其他炔烃作为乙炔的衍生物命名。例如：

$(CH_3)_3CC\equiv CH$	$(CH_3)_3CC\equiv CC(CH_3)_3$	$CF_3C\equiv CH$
叔丁基乙炔	二叔丁基乙炔	三氟甲基乙炔

炔烃的系统命名法与烯烃相同，只是将“烯”字改为“炔”字。例如：

$CH_3C\equiv CH$	$CH_3C\equiv CCH_3$	$(CH_3)_2CHC\equiv CH$
丙炔	2-丁炔	3-甲基-1-丁炔
$(CH_3CH_2CH_2CH_2)_2CHC\equiv CH$	$(CH_3)_3CC\equiv CCH_3$	$CH_3(CH_2)_9C\equiv CCH_2CH_3$
3-丁基-2-庚炔	4,4-二甲基-2-戊炔	3-十四碳炔

分子中同时含有双键和叁键的化合物称为烯炔类化合物。命名时，选择包括双键和叁键均在内的最长碳链为主链，编号时应遵循最低序列原则，书写时先烯后炔，主链碳数在烯之前。如果两种双键和叁键处在主链上对等的位置，应使双键的编号最小；若主链上同时含有取代基，应使取代基编号最小。例如：

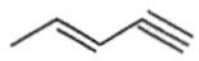

3-戊烯-1-炔

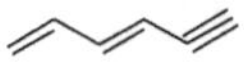

1,3-己二烯-5-炔

1-戊烯-4-炔(不叫 4-戊烯-1-炔）

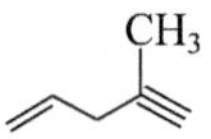

2-甲基-4-戊烯-1-炔

由炔烃衍生的取代基有乙炔基（—C≡CH）、2-丙炔基（HC≡CCH_2—）等。

对含有叁键的复杂化合物命名时，也可以将炔烃部分作为取代基。例如：

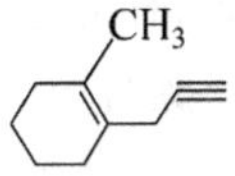

1-甲基-2-(2-丙炔基)环己烯

三、多官能团化合物的命名

分子中同时含有如双键和叁键等不同官能团的化合物称为多官能团化合物。从第一章可知，含有羟基（—OH）的化合物称为醇（羟基在脂肪烃基上）或酚（羟基在芳香环上），含有—NH_2的化合物称为胺，含有羰基（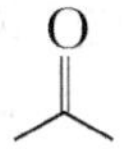）的化合物称为醛或酮，含有羧基（—CO_2H）的化合物称为酸等。

如果命名含有两种或两种以上官能团的化合物，需要确定优先的官能团。一般来说，官能团作为母体的优先顺序为羧酸＞酯＞酰卤＞酰胺＞腈＞醛＞酮＞醇＞胺＞炔＞烯。

多官能团化合物命名时，一般以优先官能团为类命名，其他次优官能团作为取代基。例如：

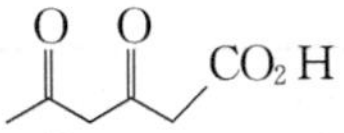

3,5-二氧代己酸

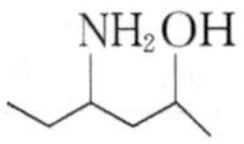

4-氨基-2-己醇

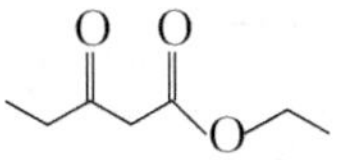

3-氧代戊酸乙酯

第二节 炔烃的结构与性质

一、炔烃的结构

乙炔是最简单的炔烃，分子式为 C_2H_2，构造式为 HC≡CH。

根据杂化轨道理论，乙炔分子中的碳原子以 sp 杂化方式参与成键，两个碳原子各以一个 sp 杂化轨道互相重叠形成一个 C—C σ 键，每个碳原子又各以另一个 sp 轨道分别与一个氢原子的 1s 轨道重叠，各形成两个 C—H σ 键。此外，两个碳原子还各有两个相互垂直的未参与杂化的 $2p_y$ 和 $2p_z$ 轨道，它们彼此平行，相互“肩并肩”重叠形成两个相互垂直的 π 键，从而构成了 C≡C 叁键。理论上，两个 π 键电子云应对称地分布在 C—C σ 键的上下和左右。实际上，由于两个 π 键电子云还可以相互重叠，因此 C≡C 叁键的 π 键电子云总体上呈现圆筒状（参见第一章)。

其他炔烃中的叁键也是由一个 σ 键和两个 π 键组成的。现代物理方法证明,乙炔分子中所有原子都在一条直线上,C≡C 叁键的键长为 0.12 nm,比 C═C双键的键长短。这是由于两个碳原子之间的电子云密度较大,两个碳原子较之乙烯更为靠近。但叁键的键能只有 836.8 kJ · mol $^{-1}$,比 3 个 σ 键的键能之和(345.6 kJ · mol $^{-1}$×3)小,这主要是因为 p 轨道是侧面重叠,重叠程度较小。

由于叁键碳上只可能连有一个取代基,因此炔烃不存在顺反异构现象,炔烃异构体的数目比含相同碳原子数目的烯烃少。

二、炔烃的结构和物理性质

与烷烃和烯烃一样,炔烃分子也是由 C—C 键和 C—H 键形成的,因此也属非极性化合物,不溶于水,易溶于石油醚、乙醚、苯和四氯化碳等非极性溶剂,熔点、沸点均较低。另外,由于炔烃分子中含有叁键,分子较短小、细长,在液态和固态中,分子可以彼此靠得很近,分子间的范德华力较强。因此,简单炔烃的沸点、熔点及相对密度一般比碳原子数相同的烯烃高。叁键碳原子为 sp 杂化,s 成分较多,使得与叁键碳相连的单键的电子云偏向叁键碳原子一边,偶极矩较大。例如,1-丁烯的偶极矩为 0.30 D,而 1-丁炔的偶极矩为 0.80 D。对称炔烃(如 2-丁炔)的偶极矩为零。表 5.1 给出了一些炔烃的熔点和沸点。

表 5.1　部分炔烃的熔点和沸点(℃)

化合物	熔点	沸点*	化合物	熔点	沸点*	化合物	熔点	沸点*
乙炔	−81.8	−84.0	丙炔	−101.5	−23.2	1-丁炔	−125.9	8.1
2-丁炔	−32.3	27.0	1-戊炔	−106.5	40.2	2-戊炔	−109.5	56.1
3-甲基-1-丁炔	−89.7	29.0	1-己炔	−132.4	71.4	2-己炔	−89.6	84.5
1-辛炔	−79.6	126.2	1-壬炔	−36.0	160.6	1-癸炔	−40.0	182.2

* 在 0.1 MPa 下测量。

三、炔烃的结构和化学性质

C≡C 叁键是炔烃的官能团,其结构决定炔烃的主要化学性质。C≡C 叁键与 C═C 双键的结构相似但并不完全相同。首先,C≡C 叁键和C═C双键都存在 π 键,因此都能发生加成、氧化和聚合等反应。但 C≡C 叁键中有两个键是 π 键,且二者相互重叠形成圆筒状的电子云。这种圆筒状的电子云比 C═C 双键中的"两朵"π 电子云具有较强的稳定性,不易被亲电试剂所破坏,故炔烃的加成反应活性比烯烃差。另外,叁键碳原子为 sp 杂化,sp 杂化轨道的 s 成分较 sp^2 杂化(双键碳)轨道多,sp 杂化轨道的半径较 sp^2 杂化轨道小,电负性相应也较强,故末端炔的 ≡C—H 单键的极性较═C—H 单键强,以至于炔键碳上的氢能够与一些强碱作用而表现出一定的弱酸性,生成炔盐或金属炔化物。

(一) 炔烃的加成反应

1. 不对称加成反应

1) 与 HX 的加成反应

C≡C 叁键中的两个 π 键都可以发生加成反应,但反应是分步进行的,故在控制反应物比例的情况下可实现 C≡C 叁键的部分加成,生成烯烃或取代烯烃。过量的炔烃与 HX 反应生成卤代烯烃,过量的 HX 与炔烃反应生成二卤代烷烃。不对称炔烃与 HX 的加成反应遵循马氏规则,且一般生成反式加成产物。例如:

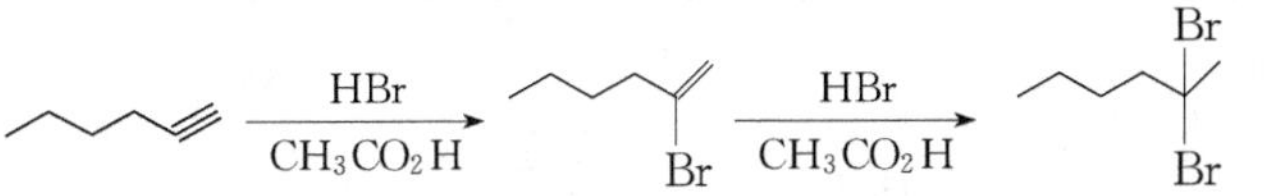

1-己炔　　2-溴-1-己烯　　2,2-二溴己烷

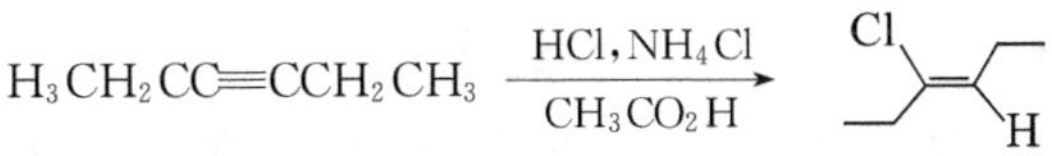

3-己炔　　(*Z*)-3-氯-3-己烯

乙炔和氯化氢的加成要在氯化汞催化下才能顺利进行。

$$HC{\equiv}CH \xrightarrow{HCl,\,HgCl_2} H_2C{=}CHCl \xrightarrow{HCl,\,HgCl_2} CH_3CHCl_2$$

乙炔　　氯乙烯　　1,1-二氯乙烷

氯乙烯是合成聚氯乙烯塑料的单体。

碘化氢和乙炔反应生成碘乙烯,在过量的情况下生成 1,1-二碘乙烷。

$$HC{\equiv}CH \xrightarrow{HI} H_2C{=}CHI \xrightarrow{HI} CH_3CHI_2$$

碘乙烯　　1,1-二碘乙烷

炔烃和卤化氢的加成反应与烯烃相似但不完全相同。在反应的限速步骤,亲电试剂 HX 与 C≡C 叁键中的一个 π 键先发生加成,形成的活性中间体是乙烯型碳正离子(sp 杂化),而不是烯烃加成中的烷基碳正离子(sp^2 杂化)。

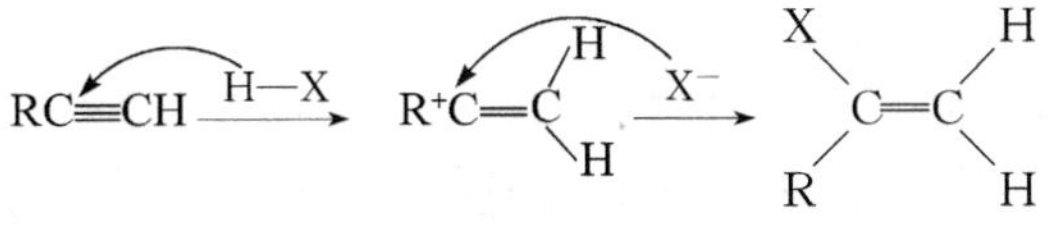

乙烯型碳正离子

乙烯型碳正离子(图 5.1)为 sp 杂化,其中有一个空 p 轨道,垂直于 π 键的平

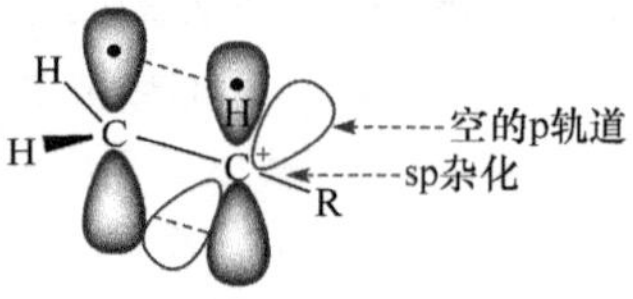

图 5.1 乙烯型碳正离子的结构

面。与烷基碳正离子相比，由于乙烯型碳正离子的形成破坏了乙炔中相对稳定的圆筒状双 π 键的稳定体系，故其能量较高，比烷基碳正离子较难形成。因此，炔烃的亲电加成反应比烯烃慢。另外，乙烯型二级碳正离子较相应的一级碳正离子稳定，因此不对称炔键与不对称亲电试剂的加成反应主要生成符合马氏规则的产物。

气相中电离反应得出的碳正离子的稳定性次序为

$$R_3C^+ > R_2HC^+ > RH_2C^+,\ RHC^+{=}CH_2 > RCH{=}C^+H$$

2）与 H_2O 的加成反应

与烯烃不同，炔烃的水合反应必须有 Hg^{2+} 等催化剂的存在才能顺利地进行，生成符合马氏规则的产物，即羟基加成在取代基多的碳原子上，氢加在取代基少的碳原子上。例如：

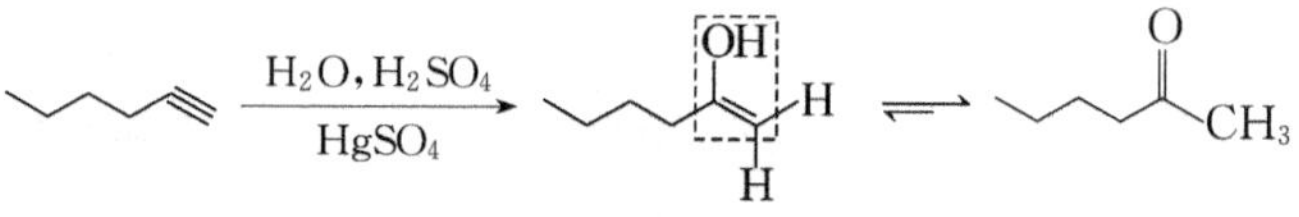

炔键与水加成的结果生成相应的烯醇化合物。一般来说，C═O 双键比 C═C 双键稳定得多，故烯醇式结构如果没有其他的结构因素来稳定其 C═C 双键，烯醇式结构将通过分子内 H 的迁移重排成相应的羰基结构，并与其形成一种动态平衡体系。一般来说，在单纯的羰基式和烯醇式的平衡体系中，羰基式是其主要存在形式，约占 99%以上，而烯醇式只占极少数。烯醇式和羰基式的互变异构属于构造异构的一种，我们将在第十三章详细讨论。

端基炔的水合反应(hydration reaction)总是生成甲基酮，而非末端炔的水合反应可能会产生两种不同的酮。因此，端基炔的水合反应在有机制备方面最为常用。

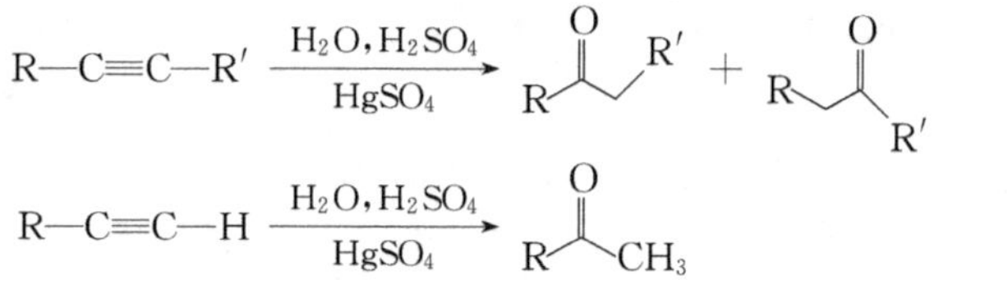

3）炔烃的硼氢化-氧化反应

与烯烃一样，硼烷也能与炔键发生加成反应，生成乙烯基硼烷。对于末端炔来说，加成的区域选择性与烯烃的硼氢化反应一样，硼加在含氢较多的叁键碳上，即加在末端碳上。后者可被过氧化氢氧化成烯醇，烯醇再通过互变异构生成相应的羰基化合物。末端炔最后生成醛，非末端炔最后生成酮。例如：

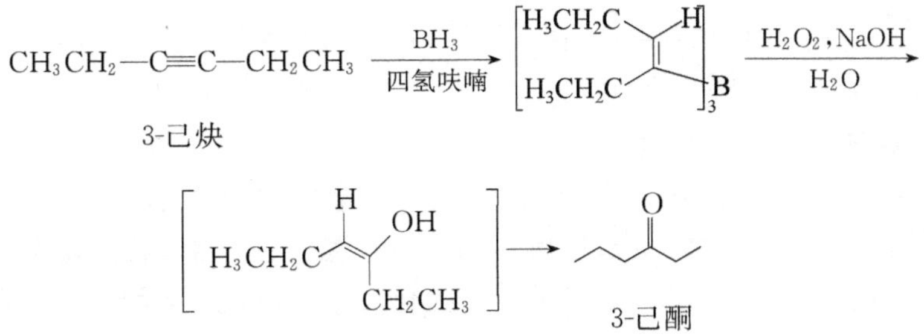

3-己炔　　3-己酮

对于末端炔来说，由于空间位阻较小，叁键和过量的硼烷可发生两次加成过程，生成双硼氢化中间体，后者在 pH＝8 的条件下被过氧化氢氧化，最终生成醛。例如：

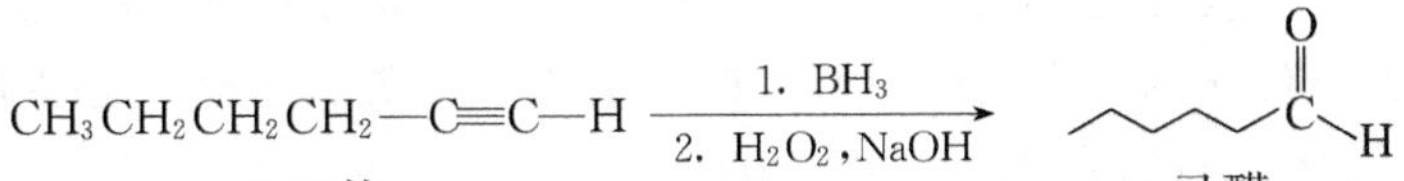

1-己炔　　己醛

与烯烃的硼氢化-氧化反应一样，炔烃的硼氢化-氧化反应也可以看作是炔烃的一种间接水合反应，但其产物却与炔烃的直接水合反应不同，二者在有机合成方面具有互补性。

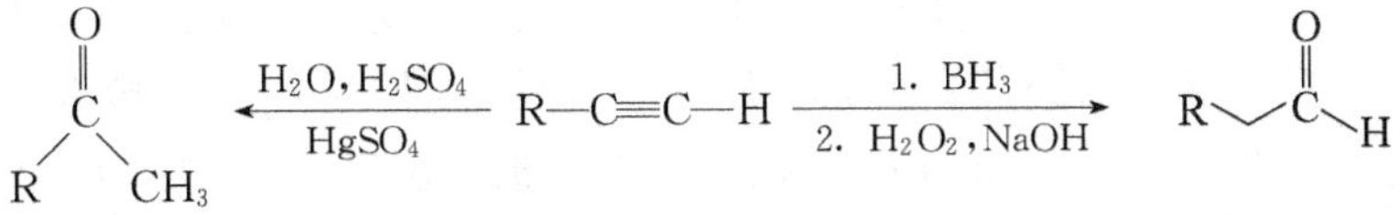

甲基酮　　醛

2. 对称加成

1）与 X_2 的加成反应

炔烃也能和卤素（主要是氯和溴）发生亲电加成反应，反应是分步进行的，先加一分子卤素生成二卤代烯，然后继续加成得到四卤代烷。控制卤素的量可以让反应主要生成二卤代烯或四卤代烷烃。例如：

$$H_3C{-}C{\equiv}C{-}H \xrightarrow{Br_2/CCl_4} H_3CBrC{=}CHBr \xrightarrow{Br_2/CCl_4} CH_3CHBr_2CHBr_2$$

丙炔　　1,2-二溴丙烯　　1,1,2,2-四溴乙烷

与烯烃一样，炔烃与红棕色的溴溶液反应生成无色的溴代烃，此反应可用于炔烃的鉴别。

炔烃与卤素的亲电加成反应的活性比烯烃小，反应速率慢。例如，烯烃可使溴的四氯化碳溶液立刻褪色，炔烃则需要几分钟才能使之褪色，乙炔甚至需在光或三氯化铁催化下才能加溴。所以，当分子中同时存在双键和叁键时，首先进行的是双键加成。例如，在低温、缓慢地加入溴的条件下，叁键可以不参与反应。

$$H_2C{=}HCH_2C{-}C{\equiv}C{-}H \xrightarrow{Br_2/CCl_4} BrH_2CBrHCH_2C{-}C{\equiv}C{-}H$$

1-戊烯-4-炔　　　　4,5-二溴-1-戊炔

2）炔烃的还原反应

（1）催化加氢。与烯烃一样，铂、钯等过渡金属也可以催化炔烃进行氢化反应。炔烃可以与一分子氢反应，也可以与两分子氢反应，前者称为部分氢化，后者称为完全氢化。一般情况下，炔烃的催化氢化反应生成烷烃，反应难以停止在烯烃阶段。

$$R{-}C{\equiv}C{-}R' \xrightarrow{H_2/Pd} RCH{=}CHR' \xrightarrow{H_2/Pd} RCH_2CH_2R'$$

炔烃的部分氢化需要使用活性较低的催化剂。常用的是林德拉（Lindlar）催化剂（钯附着于碳酸钙上，加少量乙酸铅和喹啉使钯部分毒化，从而降低催化剂的活性）。对于非对称的炔键，林德拉催化剂可使炔烃立体选择性地生成顺式烯烃。炔烃的部分氢化在有机合成上有广泛的用途。

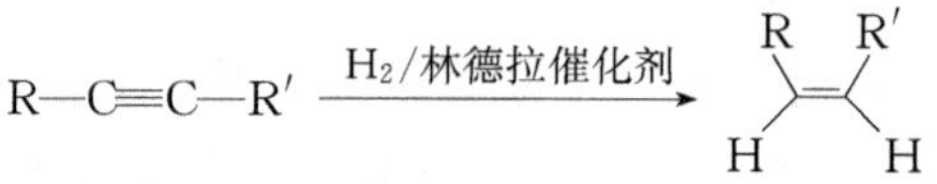

（2）炔烃的碱金属/NH_3（液）还原。除催化氢化方法外，炔烃的部分氢化也可用金属钠、钾或锂/液氨体系完成。对于非对称的炔烃来说，碱金属/NH_3（液）还原法的产物主要是反式烯烃，因此，碱金属/NH_3（液）还原法和林德拉催化加氢法在有机合成上可以互补。例如，5-癸炔在液氨中可被金属钠还原为反-5-癸烯。

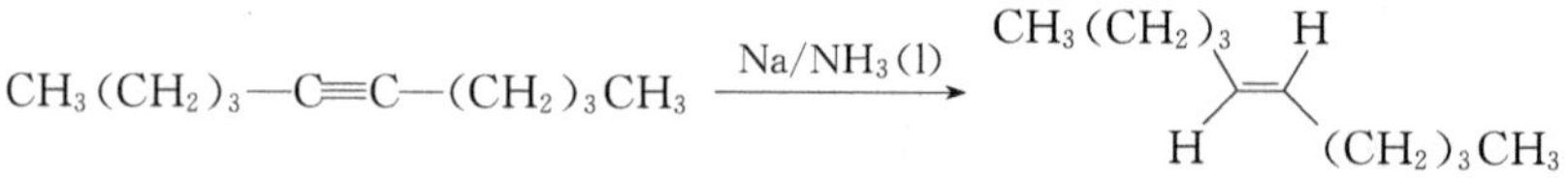

5-癸炔　　　　反-5-癸烯

当碱金属溶解在－30 ℃液氨中以后，会产生一种含有碱金属正离子和氨溶剂化电子的蓝色溶液。当炔烃加入后，炔烃叁键接受一个电子生成负离子自由基，后者的碱性很强，立即从氨溶液中夺取一个质子转化成乙烯型自由基，乙烯型自由基再从碱金属接受一个电子转变成乙烯型负离子，然后立即从酸性较强的氨上夺取一个质子生成反式烯烃。

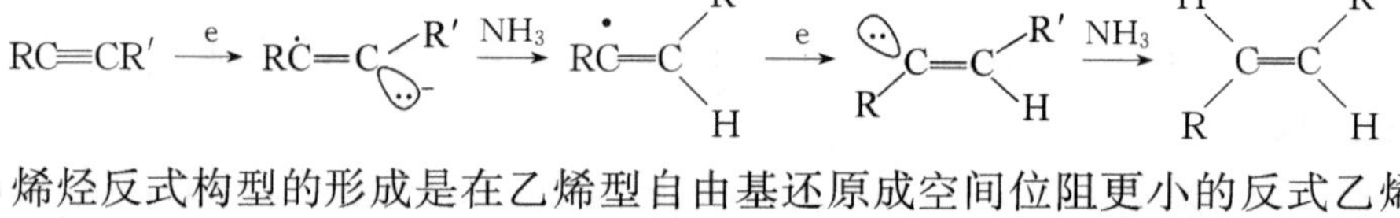

烯烃反式构型的形成是在乙烯型自由基还原成空间位阻更小的反式乙烯型碳负离子一步完成的。乙烯型自由基可以在反式和顺式之间不断转化，但对乙烯型碳负离子来说，构型的互变速率很慢，由于反式比顺式更为稳定，因此平衡偏向反式，一旦生成，会立即夺取一个质子形成烯烃，从而保持原来碳负离子的

反式构型。

炔烃也可以用氢化铝锂还原为烯烃，且生成的烯烃为反式构型（末端叁键炔烃的产物无顺反异构体）。例如：

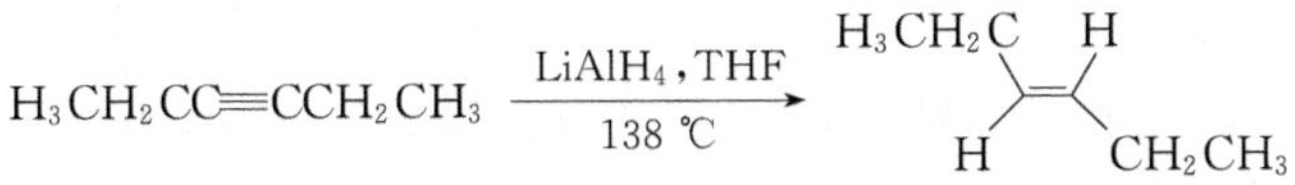

3-己炔　　　　反-3-己烯

（二）酸性与炔化反应

炔烃与烯烃的最大不同在于末端炔的（≡）C—H 键可以与强碱发生酸碱反应，即炔碳上的氢可表现出弱酸性。其原因是原子的不同轨道的电负性是不同的，其大小顺序为 $s > sp > sp^2 > sp^3 > p$。炔碳采用了电负性较大的 sp 杂化轨道与 H 成键，因此，（≡）C—H 键的极性比饱和碳（sp^3）和烯碳（sp^2）上的 C—H 键大。不同杂化态的碳原子连接 H 的 pK_a 值分别为烷烃（R—H）50、烯烃（═C—H）45、炔烃（≡C—H）25。

（1）活泼金属炔化物。当含有末端叁键的炔烃用强碱（如 $NaNH_2$）处理时，就生成炔化钠。

$$R—C \equiv C—H \xrightarrow{NaNH_2/NH_3(l)} \underset{\text{炔化钠}}{R—C \equiv C^- Na^+}$$

控制 $NaNH_2$ 的用量，乙炔可以生成乙炔单钠，也可以生成乙炔二钠。例如：

$$H—C \equiv C—H \xrightarrow{NaNH_2/NH_3(l)} \underset{\text{乙炔单钠}}{H—C \equiv C^- Na^+} \xrightarrow{NaNH_2/NH_3(l)} \underset{\text{乙炔二钠}}{Na^{+-}C \equiv C^- Na^+}$$

由于烷烃氢的酸性弱于炔氢，故烷基锂和烷基溴化镁（又称格氏试剂）也可以与炔氢发生交换反应，生成炔化锂或炔基溴化镁。该反应实际上就是强酸置换弱酸的反应。

$$\underset{\text{炔基溴化镁}}{R—C \equiv C^- MgBr^+} + n\text{-}BuH \xleftarrow{n\text{-}BuMgBr} R—C \equiv C—H \xrightarrow{n\text{-}BuLi} \underset{\text{炔化锂}}{R—C \equiv C^- Li^+} + n\text{-}BuH$$

炔化锂或炔基溴化镁在有机合成中有很重要的应用。

（2）过渡金属炔化物。炔烃与重金属离子如银氨溶液 $[Ag(NH_3)_2]^+$ 和铜氨溶液 $[Cu(NH_3)_2]^+$ 等作用，生成重金属炔化物。例如：

$$HC \equiv CH + 2[Ag(NH_3)_2]^+ \longrightarrow AgC \equiv CAg \downarrow + 2NH_3 + 2NH_4^+$$

乙炔银，灰色

（纯净的乙炔银为无色）

$$HC \equiv CH + 2[Cu(NH_3)_2]^+ \longrightarrow CuC \equiv CCu \downarrow + 2NH_3 + 2NH_4^+$$

乙炔亚铜，红棕色

$$RC\equiv CH + [Ag(NH_3)_2]^+ \longrightarrow RC\equiv CAg\downarrow$$

炔银

$$RC\equiv CH + [Cu(NH_3)_2]^+ \longrightarrow RC\equiv CCu\downarrow$$

炔化亚铜

生成的炔化银和炔化亚铜都是沉淀，故可用此法鉴别端基炔，也可用此法除去一些化合物中的末端炔。

与炔化钠和炔化锂不同，炔化银和炔化亚铜中的C—M(金属)键主要是共价键，而炔化钠和炔化锂中的C—M键主要是离子键。另外，炔化钠和炔化锂比炔化银和炔化亚铜稳定，一般不发生爆炸，而炔化银和炔化亚铜在干燥情况下，经撞击很容易发生强烈爆炸，因此反应后必须加稀硝酸使之分解。

$$RC\equiv CAg + HNO_3 \longrightarrow RC\equiv CH + AgNO_3$$

（三）炔化物的烃基化反应

炔化钠、炔化锂和炔基卤化镁等金属炔化物中的炔碳负离子对其他分子中的缺电子碳原子(又称缺电子中心)具有很强的亲和力，这种性质称为亲核性，具有亲核性的离子或分子称为亲核试剂(nucleophilic reagent 或 nucleophile)。因此，炔碳负离子是很强的亲核试剂，可与卤代烃中的α-C发生亲核取代反应(nucleophilic substitution reaction)，生成新的炔烃。这种反应称为末端炔的烃基化反应(alkylation reaction)。

$$HC\equiv C^- Na^+ + RCH_2Br \longrightarrow HC\equiv CCH_2R$$

例如：

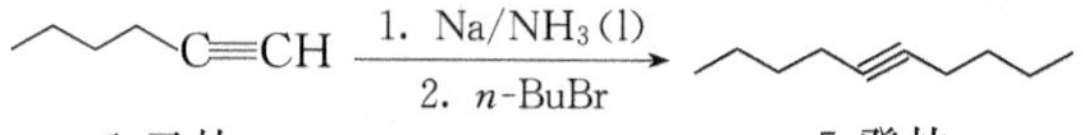

1-己炔　　　　5-癸炔

利用乙炔两个炔氢的分步成盐反应和炔化钠的烃基化反应，可以在乙炔的两个炔碳上连接不同的烃基。

$$HC\equiv CH \xrightarrow[2.\ RBr]{1.\ Na/NH_3(l)} RC\equiv CH \xrightarrow[2.\ R'Br]{1.\ Na/NH_3(l)} RC\equiv CR'$$

炔化物的烃基化反应中的卤代烃仅限于伯氯和溴代烃(RCH_2X)。当炔化物与仲、叔卤代烃(R_2CHX、R_3CX)反应时，会发生脱卤化氢反应生成烯烃，而不是烃基化产物。例如：

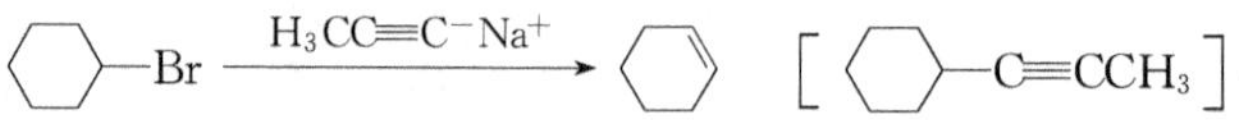

仲卤代烃　　　　(未形成)

其原因是由于炔化物的烃基化反应机理为 S_N2 反应(参见第六章),而仲、叔卤代烃不利于 S_N2 反应的进行。

(四) 氧化裂解反应

与烯烃一样,炔烃也可以被臭氧、高锰酸钾等氧化剂氧化,但不同的是,几乎所有的氧化剂都使炔烃分子在叁键处发生碳链的断裂,生成羧酸。含炔氢的碳首先被氧化成甲酸,后者可继续被氧化成碳酸。例如:

$$CH_3(CH_2)_3—C{\equiv}C—H \xrightarrow{O_3/H_2O} CH_3(CH_2)_3COOH + CO_2 + H_2O$$

$$CH_3(CH_2)_{10}—C{\equiv}C—(CH_2)_4COOH \xrightarrow{KMnO_4/H^+} CH_3(CH_2)_{10}COOH + HOOC(CH_2)_4COOH$$

高锰酸钾与炔烃的氧化反应可用来定性鉴别炔烃,也可根据氧化产物羧酸的结构来推断分子中炔键的位置,但炔烃的氧化反应在有机合成上用途不大。

习 题

1. 用系统命名法命名下列化合物。

(1) $CH_3\underset{\underset{CH_3}{|}}{C}HC{\equiv}C\underset{\underset{CH_3}{|}}{C}HCH(CH_3)_2$ (2) $CH{\equiv}C\underset{\underset{CH_3}{|}}{C}HC{\equiv}CH$ (3) $CH_3C{\equiv}CCH_2\underset{\underset{CH_3}{|}}{C}HCH{=}CH_2$

(4) $CH_3CH{=}CH—C{\equiv}CH$ (5) $CH{\equiv}C—CH{=}CH—CH{=}CH_2$ (6) $CH_3CH_2C{\equiv}CAg$

2. 写出下列化合物的结构式。

(1) 2,7-二甲基-3,5-辛二炔 (2) (*Z*)-4-甲基-3-己烯-1-炔

3. 指出下列各组化合物属于哪类(碳链、官能团、官能团位置或顺反)异构。

(1) 3-甲基-1-戊炔与 1-己炔 (2) 1,5-己二烯与 3-己炔

4. 完成下列反应式。

(1) $CH_3CH_2CH_2—C{\equiv}C—H + HBr$(过量)$\longrightarrow$

(2)  $—C{\equiv}CH + H_2O \xrightarrow[HgSO_4]{H_2SO_4}$

(3) $CH_3CH_2—C{\equiv}C—H + [Ag(NH_3)_2]NO_3 \longrightarrow$

(4) $H—C{\equiv}C—H + CH_3COOH \xrightarrow[\triangle]{Hg^{2+}}$

(5) $CH_3—C{\equiv}C—H + HCl \xrightarrow{HgCl_2}$

(6) $CH_3C{\equiv}C—CH{=}CH_2 + H_2 \xrightarrow[\text{喹啉}]{Pd/BaSO_4}$

(7) $CH_3C{\equiv}C—CH{=}CH_2 \xrightarrow{Na/NH_3(l)}$

(8) $CH_3—C{\equiv}C—CH_3 \xrightarrow[2.\ H^+]{1.\ KMnO_4,OH^-}$

(9) $CH_3—C{\equiv}C—H \xrightarrow[2.\ H_2O_2,OH^-]{1.\ BH_3/THF}$

5. 3-庚烯中混有少量的 1-己炔,用简便的方法提纯化合物。

6. 用化学方法区别下列各组化合物。

(1) 1-戊炔、戊烷和 1-戊烯 (2) 1-丁炔、2-丁炔和丁烷

(3) 1,3-丁二烯、1-己炔和 2,3-二甲基丁烷 (4) 1-戊炔、2-戊炔和己烷

7. 用乙炔作原料合成下列化合物(可任意选用有机试剂和无机试剂)。

(1) 丁烷　(2) 乙醛　(3) 环辛烷　(4)氯乙烯

8. 有一种分子式为 C_6H_{10} 的液体(常温),加氢生成 2-甲基戊烷;在硫酸汞和稀 H_2SO_4 的存在下与水作用,生成 4-甲基-2-戊酮 (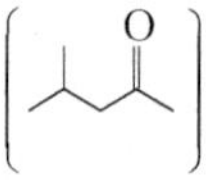);该化合物与氯化亚铜的氨溶液作用,有沉淀生成。试推导该化合物的结构式,并写出有关反应式。

9. 分子式为 C_6H_8 的链烃(A),能与 $AgNO_3$ 氨溶液反应生成白色沉淀,(A)在 $Pd/BaSO_4$ 存在下吸收等物质的量的氢气生成化合物(B)。(B)与顺丁烯二酸酐反应可生成化合物(C);(B)经臭氧化还原水解,则生成 2-丁酮醛和甲醛。试推测(A)~(C)的结构式。

10. 怎样完成下列转化?

(1) 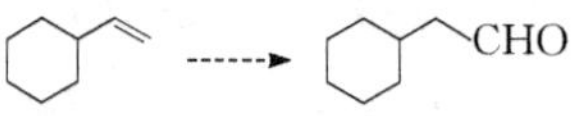

(2) 

11. 用乙炔和少于四个碳原子的化合物以及必要的无机试剂合成下列化合物。

(1) $CH_3CH_2CH_2C\equiv CH$　(2) $CH_3CH_2C\equiv CCH_2CH_3$

(3) 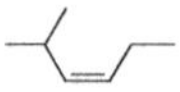

(4) 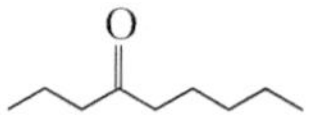

天然炔类化合物简介

自然界炔类化合物并不十分丰富,目前发现主要存在于菊科、番荔枝科等植物中。自 1826 年从春菊花(chamomile)中分离出第一个天然炔类化合物——炔烃脱氢母菊酯(dehydromatricaria ester)至今,人们已经分离鉴定出了 1000 多种天然存在的炔类化合物,其中很多属于共轭多炔结构。近年来,人们开始关注天然炔类化合物的生物活性,并发现了一些具有重要应用价值的生理和药理活性的天然炔类化合物。例如,在菊花中发现的毛蒿素(capillin)具有杀真菌的活性,它属于天然存在的乙炔基酮类。箭毒蛙的皮中含有一种可引起哺乳动物痉挛的炔类有毒成分白苞菊醇(ichthyothereol),亚马逊河下游的印第安人用其涂抹箭头。柳叶鬼针(*bidens cernua*)中的 1-苯基-1,3,5-庚三炔(phenylheptatriyne)口服或不经肠道给药可抑制肿瘤生长并抑制癌细胞转移,且对正常细胞无影响,可以用于肺癌和其他肿瘤疾病的治疗。番荔枝科 *Polyalthia evecta* (Pierre) Finet & Gagnep 中的 1 及其甲酯具有抗疟原虫活性,1 和 2 都有抗疱疹病毒活性,5 具有抗癌活性。

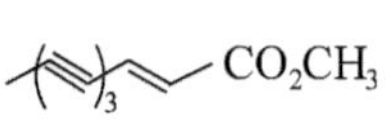

脱氢母菊甲酯
1

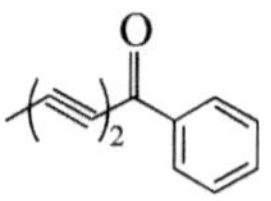

毛蒿素
2

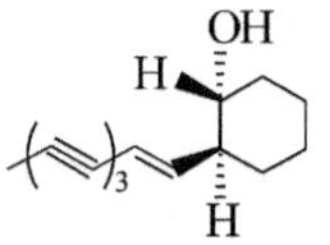

白苞菊醇
3

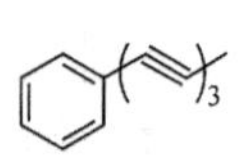

1-苯基-1,3,5-庚三炔
4

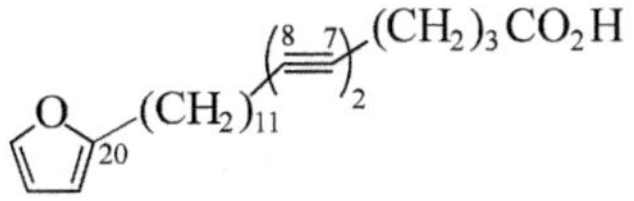

(a)

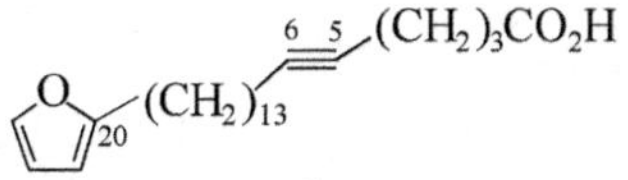

(b)

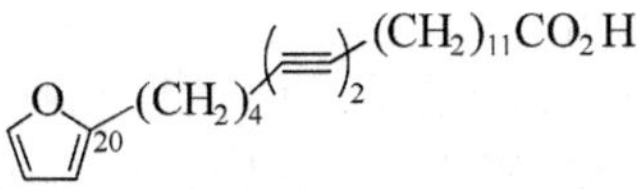

(c)

5

很多药物可以通过引入含炔基的取代基加以修饰。修饰后的化合物不仅容易被人体吸收，毒性低，而且比相应的烯烃和烷烃类活性更好。例如，3-甲基-1-戊炔-3-醇可作为非处方的安眠药，有些炔醇也具有相似的功效。

高活性的烯二炔（—C≡C—CH═CH—C≡C—）和三硫化物（RSSSR）等官能团代表了20世纪80年代发现的天然抗生素和抗肿瘤化合物，如卡里奇霉素（calicheamicin）和埃斯波霉素（esperamicin）。

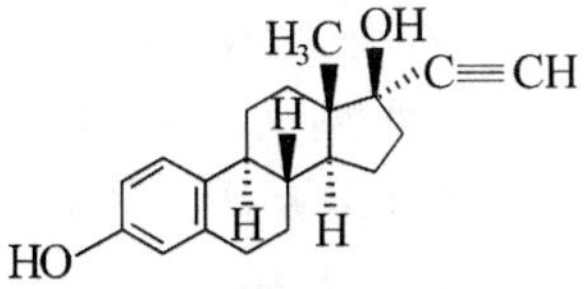

17-乙炔雌二醇

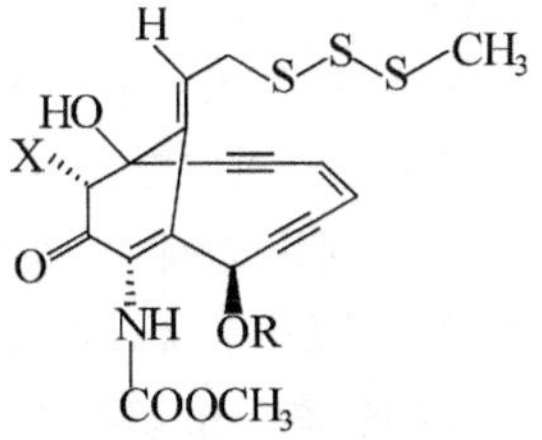

卡里奇霉素（X＝H）

埃斯波霉素（X＝OR′）；R＝糖基

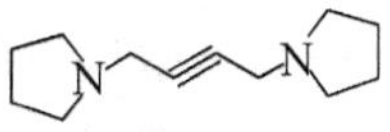

震颤素

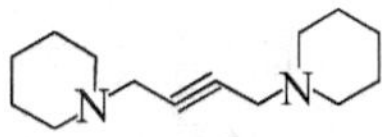

震颤素拮抗剂

乙炔雌激素（如17-乙炔雌二醇）是比天然激素更有效的生育控制药物。二氨基炔——震颤素（tremorine）会引起如帕金森病的特征病症——失控的抽搐。震颤素的环状同系物可起到松弛肌肉的作用，具有抵消震颤素的效应，称为拮抗剂。

第六章　卤　代　烃

卤代烃(halohydrocarbon)属于烃的衍生物，一般用 RX 或 ArX 表示，其中 X (F、Cl、Br、I)为卤代烃的特征官能团。本章只介绍卤代烃中的氯代烃、溴代烃和碘代烃，不涉及性质和制法都很特殊的氟代烃。

第一节　卤代烃的分类和命名

一、卤代烃的分类

卤代烃可以按分子中卤原子所连烃基的结构，分子中卤原子的数目和与卤原子相连的碳原子的级数进行分类。

按烃基中是否存在不饱和键，卤代烃可分为饱和卤代烃(卤代烷烃)和不饱和卤代烃。不饱和卤代烃又分为卤代烯(炔)烃和卤代芳烃。在卤代烯(炔)烃中，若卤素与不饱和碳直接相连，则称为乙烯(炔)型卤代烯(炔)烃；若卤素连在重键(双键或叁键)的邻位饱和碳原子上，则称为烯(炔)丙基型卤代烯(炔)烃；若卤素与不饱和碳原子之间相隔两个或两个以上饱和碳原子，则称为隔离型卤代烯(炔)烃。与卤代烯(炔)烃的分类类似，卤代芳烃也可分为苯型卤代芳烃(卤素连于苯环上)、苄基型(又称苯甲型)卤代芳烃(卤素与苯环之间相隔一个饱和碳原子)和隔离型卤代芳烃(卤素与芳环之间相隔两个或两个以上的饱和碳)。例如：

$CH_3CH_2CH_2CH_2X$	$CH_3CH_2CH{=}CHX$	$CH_3CH{=}CHCH_2X$	$CH_2{=}CHCH_2CH_2X$
卤代烷	乙烯型卤代烯烃	烯丙基型卤代烯烃	隔离型卤代烯烃

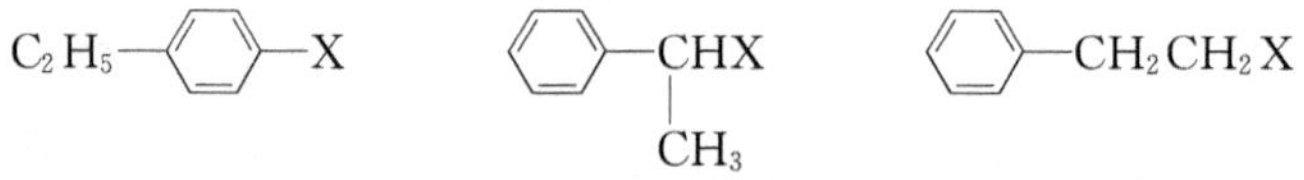

苯型卤代芳烃　　苯甲型卤代芳烃　　隔离型卤代芳烃

按分子中卤原子的数目，卤代烃可分为一卤代烃、二卤代烃和多卤代烃。二卤代烃又可进一步分为偕二卤代烃(两个卤原子连在同一个碳原子上)和邻二卤代烃(两个卤原子连在相邻碳原子上，也称为连二卤代烃)等。例如：

CH_3CH_2X	XCH_2CH_2X	CH_3CHX_2	XCH_2CHX_2	CH_3CX_3
	邻二卤代烷	偕二卤代烷		
一卤代烷	二卤代烷		三卤代烷	

按与卤原子相连的碳原子的级数，卤代烃可分为伯（或一级）卤代烃、仲（或二级）卤代烃和叔（或三级）卤代烃。例如：

$CH_3CH_2CH_2CH_2X$	$H_3CCH_2CHCH_3$（X 连在 CH 上）	$(CH_3)_3CX$
伯（一级，1°）卤代烃	仲（二级，2°）卤代烃	叔（三级，3°）卤代烃

二、卤代烃的命名

（一）习惯命名法

习惯命名法是把与卤原子相连的烃基作为取代基，称为“某基卤”。结构简单的一卤代烃可以用习惯命名法命名。例如：

$CH_3CH_2CH_2CH_2Cl$	$(CH_3)_2CHCH_2Cl$	$(CH_3)_3CI$
正丁基氯	异丁基氯	叔丁基碘

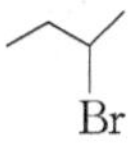

仲丁基溴

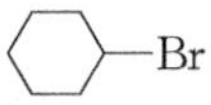

环己基溴

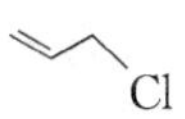

烯丙基氯

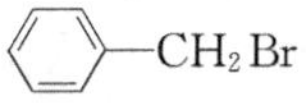

苄基溴

（二）系统命名法

卤代烃的系统命名是以相应的烃类为母体，将卤原子作为取代基，按烃类化合物的系统命名规则来命名。例如：

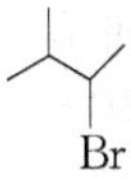

2-甲基-3-溴丁烷

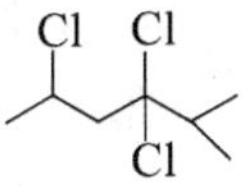

2-甲基-3,3,5-三氯己烷

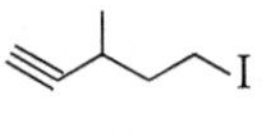

3-甲基-5-碘-1-戊炔

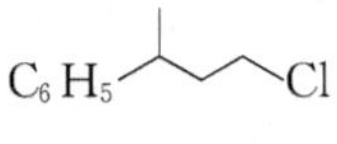

1-氯-3-苯基丁烷

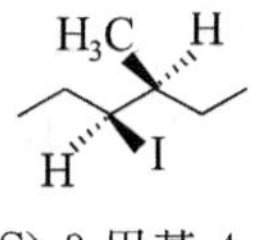

(3*S*,4*S*)-3-甲基-4-碘己烷

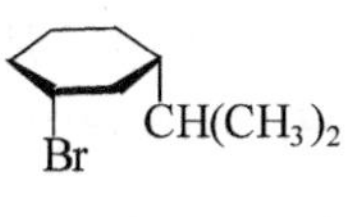

(1*S*,3*R*)-1-异丙基-3-溴环己烷

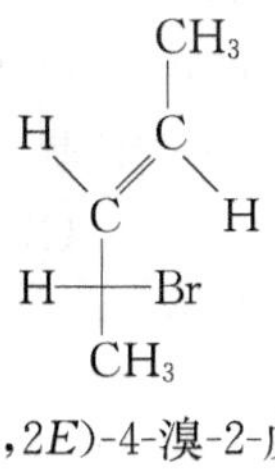

(4*R*,2*E*)-4-溴-2-戊烯

另外，有些多卤代烷有特殊的名称。例如：

$CHCl_3$	$CHBr_3$	CHI_3	CCl_4
氯仿	溴仿	碘仿	四氯化碳

第二节　卤代烃的结构与性质

一、卤代烃的结构与物理性质

卤素的引入使卤代烃的物理性质明显不同于相应的烃类化合物。本节主要讨论卤代烷的物理性质。

在卤代烷分子中碳原子是以 sp^3 杂化轨道与卤原子形成 C—X σ 键。由于卤原子的电负性比碳原子大，因此 C—X 键具有一定的极性，其固有偶极是卤原子带部分负电荷，碳原子带部分正电荷。C—X 键的极性不仅决定了多数卤代烷分子有一定的极性，而且还在很多情况下决定了卤代烷分子的极性大小和分子的理化性质。C—X 键的极性特征可表示为

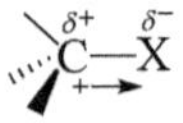

尽管卤代烷的 C—X 键具有一定的极性，但卤代烷分子的偶极矩并不是很大，因此与烷烃类似，卤代烷分子之间的作用力主要也是色散力。色散力的大小决定卤代烷的熔点、沸点、水溶性等物理常数的大小。

(1) 沸点。卤代烷的熔点和沸点高于相应的母体烷烃，但低于相对分子质量相同或相近的烷烃。当烷烃中的 H 被卤原子取代后，不仅相对分子质量增加，而且分子也由非极性转变成极性分子。相对分子质量的增加引起卤代烷分子间色散力的增加，分子极性的出现使卤代烷的分子间同时存在色散力、诱导力和取向力三种分子间力，而非极性的烷烃分子间仅存在色散力。因此卤代烷的熔点和沸点高于相应的母体烷烃。例如，$CH_3CH_2CH_2CH_3$(相对分子质量 58)和 $CH_3CH_2CH_2CH_2Cl$(相对分子质量 92.5)的沸点分别为 −0.5 ℃和 78.4 ℃。当卤代烷与烷烃的相对分子质量相同或相近时，一般卤代烷的分子体积都小于烷烃，此时卤代烷分子间的色散力小于体积较大的烷烃分子，故卤代烷的熔点和沸点低于相对分子质量相同或相近的烷烃、烯烃和炔烃。例如，$CH_3CH_2CH_2Br$(相对分子质量 122.9)和 $CH_3(CH_2)_6CH_3$(相对分子质量 114)的沸点分别为 71 ℃和 125.7 ℃。同理，相对分子质量相近的不同卤代烷，其沸点随卤素原子序数的增大而减小。例如，$CH_3(CH_2)_5CH_2Cl$(相对分子质量 134.5)、$CH_3CH_2CH_2CH_2Br$(相对分子质量 137)和 CH_3I(相对分子质量 142)的沸点分别为 160.0 ℃、101.6 ℃和 42.4 ℃。

对于烷基相同而卤素不同的卤代烷，其沸点随卤素原子序数的增大而增大，即碘代烷的沸点最高，溴代烷次之，氯代烷最低。这主要是因为当烷基相同时，原子序数较大的卤代烷具有较大的相对分子质量和较大的分子间色散力。例如，CH_3CH_2Cl、CH_3CH_2Br、CH_3CH_2I 的沸点分别为 12.3 ℃、38.4 ℃、72.3 ℃。但

是，随着烷基的不断增大，不同卤素原子引起的卤代烷相对分子质量的差值在相对分子质量中所占的比例将逐渐减小，与此同时，不同卤代烷分子间的色散力差异相对于色散力来说也逐渐减小，这就决定了随着烷基的不断增大，不同卤代烷的沸点差异将逐渐缩小。例如，CH_3CH_2Br 和 CH_3CH_2Cl 的沸点差为 38.4－12.3＝26.1(℃)，1-碘己烷和 1-溴己烷的沸点差为 155 －134 ＝21(℃)，1-溴癸烷和 1-氯癸烷的沸点差为 238－223 ＝15(℃)。

对卤代烷的同分异构体来说，直链卤代烷的沸点最高。支链越多，沸点越低。

在常压下，除了氯甲烷和溴甲烷是气体外，其他的卤代烷一般为液体。

一些卤代烷的主要物理常数列于表 6.1 中。

表 6.1 一些卤代烷的主要物理常数

结构	沸点/℃				d_4^{20}			
	F	Cl	Br	I	F	Cl	Br	I
$CH_3—X$	−78.4	−24.2	3.6	42.4				2.279
$CH_3CH_2—X$	−37.7	12.3	38.4	72.3			1.440	1.933
$CH_3(CH_2)_2—X$	−2.5	46.6	71.0	102.5		0.890	1.335	1.747
$(CH_3)_2CH—X$	−9.4	34.8	59.4	89.5		0.859	1.310	1.705
$CH_3(CH_2)_3—X$	32.5	78.4	101.6	130.5	0.779	0.884	1.276	1.617
$CH_3CH_2CH(CH_3)—X$	25.3	68.3	91.2	120	0.766	0.871	1.258	1.595
$(CH_3)_2CHCH_2—X$	25.1	68.8	91.4	121		0.875	1.261	1.605
$(CH_3)_3C—X$	12.1	50.7	73.1	100(分解)		0.840	1.222	—
CH_2X_2	−52	40	99	180(分解)		1.336	2.49	3.325
CHX_3	−83	61	151	升华		1.489	2.89	4.008
CX_4	−128	77	189.5	升华		1.595	3.42	4.32

(2) 相对密度。卤代烷较其对应的母体烷烃具有较大的密度。这是因为相对于氢原子和碳原子来说，卤原子属于高密度的原子，所以向烷烃中引入卤素原子将增加分子相对密度。例如，正丁烷的相对密度(d_4^{20})为 0.579，而 1-氯丁烷的 d_4^{20} 为 0.884。一氯代烷的相对密度小于 1，所有的溴代烷和碘代烷的相对密度大于 1，这主要归因于同族元素的原子相对密度随原子序数的增加而增大。一般多卤代烷的相对密度都大于 1，且卤素原子的质量所占相对分子质量的比例越大，其相对密度也越大。例如，CH_2Cl_2、$CHCl_3$、CCl_4 的 d_4^{20} 分别为 1.336、1.489、1.595。烷基相同卤素不同的卤代烷，其密度随卤素原子序数的增加而增大。例如，1-氟丁烷、1-氯丁烷、1-溴丁烷、1-碘丁烷的 d_4^{20} 分别为 0.779、0.884、1.276、1.617。

(3) 溶解度。卤代烷极性较小，且不能与水形成氢键，故难溶于水，易溶于醇、醚、烃等有机溶剂。有些卤代烷(如二氯甲烷、三氯甲烷、四氯化碳等)本身就是良好的溶剂。

二、卤代烃的结构与化学性质

卤代烃为单原子官能团(—X)化合物,分子中的 C—X 为极性 σ 键。极性 σ 键的共同特点是易发生异裂,难发生均裂。σ 键的极性越强,其异裂的倾向越大。故卤代烃的主要化学性质表现为 C—X 键的异裂。

以卤代烃为例,其 α-C 原子受到卤原子的 −I 效应带部分正电荷,成为亲电中心,容易受到亲核试剂的进攻,发生离子型亲核取代反应,得到一系列卤原子被取代的产物;其次,卤原子的 −I 效应还导致分子中 β-C—H 键和 α-C—H 键电子云的偏移,使得 β-H 和 α-H 具有一定的酸性,所以卤代烃在一定条件下能发生 α-C—X 键和 β-C—H 同时断裂的 β-消除反应。无 β-H 的卤代烃还能发生 α-C—X 键和 α-C—H 同时断裂的 α-消除反应;并且,卤代烃还能发生与活泼金属的反应,生成有机金属化合物。本章主要介绍卤代烃的亲核取代反应、β-消除反应和与活泼金属的反应。α-消除反应将在第十六章讨论。另外,卤代烃的亲核取代反应和消除反应的活性既与其烃基的结构有关,也与卤原子的种类和 C—X 键的可极化性有关,两类反应与卤代烃结构的关系将在相关反应机理中讨论。

(一)卤代烃的亲核取代反应

1. 亲核取代反应

有机化合物分子中的原子或基团被亲核试剂取代的反应称为亲核取代反应(S_N)。卤代烃接受试剂的进攻,称为底物(substrate);带有孤对电子的亲核试剂(Nu)是进攻者,在反应中进攻底物分子中带部分正电荷的 α-C 原子,即中心碳原子(central carbon);卤原子被亲核试剂取代,带一对键电子离去,称为离去基团(leaving group)。亲核试剂通常有两类,一类是带有负电荷的负离子,另一类是带有孤对电子的中性分子。负离子有 OH^-、RO^-、NC^-、X^-、NO_3^-、$RCOO^-$、$RC{\equiv}C^-$ 以及 HS^-、RS^- 等;中性分子有 H_2O、ROH、NH_3、RNH_2、R_2NH、R_3N 等。

卤代烃的亲核取代反应通式可表示如下:

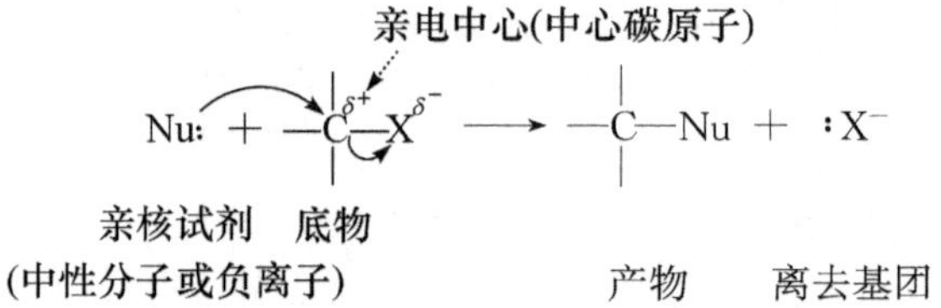

卤代烃的亲核取代反应是有机合成中非常重要的基本反应,卤原子被不同亲核试剂取代,可以制备许多类型的化合物。

(1) 被羟基取代。卤代烃与氢氧化钠或氢氧化钾的水溶液作用,卤原子被羟基取代生成醇,称为卤代烃的水解(hydrolysis)。这是用卤代烃制备醇的一种方法,工业上通过这种方法以氯代戊烷(混合物)为原料,利用该反应制备杂醇油($C_5H_{11}OH$,戊醇的混合物)。

$$C_5H_{11}Cl + NaOH \xrightarrow[\triangle]{H_2O} \underset{\text{杂醇油}}{C_5H_{11}OH} + NaCl$$

与卤原子被羟基取代的反应类似,卤代烃与硫氢化钠或硫氢化钾的水溶液作用,卤原子被巯基(—SH)取代生成硫醇。

$$RX + KSH \xrightarrow[\triangle]{H_2O} \underset{\text{硫醇}}{RSH} + KX$$

(2) 被烷氧基取代。卤代烃与醇钠或醇钾的醇溶液作用,卤原子被烷氧基取代生成醚,称为卤代烃的醇解(alcoholysis)。有机合成中常利用该反应制备不对称醚,称为威廉姆孙(Williamson)合成法(参见第十六章第二节)。例如:

$$CH_3CH_2Br + \underset{\text{叔丁醇钠}}{NaOC(CH_3)_3} \xrightarrow[\triangle]{HOC(CH_3)_3} \underset{\text{乙基叔丁基醚}}{CH_3CH_2OC(CH_3)_3} + NaBr$$

与卤原子被烷氧基取代的反应类似,卤代烃与硫醇钠或硫醇钾作用,卤原子被烷硫基取代生成硫醚。

$$RX + NaSR' \xrightarrow[\triangle]{} \underset{\text{硫醚}}{RSR'} + NaX$$

在卤代烃分子中的卤原子被羟基或烷氧基取代的反应中,如果水或醇既是亲核试剂又是溶剂,则此类反应就称为溶剂解(solvolysis)反应。由于水或醇的亲核能力比相应的 OH^- 或 RO^- 弱得多,反应速率较慢,因此一般不直接用于合成,而用于反应机理的研究。

(3) 被氰基取代。卤代烃与氰化钠或氰化钾作用,卤原子被氰基取代生成腈,产物在酸性介质中水解,可得到比底物多一个碳原子的羧酸。有机合成中常利用该反应制备腈类化合物,也是增长碳链的方法之一。例如:

$$\underset{\text{2-甲基-1-碘丙烷}}{(CH_3)_2CHCH_2I} \xrightarrow{NaCN} \underset{\text{3-甲基丁腈}}{(CH_3)_2CHCH_2CN} \xrightarrow[H^+]{H_2O} \underset{\text{3-甲基戊酸}}{(CH_3)_2CHCH_2COOH}$$

(4) 被氨基取代。卤代烃与氨作用,卤原子被氨基取代生成胺,同时得到卤化氢。卤化氢与产物胺或过量的氨以盐的形式存在。生成的胺作为亲核试剂,还能与过量的卤代烃继续反应(参见第十四章)。例如:

$$CH_3CH_2CH_2Cl + NH_3 \longrightarrow \underset{\text{丙胺}}{CH_3CH_2CH_2NH_2} + HCl$$

(5) 被炔基取代的反应。卤代烃与碱金属炔化物作用,卤原子被炔基取代生成炔烃。有机合成中常利用该反应制备碳链增长的炔烃。例如：

$$CH_3CH_2Br + NaC{\equiv}CCH_3 \longrightarrow CH_3CH_2C{\equiv}CCH_3 + NaBr$$

(6) 被硝酸根取代。卤代烃与硝酸银的乙醇溶液作用，卤原子被硝酸根取代生成硝酸酯，同时得到卤化银沉淀。该反应现象明显，根据生成卤化银沉淀的快慢可以鉴别不同结构的卤代烃。对卤代烃来说，所有的碘代烷、叔氯代和叔溴代烷在室温下就能出现沉淀，而伯、仲氯代和溴代烷需要加热才能出现沉淀。

$$(CH_3)_3CX + AgNO_3 \xrightarrow{C_2H_5OH} (CH_3)_3CONO_2 + AgX\downarrow$$

硝酸叔丁酯

(7) 卤素的交换反应。氯代烷(或溴代烷)与碘化钠的丙酮溶液作用，氯原子(或溴原子)被碘取代生成碘代烷，同时得到不溶于丙酮的氯化钠(或溴化钠)白色沉淀，该反应称为卤素的交换反应。在有机合成中常以伯或仲氯代烷、溴代烷为原料，利用该反应制备相应的碘代烷。例如：

$$CH_3CH_2CH_2CH_2Br + NaI \longrightarrow CH_3CH_2CH_2CH_2I + NaBr$$

1-溴丁烷　　　　1-碘丁烷

总的来看，卤代烃亲核取代反应的结果相当于在亲核试剂上引入烃基，故常将卤代烃称为烃基化试剂。

2. 亲核取代反应机理及影响因素

1) 双分子亲核取代反应

(1) 反应动力学。反应动力学研究是推测有机化学反应机理的方法之一。在80%(体积分数)的乙醇水溶液中，于55 ℃下测定溴甲烷与氢氧化钠发生亲核取代的反应速率，结果表明反应速率取决于溴甲烷和氢氧根离子的浓度，属于动力学的二级反应，即反应速率(v)与溴甲烷与氢氧化钠的浓度的乘积成正比。

$$CH_3Br + OH^- \xrightarrow{k_2} CH_3OH + Br^-$$

$$v = k_2[CH_3Br][OH^-]$$

式中，k_2为二级反应速率常数。

(2) 反应机理。对基元反应来说，尽管反应的微观分子数在概念上并不等同于宏观的反应动力学级数，但二者往往是相同的，所以可以认为上述反应是双分子的。由此定义在反应决速步骤中有两种分子参与的亲核取代反应为双分子亲核取代反应(bimolecular nucleophilic substitution)，用 S_N2 表示。

一般情况下，1° RX 和 CH_3X 按 S_N2 反应进行。以溴甲烷在碱性条件下的水解反应为例，反应中 α-C—Br 键异裂的同时，α-C—OH 键形成，旧键的断裂和新键的形成是协同的一步过程，期间经过一个过渡态后直接形成产物。也就是说，只包含一步基元反应。

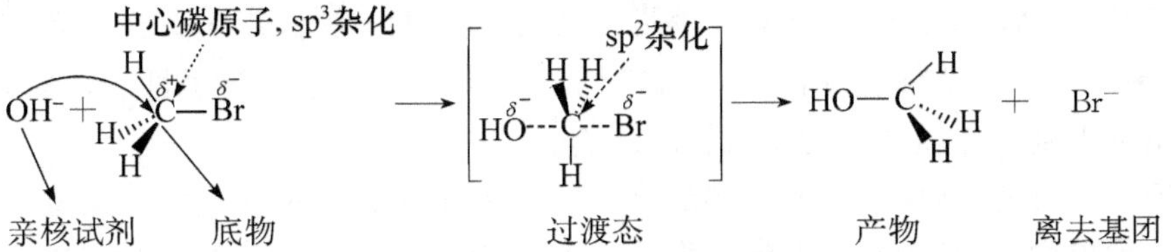

亲核试剂从离去基团背面进攻带部分正电荷的中心碳原子。只有这样，亲核试剂与离去基团(卤原子)之间的负电相互排斥作用才会最小。随着亲核试剂与中心碳原子的不断靠近，二者之间电子对(来自于亲核试剂)共享的程度越来越大，而离去基团与中心碳原子之间共享的电子对越来越多地向离去基团一方偏移。前者导致新的共价键逐渐形成，后者导致旧的共价键逐渐发生异裂，这两个过程协同进行并相互促进。

随着上述过程的进行，中心碳原子周围的空间拥挤程度也越来越大，体系势能逐渐上升，待达到势能最高点时，便形成过渡态。因此，过渡态是反应中能量最高的一种不稳定结构体，形成过渡态的过程都是吸热过程。在过渡态时，新键尚未完全形成，旧键也未完全断裂，中心碳原子处于不稳定的 5 价状态。在过渡态形成的过程中，亲核试剂把中心碳原子及其所连的另外 3 个原子或基团逐渐挤压到同一个平面上，亲核试剂和离去基团分别位于该平面的两侧。另外，在形成过渡态的过程中，中心碳原子的轨道杂化逐渐由 sp^3 杂化转变为 sp^2 杂化。

当反应过渡态形成之后，离去基团带着一对成键电子将快速地离开中心碳原子，与此同时，亲核试剂与中心碳原子之间完成 σ 键的形成。在上述过程中，随着离去基团的离去，原来位于过渡态同一平面内的三个原子或基团转向离去基团离去的一侧。中心碳原子的轨道杂化由过渡态时的 sp^2 杂化转变为 sp^3 杂化。离去基团的离去解除了过渡态中心原子周围空间的高度拥挤状态，使体系的势能降低，因此，由过渡态形成产物的过程是一个放热过程。应该注意的是，过渡态的形成是一个可逆的过程，过渡态中的原亲核试剂也可以作为离去基团而离去，其结果相当于没有反应。

从上面的描述可知，在整个 S_N2 反应中不生成反应中间体，属于单步基元反应。反应速率的大小主要是由过渡态形成的速率决定的，而过渡态的形成速率既受控于底物的种类和浓度，也受控于亲核试剂的种类和浓度，所以属于双分子反应。反应的能量变化如图 6.1 所示。

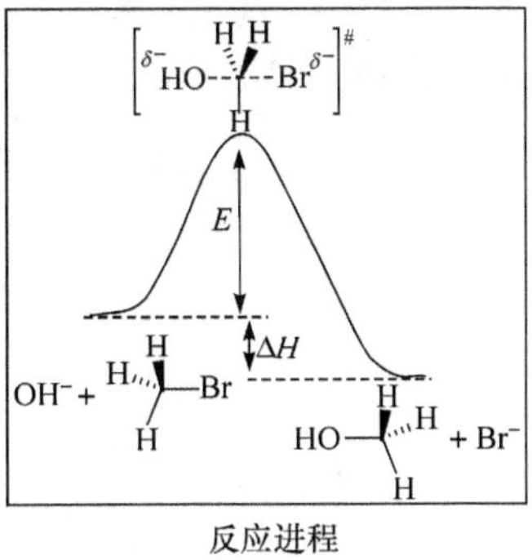

图 6.1　S_N2 反应中势能变化示意图

(3) 反应的立体化学。化学上将手性碳原子上成键发生于旧键反方向的现象为构型翻转(inversion of confuguration)，也称为瓦尔登转化(Walden inversion)。根据 S_N2 反应机理,显然 S_N2 有瓦尔登转化现象,这是 S_N2 反应立体化学的最显著特征。如果中心碳原子是手性碳,则 S_N2 反应的结果得到中心碳原子构型翻转的产物。

值得注意的是,构型翻转描述的是手性碳原子在化学反应过程中的立体化学变化的现象,并不是指旋光方向或手性碳 R/S 标记。底物和产物的旋光方向及旋光度的大小是用旋光仪实际测定的,与生成物的构型是否翻转无必然联系。中心碳原子的绝对构型的 R/S 标记需要按照相关命名法的规则通过比较手性碳所连的四个原子或基团的优先次序完成,而不是通过简单地比较亲核试剂和离去基团的优先次序就能完成的。但如果底物中的离去基团和产物中的亲核试剂都分别是各自手性中心碳原子上次序最优的基团,则 S_N2 反应的底物和产物的 R/S 一定相反。实际上,绝大多数构型翻转的 S_N2 反应都属于这一种情况。因此,当底物中只有一个手性碳且为中心碳原子时,多数情况下 S_N2 反应的底物和产物的绝对构型(R/S)都互为相反。

在有机化学中经常通过研究反应动力学和反应的立体化学来推测有机化学反应的机理。例如,动力学实验测得(S)-2-溴辛烷与氢氧化钠在含水乙醇中的反应是二级反应,而且只得到(R)-2-辛醇,没有(S)-2-辛醇生成,表明其反应为 S_N2 反应。

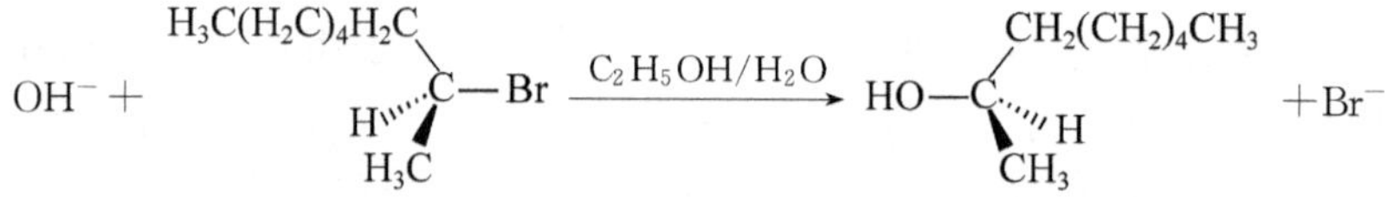

(S)-2-溴辛烷 $[\alpha]_D^{20}=+34.25°$　　(R)-2-辛醇 $[\alpha]_D^{20}=-9.90°$

又如,(S)-2-碘辛烷的同位素交换反应仅得到(R)-2-碘(^{128}I)辛烷,没有相应的 S 构型产物生成。据此可推断其反应属于 S_N2 反应。

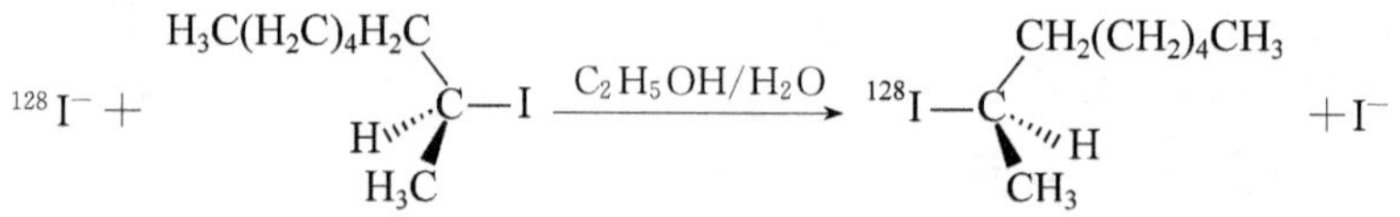

(S)-2-碘辛烷 $[\alpha]_D^{20}=-36.4°$　　(R)-2-碘(^{128}I)辛烷 $[\alpha]_D^{20}=+36.4°$

(4) 影响 S_N2 反应速率的因素。影响反应速率的因素很多,既有内因,也有外因。这些因素综合地反映在 S_N2 化学反应动力学方程($v=k$ [底物浓度][亲核试剂浓度])中。内因主要是指底物和亲核试剂的种类和具体结构,内因是决定 k 值的主要因素。外因包括底物和亲核试剂的浓度、反应温度、反应介质或溶剂、催化剂、反应体系的 pH 等。除反应物浓度外的其他外因也是影响 k 值的重要因素。

下面将重点讨论内因对 S_N2 反应速率的影响。

k 值是反应物浓度都等于 1 时的反应速率，又称为比速率。k 值可以反映反应速率的大小和反应进行的难易程度。k 值与活化能之间的关系为

$$k=A\exp(-E_a/RT)$$

式中，A 为经验常数。当温度、溶剂、催化剂等固定不变时，特定反应的 k 值只与活化能有关。不同的反应具有不同的活化能，因此也具有不同的 k 值。凡是能影响活化能的因素都会影响反应速率。对于 S_N2 反应来说，亲核试剂的亲核能力大小、底物中离去基团（卤素负离子）的离去能力以及底物中心碳原子周围的空间拥挤程度是决定反应活化能大小的主要因素。

底物中心碳原子所连的基团数目增多、体积增大，亲核试剂从离去基团背面进攻中心碳原子遇到的空间阻碍会明显增大，不利于亲核试剂与中心碳原子之间的亲近。这种空间阻碍作用称为空间阻碍效应（steric hindrance effect），简称空阻效应，属于空间效应（steric effect）的一种。另外，中心碳原子所连基团数目增多、体积增大，也会加大过渡态中心碳原子所连基团之间的非键斥力，从而使过渡态体系能量上升，反应活化能升高。因此，单从空间因素考虑，同种卤素的不同卤代烷的 S_N2 反应活性顺序为 $CH_3X>1°>2°>3°$。例如，卤素的交换反应是 S_N2 反应，向1-溴丁烷、2-溴丁烷和 2-甲基-2-溴丙烷的丙酮溶液中分别加入几滴碘化钠溶液，1-溴丁烷立即生成溴化钠白色沉淀，2-溴丁烷加热后缓慢生成沉淀，而 2-甲基-2-溴丙烷即使延长加热时间，也没有沉淀生成。类似的例子还有不同类型烷基对溴代烷与碘化锂的卤素交换反应。

$$RBr + LiI \longrightarrow RI + LiBr$$

R	$CH_3—$	$CH_3CH_2—$	$(CH_3)_2CH—$	$(CH_3)_3C—$
相对速率	221 000	1350	1	—

影响 S_N2 反应的空间因素不仅有 α-C 上的烷基，还有 β-C 上的烷基。例如：

$$RBr + LiI \longrightarrow RI + LiBr$$

R	$CH_3CH_2—$	$CH_3CH_2CH_2—$	$(CH_3)_2CHCH_2—$	$(CH_3)_3CCH_2—$
相对速率	1.0	0.8	0.036	2×10^{-5}

乙烯型卤代烯烃和苯型卤代芳烃分子中的 C—X 键不同于卤代烷烃，一般不发生 S_N2 反应。在乙烯型卤代烯烃和苯型卤代芳烃中，卤原子与 sp^2 杂化碳原子直接相连，除了有卤原子的 −I 效应以外，X 上的孤对电子还与碳碳双键的 π 键形成 p-π 共轭体系（图 6.2），即存在 +C 效应。尽管 +C 效应与 −I 效应方向相反，但 −I 效应一般大于 +C 效应。此时，偶极矩的方向虽然仍指向卤原子，但 C—X 键偶极矩变小。另外，p-π 共轭导致 C—X 键具有部分双键性，其离解能增大，因此 C—X 键不易发生异裂，难以发生 S_N2 反应。此外，由于空阻效应，亲核试剂也不可能沿 C═C 双键平面或苯环平面从 X 原子的背面进攻中心碳原子，也就是

说，空阻效应也限制了乙烯型卤代烯烃和苯型卤代芳烃发生 S_N2 反应。

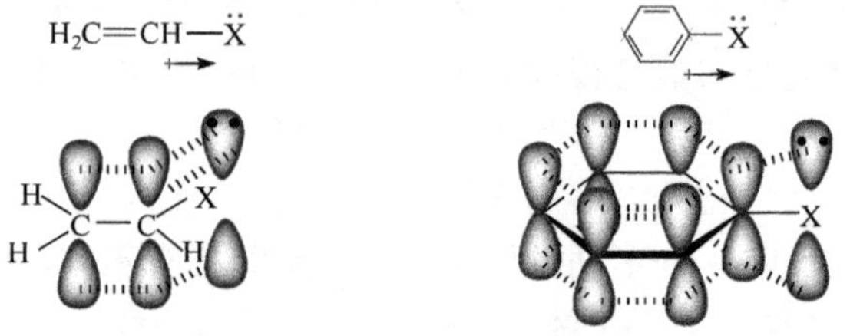

图 6.2 乙烯型卤代烯烃和苯型卤代芳烃分子中的 p-π 共轭效应

但对于烯丙基型卤代烯烃和苄基型卤代芳烃来说，发生 S_N2 反应的活性却很大。这是因为这两类卤代烃在发生 S_N2 反应时，过渡态中的 α-C 呈 sp^2 杂化状态，α-C邻位的 π 键能够通过 p-π 共轭效应来有效分散过渡态上的负电荷(图 6.3)，从而使过渡态稳定性增大，反应活化能降低。

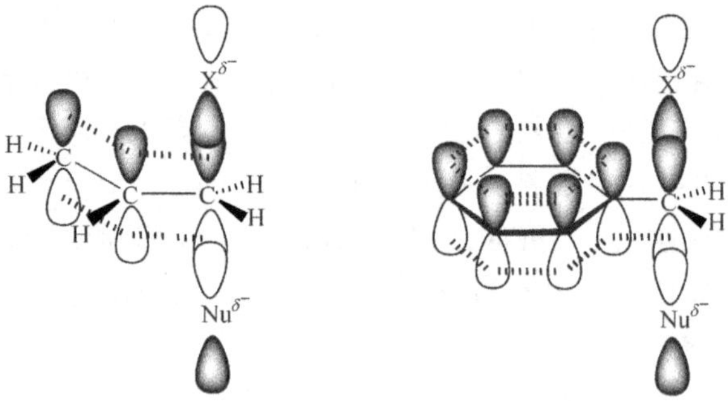

图 6.3 烯丙基型卤代烯烃和苄基型卤代芳烃 S_N2 反应的过渡态示意图

由于 S_N2 反应是新的共价键形成和旧的共价键异裂的一个协同过程，因此，旧共价键越容易异裂，离去基团越容易离去，反应速率越快。显然，当烃基相同时，C—X 键的性质与反应速率有直接的关系。C—X 键的性质对 S_N2 反应的影响主要表现在两个方面。首先是 C—X 键固有偶极矩或静态极性。静态偶极矩越大，C 上的正电荷越多，亲核试剂越容易进攻 α-C。因此，亲核试剂进攻不同卤代烃的容易程度为 C—Cl> C—Br>C—I。其次是 C—X 键的动态极性，即 C—X 键的可极化性。可极化性越强，C—X 键越容易异裂。因此，不同卤代烃的 C—X 键的异裂容易程度为 C—I>C—Br>C—Cl。显然，上述两种因素的影响是相反的，但决定过渡态是否容易形成的主要因素是 C—X 键的可极化性。此外，形成过渡态的反应都是可逆反应，离去的负离子越稳定，即碱性越弱，形成过渡态的反应平衡点就越偏向于产物一方，反应产物也就越容易形成。对卤代烃来说，离去基团的稳定性和离去能力顺序为 I^- > Br^- > Cl^-。因此，总的情况是，在其他条件相同时，卤代烃的 S_N2 反应活性顺序为 RI＞RBr＞RCl。

除了卤代烃中的卤原子以外，硫酸烃基酯、磺酸烃基酯中的酸根也可以作为离去基团。从下面一些离去基团在亲核取代反应中离去相对速率不难看出，其离去能力随负离子碱性的减弱而增大。

	Cl⁻	Br⁻	I⁻	对甲基苯磺酸根	苯磺酸根	对硝基苯磺酸根
相对速率	1	50	150	190	300	2800

由于硫酸烃基酯、磺酸烃基酯的酸根都是比碘负离子更好的离去基团，因此这两类化合物在 S_N2 反应中表现出很强的反应活性，在有机合成中常利用此类化合物替代卤代烃，作为烃基化试剂，制备一系列取代产物。

$$RO^- + CH_3—OSO_2OCH_3 \longrightarrow ROCH_3 + {}^-OSO_2OCH_3$$

硫酸二甲酯

例如：

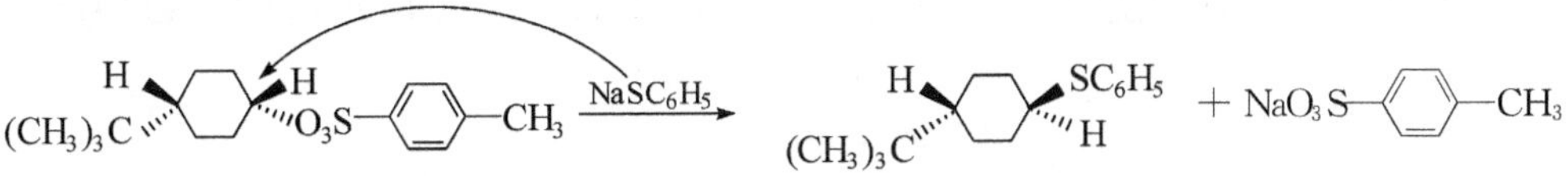

顺-4-甲基苯磺酸-(4-叔丁基环己)酯　　　　反-苯基-(4-叔丁基环己基)硫醚

在 S_N2 反应中，旧键的断裂和新键的形成是协同的一步过程，可以理解为离去基团在一定程度上是被亲核试剂推出去的。所以 S_N2 反应速率与亲核试剂的亲核能力有关。亲核试剂的亲核能力取决于亲核原子(指亲核试剂中与底物 α-C 成键的原子或负离子)的亲核能力和亲核试剂的空阻效应。亲核原子的亲核能力又取决于其提供孤对电子(碱性)和形成共价键(可极化性)的能力。

如果亲核原子相同，则亲核原子的亲核能力与其碱性顺序呈正相关，如 $C_2H_5O^- > OH^- > CH_3COO^- > C_2H_5OH > H_2O > CH_3COOH$。

如果亲核原子是同一周期元素，试剂的亲核能力与碱性和可极化性顺序一致，如 $H_3C^- > H_2N^- > HO^-$，$H_3N > H_2O$。

若亲核原子为同族元素，其亲核能力顺序视溶剂而定。例如，不同的卤素负离子在质子溶剂(如水或乙醇)中受到的溶剂化程度不同，其亲核能力与可极化性顺序一致：$I^- > Br^- > Cl^-$。在非质子极性溶剂如丙酮中，不同的卤素负离子的溶剂化程度正好与质子溶剂相反，亲核能力的活性次序为 $Cl^- > Br^- > I^-$。

一般来说，负离子的亲核试剂较中性亲核试剂(如氨、水、胺、醇等)的亲核能力强。

从空阻效应来看，亲核试剂的体积增大会明显增加 S_N2 反应的空阻效应，从而降低其亲核能力。例如，$CH_3O^- > C_2H_5O^- > (CH_3)_2HCO^- > (CH_3)_3CO^-$，亲核能力顺序与碱性顺序正好相反。

以溴甲烷与不同亲核试剂在乙醇溶液中的 S_N2 反应为例，从反应的相对速率可以看出亲核试剂的亲核能力对反应的影响。

$$CH_3Br + Nu^- \longrightarrow CH_3Nu + Br^-$$

Nu^-	H_2O	CH_3COO^-	NH_3	Cl^-	OH^-	CH_3O^-	I^-	CN^-	HS^-
相对速率	1	500	700	1000	16 000	25 000	100 000	125 000	125 000

从上述讨论可见，无论是离去基团还是亲核试剂，原子或化学键的可极化性对于提高 S_N2 反应速率是非常重要的。一般来说，可极化性大的原子既是好的亲核试剂，又是好的离去基团。最典型的例子就是碘负离子。有机合成中常利用碘负离子既是优良的离去基团又是优良的亲核试剂的性能来间接由氯代烃(R—Cl)制备其他难合成的有机物。其操作可以采用一步式的"一锅煮"(one-pot)方法，也可采用分步式的两步法。"一锅煮"方法就是向反应体系中加入催化量的 NaI，第一步反应生成的 R—I 不经分离而直接与体系中的其他亲核试剂(Nu)反应生成终产物(R—Nu)和 NaI。由此可见，在"一锅煮"法中 NaI 是反复使用的；两步法则是先通过 R—Cl 与 NaI 反应并分离出产物 R—I，再让 R—I 与 Nu 反应生成目的产物(R—Nu)。

"一锅煮"法

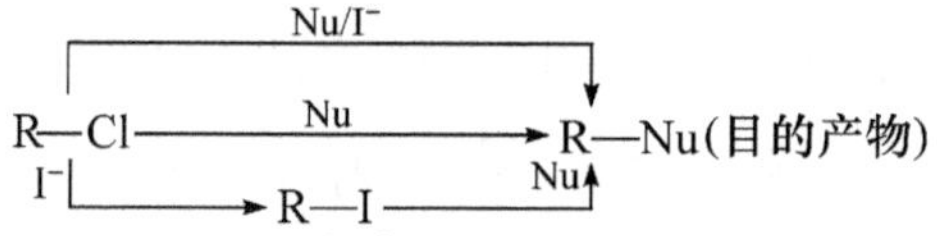

两步法

溶剂对 S_N2 反应的影响主要是影响亲核试剂的亲核能力，而溶剂对亲核试剂亲核能力的影响又涉及溶剂的种类和溶剂化作用。

溶剂分为极性溶剂和非极性溶剂。极性溶剂又分为质子溶剂(如水、甲醇、乙醇等)和非质子偶极溶剂(简称偶极溶剂，如丙酮、二甲亚砜、*N*,*N*-二甲基甲酰胺等)。偶极溶剂的结构特征是带部分负电的一端暴露在分子外部，带部分正电的一端藏在分子内部。例如：

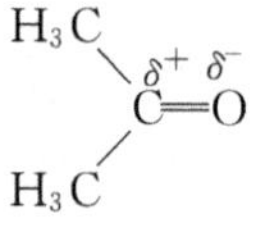

丙酮

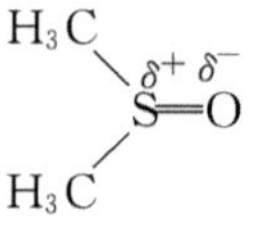

二甲亚砜(DMSO)

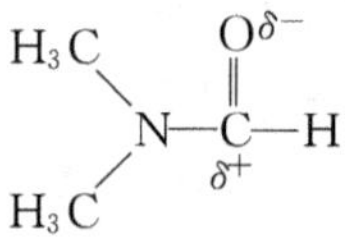

N,*N*-二甲基甲酰胺(DMF)

溶剂的极性是用其介电常数(dielectric polarization)P 来表示的。介电常数反映的是溶剂作为电荷绝缘体的能力。介电常数小的溶剂，如烃类，为非极性溶剂。介电常数大的溶剂(如水)是极性溶剂。表 6.2 列出了一些常见溶剂的介电常数。

表 6.2 常见溶剂的介电常数

非质子溶剂	介电常数	质子溶剂	介电常数
正己烷	1.9	乙酸	6.2
苯	2.3	乙醇	24.3
乙醚	4.3	甲醇	33.6
氯仿	4.8	甲酸	58.0
六甲基磷酰胺(HMPA)	30	水	80.4
二甲基甲酰胺(DMF)	38		
二甲亚砜(DMSO)	48		

溶剂化作用(solvent effect)是指在溶液中溶质分子被溶剂分子包围的现象。如果溶质是离子,离子所带电荷越集中,离子半径越小,溶剂分子通过氢键和偶极相互作用对离子的溶剂化作用就越强。溶剂化作用的结果相当于给溶质分子或离子加了一层保护膜,这在一定程度上既束缚(或封闭)了亲核试剂的电子对,又增加了亲核试剂的空阻效应,同时还增加了亲核试剂的质量,减弱了亲核试剂的运动速率,进而降低了亲核试剂与底物之间的有效碰撞概率,这些作用的综合结果导致亲核试剂亲核性能和反应活性的降低。但要注意的是,溶剂化作用对离去基团来说则是有利的。

含—OH、—NH_2 等基团的质子性极性溶剂对电荷比较集中的负离子(亲核试剂)具有很强的稳定作用,因此这些溶剂不利于 S_N2 反应。虽然 S_N2 反应的过渡态也是一个偶极体,但负电荷比较分散,质子性极性溶剂对过渡态的稳定作用远小于对亲核试剂的稳定作用。如果改用极性非质子溶剂,情况则不同。根据极性相同或相近的物质容易相互作用的原理,非质子偶极溶剂,如 DMF、DMSO、六甲基磷酰胺(HMPA)等,对 S_N2 反应过渡态的稳定作用远强于对亲核试剂的稳定作用,能非常有效地降低活化能,故这类溶剂是 S_N2 反应的良性溶剂。例如,碘负离子与溴甲烷的卤素交换反应,用丙酮作溶剂比用甲醇快 500 倍。因此,卤素负离子的亲核能力在丙酮溶剂中的顺序是 $Cl^- > Br^- > I^-$,正好与在质子溶剂中的顺序相反。

2) 单分子亲核取代反应

(1) 反应动力学。在 80%(体积分数)的乙醇水溶液中,于 55 ℃下测定叔丁基溴与氢氧化钠发生亲核取代的反应速率,结果表明该反应速率只与叔丁基溴的浓度有关,与氢氧根离子的浓度无关,属于动力学的一级反应。

$$(CH_3)_3CBr + OH^- \xrightarrow{k_1} (CH_3)_3COH + Br^-$$

$$v = k_1[(CH_3)_3CBr]$$

式中,k_1 为一级反应速率常数。

(2) 反应机理。在反应决速步骤中只涉及一种分子的亲核取代反应称为单分子亲核取代反应(unimolecular nucleophilic substitution),用 S_N1 表示。其反应机理如下:

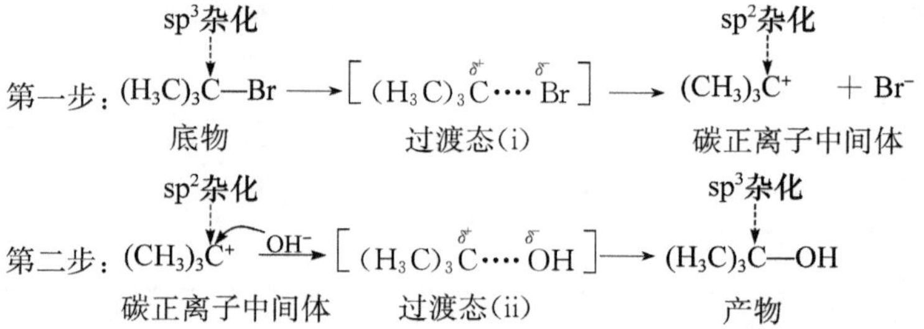

S_N1 反应与 S_N2 反应的区别在于:S_N1 反应由两步基元反应反应组成,反应过程有两个过渡态和一个中间体,而 S_N2 反应则是单步基元反应,反应过程中只有一个过渡态而没有中间体。一般情况下,3° RX 按 S_N1 反应进行。以叔丁基溴在稀碱溶液中的水解为例。首先,叔丁基溴受溶剂或反应体系中正离子的极化作用,分子中的 C—X 键电子对进一步向离去基团偏移,C—X 键的极性和原子间距离逐渐增大,并形成过渡态(i)。经过过渡态(i),发生 C—Br 键的异裂,形成碳正离子活性中间体。在 C—Br 键异裂的过程中,中心碳原子也逐渐从 sp^3 杂化的四面体构型转化为 sp^2 杂化的平面构型。这一步涉及共价键的断裂,是反应决速步骤。

碳正离子一旦形成,亲核试剂很快与之发生电子对的部分共享,二者之间的距离逐渐拉近。最后,经过渡态(ii)形成共价键,即得到产物。在上述过程中,平面构型的 sp^2 杂化碳正离子又转化为四面体构型的 sp^3 杂化碳原子。

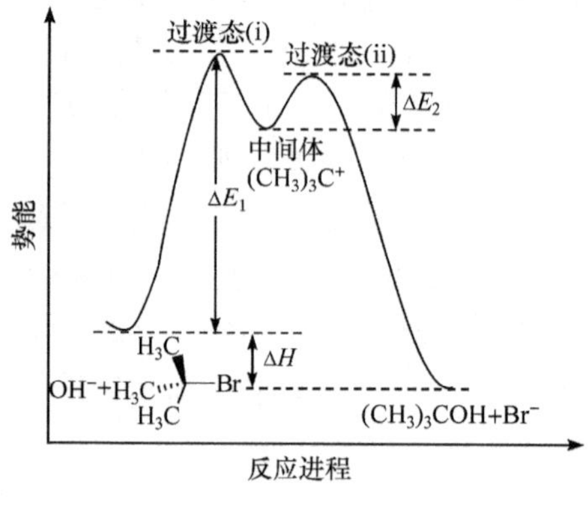

图 6.4　S_N1 反应中势能变化示意图

从 S_N1 反应的能量曲线(图 6.4)可以看出,形成过渡态(i)的活化能要大于形成过渡态(ii)的活化能。这也说明第一步反应要比第二步反应困难且反应速率较低。显然,S_N1 反应的决速步骤(第一步)仅取决于反应底物的浓度,而与亲核试剂的浓度无关。

如果亲核试剂是中性分子如 H_2O、NH_3 等,则第二步反应之后还涉及一个质子的离去过程,即第三步反应。但这个反应和第二步反应一样,也属于快速反应。

(3) 反应的立体化学。由上述反应机理可知,在 S_N1 两步反应过程中,底物的中心原子经历了由 sp^3 杂化到 sp^2 杂化,再由 sp^2 杂化到 sp^3 杂化的变化。当由 sp^2 杂化的中间体形成过渡态(ii)和终产物的过程中,亲核试剂可以随机选择 sp^2 杂化平面的任何一侧进攻中心碳正离子,且两种机会均等。如果底物的中心原子为手性碳,则必然得到构型保持和构型翻转两种产物,且二者的量相等。

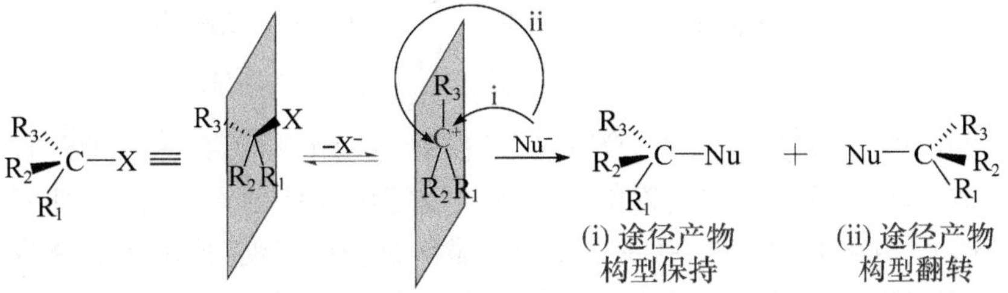

如果底物只含一个手性碳且为中心碳原子,则 S_N1 反应结果必然得到等量的 *S* 构型和 *R* 构型的产物,即外消旋体产物。外消旋化是 S_N1 反应最显著的立体化学特征。反过来,根据反应产物为外消旋体也可以证明反应中经历了碳正离子中间体,并由此推断发生的是 S_N1 反应。例如,根据(*S*)-1-氯乙基苯在丙酮水溶液中的水解反应得到 98%的外消旋体可以判断该反应主要是 S_N1 反应,而不可能是 S_N2 反应。

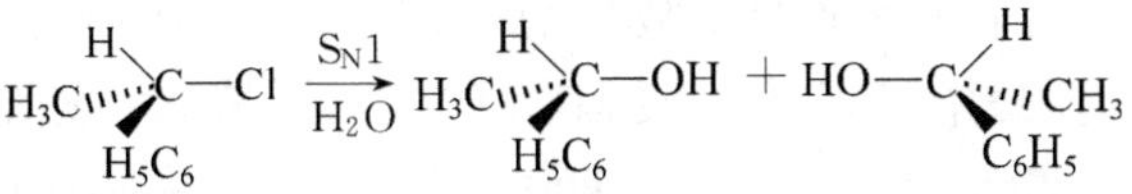

(*S*)-1-氯乙基苯　　(*S*)-1-苯基乙醇　　(*R*)-1-苯基乙醇

构型保持(49%)　　构型翻转(51%)

(4) 重排。由于 S_N1 反应需要形成碳正离子中间体,因此不稳定的碳正离子可能通过中心原子邻位碳上氢负离子或烷基负离子的迁移而发生重排,进而形成更稳定的碳正离子中间体。例如,2,2-二甲基-1-溴丙烷的醇解反应,其主要产物是 2-甲基-2-乙氧基丁烷,就是因为发生了中心原子邻位甲基负离子的重排反应。

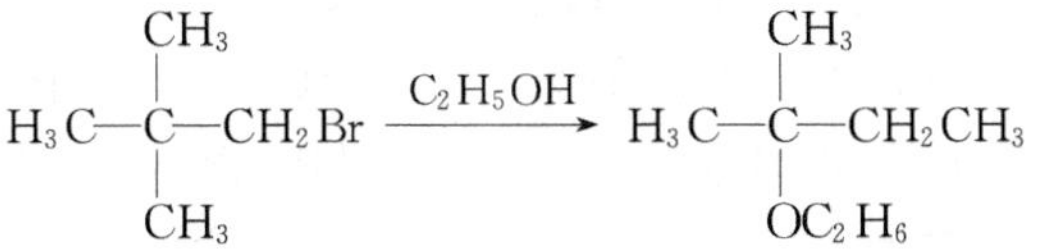

2-甲基-2-乙氧基丁烷

反应机理如下:

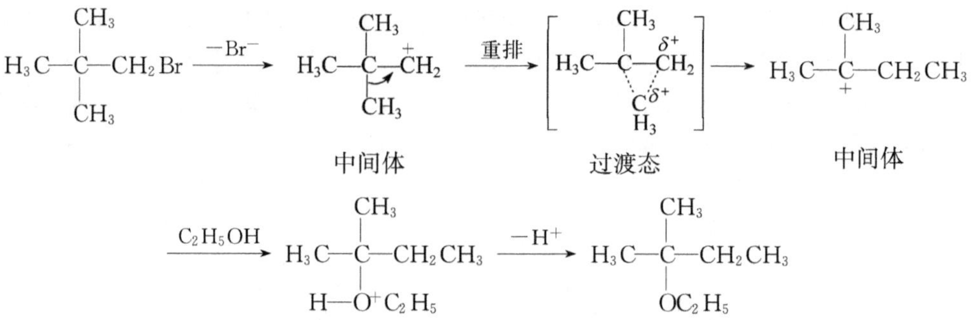

重排是 S_N1 反应的又一重要特征。反过来,如果卤代烃的亲核取代反应主要得到重排产物,则是对反应过程中形成碳正离子中间体的有力证明,即发生的是 S_N1 反应。上例中的 2,2-二甲基-1-溴丙烷虽然是伯卤代烷,但由于 β-碳原子周围的空间位阻较大,该底物的 S_N2 反应受阻,其乙醇解反应主要按 S_N1 机理进行。

任何反应,只要能形成碳正离子,就有可能发生重排,重排的动力是从不稳定的碳正离子转化为稳定的碳正离子。

(5) 影响 S_N1 反应的因素。因为 S_N1 反应的决速步骤只涉及底物的 C—X 键的异裂,与亲核试剂无关,所以在决速步骤中形成的碳正离子越稳定、离去基团离去能力越强,形成过渡态(i)所需的活化能就越小,反应速率也就越快。影响 S_N1 反应活化能的主要内因是底物的结构和离去基团的离去能力,主要外因是溶剂的极性和温度。下面主要分析内因对 S_N1 反应的影响。

卤代烷中心碳原子所连的烷基数目增多,+I 效应和供电子的 σ-p 超共轭效应得到加强,在决速步骤中形成的过渡态(i)的能量下降,反应活化能减小,中间体(i)(碳正离子)稳定性就会增强,反应速率加快。另外,底物中心碳原子所连基团数目越多,彼此间非键斥力就越大;如果形成平面构型的碳正离子,由于键角的增大,基团之间的拥挤程度降低,有助于 C—X 键异裂形成碳正离子。这种空间效应称为空助效应(steric help effect)。

由此可见,单从卤代烷结构的电子效应和空间效应考虑,相同卤原子的卤代烷,S_N1 反应的活性顺序为 $3° > 2° > 1° > CH_3X$,与 S_N2 反应刚好相反。利用不同卤代烷与硝酸银发生 S_N1 反应难易和速率的不同可鉴别不同的卤代烃。例如,1-溴丁烷、2-溴丁烷和 2-甲基-2-溴丙烷的乙醇溶液分别加入几滴硝酸银溶液,2-甲基-2-溴丙烷立即生成溴化银淡黄色沉淀,2-溴丁烷和 1-溴丁烷加热后生成沉淀,但 1-溴丁烷生成沉淀的速率较慢。又如,在 80%(体积分数)的乙醇水溶液中按 S_N1 机理进行水解反应,不同类型烷基对溴代烷反应速率的影响如下:

R	$(CH_3)_3C—$	$(CH_3)_2CH—$	$CH_3CH_2—$	$CH_3—$
相对速率	100	0.023	0.013	0.0034

烯丙基型碳正离子和苄基型碳正离子由于能与邻位的 π 键形成 p-π 共轭体系

或几个共振形式，具有相当的稳定性。因此，烯丙基型卤代烃和苄基型卤代烃的 S_N1 反应总是很快。例如，这两类卤代烃在室温下遇硝酸银的醇溶液能很快产生沉淀。结合前面对 S_N2 反应的讨论可知，烯丙基型卤代烃和苄基型卤代烃既容易发生 S_N1 反应，也容易发生 S_N2 反应。但具体发生哪一种反应，主要取决于反应溶剂和亲核试剂的类型。

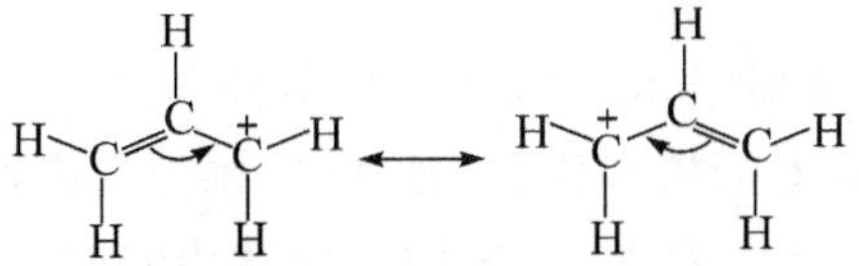

烯丙基碳正离子的共振形式

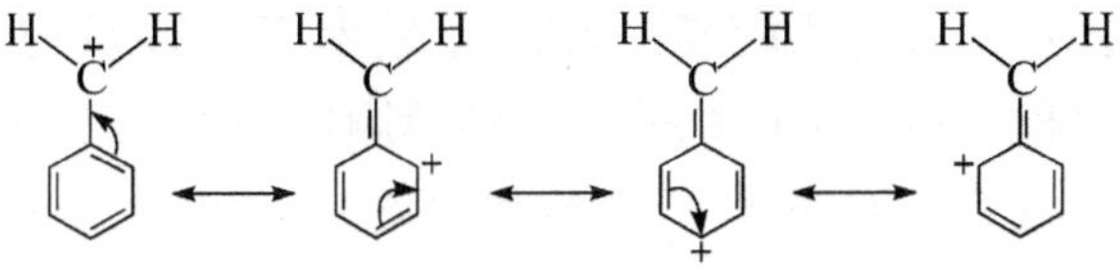

苄基碳正离子共振形式

但是，烯丙基型卤代烃发生 S_N1 反应时常得到重排产物。例如，两种烯丙基型氯代烯烃的异构体 3-甲基-3-氯-1-丁烯和 3-甲基-1-氯-2-丁烯水解反应得到相同产物。

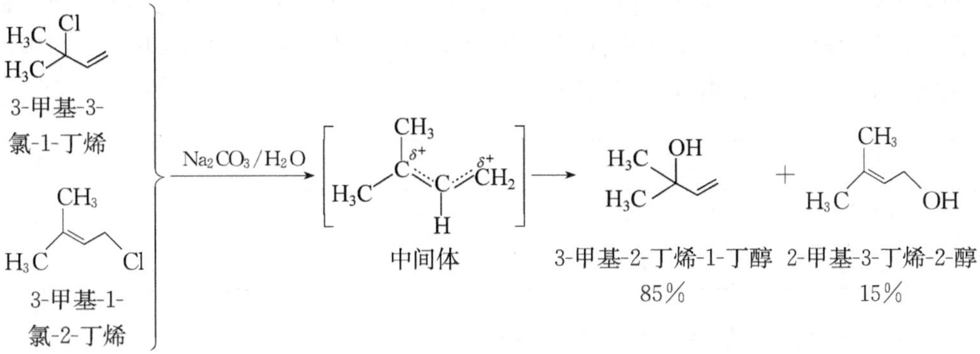

显然，3-甲基-1-氯-2-丁烯和 3-甲基-3-氯-1-丁烯在进行 S_N1 反应时经过了相同的碳正离子中间体。

利用烯丙基型卤代烯烃和苄基型卤代芳烃可以制备烯丙醇、苯甲醇、腈类化合物等。例如：

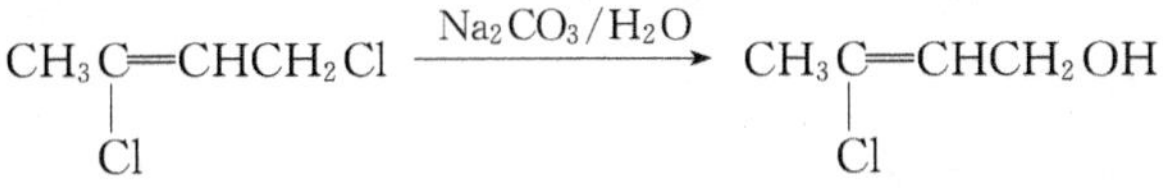

1,3-二氯-2-丁烯　　　3-氯-2-丁烯-1-醇

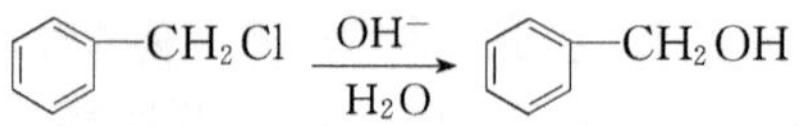

苄基氯　　苯甲醇

苯乙腈

如果由于几何原因很难形成平面构型的碳正离子，则 S_N1 反应就很难进行。例如，卤原子连在桥头碳上的桥环化合物虽然也属于叔卤代烷，但若要形成平面构型的碳正离子，会产生很大的环张力，导致反应活化能增大，难以发生反应。此外，桥头碳上形成桥叔卤代烷由于空阻效应也很难发生 S_N2 反应。

与 S_N2 反应类似，离去基团的离去倾向大，有利于 S_N1 反应，即底物分子中的烷基、亲核试剂、溶剂相同时，卤代烷的反应活性顺序为 RI＞RBr＞RCl。由于 S_N1 反应的决速步骤是由 C—X 键异裂的难易和快慢决定的，因此离去基团的离去能力对 S_N1 影响大于对 S_N2 反应的影响。

S_N1 反应的过渡态(i)和 S_N2 反应的过渡态都属于强极性结构，所不同的是 S_N1 反应的决速步骤还涉及离子型中间体(i)的生成，故极性溶剂除了能稳定过渡态外，还能稳定离子型中间体(i)。前者的作用可降低活化能，促进底物向过渡态(i)的转化，提高反应速率；后者的作用能降低 S_N1 反应决速步骤的热焓(ΔH)，在能量方面促进过渡态(i)向中间体(i)的转化。叔丁基氯于 25 ℃在不同溶剂中的溶剂解(S_N1 反应)的相对反应速率如下：

溶　剂	CH_3COOH	CH_3OH	HCOOH	H_2O
介电常数	6.15	32.7	58.5	78.5
相对速率	1	4	5000	150 000

数据表明，溶剂极性增大有利于 S_N1 反应。

（二）卤代烃的消除反应

从有机化合物分子中脱去小分子物质(如卤化氢、水、氨等)的反应称为消除反应。卤代烃的 β-H 由于受到卤原子吸电诱导效应(－I)而具有弱的酸性，可以被强碱夺取。如果 β-H 的离去和 X^- 的离去同时发生，则发生卤代烃的 β-消除反应，脱去一分子 HX，生成烯烃。

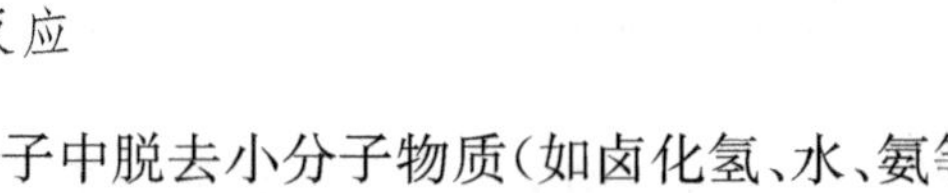

该反应是有机合成中制备烯烃的方法之一，常用的强碱有甲醇钠，乙醇钠，氢氧化钾等。例如：

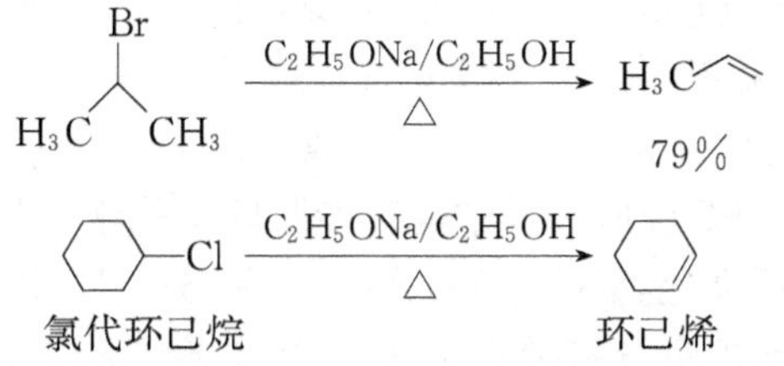

烃基相同而卤素不同的卤代烃，发生 β-消除反应的活性次序为 RI>RBr>RCl。

结构对称的底物发生 β-消除反应，得到单一结构的烯烃。但对于仲卤代和叔卤代烷，如果分子中存在几种不同的可消除的 β-H，产物就不止一种。例如：

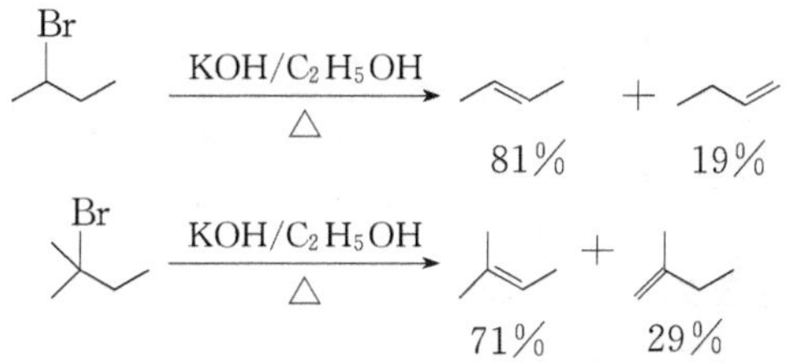

从上述反应可以看出，如果分子中存在几种不同的 β-H，反应是有选择性的，主要是从含氢较少的 β-C 上脱去氢原子。换句话说，就是主要生成双键碳原子上连有较多烷基的稳定烯烃。这是俄国化学家札依采夫(Zaitsev)总结的一个经验规律，称为札依采夫规则。这种选择性称为区域选择性(regioselectivity)，按此规则消除所得的主要产物称为札依采夫消除产物。

根据反应机理不同，卤代烃的消除反应可分为双分子消除反应(E2)和单分子消除反应(E1)。

1. 双分子消除反应

1）反应动力学

溴乙烷与乙醇钠在乙醇溶液中反应，除了生成取代产物乙醚外，主要生成消除产物乙烯。

$$CH_3CH_2Br + CH_3CH_2O^- \xrightarrow{k_{E2}} CH_2{=}CH_2 + CH_3CH_2OH + Br^-$$

于 55 ℃测定该消除反应的速率，结果表明反应速率取决于溴乙烷和乙氧基负离子的浓度，属于动力学的二级反应。

$$v = k_{E2}[CH_3CH_2Br][CH_3CH_2O^-]$$

式中，k_{E2} 为二级反应速率常数。

2）反应机理

与 S_N2 反应类似，可以认为上述反应是双分子消除反应，用 E2 表示。

在氢氧化钾或氢氧化钠的醇溶液、醇钠、氨基钠等碱存在时，多数卤代烃的 β-消除反应都是按 E2 机理进行的。虽然 E2 与 S_N2 反应都是一步基元反应，但 E2 反应的底物涉及两个 σ 键的异裂和一个 π 键的形成。E2 反应是通过强碱（B^-）向 β-H 提供电子对来诱发的。在 E2 反应过程中同时涉及四个化学键的协同变化，即 α-C—X 键和 β-C—H 键的不断极化，α-C═β-C 的 π 键和 B—H σ 键的逐渐形成。α-C—X 键和 β-C—H 键的不断极化分别使键电子对向 X 原子和 β-C 原子偏移，最后结果分别导致 H^+ 的离去和 X^- 的离去。B 上的孤对电子逐渐向 β-H 偏移，并在一定程度上达到电子对的共享。E2 反应机理如下：

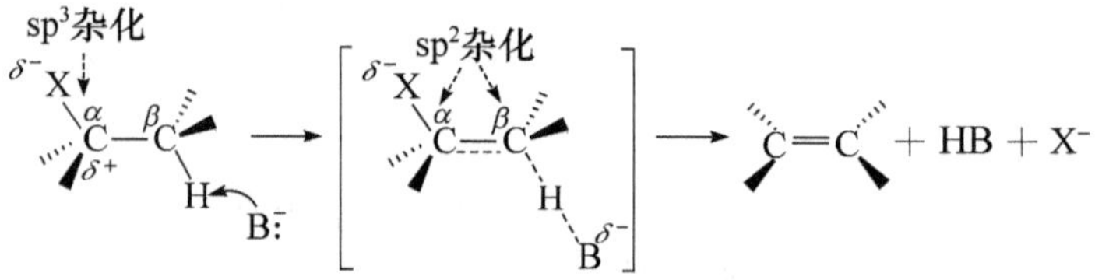

底物　　碱进攻β-H　　过渡态　　　　产物　　　　离去基团

在上述四个化学键发生协同变化的同时，α-C、β-C 的轨道杂化形式和立体结构也在发生变化，即由底物的 sp^3 杂化的四面体构型逐渐转化为 sp^2 杂化的平面构型，每个碳原子逐渐形成一个 p 轨道，且两个 p 轨道之间逐渐发生重叠。

上述所有过程的进行都是比较缓慢的，当所有过程达到平衡时便形成反应过渡态。此后，上述所有过程开始迅速加快，并最终进行到底，过渡态转变成产物。

E2 反应的势能变化与 S_N2 反应类似，所不同的是 E2 反应产物（烯烃）的势能高于底物，即消除产物的热力学稳定性较差。

通过测定不同底物的反应动力学，可以证明 E2 反应中共价键的断裂和形成是协同的。例如，烷基相同的不同卤代烷的 E2 反应速率如下：

$$(CH_3)_2\underset{\displaystyle X}{\underset{|}{C}}CH_2CH_3 + (CH_3)_3CO^- \xrightarrow{(CH_3)_3COH} (CH_3)_2C{=}CHCH_3 + (CH_3)_3COH + X^-$$

X	Cl	Br	I
相对速率	1	58	401

底物的反应活性与卤原子的离去倾向顺序一致，表明卤原子的离去快慢对反应速率有影响，也就是说形成过渡态时 C—X 有一定程度的断裂。

又如，β-氘代卤代烷与结构相同的未氘代卤代烷在同样条件下发生 E2 反应，前者的反应速率低于后者。其原因是 β-C—D 键断裂所需活化能高于 β-C—H 键，说明 β-C—H 键的断裂对反应速率也有影响，即形成过渡态时 β-C—H 键有一定程度的断裂。

3）反应的区域选择性

以仲溴代烷在乙醇钠作用下的 E2 反应为例：

$$\underset{\displaystyle\underset{Br}{|}}{R_2CHCHCH_2R} + C_2H_5O^- \longrightarrow \underset{主要产物}{R_2C{=}CHCH_2R} + \underset{次要产物}{R_2CHCH{=}CHR} + C_2H_5OH + Br^-$$

（Br 连于 $R_2CH\underline{C}HCH_2R$ 中第二个碳上）

通常情况下消除所得的主要产物为札依采夫消除产物，用反应机理不难解释。因为在 E2 反应的过渡态中 α-C 和 β-C 之间已部分形成 π 键，所以任何能使烯烃稳定的因素（共轭体系或 sp^2 碳原子上连有较多烷基）都能使过渡态稳定性增大、活化能降低，反应速率就加快，生成的烯烃在所有产物中的比例也随之增多。

但如果改变碱的强度和体积，会使 E2 反应的区域选择性发生变化，甚至主要得到反札依采夫消除产物。例如：

$$(CH_3)_2CH\underset{\displaystyle\underset{Br}{|}}{C}(CH_3)_2 \longrightarrow (CH_3)_2C{=}C(CH_3)_2 + (CH_3)_2CH\underset{\displaystyle\underset{CH_3}{|}}{C}{=}CH_2$$

碱	札依采夫消除产物	反札依采夫消除产物
$C_2H_5O^-/C_2H_5OH$	79%	21%
$(CH_3)_3CO^-/(CH_3)_3COH$	27%	73%
$(C_2H_5)_3CO^-/(C_2H_5)_3COH$	8%	92%

这是因为体积大的强碱进攻空间位阻大的 β-H 所遇到的阻力大，相对来说空阻小且酸性强的 β-H 更容易反应。

4）反应的立体化学

在 E2 反应中，进攻 β-H 的强碱（B）一般都是带负电荷的离子，B 与带部分负电荷的卤原子（$X^{\delta-}$）必然存在相互排斥，因此，B 必然选择距离 X 最远的方向接近 β-H。只有这样，才能使反应过渡态具有最低的能量，即最低的活化能。显然，只有 X 与 β-H 处于反位交叉式构象时，B 才会在距离 X 最远的地方接近 β-H。实际上，B 进攻反位交叉式 β-H 的最佳路线是沿着由 β-C→β-H 延长线的方向去接近 β-H。在这种情况下，X、α-C、β-C、β-H、B 五个原子是共平面的（图 6.5），因此，E2 反应的这种动态立体化学称为反式共平面消除（anti periplanar elimination），简称反式消除（anti elimination）。

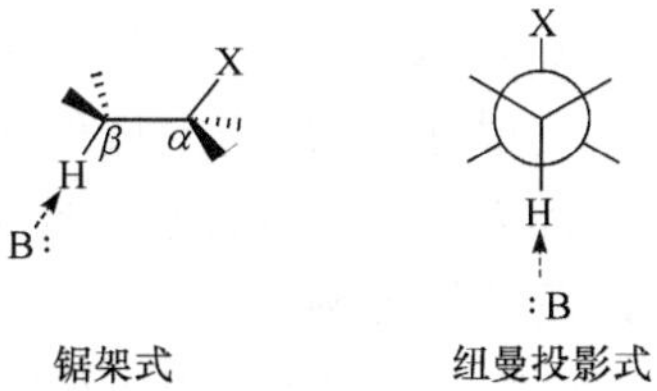

图 6.5 E2 反式共平面消除示意图

绝大多数 E2 反应都是反式消除。少数情况下，由于几何原因不能形成反位交叉构象，才以顺式方式消除（syn elimination）。

如果 E2 反应的产物(烯烃)存在顺反异构体时,E2 反应还具有立体选择性,即主要产物为大基团处于反式位置的烯烃。例如:

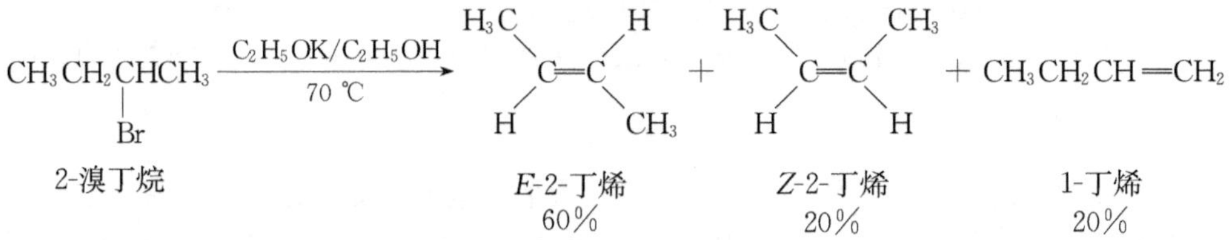

2-溴丁烷能满足 β-H 和 Br 互为反交叉式的构象有(i)和(ii)两种。构象(i)的两个甲基互为反位交叉式,构象(ii)的两个甲基互为邻位交叉式,显然,构象(i)较构象(ii)稳定,能量低。同样的,当两种构象都发生 E2 反应时,构象(i)形成的过渡态能量低,即活化能小,而构象(ii)形成的过渡态能量高,即活化能大。故构象(i)反应速率较快,生成较多的 E-2-丁烯产物。构象(ii)反应速率较慢,生成较少的 Z-2-丁烯产物。

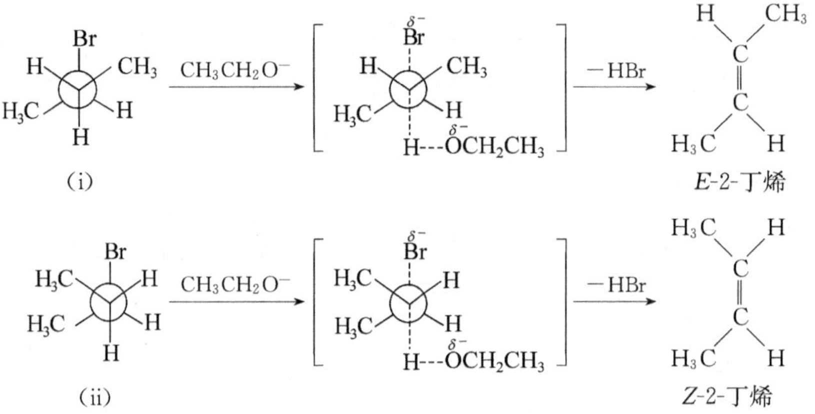

5) 卤代环己烷的 E2 反应和环己烷的构象

根据 E2 反应的机理,卤代环己烷要发生 E2 反应,β-C—H 键和 α-C—X 键必须都为 a 键。符合这种要求的构象称为反应构象,但反应构象并不一定是卤代环己烷的稳定构象。

如果卤代环己烷的反应构象同时也是稳定构象,则由于稳定构象在反应体系中所占的比例较高,其反应速率也较快。例如,顺-1-叔丁基-4-溴环己烷和反-1-叔丁基-4-溴环己烷的 E2 反应都得到 4-叔丁基环己烯,但前者的反应速率为后者的 500 倍。

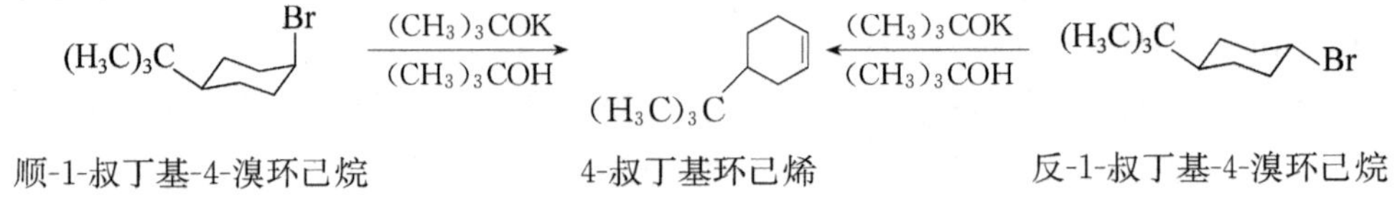

这是因为顺-1-叔丁基-4-溴环己烷的反应构象也是稳定构象。而反-1-叔丁基-4-溴环己烷的稳定构象不是反应构象，要成为满足反式共平面消除方式的反应构象，需要进行构象翻转。

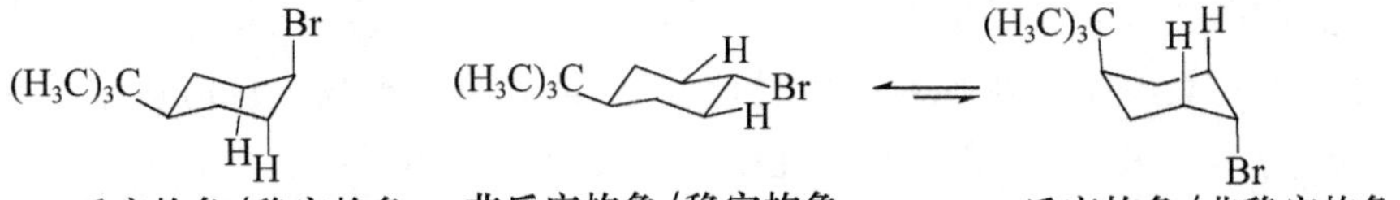

反应构象/稳定构象　　非反应构象/稳定构象　　反应构象/非稳定构象

但翻转后的反应构象却是椅式环己烷最不稳定的构象(两个大基团全部处在 a 键)，显然，这种反应构象在反应体系所占的比例是非常少的。因此，根据 E2 反应动力学方程 $v=k_{E2}$[卤代烷反应构象][B]可知，该反应的速率是很低的。

由于环己烷骨架的 C—C 键的相对旋转受到一定的限制，因此并不是所有β-H都能满足 E2 反应的反式共平面要求，此时存在反应的区域选择性，有可能得到反札依采夫消除产物。例如，在乙醇钠作用下(1*S*,2*S*,4*R*)-4-甲基-1-异丙基-2-氯环己烷消除反应得到札依采夫消除产物，而其异构体(1*S*,2*R*,4*R*)-4-甲基-1-异丙基-2-氯环己烷却只能得到反札依采夫消除产物。

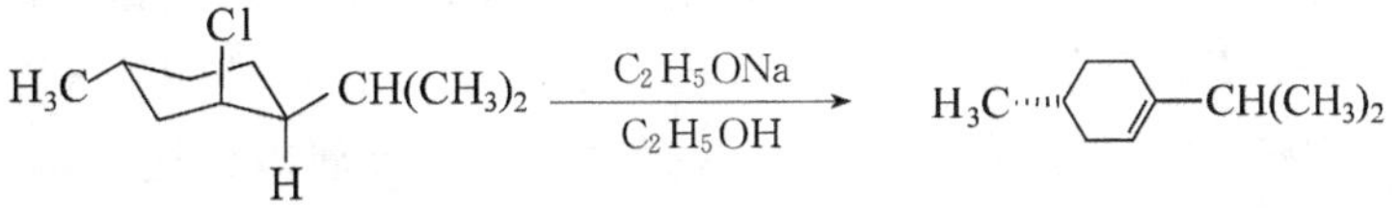

(1*S*,2*S*,4*R*)-4-甲基-1-异丙基-2-氯环己烷　　(*R*)-4-甲基-1-异丙基环己烯(札依采夫消除产物)

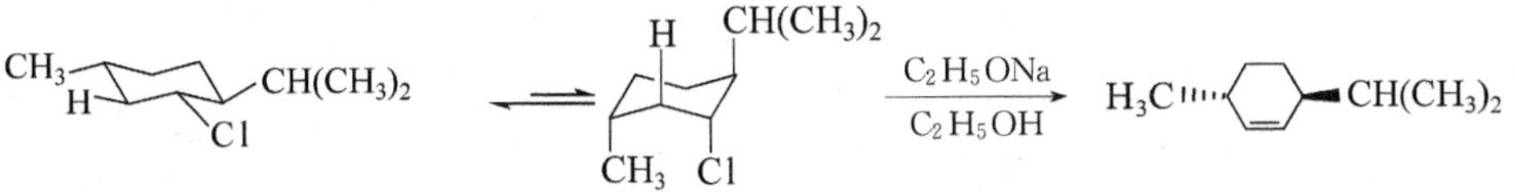

(1*S*,2*R*,4*R*)-4-甲基-1-异丙基-2-氯环己烷(稳定构象)　　(反应构象)　　(3*R*,6*S*)-4-甲基-6-异丙基环己烯(反札依采夫消除产物)

2. 单分子消去反应

在 80%乙醇水溶液中于 65 ℃下加热 2-甲基-2-氯丙烷，除了生成亲核取代反应产物 2-甲基-2-丙醇外，还得到消除产物 2-甲基-1-丙烯，二者的比例为 64∶36。

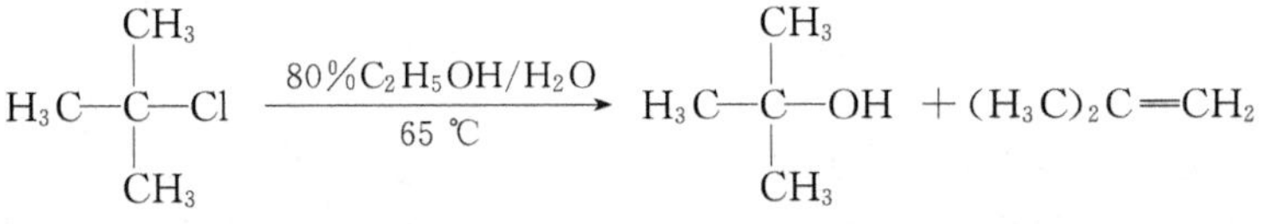

2-甲基-2-氯丙烷　　2-甲基-2-丙醇 64%　　2-甲基-1-丙烯 36%

若没有强碱存在，3°卤代烷的消除反应按单分子消除反应机理进行，表示为E1。上例中，取代反应为S_N1机理，消除反应为E1机理。与S_N1反应类似，E1反应包括两步基元反应：第一步是C—Cl键的异裂，形成碳正离子中间体，为反应决速步骤；但在第二步基元反应中，不是亲核试剂进攻中心碳原子，而是溶剂水作为碱，其分子中的氧原子利用孤对电子进攻β-H，得到消除产物。反应速率只受控于底物，为动力学一级反应，是单分子过程。其反应机理如下：

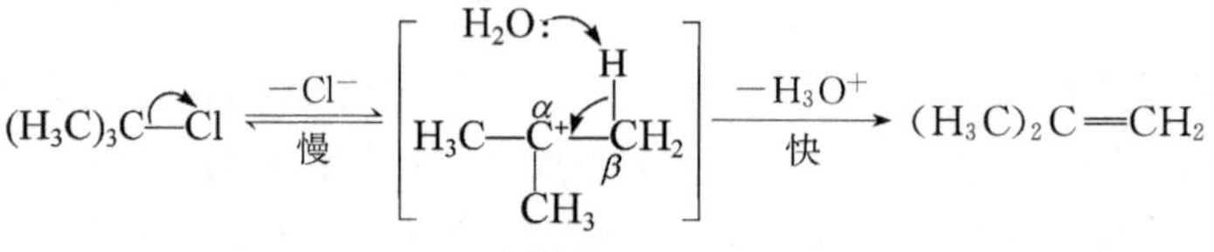

中间体

由于α-C—X键和β-C—H键的异裂是分步进行的，因此在同样条件下发生E1反应的β-D代卤代烷与结构相同的β-H代卤代烷的反应速率没有差异。但E1反应的区域选择性和产物的立体化学与E2反应相同。如果分子中存在几个可消除的不同β-H，反应通常遵循札依采夫规则，主要生成稳定的烯烃；如果产物存在顺反异构体，则反应的立体选择性仍然是大基团处于反式位置的烯烃是主要产物。例如，(1*S*,2*R*,4*R*)-4-甲基-1-异丙基-2-氯环己烷在C_2H_5ONa作用下全部发生E2反应，得到100%反札依采夫消除产物；如果溶剂极性增大，碱的浓度降低，则E1和E2反应并存，生成的烯烃既有札依采夫消除产物，也有反札依采夫消除产物，但仍以札依采夫消除产物为主。

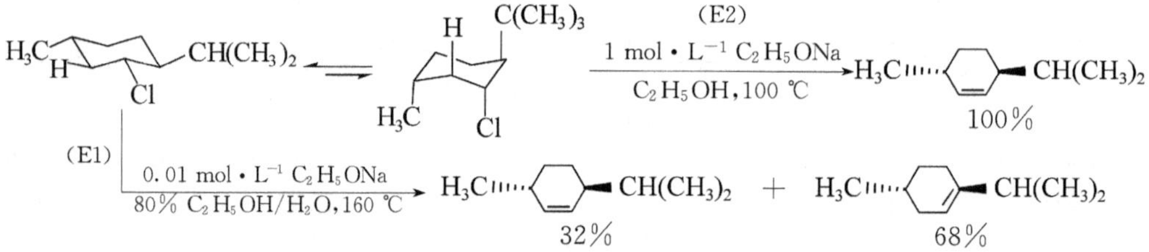

与烯丙基型卤代烯烃和苄基型卤代芳烃容易发生S_N1反应的原因一样，这两类卤代烃若有β-H存在时，也容易发生消除反应，且主要是E1反应，产物以稳定的共轭二烯烃为主。例如：

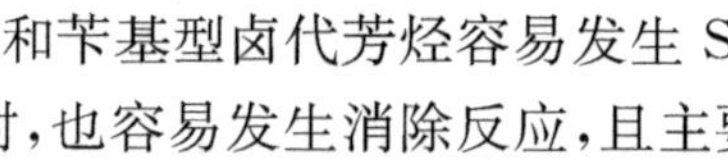

烯丙基型卤代烯烃的E1反应还有可能产生重排产物。

乙烯型卤代烃和芳基卤代烃由于C—X键异裂困难，因此只有在特别强的碱作用下才能发生消除。实验室常利用乙烯型卤代烃的消除反应来制备炔烃。例如：

$$CH_3CH_2CH{=}CHBr \xrightarrow{NaNH_2/NH_3(l)} H_3CH_2CC{\equiv}CH$$

3. 消除和亲核取代反应的竞争

参与消除和亲核取代反应的试剂性质不同，进攻底物的部位也不同。进攻试剂本身具有双重身份，既是亲核试剂，又是碱。在消除反应中，进攻试剂以碱的身份进攻 β-H；在亲核取代反应中，进攻试剂以亲核试剂的身份进攻 α-C。

如果底物按双分子机理进行，进攻试剂进攻 α-C，发生 S_N2 反应；进攻试剂进攻 β-H，发生 E2 反应。如果按单分子机理进行，在第一步决速步骤中 S_N1 和 E1 反应是相同的，都是形成相同的碳正离子；第二步进攻试剂进攻 α-C，得到 S_N1 产物；进攻试剂进攻 β-H，得到 E1 产物。所以在双分子反应机理中 S_N2 和 E2 是一对竞争反应，在单分子反应机理中 S_N1 和 E1 是一对竞争反应。在一对竞争反应中，只是进攻试剂所表现的身份和进攻部位不同而已。总之，同一底物的亲核取代反应和消除反应是一对竞争反应。

从上面(1*S*,2*R*,4*R*)-4-甲基-1-异丙基-2-氯环己烷的消除反应可知，同一底物既可发生双分子机理的反应，也可发生单分子机理的反应。也就是说，双分子机理的反应和单分子机理的反应也是一对竞争反应。

消除反应和亲核取代反应、双分子机理的反应和单分子机理的反应究竟以哪种反应为主，取决于底物的结构、反应试剂、反应介质(溶剂)和反应温度。其中底物的结构作为内因影响最大。

1）底物的结构

在双分子反应中，α-C 周围空间位阻越大，S_N2 反应的阻力越大，S_N2 反应就越不容易发生，但试剂进攻 β-H 基本不受空阻的影响。由此可见，当 α-C 连有较多的支链烷基时，对 E2 反应是有利的。也就是说，多个支链烷基的存在对 E2 反应的过渡态的形成有推动作用，不仅可以降低过渡态的热力学能，还会使生成的烯烃获得最大程度的稳定。因此离去基团相同的底物与强碱性的亲核试剂发生双分子反应时，一般伯卤代烷主要得到 S_N2 产物，而叔卤代烷主要得到 E2 产物。伯卤代烷 β-C 上烷基数目增加，S_N2 产物的比例也会显著下降。仲卤代烷比伯卤代烷更容易发生 E2 反应。正因为如此，不能用叔卤代烷与 CN^- 通过 S_N2 反应制备腈类化合物。利用卤代烷与碱金属炔化物作用制备碳链增长的非端基炔烃时，只能用伯卤代烷为原料。对叔卤代烷来说，如果 β-位上空间位阻不大，则其溶剂解主要为 S_N1 反应。例如，2-甲基-2-溴丙烷于 25 ℃下在乙醇溶液中的乙醇解反应，S_N1 产物占 81%。但其 β-C 上烷基的数目越多，溶剂分子进攻活性中间体 α-C^+ 所受到的阻力就越大，此时，溶剂分子便会进攻空阻较小的 β-H。所以 E1 产物比例随

β-C上烷基数目的增多而增大。例如：

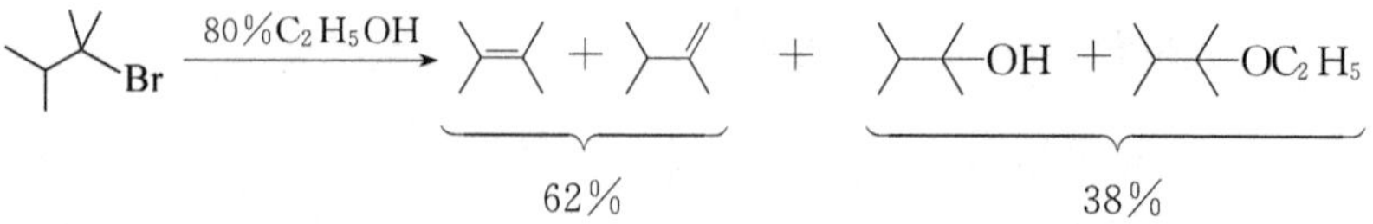

$$CH_3CH_2CH_2Br \xrightarrow[C_2H_5OH]{C_2H_5ONa} \underset{9\%}{CH_3CH{=}CH_2} + \underset{91\%}{CH_3CH_2CH_2OC_2H_5}$$

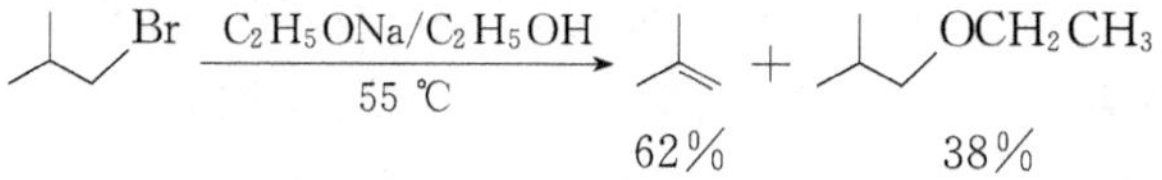

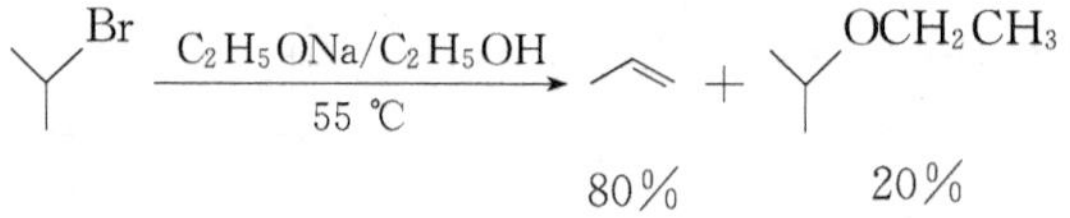

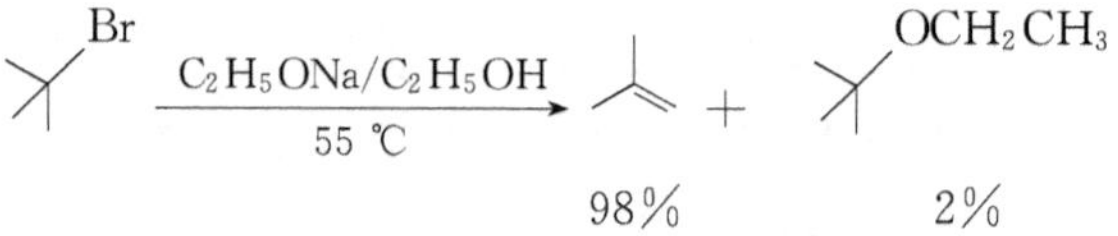

2）反应试剂

一般来说，亲核试剂的亲核能力和其碱性呈正相关。但是，就进攻试剂本身来说，决定反应主要去向的因素是进攻试剂本身亲核性和碱性的相对强度。例如，I^- 的亲核性远强于其碱性，因此在与卤代烃的反应中，I^- 总是充当亲核试剂的角色，很少有机会表现其碱性。对于 OH^- 来说，其亲核性和碱性都比较强，因此，OH^- 在与卤代烃反应时，常常能同时表现出亲核性和碱性，从而导致生成消除反应和亲核取代反应的混合产物。一般来说，比 OH^- 碱性弱但亲核能力强的试剂与伯、仲卤代烷反应，主要得到 S_N2 反应产物。此类亲核试剂包括 I^-、Br^-、RS^-、$RCOO^-$、CN^- 等。但亲核性弱而碱性强的反应试剂更有利于 E2 反应，反之则有利于 S_N2 反应。需要注意的是，进攻试剂本身的亲核性和碱性的相对强度并不是一成不变的，而是随溶剂的不同而不同。因此，相同的反应物在不同的溶剂中发生的反应类型、反应机理和反应速度常常也不相同。溶剂的选择对于构建所期望的反应是非常重要的。

在质子溶剂中，一些常见的亲核试剂的亲核性大小顺序一般为

$$RS^- \approx ArS^- > CN^- > I^- > NH_3(RNH_2) > RO^- \approx OH^- > Br^- > PhO^- > Cl^- \gg H_2O$$

另外，当亲核试剂的体积明显增大时，由于空阻效应阻碍与底物 α-C 接近，因而进攻 β-H 的可能性就越大。即使是伯卤代烷，E2 产物的比例也占优势。例如：

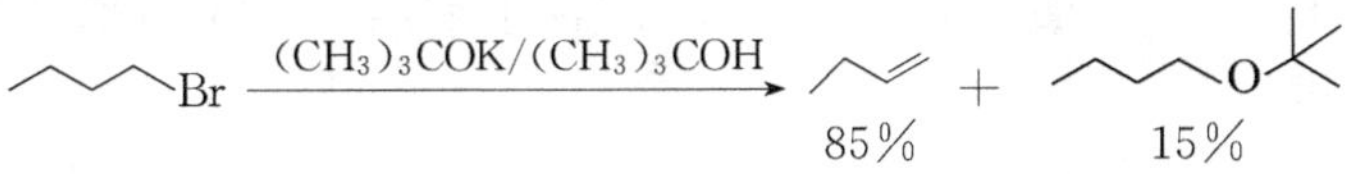

3）溶剂

较低极性的溶剂对 E2 反应有利。这是因为 E2 反应过渡态负电荷的分散程度大于 S_N2 反应过渡态，所以溶剂极性降低有利于 E2 反应活化能的降低。在 E2 反应中，常用醇类化合物为溶剂。

4）反应温度

反应温度升高，消除反应和亲核取代反应的速率都加快，但由于消除 β-H 生成烯烃所需活化能高，且消除反应是吸热反应，因此升高反应温度消除反应速率增加幅度较大。也就是说，升高温度对消除反应有利。

（三）卤代烃与活泼金属及有机金属化合物的反应

卤代烃能与许多活泼金属（如锂、镁、铝等）反应，生成分子中有 C—M 键的有机金属化合物。有机金属化合物的制备和应用近年来发展很快，本章只介绍在有机合成中应用较多的有机镁、有机锂和二烷基铜锂化合物。

(1) 有机镁化合物。用卤代烃与金属镁在干燥乙醚中反应，可以制备有机镁化合物。这一反应是法国化学家格利雅（Grignard）首先发现的，故有机镁化合物又称为格利雅试剂，简称格氏试剂。

格氏试剂是卤代烃基镁（RMgX）、二烃基镁（R_2Mg）、卤代烃基镁的聚合物［$(RMgX)_n$］和卤化镁（MgX_2）的混合物，但 RMgX 含量较高，所以一般称为卤代烃基镁，用 RMgX 表示。

$$RX + Mg \xrightarrow{\text{干燥乙醚}} RMgX$$

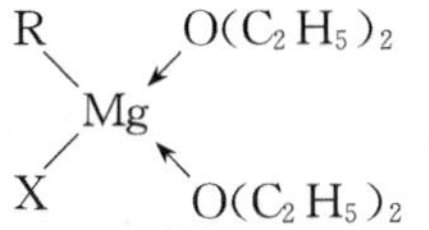

格氏试剂与乙醚形成的络合物

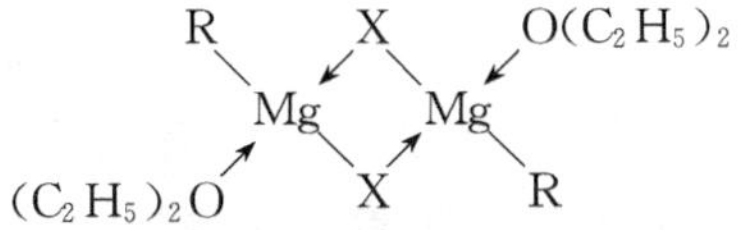

格氏试剂在乙醚中形成的二聚体

卤代烃基镁能与乙醚通过配位键形成络合物，从而使格氏试剂具有一定的稳定性并能溶于乙醚。格氏试剂在乙醚的稀溶液中以单体形式存在，并与两分子乙醚配位络合；在浓溶液中则以二聚体形式存在。

卤代烃生成格氏试剂的活性顺序为 RI＞RBr＞RCl，通常用溴代烃和氯代烃制备格氏试剂。格氏试剂分子中的 C—Mg 键为强极性共价键，烃基具有明显的碳负离子性质，具有强碱性和强亲核性，广泛应用于有机合成中，制备烃、醇、醛、酮、羧酸等有机化合物。例如，格氏试剂能与水、醇、氨等含活泼氢的化合物反应生成烃类，还能与氧气、二氧化碳发生反应，产物水解后分别生成醇和比卤代烃多一个碳原子的羧酸。

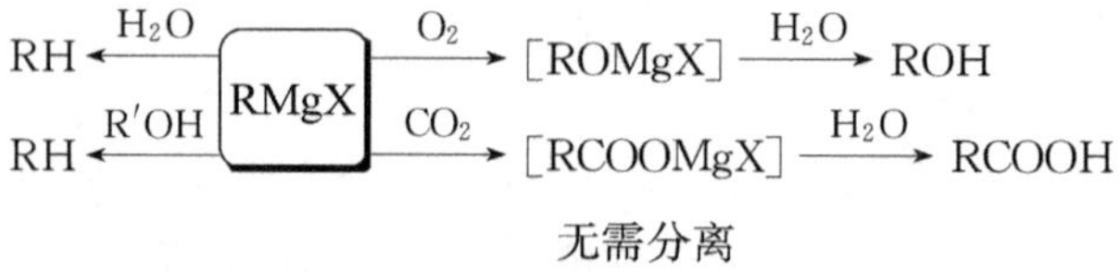

因此，在制备及应用格氏试剂时，要避免其与空气、水、醇类、含 N—H 键的胺类以及二氧化碳等接触。

当卤原子连接在不饱和碳原子上时，如乙烯型卤代烯烃和苯型卤代芳烃，形成格氏试剂的反应比较缓慢。若用干燥四氢呋喃代替乙醚作介质，可提高反应速率，尤其是卤原子为氯时，一般都需要四氢呋喃作溶剂。

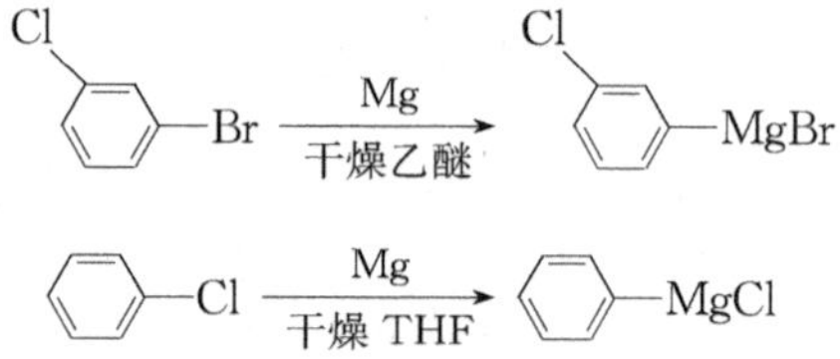

烯丙基型卤代烯烃能与格氏试剂发生 S_N2 反应[称为偶联反应(coupling reaction)]，生成新的 C—C 键，用以合成碳链增长的烯烃。例如：

所以制备烯丙基型格氏试剂时，为了防止溴化烯丙基镁与未反应的烯丙基溴发生偶联反应，操作时需要在反应容器中加入过量的镁和乙醚，并在剧烈搅拌下逐滴向反应体系中加入烯丙基型卤代烯烃的乙醚稀溶液，同时严格控制低温条件。

(2) 有机锂化合物。卤代烃与金属锂反应，生成有机锂化合物。

$$RX + 2Li \xrightarrow[\text{低温}]{\text{干燥乙醚}} RLi + LiX$$

反应常用乙醚作溶剂，为了防止有机锂化合物在较高温度下与醚类化合物作用，要在较低温度下进行。实验室还常用干燥正己烷作溶剂来制备有机锂。

卤代烃生成有机锂化合物的活性顺序为 RI＞RBr＞RCl，通常用溴代烃和氯代烃制备有机锂试剂。有机锂化合物分子中的 C—Li 键与格氏试剂中的 C—Mg 键一样，也具有很强的离子性，碳负离子具有强碱性和强亲核试剂的性质。因此，有机锂也广泛应用于有机合成。

有机锂也能与氧气、水、醇类、含 N—H 键的胺类以及二氧化碳等反应，因此，有机锂和格氏试剂的制备与应用一般都在无水的醚中和有稀有气体保护的环境中进行。少量水能与金属锂生成不溶于有机溶剂的氢氧化锂，包裹在金属锂表面，阻碍锂与卤代烷反应。

(3) 二烷基酮锂。烷基锂与卤化亚铜反应，生成二烷基酮锂化合物。

$$2RLi + CuX \xrightarrow[\text{低温}]{\text{干燥乙醚}} R_2CuLi$$

卤化亚铜可与有机锂发生金属交换反应，生成烷基铜。后者再与一分子烷基锂反应生成二烷基铜锂。反应常用乙醚或四氢呋喃为溶剂，并用稀有气体保护，在低温下进行。

二烷基铜锂作为碳负离子的提供者，在有机合成中的应用也很广泛。例如，二烷基铜锂与卤代烷，尤其是碘代烷、碘代乙烯类、碘代苯类，可发生烃基偶联反应，生成碳链增长的烃类化合物。

$$R_2CuLi + R'X \xrightarrow[0\ ℃]{\text{干燥乙醚}} R—R' + RCu + LiX$$

二烷基铜锂中的烷基作为强碱和亲核试剂，如为仲或叔烷基，则遇到其他仲卤代烷或叔卤代烷易引起卤代烷发生消除反应，这主要是因为空阻效应。所以常用二烷基铜锂与伯卤代烷反应，制备 $RCH_2—CH_2R$ 型烷烃。例如：

$$(CH_3)_2CuLi + CH_3(CH_2)_8CH_2I \xrightarrow[0\ ℃]{\text{干燥乙醚}} CH_3(CH_2)_9CH_3 + CH_3Cu + LiX$$

(四) S_N2、S_N1、E2、E1 反应小结

卤代烃既能发生亲核取代反应，又能发生消除反应，二者不但同时进行，而且存在两类反应和 S_N2、S_N1、E2、E1 四种机理的互相竞争。主要发生哪类反应，反应按哪种机理进行，取决于卤代烃的结构、亲核试剂的碱性、溶剂和反应温度等因素。

(1) S_N2 和 S_N1 反应。S_N2 和 S_N1 反应是亲核取代的两类极限反应，还有许多亲核取代反应是介于两种极限机理之间，称为处于“交界状况”的反应。尽管有几种反应机理假说来解释这种“交界状况”，但可以这样理解：如果底物中心碳原子周围空间位阻小，亲核试剂的亲核能力强，离去基团的离去倾向较小，底物还来不及形成碳正离子中间体，亲核试剂与中心碳原子之间已有电子对的部分共享，则 S_N2 反应占优势；如果底物中心碳原子周围空间位阻大，亲核试剂的亲核能力弱，离去基团的离去倾向大，反应条件又有利于碳正离子中间体的形成，亲核试剂与底物中心碳原子之间尚未产生电子对的部分共享，底物就形成了碳正离子，则 S_N1 反应占优势。

一般来说，烃基相同的不同卤代烃发生亲核取代反应的活性顺序为 RI>RBr>RCl 。CH_3X 和 1° RX 容易发生 S_N2 反应，3° RX 容易发生 S_N1 反应。2° RX 可同时按两种机理进行，但究竟以哪种为主，则取决于反应条件。如果试剂亲核性强、浓度大，可发生 S_N2 反应；如果试剂亲核性弱、浓度小，且质子溶剂的极性增加，则发生 S_N1 反应。此外，β-位空间位阻大的 1°、2°RX 也容易发生 S_N1 反应。

(2) E2 和 E1 反应。卤代烃既能发生 E2 反应，也能发生 E1 反应。如果 C—X 键的异裂速率远大于 β-C—H 键的异裂速率，则以 E1 反应为主；如果二者异裂速率差别不大，则以 E2 反应为主。在有碱存在时，多数卤代烃都得到 E2 产物；3° RX在极性溶剂中发生溶剂解时，一般得到 E1 产物。

一般情况下，烃基相同而卤素不同的卤代烃发生消除反应的活性顺序与亲核取代反应相同：RI>RBr>RCl；卤素相同而烃基不同的卤代烃消除反应活性顺序为 3°>2°>1° RX。

(3) 消除和亲核取代反应的竞争。S_N2 和 E2 是涉及两种不同过渡态的反应的竞争；S_N1 和 E1 则是同一活性中间体沿两种不同途径进行的竞争反应。

多数情况下，试剂的亲核性强，对 S_N2 反应有利，碱性强、浓度大则对 E2 反应有利；溶剂极性减弱对 E2 反应有利；升高温度对消除反应更为有利；在极性较弱的醇等溶剂中，用醇钠等强碱，3°和 2°RX 消除产物比例极高。

卤代烷的 S_N2、S_N1、E2、E1 反应规律见表 6.3。无位阻的 1° RX 总是发生双分子反应，且 S_N2 产物占优势；只有在使用空间位阻大的强碱时，才以 E2 产物为主；2° RX 可根据不同反应条件，发生双分子或单分子的消除或亲核取代反应；试剂的亲核性强，有利于 S_N2 反应；强碱有利于 E2 反应；在弱亲核性极性介质中，主要发生 S_N1 和 E1 反应。3° RX 卤代烷遇大多数碱性试剂易发生 E2 反应；在非碱性介质中则发生 S_N1 反应，但同时伴随 E1 反应。

表 6.3 卤代烷与试剂反应的可能机理

底物	试剂类型			
	弱亲核性 极性介质	碱性弱 亲核性强的试剂	碱性强 无位阻的试剂	碱性强 有位阻的试剂
CH_3X	无反应	S_N2	S_N2	S_N2
1° RX 无位阻	无反应	S_N2	S_N2	E2
有支链	无反应	S_N2	E2	E2
2° RX	慢，S_N1 和 E1	S_N2	E2	E2
3° RX	S_N1 和 E1	S_N1 和 E1	E2	E2

习 题

1. 命名下列化合物。

(1) 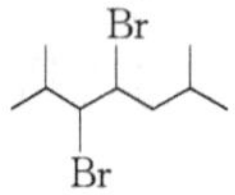

(2) 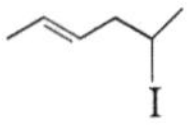

(3) 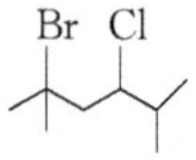

(4) 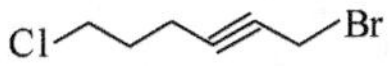

(5) 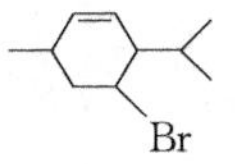

(6) 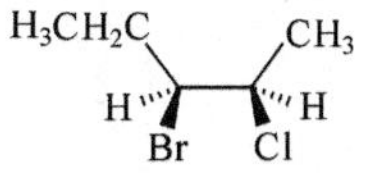

(7) 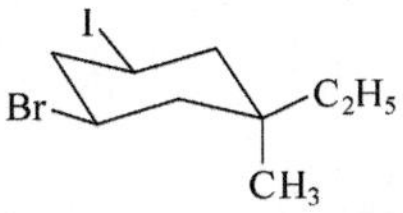

(8) 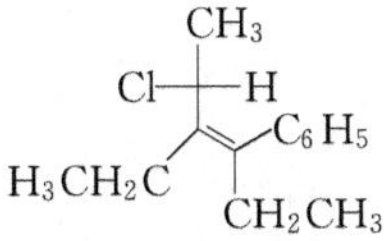

2. 写出 2-甲基戊烷一氯代所有产物的结构式(包括光学异构体的构型)并命名。

3. 按要求完成下列各题。

(1) 试比较下列各组化合物发生 S_N2 反应的活性顺序。

① A. 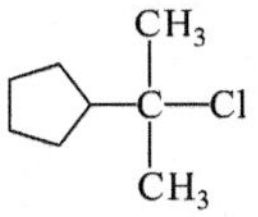 B. 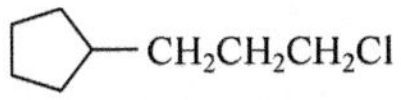 C. 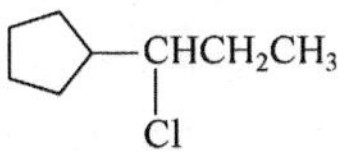

② A. 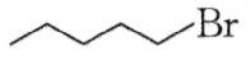 B. 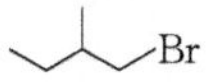 C. 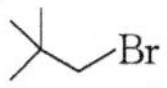

(2) 试比较下列各组化合物发生 S_N1 反应的活性顺序。

① A. 2-环丁基-2-溴丙烷　B. 1-溴丙烷　C. 1-溴丙烯　D. 2-溴丙烷

② A. 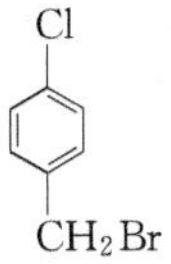 B. 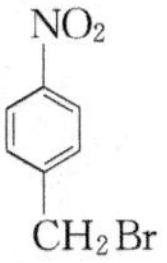 C.  D. 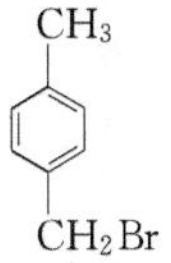

(3) 试比较下列化合物发生 E2 反应的活性顺序。

A. 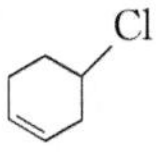 B. 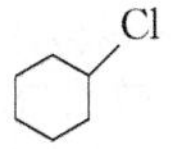 C. 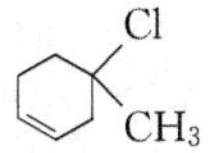 D. 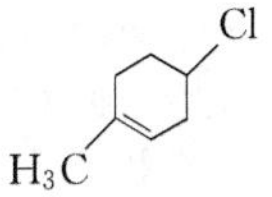

(4) 试比较下列化合物发生 S_N 反应的活性顺序。

A. $(CH_3)_2CHCH_2Cl$　B. $(CH_3)_2CHCH_2I$　C. $(CH_3)_2CHCH_2Br$

(5) 下列说法是否正确？为什么？

① 某右旋卤代烷,与氢氧化钠水溶液反应生成左旋的醇,该反应一定是 S_N2 反应。

② 如果(3*R*, 4*S*)-3-甲基-4-氯己烷发生 S_N1 反应,一定得到外消旋体产物。

(6) 预测下列反应主要是 S_N1 反应还是 S_N2 反应。

① 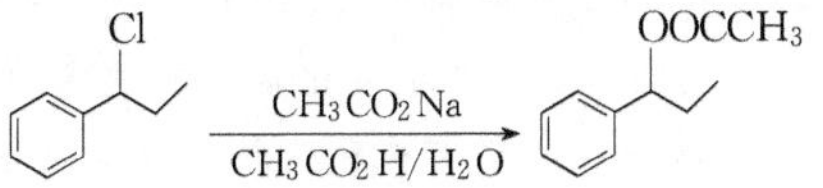

② 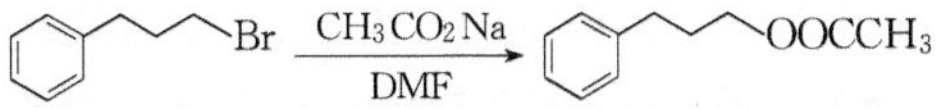

4. 写出下列反应的主要产物,注意反应的立体化学。

(1) 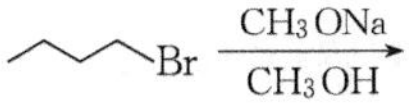

(2) 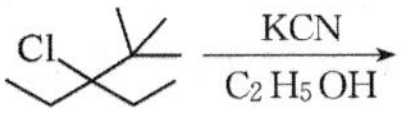

(3) 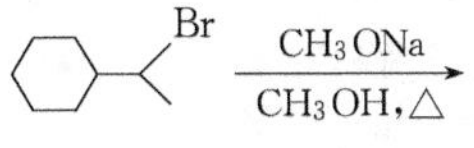

(4) 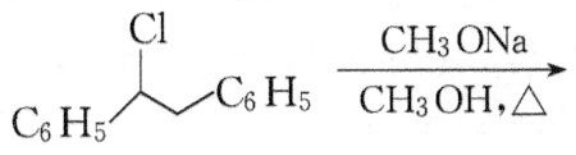

(5) 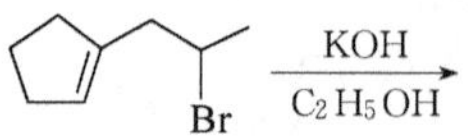　　(6) 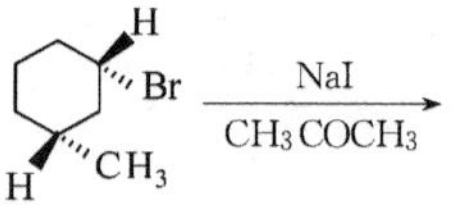

(7) 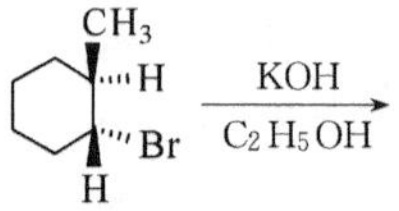　　(8) 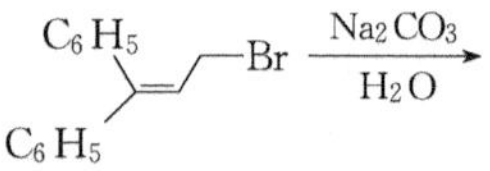

5. 用简明的化学方法区别下列各组化合物。

(1) 　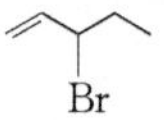　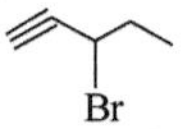　

(2) 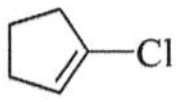　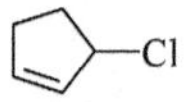　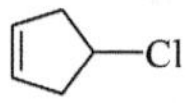

6. 试就下列反应提出合理的反应机理。

(1) $(CH_3)_2CHBr + AgNO_3 + H_2O \longrightarrow (CH_3)_2CHOH + AgBr\downarrow$

(2) 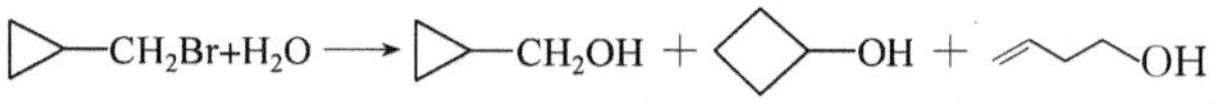

7. 按要求合成下列化合物(无机试剂任选)。

(1) 用环己烯和其他必要的有机化合物为原料合成丙基环己烷。

(2) 用环己烯和其他必要的有机化合物为原料合成 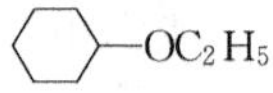。

(3) 用1-丁烯和不超过4个碳的有机化合物为原料合成 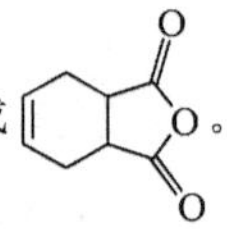。

(4) 用 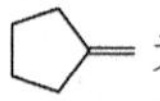 为原料合成 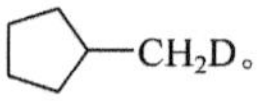。

8. 化合物(A)和(B)的分子式均为C_4H_8,二者加溴后的产物再与KOH乙醇溶液共热,生成分子式为C_4H_6的化合物(C)和(D),(D)能与银氨溶液反应生成沉淀,而(C)不能。试推导化合物(A)～(D)的结构式。

9. 化合物$C_{16}H_{16}Br_2$(A),无光学活性。(A)用强碱处理后得到化合物$C_{16}H_{14}$(B)。(B)能吸收2 mol氢气,经臭氧化还原水解后得到化合物C_7H_6O(C)和乙二醛。(C)为醛类化合物。试写出化合物(A)～(C)的结构式,并用反应式表示推导过程。

氟效应在药物分子设计中的应用

氟的原子半径(72 pm)和C—F键长(142 pm)与氢原子的半径(32 pm)及C—H键长(109 pm)相近,不会引起太大的体积效应;C—F键能高,有机氟化物具有较高的热稳定性、抗氧化性和抗代谢作用;氟的电负性极强,从而改变了有机氟化物的电荷效应、酸碱性、偶极矩、分子构型和邻近基团的化学反应性等理化性质;氟原子的存在还增加了化合物在细胞膜上的脂溶性,提高药物使用时的吸收和传递速率,如CF_3是已知的最具亲脂性的基团之一。含氟化合物具有特殊的理化性质及生理活性,其在医药、农药的性能与相应的无氟化合物相比,具有用量少、药效高、稳定性好、良好的脂溶性和易于被生物体吸收的特点,即氟效应,对药物设计和应用有重要意义。因此,随着有机氟化学的理论、反应方法学的发展,具有生物活性的含氟化合物的合成及性质研究引起化学家、生物学家和药物学家的浓厚兴趣。

含氟生理活性物质的研究始于20世纪40年代。研究发现，某些毒性植物的剧毒性是由单氟代乙酸所致，这一发现大大推动了少氟化合物在毒性及药物方面的研究。含氟药物中，有些是对有生理活性无氟化合物的结构修饰，有些则是有意识合成的人工目标分子。近年来，含氟抗病毒药物、抗生素、中枢神经系统治疗药物、抗肿瘤等药物大量涌现。例如，氧氟沙星、氟哌酸、环丙沙星等含氟喹诺酮类抗菌剂已成为常见药物，销售额占到国际抗生素市场销售额的五分之一。

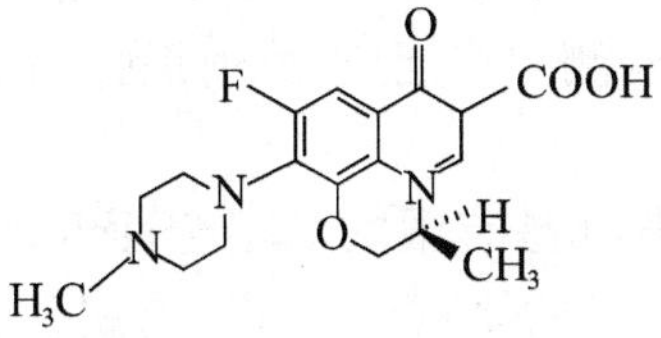

左旋氧氟沙星(广谱抗菌药物)

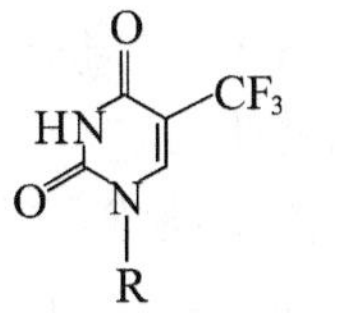

5-三氟甲基尿嘧啶类(抗肿瘤药物)

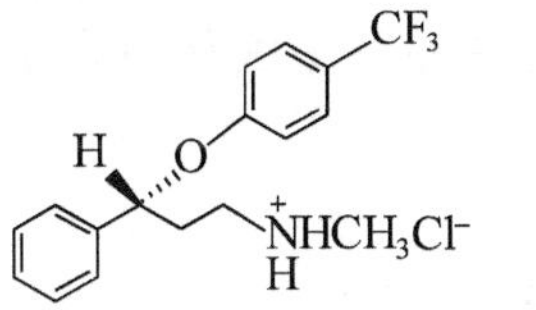

fluoxetine(抗抑郁症药物)

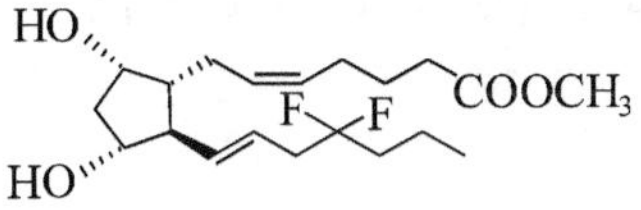

16-二氟 PGF2(抗生育活性)

另外，在农药领域，如杀虫剂、除草剂、昆虫信息素等方面，氟原子引入后药物分子的疏水亲脂性、特效性、吸收、传输和转化降解等性能都有显著改善。

第七章　有机化合物结构的波谱分析

有机化合物的结构是有机化学研究的基础，也是有机化学的重要研究内容之一。紫外光谱(ultraviolet spectroscopy, UV)、红外光谱(infrared spectroscopy, IR)、核磁共振波谱(nuclear magnetic resonance spectroscopy, NMR)和质谱(mass spectrometry, MS)是现代有机化合物结构测定广泛应用的四种波谱技术，常简称为四谱技术。

任何一种波谱技术所能反映的分子结构信息都是有限的和不全面的，不同波谱技术的差异在于各自所能反映出的分子结构信息的侧重点不同。有机化合物的结构测定就是通过对一个化合物的各种波谱技术测定的结果进行综合解析来完成的。一般来说，UV 主要反映分子中 π-π 共轭体系的结构信息，IR 主要反映分子中官能团的信息，MS 主要提供分子的相对分子质量和分子式信息，NMR 反映的是分子的碳-氢骨架。

第一节　电磁波和吸收光谱

分子不是静止的，而是不停地运动。分子的运动包含多种运动形式，如化学键的振动(vibration)、原子核的自旋(spin)和电子的能级跃迁(promotion)等。任何一种分子运动的形式都会有两种或两种以上的运动状态，不同的运动状态对应于不同的能量状态。每一运动形式的能量最低的运动状态称为基态，能量高于基态的运动状态称为激发态。每个能量状态(E)称为一个能级(E_i)。运动状态由低能级转变到高能级的过程称为能级跃迁。化学键的振动、原子核的自旋和电子的能级跃迁等运动形式的能级跃迁都是量子化的，即不连续的。一种运动形式的不同运动状态之间的能量差称为能级差(energy gap, ΔE)。一种运动形式要发生能级跃迁的必要条件是吸收与两种运动状态对应的能量，即 ΔE，大于或小于 ΔE 都是不允许的。化学键的振动、原子核的自旋和电子跃迁等运动形式的能级跃迁所需要的能量可以通过吸收具有相同能量的电磁波来获得。所不同的是不同运动形式的能级跃迁所需要的能量不同，且差异较大。其中电子能级跃迁所需要的能量最大，相当于波长为 200～800 nm 的电磁波，原子核自旋能级跃迁即核磁共振所需要的能量最小，相当于波长为 0.3～10 m 和频率为 1000～30 MHz 的电磁波，化学键振动能级跃迁即红外吸收所需要的能量居中，相当于波长为 2.5～25 μm 或波数(波长的倒数)为 4000～400 cm^{-1}的电磁波。这样，用不同能量或波长范围的电磁波照射分子，便可引起分子不同的运动形式发生能级跃迁，从而产生不同的波谱图。

根据波长由小到大的顺序，电磁波可以依次分为 X 射线区、真空紫外光区、紫外光区、可见光区、红外光区、微波区和无线电波区。测定有机分子结构常用的电磁波范围主要有紫外光区（200～400 nm）、可见光区（400～800 nm）、红外光区（2.5～25 μm）和无线电波区（波长＞10^{-2} m）。根据照射电磁波的波长范围的不同，便有 UV、UV-Vis（紫外-可见光谱）、IR、NMR 等不同的波谱技术。

UV、IR 和 NMR 都属于吸收光谱。吸收光谱就是用一定波长范围内的各种波长的电磁波按照波长由大到小的顺序依次照射样品，同时用检测器和记录仪同步测定和记录样品对各波长电磁波的吸收强度。若以波长为横坐标，以光吸收强度为纵坐标来绘图，便可得到一条连续变化的曲线图，这就是所谓的吸收光谱。

MS 从原理上讲不属于波谱范畴，但它可以提供许多有关分子结构的信息。另外，在质谱仪原理中有“离子光谱学”的现象和概念，所以把质谱也当作一种波谱方法。

第二节　紫外-可见光谱

一、紫外光谱及其表示

紫外-可见光谱仪的测定波长范围一般为 200～800 nm。紫外光谱图用二维平面坐标图来表示，横坐标代表波长，纵坐标代表吸光度 A[$A=\lg(I_0/I)$，I_0 和 I 分别为入射光和透射光的强度]或摩尔吸光系数（molar absorptivity）ε。A 和 ε 都表示吸光强度。图 7.1 是 3,3′-二甲氧基联苯的紫外光谱图。

根据朗伯-比尔（Lambert-Beer）定律，对于特定波长的光来说，吸光度（A）、样品浓度（c）、光穿过样品溶液的长度（简称光程，用 l 表示，单位为 cm）和摩尔吸光系数（ε）有如下关系：

$$\varepsilon=\frac{A}{lc} \tag{7-1}$$

对于特定的电子跃迁来说，它只吸收一种波长的光，且具有固定不变的 ε 值，但不同电子跃迁对不同波长的光的吸收常具有不同的 ε 值。ε 值的大小反映了电子跃迁的概率大小，与电子跃迁的概率成正比。ε 值越大表明其吸光能力越强，电子跃迁的概率越高。

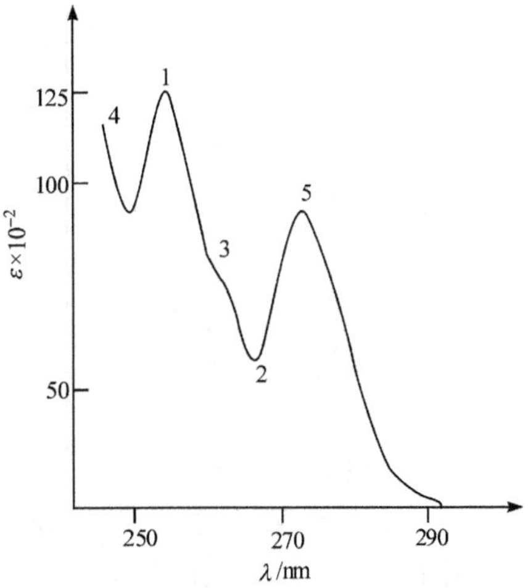

图 7.1　3,3′-二甲氧基联苯的紫外光谱图

谱图中每个吸收峰的峰尖所对应的波

长称为该吸收峰的最大吸收波长(λ_{max}),它与特定的电子跃迁相对应。例如,图7.1中有两个最大吸收,即峰1和峰5。谱图中相邻两个吸收峰之间吸收最低的峰谷如图7.1中峰2,称为最小吸收,其相应波长称为最小吸收波长,用λ_{min}表示;在峰1与峰2之间有一拐点(峰3),就像人的肩膀一样,称为肩峰(shoulder peak);在吸收曲线的短波长一端,有一个吸收强度相当强但不成峰形的吸收4,称为末端吸收;谱图中最右端的吸收峰(峰5)称为最长波长吸收。每个λ_{max}对应的ε值称为最大吸收的摩尔吸光(或消光)系数,用ε_{max}表示。

λ_{max}和ε_{max}值是表征化合物中特定电子跃迁的特征参数。一般来讲,不同化合物具有不同的电子结构,因此,也具有不同的λ_{max}值和ε_{max}值。它们是鉴定化合物的重要依据。而λ_{min}、肩峰和整个吸收曲线的形状均与分子结构有关,其特征也随分子结构的不同而异,都可以作为物质定性分析的依据。

二、基本原理

根据分子轨道理论,分子在最稳定状态时,其成键电子都填充在能量较低的成键轨道上,能量较高的反键轨道是空着的。当成键轨道上的键电子(σ电子和π电子)或价电层上的非键电子(一般是孤对电子)吸收了一定的能量之后,便可跃迁或激发到反键轨道上。根据电子跃迁前后所在的分子轨道类型,可将电子跃迁分为四种:$\sigma\rightarrow\sigma^*$、$n\rightarrow\sigma^*$、$\pi\rightarrow\pi^*$、$n\rightarrow\pi^*$。不同的电子跃迁所需要的能量大小一般不同(图7.2),它是由相应轨道之间的能级差决定的。各类电子跃迁的能级大小顺序一般为

$$\sigma\rightarrow\sigma^* > n\rightarrow\sigma^* > \pi\rightarrow\pi^* > n\rightarrow\pi^*$$

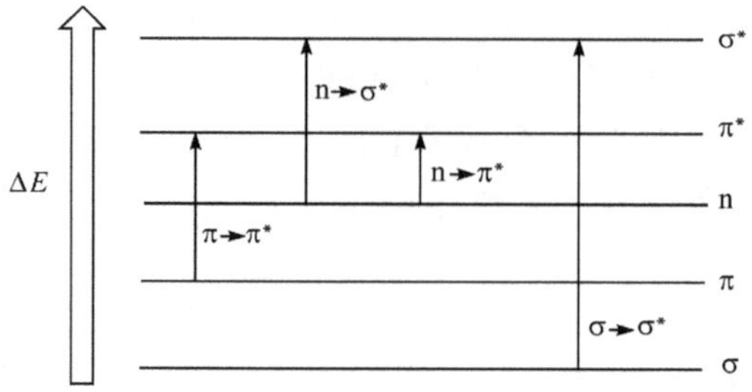

图7.2　电子跃迁及其能量示意图

$\sigma\rightarrow\sigma^*$和$n\rightarrow\sigma^*$电子跃迁的吸收一般位于远紫外区(100～200 nm),其$\lambda_{max}<$ 170 nm,处于一般紫外光谱仪的测定波长范围之外,且这类吸收对有机化合物的结构测定意义不大。虽然有少数化合物的$n\rightarrow\sigma^*$吸收也会出现在紫外区,但其吸收峰的强度很小,应用价值也不大。

当分子中存在C═X (X为O、S、N等杂原子)键结构时,分子会产生$n\rightarrow\pi^*$电

子跃迁。其 λ_{max} 一般位于近紫外区，其吸收峰称为 R 吸收带。$n\rightarrow\pi^*$ 电子跃迁属于一种禁止跃迁，电子的跃迁概率很低，故 R 带的峰强度很低（$\varepsilon_{max}<10^2$），对有机化合物的结构测定意义也不大。

$\pi\rightarrow\pi^*$ 是 π 键电子的跃迁，所产生的吸收带称为 K 吸收带。只要分子中存在双键、叁键或芳环等 π 键结构，分子就会产生的 $\pi\rightarrow\pi^*$ 电子跃迁。孤立双键的 $\pi\rightarrow\pi^*$ 跃迁引起的吸收一般位于远紫外区（$\lambda_{max}<200$ nm），对测定有机分子的结构意义不大。但共轭体系的 $\pi\rightarrow\pi^*$ 跃迁吸收则位于近紫外区即 200 nm 以上，且吸光能力很强（$\varepsilon_{max}>10^4$）。因此，K 吸收带对于了解分子中的共轭体系结构是非常有用的，这也是紫外-可见光谱在有机化合物结构测定中的最重要的应用。

K 带的最大吸收波长与其对应的共轭链的长度以及共轭链上的取代基多少、位置和种类具有一定的定量规律。利用这些规律，人们不仅能够根据分子结构来计算分子 $\pi\rightarrow\pi^*$ 跃迁的 λ_{max}，而且也可通过分析实测的 λ_{max} 来推断分子中的共轭体系的结构信息。

化合物	═	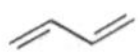	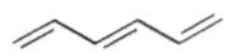	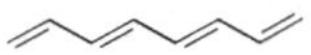
λ_{max}/nm	162	217	258	298

共轭链越长，其 λ_{max} 和 ε_{max} 也越大。这种 λ_{max} 向长波方向移动的现象称为红移或深色移动。当分子的共轭链长度达到一定程度时，其 λ_{max} 会位于可见光区。这就是为什么可见光谱也可以用来测定有机分子结构的原因。

三、紫外光谱在有机分子结构测定中的应用

(1) 当化合物在 200～400 nm 无吸收，表明这个化合物是饱和烃。

(2) 如果化合物仅在 270～350 nm 有很弱的吸收（R 带，$\varepsilon_{max}<100$），表明分子含有非共轭的 C═O、C═N、C═S、NO_2 等基团。

(3) 若谱图存在 $\varepsilon_{max}=10^4\sim2\times10^4$ 的强吸收峰，说明分子中存在 π-π 共轭体系。

(4) 若谱图中存在 $\varepsilon_{max}=10^3\sim10^4$ 的吸收峰，表明分子中有芳环；若谱图中同时存在 $\varepsilon_{max}>10^4$ 的谱带和 $\varepsilon_{max}<10^4$ 的谱带，说明芳环上连有能够延长芳环共轭体系（包括 p-π 共轭）的基团。

(5) 若谱图中有多个吸收带，且有一些出现在可见光区，说明分子中含有较长的 π-π 共轭链或含有多环共轭体系；如果化合物是有色的（含硝基、偶氮基、1,2-二酮基化合物，乙二醛，碘仿等除外），说明分子中至少含有四五个共轭 π 键。

此外，UV 还可确定未知物的基本骨架、某些官能团的位置以及一些化合物的异构体、构型和构象，但这些功能已越来越多地被 NMR 和 IR 所代替。

四、共轭与视觉化学

人眼能够看见的光称为可见光，可见光区的波长范围为 400～800 nm。人眼

看到的太阳光即自然光，其实是可见光区各种波长的光的混合光。当自然光照射到某一物体后，若物体不吸收光，则人眼看到的物体呈现白色。若物体只吸收部分波长的光，则剩余未被吸收的可见光被物体反射而进入人眼，此时人们便会感觉到物体呈现一定的颜色。也就说，人们感觉到的颜色是由照射光中未被物体吸收的可见光反映出来的。不同波长的可见光在人眼中呈现不同的颜色。不同波长的可见光组成的混合光在人眼中呈现混合色。当两种不同颜色的单色光混合在一起呈现白色时，称这种混合光为白光，称两种单色光为互补光，称两种单色光的颜色为互补色。图 7.3 中互为对角的两种单色光为互补光。

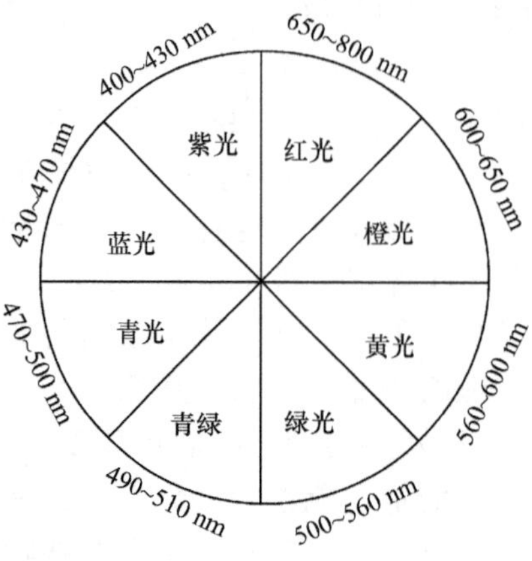

图 7.3　白光中各种单色光的互补关系

从紫外-可见光谱的原理可知，随着有机分子中共轭链的延长，其 K 带的 λ_{max} 将不断增大。若分子 K 带的 λ_{max} 位于可见区，表明分子能够吸收可见光。此时，我们看到在白光照射下的样品呈现一定的颜色。例如，β-胡萝卜素分子有 11 个 C═C 双键组成的共轭体系，其 K 带的 λ_{max} 为 455 nm，位于可见光区的蓝光区，我们看到的 β-胡萝卜素的颜色就是蓝光的互补光——橙黄色。一般的规律是，分子中共轭链越长，分子的颜色就越深，人眼对其越敏感。

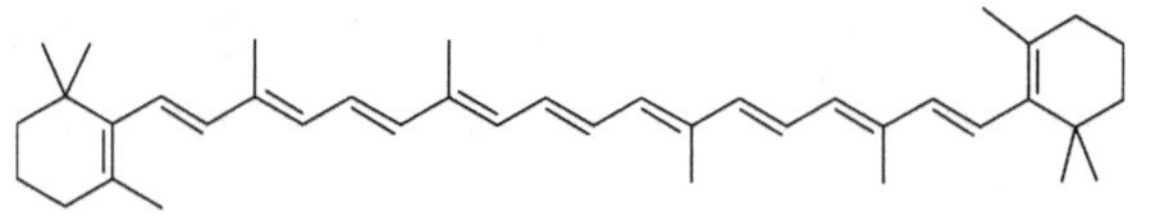

β-胡萝卜素

人眼对光的感知是依靠眼睛视网膜上的光敏感分子来完成的。光敏感分子就是一些能吸收可见光的共轭有机分子。β-胡萝卜素在人和动物的肝脏中可被酶氧化成维生素 A，后者再被氧化成全反式的视黄醛(retinal)。全反式视黄醛再通过酶的作用异构化成能够接受可见光的光敏感分子——11 顺-视黄醛。

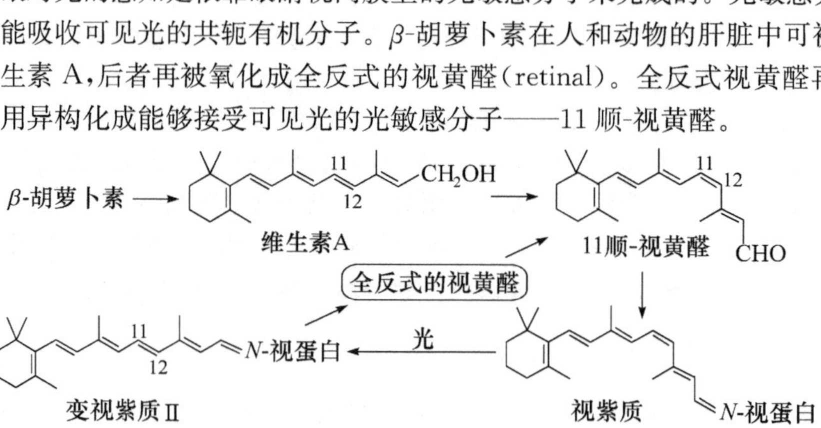

在视网膜上存在两类光敏感受体细胞：视杆细胞（约 300 万）和视锥细胞（约一亿）。视杆细胞主要接受暗光，视锥细胞负责接受亮光和感知颜色。在视杆细胞中，11 顺-视黄醛与视蛋白（opsin）以 C═N 双键结合成视紫质（rhodopsin）。当光照射到视杆细胞上时，11 顺-视黄醛吸收光并发生 $C^{11}═C^{12}$ 双键的异构化，形成全反式视黄醛结构，即变视紫质 Ⅱ（metarhodopsin Ⅱ）。视紫质的异构化引起神经脉冲的产生，并传递至大脑而形成视觉。在没有光照的条件下，双键由顺式到反式的异构化过程需要约 1100 年才能完成，但在光照下只需 2×10^{-11} s。变视紫质 Ⅱ 通过 C═N 裂解可以再释放全反式的视黄醛，后者通过异构化可再变成 11 顺-视黄醛而重复利用。

第三节　红 外 光 谱

一、基本原理

共价键就像一个连着两个原子作简谐振动的弹簧，在不停地振动。每个共价键的振动都有不同的振动能级。在基态时，特定的共价键有自己特定的振动频率和能量，不同共价键的振动频率一般是不同的。共价键的振动能够吸收与自己振动频率相同的红外光，吸收的光能转化成振动能，用于增加共价键振动的振幅（amplitude），此时，键振动便从低能级跃迁到高能级。红外光谱就是基于共价键振动能级跃迁的一种波谱技术，又称为分子振动光谱（molecular vibration spectroscopy）。由于分子振动能级跃迁时常伴有分子转动能级的改变，因而实际测得的振动光谱中也含有转动能级跃迁的吸收，使得振动吸收峰变宽而成为吸收带，故红外光谱也叫分子振动-转动光谱。当用一束波长连续改变的红外光照射样品时，不同的共价键将选择性吸收与自己频率相同的红外光。被吸收的红外光，其透射光的强度将减弱，未被吸收的红外光则仍保持很强的光强。若用仪器实时记录透射光波长和强度的变化，就会得到一条表示吸收谱带的曲线，这就是红外光谱图。

分子的振动是由所有共价键振动综合引起的。根据键角和键长的变化，不同共价键的振动组合可分为伸缩振动（ν）和弯曲振动（δ）两类型。

伸缩振动是指键长改变而键角不变的振动，包括对称伸缩振动（symmetric stretching）ν_s 和不对称伸缩振动（asymmetric stretching）ν_{as}。

弯曲振动是指键长不变而键角改变的振动，包括面内弯曲振动（in-plane bending）和面外弯曲振动（out-of-plane bending），如图 7.4 所示。

二、红外光谱的表示方法

根据波长由小到大的顺序，红外光区可分为近红外区、中红外区和远红外区。

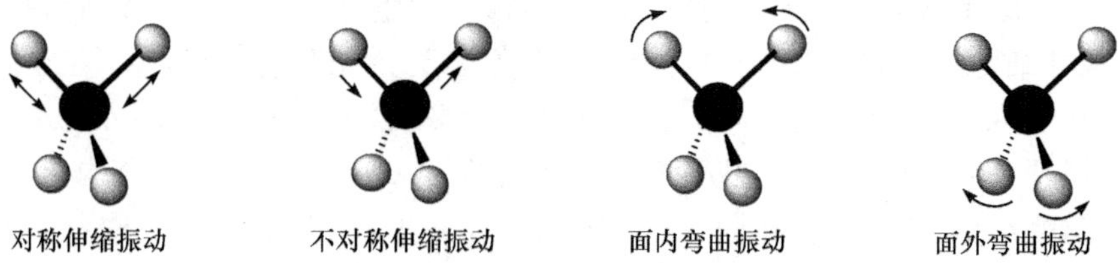

图 7.4 分子振动形式示意图

IR 所采用的是中红外光。在 IR 中,红外光的频率常以波数(波长的倒数,符号为 σ,单位为 cm^{-1})来表示,而不是以赫兹(Hz)表示。IR 所测定的红外光频率范围为 400～4000 cm^{-1}。

红外光谱图的纵坐标为透射比,又称透光率(T, 0～100%)。横坐标常有上下两个,分别为波长($\lambda/\mu m$)和波数(σ/cm^{-1})。

在红外光谱图中,有两种记录方式,即波数线性记录和波长线性记录。两种谱图有差异,现在基本上都采用波数线性记录。用波数表示吸收峰位置,用透射比表示峰强度。图 7.5 是 1-己烯的红外光谱图。峰强度一般分为强(s)、中(m)、弱(w)、可变(v)或肩峰(sh)等类型。峰强度划分的标准一般采用 $T<60\%$ (s);$T=80\%\sim60\%$ (m);$T>80\%$ (w)。

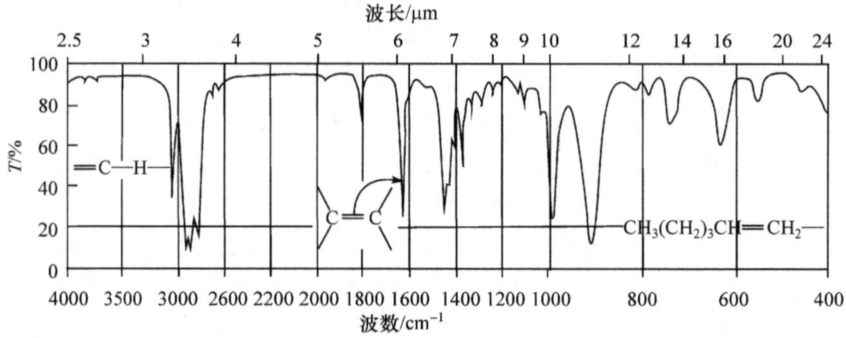

图 7.5 1-己烯的红外光谱

三、红外光谱的解析

尽管同一种共价键的红外吸收频率会因具体分子结构的不同而有所差异,但其差异仅局限于一定频率范围。不同共价键的振动吸收有各自不同的红外光频率吸收范围,且具有很强的特征性,这种吸收范围称为特征吸收范围(characteristic absorption range)。例如,C═O 伸缩振动的特征吸收范围为 1760～1690 cm^{-1}。特征吸收峰峰尖所指的波数值称为特征频率(characteristic frequency)。红外光谱的解析就是根据各个基团的特征吸收范围内是否出现特征吸收峰来判断分子中是否存在某一化学键或基团的。因此，利用 IR 分析可判断和确认有机化合物的类别。

表 7.1 是各种常见基团的 IR 特征频率表。利用此表可以方便地确定谱图中各吸收峰的归属，对鉴定化合物的结构极为有用。

表 7.1　各类基团的红外吸收特征频率

化合物类型	基　团	频率/cm^{-1}	强　度	化合物类型	基　团	频率/cm^{-1}	强　度
烷烃	C—H	2960～2850(ν)	(m～s)	一元醇(游离)	O—H	3640～3610(ν)	(v)
烯烃	=C—H	1470～1350(δ)	(s)	(缔合)		3600～3200(ν)	(b)*
		3100～3020(ν)	(m)	羧酸	O—H	3300～2500(ν)	(vb, s)*
	C=C	1100～675(δ)	(s)	胺、酰胺	N—H	3500～3300(ν)	(sh, m)*
芳香烃	=C—H	1680～1640(ν)	(v)			1650～1590(δ)	(s)
		3100～3000(ν)	(w)		C—N	1360～1180(ν)	(s)
	芳环骨架	870～675(δ)	(s)	腈	C≡N	2260～2210(ν)	(v)
		1600,1500(ν)	(m)	硝基化合物	—NO_2	1560～1515(ν)	(s)
炔烃	C≡C—H	3300(ν)	(s)			1380～1340(δ)	(s)
	C≡C	2100～2260(ν)	(m)	卤代烃	C—Cl	800～600(ν)	(s)
醇、醚、羧酸、酯	C—O	1250～1050(ν)	(s)		C—Br	600～500(ν)	(s)
醛、酮、羧酸、酯	C=O	1780～1670(ν)	(s)		C—I	500(ν)	(s)

* b 表示宽；vb 表示非常宽；sh 表示尖锐。

为了方便记忆各基团的特征吸收频率和 IR 谱图的解析，常将 IR 的频率范围分为两个区：官能团区(functional group region，4000～1500 cm^{-1})和指纹区(fingerprint region，1500～400 cm^{-1})。进一步又将官能团区分为三个亚区：单键区(4000～2500 cm^{-1})、叁键区(2500～2000 cm^{-1})和双键区(2000～1500 cm^{-1})。

由于有机分子中常存在很多共价键，这些共价键在 IR 中绝大多数会产生伸缩振动吸收和弯曲振动吸收。不同键的振动吸收峰的强度常常不同，相邻峰之间也常发生重叠和干扰，从而使化合物的 IR 谱图变得复杂，这种现象在指纹区尤为明显。所以，要对 IR 谱中的所有吸收峰进行一一解释或指认几乎是不可能的。但是，正是这种复杂性使得不同的化合物具有不同的 IR 谱图特征，尤其是在指纹区。不同的化合物在指纹区都会显示出各自特有的谱带和谱形，尤如人的指纹一样。如果两个化合物有完全相同的 IR 图谱，则基本上就可以认定两个化合物属于同一化合物。指纹区的另一作用就是判断双键的几何异构、苯环上取代基的相对位置等分子的细微结构。

IR 的最大作用就是确定分子中的官能团。根据 IR 上不同区域是否存在特征吸收峰便可判断某官能团是否存在。

(1) 单键区(4000～2500 cm^{-1}):主要显示 C—H、N—H、O—H 键的特征伸缩振动吸收。

(2) 叁键区(2500～2000 cm^{-1}):主要显示 C≡C 和 C≡N 键的特征伸缩振动吸收。

(3) 双键区(2000～1500 cm^{-1}):主要显示 C═O、C═C、C═N 键,包括苯环骨架振动的吸收。

(4) 指纹区(1500～400 cm^{-1}):主要显示 C—C、C—O、C—N 和 C—X(X=卤素)等单键的伸缩振动和一些单键的弯曲振动。

官能团的特征吸收峰除了具有特征的吸收频率,还有特征的强度、特征的尖钝性、特征的宽窄性和特征的峰多重性。全面地记住这些特征将会极大地提高解谱的效率。下面是综合利用特征吸收峰的各种特征对吸收峰进行快速指认的一些例子。

(1) C═O、C═C 和 C═N 键的特征吸收虽然都出现 2000～1500 cm^{-1}区域,但 C═O 键特征吸收峰的强度很大,一般远强于 C═C 和 C═N 键的吸收峰,且常常是整个谱图中的最强峰,借此可快速识别图谱中有无 C═O 吸收峰。

(2) N—H 和 O—H 键的特征吸收都出现在单键区的 3300～3600 cm^{-1}区域,但 N—H 的特征吸收峰的强度较小,峰较窄且尖,而 O—H 键的特征吸收峰的强度大,峰宽而钝。借此可很容易地对 3300～3600 cm^{-1}区域的吸收峰进行归属或指认。

(3) 氨基(—NH_2)和亚氨基(—NH—)的 N—H 键吸收都位于 3300～3500 cm^{-1}区域,但氨基会呈现两个峰,亚氨基则出现一个峰。借此可识别氨基和亚氨基。

(4) 在指纹区,虽然吸收峰很多,但 C—O 键的吸收峰一般很强且只出现于 1250～1050 cm^{-1}区域,常常是指纹区的最强吸收峰。

(5) 羧酸会在 3300～2500 cm^{-1}区间出现一个强且非常宽的散峰(—COOH 中的 OH)。这种峰的宽度在有机化合物中是独一无二的,其重要性甚至超过了峰的特征频率,从而也成为羧基最鲜明的特征。

此外,在解析 IR 图谱时还需要学会熟练地综合利用相关峰进行相互佐证。所谓相关峰就是与某一官能团直接相关的所有吸收峰。例如,酯基中的 C═O 吸收峰和 C—O 吸收峰是一对相关峰,烯烃中 C═C 吸收峰和═C—H 吸收峰是一对相关峰。有些官能团常常含有多个相关峰,尽管有时并不能将所有的相关峰都找到并进行指认,但找到和指认的相关峰越多,最后确认的官能团的可靠性就越大。例如,仅凭 3100～3000 cm^{-1}出现═C—H 键吸收就判断分子中存在苯环结构,其结论的可靠性是很低的。因为烯烃的═C—H 键吸收也出现在这一区域。若同时在 1450～1600 cm^{-1}找到 2～4 个与苯环结构相关的苯环骨架吸收峰，将会大大提高结论的可靠性。同样地，仅凭在 2100～2260 cm^{-1}的吸收峰还不足以说明分子中存在C≡C键。若同时在 3300 cm^{-1}附近找到与炔键相关的≡C—H 键的吸收峰，则可说明分子中极有可能存在C≡C叁键。

四、利用标准谱图鉴定有机化合物

现在已有数以万计有机化合物的红外光谱被测定出来，并汇编成册，称为标准谱图集，或制成卡片和索引可供查阅。只要把试样的 IR 谱图与标准谱图进行比较，便可根据二者是否完全一致，尤其是指纹区是否能够完全吻合，判断二者是否为同一种物质。此外，若试样是已知化合物，还可通过比较试样的 IR 谱图与标准谱图，根据试样图谱中多出的吸收峰来判断样品的杂质情况。

常用的标准谱图是《萨特勒红外谱图集》(*Sadtler Infrared Spectra*)，由美国 Sadtler 研究实验室出版，分为纯化合物标准谱图和商品谱图两部分。前者已有 47 000多张(棱镜分光)和35 000多张(光栅分光)化合物红外标准谱图。后者按照美国材料试验学会(ASTM)分类法分为农业化学品、多元醇、表面活性剂、香料和香味、纤维、溶剂、石油化学品、药物、食品添加剂、染料、颜料和着色剂等 20 种。而且还在继续出版新的谱图集。

谱图集附有按字母顺序排列的化合物名称索引、化合物种类索引、官能团索引、分子式索引和波长索引。波长索引可根据未知物光谱中几个强峰的波长查出光谱图号码和化合物。因此，利用标准谱图鉴定化合物是很方便的。

第四节　核磁共振波谱

核磁共振波谱是目前研究有机分子结构最有力的手段之一。常用的 NMR 有两种：质子核磁共振谱(^{1}H NMR)和^{13}C 核磁共振谱(^{13}C NMR)。

一、基本原理

很多原子核绕轴不停地旋转，这种自转(或称为自旋)就像地球的自转一样。据此，原子核可分为自旋核和非自旋核。由于原子核带正电荷，因此核自旋(nuclear spin)的结果使得原子核带有一定的磁性，自旋核就像一个小磁针。根据原子核是否存在磁性，又可将原子核分为磁性核(magnetic nuclear)和非磁性核两类。只有磁性核才能发生核磁共振现象。尽管并非所有的原子核都是磁性核，但很幸运，组成有机物分子的^{1}H 和^{13}C 核都是磁性核。原子核是否是磁性核与原子核内的中子数和质子数有关(表 7.2)。拥有奇数个质子或奇数个中子的核都是磁性核,同时拥有偶数个质子和偶数个中子的核是非磁性核。

表 7.2　各种原子核的自旋量子数及其核磁共振现象

核质量数	质子数	中子数	自旋量子数	典型核	NMR 现象
偶数	偶数	偶数	0	^{12}C, ^{16}O, ^{32}S	无
偶数	奇数	奇数	$n/2(n=2,4,\cdots)$	^{2}H, ^{14}N	有
奇数	偶数	奇数	$n/2(n=1,3,5,\cdots)$	^{13}C, ^{17}O	有
奇数	奇数	偶数	$n/2(n=1,3,5,\cdots)$	^{1}H, ^{19}F, ^{31}P, ^{15}N, ^{11}B, ^{35}Cl, ^{79}Br, ^{81}Br, ^{127}I	有

在量子力学中,原子核的自旋运动状态是用自旋量子数 I 来表示的。I 值的大小是由核本身的属性决定的。不同核的 I 值可以相同,也可以不相同。$I=0$ 表示核是没有自旋的,属于非磁性核。

磁性核可以与外界磁场相互作用。在没有外界磁场存在时,磁性核的磁性取向(orientation)或称为自旋取向是随机的。当将很多磁性核置于外界磁场(用 B_0 表示)中时,核的自旋取向将发生有限的几种定向排列。对 ^{1}H 核和 ^{13}C 核来说,核的自旋定向排列只有两种(图 7.6)。一部分核以反磁性(antiparallel orientation,核磁性与外界磁性相反)排列,另一部分核以顺磁性(parallel orientation,核磁性与外界磁场的磁性相同)排列。反磁性取向的核具有稍高的能量,顺磁性取向的核具有较低的能量。二者的能级差与外界磁场的强度成正比。这种由于外界磁场的作用导致磁性核具有不同能级的现象称为核的自旋能级裂分。

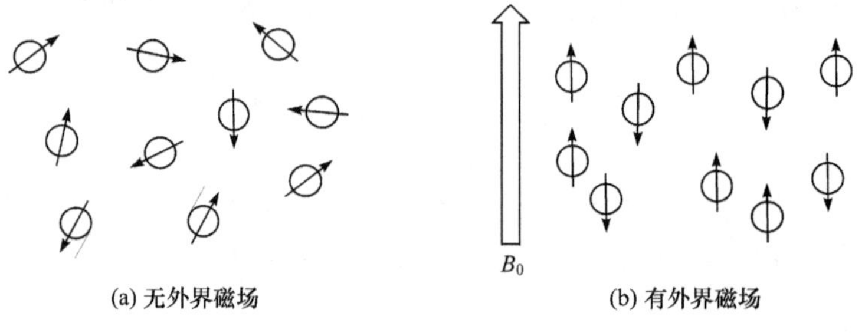

图 7.6　自旋核的随机取向(a)和定向排列(b)

根据玻耳兹曼(Boltzmann)分布规律,自旋能级裂分之后,低能级核(顺磁性取向)的数目总是稍多于高能级核(反磁性取向)的数目。此时,若再用合适波长的电磁波照射磁性核,则低能级核将会吸收电磁波的能量,并发生磁性取向的翻转(spin-flip),即由低能级跃迁至高能级,这种现象就是核磁共振现象。

核自旋能级裂分导致的能级差 ΔE 与外加磁场强度成正比:

$$\Delta E = \frac{\gamma h}{2\pi} B_0 \tag{7-2}$$

式中，B_0为外加磁场强度；h 为普朗克常量；γ 为磁旋比，是核的一个特征常数，^1H 核 γ 值约为^{13}C 核的 4 倍。

核的自旋能级跃迁是量子化的，而不是连续的。所以，低能级的核要跃迁到高能级，即发生核磁共振，就只能吸收与自旋能级差 ΔE 具有相同能量的电磁波。大于或小于 ΔE 能量的电磁波都不能被吸收，即不能引起核的自旋共振。外界磁场强度越大，核自旋能级差 ΔE 就越大，核磁共振所需要吸收的电磁波能量也就越大(图 7.7)。如当外界磁场强度为 4.7 T(特斯拉，磁场强度单位)时，^1H核发生核磁共振需要吸收 200 MHz 的电磁波，^{13}C 核需要吸收 50 MHz 的电磁波。当外界磁场为 21.6 T(目前最强的超导磁场)时，^1H 核共振就需要吸收 920 MHz 的电磁波。由此可见，自旋核发生核磁共振需要吸收的电磁波频率($\nu_{射}$)既与外界磁场强度(B_0)有关，又与核本身的属性(γ)有关。三者之间的量化关系如下：

$$\nu_{射} = \frac{\gamma}{2\pi} B_0 \tag{7-3}$$

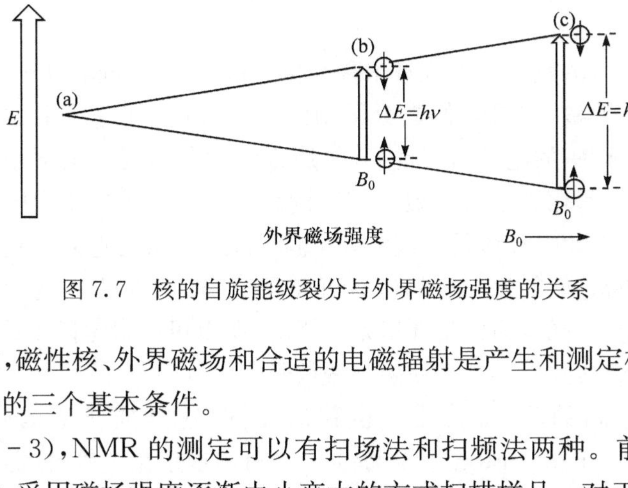

图 7.7　核的自旋能级裂分与外界磁场强度的关系

综上可知，磁性核、外界磁场和合适的电磁辐射是产生和测定核磁共振现象或信号必不可少的三个基本条件。

根据式(7－3)，NMR 的测定可以有扫场法和扫频法两种。前者是固定电磁波的频率不变，采用磁场强度逐渐由小变大的方式扫描样品。对于特定核来说，当磁场强度变到能够满足式(7－3)时，便会产生核磁共振吸收信号。扫频法则是固定磁场强度不变，采用电磁波频率逐渐由小变大的方式扫描样品。

二、化学位移

根据式(7－3)，只要外界磁场强度 B_0不变，是否一个分子中所有的同类核，如所有的^1H 核或所有的^{13}C 核，都只显示同一个核磁共振信号呢？答案是不一定。这是因为式(7－3)表示的仅仅是没有核外电子的裸核的核磁共振条件。实际上,有机分子中的所有原子核的周围都有电子存在,而核外电子对核的自旋共振是有影响的。核外电子在外界磁场中会由无序的随机运动转变成环向运动,即形成环电流。伴随着核外电子环电流的是感应电磁场。所以,原子核实际感受的磁场强度是外界磁场强度和感应磁场强度的总和。核外电子的感应磁场在原子核处的方向总是与外界磁场的方向相反,因此原子核实际感受的磁场强度总是稍小于外界磁场强度。感应磁场对外界磁场的这种部分抵消作用称为屏蔽作用(shielding)。受屏蔽作用的质子要发生自旋共振,就必须增大外磁场的强度,以补偿屏蔽作用的损失。换句话说,受屏蔽作用的质子将较未受屏蔽的质子在较高的外界磁场强度(简称高场, high-field 或 upfield)下发生共振,受屏蔽作用大的质子较受屏蔽作用小的质子在高场下发生共振。由于感应磁场的磁力线是环形的,所以分子中的成键电子所产生的感应磁场在有些原子核处的方向可能是与外界磁场方向相同的,此时在这些原子核处的外界磁场将受到感应磁场的加和,原子核实际感受的总磁场强度将稍大于外界磁场强度。这种作用称为去屏蔽作用(deshielding)。类似的道理,受去屏蔽作用的核较受屏蔽或未受去屏蔽的核在较低磁场强度(简称低场, low-field 或 down field)下发生共振。

核共振发生时的磁场强度或频率称为化学位移(chemical shift)。即使是分子中两个相同的磁性核,如果它们在分子中的化学环境(在分子中的位置和空间环境)不同,则各自周围的电子密度也不同,那么它们各自受到的屏蔽或去屏蔽作用的大小也就不同,其化学位移一般也就不同。如 CH_3CH_2OH 中甲基质子和亚甲基质子在分子中的化学环境是不同的,尽管我们并不知道它们各自准确的化学位移值,但可以判断它们的化学位移极有可能是不同的。CH_4 中的四个质子在分子中的位置是完全对等的,即化学环境是一样的,所以可以肯定四个质子的化学位移是相同的,即它们共同显示一个核磁共振信号。

化学环境相同的质子,其化学位移值相同,这类质子称为化学等价质子(chemically equivalent proton)。判断质子之间是否是化学等价的,可以通过分析质子之间在分子中是否存在对称面或对称中心来进行。如果质子间针对分子的对称面或对称中心是对称的,那么它们就是化学等价的。

为了方便测定核磁共振信号的具体位置,实际测定中一般选用四甲基硅烷[$(CH_3)_4Si$,TMS]作为参考物质。以 TMS 的核磁共振信号作为化学位移的参考点,规定 TMS 的化学位移值为 0。为了方便 NMR 谱的表示以及避免同一个磁性核在具有不同磁场强度的仪器上产生不同的化学位移(Hz),在表示 NMR 图谱时,化学位移采用的是人为规定的 δ 标尺。1δ 等于核磁共振仪器操作频率(TMS 的 ^1H 或 ^{13}C

的实际共振频率)的百万分之一，即 1 ppm。例如，如果采用 200 MHz 的操作频率来测定样品的核磁共振谱，则 1δ 就是 200 MHz 的百万分之一，即 200 Hz。同理，若采用 500 MHz 的固定射频，则 1δ= 500 Hz。

$$\delta = \frac{\text{观察到的化学位移[距离 TMS 信号的频率(Hz)]}}{\text{仪器的操作频率(MHz)}}$$

同时规定，凡是较 TMS 在低场下共振的质子化学位移用正数表示；反之，则用负数表示。绝大多数情况下，^{1}H 和^{13}C 核的化学位移都为正数。

化学位移采用 δ 表示之后，无论何人在何种仪器上测定，每个分子中特定位置的特定核的化学位移都是一个固定不变的常数。或者说，不同仪器不同人对同一样品测定的 NMR 谱是一样的。

某一核的化学位移值大小是由其在分子中所处的化学环境决定的。不同化学环境的核具有不同的化学位移值(δ)。反过来，知道了某核的化学位移值也就可以了解该核在分子中所处的化学环境。如果将对分子中所有^{1}H 和^{13}C 核化学环境的了解综合在一起，就有可能了解到分子的完整结构。这就是 NMR 在有机分子结构测定中的应用。

虽然有机分子的任何局部环境都会影响核的化学位移，但是影响核化学位移的主要因素则是该核的邻近化学环境。具有相同或相似邻近环境的同类核，其化学位移值相差不大，其吸收峰一般总是出现于一定的化学位移范围内。图 7.8 和图 7.9 分别列出了不同化学环境的^{1}H 和^{13}C 的化学位移范围。比较两个图，可以看到，^{1}H 的化学位移范围远比^{13}C 的要窄，所以在较复杂化合物的^{1}H NMR 图谱中经常会出现不同吸收峰的重叠和干扰，但^{13}C NMR 图谱极少出现这种情况。因此，^{13}C NMR 图谱要比^{1}H NMR 谱更容易解析。熟记图 7.8 和图 7.9 会极大地提高解析 NMR 谱图的效率和准确性。

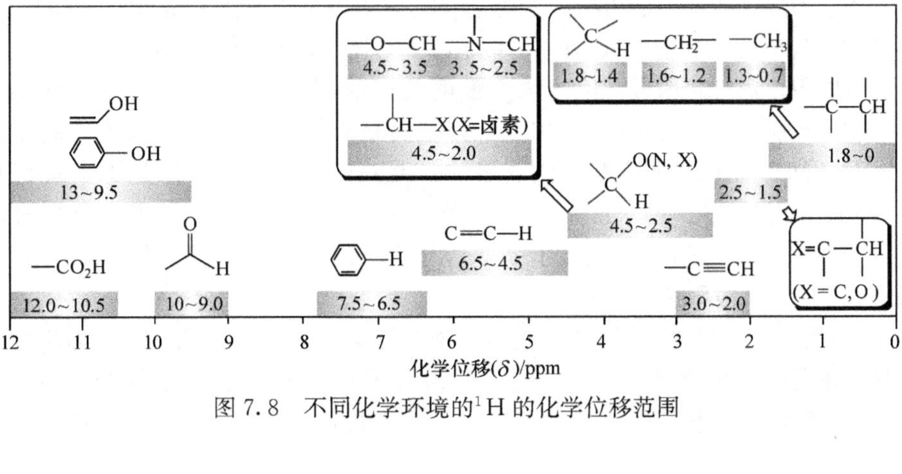

图 7.8　不同化学环境的^{1}H 的化学位移范围

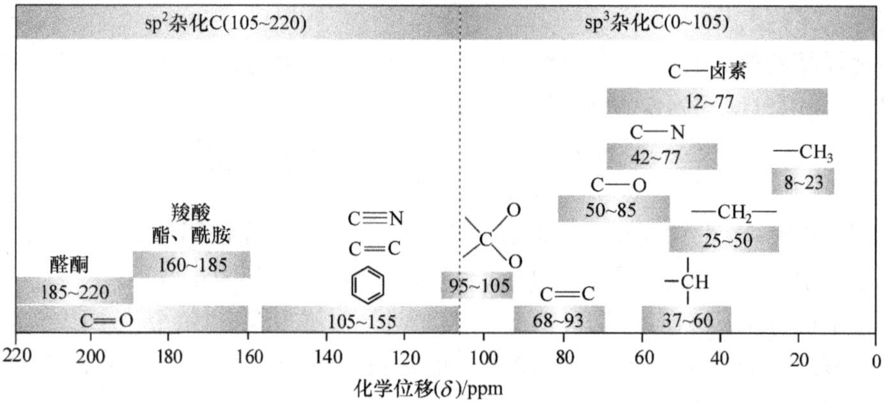

图 7.9　不同化学环境的^{13}C的化学位移范围

三、^{13}C NMR

(一) ^{13}C NMR 的测定

自然界的碳主要有两种同位素：^{12}C 和^{13}C，二者在自然界的天然丰度分别为 98.9%和 1.1%。虽然^{12}C 的丰度远大于^{13}C，但不幸的是只有同位素^{13}C 能产生 NMR，而^{12}C 却不是磁性核。也就是说，100 个甲烷分子中只有约一个分子能产生^{13}C NMR 信号，其余约 99 个分子都不能产生 NMR 吸收。这种客观原因导致^{13}C NMR的灵敏度远低于^{1}H NMR(^{1}H 的天然丰度为 99.9%)。一张单次扫描所得到^{13}C NMR 图谱(图 7.10)，其信号强度是非常弱的，以至于有些信号常常与仪器的背景噪声“信号”混在一起而难以识别。为了提高^{13}C NMR 的灵敏度，在测定^{13}C NMR 谱时，人们采用了多次扫描的信号平均化处理方法。由于仪器噪声信号的正与负是随机出现的，所以多次扫描的噪声信号的强度之和是接近于零的，其平均值也接近于零。但每次扫描得到的^{13}C 的共振信号总是正值，因此，多次扫描的^{13}C 共振信号强度的加和的平均值与单次扫描得到的信号强度基本一样。如此处理的结果，尽管没有直接增加^{13}C 共振信号的强度，但却大大降低了噪声强度，进而大大改善了谱图的信号强度与噪声强度的比值(简称信噪比)，使信号从噪声背景中更加明显地突显出来，这就相当于间接提高了仪器的^{13}C NMR 的灵敏度。

^{13}C NMR 谱的测定速度是比较慢的。要获得一张包含有机分子中所有 C 原子共振信号的图谱(扫描一次)，一般需要 5～10 min。由于信号平均化处理法需要多次扫描，所以时间问题就成了制约^{13}C NMR 技术应用的关键问题。为此，现代核磁共振仪中采用傅里叶转换 NMR 技术。

与传统的连续波法(采用波长或磁场强度连续变化的扫描法)不同，傅里叶转换 NMR 技术的基本原理是：测定时，固定磁场强度不变，用含有常见各类^{1}H 或^{13}C 共振吸收频率的一个电磁波频段对样品进行一次性脉冲式辐射。电磁辐射之后，样

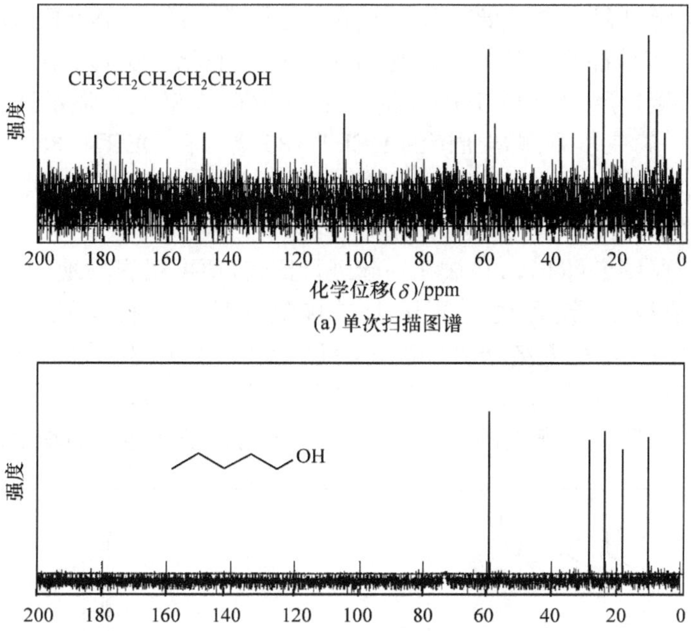

(a) 单次扫描图谱

(b) 200次扫描信号平均化处理图谱

图 7.10　1-戊醇的^{13}C NMR图谱

品中所有的磁性核都同时发生共振。与此同时，接收器接收到一个非常复杂的混合吸收信号。然后，混合吸收信号进入计算机，计算机的处理器再通过一个数学傅里叶转换软件将混合信号处理成与连续波法完全相同的 NMR 图谱。由于采用了脉冲式电磁辐射和高速计算机，傅里叶转换 NMR 技术只需几秒钟就能完成一次“扫描”，而不是传统连续波法的几分钟。因此，傅里叶转换 NMR 技术就能在几个小时内完成数千次的扫描，进而使信号平均化处理方法的应用不再受扫描次数或时间的限制。

傅里叶转换 NMR 技术的高速性和信号平均化处理法的灵敏度增强性使现代核磁共振仪在测定方面如虎添翼。目前的核磁共振仪可对几毫克的样品在几个小时内获得一张理想的^{13}C NMR 谱图，对于^{1}H NMR 谱的测定则只需几微克。

（二）DEPT-NMR

DEPT-NMR 是近年来发展起来的一种新的 NMR 技术，其全名是极化转移无畸变增强（distotionaless enhancement by polarization transfer）NMR 技术。DEPT-NMR 的主要用途是判断碳原子上连接的氢原子数目，或者说判断碳原子的类型（伯碳、仲碳、叔碳和季碳）。

DEPT 测定过程包含三步。第一步是测定最常见的^{13}C NMR，即宽带质子去偶谱(所有^{13}C 信号都是单峰)，以确定各个碳信号的化学位移。第二步是采用特殊的测定条件测定所谓的 DEPT-90 谱。在 DEPT-90 谱上只显示连接一个 H 的碳信号(CH)。第三步是测定所谓的 DEPT-135 谱。在 DEPT-135 谱只显示连接有 H 的碳信号(CH_3、CH_2、CH)，但 CH_3 和 CH 的碳信号峰为正峰(峰尖朝上)，CH_2 的碳信号峰为负峰(峰尖朝下)。

将上述三张图谱(图 7.11)放在一起进行比较，便可很容易地知道各个碳信号对应的碳原子类型，或者说碳原子上连接氢的数目。首先从 DEPT-90 谱和 DEPT-135 谱的负峰可直接分别判断出 CH 和 CH_2 信号。然后从 DEPT-135 谱的正峰中扣除 DEPT-90 谱上的对应峰，剩余的正峰便是 CH_3 信号。最后从宽带去偶谱中扣除 DEPT-135 谱上的所有对应峰，剩余的便是不连氢的碳信号。

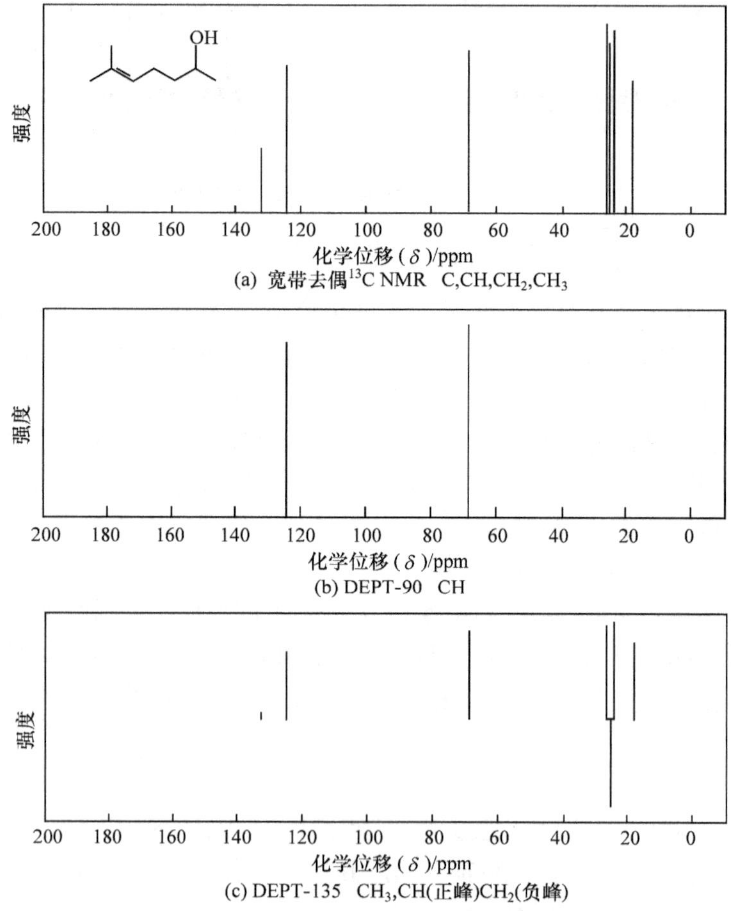

(a) 宽带去偶^{13}C NMR　C,CH,CH_2,CH_3

(b) DEPT-90　CH

(c) DEPT-135　CH_3,CH(正峰)CH_2(负峰)

图 7.11　6-甲基-5-庚烯-2-醇的 DEPT 图谱

四、^{1}H NMR 谱的自旋-自旋裂分

图 7.12 是 CH_3CH_2Br 的^{1}H NMR 图谱。从图 7.12 中可以清楚地看到，甲基质子(CH_3)和亚甲基质子(CH_2)的吸收峰都不是单峰，而分别是三个峰和四个峰。为什么化学环境完全相同的质子(如甲基上的三个质子)会出现多重峰呢？这是因为分子中不同化学环境的质子的自旋存在相互影响，这种影响称为核间自旋-自旋偶合(spin-spin coupling)，简称自旋偶合。自旋-自旋偶合的结果导致特定化学环境的质子共振信号出现多个峰(或称为多重峰)，这种现象称为自旋裂分(spin-spin splitting)。一般来说，只有分子中相互邻近且化学环境不同的质子(主要是相邻碳上的质子)间的偶合才会在谱图上形成明显的峰裂分。

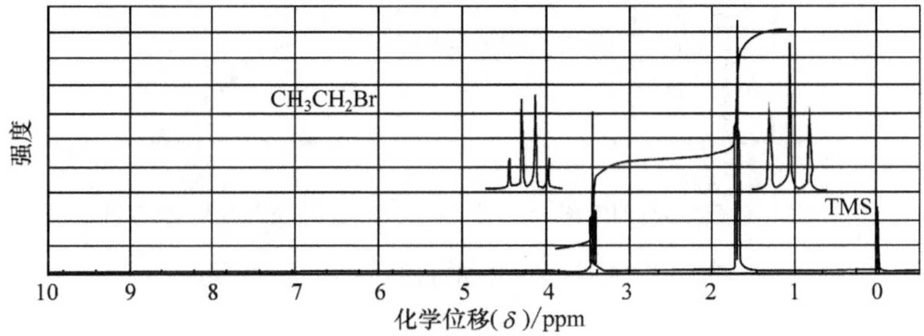

图 7.12　溴乙烷的^{1}H NMR 图谱

不同质子的自旋是如何偶合的呢？偶合裂分又有什么规律呢？

每一个自旋核都像一个小磁铁，它们都有各自的核磁场。因此，当两个质子在分子中靠得很近时，它们就会通过各自的核磁场相互影响。如前所述，在外加磁场中每个氢核的自旋都有两种可能的取向，一种是顺磁取向，另一种是逆磁取向。两种自旋取向可分别用箭头(→)和(←)表示。

先看看最简单的两个质子之间的偶合裂分。一个质子在外加磁场中的两种不同取向对邻近其他质子的影响是不同的。其中一种自旋取向对邻近质子起屏蔽作用，另一种取向则起去屏蔽作用。前者导致附近质子感受到的总磁场强度减弱，后导致总磁场强度增强。这样，在前一种情况下，附近质子的 NMR 信号将出现在较高场，而在后一种情况下，附近质子的 NMR 信号将出现在较低场。

对于单个分子的某个特定质子来说，在特定的时间，其具体的自旋取向只能随机地选取一种，而不可能同时具有两种取向。所以，分子的特定质子对邻近质子的瞬间影响(屏蔽或去屏蔽)只能使邻近质子出现一个吸收信号(要么是高场信号，要么是低场信号)，而不可能同时出现两个吸收峰。但是，实际上的 NMR 测定并不是只针对某个单一分子的，而是同时测定很多分子的。这时，对于分子中

的特定质子来讲，它的两种不同的自旋取向将同时存在于多分子的集合体中，且两种取向的质子数目比例为 1∶1。测定时自然也就同时获得了邻近质子的两个不同的共振信号。

多质子之间的偶合裂分与双质子的类似。某个质子的偶合裂分的多重性是由与其邻近的所有其他质子的不同自旋取向的组合方式和组合体的多少来决定的。图 7.13 表示的是 CH_3CH_2Br 的自旋偶合导致自旋裂分的情况。

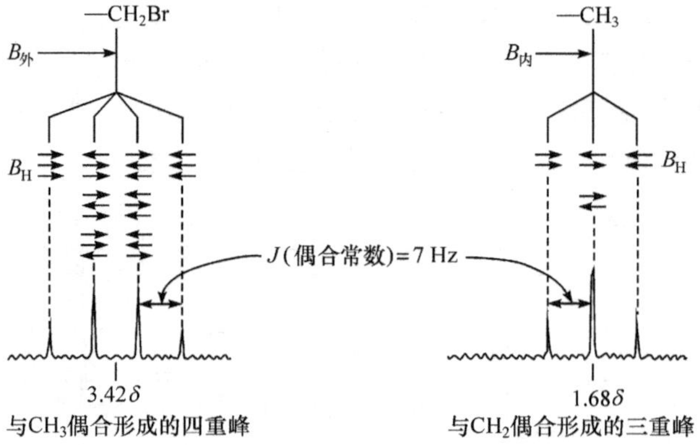

图 7.13　CH_3CH_2Br 的自旋偶合与自旋裂分

核间的自旋-自旋偶合作用是相互的，就像作用力和反作用力一样。自旋偶合的强度反映了核间相互影响或作用的程度，其值用偶合常数(coupling constant) J 表示，单位为 Hz。J 值的大小反映在图谱上就是多重峰的峰间隔(裂距)。J 值越大说明核间的相互影响程度越大。J 值的大小一般只与分子的结构有关，对于特定分子中的两个特定质子间的偶合，其 J 值是一个常数，不随仪器型号、溶剂等条件的改变而改变。相互偶合的核之间的偶合强度是相等的，反映在图谱上就是相互偶合的核所产生的多重峰具有相同的间距或 J 值。例如，图 7.13 中，CH_2 的四重峰和 CH_3 的三重峰的 J 值是相等的。因此，通过比较任何两组多重峰的 J 值是否相同，便可判断两组多重峰对应的质子之间是否存在偶合。由于一般情况下自旋偶合仅发生在相邻质子之间，所以，如果两组多重峰的 J 值相同，表明两组多重峰对应的质子在分子中处于互为邻位的关系。

当彼此偶合的两组质子的化学位移差(以 Hz 为单位)大于其 6 倍 J 值即 $\Delta\delta(\text{Hz}) \geqslant 6$ Hz 时，自旋裂分峰的多重性遵循 $n+1$ 规律，即对相互偶合且化学环境不同的两类质子(H_a 和 H_b)来说，当 H_b 受到 n 个化学等价的 H_a 偶合时，H_b 的共振峰将裂分为 $n+1$ 个峰。各裂分峰的强度比为 $(a+b)^n$ 展开后的各项系数比。例如，CH_3CH_2Br 中的 CH_2 氢裂分为四重峰($n+1=3+1=4$)，各裂分峰的强度比为 1∶3∶3∶1。CH_3 质子峰裂分为三重峰($n+1=2+1=3$)，各裂分峰的强度比 1∶2∶1(图 7.13)。每组裂分峰的中心处所对应的 δ 值代表该组峰对应质子的化学位移值。符合 $n+1$ 规律的谱图被称为低级谱。

如果 H_b 同时受到两类或两类以上化学环境不同的质子(如 H_a、H_c)的偶合,其吸收峰的裂分数目则为 $(n_a+1)\times(n_c+1)$。例如,在 $\underset{(a)}{H_3C}—\underset{(b)}{CH_2}—\underset{(c)}{CH_2}—Cl$ 中 H_b 的峰裂分数为 $(3+1)\times(2+1)=12$ 重峰。其中有些裂分峰的强度很小,再加上有些峰位之间发生重叠,实际上 H_b 仅呈现六重峰。

五、NMR 信号的强度

如图 7.12 所示,NMR 谱图的横坐标是用化学位移 δ 表示的,TMS 信号位置为零。纵坐标表示的是 NMR 吸收峰(或吸收信号)的强度。

吸收峰的强度与分子中产生该吸收峰的核数目成正比,在图谱上是用其峰面积表示的。峰面积是用仪器上的电子积分仪自动测量出来的。在谱图上的显示有阶梯式面积积分曲线(图 7.12)和面积积分数值两种方式。过去多用阶梯式面积积分曲线表示,现在则多用面积积分数值表示。在面积积分曲线表示法中,积分曲线总高度与分子中的质子总数目成正比,各阶梯的高度与各阶梯对应峰的质子数目成正比。因此,比较不同峰的面积便可知道各个峰对应质子的相对数目比例。如果再知道其中一个峰对应的准确质子数目,便可逐一计算出各个峰对应的质子的绝对数目;如果已经知道了分子式,也可根据分子中总的质子数目、图谱中总的面积积分高度以及各个峰之间的峰面积比,计算出各个峰对应的质子的准确数目。

两种峰面积表示法各有优缺点。阶梯式面积积分曲线法比较直观,但积分曲线的高度是需要通过解谱人来自己测量的。面积数值法实际上是直接给出了面积积分曲线法中每个阶梯的高度值,因此在计算各个峰对应质子数目时更为方便,其缺点是在计算所有吸收峰的总面积时比较繁琐,不如积分曲线法简单。

需要注意的是,在计算多重峰的面积时应该是计算所有裂分峰的面积总和,而不是以单个裂分峰为单位进行计算。

六、NMR 谱图的解析和应用

从 NMR 谱图获得的信息主要有:吸收峰的化学位移、裂分峰的 J 值(可通过简单的计算获得)和各个峰的峰面积。NMR 谱图的解析就是将上述谱图信息转化为分子结构信息的过程。由于各种波谱技术所提供的结构信息都有其局限性和片面性,所以解析 NMR 谱图时需要特别注意从别的谱图中获取 NMR 不能提供的结构信息,这对于快速、准确地解析 NMR 谱图是极为重要的,尤其当解析较复杂的 NMR 谱图时更应该注意这一点。

下面举例说明 NMR 的解析过程和应用。

（一）未知物^{1}H NMR 谱的解析

一个未知液体，沸点 218 ℃，分子式为 $C_8H_{14}O_4$，其 IR 光谱显示 3000 cm^{-1} 以上无吸收，1740 cm^{-1} 有强吸收，它的^{1}H NMR 谱如图 7.14 所示，试推断其分子结构。

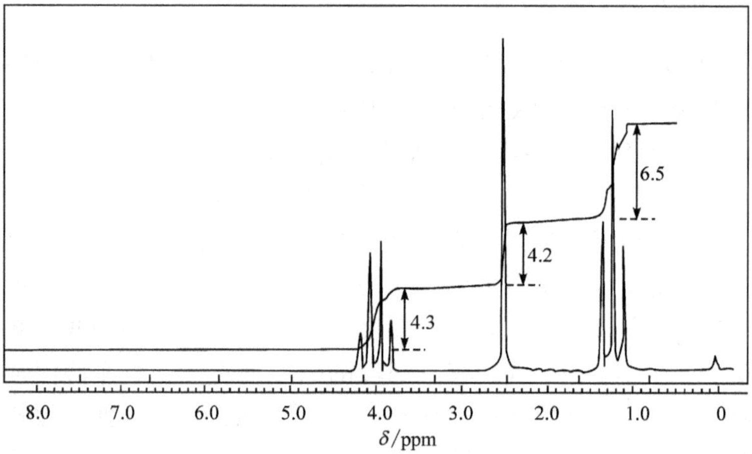

图 7.14　未知物的^{1}H NMR 谱图

解析步骤如下：

首先，在解析^{1}H NMR 谱图之前应尽可能地从其他方面先了解一些分子结构的相关信息，尤其是^{1}H NMR 谱图不能提供的结构信息，如相对分子质量和分子式。

从已知的分子式（一般来自质谱或质谱与元素定量分析结果）可知，该化合物只含 C、H、O 三种元素，且分子中含有 14 个 H。根据不饱和度计算公式，可以算出分子的不饱和度为 2。IR 显示的结构信息是：含 C＝O（1740 cm^{-1}）；无 OH、COOH、NH_2、芳环、C＝C、C≡C 等（3000 cm^{-1} 以上无吸收）。将分子含氧数、分子不饱和度和 IR 的结果综合在一起，可推测分子中可能含有 2 个 C＝O。

有了以上分子结构的背景知识，下面再进行^{1}H NMR 图谱的解析。

（1）根据图 7.8，^{1}H NMR 谱在大于 δ 5.0 ppm 的区域无信号，表明分子无芳环、COOH、CHO 等基团。谱图中共有 3 组峰，分别对各组峰的化学位移、多重性、峰面积积分高度、峰面积比和 J 值整理汇总，便可得到表 7.3。

表 7.3　各吸收峰的信息汇总

δ/ppm	多重度	积分高度	面积比	H 数目	J/Hz
1.3	3	6.5	3	6	～8
2.5	1	4.2	2	4	—
4.1	4	4.3	2	4	～8

根据各组峰的面积比和分子中的 H 总数，可知各组峰对应的 H 数目。

(2) 确定各组峰的归属。

根据 δ1.3 的峰对应于 6 个 H，再参考图 7.8 甲基氢的化学位移范围，可知该峰为 2 个 CH_3 的吸收峰。

根据 δ1.3 峰的三重性，同时结合其强度比为 1∶2∶1，可知与 CH_3 相连的应该是 CH_2，即分子中应存在 CH_3CH_2—结构。

根据 δ4.1 峰对应的 H 数目为 4，可知该峰对应于两个 CH_2 且两个 CH_2 的化学环境相同。再结合 δ4.1 峰的四重性和强度比(1∶3∶3∶1)，可知该峰对应的 CH_2 应与 CH_3 相连，即分子中存在 CH_3CH_2—结构。这与对 δ1.3 峰的推断结果是一致的。将 δ4.1 的化学位移值与图 7.8 进行比较，同时结合分子中只有 C、H、O 三种元素，可知 δ4.1 对应的 CH_2 应该与 O 原子相连，即分子中应存在 CH_3CH_2O—结构单元。将以上分析综合在一起，可知分子中含有两个完全对称的 CH_3CH_2O—结构单元。

根据 δ2.5 峰为单峰且对应于 4 个 H，可知该峰对应于两个化学环境完全相同的 CH_2，但这两个 CH_2 不同于 δ4.1 处的两个 CH_2。进一步参考图 7.8，可推断这两个 CH_2 可能与 C═O 相连，即分子中存在两个 $—\overset{\overset{O}{\|}}{C}—CH_2—$。

最后，将以上推断结果全部综合在一起，便可推断出该化合物的结构为 $CH_3CH_2O\overset{\overset{O}{\|}}{C}CH_2CH_2\overset{\overset{O}{\|}}{C}OCH_2CH_3$。

核对分子式、δ 值、J 值及相应裂分峰数目无误，不饱和度和 IR 信号均符合，可以肯定上述的推断结果是正确的。

(二) 有机反应产物的 NMR 谱解析

大多数有机反应仅发生于反应物分子结构的局部，多数属于官能团反应，分子的其他结构单元并不发生变化。因此，有机反应的产物与反应物在结构上常常具有很大程度的相似性。这就相当于在解析产物 NMR 谱之前已经知道了很多反应产物的结构信息。对于一些简单反应来说，只要通过简单地比较反应物和反应产物的 NMR 谱的差异，便可完成反应产物的结构鉴定。

另外，很多有机反应可能的主要产物都是非常有限的，而且是可以根据反应规律来预测的。此时，NMR 谱图的解析过程实际上就成了判断谱图与几个可能的已知分子结构之间的归属问题。这类 NMR 的解析远比未知物的 NMR 解析要简单得多。

下面是 NMR 在有机反应产物结构鉴定方面的两个例子。

我们知道硼氢化/氧化反应是按照反马氏规则来进行的。现在，以甲叉环己烯的反应为例，利用 NMR 就可以证明这个反应规律。利用学过的知识，我们可以预测甲叉环己烯发生硼氢化/氧化反应后最可能形成的产物只能是环己基甲醇（反马氏加成产物）和 1-甲基环己醇（马氏加成产物）。

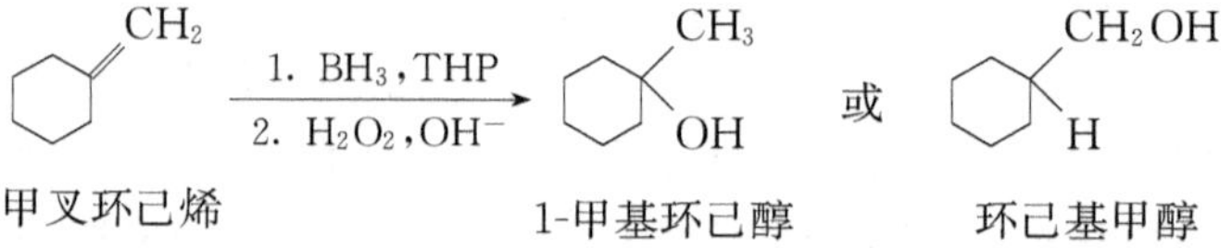

图 7.15 是反应分离产物的[1]H NMR 图谱。从图 7.15 中可以清楚地看到在 δ3.40（双峰）处存在一个—CH_2O—吸收峰，这与环己基甲醇的结构相符。假如反应产物的结构是 1-甲基环己醇，那么，根据[1]H NMR 知识，可以预测[1]H NMR 谱图上应该在 δ1.0 附近出现一个较大的单峰（CH_3），但实际图谱中并未出现。至此，尽管还未对谱图中其他的峰进行归属，但这已经清楚地表明反应产物极有可能是环己基甲醇，而绝对不可能是 1-甲基环己醇。

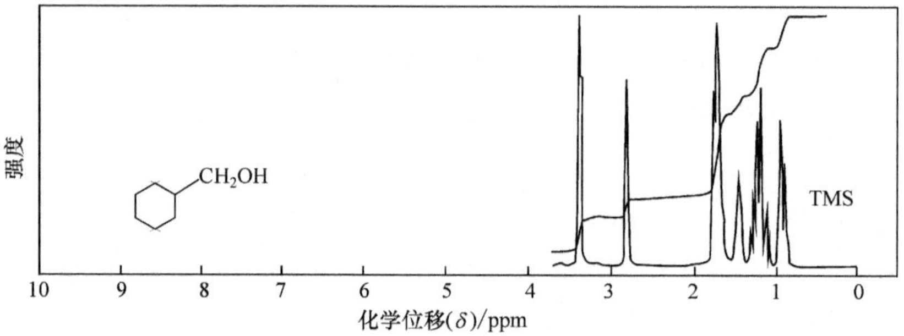

图 7.15　甲叉环己烯硼氢化/氧化反应分离产物的[1]H NMR 图谱

我们知道卤代烃的消除反应是按照札依采夫规则主要生成取代基较多的烯烃。下面以 1-氯-1-甲基环己烷的消除反应为例，利用[13]C NMR 技术来证明反应产物究竟是 1-甲基环己烯（取代基较多的烯烃），还是甲叉环己烯（取代基较少的产物）。

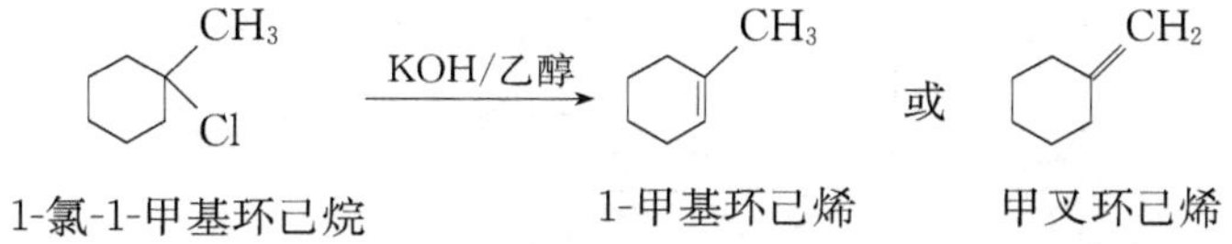

图 7.16 是反应分离产物的^{13}C NMR 图谱。图 7.16 清楚地显示在 δ20～50 有 5 个 sp^3碳信号，在 δ100～150 有 2 个 sp^2碳信号，这与 1-甲基环己烯的结构相符。假如反应产物是甲叉环己烯，根据^{13}C NMR 知识，由于分子中存在等价的碳原子（分子的对称面决定的），其^{13}C NMR 谱在 δ20～50 应该只有 3 个 sp^3碳信号。显然，1-甲基环己烯是 1-氯-1-甲基环己烷的消除产物。

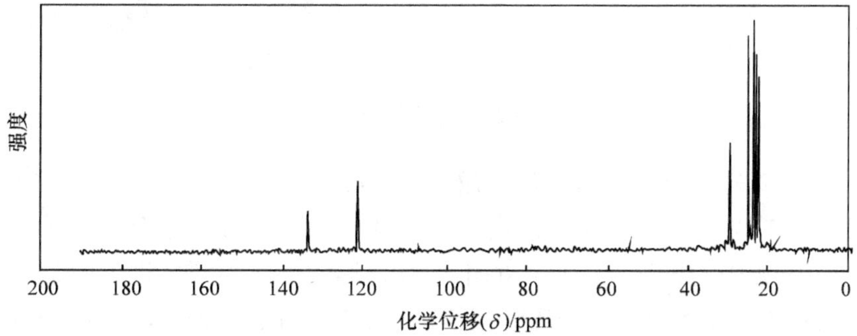

图 7.16 1-氯-1-甲基环己烷的消除反应分离产物的^{13}C NMR 图谱

第五节 质 谱

一、基本原理

质谱主要用于测定化合物的相对分子质量。根据质谱提供的相对分子质量，可间接获得分子式。另外，由 MS 还可获得有机分子的一些其他结构信息。

测定质谱的仪器称为质谱仪（mass spectrometer）。最简单的是电子轰击质谱仪。其原理是用具有一定能量的电子束轰击有机分子，有机分子便会通过失去一个电子而形成分子离子（带电荷的分子），同时，分子离子再通过部分裂解而形成质量较小的碎片离子。这些离子再经过电场的加速和磁场的质量分离，便会在记录仪上按照各离子的质量数和电荷数之比（m/z，简称质荷比）的大小依次排列成谱，即质谱。

最简单的质谱仪是单聚焦电子轰击质谱仪。它主要由离子源（包括样品室和电离室）、分离管和磁铁、收集器（包括检测器和放大器）和记录系统几部分组成（图 7.17）。

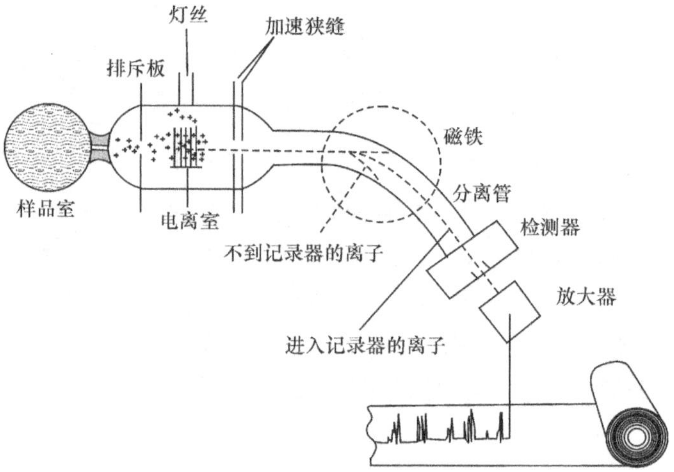

图 7.17 单聚焦电子轰击质谱仪示意图

在样品室，样品分子经蒸发后扩散至离子源。在离子源，样品分子受到 70 eV 电子束的轰击，导致分子丢失外层电子并形成分子离子和一系列的碎片离子。与此同时，离子源中的推斥电极产生的正电势将形成的正离子加速并排出电离室而进入扇形磁场的分离管。在分离管，所有的正离子由于受到磁场力的作用而由直线运动变为弧线运动，但不同离子的运动弧线半径(R)不同。只有那些运动弧线半径与扇形分离管的半径完全相同的离子才能到达检测器。由于离子的运动弧线半径可以通过改变扇形磁场强度来改变，因此通过逐渐改变磁场强度的方法就可以使不同的离子在不同的时间达到检测器。

每个离子的运动弧线半径 R 的大小与离子本身的 m/z 、加速电压 V 和磁场强度 H 有关，它们的具体关系如下：

$$R=\frac{\sqrt{2Vm/z}}{H} \tag{7-4}$$

一般来说，测定时加速电压 V 是固定不变的。此时，R 只与离子本身的 m/z 和磁场强度 H 有关。从式(7－4)不难理解，要使小质量离子(m/z 较小)的运动弧线半径 R 刚好等于扇形磁分离管的半径(固定不变)，就必须用较小的磁场强度，即小质量的离子在较小的磁场强度时可到达检测器。相反，较大质量的离子(m/z 较大)将在较大的磁场强度时到达检测器。由此可知，随着 H 由小到大逐渐增加，各种不同的离子将会按照其 m/z 值由小到大的顺序依次通过分离管并到达检测器，同时被记录仪记录成谱。每个离子峰的强度与其在单位时间到达检测器的离子数目成正比。

二、质谱图的表示

质谱图的横坐标表示离子的质荷比，纵坐标代表离子的相对强度，又称相对丰度(relative abundance)。人为规定，强度最大峰的强度为 100，称为基峰(base peak)。其余离子峰的强度用其与基峰强度的百分比来表示。离子峰一般很窄，近似于一竖直线。直线所在横坐标的位置为离子的质荷比。质荷比中的电荷是以 1 个电子的电量为单位的。大部分离子的电荷都为 1 个电子的电量，所以一般把 m/z 都看作是离子的质量(m)。图 7.18 为丙烷的质谱图。

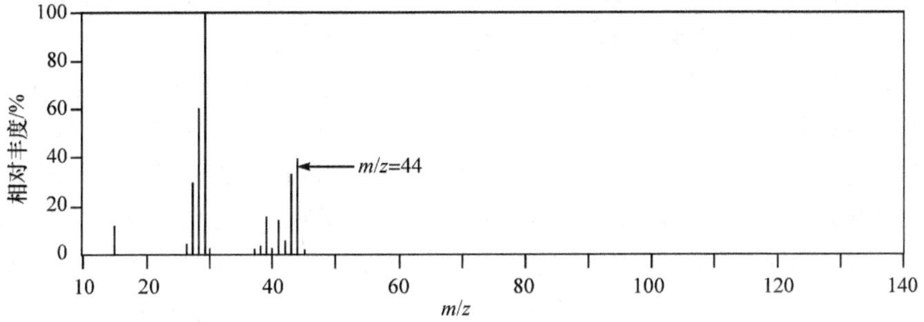

图 7.18　丙烷的 MS 谱图

三、质谱在有机化学中的应用

(一) 测定相对分子质量

相对分子质量是有机分子结构鉴定所需要的重要参数之一。由于多数情况下分子离子的电荷数都为 1，所以质谱图中分子离子(molecular ion，M^+)峰的 m/z 就相当于化合物的相对分子质量。但是，要准确地确定出电子轰击质谱图(EI MS)的 M^+ 峰常常不是很简单的事，因为在 M^+ 峰的左右常伴随有其他的离子峰，或者 M^+ 峰丰度很低，甚至不出现。因此，要确定 M^+ 峰就必须了解其特征。EI MS 的 M^+ 峰一般具有下列四个特征：

(1) M^+ 峰位于 MS 图中 m/z 最大的区域(右边)。

(2) 符合相对分子质量的氮素规律："氮素规律"是对于由 C、H、O、N 组成的同位素纯净的稳态分子，含有奇数个 N 原子的，相对分子质量的整数部分一定是奇数；不含 N 或含有偶数个 N 原子的，相对分子质量的整数部分一定是偶数。不严格地说，就是分子含有偶数个 N 原子或不含 N 原子的分子，其相对分子质量为偶数；分子中含奇数个 N 原子的，相对分子质量为奇数。

(3) M^+ 峰与邻近质量较小的峰之间具有合理的质量差：在 MS 谱的 m/z 为 (M−2)和(M−15)之间一般不会出现其他碎片离子峰。如果在假定的"M^+ 峰"与

m/z 为(M－15)的区间存在相差 3～14 个质量单位的其他峰，则假定的"M^+ 峰"一定不是真正的分子离子峰。换句话说，就是谱图上真正的 M^+ 峰应该在(M－2)到(M－15) 的 m/z 区间存在空白区，即无离子峰区。

(4) M^+ 峰的强度与分子的结构特性相符：在很大程度上，M^+ 峰的强度与 M^+ 离子的稳定性成正相关，而 M^+ 的稳定性又是由分子结构决定的。因此，不同结构的化合物一般都具有各自的 M^+ 峰强度特征。

对于质量较大、结构复杂的有机分子，一般的电子轰击质谱上常常并不出现 M^+ 峰。此时，可以通过改变实验手段来获取分子离子峰。例如，降低电子束的轰击电压，或采用其他的软电离的离子化方法，如化学离子源(CI)、场解吸离子源(FD)、快原子轰击离子源(FAB)、电喷雾离子源(ESI)等。

双聚焦质谱仪(double-focusing mass spectrometry)具有很高的分辨率，可给出离子的准确相对分子质量，其精确度可达 0.0001 原子质量单位。这类质谱仪所得到的质谱称为高分辨质谱(high resolution mass spectrometry, HRMS)。HRMS 可以很容易地测定出一般质谱不能区分的两个离子。例如，$[C_5H_{12}]^+$ 和 $[C_4H_8O]^+$ 两个离子的准确相对分子质量分别为 72.0939 和 72.0575。由于一般质谱仪只能精确到整数或小数部分一位，所以它们在一般质谱仪上表现为同一个峰。但在 HRMS 却能将它们清楚地区分开来，它们在 HRMS 谱图上表现为两个峰。

(二) 确定分子式

利用低分辨质谱图和高分辨质谱图上的 M^+ 峰都可以推导出分子式，但二者的推导方法完全不同。

低分辨质谱常采用分子离子的同位素峰的强度比值来推导分子式。

除 F、I、P 外，组成有机化合物的元素在自然界一般都有同位素。因此，一般我们认为的纯化合物实际上是由各元素的不同同位素组成的分子的混合物。例如，自然界产生的或一般实验室人工制备的甲烷(CH_4)实际上是由 $^{12}C\,^1H_4$、$^{13}C\,^1H_4$、$^{13}C\,^1H_3\,^2H$ 等组成的混合物。这些由各元素不同同位素组成的分子都会在 MS 谱上出现相应的分子离子峰(m/z 分别为 16、17、18 等)，即分子离子同位素峰(以下简称同位素峰)。

每种元素的各个同位素在自然界的绝对丰度是不同的，各自的相对丰度是固定不变的(表 7.4)。相对丰度就是重同位素丰度对最轻同位素丰度的百分比。所以，各同位素在形成不同同位素分子时所产生的各个同位素分子的含量也是不同的，表现在 MS 图上就是各个同位素峰具有不同的强度或丰度。

表 7.4 一些元素的重同位素与最轻同位素的天然丰度比值

同位素	^{13}C	^2H	^{17}O	^{18}O	^{15}N	^{33}S	^{34}S	^{37}Cl	^{81}Br
丰度比值/%	1.12	0.0145	0.037	0.204	0.366	0.80	4.44	31.96	97.92

MS图上同位素峰的强度除了与分子各组成元素的同位素天然丰度有关外，还与分子中各组成元素的原子数目有关。也就是说，组成元素相同的不同分子（如 CH_4 和 CH_3CH_3），它们各自的同位素峰的强度百分比是不同的。不同分子的同位素峰强度比是可以根据数学统计学方法来计算的。根据这个原理，贝农（Beynon）对由 C、H、N 和 O 组成的各种可能的"分子式"的同位素分子的丰度进行了计算，并编制成了贝农表。利用贝农表，根据质谱中测定出的 $(M+1)^+$、$(M+2)^+$ 同位素离子的强度比值便可从中查找到相应的分子式。

HRMS 是利用不同分子式具有不同的精确相对分子质量的原理来确定分子式的。

微观粒子在相互结合成新的粒子时都会产生"静质量亏损"，如 1 个质子、1 个中子和 1 个电子形成氘核，氘核的静质量并不是上述三种粒子的质量和，而是要少一些。不同的原子核在形成过程中各有不同的"静质量亏损"。因此，CO_2 和 N_2 虽然都含有相同 14 个质子、14 个中子和 14 个电子，但它们的精确相对分子质量却是不同的。同样的道理，任何两个组成不同的有机化合物，即分子式不同的化合物，是不可能具有相同的精确相对分子质量的。也就是说，分子式和精确相对分子质量之间具有一对一的关系。只要知道了分子的精确相对分子质量，便可找到其对应的唯一分子组成，即分子式。由于 HRMS 可以精确地测定出相对分子质量的小数点后第四位，因此，HRMS 的分子离子峰实际上是精确的相对分子质量，相应于同位素纯净的一束分子离子，即所含的各种同位素都是同位素纯净的，每种元素都由单一的同位素组成。因此，利用精确相对分子质量便可确定出分子式。把测定到的精确相对分子质量转换成相应的分子式，可以从 Lederberg 表中直接查出，也可以借助计算机来完成。

（三）利用 MS 推断化合物的结构

质谱中除分子离子外，还有许多碎片离子。所有的碎片离子都是由分子离子直接或间接裂解形成的。间接裂解就是由分子离子第一次裂解形成的一级碎片离子再发生裂解（次级裂解）并形成次级碎片离子。离子裂解一般是失去中性的小分子或自由基而产生质量较小的离子。不同结构的分子离子具有一定的裂解规律，分子结构与其质谱特征之间具有唯一对应的关系，因此分子的质谱可以看作是分子的指纹。掌握分子离子的裂解规律就可根据碎片离子的有无和强度来判断特定分子的一些结构信息。然后再配合其他波谱的信息，就可以把分子结构或部分结构推断出来。

一般来说，下列几种裂解容易发生，常产生强度较大的特征碎片离子。

(1) 容易从枝化度较高的碳原子、双键的 α、β 之间或芳环烃基的 α、β 之间裂解，产生分支碳正离子、烯丙基离子、苄基离子（又称革𬭩离子）。例如：

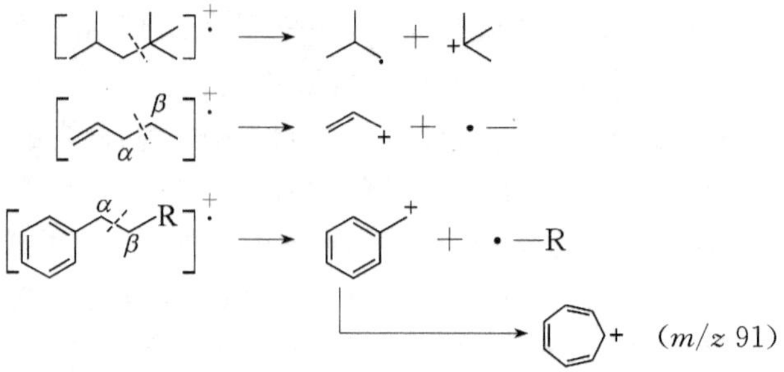

（2）醇和胺类容易发生 α、β 之间的断裂。

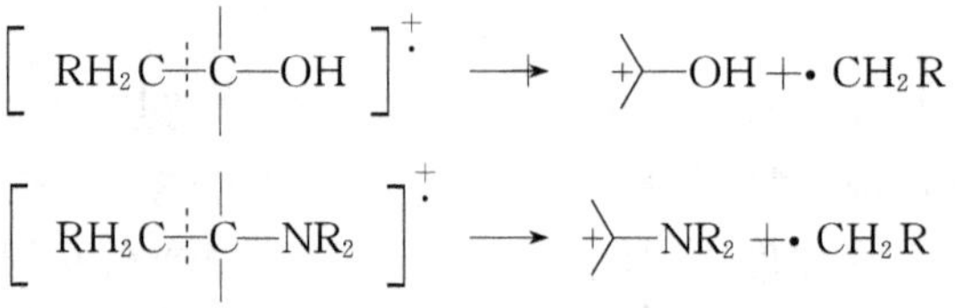

（3）醇容易脱水，形成$[M-H_2O]^+$，即$[M-18]^+$；卤代烃容易发生卤化氢的消除裂解，形成$[M-HX]^+$。

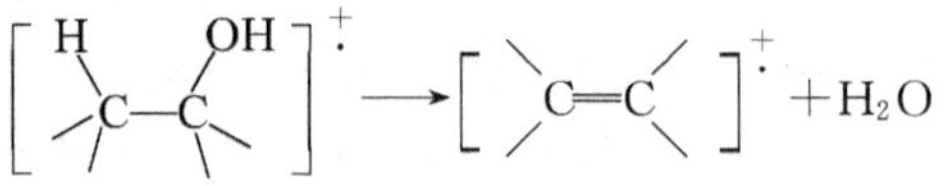

（4）极性 C—X(X=O、S、卤素)键容易发生裂解。

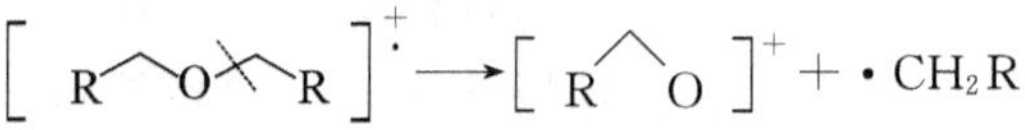

（5）醛、酮容易发生丢失烃基的裂解（α 裂解）。

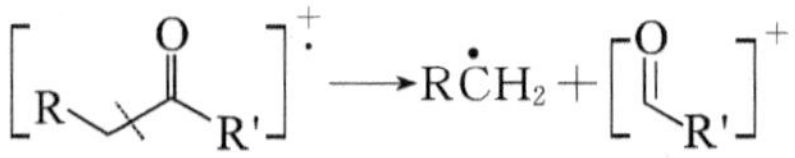

（6）双键（包括杂双键）γ-位含 H 的分子可发生经过六元环迁移的重排裂解，称为麦克拉弗蒂(McLafferty)重排。

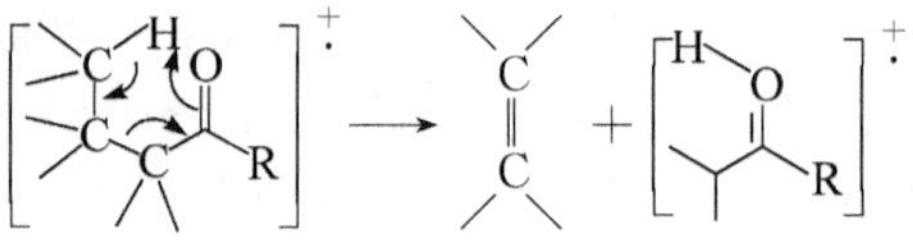

（四）借助质谱鉴定两个化合物是否相同

对于 EI MS，只要测定条件相同，同一化合物的 EI MS 图在不同仪器上具有很好的重现性。另外，在 EI MS 图谱上除了 M^+ 外，还有丰富的碎片离子。不同分子的碎片离子的数目及丰度各不相同，就像分子指纹一样。据此，可以通过比较未知物和已知物的 EI MS 图谱，就可判断二者是否属于同一化合物。气相色谱-质谱联用仪(GC-MS)就是通过这个方法，利用计算机来完成未知样的 MS 与数据库中已知化合物的 MS 的比较，进而确定未知样的结构归属。

习　题

1. 在化合物氯乙烯中有几种类型的质子？
2. 写出下列分子可能发生的电子跃迁。

   (1) CH_4　　(2) CH_3Cl　　(3) $H_2C{=}O$
3. 丙酮的 UV 谱图中有两个吸收峰：λ_{max} 280 nm(ε_{max} 15)和 λ_{max} 190 nm(ε_{max} 10^4)，确定每个吸收峰的电子跃迁类型，哪个吸收峰更强？
4. 将浓度为 9.37×10^{-5} mol · L^{-1}的化合物(A)加入 1.0 cm 的比色皿中，测定其 λ_{max}235 nm 的吸光度为 1.18，求算(A)的 ε_{max}。在最大吸收波长处，若吸光度为 0.96，该化合物的浓度是多少？
5. 下面是 $CH_3COCH_2CH_3$ 和 $CH_3COCH{=}CH_2$ 的紫外吸收光谱的 λ_{max} 值，请判断(1)和(2)分别对应于哪个化合物，并指出各吸收峰对应的电子跃迁类型。

   (1) 277 nm；185 nm　　(2) 324 nm；219 nm
6. 下列反应哪些可以用 UV 谱来研究？

   (1) $CH_3CH_2COCH_3 \xrightarrow[Ni]{H_2} CH_3CH_2CH(OH)CH_3$

   (2) $CH_3CH_2CH_2Cl + NH_3 \longrightarrow CH_3CH_2CH_2NH_3^+ + Cl^-$

   (3) $CH_3CH_2CH(OH)CH_2CH_3 \xrightarrow[\triangle]{H^+} CH_3CH_2CH{=}CHCH_3$

   (4) $CH_3CH_2C{\equiv}CH \xrightarrow[H_2O]{H_2SO_4,\ HgSO_4} CH_3CH_2COCH_3$

   (5) $H_2C{=}CHCH{=}CH_2 + HC{\equiv}CH \longrightarrow$ 

   (6) 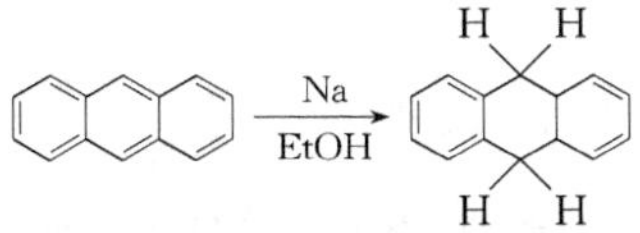
7. 化合物 2,3-二甲基-2-氯丁烷的 E2 消除反应会有哪两个产物生成？通过红外光谱测定能区分出这两个产物吗？为什么？(提示：化学键的对称性越高，其吸光度越小)
8. 解释下列实验事实。

   (1) 在用乙醇和乙二醇作为溶剂溶解样品进行 IR 测定时，在 3350 cm^{-1}处有一个比较宽的 O—H 的吸收峰。

   (2) 如果将样品用 CCl_4 稀释，乙二醇中的样品谱图没有变化，而乙醇中的样品测定结果会在 3600 cm^{-1}出现一个尖峰取代了 3350 cm^{-1}处的宽吸收峰。(提示：考虑氢键的影响，包括分子内氢键和分子间氢键)
9. 比较 H—C=C 和 H—C=O 上质子的化学位移的相对高低。为什么后者的 δ 要高很多？
10. 在以下化合物中，各存在几种化学环境不同的氢？

    (1) 乙烷　(2) 丙烷　(3) 2-甲基丁烷　(4) 乙烯　(5) 丙烯　(6) 硝基苯　(7) 甲苯
11. 为什么 2-甲基丙烯分子中存在自旋裂分而 1-氯-2,2-二甲基丙烷分子中无自旋裂分？(提示：双键比单键的键长短)
12. 预测下列化合物的^1H NMR 可能有几个核磁信号及各信号的化学位移值的相对高低。

(1) $Cl_2CHCHCl_2$　　(2) $ClCH_2CH_2I$　　(3) $CHCl_2CHClCH_3$
(4) CH_3CH_2CHO　　(5) $C_6H_5CH_2CH_2CH_3$　　(6) CH_3COOCH_3

13. 下列化合物的^1H NMR谱图上均只给出一个单峰，试写出化合物的结构式。
(1) $C_8H_{18}O$　(2) C_3H_6　(3) $C_4H_8O_2$　(4) C_4H_8　(5) C_8H_{18}　(6) C_4H_6

14. 下列两个化合物的^1H NMR有什么差异？（提示：可考虑偶合常数）

(A)　　　　(B)

15. 分子式为C_7H_8O的化合物，其^1H NMR信号为δ/ppm：7.3、4.4、3.7，峰面积比分别为7∶2.9∶1.4，试推导该化合物的可能结构。

16. 若某碳氢化合物的MS上显示有碎片离子峰(m/z)：29、51、91，请写出各碎片离子的可能结构。

17. 解释以下两个化合物的MS的碎片离子的可能来源。
(1) $CH_3OCH_2CH_2CH_3$：m/z =31、45、59、74
(2) $CH_3CH{=}CHCH_2CH_2CH_3$：m/z =41、55、84

18. 分子式为$C_{10}H_{12}O$的化合物，其MS图显示有6个离子峰(m/z)：15、43、57、91、105和148。请推断其可能的结构。

19. 某化合物的实验式为C_2H_4O。IR谱显示在1740 cm^{-1}处有吸收峰。^1H NMR谱显示：δ=4.12 ppm，四重峰(2H)；δ=2 ppm，单峰(3H)；δ=1.25 ppm，三重峰(3H)。试推测该化合物可能的结构。

20. 通过气相色谱分离出咖啡香味中的一种成分，它的分子式是$C_5H_8O_2$；在1750 cm^{-1}处有红外吸收，核磁共振谱显示：δ=1.15 ppm(3H)，双重峰；δ=2.35 ppm(2H)多重峰；δ=3.35～4.40 ppm(3H)多重峰；质谱数据m/z=100。试推测该化合物的可能结构并加以说明。

21. 化合物(A)和(B)的分子式均为$C_4H_6Cl_2$，二者都能使溴的四氯化碳溶液褪色。(A)的^1H NMR数据如下：δ/ppm：4.25(4H，s)，5.35(2H，s)；(B)的^1H NMR数据如下：δ/ppm：2.2(3H，s)，4.15(2H，d)，5.7(1H，m)。试推导化合物(A)和(B)可能的结构式。

保罗·劳特伯与核磁共振成像技术

1971年5月，纽约州立大学的物理学家雷蒙德·达马迪安(Raymond Damadian)在美国《科学》杂志上发表论文，发现老鼠离体肿瘤的核磁共振弛豫时间与普通组织存在明显差异，并提出NMR技术可用于肿瘤的诊断。上述研究结果使纽约州立大学石溪分校(State University of New York at Stony Brook)的化学家保罗·劳特伯(Paul Lauterbur)萌生了根据不同生物组织的核磁共振信号的不同来对生物的组织结构进行成像的想法。

NMR成像的关键是如何确定产生NMR信号的磁性核的空间位置。如果每个信号的位置都能被测定，样品的整体图像就可以制作出来。怎样才能测出每个磁性核的空间位置呢？保罗·劳特伯的突发灵感带给他一个破天荒的磁场偏差想法，即通过在稳态磁场上叠加一个有梯度变化的弱磁场，可人为创造出一种在不同的二维或三维位置具有不同磁场强度的磁环境，这样就可实现对磁性核位置进行二维甚至三维定位。由于原子核的共振频率同磁场强度成正比，因此处于梯度磁场不同位置的样品便会以不同的频率共振。这样，便将不同的位置与不同的共振频率相对应。而且，各频段共振信号的强度可以根据样品中包含的以不同频率共振和处于不同位置的原子核显示出相应样品中的具体信息。在信号上的细微差别可以用来对分子的位置进行定位，从而制出相应的图像。

由于人体内不同组织的水和脂肪等有机物的含量不同，同一组织中正常与病变环境下质子的分布密度不同，因此对人体中氢原子分布状态进行研究，便可获得组织的二维、三维高分辨率图像。1972～1977 年，保罗·劳特伯和英国英格兰诺丁汉大学的 Peter Mansfield 分别采用类似的方法相继获得了多张人体不同组织的 NMR 成像照片。到 20 世纪 80 年代初期，核磁共振成像(magnetic resonance imaging，MRI)技术领域的迅速发展让这种技术开始进入商业领域。

MRI 的信息量不但大于医学影像学中的其他许多成像术，而且不同于已有的成像术，它是一项革命性的影像诊断技术。MRI 获得的图像异常清晰、精细、分辨率高，对比度好，信息量大，特别对软组织层次显示得好，使医生如同直接看到了人体内部组织那样清晰、明了，大大提高了诊断效率和准确性，避免了许多以往因手术前诊断不明而不得不进行的开颅、开胸、开腹探查及其他的一些探查诊断性手术，使患者避免了不必要的手术痛苦以及探查性手术所带来的副损伤及并发症。所以它一出现就受到影像工作者和临床医生的欢迎，目前已普遍应用于临床，对一些疾病的诊断成为必不可少的检查手段。

随着高速计算机和超导磁铁的应用，目前的 MRI 设备已可提供具体的解剖结构图像，功能性 MRI 技术也可以让脑部及其他器官的功能变化图形化。这些功能使 MRI 技术成为一种在现代医学中前途无量的检测手段。目前全球已有 2.2 万台核磁共振成像设备，其中我国有 1000 多台。

基于保罗·劳特伯对 MRI 的重大贡献，他获得了 2003 年度诺贝尔生理学或医学奖。2007 年 3 月 27 日，保罗·劳特伯在美国伊利诺伊州厄巴纳(Urbana)的家里，因肾病去世，享年 77 岁。

第八章　芳　香　烃

芳香烃(aromatic hydrocarbon)简称芳烃。狭义的芳香烃是指分子中含苯环结构()的一类碳氢化合物,广义的芳香烃是指具有和苯相同或相似结构及化学性质(易取代、难加成、难氧化的性质)的一类碳氢化合物。在有机化学发展初期,芳香烃泛指具有芳香气味的一类芳香物质,显然,现在芳香烃的定义与早期芳香烃的概念已有了本质的区别。

第一节　芳香烃的分类和命名

根据分子中是否存在苯环结构,可将芳烃分为苯系芳烃和非苯系芳烃两大类。根据苯系芳烃分子中苯环的多少及苯环间的连接方式,可将其分为单环芳烃、多环芳烃和稠环芳烃。根据非苯系芳烃组成芳环的原子种类,可将其分为碳环非苯芳烃和杂环非苯芳烃。

一、单环芳烃

分子中只含有一个苯环的芳烃称为单环芳烃,苯是最简单的芳香烃,苯的同系物可以看作苯环上的氢原子被烃基取代后的衍生物。

(一) 单环芳烃的命名

单环芳烃既可以将苯环作为母体,也可以将苯环作为取代基来命名,主要根据取代基的类型而定。当苯环上连的是简单烃基(如甲基、乙基等)、—NO_2、—X(卤素)等基团时,常以苯环为母体,称为某基苯,有时“基”可以省略。例如:

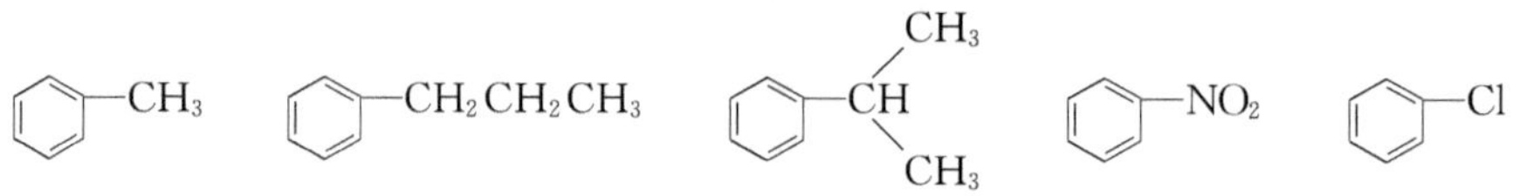

甲苯　　正丙苯　　异丙苯　　硝基苯　　氯苯

当苯环上连有—COOH、—SO_3H、—NH_2、—OH、—CHO、—CH═CH_2等官能团或R较复杂时,则把苯环作为取代基。芳环去掉一个氢原子所剩下的基团通称为芳基(aryl),用Ar—表示。其中,称为苯基(phenyl, Ph),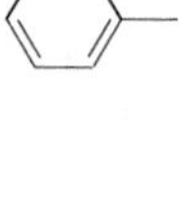称为邻甲

苯基，—CH_2— 称为苄基或苯甲基(benzyl，Bz)。例如：

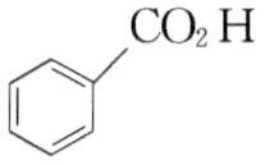
苯甲酸

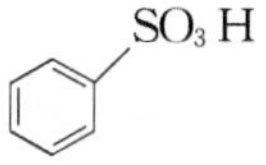
苯磺酸

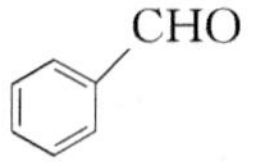
苯甲醛

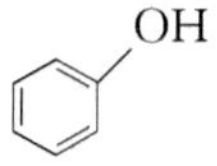
苯酚

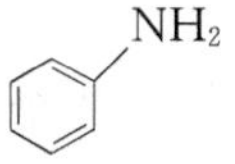
苯胺

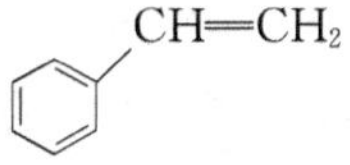
苯乙烯

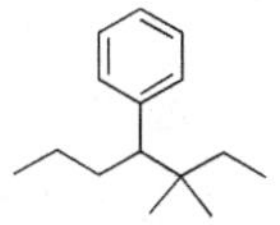
3,3-二甲基-4-苯基己烷

(二) 二元取代苯的命名

二元取代苯由于取代基在环上的相对位置不同，可以产生三种位置异构体：邻(*ortho* 或 *o*-)二取代苯、间(*meta* 或 *m*-)二取代苯、对(*para* 或 *p*-) 二取代苯，也可用阿拉伯数字对苯环编号。例如：

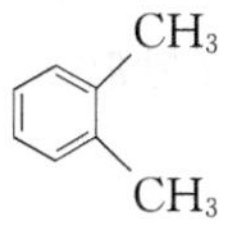
邻二甲苯
(1,2-二甲苯)
(*o*-二甲苯)

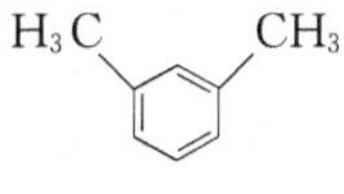
间二甲苯
(1,3-二甲苯)
(*m*-二甲苯)

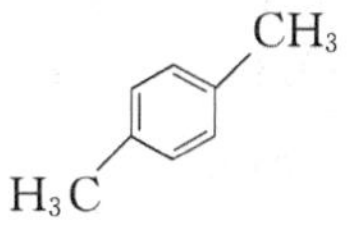
对二甲苯
(1,4-二甲苯)
(*p*-二甲苯)

若两个取代基不相同，且有一个取代基是重要官能团或含有重要官能团[官能团重要性次序见(三)]，可将另一取代基连同苯环一起作为取代基，将重要官能团作为母体。芳环上的编号从重要官能团连接的碳原子开始，并给其他取代基以尽可能小的编号。例如：

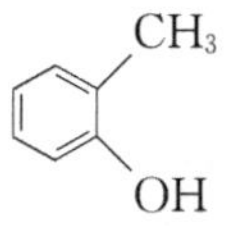
邻甲基苯酚
(*o*-甲基苯酚)

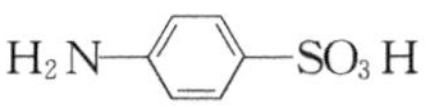
对氨基苯磺酸
(*p*-氨基苯磺酸)

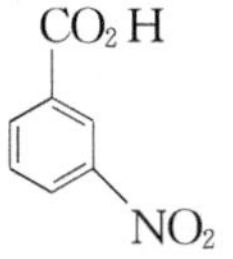
间硝基苯甲酸
(*m*-硝基苯甲酸)

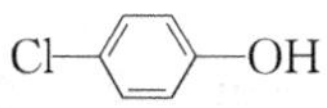
对氯苯酚
(*p*-氯苯酚)

(三) 三元或多元取代苯的命名

根据三个取代基在苯环上的相对位置不同，三元取代苯也有三种位置异构。命名时选择母体的原则与二元取代苯相同。若三个取代基相同，其三种位置异构体除了用系统编号加以区别外，还常用“连”、“均”、“偏”来表示。例如：

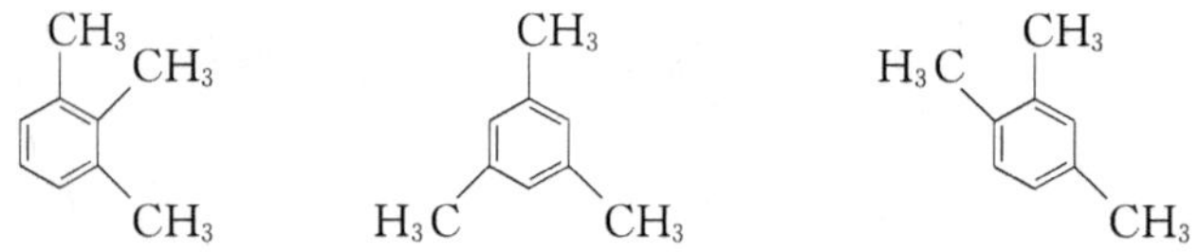

1,2,3-三甲苯　　1,3,5-三甲苯　　1,2,4-三甲苯
（连三甲苯）　　（均三甲苯）　　（偏三甲苯）

若芳环上存在三个或多个不相同的取代基，其命名规则与含两个不同取代基的二元取代苯相同。首先是选择合适的母体，其次是进行正确的芳环编号，最后是写出化合物的名称。

若芳环上存在几个不同官能团时，不同取代基作为母体的优先权是不同的，一般按照“官能团优先次序”排在最后的官能团作为母体，排在前面的则作为取代基。写取代基时，次序规则较小的基团优先列出。芳环上的编号从母体官能团连接的碳原子开始，并给其他取代基以尽可能小的编号。

官能团重要性由次到优的顺序依次为—NO_2、—X、—OR（烷氧基）、—R（烷基）、—NH_2、—OH、—COR、—CHO、—CN、—$CONH_2$（酰胺）、—COX（酰卤）、—COOR（酯）、—SO_3H、—COOH、—NR_3等。例如：

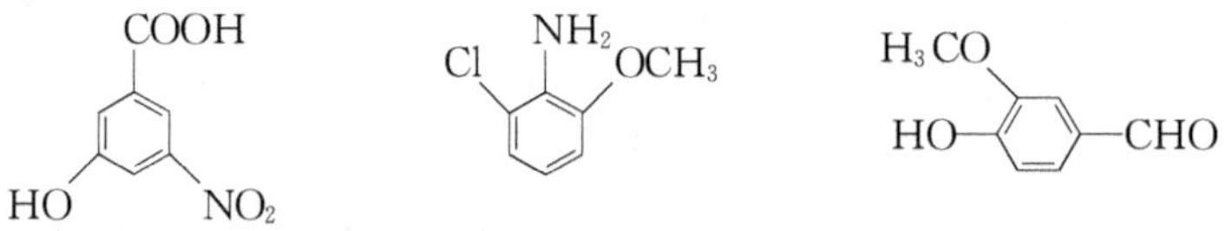

3-硝基-5-羟基苯甲酸　　2-甲氧基-6-氯苯胺　　4-羟基-3-甲氧基苯甲醛

二、多环芳烃

分子中含有两个或两个以上独立苯环的芳烃，称为多环芳烃（polycyclic aromatic hydrocarbon）。

（一）多苯代脂肪烃

多苯代脂肪烃是以脂肪烃为母体，将苯环看作取代基。例如：

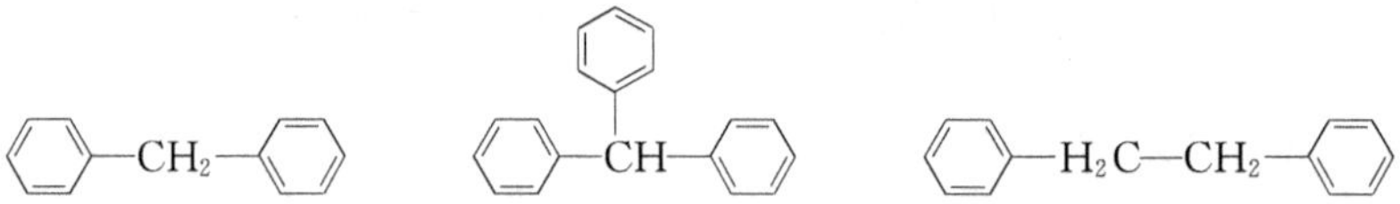

二苯基甲烷　　三苯基甲烷　　1,2-二苯乙烷

（二）联苯

联苯（biphenyl）用二、三、四等表示苯环数目，用“联”表示环间的关系。例如：

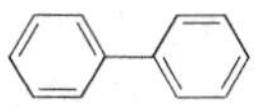

联二苯

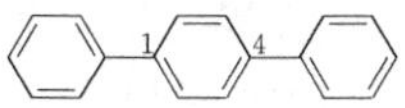

1,4-联三苯

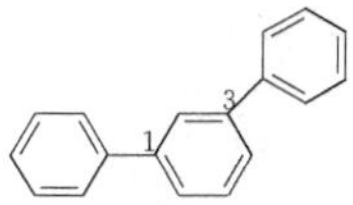

1,3-联三苯

三、稠环芳烃

分子中含有两个或两个以上苯环，苯环之间通过共用相邻两个碳原子稠合而成的芳烃，称为稠环芳烃(polynuclear aromatic hydrocarbon)。简单的稠环芳烃具有特定的名称和固定的编号。例如：

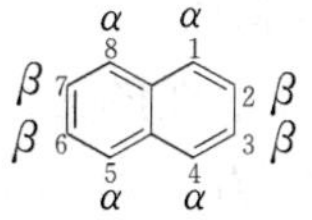

萘(naphthalene)

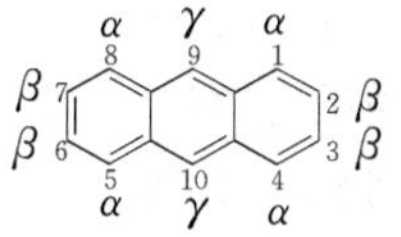

蒽(anthracene)

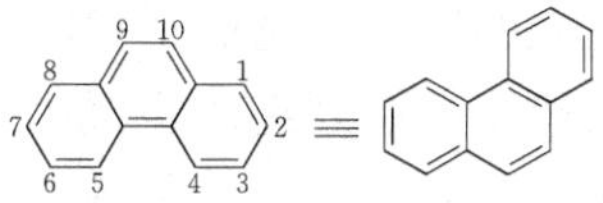

菲(phenanthrene)

α、β、γ 编号只适用于单取代稠环芳烃的命名。稠合原子又称共用原子，一般不编号。例如：

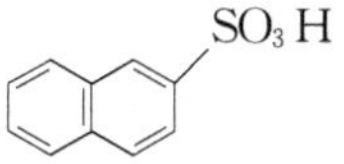

2-萘磺酸或 β-萘磺酸

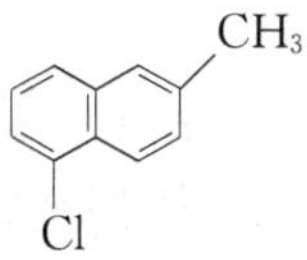

6-甲基-1-氯萘

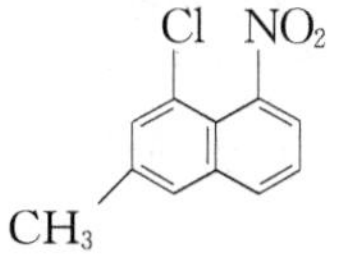

3-甲基-8-硝基-1-氯萘

在稠环芳烃中，有的具有致癌性，称为致癌烃。煤焦油中含有某些致癌烃。在煤、石油、木材和烟草等燃烧不完全时能够产生有些致癌烃。致癌烃多为蒽和菲的衍生物，当蒽的 9 位或 10 位上有烃基时，其致癌性增强。例如，下列化合物都有显著的致癌作用。

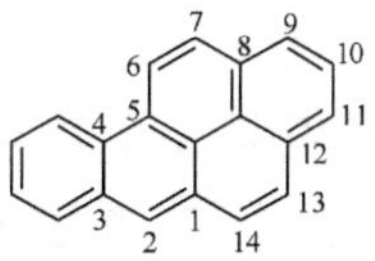

3,4-苯并芘
煤焦油中主要致癌物

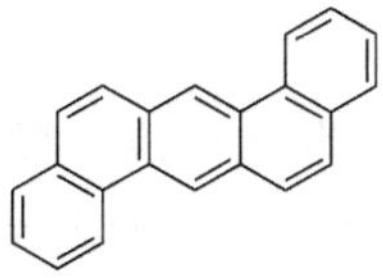

1,2,5,6-二苯并蒽
合成物

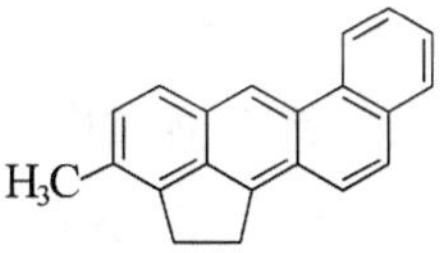

6-甲基-1,2-苯并苊
芳烃中致癌力最强的化合物

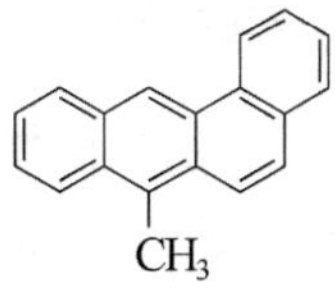

10-甲基-1,2-苯并蒽
致癌力仅次于 6-甲基-1,2-苯并苊

四、富勒烯

富勒烯(fullerene)又译作福乐烯，由于其形似足球，也称分子足球、足球分子、足球烯、巴克球(Buckyball)、碳笼等，是继金刚石和石墨之后发现的碳元素的第三种晶

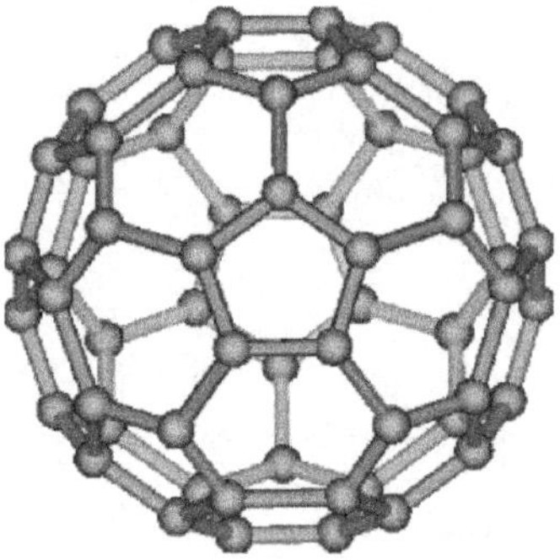

C_{60}

体形态，又称同素异形体。1985 年，英国化学家哈罗德·沃特尔·克罗托博士（Sir Harold Walter Kroto）和美国科学家理查德·埃里特·史沫莱（Sir Richard Errett Smalley）等在氦气流中以激光汽化蒸发石墨实验中首次制得 C_{60}。为此，克罗托博士获得 1996 年度诺贝尔化学奖。克罗托受建筑学家理查德·巴克明斯特·富勒（Richard Buckminster Fuller）设计的美国万国博览馆球形圆顶薄壳建筑的启发，认为 C_{60} 可能具有类似球体的结构，因此将其命名为巴克明斯特·富勒烯（Buckminster fullerene），简称富勒烯。

富勒烯是一系列纯碳组成的原子簇的总称。它们是由非平面的五元环、六元环等构成的封闭式空心球形或椭球形结构的共轭烯。现已分离得到其中的几种，如 C_{60} 和 C_{70} 等。C_{60} 是由 60 个碳原子以 20 个六元环和 12 个五元环连接而成的具有 30 个碳碳双键（C═C）的足球状空心对称分子，球体直径约为 710 pm，即由 12 个五边形和 20 个六边形组成。其中五边形彼此不相连接，只与六边形相邻。与石墨相似，每个碳原子以 sp^2 杂化轨道和相邻 3 个碳原子相连，剩余的 p 轨道在 C_{60} 分子的外围和内腔形成 π 键。

C_{60} 分子具有芳香性。可用电阻加热石墨棒或电弧法使石墨蒸发等方法制得。C_{60} 有润滑性，可能成为超级润滑剂。金属掺杂的 C_{60} 有超导性，是有发展前途的超导材料。C_{60} 还可能在半导体、催化剂、蓄电池材料和药物等许多领域得到应用。C_{60} 是既有科学价值又有应用前景的化合物，在生命科学、医学、天体物理等领域也有一定的意义。

第二节 苯的结构与芳香性

一、苯的结构

苯的分子式为 C_6H_6，其不饱和度为 4。据此可以推断，苯或者是一个富含三元环或四元环结构的多环化合物，或者是含有多个不饱和键的化合物，或者是含有不饱和键的环状化合物。但是，无论是哪一种结构，分子都应该是不稳定的。实际上，苯是一个十分稳定的化合物，其化学性质既不具有不饱和烃的反应特征（容易加成、氧化、聚合），也不具有环丙烷的化学性质。相反，苯有自己的一些特殊性质：容易发生取代反应，不易发生加成反应；具有较低的能量和较高的热力学稳定性；具有特殊的光谱学性质。根据结构决定性质的理论，可以推测苯的特殊性质必然是由其特殊的结构决定的。

苯进行取代反应时，它的一元取代物只有一种，说明苯分子中 6 个氢原子所处的位置是等同的。根据这一实验事实，同时结合碳原子是四价、氢原子是一价的规律，1865 年，德国化学家凯库勒提出了苯结构的构想：苯分子应该是由 6 个碳原子和 6 个氢原子以单、双键交替形式形成的一个正六边形平面结构，键角为 120°。苯的这种结构就是苯的凯库勒式，也正是我们目前广泛采用的一种表示苯结构的构造式。

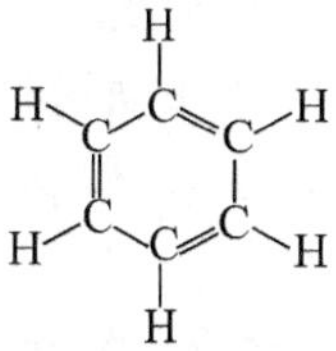

苯的凯库勒式

然而，根据苯的凯库勒结构式，苯的邻位二元取代物应有两个异构体，但实际上却只有一种。另外，苯的氢化热比假想的 1,3,5-环己三烯要小很多，约 150.6 $kJ \cdot mol^{-1}$。这些问题都是苯的凯库勒结构无法解释的。因此，凯库勒结构式并不能完全代表苯的真实结构。

苯分子结构有如下两种理论解释。

1. 杂化轨道理论解释

杂化理论认为，组成苯分子的 6 个碳原子均以 sp^2 杂化成键，每个碳原子形成三个 sp^2 杂化轨道并分别与一个 H 的 1s 轨道形成 C—H σ 键，与其他两个碳原子的 sp^2 杂化轨道各形成一个 C—C σ 键，并形成六元环状结构。sp^2 杂化为平面杂化，键角为 120°，碳氢原子均在同一平面上。每个碳原子的剩余未杂化的 2p 轨道，其对称轴垂直于 σ 键所在的平面，且彼此相互平行重叠，形成一个六原子六电子的共轭环状大 π 键，可表示为 π_6^6。

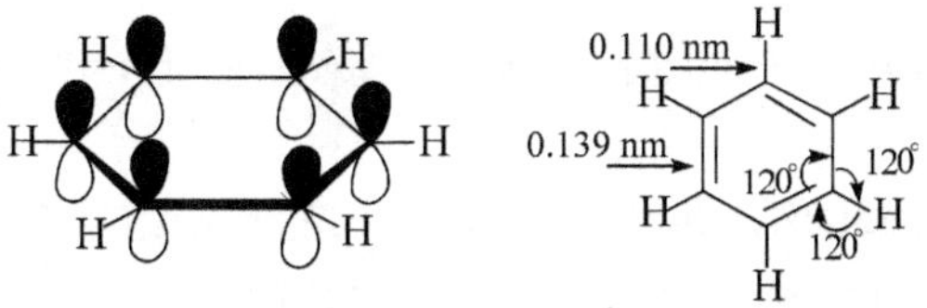

苯分子结构

π 电子云分布在苯环的上下，犹如两个充气的轮胎置于苯环碳骨架的上下方。闭合共轭体系的形成使共轭体系的能量大大降低，其共轭能（或离域能）为 150.6 $kJ \cdot mol^{-1}$，苯因此而具有相当的稳定性。另外，π 电子的离域使苯环上 C—C 键的键长发生完全平均化，因此，在苯分子中没有碳碳单、双键之分，其邻位二元取代物自然也就只有一种。

2. 分子轨道理论解释

分子轨道理论认为，苯分子中未参加杂化的 6 个 2p 轨道按线性组合法组成 6 个 π 分子轨道，用 ψ_1、ψ_2、ψ_3、ψ_4、ψ_5、ψ_6 表示（图 8.1）。这六个分子轨道中，ψ_1 的 6 个 2p 轨道波函数位相相同，没有节面，能量最低。ψ_2、ψ_3 各有一个节面，这两个轨道的能量相同，但比 ψ_1 要高。ψ_1、ψ_2 和 ψ_3 这三个分子轨道的能量都比原来的原子轨道低，是成键轨道。ψ_4、ψ_5 各有两个节面，这两个轨道的能量也相同，但高于 ψ_2 和 ψ_3。ψ_6 分子轨道中各相邻 2p 轨道的位相都相反，有三个节面，能量最高。ψ_4、ψ_5 和 ψ_6 这三个分子轨道的能量都比原来的原子轨道高，是反键轨道。在基态时，苯分子的 6 个 π 电子成对占据 3 个成键轨道，即 ψ_1、ψ_2 和 ψ_3 每一个轨道都填充两个电子，ψ_4、ψ_5 和 ψ_6 三个能量高的反键轨道全空。所以苯分子稳定，体系能量较低。

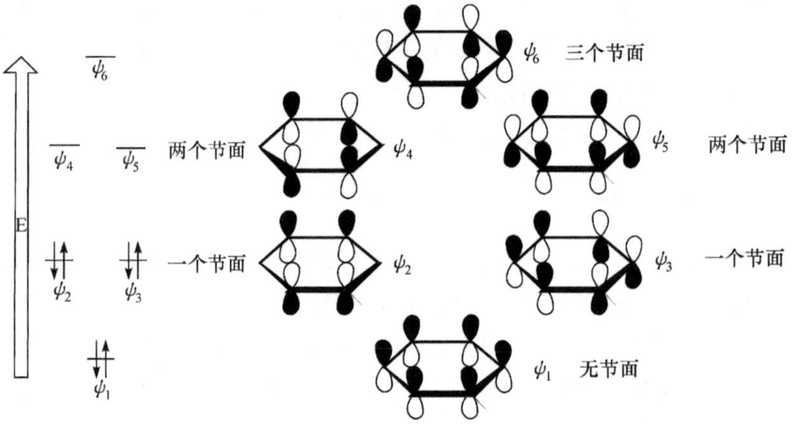

图 8.1　苯的 π 电子分子轨道重叠情况

苯分子的大 π 键是三个成键轨道叠加的结果，由于 π 电子都是离域的，因此碳碳键长完全相同。

以上两种理论对苯的结构的解释与苯结构的测定结果是一致的。现代结构分析证明，苯环为正六边形平面结构，C—C 键的键长为 0.139 nm，介于一般 C—C 单键(0.154 nm)和 C═C 双键(0.134 nm)的键长之间，即苯环中的 C—C 键既不是真正的 C—C 单键，也不是真正的 C═C 双键。C—H 键的键长为 0.110 nm，所有键角均为 120°。

基于人们对苯结构的认识，苯环常用下面两种形式来表示：

价键式

分子轨道离域式

二、芳香性及休克尔规则

1. 芳香性

芳香性(aromaticity)一般是指容易发生亲电取代反应但不容易发生加成、氧化、聚合等反应的性质。从结构来看，具有芳香性的化合物都是具有高度不饱和度($\Omega \geqslant 4$)的环状化合物。从热力学上来看，具有芳香性的化合物都比简单孤立多烯和一般链状共轭多烯具有较小的氢化热，即热稳定性高。由下面三个反应的氢化热可以很清楚地看出，苯的单个双键的平均氢化热(69.3 kJ · mol^{-1})比环己烯中的孤立双键的氢化热(120 kJ · mol^{-1})要低 50.7 kJ · mol^{-1}，比 1,3-环己二烯中的单个双键的氢化热(116 kJ · mol^{-1})要低 46.7 kJ · mol^{-1}。

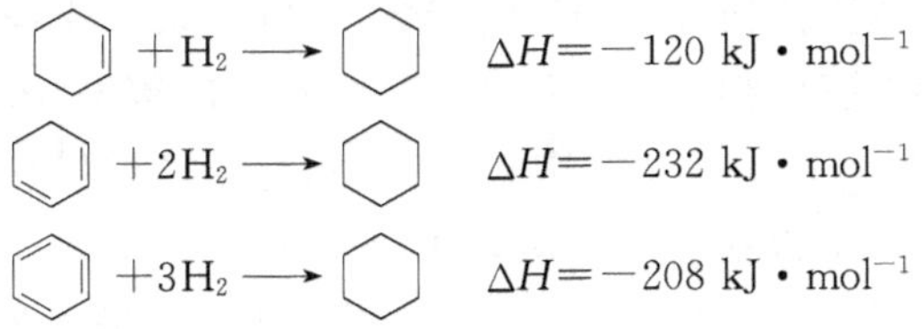

2. 休克尔规则

能否从一个化合物的结构来判断其是否具有芳香性呢？答案是肯定的。休克尔规则就是用于解决这一问题的法则，它是休克尔通过分子轨道理论计算而提出的。其内容是：假定一个是完全共轭的平面单环体系(随环的增大，环的共平面性越来越小)，则当共轭体系的 π 电子数等于 $4n+2$ 时 ($n=0,1,2,3,\cdots$)，该单环共轭多烯体系就具有芳香性，否则不具有芳香性。休克尔规则是严格限定于单环化合物的，但就一般意义上的芳香烃而言，休克尔规则也可以适用于稠环芳烃，包括含杂原子的环状共轭多烯及具有环状共轭多烯结构的离子。一些常见的符合休克尔规则的芳香体系如图 8.2 所示。

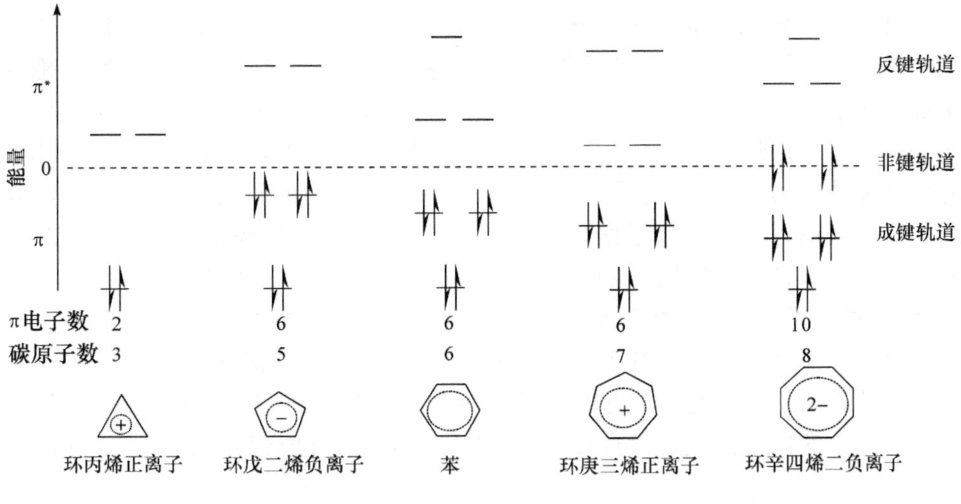

图 8.2　环多烯(C_nH_n)的 π 分子轨道能级和基态电子构型

由芳香烃的 π 电子排布图可以看出，填满能量最低的成键轨道需要 2 个电子，而填满其他成键轨道和非键轨道的电子数正好是 4 的倍数。换句话说，就是当共轭体系的电子数为 $4n+2$ 时，所有的电子刚好将所有的成键和非键轨道填满，这就是 $4n+2$ 数目合理性所在。

具有环状共轭多烯结构的化合物又称为轮烯。因此，环丁二烯、苯、环辛四烯、环癸五烯和环十八碳九烯又分别称为[4]轮烯、[6]轮烯、[8]轮烯、[10]轮烯和[18]轮烯。在应用休克尔规则判断大环轮烯的芳香性时，除了要考虑 π 电子数是否符合 $4n+2$，还要特别注意环碳原子是否共平面。如果环碳原子不能共平面，则闭环共轭体系就无法有效形成，$4n+2$ 规则也就失去意义，环状结构自然也就不再具有芳香性。例如，[10]轮烯的 π 电子数符合 $4n+2(n=2)$，但由于环中间的两个环内氢彼此干扰，使环碳原子无法共平面，因此[10]轮烯没有芳香性。

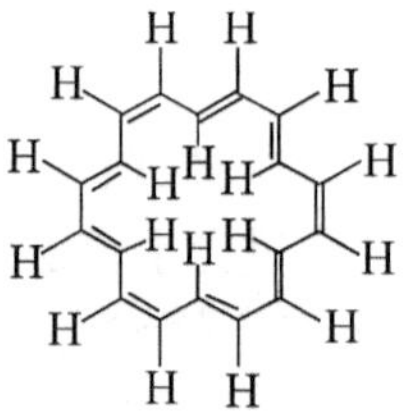

[18]轮烯
（芳香性）

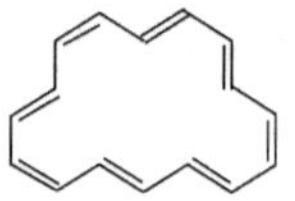

[16]轮烯
（无芳香性）

[10]轮烯
（无芳香性）

3. 芳香性离子

有些环烯烃因个别环碳原子的杂化形式为 sp^3 而无法形成环状闭合共轭体系，故没有芳香性。另有一些环多烯虽然具有环状闭合共轭体系，但因其非键轨道未能填满电子也没有芳香性。对于前一种环烯烃，可以通过失去 H^+ 或 H^- 的反应将 sp^3 杂化的环碳原子转变成具有 sp^2 杂化的碳负离子或碳正离子，从而实现环状闭合共轭体系，并使其 π 电子数符合 $4n+2$。这样产生的具有环状闭合共轭体系的阳离子或阴离子也是有芳香性的。例如，环丙烯正离子、环丁二烯的二价正离子和二价负离子、环戊二烯负离子、环庚三烯正离子都是芳香性离子；对于后一种环多烯，则可以通过与电子供体反应，使环状闭合共轭体系中获得一定数目的电子，变成具有 $4n+2$ 个 π 电子的芳香性阴离子。例如，环辛四烯的二价负离子就是一个芳香性阴离子。具有芳香性的离子也属于非苯芳烃。应该说明的是，芳香性离子具有一定的稳定性，但其稳定性是相对于相应的 π 电子数不是 $4n+2$ 的环烯烃而言的。

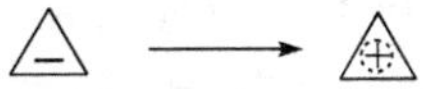

无芳香性 有芳香性

无芳香性 有芳香性

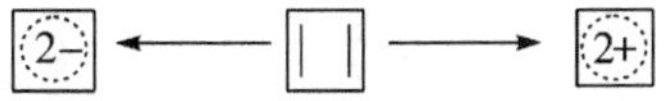

有芳香性 无芳香性 有芳香性

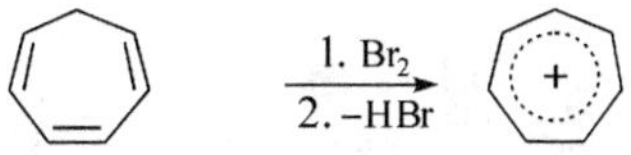

无芳香性 有芳香性

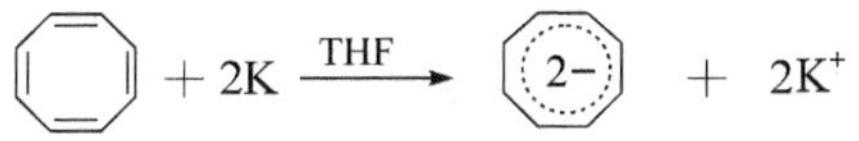

无芳香性 有芳香性

休克尔规则也可以用来判断稠环多烯的芳香性。如果稠环共轭体系的成环原子处于或接近处于一个平面上,可不考虑中心桥键,将稠环共轭体系当作一个大环轮烯来看待,直接利用休克尔规则判别它们的芳香性。例如,薁(又称蓝烃)是由一个五元环和一个七元环稠合而成的,可将其看作一个[10]轮烯,故薁有芳香性。实际上,根据薁的偶极矩(3.335×10^{-30} C · m),薁更像是一个庚三烯正离子和一个环戊二烯负离子骈合而成的芳香烃。

薁

三、芳香性杂环化合物

如果用N、O、S等杂原子代替芳香烃环上的部分甚至全部碳原子,所得到的杂环化合物也是具有芳香性的,简称芳杂环(aromatic heterocycle)。最简单和常见的六元芳杂环是吡啶,最简单和常见的五元芳杂环是吡咯、呋喃和噻吩。无论是六元芳杂环,还是五元芳杂环(吡咯除外),其杂原子都是 sp^2 不等性杂化。对于吡啶而言,有一个 sp^2 杂化轨道填充有一对电子,轨道与环共平面。未杂化的 p 轨道含有一个电子,轨道对称轴与环上其他原子的 p 轨道平行,通过 p-π 共轭形成与苯环类似的闭合环状共轭体系,且其中的 π 电子数为 6,符合 $4n+2(n=1)$ 规则,因此,吡啶和苯环一样,具有芳香性。对于五元杂环的呋喃、噻吩来说,除了未杂化 p

轨道的电子数是两个外，其他轨道的电子填充与吡啶的 N 原子相同，因此由 p-π 共轭形成闭合环状共轭体系也含有 6 个电子，符合 $4n+2(n=1)$ 规则，具有芳香性。对于吡咯来说，N 原子采取的是等性 sp^2 杂化，未杂化的 p 轨道含有一对电子，因此由 p-π 共轭形成闭合环状共轭体系也含有 6 个电子，符合 $4n+2(n=1)$ 规则，具有芳香性。

吡啶(pyridine)　　吡咯(pyrrole)　　呋喃(furan)　　噻吩(thiophene)

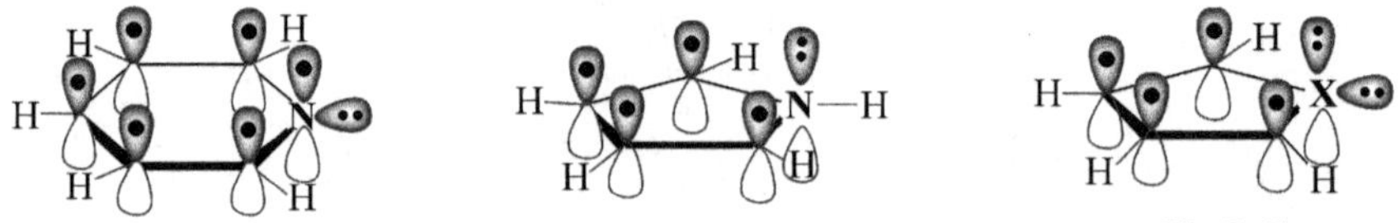

X=O, S

吡啶　　吡咯　　呋喃和噻吩

与苯环不同的是，由于杂原子和碳原子的电负性不同，导致杂环芳烃的 π 电子云分布是不均匀的，环上的化学键也不是完全平均化的，在化学反应上则主要表现为亲电取代反应的难易不同和取代反应的位置选择性不同。

第三节　芳香烃的结构与性质

一、物理性质

单环芳烃有特殊的气味，蒸气有毒，会对呼吸道、中枢神经和造血器官造成损害。有的稠环芳烃对人体有致癌作用。由于苯及其同系物中含碳量比较多，燃烧时常因不彻底而火焰带有黑烟。

芳香烃具有烃类的通性，即不溶于水，易溶于非极性有机溶剂，如乙醚、四氯化碳、石油醚等，密度比水小，具有可燃性。单环芳烃的相对密度一般为 0.8～0.9，比同碳数的脂肪烃和脂环烃稍大，其原因是芳烃含碳量较高，而碳原子又是较氢原子密度较大的原子。向芳烃中引入其他原子密度较大的元素，如卤素、氧原子等会增加芳烃的密度。

苯及其同系物多数为液体，稠环芳烃多为固体或结晶。芳香烃的沸点较相对分子质量相近的脂肪烃和脂环烃稍高。苯的同系物中每增加一个 CH_2 单位，沸点平均增高约 25 ℃。例如，苯、甲苯、乙苯、正丙苯和正丁苯的沸点分别为 80.1 ℃、110.6 ℃、130 ℃、159.2 ℃和 183 ℃。萘是光亮的片状结晶，挥发性极强，且具有特殊的气味。熔点除与相对分子质量有关外，还与结构有关，通常对位异构体由于分子对称,熔点较高。例如,邻、间、对二甲苯的熔点分别为 −25.5 ℃、−47.9 ℃、13.3 ℃,可用低温结晶的方法使对二甲苯分离出来(表 8.1)。

表 8.1　一些芳烃的物理常数

中文名称	英文名称	熔点/℃	沸点/℃	d_4^{20}
苯	benzene	5.5	80.1	0.879
甲苯	toluene	−95	110.6	0.867
邻二甲苯	*o*-xylene	−25.2	144.4	0.880
间二甲苯	*m*-xylene	−47.9	139.1	0.864
对二甲苯	*p*-xylene	13.2	138.4	0.861
乙苯	ethyl benzene	−95	136.1	0.867
正丙苯	*n*-propylbenzene	−99.6	159.3	0.862
异丙苯	*iso*-propylbenzene	−96	152.4	0.862
苯乙烯	styrene	−36.6	145.2	—
苯乙炔	ethynylbenzene	−44.8	142.4	—
连三甲苯	hemimellitene	−25.2	176.1	0.894
偏三甲苯	asym-trimethylbenzene	−43.9	169.2	0.876
均三甲苯	mesitylene	−44.7	164.6	0.865
联苯	biphenyl	70	255	—
二苯甲烷	diphenylmethane	26	263	—
三苯甲烷	triphenylmethane	93	360	—
萘	naphthalene	80.2	218	—
蒽	anthracene	217	354	—
菲	phenanthrene	101	340	—

二、结构与化学性质

由苯的结构可知,苯是一个高度不饱和的烃类,苯环中存在一个闭合的环状大 π 键。但是,苯环中的大 π 键与烯烃、炔烃中的 π 键有着极大的区别,这种区别主要表现在苯环中 $4n+2$ 个电子的闭合环状大 π 键赋予了苯环高度的稳定性,从而使任何要破坏这种稳定结构的反应,如加成、氧化、聚合等烯烃的典型反应都将难以发生。即使有少数这样的反应能够发生,其反应类型或反应条件也一定是比较特殊的,其反应类型也不会是苯的特征反应。

相反,如果苯环的 H 发生取代反应,则苯环的闭合环状大 π 键将不受破坏,分子的稳定因素仍然存在。因此,苯环的 H 是可以发生取代反应的。由于苯环的大 π 键电子云分布于苯环骨架的上、下方,犹如苯环骨架被两团带负电的电子云所包围,因此,可以想像,只有正离子或其他分子中带正电的一端才能与苯环接近并发生相互作用。由于这样的正离子或分子实际上就是亲电试剂，因此不难理解，苯环H的取代反应一定是亲电取代反应。事实上，亲电取代反应正是所有芳香性化合物的最典型的反应。

（一）亲电取代反应机理

亲电取代反应的机理一般包括三个过程，涉及两个反应中间体。

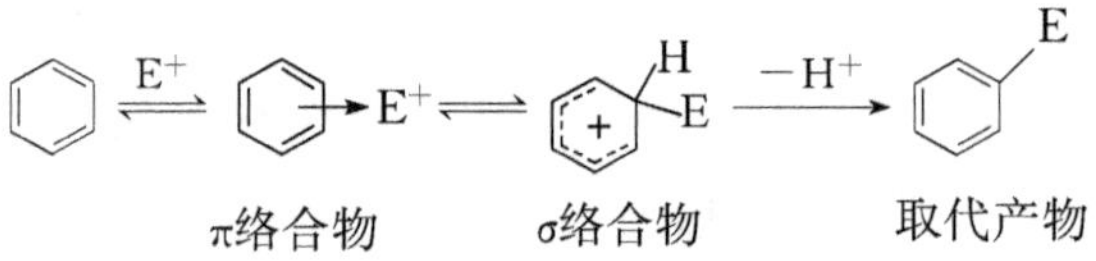

苯的亲电取代反应机理

第一步是π络合物中间体的形成。带正电的亲电试剂 E^+ 与芳环带负电的π电子云通过电性相吸而相互靠近，并最终形成π络合物。在这个过程中，芳环实际上充当了电子供体或亲核试剂或路易斯碱的角色，π络合物可看作一个路易斯酸碱反应的产物。

第二步是σ中间体的形成。π络合物中的 E^+ 借用芳环大π键上的一对电子与芳环的一个碳原子形成σ键，同时该碳原子由 sp^2 杂化变成 sp^3 杂化。此时，芳环原有的闭合共轭体系被破坏，E^+ 上原有的正电荷转移至其余5个碳原子形成的非闭合π键上，即 π_5^4。由于σ中间体的形成破坏了芳环原有的闭合大π键的稳定体系，因此σ络合物一般都是不稳定的，其能量较高，形成速率较慢，一般是亲电取代反应的决速步骤。

第三步是产物的形成。σ中间体的不稳定性使其很容易在负离子或路易斯碱的作用下失去 sp^3 碳原子上的 H^+，碳原子也随之由 sp^3 杂化重新转变成原来的 sp^2 杂化，芳环原有的闭合大π键也得以重新构建，sp^3 碳上C—H键的一对键电子转移至大π键上，使闭合大π键重新恢复到原来的稳定体系，即芳香性体系或称为 $4n+2$ 体系。至此，就完成了整个亲电取代反应，形成了芳环H被亲电试剂取代的产物。

为什么与 E^+ 配对的负离子不进攻σ中间体中带正电荷的 π_5^4 体系，发生类似于烯烃的加成反应呢？这可以从苯的亲电取代反应和亲电加成反应的能量变化图来解释。从图8.3中可以清楚地看出，由σ中间体形成取代产物的反应活化能较小，而形成加成产物的反应活化能较大。另外，取代产物的能量低于苯的能量决定了取代反应是放热反应，而加成产物的能量高于苯的能量，属于吸热反应，故苯容易发生亲电取代反应，而难发生亲电加成反应。

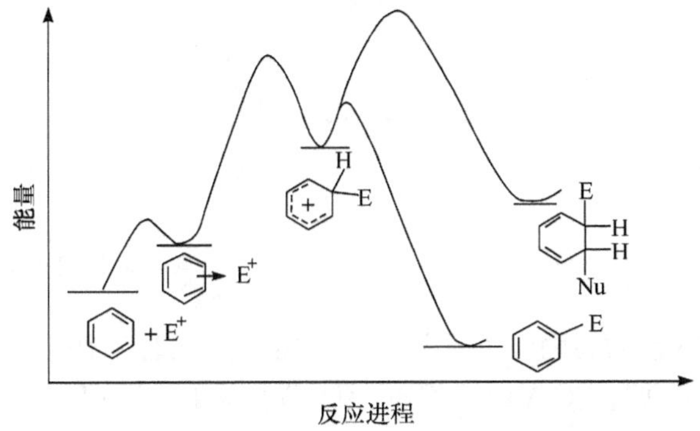

图 8.3　苯的亲电取代反应和亲电加成反应的能量变化

（二）芳烃的亲电取代反应

芳香烃的亲电取代反应是制备取代芳烃的常用方法，其反应类型主要有卤代、硝化、磺化、烃基化和酰基化反应。

由芳香烃的亲电取代反应机理可知，要使亲电取代反应能够发生并有效地进行，反应体系中必须要有一定的浓度且足够强的亲电试剂（E^+）。为此，芳烃的亲电取代反应一般需要一定的催化剂来加速 E^+ 的形成。

1. 卤代反应

由于氟太活泼，而碘又过于不活泼，因此，苯的卤代反应（halogenation reaction）主要是氯代和溴代。卤代反应中的亲电试剂一般是 X^+。虽然氯和溴都可以通过自催化途径与苯直接发生亲电取代反应，但反应一般很慢。因此，实验室常用 $AlCl_3$、FeX_3、Fe 等路易斯酸作催化剂。例如：

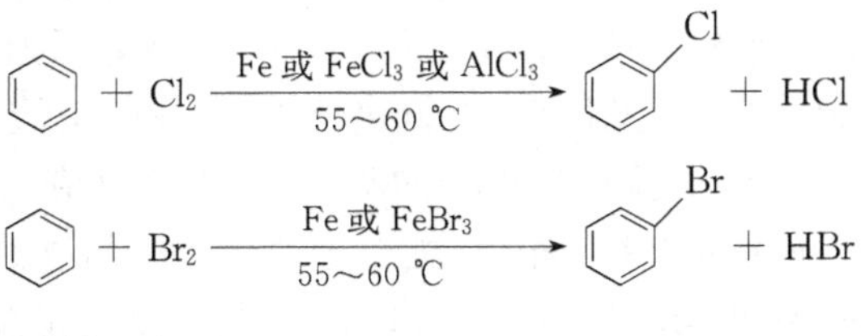

催化剂催化形成的过程如下：

$$Cl_2 \xrightarrow{AlCl_3} Cl^+ + AlCl_4^-$$

$$X_2 \xrightarrow{Fe} FeX_3 \xrightarrow{X_2} X^+ + FeX_4^- \qquad (X=Cl、Br)$$

由于碘的不活泼性，苯的碘代反应一般需要用特殊的催化剂，如 $CuCl_2$、HgO、HNO_3、高氯酸银和 H_2O_2 等。但实验室更多的则是采用间接法（如重氮盐法）制备芳烃的碘代物。

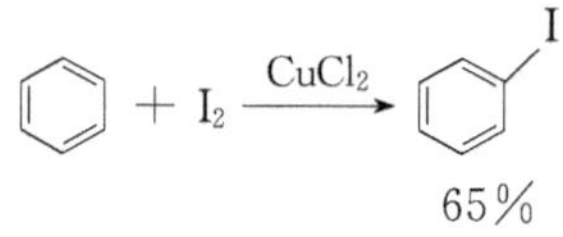

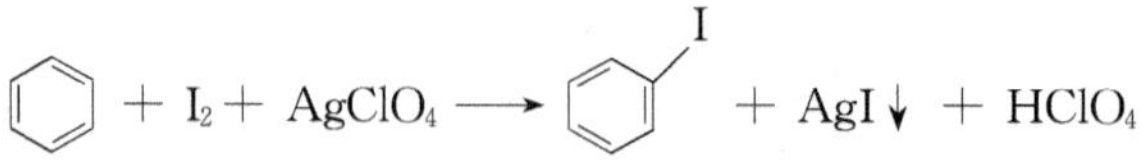

芳环的卤代反应还常用能直接产生正卤离子的化合物作为卤素源。常用的卤化试剂有 ICl、CH_3CO_2I、F_3CCO_2I、HOBr、CH_3CO_2Br、F_3CCO_2Br、HOCl。

2. 硝化反应

硝化是指芳环上的 H 为硝基 NO_2 取代的反应，生成硝基芳香化合物。硝化反应(nitration reaction)的亲电试剂是硝基正离子(NO_2^+)。硝酸本身通过分子间的脱水就能形成低浓度的硝基正离子。为了提高反应速度，实验室常用浓硝酸和浓硫酸的混合物(1∶2)作为硝化剂，一般称为混合酸，简称混酸。浓硫酸的作用是催化硝基正离子的形成速度，提高硝基正离子的浓度以及硝酸的利用率。例如：

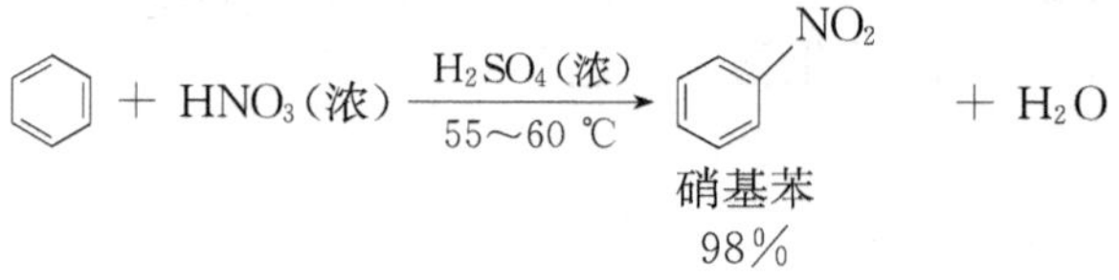

$$HNO_3 + 2H_2SO_4 \rightleftharpoons H_3O^+ + NO_2^+ + 2HSO_4^-$$

硝基苯是浅黄色液体，比水重，具有苦杏仁味，毒性很强，能与血液中的血红素作用。

除了混酸外，实验室还常用一些能产生硝基正离子的化合物作为硝化剂，如五氧化二氮(N_2O_5)，即硝酸硝($NO_2^+NO_3^-$)及其与一些路易斯酸(如三氟化硼、四氯化钛、四氯化锡、四氟化硅、五氟化磷、五氟化砷等)形成的硝盐，其中最常用的是氟硼酸硝($NO_2^+BF_4^-$)。这些硝盐都是很强的硝化剂，硝化反应一般在环丁砜溶液中进行，反应的位置选择性和产率都很好，尤其适用于对酸敏感的芳烃的硝化。

另外，硝酸烷基酯(如硝基甲酯)也可以在三氟化硼的催化下作为硝化试剂。其优点是在有机溶剂中的溶解度及硝化反应的位置选择性比氟硼酸稍大。

3. 磺化反应

磺化是指芳环上的 H 为磺酸基—SO_3H 取代的反应，生成芳基磺酸。磺化反应(sulfonation reaction)通常在浓硫酸或发烟硫酸中进行，也可在非质子溶剂中和三氧化硫反应，常用的非质子溶剂有硝基苯、硝基甲烷、1,4-二氧六环、四氯化碳等。

磺化反应中的亲电试剂是三氧化硫分子，它可以通过两分子硫酸之间的相互作用而产生，因此，磺化反应实际上是一个自催化反应。虽然三氧化硫是一个中性分子，但其硫原子是高度缺电子的，可作为亲电试剂的亲电中心。与卤代、硝化反应不同，磺化反应中的 σ 络合物是中性分子而不是正离子。

$$2H_2SO_4 \rightleftharpoons SO_3 + HSO_3^- + H_2O$$

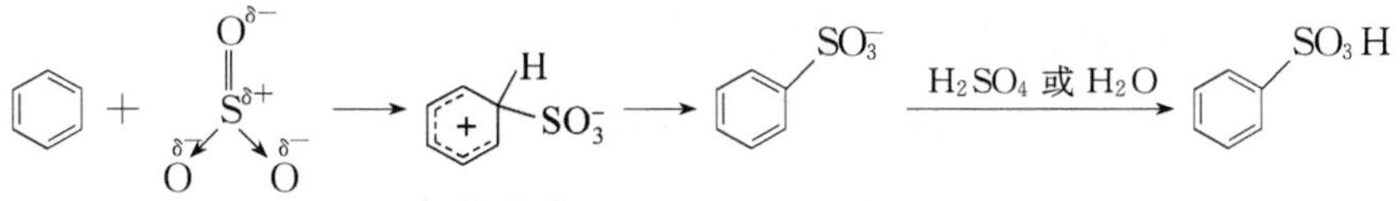

σ络合物

与卤代、硝化不同的是，磺化反应是一个可逆反应。反应中的水不利于产物的形成，因此随着反应的进行，硫酸的浓度会逐渐变稀，磺化速度也随之变慢。这也是磺化反应要用浓硫酸或发烟硫酸的原因。

在有机合成上，磺化反应的可逆性常被用作芳环 H 或位置的保护。一般是先通过磺化将芳环的某个位置用—SO_3H 占据，然后使芳环上所期望的位置发生亲电取代反应，最后通过对反应产物的酸水解，将芳环的—SO_3H 除去，得到所要的化合物。下面就是这一策略在邻氯甲苯制备中的应用。

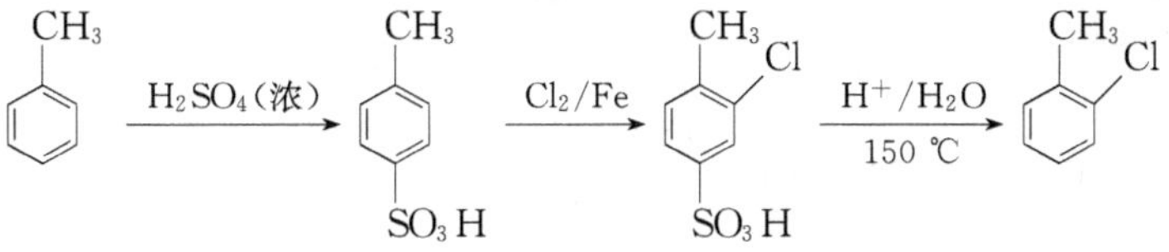

4. 傅-克反应

1877 年，巴黎大学化学家傅瑞德尔(Friedel)和克拉夫茨(Crafts)发现，在无水 $AlCl_3$ 的存在下，苯环上的 H 可被烷基 R—或 酰基 RCO—取代，生成烷基苯和酰基苯。这类反应统称为傅-克反应或傅氏反应，可分为傅-克烃基化反应(Friedel-Crafts alkylation reaction)和傅-克酰基化反应(Friedel-Crafts acylation reaction)两个类型。目前的傅-克反应无论是在催化剂方面，还是反应物方面都有很大的扩展。已经发现很多路易斯酸都可以催化傅-克反应，常用的有 $AlCl_3$、$FeCl_3$、$SnCl_4$、$ZnCl_2$、95%H_2SO_4、H_3PO_4、BF_3、HF、P_2O_5 等。

(1) 傅-克烃基化反应中的亲电试剂是烃基碳正离子，因此凡是能在催化剂存在下形成烃基碳正离子的化合物多数都能与芳环发生烃基化反应。这类化合物主要有卤代烃、醇、烯和醚，常用催化剂为无水氯化铝或无水氯化铁。例如：

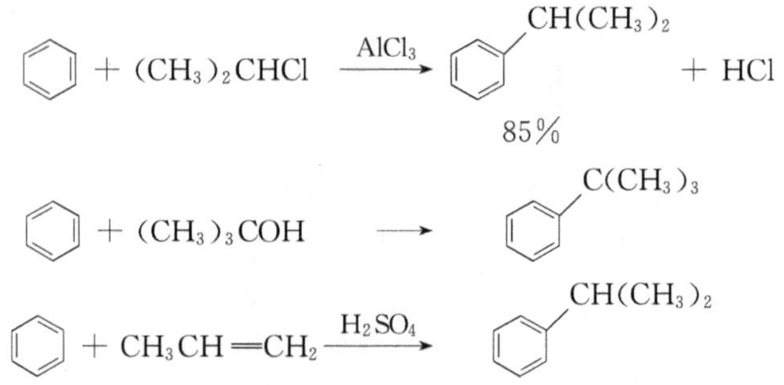

上述反应中亲电试剂的形成过程分别如下：

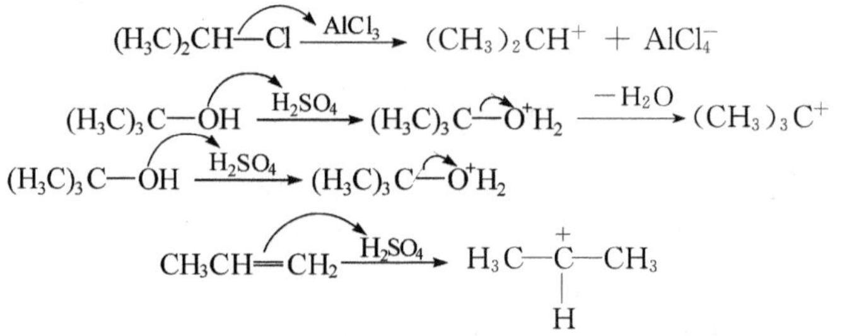

傅-克烃基化反应具有四个特点：

第一，当烃基含 3 个或 3 个以上碳原子时，常有可能产生重排产物。由于烃基化反应是通过碳正离子来进行的，因此，如果某些碳正离子能够重排成更稳定的碳正离子，反应产物常为几个异构体的混合物，其中最稳定的碳正离子所生成的烃基化产物为优势产物。例如：

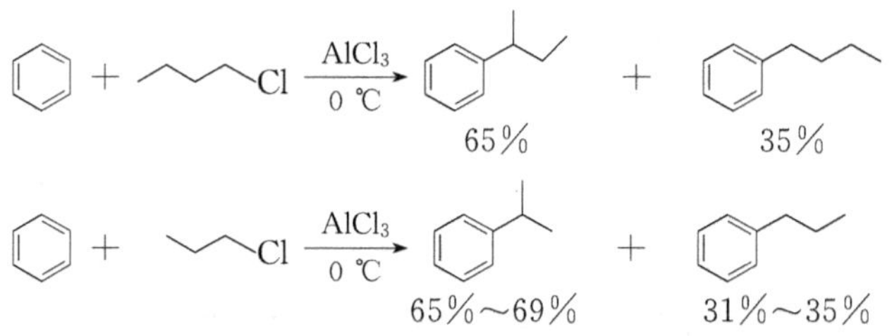

其碳正离子的重排如下：

第二，烃基化反应的难易既与芳烃的结构有关，也与卤代烃的结构有关。芳基型卤代烃（如氯苯）和乙烯型卤代烃（如氯乙烯）一般不能发生傅-克烃基化反应。其原因是卤原子与 π 键之间存在 p-π 共轭效应，使 C—X 键难断裂，无法形成相应的碳正离子。对于卤代烃来说，如果烃基相同而卤素不同，其亲电取代反应的活性次序为 RF＞RCl＞RBr＞RI；对卤素相同而烃基不同的卤代烃，其反应

活性次序为苄基型卤代烃≈烯丙基型卤代烃≈三级卤代烃＞二级卤代烃＞一级卤代烃。

第三，如果芳环上有多个氢原子，烃基化反应常易生成一烃基化、二烃基化等的混合物。这与后面要讨论的烃基对芳环亲电取代反应的影响有关。实验中常采用控制不同的反应物的物质的量比来获得所需产物的优势化。例如：

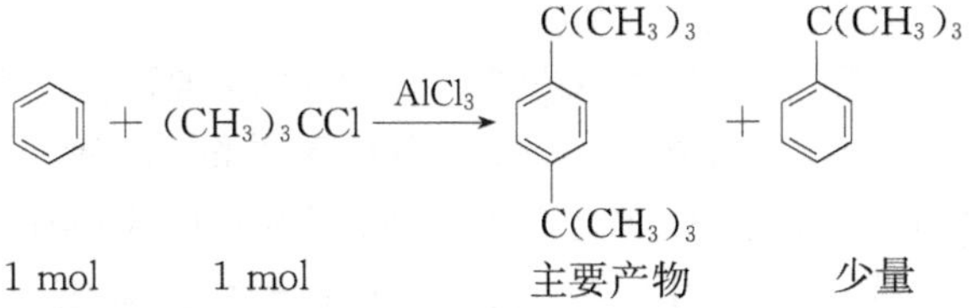

如果卤代烃为多卤代烷，可以通过傅-克烃基化反应制备多芳环化合物。例如：

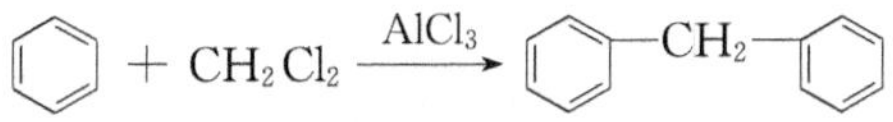

第四，傅-克烃基化反应是可逆的。如果烷基苯在有 $AlCl_3$ 和氯化氢存在下加热，则烷基苯可失去烷基生成苯和氯代烷。

(2) 傅-克酰基化反应中的亲电试剂是酰基碳正离子，因此凡是能在催化剂存在下形成酰基碳正离子的化合物一般都能与芳环发生酰基化反应。常用的酰基化试剂有酰卤和酸酐，常用催化剂为无水三氯化铝。另外，羧酸在聚磷酸或 P_2O_5 催化下也可以发生酰基化反应。例如：

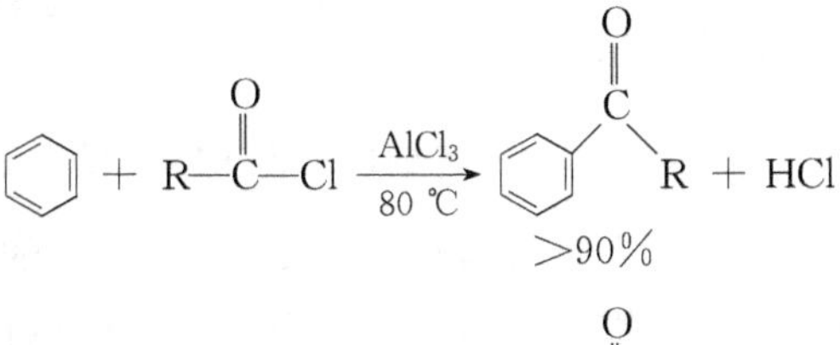

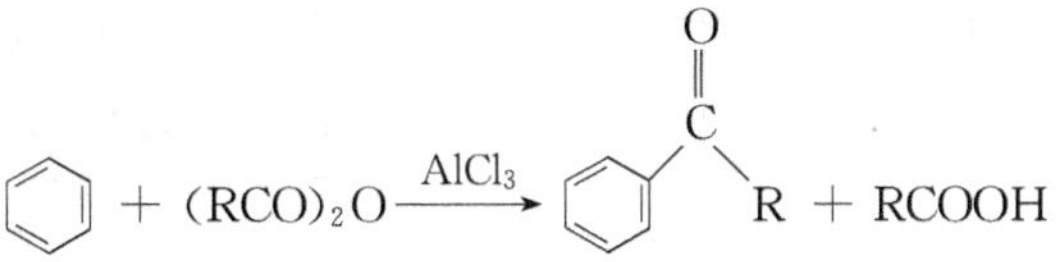

酰基碳正离子(亲电试剂)的形成可表示如下：

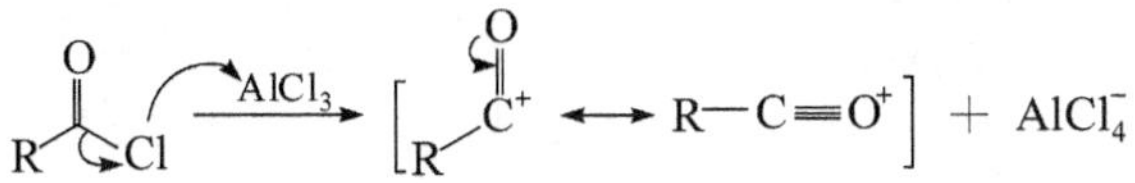

由上式可以看出，酰卤发生酰基化反应时至少需要等物质的量的 $AlCl_3$，$AlCl_3$ 的实际用量一般都较其理论用量稍多一些。如果采用酸酐进行酰基化反应，则至少需要酸酐 2 倍物质的量的 $AlCl_3$，因为一分子酸酐能和两分子 $AlCl_3$ 形成下

列分子络合物。另外，酸酐的酰基化反应只有 50％的原料利用率，其他的 50％最后形成了羧酸。

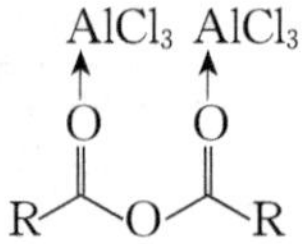

与傅-克烃基化反应不同，酰基化反应一般不生成碳正离子重排产物，也不容易生成多酰基化产物。傅-克酰基化的产物是芳香酮，后者可以通过克莱门森(Clemmensen)或黄鸣龙还原法(详见第十章)将其羰基还原成亚甲基，生成烃基芳烃。这可以作为芳环间接烃基化的一个方法，是傅-克烃基化反应的重要补充，对于那些因直接烃基化而易产生重排产物的烃基芳烃的制备将是一个好的合成策略和方法。例如：

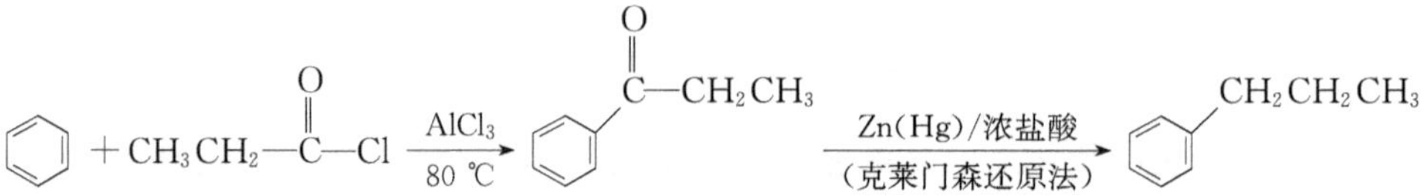

5. 萘的亲电取代反应

萘的结构如下：

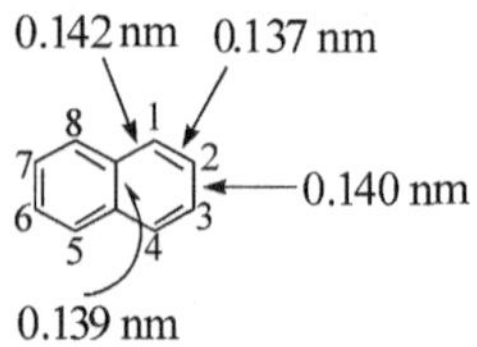

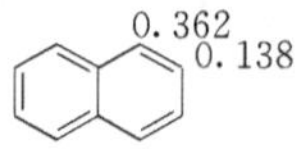

萘的最高π成键轨道的电子云密度分布

萘属于稠环芳烃，分子为平面结构，其闭合环状大 π 键的电子数符合 $4n+2$ 规则，具有芳香性，因此，萘具有芳香性的特征反应——亲电取代反应。但是，萘与苯又不完全相同，萘环上的 C—C 键长并不完全相等，说明萘环上的单、双键并未达到完全平均化。另外，萘环共轭体系的离域能(255 kJ · mol^{-1})小于两个苯分子的离域能总和(2×150.5 kJ · mol^{-1})。以上两点充分说明，萘并不是两个苯环的简单组合，其稳定性比苯差。破坏萘环中的一个苯环只需 255－150.5＝104.5(kJ · mol^{-1})，远小于破坏一个孤立苯环所需要的能量，因此，在一定程度上，萘较苯容易发生加成、氧化等反应。

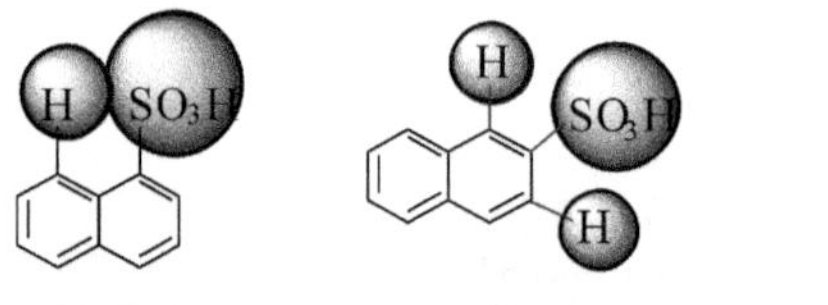

α-萘磺酸　β-萘磺酸

分子轨道理论的计算结果表明，萘环大 π 键电子云的分布是不均匀的，其中 α-碳上的电子云密度远高于 β-碳。因此，根据芳环亲电取代反应的机理可以推知，在由 π 络合物形成 σ 络合物的过程中，亲电试剂(E^+)将优先与萘的 α-C 形成 α-C—E σ 键，即萘的亲电取代反应容易发生在 α-位。但如果亲电试剂的体积较大，如—SO_3H，则生成的产物在空间上与另一个苯环的邻近 α-氢存在空间障碍，分子的稳定较差。当温度升高时，α-位的取代基将迁移至更稳定的 β-碳上，即生成 β-取代产物。9，10-位的桥碳原子一般不反应。萘比苯更容易发生亲电取代反应。

下面是萘的一些主要反应。

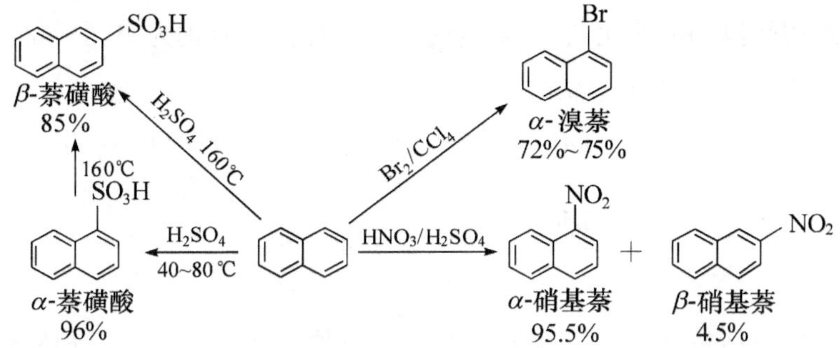

萘的傅-克酰基化反应的位置选择性受反应溶剂的影响很大。例如：

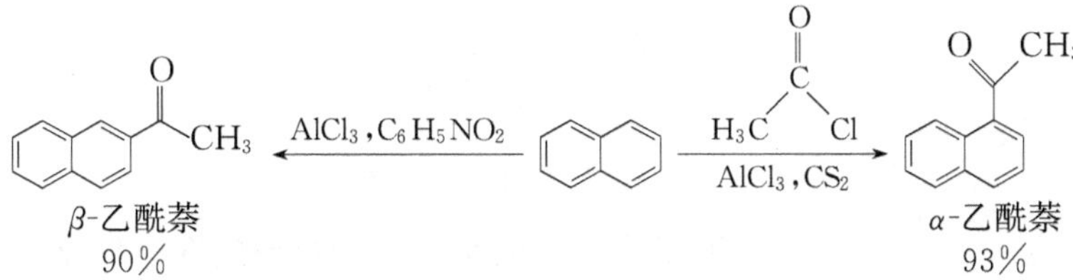

(三) 氧化反应

苯环不易被氧化，而苯环上所连的烷基由于受苯环的影响却很容易被氧化。如果采用强氧化剂，则无论烷基的长短，一般都被氧化成羧基，即生成苯甲酸。实验室常用的强氧化剂有 $K_2Cr_2O_7/H_2SO_4$、$KMnO_4$、HNO_3、$CrO_3/HOAc$ 等。工业上则用 O_2/Co^{3+}、O_2/V_2O_5 来氧化，其中 Co^{3+} 和 V_2O_5 为催化剂。

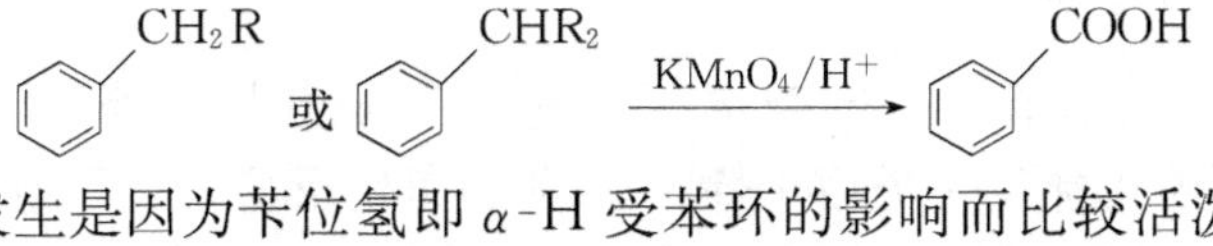

上述反应得以发生是因为苄位氢即 α-H 受苯环的影响而比较活泼的缘故。当与苯环相连的侧链上无 α-H 时，该侧链就不能被氧化。例如，下列反应仅有乙基(含 α-H)被氧化，而叔丁基(无 α-H)不被氧化。

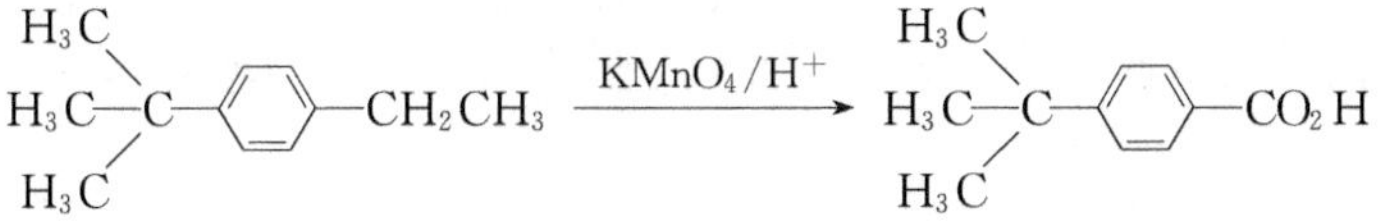

当苯环上有两个或多个烃基时，在强烈条件下，均可被氧化成羧基。若用 O_2 氧化邻二烃基苯，则氧化的产物为酸酐。例如：

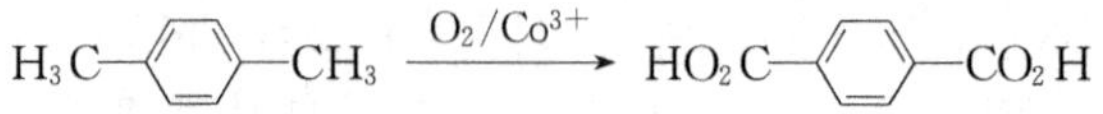

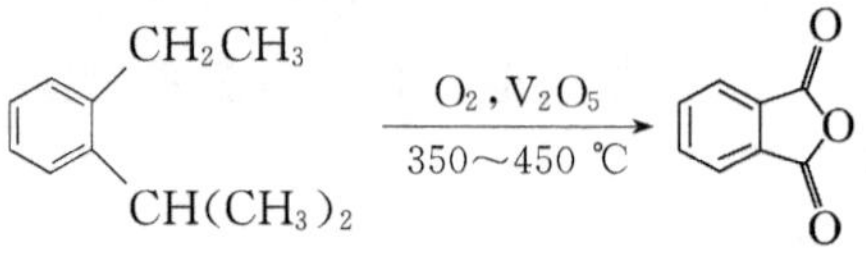

如果采用较温和的氧化条件，则侧链可被选择性地氧化为醇、醛、酮，但反应仍然只发生在 α-C 上。例如：

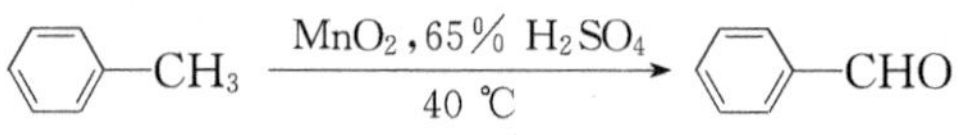

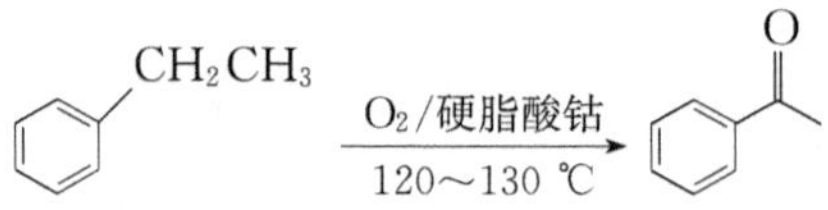

苯只有在特殊条件下才能被氧化。苯有价值的氧化是以 V_2O_5 为催化剂，在 400～500 ℃被氧气氧化为顺丁烯二酸酐。

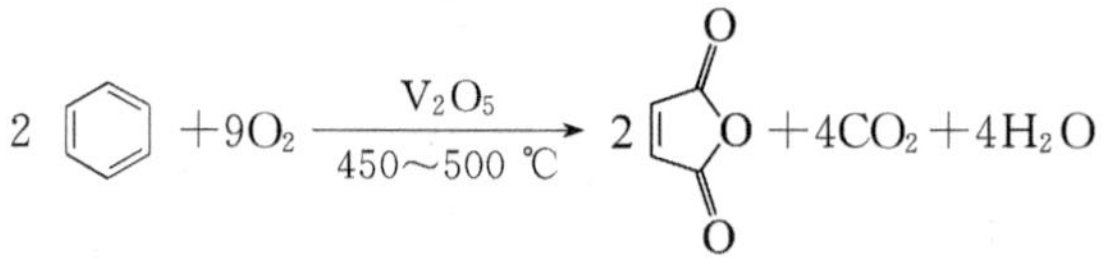

顺丁烯二酸酐

稠环芳烃一般较苯环容易被氧化。下面是萘比较重要的两个氧化反应。萘的氧化一般只发生在一个苯环上，第二个苯环就像苯一样难以被氧化。

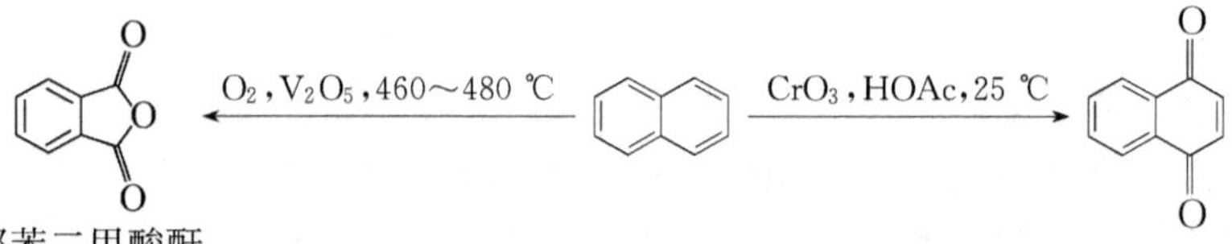

邻苯二甲酸酐　　　　1,4-萘醌

(四) 苄位氢的卤代反应

从广义上讲，烷基苯的 α-H 与烯丙型的 α-H 属于同一类型，因此，烷基苯的 α-H 受苯环的影响也能发生类似于烯丙位的 α-卤代反应，其反应机理同样也属于自由基取代反应。反应条件一般是高温、光照或有过氧化物存在。例如：

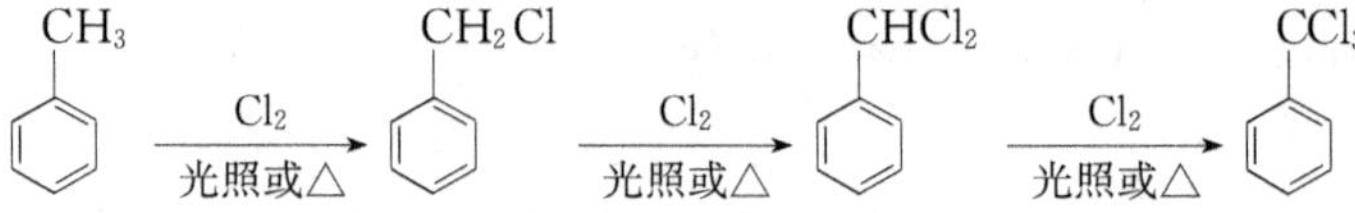

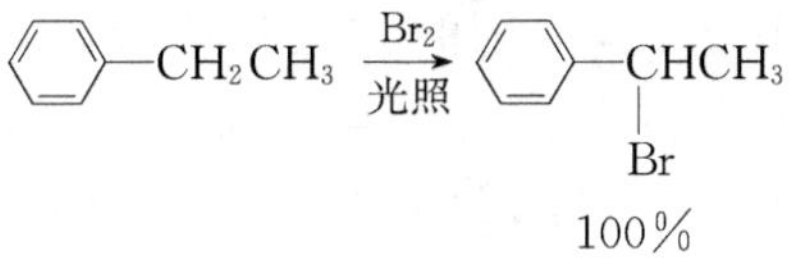

与苯的卤代反应(亲电取代)相比,苄位氢的卤代反应的条件、反应机理和产物均不同。当溴过量时,则发生多取代反应。

烷基苯的 α 溴代反应比氯代反应一般具有较高的位置选择性,一般只生成 α-溴代产物。实验中更常用的另一种溴代试剂是 *N*-溴代丁二酰亚胺(NBS),以过氧化苯甲酰[$(PhCO)_2O$]为引发剂。其反应温和且容易控制,反应机理同烯丙型 α-溴代反应。

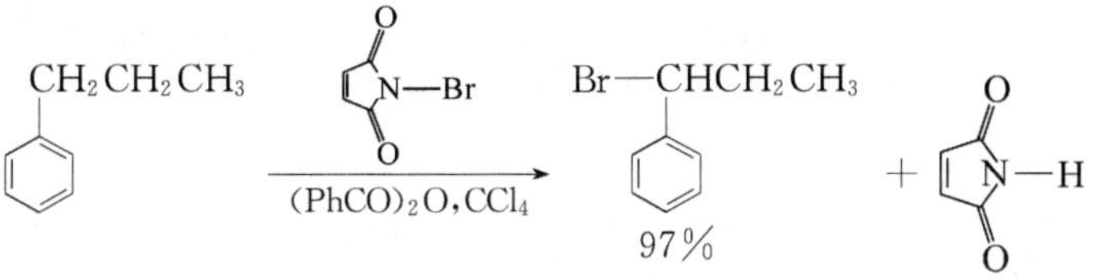

(五) 加成反应

芳环比较稳定,在一般烯烃和炔烃氢化的条件下不被还原,因此,对于同时含芳环和其他不饱和键的分子,可以方便地实现对其他不饱和键的选择性还原。但是,芳环在高温、高压下可发生催化氢化,生成环己烷结构的化合物。苯的催化氢化是工业上生产环己烷的重要方法,所得产物纯度较高。萘可以发生部分氢化,也可以进行完全氢化,但无论哪一种氢化,总是首先完成其中一个苯环的氢化,然后才进行第二个苯环的氢化。例如:

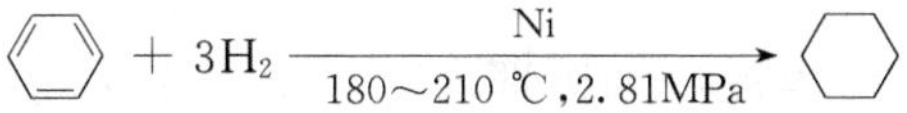

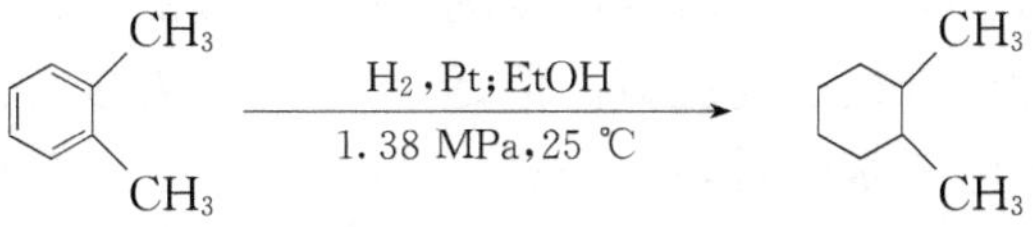

1,2-二甲基环己烷
100%

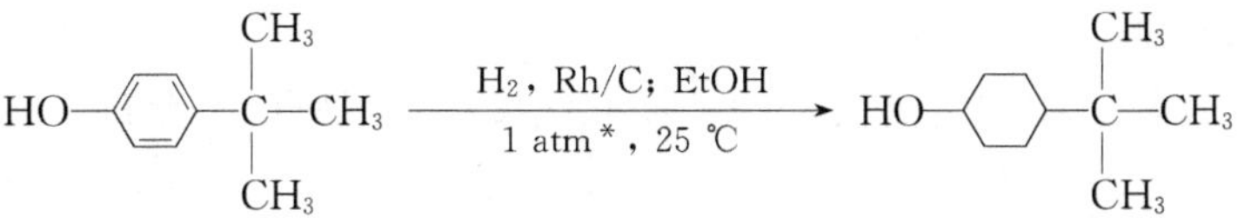

4-叔丁基环己醇
100%

* atm 为非法定单位,1 atm=1.013 25×10^5 Pa。

芳环也可以发生部分氢化，常用的方法是伯奇(Birch)还原反应，它是靠活泼碱金属(Na、K、Li)溶解于弱质子给予体(一般为醇、液氨、胺)时的电子转移来完成的。常用的醇有乙醇、异丙醇、仲丁醇、叔丁醇等，常用的还原体系有 Na/醇、Na/液氨、Na/(醇+液氨)、Li/胺等，产物一般为非共轭的 1,4-环己二烯或其衍生物。若芳环上有斥电基团，则生成斥电基团连接于双键碳原子上的己二烯衍生物；若芳环上有吸电子基团，则生成吸电子基团连接在饱和碳原子上的己二烯衍生物。例如：

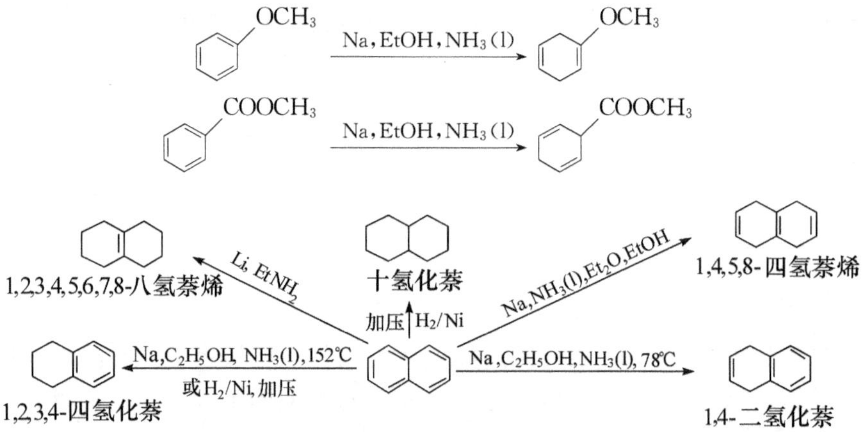

1,2,3,4-四氢化萘(简称四氢化萘)沸点 207.2 ℃，十氢化萘沸点 191.7 ℃。它们都是无色液体，是两种良好的高沸点溶剂。

(六) 亲核取代反应

从芳环的电子结构和亲电反应的机理可知，芳环一般易于作为一个电子供体，即路易斯碱或亲核试剂。由于电性相斥的缘故，一般的亲核试剂很难与芳环靠近，即芳环一般难于发生亲核取代反应。但是，当芳环上连接有强吸电子基团时，尤其是连接有几个强吸电子基团时，由于取代基的－I 效应、－C 效应或－I 效应加－C 效应，芳环会变成缺电子体。此时，一些强亲核性的试剂不仅能与芳环靠近，而且还能与芳环碳原子发生亲核取代反应，导致芳环上的其他取代基被亲核试剂取代，生成新的取代芳烃。

合成上比较有用的是卤代苯的亲核取代反应。尽管卤代苯的 C—X 键有一定的极性，但由于 C—X 键之间存在 p-π 共轭效应，致使 C—X 键得到加强，因此一般的卤代苯很难在一般条件下发生类似于卤代烷的亲核取代反应。例如，氯苯只有在高温、高压下才能与 NaOH 发生亲核取代反应，生成苯酚。这也是早期苯酚的工业制法。

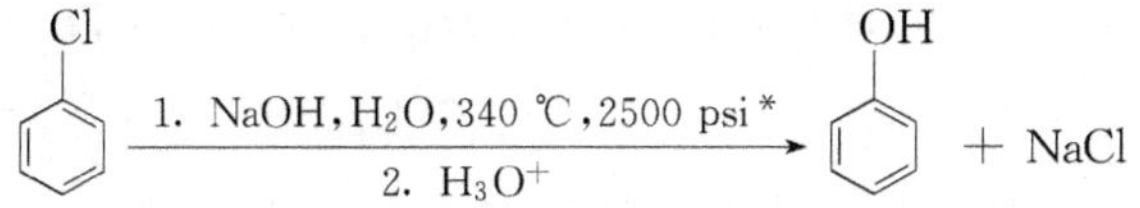

当苯环上有其他强吸电子基团与卤原子共存时，尤其是二者互为邻位或对位时，卤素所连碳原子上的正电性增强，易于被其他的亲核试剂进攻并发生亲核取代反应。例如：

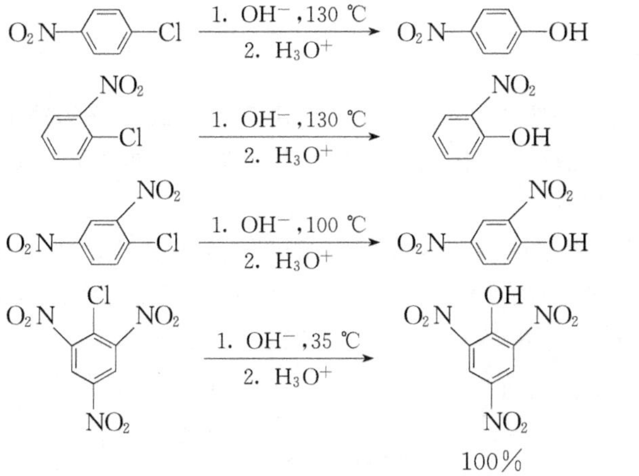

芳环上亲核取代反应既不可能是 S_N1 反应，也不可能是 S_N2 反应。这是因为芳环上的 C—X 键不可能自行发生异裂，形成碳正离子，因此也就不可能发生 S_N1 反应。芳环的碳是 sp^2 杂化，不符合 S_N2 反应对中心碳原子 sp^3 杂化的要求。即使 sp^2 杂化可以发生类似于 sp^3 杂化碳的 S_N2 反应，也会受到环立体结构的阻碍，因此芳环上的亲核取代反应也不能是 S_N2 反应。

那么，芳环上的亲核取代反应是什么机理呢？

1. 加成-消除机理

实验证明，卤苯的亲核取代反应属于双分子二级反应。其反应机理属于加成-消除机理(addition-elimination mechanism)。亲核试剂(Nu^-)从与 C—X 键呈 90°的方向垂直进攻碳原子，在形成 C—Nu^- 键的同时，还形成具有 π_5^6 体系的负离子，然后发生 C—X 键的异裂，离去 X^-，恢复环的芳香性体系，生成新的取代产物。以邻硝基氯苯生成邻硝基苯酚为例，可用下式表示：

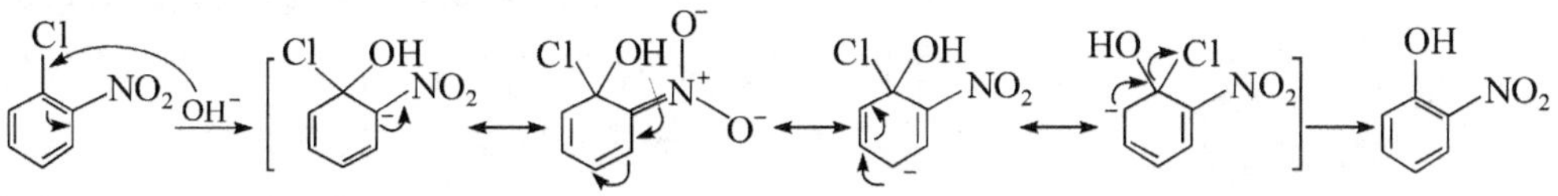

* psi 为非法定单位，1 psi=6.894 76×10^3 Pa。

从上式可以看出，吸电子基团对亲核取代反应的作用除了强化环上中心碳原子的缺电子性外，还具有稳定碳负离子反应中间体的作用。在一定程度上，具有 π_5^6 体系的负离子中间体类似于芳环亲电取代反应中的 σ 络合物。一些较稳定中间体的存在已被 X 射线衍射和 NMR 所证实。

π_5^6 负离子的形成破坏了苯环的闭合共轭体系，因此具有较高的能量，这一步是整个反应的决速步骤。这也是卤苯的取代反应一般需要加热的原因。

2. 苯炔机理

当芳环上没有强吸电子基团存在时，由于中心碳原子的缺电子性质不明显，取代反应按照消除-加成机理进行。上述由氯苯制备苯酚的反应就是按照消除-加成机理进行的。

消除-加成机理是从亲核试剂夺取氯苯邻位质子开始的，中间经过消去 HCl，形成一个活性很高的中间体——苯炔(benzyne)。然后，亲核试剂再通过对苯炔叁键的部分加成，生成新的取代苯。具体的机理可表示如下：

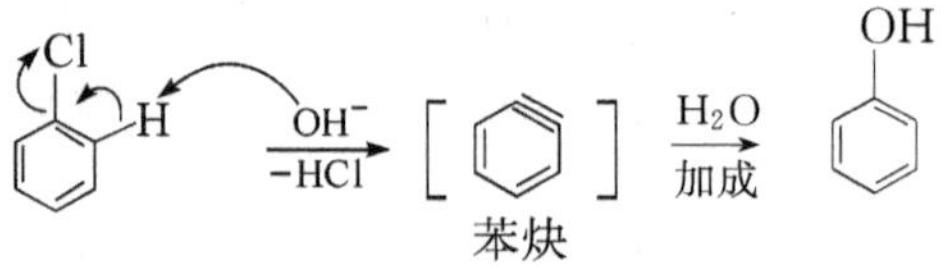

消除-加成机理已通过同位素标记实验得到了证实。例如，同位素标记的溴苯与强碱($NaNH_2$)在液氨中进行反应，生成了两个不同的产物，且二者的比例为 1∶1。

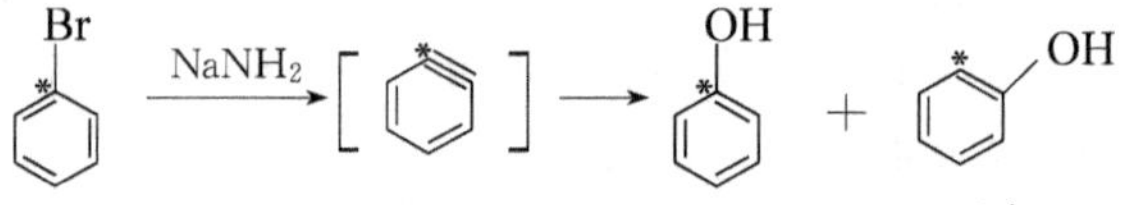

证明苯炔的存在的另一个方法是，向反应体系中加入呋喃，通过第尔斯-阿尔德反应来捕获它。第尔斯-阿尔德反应产物的获得是反应过程中产生了苯炔的有力证据。此外，在低温反应下对反应液进行光谱分析也提供了苯炔存在的光谱学证据。

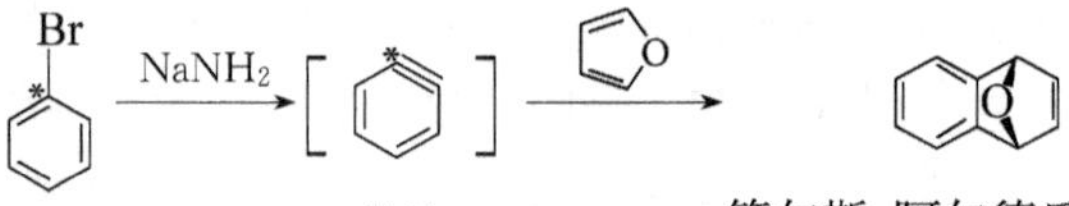

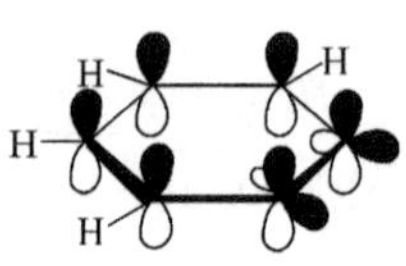

图 8.4 苯炔的成键情况

苯炔并不存在一个真正的叁键，构成苯炔碳碳叁键的两个碳原子仍是 sp^2 杂化，“叁键”当中，一个是 σ 键，两个是 π 键，其中一个 π 键参与苯环的共轭 π 键体系，另一个 π 键则是由苯环上相邻的两个不相互平行的 sp^2 杂化轨道通过侧面交盖而成(图 8.4)。两个 sp^2 轨道的重叠是很微弱的，形成的这个非正常"π"键是极不稳定的，它比一般的π键要活泼的多，具有极高的反应活性，它一经生成即与试剂发生加成反应生成稳定的取代苯。如果卤苯的卤原子邻位没有氢原子，则不能生成苯炔。

从上面的分析可以看出，取代苯的邻位质子具有一定的酸性是芳香烃通过苯炔发生亲核取代的基本条件。能增加芳环质子酸性的因素会大大提高反应的速率。

实际上，芳香烃的亲核取代反应不仅仅局限于卤代苯，其他有吸电子基团存在的芳香醚也可以发生亲核取代反应。例如：

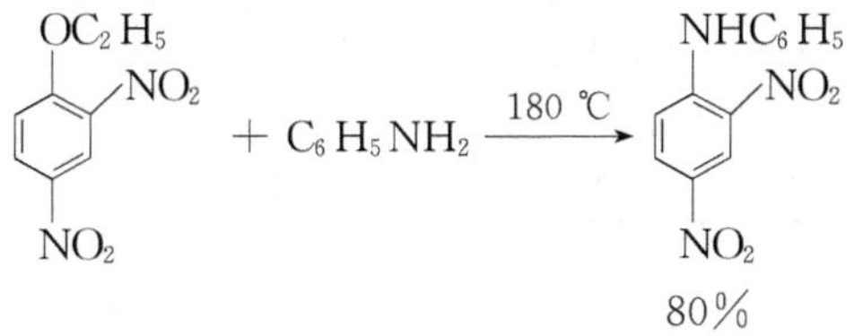

第四节　亲电取代反应的取代基效应

苯是高度对称的分子，分子中的六个氢原子的化学环境是完全相同的，因此苯环上的六个氢原子都可以被亲电试剂取代，且概率相等。但是，当苯环连上一个取代基后，苯环的对称性下降，具体表现在苯环上的五个氢的化学环境不再完全相同，苯环的六个C—C键的键长以及六个碳原子上的电子密度也都不再相等，苯环上总的电子密度也随取代基的不同而不同。从亲电反应的机理可知，芳环亲电取代反应的性能与芳环上的总电子密度有关，反应的位置选择性则与芳环上各个碳原子上的电子密度有关。因此，若取代苯再发生亲电取代反应，其反应性能和反应的位置选择性必然受到取代基的影响，这种影响通称芳环亲电取代反应的取代基效应(substituent effect)。

一、取代基对芳环亲电取代反应的性能的影响

根据取代基使苯环电子密度降低或者升高(与苯相比)，可将取代基分为吸电子基团和供电子基团两类。芳环电子密度的高低不仅影响π络合物的形成，更重要的是影响决速步骤的σ络合物的形成，即影响反应速率。吸电子基团导致芳环的电子密度降低，使芳环的亲电取代反应钝化，反应速率减慢，故又称为致钝基团(deactivating group)，简称致钝基。相反，供电子基团导致芳环的电子密度升高，使芳环的亲电取代反应活化，反应速率提高，故又称为致活基团(activating group)，简称致活基。表8.2列出了一些常见的致钝基和致活基。

表 8.2　邻位、对位和间位定位基

取代基	电子效应	实际作用	作用程度	定位效应
$—O^-$，$—NR_2$，—NHR，$—NH_2$，—OH，—OR	$-I<+C$	致活基	强	
—NHCOR，—O—COR	$-I<+C$		中等	
—R	$+I$		弱	邻、对位
$—C_6H_5$	$-I<+C$		弱	
—X (F，Cl，Br，I)，$—CH_2Cl$，—CH═CHCOOH，$—CH═CHNO_2$	$-I>+C$（动态效应）	致钝基	弱	
$—\overset{O}{\overset{\Vert}{C}}—R$ (R=H,OH,NH_2,OR,烃基)	$-I$，$-C$		中等	
$—SO_3H$，—CN，$—NO_2$	$-I$，$-C$		强	间位
$—CF_3$，$—CCl_3$，$—N^+R_3$，$—N^+H_3$	$-I$		强	

供电子基团一般是通过斥电子诱导效应、p-π 共轭效应、σ-π 超共轭效应的一种或几种效应向芳环提供电子的；吸电子基团则是通过吸电子诱导效应或吸电子 π-π 共轭效应或二者共同作用来降低芳环的电子密度。

一般来说，当饱和杂原子(O、N、卤素原子)连接在芳环上时，既有吸电子诱导效应(−I)，又有斥电子 p-π 共轭效应(+C)。对 O、N 来说，$+C>-I$，总体上表现为供电作用，属于致活基；对于卤素原子来说，$-I>+C$，总体上表现为吸电作用，属于致钝基。负离子(如$—O^-$)有最大的致活作用。当含有杂原子不饱和键的基团(—C═X、—C≡N、$—SO_3H$、—CN、$—NO_2$等)直接连接在芳环上时，其诱导效应和共轭效应都表现为吸电子作用，故一般属于致钝基。$—CF_3$和$—CCl_3$具有强的 −I 效应，为强致钝基。正离子如$—N^+R_3$、$—N^+H_3$是最强的致钝基。

即使是同一类基团，不同基团对芳环电子密度的影响也是不同的。也就是说，同一类的不同基团对芳环亲电取代反应的活性影响是不同的。因此，就有了强致活基、强致钝基、弱致活基和弱致钝基之分(表 8.2)。

常见致活基和致活程度依次为

$$—O^- > —NH_2 > —NHR > —NR_2 > —OH > —OCH_3 > —NHCOR > —CH_3 > —CH(CH_3)_2 > —C(CH_3)_3 > —Ar$$

常见致钝基和致钝程度依次为

$$—{}^+NH_3 > —{}^+NR_3 > —NO_2 > —CF_3 > —CN > —SO_3H > —CHO > —COR > —COOH > —COOR > —CONH_2 > —X$$

芳环上致钝基越多，芳环的亲电取代反应越困难。相反，芳环上致活基越多，芳环的亲电取代反应越容易。例如：

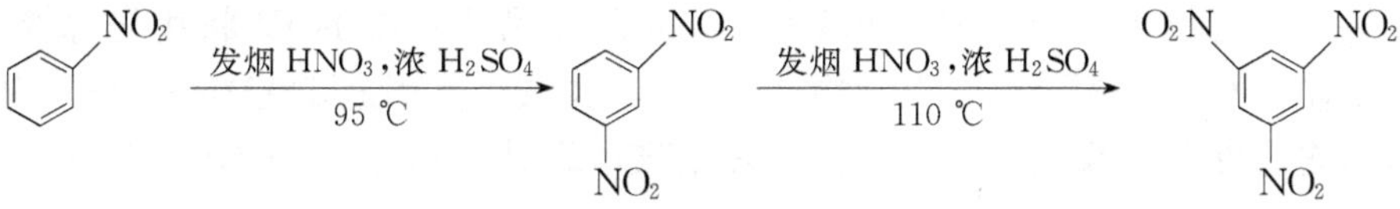

间二硝基苯　　　　极少量
88%

二、取代基对芳环亲电取代反应的位置选择性的影响——定位规律

定位规律(orientation rule 或 position-directing rule)实际上也是一个反应速率的问题，若邻、对位取代的速率快而间位的取代速率慢，将显示邻、对位定位效应；反之，若间位取代的速率高而邻位和对位的取代速率慢，则显示间位定位效应。这就是取代基的定位规律。具有邻、对位定位效应的基团称为邻、对位定位基，具有间位定位效应的基团称为间位定位基。由表 8.3 可以清楚地看出，邻、对位定位基只代表亲电取代反应中，邻位取代产物和对位取代产物比间位取代产物更多，而不代表间位的亲电取代反应就不能发生。同样，间位定位基只代表亲电取代反应中，间位取代产物比邻位取代产物和间位取代产物更多，而不表示亲电取代反应就不能在邻位或对位发生。

表 8.3　单取代苯硝化反应的位置选择性

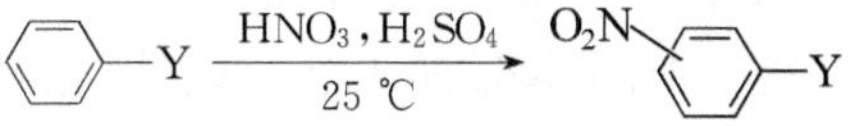

Y	产物的相对含量/%			Y	产物的相对含量/%		
间位定位基	邻位	间位	对位	邻、对位定位基	邻位	间位	对位
$—N^+(CH_3)_3$	2	87	11	—F	13	1	86
$—NO_2$	7	91	2	—Cl	35	1	64
—COOH	22	76	2	—Br	43	1	56
—CN	17	81	2	—I	45	1	54
$—COOCH_2CH_3$	28	66	6	$—CH_3$	63	3	34
$—COCH_3$	26	72	2	—OH	50	0	50
—CHO	19	72	9	$—NHCOCH_3$	19	2	79

关于取代基的定位效应可以从反应前芳环上的 π 电子密度分布和共振论两个方面来理解。从电子密度分布来看，任何取代基连接到苯环上都会破坏芳环上 π 电子密度的均匀分布状态。邻、对位定位基一般都是供电子基团，邻、对位定位基的存在一般使其邻位和对位芳环碳的 π 电子密度相对较高，间位碳原子的电子密度相对较低，因此 π 络合物中的 E^+ 自然会优先选择与电子密度较高的邻、对位碳原子形成 σ 键，即 σ 中间体；间位定位基的存在则使其间位芳环碳的 π 电子密度相

对较高，邻、对位碳的电子密度相对较低，因此 π 络合物中的 E^+ 将优先选择与电子密度较高的间位碳形成 σ 络合物。由此可见，取代基引起的芳环 π 电子密度的分布不均匀决定了取代芳烃不同位置发生亲电取代反应的优势不同，即具有位置选择性。

苯及几种取代苯的苯环上电子云密度分布的计算结果如下：

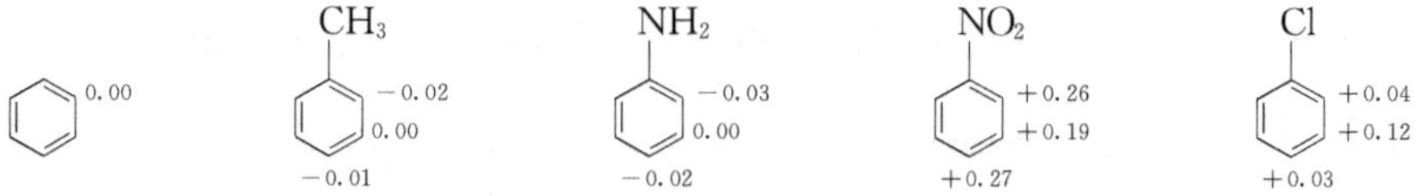

不同位置发生亲电取代反应的产率高低取决于各自的反应速率，这是一个反应动力学问题。反应速率的高低取决于限速反应的过渡态的活化能高低，即形成 σ 中间体的活化能高低。根据哈蒙德假说，过渡态的几何形状与能量较高的一侧的中间体（σ 中间体）类似。因此，σ 中间体的稳定性实际上就反映了形成它的过渡态的能量高低。过渡态的能量高表明形成过渡态的活化能高，形成 σ 中间体的反应速率就慢；反之，过渡态的能量越低，表明形成过渡态的活化能越低，形成 σ 中间体的反应速度就快。这样，不同位置发生亲电取代反应的产率高低实际上就成了各自反应中间体（σ 中间体）的稳定性问题。

从共振论来看，当亲电试剂分别进攻邻、对位定位基的邻位、对位或间位时，每一个进攻位置所形成的 σ 中间体都有几个共振体，但只有亲电试剂进攻邻、对位定位基（$—CH_3$、—OH）的邻位和对位时，才能产生最稳定的 σ 中间体。由于稳定的 σ 中间体对应于较低的活化能，因此形成 σ 中间体的速率较高，相应的最终取代产物就越多，即产率较高。下面是甲苯和苯酚硝化过程中产生的碳正离子中间体。

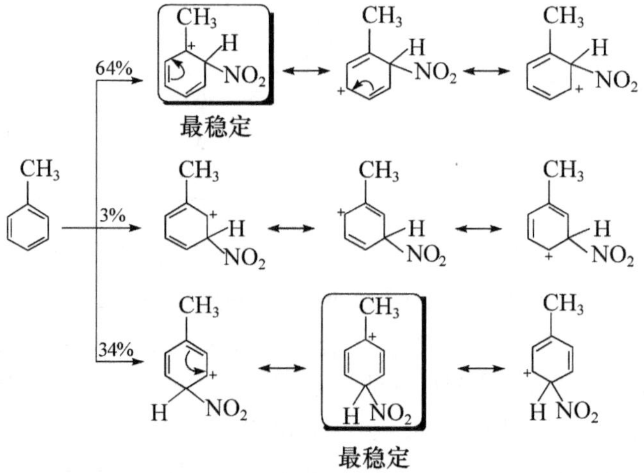

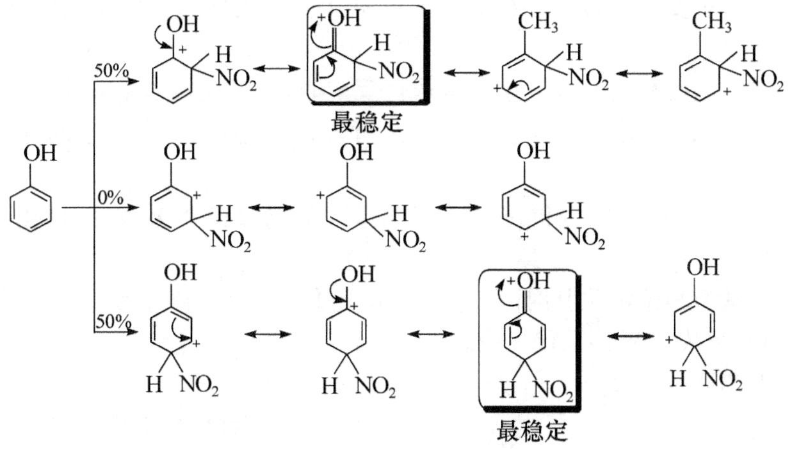

当亲电试剂进攻环上间位定位基的不同位置时，每一个进攻位置所产生的碳正离子中间体也都有几个共振形式。但亲电试剂进攻间位定位基的邻位和对位时会产生最不稳定的碳正离子中间体，而进攻间位却不会产生最不稳定的碳正离子。这就表明，亲电试剂进攻间位定位基的间位要比进攻其邻位和对位更容易，因此就会产生更多的间位取代产物。下面是苯甲醛氯代过程中产生的碳正离子中间体。

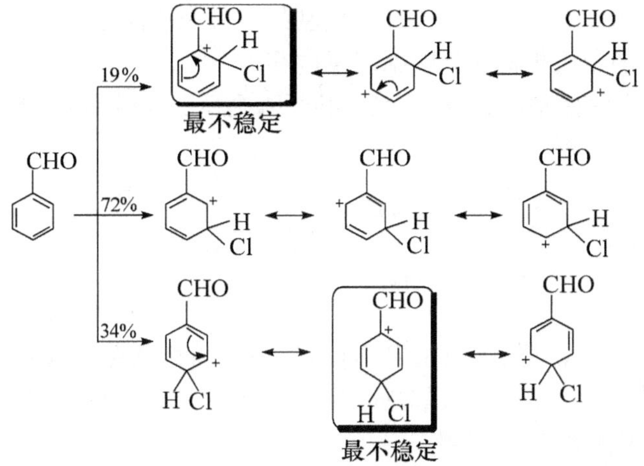

卤素对芳环亲电取代反应的影响比较特殊，涉及反应动态效应。所谓反应动态效应就是在未反应（静态）和反应过程中（动态），卤素对芳环上的电子密度影响是不同的。无论是在静态还是动态，卤素对芳环都存在吸电子诱导效应（－I）和供电子 p-π 共轭效应（＋C）。但是，在静态和动态情况下，两种效应的大小不同。在静态时，－I＞＋C，总体上表现为吸电作用，使苯环电子密度降低，属于致钝基；在亲电反应中（动态），当 π 络合物形成后，由于 p-π 共轭效应得到进一步加强，卤素

的两种效应大小发生翻转，变成＋C＞－I，总体上又表现为供电子效应和邻、对位定位基。

萘的一元取代物进一步发生亲电取代反应时，一般遵循以下规律：

原取代基为邻、对位定位基并在 α-位时，亲电反应主要发生于同环的另一个 α-位；

原取代基为邻、对位定位基并在 β-位时，亲电反应主要发生于同环邻位的 α-位；

原取代基为间位定位基时，无论在 α-位还是在 β-位，亲电反应都主要发生于异环的 α-位，即发生异环取代反应。

以上规律可表示如下：

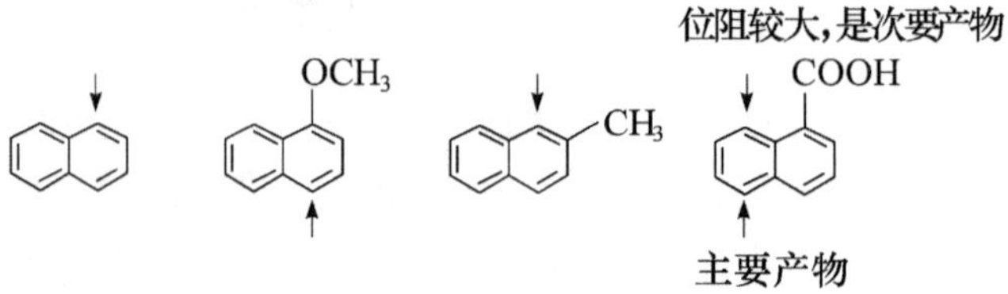

三、二取代基的定位规律

当二取代苯再发生亲电取代反应时，反应的定位是受控于一个基团，还是同时受控于两个基团？这个问题就是二取代基的定位规律问题。

二取代基的定位规律主要包括以下内容：

(1) 若两个取代基的定位位置是相同的，则情况比较简单，亲电试剂直接进入定位基团的指定位置。例如：

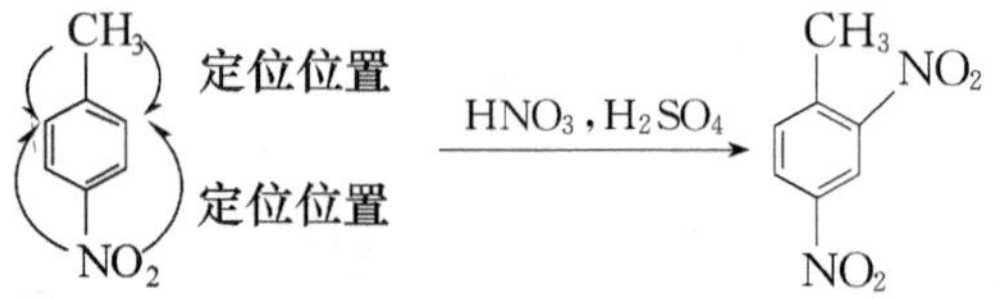

(2) 若两个取代基的定位位置不相同，则有两种情况。若两个取代基属于同一类，即都是邻、对位定位基或都是间位定位基，则亲电取代反应的位置主要由定位作用强的取代基决定。例如：

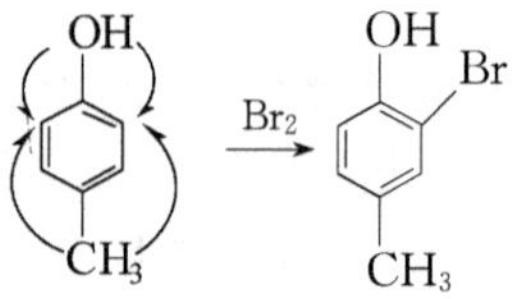

类似的例子还有

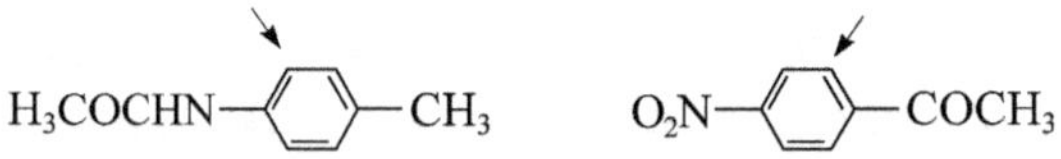

值得一提的是，当芳环上连有两个间位定位基时，则一般很再难发生亲电取代反应。这主要是因为间位定位基一般是致钝基，使芳环变得很不活泼。

若两个取代基中一个是邻、对位定位基，另一个是间位定位基，则亲电取代反应的位置主要由邻、对位定位基的定位效应来决定。一般来说，亲电取代反应很少在两个互为间位的取代基之间发生。这主要是因为存在空间位阻。例如：

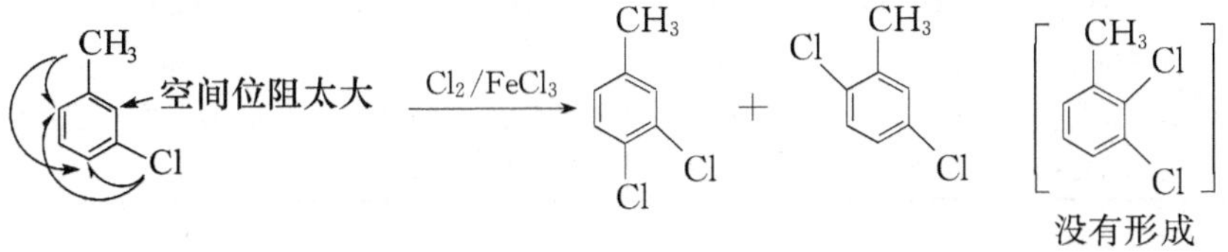

若两个取代基定位作用的强弱相差较小，则一般得到优势产物不很明显的混合物。例如：

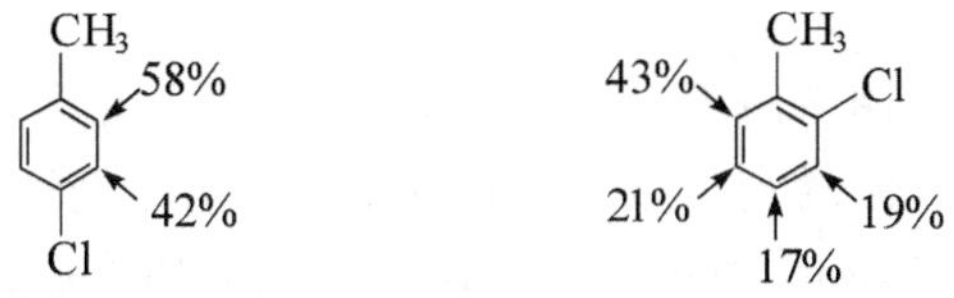

需要注意的是，上面讨论的定位规律只是一种定性的规律，也只是针对取代基或芳环本身而言的，并未考虑其他因素的影响。实际上，一个特定反应生成的各种异构的具体相对含量还与反应温度、溶剂、催化剂、空间位阻等有关。表 8.4 是甲苯在不同温度下磺化的情况。

表 8.4　温度对甲苯磺化的影响

温度/℃	对甲基苯磺酸	邻甲基苯磺酸
0	53%	43%
25	62%	32%
100	79%	13%

溴苯在不同催化剂下卤代的情况如下：

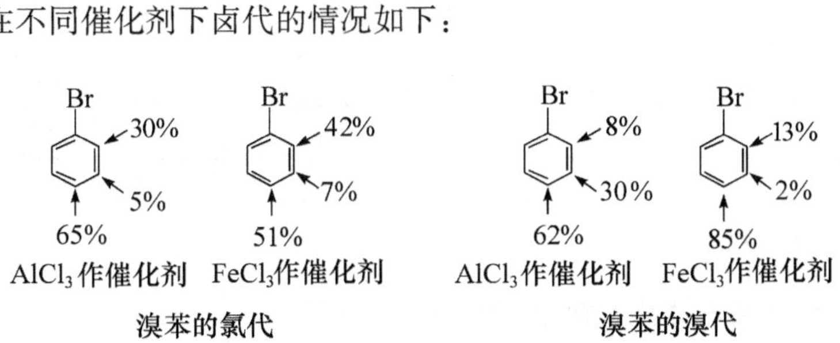

从表 8.5 可以看出，随着取代基或亲电试剂体积的增大，邻位取代产物的相对含量逐渐下降。这主要是因为生成邻位取代产物的过程中形成的 σ 络合物具有较

大的空间位阻。

表 8.5 亲电取代反应的空间位阻效应

一烷基苯硝化的硝化反应				甲苯的烷基化反应			
反应物	产物的相对含量/%			亲电试剂	产物的相对含量/%		
	邻位	对位	间位		邻位	对位	间位
甲苯	58.45	37.15	4.40	甲基	53.8	28.8	17.3
乙苯	45.0	48.5	6.5	乙基	45	25	30
异丙苯	30.0	62.3	7.7	异丙基	37.5	32.7	29.8
叔丁苯	15.8	72.7	11.5	叔丁基	0	93	7

第五节 定位规律在有机合成设计中的应用

定位规律不仅可以用来解释某些反应现象，而且可利用它来指导多取代苯的合成设计。由于不同基团的定位效应可能不同，因此在设计二取代或多取代芳香族化合物的合成路线时，必须考虑引入不同基团的先后次序。否则，尽管反应能够发生，但却不一定能够得到所期望的目标化合物。下面是定位规律在有机合成中的几个例子。

一、二取代苯的合成

从苯开始，通过两个相同的反应和不同的合成路线，就会得到完全不同的化合物。如果要制备间硝基氯苯，就应选择路线 A；如果要制备邻硝基氯苯和对硝基氯苯，就要选择路线 B。

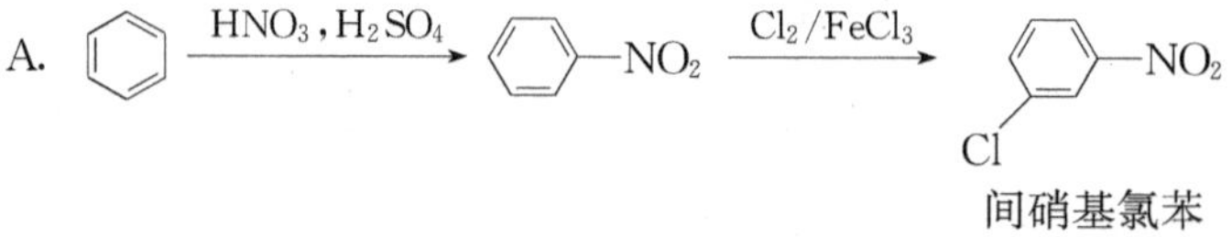

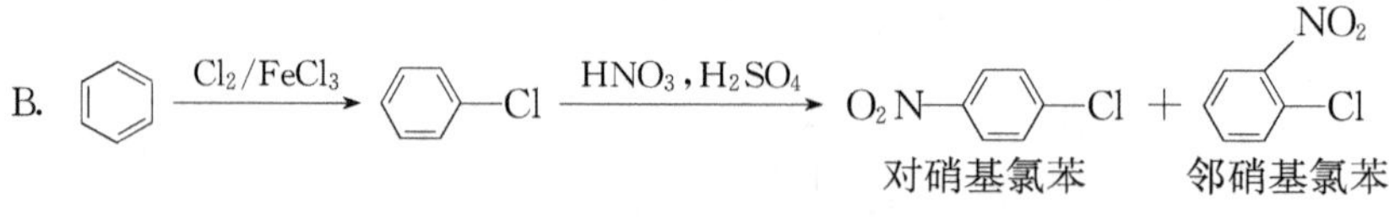

二、三取代苯的合成

设计由苯合成 3-硝基-4-氯苯磺酸的合成路线。

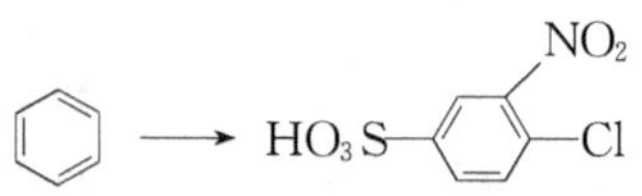

分析:目标分子中含有两个间位定位基和一个邻、对位定位基。由于硝基和磺酸基都是强致钝基,故一般总是选择先引入致活基或弱致钝基。而氯原子属于弱致钝基且刚好又在硝基的邻位和磺酸基的对位,故第一步显然应该选择氯化。

然后硝基和磺酸基应该先引入哪一个取代基呢?前面已经讨论过,磺化反应在较高温度进行时,产物以对位为主。若氯苯在100 ℃磺化,则几乎都生成对氯苯磺酸,这正是我们所需要的。如果先硝化,将得到邻和对硝基氯苯两种产物,故应采取先磺化后硝化。

合成出对氯苯磺酸后,再进行硝化。由于对氯苯磺酸中的氯和磺酸基的定位位置是一致的,故硝基进入氯基的邻位(也是磺酸基的间位),所以,由苯合成间硝基对氯苯磺酸的次序是氯化→磺化→硝化。

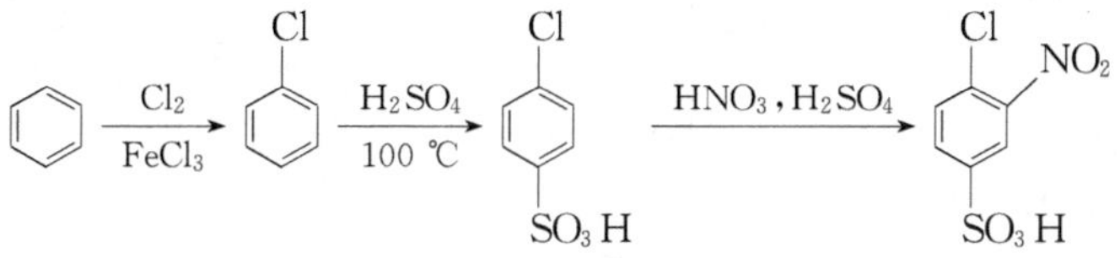

设计由甲苯合成3-硝基-4-溴苯甲酸的合成路线。

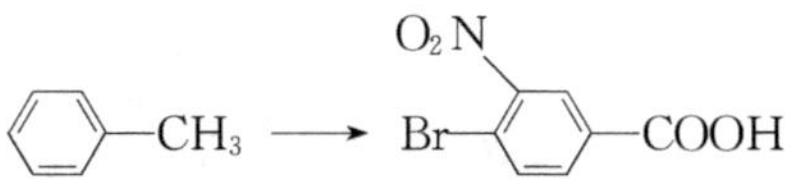

分析:苯环上的羧基可以通过甲基氧化得到,但第一步不能选择引入硝基或甲基氧化,因为羧基和硝基都是间位定位基,而产物中溴原子在硝基的邻位和羧基的对位。第一步应利用甲基的邻、对位定位效应,先引入溴。由于空间效应的影响,主要生成对溴甲苯。然后选择将甲基氧化得到羧基,将其转变成间位定位基。最后利用溴的邻、对位定位效应,引入硝基。所以,由甲苯合成间硝基对溴苯甲酸的次序是溴化→氧化→硝化。

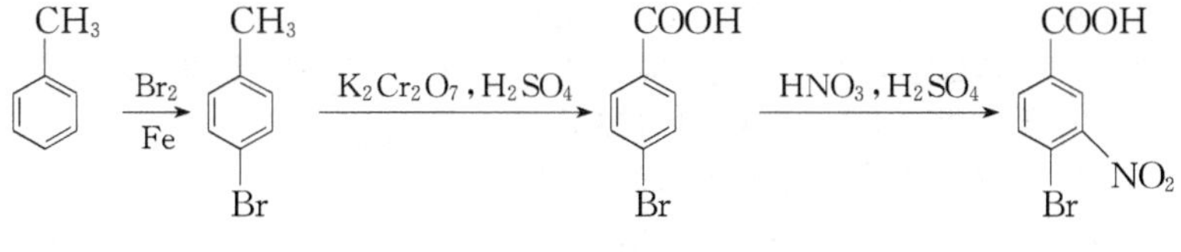

习 题

1. 简述苯的结构。
2. 写出分子式为 C_9H_{12} 单环芳烃的所有异构体,并命名。
3. 命名下列化合物或取代基。

(1) 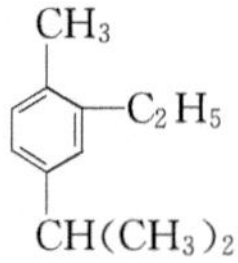

(2) 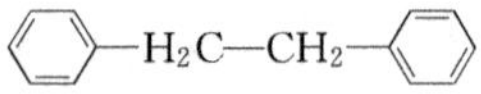

(3) 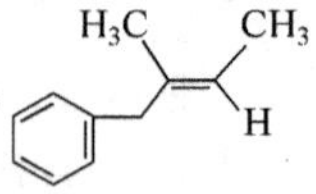

(4) 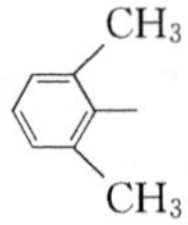

(5) 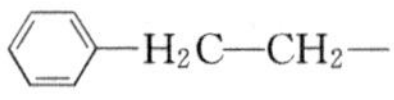

(6) 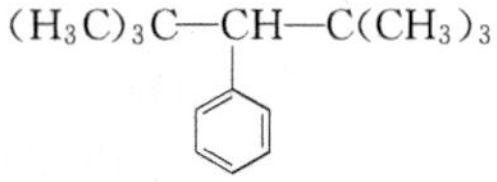

(7) 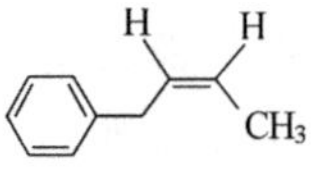

(8) 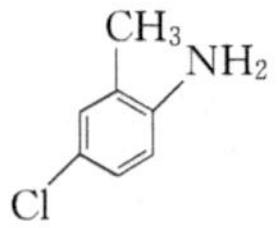

(9) 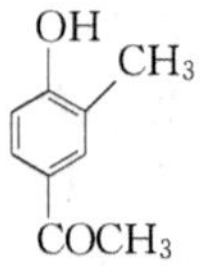

(10) 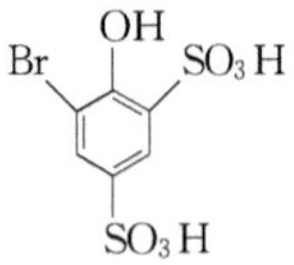

(11) 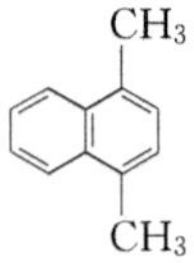

(12) 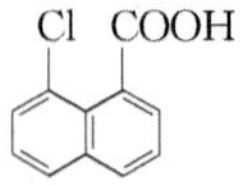

4. 写出下列化合物或取代基的结构式。

(1) 异丁苯　　(2) (E)-1,2-二苯乙烯　　(3) 二苯甲基

(4) 间甲苯基环戊烷　　(5) 顺-5-甲基-1-苯基-2-庚烯　　(6) 3-苯基-2-丙烯基

5. 根据休克尔规则,判断下列化合物或离子是否具有芳香性。

(1) 　(2) 　(3) 　(4) 

(5) 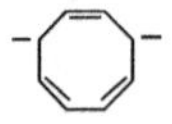　(6) 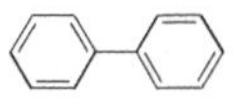　(7) 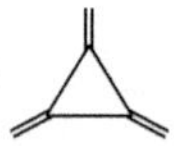

6. 甲苯的沸点比苯高约 31 ℃,而熔点低约 100 ℃。为什么?

7. 写出 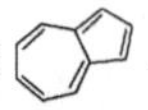 与 CH_3COCl 在 $AlCl_3$ 存在下发生傅-克酰基化反应的主要产物。

8. 写出 $C_6H_5CH_2CH_2CH_3$ 与溴分别在 Fe 粉催化和光照条件下的反应产物和反应过程。

9. 经傅-克烷基化反应可在 C_6H_5Br 的芳环上引入烷基,反应中用 $C_6H_5NO_2$ 作溶剂而不能用 C_6H_6 为溶剂。为什么?

10. 写出在铁粉催化下,三种二甲苯与氯反应的主要产物和可能产物。

11. 在三氯化铝催化下,苯与过量氯甲烷作用,在 0 ℃时产物为 1,2,4-三甲苯,而在 100 ℃时反应,产物却是 1,3,5-三甲苯(提示:烃基化反应是可逆反应)。为什么?

12. 比较下列化合物与 HBr 加成反应的相对活性。

(1) 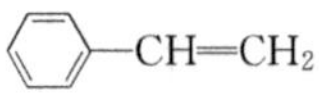

(2) 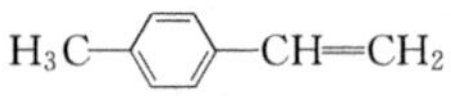

(3) 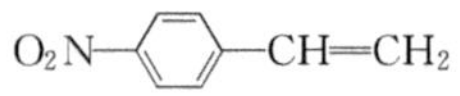

13. 将下列化合物按亲电取代的活性按由大到小的顺序排列。

(1) 甲苯、苯甲酸、苯、溴苯、硝基苯

(2) 对二甲苯、对苯二甲酸、甲苯、对甲基苯甲酸、间二甲苯

(3) 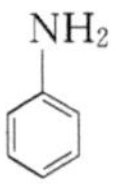

、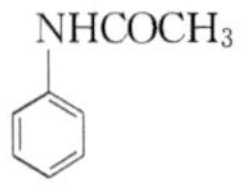

、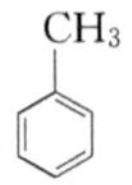

、、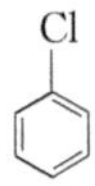

、

、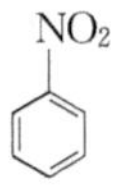

14. 用简单的化学方法区别下列各组化合物。

(1) 苯、1,3-环己二烯和环己烷

(2) 甲苯、甲基环己烷和3-甲基环己烯

15. 写出下列化合物在发生亲电取代反应时，亲电试剂进入芳环的主要位置（用箭头表示）。

(1) 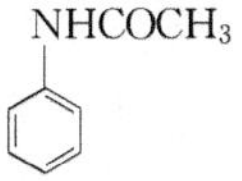

(2) 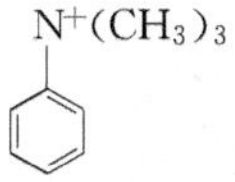

(3) 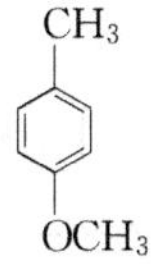

(4) 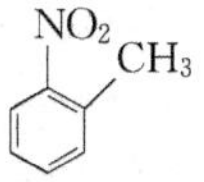

(5) 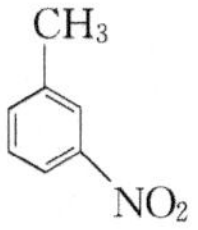

(6) 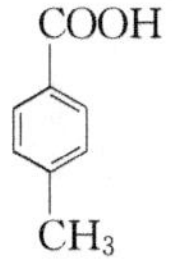

(7) 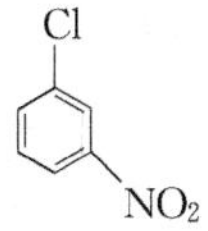

(8) 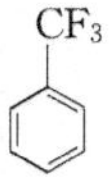

(9) 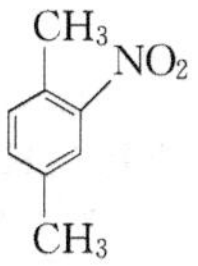

(10) 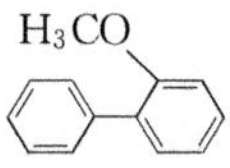

(11) 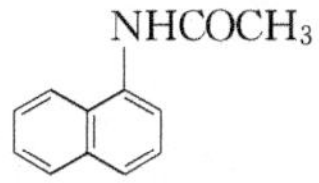

(12) 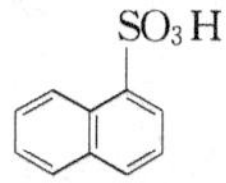

(13) 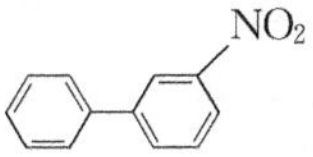

(14) 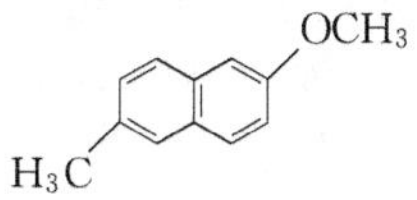

(15) 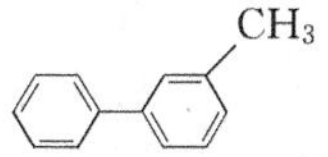

(16) 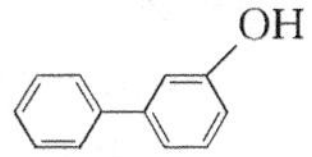

16. 写出下列反应的主要产物。

(1) 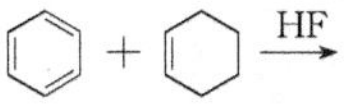

(2) 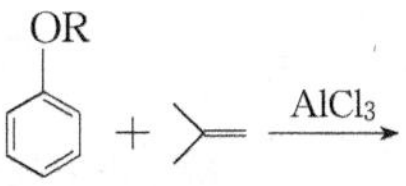

(3) 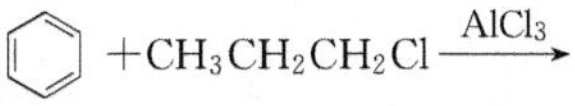

(4) 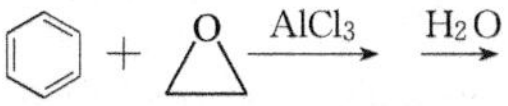

(5) 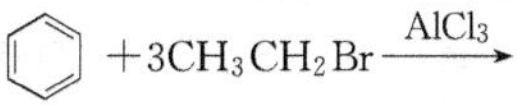

(6) 

(7) 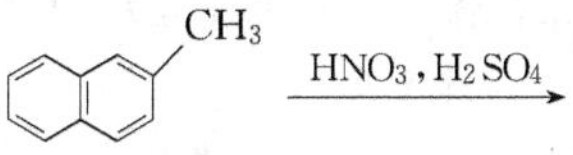

(8) 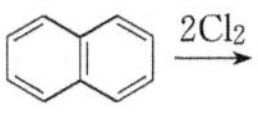

(9) 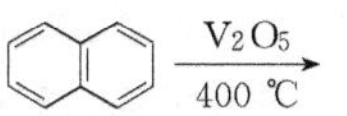

(10) 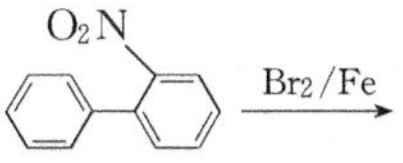

(11) 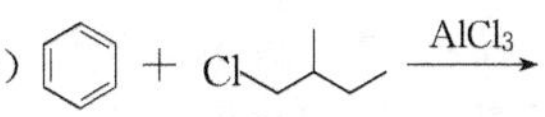

(12) 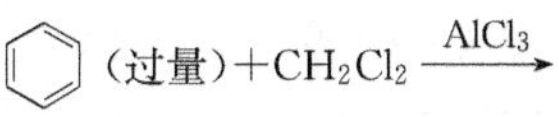

(13) 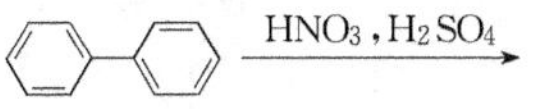

(14) 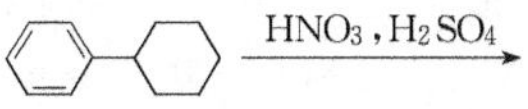

(15) 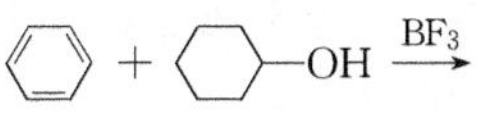

(16) 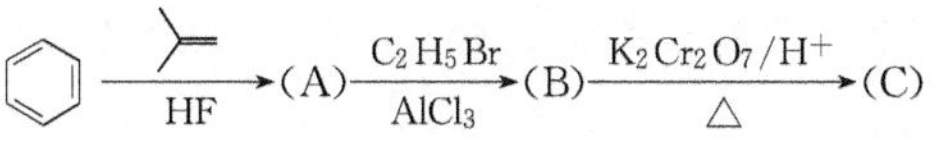

(17) 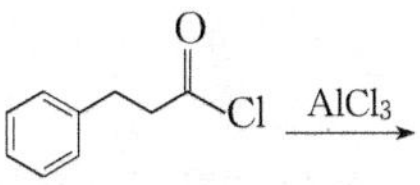

(18) 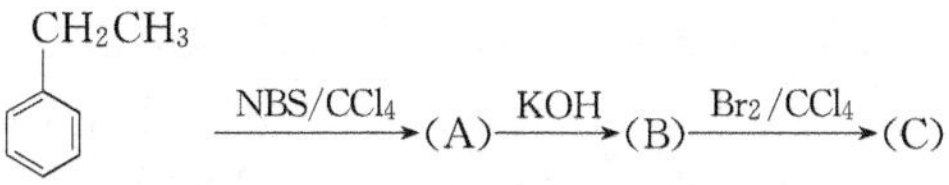

17. 写出用苯及其他适当试剂合成 $C_6H_5CH_2CH_2CH_3$ 的三种方法。

18. 从指定原料合成下列化合物。

(1) 苯⟶对硝基苯甲酸
(2) 苯⟶邻硝基苯甲酸
(3) 苯⟶间氯苯甲酸
(4) 苯甲醚⟶4-硝基-2,6-二溴苯甲醚
(5) 苯⟶4-硝基-2,6-二溴甲苯
(6)甲苯⟶4-硝基-2-溴苯甲酸
(7) 甲苯⟶3-硝基-4-溴苯甲酸
(8) 邻硝基甲苯⟶2-硝基-4-溴苯甲酸

(9) 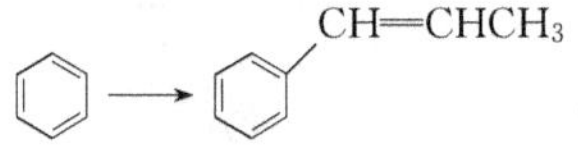

(10) 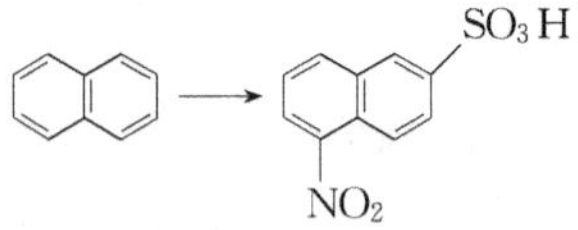

19. 芳烃(A),分子式为 $C_{10}H_{14}$,有五种可能的一溴取代物 $C_{10}H_{13}Br$。(A)经氧化得酸性化合物 $C_8H_6O_4$(B)。(B)经一硝化只得一种硝化产物 $C_8H_5O_4NO_2$(C)。试推测(A)~(C)的结构。

20. 某芳烃(A),分子式为 C_9H_8,与 $Cu(NH_3)_2Cl$ 水溶液反应生成红色沉淀,在温和条件下,(A)用 Pd/C 催化加氢得(B),分子式为 C_9H_{12}。(B)经 $KMnO_4$ 氧化生成酸性物质(C),分子式为 $C_8H_6O_4$。(A)与丁二烯反应得化合物(E),分子式为 $C_{13}H_{14}$,(E)在 Pd/C 催化下脱氢得 2-甲基联苯。试推测(A)~(E)的结构式,并写出有关反应式。

色谱技术简介

色谱法(chromatography)又称色谱分析、色谱分析法、层析法,是一种分离和分析方法,在分析化学、有机化学、生物化学等领域有着非常广泛的应用。色谱法利用不同物质在不同相态的选择性分布,以流动相对固定相中的混合物进行洗脱或展开,混合物中不同的物质会以不同的速度沿固定相移动,最终达到分离的效果。

色谱法起源于 20 世纪初,20 世纪 50 年代之后得到了飞速发展,并发展成一个独立的三级学科——色谱学。色谱法根据其分离原理,分为吸附色谱、分配色谱、离子交换色谱与排阻色谱等。吸附色谱是利用吸附剂对被分离物质的吸附能力不同,用溶剂或气体洗脱,以使组分得以分离。常用的吸附剂有氧化铝、硅胶、聚酰胺等有吸附活性的固体物质。分配色谱是利用被分离物质在两相中分配系数不同,以使组分分离。其中一相为液体,涂布或使之键合在固体载体上,称固定相;另一相为液体或气体,称流动相。常用的载体有硅胶、硅藻土、硅镁型吸附剂与纤维素粉等。离子交换色谱是利用被分离物质在离子交换树脂上的离子交换能力的不同而使组分发生分离。一般用于离子化合物的分离。常用的有不同强度的阳、阴离子交换树脂,流动相一般为水或含有有机溶剂的缓冲液。排阻色谱又称凝胶色谱或凝胶渗透色谱,是利用被分离物质相对分子质量大小的不同和在填料上渗透程度的不同,使组分分离。常用的填料有分子筛、葡聚

糖凝胶、微孔聚合物、微孔硅胶或玻璃珠等，可根据载体和试样的性质，选用水或有机溶剂为流动相。色谱法的分离方法，有柱色谱法、纸色谱法、薄层色谱法、气相色谱法、高效液相色谱法等。

色谱法最早是1906年由俄国植物学家茨维特(Tswett)首先建立的。因其在分离植物色素的过程中，不同的色素在色谱柱中呈现出不同的色带而得名。此后，马丁(Martin)和辛格(Synge)又相继建立了分配色谱、纸色谱、薄层色谱、气相色谱等，并提出了一套色谱学理论，二人因其在色谱学方面的杰出贡献而荣获了1952年诺贝尔化学奖。1960年以后，色谱方法得到了快速的发展，很多现代色谱仪开始进入人们的科研、生产和日常生活中，如高效液相色谱(high-performance liquid chromatography, HPLC)、高效毛细管电泳等。现代色谱仪在化学中的应用极大地提高了化学研究工作的效率和促进了化学的发展。色谱法已经成为现代化学研究中物质分离的最常用和最重要的方法。

第九章　醇、酚、醚

醇(alcohol)、酚(phenol)、醚(ether)可以看作水分子中的氢原子被烃基取代的衍生物。水分子中的一个氢原子被脂肪烃基取代的是醇(R—OH),被芳香烃基取代的称为酚(Ar—OH),两个氢原子都被烃基取代的衍生物就是醚(R—O—R′、Ar—O—R、Ar—O—Ar′)。

第一节　分类和命名

一、醇的分类与命名

(一) 醇的分类

醇的分类可以根据烃基的类型、羟基连接的碳原子类型或分子中羟基的多少来进行。

根据羟基连接的烃基结构不同,可把醇分为脂肪醇、脂环醇、芳香醇(羟基连在芳烃侧链上的醇)、饱和醇和不饱和醇等。例如:

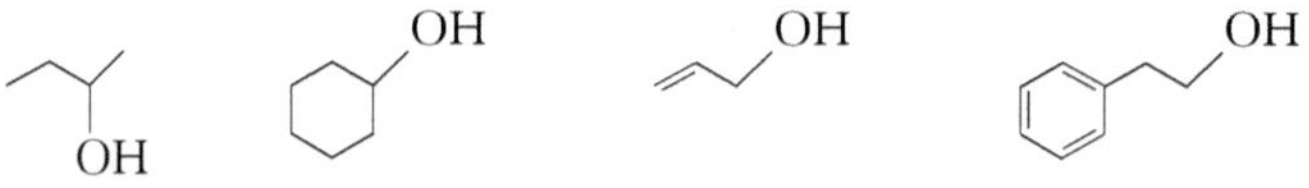

脂肪醇　　脂环醇　　不饱和脂肪醇　　芳香醇

饱和醇

根据羟基所连碳原子的类型,可把醇分为伯醇(一级醇)、仲醇(二级醇)和叔醇(三级醇);根据分子中羟基的数目,可把醇分为一元醇、二元醇和多元醇。饱和一元醇的通式为 $C_nH_{2n+2}O$。在二元醇中,两个羟基连在相邻碳原子上的称为邻二醇。例如:

伯醇(一级醇)　　仲醇(二级醇)　　叔醇(三级醇)　　一元醇　　二元醇(邻二醇)　　多元醇

(二) 醇的命名

结构简单的醇可用普通命名法命名,即在"醇"字前加上烃基的名称,"基"字一般可以省去。例如:

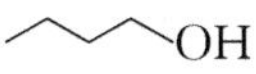 正丁醇

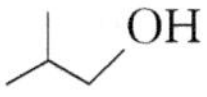 异丁醇

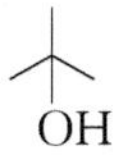 叔丁醇

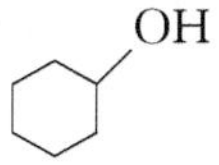 环己醇

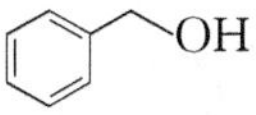 苄醇

结构复杂的醇采用系统命名法命名。首先选择连有羟基的最长碳链为主链，从距羟基最近的一端给主链编号，按主链所含碳原子的数目称为“某醇”，取代基的位次、数目、名称以及羟基的位次分别标注于母体名称前。命名芳香醇时，将芳环看作取代基。例如：

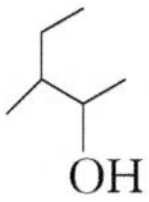
3-甲基-2-戊醇

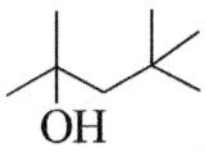
2,4,4-三甲基-2-戊醇

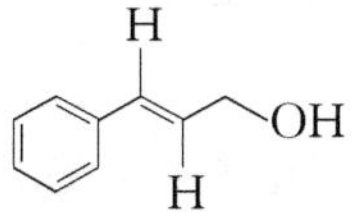
E-3-苯基-2-丙烯醇
（反式肉桂醇）

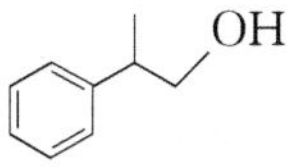
2-苯基-1-丙醇

当分子中存在多个官能团时，命名法要求选择具有最多官能团的碳链作为主链。因此，命名不饱和醇时，主链应包含羟基和不饱和键，从距羟基最近的一端给主链编号，按主链所含碳原子的数目称为“某烯醇”或“某炔醇”，羟基的位次注于“醇”字前。例如：

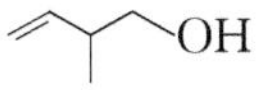
2-甲基-3-丁烯-1-醇

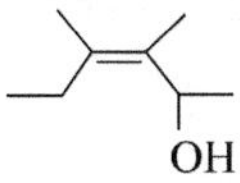
Z-3,4-二甲基-3-已烯-2-醇

命名多元醇时，主链应包含尽可能多的羟基，按主链所含碳原子和羟基的数目称为“某二醇”、“某三醇”等。例如：

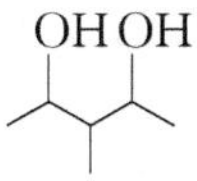
3-甲基-2,4-戊二醇

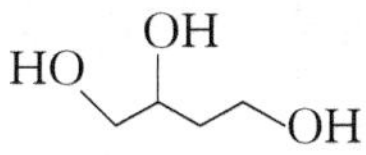
1,2,4-丁三醇

二、酚的分类与命名

根据羟基所连芳环的不同，酚类可分为苯酚、萘酚、蒽酚等。根据羟基的数目，酚类又可分为一元酚、二元酚和多元酚等。

酚的命名是根据羟基所连芳环的名称称为“某酚”，芳环上的烷基、烷氧基、卤原子、氨基、硝基等作为取代基，若芳环上连有羧基、磺酸基、羰基、氰基等，则酚羟基作为取代基。例如：

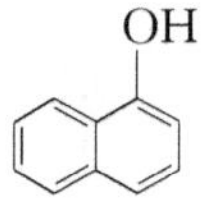
1-萘酚
（α-萘酚）

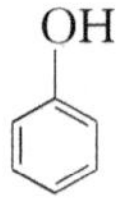
苯酚
（石炭酸）

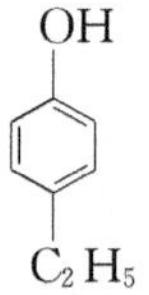
4-乙基苯酚

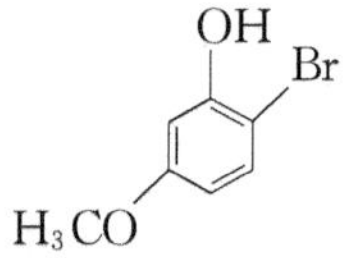
5-甲氧基-2-溴苯酚

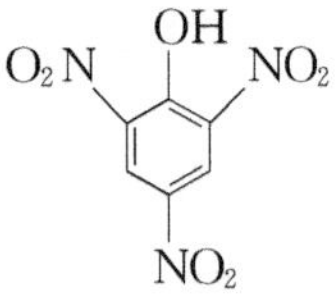
2,4,6-三硝基苯酚
（苦味酸）

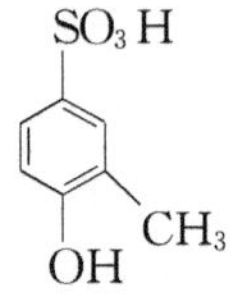
3-甲基-4-羟基苯磺酸

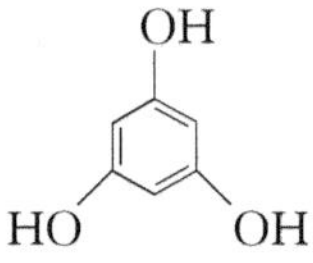
1,3,5-苯三酚
（均苯三酚）

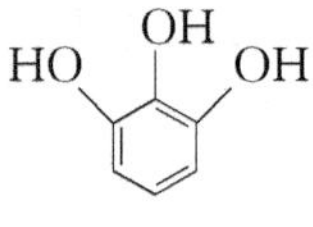
1,2,3-苯三酚
（连苯三酚）

三、醚的分类与命名

醚的通式可表示为 R—O—R′，其中 R 和 R′可以是脂肪烃基、脂环烃基或芳香烃基。C—O—C 是醚的官能团。饱和一元醚和饱和一元醇互为官能团异构体，具有相同的通式 $C_nH_{2n+2}O$。

醚的分类主要是根据分子中烃基的类型、烃基是否相同或醚键是否成环等进行的，因此，醚有脂肪醚、芳香醚、环醚、单醚（两个烃基相同）、混醚（两个烃基不相同）之分。例如：

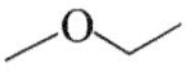
混醚

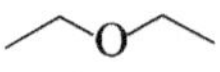
单醚

脂肪醚

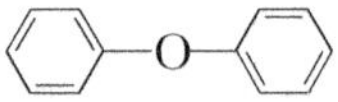
单醚

芳香醚

环醚

结构简单的醚一般采用普通命名法命名，结构复杂的醚则采用系统命名法命名。醚的普通命名法是在烃基的名称后面加上“醚”字。两个烃基相同时，烃基的“基”字可省略。例如：

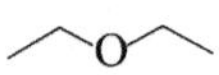
乙醚

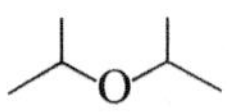
异丙醚

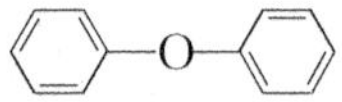
二苯醚

对于脂肪族混醚，命名时将小的烃基放在前面；对于脂肪烃基和芳香烃基形成的混醚，命名时将芳基放在前面。例如：

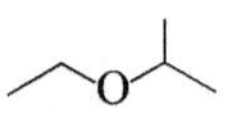
乙基异丙基醚

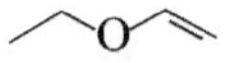
乙基乙烯基醚

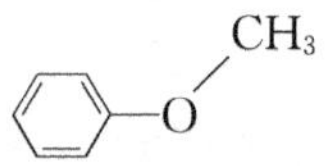
苯甲醚

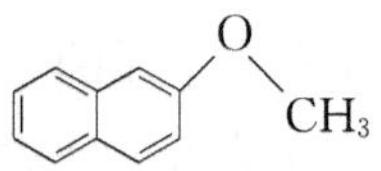
β-萘甲醚

系统命名法是将碳链最长的烃基为母体，将较小的烃基与氧原子一起看作取代基，称为烃氧基（RO—）。若烃基存在不饱和键时，选择不饱和度较大的烃基为母体，将饱和烃基或不饱和度较小的烃基连同氧原子一起作为取代基。例如：

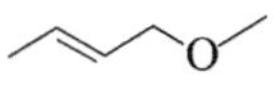

1-甲氧基-2-丁烯

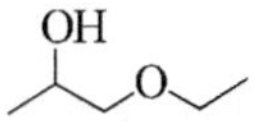

1-乙氧基-2-丙醇

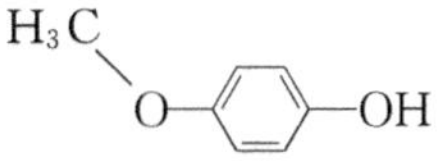

4-甲氧基苯酚

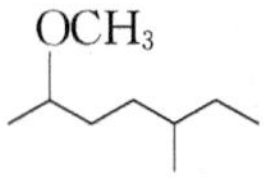

5-甲基-2-甲氧基庚烷

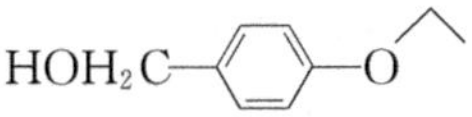

对乙氧基苯甲醇

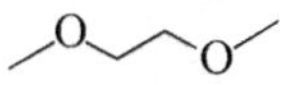

1，2-二甲氧基乙烷

三元环醚命名时称为“环氧某烷”。环上的编号从氧原子开始。例如：

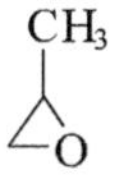

1,2-环氧丙烷

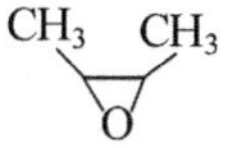

2,3-环氧丁烷

四元环、五元环及其以上的环醚一般按杂环化合物来命名。例如：

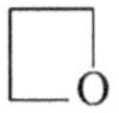

一氧四环

四氢呋喃
(较少称为1,4-环氧丁烷)

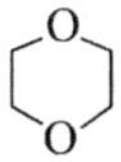

1,4-二氧六环

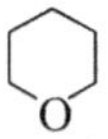

四氢吡喃
(较少称为1,5-环氧戊烷)

第二节　结构与性质

一、结构与物理性质

醇、酚中的C—O键和O—H键都是极性共价键。与水分子类似，—OH能够相互之间或与水分子形成氢键，因此，羟基属于极性亲水基团。醇、酚也因此具有较相对分子质量相同或相近的烃和卤代烃更高的熔点、沸点和水溶性。一般的规律是，分子中羟基越多，烃基越小，其水溶性越大。C_1～C_3的一元醇可与水任意混溶，C_4～C_9的一元醇随烃基的增大其水溶性迅速降低，C_{10}以上的一元醇难溶于水。

一些常见醇的物理常数见表9.1。

对醇的同系物而言，每增加一个CH_2，沸点升高18～20 ℃。对于醇的碳架异构体而言，支链越多的醇，沸点越低。

低级饱和一元醇是无色液体，具有特殊的气味；高级醇是蜡状固体。许多香精油中含有特殊香气的醇，如叶醇有极强的清香气味，苯乙醇有玫瑰香气，可用于配制香精。

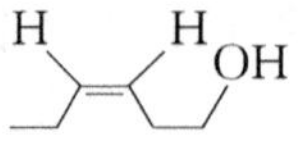

叶醇

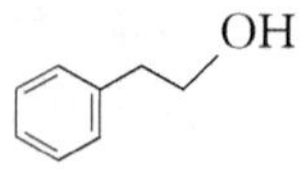

2-苯乙醇

表 9.1　一些常见醇的物理常数

化合物	英文名称	熔点/℃	沸点/℃	d_4^{20}
甲醇	methyl alcohol/methanol	−97	64.7	0.792
乙醇	ethyl alcohol/ethanol	−115	78.4	0.789
正丙醇	*n*-propyl alcohol	−126	97.2	0.804
正丁醇	*n*-butyl alcohol /*n*-butanol	−90	117.8	0.810
正戊醇	*n*-pentyl alcohol /*n*-pentanol	−79	138.0	0.817
正己醇	*n*-hexyl alcohol	−52	155.8	0.820
正庚醇	*n*-heptyl alcohol/1-heptanol	−36	176	0.822
异丙醇	isopropyl alcohol/isopropanol	−88.5	82.3	0.786
异丁醇	isobutyl alcohol/isobutanol	−108	107.9	0.802
异戊醇	isopentyl alcohol	−117	131.5	0.812
仲丁醇	*sec*-butyl alcohol/SBA	−114	99.5	0.808
叔丁醇	*tert*-butyl alcohol/*t*-BA	26	82.5	0.789
环戊醇	cyclopentyl alcohol/cyclopentanol	−19	140	0.949
环己醇	cyclohexyl alcohol/cyclohexanol	24	161.5	0.962
烯丙醇	allyl alcohol	−129	97	0.855
苯甲醇(苄醇)	benzyl alcohol/phenylmethanol	−15	205	1.046
二苯甲醇	diphenyl carbinol* /diphenylmethanol	69	298	—
三苯甲醇	triphenyl carbinol/tritanol	162.5	360	—
乙二醇(甘醇)	glycol/ethylene alcohol	−16	197	1.113
1,3-丙二醇	trimethylene glycol/1,3-propanediol	−27	215	1.060
1,2,3-丙三醇(甘油)	glycerol	18	290	1.261

* carbinol 即甲醇，现在逐渐不用。

一些低级醇(如甲醇、乙醇等)能和某些无机盐($MgCl_2$、$CaCl_2$、$CuSO_4$ 等)形成结晶状复合物，称为结晶醇，如 $MgCl_2 \cdot 6CH_3OH$、$CaCl_2 \cdot 4CH_3OH$、$CaCl_2 \cdot 4C_2H_5OH$ 等。结晶醇溶于水而不溶于有机溶剂，所以不能用无水 $CaCl_2$ 来除去甲醇、乙醇等中的水分。但利用这一性质，可将醇与其他有机物分离开来。实验室常利用此性质除去其他溶剂中的少量乙醇或甲醇。

常温下，除了少数烷基取代的酚为液体外，大多数酚为固体。由于分子间可以形成氢键，因此酚的沸点都很高。邻位上有氟、羟基、羰基或硝基的酚，可形成分子内氢键，不发生分子间缔合，因此，能形成分子内氢键的醇和酚的沸点都低于能形成分子间氢键的异构体。表 9.2 列出一些酚的物理常数。

表 9.2　酚的物理常数

化合物	熔点/℃	沸点/℃	溶解度(25 ℃)/[g・(100g H_2O)$^{-1}$]	pK_a(25 ℃)
苯酚 phenol	41	182	9.3	10
邻甲苯酚 *o*-cresol	31	191	2.5	10.29
间甲苯酚 *m*-cresol	12	202	2.6	10.09
对甲苯酚 *p*-cresol	35	202	2.3	10.26
邻氯苯酚 *o*-chlorophenol	9	173	2.8	8.48
间氯苯酚 *m*-chlorophenol	33	214	2.6	9.02
对氯苯酚 *p*-chlorophenol	43	217	2.6	9.38
邻硝基苯酚 *o*-nitrophenol	45	214	0.2	7.22
间硝基苯酚 *m*-nitrophenol	96	194/9.3×10^3Pa	1.4	8.39
对硝基苯酚 *p*-nitrophenol	114	279/分解	1.7	7.15
2,4-二硝基苯酚 2,4-dinitrophenol	113	—	0.6	4.09
2,4,6-三硝基苯酚（苦味酸）2,4,6-trinitrophenol/picric acid	122	—	1.4	0.25

纯净的酚是无色固体，但因容易被空气中的氧缓慢氧化，常含有有色杂质。酚在常温下微溶于水，加热则溶解度增加。随着羟基数目增多，酚在水中的溶解度增大。酚能溶于乙醇、乙醚、苯等有机溶剂。

常温下，大多数醚为易挥发、易燃烧、有香味的液体。醚分子中因无羟基而不能在分子间生成氢键，因此醚的沸点比相应的醇低得多，但比相对分子质量相同或相近的烃类要略高，这主要是因为醚中的 C—O 键是极性键的缘故。在常温下，甲醚、甲乙醚、环氧乙烷等为气体，大多数醚为液体。表 9.3 列出一些醚的物理常数。

表 9.3　醚的物理常数

化合物	英文名称	沸点/℃	熔点/℃	d_4^{20}	溶解度*
甲醚	dimethyl ether	−24.9	−138.5	0.661	3700 mL(18 ℃)
甲乙醚	ethyl methyl ether	7.9	—	0.697	—
乙醚	diethyl ether	34.6	−116.3	0.714	7.5
正丙醚	dipropyl ether	90.5	−122	0.736	微溶
二异丙醚	diiopropyl ether	68.5	−60	0.725	0.2
正丁醚	dibutyl ether	143	−98	0.769	<0.05
甲丁醚	butyl methyl ether	70.3	−115	0.744	—
乙丁醚	butyl ethyl ether	92	−124	0.752	—
乙二醇二甲醚	glycol dimethyl ether	83	−58	0.862	—
四氢呋喃	tetrahydrofuran	65.4	−108	0.888	∞
1,4-二氧六环	1,4-dioxane	101.3	11.8	1.034	∞

续表

化合物	英文名称	沸点/℃	熔点/℃	d_4^{20}	溶解度*
环氧乙烷	ethylene oxide/oxirane	11	−111.7	0.887(7 ℃/4)	∞
1,2-环氧丙烷	1,2-epoxypropane	34	−112	0.830	
1,2-环氧丁烷	1,2-epoxybutane	63	—	0.837	
苯甲醚	anisole/methyl phenyl ether	153.8	−37.4	0.990	微溶
苯乙醚	phenetole/ethoxybenzene	170	−29.5	0.965	不溶
二苯醚	diphenyl ether	258.3	26.9	1.073	不溶

* 单位：$g \cdot 100\ g^{-1}$，25 ℃。

虽然醚分子之间不能形成氢键，但醚中的氧原子可以与水分子或其他羟基化合物形成氢键，因此醚在水中具有一定的溶解度，尤其是当醚分子中的两个烃基较小或成环时，醚在水中的溶解度明显增大。例如，甲醚、1,4-二氧六环、四氢呋喃等都可与水以任意比例互溶，乙醚在水中的溶解度约为 $7\ g \cdot 100g^{-1}$，其他低相对分子质量的醚微溶于水。随着醚中烃基的增大，其水溶性迅速降低，故多数醚不溶于水。

由于醚中的C—O键具有一定的极性，因此，醚既能溶于非极性溶剂，也能溶于很多极性溶剂，其本身也是很好的溶剂。实验室常利用乙醚作为反应溶剂或萃取溶剂。乙醚有麻醉作用，极易着火，与空气混合到一定比例能爆炸，所以使用乙醚时要十分小心。

二、结构与化学性质

羟基是醇、酚类化合物的官能团，醇、酚中氧原子成键时的轨道杂化形式不同。醇羟基的氧原子采用的是不等性 sp^3 杂化，其中两个 sp^3 杂化轨道各有一对未成键电子，属于非键轨道。余下的两个 sp^3 杂化轨道分别与碳原子和氢原子形成C—O键和O—H键；酚羟基的氧原子采用的则是不等性的 sp^2 杂化，未杂化的p轨道和一个 sp^2 轨道各填充有一对电子，属于非键轨道。未杂化的p轨道可与苯环的大π键形成p-π共轭体系(图9.1)。

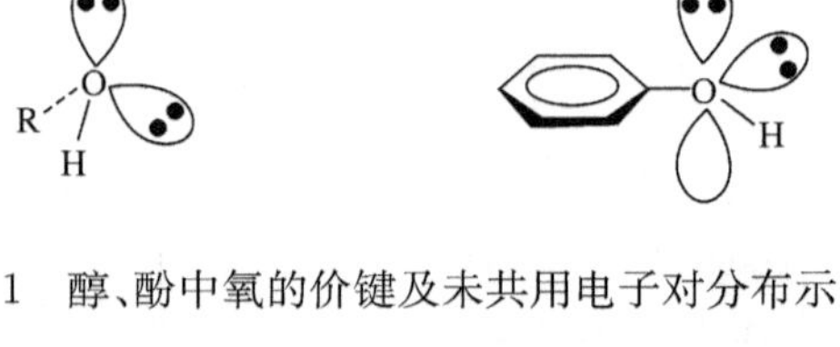

图9.1　醇、酚中氧的价键及未共用电子对分布示意图

羟基氧原子的强吸电子作用决定了羟基的一系列特征反应。首先，由于氧原子的电负性大于碳原子和氢原子，因此，C—O键和O—H键的成键电子对都强烈

地偏向于氧原子，致使 C—O 键和 O—H 键都呈现为强极性共价键，其中后者的极性较前者更强。极性 σ 键的反应特性是容易发生异裂而不容易发生均裂，故醇、酚中 O—H 键的异裂反应和醇中的 C—O 键的异裂反应是其最主要的反应。对于酚的 p-π 共轭体系来说，由于氧原子的 p 轨道中有两个电子，而苯环的每一个 p 轨道只有一个电子，因此 p-π 共轭的结果导致氧上的电子向苯环发生了部分转移，苯环上的电子密度也因此而增大。p-π 共轭效应的另一结果是使 C—O 键得到了一定程度的加强。因此酚的 C—O 键一般很难断裂。其次，根据路易斯酸碱理论和亲核反应理论，羟基的氧原子上含有未成键的电子对，具有路易斯碱和亲核试剂的性质，既可以与质子等路易斯酸发生成盐反应，也可以与一些亲核反应的受体反应。最后，醇羟基的吸电子诱导效应可显著增强 α-C—H 键和 β-C—H 键的极性，由此导致 β-H 可与羟基发生分子内脱水反应，而 α-H 则易于被氧化剂氧化。

（一）醇、酚的酸性与碱性

1. 酸性

酚、醇的酸性是由 O—H 键异裂特性决定的。由于酚羟基与苯环之间 p-π 共轭效应使氧原子的电子密度降低，故酚的 O—H 键的极性较醇羟基大，其酸性也强。

由于烃基具有斥电子诱导效应（+I），因此，醇分子的 O—H 键的极性比水的小，醇的酸性也较水的酸性弱，但比炔和氨的酸性强。一般情况下，醇只能与 Na、K、Mg、Al 等活泼金属作用生成醇金属盐。例如：

$$2CH_3CH_2OH + 2Na \longrightarrow \underset{\text{乙醇钠}}{2C_2H_5ONa} + H_2\uparrow$$

羟基 α-碳上的烷基越多，O—H 键的极性也就越小，同时羟基溶剂化的空阻效应也越大，故伯、仲、叔的醇的酸性由大到小的次序为

$$\text{水} > \text{甲醇} > \text{伯醇} > \text{仲醇} > \text{叔醇} > RC\equiv CH > NH_3 > RH$$

氢化钠、氨基钠和格氏试剂也可与醇反应，生成醇金属盐。例如：

$$CH_3OH + Na^+H^- \longrightarrow CH_3O^-Na^+ + H_2\uparrow$$

$$CH_3OH + NaNH_2 \longrightarrow CH_3O^-Na^+ + NH_3$$

$$CH_3OH + CH_3MgBr \longrightarrow CH_3O{-}MgBr + CH_4$$

醇的酸性比水弱也决定了其共轭碱——烷氧负离子（alkoxide anion）RO^- 的碱性比 OH^- 强，所以醇盐遇水会分解为醇和金属氢氧化物。

$$RCH_2ONa + H_2O \longrightarrow RCH_2OH + NaOH$$

烷氧负离子的碱性强弱次序为

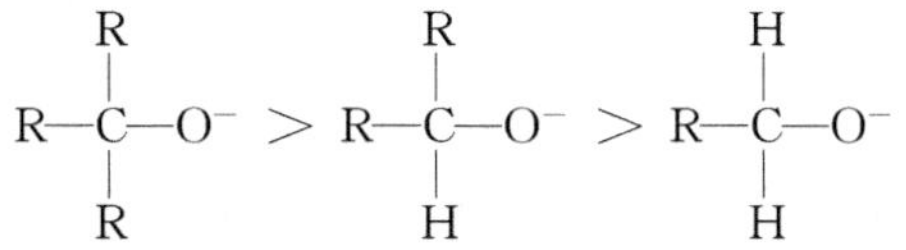

在有机反应中，烷氧负离子基既可作为强碱催化剂，也可作为亲核试剂进行亲核加成反应或亲核取代反应。

一般来说，酚类的酸性比羧酸、碳酸弱，但比水、醇强。大多数酚的 pK_a在 10 左右。

	RCOOH	H_2CO_3	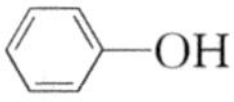	H_2O	ROH
pK_a	约 5	6.35	10	15.7	16～19

苯酚除了本身的 p-π 共轭效应引起其酸性增强之外，苯氧负离子具有相当的稳定性即具有多个共振体，这也是其酸性较强的另一个原因。

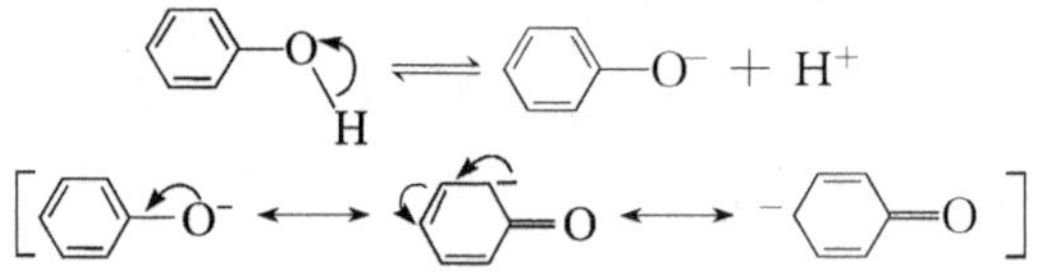

酚与 NaOH 等强碱反应，形成可溶于水的酚钠。后者又能被碳酸等置换（或称为游离）出酚。实验室常利用此性质来分离和纯化酚类化合物。实验中向酚钠溶液中不断通入二氧化碳即可使酚游离出来。

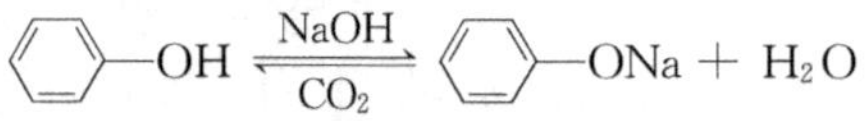

芳环上取代基的性质对酚的酸性影响很大。当芳环上连有供电子基团时，酚羟基的 O—H 键极性减弱，异裂趋势减小，因而酸性减弱；当芳环上连有吸电子基团时，酚羟基的 O—H 键极性增强，异裂趋势增大，酸性增强。吸电子基团越多，酚的酸性越强。例如，2,4,6-三硝基苯酚为强酸，酸度（pK_a 0.25）约相当于三氟乙酸。

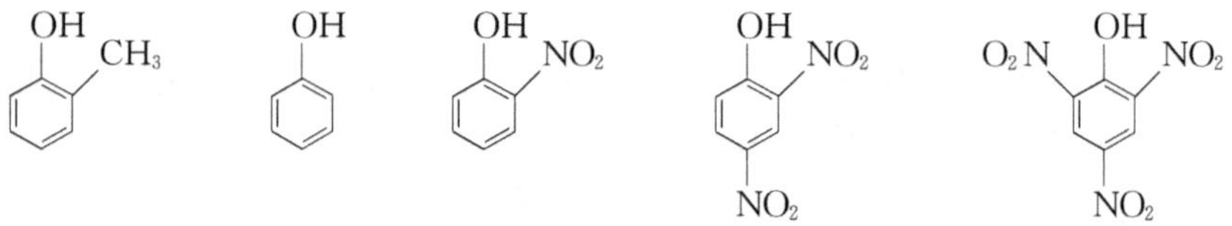

pK_a　10.29　9.95　7.22　4.09　0.25

酚的酸性还表现在能与 $FeCl_3$形成有颜色的配位化合物。

$$ArOH + [Fe(H_2O)_6]Cl_3 \longrightarrow [Fe(H_2O)_5OAr]Cl_3 + H_2O$$

不同的酚与 $FeCl_3$反应产生的颜色不同。例如，苯酚一般为蓝紫色或紫红色，对甲酚呈蓝色，邻苯二酚和对苯二酚呈深绿色，间苯二酚呈淡红色等。实验室常用此反应来鉴别酚类，称为颜色反应。一般来说，凡分子中存在 —C=C—OH（烯醇式结构，enolic form）结构的化合物大多能与 $FeCl_3$产生颜色反应。

2. 碱性

醇羟基的氧原子上有孤对电子，能从强酸接受质子生成鲜盐（protonated

alcohol)。醇的碱性与水相近。例如:

$$CH_3CH_2OH + HI \rightleftharpoons CH_3CH_2\overset{+}{O}(H)—H + I^-$$

𬭩盐

同样的道理,醚也能与强酸生成𬭩盐,乙醚能溶于浓硫酸就是因为这个原因。

𬭩盐的形成能显著增强醇分子的 C—O 键的极性,有助于其发生异裂,因此,有机合成上常用强质子酸或路易斯酸如 $ZnCl_2$ 等催化醇羟基的取代反应。酚氧的碱性比醇氧要弱得多,这主要是由于酚氧与苯环之间的 p-π 共轭效应降低了氧原子上的电子密度。

(二) 醇的脱水反应

醇在酸性催化剂作用下加热,容易发生分子间或分子内脱水(dehydration),前者生成醚,后者生成烯烃。由于 β-C—H 键的极性较 O—H 键的极性要小得多,因此 β-H 的离去要比羟基 H 困难,分子间的脱水较分子内的脱水要容易,表现在反应条件上就是分子间脱水的温度较低,而分子内脱水的稳定较高。例如:

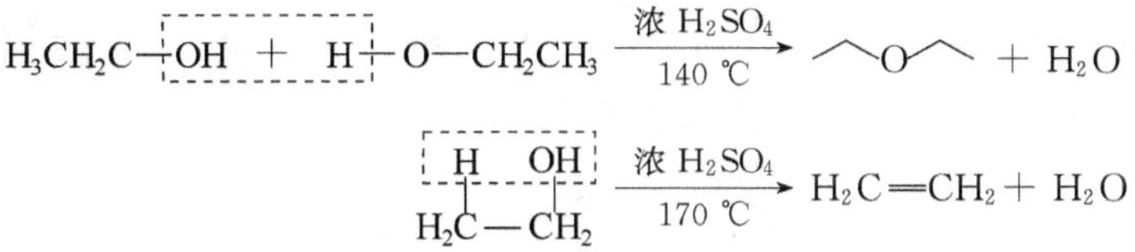

当用两种不同醇的混合物发生分子间的脱水反应时,则得到三种醚的混合物。

$$ROH + R'OH \xrightarrow[\triangle]{H^+} ROR + ROR' + R'OR'$$

因此,醇分子间的脱水反应只适于制备单醚,而不适宜于制备混合醚。

醇的分子内脱水属于消除反应,与卤代烃脱卤化氢的反应属于同一类型。当分子中有几个不同的 β-H 时,产物一般遵循札依采夫规律,主要生成较稳定的烯烃。例如:

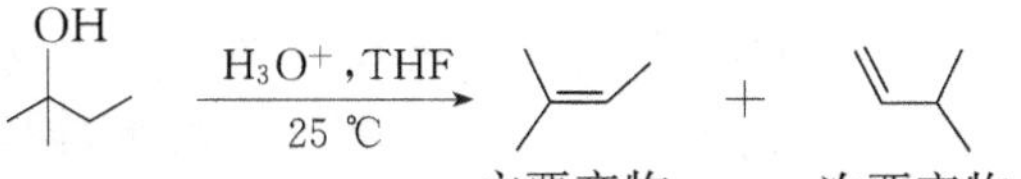

主要产物　　次要产物

但是,当醇的分子内脱水能形成稳定的共轭体系时,其脱水产物将以共轭烯烃的产物为主,而不再遵循札依采夫规律。例如:

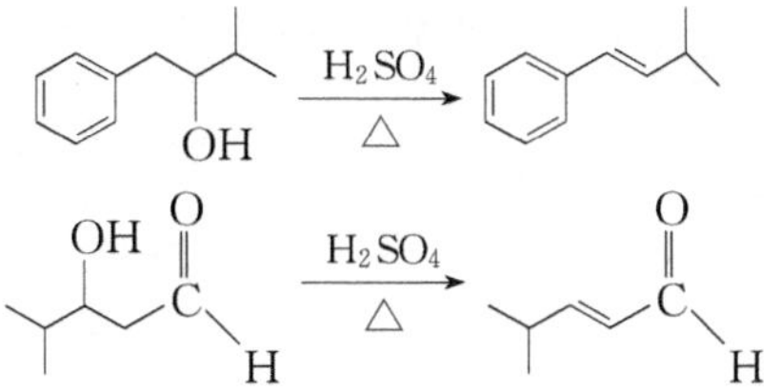

醇的酸催化消除反应是按 E1 机理进行的。与卤代烃的 E1 不同，醇羟基需要首先与 H^+ 形成锌盐，然后才能形成 E1 反应的中间体——碳正离子。例如：

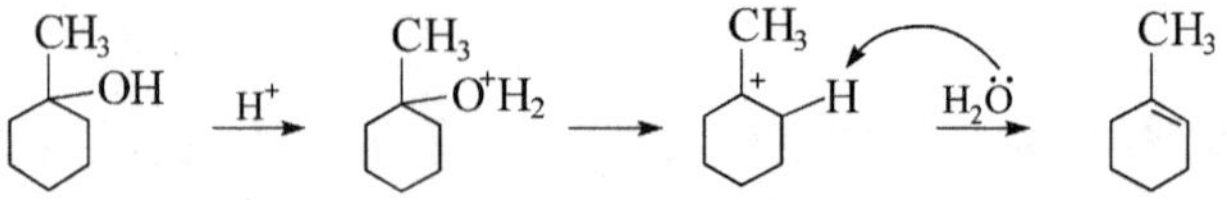

由于不同碳正离子的稳定次序为三级碳正离子＞二级碳正离子＞一级碳正离子，因此不同结构的醇发生分子内脱水反应的活性大小为叔醇＞仲醇＞伯醇。

对于酸催化的醇脱水反应来说，如果醇的 β-C 为叔碳原子，一般会发生碳正离子的重排，主要产物将为重排的烯烃。例如：

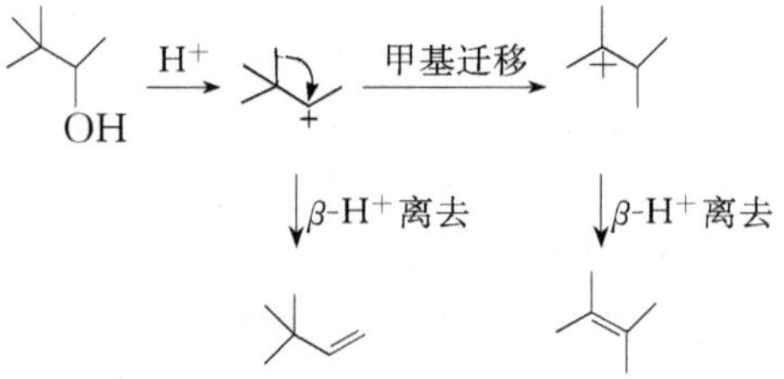

避免重排反应的方法是采用 $POCl_3$ 为脱水剂，吡啶为溶剂。该反应属于 E2 反应，可在较低温度下进行，高产率地获得非重排脱水产物。例如：

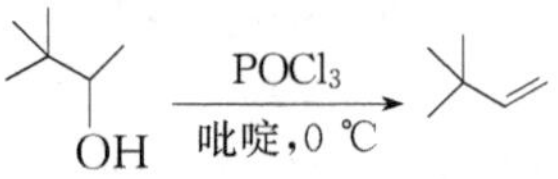

（三）醇转化成卤代烃

醇与氢卤酸可发生亲核取代反应，生成卤代烃和水，其中卤素负离子是亲核试剂。这是卤代烃水解的逆反应。

$$ROH + HX \longrightarrow RX + H_2O$$

根据醇的结构不同，反应机理有 S_N1 和 S_N2 之分。但是，无论是哪种反应机理，反应的第一步都是 H^+ 与醇羟基先形成锌盐。锌盐的形成使醇分子中的 C—O 键的极性增强，α-C 上的正电荷更多。对于叔醇和仲醇的锌盐来说，锌盐中的 C—O 键可自行发生异裂，形成比较稳定的三级和二级碳正离子，后者再与 X^- 发生亲核反应，形成卤代烃。显然，叔醇和仲醇与 HX 的反应属于 S_N1 反应。能发生 S_N1 反应的还有烯丙型醇和苄醇。对于伯醇来说，由于一级碳正离子的稳定性较差，因此，伯醇锌盐中的 C—O 键一般难于发生自行异裂，而是与 X^- 发生 S_N2 反应。

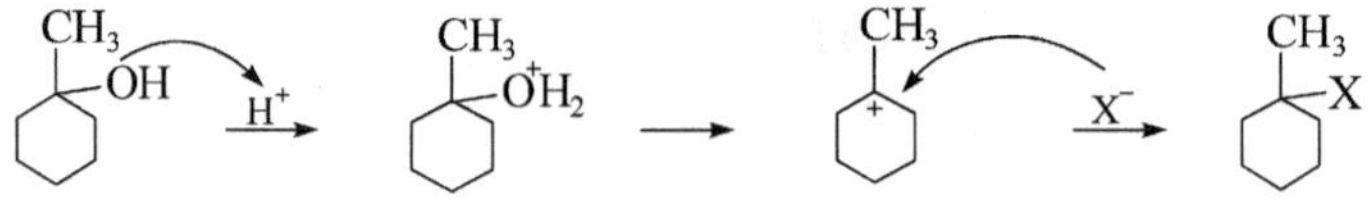

不同的氢卤酸与相同醇反应活性次序为 HI＞HBr＞HCl。不同的醇与相同氢卤酸反应活性次序为烯丙型醇＞叔醇＞仲醇＞伯醇。

实验室常用卢卡斯(Lucas)试剂(浓盐酸与无水氯化锌配成的溶液)与不同醇的反应性能不同来鉴别六个碳原子以下的一元醇。

六个碳原子以下的一元醇可溶于卢卡斯试剂，但生成的相应卤代烃却不溶于反应介质。若反应发生，则反应体系出现浑浊或分层现象。由于不同的醇与卢卡斯试剂反应的难易和速度不同，因此根据浑浊或分层现象出现的快慢便可鉴别出相应醇的结构。烯丙型醇或叔醇立即出现浑浊，仲醇要数分钟后才出现浑浊，而伯醇需加热才出现浑浊。六个碳以上的一元醇由于不溶于卢卡斯试剂，因此无法利用此法进行鉴别。

$$R_3C—OH + HCl \underset{25\ ℃}{\overset{ZnCl_2}{\rightleftharpoons}} R_3C—Cl + H_2O \qquad \text{立即出现浑浊}$$

$$R_2HC—OH + HCl \underset{25\ ℃}{\overset{ZnCl_2}{\rightleftharpoons}} R_2HC—Cl + H_2O \qquad \text{5 min 后出现浑浊}$$

$$RH_2C—OH + HCl \underset{\triangle}{\overset{ZnCl_2}{\rightleftharpoons}} RH_2C—Cl + H_2O \qquad \text{室温下不出现浑浊}$$

醇的卢卡斯反应

在有机合成上由醇制备卤代烃更常用的方法是醇与三卤化磷、五卤化磷或亚硫酰氯(氯化亚砜)的反应。与三卤化磷的反应常用于制备溴代烃或碘代烃，与五氯化磷或亚硫酰氯的反应常用于制备氯代烃。这些反应具有速度快、条件温和、不易发生重排、产率较高的特点。与亚硫酰氯的反应由于生成的其他物质为气体，还具有产物易于分离的优点。例如：

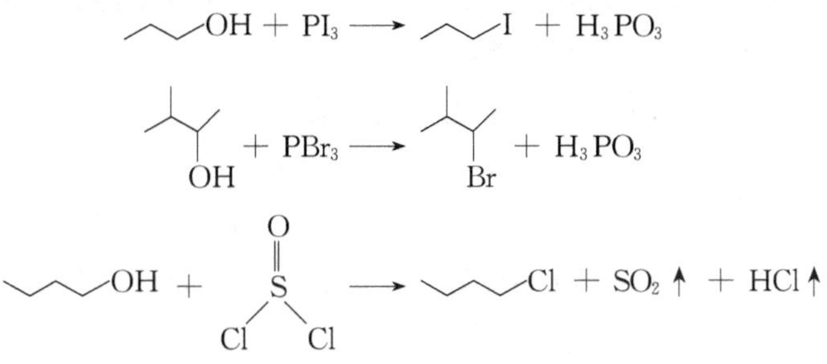

$SOCl_2$ 和 PBr_3 与伯醇和仲醇在有吡啶存在时进行反应，其反应机理为 S_N2，生成构型翻转的卤代产物。如果不向反应体系加入吡啶，使 $SOCl_2$ 和 PBr_3 与伯醇和仲醇直接反应，则按照分子内亲核取代反应进行，生成构型保持的卤代产物。分子内的亲核取代反应(internal nucleophilic substitution)为 S_Ni 机理。其反应机理如下：

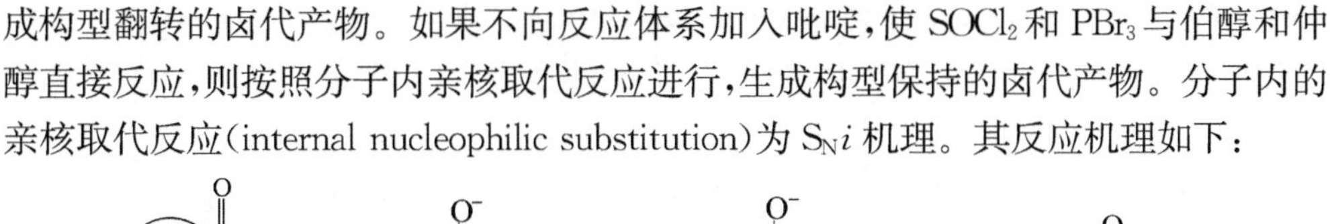

(四) 醇、酚的成酯反应

在强酸催化下，醇与有机酸可通过分子间脱水形成酯(ester)。用同位素标记法证实，在羧酸与醇的酸催化成酯反应中，失去的 H_2O 中的氧原子来自于羧酸的羟基，而不是醇羟基。该反应属于可逆反应，浓硫酸和氯化氢是最常用的强酸催化剂，反应机理参见第十一章。

$$RCO_2H + R'OH \xrightleftharpoons{H^+} RCO_2R' + H_2O$$

醇作为亲核试剂还可以与酰氯、酸酐等酰基化试剂发生亲核取代反应而生成酯。此类反应具有反应条件温和且产率高等优点，在有机合成上较醇和羧酸的成酯反应(esterization reaction)应用更多。

酚羟基的亲核性较差，一般不能与羧酸形成酯。但可与酰氯、酸酐等酰基化试剂在碱(碳酸钾、吡啶)或酸(硫酸、磷酸)的催化下形成酯。例如：

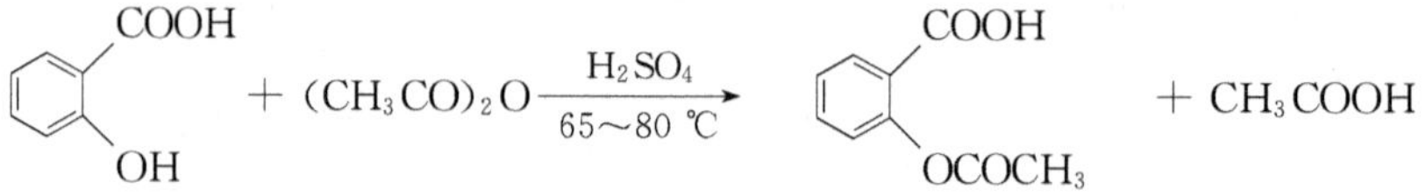

水杨酸　　乙酰水杨酸(阿司匹林)

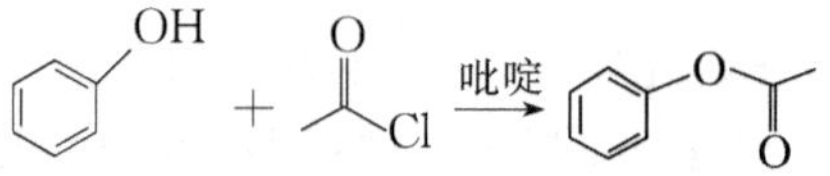

此外，醇也可以与无机含氧酸及其酰氯如硫酸、硝酸、磷酸、磺酰氯等反应，生成无机酸酯。磷酸的酸性较硫酸、硝酸弱，不易直接与醇酯化，常用其酰氯即三氯氧磷($POCl_3$)与醇反应，形成磷酸酯。例如：

$$CH_3OH + H_2SO_4 \xrightleftharpoons{0\ ℃} CH_3OSO_3H + H_2O$$

硫酸氢甲酯

$$2CH_3OSO_3H \xrightarrow{\text{减压蒸馏}} H_3CO-\overset{\overset{\displaystyle O}{\|}}{\underset{\underset{\displaystyle O}{\|}}{S}}-OCH_3 + H_2SO_4$$

硫酸二甲酯

$$3n\text{-}C_4H_9OH + POCl_3 \longrightarrow (n\text{-}C_4H_9O)_3PO + 3HCl$$

磷酸三丁酯

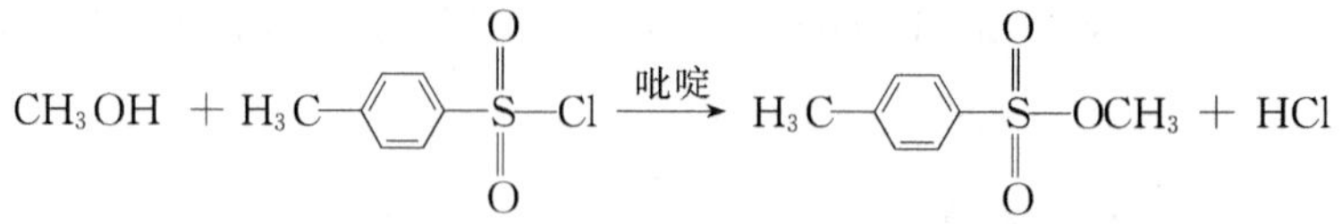

对甲苯磺酸甲酯

酯的存在和应用都非常广泛，动植物体的组织和器官内广泛存在卵磷脂、脑磷脂、油脂等。某些磷酸酯，如葡萄糖、果糖等的磷酸酯是生物体内代谢过程中的重要中间产物，DNA 和 RNA 就是依靠磷酸酯键将单核苷酸之间连接起来的。很多有机磷杀虫剂、除草剂都是磷酸酯类。硝酸酯大多因受热猛烈分解而爆炸，常用作炸药。有些硝酸酯，如亚硝酸异戊酯可作心脑血管扩张剂。硫酸二甲酯在有机合成中是非常重要的甲基化试剂。

（五）醇、酚的成醚反应与羟基的保护

1. 醇、酚的成醚反应

通过醇分子间的脱水可制备单醚，但不能制备芳基醚。威廉姆孙合成法是制备混醚和双芳基醚最常用的方法。该方法是通过醇钠或酚钠与卤代烃的亲核取代反应来完成的。

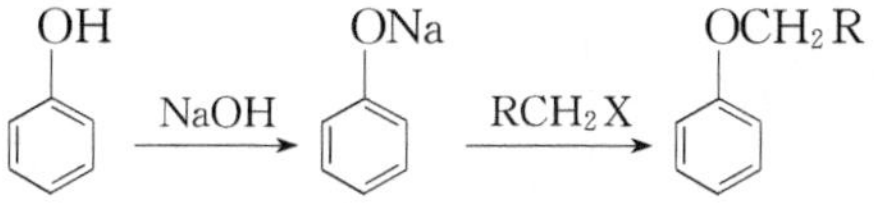

制备混醚的另一常用方法是通过醇钠或酚钠与另一个醇的磺酸酯或硫酸二烃基酯的 S_N2 反应来完成。该反应由于能保持醇 α-碳的构型不变，因此是合成手性醚常用的方法。常用的磺酸酯为对甲苯磺酸酯（p-tosylate）。例如：

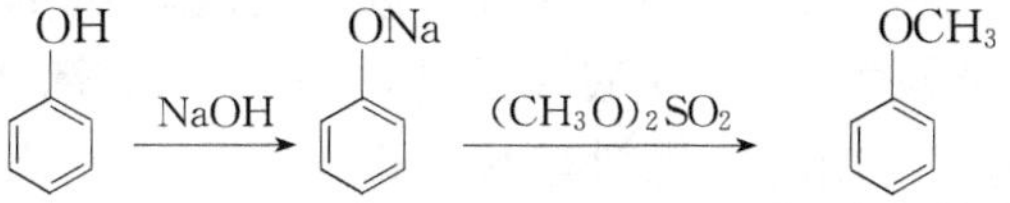

苯甲醚（茴香醚）

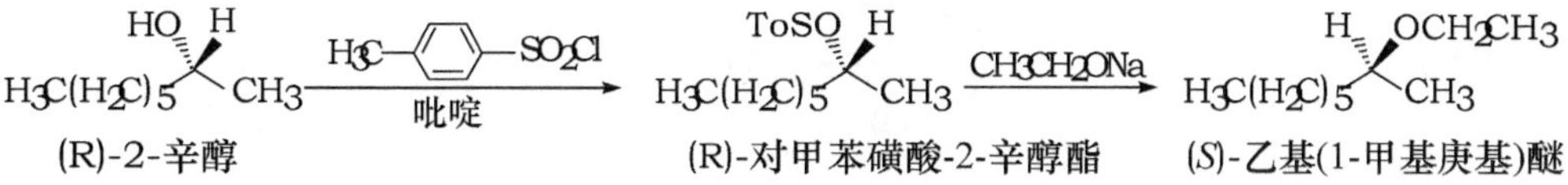

2. 羟基的保护

羟基是一个反应性能很强的基团，能与很多有机或无机试剂反应，如有机金属试剂、氧化剂等，因此，在有机合成中当需要对多官能团分子中某一特定官能团进行反应时，经常需要对羟基进行保护。羟基成醚法是保护羟基的常用方法之一。

作为保护基（protecting group），要求其容易接上和脱除，且两者的产率都较高，还要能有效抵抗后续反应对保护基团的影响等。羟基的保护常用硅醚保护法和四氢吡喃醚保护法。

醇与三烃基氯硅烷，如三甲基氯硅烷、二甲基叔丁基氯硅烷等，在吡啶存在下可高产率地得到相应的硅醚（siloxane）。硅醚可抵抗碱性介质和氧化剂。在酸的

作用下，硅醚可顺利地完成脱保，释放出原来的醇羟基。

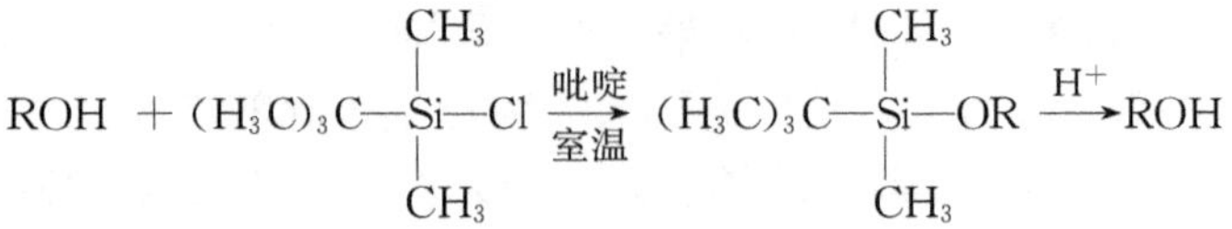

二氢吡喃(dihydropyrane, DHP)属于烯醇醚，在无水酸催化下可与醇发生加成反应，高产率地生成四氢吡喃(tetrahydropyrane, THP)醚。后者实际上是一个缩醛结构(参见第十章)。常用的酸催化剂有对甲苯磺酸、对甲苯磺酸吡啶盐等。保护产物经酸水解可释放出原来的羟基。例如，3-溴丙醇因羟基的存在而不能直接制备格氏试剂，必须先将羟基加以保护。

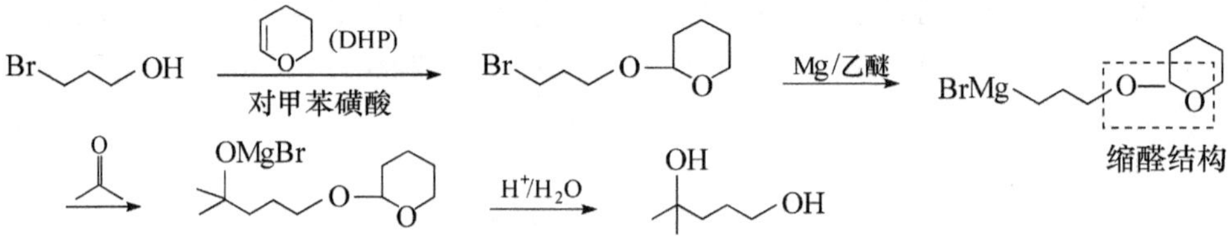

(六) 醇、酚的氧化

由于受到羟基的吸电子诱导作用，伯醇和仲醇的 α-H 酸性较大，容易离去，常发生的反应就是 α-碳被氧化。伯醇可被氧化成醛或酸，仲醇一般被氧化成酮。叔醇由于没有 α-H，故一般不能被氧化，但在酸性条件下，易脱水成烯，然后碳碳键氧化断裂，形成小分子化合物。常用的氧化剂有 $KMnO_4$、CrO_3、$Na_2Cr_2O_7$。

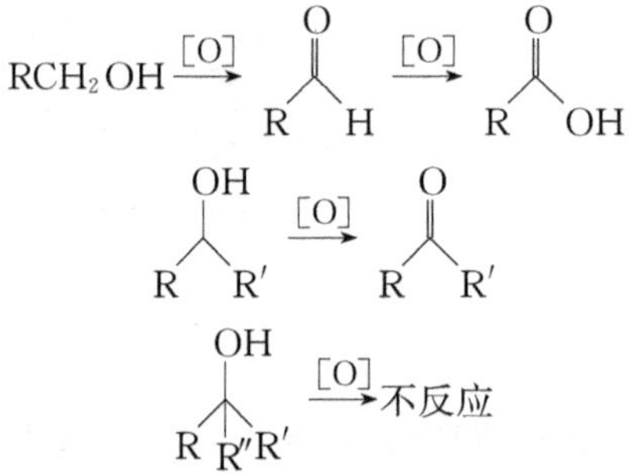

由于醛也容易被氧化，因此，若要由伯醇直接氧化制备相应的醛，就必须采取特殊的措施或选择更温和的氧化剂。否则，氧化的产物将为羧酸。对于沸点较低的醛，可采取在反应进行的同时进行蒸馏，使生成的醛通过蒸馏及时地脱离反应体系，这样便可防止醛被进一步氧化，从而得到较高产率的醛。

温和且选择性较高的氧化剂有沙瑞特(Sarrett)氧化剂(CrO_3-吡啶)和科瑞(Corey)氧化剂(CrO_3-吡啶-HCl，pyridinium chlorochromate, PCC)。二者都能将伯醇和仲醇氧化为相应的醛或酮，且分子中的 C═C 不受影响。例如：

$$CrO_3 + 2C_5H_5N \longrightarrow CrO_3 \cdot (C_5H_5N)_2$$

吡啶　　　沙瑞特氧化剂

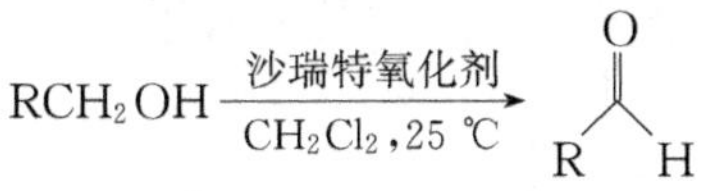

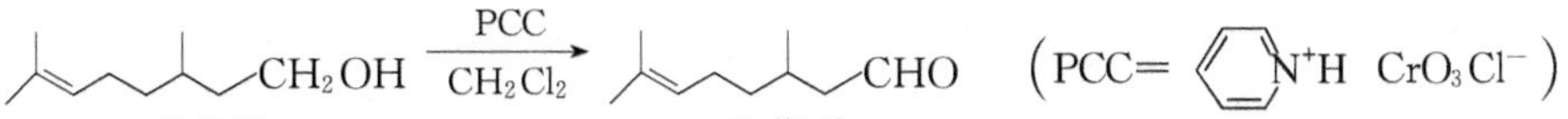

香茅醇　　　　香茅醛

不饱和的二级醇也可用琼斯(Jones)试剂氧化成相应的酮而双键不受影响，该试剂是把 CrO_3 溶于稀硫酸中，然后滴加到要被氧化的醇的丙酮溶液中。

工业上常用高温催化脱氢法对伯醇或仲醇进行氧化，以制备相应的醛或酮，铜是最常用的催化剂。

$$RCH_2OH \xrightleftharpoons[325\ ℃]{Cu} RCHO + H_2$$

由于酚羟基所连的碳原子上没有 H，因此酚不能发生与醇类似的氧化反应。但酚类由于其芳环上的电子密度较高，很容易发生芳环碳原子的氧化。在有机合成上常利用酚的氧化来制备醌(quinone)。过去常用的氧化剂是 $Na_2Cr_2O_7$，但产率较低。现在多用 Fremy 盐[亚硝基二磺酸钾，$(KSO_3)_2NO$，potassium nitrosodisulfonate]。例如：

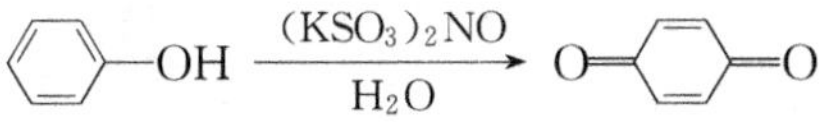

对苯醌(黄色)
80%～90%

酚类被氧化成醌的难易程度既与芳环上羟基多少有关，又与其所处的相对位置有关。一般来说，羟基越多越容易被氧化。两个羟基互为邻位或对位时容易氧化，而互为间位时一般不能得到醌，而只能生成 CO_2 和 H_2O。对苯二酚、邻苯二酚和连苯三酚(1,2,3-苯三酚)也可以被 AgBr 或 Ag_2O 氧化成醌，因此对苯二酚和连苯三酚常被用作洗像用的显影剂。连苯三酚由于极易被 O_2 氧化，还常用于除去气体中微量的 O_2 或定量测定混合气体中微量的 O_2。例如：

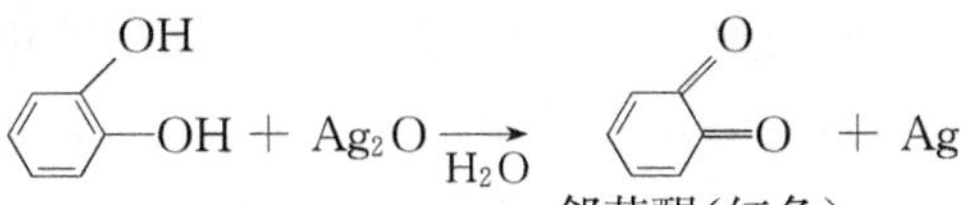

邻苯醌(红色)

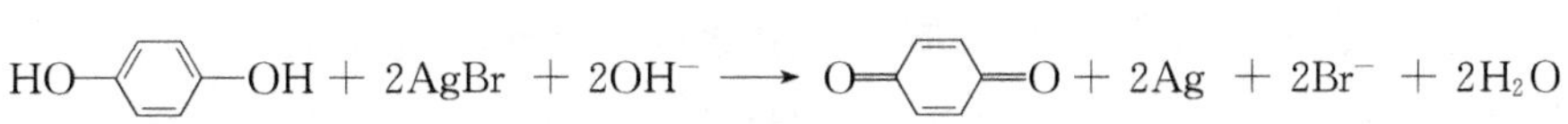

醌类化合物广泛存在于自然界，绝大多数具有颜色。由于酚和醌在生物体内可以通过氧化还原反应相互转化，因此在生化反应中具有传递电子的功能。这类

天然化合物的代表物质是泛醌(uniquinone),又称辅酶 Q。辅酶 Q 属于对苯醌的衍生物,自然界有许多种,相互之间的区别仅仅是分子中侧链所含的异戊二烯单位数不同。最重要的是含 10 个异戊二烯单位的辅酶 Q_{10}。

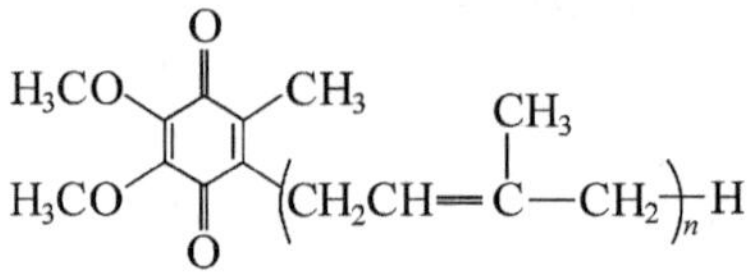

辅酶 Q(n=0～10)

(七) 酚和芳香醚的芳环取代反应

p-π 共轭效应使酚和芳香醚芳环上的电子密度比苯高,因此,酚和芳香醚的芳环很容易发生亲电取代反应。

苯酚与溴水能快速定量地生成 2,4,6-三溴苯酚沉淀,常用该反应来定性或定量测定苯酚。苯酚与稀硝酸(1∶4)在室温下可生成单硝基取代酚,与较浓的硝酸反应可获得 2,4-二硝基酚,后者再经浓 HNO_3/浓 H_2SO_4 硝化,可制得 2,4,6-三硝基苯酚。邻硝基苯酚能形成分子内氢键,不溶于水,沸点较低,挥发度较高,实验室常用水蒸气蒸馏法将其与对硝基苯酚分离。

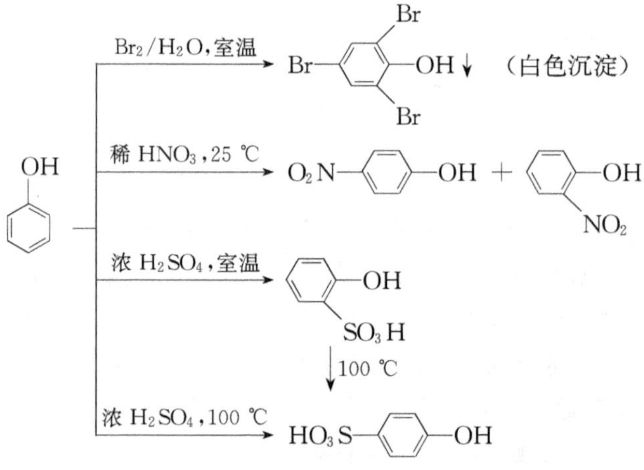

酚和芳香醚也可以与酰卤、酸酐或羧酸发生傅-克酰基化反应。与苯和芳香醚不同的是,酚中的羟基可以与 $AlCl_3$(催化剂)反应,生成盐。因此,酚类的傅-克酰基化反应需要较多的 $AlCl_3$,反应一般得到邻位和对位的酚酮混合物。与邻硝基苯酚的分离类似,邻酚酮与对酚酮也可以通过水蒸气蒸馏来分离。

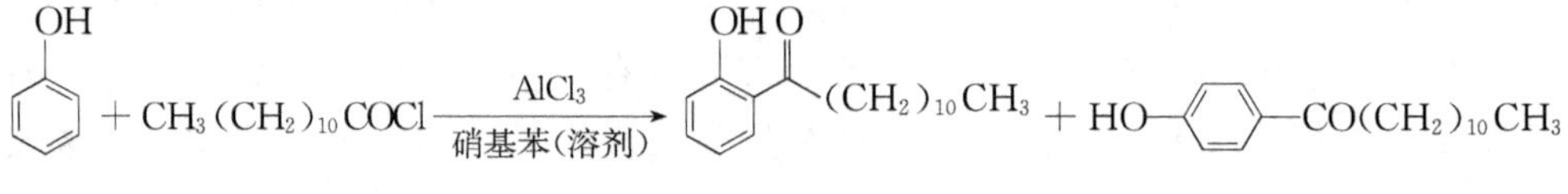

如果改用 BF_3 作催化剂，则酚与羧酸可直接发生芳环酰基化反应，并生成较多的对位异构体。这是制备对位酚酮的一个很好的方法。例如：

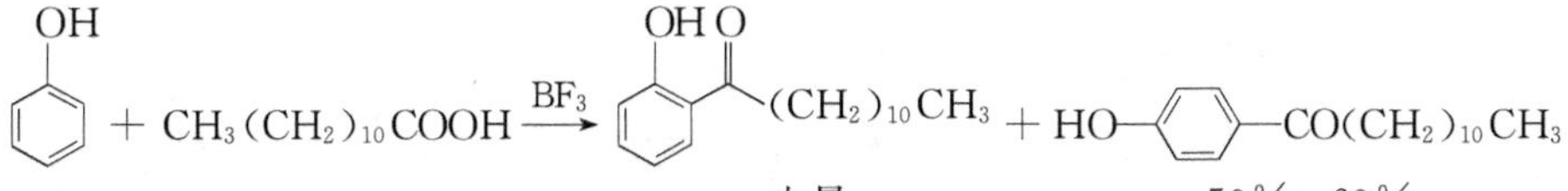

少量　　50%～60%

制备酚酮的另一个方法是酚酯的分子内重排反应——弗利斯(Fries)重排反应，参见第十二章。

另外，酚还可以与氯仿在 NaOH 溶液中发生甲酰化反应，生成邻酚醛或对酚醛或二者的混合物。该反应称为赖默-蒂曼(Reimer-Tiemann)反应。例如：

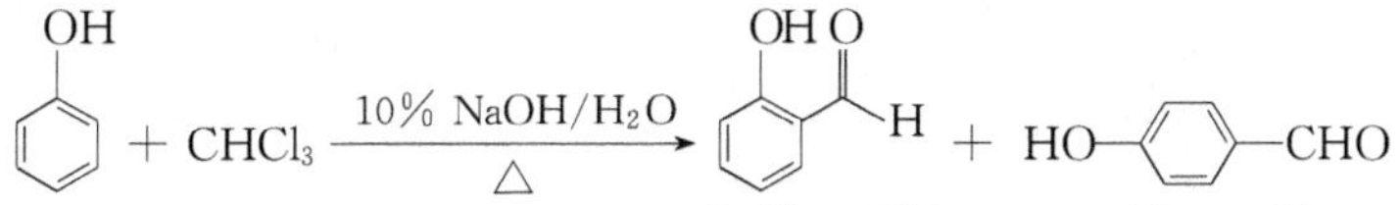

20%～35%　　8%～12%

(八) 醚的酸裂解反应

醚中的 C—O 键与醇中的 C—O 键一样都是极性键，也可以与氢卤酸(HX)作用，通过 C—O 键的异裂发生亲核取代反应，生成一分子卤代烃和一分子醇。如果氢卤酸过量，则生成的醇可进一步与氢卤酸反应生成卤代烃。常用的氢卤酸为氢碘酸(HI)和氢溴酸(HBr)。

$$R—O—R' \xrightarrow[\triangle]{HI} RI + R'OH \xrightarrow{HI} R'I$$

对于混醚来说，醚键的断裂还存在位置的选择性。若混醚的两个烃基都是脂肪烃基，一般优先生成小烷基的卤代烃，反应为 S_N2 机理。例外的情况是，当有一个烃基是叔烃基或烯丙基或苄基时，优先生成这些烃基的卤代烃，反应为 S_N1 机理。显然，反应的位置选择性是由反应机理来决定的。若混醚是由脂肪烃基和芳香烃基形成的，则只生成脂肪族卤代烃。这主要是因为芳环与氧之间形成了 p-π 共轭体系，使得芳环与氧之间的 C—O 键得到加强而不易断裂。例如：

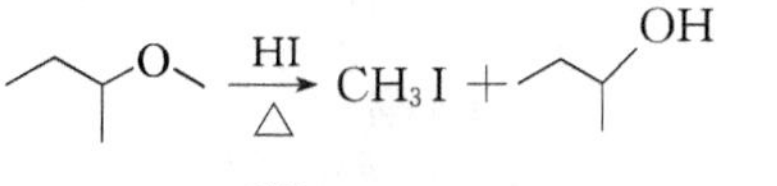

S_N2 反应

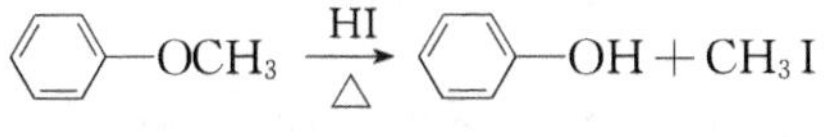

S_N2 反应

S_N1 反应

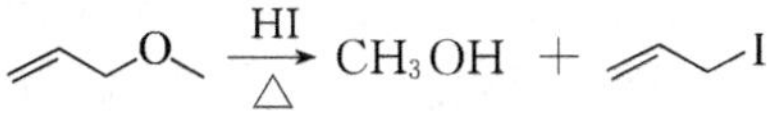

S_N1 反应

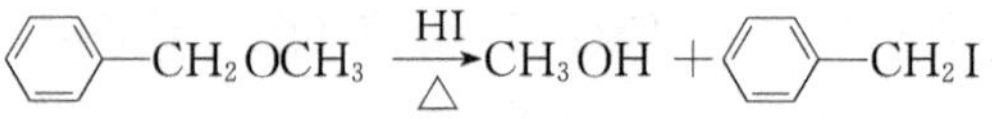

S_N1 反应

醚键裂解的 S_N2 反应机理如下：

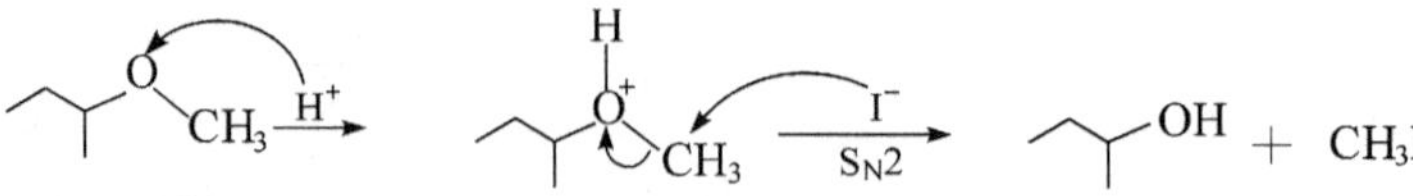

无论是 S_N1 反应还是 S_N2 反应，第一步都是氧原子通过接受 H^+ 形成锌盐，这一点与醇的 C—O 键裂解是完全一样的。锌盐的形成不仅能增加 C—O 键的极性，还能提供亲核性的 I^-。

如果用含氧酸如 CF_3CO_2H 等代替氢卤酸，叔烃基、烯丙基或苄基醚很容易通过断裂 C—O 键发生 E1 消除反应。例如：

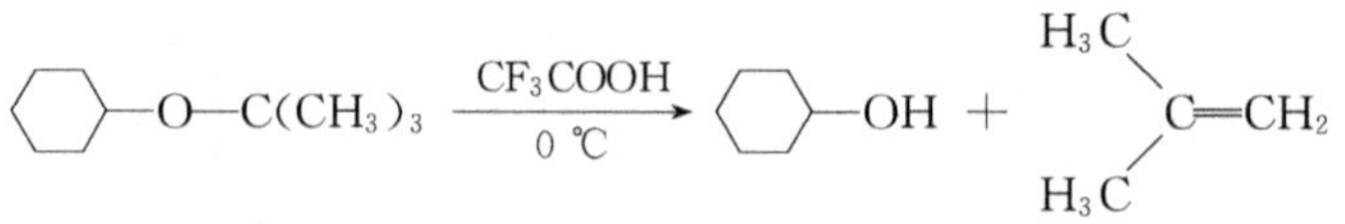

环醚与氢卤酸作用也能发生类似的醚键断裂反应，形成开环双官能团化合物。例如：

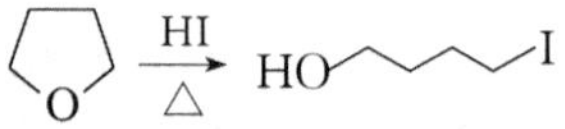

（九）醚的克莱森重排反应

烯丙基芳基醚在高温(200 ℃)下可以重排为邻烯丙基酚，后者还可进一步重排成对烯丙基酚，该反应称为克莱森重排反应(Claisen rearrangement reaction)。

用同位素标记法已经证明，克莱森重排反应是一个经过六元环过渡态的分子内迁移反应，其中新共价键的形成和旧共价键的断裂是协同(concerted reaction)的，类似于第尔斯-阿尔德反应。重排的第一步是首先形成一个中间体——6-烯丙基-2，4-环己烯酮。后者再经过异构化形成邻烯丙基酚。其反应机理如下：

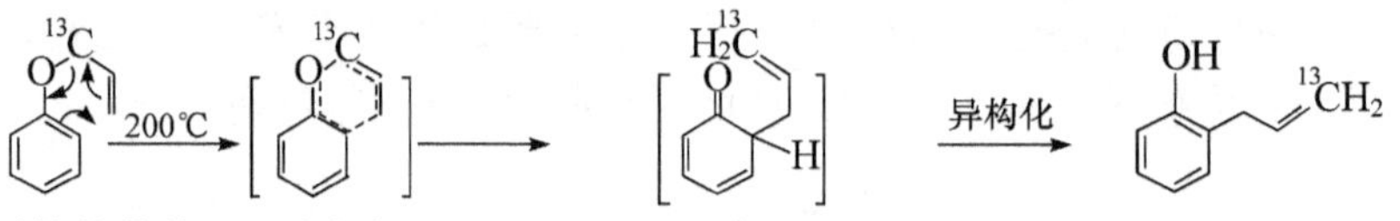

烯丙基苯基醚　**过渡态**　**中间体**（6-烯丙基-2，4-环己烯酮）　**邻烯丙基苯酚**

当烯丙基芳基醚的邻位有取代基占据时，反应直接生成对烯丙基酚。当邻、对位都有取代基时，烯丙基芳基醚不发生克莱森重排。

克莱森重排具有普遍性，在醚类化合物中，如果存在烯丙氧基(CH_2═$CHCH_2O$—)与碳碳双键相连的结构，也可以起类似的重排反应(参见第十五章)。

（十）环氧乙烷的开环反应

一般的醚是比较稳定的，和碱（NaOH、$NaNH_2$、RONa 等）及有机金属试剂都不反应，常用作有机反应溶剂。但具有环氧乙烷（ethylene oxide）结构的化合物与一般醚完全不同。由于其三元环结构所固有的环张力，与酸、碱、金属有机试剂、金属氢化物等都能很容易的发生开环反应。因此，环氧乙烷及其取代物在有机合成中是非常有用的化学试剂。图 9.2(b)是 1,2-环氧丙烷一些常见的酸催化开环反应。

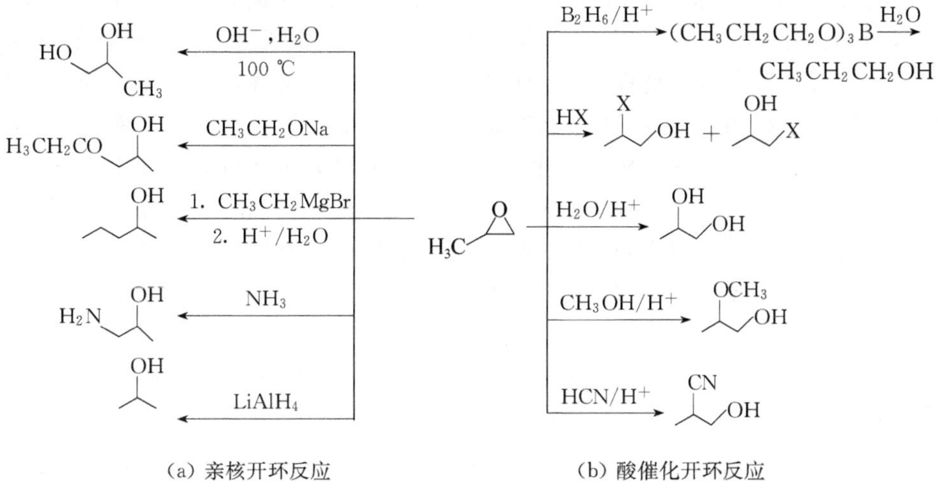

图 9.2　1,2-环氧丙烷的开环反应

酸催化开环反应的第一步都是环氧化物的氧原子质子化，形成鎓盐。鎓盐类似于烯烃与溴加成反应中形成的溴鎓离子。酸催化开环反应的机理比较特殊，既像 S_N1 又像 S_N2。分析 1,2-环氧-1-甲基环己烷与 HBr 的加成反应产物可以看出，从主要反应产物的立体构型上判断，它属于 S_N2 反应。但从亲核反应的位置选择性上判断，它却属于 S_N1 反应。

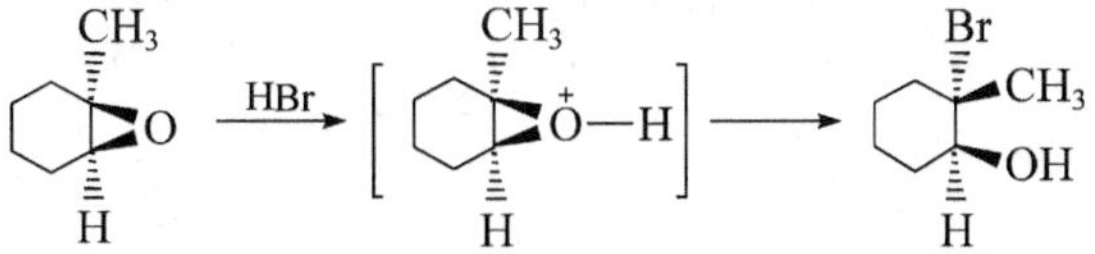

1,2-环氧-1-甲基环己烷　　中间体　　2-溴-2-甲基环己醇

显然，虽然在鎓盐中有一个叔碳原子，但鎓盐中的 C—O 键并没有像 S_N1 反应中那样发生自行断裂，而是在受到亲核试剂进攻时才发生了断裂。正因为如此，在立体化学上亲核试剂只能从氧原子的背面去进攻碳原子。由于在环氧乙烷结构中级别较高的碳原子所带的正电荷比低级别碳原子多一些，故亲核试剂一般会更多地进攻较高级别的碳原子，并形成优势产物。

环氧乙烷还可以与较强的亲核试剂直接发生亲核取代反应,形成开环产物。这些强的亲核试剂有格氏试剂(RMgBr)、氨或胺、金属氢化物($LiAlH_4$)、烃氧负离子(RO^-)等。与酸催化开环反应不同,环氧乙烷与亲核试剂的反应主要是按照 S_N2 反应进行的,即亲核试剂主要进攻空间位阻较小的碳原子。

第三节　冠 醚 简 介

冠醚(crown ether)属于环醚(cyclic ether),是 20 世纪 60 年代由美国杜邦(Du Pont)公司的 Charles Pedersen 首先发现的一类大环多醚,由于形状似皇冠,故称冠醚。冠醚最显著的特性是对金属离子具有超常的溶解性,借此可使一些溶于水而不溶于非极性有机溶剂的金属盐溶解于有机溶剂,如 18-冠-6 能使高锰酸钾溶于苯中,因此,冠醚在有机合成上被广泛用作相转移催化剂。冠醚对金属离子的溶解性能是基于它与金属离子的络合作用以及冠醚本身所具有的空穴。根据冠醚环的大小不同,冠醚对不同的金属离子具有高度的选择性,例如,18-冠-6 对 K^+、12-冠-4 对 Li^+ 分别具有高度的亲和力,借此也常用冠醚分离金属阳离子混合物。

这类化合物具有特有的简化命名法,名称 x-冠-y 中的 x 是代表醚环上原子的总数,y 代表氧原子总数。

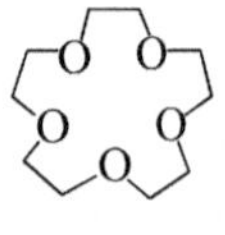

15-冠-5

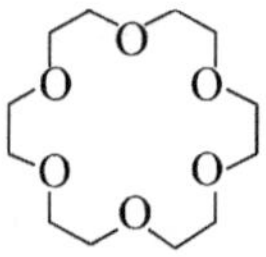

18-冠-6

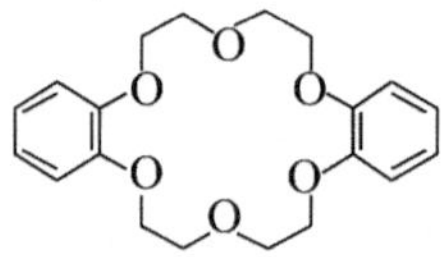

二苯并-18-冠-6

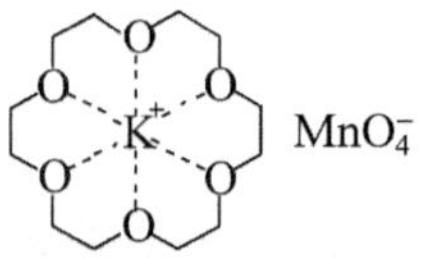

18-冠-6与$KMnO_4$生成的络合物

冠醚主要用威廉姆孙合成法制备。例如,将三聚甘醇和相应的二氯化物与氢氧化钾一起加热,可以得到 18-冠-6。

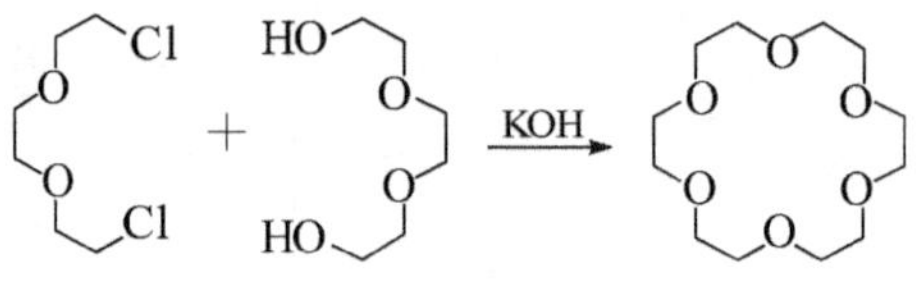

冠醚有一定毒性,须避免吸入其蒸气或与皮肤接触。

第四节　硫醇和硫化物

硫和氧属于同族元素,其价电层电子数相同,因此,硫也能形成与氧类似的一些有机物,如硫醇(thiol 或 mercaptan)、硫酚(thiophenol)、硫醚(sulfide)、二硫化物(disulfide)(类似于过氧化合物)、硫醛、硫酮、硫代酸等。含硫化合物的命名是在相应的含氧化合物的名称中表示类名的前面加上“硫”字即可。例如：

CH_3SH　甲硫醇

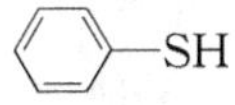
苯硫酚

$CH_3CH_2SCH_2CH_3$　乙硫醚

$H_3CH_2C—S—S—CH_2CH_3$　二乙基二硫(二硫化二乙基)

与氧相比，硫的电负性较小，因此，硫除了能形成氧所能形成的所有化合物类型外，还能与氧原子一起形成一些高价(+4 价和+6 价)有机物。常见的有亚砜、砜、磺酸等，二甲亚砜(dimethyl sulfoxide, DMSO)是实验室常用的非质子极性溶剂，对甲苯磺酸是有机合成中常用的酸性催化剂。

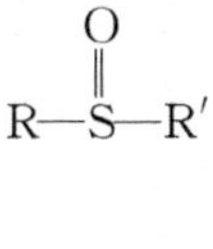
亚砜

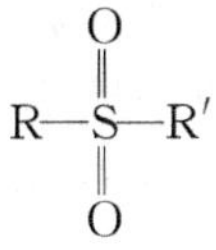
砜

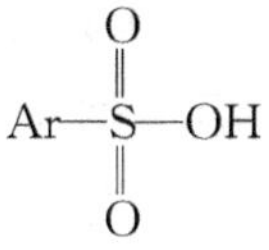
磺酸

对于结构比较复杂的化合物，命名时可将—SH 和—SR 看作取代基，分别称为巯基(mercapto group)和烃硫基(alkylthio group)。例如：

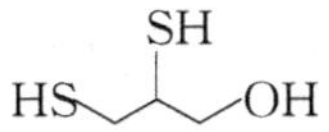
2,3-二巯基-1-丙醇

$HSCH_2CO_2H$
巯基乙酸

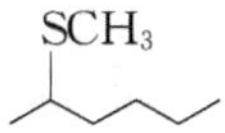
2-甲硫基己烷

1. *硫醇和硫酚*

硫醇是具有特殊臭味的化合物，低级硫醇有毒。乙硫醇在空气中的浓度为 5×10^{-10} g · L^{-1}时就能为人所察觉。黄鼠狼散发出来的防护气体的主要成分就是 3-甲基-1-丁硫醇和 2-丁烯-1-硫醇。天然气中常被加入少量的甲硫醇，以便于人们能够及时发现煤气的泄漏。随着硫醇相对分子质量的增大，臭味逐渐变弱。

硫原子的电负性比氧原子小，硫醇、硫酚分子间不能形成氢键，也难与水分子形成氢键，与相应的醇、酚相比，其沸点和在水中的溶解度都低得多。例如：

	甲醇	甲硫醇	乙醇	乙硫醇	苯酚	苯硫酚
沸点/℃	65	6	78.5	37	181.7	168

虽然 S 的电负性小于 O，S—H 键的固有极性较 O—H 键小，但硫原子的半径比氧原子大，其可极化度较氧原子大得多，因此硫醇和硫酚表现出的酸性明显地强于相应的醇和酚。例如：

	乙硫醇	乙醇	苯硫酚	苯酚
pK_a	9.5	17	6.5	9.95

硫醇的酸性略强于苯酚，但其 pK_a介于碳酸的 pK_{a_1}(6.37)和 pK_{a_2}(10.33)之间，因此硫醇像苯酚一样，可与 NaOH 和 Na_2CO_3反应，生成硫醇钠。但不能与

$NaHCO_3$反应。

$$RSH + NaOH \longrightarrow RONa + H_2O$$
$$RSH + Na_2CO_3 \longrightarrow RONa + NaHCO_3$$

苯硫酚的酸性比苯酚强得多，与碳酸的酸性相近，苯硫酚既能溶于Na_2CO_3溶液，也能溶于$NaHCO_3$溶液，但苯酚只能与Na_2CO_3溶液反应，而不能与$NaHCO_3$反应。

$$ArSH + NaHCO_3 \longrightarrow ArSNa + CO_2 + H_2O$$

硫醇还能与砷、汞、铅、铜等重金属离子形成难溶于水的硫醇盐。生物体内的很多酶都含有半胱氨酸，半胱氨酸的巯基常常是这些酶的重要活性基团，一旦重金属离子与蛋白中的巯基形成盐，酶将失去活性。这是重金属离子引起生物中毒的重要原因之一。反过来，利用硫醇的上述性质也可以用来解毒，2，3-二巯基-1-丙醇（俗称巴尔，BAL）就是临床上常用的重金属离子中毒解毒剂。

$$2RSH + HgO \longrightarrow (RS)_2Hg\downarrow + H_2O$$

例如：

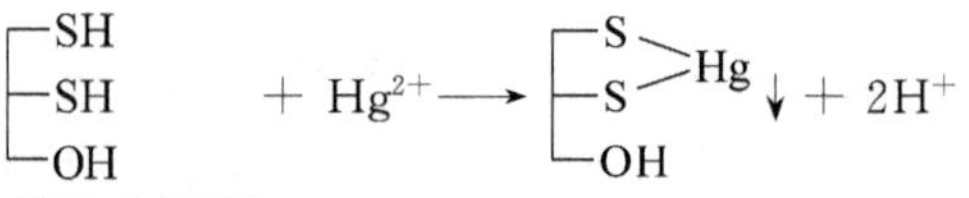

2，3-二巯基-1-丙醇

硫醇或硫酚还能被氧化剂氧化，氧化产物随氧化剂的不同而不同，可以是二硫化物，也可以是磺酸。

$$2RSH \underset{Zn/H^+}{\overset{I_2(\text{或稀 } H_2SO_4\text{，或 } O_2/Cu,Fe\text{，或 } O_2/DMSO)}{\rightleftharpoons}} R{-}S{-}S{-}R + 2HI$$

$$RSH \xrightarrow{KMnO_4/H^+(\text{或浓 } HNO_3\text{，或高碘酸})} RSO_3H$$

由上面的反应可知，硫醇和二硫化物之间可以通过氧化还原反应进行相互转化。这种转化也存在于生物体内，在生物体内的氧化还原反应中起着重要的作用。另外，多肽和蛋白质中也广泛存在二硫键，它对于形成和维持多肽和蛋白质的三维结构具有重要作用。

2. 硫醚、亚砜和砜

像醚一样，硫醚也是路易斯碱，能与浓硫酸生成盐。与醚不同的是，硫醚中的硫还有较强的亲核性，可以发生亲核取代反应，生成卤化三烷基锍。硫醚也可以被氧化成高价硫化物，如亚砜（sulfoxide）和砜（sulfone）。例如：

$$RSR + H_2SO_4 \longrightarrow R_2S^+H\ HSO_4^-$$
$$CH_3SCH_3 + CH_3I \longrightarrow (CH_3)_3S^+I^-$$

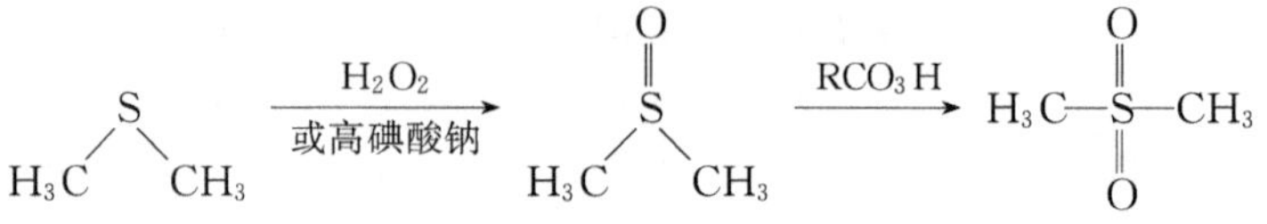

二甲亚砜　　二甲砜

习　　题

1. 用系统命名法命名下列化合物。

(1) 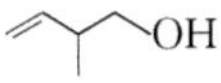

(2) 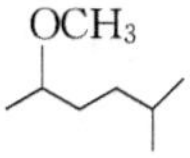

(3) 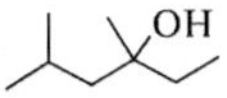

(4) 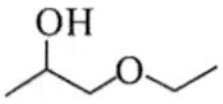

(5) 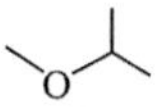

(6) 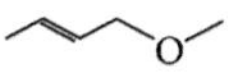

(7) 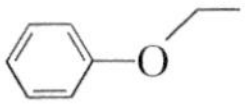

(8) 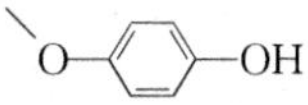

(9) 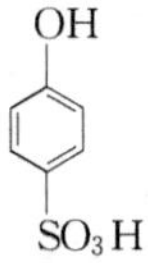

(10) 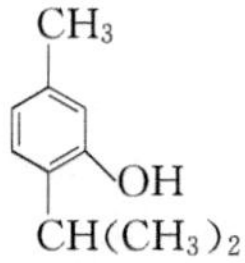

(11) 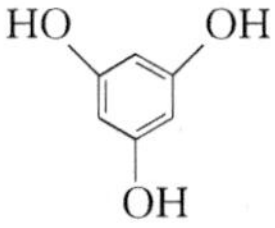

(12) 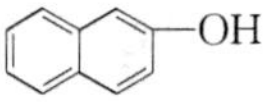

2. 写出分子式符合 $C_5H_{12}O$ 的所有异构体，按系统命名法命名，并指出其中的伯、仲、叔醇。

3. 按指定性质从大到小排列顺序。

沸点： 

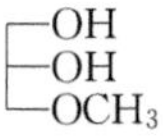

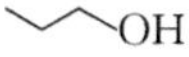

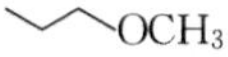

在水中的溶解度： 

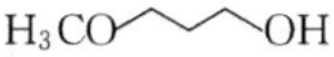

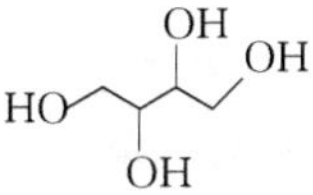

4. 写出正戊醇与下列试剂反应的主要产物。

(1) Na　(2) PBr_3　(3) H_2SO_4(冷)　(4) H_2SO_4，170 ℃　(5) 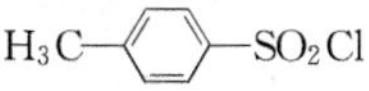

(6) CH_3COOH, H^+　(7) CrO_3，HOAc　(8) KMn_2O_4，△　(9) CH_3CH_2MgBr　(10) HCl-$ZnCl_2$，△

5. 完成下列反应，写出主要产物。

(1) $CH_3—O—C(CH_3)_3 \xrightarrow[0\ ℃]{CF_3COOH}$

(2) 

(3) 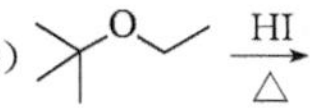

(4) 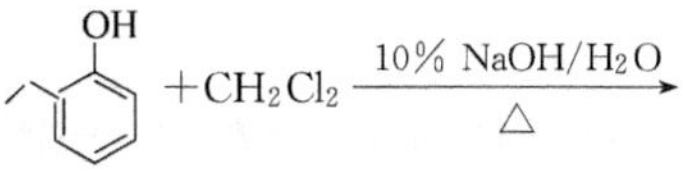

(5) 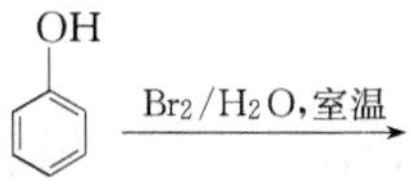

(6) 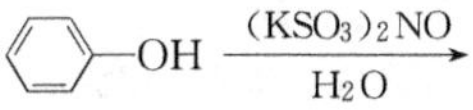

(7) 

(8) 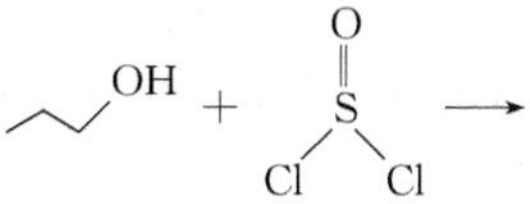

(9) 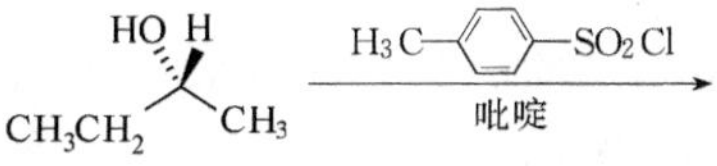

(10) 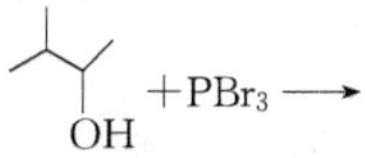

(11) 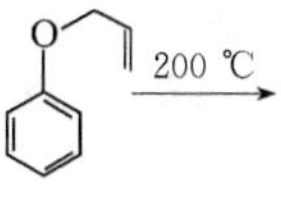

6. 用简单的化学方法区别下列各组化合物。

(1) 1-氯丁烷、乙丙醚和 1-己醇　　(2) 叔丁醇和正丁醇

(3) α-苯乙醇、β-苯乙醇、对乙基苯酚和对甲氧基甲苯　　(4) 正丁醇、苯酚和丁醚

7. 写出下列化合物的脱水产物。

(1) 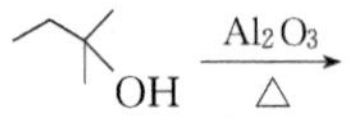

(2) 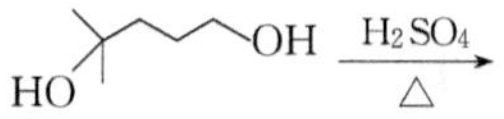

(3) 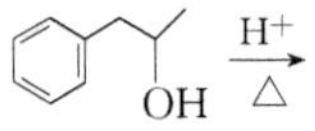

(4) 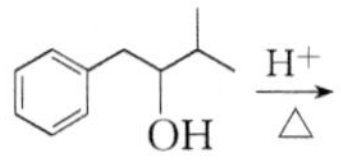

(5) 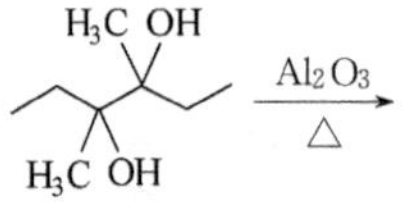

8. 用反应机理解释下列反应事实。

(1) 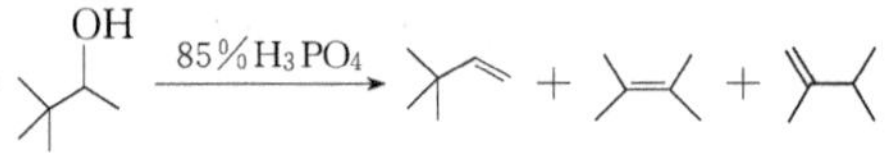

(2) 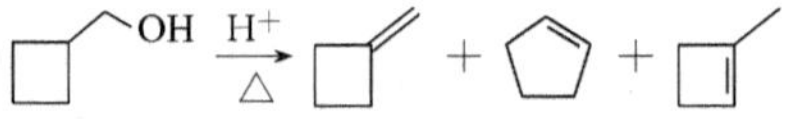

9. 分离下列各组化合物。

(1) 除去乙醚中少量的乙醇　　(2) 分离戊烷、1-戊炔和 1-甲氧基-3-戊醇的混合物

(3) 苯和苯酚　　(4) 环己醇中含少量苯酚

(5)苯甲醚和对甲苯酚　　(6) β-萘酚和正辛醇

10. 请设计一个合成 15-冠-5 的可行路线。

11. 比较下列各化合物的酸性强弱，并解释之。

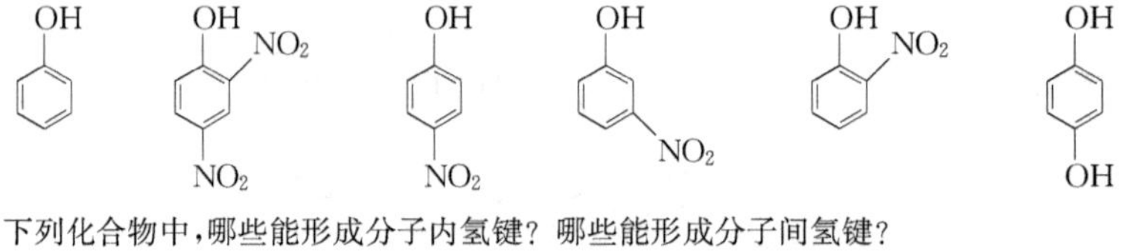

12. 下列化合物中，哪些能形成分子内氢键？哪些能形成分子间氢键？

(1) 对硝基苯酚　　(2) 邻硝基苯酚　　(3) 邻甲苯酚

(4) 邻氟苯酚　　(5) 水杨醛　　(6) 对羟基苯甲醛

13. 分子式为 $C_5H_{12}O$ 的(A)能与金属钠作用放出氢气，(A)与浓 H_2SO_4 共热生成(B)。用冷的高锰酸钾水溶液处理(B)得到产物(C)，(C)与高碘酸作用得到 CH_3COCH_3 及 CH_3CHO。(B)与稀 H_2SO_4 作用又生成(A)。试推测(A)的结构，并用反应式表明推断过程。

14. 有一化合物的分子式为 $C_6H_{14}O$，常温下不与金属钠作用，和过量的浓氢碘酸共热只生成一种碘代烷，此碘代烷与 AgOH 作用则生成丙醇。试推测此化合物的结构，并写出反应式。

15. 新戊醇在 H_2SO_4 存在下加热可生成不饱和烃。将这个不饱和烃臭氧化后，在锌粉存在下水解，就可得到一个醛和一个酮。试写出这反应的机理及各步反应产物的构造式。

16. 从某醇依次和氢溴酸/加热，KOH(醇溶液)/加热，H_2SO_4，H_2O，K_2CrO_7/H_2SO_4 反应，其中从第二个反应开始，每步反应的反应物均为上一步反应的产物。最后，得 2-丁酮。试推测原化合物的可能结构，并写出各步反应式。

17. 有一芳香族化合物(A),分子式为 C_7H_8O,不与钠发生反应,但能与浓 HI 作用生成(B)和(C)两个化合物,(B)能溶于 NaOH。(C)能与 $AgNO_3$溶液作用,生成黄色碘化银。写出(A)～(C)的构造式。

天然黄酮类化合物简介

广义上讲,黄酮类化合物(flavonoid)是一类色原酮(chromone)的衍生物,多数具有 C_6-C_3-C_6 的基本碳架。根据黄酮类化合物的骨架不同,可将其分为以下几种类型:

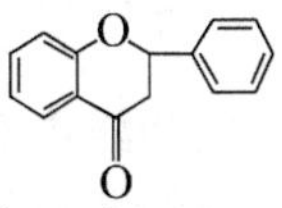

黄酮,黄酮醇
二氢黄酮,二氢黄酮醇

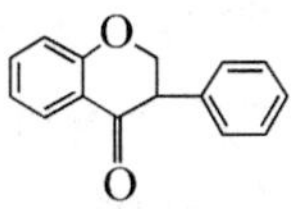

异黄酮

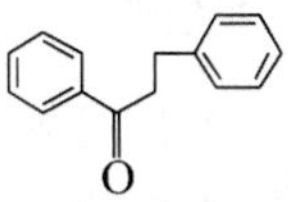

查儿酮,双氢查儿酮

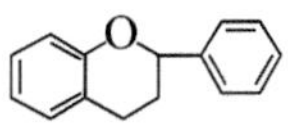

黄烷醇,花青素

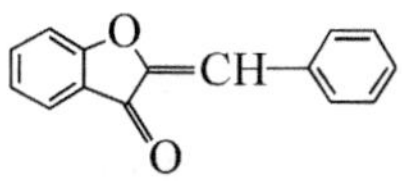

噢哢

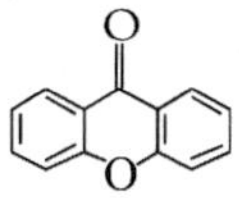

口山酮

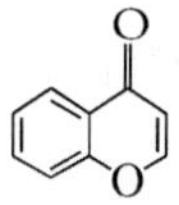

色原酮

黄酮类化合物广泛存在于植物中,最集中分布于被子植物中。自从 1814 年人们分离出第一个黄酮类化合物——白杨素(chrysin)至今,人们发现的黄酮类化合物总数已达 8000 多种。在植物体内,黄酮类化合物多以糖苷的形式存在,且在其母核上常含有—OH、CH_3O—、RO—等取代基。很多黄酮类物质显黄色,是植物颜色的重要成分之一。

黄酮类化合物是在植物界存在量最多的一类次生代谢物质。据估计,植物光合作用所固定的碳,约有 2%(每年约 1×10^9 t)转变成黄酮类化合物及其相关化合物。更重要的是,黄酮类化合物具有广泛而重要的药理活性,且对人畜的毒性很低。人们每天从膳食中都会摄入一定量的天然黄酮,红酒、苹果、绿草莓、橘子、洋葱和豆制品等是一些最好的黄酮食物源,在很多药用植物中都含有治疗量的黄酮有效成分。

黄酮类化合物的药理活性主要表现在改善心血管系统的功能,如降血压、降血脂、降血黏度等;抗炎、抗过敏和抗变态作用,可用于治疗哮喘、止咳、平喘、祛痰等;抗菌和抗病毒作用,用于治疗细菌、病毒感染,尤其是对一些耐抗生素的细菌具有非常好的抑制作用;抗肿瘤作用,它不依靠细胞毒作用来实现抗肿瘤作用,而是通过提高免疫力来达到抑制并杀死肿瘤细胞的作用;抗肝脏毒作用。很多黄酮类化合物都有良好的保肝降酶作用。从植物水飞蓟种子中得到的水飞蓟素已被作为保肝治肝药物在临床上广泛应用,在治疗急、慢性肝炎,肝硬化及多种中毒性肝损伤等方面具有很好的效果。

第十章　醛　和　酮

醛(aldehyde)和酮(ketone)都是含有羰基(C═O)的化合物，故统称为羰基化合物(carbonyl compound)，其通式可表示为 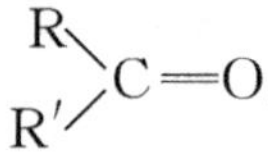。R 和 R′都是烃基时称为酮，一个是氢而另一个是烃基时称为醛。在有机化合物中，醛和酮占有很重要的地位。这不仅因为醛、酮的化学反应很多，还因为其在有机化学的各章内容之间起着承前启后的作用。特别是在有机合成的官能团转换、分子碳链的增长和分子骨架的构建方面具有重要的应用。

第一节　醛和酮的分类与命名

根据醛、酮分子中羰基所连烃基的不同，可以把醛、酮分为脂肪醛、酮，脂环醛、酮和芳香醛、酮。脂环醛是指醛基直接与脂环基相连，脂环酮是指羰基位于脂环碳上，芳香醛、酮是指醛、酮中的羰基与芳环直接相连。对于脂肪族和脂环族醛、酮，又可根据烃基的饱和程度不同，将其分为饱和醛、酮和不饱和醛、酮。

醛、酮的命名有普通命名法、习惯命名法(又称俗名法)和系统命名法之分。简单的醛、酮一般采用习惯命名法，结构较复杂的醛、酮则采用系统命名法。天然醛、酮多采用俗名法。

一、习惯命名法和俗名法

醛的习惯命名与醇相似，酮的习惯命名法按照羰基所连接的两个烃基命名，其中在次序规则中较优的基团放在后面，较次的基团在前面。例如：

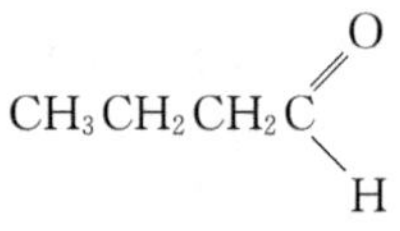

正丁醛

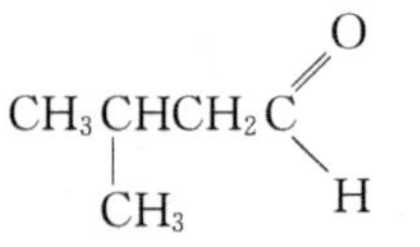

异戊醛

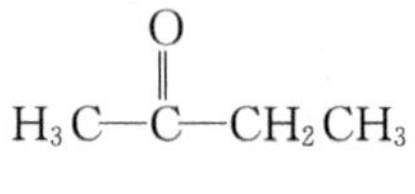

甲基乙基(甲)酮
(又称甲乙酮或丁酮)

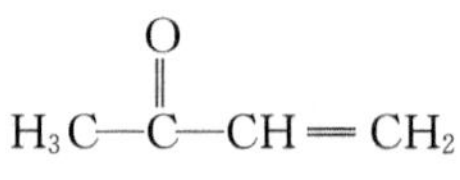

甲基乙烯基(甲)酮
(又称丁烯酮)

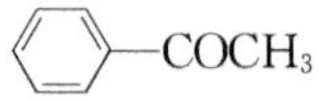

甲基苯基甲酮

很多天然醛、酮的习惯命名是采用其俗名，即根据其来源或性质而给予的名称。醛的俗名一般是按照其氧化后所得的羧酸名称而来的。例如：

$CH_3(CH_2)_{10}CHO$　　$CH_3CH{=}CHCHO$　　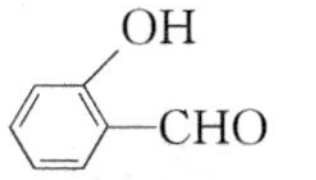　　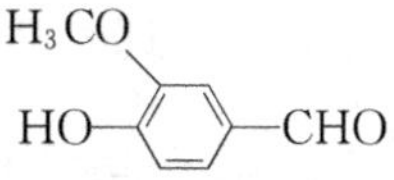

月桂醛　　巴豆醛　　水杨醛　　香草醛

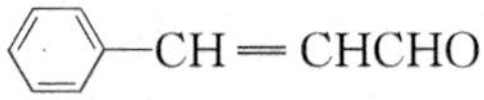　　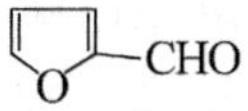　　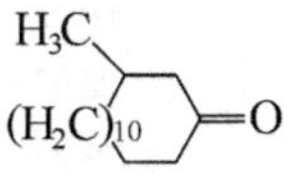　　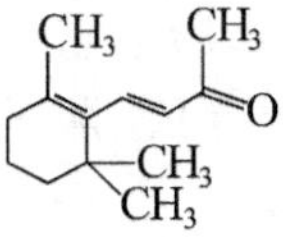

肉桂醛　　糠醛　　麝香酮　　β-紫罗兰香酮

二、系统命名法

选择含有羰基的最长碳链为主链，主链编号从靠近羰基一端编起。醛基总是在碳链一端，不用标明它的位次；酮的羰基位于碳链的中间，必须将羰基位次标明。主链的编号可用 1、2、3、…，也可用 α、β、γ、…，后一种编号是从羰基邻位开始的，且一般只适用于在羰基附近的主链上有较少取代基的化合物的命名。如果酮羰基的两侧邻位都有取代基，可分别用 α，α'表示，以示区别。例如：

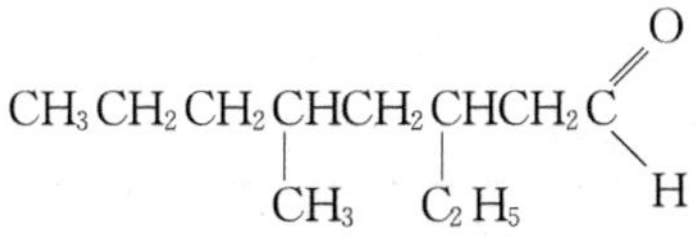　　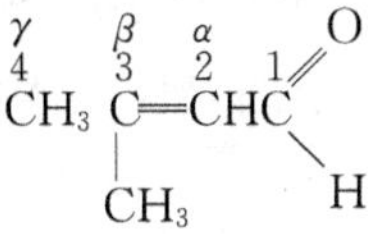　　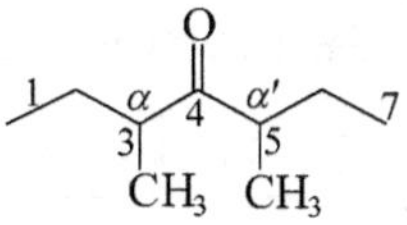　　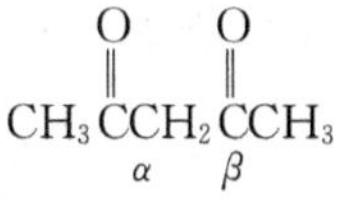

5-甲基-3-乙基辛醛　　3-甲基-2-丁烯醛　　3，5-二甲基-4-庚酮（α，α'-二甲基-4-庚酮）　　β-戊二酮（2，4-戊二酮）

如果分子中同时含有醛基和酮基，则选择同时含有两个基团的碳链为主链，编号从醛基开始，母体用“酮、醛”表示。但有时也可把羰基氧原子作为取代基，用“氧代”二字表示并标出其位次。脂环酮是将环连同羰基一起作为母体，根据环上碳原子数目称为“环某酮”，编号从羰基开始；脂环醛、芳香醛和芳香酮是将脂环基和芳香基作为主链的取代基对待。例如：

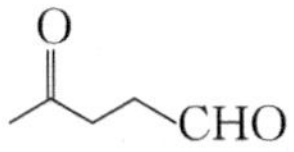　　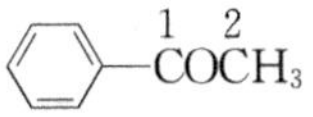　　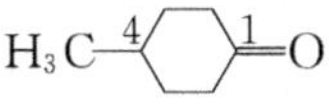　　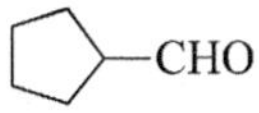　　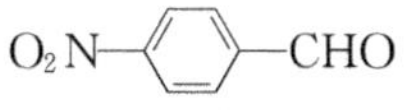

4-氧代戊醛（或 4-戊酮醛）　　苯乙酮　　4-甲基环己酮　　环戊甲醛　　4-硝基苯甲醛

第二节　醛、酮的结构与性质

一、结构与物理性质

在常温下，除甲醛是气体外，12 个碳原子以下的脂肪醛、酮为液体，高级醛、酮为固体。低级醛具有强烈的刺激气味，但是许多脂肪醛、酮和芳香醛、酮都具有特殊的香味，所以它们是天然香料和人工合成香料的重要组成部分。

羰基是醛、酮的官能团，羰基的结构和性质决定着醛、酮的主要理化性质(表 10.1)。由于碳原子与氧原子的电负性不同，因此羰基首先是一个强极性基团。例如，甲醛的偶极矩为 2.27 D，丙酮为 2.85 D。因此，醛、酮的分子间力除了色散力外，诱导力和取向力占据着重要地位，由此决定了醛、酮的熔点和沸点高于相对分子质量相近的烃类。另外，醛、酮的羰基没有能形成氢键的活泼质子，因此醛、酮不能象醇一样形成分子间氢键，其熔点和沸点明显低于相对分子质量相近的醇。但是，醛、酮的羰基氧原子含有孤对电子且具有较高的电子密度，能够和水、醇等含活泼质子的分子形成分子间氢键，由此决定了醛、酮具有一定程度的水溶性，小分子的醛、酮甚至可以与水以任意比例互溶，如乙醛、丙酮等。随着相对分子质量的增加和羰基在分子中比重的降低，其水溶性降低。例如，芳香醛、酮一般难溶或不溶于水。与醇相比，醛、酮的羰基与水只能形成一个氢键，而醇羟基却能形成两个，故醛、酮的水溶性较相对分子质量相近的醇要小。

表 10.1　一些常见醛、酮的主要物理常数

化合物	英文名称	熔点/℃	沸点/℃	d_4^{20}	溶解度*
甲醛	formaldehyde	−92	−21	0.815	易溶
乙醛	acetaldehyde	−123.5	20.2	0.783(18 ℃/4)	∞
丙醛	propionaldehyde	−81	49.5(98.4 kPa)	0.807	20
丁醛	*n*-butylaldehyde	−99	75.7	0.817	4
丙烯醛	acrylaldehyde	−87.7	52.5	0.841	40
苯甲醛	benzaidehyde	−26	179.1	1.064	0.33
三氯乙醛	trichloracetic aldehyde	−57	97.8	1.505(25 ℃/4)	易溶
水杨醛	salicylaldehyde	1～2	196.5	1.153(25 ℃/4)	微溶
丙酮	acetone	−94.8	56.2	0.791	∞
丁酮	butanone	−86.9	79.6	0.805	37
2-戊酮	2-pentanone	−77.8	102.4	0.812(15 ℃/15)	几乎不溶
3-戊酮	3-pentanone	−39.9	102.0	0.810	4.7
环己酮	cyclohexanone	−31.2	155.7	0.947(10 ℃/4)	溶
苯乙酮	acetophenone	−20.5	202	1.028	微溶
二苯甲酮	benzophenone	48.1	30.5.9	1.083	不溶

* 单位：g • 100 g^{-1}。

对于脂环酮来说，羰基两侧烃基的成环在很大程度上限制了两个烃基的自由摆动，同时也使得羰基更加突出和易于与水形成氢键，因此脂环酮的水溶性较相应的链状酮具有更大的水溶性。

二、结构与化学性质

与C═C双键相似，羰基中的C═O双键也是由一个σ键和一个π键组成的。碳原子采用sp^2杂化形式成键，其中三个sp^2杂化轨道分别与氧和另外两个原子形成三个共平面的σ键，剩余的一个p轨道垂直于这三个σ键所在的平面，并与氧原子的一个p轨道平行交盖，形成π键。由于羰基碳原子所连的三个原子或基团不相同，各基团间的相互排斥力也不同，由此导致与羰基碳相连的三个σ键的键角也不同，并不全是120°。例如，丙酮中与羰基相关的两个键角分别为117.2°和121.5°。

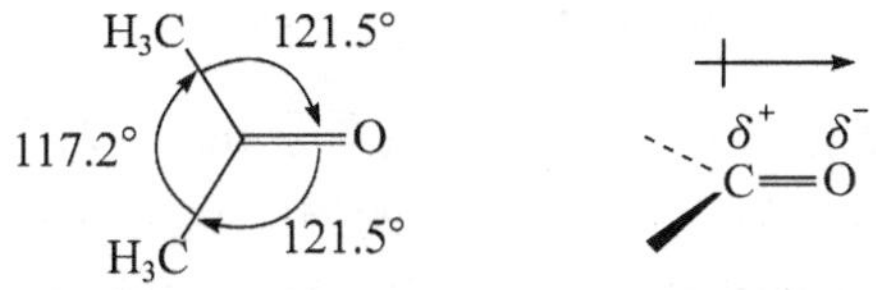

加成反应和氧化反应是双键的典型反应特征，因此，羰基也能发生加成和氧化反应。但是，与C═C双键不同，C═O属于极性双键，这主要是由于碳原子与氧原子的电负性不同，C═O双键上的电子密度分布不均，其中氧原子一端电子密度较高，带部分负电荷，碳原子周围电子密度较低，带有部分正电荷。羰基的这种固有极性使得羰基的氧可与缺电子的亲电试剂作用，羰基的碳则可与富电子的亲核试剂作用。因此，醛、酮最典型的化学反应是羰基的亲核加成反应，而不是烯烃的亲电加成反应。羰基的氧原子能与质子结合，形成𨦡盐。𨦡盐的形成会导致C═O双键的极性进一步增强，从而使羰基碳的正电荷更多，也更容易受亲核试剂的进攻。因此，醛、酮的很多亲核加成反应都可以用酸来催化。同样的原因，醛、酮的羰基可很容易地被一些金属氢化物（$LiAlH_4$、$NaBH_4$）通过亲核加成反应而还原，但烯烃一般不能发生此类反应。

另外，受羰基吸电子的诱导效应，使与醛、酮羰基相邻的α-C—H键极性增强，因而H_α具有一定的酸性。具体表现在两个方面：①α-H能自发地以质子形式迁移至羰基氧原子上，形成烯醇式结构；②能被强碱脱去，生成α-碳负离子或烯醇式氧负离子（C═C—O$^-$）。烯醇式结构的存在使得醛、酮能与卤素发生加成反应，并最终形成α-卤代的醛或酮。α-碳负离子的形成使醛、酮既是一个亲电试剂（羰基碳），又是一个亲核试剂（α-碳负离子）。因此，在强碱作用下，有α-H的醛或酮能够发生分子间的亲核加成反应。这是醛、酮的第二类典型反应（详见第十三章）。

醛的羰基上连有一个供电子的烃基，而酮的羰基上连有两个供电子的烃基，使羰基碳的正电荷密度下降，不利于亲核加成。因此醛羰基的极性和反应性能一般都强于酮。反应性能上的差异还与醛羰基的空间位阻小于酮羰基有关。

（一）羰基上的亲核加成

羰基的亲核加成反应主要有无催化和酸催化两种机理。在无催化条件下，羰基依靠自身固有的极性来接受亲核试剂的进攻。由于带负电荷的氧比带正电荷的碳稳定，因此，醛、酮中的亲电中心即羰基碳首先受到亲核试剂的进攻，然后是亲核试剂上带正电荷的部分（一般是质子）通过分子内转移而加成到羰基氧原子上。由于限速反应是第一步，即亲核的一步，故称为亲核加成反应。

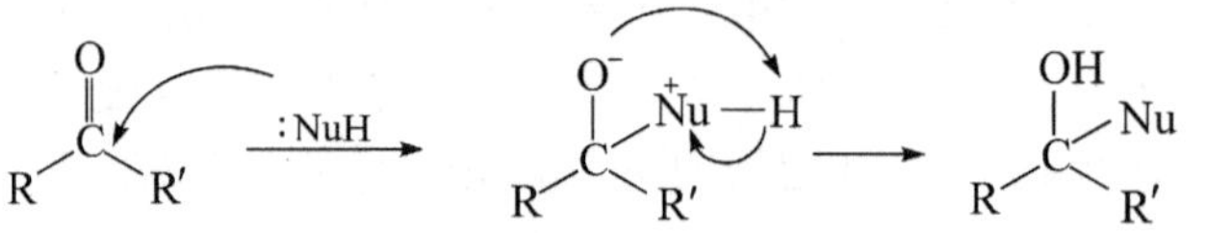

无催化亲核加成反应的机理

在酸催化条件下，羰基氧原子首先发生质子化，生成𬭩盐。然后，亲核试剂再去进攻𬭩盐中的羰基碳，最后，亲核试剂中的质子离去，生成加成产物。由于𬭩盐的生成能极大地增强羰基的极性，使其更容易被亲核试剂进攻，因此酸催化条件下不仅能提高亲核加成反应的速度，而且适宜于一些弱亲核性的亲核试剂（如醇等）与羰基的加成反应。

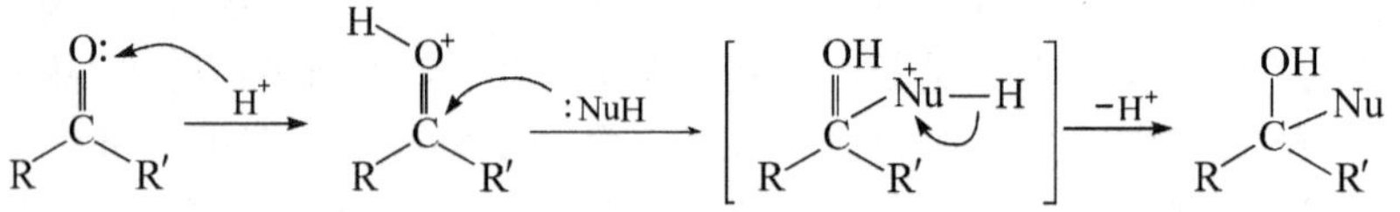

酸催化亲核加成反应的机理

在亲核试剂相同的情况下，影响醛、酮亲核加成反应的因素主要有诱导效应、空间效应和共轭效应。羰基邻近若有吸电子基团，则吸电子诱导效应能明显提高羰基亲核加成反应的活性；羰基上连有较大基团，尤其是羰基邻近位置连有较多支链时，反应速度显著下降。这也是酮比醛的反应活性低的主要原因，也是很多甲基酮、脂环酮比其他酮反应活性更高的原因；共轭效应一般导致羰基碳正电荷的分散，从而使其反应活性降低。但是，如果羰基与吸电子基团存在共轭，则会提高羰基亲核加成反应的性能。

不同结构的醛、酮的亲核加成反应由易到难的次序如下：

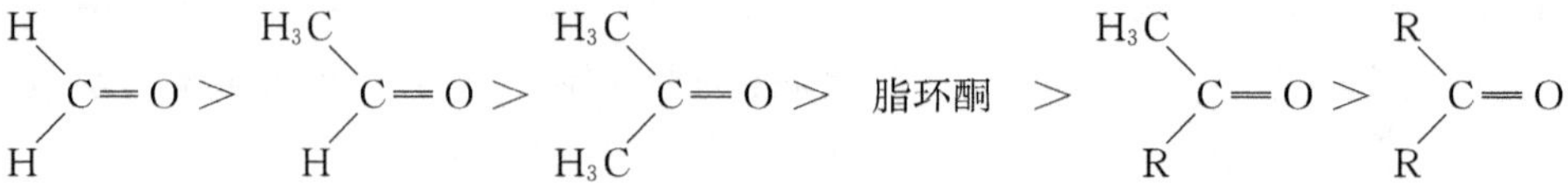

1. 与氢氰酸加成

醛、大多数甲基酮和脂环酮能与 HCN 作用，生成 α-羟基腈，也称 α-氰醇(cyanohydrin)。

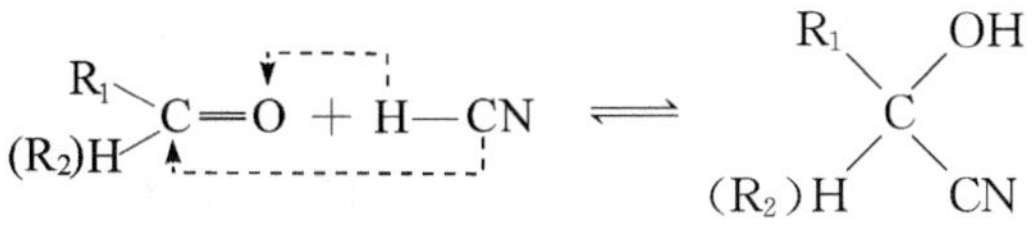

α-羟基腈

在氢氰酸与羰基化合物的加成反应中，起决定作用的是 CN^- 离子的浓度。由于氢氰酸是弱酸，因此，在反应体系中真正的亲核试剂即 CN^- 的浓度是很低的。如果没有催化剂存在，HCN 与醛或酮的反应是非常慢的。若向反应体系中加入少量的强碱，如 NaOH 等，则会大大提高的 CN^- 浓度，进而提高反应速度。若向反应体系中加入强酸，如盐酸等，则会抑制 HCN 的电离，反应因没有足够的 CN^- 而无法进行。

$$HCN \underset{H^+}{\overset{OH^-}{\rightleftharpoons}} H^+ + CN^-$$

一般认为碱催化下氢氰酸对羰基的加成反应机理如下：

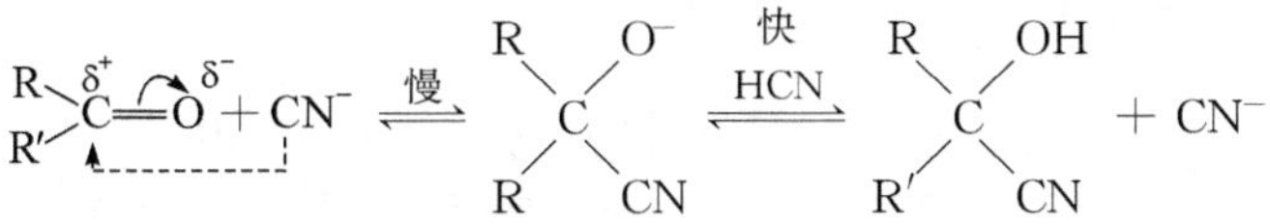

羰基与氢氰酸加成反应是增长碳链的常用方法之一。α-羟基腈在有机合成上是一类比较重要的化合物，可以进一步转化为其他化合物。例如，α-羟基腈经酸水解后可生成 α-羟基酸，若同时加热，α-羟基酸可进一步脱水，最终生成 α,β-不饱和羧酸。另外，α-羟基腈也可被氢化锂铝($LiAlH_4$)还原成邻氨基醇。

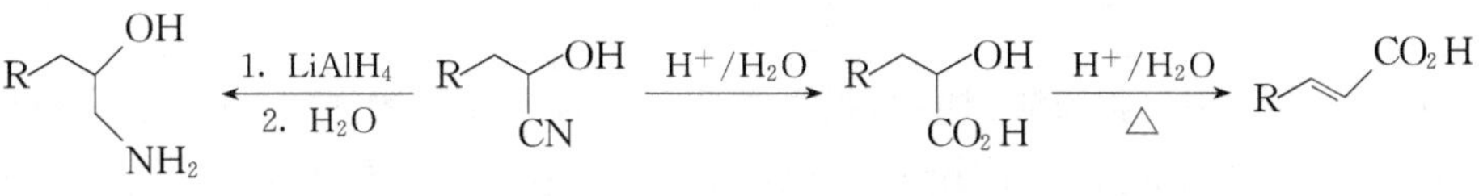

邻氨基醇　　α-羟基腈　　α-羟基酸　　α,β-不饱和羧酸

2. 与水的加成反应——水合反应

水是很弱的亲核试剂，因此水只能和醛或没有位阻的酮发生加成反应，生成同碳二醇(geminal diol)，又称醛或酮的水合物(hydrate)。醛或酮的水合反应是一个可逆反应，生成水合物的多少主要取决于醛或酮羰基碳的正电荷多少以及羰基两侧的取代基的空间位阻。例如，丙酮水溶液和甲醛水溶液在平衡状态时，其相应水

合物的比例分别为 0.1%和 99.9%。

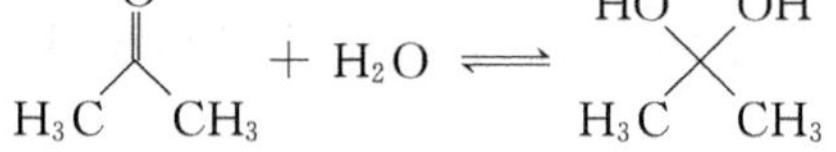

丙酮　99.9%　　　丙酮水合物　0.1%

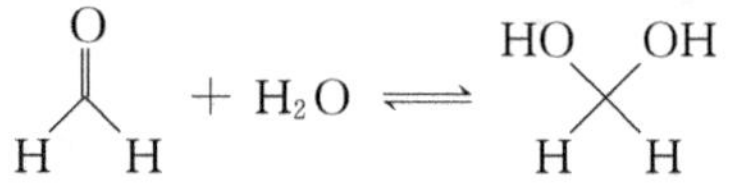

甲醛　0.1%　　　甲醛水合物　99.9%

一般来说，醛、酮在水溶液中主要以羰基形式存在，水合物只占少数。但是，当羰基邻位有吸电基团存在时，羰基的活性增加，相应的水合物也就增加。例如，三氯乙醛由于三个氯原子的吸电子诱导效应使羰基碳的正电荷增加，因此三氯乙醛的羰基很活泼。当其溶于水时，几乎全部以水合物的形式存在。

醛和酮与纯水的水合反应速度是很慢的，但可通过强酸或碱催化来提高反应速度。酸催化的机理是通过羰基的质子化来进行的。碱催化的机理则是以亲核性很强的 OH^- 代替弱亲核性的 H_2O 作为亲核试剂。因此，碱催化反应的速度要比酸催化快得多。碱催化的机理可表示如下：

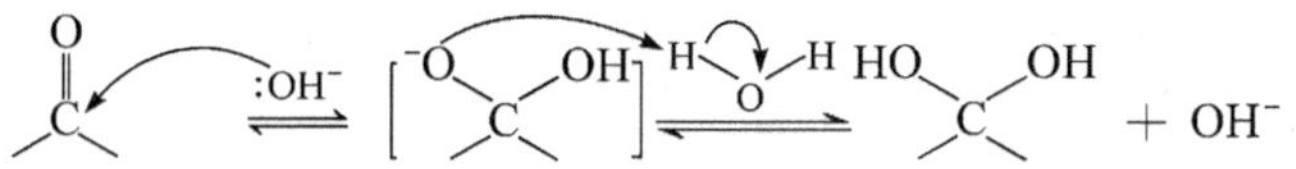

3. 与亚硫酸氢钠加成

醛和甲基酮（CH_3COR）可以与饱和亚硫酸钠溶液（40%，质量分数）发生加成反应，生成 α-羟基磺酸钠。α-羟基磺酸钠不溶于饱和亚硫酸钠溶液，故以结晶形式析出。

在上述反应中，亚硫酸根中的硫原子含有一对未成键的孤对电子，是亲核试剂的亲核中心。该反应属于平衡反应，反应之所以能够顺利地向右进行主要有三方面的原因：①硫原子具有较强的亲核性；②过量的亚硫酸钠；③生成的产物能够以结晶的形式从均相反应液中析出。

反应机理如下：

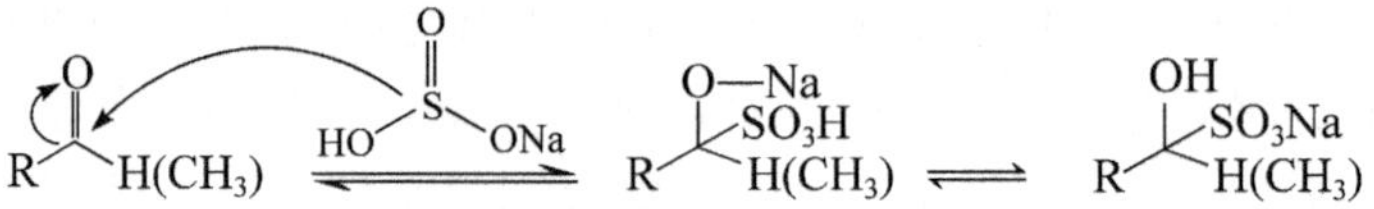

α-羟基磺酸钠

空间因素对上述反应的影响很大。对酮来说，羰基旁边至少需要有一个甲基才能较好地与亚硫酸氢钠反应。下面是几种醛、酮与亚硫酸氢钠反应的产率：

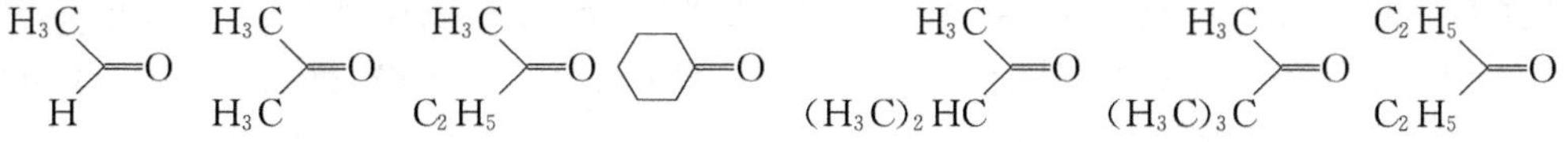

89%　56%　36%　35%　12%　6%　2%

α-羟基磺酸钠为无色结晶体，虽然不溶于饱和的亚硫酸氢钠溶液，但易溶于水。与强酸或强碱作用能分解生成原来的醛或酮。基于 α-羟基磺酸钠的这种性质，实验室常用饱和亚硫酸钠反应来鉴别醛、甲基酮和脂环酮等以及从醛、酮混合物中分离提纯醛、甲基酮和脂环酮等。

α-羟基磺酸钠可与 NaCN 反应，生成磺酸基被氰基取代的产物——α-羟基腈。此法与 HCN 直接加成法相比，可避免使用有毒的氰化氢，且其产率也较高。

4. 与醇加成

醇是弱的亲核试剂，一般不能直接与醛、酮发生亲核加成反应。但在有酸催化的条件下，醇可与醛、酮的羰基顺利发生加成反应，生成 α-羟基醚类化合物。若是醛的加成产物，一般称为半缩醛（hemiacetal）；若是酮的产物，则一般称为半缩酮（hemiketal）。常用的酸主要有干燥氯化氢、浓硫酸、苯磺酸和对甲苯磺酸。其反应通式如下：

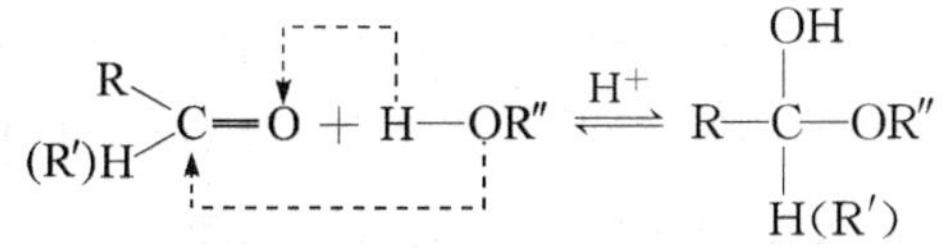

半缩醛(酮)

上述反应是可逆的。在有水的情况下，半缩醛(酮)更容易分解，因此制备半缩醛的反应一般都在无水条件下进行。

如果醛或酮分子内同时存在位置合适的醇羟基，则很容易发生分子内的羰基加成反应，生成环状的半缩醛或半缩酮。特别是当加成产物具有五元环或六元环结构时，反应甚至可以在没有催化剂的情况下自发地进行(参见第十七章)。例如：

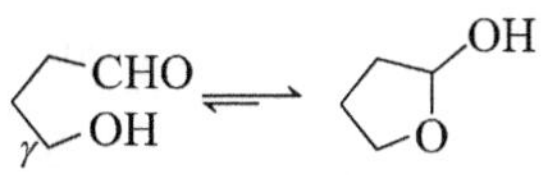

γ-羟基醛

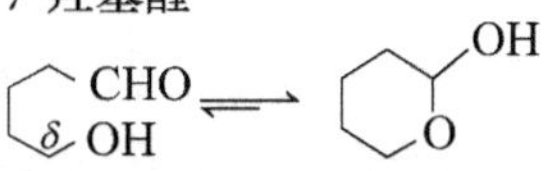

δ-羟基醛

半缩醛(酮)的羟基由于受烃氧基(—OR)吸电子的诱导效应而变得比较活泼，能够继续与另一分子的醇羟基发生脱水反应，生成较半缩醛(酮)稳定的化合物，分别称为缩醛(acetal)或缩酮(ketal)。正因为如此，醇与醛或酮的反应一般很难停留在半缩醛或半缩酮的阶段，而最终生成缩醛或缩酮。半缩醛(酮)形成缩醛(酮)反应机理(E1)可表示如下：

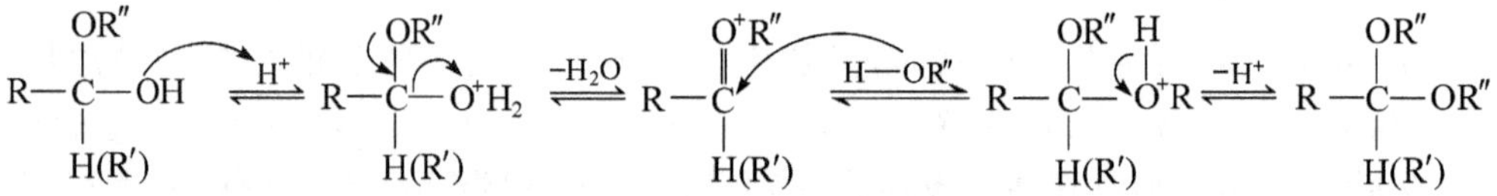

缩醛(缩酮)

缩醛(酮)可以看作同碳二元醇的醚，性质与醚相似，不受碱的影响，对氧化剂及还原剂也是稳定的。但缩醛(酮)与醚也不完全相同，同碳上两个烃氧基(—OR)的吸电子诱导效应的相互影响，导致缩醛(酮)中的 C—O 键极性增强，碳原子上的正电荷较多，易受其他亲核试剂的进攻。如果在酸的质子化影响下，即使是水这样的弱亲核试剂也能有效进攻缩醛(酮)中碳原子，并导致烃氧基(—OR)被—OH取代。因此，缩醛(酮)易被稀酸水溶液水解成原来的醛(酮)。

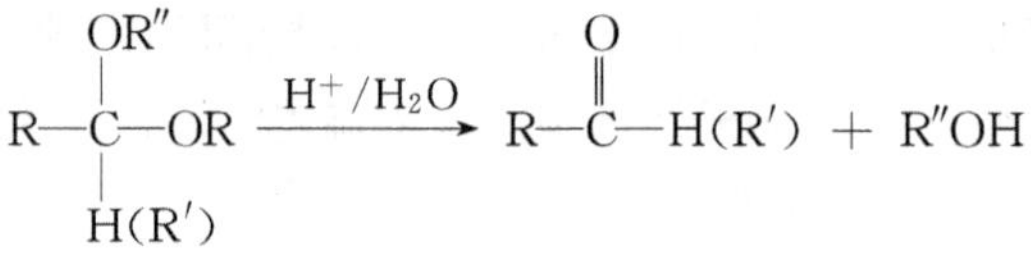

一般来说，缩酮的形成比缩醛要困难。由于形成缩醛(酮)的每一步反应都是可逆的，因此，为了提高缩醛(酮)的产率，常采用特殊办法将反应中不断生成的水从反应体系中除去。这种方法对于很多难制备的缩酮来说常常是必须的。另一种制备缩酮的方法是采用原甲酸酯和酮反应。例如：

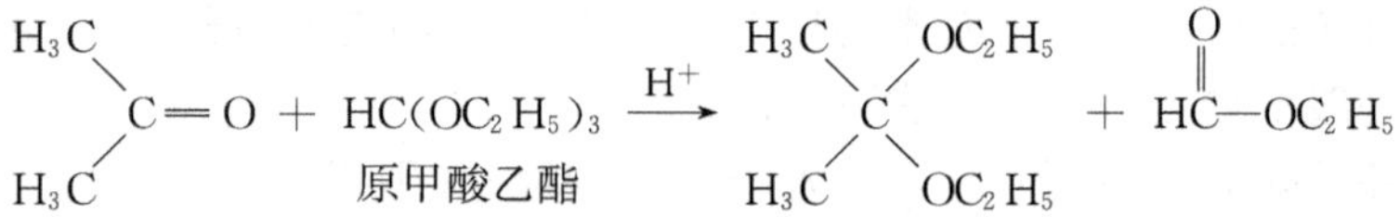

具有 1,2-二醇或 1,3-二醇结构的化合物能与醛或酮比较容易地形成稳定的五元环或六元环缩醛或缩酮。例如：

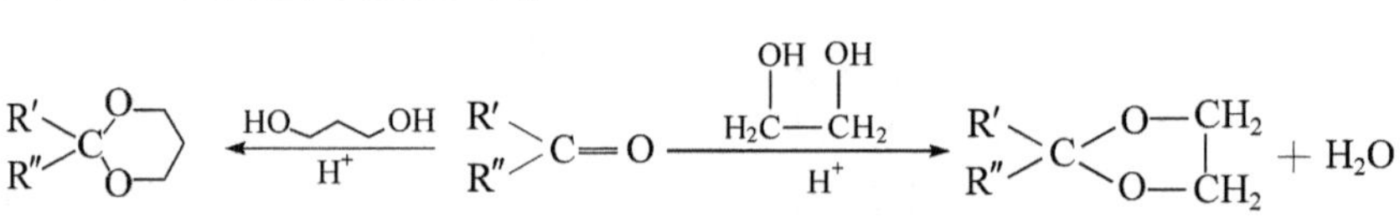

由于缩醛和缩酮不受碱、氧化剂及还原剂影响，同时又能很容易地恢复成原来的醛或酮，有机合成上常用缩醛或缩酮来保护醛基、酮基或邻二羟基。基于同样的原因，实验室也常用缩醛法来保护羟基(参见第九章)。例如：

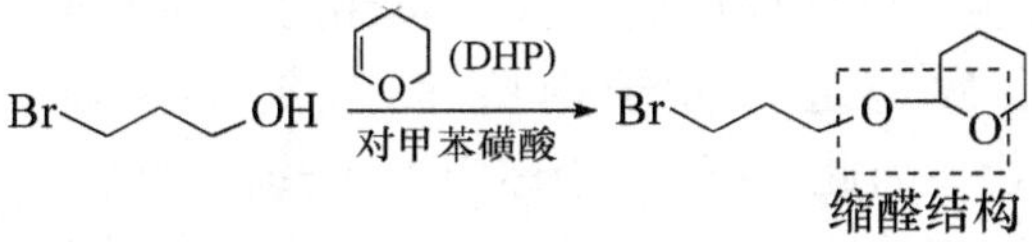

5．与有机金属试剂的加成反应

格氏试剂、有机锂试剂和有机钠试剂等有机金属试剂都是强的亲核试剂，它们都能很容易地与醛、酮的羰基发生加成反应，加成产物无需分离而直接水解得到醇。反应通式如下：

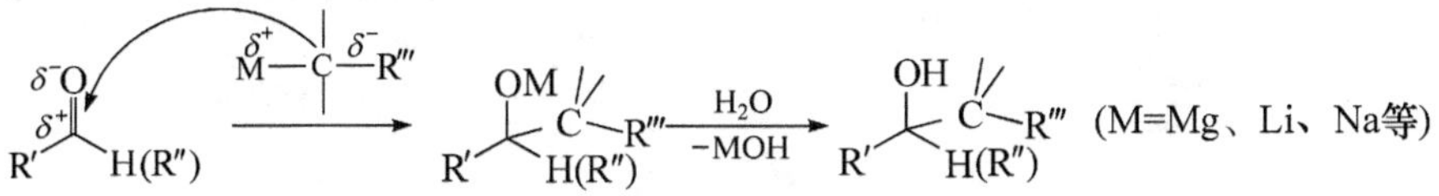

随羰基化合物结构的不同，反应产物可以是伯醇、仲醇或叔醇。

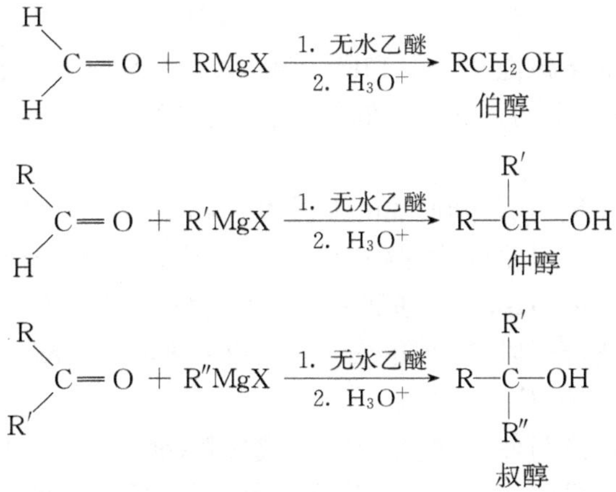

有机锂化合物比有机镁化合物（格氏试剂）更活泼，但二者的反应机理和产物是一样的。有机锂的优点是反应产率较高，空间阻碍小，产物易于分离，缺点是价格较昂贵。对于空间阻碍较大的酮采用有机锂试剂可得到理想的结果。例如：

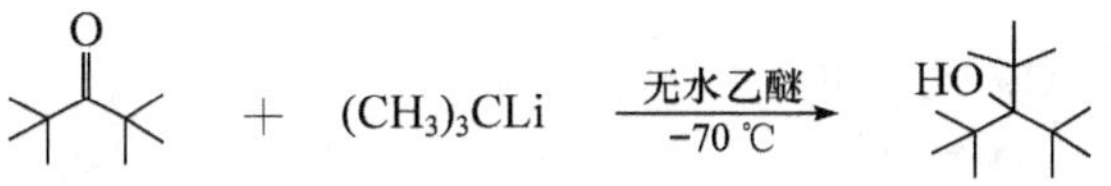

二叔丁基酮　　叔丁基锂　　2,2,4,4-四甲基-3-叔丁基-3-戊醇

6．与氨的衍生物的加成缩合反应

常见氨的衍生物有羟氨（NH_2—OH）、肼（NH_2—NH_2）、苯肼（C_6H_5—$NHNH_2$）、2,4-二硝基苯肼及氨基脲（$NH_2CONHNH_2$）等。这些氨的衍生物都是比醇强的亲核

试剂，都能与醛、酮发生亲核加成反应，生成同碳醇胺（HO—C—NH—）中间体。同碳醇胺不稳定，能自发地进行分子内脱水，最终形成具有亚胺（imine）结构（—C═N—）的化合物。因此，这类反应称为加成-缩合反应。羰基试剂与醛、酮形成的亚胺类化合物多数都能以结晶的形式从反应体系中析出，且具有固定的熔点。实验室常用这些氨的衍生物与醛、酮反应来鉴别醛、酮。这些氨的衍生物称为羰基试剂（carbonyl reagent）。

反应机理可表示如下：

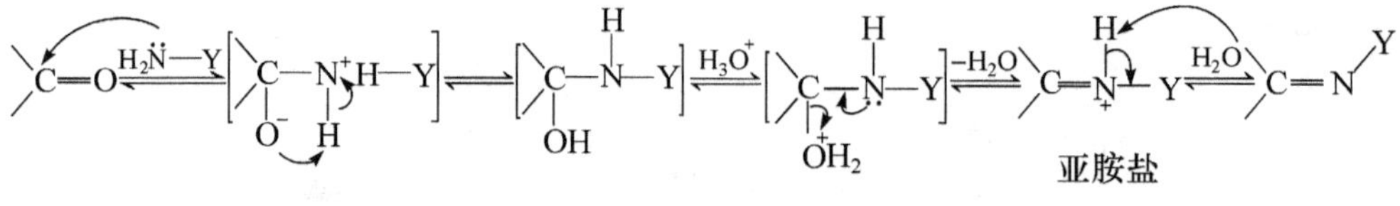

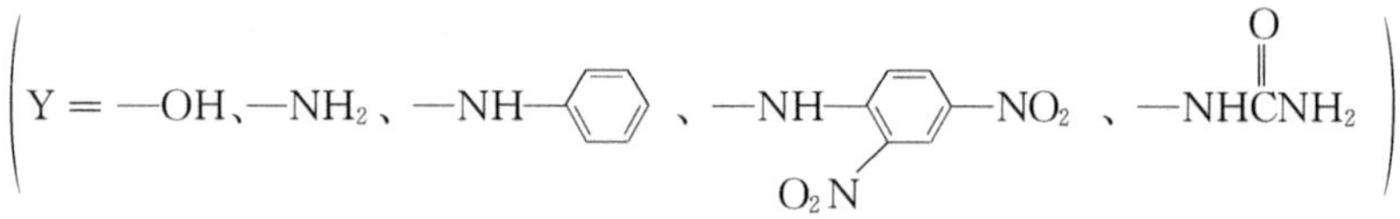

氨的衍生物的亲核性介于醇和碳负离子（如 CN^-、R^-）之间。为了提高反应速率，一般常加入一定的强酸进行催化，其机理与醛、酮和醇的酸催化亲核加成反应相似。

不同的羰基试剂与醛、酮形成的亚胺类产物的名称一般不同。羟胺形成的产物称为肟（oxime），肼及氮取代的肼形成的产物称为腙（hydrazone），伯胺形成的产物称为席夫碱（Schiff base），氨基脲形成的产物称为缩氨脲。羰基试剂与醛、酮形成的亚胺类化合物都可以被稀强酸水解，生成原来的醛或酮。因此，羰基试剂也可用于醛、酮类化合物的分离提纯。

此外，醛、酮还能与仲胺发生反应，生成烯胺（enamine）。生成烯胺的反应机理和生成亚胺的反应机理在形成亚胺盐之前都相同，所不同的只是最后一步的质子离去。由于仲胺形成的亚胺盐的氮原子上没有氢，故最后离去的是原羰基 α 位的质子，结果生成烯胺。亚胺盐的最后一步的质子离去可表示如下：

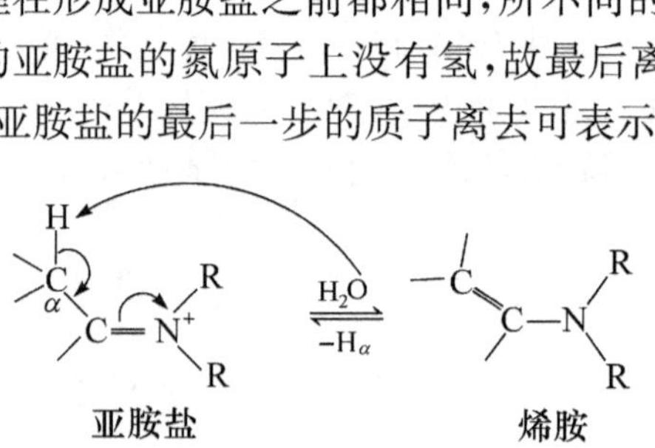

7. 与维悌希试剂的加成反应

这是一个从醛、酮合成烯烃的有效方法。维悌希（Wittig）试剂是一个含三苯基膦结构的有机膦试剂，可由三苯基膦 $(C_6H_5)_3P$ 与卤代烃反应来制备。首先通过三苯基膦 P 上的孤对电子与卤代烃发生亲核取代反应，生成季𬭸盐；后者再用强碱如苯基锂(C_6H_5Li)来处理，除去烷基的α-H 即得到维悌希试剂。例如：

$$(C_6H_5)_3P + CH_3CH_2Br \xrightarrow{C_6H_6} \underset{\text{季𬭸盐}}{(C_6H_5)_3P^+-\overset{\alpha}{C}H_2CH_3Br^-} \xrightarrow[-H_\alpha^+]{C_6H_5Li}$$

$$\underbrace{\underset{(i)}{(C_6H_5)_3P^+-{}^-CHCH_3} \longleftrightarrow \underset{(ii)}{(C_6H_5)_3P=CHCH_3}}_{\text{维悌希试剂}}$$

维悌希试剂有两种存在形式，一种是内𬭸盐(i)，称为叶立德(ylide)，另一种形式是 P═C 结构，称为叶立因(ylene)。维悌希试剂为黄色固体，对水和空气不稳定，在有机合成中一般不分离，而是直接用于后续的反应。

维悌希试剂中的碳负离子就像格氏试剂中的碳负离子，能与醛、酮的羰基发生亲核加成，生成一个新的内𬭸盐，称为 betaine。后者再通过一个四元环过渡态使氧原子转移至磷原子上，同时消除三苯基氧膦($(C_6H_5)_3PO$)，生成烯烃。这类反应称为维悌希反应。以丙酮为例可表示如下：

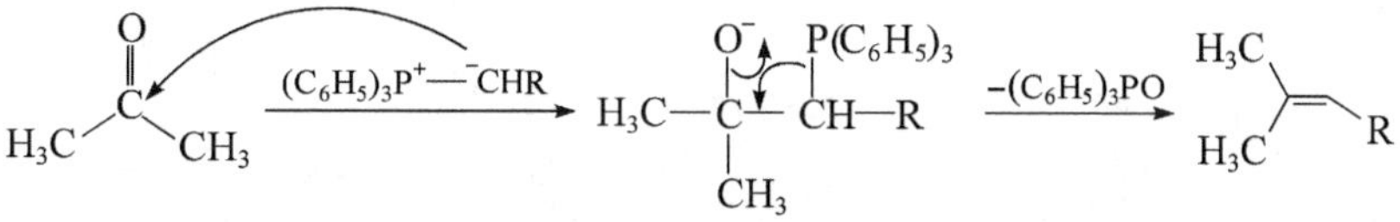

由上式可见，维悌希试剂与醛、酮的反应相当于维悌希试剂中的═CR′R″基团取代醛(酮)羰基上的氧(═O)。

三苯基膦(熔点 80 ℃)可用苯基格氏试剂或苯基钠与三氯化磷反应而制得。例如：

$$3C_6H_5MgBr + PCl_3 \longrightarrow (C_6H_5)_3P + 3MgClBr$$

$$C_6H_5Br + PCl_3 + 6Na \longrightarrow (C_6H_5)_3P + 3NaCl + 3NaBr$$

(二) 还原反应

作为双键，醛、酮的羰基能被多种还原剂还原。还原剂不同，其还原产物也不同。常用的还原剂有氢化锂铝($LiAlH_4$)、硼氢化钠($NaBH_4$)、异丙醇铝($[(CH_3)_2CHO]_3Al$)、H_2/Ni、肼/KOH 和锌汞齐-浓盐酸(克莱门森还原法)等。前四种还原剂一般将醛还原成相应的伯醇，将酮还原成相应的仲醇，而肼和锌汞齐-浓盐酸则将醛、酮的羰基还原成亚甲基。例如：

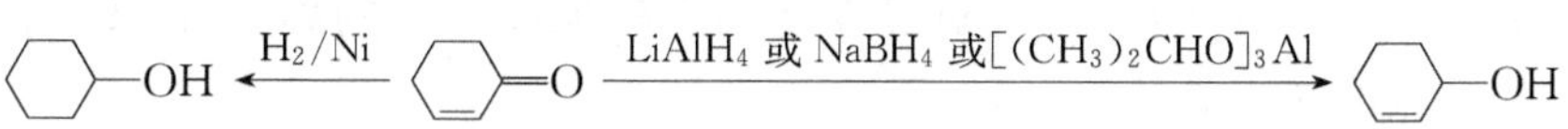

值得注意的是，H_2/Pd 也能将芳香酮的羰基还原成亚甲基(参见第八章)。克莱门森还原法虽然能较好地将芳香酮的羰基还原成亚甲基，但对于脂肪酮的类似还原却不理想。

氢化锂铝和硼氢化钠的还原反应属于亲核加成机理，其中 H^- 为亲核试剂。具体可表示如下：

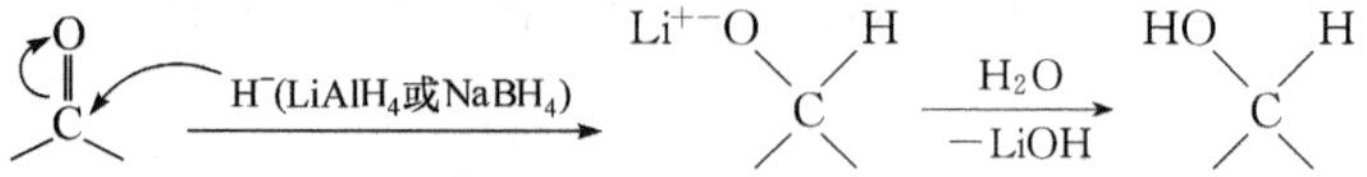

硼氢化钠和异丙醇铝有较高的选择性，在还原羰基的同时不会影响分子内的烯键和其他可被还原的基团。

肼/KOH 对羰基的还原机理比较特殊。首先是通过亲核加成-消除反应而生成腙，后者再在强碱(OH^-)的作用下失去 N_2，并同时生成碳负离子。碳负离子最后从水中得到一个质子，形成亚甲基。具体过程可表示如下：

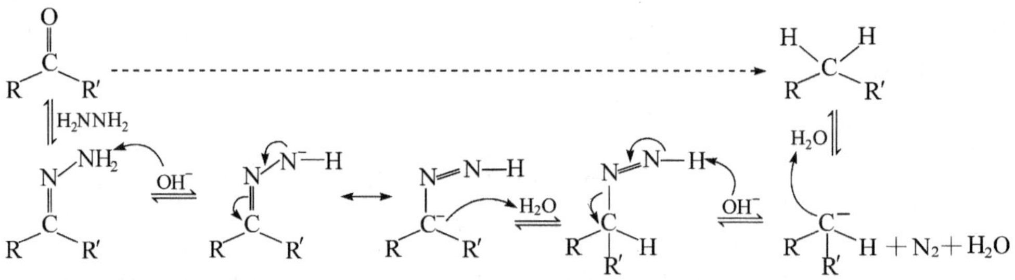

肼/KOH 还原法最早是由德国化学家乌尔夫(Wolff)和俄国化学家凯惜纳(Kishner)分别于 1911 年发现的，故这一方法又称为乌尔夫-凯惜纳反应。但当时这一反应需要在密封管和高温(240 ℃)下进行，因此操作不便，并且比较危险。后来，我国化学家黄鸣龙对其进行了改进，采用高沸点的乙二醇或三聚乙二醇等为反应溶剂，使得该反应可在常压下进行，并提高了反应产率。因此，这一反应现在又称为乌尔夫-凯惜纳-黄鸣龙反应。目前，这一反应多采用二甲亚砜为溶剂，且可在接近室温的条件下来完成。

在还原醛、酮的羰基为亚甲基方面，肼/KOH 还原法比 H_2/Pd 的催化氢化法和克莱门森还原法具有更普遍的意义，它不仅能还原芳香酮，而且也能还原脂肪酮，且产率均较高。其缺点是不适宜于含碱敏感性基团的醛、酮的还原。

另一个比较特殊的还原反应是康尼查罗(Cannizzaro)反应，它其实是醛的一个歧化反应(disproportionation)，即无 α-H 的醛，如 HCHO、R_3CCHO、芳香醛等，在强浓碱中加热，可生成 1∶1 的醇和羧酸，相当于一分子醛被氧化而另一分子的醛被还原。反应过程涉及 OH^- 对醛羰基的亲核加成、H^- 的离去和 H^- 对另一分子羰基的亲核加成。具体表示如下：

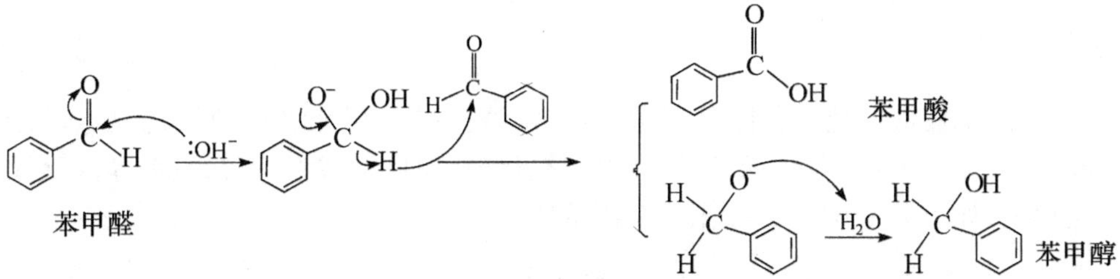

如果两种不同的无 α-H 的醛一起在浓碱中受热，将发生异种分子间的歧化反应。还原能力强的醛将被氧化成羧酸，还原能力弱的醛则被还原成醇。一般来说，脂肪醛的还原能力强于芳香醛。如果分子中同时存在两个无 α-H 的醛基，则在强碱条件下可发生分子内的歧化反应。例如：

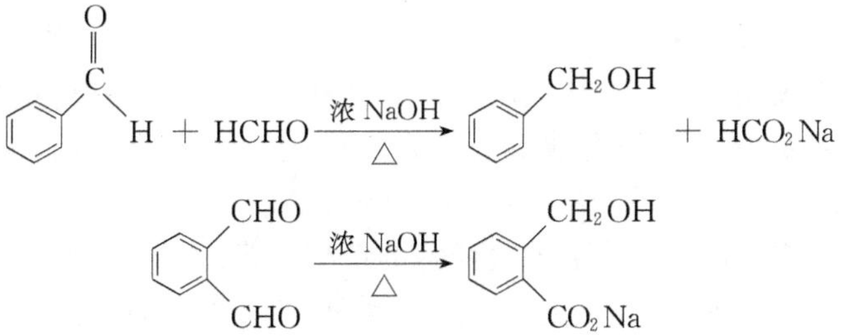

在合成上可利用甲醛与芳香醛的康尼查罗反应将芳香醛还原成芳香醇。

在生物体内也存在类似于康尼查罗反应的羰基还原反应，其中涉及 H^- 的离去和 H^- 对另一分子羰基的亲核加成反应。例如，生物体内有一种重要的还原剂-还原型烟酰胺腺苷二核苷酸(NADH)，它可以通过 H^- 的离去和 H^- 对醛或酮的羰基的亲核加成反应来实现将醛、酮还原成醇的任务。

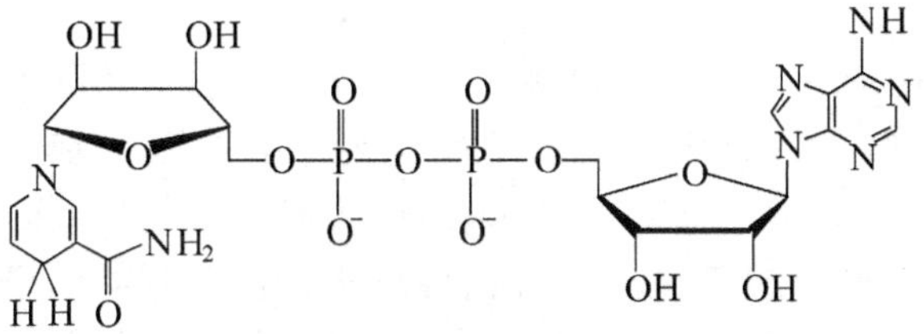

还原型烟酰胺腺苷二核苷酸(NADH)

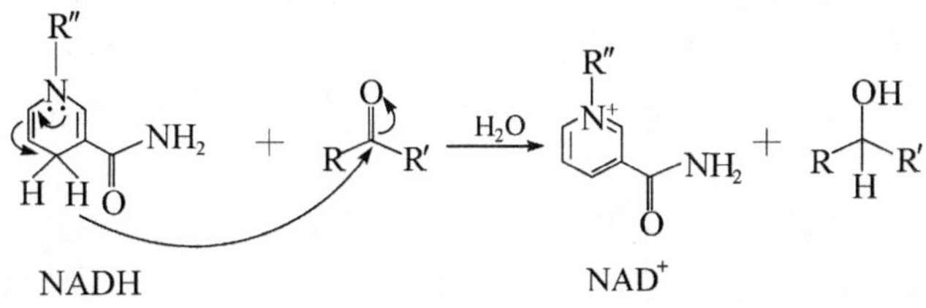

（三）氧化反应

醛、酮都能被氧化。但酮只能被过氧酸、浓硝酸等特殊氧化剂氧化，且氧化剂不同，其氧化产物也不同。而醛能被很多氧化剂，如重铬酸钾、高锰酸钾等，甚至是弱氧化剂，如 Ag^+、Cu^{2+} 等，氧化成相应的酸。

$$R—CHO \xrightarrow[\text{或 } K_2Cr_2O_7/H^+]{KMnO_4/H^+} R—CO_2H$$

例如：

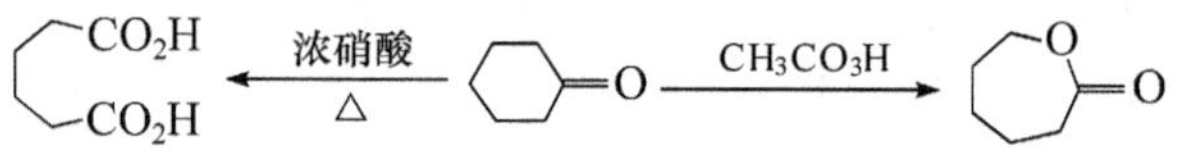

己二酸　　　　ε-己内酯

酮被过氧酸氧化成酯的反应称为拜尔-维利格(Baeyer-Villiger)反应。这类反应速度快，产率高，故在有机合成上有一定的应用。常用的过氧酸有过氧乙酸、过氧苯甲酸、过氧三氟乙酸，其中过氧三氟乙酸效果最好。

拜尔-维利格反应涉及羰基旁边烃基的迁移重排。对于不对称酮来说，羰基两侧的两个不同烃基的迁移速度是不同的。烃基迁移的优先次序与烃基的结构有关，下面是不同烃基迁移速度由高到低的次序：

$$R_3C— > R_2HC— > RH_2C— > H_3C—$$

烃基迁移的优先次序决定反应的主要产物。例如：

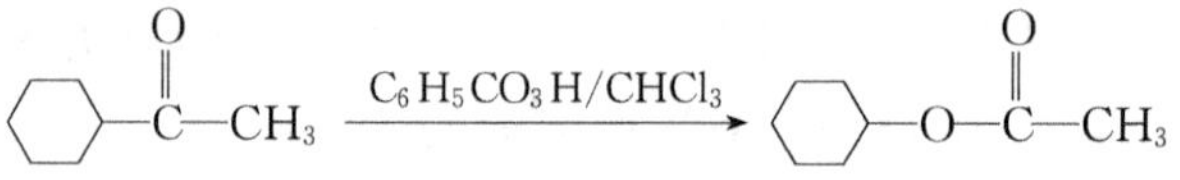

实验室常利用氧化反应对醛和酮进行区分和鉴别。实际上，结构不同的醛，其还原性也是不同，但只有用一些弱的氧化剂才能加以区别。常用的弱氧化剂有费林(Fehling)试剂、本尼迪克特(Benedict)试剂和土伦(Tollens)试剂。费林试剂和本尼迪克特试剂都属于碱性二价铜络离子，所不同的是，费林试剂是氢氧化钠溶液，配体是酒石酸根，而本尼迪克特试剂是碳酸钠溶液，配体是柠檬酸根。由于费林试剂是强碱溶液，故不如本尼迪克特试剂稳定。二者都能将脂肪醛氧化成脂肪酸，但本尼迪克特试剂不能氧化甲醛。两种试剂都是深蓝色的，当铜离子被还原成氧化亚铜(Cu_2O)之后，便以砖红色固体的形式析出。借此现象可判断反应是否发生。

土伦试剂是银氨溶液，氧化能力强于二价铜络离子，能够氧化包括芳香醛在内的所有醛，氧化产物为羧酸。当银离子被还原成 Ag 之后，会在反应容器的壁上形成光亮的银镜，故又称银镜反应或银镜试验。

$$RCHO + Cu^{2+} + OH^- + H_2O \longrightarrow RCO_2^- + Cu_2O\downarrow$$

脂肪醛　　　　　　　　　　　　　　砖红色沉淀

$$RCHO + 2[Ag(NH_3)_2]OH \longrightarrow RCO_2NH_4 + H_2O + Ag\downarrow$$

银镜

作为弱氧化剂，费林试剂、本尼迪克特试剂和土伦试剂不能氧化酮，也不能氧化分子中的碳碳重键和羟基，故除了用于醛、酮的鉴别之外，也有一定的合成方面的价值。例如：

$$RCH{=}CHCHO \xrightarrow{Ag[(NH_3)_2]OH} RCH{=}CHCO_2H$$

（四）α,β-不饱和醛、酮的共轭亲核加成反应

一般情况下，碳碳双键容易发生亲电加成（参见第四章），而不易发生亲核加成。这主要是因为碳碳双键属于非极性双键。但是，当碳碳双键与醛、酮中的羰基形成共轭体系后，由于受到羰基吸电子诱导效应和吸电子共轭效应的影响，碳碳双键由非极性双键变成了极性双键，因此α,β-不饱和醛、酮中的碳碳双键也能发生亲核加成反应。但碳碳双键的亲核加成反应与羰基的又不完全一样，因为碳碳双键与羰基的π-π共轭后形成的是一个整体，这种整体性就像是一个拉长了的羰基。α,β-不饱和醛、酮的这种结构特征使其不仅能发生一般的羰基亲核加成反应，而且还能发生有碳碳双键参与的亲核加成反应。前者又称为1,2-加成反应，后者又称为1,4-加成反应或共轭加成反应(conjugate addition reaction)。

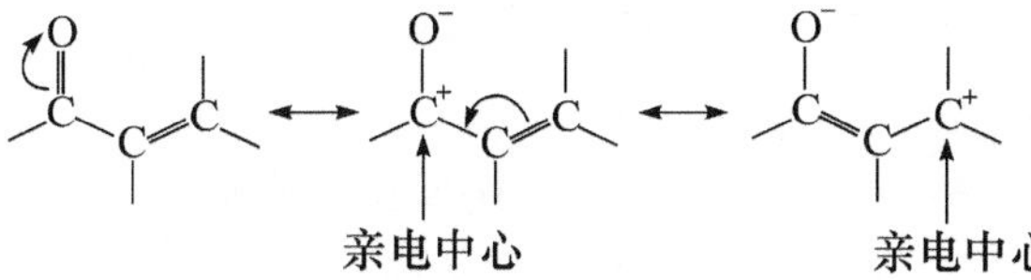

α,β-不饱和醛、酮的共振结构

从上面α,β-不饱和醛、酮的共振结构可以看出，在α,β-不饱和醛、酮的结构中存在两个亲电中心。若亲核试剂进攻羰基碳正离子中心，则发生1,2-亲核加成反应；若亲核试剂进攻碳碳双键的碳正离子中心，则发生1,4-亲核加成反应。

α,β-不饱和醛、酮与亲核试剂的反应究竟是以1,2-加成反应为主，还是以1,4-加成为主，这主要取决于亲核试剂的亲核性和反应条件。从反应产物的稳定性来说，由于羰基的碳氧双键比碳碳双键稳定，因此1,4-加成产物比1,2-加成产物稳定，故1,4-加成反应属于热力学控制的反应。另外，由于C═O双键的极性较α,β-碳碳双键的极性强，因此亲核试剂更容易进攻羰基碳原子，反应速率相应也较快，故1,2-加成反应属于动力学控制的反应。基于上述原因，当α,β-不饱和醛、酮与强亲核试剂，如格氏试剂、有机锂试剂等，发生加成时，常以1,2-加成反应为主；当

α,β-不饱和醛、酮与较弱的亲核试剂，如有机胺、有机铜锂试剂（Gilman 试剂）等发生加成时，常以 1,4-加成反应为主。例如：

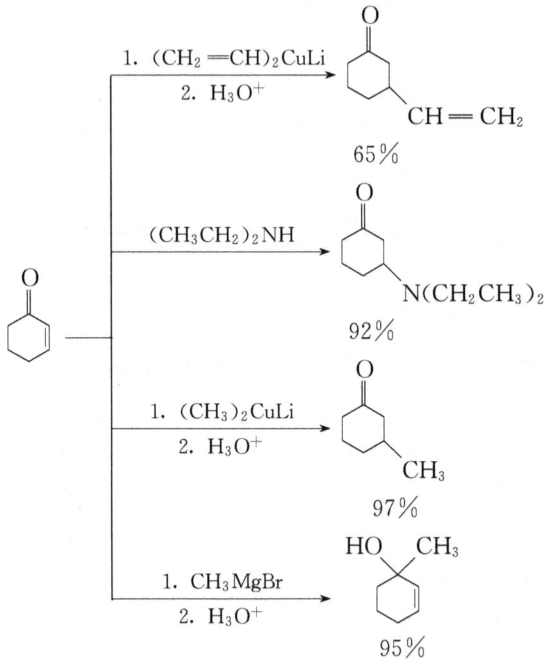

习　题

1. 写出丙醛与下列各试剂反应时生成物的构造式。

(1) $NaBH_4$，NaOH 水溶液　　(2) C_2H_5MgBr，然后加 H_2O

(3) $LiAlH_4$，然后加 H_2O　　(4) $NaHSO_3$

(5) NaCN，然后加稀盐酸并加热　　(6) $HSCH_2CH_2SH, H^+$

(7) $[Ag(NH_3)_2]OH$　　(8) NH_2OH

2. 命名下列化合物。

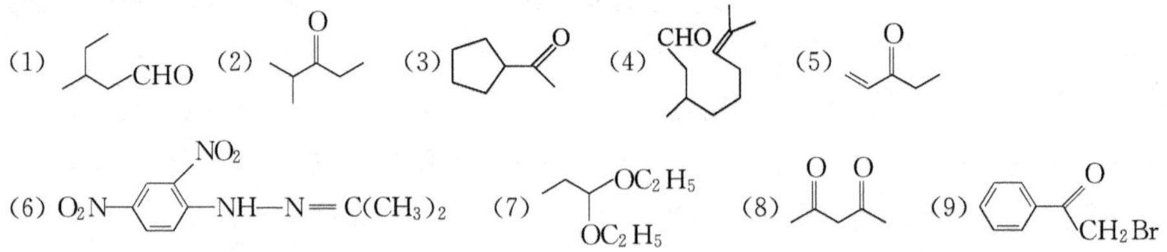

3. 写出下列化合物的构造式。

(1) 2-丁烯醛　　(2) 二苯甲酮　　(3) 2,2-二甲基环戊酮

(4) 3-(间羟基苯基)丙醛　　(5) 甲醛苯腙　　(6) 丙酮缩氨脲

(7) 苄基丙酮　　(8) α-溴代丙醛　　(9) 三聚甲醛

(10) 邻羟基苯甲醛　　(11) 巴豆醛　　(12) 肉桂醛

(13) 环己酮肟　　(14) 苯乙酮腙

4. 用化学方法区别下列各种化合物。

(1) 苯甲醇与苯甲醛　　(2) 己醛与 2-己酮　　(3) 2-己醇与 2-己酮

5. 以 HCN 与羰基加成反应速率增大的顺序排列下列化合物。

(1) CCl_3CHO　　(2) 对甲基苯甲醛　　(3) 二苯基甲酮

(4) CCl_3COCH_3　　(5) 2-丁酮　　(6) 苯甲醛

6. 完成下列反应式。

(1) $CH_3CH_2CH_2CHO \xrightarrow[2.\ H_2O]{1.\ LiAlH_4} ?$

(2) 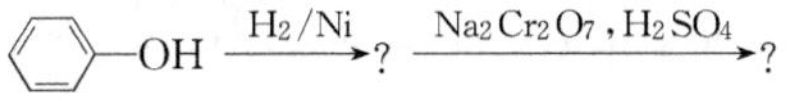

(3) 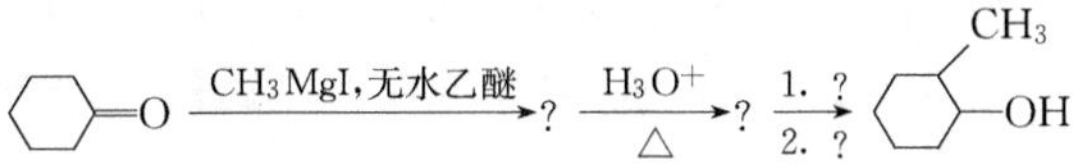

7. 推测下列反应的可能机理。

(1) 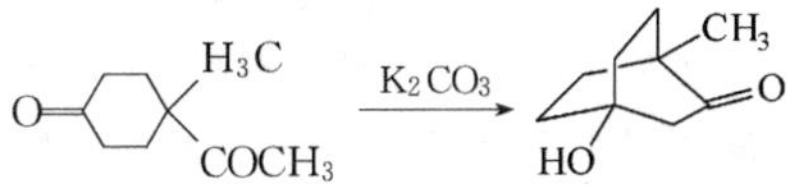

(2) 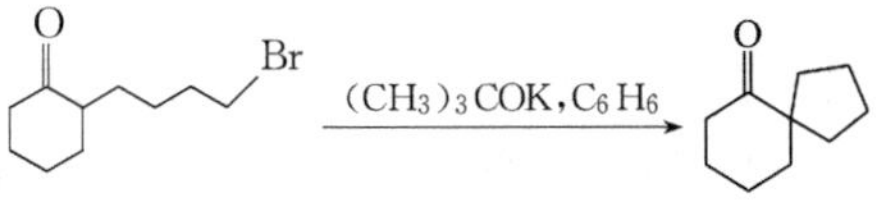

(3) 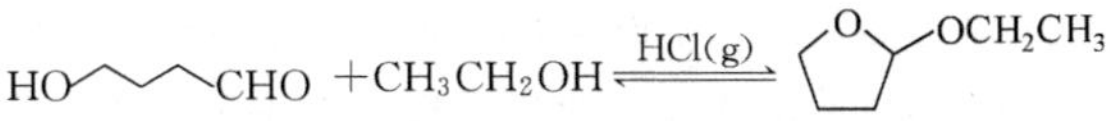

(4) 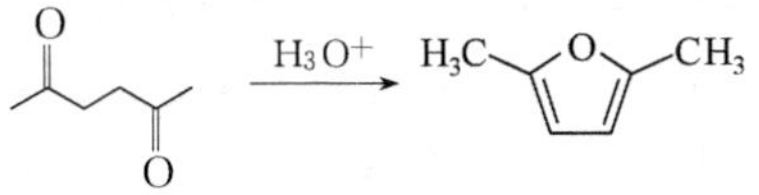

抗体酶及其在有机化学中的应用

抗体(antibody)是在抗原(antigen)诱导下由动物的免疫细胞产生的蛋白质,能与其对应的抗原特异性地结合。在生物体内免疫细胞通过合成和释放抗体,利用抗原抗体的特异性结合来帮助巨噬细胞摄入且摧毁抗原。抗体酶(abzyme)也称催化抗体(catalytic antibody),是一类兼具抗体和酶的性质的蛋白质。最早是在 1986 年由美国 Scripps Clinic 研究所的 Lerner 和加利福尼亚大学的 Schutz 分别在《科学》杂志上报道的。

两次诺贝尔化学奖得主鲍林于 1946 年曾提出:酶催化化学反应的原因在于酶与高能态的过渡态相结合,从而大大降低化学反应的活化能。受鲍林理论的启发,Jencks 于 1969 年提出:抗体若能与化学反应的过渡态结合,则这样的抗体必具有催化性能。单克隆抗体制备技术的诞生和成熟以及免疫学理论的发展使得人们制备抗体酶的愿望终于得以实现。

抗体酶的制备首先需要化学家根据有机反应机理和反应过渡态理论，设计并合成出反应过渡态类似物。然后以反应过渡态类似物为半抗原，再与蛋白质等高分子共价结合，形成抗原。之后，利用抗原对动物进行免疫，并结合单克隆制备技术，从中筛选出能够分泌具有催化功能的抗体的细胞系。最后通过细胞培养和抗体分离便可大量制备能够催化特定反应的抗体酶。反过来，利用分子生物学技术由抗体酶的结构也可以制备出带有抗体酶基因，并能表达抗体酶的细胞。由此可见，抗体酶技术是涉及生物学、免疫学、化学、酶学、基因工程等多学科的一门交叉学科。

生物酶催化的高效性、高选择性和环保等优点一直备受化学家的青睐。但生物酶的种类只有几千种，而且其中的大多数酶难以大量制备和应用，因此人们所能应用的天然酶是非常有限的，且仅局限于少数化学反应。然而，催化抗体的种类却达千万种。因此，随着催化抗体理论和技术的诞生，人们已经可以根据有机化学反应过渡态理论随心所欲地制备所想要的生物催化剂——抗体酶。

迄今为止，科学家们已成功开发出能催化所有 6 种类型的酶促反应和几十种类型的化学反应的抗体酶，包括水解、消除、缩合、氧化还原、重排、光分解和聚合、周环反应、异构化、环氧化等，其中还包括尚未发现有天然酶能催化的克莱门森重排和第尔斯-阿尔德反应等。

抗体酶的制备开辟了催化剂研究的新领域，树起了新的里程碑。无论是在理论方面或是在实际应用方面，都具有极其广阔的前途，它将在医学、化学、生物学、免疫学、制药学等诸多学科中发挥重要作用。抗体酶在有机化学方面的应用将主要体现在以下方面：使不可能发生的化学反应变为可能；使苛刻条件下的化学反应在温和条件下实现；选择性地催化平行反应中的某一反应，从而大大提高产物的产率；实现有机化学家梦寐以求的不对称合成，只催化生成某一光学异构体的反应，使原料的利用率大大提高；帮助确立化学反应机理。目前，人们对相当多的反应机理仍不是很清楚，对这些反应的催化抗体的研究和对其过渡态相似物结构的研究，无疑将为确立基元反应的过渡态提供十分有用的信息，为拟定化学反应机理提供依据。

第十一章　羧　　酸

分子中含有羧基(—COOH)的化合物称为羧酸(carboxylic acid)。羧基是羧酸的官能团。一元羧酸的结构通式为 R—COOH 和 Ar—COOH。

羧酸是一类具有明显酸性的重要化合物。不仅因为它本身很重要，而且也是合成很多酰基衍生物的基本原料。羧酸广泛地存在于自然界中，在动植物代谢过程中起着重要的作用。羧酸对人类日常生活也非常重要，如食用醋中含6%～8%的乙酸；日常使用的肥皂是高级脂肪族羧酸的钠盐；食用油是高级脂肪族羧酸的甘油酯等。工业上羧酸是一种重要的化工原料，如顺丁烯二酸用于合成树脂，对苯二甲酸用于合成涤纶等。

第一节　羧酸的分类与命名

羧酸可根据分子中烃基的不同和羧基的多少来分类。根据烃基的不同，羧酸可分为脂肪羧酸、脂环羧酸、芳香羧酸、饱和羧酸和不饱和羧酸。根据羧基数目的不同，羧酸可分为一元羧酸、二元羧酸、多元羧酸。例如：

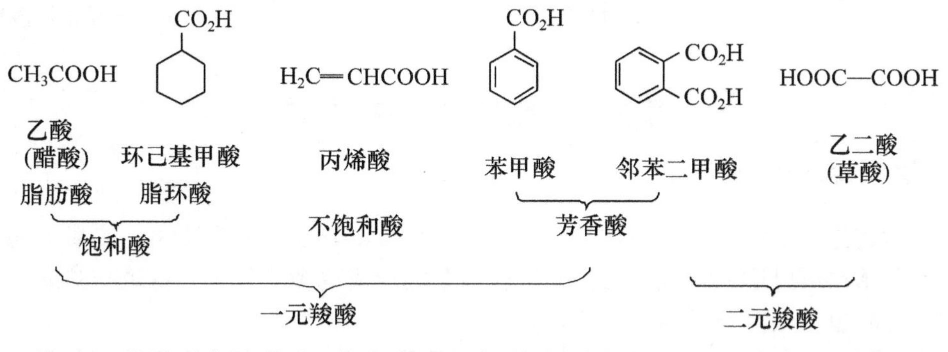

许多天然羧酸都有俗名，俗名通常根据其来源或性质而得，如甲酸又称蚁酸、乙酸又称醋酸、乙二酸又称草酸等。

脂肪族羧酸的系统命名原则与醛相似。命名时，选择含有羧基在内的最长碳链作为主链，根据主链上的碳原子数称为“某酸”。主链碳原子的编号需从羧基碳原子开始。脂肪族羧酸主链碳原子的编号也可用希腊字母表示，从羧基相连的碳原子开始依次为 α、β、γ、δ 等。例如：

CH_3CH_2COOH

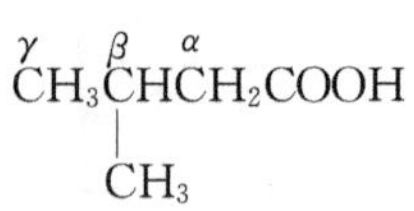

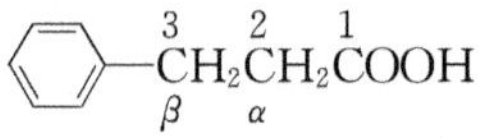

丙酸　　3-甲基丁酸(或 β-甲基丁酸)　　3-苯基丙酸(或 β-苯基丙酸)

芳香酸与脂环酸以羧酸作母体,芳基和脂环基作为取代基,如前面提到的环己基甲酸和苯甲酸。

不饱和羧酸的命名:选择含有羧基和碳碳不饱和键在内的最长碳链作为主链,主链编号从羧基开始。根据不饱和键的种类和多少称为“某烯酸”、“某二烯酸”或“某炔酸”,不饱和键的位次写在该名称之前。例如:

$Cl—CH_2CH=CHCH_2COOH$

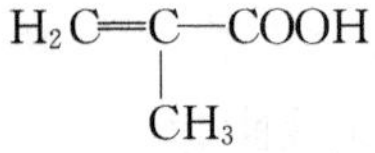

$CH_3C≡CCOOH$

5-氯-3-戊烯酸　　2-甲基丙烯酸　　2-丁炔酸

多元酸的命名:脂肪族多元酸应选择含有两个羧基的最长碳链作为主链,称“某二酸”。当几个羧基连接在脂环或芳环上时,以甲酸为母体,环作为取代基,称为“某二甲酸”、“某三甲酸”等。环上的编号从与羧基相连的碳原子开始。例如:

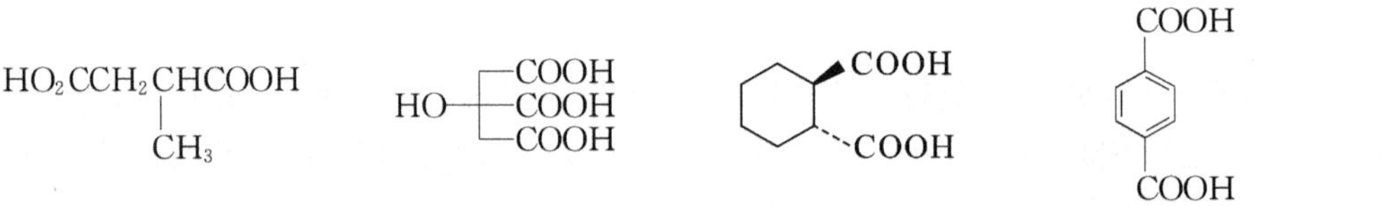

2-甲基丁二酸　　3-羟基-3-羧基戊二酸(柠檬酸)　　反-1,2-环己基二甲酸　　对苯二甲酸(或 1,4-苯二甲酸)

第二节　羧酸的结构与性质

一、结构与物理性质

羧基是一个强极性基团,羧酸分子的极性比水和相应的醇都强。羧基中的羟基和羰基都可以形成氢键,因此,羧基较羟基能形成更多的氢键。低级脂肪酸即使在气态时也是以双分子缔合体存在。

羧基的这种性质决定了羧酸较相对分子质量相近的醇具有更大的水溶性、更高的熔点和沸点。例如,相对分子质量相同的乙醇和甲酸的沸点分别为 78.4 ℃和 101 ℃;相对分子质量相同的正丙醇和乙酸的沸点分别为 97.4 ℃和 117.9 ℃。

在常温下,10 个碳原子以下的饱和一元酸为液体,10 个碳以上的羧酸为蜡状固体,脂肪族二元羧酸和芳香族羧酸都是晶体。其中,甲酸、乙酸、丙酸具有刺激性气味,其水溶液有酸味。C_4～C_9 的羧酸具有腥臭味,固体酸一般无气味。

羧酸的溶解性与分子中烃基和羧基所占的比例有关。一般的规律是,羧基比例越大，其水溶性越大，脂溶性越低。烃基比例增大，其脂溶性增大，水溶性迅速减小。因此，低相对分子质量的羧酸易溶于水，10个碳以上的一元羧酸不溶于水，但羧酸都易溶于乙醇、乙醚、苯等有机溶剂。二元酸的水溶性一般较相应的一元酸大。脂肪族二元酸能溶于水和乙醇，但难溶于其他有机溶剂。芳香族二元酸一般不溶于水。

二元羧酸的熔点和沸点较相应的一元羧酸高。饱和一元羧酸和二元羧酸的熔点具有特殊的规律性：含偶数碳原子的羧酸比与它相邻的两个含奇数碳原子的羧酸的熔点高。例如，丁酸的熔点(−5.5 ℃)高于丙酸(−20.8 ℃)和戊酸(−34.5 ℃)，己二酸的熔点(151～153 ℃)高于戊二酸(97.5 ℃)和庚二酸(103～105 ℃)。

一些常见的一元羧酸的物理常数见表 11.1。

表 11.1　常见羧酸的物理常数

化合物	俗　名	熔点/℃	沸点/℃	溶解度 /[g·(100 g 水)$^{-1}$]	pK_{a1} (25 ℃)
甲酸	蚁酸	8.4	100.8	∞	3.75
乙酸	醋酸	16.6	118.1	∞	4.76
丙酸	初油酸	−20.8	141.4	∞	4.87
正丁酸	酪酸	−5.5	164.1	∞	4.83
正戊酸	缬草酸	−34.5	186.4	3.7	4.84
正己酸	羊油酸	−4.0	205.4	1.10	4.88
正庚酸	毒水芹酸	−7.5	223	0.25(15 ℃)	4.89
正辛酸	羊脂酸	16	239	0.25(15 ℃)	4.89
正壬酸	天竺葵酸	12.5	253～254	微溶	4.95
正癸酸	羊蜡酸	31.4	268.7	不溶	—
十六碳酸	软脂酸	62.8	351.5	不溶	—
十八碳酸	硬脂酸	69.6	465	不溶	—
苯甲酸	安息香酸	122.4	250	0.34	4.21
邻甲基苯甲酸	—	106	259	0.12	3.91
间甲基苯甲酸	—	112	263	0.10	4.27
对甲基苯甲酸	—	180	275	0.03	4.36
乙二酸	草酸	186～187(分解)	>100(升华)	10	1.27
丙二酸	缩苹果酸	130～135(分解)	—	138(16 ℃)	2.86
丁二酸	琥珀酸	189～190	235(分解)	6.8	4.21
戊二酸	胶酸	97.5	200(2.66 kPa)	63.9	4.34
己二酸	肥酸	151～153	265(1.33 kPa)	1.4(15 ℃)	4.43
庚二酸	蒲桃酸	103～105	272(13.3 kPa)	2.5(14 ℃)	4.50
辛二酸	软木酸	140～144	279(13.3 kPa)	0.14(16 ℃)	4.52
壬二酸	杜鹃花酸	106.5	286.5(13.3 kPa)	0.20	4.53
癸二酸	皮脂酸	134.5	294.5(13.3 kPa)	0.10	4.55
顺丁烯二酸	马来酸	130.5	135(分解)	79	1.94
反丁烯二酸	延胡索酸	286～287	200(升华)	0.7(17 ℃)	3.02
邻苯二甲酸	酞酸	205(分解)	—	0.7	2.95
间苯二甲酸	异酞酸	349	—	0.01	3.70
对苯二甲酸	对酞酸	>300	—	0.002	3.54
α-萘乙酸	—	133	—	0.04	4.26

二、结构与化学性质

羧基是由羰基和羟基相连而成的一个整体。与其他羰基碳原子一样，羧酸中的羰基碳原子也是采用 sp^2 杂化成键的，它的三个 sp^2 杂化轨道分别与别的三个原子形成 3 个 σ 键，且处于同一平面内，键角约 120°。碳原子未杂化的 2p 轨道与羰基氧原子的 2p 轨道形成 π 键。另外，羟基氧原子的 p 轨道（含一对非键电子）与羰基的 π 键还形成p-π共轭体系。

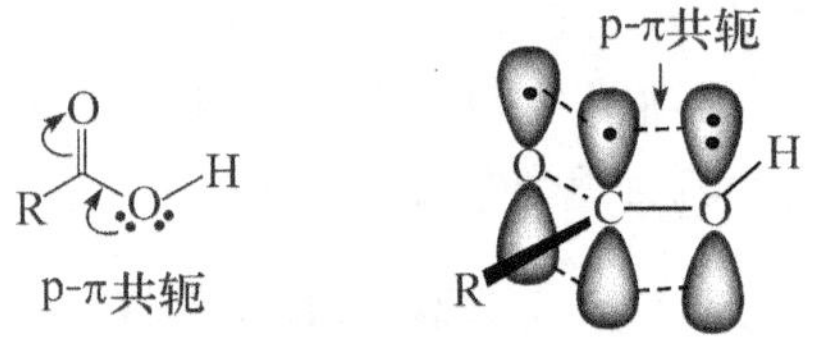

羧基的结构

羧基的化学性质不是酮和醇的性质的简单加和，而是作为一个整体表现出一定的特殊性。羰基的吸电性和 p-π 共轭效应导致 O—H 键的键电子向氧原子强烈地偏移，O—H 键的极性也就较醇羟基明显增强，因此，羧基的 O—H 键很容易发生异裂而离解出质子，即羧基能表现出明显的酸性。另外，p-π 共轭效应的结果使得 C—OH 键的强度得到一定程度的加强，羰基的吸电子诱导效应使 C—OH 键的极性减弱，总的结果是 C—OH 键不易发生异裂，即羟基不易发生亲核取代反应。对羰基来说，p-π 共轭效应的结果使羰基碳原子上的正电荷得到了分散，正电荷密度降低；另外，羟基氧原子的吸电子诱导效应也使 C═O 双键的极性减弱。总的结果导致羧基的羰基不像酮羰基那样容易发生亲核加成反应。同样的原因也导致羧基的 α-H 的酸性减弱，因此，羧基的羰基较难发生类似于醛、酮的烯醇式互变异构，在化学反应上表现为较难发生 α-H 的取代反应。

（一）酸性与酸碱反应

羧酸最显著的性质是它的酸性。羧酸在水溶液中可发生部分电离，其电离平衡如下：

$$RCOOH + H_2O \rightleftharpoons RCOO^- + H_3O^+$$

羧酸的酸性强度可用电离常数 K_a 或它的负对数 pK_a 表示。羧酸的 pK_a 一般为 3.5～5.0。

$$K_a=\frac{[RCO_2^-][H_3O^+]}{[RCO_2H]} \qquad pK_a=-\lg K_a$$

羧酸根负离子（$RCOO^-$）具有两种共振形式（参见第一章），其负电荷分配于 3 个原子上，这样的结构要比简单的烃氧负离子（RO^-）稳定得多，这也是促进羧酸酸性增强的另一个原因。羧酸根负离子越稳定，相应羧酸的酸性也越强。

羧酸的酸性比水和醇强得多，可与 $NaHCO_3$、Na_2CO_3、NaOH 等反应形成盐。基于羧酸与 $NaHCO_3$ 或 Na_2CO_3 反应能产生 CO_2 气体的性质，实验室常用此反应来鉴别有机酸。

$$RCOOH + NaOH \longrightarrow RCOONa + H_2O$$

$$RCOOH + NaHCO_3 \longrightarrow RCOONa + CO_2\uparrow + H_2O$$

$$2RCOOH + Na_2CO_3 \longrightarrow 2RCOONa + CO_2\uparrow + H_2O$$

与硫酸、盐酸等无机强酸相比，一般的羧酸都是弱酸。向羧酸盐中加入无机酸可发生强酸置换弱酸的反应，生成羧酸。利用羧酸盐溶于水但不溶于有机溶剂，而羧酸能溶于有机溶剂的性质，实验室常用羧酸的酸碱反应来分离提纯有机酸。

$$RCOONa + HCl \longrightarrow RCOOH + NaCl$$

一般情况下，二元羧酸的酸性比一元羧酸的酸性强。二元羧酸分子中有两个羧基，可以分步离解，但第二步离解要比第一步离解难得多。

羧酸的酸性强弱与分子的结构有关。当羧基的邻位或附近连有吸电子基团时，吸电子基团一方面通过诱导效应增强羧基中 O—H 键的极性，另一方面通过分散羧酸根负离子的电荷来稳定羧酸根负离子，从而使羧酸的酸性增加。吸电子效应越强，吸电子基团距离羧基越近或吸电子基团越多，羧酸的酸性也越强。当吸电子基团位于 γ-位或更远位置的碳原子上时，吸电子基团对羧酸酸性的影响将变得极小。例如：

	CH_3COOH	$ClCH_2COOH$	$Cl_2CHCOOH$	Cl_3CCOOH
pK_a	4.76	2.86	1.26	0.64
	$CH_3CH_2CH_2COOH$	$ClCH_2CH_2CH_2COOH$	$CH_3CHClCH_2COOH$	$CH_3CH_2CHClCOOH$
pK_a	4.82	4.70	4.41	2.82

相反，当斥电子的烷基与羧基相连时，导致羧酸的酸性减弱。例如：

	HCOOH	CH_3COOH	CH_3CH_2COOH	$(CH_3)_2CHCOOH$	$(CH_3)_3CCOOH$
pK_a	3.77	4.76	4.87	4.86	5.05

当羧基与其他不饱和键形成共轭体系时，共轭链上的取代基对羧基的影响较少受到取代基位置的影响。当羧基连接于芳环上时，尽管羧基与苯环也形成了共轭体系，但取代基在芳环上的位置对芳香酸酸性的影响程度却有明显的差异（表 11.2）。例如：

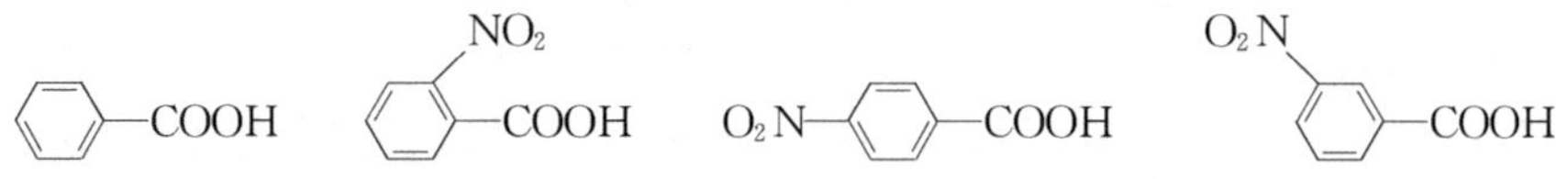

pK_a　4.20　　2.21　　3.42　　3.49

硝基对苯甲酸的酸性影响既有吸电子诱导效应，也有吸电子共轭效应，但间位和对位异构体的诱导效应很微弱，主要是共轭效应。硝基苯甲酸三种异构体的酸性差异主要是由于不同位置的硝基对羧基的诱导效应不同。从硝基苯的几种典型共振式可以看出，硝基苯的邻位和对位具有较小的电荷密度，因此硝基对邻、对位的羧基具有较强的吸电子作用。此外，邻硝基苯甲酸的酸性还受空间障碍的影响。

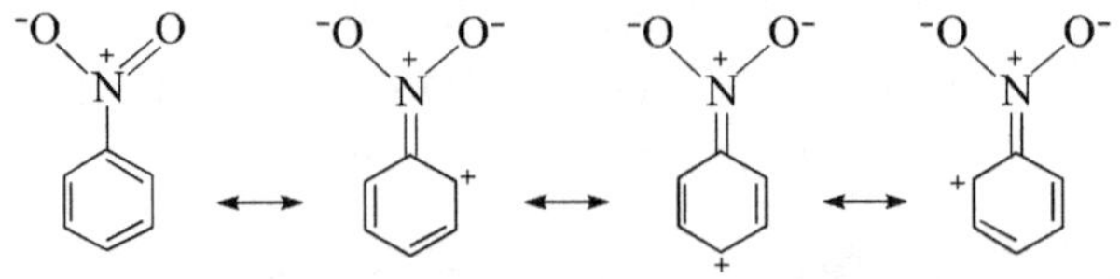

表 11.2　取代苯甲酸的 pK_a 值

取代基	*o*	*m*	*p*	取代基	*o*	*m*	*p*
—H	4.20	4.20	4.20	—I	2.86	3.85	4.02
$—CH_3$	3.91	4.27	4.38	—OH	2.98	4.08	4.57
—F	3.27	3.86	4.14	$—OCH_3$	4.09	4.09	4.47
—Cl	2.92	3.83	3.97	$—NO_2$	2.21	3.49	3.42
—Br	2.85	3.81	3.97				

诱导效应是沿原子链传递的电子效应。此外，还有一种称为场效应的空间静电作用，就是取代基产生的电场通过空间可以对另一端的反应中心产生影响。例如，丙二酸的羧酸负离子除对另一端的羧基有诱导效应外，还有场效应。

两种效应均使质子不易离去，使酸性减弱。场效应与距离平方成反比，距离越远，作用越小，通常要区别诱导效应和场效应是比较困难的，因为这两种效应往往同时存在，且同方向。但是当取代基在合适位置时，场效应与诱导效应方向相反。

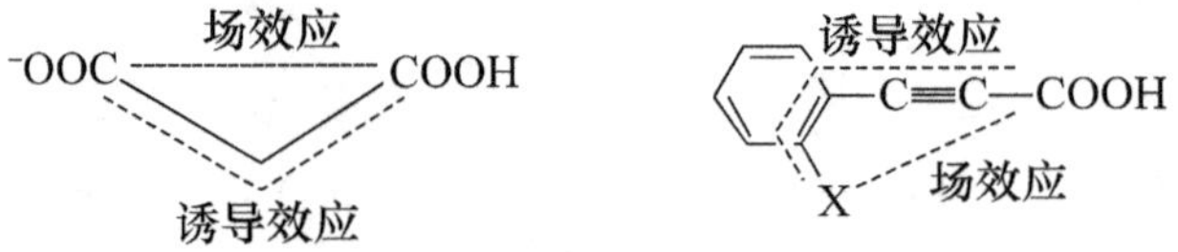

当 X 是卤素时，诱导效应使酸性增强，而 C—X 偶极的场效应使酸性减弱，上述邻卤代酸的酸性比间位和对位异构体的酸性弱，就是由场效应所致。

（二）生成羧酸衍生物的反应

虽然羧基的羟基因 p-π 共轭效应的结果导致羧基的 C—O 键较一般醇中的 C—O 键难发生异裂，即较难发生亲核取代反应。但在一些特殊的条件下，羧酸中的羟基也可被卤原子、酰氧基、烷氧基、氨基（或取代氨基）等取代，生成相应的酰卤、酸酐、酯和酰胺。酰卤、酸酐、酯和酰胺统称为羧酸衍生物（carboxylic acid derivative）。

1. 生成酰卤的反应

酰卤(acyl halide)是有机合成中非常有用的试剂,其中以酰氯最为常用。当羧酸与一些卤代试剂,如 PCl_3、PCl_5、$SOCl_2$(二氯亚砜或亚硫酰氯)作用时,羧基中的羟基被氯原子取代,生成酰氯。根据所用原料和所得产物之间的沸点差别来选择适当的卤代试剂,通常是用 $SOCl_2$、PCl_3 来制备沸点较低的酰氯,而用 PCl_5 制备具有较高沸点的酰氯。例如:

$$3CH_3COOH + PCl_3 \longrightarrow 3CH_3COCl + H_3PO_3$$

b. p. /℃ 118 75 52

芳香族酰卤一般是由 PCl_5 或 $SOCl_2$ 与芳香羧酸作用制取的。芳香族酰氯的稳定性较好,在水中发生缓慢水解。苯甲酰氯是有机合成中常用的苯甲酰化试剂。

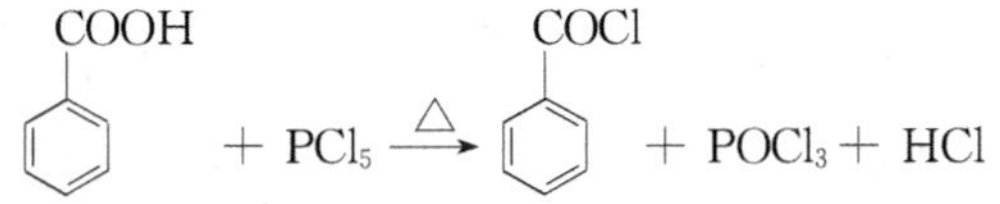

b. p. /℃ 249 197 105

$SOCl_2$ 在实验室中常用来制备酰氯。由于 $SOCl_2$ 反应后生成的 HCl 和 SO_2 可自发地从反应体系中移出,所以反应的转化率很高,酰氯的产率可高达 90%以上。为了提高产率和便于分离,实验室一般使用过量的 $SOCl_2$ 与羧酸反应,制备与它有较大沸点差异的酰氯。例如:

$$CH_3(CH_2)_4COOH + SOCl_2 \longrightarrow CH_3(CH_2)_4COCl + HCl\uparrow + SO_2\uparrow$$

b. p. /℃ 205 76 153

2. 生成酸酐的反应

饱和的一元羧酸在强脱水剂如 P_2O_5 存在下加热,两分子羧酸间能失去一分子水,生成酸酐(acid anhydride)。

$$RCOO\boxed{H + HO}\overset{O}{\overset{\|}{C}}-R \xrightarrow[\triangle]{P_2O_5} (RCO)_2O + H_2O$$

实验室常用的乙酸酐在工业上是由乙酸经乙烯酮(ketene)制得的。

$$CH_3COOH \xrightarrow[-H_2O]{700\ ℃} \underset{\text{乙烯酮}}{H_2C=C=O} \xrightarrow{CH_3COOH} H_3C-\overset{O}{\overset{\|}{C}}-O-\overset{O}{\overset{\|}{C}}-CH_3$$

高级酸酐一般是通过乙酸酐和高级脂肪酸进行交换反应来制备的。此时,乙酸酐实际上是脱水剂。

$$(CH_3CO)_2O + 2RCOOH \overset{\triangle}{\rightleftharpoons} 2CH_3COOH + (RCO)_2O$$

甲酸一般不发生分子间的热脱水成酐反应。若在浓硫酸存在时加热甲酸,甲酸可分解成 CO 和 H_2O，常用此法制备高纯度的一氧化碳。

$$HCOOH \xrightarrow[60\sim80\ ^\circ C]{H_2SO_4(浓)} H_2O + CO\uparrow$$

3. 生成酯的反应

羧酸与醇在强酸如浓硫酸催化下生成羧酸酯和水的反应称为酯化反应。

酯化反应是可逆反应。实验室常采用添加反应物(酸或醇)或从反应体系中不断移去一种生成物的方法来提高酯的产率。如果生成的酯的沸点较低，可以在反应过程中不断蒸出酯；或者在反应体系中加入苯，利用苯可以与水形成恒沸物的性质，在反应过程中不断蒸出苯和水的恒沸物而将水除去。上述措施都可以使反应平衡不断地向右移动。

$$RCOOH + R'OH \overset{H^+}{\rightleftharpoons} RCOOR' + H_2O$$

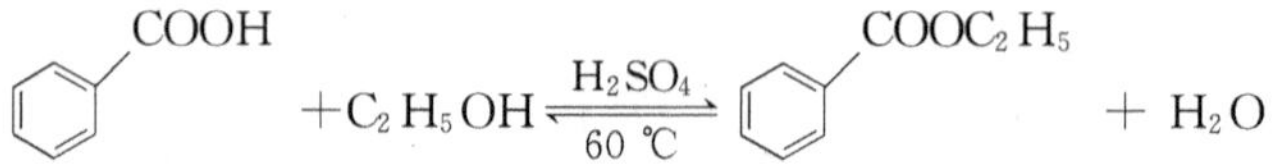

用同位素标记法证实，在羧酸与醇的酸催化成酯反应中，失去的 H_2O 中的氧原子来自于羧酸的羟基，而不是醇羟基。

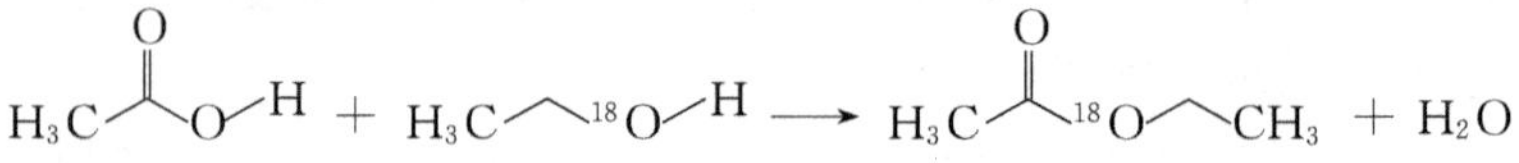

其反应机理如下：

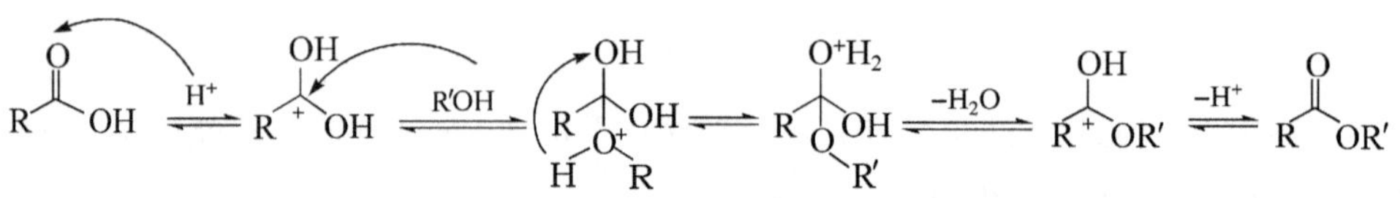

由上述反应机理可知，酸的作用是通过向羰基氧提供质子来增加羰基碳的亲电性。

羧酸与重氮甲烷(CH_2N_2)可在室温下反应，高产率地生成甲酯，称为甲基化反应(methylation reaction)。

$$RCOOH + CH_2N_2 \longrightarrow RCOOCH_3 + N_2\uparrow$$

重氮甲烷有剧毒，且容易爆炸。实验室一般现用现制，且将其溶解在乙醚溶液中使用。此法多用于小量甲酯的制备，尤其适合于热敏性甲酯的合成。

羟基酸(hydroxy-acid)直接受热可发生分子内或分子间的脱水反应，脱水产物依分子内羟基和羧基的相对位置的不同而不同。α-羟基酸发生双分子的失水反应，形成环状的交酯(estolid)。β-羟基酸中的 α-氢受羧基和羟基的影响，比较活泼，在受热时，容易和 β-碳原子上的羟基失水而生成 α,β-不饱和酸。γ-羟基酸或

δ-羟基酸发生分子内的脱水，形成五元环或六元环的内酯(lactone)。内酯也是自然界广泛存在的一类化合物。

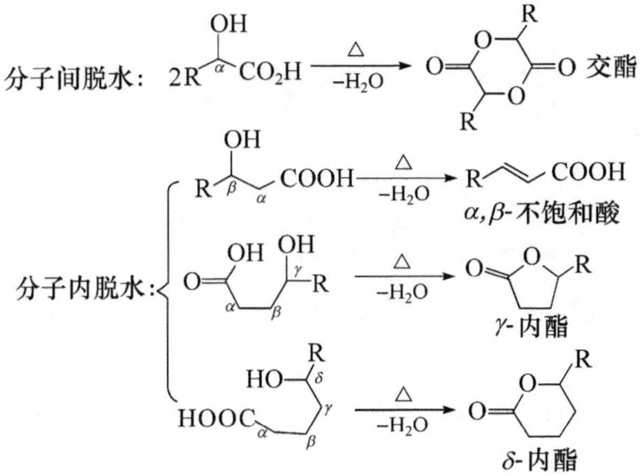

羧酸盐与卤代烷也可生成酯，但这一方法只在个别时候使用。羧酸钠和羧酸银是最常用的羧酸盐。羧酸钠只适合与一级卤代烷，尤其是活泼的一级卤代烷生成酯，二级和三级卤代烷在反应过程中同时产生烯烃。这个反应是 S_N2 机理，常用于制备羧酸苄酯。例如：

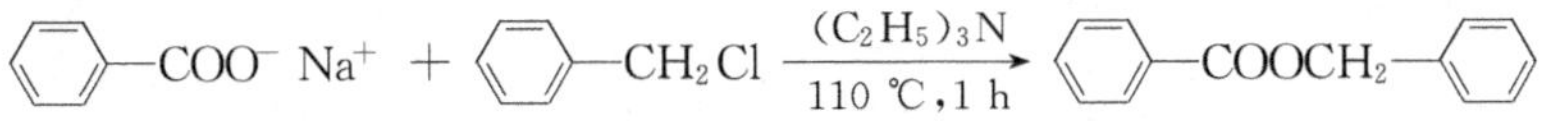

94%

羧酸银与卤代烃生成酯的反应较羧酸钠要容易得多，其主要原因是反应中可形成沉淀的卤化银。因银盐较贵，这个方法在合成上用得不多，一般只用于制备难合成的酯，如有一定空间障碍的羧酸酯或含有活泼双键的羧酸酯。例如：

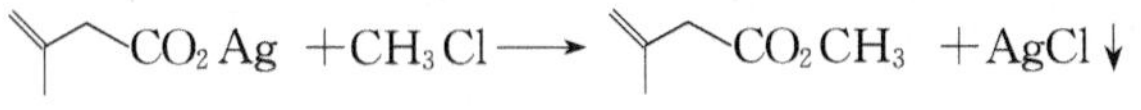

47%

4. 生成酰胺的反应

羧酸与氨作用生成羧酸铵盐。羧酸铵盐在高温加热时，可失去一分子水，生成酰胺(amide)。若继续加热，则酰胺可再失去一分子水，生成腈(nitrile)。

$$R-\overset{O}{\overset{\|}{C}}-OH + NH_3 \longrightarrow R-\overset{O}{\overset{\|}{C}}-ONH_4 \xrightarrow[\triangle]{-H_2O} R-\overset{O}{\overset{\|}{C}}-NH_2 \xrightarrow[\triangle]{-H_2O} R-C\equiv N$$

对氨基苯酚与乙酸加热脱水的产物是对羟基乙酰苯胺(药物“扑热息痛”)。

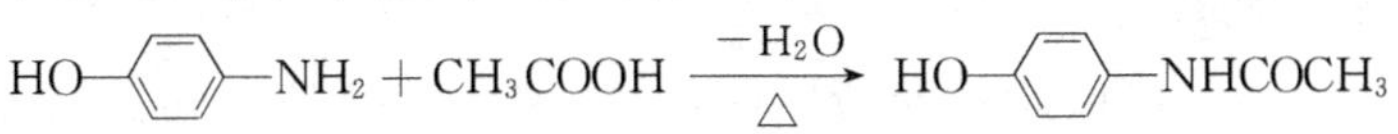

丁二酸和戊二酸的二铵盐在受热时发生分子内的脱水、脱氨反应，生成五元或六元环状酰亚胺。例如：

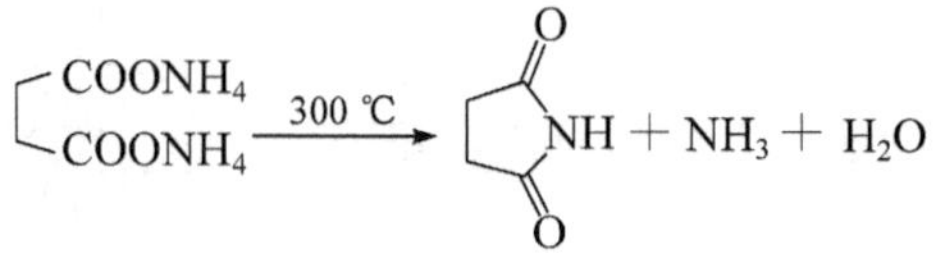

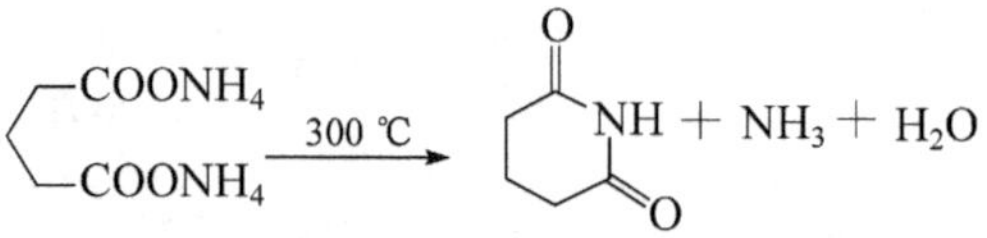

己二酸与己二胺缩聚生成聚酰胺纤维——尼龙-66（又称锦纶-66）。

$$nH_2N(CH_2)_6NH_2 + nHOOC(CH_2)_4COOH \xrightarrow[250\ ^\circ C]{-H_2O} \left[HN-(CH_2)_6-NH-\overset{O}{\overset{\|}{C}}-(CH_2)_4-\overset{O}{\overset{\|}{C}} \right]_n$$

（三）还原反应

羧基中由于存在 p-π 共轭体系，羰基碳的正电荷得到了分散，故羧基的还原较醛、酮要困难，一般只有强还原剂才能将其还原成醇。实验室常用 $LiAlH_4$ 和 B_2H_6（硼烷）来还原羧基。其中，$LiAlH_4$ 不与分子中的双键发生反应。例如：

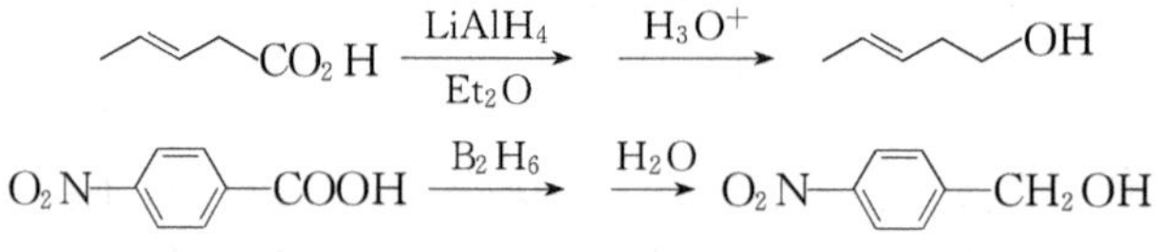

79%

硼烷的还原反应首先是缺电子的硼对羰基氧的加成，然后将负氢离子从硼转移到羰基碳原子上。

（四）与有机锂的反应

与其他羰基化合物如醛、酮等不同，羧酸与一般有机金属试剂只形成盐，而不能进一步向分子中引入烃基。但羧酸可以与有机锂试剂反应形成酮，有机合成上常用此法制备甲基酮。

羧酸需要与两分子的有机锂试剂反应才能生成酮。第一分子烃基锂与羧酸形成羧酸锂盐。羧酸锂盐的离解性能不是很高，但溶解性能却很好，易于接受亲核试剂对羰基碳的进攻。第二分子烃基锂与羧酸锂盐反应时，首先是 Li^+ 与羰基氧原子接近，使 C═O 双键发生极化，导致羰基碳上的正电荷增加，并更容易接受烃基负离子（R^-）的亲核进攻。

有机锂与羧酸的反应对空间效应很敏感，因此羧酸的 α-位取代基越少，有机锂烃基越小，反应也就越容易进行，这就是为什么常用此法制备甲基酮的缘故。常用溶剂有乙醚、四氢呋喃、苯等。例如：

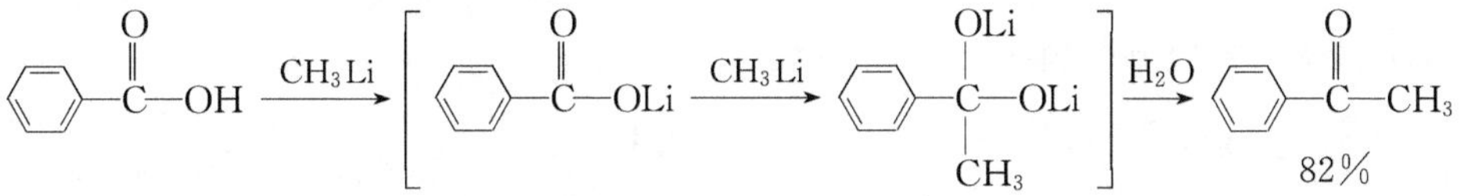

(五) 二元酸的受热反应

二元酸受热可发生失 H_2O、失 CO_2 或同时失 H_2O 和 CO_2。根据两个羧基的相对位置不同，其发生的反应类型和生成的产物也不同。乙二酸和丙二酸受热会失去 CO_2，生成少一个碳的羧酸，故又称失羧反应。乙二酸迅速加热至 150 ℃则分解为甲酸并放出 CO_2。丙二酸加热至熔点以上则失去 CO_2 而形成乙酸。

$$HOOC—COOH \xrightarrow[150\ ℃]{} HCOOH + CO_2\uparrow$$

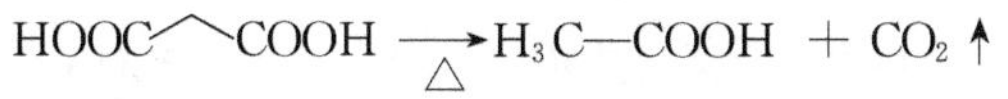

丁二酸及戊二酸加热至熔点以上，可发生分子内脱水，形成具有稳定结构的五元环和六元环酸酐。

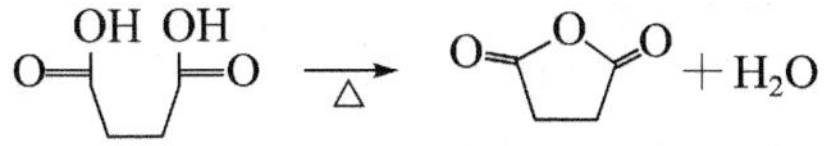

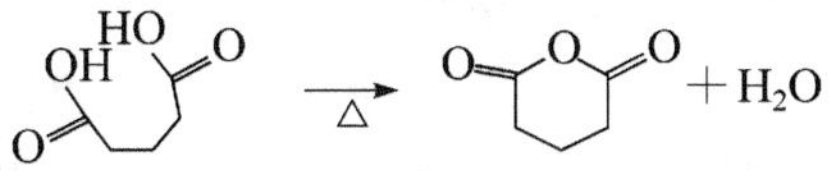

己二酸、庚二酸在氢氧化钡存在下加热，可发生失 H_2O 又失 CO_2，从而分别生成具有稳定结构的五元环酮和六元环酮。

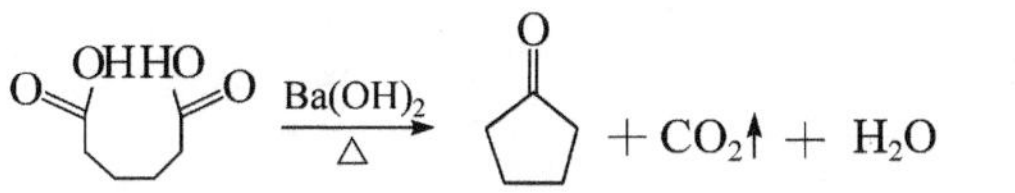

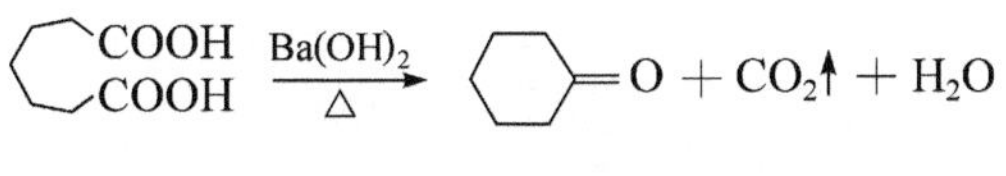

庚二酸以上的二元酸，在高温时发生分子间的失水，形成高分子的酸酐，不形成大于六元的环酮。由此可见，当反应有可能形成具有稳定结构的五元环或六元环结构时，反应总是优先进行，且产率较高。类似的反应还有邻苯二甲酸的脱水反应。

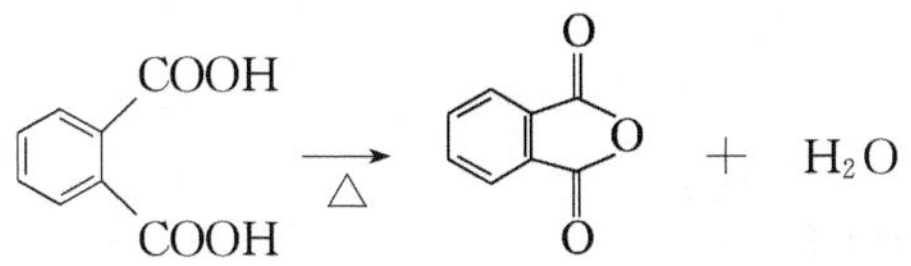

习　题

1. 按系统命名法命名下列化合物或写出其结构式。

(1) 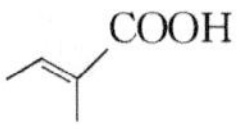　(2) 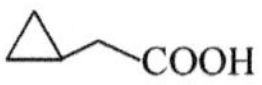　(3) 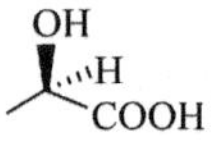　(4) 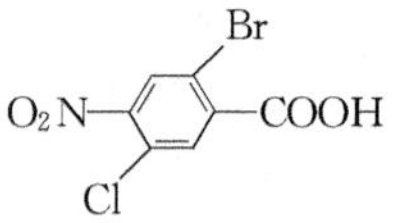

(5) 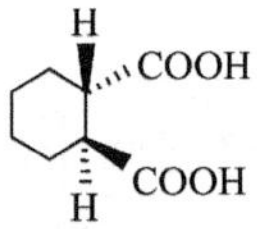　(6) 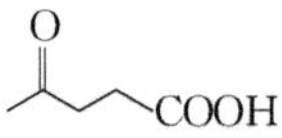　(7) 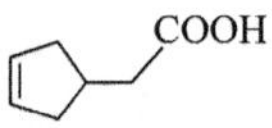　(8) 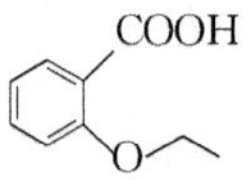

(9) 2-(2-溴苯基)丙酸　(10) 3-甲基丁酸　(11) 延胡索酸　(12) 马来酸

(13) 琥珀酸　(14) 安息香酸　(15) β-萘乙酸

2. 将下列化合物按酸性增强的顺序排列。

(1) $CH_3CH_2CHClCOOH$　$CH_3CH_2CHBrCOOH$　$CH_3CH_2CH_2COOH$　$CH_3CH_2CH_2CH_2OH$

(2) $HCOOH$　H_2CO_3　$HOOCCOOH$　CH_3COOH

(3) 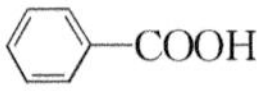　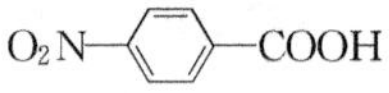　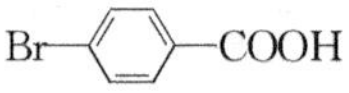　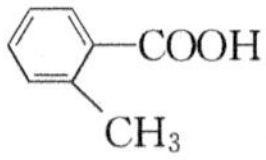

3. 以反应式表示乙酸与下列试剂的反应。

(1) 乙醇　(2) 三氯化磷　(3) 五氯化磷　(4) 氨　(5) 碱石灰热融

4. 用简单的化学方法区别下列各组化合物。

(1) HOOC—COOH　HOOCH$_2$C—CH$_2$COOH

(2) $(CH_3)_2CHCH{=}CHCOOH$　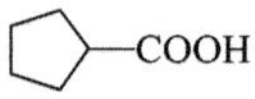

(3) 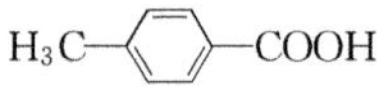　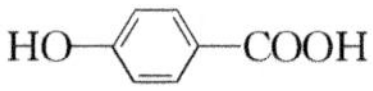　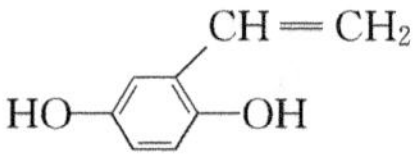

5. 写出下列反应的主要产物。

(1) $HCOOH+CH_3CH{=}CHCH_2OH \xrightarrow[\triangle]{H^+}$

(2) 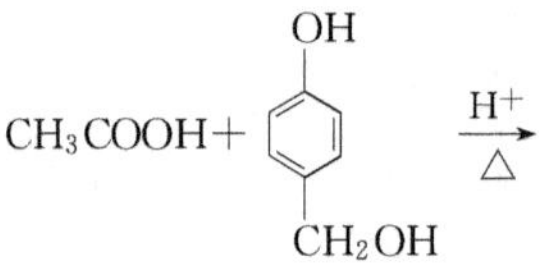

(3) 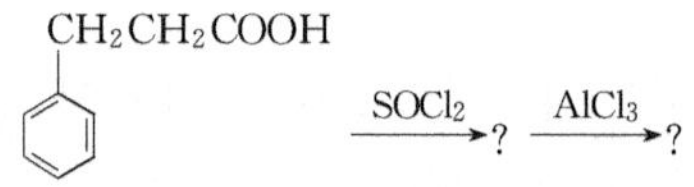

(4) 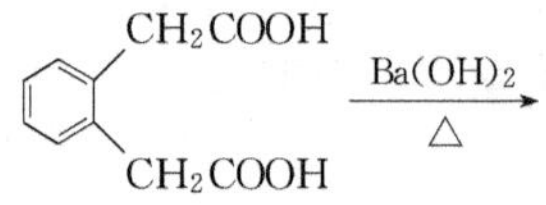

(5) 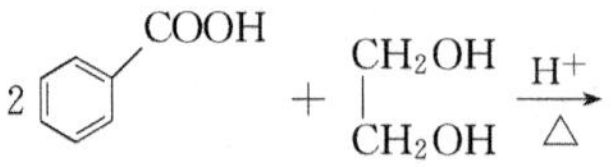

(6) $CH_3CH(COOH)_2 \xrightarrow{\triangle}$

(7) HCOOH+ —OH $\xrightarrow[\triangle]{H^+}$

(8) 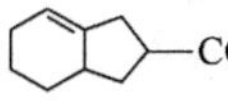—COOH $\xrightarrow[2.\ H^+/H_2O]{1.\ LiAlH_4}$

(9) $HOCH_2CH_2COOH \xrightarrow[2.\ H^+/H_2O]{1.\ LiAlH_4}$

(10) —CO_2H $\xrightarrow[2.\ H^+/H_2O]{1.\ CH_3Li(过量)}$

6. 指出下列反应的主要产物。

(1) $C_6H_5CH_2Cl \xrightarrow[Et_2O]{Mg} ? \xrightarrow{CO_2} \xrightarrow{H_2O} ? \xrightarrow{SOCl_2} ?$

(2) $ClH_2C-\overset{\overset{\Large O}{\|}}{C}-CH_2Cl \xrightarrow{HCN} ? \xrightarrow{H_3O^+} ? \xrightarrow{NaCN} ? \xrightarrow{H_3O^+} ?$

7. 完成下列转变。

(1) $CH_2=CH_2 \longrightarrow CH_3CH_2COOH$　　(2) $CH_3CH_2CH_2OH \longrightarrow (CH_3)_2CHCOOH$

(3) $C_6H_5Br \longrightarrow C_6H_5COOC_2H_5$　　(4) $CH_3COOH \longrightarrow (CH_3CO)_2O$

8. 请设计一个分离己酸、己醇和对甲基苯酚混合物的实验方案。

9. 甲苯与下列试剂发生什么反应？用反应式表示。

(1) 与 $KMnO_4$ 作用，然后用 Na_2CO_3 或 NaOH 处理。

(2) 光照下与 3 mol Cl_2 作用，然后用 NaOH 水溶液加热，最后用盐酸酸化处理。

10. 化合物(A)、(B)、(C)的分子式均为 $C_3H_6O_2$，(A)与 Na_2CO_3 作用放出二氧化碳；(B)和(C)不能与 Na_2CO_3 反应，但在 NaOH 溶液中加热后可水解，在(B)的水解液中蒸馏出的液体有碘仿反应。试推断(A)～(C)的结构，并写出可能的反应式。

11. 化合物(A)，分子式为 $C_4H_6O_4$，加热后生成(B)，分子式为 $C_4H_4O_3$。将(A)与过量甲醇及少量硫酸一起加热，得分子式为 $C_6H_{10}O_4$ 的(C)。(B)与过量甲醇作用也得到(C)。(A)与 $LiAlH_4$ 作用后得分子式为 $C_4H_{10}O_2$ 的(D)。写出(A)～(D)的结构式及相应的反应式。

组 合 化 学

组合化学(combinatorial chemistry)是以一系列结构各异的“构建单元”(building block)的组合、连接为特征，平行、系统、快速地合成大量化学实体，并形成组合化学库(combinatorial library)的合成技术。1984 年，美国人梅里菲尔德(Merrifield)因其在多肽组合化学方面的杰出贡献而获得了诺贝尔化学奖。

组合化学是以可靠的合成反应和快速、高灵敏度、高选择性的检测或筛选方法为手段，以均分合成法(split synthesis)为基本策略，以高效率、快速获得具有分子多样性的化合物库为直接目的。组合化学的基本思想就是将有机合成战略、有机合成程序和均分合成法巧妙、科学地结合在一起。

组合化学最早起源于固相多肽合成，目前扩展到寡聚核苷酸库和其他非肽库(non-peptide libraries)的合成。它与传统有机合成的低效率和产物单一性有本质的区别，因此，有人将组合化学的诞生称为有机合成化学的一次革命。化学库的快速建立不仅极大地提高了发现和合成新化合物的步伐，也为生物活性物质的筛选提供了丰富的化学物质基础，同时也间接地提高了发现新活性物质的速度。因此，组合化学与有机化学、药物化学、生物化学等学科有极其密切的关系。

在寻找和开发新药的研究中，发现具有良好药理活性的先导化合物是非常重要的。组合化学的应用能够大大提高发现新的先导化合物的速度，而且对于进一步研究先导化合物的构效关系(structure-activity relationship，SAR)，直到得到活性符合要求的候选药物的各个阶段都大有用武之地。例如，在研究先导化合物的构效关系时，如果化学家意识到需要在其分子中引入一个亲脂性的侧链，以往只能花时间分别合成甲基、丙基、苄基等一系列取代的化合物，而应用组合化学则可以同时合成数百个或更多个类似物，并从中寻找可能具有更好活性的修饰物，进而有针对性地对其进行更彻底的研究，并最终发现生物活性理想的化合物。

第十二章　羧酸衍生物

羧酸衍生物指的是化合物酰卤、酸酐、酯和酰胺。它们可以看成是羧酸羧基中的—OH 分别被 X—、RCO_2—、RO—、H_2N— 取代后的产物。由于腈可以水解为羧酸，因此这类化合物也一起讨论。

第一节　羧酸衍生物的分类与命名

羧酸衍生物根据羧基的羟基被不同基团取代可分成酰卤、酸酐、酯和酰胺。

酰卤类化合物的命名比较简单，是将酰基作为取代基对待，其命名的通式是"某酰卤"。例如：

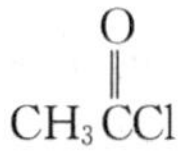

乙酰氯

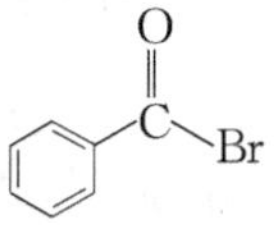

苯甲酰溴

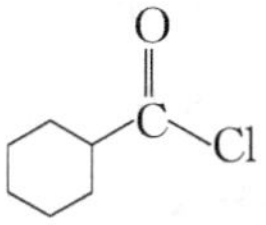

环己基甲酰氯

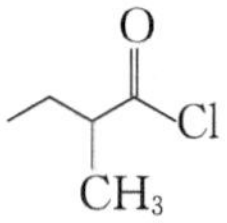

2-甲基丁酰氯

酸酐可看成是两分子羧酸失去一分子水的产物。若两分子羧酸是相同的，称为单酐或对称酐。命名时只要在原来羧酸的名称后面加上"酐"字即可。有时还常将名称中的"酸"字省略；若两分子羧酸是不同的，称为混酐或不对称酐。命名时把简单的酸放在前面，复杂的酸放在后面，最后加上"酐"字即可。与单酐相同，名称中的"酸"字也可略去。二元酸分子内失水形成的环状酸酐，其命名是在二元酸名称的前面加上"环"字，在后面加上"酐"字。例如：

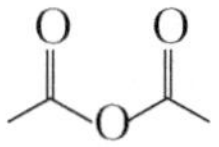

乙酸酐或乙酐

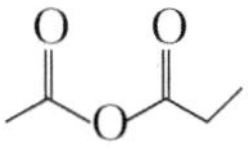

乙酸丙酸酐或乙丙酐

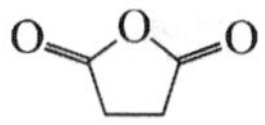

环丁二酸酐

酯可看成是羧酸和醇的脱水产物，命名时把羧酸名称放在前面，醇的名称放在后面，并将"醇"改换成"酯"即可。若是分子内的羟基和羧基失水形成的内酯(lactone)，其命名是在原来酸名称的后面加上"内酯"两个字，并在名称的最前面注明羟基的位次。有时名称中的"酸"字也可省略。羟基的位次可用 α、β、γ、δ 等（普通命名法）表示，也可用 2、3、4 等（IUPAC 命名法）表示，但编号一定是从羧基开始的。例如：

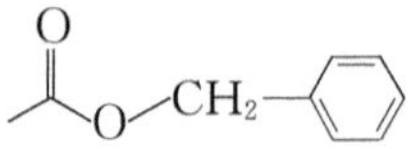

乙酸苯甲酯

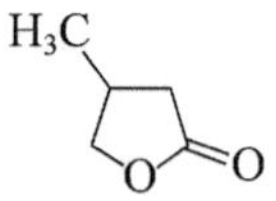

3-甲基-4-丁酸内酯
或 3-甲基-4-丁内酯

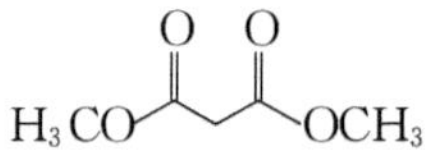

丙二酸二甲酯

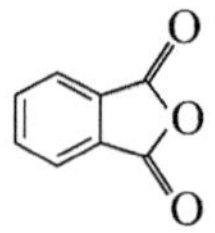

邻苯二甲酸酐

酰基与氮原子直接相连的化合物，称为酰胺，可看成是羧酸与氨或胺脱水缩合的产物。命名时将相应羧酸中的“酸”字改为“酰胺”即可。若 N 原子上连有取代基，一般称为“*N*-某基某酰胺”。若 N 原子上的取代基连有较酰胺更优的基团时，酰胺基作为取代基，称为“某酰胺基”。当 N 原子上同时连两个酰基时，称为酰亚胺。例如：

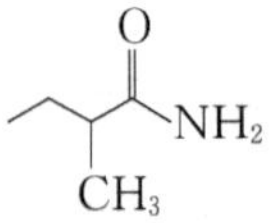

2-甲基丁酰胺

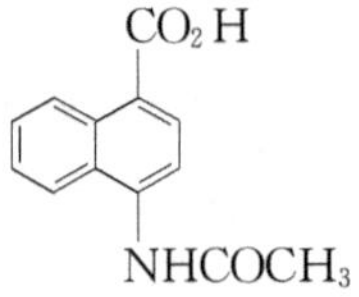

4-乙酰胺基-1-萘甲酸

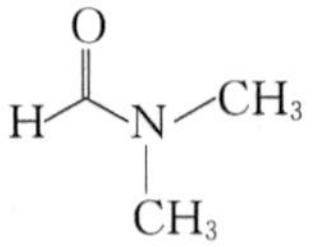

N,*N*-二甲基甲酰胺(DMF)

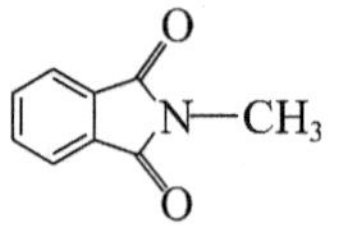

N-甲基邻苯二甲酰亚胺

分子中包含氰基—C≡N 的化合物称为腈(nitrile)，可看成是酰胺脱水的产物。简单开链腈是根据母体链碳数(包含氰基碳)用“腈”作母体来命名的。当氰基连接在环上时，环作为取代基，—C≡N 以“甲腈”来命名。若烃基复杂或含有其他较优基团时，氰基则作为取代基对待。例如：

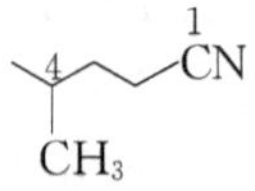

4-甲基戊腈

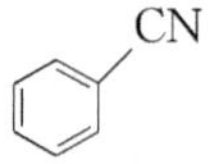

苯甲腈

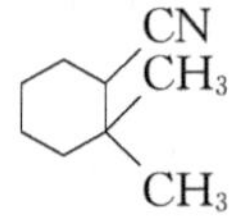

2,2-二甲基环己甲腈

第二节　羧酸衍生物的结构与性质

一、结构与物理性质

酰卤、酸酐和酯因含有极性的羰基而都有一定的分子极性，但并不能形成分子间氢键，故酰卤和酯的熔点和沸点都较相对分子质量相近的羧酸低。酸酐比相应的羧酸沸点高，这主要是因为相对分子质量增加的缘故。酰胺与其他三种羧酸衍生物不同，它不仅能形成分子间氢键，而且能形成的氢键数目也多于羧酸，故酰胺的熔点和沸点都高于相应的羧酸。除甲酰胺外其他的酰胺在室温下都是固体。

高级的酰氯和酸酐不溶于水，低级的遇水会分解。低级酰氯与空气中的水分相遇即可分解，释放出卤化氢，故低级酰卤有刺鼻气味。低级酯在水中有较小的溶解度，高级酯不溶于水。因此，实验室常用乙酸乙酯作为溶剂从水溶液中萃取脂溶性有机物，酯类在工业上大量用于油漆行业。酰胺因能与水形成氢键而具有较好的水溶性。例如，*N*,*N*-二甲基甲酰胺和 *N*,*N*-二甲基乙酰胺可与水以任何比例混溶，二者都是常用的非质子极性溶剂。

低级的酰氯与酸酐是液体，高级的为固体。十四碳酸以下的甲酯、乙酯等均为液体，且多数具有芳香性气味，很多存在于水果中，可用做香料。酰胺除甲酰胺外均为固体，且随 N 原子上氢被逐步取代，熔、沸点下降，因此脂肪族的 N 取代酰胺常为液体。

一些常见羧酸衍生物的物理性质见表 12.1。

表 12.1 一些常见羧酸衍生物的物理性质

化合物	熔点/℃	沸点/℃	化合物	熔点/℃	沸点/℃
乙酰氯 acetyl chloride	−112	51	甲酸乙酯 ethyl formate	−80	54
乙酰溴 acylbromide	—	76.7(99.8 kPa)	乙酸乙酯 ethyl acetate	−83	77
丙酰氯 propionyl chloride	−94	80	乙酸异戊酯 iso-amayl acetate	−78	142
正丁酰氯 butyryl chloride	−89	102	异戊酸异戊酯 iso-amayl isovalerate	—	194
苯甲酰氯 benzoyl chlordie	−1	197	苯甲酸乙酯 ethyl benzoate	−34	213
对硝基苯甲酰氯 *p*-nitrobenzoyl chloride	72	154(2 kPa)	甲基丙烯酸甲酯 methyl methacrylate	−50	100
乙酸酐 acetric anhydride	−73	140	甲酰胺 formamide	2.5	200(分解)
丙酸酐 propionic anhydride	−45	169	乙酰胺 acetamide	81	222
丁二酸酐 succinic anhydride	119.6	261	丙酰胺 propionamide	79	213
顺丁烯二酸酐 maleic anhydride	53	202	乙酰苯胺 acetaniline	130	290
苯甲酸酐 benzoic anhydride	42	360	苯甲酰胺 benzamide	130	290
邻苯二甲酸酐 phthalic anhydride	132	284.5	*N*,*N*-二甲基甲酰胺 dimethylformamide	—	153
乙腈 acetonitrile	—	81	丁二酰亚胺 succimide	126	288
苯甲腈 benzonitrile	−10	70	邻苯二甲酰亚胺 phthalimide	238	升华

二、羧酸衍生物的结构与化学性质

在酰卤、酸酐、酯和酰胺中，与羰基相连的无论是 O 原子、N 原子还是卤素原子，这些杂原子都是采用 sp^2 杂化的。由于这些杂原子的电负性均大于碳原子，因此这些杂原子对羰基碳原子存在吸电子诱导效应(−I),但卤原子、O、N 的−I 效应程度是不同的,其强弱次序为卤原子>O 原子>N 原子。另外,这些杂原子和羰基 π 键之间还存在供电子 p-π 共轭效应(+C)。由于 p-π 共轭效应的程度与杂原子的 p 轨道半径有关,杂原子的 p 轨道的半径与碳原子的 p 轨道半径越接近,p-π 共轭效应的程度越强,因此卤原子、O 原子、N 原子的+C 强弱次序为 N 原子>O 原子>卤原子。杂原子对羰基的总电子效应的性质,即吸电子作用还是供电子作用,取决于以上两方面因素的综合结果。卤原子和酸酐 O 原子的总电子效应表现为吸电子作用,且吸电子作用的强弱次序为卤原子>酸酐 O 原子。而 N 原子和酯 O 原子的总电子效应则表现为供电子效应,其供电子作用的强弱次序为 N 原子>酯 O 原子。不同的电子效应导致四种羧酸衍生物中羰基碳原子上的电子密度由高到低的次序为酰卤>酸酐>酯>酰胺。这种电子密度高低次序也反映了四种羧酸衍生物中羰基碳原子受亲核试剂进攻的容易程度和反应活泼性程度。一般来说,酰卤和酸酐很活泼,反应容易进行,酰胺很稳定,比较难以发生反应,其反应常需要较高的反应温度,而酯的反应性能居中。

(一) 亲核取代反应

羧酸衍生物最典型的反应是亲核取代反应,其中水解、氨解(aminolysis)和醇解(alcoholysis)反应是最常见和最重要的。羧酸衍生物的亲核取代反应可用下面的通式表示:

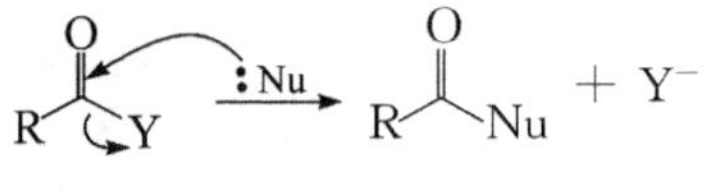

(Y=卤原子, 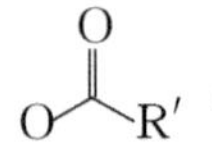 ,OR′,NH_2,NHR′,NR'_2)

羧酸衍生物的亲核取代反应机理根据反应条件的不同而有所不同,可分为无催化机理、碱催化机理和酸催化机理三种。

酰氯和酸酐比较活泼,一般无须催化,中性亲核试剂(H_2O、ROH、NH_3、NH_2R、NHR_2)直接进攻羰基碳。由于这些中性亲核试剂的亲核能力较弱,因此只有亲电性较强的酰氯和酸酐才能与之顺利发生反应。其反应机理如下:

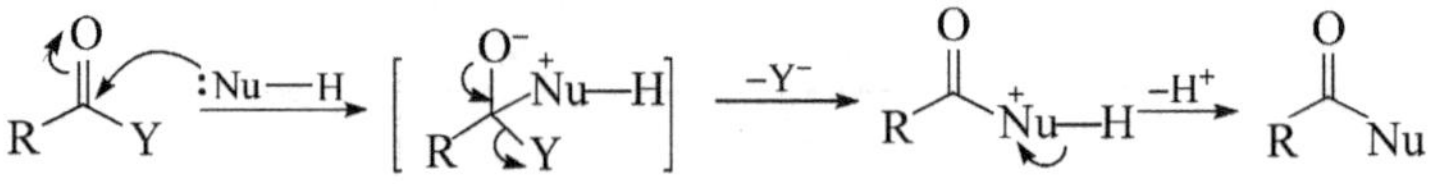

中间体

(Y=卤原子, 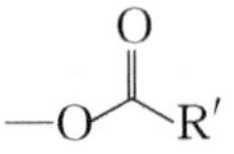)

酯和酰胺的羰基碳的亲电性较弱，一般亲核性较弱的中性分子很难与之发生亲核取代反应。因此，在无催化的条件下，酰胺一般不发生水解反应，酯也只能非常缓慢地发生水解。因此，实验室对酯和酰胺的水解常采用酸催化或碱催化法来进行。两种催化反应机理可分别表示如下：

酸催化

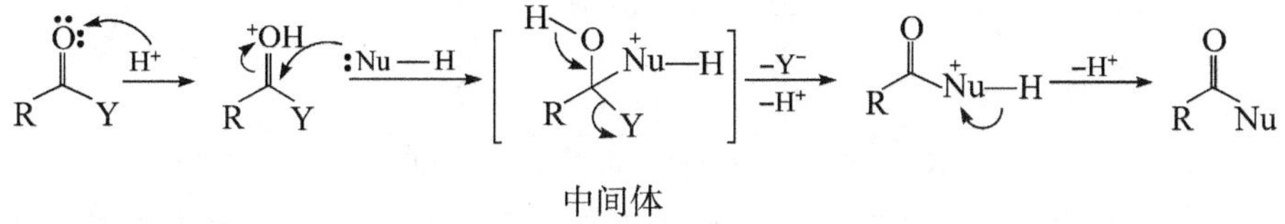

碱催化

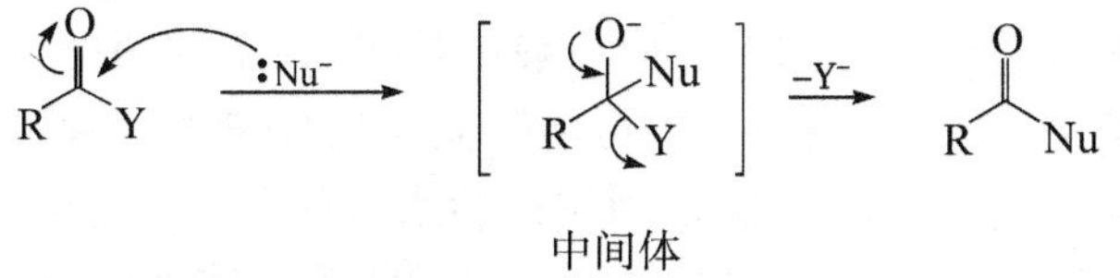

无论是酸催化还是碱催化，其限速步骤都是形成反应中间体这一步。该步反应实际上就是亲核试剂对羰基双键的加成反应，随后中间体的离去基团的离去过程可看成是中间体的消除反应，因此羧酸衍生物的亲核取代反应机理可称为加成-消除机理。由上式可见，酸催化机理是通过对酯或酰胺的羰基进行质子化来提高中间体的形成速度。质子化的结果使羰基碳上的亲电性增强，从而使亲核试剂更容易进攻羰基碳而形成反应中间体；碱催化则是通过使中性的亲核试剂变成带负电的亲核试剂来提高亲核试剂的亲核能力，从而加速反应中间体的形成。

对于同一类羧酸衍生物的同一种亲核取代反应来说，反应物的活性还与其具体结构有关。主要包括离去基团的离去能力和烃基的空间障碍两个因素。例如，对于烃基相同的不同酰卤来说，由于卤素的离去能力为 $I^- > Br^- > Cl^-$，故酰卤亲核取代反应的活性强弱次序为酰碘＞酰溴＞酰氯。同样的原因也可以解释为什么羧酸衍生物能发生亲核取代反应，而醛、酮却不能。这是因为醛、酮与羰基相连的 H 或 R 都不能形成稳定的负离子，即不是好的离去基团。对于卤素相同而烃基不同的酰卤来说，烃基 R 的体积越大，越不利于四面体中间体的形成，因此烃基体积越大，尤其是羰基附近连有较多取代基时，酰卤的亲核取代反应性能降低。酸酐、酯和酰胺也存在同样的情况。

1. 水解反应

在中性或酸性条件下，羧酸衍生物的水解产物为羧酸，在碱性条件下则生成相应的羧酸盐。

在羧酸衍生物中，酰卤水解的速率最快，酸酐次之。一般来说，多数酰卤和酸酐在室温下遇水都能自发地发生水解，且相对分子质量越小，反应越容易进行。低相对分子质量酰卤的水解很剧烈，如乙酰氯在湿空气中会发烟，这是因为乙酰氯水解产生氯化氢。随着相对分子质量的增大，酰氯和酸酐的水解速率降低。这主要是因为二者在水中的溶解度随相对分子质量的增加而减小。

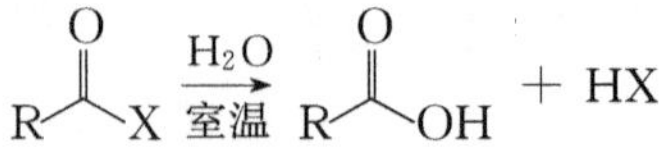

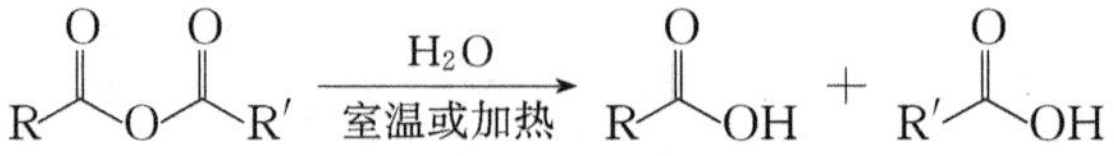

酯的酸催化水解实际上就是羧酸成酯反应的逆反应，由于成酯反应和酯的水解反应是一对可逆反应，因此酯的酸催化水解反应一般都是在稀强酸中进行。为了使酯水解完全，最好采用碱催化，因为后者属于不可逆反应，羧酸在碱性介质中是以羧酸盐的形式存在的。其实，无论是酰胺还是酯，其碱催化水解反应的真正亲核试剂是 OH^- 而不是 H_2O，即使没有水存在，酯和酰胺也能与 NaOH 等强碱直接发生相当于水解的反应。此外，碱催化酯水解反应的速率也远高于酸催化反应。

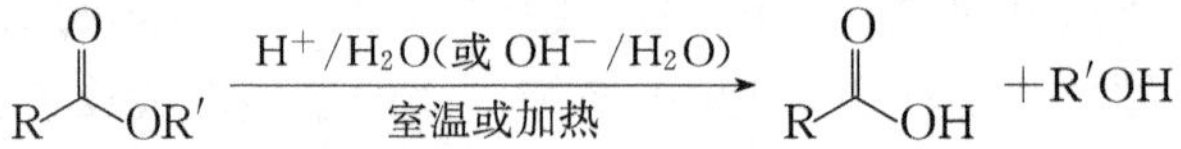

酰胺的水解一般比较困难一些，除了要加强酸或强碱催化之外，还需要较长时间的加热。有些酰胺有空间位阻，较难水解。如果是伯酰胺，可选择用重氮化反应来实现其间接水解。

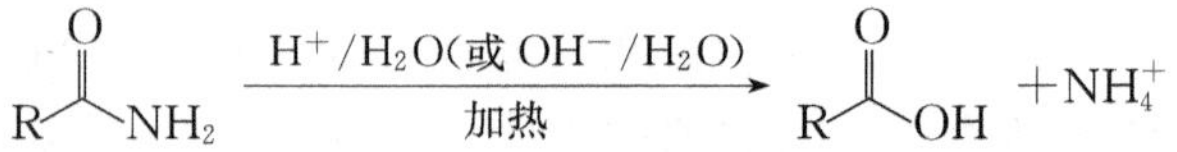

例如：

$$(CH_3)_3C\overset{\overset{O}{\|}}{C}NH_2 + HNO_2 \xrightarrow[35\ ^\circ C]{H_2SO_4,H_2O} \underset{80\%}{(CH_3)_3C\overset{\overset{O}{\|}}{C}OH}$$

腈可看成是羧酸与氨脱掉两分子水形成的产物，也可以看作是伯酰胺脱去一分子水的产物。因此，在酸催化下，腈首先可以与一分子水发生加成反应，生成酰胺，后者可继续与水发生亲核取代反应，即水解反应，生成羧酸。如果小心控制反应条件，可使腈水解为酰胺。

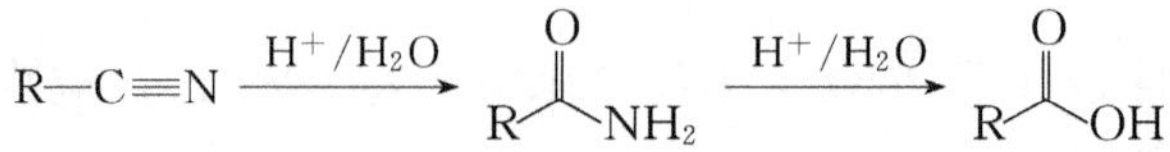

前面已经提到，羧酸衍生物的亲核取代反应是按照加成-消除机理进行的，其中间体是四面体结构。该机理已得到下面两个实验的证实。

$$CH_3COOC_5H_{11} + {}^{18}OH^- \xrightarrow{H_2{}^{18}O} CH_3\overset{O}{\overset{\|}{C}}{}^{18}OH + C_5H_{11}OH \qquad (a)$$

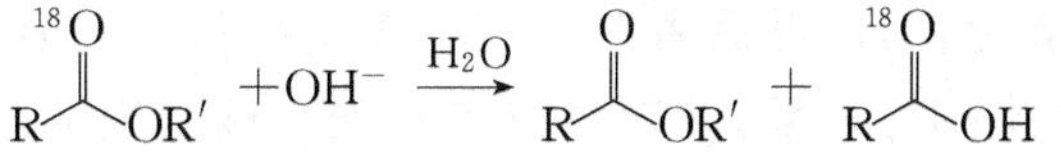

(b)

在反应(a)中，反应产物——乙酸中含有^{18}O，表明$^{18}OH^-$通过亲核加成进攻了羰基碳，同时，还表明离去的基团是RO^-而不是R^-。在反应(b)中，作为反应物的酯是全部用^{18}O标记的，用未标记的水和碱对其进行部分水解。通过对未水解的酯进行分析，发现了有未标记的酯存在。未标记酯的出现可用加成-消除反应机理中的中间体的质子迁移来解释。

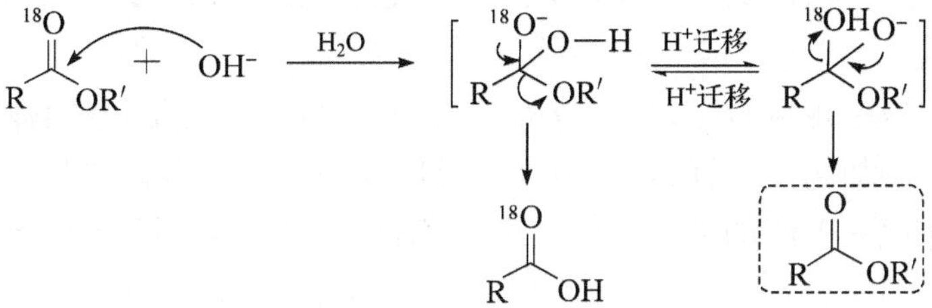

根据亲核加成-消除反应机理可以看出，酯碱催化水解的中间体是一个四面体负离子。据此可以预见，羰基附近的碳上若有吸电子基团存在，将可以使中间体负离子得到稳定，从而促进反应；若羰基附近连有较多的取代基或较大的取代基，将会给中间体带来较大的空间位阻，从而不利于反应的进行。表 12.2 中一系列酯的碱催化水解反应的相对速率可以证明上面的预测是正确的，从而也间接地证明碱催化酯水解反应是按亲核加成-消除反应机理进行的。

表 12.2　$RCO_2C_2H_5$ 碱催化水解电子效应及空间效应对反应速率的影响

R	相对速率（H_2O，25 ℃）	R	相对速率（87.8%醇，30 ℃）	R	相对速率（70%丙酮，25 ℃）
CH_3	1	CH_3	1	CH_3	1
CH_2Cl	290	CH_3CH_2	0.470	CH_3CH_2	0.431
$CHCl_2$	6130	$(CH_3)_2CH$	0.100	$(CH_3)_2CH$	0.065
CH_3CO	7200	$(CH_3)_3C$	0.010	$(CH_3)_3C$	0.002
CCl_3	23150	C_6H_5	0.0102	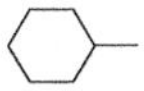	0.042

从表 12.2 可以看出，当羧酸的 α-碳上存在吸电子基团氯时，反应速率较未取代的快 290 倍。吸电子基团越多，反应速率就越快。同时可以看到，羧酸的 α-碳上空间位阻越大，或酯基中与氧连接的烷基碳上取代基越多，反应速率就越小。

与碱水解相比，基团的诱导效应对酸水解反应的影响程度较小。这是因为供电子基团的诱导效应虽然不利于亲核试剂的进攻，但却有利于酯羰基的质子化，由于后者发生于前者之前，因此后者在一定程度上抵消了前者的不利影响。对于吸电子基团来说，情况刚好相反，诱导效应有利于亲核试剂的进攻，不利于质子化的发生。另外，空间位阻对酯的酸水解反应的影响程度也小于碱水解。其原因也是与酯羰基的质子化有关。首先，由于质子体积很小，因此空间效应对于酯羰基的质子化影响也很小，而质子化后的羰基却变得非常的活泼，更容易受亲核试剂的进攻。羰基活性的增加在一定程度上就抵消了空间位阻的不利影响。例如，CH_3CO_2R 在盐酸溶液中于 25 ℃时水解的相对速率如下：

R	CH_3	CH_3CH_2	$(CH_3)_2CH$	$(CH_3)_3C$	$CH_2C_6H_5$	C_6H_5
相对速率	1	0.97	0.53	1.15	0.96	0.69

比较上述反应速率可以看出，基团越大，反应速率越慢。但是，空间体积较大的叔丁基[$C(CH_3)_3$]却例外，反而具有最大的反应速率。这是因为羧酸叔丁酯的水解反应并不是按照一般酯的亲核加成-消除机理进行，而是按照下面的 S_N1 机理进行的。

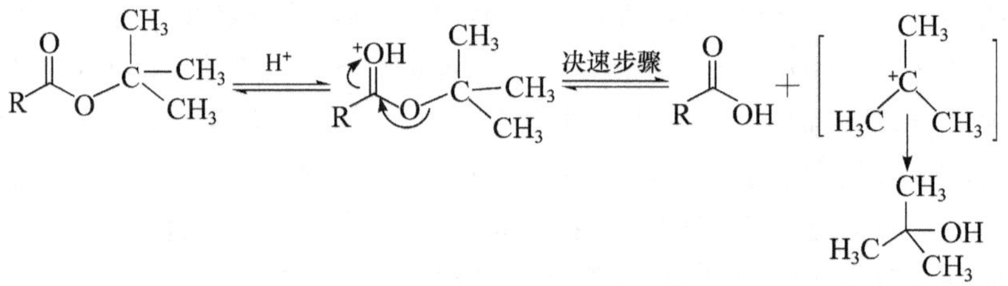

上述 S_N1 反应机理已经得到了同位素标记实验的证实。羧酸叔丁酯之所以选择 S_N1 反应机理进行水解，主要原因是叔丁基碳正离子比较稳定和容易形成。这也是酸催化法不能用于制备羧酸三级醇酯的原因。

酯水解反应在油脂工业上非常重要，很多天然存在的脂肪、油或蜡，常用水解的方法得到相应的羧酸或羧酸盐。

2. 醇解反应

羧酸衍生物与醇反应的产物是酯，该反应常称为醇解反应、酯化反应或酰化反应。

由于醇的亲核性比水强，因此，与水解反应一样，酰卤和酸酐一般无须催化即可与醇发生反应并形成酯，该反应是实验室制备酯最常用的方法。与羧酸和醇的酯化反应相比，酰卤法和酸酐法具有产率高、反应条件简单、使用范围广和非可逆等优点。

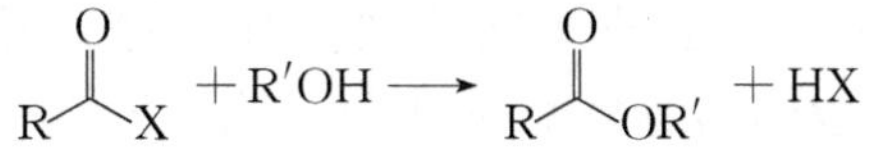

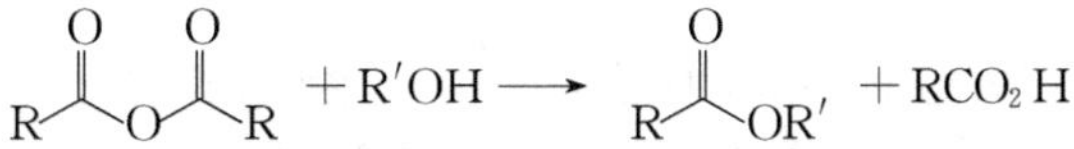

当酰卤为反应性较弱的芳香酰卤或有空间位阻的脂肪酰卤，或者反应醇为三级醇或酚时，一般需要加入一定量的碱如氢氧化钠或叔胺，如吡啶、三乙胺、二甲苯胺等，碱在这里既能中和反应过程中生成的酸又能催化反应。叔胺催化的机理是：叔胺能与酰卤或酸酐形成新的亲电性更强的亲电试剂。

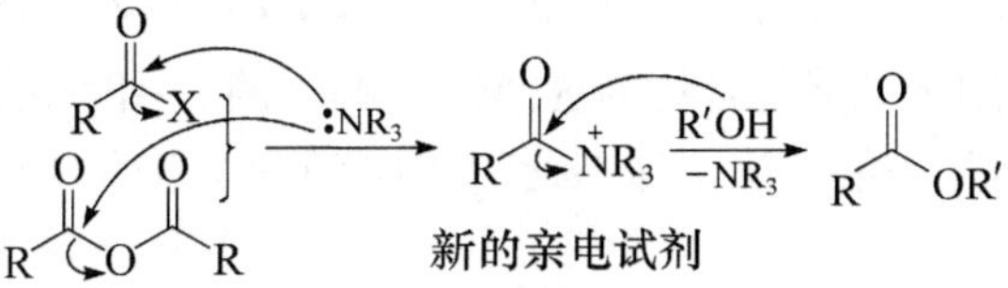

相比而言，酰卤成酯法要好于酸酐成酯法。这主要表现在酰卤法的原子利用率较高。酰卤中的酰基可全部转变成酯，而酸酐中的酰基只有一半能转变成酯，其余一半则变成了羧酸或羧酸盐。因此，环酸酐发生醇解时，只能形成单酯。若要制备双酯，需要对单酯中的羧基再进行一次酯化。下面是酰卤和酸酐的几个醇解反应的例子。

$$(CH_3)_3C\overset{O}{\overset{\|}{C}}OH \xrightarrow{SOCl_2} (CH_3)_3C\overset{O}{\overset{\|}{C}}Cl \xrightarrow[\text{吡啶}]{C_6H_5OH} (CH_3)_3C\overset{O}{\overset{\|}{C}}OC_6H_5 + HCl$$

80%

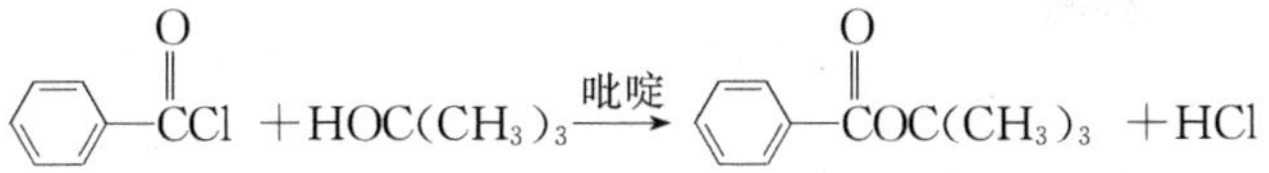

85%

87%～93%

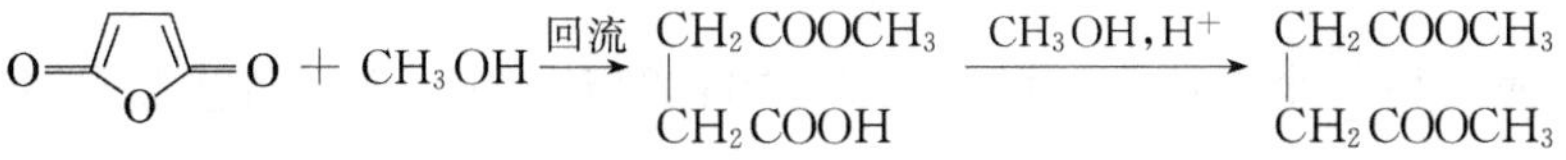

丁二酸单甲酯　　　　丁二酸二甲酯

95%～96%

酯也可以与醇发生醇解反应，生成一个新的酯。相当于酯中的 OR′被另一个醇的 OR″置换，故酯的醇解反应常称为酯交换反应(ester exchange reaction)。尽管醇比水的亲核性稍强，但酯的醇解反应和其水解反应一样，一般都需要酸或碱来催化。常用的酸有无水氯化氢、浓硫酸、苯磺酸或对甲苯磺酸等，常用的碱有氢氧化钠、氢氧化钾等。酸催化的酯交换反应的机理与酯的酸催化水解反应类似。在碱催化的酯交换反应中，真正的亲核试剂实际上是亲核性更强的烷氧负离子(RO^-)，而不是亲核性较弱的醇分子(ROH)。烷氧负离子是由醇与氢氧化钠或氢氧化钾反应而产生的。

$$RCOOR' + R''OH \xrightleftharpoons{H^+ 或 ^-OR''} RCOOR'' + R'OH$$

酯交换反应是一个可逆反应，为提高酯转化反应的产率，常采用加入过量的醇。如果产物酯或产物醇的沸点较低，实验中还常用连续蒸馏的方法将低沸点的生成物从反应体系中移出，以使原料酯能够不断地生成产物酯。这个反应常用于由高沸点醇的酯制备低沸点醇的酯。例如：

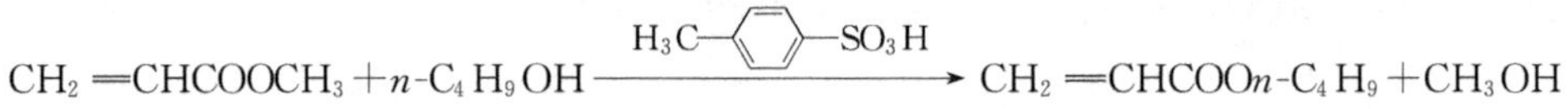

酯交换反应可用于二酯化合物的选择性醇解。例如，下面的二酯化合物要脱除乙酰基而保留甲酯，用一般方法不易办到，而用酯交换方法就可以顺利达到目的。

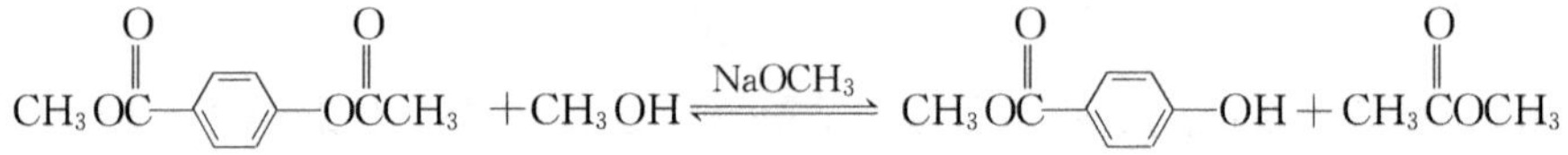

酯交换反应在工业上具有重要的应用。例如，维尼纶的中间产物聚乙酸乙烯酯(或称聚乙酸乙烯)的乙酰基的脱除就是通过与甲醇的酯交换反应完成的；涤纶是通过对苯二甲酸甲酯与乙二醇的酯交换反应而形成的聚合物。

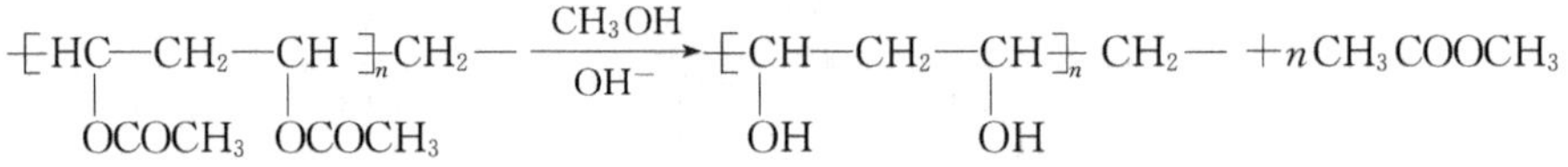

聚乙酸乙烯酯　　　　聚乙烯醇

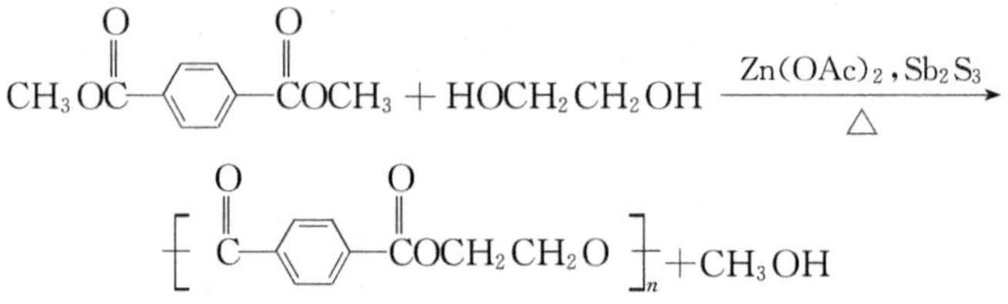

涤纶

酯交换的另一个工业应用就是由天然油脂与甲醇反应制备生物柴油(高级脂肪酸甲酯)。

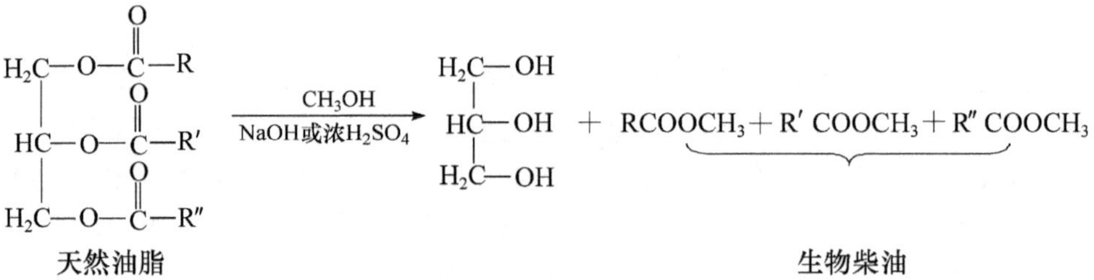

天然油脂　　　　生物柴油

另外，通过油脂与甲醇或乙醇进行酯交换反应，然后进行精馏和水解，可以制备高级脂肪酸，这是制备 $C_{10}\sim C_{18}$ 偶数碳原子的纯脂肪酸的主要方法。从椰子油分离十二碳酸，就是用这个方法。

酰胺虽然也可以在酸催化或碱催化条件下发生醇解而生成酯，但该反应比其他羧酸衍生物的醇解反应困难得多，一般没有合成上的应用价值。

腈在酸性条件下(如氯化氢、硫酸)用醇处理，也可得到羧酸酯。例如：

$$CH_3CN + C_2H_5OH \xrightarrow{HCl} \underset{\text{亚胺酯盐酸盐}}{CH_3\overset{\overset{+}{N}H_2Cl^-}{\overset{\|}{C}}OC_2H_5} \xrightarrow{H_3O^+} CH_3\overset{\overset{O}{\|}}{C}OC_2H_5$$

反应先生成中间体亚胺酯的盐，在无水条件下该盐可以分离得到。若有水存在时，可直接得到酯。

3. 氨(或胺)解反应

氨和胺都是比水、醇还要好的亲核试剂，因此，酰卤、酸酐和酯一般都能与氨或胺很容易地发生反应，生成相应的酰胺或氮取代的酰胺。这也是实验室合成酰胺最常用的方法。酰卤、酸酐和酯的氨解反应一般无须催化即可在室温下发生，反应产率也比较高。酰卤的氨解有时还需在冷却条件下进行，以防止反应过于剧烈。例如：

$$(CH_3)_2CH\overset{\overset{O}{\|}}{C}Cl + 2NH_3 \longrightarrow \underset{83\%}{(CH_3)_2CH\overset{\overset{O}{\|}}{C}NH_2} + NH_4Cl$$

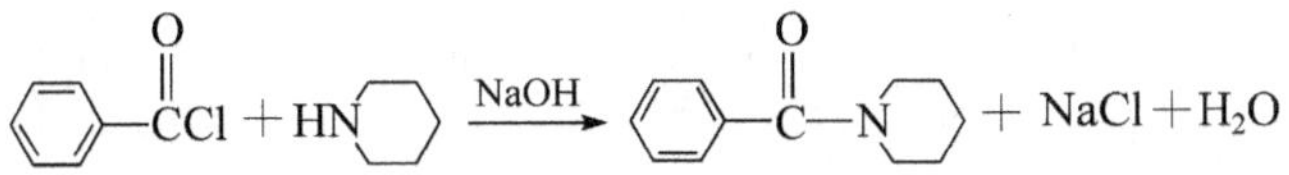

81%

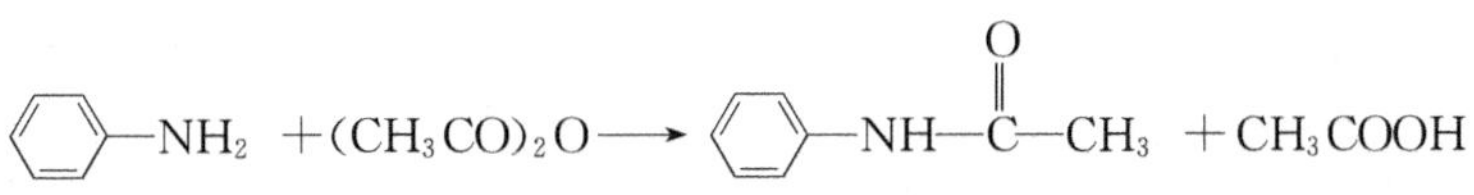

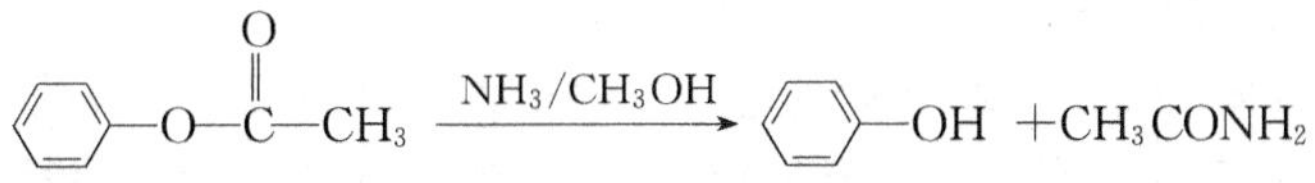

在进行酰卤和酸酐的胺解反应时，为了提高胺的利用率，常在反应体系中加入一定量的其他碱，以阻止反应生成的卤化氢或羧酸与胺形成盐。成盐后的胺因缺

少孤对电子而不再具有亲核性，即不再参与酰卤和酸酐的胺解反应。常用的碱有 NaOH 和一些三级胺，如吡啶、三乙胺、N,N-二甲基苯胺等。三级胺不与酰卤和酸酐发生胺解反应。

由于低级脂肪酰卤在水中溶解度较大，故很容易发生水解反应，因此其氨(胺)解应避免在水中进行。但对于在水中溶解度很低或不溶的芳香酰卤、高级脂肪酰卤以及 α-碳上有位阻的脂肪酰卤，则可以在水中，甚至 NaOH 的水溶液中进行反应，此时反应体系为两相。酸酐是较酰卤更温和的酰化试剂，其水解反应较慢，故当需要对一些极性较大、易溶于水的胺进行 N 酰基化反应时，可以选择在水溶液中进行。例如：

$$(CH_3CO)_2O + NH_2CH_2COOH \xrightarrow{H_2O} CH_3CONHCH_2COOH + CH_3COOH$$

甘氨酸　　　　N-乙酰甘氨酸

89%～92%

N 酰基化反应除了单纯的制备目的外，还常用于氨基的保护。此时，最常用的 N 酰基化试剂是苯甲酰氯、乙酰氯或乙酸酐。保护基的脱除则采用酰胺的水解反应来完成。另外，在有机合成中常用成酯的方法来保护羟基，而其相应的脱保护方法则是酯的水解和氨解反应。其中，最常用的氨解试剂是氨气饱和的甲醇溶液。该方法尤其适用于对强酸和强碱敏感的分子中羟基的脱保护。

环状酸酐的氨(或胺)解反应导致开环，生成酰胺酸，即一个酰基形成酰胺，另一个酰基形成羧酸或羧酸盐。如果对酰胺酸高温加热，可进一步形成二酰亚胺。例如：

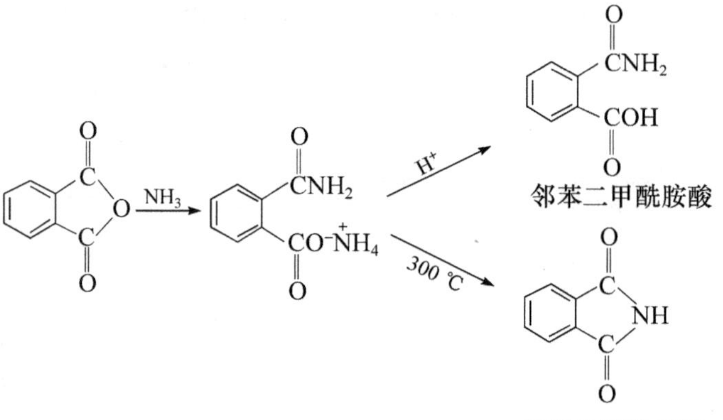

邻苯二甲酰胺酸

邻苯二甲酰亚胺

类似的例子还有环丁二酸酐与氨的反应。

除了氨、伯胺、仲胺可以和羧酸盐衍生物发生氨解反应外，肼(hydrozinium, $NH_2—NH_2$)及其 N-取代物(如苯肼)和羟胺也能与羧酸衍生物发生类似于氨解的 N-酰基化反应。

$$\overset{O}{\overset{\|}{R C}}OC_2H_5 + NH_2NH_2 \longrightarrow \overset{O}{\overset{\|}{R C}}NHNH_2 + C_2H_5OH$$

酰肼

$$\overset{O}{\overset{\|}{R C}}OC_2H_5 + NH_2OH \cdot HCl \longrightarrow \overset{O}{\overset{\|}{R C}}NHOH + C_2H_5OH + HCl$$

N-羟基酰胺

酰胺与胺也能发生类似于酯交换的反应，生成另一个新的酰胺。但酰胺的胺交换反应要比酯交换反应困难得多，因此在有机合成中很少使用。例如：

$$CH_3\overset{O}{\overset{\|}{C}}NH_2 + CH_3NH_2 \cdot HCl \xrightarrow{\triangle} CH_3\overset{O}{\overset{\|}{C}}NHCH_3 + NH_4Cl$$

75%

4. 羧酸和羧酸衍生物的相互转化

由上面的讨论可知，羧酸衍生物都可以发生水解、氨(胺)解和醇解反应，但不同类型的羧酸衍生物的反应活性存在明显的差异，利用这些差异可以由活泼的羧酸衍生物来制备较不活泼的羧酸衍生物。虽然制备每种羧酸衍生物的方法都不止一种，但采用羧酸衍生物之间的转化反应(图 12.1)却是最常用的方法。

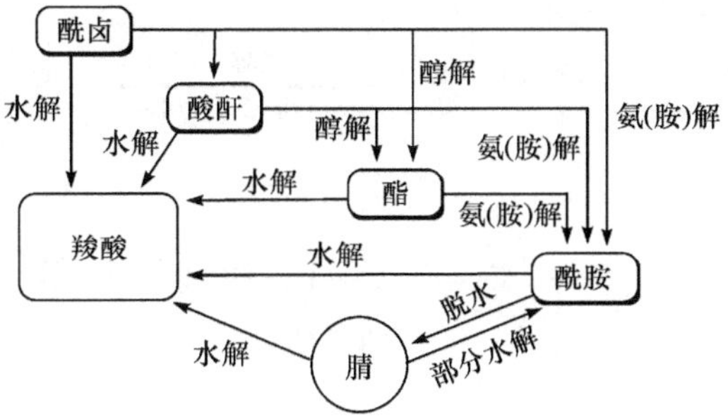

图 12.1　羧酸和羧酸衍生物的相互转化

(二) 羧酸衍生物与有机金属化合物反应

羧酸衍生物除了 C—X(X 为杂原子)键外，还有羰基。如果羧酸衍生物与强亲核试剂反应，反应常常不能停留在单纯的亲核取代产物上，而是会进一步和亲核取代产物中的羰基发生亲核加成反应，最后生成相应的醇。

格氏试剂或有机锂化合物中的 R^- 是强的亲核试剂，可以和酰卤、酸酐和酯首先发生亲核取代反应，生成酮。后者再与 R^- 发生亲核加成反应，最后得到三级醇。若是甲酸酯与格氏试剂反应，首先生成醛，然后生成仲醇。例如：

$$C_6H_5\overset{O}{\overset{\|}{C}}Br \xrightarrow[\text{乙醚，回流 2h}]{C_6H_5MgBr} \left[C_6H_5\overset{O}{\overset{\|}{C}}C_6H_5 \right] \xrightarrow{C_6H_5MgBr} (C_6H_5)_3COMgBr \xrightarrow{H_2O} (C_6H_5)_3COH$$

三苯甲醇
93%

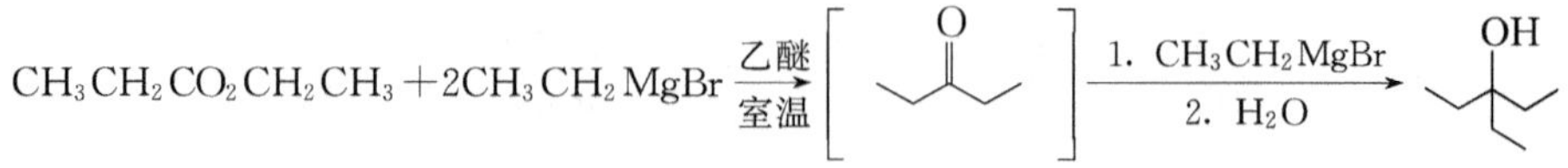

若要反应停留在酮，需要采用低温反应并让羧酸衍生物过量，同时采用将格氏试剂分批或滴加到羧酸衍生物中的操作方式。对于酰卤来说，还需要加入无水 $FeCl_3$。例如：

$$CH_3\overset{O}{\overset{\|}{C}}Cl + CH_3(CH_2)_3MgCl \xrightarrow[-70\ ℃]{\text{乙醚}, FeCl_3} CH_3\overset{O}{\overset{\|}{C}}(CH_2)_3CH_3$$

72%

对于有空间位阻的反应物，常能得到令人满意的酮，产率很好，这种空间因素可以来自酰氯或格氏试剂，特别是叔碳形成的格氏试剂。例如：

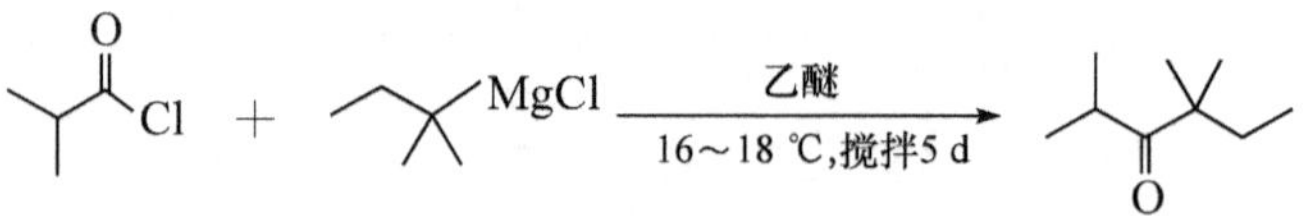

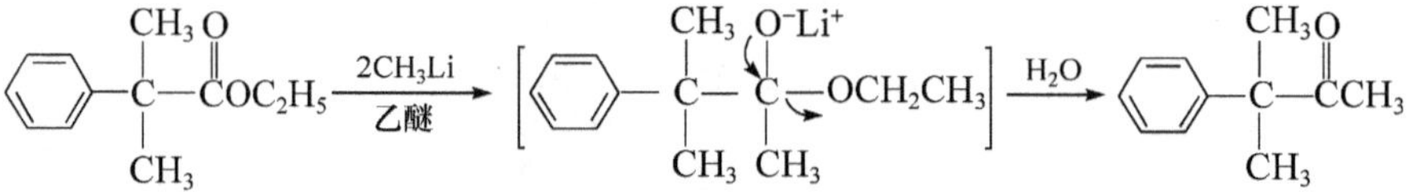

70%

有机镉试剂和二烷基铜锂试剂是比格氏试剂和有机锂试剂弱的亲核试剂，可以与酰卤只发生亲核取代反应，生成酮。这是由酰卤制备酮的常用方法。有机镉试剂和二烷基酮锂试剂不与其他的羧酸衍生物反应，也不与分子中卤素、氰基等基团反应。但二烷基铜锂可以与醛反应，生成仲醇。

$$C_2H_5O\overset{O}{\overset{\|}{C}}(CH_2)_8\overset{O}{\overset{\|}{C}}Cl + (CH_3CH_2)_2Cd \xrightarrow[\text{回流 10 min}]{\text{苯}} C_2H_5O\overset{O}{\overset{\|}{C}}(CH_2)_8\overset{O}{\overset{\|}{C}}CH_2CH_3$$

10-羰基十二碳酸乙酯
88%

$$ICH_2(CH_2)_9\overset{O}{\overset{\|}{C}}Cl \xrightarrow[\text{乙醚}, -78\ ℃]{(CH_3)_2CuLi} ICH_2(CH_2)_9\overset{O}{\overset{\|}{C}}CH_3$$

伯酰胺和仲酰胺因 N 原子上的氢有一定的酸性，可与金属有机试剂发生酸碱反应而破坏金属有机试剂，故一般不考虑酰胺和金属有机试剂的反应。

腈也能与格氏试剂反应生成酮。例如：

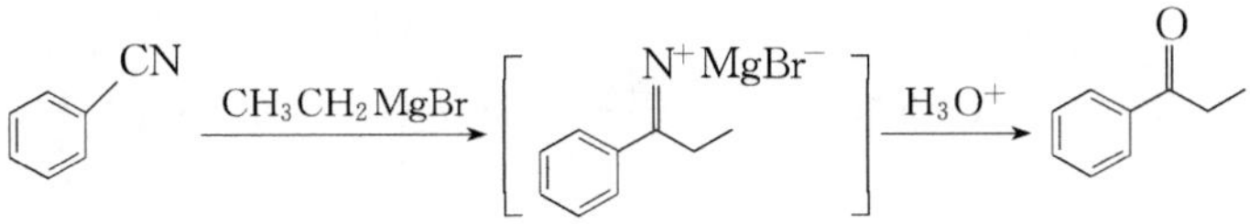

（三）酰胺重排降解反应

1. 霍夫曼重排

霍夫曼（Hofmann）重排是指伯酰胺在强碱性介质中与次卤酸钠或卤素反应，脱羰基后生成伯胺的反应，又称霍夫曼降解反应。工业上常用 NaOCl，实验室中常用 NaOBr。

$$RCONH_2 \xrightarrow{NaOH,Br_2} R{-}N{=}C{=}O \xrightarrow{H_2O} RNH_2$$

伯酰胺中—NH_2的酸性是霍夫曼反应的前提和基础。其反应机理如下：

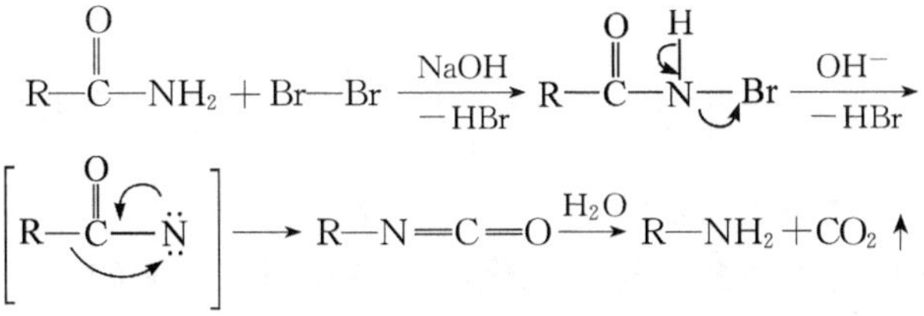

氮宾　　　　异氰酸酯

首先是碱夺取酰胺氮原子上的一个质子形成酰胺氮负离子；接着酰胺氮负离子上发生卤代，这个过程与醛、酮的 α-卤代相似；然后，过量的碱从 N 原子上消去 HBr，生成酰基氮烯或氮宾（nitrene）中间体；氮烯中氮原子最外层只有 6 个电子，不稳定，它立即发生重排，与羰基相连的烃基带着一对价电子转移到氮原子上，生成异氰酸酯（isocyanate）。异氰酸酯与水反应生成不稳定的 *N* 取代氨基甲酸，后者再继续水解，得到伯胺。例如：

$$(CH_3)_3CCH_2CONH_2 \xrightarrow{NaOBr} (CH_3)_3CCH_2NH_2$$

94%

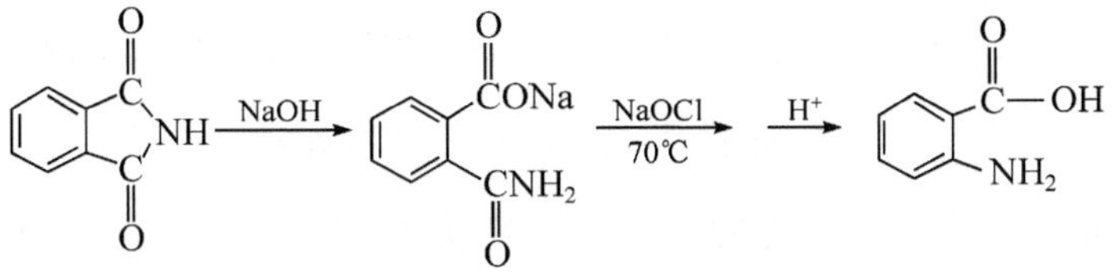

在氮宾的重排中，烃基是以碳负离子的形式迁移的，因此，电子密度较高的烃基反应速度高，电子密度较低的烃基反应速度低。若迁移的烃基碳为手性碳原子，迁移过程中其构型不变，因此，可认为烃基迁移过程是在分子内部进行的。例如：

$$\underset{(R)}{C_6H_5-\overset{\displaystyle CH_3}{\underset{\displaystyle H}{\overset{|}{\underset{|}{C^*}}}}-CONH_2} \xrightarrow{Br_2/NaOH} \underset{(R)}{C_6H_5-\overset{\displaystyle CH_3}{\underset{\displaystyle H}{\overset{|}{\underset{|}{C^*}}}}-NH_2} + CO_2\uparrow$$

2. 柯提斯重排

与霍夫曼重排降解类似，柯提斯(Curtius)重排反应也是一种氮宾重排反应。不同的是，柯提斯重排反应属于单纯的热重排反应，其反应原料是不稳定的酰基叠氮化物(acyl azide)。酰基叠氮化物在惰性溶剂中受热，首先发生脱 N_2，生成氮宾。随后的过程与霍夫曼重排降解相同。与霍夫曼重排降解的另一个不同点是，柯提斯重排反应一般在中性条件下进行，因此重排产物——异氰酸酯不会被水解，需要被分离之后再进行水解才能形成类似于霍夫曼重排的产物。

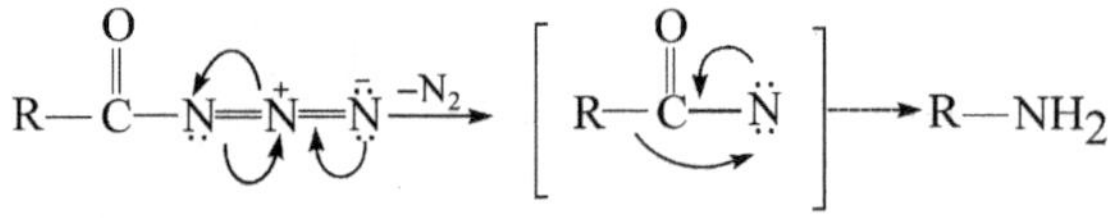

酰基叠氮化物　　　　氮宾

酰基叠氮化物可以由酰卤与叠氮化钠反应来制备。例如：

$$(CH_3)_2CHCH_2COCl \xrightarrow{NaN_3} (CH_3)_2CHCH_2CON_3 \xrightarrow[\triangle]{CHCl_3}$$

$$(CH_3)_2CHCH_2-N=C=O \xrightarrow{H_2O} (CH_3)_2CHCH_2NH_2$$

柯提斯重排具有易反应、污染小和产率高的特点，因此在精细有机合成中的应用相当广泛。与霍夫曼重排一样，发生柯提斯重排时迁移基团若含有手性中心，其构型保持不变。

3. 施密特重排

施密特(Schmidt)重排是改进的柯提斯重排，它是羧酸与等物质量的叠氮酸(HN_3)在强酸(硫酸、聚磷酸、三氯乙酸等)存在下直接反应而生成胺。其中首先通过羧酸和叠氮酸的脱水，形成酰基叠氮化物，后者紧接着发生分子内重排得到胺。

$$RCOOH + HN_3 \xrightarrow{H^+} RNH_2 + CO_2\uparrow + H_2O + N_2\uparrow$$

在施密特重排中无须事先制备酰基叠氮化物，也无须分离重排产物——异氰酸酯。另外，施密特反应采用的起始原料是羧酸而不是柯提斯反应中的酰卤或霍夫曼降解反应中的酰胺。故施密特重排比柯提斯反应和霍夫曼反应步骤少，产率也较高。羧酸可以是直链脂肪族的一元或二元羧酸、脂环酸、芳香酸等。

此外，施密特重排还可用于醛或酮与叠氮酸的反应，分别生成腈及酰胺。

$$RCHO + HN_3 \xrightarrow{H^+} RCN + N_2\uparrow + H_2O$$

$$RCOR' + HN_3 \xrightarrow{H^+} RCONHR' + N_2\uparrow + H_2O$$

（四）酚酯的重排——弗利斯重排反应

酚酯在 $AlCl_3$ 等路易斯酸的催化下可发生分子重排反应，生成邻位和对位酚酮异构体的混合物，该反应称为弗利斯重排反应。在第九章已经讨论过，酚酮可通过酚的傅-克酰基化反应来制备，而弗利斯重排反应又提供了制备酚酮的另一重要方法。

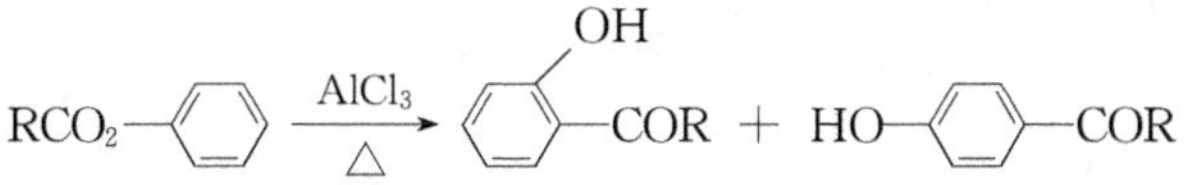

弗利斯重排反应可在硝基苯、硝基甲烷等溶剂中进行，也可在无溶剂状态下直接加热反应。温度、催化剂和溶剂等反应条件不同，其反应的主要产物也会不同。一般低温有利于生成对位产物，高温时则以邻位产物为主。有间位定位基的酚酯不能重排，如间硝基酚酯。

弗利斯重排反应的机理是：$AlCl_3$ 首先和酚酯中的羰基形成络合物，然后引起酯键断裂，形成酚盐和酰基正离子；随后，酰基正离子再与酚盐发生芳环的亲电取代反应，生成酚酮。在酯键断裂之后的所有过程与 $AlCl_3$ 催化的酚和酰卤的傅-克酰基化反应完全一样。弗利斯重排反应的机理可表示如下：

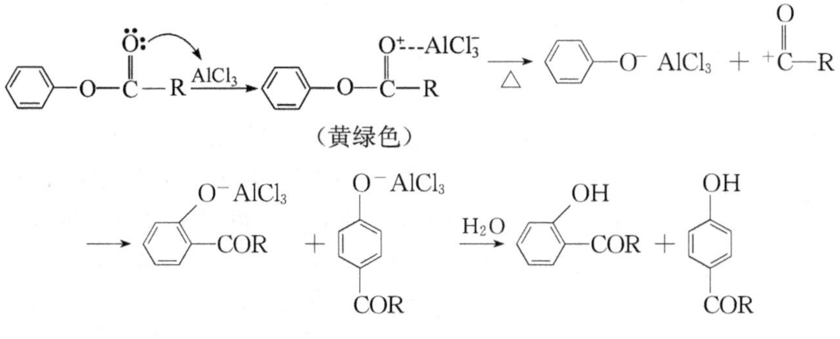

（五）瑞佛马斯基反应

α-溴代酸酯和锌在惰性溶剂中与醛和酮反应得到 β-羟基酸酯，此反应称为瑞佛马斯基(Reformatsky)反应，是制备 β-羟基酸酯的重要方法之一。例如：

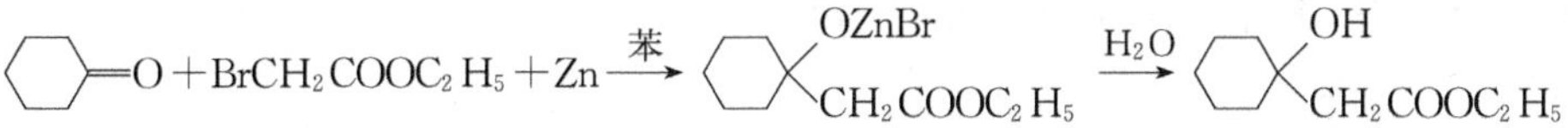

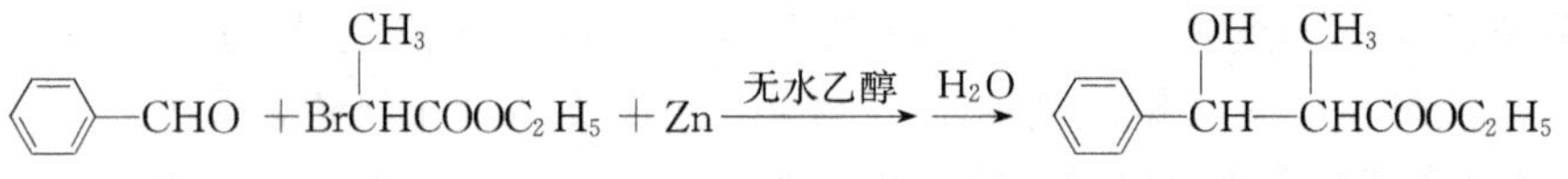

2-甲基-3-苯基-3-羟基丙酸乙酯

在反应过程中，α-溴代酸酯首先与锌形成有机锌试剂中间体，然后有机锌试剂再与羰基进行亲核加成反应，其反应机理如下：

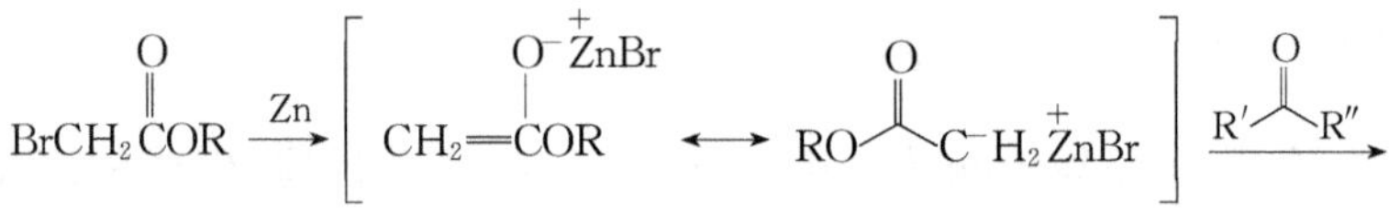

有机锌试剂

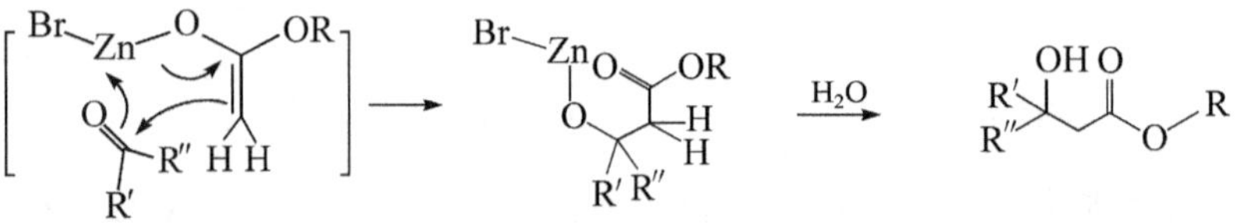

有机锌试剂的活性较小，一般不与酯基发生反应，这也是瑞佛马斯基反应能够顺利进行的原因之一。

α-溴代酸酯的 α-碳上有烷基或芳基均可进行反应，芳香醛、酮也均可反应，唯有空间位阻太大时不能反应。

β-羟基酸酯很容易失水成 α,β-不饱和酯。例如：

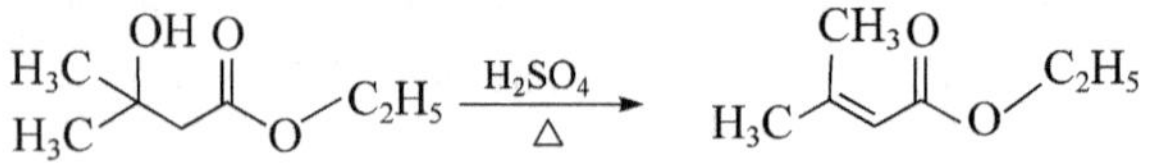

（六）羧酸衍生物的还原反应

羧酸衍生物因分子中含有羰基，故都能被还原。酯和酰胺一般分别被还原成相应的醇和胺，但酰氯则根据还原反应的类型和不同还原剂的还原能力可被还原成醛或醇，其中还原成醛在合成上具有较重要的应用。酸酐的还原与羧酸一样，生成醇，但由于羧酸酐来源于羧酸，因此酸酐的还原在实际中很少采用。

羧酸衍生物的还原可用催化氢化法或金属氢化物来完成，前者主要用于工业生产，后者多用于实验室合成。催化氢化法可同时还原分子中的双键或叁键，因此，无论是饱和酯还是不饱和酯，其催化氢化的产物都是两种饱和醇。酯的氢化反应大量应用于由生物油脂制取长链饱和醇的混合物（参见第十九章），如硬脂醇、软脂醇等混合物，它们是制备洗涤剂（去污剂）和很多化学试剂的基本原料。在条件控制的情况下，苯基一般不被还原。例如：

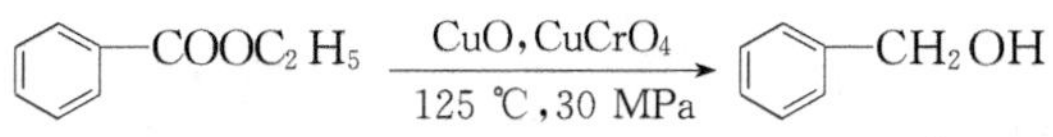

65%

在羧酸衍生物中，酰胺是最不易被还原的，其催化氢化需要在高温高压下进行。例如：

$$CH_3(CH_2)_9CH_2CONH_2 + H_2 \xrightarrow[30MPa,250\ ^\circ C]{CuCr\text{氧化物}} CH_3(CH_2)_9CH_2CH_2NH_2$$

正十二碳胺

锂铝氢($LiAlH_4$，或称为氢化铝锂)、硼氢化锂($LiBH_4$)、硼氢化钠($NaBH_4$)和三叔丁氧基氢化铝锂[$LiAlH(O\mathit{t}\text{-}Bu)_3$]是实验室还原羰基化合物最常用的试剂。其中，氢化铝锂的还原能力最强，几乎能够还原所有的羰基化合物。硼氢化钠还原能力较弱，不能还原羧酸衍生物。酰胺只能被氢化铝锂还原，而不能被硼氢化锂和硼氢化钠还原，伯、仲、叔酰胺被氢化铝锂还原的产物分别是伯、仲、叔胺。酯可被氢化铝锂和硼氢化锂还原，但不能被硼氢化钠还原。三叔丁氧基氢化铝锂能选择性将酰卤还原成醛而不还原氰基。二异丁基氢化铝(diisobutylalumium hydride，DIBAH)可在－78 ℃将酯还原成醛。例如：

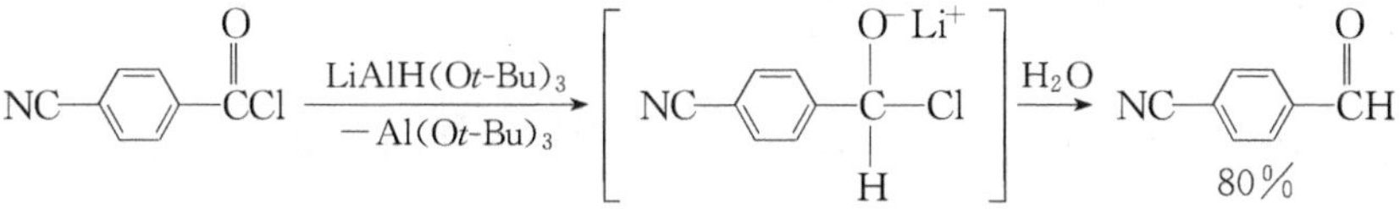

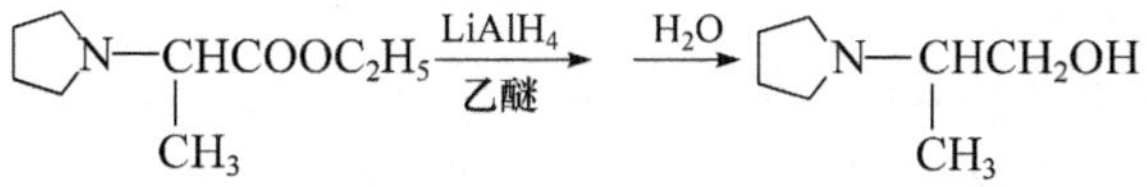

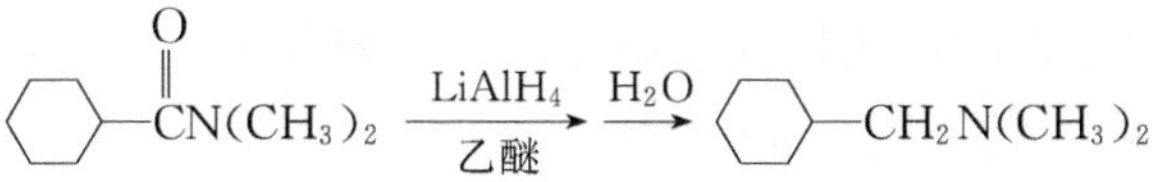

88%

$$CH_3(CH_2)_{10}CO_2CH_3 \xrightarrow[2.\ H_3O^+]{1.\ DIBAH,\text{甲苯},-78\ ^\circ C} CH_3(CH_2)_{10}CHO$$

88%

硼氢化锂可由硼氢化钠与氯化锂在乙醇中制备。

$$NaBH_4 + LiCl \longrightarrow LiBH_4 + NaCl$$

氢化铝锂可看成是 AlH_3 和 LiH 的复合物，硼氢化钠可看成是 BH_3 和 NaH 的复合物。金属氢化物中的氢相当于 H^-，H^- 既是强碱又是好的亲核试剂，金属氢化物还原羰基化合物实际上就是对羰基的亲核加成或亲核加成-消除反应。但与还原单纯的醛或酮不同，氢化铝锂还原酯或酰胺需要经过两次亲核加成才能完成，第一次亲核加成的结果是生成酮或烯胺，后者再与氢化铝锂发生第二次加成，水解后生成醇或胺。下面是氢化铝锂还原伯酰胺的反应机理：

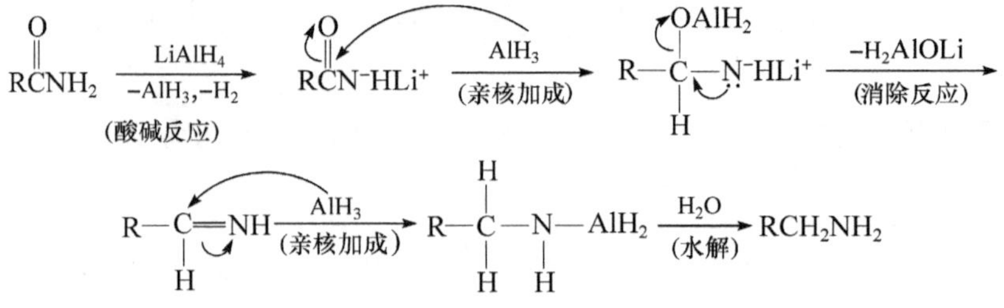

亚胺

用氢化铝锂对伯酰胺和仲酰胺进行部分还原也可制备醛，但需要小心控制以防止氢化铝锂过量，减少第二次亲核加成反应的机会。此时，主要生成亚胺盐，后者水解后即得到醛。如果换用空间位阻较大的烷氧基氢化铝锂，如三乙氧基氢化铝锂、二乙氧氢化锂铝等，则能有效避免还原剂二次亲核加成反应，显著提高伯酰胺和仲酰胺还原成醛的产率。

对于三级酰胺来说，烷氧基氢化铝锂可通过一次亲核加成反应将其还原成醛。例如：

$$CH_3CH_2CH_2\overset{O}{\overset{\|}{C}}N(CH_3)_2 \xrightarrow[\text{乙醚}]{LiAlH(C_2H_5O)_3} \xrightarrow{H_2O} \underset{90\%}{CH_3CH_2CH_2CHO} + (CH_3)_2NH$$

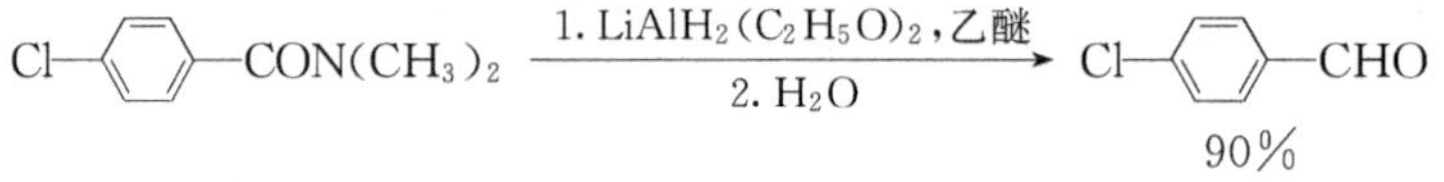

在发现氢化铝锂还原酯的方法之前，酯的还原曾广泛地使用鲍维特-布朗(Bouveault-Blanc)还原法。该法是用金属钠和醇将酯还原成相应的伯醇。其最大的优点是在有双键存在时可选择性还原酯而不影响双键。因此，如果用鲍维特-布朗法还原油脂，可以得到不饱和高级脂肪醇。其反应机理如下：

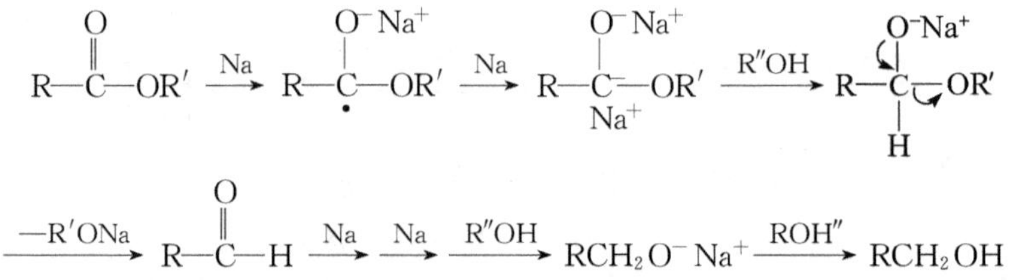

可以看出，金属钠的作用是提供电子，并使羰基形成相应的自由基负离子和双钠盐，醇的作用是提供质子。

腈可用 $LiAlH_4$ 或催化氢化还原为胺。例如：

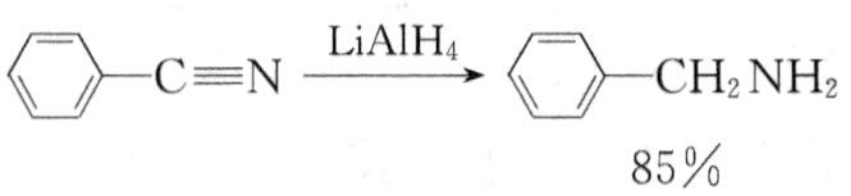

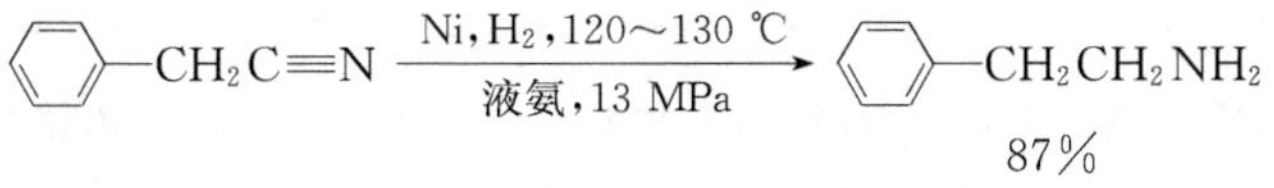

习　题

1. 按系统命名法命名下列化合物。

(1) $C_2H_5O_2C(CH_2)_4CO_2H$　(2) $ClCH_2CH_2CO_2C_6H_5$　(3) $(CH_3)_2CHCH_2CONH_2$

(4) 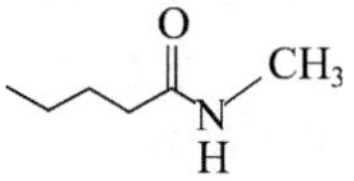　(5) 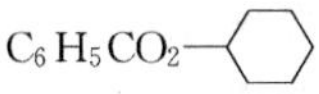　(6) 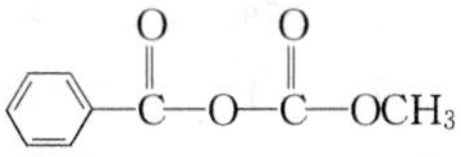

(7) 　(8) 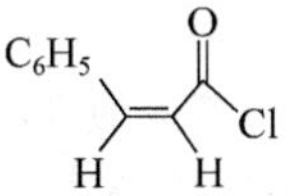

2. 比较下列化合物的碱性，说明理由。

$C_6H_5CONH_2$　$C_6H_5CON(CH_3)_2$　$C_6H_5CONHC_6H_5$　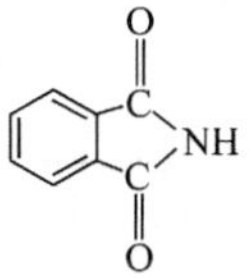

3. 用化学法鉴别下列各组化合物。

(1) $HCOOH$，CH_3COOH　(2) $H_2C{=}CHCOOH$，CH_3CH_2COOH

(3) $CH_3COOC_2H_5$，CH_3OCH_2COOH　(4) CH_3COBr，$BrCH_2CH_2CH_3$

4. 写出下列化合物与氢化铝锂反应后的产物。

(1) $PhCH_2COOCH_3$　(2) $(CH_3CO)_2O$　(3) $PhCOCl$

(4) $CH_3CH{=}CHCH_2CONHPh$　(5) 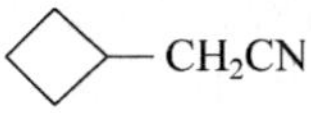

5. 按要求设计合成路线。

(1) 由氯丙烷合成丁酰胺。

(2) 由丁酰胺合成丙胺。

(3) 由邻氯苯酚、光气 (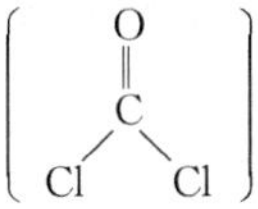)、甲胺合成农药“害扑威” 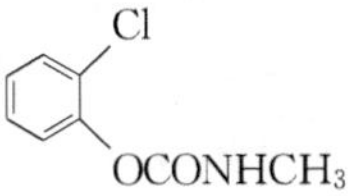 。

超分子化学简介

超分子化学(supermolecular chemistry)是研究两个以上分子间相互作用、缔结而形成复杂有序且具有特定功能的分子聚集体的科学，这种分子聚集体简称超分子。换言之，超分子化学是研究通过非共价键作用形成功能体系的科学。显然，超分子化学是以非共价键(又称次级键)为基础，以超分子为研究对象，而传统有机化学的研究则是以共价键为基础，以单个有机分子为研究对象。

超分子化学的概念最早是在1978年由法国科学家J. M. Lehn等提出的。超分子的主要研究内容是超分子的形成、结构和功能。超分子化合物是由主体分子和一个或多个客体分子之间通过非价键作用而形成的复杂而有组织的化学体系。主体通常是富电子的分子，可作为电子给体(D)，如碱、阴离子、亲核体等；而客体是缺电子的分子，可作为电子受体(A)，如酸、阳离子、亲电体等。超分子化学和配位化学同属于授受体化学，超分子体系中主体和客体之间不是经典的配位键，而是分子间的弱相互作用，为共价键的5%～10%。因此，可认为超分子化学是配位化学概念的扩展。超分子中分子间的非共价键的弱相互作用主要包括氢键、配位键、亲水相互作用和疏水相互作用等。

虽然人们对传统有机化学的研究已有150多年了，其中认识和创造的有机化合物超过了2000万，但对超分子的认识和研究则是近20年的事情，并且越来越多的研究人员正在将其研究兴趣转向这一新领域。超分子体系的微观单元是由若干乃至许许多多个不同化合物的分子或离子或其他可单独存在的具有一定化学性质的微粒聚集而成。聚集数可确定或不确定，这与单个分子具有严格的原子数目有着本质的区别。超分子形成一般是通过自组装过程来完成的，不必输入高能量，也不破坏原来分子的结构及价键，主客体间无强化学键。这就要求主客体之间应有高度的匹配性和适应性，不仅要求分子的空间几何构型和电荷，甚至亲水性、疏水性要互相适应，还要求在对称性和能量上匹配。这种高度的选择性导致了超分子的形成具有高度的分子识别能力。如果客体分子有缺陷，就无法与主体分子形成超分子体系。由此可见，所有超分子的形成基础都是相同的，这就是分子间作用力的协同和空间的互补。

1987年，Lehn在其诺贝尔奖获奖演讲中指出"分子识别、转换和传输是超分子物种的基本功能"，其中分子识别占据其核心地位。分子识别是自然界生物进行信息存储、复制和传递的基础。事实上，在生命体内存在着亿万个超分子体系，细胞内的生物化学过程都是由特定超分子体系来执行的，如DNA与RNA的合成、蛋白质的表达与分解、脂肪酸合成与分解、能量转换与力学运动体系等。因此，以分子识别为基础，研究构筑具有特定生物学功能的超分子体系，对揭示生命现象和过程具有重要意义，并可能给化学研究带来新的突破；同样，以分子识别为基础，设计、合成、组装具有新颖光、电、磁性能的纳米级超分子器件，将为材料科学提供理论指导和新的应用体系。分子识别既是分子器件信息处理的基础，又是组装高级结构的必要条件。

超分子化学是化学的一个崭新的分支学科，已经成为融合物理学、信息学、材料科学和生命科学的超分子科学。超分子的研究已经开始从基础研究稳步走向高技术应用，相信它必将为人类生活和经济的发展做出巨大的贡献。

第十三章　羰基α-取代反应和羰基缩合反应

广义的羰基化合物是指所有含羰基的化合物，包括羧酸和羧酸衍生物。而狭义的羰基化合物主要是指醛、酮、醌。本章所要讨论的是广义上的羰基化合物。羰基化合物的大部分反应可归属于四类反应：亲核加成反应、亲核酰基化反应、α-取代反应、羰基缩合反应。其中，亲核加成反应和亲核酰基化反应已经在醛、酮、羧酸和羧酸衍生物各章中进行了讨论。本章将主要讨论羰基α-取代反应和羰基缩合反应。

第一节　羰基α-取代反应

一、α-氢的酸性与烯醇式互变异构

在羰基化合物系统命名的α、β、γ编号系统中，与羰基相连的碳属于α-位，α-位的碳及其上面所连的氢分别称为α-碳原子和α-氢原子。由于受到强极性基团——羰基的吸电子诱导效应的影响，羰基H_α较一般烷烃氢的酸性明显增强。由表13.1可以看出，醛、酮、酯的H_α的pK_a为17～25，比醇($pK_a \approx 16$)的酸性弱，比炔氢的酸性($pK_a \approx 25$)稍强，但比烯烃和烷烃的酸性要强得多。当亚甲基或次甲基同时与两个吸电性的羰基或氰基相连时，亚甲基或次甲基氢的酸性将进一步增强，接近苯酚的酸性，pK_a为9～11。

表13.1　一些有机化合物的酸度常数

化合物类型	化合物	pK_a	化合物类型	化合物	pK_a
羧酸	$CH_3COO\underline{H}$	5	醛	$C\underline{H}_3CHO$	17
(碳酸)	(H_2CO_3)	(6.35)	酮	$C\underline{H}_3COCH_3$	19
(水)	(H_2O)	(15.74)	酯	$C\underline{H}_3CO_2C_2H_5$	25
1,3-二酮	$CH_2(COCH_3)_2$	9	腈	$C\underline{H}_3CN$	25
苯酚	$C_6H_5—O\underline{H}$	9.89	*N*,*N*-二烷基酰胺	$C\underline{H}_3CON(CH_3)_2$	30
1,3-酮酯	$CH_3COC\underline{H}_2CO_2C_2H_5$	11	氨	NH_3	36
1,3-二氰基化合物	$C\underline{H}_2(CN)_2$	11	胺	$\underline{H}N(i\text{-}C_3H_7)_2$	40
1,3-二酯	$C\underline{H}_2(COOCH_3)_2$	13	炔	$HC \equiv C\underline{H}$	25
醇	$CH_3CH_2O\underline{H}$	16	烯烃	$H_2C = C\underline{H}_2$	44
酰卤	$C\underline{H}_3COCl$	16	烷烃	$CH_3C\underline{H}_3$	60

羰基 H_{α}的酸性主要表现在三个方面。首先,α-H 可以自发电离成质子并转移至羰基氧上,形成羰基化合物的酮式(keto)和烯醇式(enol)互变异构(tautomerism)体系。这种互变异构是一个动态平衡体系,其中的酮式和烯醇式分别称为互变异构体(tautomer)。平衡体系中烯醇式的存在和含量可以通过 NMR 分析来测定。两种结构的互变过程可表示如下:

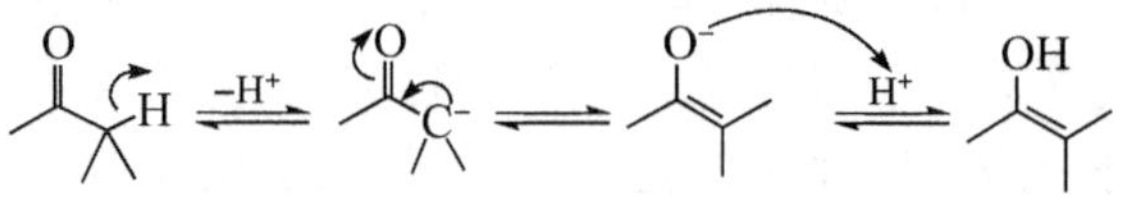

其次,羰基的 H_{α}可以与活泼质子(如酸质子、水质子、醇质子等)发生交换反应。例如,将含 α-H 的羰基化合物溶于用同位素氘(D)标记的酸性水(D_3O^+)中,并放置一段时间后,溶液中即可检出有 α-位 D 代的羰基化合物。其交换机理可表示如下:

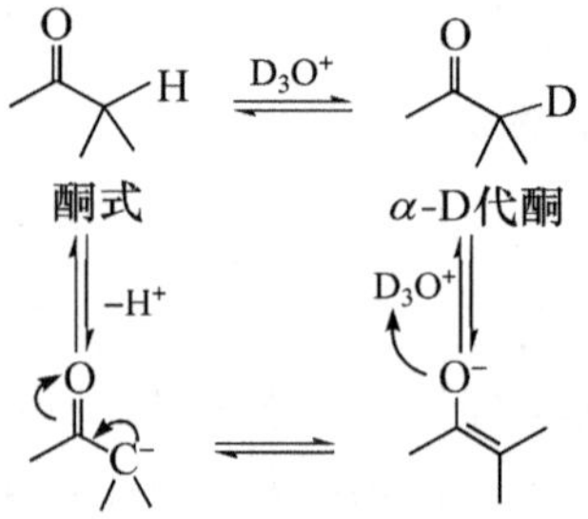

最后,羰基α-H 还可以与一些强碱发生酸碱反应,生成烯醇式氧盐。例如,环己酮可以和强碱——二异丙基氨基锂(lithium diisopropylamide, LDA)反应,生成烯醇式负离子。后者可直接通过 NMR 分析或研究烯醇式氧盐的一些化学反应而得到证实。

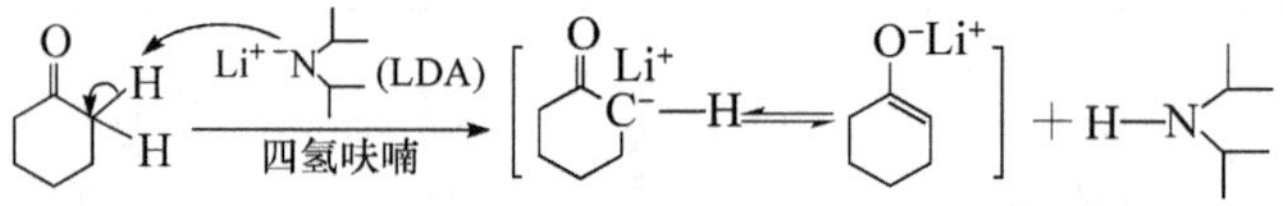

在绝大多数情况下,在羰基化合物的酮式和烯醇式平衡状态体系中,酮式是主要存在形式,烯醇式只占极少数。例如,丙酮和环己酮在平衡状态时,它们各自的烯醇式分别只占百万分之一和万分之一。这说明酮式较烯醇式稳定。其稳定性可以通过比较酮式和烯醇式中化学键的总键能(C—C 键的平均键能为 347.3 kJ · mol^{-1},C—O 键的平均键能为 359.8 kJ · mol^{-1},O—H 键的平均键能为 464.4 kJ · mol^{-1},C—H 键的平均键能为 414.2 kJ · mol^{-1})来判断。酮式的总键能大于烯醇式的总键能。

一般来说，α-H 的酸性越强，烯醇式结构越稳定，平衡时烯醇式所占的比例也就越大。例如，乙酰乙酸乙酯和 2,4-戊二酮中的亚甲基由于受到两个羰基的吸电子诱导效应的影响，其酸性较丙酮的α-H 强得多。二者形成的烯醇式结构具有稳定的 π-π 共轭体系和有分子内氢键参与的六元环稳定结构。故在室温时，它们的烯醇式含量都比较高。

92.5%　　7%

24%　　76%

尽管烯醇式含量一般很低，但它却是羰基α-位几乎所有反应的中间体。或者说，羰基α-H 和α-C 的反应几乎都是通过羰基化合物的烯醇式来完成的。

在中性条件下，酮式和烯醇式互变的速度并不是很快。这一点可以从烯醇式异构体与溴的反应看出。烯醇式结构(—C═C—OH)在一定程度上与苯酚的结构类似，可以与 $FeCl_3$ 形成紫红色的络合物，同时烯醇式结构中的 C═C 双键具有一般烯烃的性质，能与溴发生加成反应。如果向乙酰乙酸乙酯的稀溶液中加入一滴 $FeCl_3$ 溶液，溶液立即变成紫红色。若再加入一滴溴水，该紫红色便会褪去，说明烯醇式异构体的碳碳双键与溴发生了加成反应，消耗了烯醇式结构体，因而紫色褪去，此时酮式和烯醇式的平衡状态被打破。等待一会儿后，溶液又逐渐变成紫红色，说明溶液中又有烯醇式络合物产生，即有新的烯醇式异构体出现。这说明平衡又重新建立起来。颜色从无到有需要一段时间，说明酮式和烯醇式的动态平衡的建立在中性条件下并不是很快。

当有酸或碱存在时，羰基式和烯醇式的互变速度会显著提高。另外，碱的存在还能改变平衡点，使烯醇式(实际上是烯醇式负离子)的相对含量大大提高。例如：

碱催化

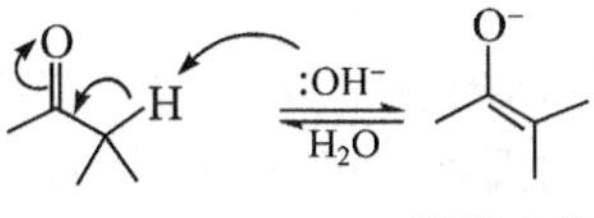

羰基式　　烯醇式负离子

酸催化

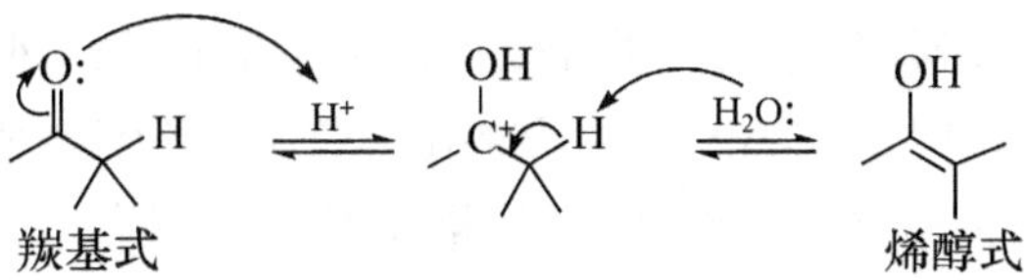

羰基式　　烯醇式

二、α-卤代反应

从理论上讲，所有含α-H 的羰基化合物都会存在酮式和烯醇式的互变异构。

尽管在多数情况下，烯醇式所占的比例很小，但它对很多羰基化合物的 α-卤代反应却是必不可少的。

烯醇式中的 C=C 双键具有烯烃的共性，能够与卤素发生亲电加成反应，并最终生成羰基化合物的 α-卤代产物。烯醇式负离子与卤素的加成反应机理如下：

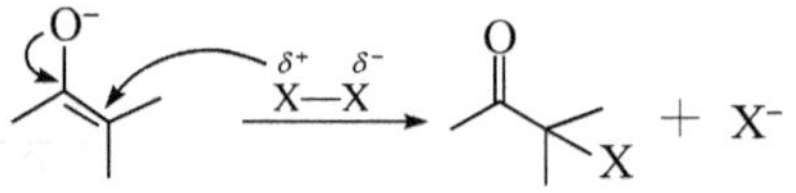

α-卤代醛(或酮)

羰基化合物的 α-卤代反应能否顺利进行取决于两个因素：α-H 的酸性和生成烯醇式的速率。一般来说，α-H 的酸性越强，体系中的烯醇式比例就越大，α-卤代反应的速率就越高。实验证明，在酸催化下，氯、溴、碘分别与丙酮发生 α-卤代反应的速率是相同的，且都属于二级反应动力学，即

$$\text{反应速率}(v)=k[\text{丙酮}][H^+] \quad (13-1)$$

式(13-1)表明，在羰基化合物的 α-卤代反应中，酮式和烯醇式的互变异构反应是整个 α-卤代反应的决速反应，而烯醇式与卤素的反应是快速反应。显然，要提高羰基化合物的 α-卤代反应的速率，就必须提高酮式和烯醇式的互变异构速率。由于酸和碱都能提高酮式和烯醇式的互变速率，因此酸和碱都对羰基化合物的 α-卤代反应有催化作用，尤其是碱催化的反应速率非常快。

如果醛、酮的 α-位有几个氢，则碱催化下的卤代反应一般无法停留在一卤代阶段，而是生成全部α-H 被取代的产物。但在酸催化下，若控制卤素的量，则可获得单取代、二取代等产物。例如：

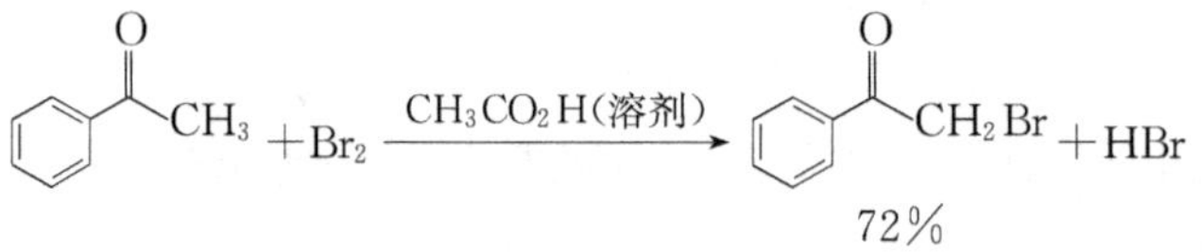

实际上，在碱性介质中真正与醛、酮发生反应的是次卤酸盐而不是卤素分子，因此，醛、酮的 α-卤代反应也可用次卤酸盐代替卤素来进行。由于次卤酸盐能将伯醇和仲醇分别氧化成醛和酮，故甲基酮类（$CH_3CO—R'$）及其相应的醇（$CH_3CHOH—R'$）能发生相同的 α-卤代反应，并生成相同的反应产物。

如果是乙醛、甲基酮类及其相应的醇（$CH_3CHOH—R'$）在碱性条件下与碘反应，则首先生成三碘取代产物，后者能被碱分解成碘仿（CHI_3）和羧酸盐。碘仿会以黄色针状结晶析出，该反应又称为碘仿反应（haloform reaction），常用于鉴别乙醛、甲基酮类（$CH_3CO—R'$）及其相应的醇（$CH_3\overset{R'}{\overset{|}{C}}HOH$）。

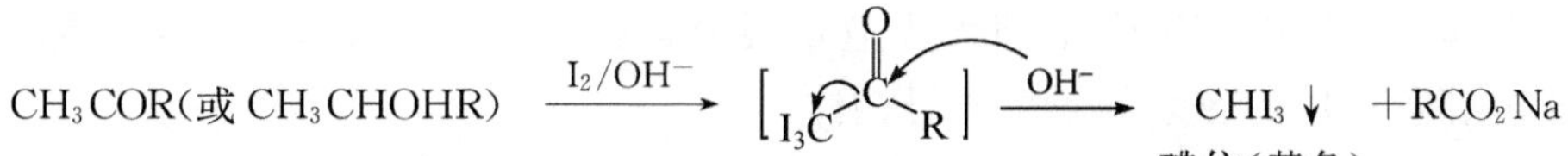

碘仿(黄色)

与醛、酮相比，羧酸α-H 的酸性要弱得多，其烯醇式的比例几乎等于零，因此，在一般情况下，羧酸的α-卤代反应是非常困难的。但是，如果在光照或红磷存在时，羧酸则很容易发生α-卤代反应。根据羧酸α-H 的多少，通过控制卤素与羧酸的用量比，可以得到所期望的一卤代、二卤代或三卤代羧酸。羧酸的多卤代反应是分步进行的。例如：

$$CH_3COOH \xrightarrow[h\nu]{Cl_2} ClCH_2COOH \xrightarrow[h\nu]{Cl_2} Cl_2CHCOOH \xrightarrow[h\nu]{Cl_2} Cl_3CCOOH$$

一氯乙酸　　　二氯乙酸　　　三氯乙酸

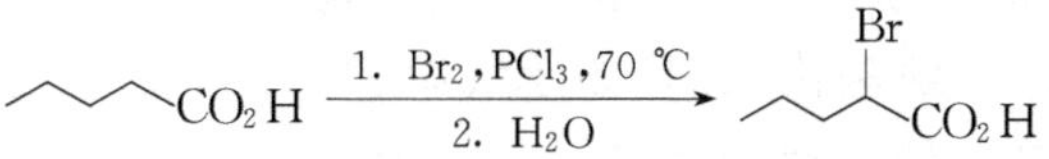

80%

以红磷催化的羧酸α-卤代反应称为赫尔-乌尔哈-泽林斯基(Hell-Volhard-Zelinskii)反应。目前，较新的方法是加入 10%～30%的乙酰氯或微量的碘来代替红磷作催化剂。红磷的作用是先与卤素反应，生成三卤化磷，后者再与羧酸作用，生成酰卤。最后，酰卤再与卤素反应，得到α-卤代酰卤。α-卤代酰卤与羧酸发生作用，生成卤代酸和酰卤，后者再循环发生α-卤代反应。

$$2P + 3Br_2 \longrightarrow 2PBr_3$$

$$RCH_2COOH \xrightarrow{PBr_3} RCH_2COBr + H_3PO_3$$

$$RCH_2COBr \xrightarrow{Br_2} \underset{\displaystyle Br}{RCHCOBr} + HBr$$

$$\underset{\displaystyle Br}{RCHCOBr} + RCH_2COOH \longrightarrow \underset{\displaystyle Br}{RCHCOOH} + RCH_2COBr$$

显然，羧酸α-卤代反应实际上是酰卤的α-卤代反应。其反应机理如下：

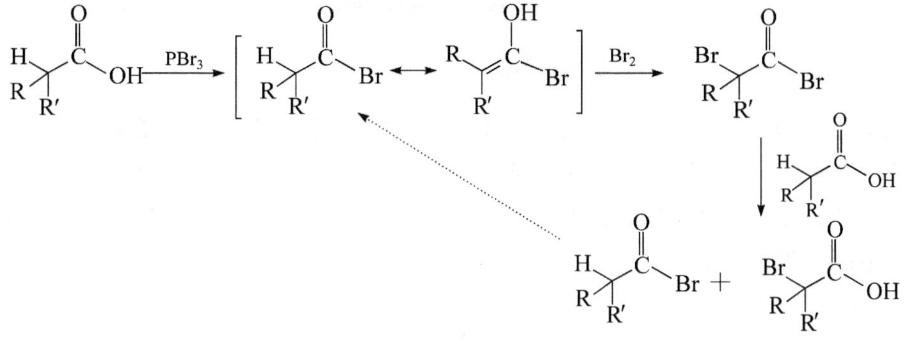

酰卤之所以能够发生 α-卤代反应是因为其α-H 酸性($pK_a \approx 16$)强于羧酸，也强于醛、酮，可形成较多的烯醇式异构体。

酯和酰胺因其α-H 酸性($pK_a > 20$)太小，一般不能发生 α-卤代反应。但是，当分子中存在其他的结构因素能够引起酯的α-H 酸性明显增强时，酯也可以很容易地发生 α-卤代反应。一般经验是，只有α-H 的 $pK_a < 20$ 的羰基化合物才具有较快的 α-卤代反应速率。

三、α-烷基化反应

含α-H 的羰基化合物在碱性条件下可形成一个亲核试剂——烯醇式负离子，而后者具有下列两种共振体。由两种共振体可知，烯醇式负离子的氧和α-C都可以充当亲核试剂的亲核中心。相对而言，碳负离子的亲核性大于氧负离子，故共振体(ii)能和很多烷基化试剂，如卤代烷、磺酸酯等，发生双分子亲核取代反应(S_N2)。如果亲电性的卤代烃非常活泼，如碘甲烷、氯甲基甲醚、氯化苄等，则亲核性较小的氧负离子也能与这些卤代烃反应，形成氧烃基化产物，即烯醇醚衍生物(—C═C—O—R)。

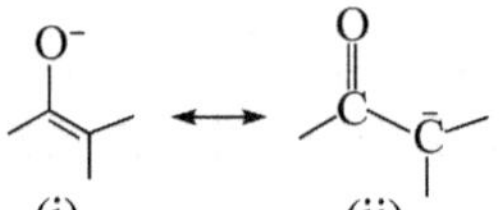

烯醇式负离子的共振结构

三级卤代烃一般不发生烃基化反应，而是发生自身的消除反应，生成烯烃。这是因为烃基化反应是在强碱性条件下进行的，而强碱性条件容易导致三级卤代烃发生消除反应。

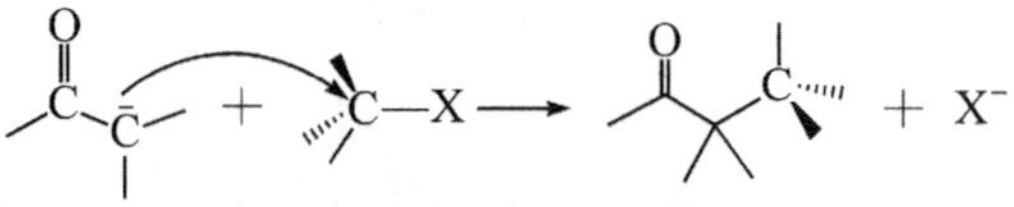

烯醇式负离子的亲核取代反应

对于单羰基化合物来说，其α-H 的酸性较弱，需要用很强的碱才能使其生成烯醇式负离子。但过强的碱一般很容易与羰基发生加成反应。为此，在有机合成上更多是采用 1,3-二羰基化合物进行烷基化反应。最常用的 1,3-二羰基化合物是丙二酸酯(malonic ester)和乙酰乙酸乙酯(acetoacetic ester)。

1. 丙二酸酯的α-烷基化反应

丙二酸二乙酯简称丙二酸酯，为无色有香味的液体，沸点 199 ℃，微溶于水，可以从卤乙酸的钠盐制备，在有机合成上应用很广。

丙二酸二乙酯的α-亚甲基上的氢具有较强的酸性，其酸性($pK_a=13$)强于一般的醇($pK_a=16$)，因此，用醇钠与丙二酸二乙酯反应，可获得丙二酸酯的烯醇式负离子。

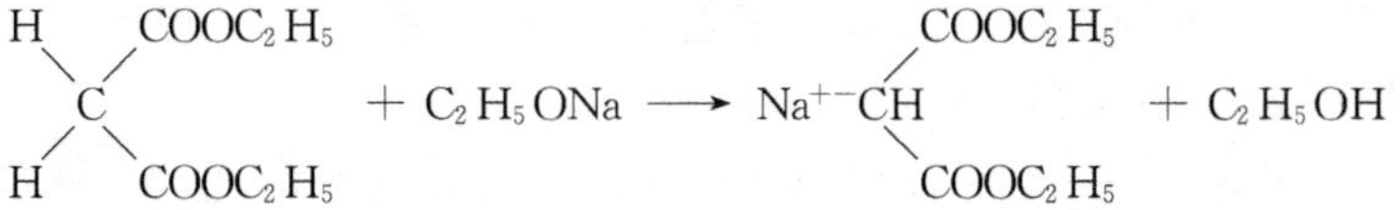

生成的碳负离子是一个强的亲核试剂，能够与卤代烃发生亲核取代反应，生成一烃基取代的丙二酸酯。如果醇钠足够多，一烃基取代的丙二酸酯还可以再次形成烯醇式负离子，并继续发生烷基化反应，生成二烃基取代的丙二酸酯。如果控制合适的醇钠用量，可以有目的地获得一烃基化产物或二烷基化产物。烃基化的丙二酸二乙酯经酸水解，生成烃基取代的丙二酸，后者在加热条件下很容易发生脱羧反应(参见第十一章)，生成烃基取代的乙酸。总的结果相当于乙酸的α-烷基化反应。

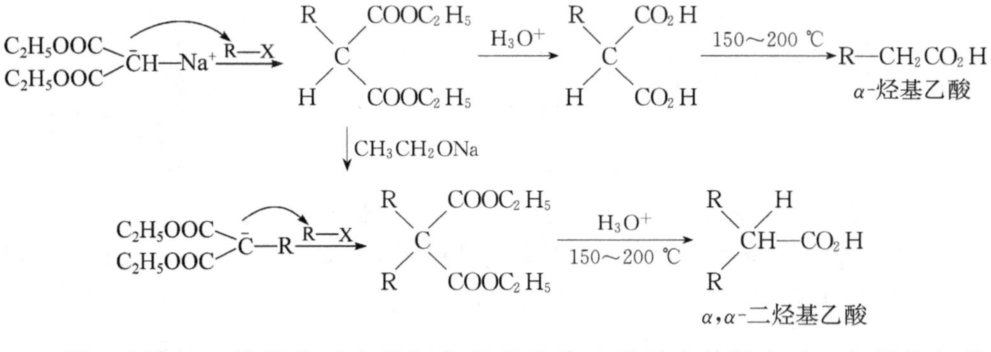

丙二酸酯的α-烷基化反应是制备烃基取代乙酸最有效的方法。如果烷基化试剂是二元卤代烃，通过控制丙二酸酯和二元卤代烃的用量比，可以合成二元羧酸和脂环酸。例如：

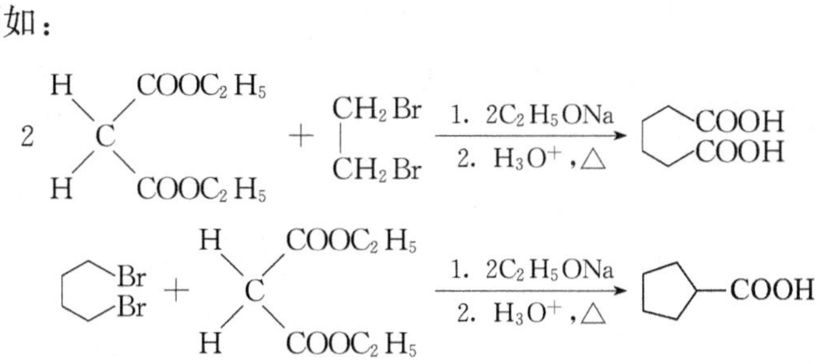

在合成三元、四元、五元、六元脂环酸时经常采用丙二酸酯法。利用丙二酸酯

为原料的合成方法，常称为丙二酸酯合成法(malonic ester synthesis)。

2. 乙酰乙酸乙酯的α-烷基化反应

乙酰乙酸乙酯是无色液体，沸点180.4 ℃，有愉快的香味，微溶于水，易溶于乙醇、乙醚等有机溶剂，在有机合成上是一个非常重要的合成原料。

乙酰乙酸乙酯与丙二酸二乙酯在结构上比较类似，但其α-亚甲基碳上α-H的酸性($pK_a=11$)比丙二酸二乙酯稍强，相应的烯醇负离子的碱性比丙二酸二乙酯的弱，但亲核性却与丙二酸二乙酯的相当，故与丙二酸二乙酯相比，乙酰乙酸乙酯更易形成烯醇式结构和更易发生α-烃基化反应。

乙酰乙酸乙酯的α-烃基化产物既可被浓碱或稀碱水解，也可被酸水解。浓碱(40% NaOH)水解导致脱去乙酰基，生成α-烃基取代的乙酸，产物与丙二酸二乙酯的α-烷基化反应的结果相同；酸水解或稀碱(5% NaOH)水解先生成β-羰基酸(盐)而不是丙二酸(盐)，然后β-羰基酸脱羧(参见第十一章)生成α-烃基取代的丙酮。根据反应产物的结构特点，浓碱水解又称为酸式分解，稀碱或酸水解又称为酮式分解。例如：

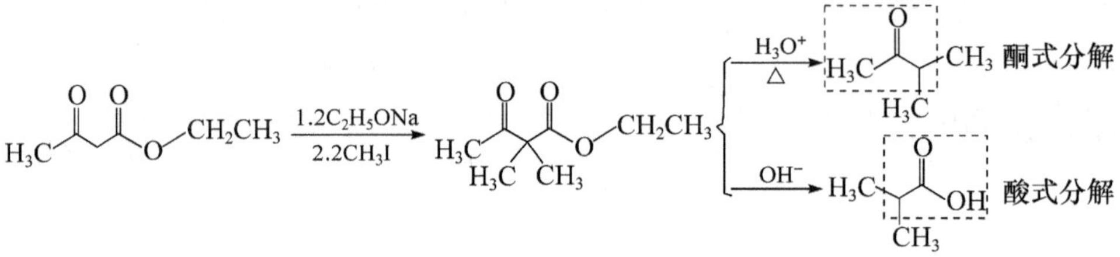

由此可见，乙酰乙酸乙酯的α-烷基化反应可以替代丙二酸二乙酯法。但实际上，人们在合成α-烃基取代乙酸时更多地是采用丙二酸二乙酯法，而只有在合成α-烃基取代的丙酮时才采用乙酰乙酸乙酯法。例如：

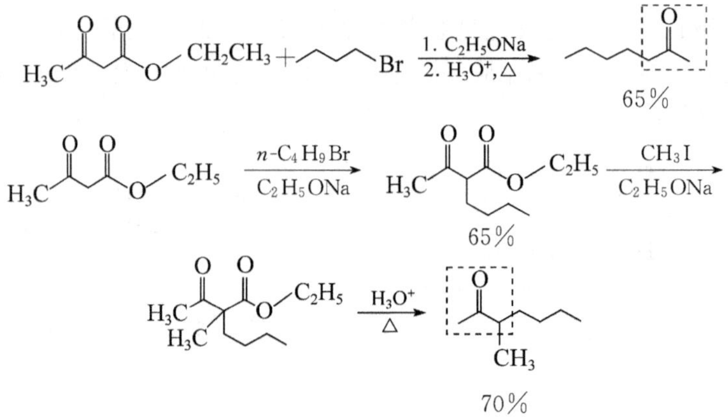

实际上，与乙酰乙酸乙酯结构类似的所有 β-羰基酯都能发生类似于乙酰乙酸乙酯的 α-烃基化反应。例如：

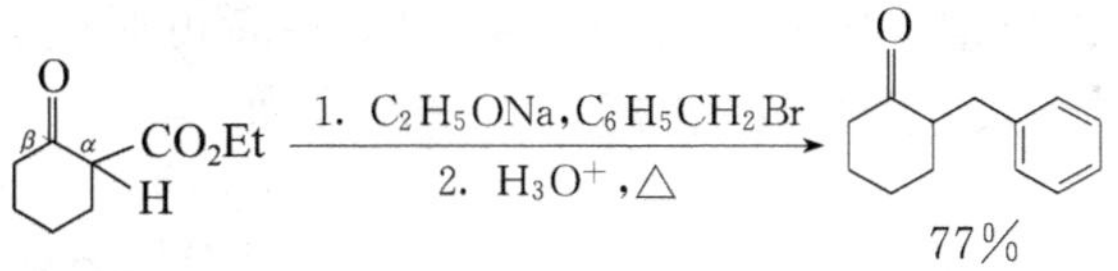

77%

3. 酮、酯和腈的直接 α-烷基化反应

前面已经提到，单羰基化合物需要用强碱才能使其变成烯醇式负离子，而多数的强碱都能与羰基发生加成反应。因此，要使单羰基化合物发生 α-烷基化反应，就需要寻找到一个碱性很强但又不易与羰基发生加成反应的碱。LDA 便是符合这一要求的一种碱。LDA 的碱性很强（$pK_a = 35$），能够夺取几乎任何单羰基和氰基 α-位的氢。同时，它因自身具有较大的空间障碍而不易与羰基发生加成反应。另外，也是由于空间障碍的缘故，如果羰基两侧都有α-H 时，LDA 可选择性地夺取空间位阻较小的α-H，并使其形成相应的烯醇式负离子，即具有较好的位置选择性。例如：

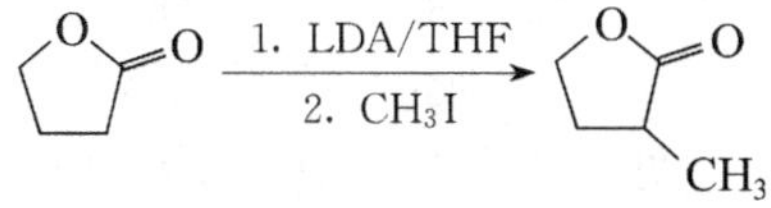

88%

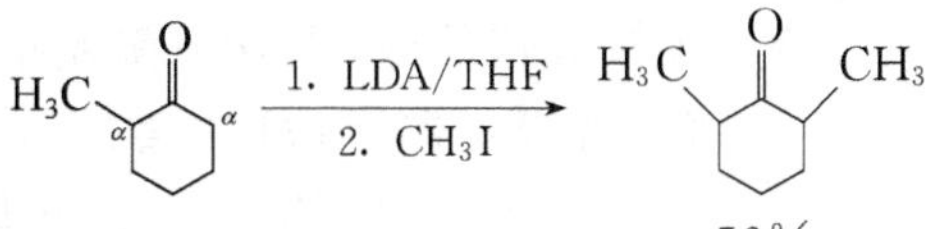

56%

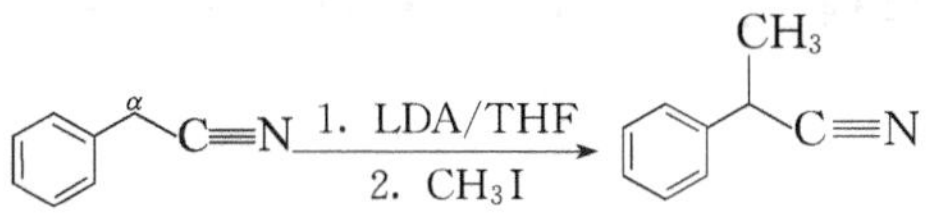

71%

四、α-酰基化反应

与烃基化反应类似，含α-H 的羰基化合物也能通过烯醇式负离子与酰卤或酸酐发生酰基化反应。但是，由于酰卤和酸酐的亲电活性比卤代烃活泼，故烯醇式负离子中的氧和α-C 都可作为亲核中心与酰卤反应。前者导致形成烯醇酯衍生物，后者则形成 α-酰基化产物，故 α-酰基化反应不如烃基化反应的选择性好、产率高。另外，作为碱性催化剂，最好使用氢化钠（NaH），而不是乙醇钠和 LDA。因为乙醇钠和 LDA 在促使羰基化合物的烯醇化过程中能形成可与酰卤反应的乙醇和二异丙胺，这样将要消耗掉等物质的量的酰卤，造成不必要的浪费。

用于直接酰基化反应的羰基化合物一般多是 1,3-二羰基化合物，基本不用单羰基化合物。因此，酰基化反应的产物首先是三羰基化合物。如果反应原料是 β-羰基酯，如乙酰乙酸乙酯，则生成 β,β'-二羰基酯，后者可通过酸式分解生成新的 β-羰基酸，也可通过酮式分解生成新的 1,3-二酮。例如：

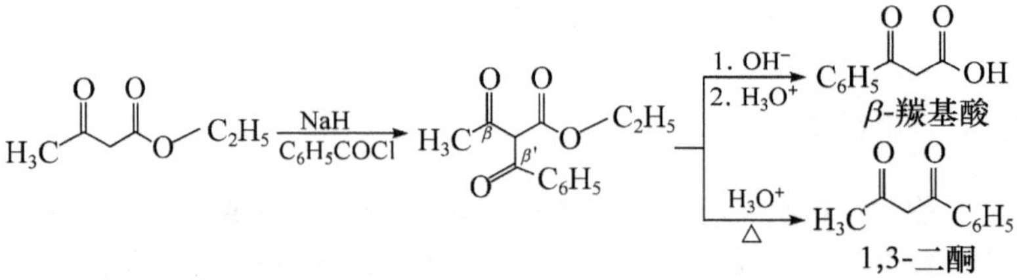

酰化反应一般在非质子溶剂如苯、乙醚等中进行，用溶于非质子溶剂的乙醇镁（由 Mg 和乙醇反应制得）代替乙醇钠作为催化剂。例如：

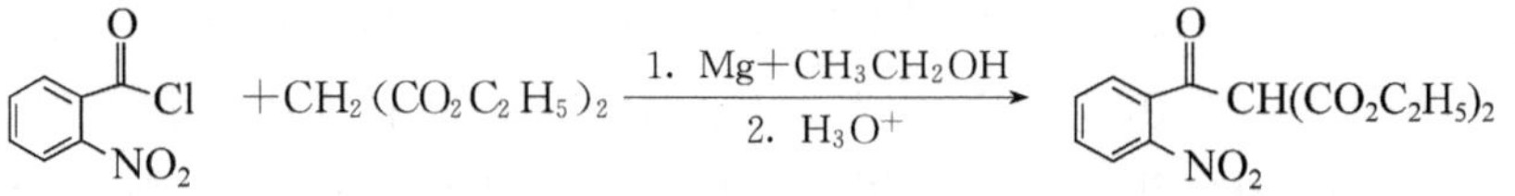

单羰基的醛、酮若要进行 α-酰基化反应，一般采用间接法，即烯胺法。仲胺（如六氢吡啶、四氢吡咯等）和醛、酮容易形成烯胺（参见第十章）。烯胺和烯醇负离子的结构类似，也有两个共振体。其中，烯胺偶极子中的 α-C 能与酰卤发生亲核取代反应，生成 α-酰基取代的烯胺，后者经酸水解，可得 α-酰基取代的酮或醛，即 1,3-二酮。总的结果相当于醛、酮的直接 α-酰基取代反应。由于在形成 α-酰基取代烯胺的过程中会产生 HX，需要在反应体系中加入一定的叔胺来中和 HX。

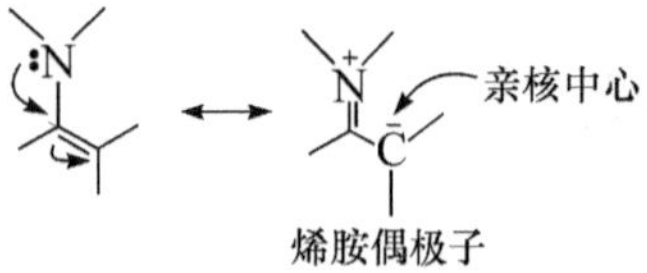

烯胺的共振式

反应机理如下：

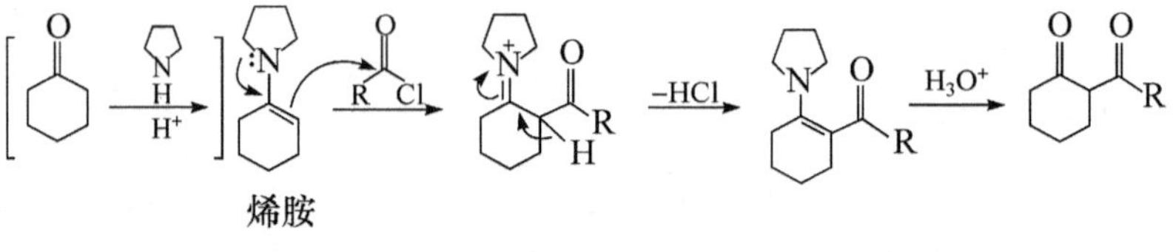

第二节　羰基缩合反应

一、羟醛缩合

醛、酮的羰基和 α-H 都比较活泼，在稀酸或稀碱作用下（最常用的是稀碱），一分子醛（酮）的 α-H 可以加到另一分子醛（酮）的羰基氧原子上，而 α-C 加到羰基碳原子上，生成 β-羟基醛（酮），这个碳链增长的反应称为羟醛缩合（aldol condensation）。例如：

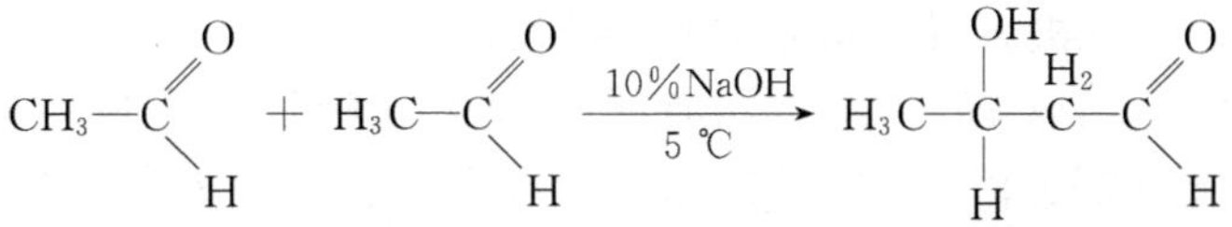

3-羟基丁醛（β-羟基丁醛）

羟醛缩合反应得名于此类反应最先发现于醛。后来发现有些酮也能发生类似的反应。目前所说的羟醛缩合反应是广义上的羟醛缩合，包括酮、酮之间和醛、酮之间的类似反应。

羟醛缩合反应实际上是一个羰基的亲核加成反应，其机理由三步组成。首先是稀碱作为催化剂，夺取醛（酮）分子的 α-H，形成一个烯醇负离子；第二步是烯醇负离子中的 α-C 作为亲核中心，进攻另一个醛（酮）的羰基碳，形成亲核加成产物。最后加成产物（氧负离子）从水分子上获取一个质子而得到 β-羟基醛（酮），同时使水分子生成 OH^-，并进入下一个分子的催化。乙醛羟醛缩合的反应机理可表示如下：

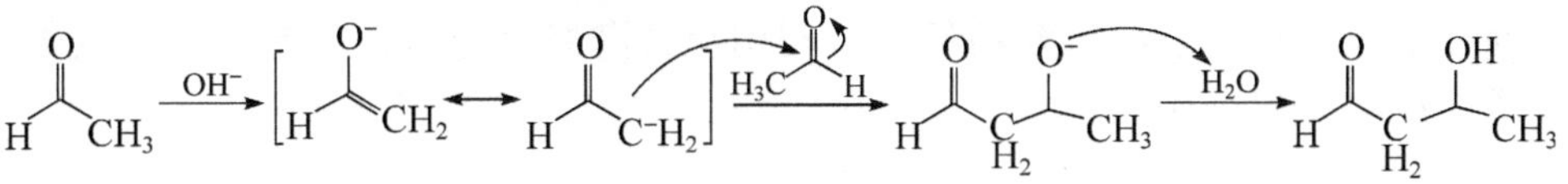

β-羟基醛在碱性或酸性条件下稍微受热，个别分子甚至在常温下即能发生分子内脱水而生成 α,β-不饱和醛（酮）。

碱和酸对 β-羟基醛（酮）的分子内脱水有催化作用。其机理分述如下：

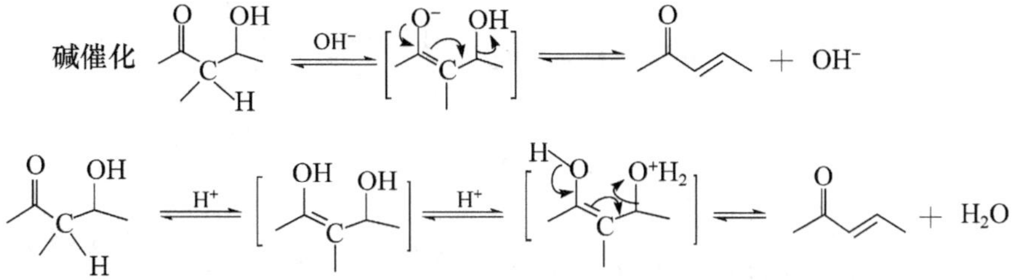

羟醛缩合的所有反应步骤都是可逆的，因此如果没有特殊的措施，要获得高产率的 β-羟基醛（酮）并不是很容易。但是，如果要获得高产率的 α,β-不饱和醛（酮）却比较容易。这是因为 α,β-不饱和醛（酮）具有像丁二烯一样的 π-π 共轭体系，分子能量较低，因而反应更容易向产物方向进行。例如：

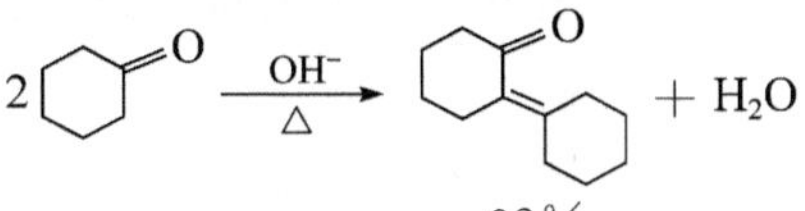

92%

含有α-H 的醛都能进行羟醛缩合反应。通过醛或酮同种分子间的羟醛缩合反应，可以合成比原料醛或酮多一倍碳原子数的β-羟基醛(酮)或α,β-不饱和醛(酮)。因此，羟醛缩合在有机合成上是非常有用的反应。

交叉羟醛缩合：含有α-H 的醛，除了能发生同种醛分子间的羟醛缩合反应外，还能发生异种醛或醛酮之间的羟醛缩合，后一反应称为交叉羟醛缩合或混合羟醛缩合(mixed aldol condensation reaction)。如果两种醛都含有α-H，则交叉羟醛缩合反应将会生成四种不同的产物，这样不仅每种产物的产率很低，而且分离也困难，因此实用意义不大。但是，在下面两种情况下，交叉羟醛缩合反应具有较高的选择性。第一种情况是，如果其中一种醛不含α-H，如甲醛、三甲基乙醛、苯甲醛等，而另一种醛含α-H，此时它们的交叉羟醛缩合反应将生成两种产物。无α-H 的醛因不能发生同种分子间的羟醛缩合反应，只能作为另一种醛的烯醇负离子的亲核进攻对象，生成交叉羟醛缩合的产物。同时，含α-H 的醛还能发生同种分子间的羟醛缩合反应，形成第二种羟醛缩合的产物。第二种情况是，虽然两种羰基化合物都含有α-H，但二者的α-H 酸性和羰基的活性都具有明显的差异。此时，酸性较强的化合物将作为亲核试剂，酸性较弱的则作为亲电试剂，如下面环己酮与乙酰乙酸乙酯的反应。利用交叉羟醛缩合可以将具有不同碳数的分子连接在一起。例如：

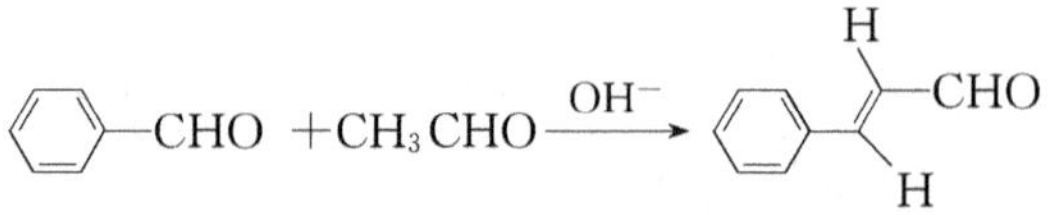

肉桂醛

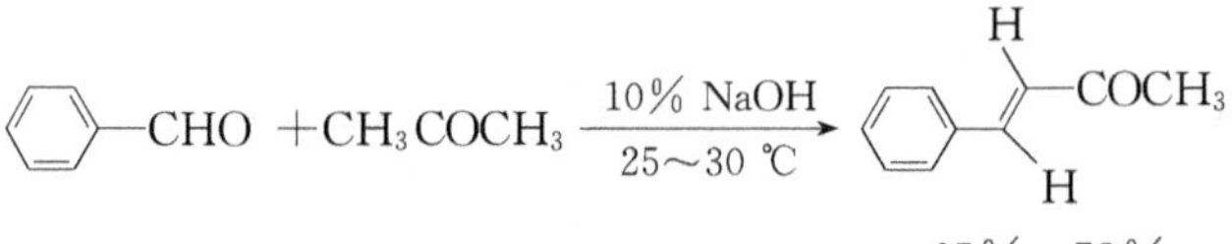

65%～78%

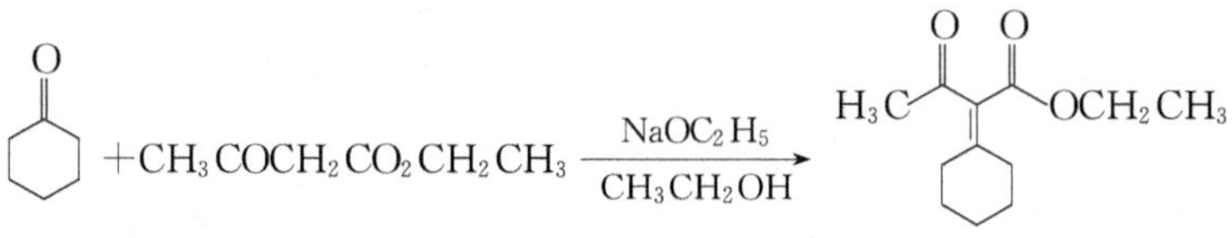

80%

如果分子内同时存在位置合适的两个醛基或酮基或一个醛基和一个酮基，则可发生分子内的羟醛缩合反应，生成环状α,β-不饱和醛(酮)。如果产物为五元环或六元环，则反应很容易进行，甚至可以不需要催化剂。例如：

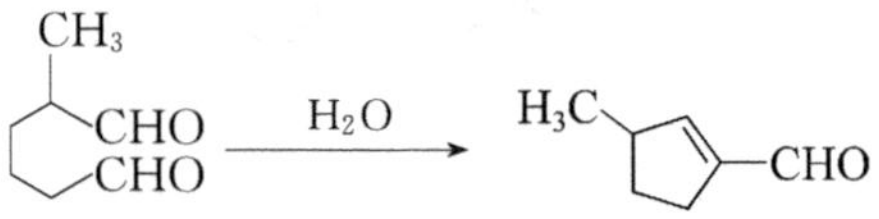

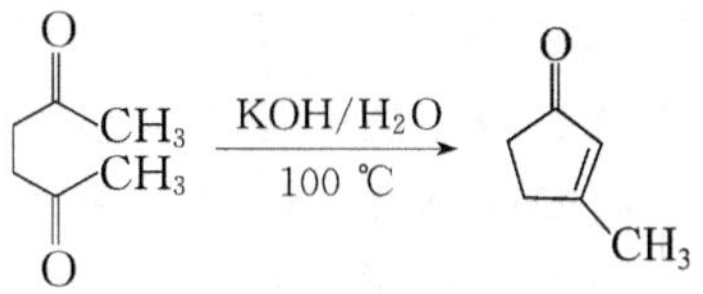

上面第一个反应，取代基较少的α-C 作为亲核试剂。这也是羟醛缩合反应的一个规律。

虽然含有α-H 的酮也能发生同种分子间的羟醛缩合，但一般很少使用。其原因主要有两个：首先，一般的酮多为不对称酮，分子中含有两种不同的α-C，因此反应的位置选择性较差，常常形成多种产物，目标产物的产率常很低。例如，丙酮和环己酮在 NaOH 乙醇溶液中只能分别得到约 5%和 22%的相应的β-羟基酮。其次，酮的α-C 比醛的α-C 具有较大的空间障碍，反应比较困难。因此，酮的羟醛缩合主要用于酮和无α-H 的醛之间的交叉缩合以及分子内的羟醛缩合。

二、酯缩合反应

1. 克莱森酯缩合反应

酯的α-H 也可以与乙醇钠等反应，生成烯醇负离子。后者可以与另一分子酯的羰基发生类似于羟醛缩合的反应，生成β-羰基酯。这种酯与酯之间的缩合反应称为克莱森酯缩合反应。例如：

$$CH_3COOC_2H_5 + CH_3COOC_2H_5 \xrightarrow[2.\ H_3O^+]{1.\ NaOC_2H_5} CH_3\overset{\overset{\displaystyle O}{\|}}{C}CH_2CO_2C_2H_5 + C_2H_5OH$$

乙酰乙酸乙酯(β-羰基酯)
75%

酯缩合反应的机理与羟醛缩合反应在形成亲核加成产物之前都比较相似，但在羰基亲核加成产物形成之后，羟醛缩合反应就已完成，而酯缩合还要进一步消除烃氧基才能形成β-羰基酯。乙酸乙酯的酯缩合反应机理可表示如下：

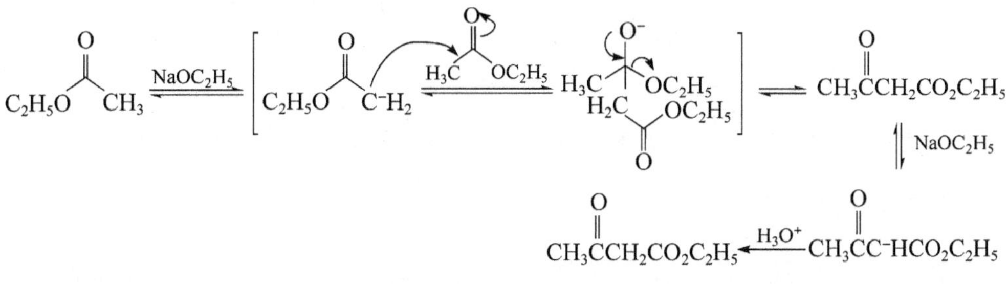

乙醇的酸性($pK_a \approx 16$)比酯α-H 的酸性($pK_a \approx 25$)强，因此，乙醇钠要使酯形成烯醇负离子是比较困难的，反应体系中烯醇负离子的浓度也很低。为什么上述

反应还能顺利进行呢？这主要是因为反应产物——乙酰乙酸乙酯的α-H 酸性（pK_a≈11）较强，乙醇钠能与乙酰乙酸乙酯很容易地形成烯醇负离子，从而使上述反应平衡被打破，并使反应不断地向产物方向移动。正因为如此，酯缩合反应需要较多的醇钠而不是催化量的。另外，如果采用比酯α-C 负离子碱性强的碱作催化剂，如三苯甲基钠，酯缩合反应的效果将会更好。尤其是当酯的α-C 上有较多取代基或α-H 酸性非常小时，更应采用像三苯甲基钠这样的强碱作催化剂。

2. 交叉酯缩合反应

与交叉羟醛缩合一样，两种不同的酯也能发生交叉酯缩合反应。与交叉羟醛缩合同样的道理，一般只有两种交叉酯缩合反应具有一定的制备价值。第一种是，无α-H 的酯和含α-H 的酯之间的交叉缩合；第二种是，两种不同的酯或酯和酮都含α-H，但二者的酸性及羰基活性相差较大。例如：

$$C_6H_5CO_2CH_3 + CH_3CH_2CO_2CH_2CH_3 \xrightarrow[2.\ H_3O^+]{1.\ NaH} C_6H_5CO\underset{}{\overset{CH_3}{\overset{|}{C}}}HCO_2CH_2CH_3$$

56%

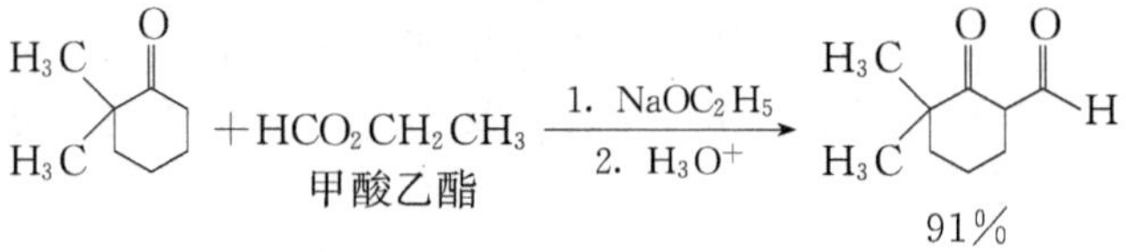

91%

如果分子内同时有两个羰基（酯基、酮基或醛基），且二者位置合适，则分子能发生分子内的酯缩合反应，并形成β-环酮酯，这种反应称为狄克曼（Dieckmann）环化反应。例如：

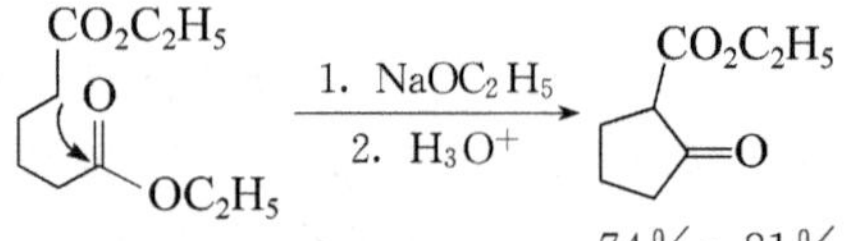

74%～81%

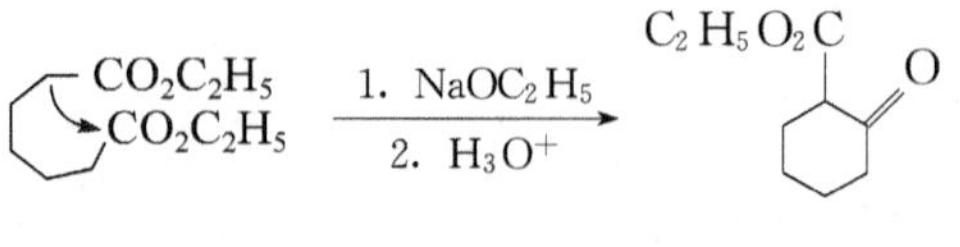

狄克曼环化反应在合成β-环戊酮酯和β-环己酮酯方面是非常有效的。

三、迈克尔加成反应

在第十章已经讨论过，α,β-不饱和醛、酮可以和金属有机化合物等亲核试剂发生1,4-加成反应或称为共轭加成反应。作为亲核试剂的烯醇负离子也能与α,β-不饱和羰基化合物发生1,4-加成反应，这类反应称为迈克尔（Michael）加成反应。例如：

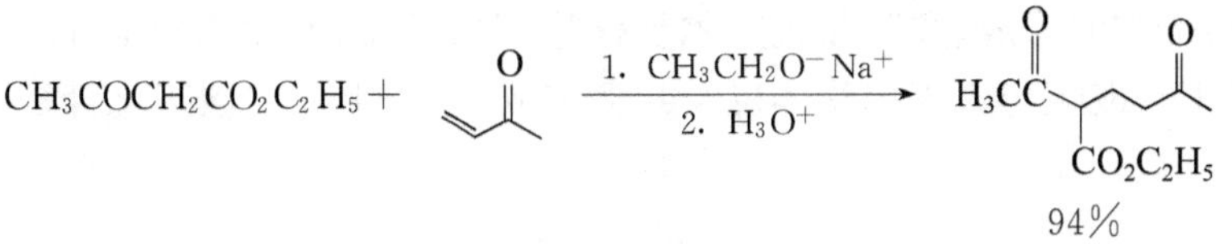

在迈克尔加成反应中，烯醇负离子是亲核供体，α,β-不饱和羰基化合物是亲电受体。当比较稳定的烯醇负离子与空间位阻较小的 α,β-不饱和羰基化合物反应时，一般都能获得比较满意的 1,4-加成物的产率。因此，迈克尔加成反应常选择β-羰基酯或其他 1,3-二羰基化合物为亲核供体。表 13.2 列出了迈克尔反应一些常见的亲核供体和亲电受体。

表 13.2　一些常见的迈克尔亲核供体和亲电受体

迈克尔亲电受体		迈克尔亲核供体	
名　称	结　构	名　称	结　构
丙烯醛	$H_2C=CHCHO$	1,3-二酮	$RCOCH_2COR'$
丙烯酸乙酯	$H_2C=CHCO_2Et$	β-羰基酯	$RCOCH_2CO_2Et$
丙烯腈	$H_2C=CHC\equiv N$	丙二酸二乙酯	$EtO_2CCH_2CO_2Et$
丁烯酮	$H_2C=CHCOCH_3$	β-羰基腈	$RCOCH_2C\equiv N$
硝基乙烯	$H_2C=CHNO_2$	硝基化合物	RCH_2NO_2
丙烯酰胺	$H_2C=CHCONH_2$		

四、斯托克烯胺反应

从羟醛缩合反应可知，如果让含α-H 的单羰基醛或酮在碱性条件直接与迈尔克受体反应，除了生成共轭加成产物之外，还会形成含α-H 的醛或酮的自缩合反应产物，因此反应产物复杂，共轭加成的产率较低。为了避免含α-H 的醛或酮的自缩合，提高共轭加成的产率，有必要事先将含α-H 的醛或酮转变成只具有亲核性而无亲电性的化合物。烯胺便是符合这一要求的醛/酮替代化合物。烯胺可由醛、酮与仲胺反应来制得，可与迈克尔受体发生高产率共轭加成反应。加成产物经水解可释放出原来的羰基。这一反应称为斯托克(Stork)烯胺反应。例如：

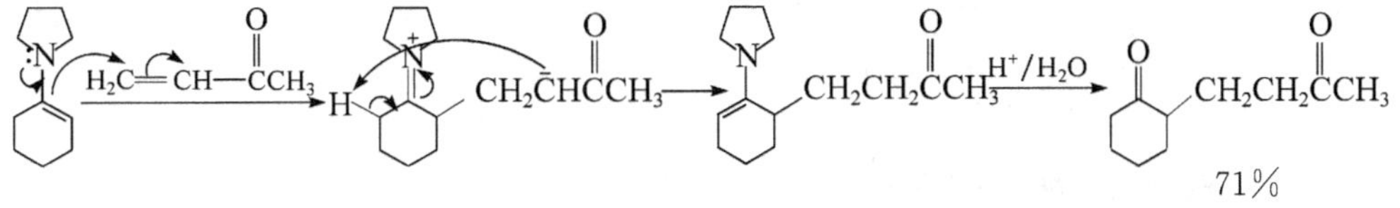

与迈克尔加成所不同的是，斯托克反应的亲核试剂是电中性的烯胺，而迈克尔反应的亲核试剂是烯醇负离子。由上面的反应可以看出，斯托克烯胺反应由三步

反应组成:烯胺的形成、烯胺与迈克尔受体进行共轭加成、加成产物的水解。总的结果相当于醛或酮与迈克尔受体发生共轭加成,生成1,5-二羰基化合物。

习　题

1. 命名下列化合物。

(1) 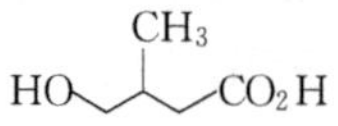　(2) 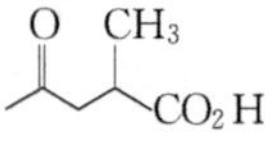　(3) 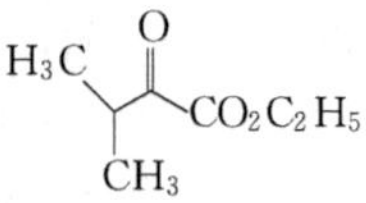

(4) 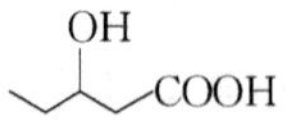　(5) 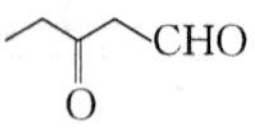　(6) 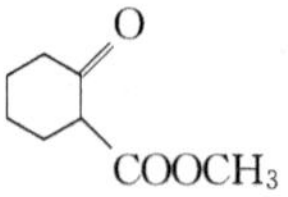

2. 下列羧酸酯中,哪些能发生分子间的酯缩合反应?写出反应式。

(1) 甲酸乙酯　(2) 乙酸正丁酯

(3) 丙酸乙酯　(4) 三甲基乙酸乙酯

3. 下列各组化合物,哪些是互变异构体?哪些是共振杂化体?

(1) 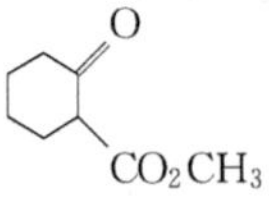 和 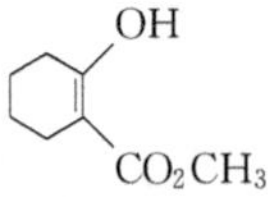　(2) 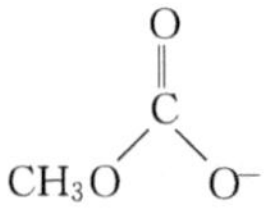 和 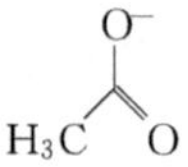

(3) 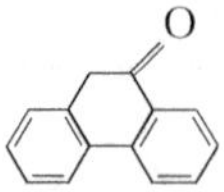 和 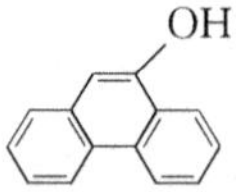

4. 用化学方法区别或分离下列各组化合物。

(1) 用化学方法区别乙酰氯、乙酸酐和氯乙烷。

(2) 用化学方法区别丙酸、正丁基氯和 α-氯代丙酮。

(3) 用化学方法区别 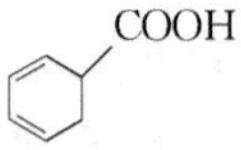,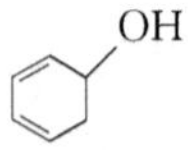,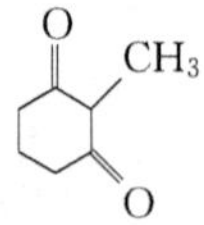 和 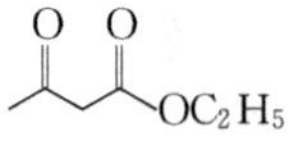。

(4) 用化学方法分离苯甲醚、苯甲酸和苯酚的混合物。

(5) 用化学方法分离戊醇、戊醛和戊二酸的混合物。

5. 完成下列反应式。

(1) 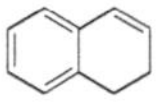 $\xrightarrow[\text{2. Zn, H}^+]{\text{1. O}_3}$? $\xrightarrow[\triangle]{\text{稀 OH}^-}$?

(2) 丙酸乙酯+乙二酸二乙酯 $\xrightarrow[\text{2. H}^+]{\text{1. C}_2\text{H}_5\text{ONa}}$?

(3) 乙酸乙酯+甲酸乙酯 $\xrightarrow[\text{2. H}^+]{\text{1. C}_2\text{H}_5\text{ONa}}$?

(4) $(CH_3)_2CHCHO$ $\xrightarrow{\text{Br}_2/\text{CH}_3\text{CO}_2\text{H}}$? $\xrightarrow{\text{CH}_3\text{CH}_2\text{OH/HCl(g)}}$? $\xrightarrow{\text{Mg, 无水乙醚}}$? $\xrightarrow[\text{2. H}_2\text{O}]{\text{1. (CH}_3)_2\text{CHCHO}}$?

6. 用指定的化合物及其他必要原料合成下列化合物。

(1) 用乙二酸合成 1,2-环戊二酮　(2) 用丁二酸合成 1,4-环己二酮
(3) 用丙二酸酯合成 1,3-环戊二甲酸　(4) 用丙二酸酯合成 1,2-环戊二甲酸
(5) 用乙酰乙酸乙酯合成 3-乙基-2-戊酮　(6) 用乙酰乙酸乙酯合成 γ-戊酮酸

7. 某酮酸经 $NaBH_4$ 还原后，依次用 HBr、Na_2CO_3 和 KCN 处理后生成腈，腈水解得到 α-甲基戊二酸。试推测此酮酸的结构，并写出各步反应式。

8. 某化合物(A)的分子式为 $C_6H_{12}O$，它能与羟胺作用，但不与饱和亚硫酸氢钠作用。将(A)催化加氢，得化合物(B)，分子式为 $C_6H_{14}O$，(B)去水得化合物(C)，分子式为 C_6H_{12}，(C)经臭氧氧化及还原水解后得到两个化合物(D)和(E)。(D)能发生碘仿反应，但不与土伦试剂反应，(E)不发生碘仿反应，但能与土伦试剂反应。试推测(A)～(E)的结构式。

有机合成艺术

维生素 B_{12}(VB_{12})的合成是有机合成史上具有里程碑意义的一件事情，它的合成代表了 20 世纪 60 年代末 70 年代初人类有机合成能力的最高水平。VB_{12} 的合成是 1973 年报道的，是由哈佛大学的 R. B. Woodward 和瑞士联邦技术研究所的 A. Eschenmoser 分别领导的研究小组共同完成的。其中，先后有 100 多位研究生和博士后参与，共耗时十余年才得以完成。

人们为什么要花费如此巨大的努力来合成能够很容易从天然源中获得的物质呢？这其中有很多理由。最初的动机可能来自于化学家对人类基本能力的一种挑战，就像登山者喜欢攀登难以攀越的山峰一样。除此以外，复杂合成的完成对于建立新的合成方法也是有价值的，而且可以将有机合成领域提升到一个新的更复杂的水平。假如 VB_{12} 都能合成，那么，为什么我们不能合成其他任何天然分子呢？事实上，自从 VB_{12} 合成之后，至今人们已经合成了很多相当复杂和有价值的化合物。这些化合物，如紫杉醇(taxol)，常常是很难从天然源中获得的，因此实验室合成便成为大量获得这些物质的唯一途径。

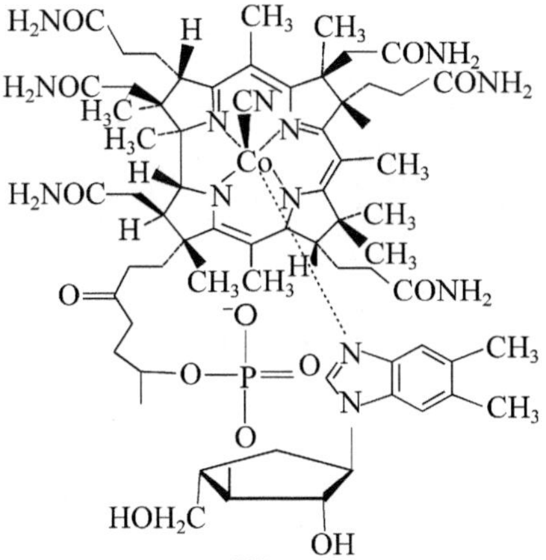

VB_{12}

进行复杂合成的最重要的原因可能是为了发现新反应、新物质和新的化学性质。在进行多步合成时常常会出现某一步反应不能按照常规反应进行的情况。此时，唯一的办法就是停止反应，或围绕出乎预料的问题来设计新的解决办法。在这种情况下，新反应和新原理就产生了。有机化学这门科学就是以这种方式逐渐变得丰富起来的。例如，在合成 VB_{12} 的过程中，人们就是在反应出乎预料的情况下发现了全新的反应类型——周环反应。从 VB_{12} 的合成到人们对周环反应的理解，没有人能一开始就预测到二者之间的联系，但这就是科学的道路。

第十四章　胺

胺是一类含氮有机物，可看成是氨分子中的氢原子被烃基取代后形成的有机化合物，氨基是胺的官能团。胺类化合物广泛存在于生物体中，是生命活性的重要物质。例如，氨基酸、蛋白质、核酸等都含有氮原子。有很多天然药物也都是含氮有机物，如奎宁是一个从南美金鸡纳树皮中分离出来的含氮类抗疟疾药物。

第一节　胺的分类和命名

一、胺的分类

胺主要有三种分类方法：按照氨分子中氢原子被取代的多少分类；按照 N 原子上连接的烃基种类分类；按照分子中氨基的多少分类。

按照氨分子中氢原子被取代的数目或 N 原子上连接的烃基多少，可将胺分为一级胺（伯胺，RNH_2）、二级胺（仲胺，R_2NH）、三级胺（叔胺，R_3N）和四级铵盐（季铵盐）$R_4N^+X^-$。

氮原子上连有四个烃基的化合物称为季铵化合物（quaternary ammonium compound），其中 N 原子带正电荷。相当于氢氧化铵 NH_4OH 和卤化铵 NH_4X 的四个氢全被烃基取代所形成的化合物，其中 $R_4N^+X^-$ 称为季铵盐，$R_4N^+OH^-$ 称为季铵碱。例如：

$H_2N-CH_2CH_2-NH_2$

乙二胺（伯胺）

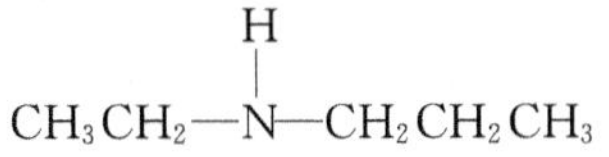

乙丙胺（仲胺）

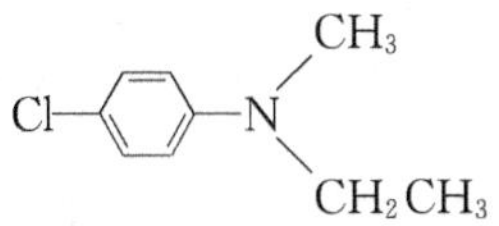

N-甲基-*N*-乙基对氯苯胺（叔胺）

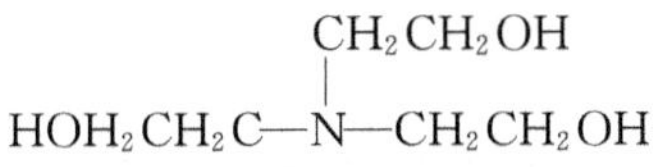

三乙醇胺（叔胺）

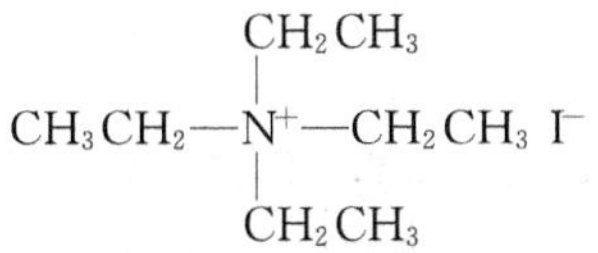

碘化四乙铵（季铵盐）

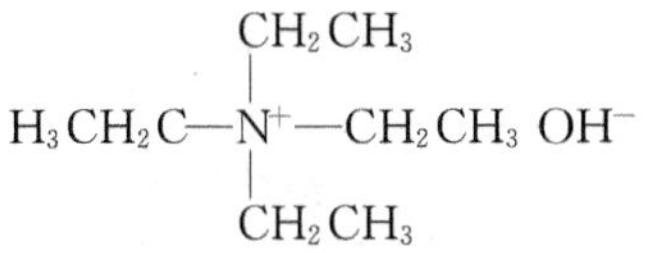

氢氧化四乙铵（季铵碱）

上式中—NH_2 为氨基，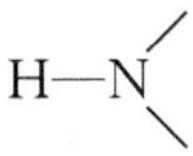 为亚氨基， 为次氨基，它们分别是伯胺、仲胺、叔胺的官能团。

根据氨基所连的烃基不同可分为脂肪胺（R—NH_2，R 为脂肪烃基）和芳香胺

（Ar—NH_2，Ar 为芳香烃基）。如果 N 原子上既连有脂肪烃基，又连有芳香烃基，一般将其归属为芳香胺。例如，上面化合物中的 *N*-甲基-*N*-乙基对氯苯胺属于芳香胺，其他的胺则属于脂肪胺。

根据氨基的数目多少，可将胺分为一元胺、二元胺和多元胺，如乙胺（一元胺）、1,5-戊二胺（二元胺）和 1,2,3-苯三胺。

$CH_3CH_2NH_2$

乙胺（一元胺）

1,5-戊二胺（二元胺）

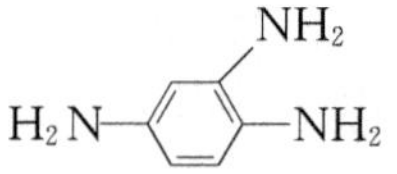

1,2,4-苯三胺（多元胺）

二、胺的命名

（一）普通命名法

对于简单的胺，命名时以氨基作为官能团，命名为“某胺”。把氨基上所连烃基的数目和名称写在前面。例如：

$CH_3CH(CH_3)NH_2$

异丙胺

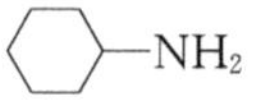

环己胺

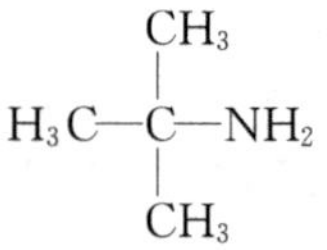

叔丁胺

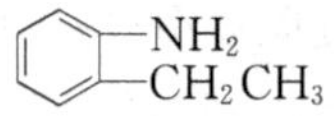

邻乙基苯胺

对于仲胺和叔胺，当烃基相同时，在烃基名称之前加词头“二”或“三”以表示烃基的数目；若烃基不同，则按由简单到复杂的次序从左到右依次列出各取代基的名称。例如：

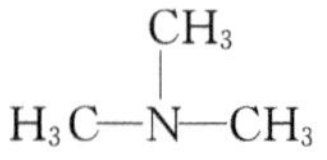

三甲胺

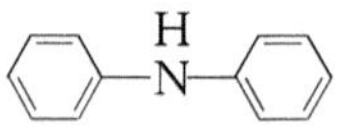

二苯胺

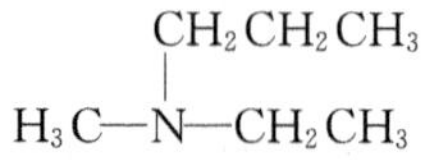

甲基乙基丙基胺
（简称甲乙丙胺）

（二）系统命名法

选择含氮的最长碳链为母体，称为“某胺”，氮上的其他烃基则作为取代基，在取代基的前面加上“*N*-”，以表明取代基的位置（每个 *N* 只能指示一个取代基的位置）。例如：

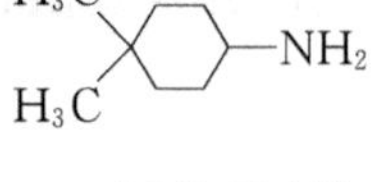

4,4-二甲基环己胺

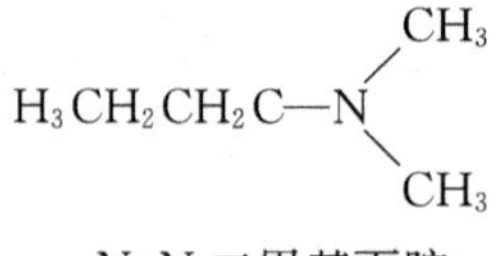

N,*N*-二甲基丙胺

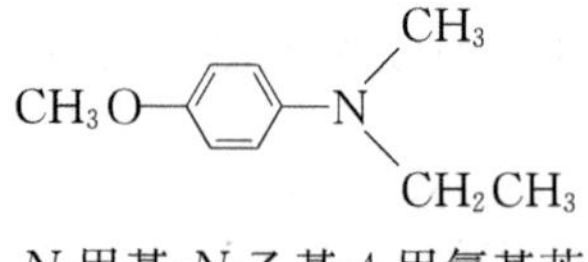

N-甲基-*N*-乙基-4-甲氧基苯胺

结构复杂的胺和同时含有其他重要官能团的胺，将烃或其他重要官能团作为母体，氨基则作为取代基来命名。例如：

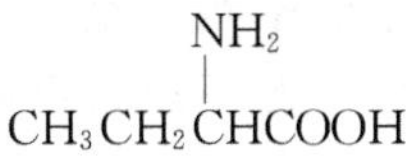

2-氨基丁酸

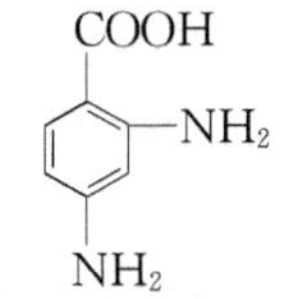

2,4-二氨基苯甲酸

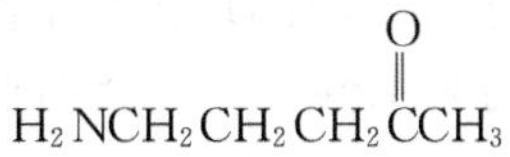

5-氨基-2-戊酮

铵盐或季铵盐的命名与一般无机铵类似，只需将取代基置于“铵”字之前即可。例如：

$(CH_3CH_2)_4N^+Br^-$　溴化四乙铵

$C_6H_5N^+H_2CH_3Cl^-$　氯化 *N*-甲基-*N*-苯基铵

$C_6H_5CH_2N^+(CH_2CH_3)_3Br^-$　溴化三乙基苄基铵

如果铵盐写成下列形式，其名称应为“某胺某酸盐”。

$CH_3NH_2 \cdot HCl$　甲胺盐酸盐

$(C_6H_5NH_2)_2 \cdot H_2SO_4$　苯胺硫酸盐

$CH_3CH_2NH_2 \cdot CH_3COOH$　乙胺乙酸盐

氮原子参与成环的胺称为杂环胺或氮杂环化合物。氮杂环的命名详见第二十章。

命名时应注意不要把“氨”、“胺”与“铵”混淆。当氨基作为取代基时，无论是—NH_2还是—NHR 或—NR_2，都称为“氨基”或“某烃基氨基”，而不能称之为“胺基或某烃基胺基”，只有“氨基”作为母体化合物时才称为“某胺”。而“铵”则表示胺类化合物形成的盐，即氮上带有正电荷时称“铵”。

第二节　胺的结构与性质

一、胺的结构与物理性质

低级脂肪胺中的甲胺、乙胺、二甲胺和三甲胺在常温下是气体，丙胺以上是液体，十二胺以上为固体。低级脂肪胺有难闻的气味。例如，二甲胺和三甲胺有鱼腥味，肉和尸体腐烂产生的 1,4-丁二胺(腐胺)和 1,5-戊二胺(尸胺)有恶臭。

芳香胺是无色、高沸点液体或低熔点固体，有特殊的气味，毒性很大。液体芳胺还能通过皮肤吸收而中毒。苯胺、α-和 β-萘胺、联苯胺等有致癌作用。

伯胺和仲胺的 N—H 键是极性键，分子间能形成氢键(N—H…N)，但 N—H 键的极性比 O—H 键弱，其分子间氢键也比 O—H…O 弱，因此伯胺的沸点高于相对分子质量相近的烷烃，而低于醇。叔胺分子间不能形成氢键，因此，在含有相同碳原子数的胺中，伯胺的沸点最高，仲胺次之，叔胺最低。例如，丙胺、甲乙胺和三甲胺的沸点分别为 49 ℃、36.5 ℃和 9.9 ℃。氢键也是胺类能完全或部分溶于水的主要原因。虽然叔胺分子间不能形成氢键，但叔胺中的 N 原子可与水分子形成氢键，因此叔胺也能完全或部分溶于水。与醇的水溶性规律一样，随着分子中疏水基——烃基比例的增加，胺的水溶性迅速减小。随着分子中亲水基——氨基比重的增加，胺的亲水性增强。芳香胺一般微溶或难溶于水。大多数胺易溶于醚、醇、苯等有机溶剂(表 14.1)。

表 14.1 一些常见胺的物理常数

化合物	英文名称	熔点/℃	沸点/℃	溶解度 /[g·(100 g $H_2O)^{-1}$]	pK_b (H_2O, 25 ℃)
甲胺	methylamine	−92.5	−6.7	易溶	3.38
二甲胺	dimethylamine	−92.2	6.9	易溶	3.23
三甲胺	trimethylamine	−117.1	9.9	41(19 ℃)	4.20
乙胺	ethylamine	−80.6	16.6	∞	3.37
二乙胺	diethylamine	−50	55.5	易溶	3.07
三乙胺	triethylamine	−114.7	89.4	∞	3.28
正丙胺	propylamine	−83	49～50	∞	3.29
正丁胺	butylamine	−50	77.8	∞	3.23
苯胺	aniline	−6.1	184.4	3.6(18 ℃)	9.38
N-甲基苯胺	*N*-methylaniline	−57	196.3	难溶	9.15
N，*N*-二甲基苯胺	*N*,*N*-dimethylaniline	2.5	194.2	不溶	8.93
邻甲基苯胺	*o*-methylaniline	−16.4	200.6	1.5(25 ℃)	9.56
间甲基苯胺	*m*-methylaniline	−31.3	203.4	微溶	9.28
对甲基苯胺	*p*-methylaniline	43.8	200.6	0.74(21 ℃)	8.92
二苯胺	diphenylamine	52.9	302	不溶	13.1
三苯胺	triphenylamine	126.5	365	不溶	—

当分子中的氨基和别的基团能形成稳定的分子内氢键时，将导致分子的沸点和熔点降低。例如，邻硝基苯胺的熔点和沸点(71.5 ℃，284 ℃)比其间位异构体(114 ℃，306 ℃)和对位异构体(114 ℃，332 ℃)要低，这是因为邻位异构体能生成分子内氢键，一般不形成分子间氢键，而间位和对位异构体则只能形成分子间氢键。在晶体熔化时，分子内氢键基本不受破坏，而分子间氢键则几乎全部被破坏，故间位和对位异构体在相变过程中需要的能量高于邻位异构体。

由于 N 原子比 C 原子和 H 原子的电负性大，因此胺类化合物为极性分子，但其偶极矩比相应的醇小。

$$\overset{+\!\!\longrightarrow}{H_3CH_2C\text{—}NH_2} \qquad\qquad \overset{+\!\!\longrightarrow}{H_3CH_2C\text{—}OH}$$

$$\mu=1.2\ D \qquad\qquad \mu=1.7\ D$$

芳胺的偶极矩与脂肪胺的相近，但方向相反，表明氨基是苯环的供电子基团。当氨基的对位连有强吸电子基团时，分子极性显著增加。对三氟甲基苯胺的偶极矩约为苯胺和三氟甲苯偶极矩之和。

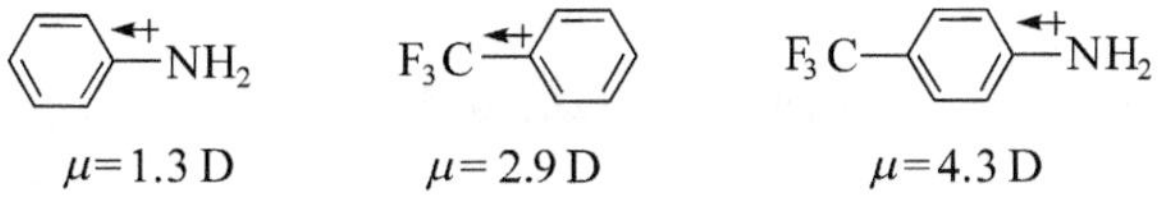

二、结构与化学性质

与氨一样，胺分子的 N 原子是采取不等性 sp^3 杂化形式成键的。其中三个 sp^3 杂化轨道分别与别的原子形成 σ 键，剩余一个 sp^3 杂化轨道填充有一对电子，为非键杂化轨道。N 原子上的孤对电子及其另外三个成键原子构成棱锥形(图 14.1)，孤对电子占据棱锥的一个顶点，N 原子近似位于棱锥的中心。

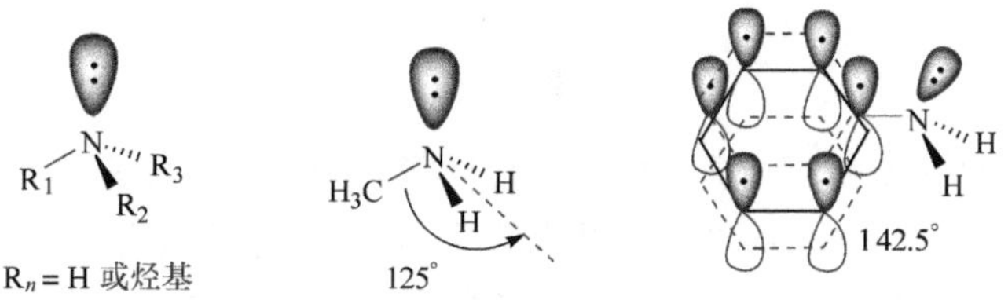

图 14.1　胺的结构

甲胺分子的 C—N 键与 N、H、H 所在平面的夹角为 125°，而在苯胺分子中，类似的夹角为 142.5°。这说明苯胺中氮原子的非键 sp^3 杂化轨道(填充有孤对电子)更接近于与苯环 p 轨道平行，氮原子的非键 sp^3 杂化轨道与苯环大 π 键电子云发生了部分重叠，其结果类似于 p-π 共轭，这种共轭效应可以称为类 p-π 共轭效应。由于非键 sp^3 杂化轨道中有两个电子，而苯环的每个 p 轨道中只有一个电子，因此 p-π 共轭效应的结果使 N 原子上的电子部分地流向了苯环。显然，苯环上的氨基属于供电子基团，也是苯环亲电取代反应的致活基。另外，像所有 p-π共轭效应一样，苯胺的类 p-π 共轭效应也使 C—N 键具有部分双键性。这一点可以由苯胺的 C—N 键的键长(140 pm)比甲胺的 C—N 键的键长(147 pm)短得到证明。

在二级胺和三级胺中，如果氮原子上连有三个互不相同的基团，则氮原子是一手性原子，理论上应该存在一对具有光学活性的对映体，它们之间互为镜像。

但实际上，人们并没有拆分到这样的单一对映体。这是由于两个对映体之间是可以发生构型翻转的，且存在动态平衡。其转化能很小，为 25 ～ 37.6 $kJ \cdot mol^{-1}$。在室温下两个异构体之间的转化速率约为 1000 次 · s^{-1}。这种动态的构型翻转就像雨伞在大风中快速里外翻转一样(图 14.2)。因此，无法分离到单一的对映体。

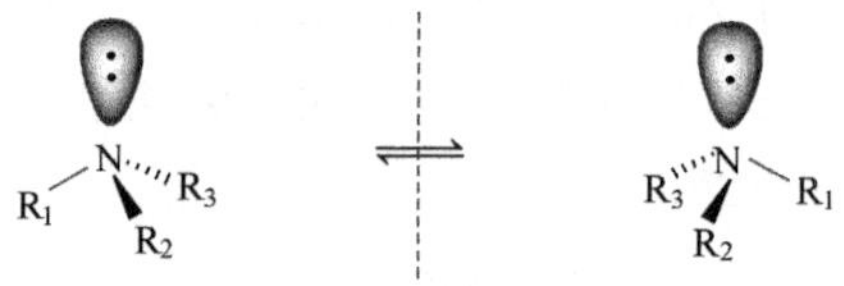

图 14.2　胺的构型翻转

如果季铵盐分子中的 N 原子连有四个互不相同的基团，则 N 原子也是手性原子。但两个对映体之间的相互转化却因转化能较大而不能在室温下进行。因此，手性季铵盐是可以拆分得到的。另外，对于一些 N 原子为桥头原子的桥环叔胺来说，如果 N 原子为手性原子，则分子一般为手性胺，可以拆分到单一的对映体，如特勒格碱。

（一）胺的酸碱性

1. 胺的碱性

从胺的结构可知，其 N 原子既可结合质子，也可提供电子对，因此胺既是布朗斯台德-劳莱酸碱质子理论中的碱，也是路易斯酸碱电子理论中的碱。胺分子中氮原子上的孤对电子和氨中的一样，可以接受水分子的质子，促进水的电离，使溶液显碱性。此外，胺的碱性还表现在能和许多酸（如硫酸、盐酸、羧酸、碳酸等）发生酸碱反应，生成铵盐。

$$RNH_2 + H_2O \rightleftharpoons RN^+H_3 + OH^-$$

$$RNH_2 \underset{NaOH}{\overset{HCl}{\rightleftharpoons}} RN^+H_3Cl^-$$

芳香胺一般不能与乙酸等弱酸成盐，二苯胺只能与浓的盐酸、硫酸成盐，但形成的盐遇水立即水解。三苯胺则接近中性，不能和浓盐酸等成盐。季铵碱是有机强碱，其碱性与氢氧化钠或氢氧化钾相当，能发生强碱的所有反应。

铵盐一般都是晶体，易溶于水和乙醇，难溶于非极性溶剂。借此性质，可通过成盐法，将不溶于水或难溶于水的胺溶于水。例如，局部麻醉药普鲁卡因在水中溶解度小且不稳定，常将其制成水溶性大、稳定的盐酸盐。

与无机强碱相比，胺属于弱碱。因此，铵盐遇到强碱时，可通过酸碱置换反应释放出原来的胺。实验室常借助胺溶于有机溶剂，铵盐溶于水但不溶于有机溶剂以及强碱能从铵盐中游离出胺的性质来从混合物或植物组织中分离提纯胺类化合物（又称生物碱）。图 14.3 是从植物组织中提取胺类化合物的常用方法。

胺的碱性强弱可用其在水溶液中的离解常数 K_b 或 pK_b 来表示。K_b 越大或 pK_b 越小，碱性越强。胺的碱性也可用其共轭酸铵离子（RN^+H_3）的离解常数 K_a 或 pK_a 来表示，K_a 值越小或 pK_a 值越大，则胺的碱性越强。一般认为 $pK_a<2$ 为极

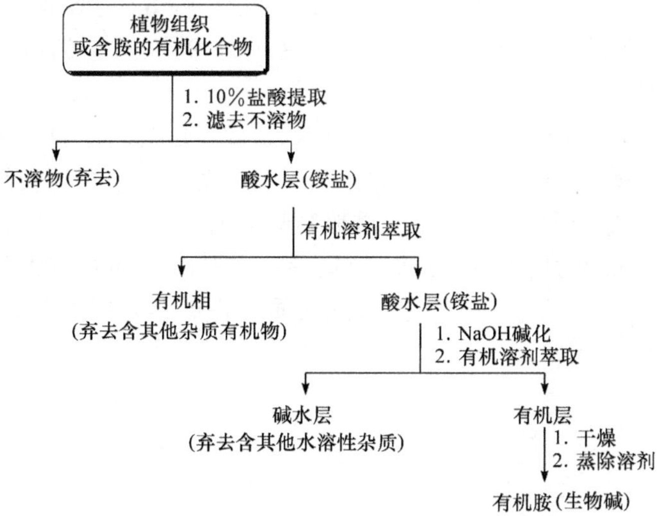

图 14.3　生物碱的一般提取方法

弱碱，$pK_a 2 \sim 7$ 为弱碱，$pK_a 7 \sim 11$ 为中强碱，$pK_a > 11$ 为强碱。

不同结构的胺，其碱性强弱不同。影响胺碱性的因素较多，但却具有一定的规律。

(1) 诱导效应。与 N 原子相连的烷基具有斥电子诱导效应(+I)，使 N 原子上的电子云密度增加，增强 N 原子向外提供电子对的能力或者说接受质子的能力。另外，烷基的供电子性也使生成的铵离子的正电荷可以得到一定程度的分散，从而稳定铵离子。因此，原子上的烷基能提升 N 原子的碱性，N 原子上烷基数越多，理论上胺的碱性越强。因此，脂肪胺的碱性都比氨强。

相反，如果 N 原子上连有吸电子基团(−I)，则 N 原子上的电子密度降低，铵离子的稳定性降低，从而使胺的碱性降低。例如，三(三氟甲基)胺[$N(CF_3)_3$]几乎没有碱性。

单从诱导效应来说，胺的碱性强弱次序为 3°胺>2°胺>1°胺。胺在气态或非极性溶剂(如氯苯)中，其碱性主要是由诱导效应决定的。

(2) 溶剂化效应和空间位阻效应。在溶液中，胺的碱性还与其铵离子的溶剂化程度有关。铵离子的溶剂化程度取决于铵离子与水形成氢键的数目。N 原子上的氢越多，能形成的氢键数目就越多，溶剂化程度就越大，铵离子也就越稳定，相应地，胺的碱性也就越强。另外，胺的溶剂化能力还与 N 原子周围的空阻效应有关。N 原子上连接的烃基越多，铵离子溶剂化时的空阻效应就越大，溶剂化程度就越低，胺的碱性也就越弱。因此，单从溶剂化效应和空阻效应来说，胺在水中的碱性强弱次序为1°胺>2°胺>3°胺。显然，诱导效应与溶剂化效应和空阻效应对胺碱性的影响是相反的。一个特定胺的碱性实际上是由诱导效应、溶剂化效应和空阻效应等因素的综合影响来决定的。一般来说，脂肪胺在水中的碱性强弱次序为2°胺>1°胺>3°胺。

(3) 构型翻转效应。对于饱和氮杂环来说，除了以上的影响因素外，构型翻转效应对其碱性的影响也是非常重要的。N 原子构型的快速翻转会给 N 原子的质子化带来很大的障碍和阻力，进而严重地影响胺的碱性。当 N 原子位于环上时，一方面，N 原子周围的空阻效应显著下降；另一方面，由于环的刚性限制，也使得 N 原子的构型翻转难以进行或不能进行，此时质子将更容易接近 N 原子，胺也就表现出更强的碱性。例如：

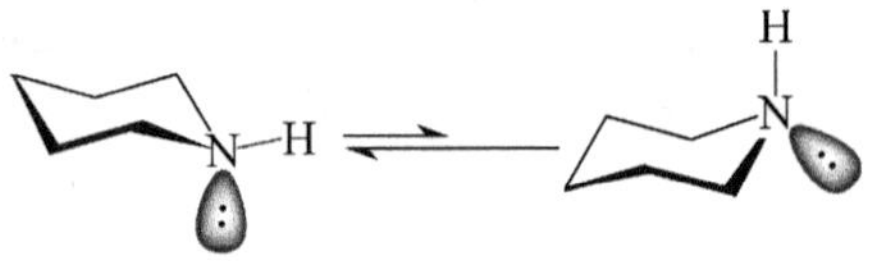

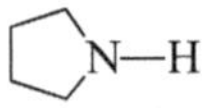

$(CH_3CH_2)_2NH$　$(CH_3CH_2)_3N$
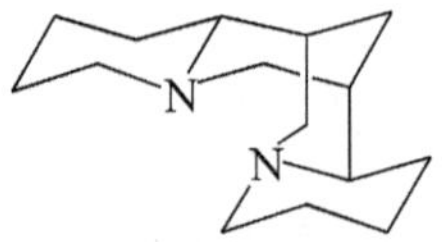

pK_b　2.70　3.07　3.28　pK_{b1}　2.60

无叶豆碱

(4) 共轭效应。从芳香胺的结构可知，苯环与 N 原子之间存在类 p-π 共轭效应，N 原子上的电子密度较低。因此，芳香胺的碱性不仅比脂肪胺弱，也比氨弱。芳香胺 N 原子上所连的苯环越多，共轭程度越大，碱性越弱。芳香胺的碱性强弱次序一般为 1°胺>2°胺>3°胺。

综上所述，胺类的碱性强弱次序一般为脂肪族仲胺>脂肪族伯胺>脂肪族叔胺>NH_3>苯胺>二苯胺>三苯胺。

(5) 取代基效应。对于苯环上有取代基的芳胺来说，芳胺的碱性显著地受取代基的种类、性质和取代位置的影响。供电子取代基使碱性增强，吸电子取代基使碱性减弱。例如：

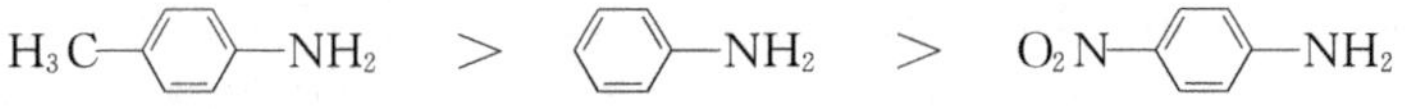

pK_b　8.92　9.38　13.00

硝基既有吸电子诱导作用，又有吸电子共轭效应，但诱导效应受距离的影响较大，邻硝基较对硝基和间硝基对氨基的吸电性更强，因此，硝基苯胺的三个异构体的碱性强弱次序如下：

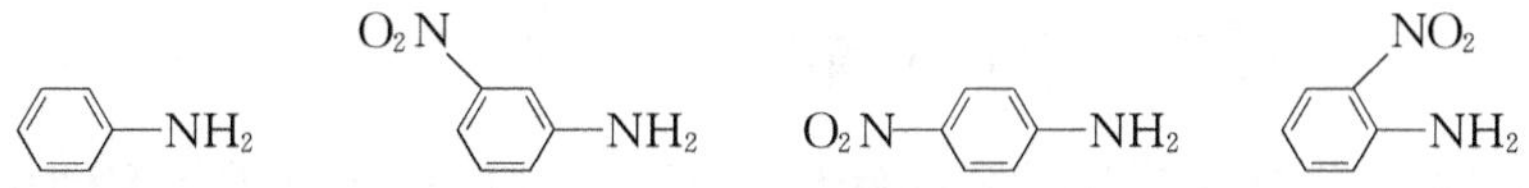

pK_b　9.38　　11.53　　13.00　　14.26

(6) 芳杂环胺的碱性。吡啶、吡咯和四氢吡咯都属于氮杂环胺，其中吡啶和吡咯同时又属于芳杂环（见第八章），二者中的 N 原子都是不等性 sp^2 杂化，而脂肪胺中的 N 原子是不等性 sp^3 杂化。吡啶中的孤对电子位于 sp^2 杂化轨道，吡咯中的孤对电子位于 p 轨道，而脂肪胺中的孤对电子位于 sp^3 杂化轨道。单从孤对电子所在轨道的半径而言，吡咯、吡啶和脂肪胺的碱性强弱次序应该为吡咯＞脂肪胺＞吡啶。从电子效应来说，吡啶中的 N 原子对杂环既有吸电子诱导效应，又有吸电子共轭效应，因此，吡啶 N 原子上的电子密度高于脂肪胺。与吡啶不同，虽然吡咯中的 N 原子对杂环也有吸电子诱导效应，但其 p-π 共轭效应则是给电子的，其总的结果是，N 原子上的电子密度降低。因此，单从电子密度来理解，吡咯、吡啶和脂肪胺的碱性强弱次序应该为吡啶＞脂肪胺＞吡咯。以上两种因素综合影响的结果导致吡咯、吡啶和其他含氮化合物的碱性强弱呈现以下规律：

	脂肪胺	＞	NH_3	＞	吡啶	＞	苯胺	＞	吡咯
pK_b	3.0～4.5		4.76		8.80		9.42		13.60

2. 酸性

与醇中的 O—H 一样，伯胺和仲胺中的 N—H 键也是极性键，有异裂的趋势，与强碱作用可失去质子，表现出酸性。但 N—H 键极性（4.37×10^{-30} C · m）小于 O—H 键（5.04×10^{-30} C · m），因此胺的酸性明显小于醇，只有与一些特殊的强碱作用才能表现出酸的性质。

$$CH_3NH_2 + Na \longrightarrow CH_3N^-HNa^+ + H_2\uparrow$$

$$[(CH_3)_2CH]_2NH + n\text{-}C_4H_9Li \longrightarrow [(CH_3)_2CH]_2N^-Li^+ + n\text{-}C_4H_{10}$$

N,*N*-二异丙基胺　　*N*,*N*-异丙基氨基锂（LDA）

任何能导致 N 原子上电子密度降低的因素都会使伯胺或仲胺的酸性增强。例如，吡咯中的 N 原子由于 p-π 共轭效应使其电子密度显著降低，故其酸性增强，可与固体 KOH 反应生成盐。又如，二酰亚胺化合物由于两个羰基的吸电子作用使 N 原子上的电子密度降低，因此具有比水强的弱酸性，能与 NaOH 等强碱的水溶液反应生成盐。

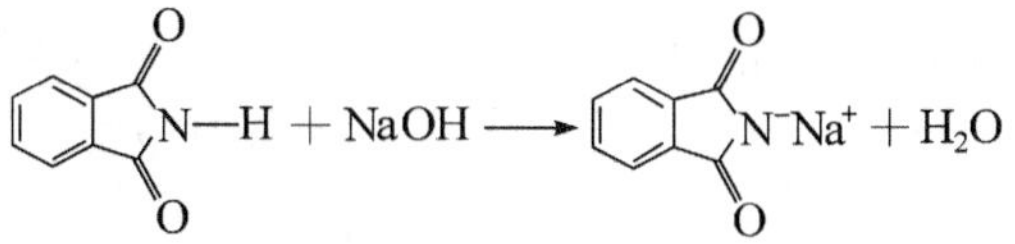

邻苯二甲酰亚胺

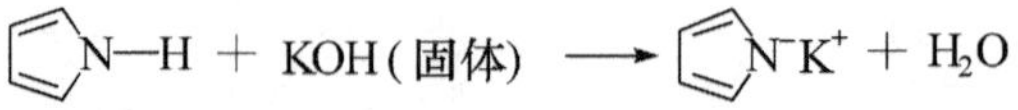

LDA 是有机合成中常用的强碱($pK_a=35$)。因 N 原子周围的空间位阻很大,故 LDA 一般不发生亲核取代反应,但可与其他分子中的活泼质子发生酸碱反应,且对空间位阻较小的质子有很高的选择性(参见第十三章)。

当氨分子中的氢被烃基或酰基取代以后,其酸碱性的变化规律如下:

酸性增强 ⟶

	脂肪胺	NH_3	$RCONH_2$	$(RCO)_2NH$	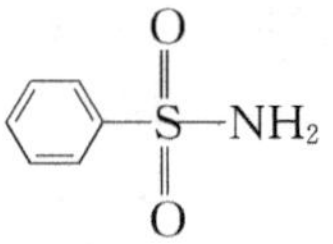
pK_a	~40	~34	~15	9~10	~10

⟵ 碱性增强

(二) 亲核取代反应

胺中的 N 原子含有孤对电子,能进攻缺电子中心而显亲核性,是有机合成中常用的亲核试剂,能与卤代烃、酰氯、酸酐、酯等许多物质发生亲核取代反应。

1. 烃基化反应

氨、伯胺、仲胺、叔胺都能与伯卤代烷和仲卤代烷发生 S_N2 亲核取代反应,生成 *N*-烃基化产物,其中叔胺生成季铵盐。由于几种胺都能反应且存在竞争,因此,在一般情况下,氨或胺的烷基化产物常常是 1°、2°、3°胺和季铵盐的混合物。这不仅降低了目标产物的产率,也给目标物的分离提纯带来一定的困难,因此该反应在合成应用上受到一定的限制。

$$NH_3 \xrightarrow{RX} RNH_2 \xrightarrow{RX} R_2NH \xrightarrow{RX} R_3N \xrightarrow{RX} R_4N^+X^-$$

控制合适的反应条件将有助于提高目标物的产率。例如,使用过量的卤代烷会使反应最终全部生成季铵盐;使用过量的氨或胺会使反应主要生成单烃基化产物。如果作为反应物的胺具有较大的空间位阻,则反应容易停留在单烃基化产物阶段。例如:

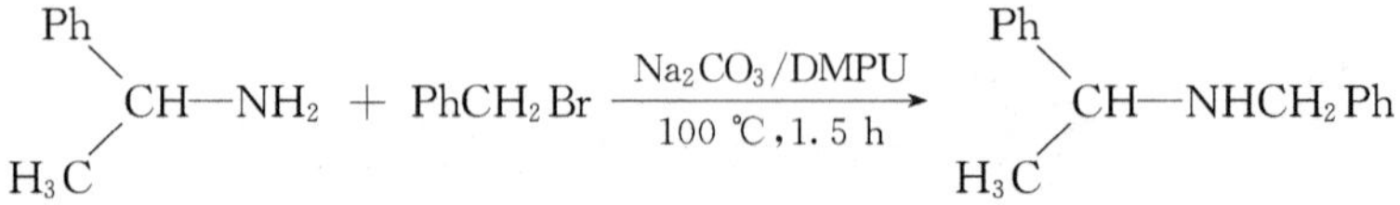

95%

过量氨与 α-卤代酸的反应是制备 α-氨基酸的常用方法。

$$NH_3(过量) + ClCH_2COOH \longrightarrow NH_2CH_2CO\overset{-}{O}\overset{+}{N}H_4$$

值得注意的是,叔卤代烷与伯胺作用一般主要发生叔卤代烃的消除反应,主要产物为烯烃而不是季铵。此时,胺的作用是碱性催化剂。

工业生产中常用 Al_2O_3 作催化剂,利用甲醇和氨反应制备甲胺、二甲胺和三甲胺。

$$CH_3OH + NH_3 \xrightarrow[380\sim450\ ℃, 5\ MPa]{Al_2O_3} CH_3NH_2 \xrightarrow{CH_3OH} (CH_3)_2NH \xrightarrow{CH_3OH} (CH_3)_3N$$

芳香伯胺的亲核性比较弱,与卤代烷反应在较高温度下进行,生成的仲胺要在更剧烈的条件下才能进一步烷基化,故反应比较容易控制在生成仲胺或叔胺的阶段。例如:

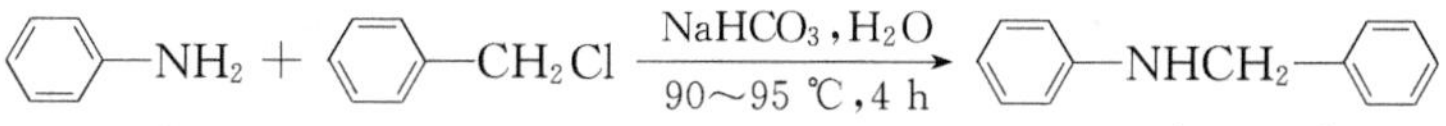

85%～87%

除卤代烃外,环氧乙烷及其取代物也容易与氨或胺作用,生成烷基化产物。例如,将环氧乙烷通入二乙胺的乙醇溶液中,可得到 *N*,*N*-二乙基氨基乙醇,这是一种重要的药物中间体和化工原料。

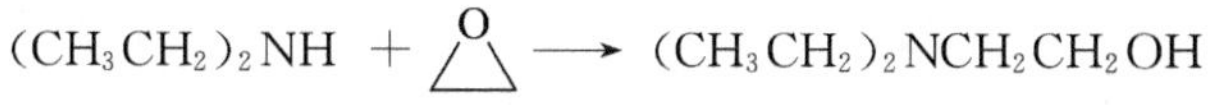

2. 盖布瑞尔胺合成法

为了避免氨与卤代烷制备伯胺的产率低、分离困难等缺点,盖布瑞尔(Gabriel)伯胺合成法是一个好的替代方法。盖布瑞尔胺合成法的理论基础是酰亚胺的酸性和氮负离子的亲核性。该方法由三步反应组成:第一步是将邻苯二甲酰亚胺在碱性溶液中转变成氮负离子;第二步是酰亚胺氮负离子与卤代烃发生亲核取代反应,生成 *N*-烷基邻苯二甲酰亚胺;第三步是对 *N*-烷基邻苯二甲酰亚胺进行碱水解或肼解,得到伯胺。

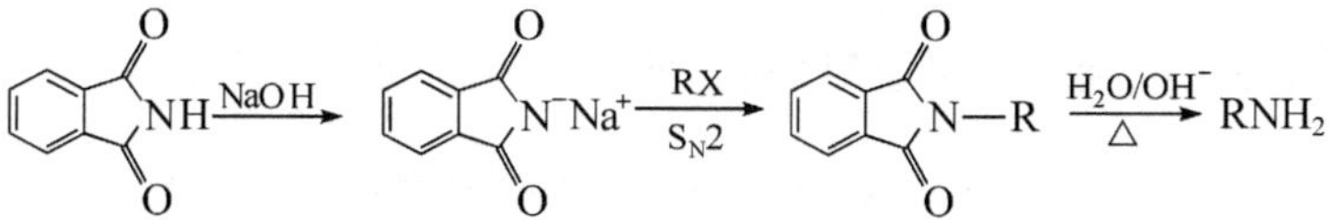

除卤代烷外,磺酸酯也能与邻苯二甲酰亚胺钾盐反应,经肼解后生成伯胺。因为磺酸酯可由醇与磺酰氯反应制备,所以相当于由醇来制备伯胺。

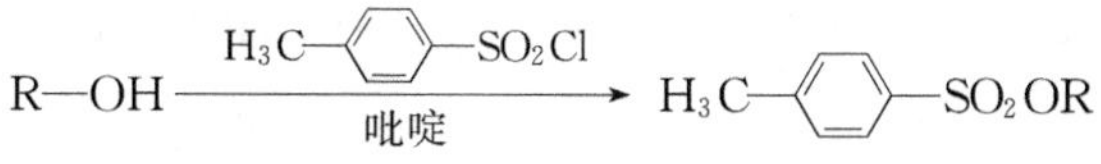

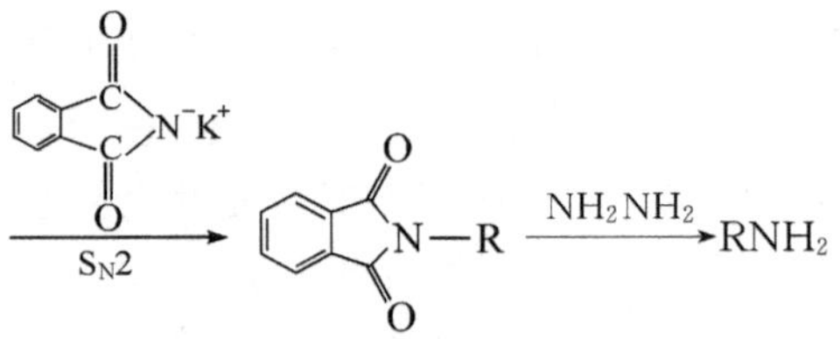

邻苯二甲酰亚胺钾盐与卤代烷或磺酸酯的反应属于 S_N2 反应。如果与卤原子或磺酸酯基连接的碳原子为手性碳，则反应时构型会发生翻转。例如：

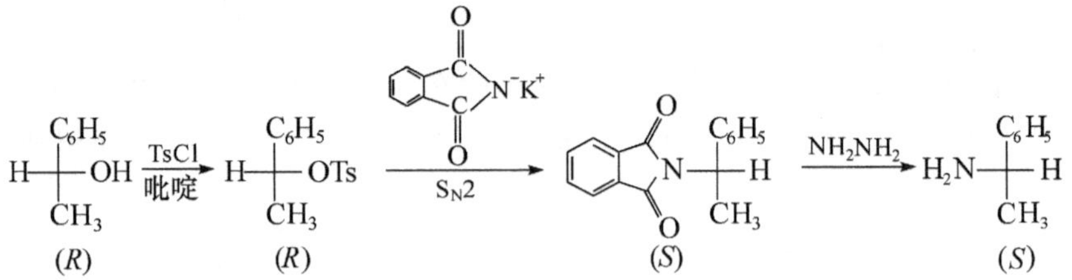

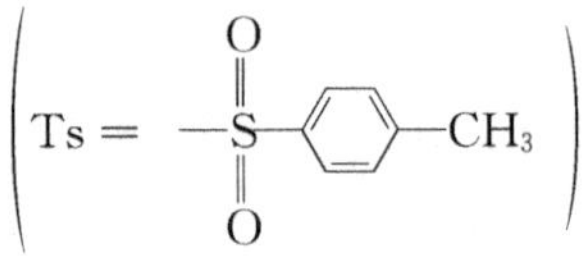

3. 酰基化反应

作为亲核试剂，氨、伯胺、仲胺很容易与酰氯、酸酐、酯发生反应，生成酰胺或 *N*-取代酰胺。叔胺氮原子上没有氢原子，所以不能生成酰胺。这种反应称为氮的酰基化反应。酰氯、酸酐、酯则称为酰化试剂，简称酰化剂。它们作为酰化剂的活性次序为酰氯＞酸酐＞酯。实验室常用酰氯和酸酐作为酰化试剂。胺的酰化反应机理及反应示例可参见第十二章。

芳胺的亲核性较小，一般仅能与酰卤、酸酐发生酰化反应，而较难与酯发生酰化反应。

与胺的烃基化反应不同，氨和胺的酰基化反应一般只生成单酰基化产物，而不生成二酰基或三酰基化产物。酰胺多为结晶固体，且不同的酰胺具有不同的固定熔点。因此，通过测定熔点可鉴定伯胺、仲胺或未知的胺。例如：

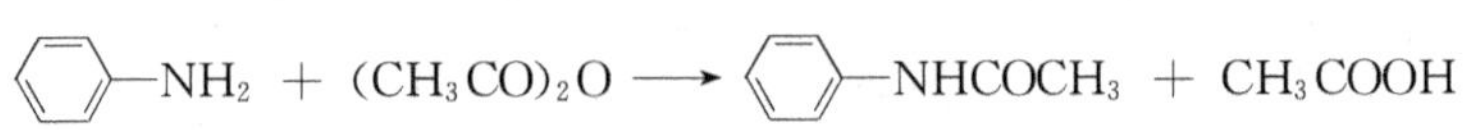

m. p. 114 ℃

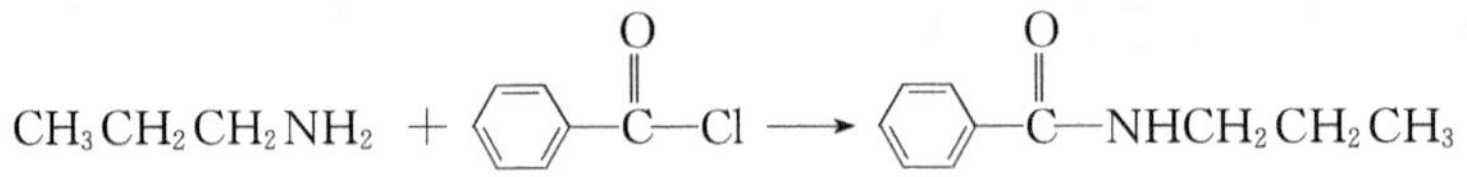

m. p. 84 ℃

叔胺因 N 原子上没有 H 原子而不能与酰化剂反应，但可利用叔胺的碱性来中和伯胺或仲胺酰化反应过程中形成的酸，故在伯胺或仲胺酰化反应中常加入叔胺如吡啶等作催化剂。此外，也可利用此性质，结合酰胺不能成盐的性质，从伯、仲、叔胺的混合物中分离叔胺。

胺的酰化反应除了直接构建目标分子中的酰胺键外，在有机合成中还有两个用途：一是用于保护氨基；二是酰胺作为合成仲胺和叔胺的前体物质。例如，苯胺的直接硝化反应容易导致芳环的氧化和二硝基化或三硝基化。为此，一般先将苯胺乙酰化，变成酰胺，这样既保护了氨基，又降低了苯环被氧化的风险。然后再对乙酰苯胺进行硝化，最后再对硝化产物进行水解，脱除乙酰基，释放出氨基。例如：

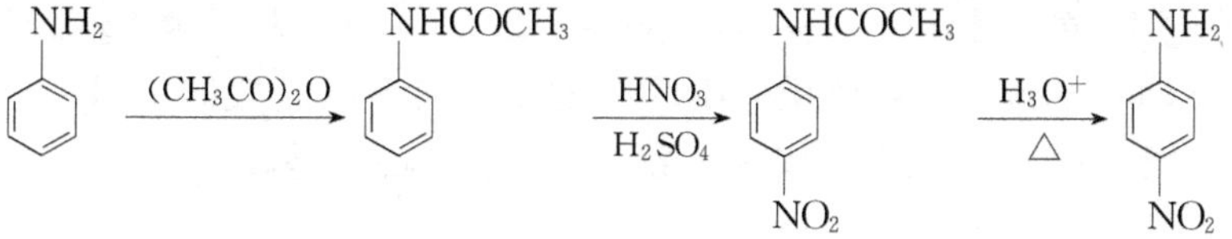

酰胺、N-烃基酰胺和 N,N-二烃基酰胺可分别被 $LiAlH_4$ 还原为伯胺、仲胺和叔胺。这是实验室制备仲胺和叔胺非常理想的方法。例如：

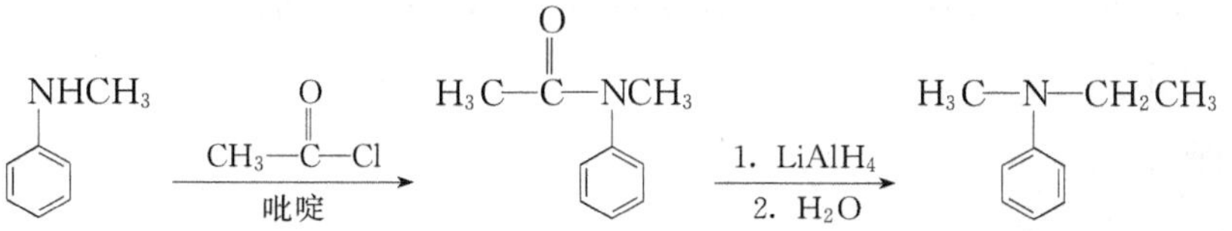

N-甲基-N-乙基苯胺

91%

（三）胺化还原反应

醛或酮与胺或氨在还原剂存在下反应，生成 N-烃基化产物，该反应是氨、伯胺 N 烃基化反应的重要补充。因为反应包含胺化和还原两步，所以称为胺化还原反应（reductive amination reaction）。叔胺不能发生胺化还原反应。还原剂主要有 Pd、Ni、Pt 等过渡金属的催化氢化和其他还原剂，如 $NaBH_4$、HCO_2NH_4 等。

醛或酮与胺或氨首先形成烯胺，多数情况下，这个反应都是可逆反应。烯胺无需分离，接着被还原剂还原成相应的胺。

1. 过渡金属催化的胺化还原反应

醛或酮与氨的胺化还原反应可生成伯胺。例如：

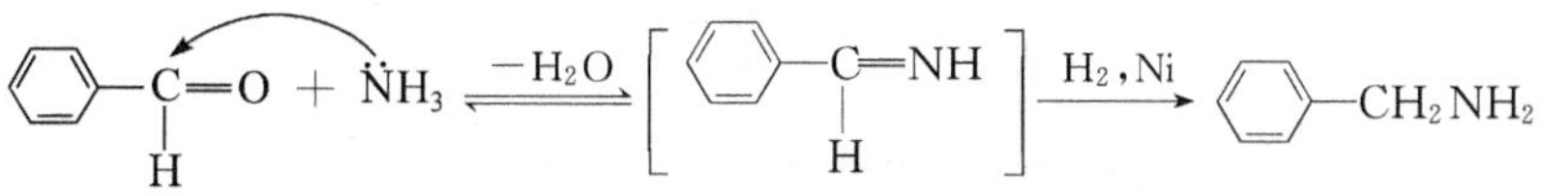

苄叉烯胺

醛或酮与伯胺的胺化还原反应则生成仲胺。例如：

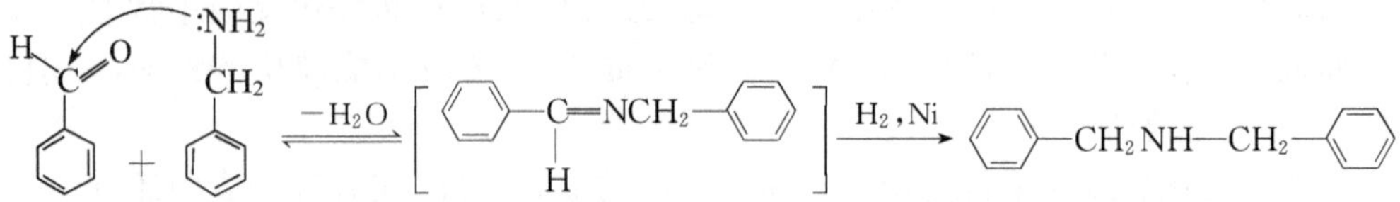

在催化胺化还原反应条件下，仲胺一般不发生此类反应。

2. 埃施韦勒-克拉克反应

甲酸具有还原性和酸性。如果用过量的甲酸代替 H_2 作还原剂，伯胺、仲胺与甲醛反应，可向 N 原子上引入一个或两个甲基，这一反应称为埃施韦勒-克拉克(Eschweiler-Clarke)反应。在该反应中，甲酸既是还原剂又是酸催化剂。与催化胺化还原反应不同，仲胺也可以发生埃施韦勒-克拉克反应。例如：

$$(CH_3CH_2)_2NH + CH_2O + HCO_2H \xrightarrow{100\ ℃} (CH_3CH_2)_2N—CH_3 + CO_2 + H_2O$$

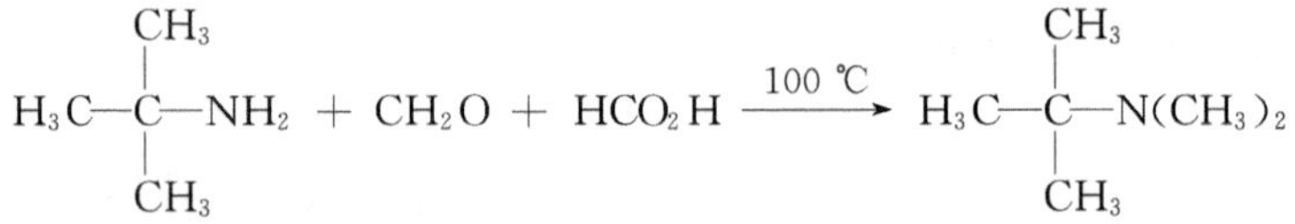

反应机理如下：

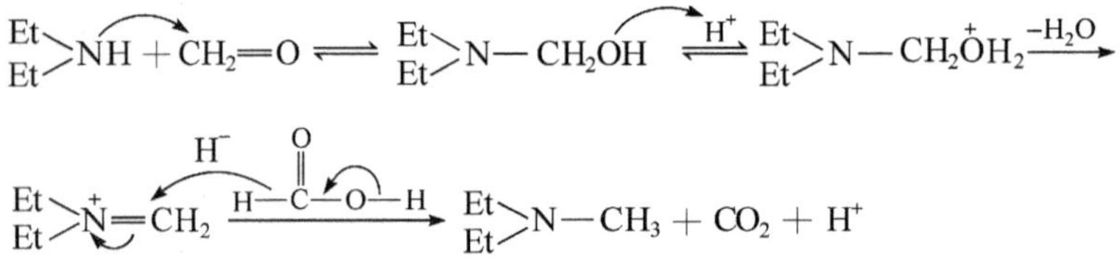

3. 刘卡特反应

醛、酮在高温下与甲酸铵生成伯胺的反应称为刘卡特(Leuckart)反应。由于甲酸铵属于弱酸弱碱盐，在溶液中存在部分甲酸和氨，或者受热分解成甲酸和氨，因此在刘卡特反应中，甲酸铵既是氨的供体，又是还原剂。例如：

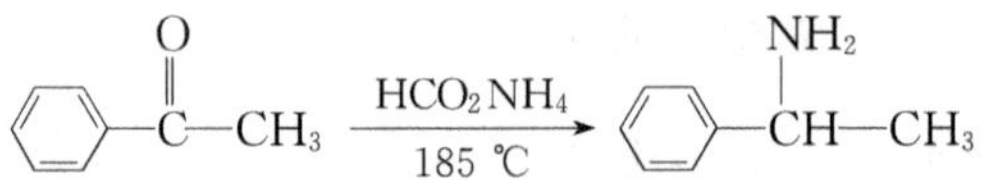

除甲酸铵外，反应也可以用 *N* 取代的甲酸铵或甲酰铵。反应机理如下：

$$HCO_2NH_4 \rightleftharpoons HCO_2H + NH_3$$

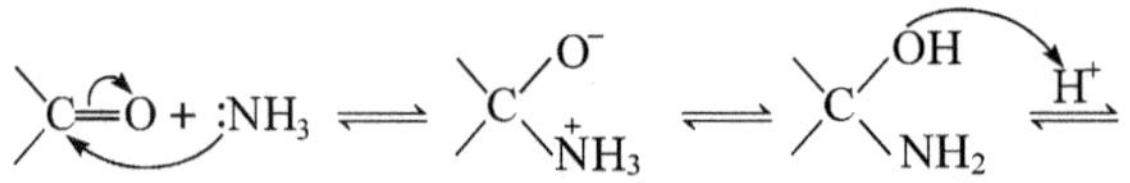

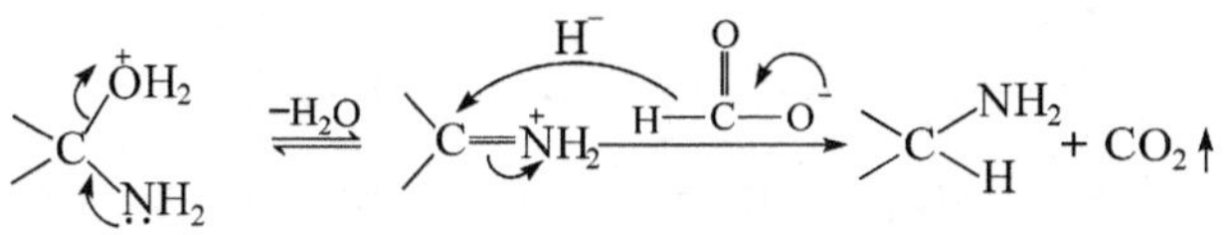

（四）霍夫曼消除反应

3°胺与卤代烷反应可得季铵盐。季铵盐是离子型化合物，易溶于水，难溶于非极性溶剂。季铵盐受热可分解生成3°胺和卤代烷。

$$R_4N^+X^- \xrightarrow{\triangle} R_3N + RX$$

卤化季铵盐与NaOH等强碱反应可生成季铵碱，反应属于可逆反应，没有制备上的价值。但是，改用新制的AgOH溶液反应，可通过卤化银的沉淀，得到季铵碱的溶液，然后过滤并蒸干滤液，即可得到季铵碱。

$$R_4N^+X^- + AgOH \longrightarrow R_4N^+OH^- + AgX\downarrow$$

季铵碱是强碱，其碱性与NaOH或KOH相当，能吸收空气中的CO_2，易潮解，易溶于水。若季铵碱不含β-H，则受热分解生成3°胺和醇。例如：

$$(CH_3)_4N^+OH^- \xrightarrow{\triangle} (CH_3)_3N + CH_3OH$$

当季铵碱含有β-H时，受热可生成3°胺和烯烃，这个反应称为霍夫曼消除反应。该反应与卤代烷的消除反应很类似，属于E2消除反应。例如：

$$(CH_3)_3N^+\overset{\alpha}{C}H_2\overset{\beta}{C}H_3OH^- \xrightarrow{\triangle} (CH_3)_3N + CH_2{=}CH_2 + H_2O$$

当季铵碱含有几个不同的β-H时，霍夫曼消除反应具有一定的区域选择性，主要生成取代基最少的烯烃，这一规律称为霍夫曼规则。显然，霍夫曼规则与札依采夫规则正好相反。例如：

$$\overset{\beta}{C}H_3-\underset{\displaystyle N^+(CH_3)_3}{\overset{\alpha}{C}H}-\overset{\beta'}{C}H_2CH_3 \xrightarrow[\triangle]{OH^-} CH_2{=}CHCH_2CH_3 + CH_3CH{=}CHCH_3 + HN(CH_3)_2$$

氢氧化2-丁基三甲铵　　　　95%　　　　5%

霍夫曼规则的决定因素有两个：β-H酸性和E2反应的立体化学要求。β-H酸性越强，越容易消除。由于烷基是斥电基团，级别越低的β-C，其所连的β-H酸性越强，因而越容易发生消除反应。因此，上例中的氢氧化2-丁基三甲铵的β-H较β'-H容易消除。从E2反应的机理来看，分子的反应构象越稳定，越容易发生消除反应。由于E2反应要求其两个消除的基团（β-H和N）必须处于对位交叉式即反式共平面（参见第六章），因此，氢氧化2-丁基三甲铵发生消除反应的可能构象有三种（图14.4）。在构象(i)和(ii)中，两个较大基团处于邻位交叉式，能量较高。构象(iii)的能量明显低于构象(i)和(ii)，因此，反应优先以构象(iii)发生β-H消除反应，而不是β'-H的消除反应，由此导致形成取代基最少的烯烃。

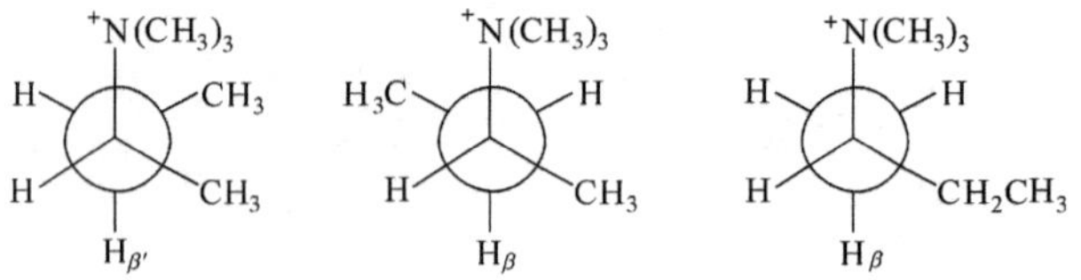

(i)　　(ii)　　(iii)

图 14.4　氢氧化 2-丁基三甲铵的纽曼投影式

霍夫曼消除反应主要应用于胺类化合物的结构测定。其方法是：用过量的 CH_3I 对伯胺、仲胺或叔胺中的 N 进行彻底甲基化，生成季铵盐，再转化成季铵碱，最后降解成烯烃。通过测定反应过程中消耗的碘甲烷的量和生成的烯烃的结构，可推测分子中氨基的多少、N 原子的取代情况以及氨基的取代位置等。

霍夫曼消除反应也有不符合霍夫曼规则的情况。如果 β-C 上有苯基、乙烯基、羰基等不饱和基团，则消除反应优先生成具有共轭结构的稳定烯烃，此时反应的选择性主要是由产物的稳定性决定的，不再遵循霍夫曼规则。例如：

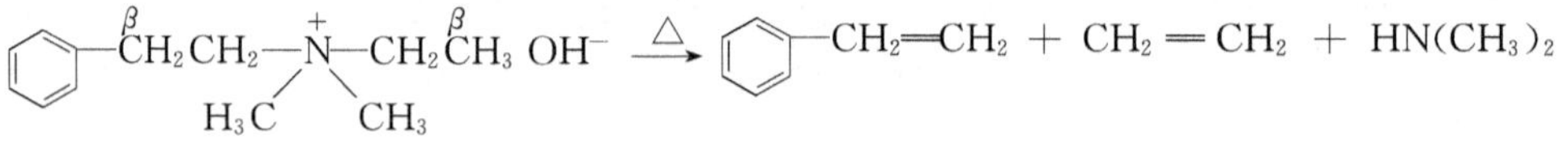

94%　　6%

许多季铵盐在有机合成中具有重要的用途。例如，三乙基苄基氯化铵[$(CH_3CH_2)_3N^+CH_2C_6H_5Cl^-$，TEBA]和四丁基溴化铵[$(CH_3CH_2CH_2CH_2)_4N^+Br^-$，TBA]可作为相转移催化剂(phase transfer catalyst，PTC)使用。

相转移反应(phase transfer reaction)是指在某些非均相反应中，反应物在相转移催化剂的作用下，由一相转入到另一相中进行的反应。在不加 PTC 时，由于两反应物分别位于不同的相，反应进行很慢。使用了 PTC 后，PTC 可将反应物的阴离子由一相转移到另一相中，从而大大增加了反应物分子间的接触，使反应速率加快。例如，苯甲醛的安息香缩合反应需要氰离子的催化。若仅使用氰化钠的水溶液，室温下 20 h 无反应，使用季铵盐催化后，室温反应 1 h 便可完成。

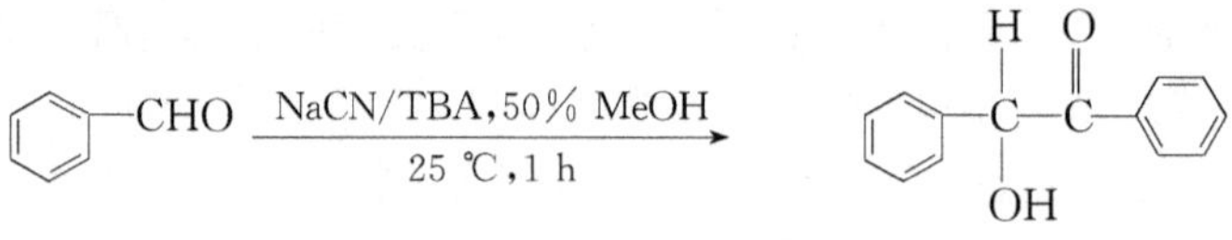

安息香(1,2-二苯基-2-羟基乙酮)

带有一个长链烃基的季铵盐是阳离子表面活性剂，可作洗涤剂或消毒剂，详见第十九章。

(五) 芳香胺的亲电取代反应

芳胺分子中的氨基属于强致活基和强邻、对位定位基，因此芳香胺极易发生亲电取代反应。

1. 卤代反应

芳胺与氯或溴很容易发生亲电取代反应，而且反应较难控制在一元取代阶段。在苯胺的水溶液中滴加溴水，立即生成 2,4,6-三溴苯胺白色沉淀。反应无需催化剂即可定量完成，故可用于苯胺的定性鉴定和定量分析。

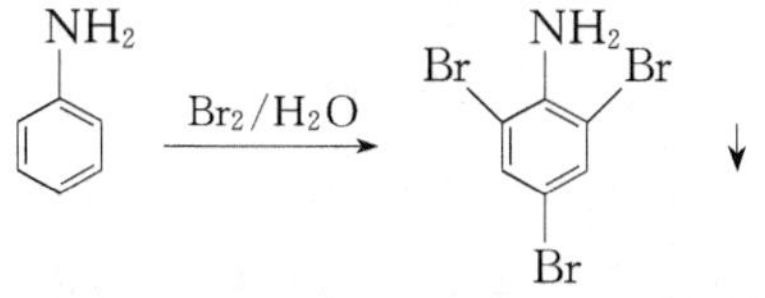

2,4,6-三溴苯胺

如欲制备单溴代苯胺，则必须先降低氨基的致活性能，然后进行溴代。降低氨基致活性能的方法有两种：第一种是将氨基转变成邻、对位定位能力较弱的乙酰氨基，然后对后者进行溴化，最后脱去乙酰基；第二种方法是使苯胺的溴化反应在强酸介质中进行。强酸可使氨基形成铵盐，并使氨基由邻、对位定位基转变成间位定位基，从而得到间溴苯胺。例如：

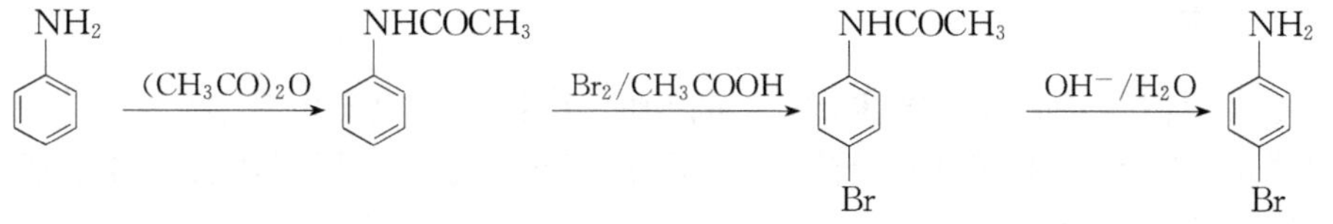

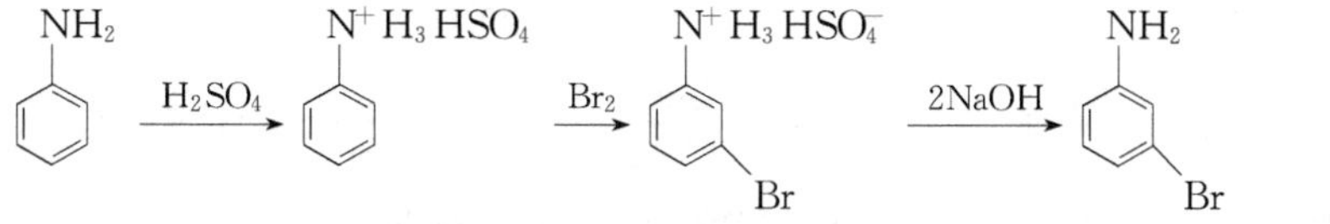

芳胺与活性很小的碘也能反应，得到一碘化物。例如：

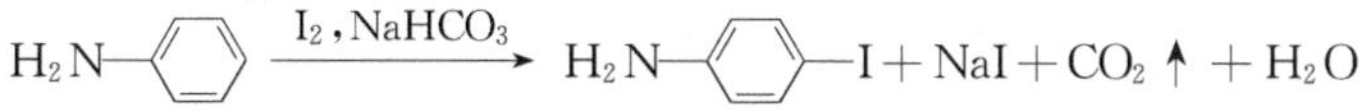

2. 硝化反应

芳伯胺直接硝化时易被硝酸氧化，必须先把氨基保护起来，然后再进行硝化。此处保护氨基的目的其实也是为了降低氨基的致活性能，常用的氨基保护方法也是苯胺溴代中所用的乙酰化法或铵盐法。铵盐法一般主要得到间位硝化产物。例如：

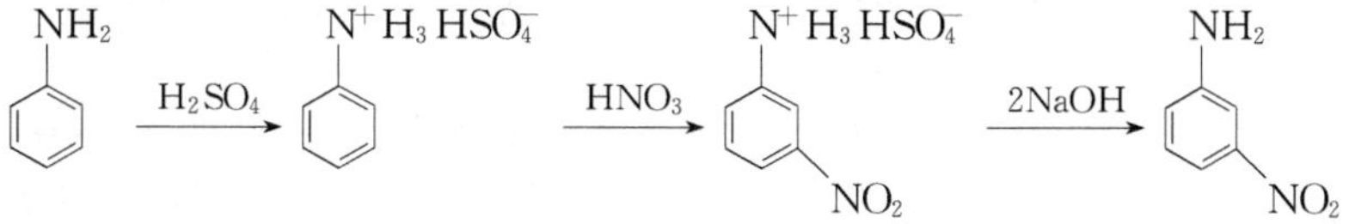

乙酰苯胺在不同介质中进行硝化，可得到不同位置取代的主要产物。例如：

N,*N*-二取代的芳香胺(叔胺)可直接用混酸硝化。在酸度较低的条件下主要生成邻位产物，但在酸度较高的条件下主要生成间位产物。例如：

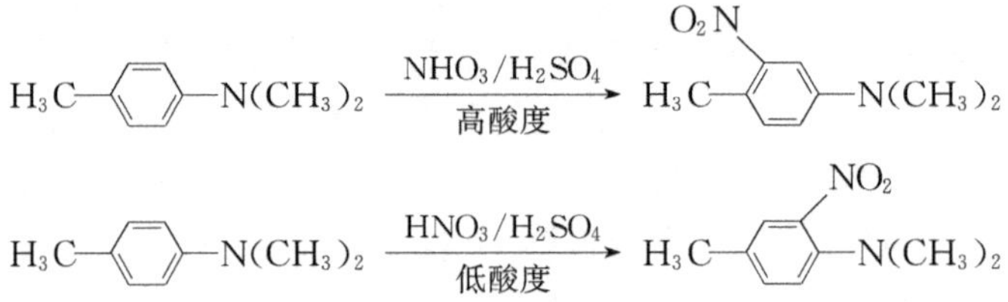

3. 磺化反应

芳香族伯胺在高温下磺化，得到对位磺化产物。反应先生成苯胺硫酸盐，然后高温脱水，生成 *N*-苯基氨基硫酸，后者再受热重排为对氨基苯磺酸。对氨基苯磺酸是以内盐形式存在的。

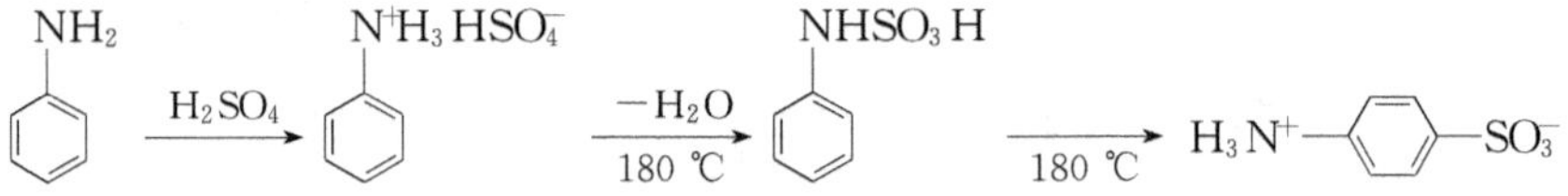

若氨基的对位有取代基，则生成邻位磺化产物。例如：

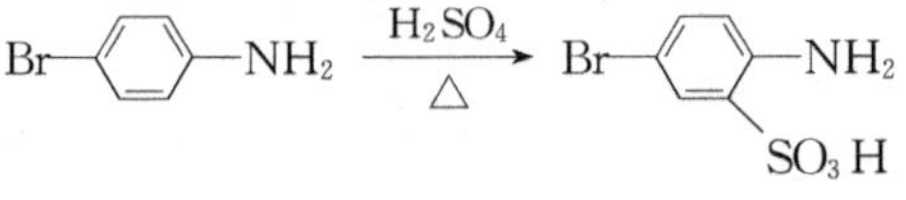

氯磺酸也可以与氨基保护的芳香胺或三级芳香胺发生类似于硫酸的磺化反应，生成苯磺酰氯类化合物。后者可再与氨或胺发生磺酰化反应，生成对氨基苯磺酰胺(磺胺)类化合物。例如：

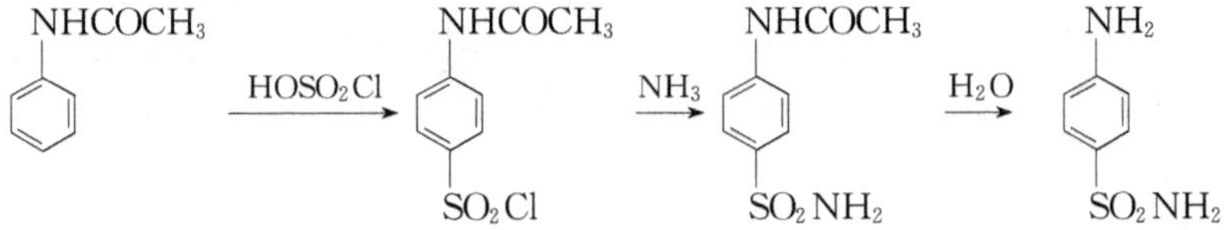

对氨基苯磺酰胺

在碱性条件下，如果用伯胺或仲胺代替氨与苯磺酰氯或对甲基磺酰氯进行反应，则生成 *N* 取代的磺酰胺，这个反应称为兴斯堡(Hinsberg)反应。叔胺不反应。

磺酰胺一般是不溶于水的。但伯胺生成的磺酰胺因 N 原子上的 H 原子有弱酸性，可与 NaOH 或 KOH 溶液反应，生成盐，并溶于反应液中。仲胺生成的磺酰胺因 N 原子上无 H 原子，故不能与碱反应，不能溶于碱液中。实验室常用兴斯堡反应来鉴别伯、仲、叔胺。例如：

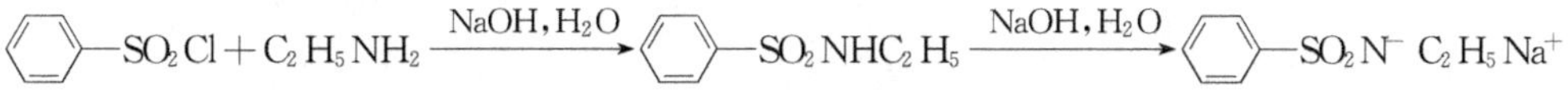

N-乙基苯磺酰胺　　(溶于 NaOH)

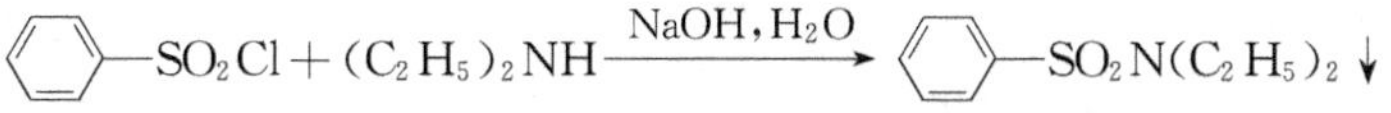

N,*N*-二乙基苯磺酰胺(不溶于碱，也不溶于酸)

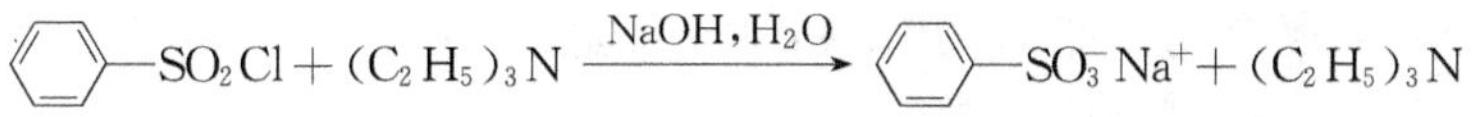

不反应，呈油状物

此外，实验室也常利用兴斯堡反应来分离和提纯伯、仲、叔胺。例如，在碱性溶液中，将三种胺的混合溶液与苯磺酰氯反应，然后蒸馏，蒸出的为叔胺。将剩下的溶液过滤，获得固体磺酰胺，将其酸解即得仲胺。滤液酸化后加热水解，得到伯胺。

具有对氨基苯磺酰胺结构的一类药物统称为磺胺(sulfonamide, SA)，主要用于预防和治疗细菌感染性疾病，其中应用较广并具有一定疗效的磺胺类药物就有几十种。

1904 年，德国化学家 P. Ehrlich 发现用来给细菌染色的某些染料能够杀死细菌。1932 年德国病理学家 G. Domagk 在对许多染料进行筛选试验之后，发现百浪多息对治疗小鼠细菌感染有一定效果。在此基础上，1935 年法国的巴斯特研究所合成出一种非常有效的杀菌剂——对氨基苯磺酰胺(SN)。1962 年首次合成了目前临床上广泛应用的磺胺类抗生素——磺胺甲噁唑(SMZ，商品名新诺明)。磺胺药是第二次世界大战前唯一有效的抗菌药物。这类药物的问世标志着人类在化学疗法方面的一大突破。

磺胺类药物的临床应用已有几十年的历史，它具有较广的抗菌谱，而且疗效确切、性质稳定、使用方便、价格便宜，又便于长期保存，故目前仍是仅次于抗生素的一大类药物。

磺胺药物能抑制大肠杆菌的生长，会在一定程度上妨碍 B 族维生素在肠道内的合成。如果较长时间服用磺胺药物，应同时服用 B 族维生素，以免营养缺乏。除了磺胺甲噁唑外，临床上常用的磺胺药物还有磺胺嘧啶(SD)、磺胺二甲异噁唑(SIZ)、磺胺乙酰钠(SA)等。

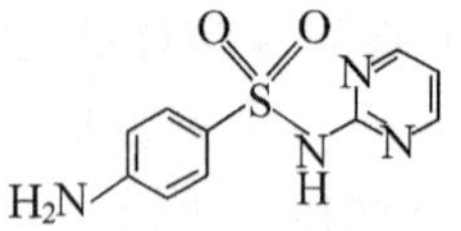
磺胺嘧啶

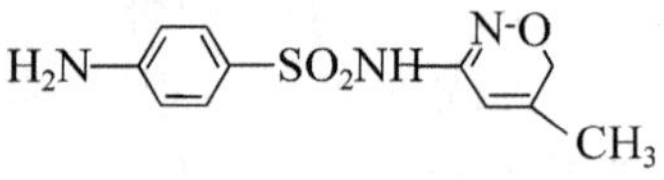
磺胺甲噁唑(SMZ)

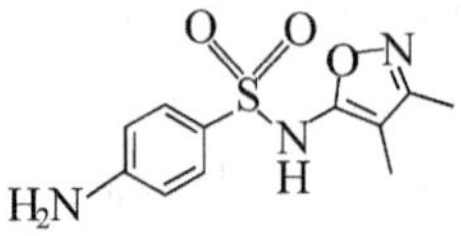
磺胺二甲异噁唑

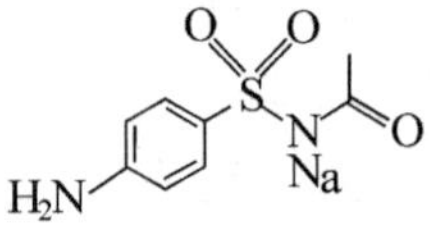
磺胺乙酰钠

（六）胺的氧化

无论脂肪胺还是芳香胺均容易被氧化，特别是芳香胺，大多数氧化剂使胺氧化成焦油状的复杂混合物。脂肪伯胺的氧化产物很复杂，多数在合成上无实际意义。仲胺用过氧化氢氧化可生成羟胺，但产率较低。

$$R_2NH + H_2O_2 \longrightarrow R_2N\text{—}OH + H_2O$$

在合成上比较有用的是叔胺的氧化。叔胺用 H_2O_2 或过氧酸（RCO_3H）氧化，可生成 *N*-氧化胺。例如，*N*，*N*-二甲苯胺与过氧化氢反应，先生成氧化胺的水合物 $R_3N(OH)_2$，然后在真空中慢慢加热脱水得无水氧化胺。

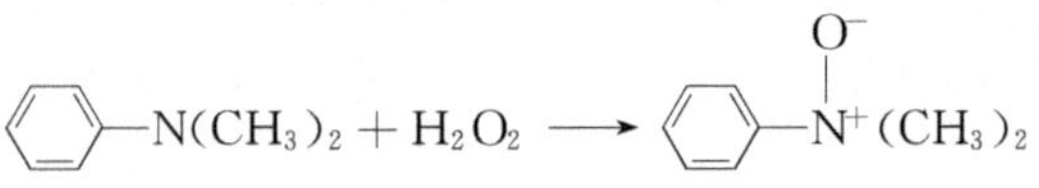
N，*N*-二甲基苯胺-*N*-氧化物

氧化胺与季铵盐一样具有四面体构型，其中 N 原子上带正电荷。当 N 原子上的烃基不同时，存在光学异构体。另外，含 β-H 的氧化胺也和季铵碱一样，加热到 150～200 ℃时也能发生消除反应，生成烯烃，该反应称为科普（Cope）消除反应。但与霍夫曼消除反应不同，科普消除反应属于分子内的顺式共平面消除，而不是 E2 反应。由于受氮正离子吸电子诱导效应的影响，β-H 有一定的酸性，可以与具有碱性的氧原子通过平面五元环发生作用，并最终导致顺式消除反应。例如：

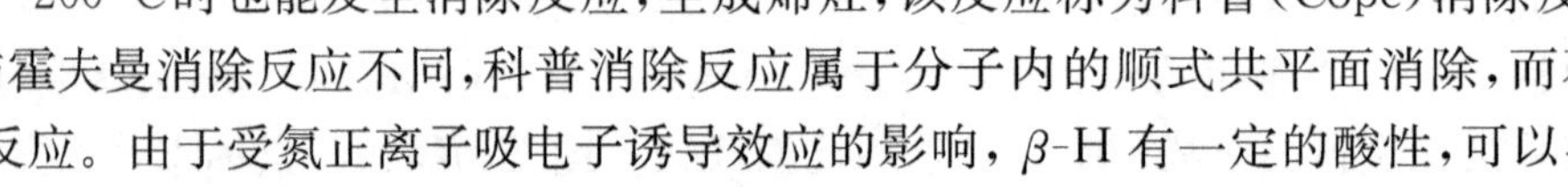
五元环状过渡态

科普反应的顺式消除机理可以由下面的反应得到证实。实验证实，下面化合物只有与 N 原子处于同一侧的 β-D 原子才能发生消除，而位于异侧的 β-H 不能发生消除。

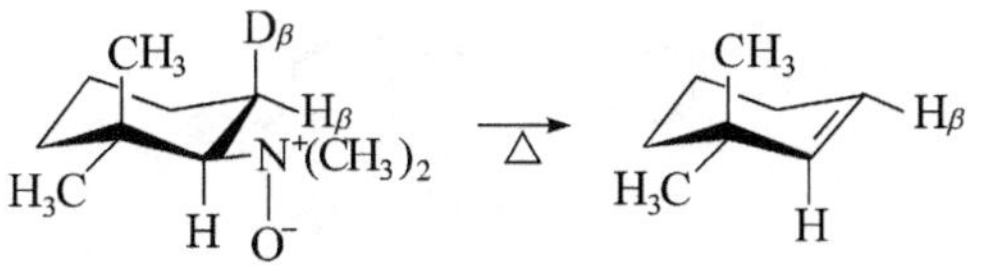

N-氧化胺消除反应的位置选择性较差。当分子中同时有几种不同的 β-H 时，消除将得到几种烯烃的混合物。例如：

$$\underset{\underset{^{-}O-N^{+}(CH_3)_2}{|}}{CH_3CH_2CHCH_3} \xrightarrow{\triangle} \underset{33\%}{CH_3CH{=}CHCH_3} + \underset{67\%}{CH_3CH_2CH{=}CH_2} + (CH_3)_2NOH$$

科普消除反应条件温和，副反应少，不发生重排反应，因此是合成特殊结构烯烃的一种好方法。例如：

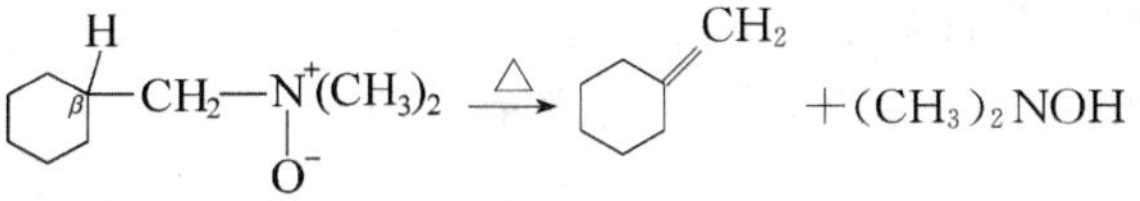

具有一个长链烷基的氧化胺与季铵盐一样具有很强的表面活性，是一类性能优异的非离子型表面活性剂。例如，月桂酰胺基丙基氧化二甲胺(LAO-30)具有良好的发泡、增稠、调理和抗静电性能，对皮肤和头发非常温和，如用于润肤产品时，可赋予皮肤光滑舒适感，也能使一般原料配制的香波产生稠密的奶油状泡沫，适用于香波、沐浴露、洗面奶、洗手液、婴儿洗护用品、餐具洗涤剂等洗涤用品。

$$CH_3(CH_2)_{10}CONH(CH_2)_3\overset{\overset{O^-}{|}}{N^+}(CH_3)_2$$

月桂酰胺基丙基氧化二甲胺(LAO-30)

芳胺很容易氧化，尤其是芳香族的伯胺及仲胺对氧化剂特别敏感，暴露在空气中往往颜色变深，氧化过程和氧化产物都很复杂。例如，纯净的苯胺是无色的，但暴露在空气中很快就变成黄色，然后变成红棕色。用氧化剂处理苯胺，生成复杂的混合物。但在特殊的氧化条件下，可使苯胺的氧化主要生成对苯醌。

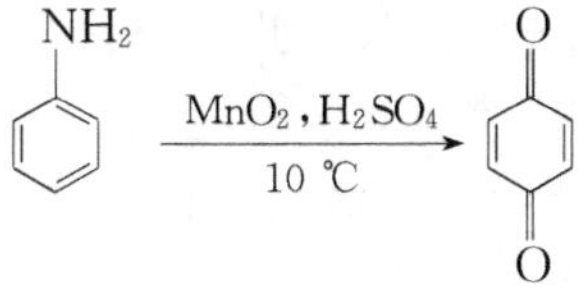

在酸性条件下用重铬酸盐氧化苯胺可得到“苯胺黑”。苯胺黑的结构十分复杂。苯胺黑可能是最早的有机合成染料。大约在 1860 年被发现。苯胺黑俗称阿尼林黑或精元，广泛用于棉织物的染色和印花，印染品能耐日晒雨淋，对热肥皂溶液和稀漂白粉溶液都很稳定。

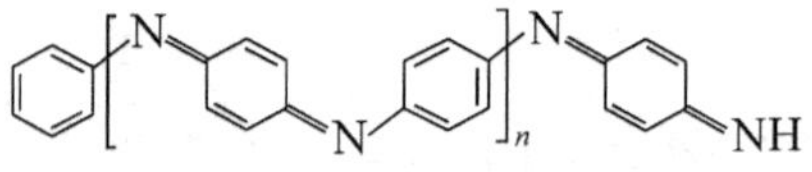

苯胺黑

苯环上含吸电子基团的芳胺较为稳定。芳胺的盐也较难氧化，实验室中有时将芳胺成盐后储存。

(七) 重氮盐的反应

芳香族伯胺在强酸存在下与亚硝酸反应，生成重氮盐，称为重氮化反应(diazotization)。实际上，所有的伯胺都可以发生重氮化反应，但只有芳基重氮盐在低温下是相对稳定的，有的甚至可以在室温下被分离出来。脂肪族的重氮盐极不稳定，生成后立即分解，生成烯、醇等混合物，在合成上没有什么价值。

芳香族伯胺的重氮化反应可用下式表示：

$$ArNH_2 + NaNO_2 + HCl \xrightarrow{4\ ℃} ArN_2^+ Cl^- + NaCl + 2H_2O$$

重氮化反应是制备芳基重氮盐最重要的方法。亚硝酸是弱酸，不稳定，易分解，因此在重氮化反应时一般都采用"$NaNO_2$＋盐酸"来代替亚硝酸。芳基重氮盐的一般制备方法是：将芳胺溶解或悬浮在过量的稀盐酸(HCl 的用量为芳胺 2.5 倍左右)中，在 0～10 ℃下加入与芳胺等物质量的亚硝酸钠水溶液，反应迅速进行，并几乎定量地生成相应的芳基重氮盐。对于碱性很弱的胺，可以将其溶解在浓硫酸中，在冷却下滴入亚硝酸钠溶液。例如：

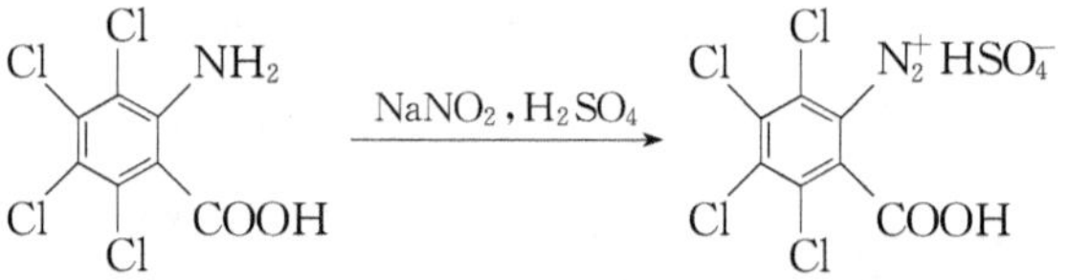

个别芳胺生成的重氮盐比较稳定，可以在较高的温度，如 40～45 ℃下进行重氮化。稳定的重氮盐可以被分离出来。纯净的重氮盐为无色晶体，能溶于水，不溶于有机溶剂，在稀溶液中完全电离。重氮盐晶体在空气中颜色变深，受热或震动能发生爆炸。但重氮盐水溶液比较稳定，因此，一般在水溶液中制备和使用。

重氮基带一个正电荷，具有较强的亲电性，能进攻活化了的芳环如酚或苯胺的邻、对位而得到偶合的产物。另外，重氮盐可以缓慢地发生分解，放出 N_2，同时形成芳基碳正离子。后者可以接受一系列亲核试剂的进攻而形成新的取代芳烃，即发生重氮盐的亲核取代反应。利用重氮盐的亲核取代反应可以间接向苯环导入一些电负性较大的基团或原子，如卤素、羟基、氰基等。

重氮盐水溶液受热或光照能够快速分解，故一般重氮盐水溶液只能低温保存数小时，在制备后应尽快使用。

1. 取代反应

重氮基在不同条件下可以被羟基、卤素、氰基、氢原子等取代而生成各种不同的化合物。取代反应的通式可以表示如下：

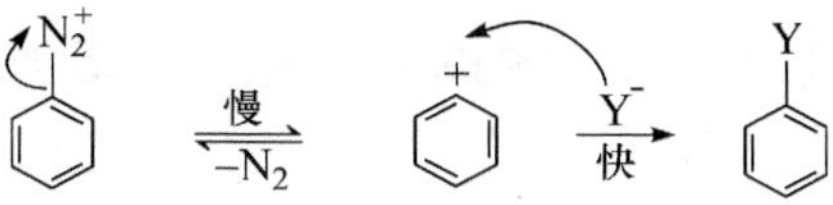

1）羟基取代

重氮盐与酸液共热时发生水解，生成酚并放出氮气。

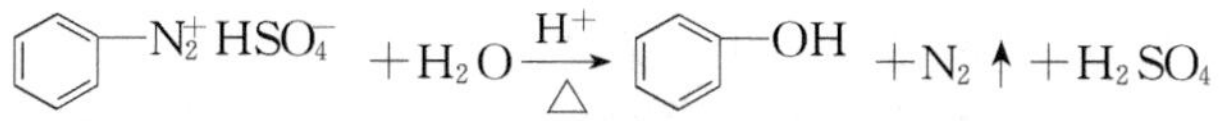

重氮盐水解成酚时只能用硫酸盐，不能用盐酸盐，因为氯离子存在时易生成副产物——氯代苯。

羟基不能被直接引入到芳环上，因此，重氮盐的水解是向苯环引入羟基的常用方法之一。

在有机合成上，当要向苯环的特定位置引入一个所需要的基团时，常常受到苯环上已有基团定位效应的限制而无法直接引入。此时，常利用重氮盐的亲核取代反应。例如，从苯合成间硝基苯酚。由于受到羟基邻、对位定位效应的限制、苯酚直接硝化无法得到间硝基苯酚，硝基苯又不能直接引入羟基。此时，可采用如下的合成路线：

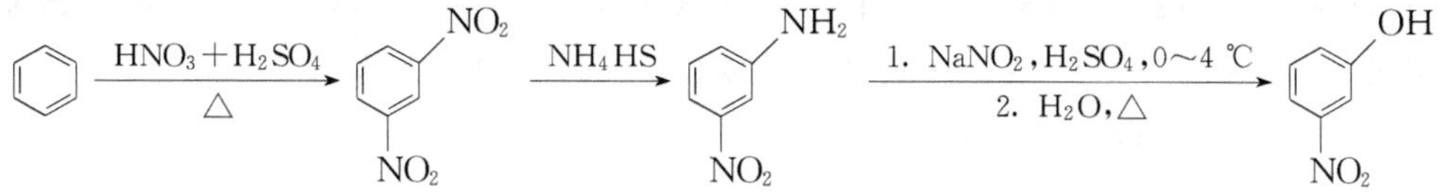

2）卤原子取代

重氮盐在水溶液中与碘化钾反应可生成芳基碘。例如：

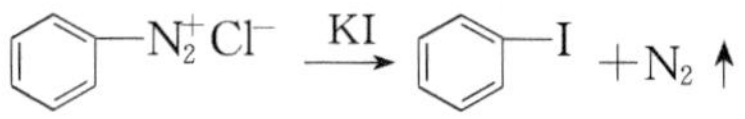

氯离子和溴离子的亲核能力较弱，用同样的方法很难将氯、溴引入苯环。1884年，桑德迈耳(Sandmeyer)发现在氯化亚铜或溴化亚铜的催化下，重氮盐在氢卤酸溶液中加热，重氮基可分别被氯或溴取代而生成相应的芳香卤化物，此反应称为桑德迈耳反应。

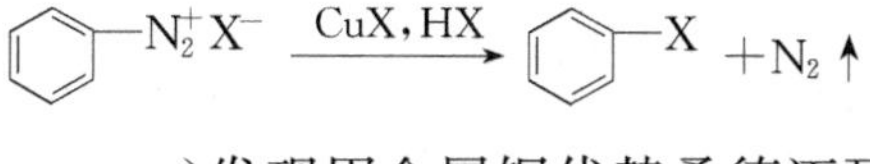

后来，加特曼(Gattermann)发现用金属铜代替桑德迈耳反应中的氯化亚铜或

溴化亚铜也可制得芳香氯代物或溴代物，该反应称为加特曼反应。加特曼反应的温度一般较桑德迈耳反应低，操作也较简单，且仅使用催化量的铜即可，但其产率一般稍低于桑德迈耳反应。例如：

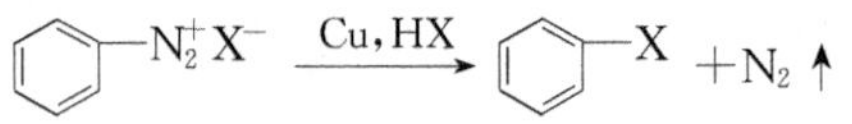
(X=Cl,Br)

芳基氟代物可以通过先制备四氟硼酸重氮盐，然后加热分解来制备，此反应称为席曼(Schiemann)反应。例如：

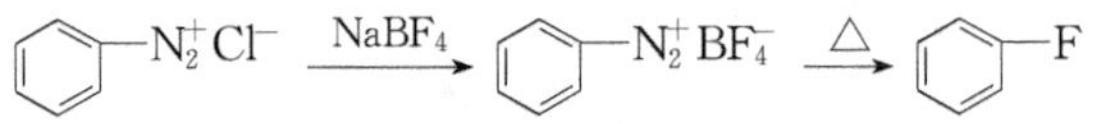

在氰化亚铜的作用下，重氮盐的重氮基可被氰基取代而生成芳香腈。反应需在中性条件下进行，以免氢氰酸逸出。例如：

3) 氢原子取代

重氮盐在某些还原剂的作用下能发生重氮基被氢原子取代的反应。由于重氮基来自氨基，此反应也被称为去氨基还原反应。最常用的还原剂有乙醇、次磷酸和甲醛等，反应在水溶液中进行。例如：

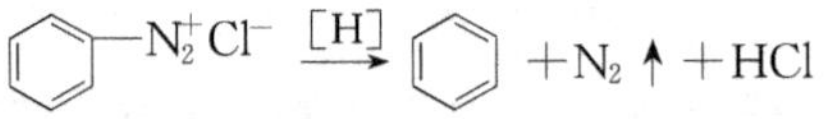

[H]=EtOH，或 H_3PO_2/H_2O，或 HCHO，NaOH

在有机合成设计中，有时为了向苯环的特定位置引入一个或几个所需要的基团，常常要借助氨基的强致活作用和强邻、对位定位效应来完成。当引入所需的基团之后，再通过去氨基还原反应来消除氨基。例如，由硝基苯合成 2,6-二溴苯甲酸就可采用上面的合成策略。

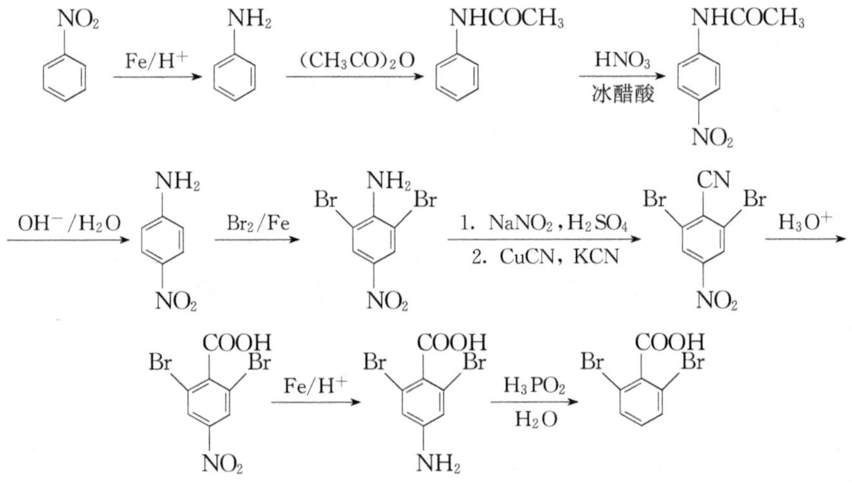

4）保留氮的反应

（1）还原反应。在盐酸中用锡还原重氮盐可得到苯肼盐酸盐，后者用碱处理可得到游离的苯肼。

苯肼是无色油状液体，有毒，易溶于水，经冷凝结成晶体，熔点 19.5 ℃，具有强还原性，在空气中，尤其是在光照射下，很快变成棕色。苯肼在强烈的条件下可被进一步还原成苯胺和氨。在工业上苯肼也是制染料和医药的重要原料。在实验室中常用苯肼鉴定醛、酮、糖。例如：

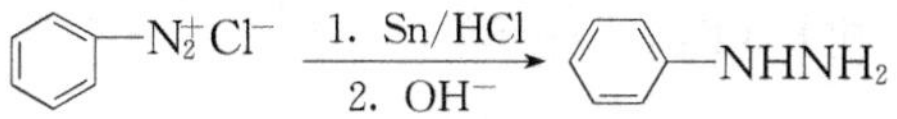

苯肼

除了锡和盐酸以外，其他还原试剂有氯化亚锡、锌和乙酸、亚硫酸钠、亚硫酸氢钠等。

（2）偶联反应。重氮基作为亲电试剂，在弱酸、中性或弱碱性溶液中，可与带有强致活基团的芳香族化合物，如芳胺、酚类等，进行亲电取代反应，生成有颜色的偶氮化合物，此反应称为重氮盐的偶联反应。例如：

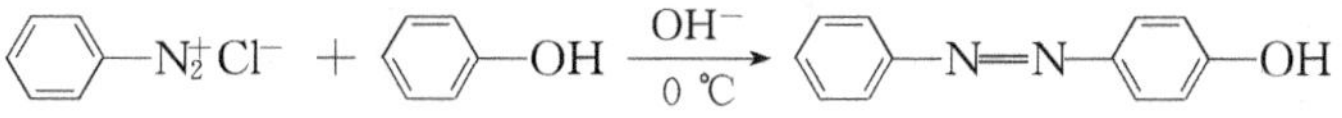

4-羟基偶氮苯

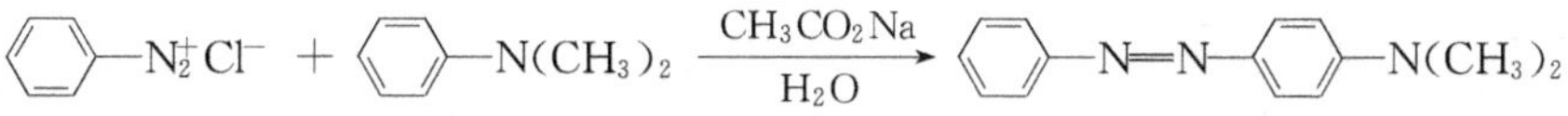

4-*N*,*N*-二甲基偶氮苯

反应机理如下：

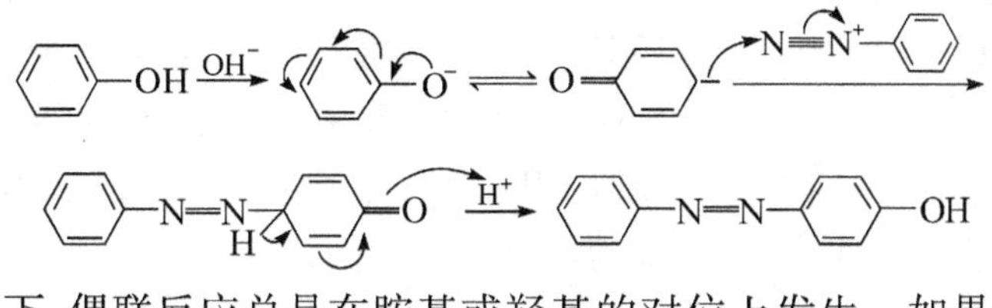

一般情况下，偶联反应总是在胺基或羟基的对位上发生。如果对位上已被其他取代基占据，则在邻位上发生偶联。若邻、对位都被基团取代，只剩下间位时，偶联反应也不会在间位发生。

实验室常用的一些酸碱指示剂就是偶氮类化合物，它们也都是通过偶联反应来制备的。例如：

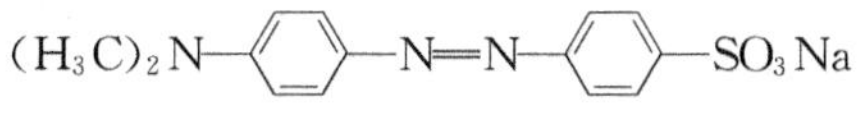

甲基橙（pH<3.1，红色；
pH=3.1～4.4，橙色；pH>4.4，黄色）

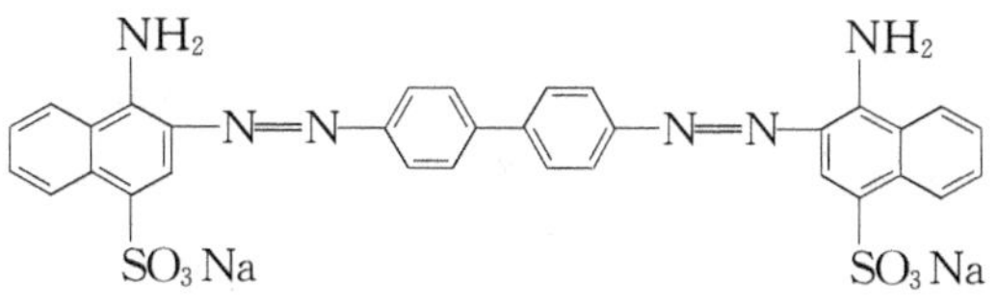

刚果红
（pH<3.0，蓝紫色；pH>5.0，红色）

甲基橙和刚果红变色的原理是：H^+能够与指示剂中的 N ═N 双键加成，从而破坏共轭体系，使溶液颜色发生变化；加入碱时，OH^-可夺取 N 原子上的质子，使 N ═N 双键重新构建，又恢复到原来的颜色。

5）扩环反应

一般脂肪族伯胺的重氮化反应由于产物复杂而没有合成上的价值，但对于 1-氨甲基环烷醇类伯胺来说，其重氮化反应由于能发生碳正离子的重排而生成高一级的环酮，该反应称为蒂芬欧-捷姆扬诺夫（Tiffenneau-Demjanov）反应，具有一定的合成价值。其反应机理可表示如下：

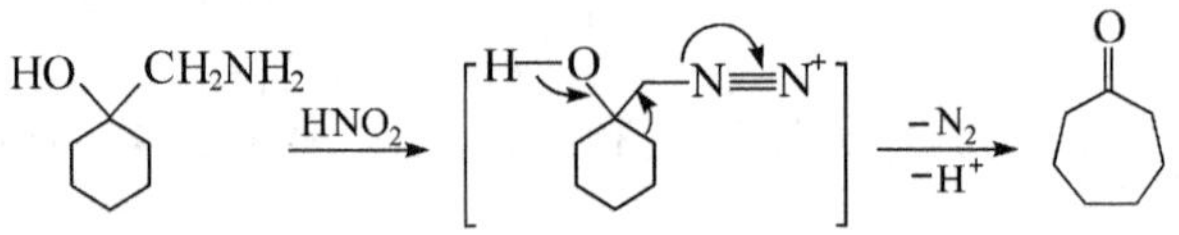

例如：

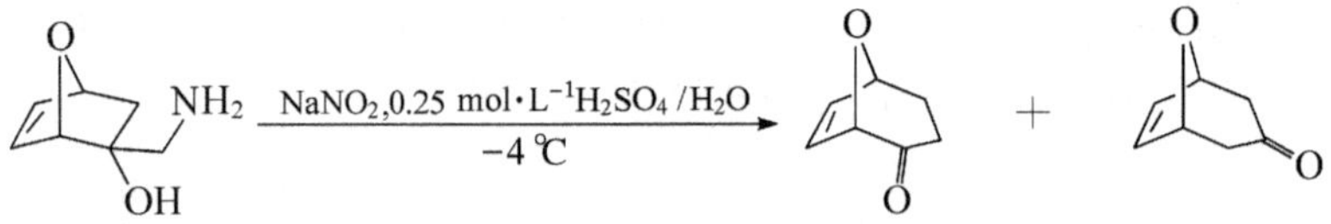

2∶1

（八）仲胺和叔胺与亚硝酸的反应

伯、仲、叔胺都可与亚硝酸反应，但产物不同，反应的用途也不同。

前面已经提到，多数脂肪族伯胺与亚硝酸的反应没有合成上的价值，但由于能够迅速、定量地释放出氮气，故可用于脂肪族伯胺的定性或定量分析。

$$R—NH_2 + HNO_2 + HCl \longrightarrow N_2\uparrow + \text{醇、烯、卤代烃等} + H_2O$$

脂肪族和芳香族仲胺与亚硝酸作用都生成不溶于无机酸的 *N*-亚硝基胺，但前者的产物为黄色油状液体，后者则为黄色固体。例如：

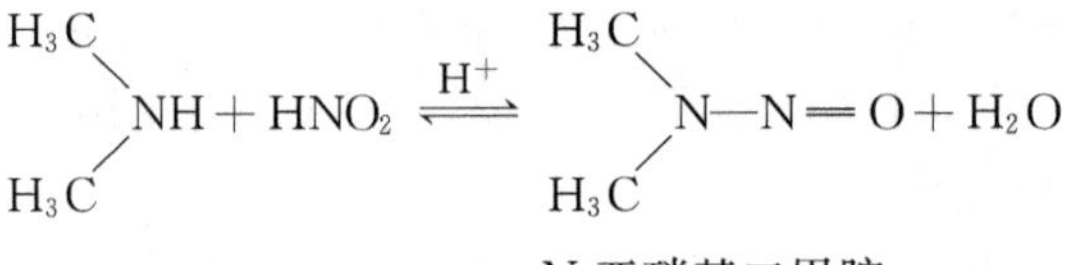

N-亚硝基二甲胺

（黄色油状液体）

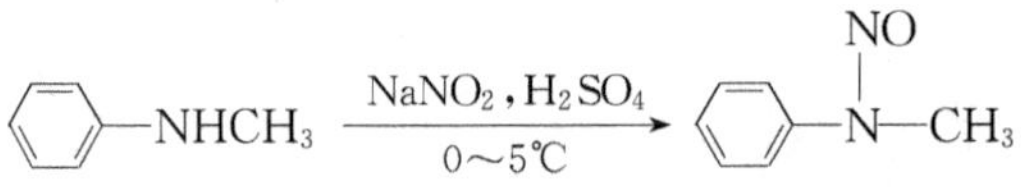

N-亚硝基-*N*-甲基苯胺

（黄色固体，m. p. 15 ℃）

N-亚硝基胺是一类可能引起癌变的物质。

脂肪族叔胺与亚硝酸只形成弱酸弱碱盐,可溶于水。其纯品不稳定,易分解。

芳香族叔胺与亚硝酸作用,在芳环上发生亚硝基取代反应。例如:

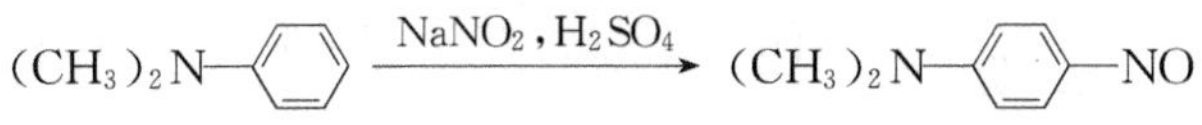

(墨绿色,m.p. 86 ℃)

90%

此反应首先在对位发生,对位被占据时则在邻位发生,生成的产物为绿色固体。利用亚硝酸与不同的胺发生的不同反应现象,可区别脂肪族或芳香族的三种胺。

(九) 重氮甲烷的反应

重氮甲烷(CH_2N_2)是一种深黄色气体,剧毒,有强致癌作用,易爆炸。重氮甲烷的结构比较特别,目前尚无法用一个单独的结构式来准确表达。根据现代物理方法的测定,重氮甲烷是一个线性分子,偶极矩不太大($\mu=1.4$ D),可以用下面的共振式表示:

$$CH_2{=}\overset{+}{N}{=}\overset{-}{\ddot{N}}: \rightleftharpoons \overset{-}{C}H_2{-}\overset{+}{N}{\equiv}N:$$

由共振式可以看出,重氮甲烷的碳原子既可充当亲电试剂,又可充当亲核试剂,因此重氮甲烷能够发生很多反应。

重氮甲烷易溶于乙醚,在合成上常用它的乙醚溶液。最常用而又非常方便的制备重氮甲烷的方法是,*N*-亚硝基-*N*-甲基对甲苯磺酰胺的碱分解反应。

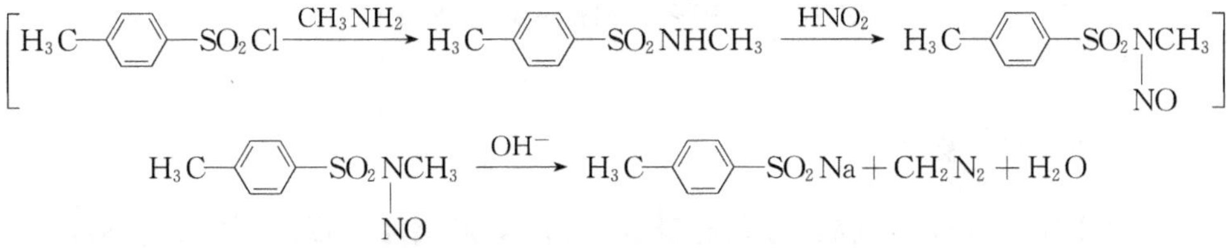

重氮甲烷的另一个制法是,在甲胺盐酸盐和脲的水溶液中加入亚硝酸钠,可生成 *N*-甲基-*N*-亚硝基脲,后者经碱作用也可分解产生重氮甲烷。

$$CH_3NH_3^+Cl^- + H_2N{-}\overset{\overset{\displaystyle O}{\|}}{C}{-}NH_2 \xrightarrow{NaNO_2} CH_3\underset{\underset{\displaystyle NO}{|}}{N}{-}\overset{\overset{\displaystyle O}{\|}}{C}{-}NH_2 \xrightarrow{NaOH} CH_2N_2 + NaNCO + 2H_2O$$

重氮甲烷非常活泼,能够发生多种类型的反应,在有机合成上是一个很重要的试剂。但一般不易购买,需要使用时自制。

1. 甲基化反应

重氮甲烷可以与羧酸、酚、烯醇等在室温下发生反应,生成相应的甲酯或甲醚,故重氮甲烷是很重要的甲基化试剂。例如：

$$RCO_2H + CH_2N_2 \longrightarrow RCO_2CH_3 + N_2\uparrow$$

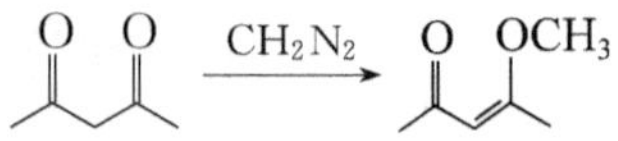

重氮甲烷是最理想的甲基化试剂之一，它在有机溶剂中的溶解性好，反应速率快，不需要催化剂，后处理非常简单，反应产率很高。

2. 与酰氯作用——合成增加一个碳的羧酸

酰氯与重氮甲烷反应可生成重氮酮，重氮酮在氧化银存在下加热能发生分子内重排反应而生成烯酮。烯酮很活泼，可与水、醇或氨/胺反应，生成比原来酰卤多一个碳原子的羧酸、酯或酰胺。例如：

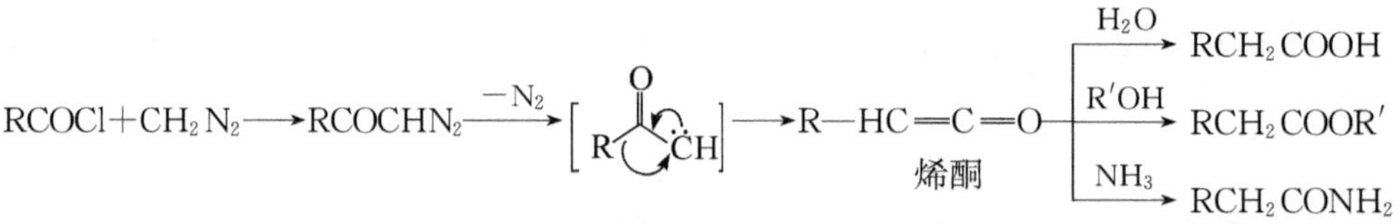

烯酮是重要的有机合成试剂，通常以二聚体存在，有商品出售。除了上面的反应外，烯酮还能和很多金属有机试剂发生加成反应。烯酮的另一制备方法是酰氯在叔胺存在下加热脱去氯化氢。

$$RCH_2COCl \xrightarrow[\triangle]{\text{吡啶}} \underset{\text{烯酮}}{R{-}HC{=}C{=}O} + HCl$$

3. 与醛、酮等反应

重氮甲烷作为亲核试剂，可以与醛、酮等发生亲核加成反应，然后脱 N_2，生成比原来醛、酮多一个碳原子的直链酮或环酮。此反应在合成上有一定的价值，但生成的产物可与重氮甲烷进一步反应，导致产物复杂，产率降低。例如：

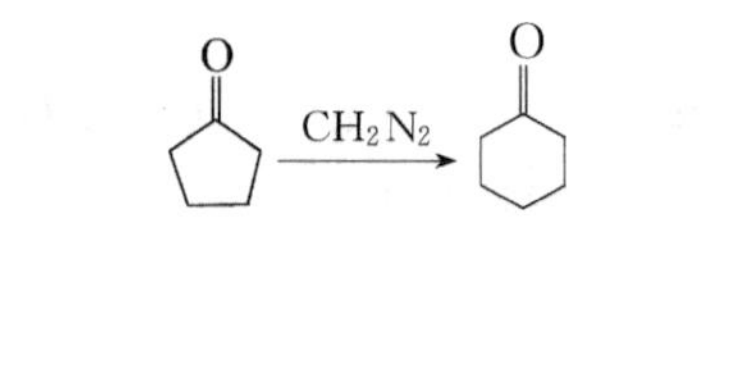

4. 卡宾的反应

重氮甲烷受热或光照可发生分解，生成卡宾(:CH_2)和氮气。

$$CH_2N_2 \xrightarrow[\text{或 } h\nu]{\triangle} :CH_2 + N_2\uparrow$$

卡宾又称碳烯，它是一个二价碳的反应中间体，呈电中性，只能在反应中短暂存在。碳烯结构中含有一个仅有六个价电子的二价碳原子，是一个高度缺电子体。其中，两个未成键电子可以自旋方向相反的方式处于同一轨道，也可以自旋方向平行的方式分处于两个轨道。前者在外磁场中只有一种能量状态，光谱学上称为单线态(singlet)；后者在外磁场中可能有三种不同的能量状态，在光谱学上称为三线态(triplet)。两种卡宾的结构如图 14.5 所示。

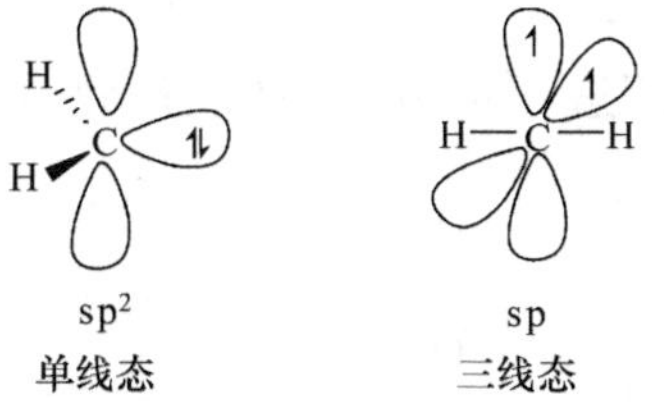

图 14.5　卡宾的结构

单线态卡宾较不稳定，能量要高于三线态卡宾，二者的能量差约为 46 kJ · mol^{-1}，常常是在分解初期首先产生单线态。单线态卡宾通过释放一部分能量可以衰变成三线态卡宾。卡宾是以单线态还是以三线态参与反应，主要由实验条件决定。液体中，一般以单线态为主，气相中主要以三线态为主。但无论哪种卡宾，性质都非常活泼，它们只能作为反应活泼中间体存在，其存在时间不超过 1 s。

由于卡宾的缺电子性，它可以很容易地与双键发生加成反应，生成具有环丙烷骨架的化合物，该反应称为卡宾的插烯反应，是有机合成上构建三元环骨架最常用的方法之一，也是卡宾最重要的反应。反应通式如下：

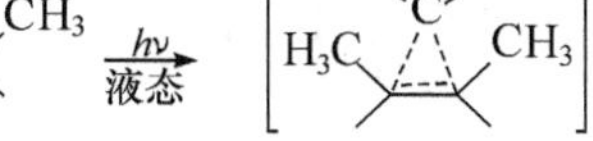

卡宾加成反应的立体化学研究表明，单线态卡宾与烯烃的加成是一步协同反应，即卡宾同时与双键的两个碳原子接近，通过一个三元环过渡态生成产物，具有高度顺式加成的立体专一性。例如，单线态卡宾与顺-2-丁烯反应，只生成顺-1,2-二甲基环丙烷。

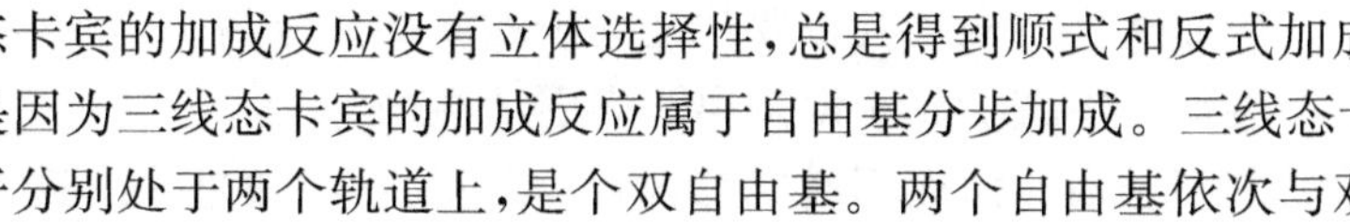

单线态卡宾与双键的顺式加成反应

三线态卡宾的加成反应没有立体选择性，总是得到顺式和反式加成产物的混合物。这是因为三线态卡宾的加成反应属于自由基分步加成。三线态卡宾的两个未成键电子分别处于两个轨道上，是个双自由基。两个自由基依次与双键的两个

碳原子形成 σ 键。

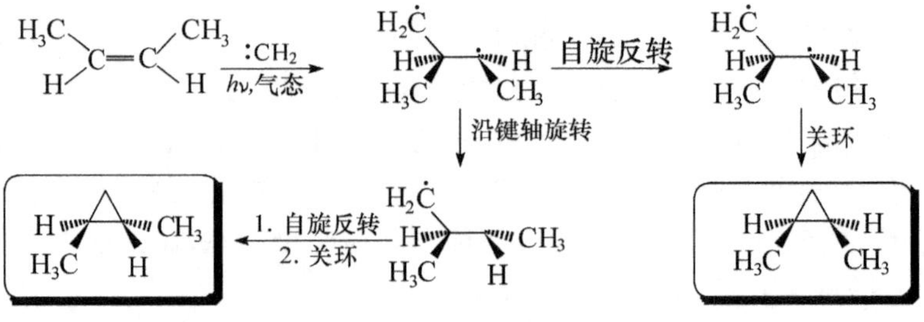

反-1,2-二甲基环丙烷　　顺-1,2-二甲基环丙烷

卡宾还能对芳环“双键”进行加成，其加成产物通常不稳定，容易重排成扩环产物。

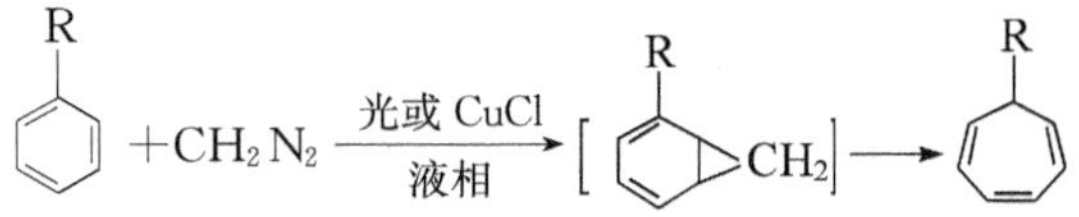

第三节　季铵盐类表面活性剂

一、表面活性剂简介

表面活性剂(surfactant)是指同时具有固定的亲水基团和亲油基团，能在溶液的表面定向排列，并能使表面张力显著下降的物质。由于表面活性剂都具有洗涤去污的功能，因此很多以洗涤为目的的表面活性剂常称为洗涤剂。表面活性剂和合成洗涤剂工业始于 20 世纪 30 年代，我国的表面活性剂和合成洗涤剂工业始于 20 世纪 50 年代，起步虽晚，但发展较快，目前产量已位居世界第二。

表面活性剂分子均由两部分构成，即非极性部分——疏水基(长链烃)，也称亲油基；极性部分——亲水基(羧酸、磺酸、硫酸、氨基或胺基及其盐，以及羟基、酰胺基、醚键等)，也称疏油基。两类结构不同、极性截然相反的基团分处于同一分子的两端并以共价键相连接，形成了一种不对称的极性结构，表现出在水和非极性有机溶剂中都有较好溶解性的特性。表面活性剂的这种亲水又亲脂的特有结构通常称为“双亲结构”(amphiphilic structure)，表面活性剂分子也被称作“双亲分子”。这种特殊结构使表面活性剂具有增溶、乳化、润湿、助悬、起泡和消泡、消毒、杀菌和去污作用。

按分子是否能够离解，表面活性剂可分离子型表面活性剂和非离子型表面活性剂。离子型表面活性剂根据其主要功能离子的电性又分为阴离子表面活性剂和阳离子表面活性剂。季铵盐属于氮阳离子表面活性剂。

季铵盐型阳离子表面活性剂通常都含有一个 $C_{10}\sim C_{18}$ 的直链烷基和三个相同

或不相同的短链烷基，一般多为甲基和乙基，阴离子一般为氯或溴。

季铵盐型阳离子表面活性剂的品种很多，目前已发展到第四代产品。第一代为单链季铵盐类，第二代为单链季铵盐衍生物，第三代为双季铵盐类，第四代为单双链季铵盐的联合应用。第四代产品主要以双烷基二甲基氯化铵和烷基二甲基苄基氯化铵混合组成。

季铵盐型阳离子表面活性剂的合成一般由叔胺与卤代烃或硫酸二甲酯等烃基化试剂反应制得。

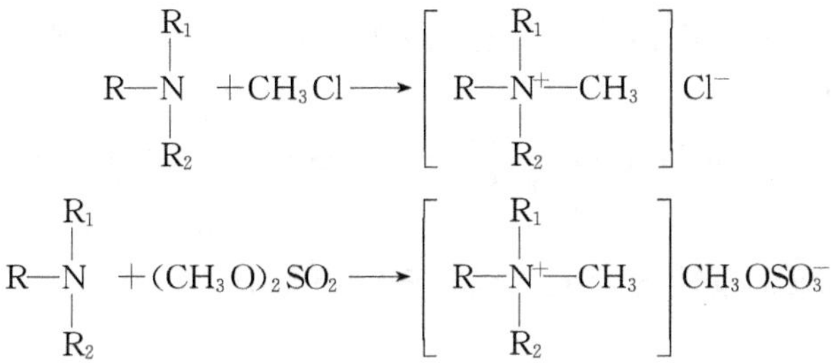

双季铵盐杀菌剂是一类新型表面活性剂，属于 Gemini 双子表面活性剂中研究较多的一种，被称为第三代表面活性剂。其结构实际上是一个普通季铵盐的共价二聚体，由一个烃基链将两个 N 原子共价连接在一起。分子中存在两个疏水链、两个亲水基以及一个连接链，简称 m-s-m 型。m 表示功能疏水链的碳原子个数，s 表示连接链的原子个数。其结构示意图如图 14.6 所示。

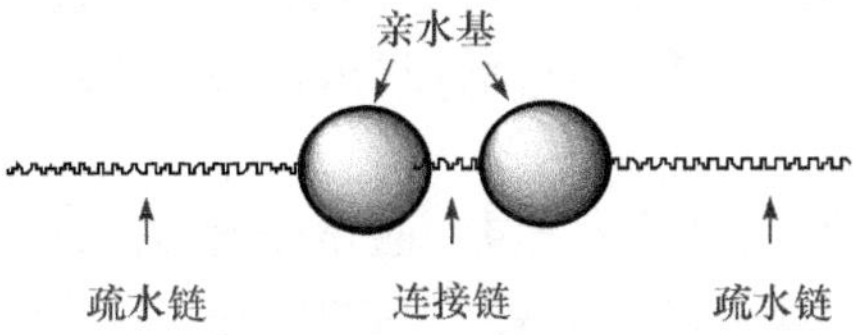

图 14.6　Gemini 表面活性剂的结构示意图

与传统的表面活性剂相比，双季铵盐表面活性剂具有以下特性：①临界胶束浓度低；②降低表面张力能力强；③有很低的 Krafft 点，有很好的增溶、湿润、发泡作用以及良好的钙皂分散性能；④与传统表面活性剂混溶有良好的协同作用；⑤在较低浓度下，具有明显的流变性、黏弹性、凝胶化和杀菌等。

二、双季铵盐类化合物的合成

双季铵盐类化合物的合成方法主要有以下几种：

(1) 以二卤代烷和 C_8、C_{12} 或 C_{16} 烷基二甲基胺为原料合成。例如：

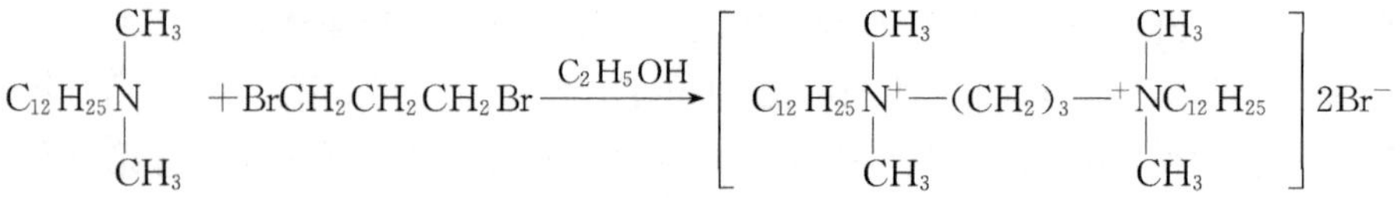

（2）以环氧氯丙烷和烷基二甲基胺及其盐酸盐为原料合成。例如：

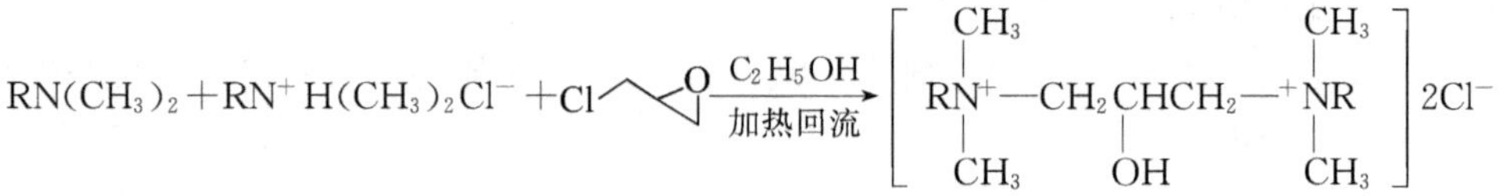

（3）以 N,N,N',N'-四甲基烷基二胺和溴代烷为原料合成。例如：

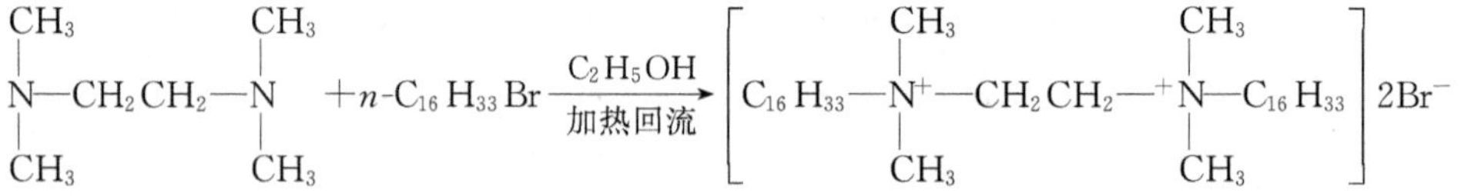

（4）含杂环双季铵盐的合成。以长链烷基取代的含 N 杂环和二卤代烷为原料。例如：

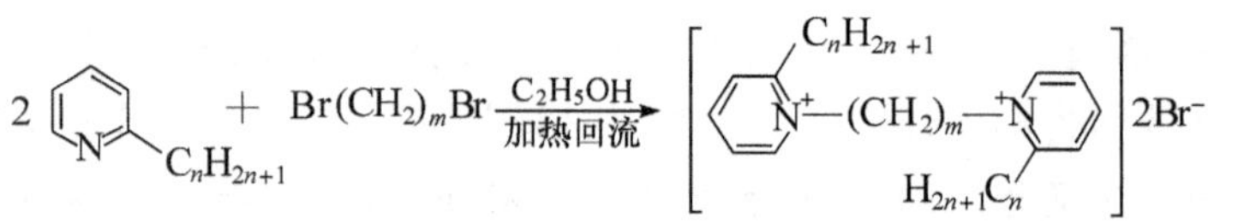

三、季铵盐型阳离子表面活性剂的应用

季铵盐类阳离子表面活性剂除具有表面活性剂的表面吸附、降低表面张力及在溶液中聚集等基本特性外，还耐酸、碱，且大多数还具有抑制和杀灭微生物等生物效应。

一般阳离子表面活性剂去污力较差，通常不作洗涤剂用。但季铵盐表面活性剂在抗静电、杀菌、柔软、印染等方面有广泛的用途。由于大部分纤维表面带负电，用季铵盐阳离子表面活性剂可中和其电荷，因此有较好的抗静电作用。季铵盐能在纤维表面形成疏水油膜，降低纤维的摩擦系数，使之具有柔软、平滑的效果，所以可作柔软剂。此外，季铵盐可用作护发产品中的头发定型调理剂，纺织工业中的匀染固色剂，在清洗剂中常与非离子表面活性剂复配成杀菌、消毒清洗剂。季铵盐类消毒剂可改变细菌胞浆膜的通透性，使菌体物质外渗，阻碍其代谢而使细菌死亡。

季铵盐类杀菌剂的代表产品主要有十二烷基二甲基苄基氯化铵（洁尔灭或1227）和十二烷基二甲基苄基溴化铵（新洁尔灭或苯扎溴铵）。表 14.2 给出了常见季铵盐阳离子表面活性剂的名称、结构式和用途。

以新洁尔灭为例来说明季铵盐类表面活性剂的理化性质与应用。新洁尔灭又名苯扎溴铵，化学名为十二烷基二甲基苄基溴化铵（benzalkonium bromide）。本品为淡黄色胶状物质，有芳香味，味极苦；水溶液呈中性，振摇时产生大量泡沫；在

表 14.2　一些常见季铵盐阳离子表面活性剂的名称、结构式和用途

名　称	结构式	用　途
1231 阳离子表面活性剂	$[C_{12}H_{25}N(CH_3)_3]^+Br^-$	抗静电；杀菌
乳胶防黏剂 DT	$[C_{12}H_{25}N(CH_3)_3]^+Cl^-$	乳胶防黏；杀菌
1631 阳离子表面活性剂	$[C_{16}H_{33}N(CH_3)_3]^+Br^-$	柔软；杀菌
1831 阳离子表面活性剂	$[C_{18}H_{37}N(CH_3)_3]^+Cl^-$	柔软；杀菌；抗静电；乳化；破乳
十二烷基二甲基苄基氯化铵（洁尔灭或 1227）	$[C_{12}H_{25}N(CH_3)_2(CH_2Ph)]^+Cl^-$	杀菌；缓染
十二烷基二甲基苄基溴化铵（新洁尔灭或苯扎溴铵）	$[C_{12}H_{25}N(CH_3)_2(CH_2Ph)]^+Br^-$	杀菌
双十八烷基二甲基季铵盐	$[(C_{18}H_{37})_2N(CH_3)_2]^+Br^-$ $[(C_{18}H_{37})_2N(CH_3)_2]^+Cl^-$ $[(C_{18}H_{37})_2N(CH_3)_2]^+CH_3SO_4^-$	柔软；抗静电

水或乙醇中易溶，在丙酮中微溶，在乙醚或苯中不溶。兼有杀菌和去垢效力，对化脓性病原菌有良好的杀灭作用；穿透力强，毒性低，刺激性甚微，用于皮肤与环境消毒；对金属无腐蚀作用，不污染衣服，性质稳定，易于保存，属消毒防腐药类。

习　题

1. 用系统命名法命名下列化合物。

(1) 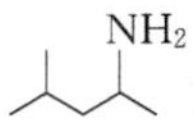　(2) 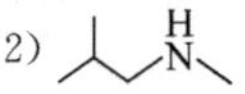　(3) 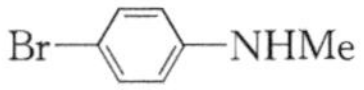　(4) $H_2NCH_2\underset{|\atop CH_3}{C}HCH_2NH_2$

(5) $(CH_3CH_2)_2NCH_2CH{=}CHCH_3$　(6) 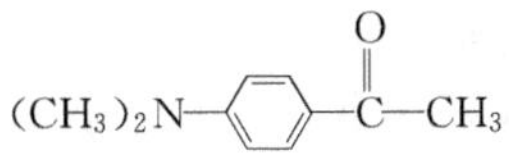　(7) 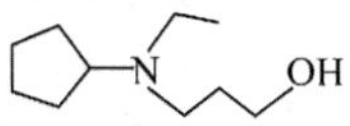

(8) 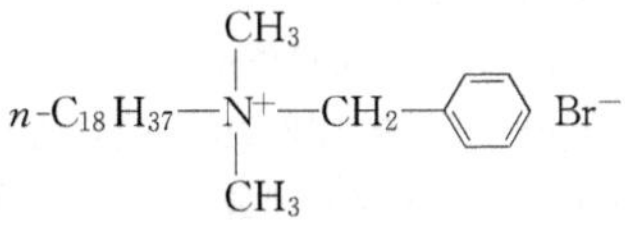　(9) 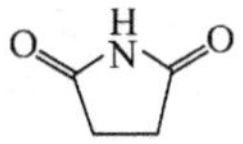

2. 写出下列化合物的构造式。

(1) *N*,*N*-二甲基苯胺　(2) 乙酰苯胺　(3) *N*-甲基-3,5-二甲基苯胺

(4) 2-氨基乙醇　(5) 对氨基苯磺酰胺　(6) *N*-苯甲基对乙基苯胺

(7) 氢氧化四丁铵　(8) 溴化三甲基乙基铵　(9) 对乙酰氨基苯甲酸

3. 比较下列各组化合物的碱性强弱，按碱性强弱次序排列。

(1) $CH_2FCH_2NH_2$　$CHF_2CH_2NH_2$　$CF_3CH_2NH_2$

(2) 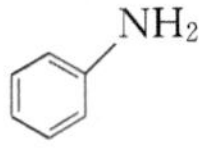　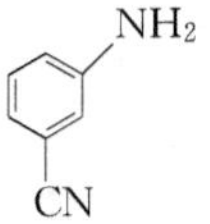　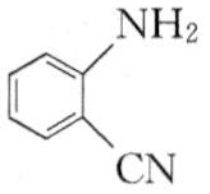

(3) 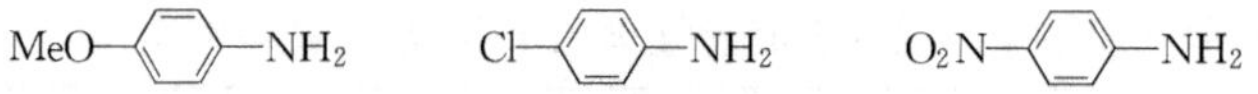

(4) 甲酰胺　甲胺　尿素　邻苯二甲酰亚胺

4. 为什么苯胺、间硝基苯胺、对硝基苯胺和邻硝基苯胺的碱性依次减弱？

5. 完成下列反应，写出主要反应产物。

(1) 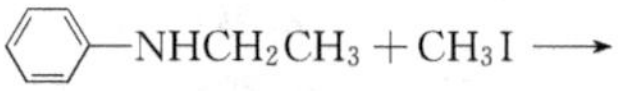

(2) 

(3) $(CH_3)_2CHCH_2NH_2 \xrightarrow{HNO_2}$

(4) 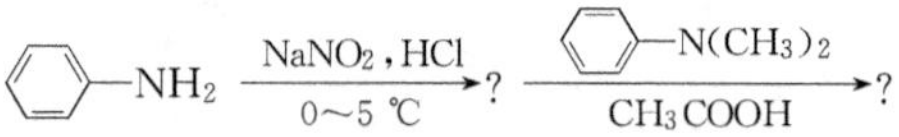

(5) 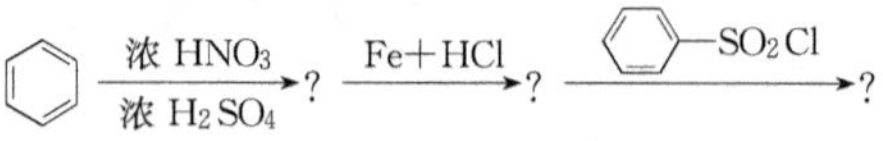

(6) 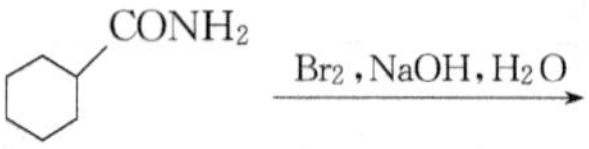

6. 完成下列转化。

(1) 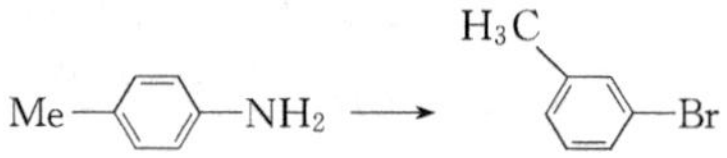　(2) 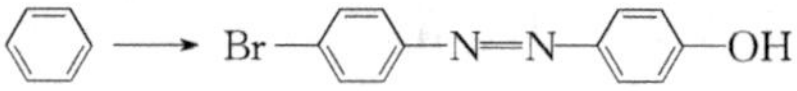

(3) 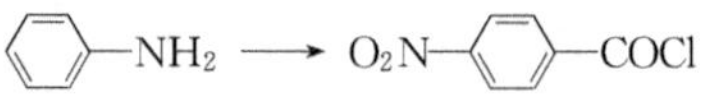　(4) 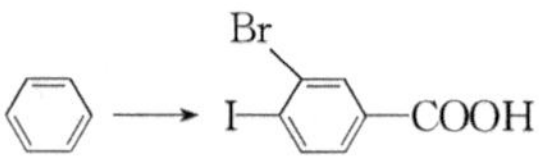

7. 用化学方法鉴别下列各组化合物。

(1) 环己胺、环己亚胺、*N*-甲基环己次胺、苯胺　(2) 苯胺、环己胺、环己基甲酰胺

(3) 硝基苯、苯胺、苯酚、水杨酸、甲苯　(4) 甲醇、甲酸、丁胺、乙酰胺、甲醛

8. 如何分离下列各组混合物？

(1) 苯甲胺、苯甲醇、对甲苯酚　(2) 硝基苯、苯胺、苯酚、苯甲酸、苯甲醚

9. 如何提纯下列混合物中的主要成分？

(1) 乙胺中含有少量二乙胺和三乙胺　(2) 二乙胺中含有少量乙胺和三乙胺

10. 分子式为 $C_7H_7NO_2$ 的化合物(A)、(B)、(C)和(D)，它们都含有苯环。(A)能溶于酸和碱，(B)能溶于酸而不溶于碱，(C)能溶于碱而不溶于酸，(D)不能溶于酸和碱，试推测(A)～(D)可能的结构式。

11. 1,5-二氮杂双环[4.3.0]壬-5-烯(DBN)和1,8-二氮杂双环[5.4.0]十一-7-烯(DBU)比一般胺的碱性强得多，是有机合成中广泛使用的有机碱。试指出DBN和DBU分子中哪一个氮原子最容易被质子化，并解释它们比简单胺碱性增强的原因。

DNB　　DBU

12. 试解释下列反应的过程。

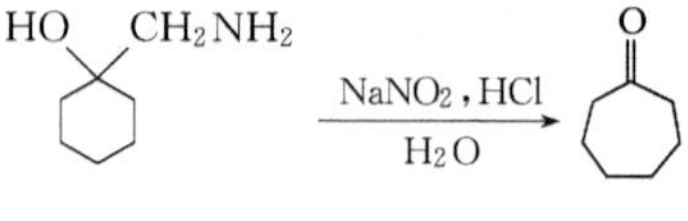

生物碱简介

生物碱(alkaloid)是指源于生物体的含氮有机化合物，一般不包括某些维生素、氨基酸、蛋白质、肽类、核酸和含硝基、亚硝基的化合物。它是一类重要的天然含氮有机化合物，也是人们研究最早的一类有生物活性的天然有机化合物，在天然产物研究和药物研究中占有很重要的地位。

生物碱的分子构造多数属于仲胺、叔胺或季铵类，少数为伯胺类。天然生物碱基本上都是由氨基酸经过复杂的生化过程合成的，大多数生物碱属于含氮杂环类化合物。目前，已发现的生物碱有1.2万种，探明其结构的有4000多种。生物碱种类多，结构复杂，分类方法也较多，主要是按其来源和化学结构来分类，可分为60种类型。主要结构类型包括：吡啶类，如烟草中的烟碱；莨菪烷类，具有莨菪烷的基本骨架，如莨菪碱；异喹啉类，含有异喹啉的结构单元，如罂粟碱；吲哚类，含吲哚的基本骨架，如相思豆碱；萜类生物碱，如乌头中所含的乌头碱；甾体生物碱，含甾体母核，如贝母碱；有机胺类，指氮原子在环外的生物碱，如麻黄碱。

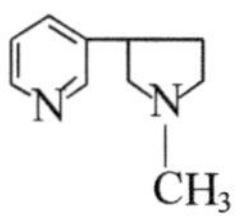
烟碱

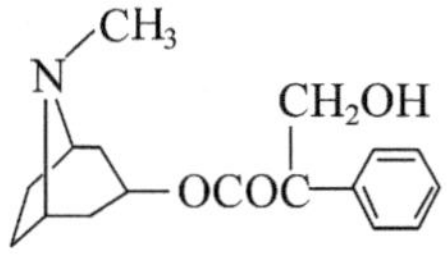
莨菪碱

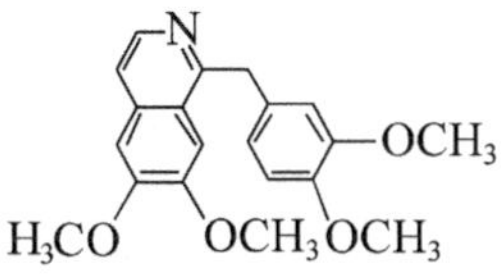
罂粟碱

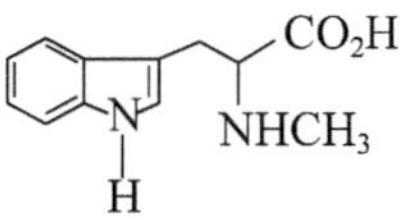
相思豆碱

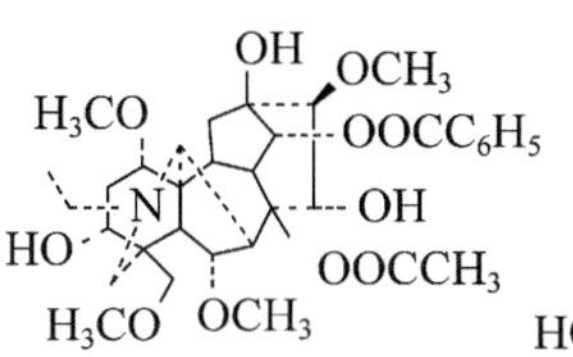
乌头碱

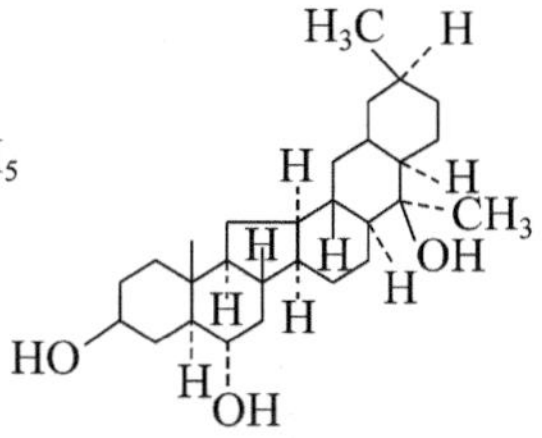
贝母碱

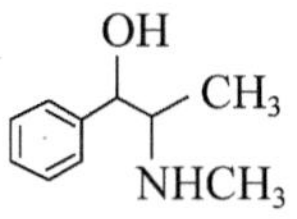
麻黄碱

生物碱一般具有一些共性：大多数生物碱是结晶或非结晶的固体，只有极少数为液体，如烟碱等；多数为无色，但很多异喹啉生物碱为黄色或红色；多数生物碱或其盐类具有苦味，有些味极苦且辛辣；生物碱大多呈碱性，只有少数呈中性(如秋水仙碱)、酸性或两性。实验室常利用生物碱的碱性，采用酸水提取生物碱和离子交换树脂法分离；大多数叔胺碱和仲胺碱为亲脂性生物碱，易溶于氯仿、乙醚、乙醇、丙酮、苯等亲脂性有机溶剂，不溶或难溶于水和碱水；多数生物碱含有手性碳原子，有旋光性且呈左旋光性，但在酸溶液中常变为右旋光性；少数液体状态及个别小分子固体生物碱如麻黄碱、烟碱等在常压下具挥发性，可用水蒸气蒸馏提取。咖啡因在常压时加热至 180 ℃以上升华而不分解，可采用升华法提取；生物碱在酸水或醇溶液中能与某些试剂生成难溶于水的复盐或络合物，此反应称为生物碱沉淀反应。碘化铋钾、硅钨酸、雷氏铵盐试剂是常用的生物碱沉淀试剂；生物碱一般性质较稳定，在储存上除避光外，不需特殊储存保管。

生物碱一般具有显著而特殊的生物活性。例如，吗啡、延胡索乙素具有镇痛作用；阿托品具有解痉作用；小檗碱、苦参生物碱、蝙蝠葛碱有抗菌消炎作用；利血平有降血压作用；麻黄碱有止咳平喘作用；奎宁有抗疟疾作用；苦参碱、氧化苦参碱等有抗心律失常作用；喜树碱、秋水仙碱、长春新碱、三尖杉碱、紫杉醇等具有抗癌作用等。

第十五章　周 环 反 应

有机化学反应既可以按反应物与生成物的结构关系分类，也可以按参与反应的有机化合物共价键断裂和形成的方式分类。按后一种分类方法，可将有机化学反应分为自由基型反应、离子型反应和协同反应。协同反应与前两类反应不同，是指反应过程中旧共价键的断裂和新共价键的生成同时发生的一类基元反应，如 E2 反应。周环反应是指通过环状过渡态而发生的一类协同反应。

第一节　周环反应的类型

一、周环反应的特点

与自由基型和离子型反应相比，周环反应具有以下特点：

(1) 反应中不产生自由基或离子等活性中间体。

(2) 反应速率基本上不受溶剂、催化剂等影响。

(3) 反应具有立体专一性，即特定构型的反应物在特定的条件下只能得到特定构型的产物。

(4) 反应仅在加热或光照条件下进行，且在这两种条件下得到的产物具有不同的立体选择性。

二、周环反应的类型

典型的周环反应有电环化反应(electrocyclic reaction)、环加成反应(cycloaddition reaction)和 σ 迁移反应(sigmatropic reaction)。例如：

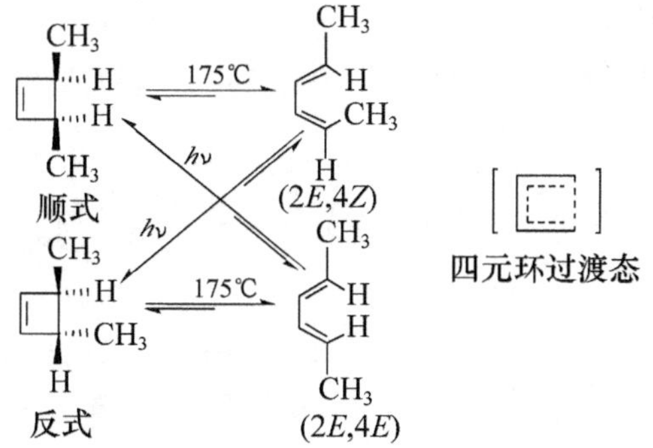

1. 电环化反应

上述环丁烯类化合物的开环反应或其逆反应属于电环化反应，反应经过一个四元环过渡态。在开环反应中，涉及 2 个旧键（1 个 σ 键和 1 个 π 键）的断裂和 2 个新键（2 个 π 键）的生成，旧键断裂和新键形成协同发生。对顺式 3，4-二取代环丁烯来说，热开环反应生成的共轭二烯烃几乎全部是 *Z*，*E*-构型，而对于反式 3，4-二取代环丁烯来说，热开环反应的产物几乎都是 *E*，*E*-构型，二者的立体选择性高达 99％以上。反之，若发生共轭二烯烃类化合物的环合反应，光反应与热反应得到不同构型的环丁烯类产物，而且也具有高度的立体选择性。另外，由上式还可以看出，在加热条件下，主要生成开环反应产物——共轭二烯烃，而在光照条件下，主要生成环合反应产物——取代环丁烯。

2. 环加成反应

下面列举的 3 个反应属于第尔斯-阿尔德环加成反应（见第四章），反应经过一个六元环过渡态，涉及 3 个旧键（3 个 π 键）的断裂和 3 个新键（2 个 σ 键和 1 个 π 键）的形成，旧键断裂和新键形成也是协同进行的。所得加成产物保持共轭双烯烃和亲双烯烃原来的构型，这是第尔斯-阿尔德反应的立体化学特征。其中，环戊二烯与马来酸酐发生环加成反应的速率是 1，3-丁二烯的 10^3 倍，且主要得到热力学稳定性差的内向型产物（动力学产物）。

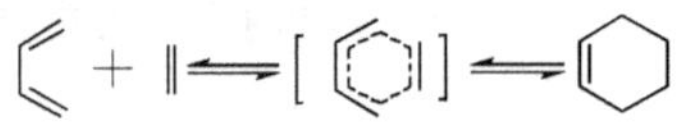

反应过渡态

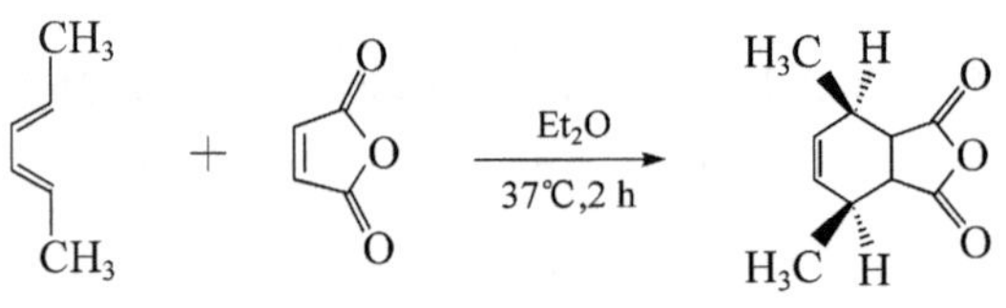

(*E*,*E*)-2,4-己二烯　马来酸酐　顺-3,6-二甲基环己烯-4,5-二甲酐

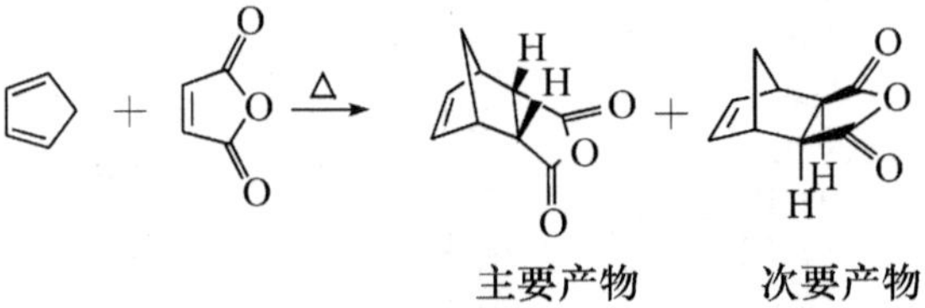

主要产物（动力学产物）　次要产物（热力学产物）

3. σ 迁移反应

下面是 1,5-二烯烃及衍生物的科普重排反应，这是有机合成中非常重要的一类 σ 迁移反应。反应经过一个六元环过渡态，3 个共价键的断裂（1 个 σ 键和 2 个 π 键）和 3 个共价键的生成（1 个 σ 键和 2 个 π 键）协同发生。科普重排反应的立体化学特征与第尔斯-阿尔德反应类似，即所得重排产物保持原反应物的构型。

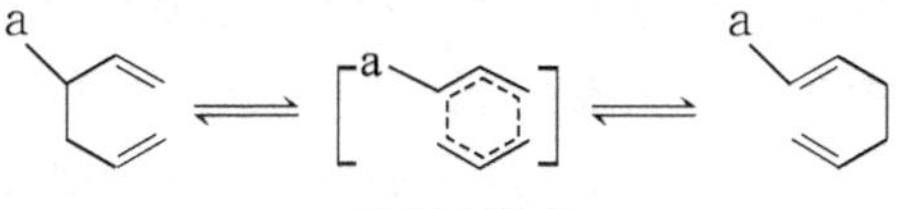

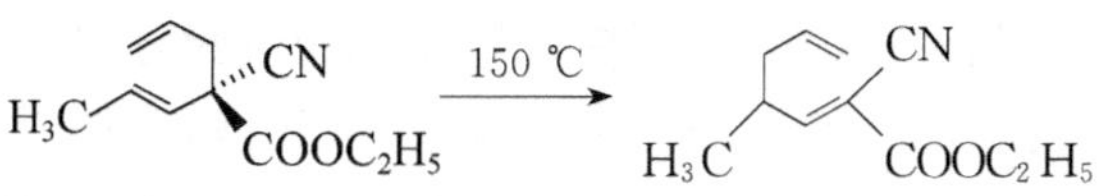

第二节　分子轨道理论和周环反应

为了解释周环反应的理论问题，1965 年美国化学家伍德沃德（Woodward）和霍夫曼一起在量子力学和分子轨道理论的基础上提出了分子轨道对称守恒原理。在此基础上，伍德沃德和霍夫曼运用能级相关理论和前线轨道理论解释了包括电环化、环加成和 σ 迁移在内的周环反应的立体选择性，并形成了伍德沃德-霍夫曼规则。虽然利用伍德沃德-霍夫曼规则可以判断周环反应中分子的反应能力，预测反应机理及立体化学，但在具体操作时，需要对反应物和产物的所有分子轨道进行分析，因此其实际应用非常不方便。为此，日本化学家福井谦一（Fukui Kenichi）提出了一种利用自己早先（1952 年）建立的前线轨道理论（frontier orbital theory）来处理周环反应的简化方法。利用前线轨道理论，只需要考虑反应物和产物的能量最高的占有轨道（highest occupied molecular obital, HOMO）和能量最低的未占轨道（lowest unoccupied molecular orbital, LUMO），因此使用起来非常方便、直观。霍夫曼与福井谦一因此而共同获得了 1981 年诺贝尔化学奖。

一、分子轨道对称守恒原理

分子轨道对称守恒原理认为：在化学反应中，成键过程是分子轨道的重新组合过程，而分子轨道的对称性控制着整个协同反应的过程。也就是说，在周环反应中，反应物分子轨道的对称性和产物分子轨道的对称性是一致的。或者说，在协同反应过程中，分子轨道的对称性自始自终都是保持不变的。反应物总是倾向于保持其轨道对称性不变的方式发生反应，从而得到与反应物轨道对称性相同的产物。在反应过程中，分子轨道的对称性守恒可以赋予反应以最低的活化能形成过渡态。需要强调的是，分子轨道对称守恒原理只适用于协同反应，而不适用于非协同反应。

二、前线轨道理论

前线轨道理论认为在分子所有的轨道中，能量最高的电子占有轨道（HOMO）和能量最低的电子未占轨道（LUMO）对分子的化学反应起着决定性作用。因此，在分析周环反应时，只需要分析反应物和产物的 HOMO 和 LUMO 的对称性是否一致，即可判断反应是否能够顺利发生或在什么条件下可以发生。由此可见，利用前线轨道理论来解释周环反应实际上是伍德沃德-霍夫曼规则应用的一种简化形式，其基础仍然是分子轨道对称守恒原理。

HOMO 中的电子是分子所有电子中受原子核束缚最小的电子，距离原子核最远，具有电子给予体的性质，而 LUMO 是距离 HOMO 轨道最近的空轨道，也是距离原子核最近且对电子的亲和力最强的空轨道，具有电子接受体的性质。在化学反应中电子的迁移一般是由 HOMO 轨道进入 LUMO。尽管所有的分子轨道都会参与成键，但 HOMO 和 LUMO 轨道犹如原子上的价电层轨道，对分子内或分子间的成键贡献最大，对反应起主导作用。化学反应的本质实际上是不同分子轨道间互相争夺电子和轨道重组的过程，而在这场电子争夺战中，“战争”主要发生于 LUMO 轨道和 HOMO 轨道之间，故形象地将 LUMO 轨道和 HOMO 轨道称为前线轨道（frontier molecular orbital，FMO），前线轨道上的电子则称为前线电子（frontier electron）。

依据分子轨道理论，对 n 个原子轨道参与形成的 π-π 共轭体系，若 n 为偶数，共有 $n/2$ 个成键轨道和 $n/2$ 个反键轨道；若 n 为奇数，则有 $(n-1)/2$ 个成键轨道，$(n-1)/2$ 个反键轨道和一个非键轨道。若共轭体系中含有奇数个电子，它的最高 HOMO 轨道中只有一个电子，这样的轨道称为单占轨道（single occupied molecular orbital ，SOMO）。单占轨道既是 HOMO，又是 LUMO。

本章以前线轨道理论为基础，简要介绍电环化反应、环加成反应和 σ 迁移重排反应等三类周环反应。

第三节　电环化反应

电环化反应是指在光或热的条件下，链状共轭体系的两端由两个 π 电子生成一个新的 σ 键的环合反应或其逆反应（环烯烃开环成共轭烯烃）过程。电环化反应属于分子内反应，反应中电子围绕环状过渡态发生离域，因而称之为电环化反应。例如：

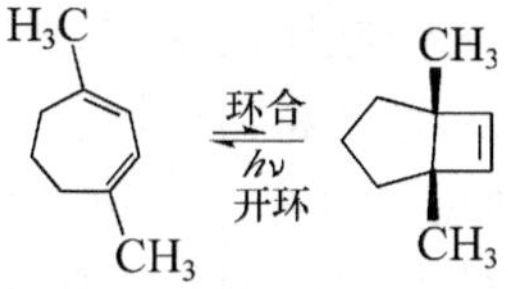

周环反应属于基元反应，而基元反应都是可逆反应，故上述电环化反应的环合反应和开环反应经过同一个途径和同一个过渡态。因此，只要分析其中一个过程的立体化学特点，就可以了解其逆过程的立体选择性。下面以环合反应为例来分析。

利用前线轨道理论可以解释和预测电环化反应的立体化学问题。根据前线轨道理论，$4n$ 个 π 电子共轭体系（简称 $4n$ 体系，如共轭二烯烃）的 HOMO 的对称性与 $4n+2$ 个 π 电子共轭体系（简称 $4n+2$ 体系，如共轭三烯烃）不相同，因此，两类共轭体系发生电环化反应的立体选择性也不同。

一、4*n* 体系

共轭二烯烃是最简单的 $4n$ 体系（$n=1$）。下面以（2*Z*,4*E*)-2,4-己二烯的电环化反应为例，分析分子轨道守恒原理是如何控制反应及其立体化学的。

图 15.1 是（2*Z*,4*E*)-2,4-己二烯在基态和激发态时 4 个 π 分子轨道（两个成键轨道和两个反键轨道）及其电子分布情况。由图 15.1 可以看出，在基态时，π_2 轨道为 HOMO，填充有两个电子；而在激发态（一般由光照产生）时，由于有 1 个 π_2 轨道上的电子跃迁至 π_3 轨道，故 π_3 轨道成为第一激发态，即 HOMO，填充有 1 个电子。一般的规律是，在加热条件下共轭二烯烃的 π 电子呈基态分布，而在光照条件下，其 π 电子呈激发态分布。由于共轭二烯在基态和激发态时，或者说在加热和光照条件下，具有不同的 HOMO，因此电环化反应又有热电环化反应和光电环化反应之分。下面分别讨论两种情况下的共轭二烯烃的电环化反应。

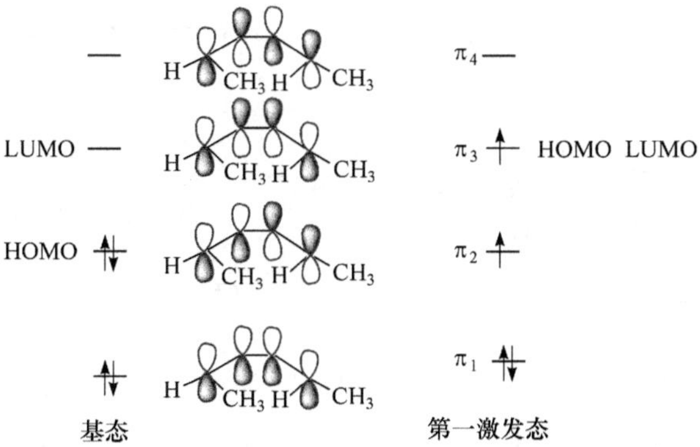

图 15.1 （2*Z*,4*E*)-2,4-己二烯的 π 分子轨道示意图

如果共轭二烯要发生分子内的电环化反应，则 π 轨道两端的部分必须进行适当的旋转，以便轨道之间能够发生重叠和成键。分析基态时共轭二烯烃的 HOMO，即 π_2 轨道，可以看出，π_2 轨道具有一个二重对称轴，但无对称面。分子轨道对称守恒原理要求反应物分子中的 π_2 轨道的这种对称性（有二重对称轴但无对称面）在整个反应过程中必须保持不变。在这种要求下，π_2 轨道（HOMO）两端的部分只能选择顺旋（conrotatory）来成键。顺旋（包括顺时针旋转和反时针旋转两种方式）使得 π_2 轨道两端的相位相同的部分发生重叠，形成成键轨道，即 σ 轨道。假如 π_2 轨道（HOMO）两端的部分选择对旋（disrotatory），则对旋后的 π_2 轨道便失去了旋转前的二重对称轴，分子轨道的对称性被破坏。另外，对旋的结果使得 π_2 轨道两端位相相反（符号相反）的部分发生重叠，结果只能形成能量较高的反键轨道，即 σ^* 轨道，而无法形成成键轨道，即 σ 轨道。因此，在加热条件下，共轭二烯烃的 HOMO 的顺旋不仅遵守轨道对称性守恒原理，而且重叠轨道间的位相也相同，因此可以顺利发生电环化反应。相反，在加热条件下，共轭二烯烃的 HOMO 的对旋不仅不遵守轨道对称性守恒原理，而且重叠轨道间的位相也不相同，因此在热条件下，对旋是不能发生电环化反应的。

与基态的电子构型不同，共轭二烯在激发态时 HOMO 为 π_3 轨道，其对称性为有对称面、无二重对称轴。通过类似的分析，不难看出，只有 π_3 轨道的两端发生对旋（包括内向对旋和外向对旋两种方式）才能保持轨道对称性不变，同时又能满足两个重叠轨道部分的位相相同，故在光照条件下，共轭二烯的 HOMO 以对旋的方式进行电环化反应。显然，由于共轭二烯在基态和激发态下的 HOMO 不同，成键过程中 HOMO 轨道的旋转方式刚好相反（图 15.2）。

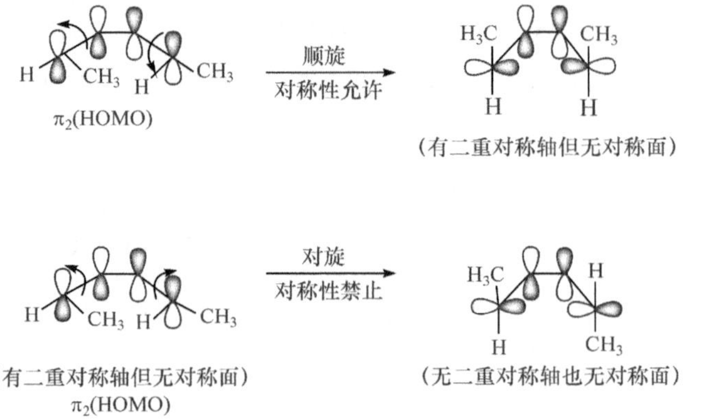

图 15.2 (2*Z*,4*E*)-2,4-己二烯的 π_2 分子轨道顺旋和对旋示意图

由于 HOMO 轨道两端的旋转是带着共轭体系两端碳上的原子或基团一起进行的，因此基态和激发态时 HOMO 轨道两端不同的旋转方式导致二者具有不同

的立体化学特征。例如，(2*Z*,4*E*)-2,4-己二烯在基态时的电环化反应(两种顺旋)生成顺-3,4-二甲基环丁烯，而在激发态时(两种对旋)生成反式异构体。

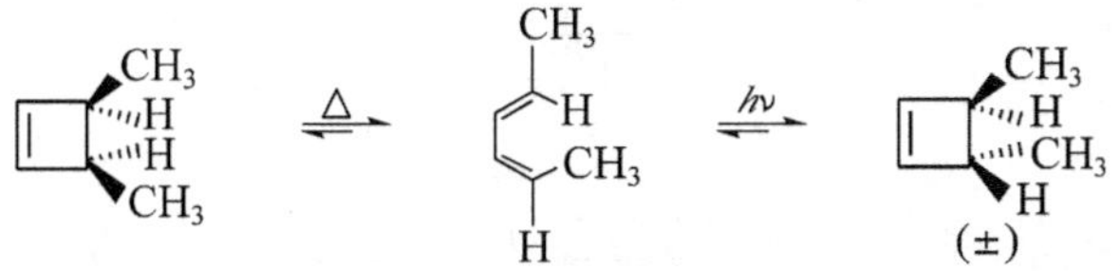

顺-3,4-二甲基环丁烯　(2*Z*,4*E*)-2,4-己二烯　反-3,4-二甲基环丁烯

实际上，所有 4*n* 体系的共轭多烯烃在基态时的 HOMO 都有相同的对称性，即有二重对称轴而无对称面；在激发态时的 HOMO 也有相同的对称性，即有对称面而无二重对称轴。在进行电环化反应时，无对称面的 HOMO 采用顺旋方式成键，有对称面的 HOMO 则采用对旋方式成键。

所有的协同反应，包括卤代烃中讨论的 S_N2 反应，都是可逆反应，因为协同反应只有一个过渡态而没有中间体，而与过渡态直接相关的反应都是可逆的。因此，与共轭二烯烃的电环合反应并存的还有其逆反应——环丁烯结构的开环反应。同样的分析也可以解释，在加热情况下，环丁烯的开环反应也是按照顺旋方式进行的。例如，(3*R*,4*R*)-3,4-二苯基环丁烯受热时可发生顺旋开环，生成(1*E*,3*E*)-1,4-二苯基-1,3-丁二烯及其(1*Z*,3*Z*)异构体，二者分别对应于顺时针顺旋开环和反时针顺旋开环。由于(1*E*,3*E*) 异构体比(1*Z*,3*Z*)异构具有更高的稳定性，因此开环反应主要按顺时针顺旋方式来进行，即主要生成热力学稳定的(1*E*,3*E*) 异构体。

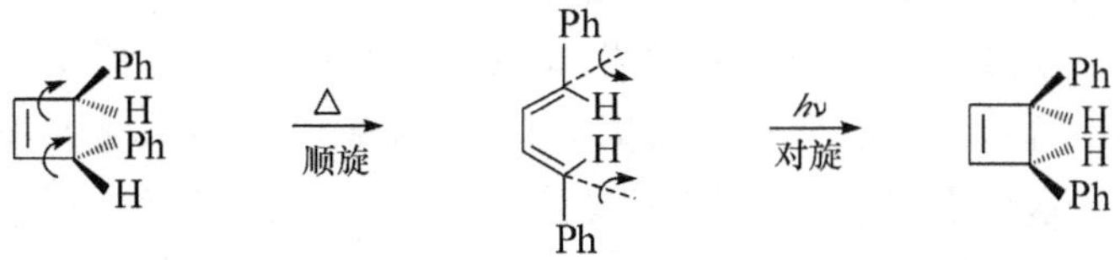

(3*R*,4*R*)-3,4-二苯基环丁烯　(1*E*,3*E*)-1,4-二苯基-1,3-丁二烯　(3*R*,4*S*)-3,4-二苯基环丁烯

虽然电环化反应都是可逆反应，但在加热条件下，反应平衡点更多地偏向于热力学较稳定的共轭二烯一侧，即在加热条件下，环丁烯类化合物更容易发生开环反应；而在光照时，共轭二烯烃更易发生环合反应，生成环丁烯类化合物，即共轭二烯的光电环化反应比热电环化反应能够获得更高产率的环丁烯类化合物。因此，在由共轭二烯来制备环丁烯类化合物时，更多地采用光照法，而不是加热法。只有当光照法无法获得所需要的具有特定立体结构的环丁烯类化合物时，才会考虑选择加热法。

二、4*n* +2 体系

1,3,5-己三烯有 6 个 π 电子，属于 4*n*+2(*n*=1)体系的共轭多烯烃，其 π 分子

轨道和 π 电子分布情况如图 15.3 所示。该化合物在加热条件下可转变为 1,3-环己二烯,反应经过一个六元环过渡态。

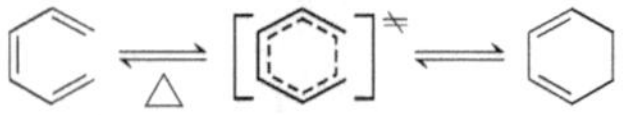

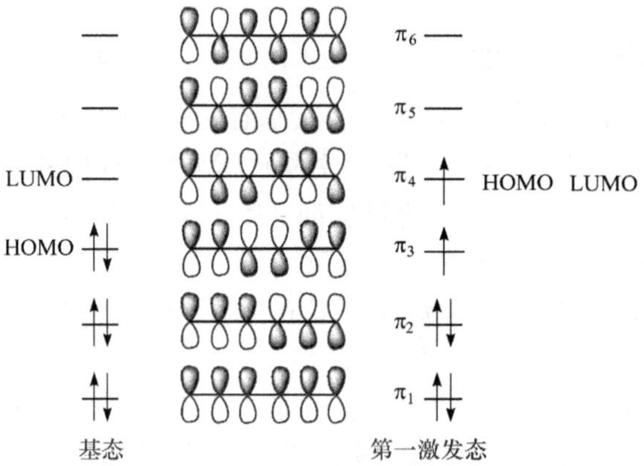

图 15.3 1,3,5-己三烯的 π 分子轨道示意图

由图 15.3 可以看出,在基态时,$4n+2$ 体系的 HOMO 轨道为 π_3 轨道,而在激发态时,其 HOMO 轨道为 π_4 轨道。π_3 轨道的对称性为有对称面、无二重对称轴;π_4 轨道的对称性为无对称面、有二重对称轴。因此,按照分子轨道对称守恒原理,基态(热条件下)的 $4n+2$ 体系在环合时只能选择 π_3 轨道的对旋方式来形成 σ 键,而激发态(光条件下)的 $4n+2$ 体系在环合时只能选择 π_4 轨道的顺旋方式来形成 σ 键。显然,在电环合反应时,$4n+2$ 体系在加热和光照条件下的轨道旋转方式与 $4n$ 体系刚好相反。这主要是因为 $4n+2$ 体系和 $4n$ 体系的 HOMO 的对称性不同。

根据上述分析,可以写出(2*Z*,4*Z*,6*E*)-2,4,6-辛三烯的热电环合反应产物和光电环合反应产物。

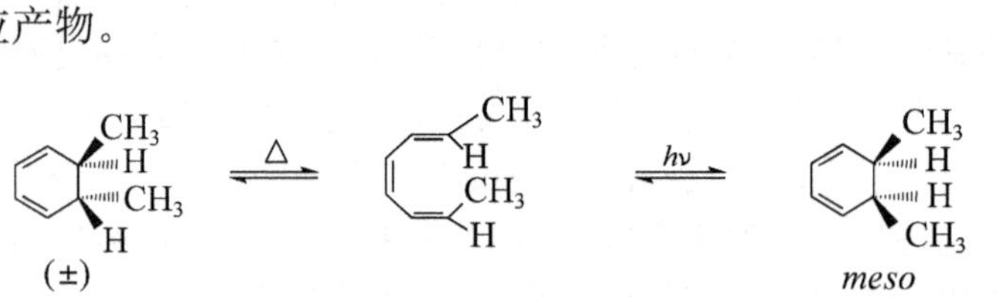

反-5,6-二甲基-1,3-环己二烯 (2*Z*,4*Z*,6*E*)-2,4,6-辛三烯 顺-5,6-二甲基-1,3-环己二烯

π_3 轨道的外向对旋形成(*R*,*R*)环合产物,内向对旋形成(*S*,*S*)环合产物,二者互为对映体,且产率相同,故最终产物为外消旋体。

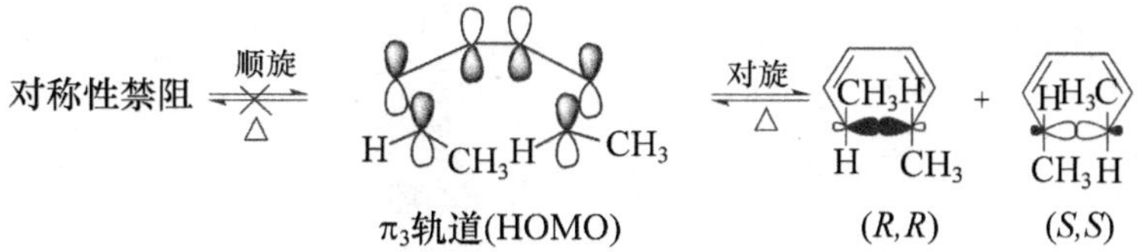

光照时情况比较简单，π_4 轨道顺时针和反时针顺旋都形成同一种物质，即(*R*,*S*)产物。

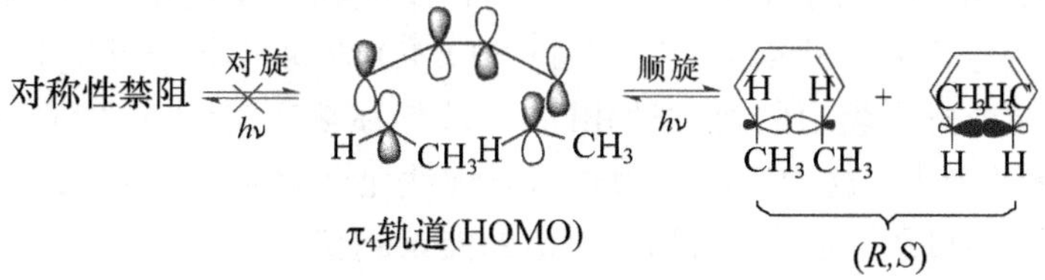

$4n$ 体系和 $4n+2$ 体系电环化反应的特点总结于表 15.1。

表 15.1　$4n$ 体系和 $4n+2$ 体系电环化反应的特点

π 电子数	反应条件	HOMO 轨道及其对称性	顺 旋	对 旋
$4n$	△	π_2；有二重对称轴，无对称面	允许	禁阻
	$h\nu$	π_3；无二重对称轴，有对称面	禁阻	允许
$4n+2$	△	π_3；无二重对称轴，有对称面	禁阻	允许
	$h\nu$	π_4；有二重对称轴，无对称面	允许	禁阻

值得注意的是，分子轨道对称守恒原理仅仅是针对协同反应而言，不适用于其他分步反应机理。轨道对称性允许是指活化能较低的一种协同反应，而轨道对称性禁阻是指活化能较高的一种协同反应。同一体系的两种反应属于一对竞争反应。显然，轨道对称性禁阻的反应并不是不能进行，而是反应产率很低。此外，在分子发生电环化反应的同时也可能会发生其他的非协同反应。

第四节　环加成反应

环加成反应是指两个或多个分子(或分子内)的 π 键形成两个或多个 σ 键，并得到环状化合物的反应。环加成的逆反应称为裂环反应(cycloreversion reaction)。

环加成反应可以根据参与反应的反应物所提供的成环原子数目进行分类。例如，第尔斯-阿尔德反应为[4+2]环加成，两分子乙烯生成环丁烷的反应为[2+2]环加成，三分子乙烯生成环己烷的反应为[2+2+2]环加成。而大多数环加成是双分子反应。例如：

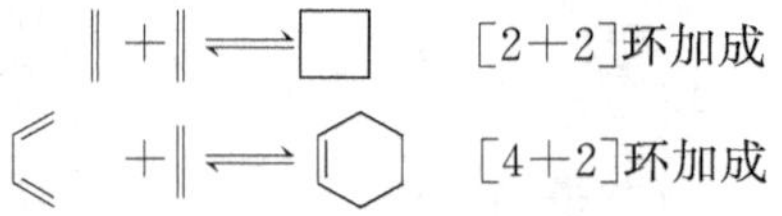

前线轨道理论同样能对环加成反应的发生及其立体化学问题进行解释和预测。前线轨道理论认为：对双分子的周环反应，如上述[2+2]环加成和[4+2]环加成反应，反应的发生和立体选择性取决于两种反应物分子的前线轨道及其轨道对称性。反应中电子从一种反应物分子的 HOMO 流向另一个反应物分子的 LUMO；只有当两个分子轨道的对称性相同时，才能在轨道对称性守恒的情况下发生同位相的重叠并成键，这种反应称为轨道对称性允许反应。反之，则称为轨道对称性禁阻反应；HOMO 轨道和 LUMO 轨道的能量越接近，反应越容易进行。

在 HOMO 轨道和 LUMO 轨道发生重叠时，反应物分子两个端基原子有两种可能的成键方式：以双键平面的同一侧的两个轨道瓣(lobe)轴向重叠，称为同面(suprafacial)加成；以异侧的两个轨道瓣轴向重叠，称为异面(antarafacial)加成(图 15.4)。多数情况下的环加成反应都是同面加成，只有少数情况下才会发生异面加成。这是因为异面加成需要涉及 π 体系中 C—C σ 键的旋转，反应过渡态能量较高。因此，以下主要讨论同面环加成反应。

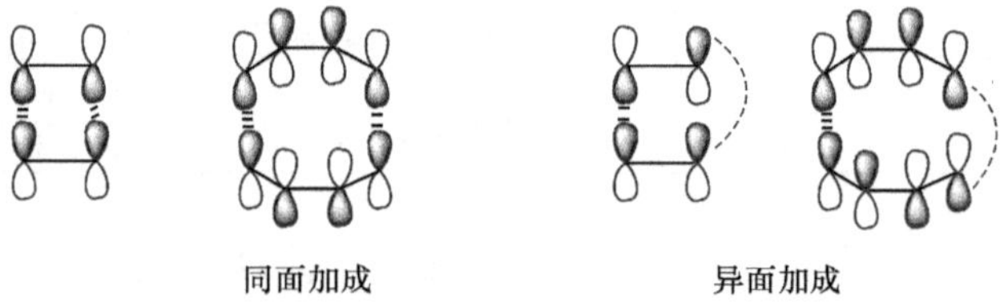

图 15.4　同面加成和异面加成示意图

一、[2+2]环加成

两分子乙烯生成环丁烷是最简单的[2+2]环加成反应，只有在光照条件下才能顺利进行(图 15.5)。

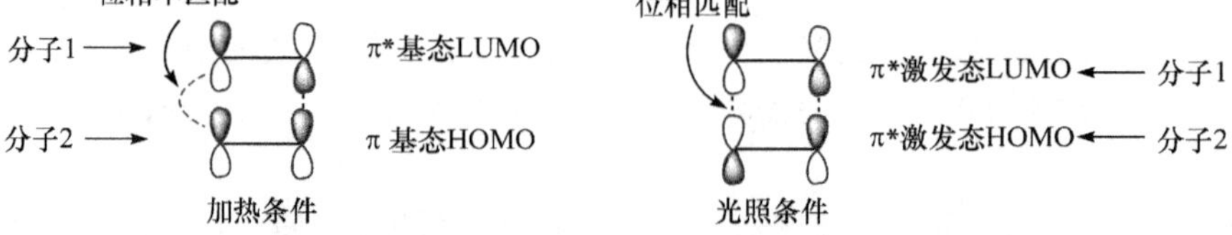

图 15.5　加热和光照条件下乙烯的环加成反应

在加热条件下，乙烯分子均处于基态，其 π 分子轨道的成键轨道为 HOMO，反键轨道为 LUMO。HOMO 的对称性为有对称面、无二重对称轴；LUMO 的对称性为无对称面、有二重对称轴。二者的对称性不同，同面加成时，重叠轨道的位相也不匹配，因此，在加热条件下，两分子乙烯的“同面-同面”加成是不能进行的。

在激发态时，乙烯 π 分子轨道中的一个电子跃迁至反键轨道 π^* 上。此时，π^* 轨道为单占轨道，既可以看成是 LUMO，也可以看成是 HOMO。因此，LUMO 和 HOMO 具有相同的对称性（无对称面，有二重对称轴），一个激发态乙烯分子的 HOMO 可以和另一个激发态乙烯分子的 LUMO 发生同面重叠并成键，重叠过程中轨道的对称性保持不变且重叠轨道的位相相同。

综上所述，可以看出，[2+2]同面环加成反应在光照条件下可以进行，而在加热条件下一般难以反应，因此，可以将[2+2]“同面-同面”环加成反应简单地描述为光允许热禁阻反应。

同面环加成的方式决定了[2+2]环加成反应具有很高的立体化学选择性。例如，当顺-2-丁烯在光照下进行[2+2]环加成反应时，由于有两种“同面-同面”协同加成方式，故产生两种产物，但每种产物都保持原单烯烃的构型。

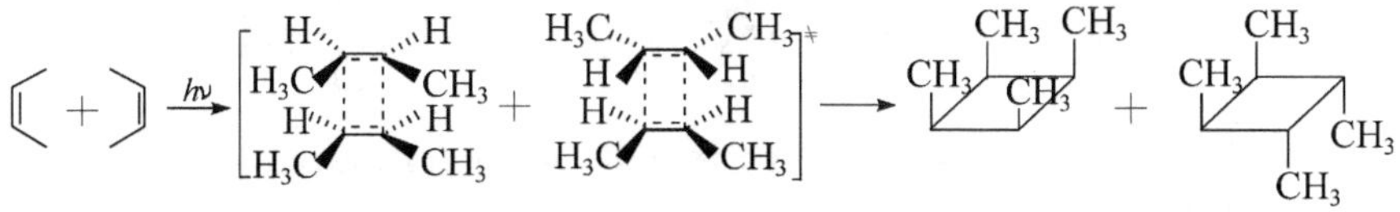

两种“同面-同面”协同加成方式过渡态

同样的道理，[2+2]反应的逆反应——[2+2]裂环反应也是通过同面协同机理来进行的，其反应条件和立体化学与环加成相同。例如：

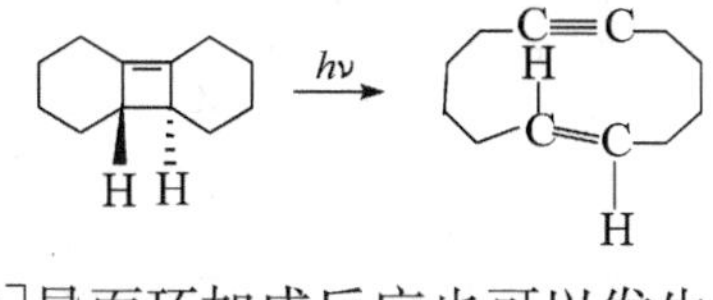

在有些情况下，[2+2]异面环加成反应也可以发生。其中，最典型的例子是乙烯酮的二聚反应以及乙烯酮与烯烃、醛、酮等化合物的[2+2]环加成反应。此类反应属于 C═C 双键和 C═O 双键的[2+2]反应。例如：

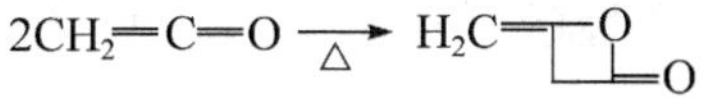

二乙烯酮

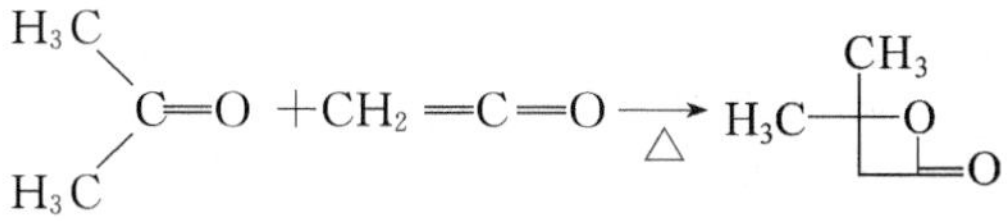

乙烯酮很容易发生二聚反应，因此乙烯酮通常以二乙烯酮(diketene)的形式

存在，使用时加热即分解为乙烯酮。

为什么乙烯酮的[2+2]异面环加成反应能够顺利进行呢？这主要是由两方面因素决定的。首先，乙烯酮的羰基碳为 sp 杂化，C═C═O 呈线形，而氧原子上又没有其他的原子，因此其中的 C—C σ 键在[2+2]环加成过程中可以几乎无阻力地以很快的速率进行自由旋转，从而使原本属于“同面-异面”的环加成方式很容易转变成“同面-同面”环加成，反应得以顺利进行。另外，由于乙烯酮中的C═C双键比一般烯烃的 C═C 双键和乙烯酮中的 C═O 双键具有较低的 π 电子密度，因此，在乙烯酮参与的[2+2]反应中，乙烯酮的 C═C 双键作为电子受体，提供 LUMO（π^* 轨道），其他烯烃分子或 C═O 双键提供 HOMO 轨道。以上两方面的原因共同导致了乙烯酮在热条件下能够顺利地进行[2+2]异面环加成反应。

乙烯酮的[2+2]热反应通常也是立体专一性的，烯烃的构型在反应前后保持不变。依据图 15.6 的模式能够准确地预测反应的立体化学。

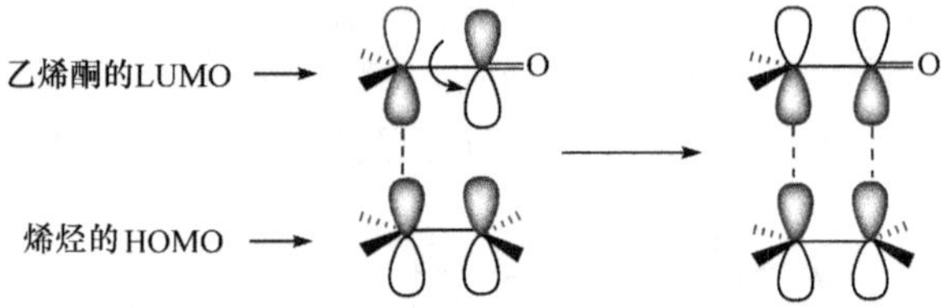

图 15.6　烯烃和乙烯酮的同面-异面环加成示意图

例如，*Z*-2-丁烯和 *E*-2-丁烯两个顺反异构体与 2,2-二苯基乙烯酮的热加成反应，分别得到顺式和反式的一对对映体。

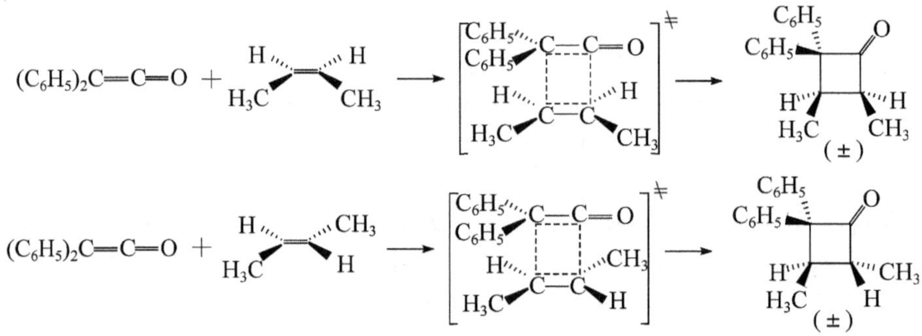

烯酮类化合物与不饱和烃的[2+2]环加成反应是环丁酮的通用合成方法。例如：

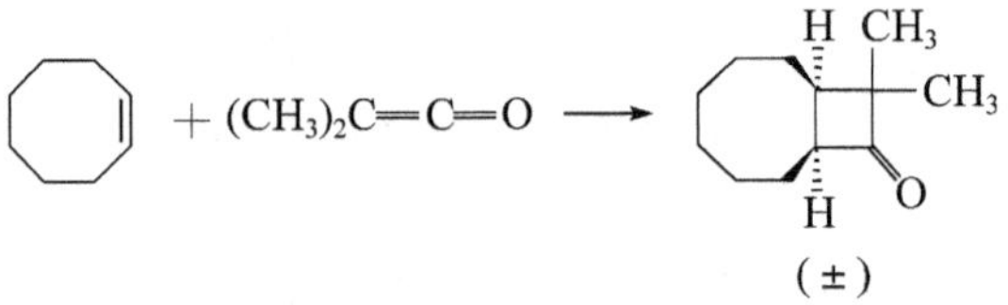

二、[4+2]环加成

从第四章对第尔斯-阿尔德反应立体化学选择性的讨论可知，该反应按立体专一性的顺式加成方式进行，产物保持共轭双烯体和亲双烯体原来的构型。下面以1,3-丁二烯与乙烯的[4+2]环加成反应为例，运用前线轨道理论分析其反应的立体化学。

多数情况下，亲双烯体的 π 电子密度低于双烯体，故在进行[4+2]反应时电子一般是从双烯体流向亲双烯体，因此双烯体一般提供 HOMO，而亲双烯体提供 LUMO。

在基态时，丁二烯的 HOMO 为 π_2 轨道，乙烯的 LUMO 为 π^* 轨道。从图 15.7 可以清楚地看出，丁二烯的 HOMO 和乙烯的 LUMO 具有相同的轨道对称性，即有二重对称轴，无对称面。因此，二者在加热条件下可在保持原有分子轨道对称性不变的前提下，采取“同面-同面”且同位相重叠的环加成方式发生反应。由此可见，丁二烯和乙烯的热基态[4+2]环加成是可以“同面-同面”加成方式来进行的。

在激发态时，丁二烯的 HOMO 变为 π_3^* 轨道，而乙烯的 LUMO 仍为 π^* 轨道。由图 15.7 可以看出，丁二烯的 HOMO（有对称面，无二重对称轴）和乙烯的 LUMO（有二重对称轴，无对称面）具有不同的轨道对称性，且同面加成时重叠轨道位相不匹配。因此，在光照条件下，丁二烯和乙烯是不能进行“同面-同面”环加成反应的。

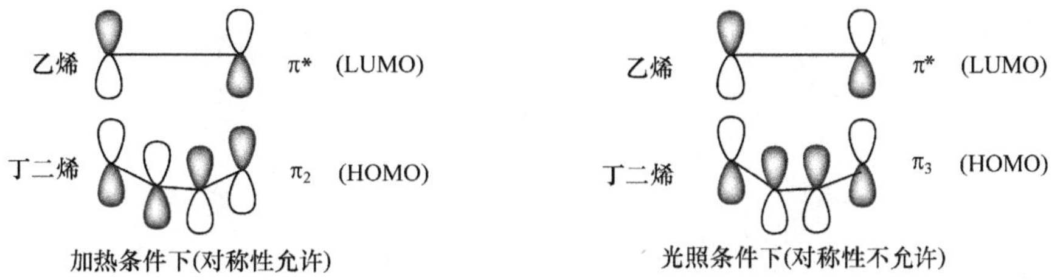

图 15.7　加热和光照条件下丁二烯和乙烯的[4+2]环加成反应

综上所言，[4+2]同面环加成反应在加热条件下可以顺利进行，而在光照条件下是不能发生的，即[4+2]同面环加成反应属于热允许光禁阻反应。

与光照的[2+2]反应类似，在热条件下的“同面-同面”环加成机理也决定了[4+2]反应具有顺式加成的立体专一性，从而使产物保持共轭双烯体和亲双烯体原来的构型。例如：

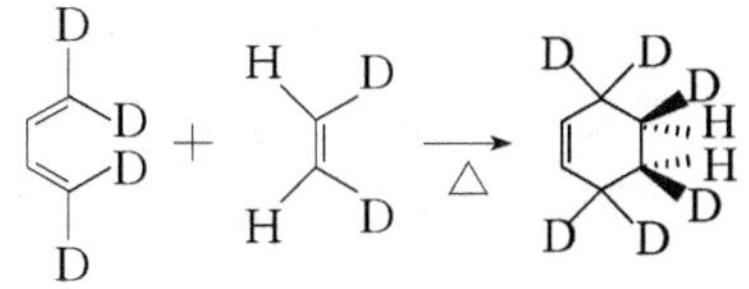

另外，一般情况下有给电子基的双烯体容易与有吸电子基团的亲双烯体发生第尔斯-阿尔德反应。这是由于多数第尔斯-阿尔德反应都是双烯体的 HOMO 与亲双烯烃的 LUMO 作用，如果双烯体连有给电子基，会使其 HOMO 能量升高，而亲双烯体连有吸电子基团，则会降低其 LUMO 能量，这样就会使二者间的能量更加接近，反应也就越容易进行。

除立体选择性外，不对称双烯体与不对称亲双烯体的第尔斯-阿尔德反应还存在很高的区域选择性。产生区域选择性的原因是，在由 p 原子轨道线性组合成 π 分子轨道的过程中，共轭体系中不同的原子对 π 分子轨道的贡献不同，具体表现在各原子轨道的组合系数不同。就前线分子轨道而言，若双烯体的 1 位连有给电子基，则 C_4 对 HOMO 的贡献最大；若双烯体的 2 位有给电子基，则 C_1 对 HOMO 的贡献最大；若亲双烯体连有吸电子基团，则 $C_{3'}$ 对 LUMO 的贡献最大。一般来说，双烯体和亲双烯体中对各自 π 分子轨道贡献最大的原子会更容易成键，因为这样可以达到最有效重叠。因此，[4+2]反应的区域选择性规律是，1 位带有给电子基的双烯体与带有吸电子基团的亲双烯体反应，主要生成邻位产物；2 位带有给电子基的双烯体与带有吸电子基团的亲双烯体反应，主要生成对位产物。例如：

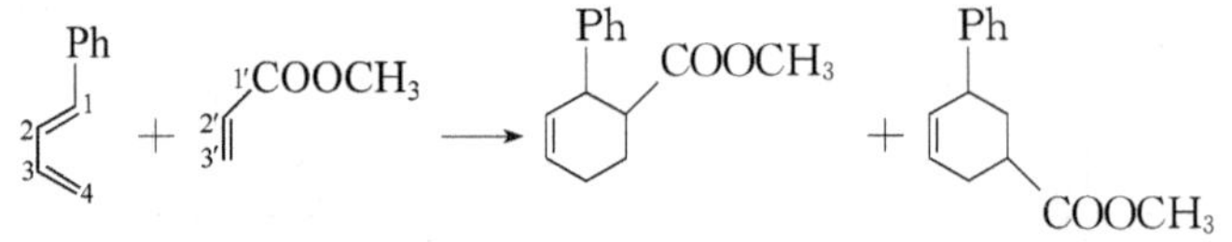

主要产物　　次要产物

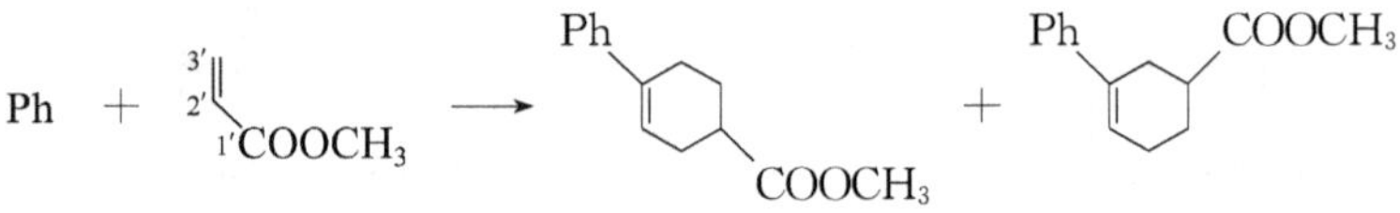

主要产物　　次要产物

上述[2+2]和[4+2]环加成反应的立体选择性也可以推广到 $p+q$ 个 π 电子体系。也就是说，只要两个分子的 π 电子数总和 $p+q$ 等于 $4n$ 或 $4n+2$，那么这两个分子就能发生类似[2+2]或[4+2]的环加成反应，且具有顺式环加成的立体选择性，反应条件分别为光照和加热。

需要注意的是，[2+2]和[4+2]环加成反应的规则和立体选择性同样适用于其逆反应——裂环反应。另外，对称性允许只表示理论上可以发生环加成反应，并不代表实际上就一定要发生环加成反应，分子间也可能会发生其他更容易发生的反应。然而，对称性禁阻一般表示理论上和实际上都不会发生协同环加成反应。

第五节　σ迁移反应

一、σ迁移反应的命名和类型

双键或共轭双键体系相邻饱和碳原子上的σ键迁移到另一个原双键碳原子上,同时伴随着π键转移的反应称为σ迁移反应。因为在σ键迁移的同时还发生σ-π键的协同重排,所以σ迁移反应又称为σ迁移重排反应。

根据σ键的不同,σ迁移反应有H-σ键迁移和C-σ键迁移之分。σ迁移的命名是以反应物中发生迁移的σ键为标准,从该σ键的两端开始,分别对σ键两端所连的分子链片断进行独立编号。若迁移后的σ键分别位于两条分子链的i和j之间,则这种迁移重排就表示为[i, j]迁移。迁移反应又可分为[1, j]σ迁移和[i, j]σ迁移,而H-σ键只有[1, j]σ迁移。例如:

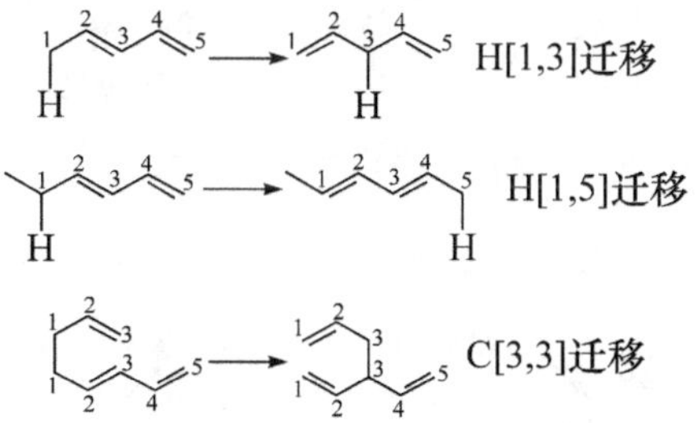

二、分子轨道对称守恒原理在σ迁移反应中的应用

为解释和预测反应的立体化学问题,前线轨道理论对不同类型的σ迁移反应进行了如下处理:

把[1, j]σ迁移反应假想为要断裂的σ键形成的一个氢自由基或碳自由基与一个奇数碳共轭体系自由基所构成的过渡态,反应是通过一个氢自由基或碳自由基在一个奇数碳共轭体系自由基上的迁移完成的。反应的立体选择性取决于奇数碳共轭体系自由基HOMO的对称性。

把[i, j]σ迁移反应假想为要断裂的σ键形成的两个奇数碳共轭体系自由基所构成的过渡态,反应是通过这两个奇数碳共轭体系自由基的相互作用完成的。反应的立体选择性取决于这两个奇数碳共轭体系自由基HOMO的对称性。

为了满足分子轨道对称性守恒的需要,新的σ键形成时必须发生同位相重叠。

如果迁移后新形成的σ键与断裂的σ键在共轭体系的同侧,称为同面迁移;如在异侧,则称为异面迁移。

三、H [1, *j*]σ 迁移反应

1. H [1,3]σ 迁移

对于 H [1,3]σ 迁移来说，迁移的氢原子和一个烯丙基体系相关联。烯丙基自由基 π 分子轨道如图 15.8 所示。根据前线轨道理论，反应的立体选择性取决于烯丙基自由基 HOMO 的对称性。

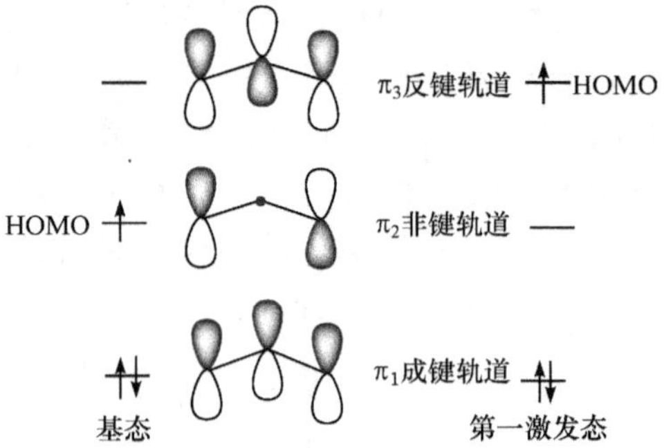

图 15.8 烯丙基自由基 π 分子轨道示意图

基态和激发态的 H [1,3]σ 迁移反应过渡态如图 15.9 所示。

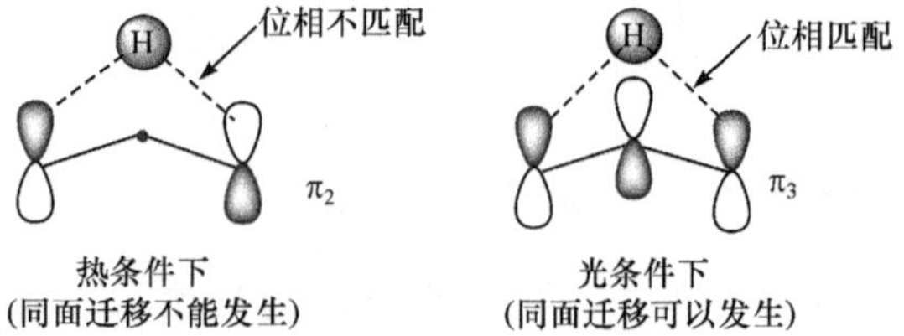

图 15.9 H[1,3]σ 迁移热反应和光反应的过渡态

在加热条件下，烯丙基自由基的 HOMO 为 π_2。如果 H 与 π_2 发生同面重叠，则由于两个分子轨道的位相不同而只能形成反键轨道，无法形成成键轨道，故同面迁移不能发生。如果要发生异面成键，则 π_2 要成键的一端必须旋转 180°才能使其相位与 H 原子轨道的位相相同。但 π_2 成键端的旋转会导致反应过渡态能量升高，故这种异面迁移一般很少发生。因此，在热条件下，H[1,3]σ 同面迁移是不能发生的。

在光照条件下，烯丙基自由基的 HOMO 为 π_3，H[1,3]σ 同面迁移不仅两个轨道的位相相同，而且反应过程中 π_3 轨道的对称性保持不变，故在光照下，H [1,3]σ 同面迁移是可以发生的。但这并不表明光激发的 H[1,3]σ 迁移反应就一定按同面方式的协同过程发生。由于光照条件容易引起烯丙位 C—H 键的均裂，故在光照时，烯丙位的 H 既可按照协同机理发生 H [1,3]迁移反应，也可按照自由基机理发生 H[1,3]迁移反应，且多数情况下为自由基机理。

2. H[1,5]σ 迁移

对于 H[1,5]σ 迁移来说,可以认为迁移的氢原子与一个戊二烯自由基形成过渡态。戊二烯自由基的 π 分子轨道如图 15.10 所示。

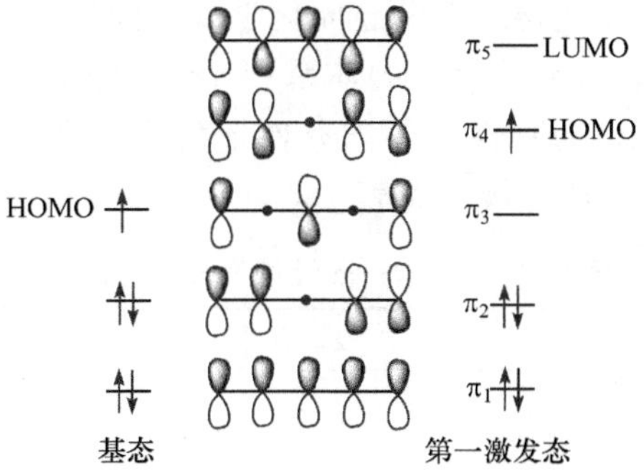

图 15.10 戊二烯自由基 π 分子轨道示意图

基态和激发态的 H[1,5]σ 迁移反应过渡态如图 15.11 所示。

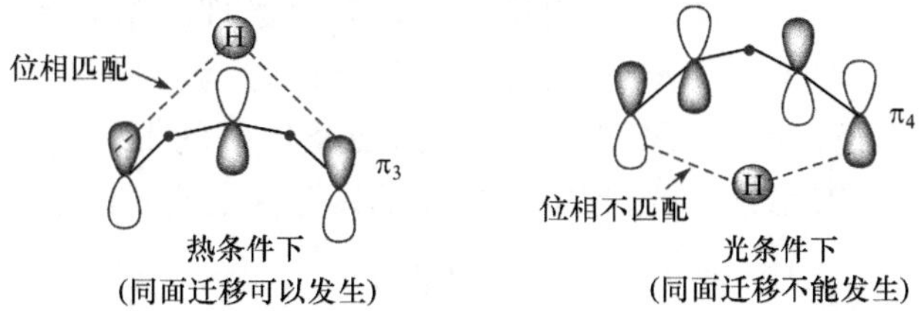

图 15.11 H[1,5]σ 迁移热反应和光反应的过渡态

加热条件下,戊二烯自由基的 HOMO 是非键轨道 π_3,而在光照条件下,HOMO 为 π_4。由图 15.11 可以看出,热基态的 H [1,5]σ 同面迁移是 π_3 轨道对称性守恒且两个成键轨道的位相相同,故 H[1,5]σ 迁移是可以进行的。而光激发态的 H[1,5]σ 同面迁移由于位相相反而无法形成成键轨道,异面迁移则由于活化能较高而难以发生,故光激发态的 H [1,5]σ 同面协同迁移是不能发生的。例如,(6*S*,2*E*,4*Z*)-2-氘代-6-甲基-2,4-辛二烯在 250 ℃发生 H [1,5]σ 同面迁移,重排生成(2*S*,3*Z*,5*Z*)-2-氘代-6-甲基-3,5-辛二烯和(2*R*,3*Z*,5*E*)-2-氘代-6-甲基-3,5-辛二烯两种非对映异构体。

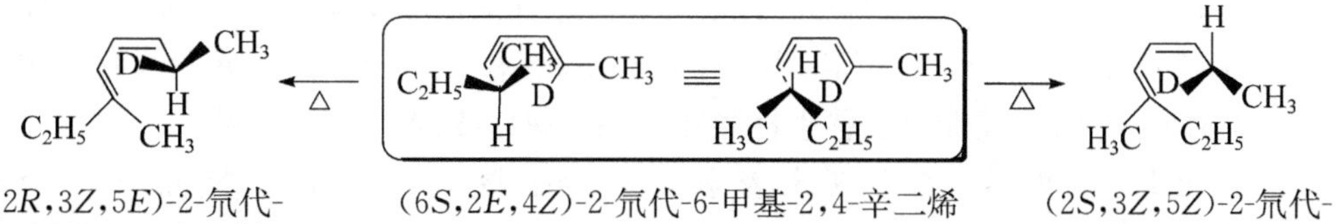

(2*R*,3*Z*,5*E*)-2-氘代-6-甲基-3,5-辛二烯　　(6*S*,2*E*,4*Z*)-2-氘代-6-甲基-2,4-辛二烯　　(2*S*,3*Z*,5*Z*)-2-氘代-6-甲基-3,5-辛二烯

在 200 ℃或 200 ℃以上发生的 H [1,5]σ 同面迁移是最常见的 H [1, *j*]σ 迁移反应。

从上面的讨论可知，H[1,3]σ 同面迁移是光允许热禁止反应，而 H[1,5]σ 同面迁移反应是热允许光禁阻反应。

H[1,3]和 H[1,5]σ 迁移反应的立体化学规律同样适合于 $1+j$ 个 π 电子体系的 H[1,*j*]σ 迁移反应。$4n(1+j=4n)$体系和 $4n+2(1+j=4n+2)$体系奇数碳共轭体系自由基的 HOMO 对称性在不同条件下各不相同，因而反应具有不同的立体化学选择性，其反应的选择规则见表 15.2。

表 15.2　H[*i*,*j*]σ 迁移反应的选择规则

$1+j$ 个 π 电子	反应条件	同面迁移
$4n$	△	禁阻
	$h\nu$	允许
$4n+2$	△	允许
	$h\nu$	禁阻

正如前面所谈到的一样，分子轨道对称性守恒原理的本质实际上是反应过渡态能量最低原理。如果某些异面迁移所形成的环状过渡态不存在大的环张力，能量较低，那么异面迁移也有可能发生。例如，热条件下的 H[1,7]σ 迁移反应就是通过异面迁移机理来完成的，这其中还与分子具有特定的立体结构有很大关系。

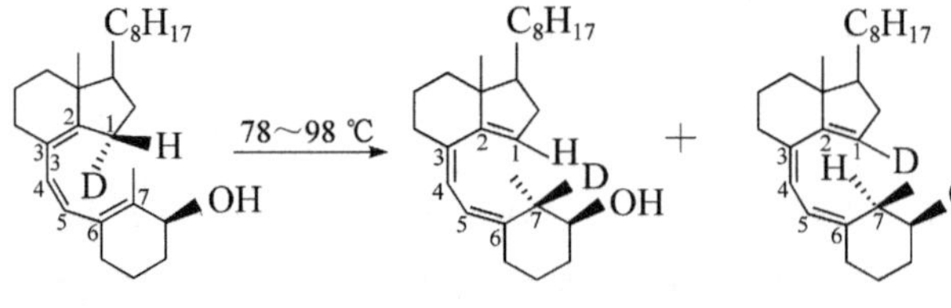

四、C[1,*j*]σ 迁移反应

C[1,*j*]σ 迁移反应在加热和光照条件下所经历的同面或异面迁移规律与H[*i*,*j*]σ 迁移反应基本相同。所不同的是，C 自由基的 p 轨道有正位相和负位相之分。因为只有 p 轨道的位相与 π 轨道的位相相同时才能发生 C-σ 迁移和成键，故根据 π 轨道的位相不同，C 自由基可以选择其与 π 轨道相同的位相的 p 轨道(正位相或负位相)来与 π 轨道成键。此时，迁移碳原子的构型在迁移前后将会翻转(图 15.12)或保持(图 15.13)。因此，C[1,*j*]σ 迁移反应的立体选择性不仅涉及同面或异面迁移两种不同的立体化学途径，还涉及迁移手性碳原子构型保持或构型翻转问题。

从图 15.12 很容易看出，在热基态时，若分子要发生 C[1,3]σ 同面迁移，为了满足两个重叠轨道间的位相相同，迁移碳原子的 p 轨道必须要顺旋 90°才能形成过

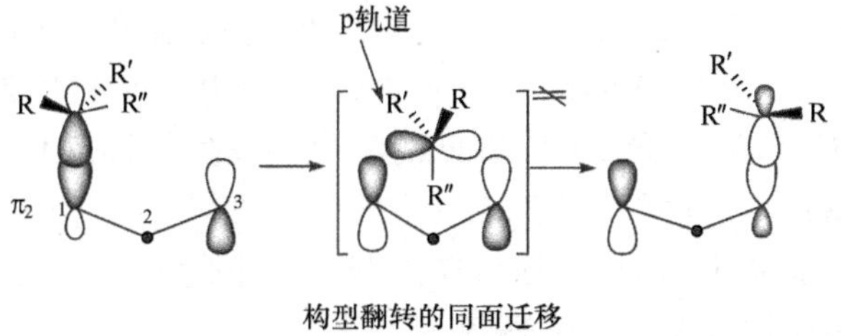

图 15.12　加热条件下 C[1,3]σ 迁移反应

渡态，这种 p 轨道的旋转不仅引起迁移碳的构型发生翻转，而且同时引起反应过渡态能量的升高，因此，C[1,3]σ 同面迁移虽能发生，但需要能量较高；同样的道理，若分子要发生 C[1,3]σ 异面迁移，则 π_2 轨道右端部分需要旋转 180°，这种 π_2 轨道旋转虽不影响迁移碳的构型变化，但却同样会引起反应过渡态能量升高，因此，C[1,3]σ 异面迁移也需要较高的能量。

例如，在加热条件下，氘标记的二环[3.2.0]-2-庚烯-6-醇乙酸酯只能发生 C[1,3]构型翻转的同面 σ 迁移反应，C_7 的构型从 *R* 型转变为 *S* 型。异面迁移由于受到环戊烷刚性结构的限制而无法通过 π_2 轨道的旋转来进行。

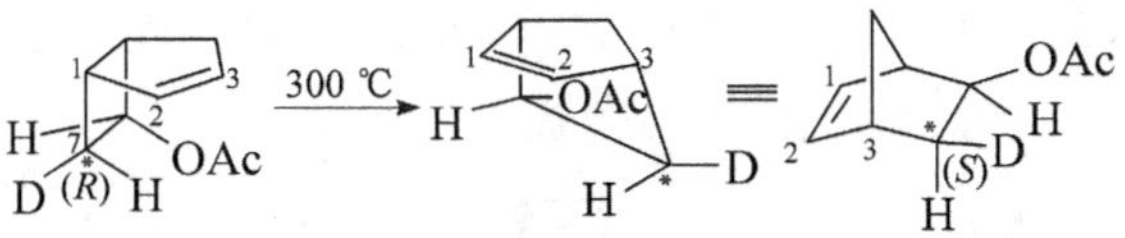

与热基态的 C[1,3]σ 迁移不同，在光照即激发态(图 15.13)时，π_3 轨道为 HOMO。迁移碳的 p 轨道对称性和 π_3 轨道的对称性相同，即都有对称面。当发生 C[1,3]σ 同面迁移时，p 轨道和 π_3 轨道的对称性都保持不变，且重叠位相相同，反应过渡态的能量较低，因此，在光照条件下的 C[1,3]σ 同面迁移反应能够比较顺利地进行，迁移碳的构型在反应前后保持不变。但多数情况下，此类反应经历的是自由基机理，而不是协同反应。

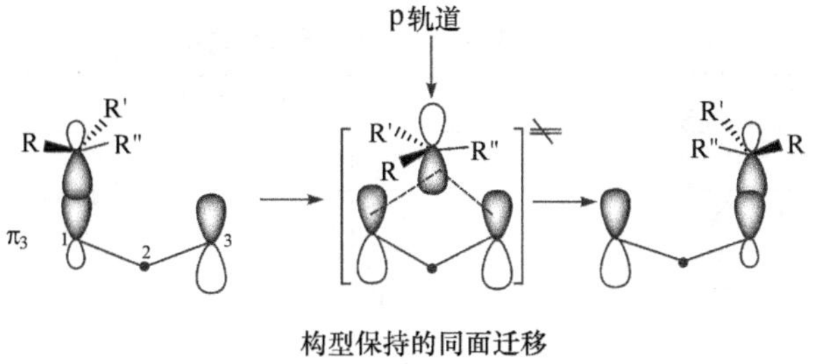

图 15.13　光照条件下 C[1,3]σ 迁移反应

通过类似的分析也可以理解 C[1,5]σ 迁移。在加热条件下，戊二烯自由基的 π_3 分子轨道为 HOMO，在光照条件下，戊二烯自由基的 π_4 分子轨道为 HOMO

(图 15.10)。比较图 15.14 和图 15.13 可以看出,在热条件下的 C[1,5]σ 迁移与在光照条件下的 C[1,3]σ 迁移的轨道对称性和位相的匹配性是完全相同的,因此,在热条件下,C[1,5]σ 迁移可以较低的活化能发生同面迁移,且迁移碳的构型保持不变。同样的分析也可以知道,在光照条件下的 C[1,5]σ 迁移与在热条件下的C[1,3]σ迁移是非常类似的。因此,在光照条件下的 C[1,5]σ 同面迁移反应的活化能较高,迁移碳的构象将发生翻转。

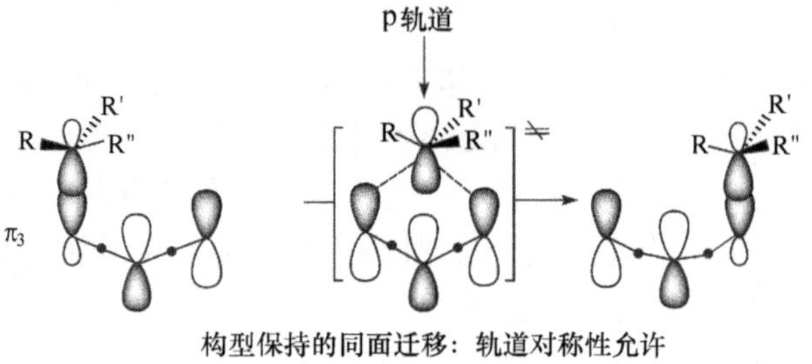

图 15.14　加热条件下 C[1,5]σ 迁移

C[1,5]σ 迁移反应常见于环戊二烯的衍生物。例如,顺-6,9-二甲基螺[4.4]-1,3-壬二烯在加热条件下,先发生 C[1,5]构型保持的同面 σ 迁移反应,然后接着再发生 H[1,5]同面 σ 迁移反应,得到顺式重排产物。

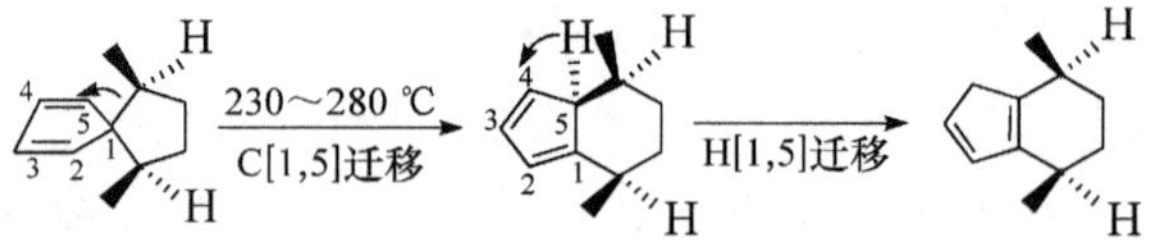

综合[1,3]σ 迁移和[1,5]σ 迁移可以看出,无论是加热还是光照,σ 迁移主要采取同面迁移的方式进行,且迁移碳的构型保持不变。根据不同条件下奇数碳共轭体系自由基的 HOMO 对称性,可以总结出 C[1,*j*]σ 迁移反应的立体化学选择性规则(表 15.3)。

表 15.3　C[1,*j*]σ 迁移反应的选择规则

π 电子数	反应条件	同面迁移	
		构型保持	构型翻转
4*n*	△	禁阻	允许
	$h\nu$	允许	禁阻
4*n*+2	△	允许	禁阻
	$h\nu$	禁阻	允许

需要强调的是,虽然表 15.3 中显示,构型翻转的 C[1,*j*]σ 同面迁移反应是可以发生的,但这种构型翻转的同面迁移由于反应活化能较高而并不常见。

五、[*i*,*j*]σ 迁移反应

[3,3]σ 迁移是最常见的[*i*,*j*]σ 迁移反应，而最典型的[3,3]σ 迁移反应是科普重排和克莱森重排。

1. 科普重排

1,5-二烯类化合物由 C—C σ 键发生的[3,3]迁移称为科普重排，这是一类典型的非催化热重排反应，具有高度的立体选择性。

根据前线轨道理论，可以把[3,3]σ 迁移反应看成是通过两个烯丙基自由基相互作用完成的，反应的立体化学选择性取决于烯丙基自由基的 HOMO。加热条件下两个烯丙基自由基的 π_2(图 15.8)属于单占轨道，一个充当 HOMO，另一个充当 LUMO。两个 π_2 轨道的对称性相同，都有二重对称轴，无对称面。由于轨道对称性相同、位相匹配，故两个 π_2 轨道可以在保持轨道对称性守恒的前提下发生"同面-同面"迁移(图 15.15)。

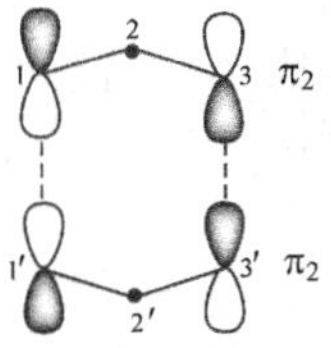

图 15.15　C[3,3]σ 迁移热反应的过渡态

C[3,3]σ 迁移是经过一个六元环过渡态而实现的，属于协同反应。六元环过渡态的构象决定 C[3,3]σ 迁移的立体化学规律。六元环过渡态可以是椅式构象，也可以是船式构象，过渡态的构象不同，产物的立体化学也不同。由于椅式构象比船式构象稳定，能量低，故大多数情况下按椅式构象进行。例如，*meso*-3,4-二甲基-1,5-己二烯经科普重排后，99.7%的产物来自于椅式过渡态，只有 0.3%的产物来自船式过渡态。

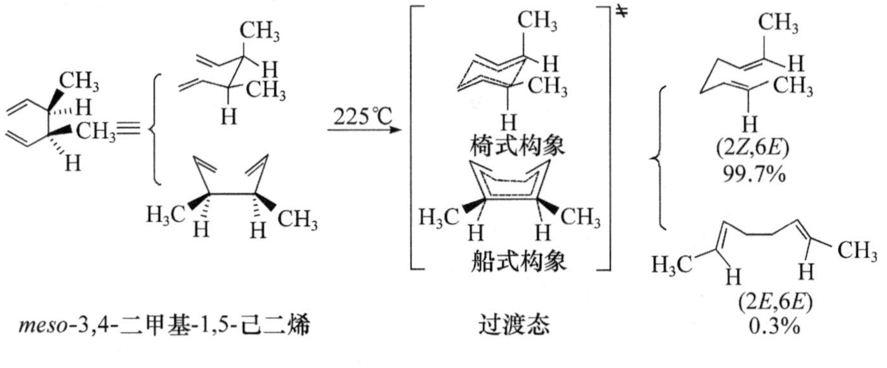

2. 克莱森重排

第九章讨论过的烯丙基苯基醚或烯丙基乙烯基醚的克莱森重排实际上是加热条件下的 C—O 键[3,3]σ 迁移反应。其中,烯丙基苯基醚的重排是最常见的一类克莱森重排反应。例如:

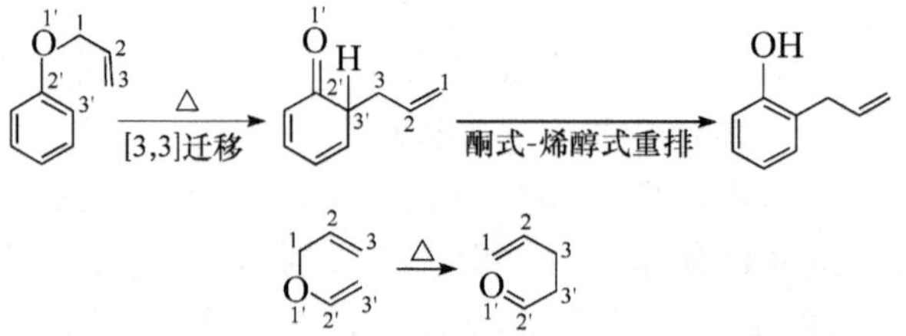

在酚醚的克莱森重排反应中,如果两个邻位都被占据,则烯丙基先迁移到苯环的邻位,再迁移到对位,此时烯丙基以 α-碳原子与苯环的对位相连。第二步相当于科普重排。例如:

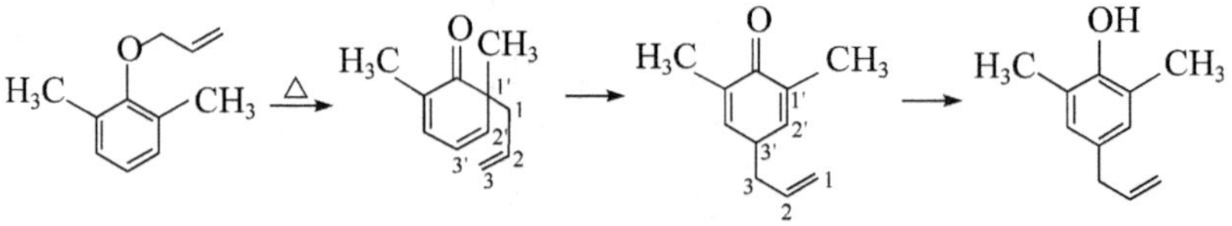

上述烯丙基苯基醚的克莱森重排机理可以通过对烯丙基 α-碳原子的同位素(^{14}C)标记得到部分证实。

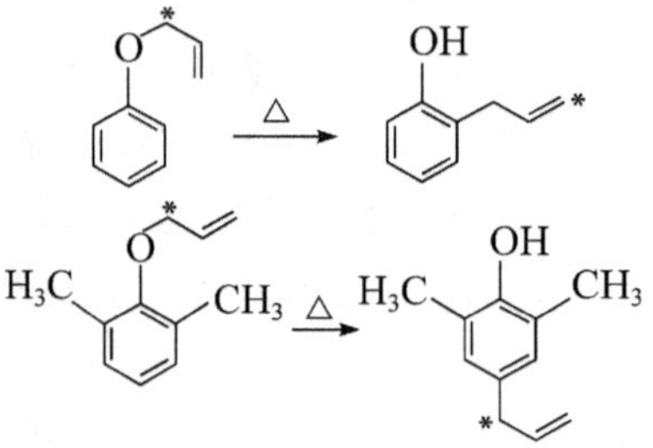

习　　题

1. 请注明下列反应每步转化的条件。

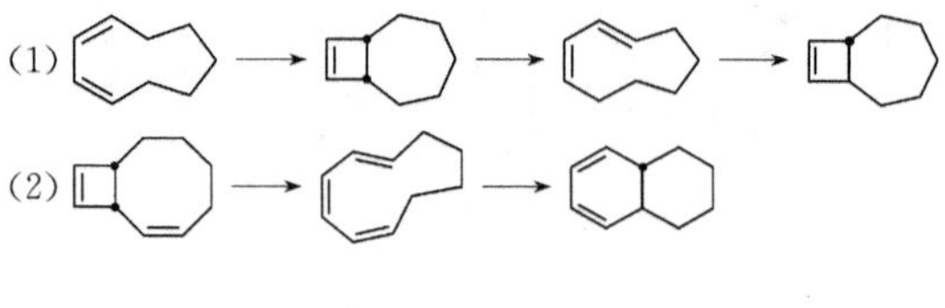

2. 指出下列反应的类型。

(1) 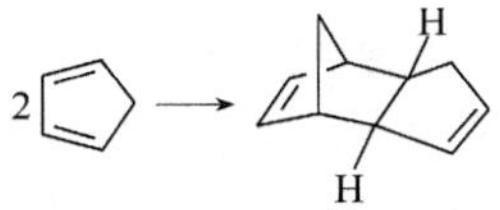

(2) 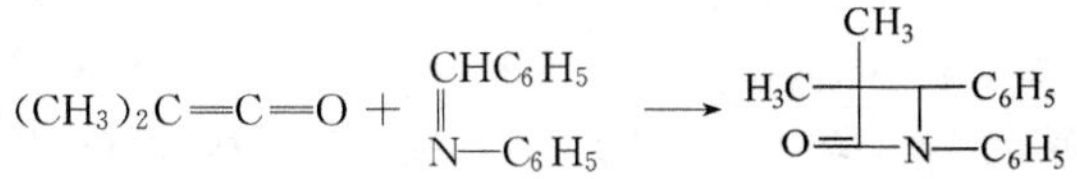

3. 下述反应是制备菲衍生物的一个有效方法，指出其中周环反应的类型。该反应是可逆的，试估计反应平衡点偏向于哪一方。

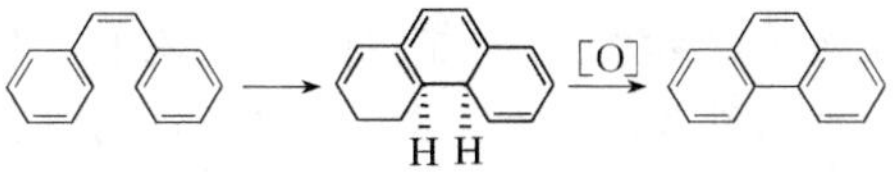

4. 写出下列反应的中间产物或产物。

(1) 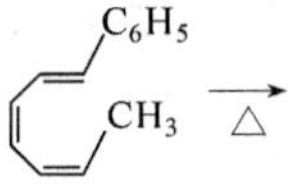

(2) 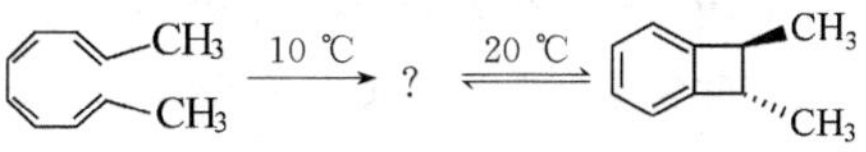

(3) 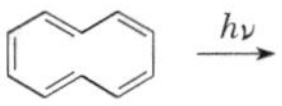

(4) 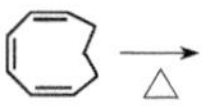

(5) 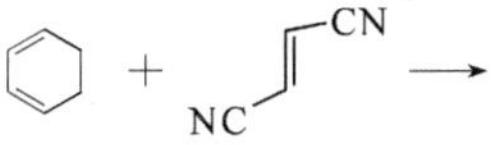

(6) 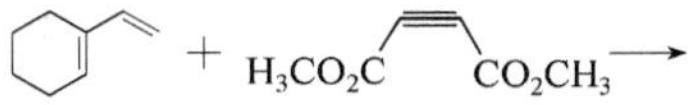

(7) 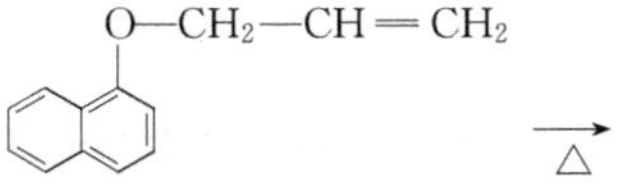

(8) 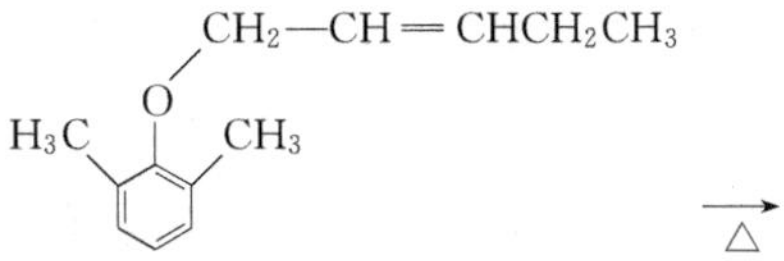

(9) 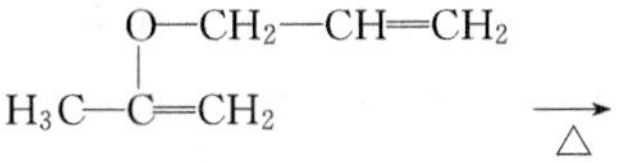

(10) 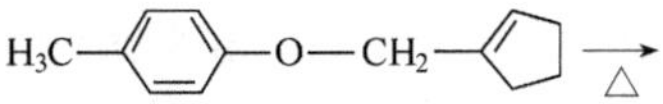

(11) $C_2H_5OC\equiv CH + CH_2=C=O \xrightarrow{\triangle}$

维生素D简介

维生素D(vitamin D)是维持高等动物生命所必需的营养素，它是钙、磷代谢的最重要的调节因子之一。维生素D发现于1918年，有两种形式，即维生素D_3和维生素D_2。二者都是甾族化合物，其区别仅在于甾体五元环上的烃基链不同。维生素D溶于脂肪与脂溶性溶剂，对热、碱较稳定，但是光、酸可促进其异构化。维生素D对人体的功能是通过提高肠内钙的吸收来控制骨骼的钙化。足量的维生素D可使肠内钙的吸收达30%左右。若缺乏维生素D，则肠内钙的吸收只有10%左右。缺乏维生素D的典型病例是少儿佝偻病和成人软骨病。患有骨质疏松症的人通过添加合适的维生素D和镁可以有效地提高钙离子的吸收度。除此以外，维生素D还被用于降低结肠癌、乳腺癌和前列腺癌的概率，对免疫系统也有增强作用。

人体需要的维生素D主要来源于食物或者药剂。其中，维生素D_3主要存在于日常食物和鱼中，如鳕鱼、大比目鱼、金枪鱼、沙丁鱼及青鱼等的鱼肝油。维生素D_2主要存在于植物中，如植物油、蘑菇等。此外，奶类、太阳花种子、肝脏以及蛋类也都含有比较多的维生素D。实际上，食物中存在的并不是真正的维生素D，而只是维生素D的前体物质——7-脱氢胆固醇和麦角甾醇。但是，在阳光照射下，两种前体可以在人的皮肤下面分别转变成维生素D_3和维生素D_2。因此，维生素D又俗称阳光维生素。

7-脱氢胆固醇和麦角甾醇转变为维生素的过程是通过周环反应来完成的。尽管维生素D的生物合成反应已被研究得很清楚了，但这种生物体内的周环反应却并不常见。维生素D的光合成是通过两步来完成的。首先，7-脱氢胆固醇和麦角甾醇通过电环化反应发生开环，生成相应的环己三烯衍生物。然后，环己三烯衍生物再发生H[1,7]σ迁移而异构化成维生素D_3和维生素D_2。实际上，维生素D并不是其真正的活性形式，还需要在肝和肾中进一步发生羟基化才能真正地发挥其生物活性。

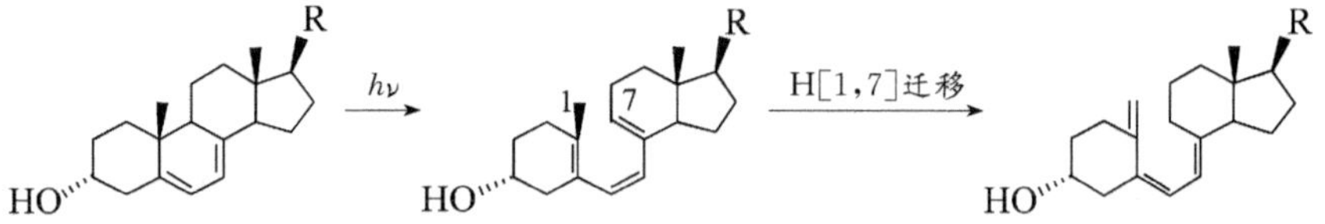

7-脱氢胆固醇　　$R=CH(CH_3)CH_2CH_2CH_2CH(CH_3)_2$　　维生素D_3

麦角甾醇　　$R=CH(CH_3)CH=CHCH(CH_3)CH(CH_3)_2$　　维生素D_2

通常，食物来源的维生素D不会过量，但是摄入过量的维生素D补充品可能会产生副作用，甚至发生维生素D中毒，严重的维生素D中毒可导致死亡，因此应避免维生素D过量使用。对血钙过高、有肾结石和动脉硬化的患者必须小心使用。最理想的补充维生素D的方法就是每周将脸部、手部和胳膊直接暴露在正午的阳光中两三次，每次15 min就足以补充人体全部需要的维生素D。过量的维生素D可被机体储存下来，已备需要的时候使用。

第十六章　有机化合物的制备

有机化合物的制备又称有机化合物的合成，简称有机合成。有机合成是有机化学的重要研究内容之一，也是研究有机化学的主要目的之一。在前面各章中，已经讨论了各类常见单官能团化合物的理化性质以及一些重要相关反应的机理。本章将要讨论的是各类单官能团化合物的常用制备方法，以及构建一些常见分子骨架的合成方法。前者的重点是各类官能团的形成、消除和转换，后者的重点是多官能团反应在有机合成中的应用。因此，本章要讨论的内容既是各类单官能团化学性质之间的相互关联，也是对前面各类官能团重要化学性质的复习和总结。

第一节　烃类的制备

一、烷烃和环烷烃的制备

（一）烷烃的制备

最常用的烷烃制备方法是利用偶联反应和羰基化合物的还原等。

1. 偶联反应法

有机金属化合物与卤代烃的偶联反应既是制备烷烃的常用方法，也是延长碳链的重要方法之一。常用的偶联方法有格氏试剂法、伍尔兹(Wurtz)法及科里-豪斯(Corey-House)法等。

格氏试剂与卤代烃发生反应生成烷烃，该反应属于亲核取代反应，其产率一般较低，只有活泼的格氏试剂与活泼的卤代烃才能获得较好的产率。一般的伯卤代烷和仲卤代烷活性较低，通常需在过渡金属催化下才能获得较理想的产率。

$$RMgX + R'X \longrightarrow R—R'$$

有机钠试剂也能与卤代烃发生类似于格氏法的偶联反应，生成高级烷烃，该反应称为伍尔兹反应。反应可直接用等物质的量的金属钠和卤代烃先生成有机钠试剂，后者再与未反应的卤代烷进行亲核取代反应。该反应的产率一般也不高。例如：

$$2CH_3(CH_2)_2CH_2Br \xrightarrow{Na} \underset{48\%}{CH_3(CH_2)_6CH_3}$$

格氏试剂法和伍尔兹法一般主要用于合成对称的烷烃。如果两分子卤代烃不同，则容易生成三种烷烃的混合物。其原因是格氏试剂和有机钠试剂除了能与卤代烃发生偶联反应外，还能与卤代烃发生交换反应，生成新的格氏试剂或有机钠及新的卤代烷。例如：

$$RMgX + R'X \rightleftharpoons RX + RMg'X$$

比较好的偶联反应是科里-豪斯反应。它是利用有机铜锂试剂，如二烷基铜锂(R_2CuLi)，与卤代烷进行偶联。其中，有机铜锂试剂也称科里试剂。由于有机铜锂试剂不易与卤代烃发生交换反应，故该反应可用于不对称烷烃的制备。更重要的是，科里试剂可以扩展到与任何卤代烃发生偶联反应，且分子中的羰基、双键等基团不受影响。但是，该方法比前面两个偶联法要复杂一些，有机铜锂试剂需要事先制备好，而前面两个方法可以采用"一锅煮"的操作方法。

$$RX + 2Li \longrightarrow RLi + LiX$$

$$2RLi + CuI \longrightarrow R_2CuLi + LiI$$

$$R_2CuLi + R'X \longrightarrow R{-}R' + RCu + LiX$$

卤代烷的反应活性次序为碘代烷＞溴代烷＞氯代烷；伯卤代烷＞仲卤代烷＞叔卤代烷。叔卤代烷几乎不反应，所以如果制备叔烷基和伯烷基的偶合产物，需采用叔烷基铜锂试剂和伯卤代烷反应。实际应用中多采用有机铜锂试剂与碘代烷进行偶联。

$$(CH_3)_2CuLi + CH_3(CH_2)_3CH_2I \longrightarrow \underset{98\%}{CH_3(CH_2)_4CH_3}$$

2. 醛、酮还原法

醛、酮的还原是合成烷烃的重要途径，常用的还原方法有克莱门森还原法和乌尔夫-凯惜纳-黄鸣龙还原法。克莱门森还原法是将羰基化合物与锌汞齐和浓盐酸一起加热，羰基被还原为亚甲基。该反应主要用于芳香酮的还原，条件比较强烈，通常不适用于对酸或热敏感的羰基化合物的还原。例如：

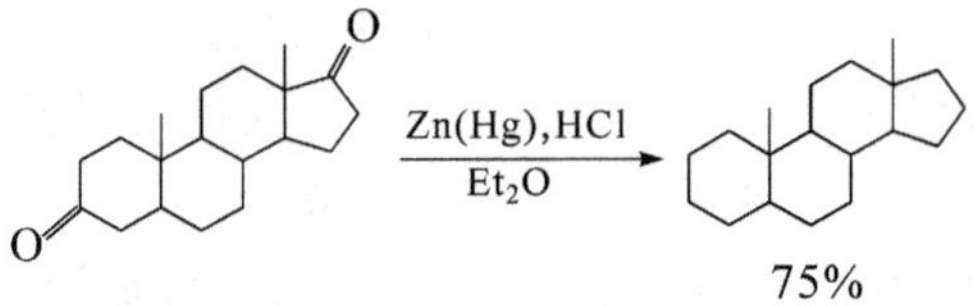

乌尔夫-凯惜纳-黄鸣龙还原是在碱性条件下，将羰基化合物与水合肼在高沸点溶剂中加热反应，可将羰基还原成亚甲基。例如：

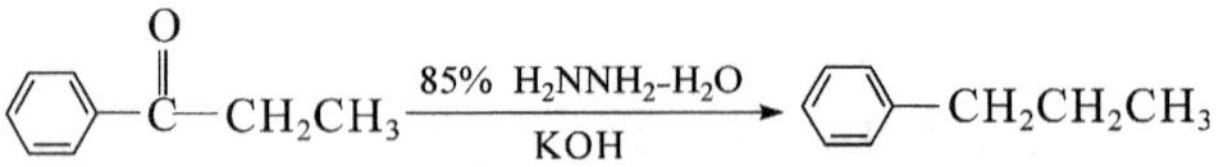

两种方法具有一定的互补性，但乌尔夫-凯惜纳-黄鸣龙还原法较克莱门森法

更有普遍意义。目前,乌尔夫-凯惜纳-黄鸣龙还原法多采用二甲亚砜作为溶剂,在略高于室温的条件下即可完成羰基到亚甲基的还原。

另外,对于芳香酮羰基到亚甲基的转化还经常采用 H_2/Pd 催化还原法。

(二) 环烷烃的制备

环烷烃的制备主要有卡宾对烯烃的加成,双烯环加成,芳烃还原及二卤代烃脱卤等方法。

1. 卡宾插烯法

卡宾对烯烃的加成是构建环丙烷分子骨架的最重要的方法之一。

卡宾可通过重氮甲烷的光解而原位生成。该方法由于常伴随碳氢键插入等副反应,所以实际合成中往往采用西蒙斯-史密斯(Simmons-Smith)反应,即烯烃与二碘甲烷在锌-铜存在下,生成环丙烷及其衍生物。反应中不产生游离碳烯,没有插入反应的副产物,产物较纯净。例如:

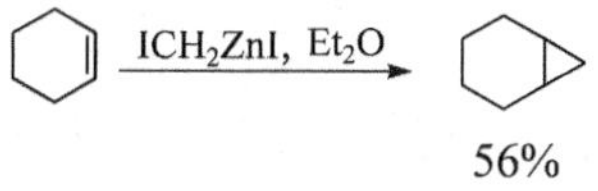

2. 双烯环加成法

第尔斯-阿尔德反应是双烯和亲双烯体的[4+2]环加成反应,也称双烯合成,是构建六元环骨架的重要方法之一。生成的环己烯或取代环己烯通过催化氢化,可生成环己烷或取代环己烷。例如:

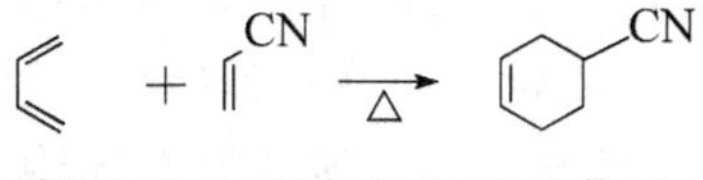

四元环化合物可以通过烯烃在光照条件下发生[2+2]环加成反应制备。例如:

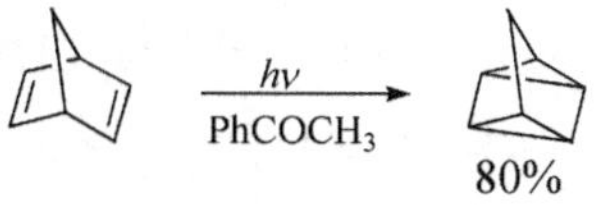

3. 芳香烃的催化还原法

芳烃可通过高温高压下的催化氢化,生成环己烷或取代环己烷,该方法主要用于工业生产。例如:

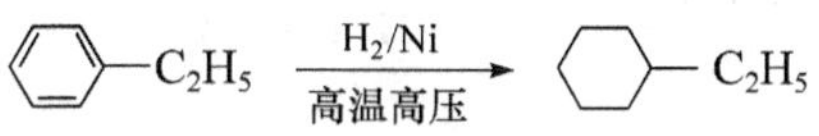

4. 二卤代烃脱卤法

1,3-二卤代烃在锌的作用下可发生分子内偶联反应，生成环丙烷或取代环丙烷。例如：

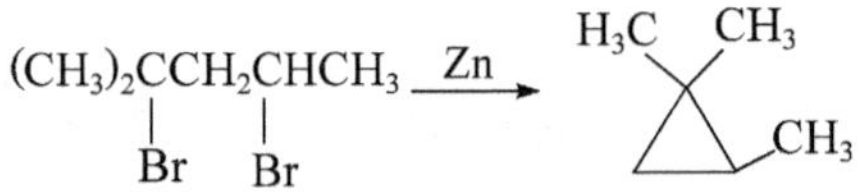

环烷烃的制备

二、烯烃的制备

烯烃的制备方法主要有卤代烃、醇、季铵盐等的消除反应，炔烃的部分还原反应及羰基的维悌希反应等。

1. 消除反应法

消除反应是制备烯烃的最常用的方法之一，常以卤代烃、醇、烷基磺酸酯等为原料。

卤代烃在碱的醇溶液中受热，可脱去卤化氢而生成烯烃。为了避免取代反应，溶剂和碱的选择非常重要。一般来说，在强碱（如氢氧化钾、乙醇钠等）存在下，优先发生消除反应。有时也用三乙胺、吡啶及 1,8-二氮杂二环[5.4.0]-7-十一碳烯（DBU）等有机碱。例如：

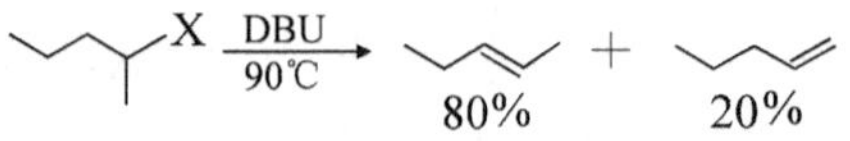

醇在硫酸、磷酸以及五氧化二磷等酸性介质中加热，可脱水生成烯烃。羧酸酯热解制备烯烃可看作是由醇合成烯烃的另一条途径。该法属于分子内的顺式消除反应，中间通过一个六元环过渡态，因此，该法没有异构、重排等副反应。例如：

$$CH_3CH_2CH_2CH_2O-\overset{\overset{O}{\|}}{C}-CH_3 \xrightarrow{500\ ^\circ C} CH_3CH_2CH=CH_2$$

如果分子中同时存在几个不同的 β-H，则醇和卤代烃的消除反应都遵循札依采夫规律，即主要生成取代基较多的烯烃。例如，2-丁醇在硫酸催化下脱水，主要生成 2-丁烯和少量的 1-丁烯。

季铵碱热分解反应，即霍夫曼消除反应也可制备烯烃。但与醇和卤代烃不同，霍夫曼消除反应主要生成取代基最少的烯烃。例如：

$$\underset{\underset{{}^{+}NC(CH_3)_3\ I^-}{|}}{CH_3CH(CH_2)_2CH_3} \xrightarrow[130\ ^\circ C]{KOH/H_2O} \underset{98\%}{H_2C=CHCH_2CH_2CH_3} + \underset{2\%}{CH_3CH=CHCH_2CH_3}$$

氧化胺热分解反应（科普反应）也是制备烯烃的方法之一，该方法条件温和

（有时可在室温下反应），操作简单（通常只需将胺和过氧化氢等氧化剂混合后直接加热即可），副反应少，没有重排产物生成。若产物有几何异构的话，主要生成顺式异构体；若分子内有几个不同的 β-H 时，则一般得到混合物。例如：

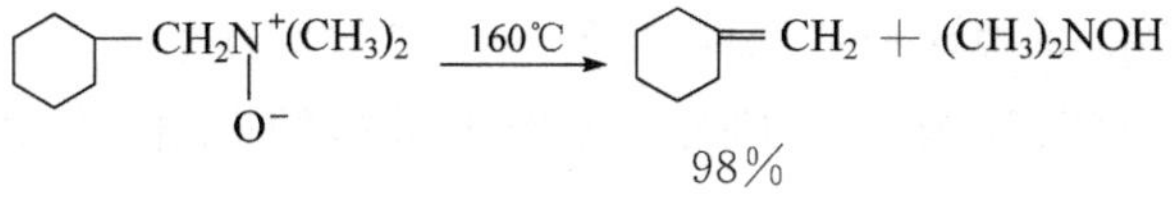

2. 炔烃部分还原法

炔烃可以被多种试剂还原成烯烃，催化氢化是最常用的方法，根据条件的不同，可以选择性地得到 Z 构型或 E 构型的烯烃。常用的催化剂有林德拉催化剂（Pd/PbO-$CaCO_3$），罗森孟德催化剂（Pd/$BaSO_4$-喹啉或吡啶），反应得到 Z-烯烃；金属锂或钠在液氨中还原，主要得到 E-烯烃。例如：

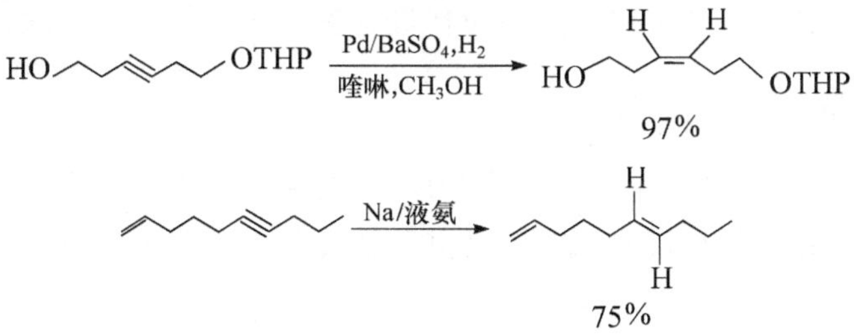

3. 维悌希合成法

醛或酮与维悌希试剂（膦叶立德试剂）作用是制备烯烃的良好方法。该反应条件温和，产率高，碳碳双键不发生重排。稳定的叶立德具有较好的立体专一性，主要得到 E-异构体。不稳定、很活泼的叶立德常得到 E 和 Z 两种异构体的混合物。如果采用霍纳尔（Horner）叶立德，即膦酸酯叶立德，一般主要得到反式异构体。另外，膦酸酯叶立德反应的后续处理比维悌希试剂的反应要简单，故实验室更多地采用膦酸酯叶立德。例如：

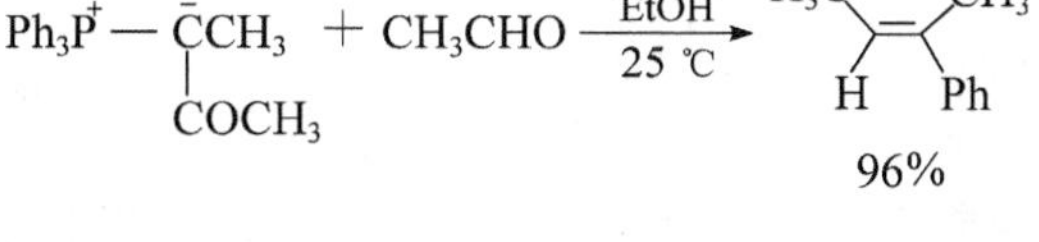

三、炔烃的制备

1,1-或 1,2-二卤代烷或乙烯基卤化物在强碱作用下消除卤化氢的反应是制备炔烃最常用的方法。常用的强碱有 NaOH、KOH、氨基钠、丁基锂、叔丁醇钾等。例如：

$$(CH_3)_3CCHBrCH_2Br \xrightarrow[10\sim15\ ℃,2h]{t\text{-BuOK/DMSO}} (CH_3)_3C{-}C{\equiv}CH \quad 95\%$$

炔烃的碳链延长可通过乙炔或端基炔的金属化合物与卤代烃的反应实现。另外，通过炔烃的位置异构化反应也可制备一些特殊的炔烃异构体。KOH 一般使炔键移向碳链的中部，而 $NaNH_2$ 则使炔键移向碳链的末端。例如：

$$CH_3CH_2CH_2C{\equiv}CH \xrightarrow[2.\ CH_3CH_2CH_2I]{1.\ n\text{-BuLi}} CH_3CH_2CH_2C{\equiv}CCH_2CH_2CH_3 \quad 95\%$$

$$CH_3CH_2C{\equiv}CH \xrightarrow[\triangle]{KOH} CH_3C{\equiv}CCH_3$$

$$CH_3C{\equiv}CCH_3 \xrightarrow[\triangle]{NaNH_2} CH_3CH_2C{\equiv}CH$$

金属炔化物可由端基炔与氨基钠、格氏试剂及锂试剂等反应制备，卤代烃一般用伯卤代烃效果较好，仲卤代烃和叔卤代烃在碱作用下易发生消除。

四、芳香烃及取代芳烃的制备

六元脂环化合物脱氢可用来构建芳环，尤其是当环上有一个或两个双键时，脱氢更容易。常用的脱氢试剂有硫、硒及某些醌类化合物如 DDQ 等。例如：

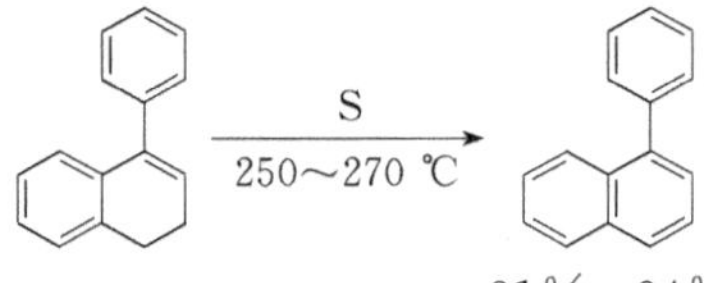

91%～94%

取代芳烃的重要制备方法是利用烷基化试剂对芳环的亲电取代反应(傅-克反应)。常用的催化剂有三氯化铝、三氯化铁、四氯化锡、三氟化硼及氯化锌等路易斯酸以及硫酸、磷酸等质子酸。

当常用的烷基化试剂含有多个碳原子时，往往会得到重排产物。为此，常采用间接合成法，即先通过傅-克酰基化生成芳香酮，然后把羰基还原成亚甲基。例如：

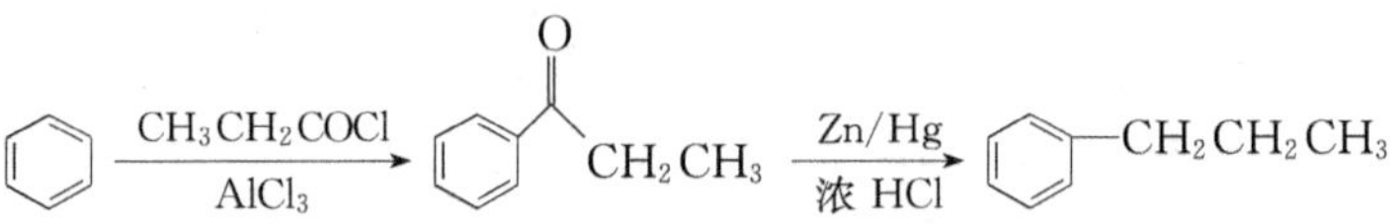

稠环芳烃制备的典型方法是利用傅-克酰基化反应和脱氢反应。例如，由苯制备萘。

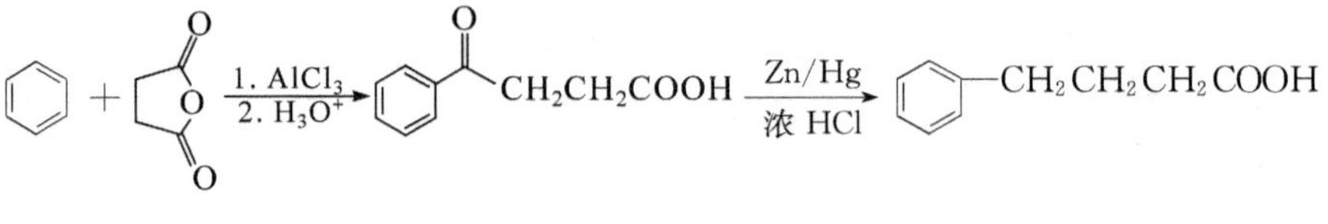

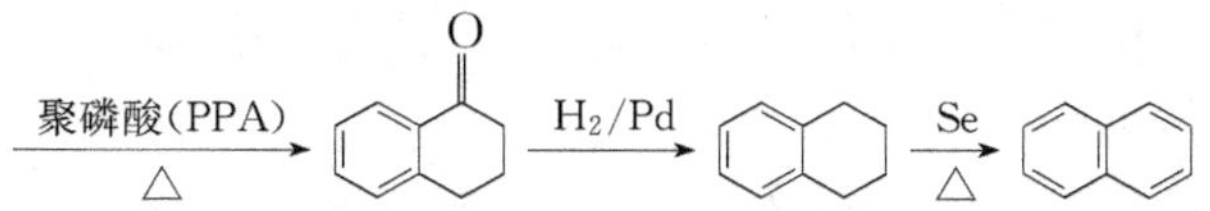

合成过程包括两次傅-克酰基化、两次羰基还原及一次脱氢芳构化反应。除萘外，蒽和菲也可通过该法来合成。

第二节　含氧化合物的制备

一、醇的制备

醇可以很容易地由多种含氧化合物如醛、酮、环氧化物、羧酸及其衍生物还原而制得，也可以通过烯烃硼氢化、羟汞化或直接水合而制得，或者通过许多碳碳键形成反应，如羟醛缩合反应、金属有机化合物与醛、酮的反应来制备。作为一种合成方法，卤代烷水解也可得到醇，但这种方法并不常用，因为这些卤代烷可能最先就是从羟基化合物制备来的。

1. 由羰基化合物制备醇

醛、酮的还原是制备醇的重要方法，主要的还原方法有催化氢化和金属氢化物还原。最常用的金属氢化物是氢化铝锂和硼氢化钠，氢化铝锂还原性能强，对官能团的选择性差，反应需在严格的无水条件下进行。反应结束后，可加入乙醇、含水乙醚或10%氯化铵水溶液来分解未反应完的氢化铝锂和复合物。相对来说，硼氢化钠性能温和，可在乙醇或水中很好地还原醛、酮，反应操作简便、安全，不需要无水、无氧条件，而且选择性好，一些易被还原的基团如硝基、氰基等不受影响。但在结构允许和实验室条件许可的情况下，催化氢化应该是最佳的选择。因为它不仅环保，且后处理方便。常用的催化剂为镍、钯、铂等。

羧酸和羧酸酯还原可得到相应的伯醇，常用氢化铝锂作还原剂；硼氢化钠通常不还原羧酸及其酯，但若在三氯化铝等路易斯酸存在下，可顺利还原酯。例如：

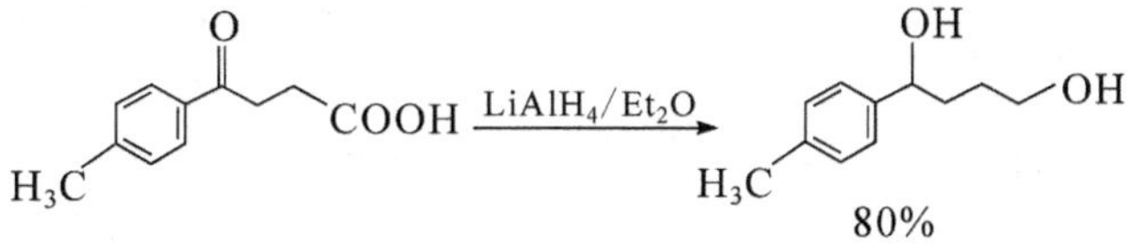

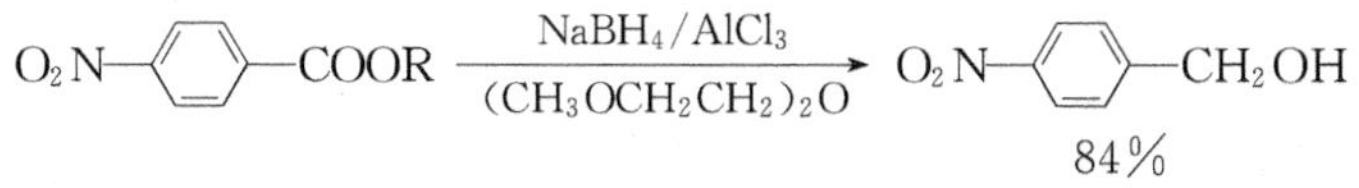

2. 由烯烃合成醇

(1) 烯烃直接水合法。烯烃可以直接加水制备醇，在工业上，这种方法是十分重要的。反应的一般过程是将烯烃通入硫酸中，首先生成硫酸单酯及硫酸二酯，然后水解生成醇。例如：

$$(CH_3)_2C{=}CH_2 \xrightarrow{H_2SO_4} (CH_3)_3COSO_3H \xrightarrow{H_2O} \underset{40\%}{(CH_3)_3C{-}OH}$$

(2) 硼烷加成水解法。烯烃与乙硼烷发生硼氢化反应生成三烷基硼，接着在碱性条件下用过氧化氢氧化生成硼酸酯(重排)，后者随后水解成相应的醇。该方法得到的是反马氏规则产物，—OH 连在双键中含氢多的碳原子上。例如：

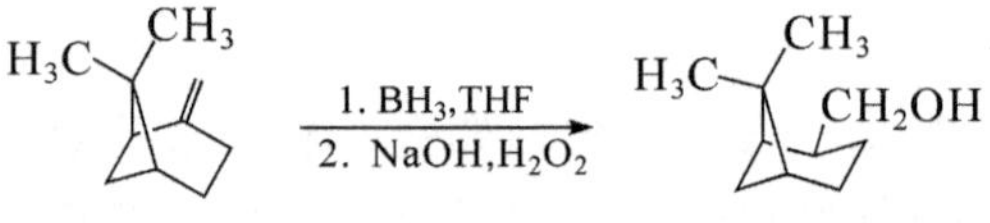

73%

(3) 羟汞化法。烯烃用乙酸汞处理发生汞化反应，生成的汞化物用硼氢化钠还原脱汞得到醇。该方法得到的是马氏规则的产物，—OH 连在双键中含氢少的碳原子上。例如：

$$(CH_3)_3CCH{=}CH_2 \xrightarrow[\text{2. NaBH}_4/\text{NaOH}]{\text{1. Hg(OAc)}_2,\ \text{H}_2\text{O/THF}} (CH_3)_3C\underset{\substack{|\\ OH}}{C}HCH_3$$

94%

(4) 氧化法。烯烃在醚或吡啶中用四氧化锇(OsO_4)氧化，然后再用亚硫酸氢钠溶液还原可得到 1,2-二醇，又称邻二醇。虽然该法操作简单方便，但四氧化锇价格昂贵且毒性较大，因此实验室常用催化量的四氧化锇与其他一些氧化剂如氯酸盐、过氧化氢等共用。此外，用高锰酸钾在仔细控制反应条件下氧化烯烃，也可制备邻二醇。反应通常用水或含水有机溶剂为介质，加入稍稍过量的稀高锰酸钾溶液，在碱性条件(pH>12)下，于室温或更低温度进行。例如：

$$C_2H_5{-}O{-}\overset{\substack{O\\ \|}}{C}{-}CH{=}CH{-}\overset{\substack{O\\ \|}}{C}{-}O{-}C_2H_5 \xrightarrow{OsO_4/H_2O_2} C_2H_5{-}O{-}\overset{\substack{O\\ \|}}{C}{-}\underset{H}{\overset{\substack{OH\\ |}}{C}}{-}\underset{H}{\overset{\substack{OH\\ |}}{C}}{-}\overset{\substack{O\\ \|}}{C}{-}O{-}C_2H_5$$

58%

$$CH_3(CH_2)_7CH{=}CH(CH_2)_7COOH \xrightarrow[0\sim10\ ℃]{KMnO_4/NaOH} CH_3(CH_2)_7\underset{\substack{|\\ OH}}{C}H{-}\underset{\substack{|\\ OH}}{C}H(CH_2)_7COOH$$

80%

(5) 格氏试剂法。有机金属化合物与醛、酮、羧酸酯及环氧化合物发生亲核加成，加成物水解得到醇。有机金属化合物中应用最广的是格氏试剂。格氏试剂与甲醛反应得到多一个碳原子的伯醇，与其他醛反应得到仲醇，与酮反应得到叔醇。例如：

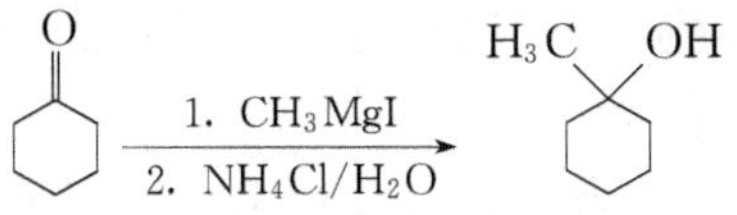

71%

格氏试剂与甲酸酯反应生成对称的仲醇,与其他羧酸酯反应生成叔醇。例如:

$$HCOOC_2H_5 \xrightarrow[2.\ H_3O^+]{1.\ n\text{-}C_4H_9MgBr} (n\text{-}C_4H_9)_2CHOH$$

85%

$$C_6H_5COOC_2H_5 \xrightarrow[2.\ H_3O^+]{1.\ C_6H_5MgBr} (C_6H_5)_3COH$$

89%~93%

格氏试剂与环氧乙烷反应可以得到比原来格氏试剂增加两个碳原子的伯醇。例如:

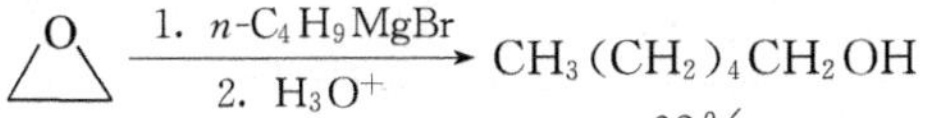

62%

若格氏试剂与取代的环氧乙烷反应,则烃基首先进攻位阻小的碳原子,主要生成二级或者三级醇。例如:

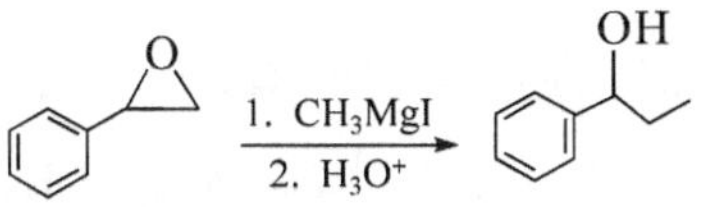

格氏试剂易被氧化生成醇镁化合物,进一步水解可得到醇。

$$RMgX \xrightarrow{O_2} ROMgX \xrightarrow{H_3O^+} ROH$$

该方法可以看成由卤代烃转换成醇的间接方法,主要适用于直接水解困难或水解时易发生消除、重排等副反应的卤代烃。

(6) 羟醛缩合法。含有α-H 的醛或酮在碱或酸的作用下生成β-羟基醛或酮的反应称为羟醛缩合反应。该反应能有效增长碳链,在有机合成上有广泛的应用(详见第十三章)。例如:

$$CH_3COCH_3 + CH_3(CH_2)_4CHO \xrightarrow[10\sim15\ ℃]{NaOH} H_3C—\overset{\overset{O}{\|}}{C}—CH_2\overset{\overset{OH}{|}}{C}H(CH_2)_4CH_3$$

65%

二、酚的制备

酚的制备方法主要有芳香族磺酸盐碱熔融法、异丙苯氧化法、重氮盐水解法、卤代芳烃水解法、格氏试剂-硼酸酯法及芳基铊盐水解法等。

1. 芳香族磺酸钠碱熔融法

芳香族磺酸盐的碱熔是传统的工业制备酚的方法,如苯磺酸钠与氢氧化钠碱熔生成酚钠，然后酸化可得到苯酚，但该方法需要在高温下进行，而且要使用大量的酸和碱，对环境污染大。例如：

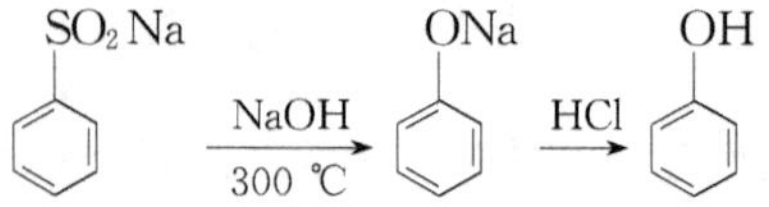

2. 异丙苯氧化法

由苯和丙烯为原料，在三氯化铝催化下生成异丙苯，然后进行氧化、水解生成苯酚及丙酮的方法称为异丙苯合成苯酚法。这是工业上制备苯酚的主要方法。该法具有生产成本低、污染小、便于连续化生产等特点。反应式如下：

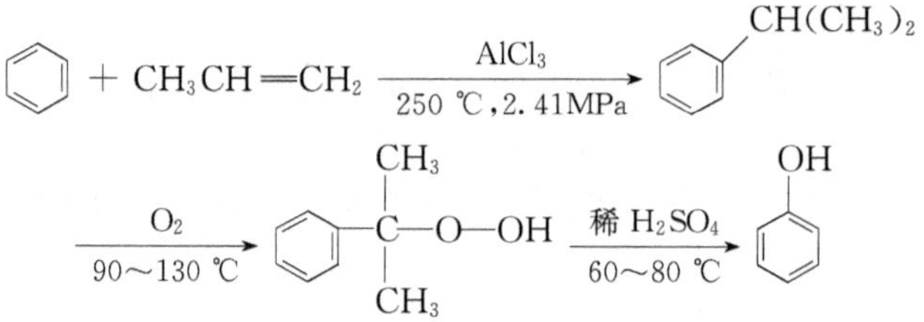

其中的过氧化物水解涉及苯基的重排反应，具体可表示如下：

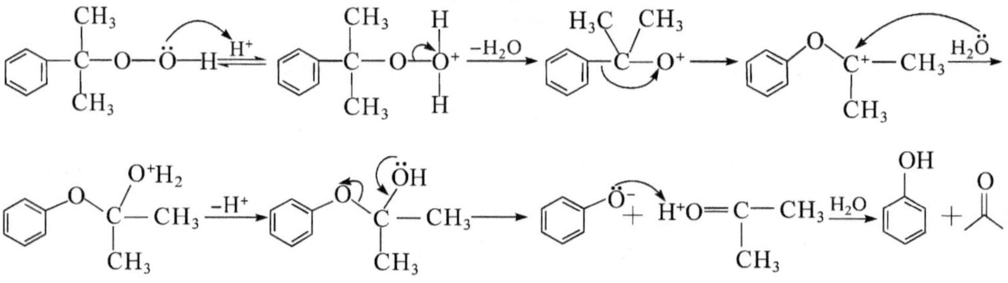

半缩酮

3. 重氮盐水解法

重氮盐在酸性溶液中不稳定，易水解生成酚，是制备酚的常用方法。常用的重氮盐是硫酸重氮盐，它在稀硫酸中进行水解生成酚。例如：

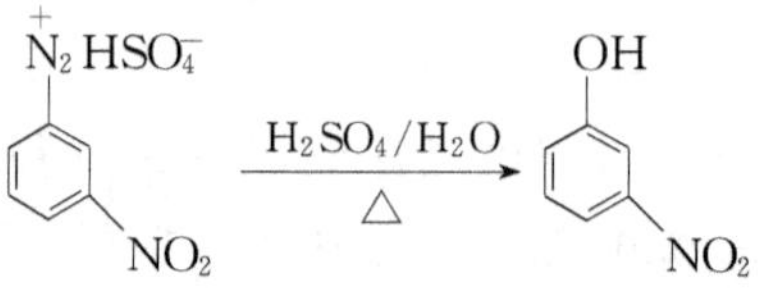

61%～86%

如果上法产率不高时，也可让重氮盐先与氟硼酸作用生成氟硼酸重氮盐，然后与冰醋酸反应生成乙酸芳酯，后者再水解生成酚。这样常常会获得更好的产率。

$$ArN_2^+Cl^- \xrightarrow{HBF_4} ArN_2^+BF_4^- \xrightarrow{CH_3COOH} ArOCOCH_3 \xrightarrow{H_3O^+} ArOH$$

4. 卤代芳烃水解法

卤代芳烃水解可以得到相应的酚，但一般很困难，需要在强烈的条件和催化剂作用下才能发生。例如，氯苯的水解需要在高温高压下进行。

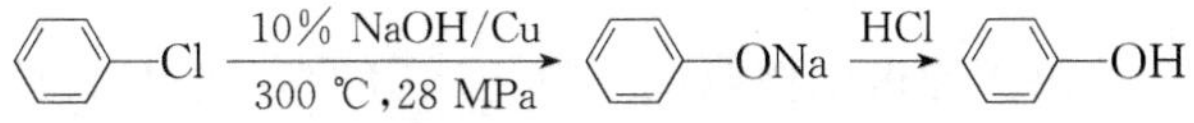

若卤原子的邻位或对位有硝基、氰基、羧基等吸电子基团时，水解反应能在较温和条件下进行。例如：

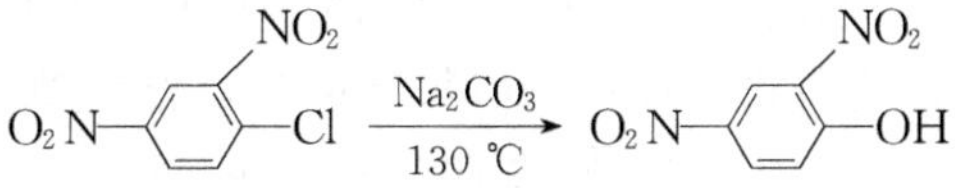

5. 格氏试剂-硼酸酯法

将卤代芳烃先制成格氏试剂，在低温下与硼酸三甲酯反应生成芳基硼酸二甲酯，然后水解得芳基硼酸，再在乙酸溶液中经15%过氧化氢氧化、水解，可得到酚。例如：

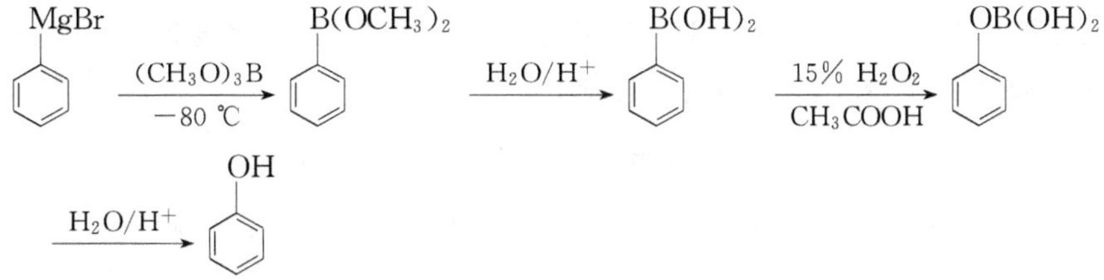

6. 芳基铊盐水解法

芳烃与三氟乙酸铊（TTFA）反应，生成芳基三氟乙酸铊盐，然后与四乙酸铅作用生成三氟乙酸酚酯，最后水解生成酚。该方法的特点是反应条件温和，反应速率快，并能较好控制产物的异构体。例如：

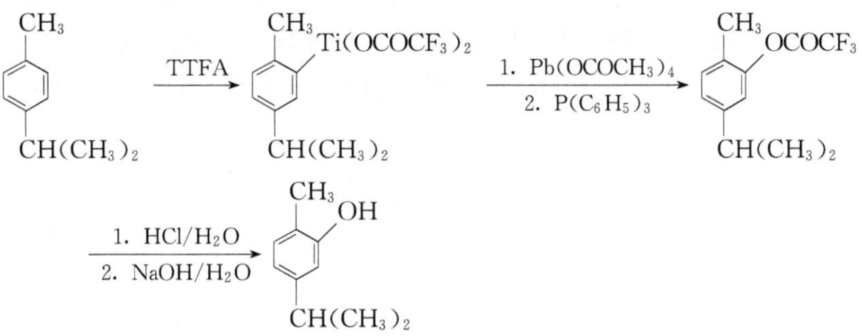

三、醚的制备

醚最重要的制备方法是威廉姆孙醚合成法，此外，醇的脱水、醇与烯烃的加成及醇与重氮烷的反应也是制备醚的常用方法。

1. 威廉姆孙醚合成法

卤代物与烃氧负离子通过亲核取代反应生成醚的方法，称为威廉姆孙醚合成法(参见第九章)。这是合成混合醚的有效方法，常用的卤代物有卤代烷、烯丙型和苄型卤代物。烃氧负离子通常由醇或酚与氢氧化钠、氢化钠、氨基钠等作用而产生。

卤代物的活性为碘代物＞溴代物＞氯代物，但碘代物由于价格较贵而很少使用。对于同一卤原子的卤化物，烯丙型和苄型卤化物活性高，乙烯型和苯型大多难反应，卤代烷中伯卤代烷产率最高，仲卤代烷产率较低，叔卤代烷则主要得到消除产物。所以，在制备仲烷基和叔烷基取代的醚时，通常是由仲醇和叔醇制备醇钠，再与伯卤代烷反应。例如：

$$(CH_3)_3COH \xrightarrow{NaNH_2} (CH_3)_3CONa \xrightarrow{PhCH_2Cl} (CH_3)_3COCH_2Ph$$

除了卤代物外，底物也常用硫酸酯和磺酸酯。常用的硫酸酯是硫酸二甲酯和硫酸二乙酯，常用的磺酸酯有对甲苯磺酸酯和甲磺酸酯。此类反应属于纯粹的S_N2反应，故多用于由手性醇制备手性醚。

$$2ArONa + (CH_3)_2SO_4 \longrightarrow 2ArOCH_3 + Na_2SO_4$$

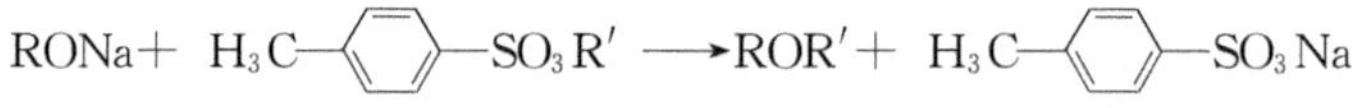

制备芳基烷基醚时，通常把酚变成盐，因为酚比醇易成盐，而且卤代烷比卤代芳烃活泼。例如：

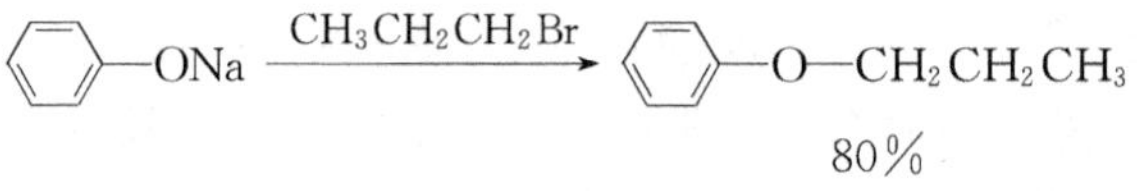

80%

当卤代芳烃的芳环上同时连有强吸电子基团，尤其是连有两个或两个以上强吸电子基团时，醇钠或酚钠和卤代芳烃也可顺利进行反应并生成芳基烷基醚或二芳基醚。后者称为乌尔曼(Ullmann)二芳醚合成法，一般在高温或有铜盐、亚铜盐存在下反应。例如：

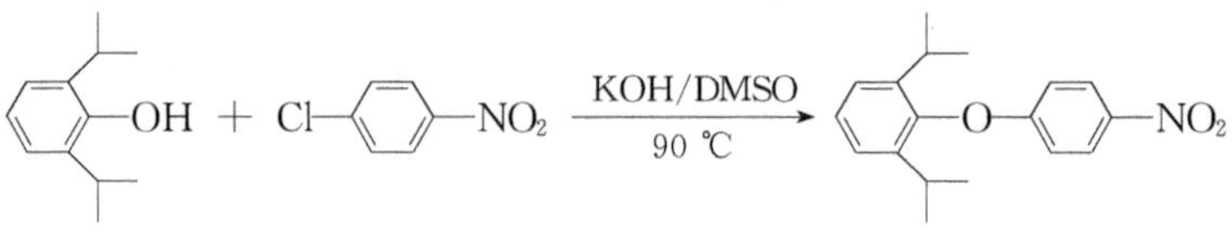

78%

2. 醇脱水法

醇在酸性催化剂作用下脱水生成醚，该反应是制备对称醚的通用方法。常用的酸性催化剂有浓硫酸、浓盐酸、磷酸和对甲基苯磺酸等。

伯醇分子间脱水按照 S_N2 机理进行，仲醇分子间脱水按照 S_N1 机理进行。叔醇虽然在酸性条件下更易生成三级碳正离子，但由于空间位阻的关系，它很难和另外一个叔醇分子作用，而且即使生成醚，由于二叔烷基醚在酸性条件下不稳定，也很难分离出产物，在这种情况下，更多的是得到三级碳正离子的消除产物烯烃。虽然该方法不能用于制备二叔烷基醚，但却适合制备叔烷基伯烷基混合醚。把叔醇和伯醇混合，叔醇在酸催化下生成碳正离子，然后很快与伯醇反应，生成混合醚。

$$(C_6H_5)_3COH + (CH_3)_2CHCH_2CH_2OH \xrightarrow{H_2SO_4} \underset{88\%}{(C_6H_5)_3COCH_2CH_2CH(CH_3)_2}$$

3. 烯烃加醇法

烯烃与醇在酸催化下生成醚，加成遵循马氏规则。常用的催化剂有硫酸、对甲苯磺酸及三氟化硼-乙醚络合物等。例如：

$$RHC{=}CH_2 + R'OH \xrightarrow{H^+} R\overset{OR'}{\overset{|}{C}}HCH_3$$

在三氟乙酸汞的存在下，烯烃与醇反应生成烷氧汞化物，然后被硼氢化钠还原脱汞，生成醚，该反应称为烷氧汞化-脱汞反应。整个反应相当于醇与双键按照马氏规则进行的亲电加成。例如：

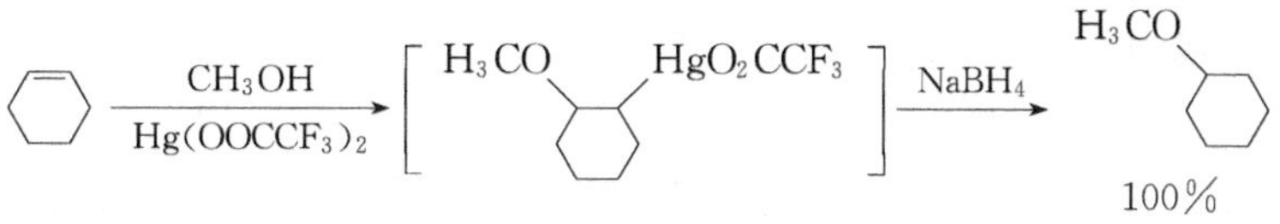

该方法具有操作简便，产率高，无重排和不发生消除的特点，除二叔烷基醚外，几乎可用来合成所有的烷基醚。

4. 缩醛、缩酮的制备

缩醛和缩酮属于同碳双醚，是一类结构和性质比较特殊的醚，可由醛、酮在酸性催化剂如干燥氯化氢或对甲苯磺酸催化下反应制备，常用共沸蒸馏法除去反应中生成的水，以提高产率(详见第十章)。

一些金属氢化物或金属氢化物与三氯化铝的混合物可将缩醛、缩酮还原成醚。例如：

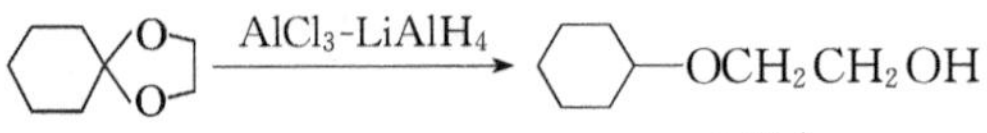

94%

5. 重氮甲烷法

重氮烷很容易与醇、酚反应，生成醚。

$$ROH + R'CH_2N_2 \longrightarrow RCOCH_2R'$$

该反应条件温和，反应迅速，产率高，是制备醚的良好方法，尤以重氮甲烷与醇反应制备甲基醚最为常用。例如：

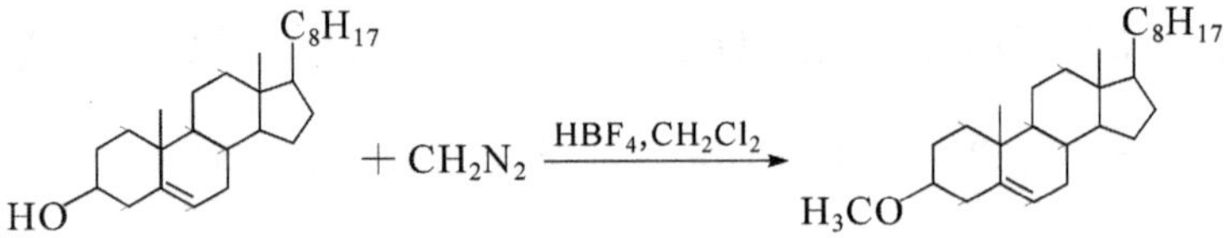

重氮甲烷的缺点是毒性大，不稳定，不易储存，因此没有商品出售，需要现用现制。

6. 环氧化合物的制备

环氧化合物可通过烯烃的氧化、羰基化合物与硫叶立德反应及卤代醇的消除等方法制备。

烯烃用过氧酸氧化可得到环氧化合物，常用的过酸有过氧乙酸、过氧苯甲酸、间氯过氧苯甲酸及过氧三氟乙酸等。由于反应过程中产生的酸有可能使环氧化合物开环，因此反应通常在非水溶剂中进行，或在反应体系中加入固体碳酸钠中和生成的酸。一般来说，双键碳原子上连有推电子基团时易被氧化，而端位双键则难被氧化，常需用较强的过酸(如过氧三氟乙酸等)。例如：

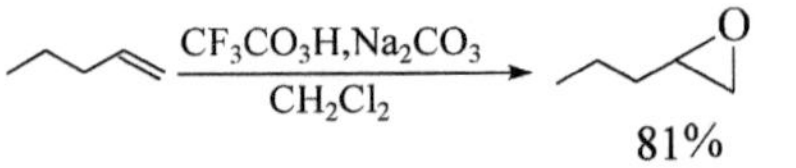

81%

醛、酮与硫叶立德反应生成环氧化物，常用的硫叶立德为二甲基亚甲硫(dimethylsulfonium methylid)和二甲基氧化亚甲硫(dimethylsulfoxonium methylid)，可分别由二甲硫醚或二甲亚砜与碘甲烷反应制备。

$$(CH_3)_2S \xrightarrow{CH_3I} (CH_3)_3\overset{+}{S}I^- \xrightarrow{n\text{-}C_4H_9Li} (CH_3)_2S^+{-}\overset{-}{C}H_2$$

$$(CH_3)_2S{=}O \xrightarrow{CH_3I} (CH_3)_3\overset{\overset{\displaystyle O}{\|}}{S^+}I^- \xrightarrow{n\text{-}C_4H_9Li} (CH_3)_2\overset{\overset{\displaystyle O}{\|}}{S^+}{-}\overset{-}{C}H_2$$

两种硫叶立德均能与大多数醛、酮反应，得到环氧化合物，产率很高。

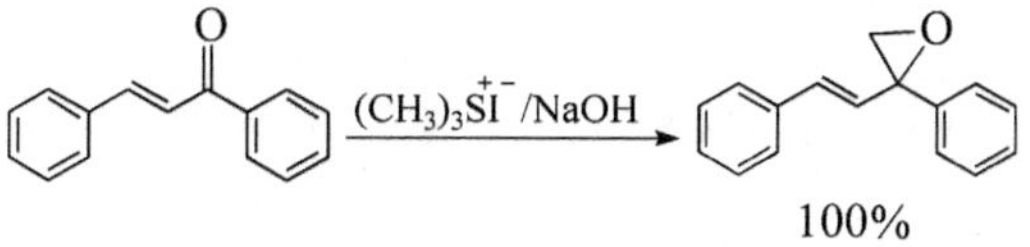

100%

卤代醇在碱性条件下发生分子内威廉姆孙反应，也可用来制备环氧化合物，常用的碱有氢氧化钠、氢化钠、碳酸钾及二乙胺等。

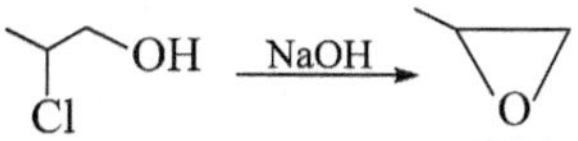

98%

四、醛的制备

醛的常用制备方法有伯醇的氧化、酰氯的还原及腈的部分还原-水解法。

1. 伯醇氧化法

伯醇氧化是制备醛的经典方法，用氧化法制备醛需对反应加以控制，以防氧化过度。一般氧化剂加上特殊的操作可以制备沸点较低(<100 ℃)的醛。如以重铬酸钠或 CrO_3 的含水硫酸溶液为氧化剂，反应温度低于醛而高于醇的沸点，并采用边反应边将醛从反应体系中蒸出等操作。例如：

$$CH_3CH_2CH_2OH \xrightarrow[75\ ℃]{Na_2Cr_2O_7,H_2SO_4,H_2O} \underset{50\%}{CH_3CH_2CHO}$$

大部分醇，尤其是分子中还含有易氧化的其他官能团时，可采用一些选择性高的特殊氧化剂。如铬酸-双吡啶络合物(Sarrett 试剂)和科瑞(Corey)氧化剂(CrO_3-吡啶-HCl，PCC)。二者都能将伯醇和仲醇氧化为相应的醛或酮，且分子中其他易氧化官能团如 C═C 不受影响。例如：

$$CH_3(CH_2)_4C \equiv CCH_2OH \xrightarrow[CH_2Cl_2,室温]{(C_5H_5N)_2 \cdot CrO_3} \underset{84\%}{CH_3(CH_2)_4C \equiv CCHO}$$

活性 MnO_2 可把烯丙醇、苄醇等氧化为醛，反应条件温和，选择性好。活性 MnO_2 通常用硫酸锰和高锰酸钾反应，或者用氯化锰四水合物与高锰酸钾反应制得。例如：

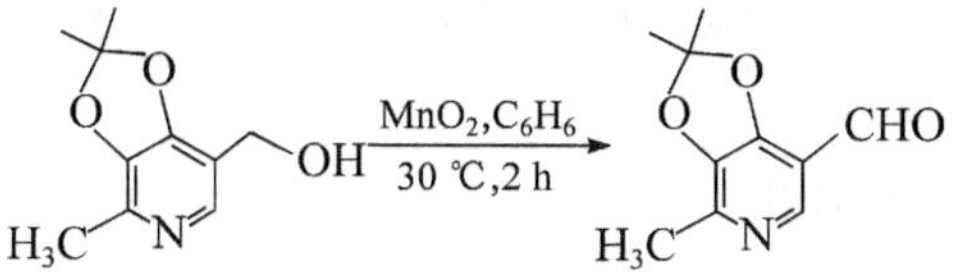

66%

DMSO-DCC 组合(Pfitzner-Moffatt 试剂)常用来氧化伯醇制备醛。其反应如下：

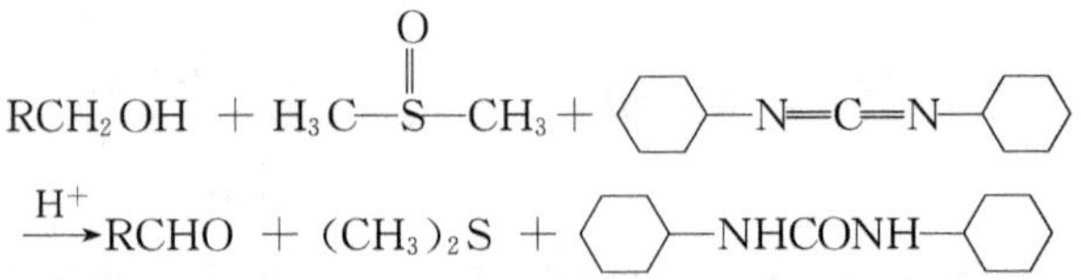

反应通常以 1 mol 的醇与 3 mol 的 DCC、0.5 mol 的酸(磷酸或三氟乙酸吡啶盐等)和大过量的 DMSO 在室温进行反应。该反应条件温和,产物纯,产率高。例如:

不饱和的二级醇也可用琼斯(Jones)试剂氧化成相应的酮而双键不受影响,该试剂是把 CrO_3 溶于稀硫酸中,然后滴加到要被氧化的醇的丙酮溶液中。

工业上常用高温催化脱氢对伯醇或仲醇进行氧化,以制备相应的醛或酮。铜是最常用的催化剂。

2. 酰氯还原法

酰氯在适当的条件下可被还原成醛。在以硫酸钡为载体的钯催化下,酰氯被常压氢解,选择性还原为醛的反应称为罗森孟德还原。反应中常加入少量的“控制剂”,如硫-喹啉等,以降低催化剂的活性,防止醛进一步还原成醇。例如:

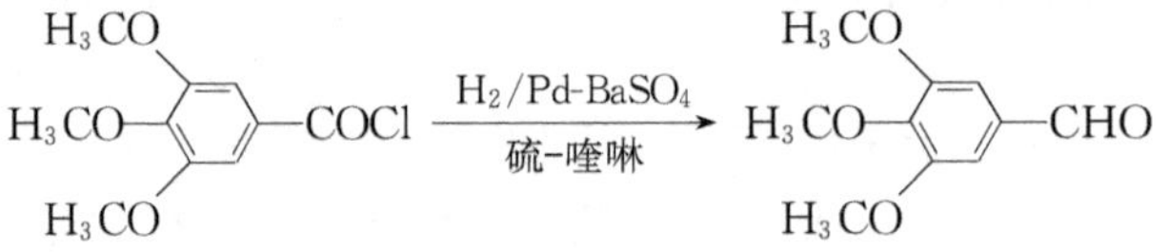

84%

该反应的优点是,反应物分子中的碳碳双键、硝基、酯基、羰基等,一般不受影响。

酰氯也可被金属氢化物在低温下还原成醛,常用烷氧基取代的氢化铝锂,如三(叔丁氧基)氢化铝锂等为还原剂。底物中如有硝基、氰基、酯基等基团可不受影响。例如:

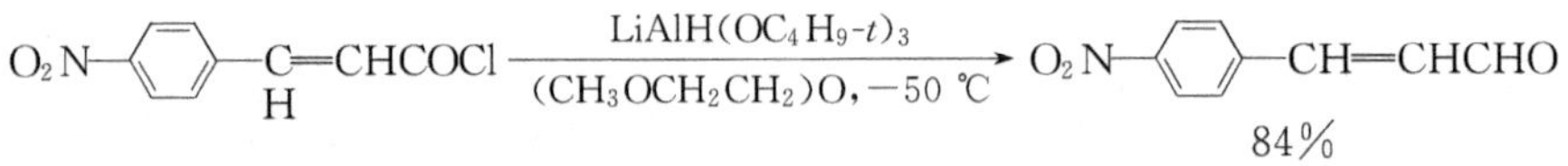

84%

3. 腈的部分氢化-水解法

腈部分还原可得亚胺,后者再水解后生成醛。一般是腈与被氯化氢气体饱和的无水氯化亚锡干醚溶液反应,先生成亚胺盐,然后水解即可得到醛,该反应称为斯蒂芬(Stephen)醛合成法。可用于制备芳香醛、不少于六个碳原子的脂肪醛和少数杂环醛。例如：

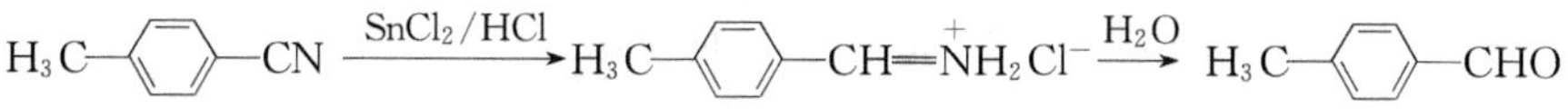

五、酮的制备

酮的常用制备方法有仲醇的氧化、烯烃的氧化断链、炔烃的水合、金属有机试剂与羧酸及其衍生物的反应、酯的克莱森缩合及芳环的傅氏酰基化等。

1. 仲醇氧化法

仲醇的氧化是合成酮的重要方法，能够将仲醇氧化成酮的氧化剂很多，但不同氧化剂的氧化能力和选择性不同。高锰酸钾、重铬酸钠（钾）的稀硫酸溶液等都是常用的选择性很差的强氧化剂，一般只适宜于分子中无酸敏感或易氧化基团存在的仲醇的氧化。若只是选择性氧化仲羟基而不影响其他基团，则需要谨慎选择合适的氧化剂。例如：

$$CH_3(CH_2)_5CH(OH)CH_3 \xrightarrow[25\sim30\ ℃]{Na_2Cr_2O_7/H_2SO_4/H_2O} CH_3(CH_2)_5COCH_3$$

84%

如果底物含有对酸敏感或易被氧化的基团时，常采用温和的铬氧化剂，如琼斯试剂，柯林斯（Collins）试剂、PCC、PDC 等。

活性 MnO_2 也可选择性地氧化烯丙位或苄位上的羟基，普通羟基在室温不被氧化。例如：

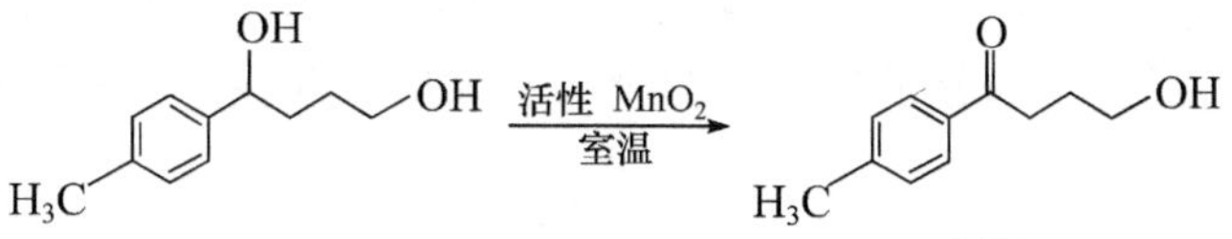

84%

仲醇在醇铝和作为氢受体的过量酮存在下，可被氧化为相应的酮，该反应称为欧芬脑尔（Oppenauer）氧化，最常用的醇铝是叔丁醇铝和异丙醇铝，酮则常用丙酮，有时也用丁酮、环己酮。反应机理可表示如下：

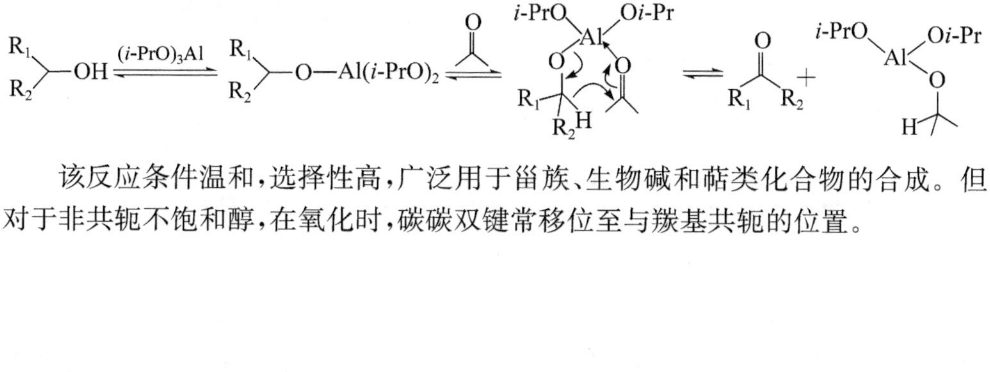

该反应条件温和，选择性高，广泛用于甾族、生物碱和萜类化合物的合成。但对于非共轭不饱和醇，在氧化时，碳碳双键常移位至与羰基共轭的位置。

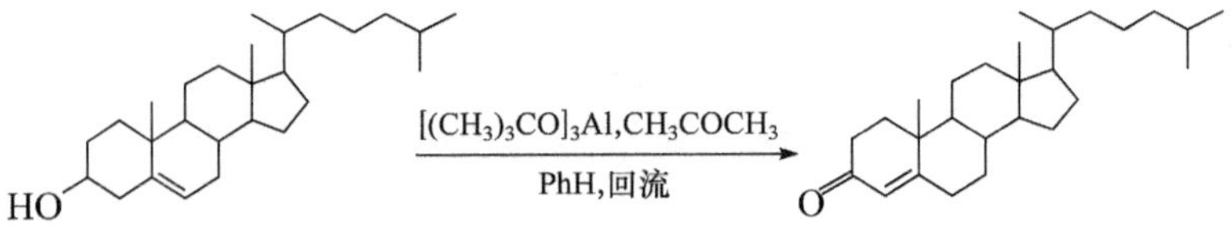

2. 烯烃氧化断链法

结构合适的烯烃在氧化剂作用下，发生碳-碳双键断裂，可用来制备酮。如烯烃与臭氧作用，然后用锌/乙酸、二甲硫醚等还原可生成羰基化合物。除臭氧外，高锰酸钾、催化量的四氧化锇等也可把相应烯烃氧化成酮(详见第四章)。

3. 炔烃水合法

炔烃的催化加水可以制备酮，常用的催化剂是硫酸汞/硫酸，炔烃常用末端炔，得到的产物是甲基酮。例如：

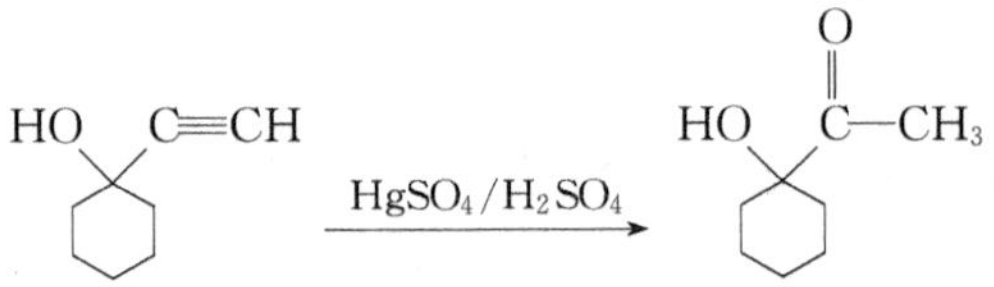

对于非末端炔来说，一般很难进行区域选择性水合。

4. 有机金属试剂与羧酸及其衍生物反应法

有机金属试剂，特别是格氏试剂、有机锂及有机铜锂试剂与羧酸及其衍生物的反应是制备酮的最常用的方法。其特点是在形成酮的同时，还可通过引入所需要的碳链，构建起所需要的分子骨架。在无水三氯化铁存在下，格氏试剂与酰氯在低温反应可生成酮。例如：

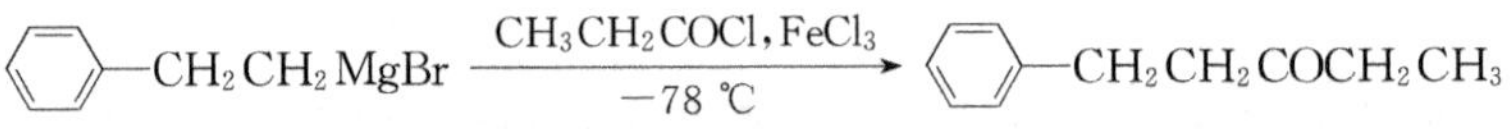

另一方法是，先把酰氯变成酰基咪唑，再同格氏试剂反应。例如：

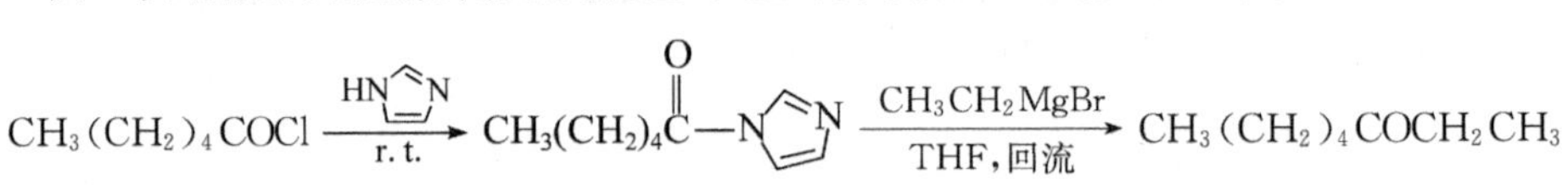

格氏试剂对腈的加成也可用来制备酮。反应生成的酮亚胺不与格氏试剂反应，水解后可得酮，副产物较少。例如：

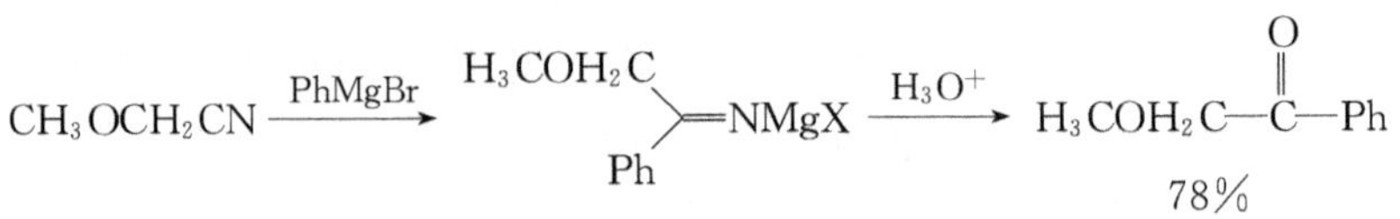

二烃基铜锂在低温下与酰氯反应，以良好产率生成酮。缺点是二烃基铜锂中只有一个烃基被利用。例如：

$$CH_3CH_2CH_2CO(CH_2)_4COCl \xrightarrow[-78\ ℃]{(CH_3)_2CuLi} \underset{95\%}{CH_3CH_2CH_2CO(CH_2)_4COCH_3}$$

有机锂试剂，如烷基锂、烯基锂及芳基锂可与羧酸盐反应生成酮。但一般来说，只有甲基锂的反应产率较高，故多用于由羧酸制备甲基酮。例如：

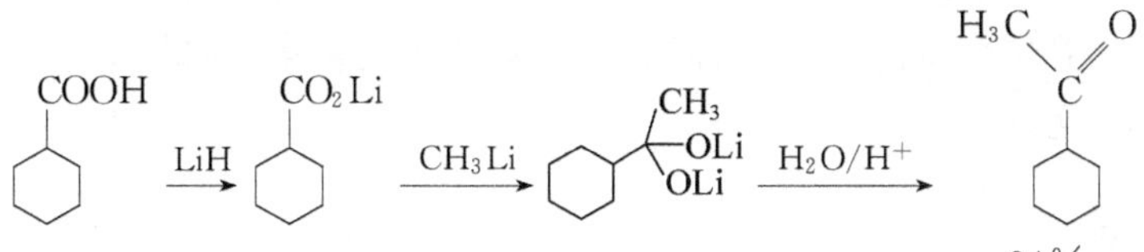

94%

5. 酯的克莱森缩合法

羧酸酯与含活泼α-H 的羰基化合物缩合，生成β-羰基类化合物，此反应称为克莱森缩合。该反应主要用于制备β-酮酸酯和 1，3-二酮类化合物。相同酯间缩合可得到单一β-酮酸酯。例如：

$$2CH_3CO_2C_2H_5 \xrightarrow{C_2H_5ONa} CH_3COCH_2CO_2C_2H_5$$

不同酯间的交叉酯缩合，如果一种酯不含活泼α-H，则可得到单一产物。不含活泼α-H 的酯与酮缩合，可制备β-二酮。例如：

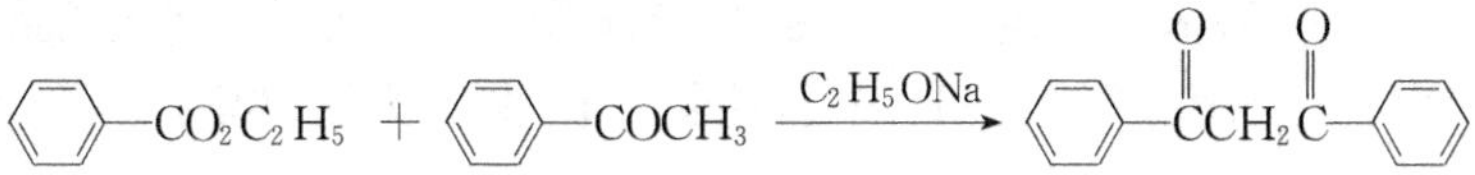

6. 芳环的傅-克酰基化法

傅-克酰基化法是制备芳香酮最常用的方法。但一般要求芳环上没有强吸电子基团（如—NO_2等）和碱性基团（如氨基等）。当芳环上有邻、对位定位基时，酰化反应容易进行，有间位定位基时则难以酰化。

常用的催化剂有三氯化铝、三氟化硼、四氯化锡及氯化锌等路易斯酸或氢氟酸、盐酸、硫酸、三氟乙酸、三氟甲磺酸及多聚磷酸等质子酸。一般来说，用酰氯和酸酐作酰化剂时，常用路易斯酸催化。用羧酸作酰基化试剂时，多选用质子酸为催化剂或多聚磷酸（PPA）。例如：

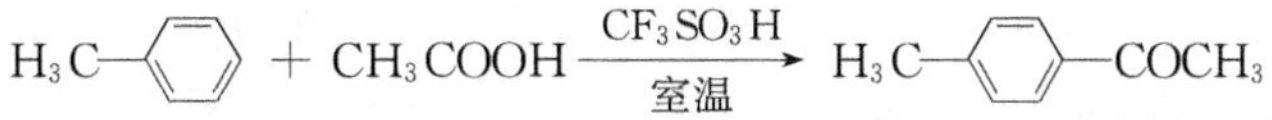

催化剂的用量与酰化剂的种类有关，如用酰氯作酰化剂时需用 1 mol 三氯化铝，酸酐需 3 mol 三氯化铝，羧酸需用 2 mol 三氯化铝。

傅-克酰基化反应也可在分子内发生，生成环酮。成环的难易顺序为六元环>

五元环>七元环。例如，4-苯基丁酸分子内酰化生成四氢萘酮。

六、羧酸的制备

羧酸最常用的制备方法是伯醇和烷基苯的侧链氧化、腈的水解以及格氏试剂与二氧化碳的反应。

1. 氧化法

伯醇氧化是制备羧酸的重要方法之一，常用的氧化剂有重铬酸钾和高锰酸钾。用高锰酸钾氧化时，常用碱性高锰酸钾溶液，但其选择性不高，其他一些易被氧化的基团，如双键等也被氧化。

$$(CH_3)_2CHCH_2OH \xrightarrow{KMnO_4/H_2O/NaOH} \underset{84\%}{(CH_3)_2CHCOOH}$$

用重铬酸钾硫酸溶液氧化伯醇时，常伴有生成酯的副反应发生。但三氧化铬的硫酸溶液(琼斯试剂)能很好地把伯醇氧化成羧酸，底物中的双键或叁键不被氧化。

含有α-H 的烷基苯的侧链氧化是制备芳香酸的常用方法。常用的氧化剂有高锰酸钾、重铬酸盐及硝酸等。一般来说，脂链α-H 少者优先氧化。

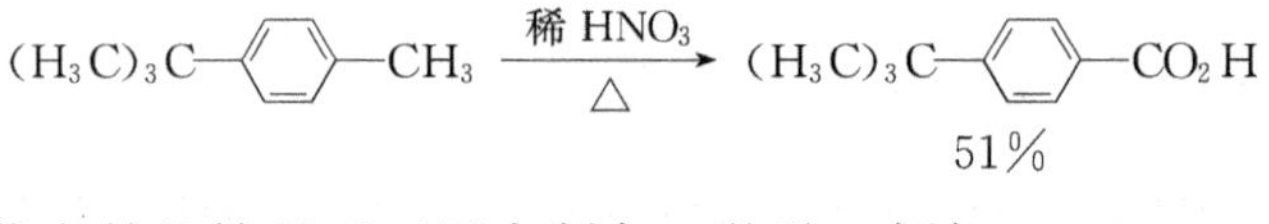

环酮的氧化在某些情况下可用来制备二羧酸。例如：

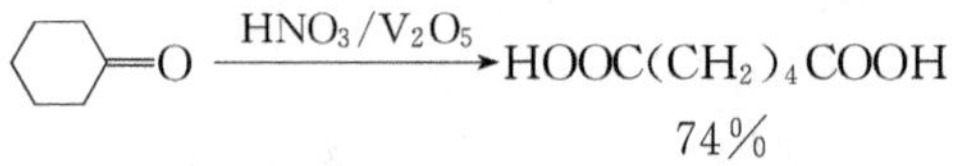

2. 腈水解法

腈的水解可以制备羧酸。多数情况下，腈是由卤代烃与 NaCN 制备的，故总的过程相当于由卤代烃制备多一个碳原子的羧酸。腈的水解可以在酸性或碱性条件下进行，但多在酸催化下水解。例如：

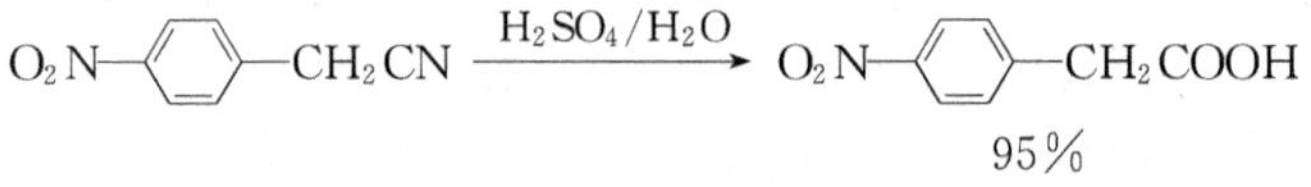

3. 格氏试剂和二氧化碳反应

格氏试剂和二氧化碳反应，经水解生成多一个碳原子的羧酸。该法与上法可谓殊途同归。例如：

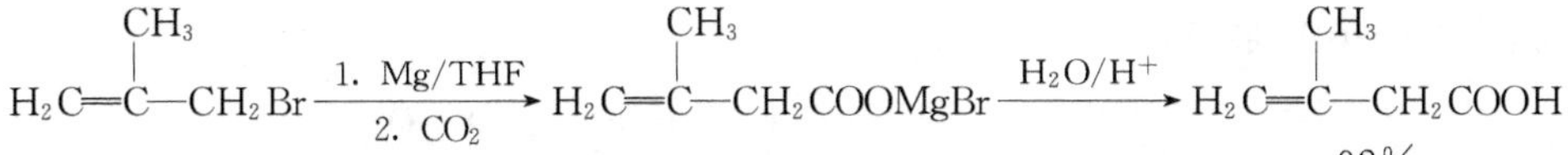

92%

该法对于难以制备的芳香酸不失为一个好办法。制备时一般将二氧化碳通入到冰冷的格氏试剂醚溶液中，或将格氏试剂的醚溶液注入过量的干冰中。卤代烃为伯卤代烃和仲卤代烃时，羧酸的产率较高，叔卤代烃易发生偶联反应。

七、羧酸衍生物的制备

羧酸衍生物，主要包括酰氯、酸酐、酯及酰胺，可以用羧酸为原料来制备，也可通过各类衍生物之间的相互转化来制备。

（一）酰卤的制备

酰卤中最重要的是酰氯，可通过羧酸和亚硫酰氯、草酰氯、三氯化磷及五氯化磷反应来制备。例如：

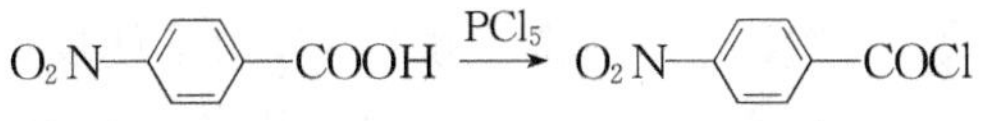

93%

最常用的试剂是亚硫酰氯，其反应条件温和，而且只生成气态的副产物，后处理容易。少量的 DMF 可催化该反应。例如：

99%

（二）酸酐的制备

将羧酸与过量酸酐一起加热可发生酐交换反应，生成所需要的酸酐。该法主要适用于由低沸点羧酸的酸酐制备高沸点羧酸的酸酐。由于反应是可逆的，反应过程中需不断蒸出低沸点的羧酸。例如：

$$Ph_2CHCOOH \xrightleftharpoons{Ac_2O} (Ph_2CHCO)_2O$$

92%

混合酸酐可由羧酸盐与另一种酰氯反应制得。例如：

$$\mathrm{HCOONa} \xrightarrow{\mathrm{CH_3COCl}} \mathrm{H-\overset{O}{\overset{\|}{C}}-O-\overset{O}{\overset{\|}{C}}-CH_3}$$

64%

五元及六元环状酸酐可通过加热相应的二元酸制备，反应中生成的水常用共沸法或减压蒸馏除去。例如：

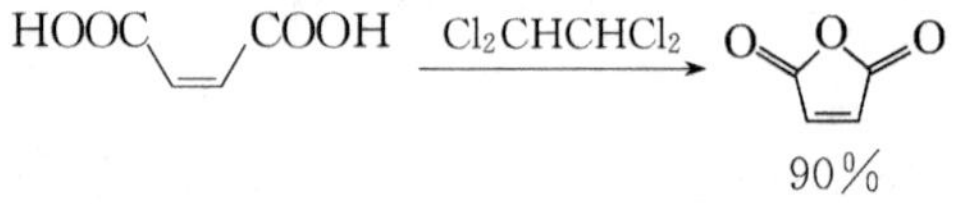

苯及二烃基苯在高温及 V_2O_5 催化下可氧化为环状酸酐。例如：

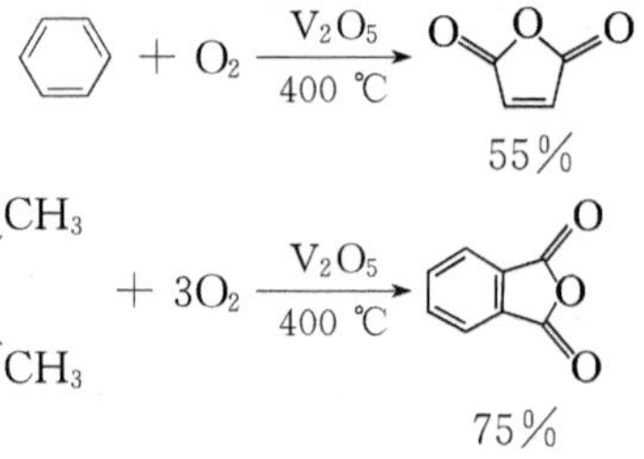

（三）酯的制备

醇和羧酸在酸催化下反应生成酯是制备酯最直接的方法，常用的催化剂有硫酸、盐酸、对甲苯磺酸等。该反应是一个平衡反应，为了使反应有利于酯的生成，常采用使一种底物过量，或在不断蒸馏下进行反应，以便将生成的酯不断移出反应体系，也可借助干燥剂除去生成的水。但如果用醇作溶剂，此时醇是大大过量的，因此无需将反应中生成的水除去。此时最常用的催化剂是无水氯化氢，反应可在室温下顺利完成。例如：

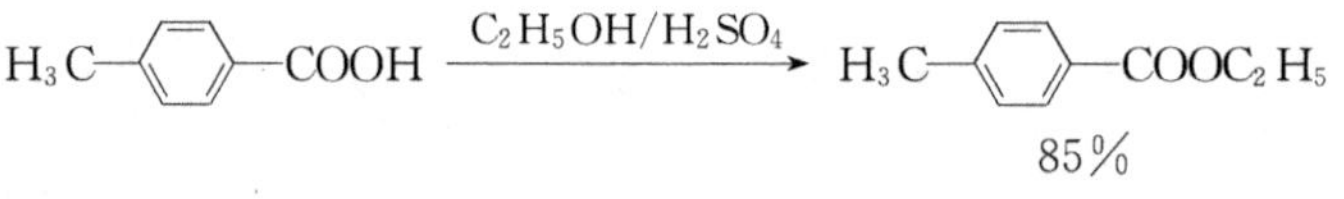

当分子内有酸敏感基团存在时，常用醇与酰卤或酸酐反应来制备酯。该反应温和且产率高。反应常在吡啶、三乙胺等有机碱存在下进行。例如：

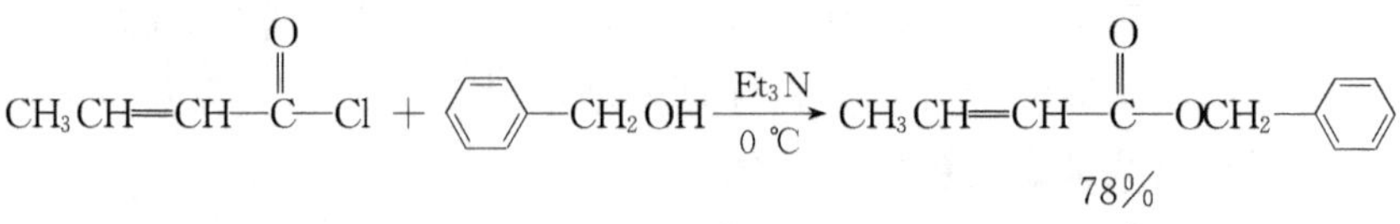

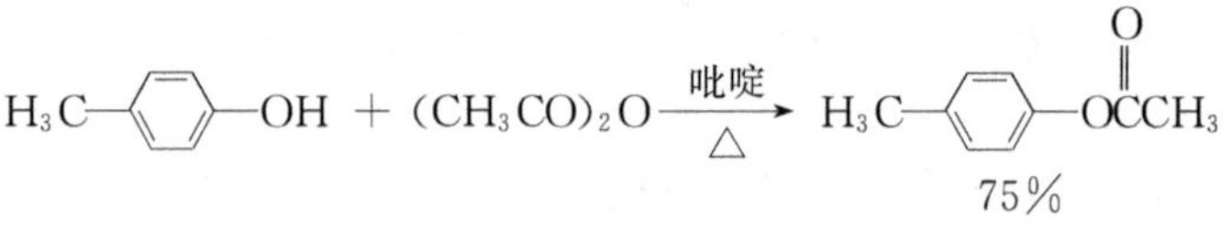

醇和酯在酸或碱的催化下发生酯交换反应也可用于制备酯，常用的酸性催化剂有硫酸和对甲苯磺酸等，碱性催化剂有醇钠、氢氧化钠等。醇一般用伯醇效果较好。该反应为可逆反应，通常加入过量的醇，或不断分出生成的醇或酯以促进平衡向产物方向移动。

γ-或 δ-羟基酸在无机酸的催化下，可以生成五元环或六元环的内酯。

羧酸与重氮甲烷在温和条件下可高产率制备羧酸甲酯，反应有时可在羧酸的水溶液中进行。缺点是重氮甲烷有毒、易爆炸，需现用现制。

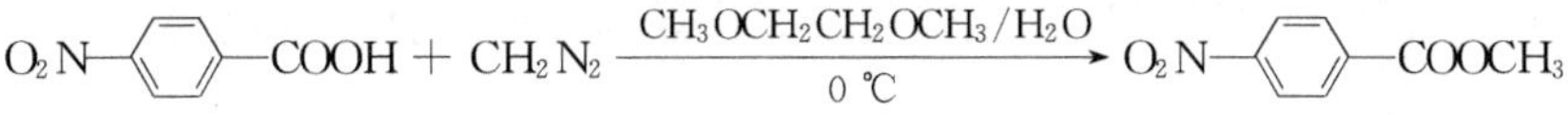

97%

（四）酰胺的制备

酰胺可通过腈的部分水解来制备，但要注意控制反应温度，以免进一步水解成羧酸。反应在酸性介质中进行，常用的酸有浓盐酸、浓硫酸、磷酸等。例如，苯乙腈和浓盐酸在 40 ℃反应 40 min，可得到苯乙酰胺，但如果加热回流则进一步水解为苯乙酸。

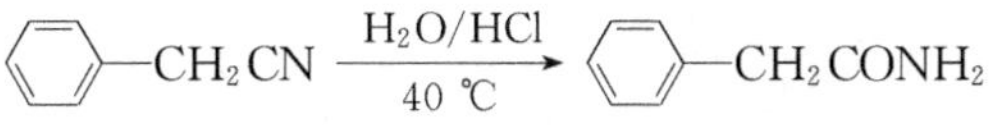

58%

羧酸与胺或氨反应先生成羧酸盐，继续加强热或共沸脱水得到酰胺。由于反应温度太高，该法在实验室并不常用，取而代之的则是由酰卤、酸酐、酯等羧酸衍生物与胺或氨反应来制备酰胺。例如：

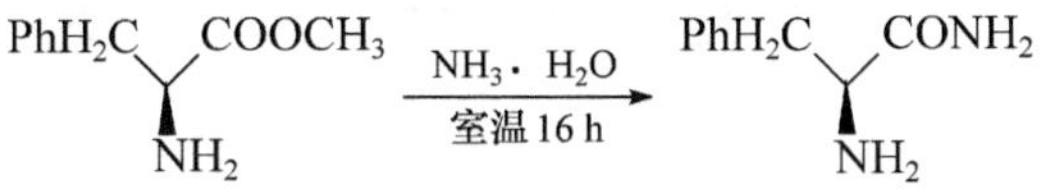

73%

如果使用 DCC 作缩合剂，由于羧酸与 DCC 先反应生成具有酰化功能的活性酯，后者可与胺在温和条件下反应生成酰胺。该方法在由氨基酸合成多肽时广泛使用。

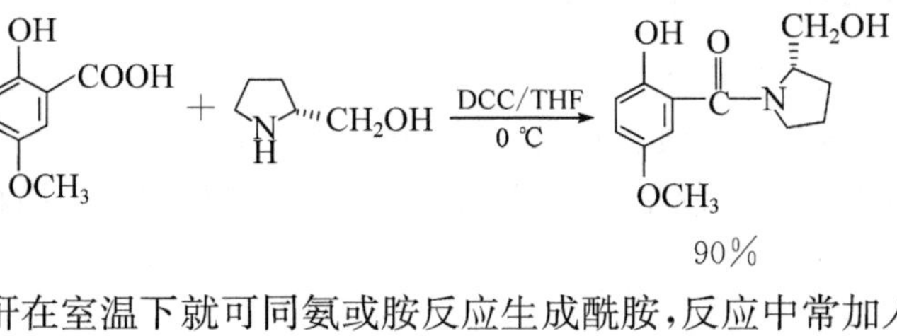

90%

酰氯和酸酐在室温下就可同氨或胺反应生成酰胺，反应中常加入适量的碱，如碳酸钠、氢氧化钠、吡啶及三乙胺等，以中和反应中生成的酸。例如：

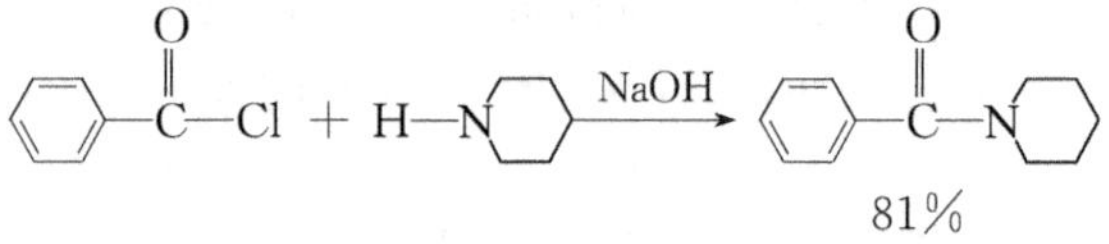

第三节　含氮化合物的制备

一、硝基化合物的制备

硝基化合物可通过芳烃直接硝化或卤代烃与亚硝酸盐反应制得。

1. 芳香烃硝化法

芳香烃的硝化是制备芳香族硝基化合物最重要的方法。常用的硝化试剂有硝酸及其盐、硝酸酯等。

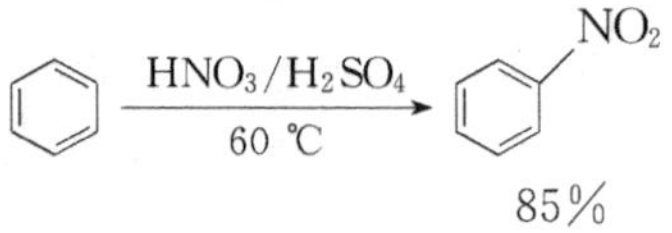

2. 卤代烃与亚硝酸盐反应法

卤代烃与亚硝酸盐反应可用于实验室制备脂肪族硝基化合物。卤代烃主要包括伯、仲溴代烃和碘代烃，氯代烃活性较差；亚硝酸盐主要是钠盐、钾盐和锂盐。反应常在 DMF 或 DMSO 中或在相转移催化条件下进行。

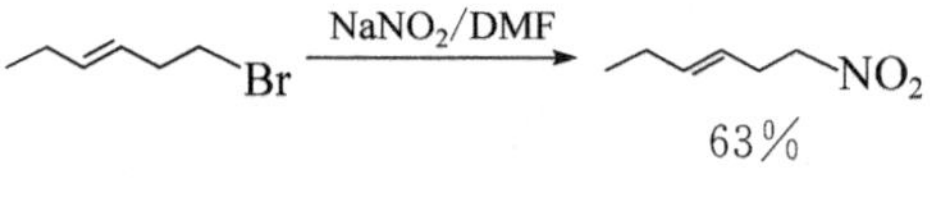

二、胺的制备

胺的制备方法主要有硝基化合物、酰胺、腈、叠氮化合物等的还原，醛、酮的还原胺化，卤代烃的氨/胺解以及酰胺的霍夫曼重排降解等。

1. 芳香族硝基化合物还原法

氨基一般难以直接引入到芳环上，多采用芳环硝化法先引入硝基，然后再通过硝基的还原制备芳香族伯胺。常用的硝基还原方法包括金属-质子酸还原、金属氢化物还原、硫化物还原及催化氢化等。金属-质子酸还原中最常用和最便宜的还原剂是铁，锡和锌等。例如：

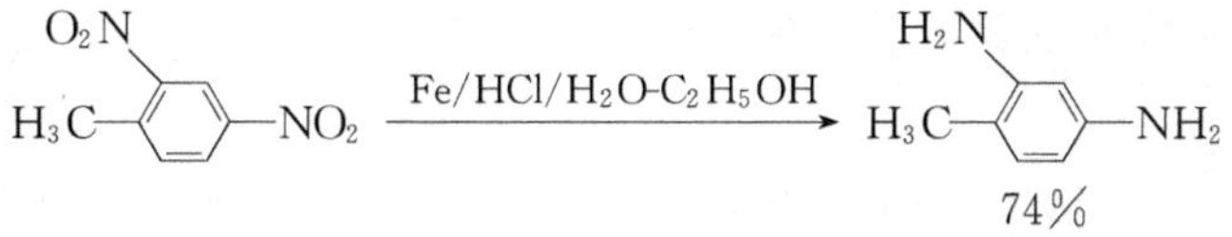

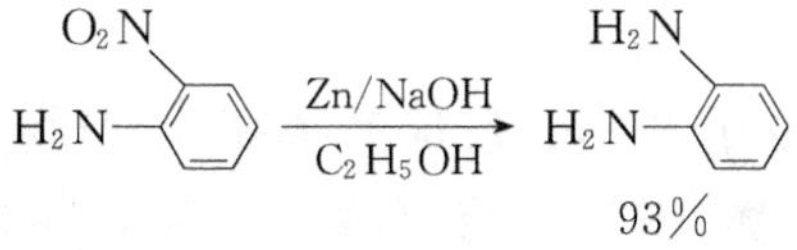

金属氢化物还原常用氢化铝锂与三氯化铝的混合物作还原剂。硼氢化钠一般不还原硝基化合物，但在催化剂如硅酸钠、钯、三氯化铋等存在下，还原反应也可顺利进行。例如：

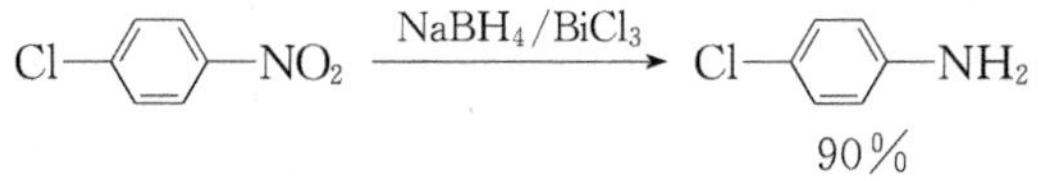

催化氢化是还原硝基化合物的优良方法，具有副反应少、产率高、后处理简单、价廉且无污染等优点，广泛用于实验室制备和工业化生产，常用的催化剂有金属镍、钯和铂等。例如：

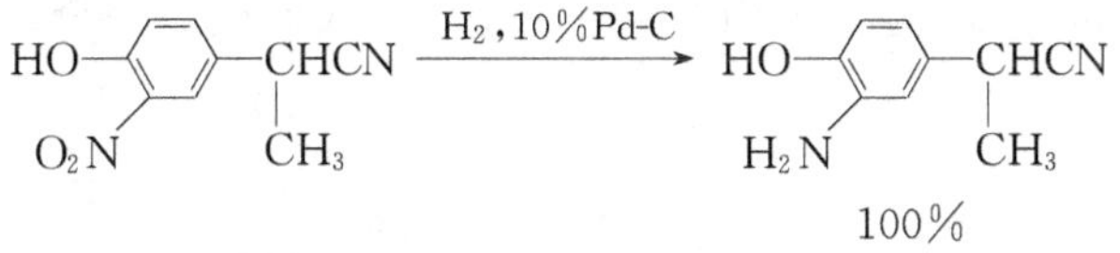

转移氢化还原也是把硝基化合物还原成胺的常用方法，常用的供氢体有肼、环己烯、异丙醇、甲酸铵等。例如：

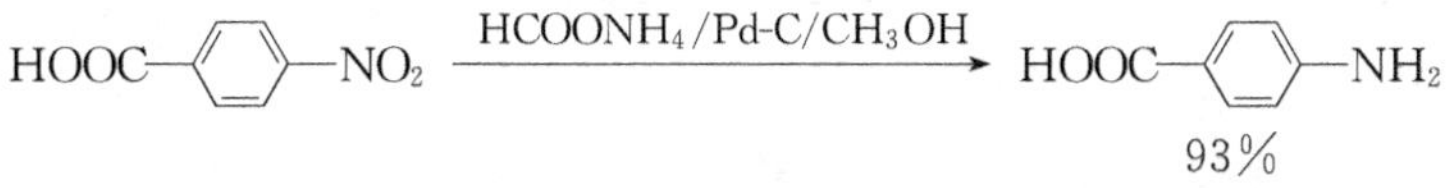

很多含硫化合物，如 Na_2S、Na_2S_2、$(NH_4)_2S$、$Na_2S_2O_4$（保险粉）等，也是还原硝基化合物的常用试剂。对于多硝基芳香化合物的部分还原，硫化物还具有选择性还原的特点。例如：

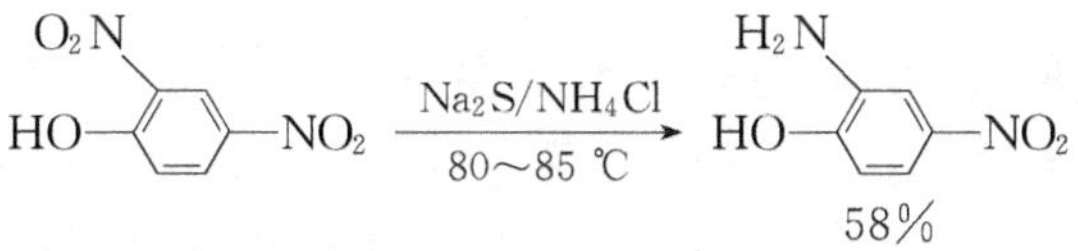

2. 酰胺还原法

酰胺的还原是合成胺的重要方法。根据酰胺氮原子上的取代情况不同，可分别制备伯胺、仲胺和叔胺，常用的还原剂有金属氢化物和硼烷。氢化铝锂常可在比较温和的条件下进行还原，而单独使用硼氢化钠则很难还原酰胺，但乙酸与硼氢化钠形成的酰氧硼氢化钠或碘-硼氢化钠、碘甲烷-硼氢化钠及硫酸-硼氢化钠等还原体系可顺利地将酰胺还原成胺。例如：

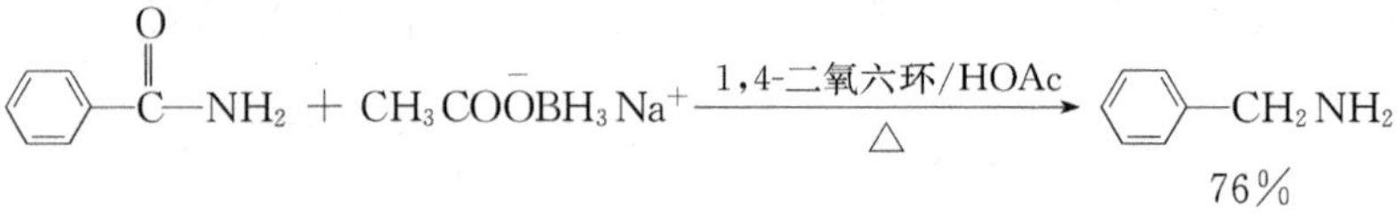

硼烷是还原酰胺的良好试剂，该反应产率高，副产物少，且不影响分子中存在的硝基、烷氧羰基及卤素等，但分子中若有碳氧双键，则同时被还原。例如：

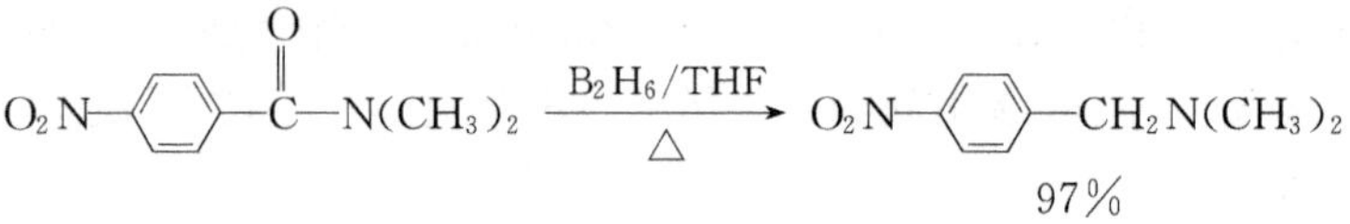

3. 腈还原法

腈还原成伯胺常采用催化氢化、金属氢化物还原及硼烷还原。催化氢化常以钯、铂或铑为催化剂，在酸性条件或酰化剂乙酸酐的存在下进行，使生成的胺转变成盐或酰胺，以减少副产物的生成。

氢化铝锂还原腈时，通常使氢化铝锂过量，以保证反应完全。例如：

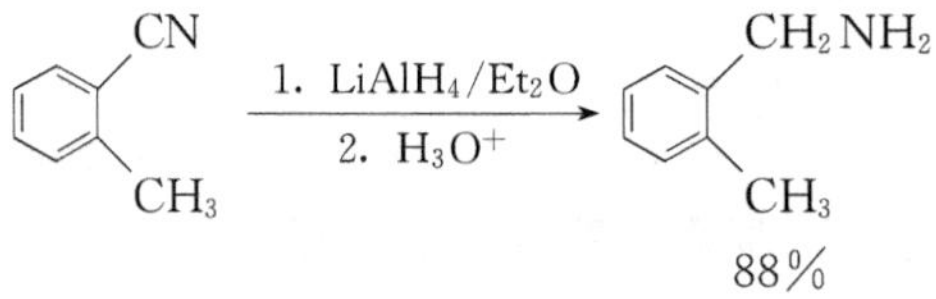

硼烷可在温和条件下将腈还原成胺。例如：

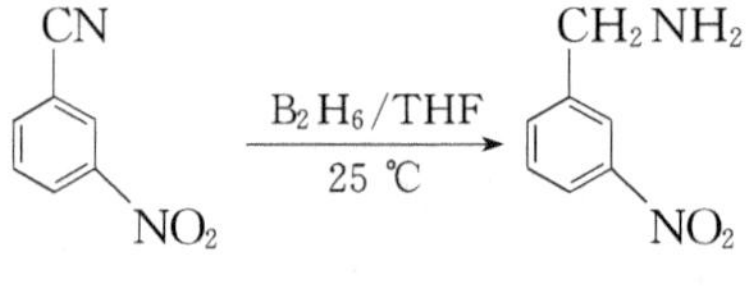

4. 醛和酮的还原胺化法

醛、酮与氨(或伯胺、仲胺)在还原剂存在下反应，可制备相应的伯胺、仲胺或叔胺。常用的还原剂有催化氢化、活泼金属与酸、金属氢化物、甲酸及其衍生物等。

醛、酮在高温下与甲酸铵及 *N*-取代的甲酸铵或甲酰胺反应生成伯胺的反应称为刘卡特反应。该反应原料易得，操作简便，选择性较好，一些易被还原的基团如硝基、碳碳双键等不受影响。例如：

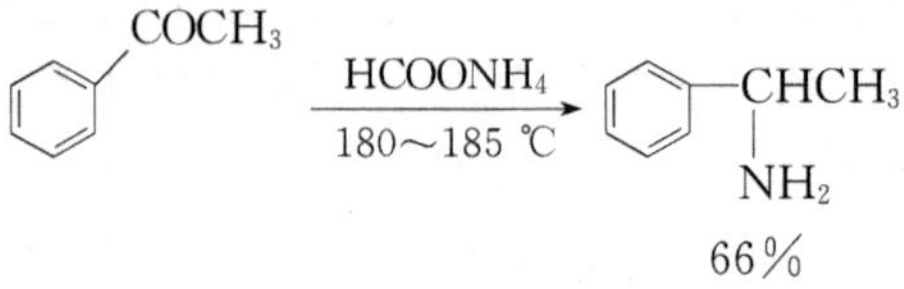

如果用甲醛、甲酸与伯胺或仲胺反应，可很方便地制备 *N*-甲基化胺，该方法称为埃施韦勒-克拉克(Clarke)反应，是制备叔胺的常用方法。例如：

$$(CH_3)_3CNH_2 + CH_2O + HCO_2H \xrightarrow{100\ ℃} (CH_3)_3CN(CH_3)_2$$

95%

该反应也常用硼氢化钠或氰基硼氢化钠作还原剂。

5. 叠氮化合物还原法

叠氮化合物能被多种试剂还原成伯胺，常用的还原剂有催化氢化及氢化铝锂或硼氢化钠等多种金属氢化物。例如：

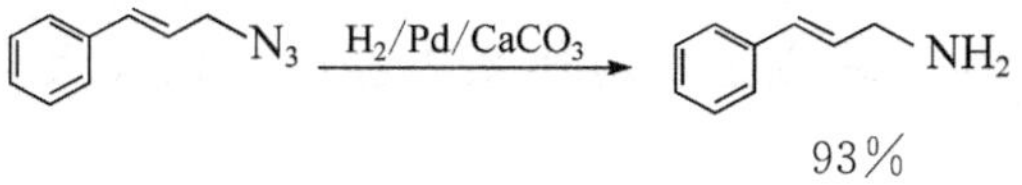

93%

6. 卤代烃氨/胺解法

通过氨、伯胺和仲胺与卤代烃的亲核取代反应，可以制备胺。由于生成的胺也是很好的亲核试剂，可以继续与卤代烃反应，因此往往得到各种胺的混合物。如果只在 N 上引入一个烃基，可将反应物氨或胺大大过量；如果要合成季铵，可将卤代烃大大过量。

活泼的卤代烃与六亚甲基四胺(乌洛托品)反应生成季铵盐，然后在醇中用浓盐酸分解生成伯胺，该方法不发生多烷基取代。例如：

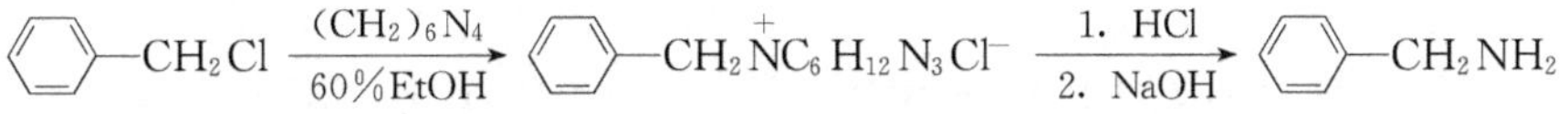

盖布瑞尔合成法是合成伯胺的经典方法(详见第十四章)。卤代烃与邻苯二甲酰亚胺的钾盐在 DMF 中反应生成 *N*-烃基邻苯二甲酰亚胺，然后水解或肼解得到伯胺，具有原料易得，操作简便且产率较高等优点。除卤代烷外，磺酸酯也能与邻苯二甲酰亚胺钾盐反应，经肼解后生成伯胺。磺酸酯法(S_N2)还用于手性胺的制备。

7. 重排反应法

重排反应在胺的合成中起着一定的作用，常见的有霍夫曼重排、柯提斯重排及施密特重排。

酰胺在碱液中与溴或氯作用，可以得到比原料少一个碳原子的伯胺(霍夫曼重排)。该方法操作简便，产率也较高，对于小于 7 个碳的低级脂肪族酰胺，产率为 80%～90%，但对高级脂肪酰胺，由于生成的伯胺易被 NaOX 氧化为腈，使得伯胺的产率明显降低。例如：

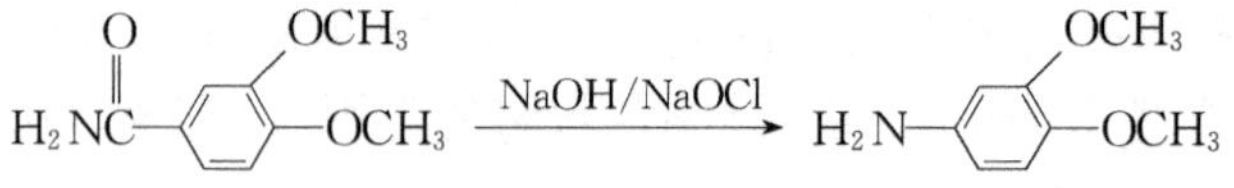

80%

酰基叠氮化合物受热重排生成异氰酸酯(柯提斯重排),然后水解可以得到少一个碳原子的胺。例如:

$$(CH_3)_2CHCH_2COCl \xrightarrow{NaN_3} (CH_3)_2CHCH_2CON_3 \xrightarrow[2.\ H_2O]{1.\ CHCl_3,\triangle} (CH_3)_2CHCH_2NH_2$$

70%

如果反应物对强酸稳定,可直接用施密特重排反应代替柯提斯重排,即羧酸与叠氮酸在硫酸等强酸作用下直接得到比原羧酸少一个碳原子的胺。该法的优点是无需分离反应中间产物,缺点是反应体系中会产生毒性大且易爆炸的叠氮酸。例如:

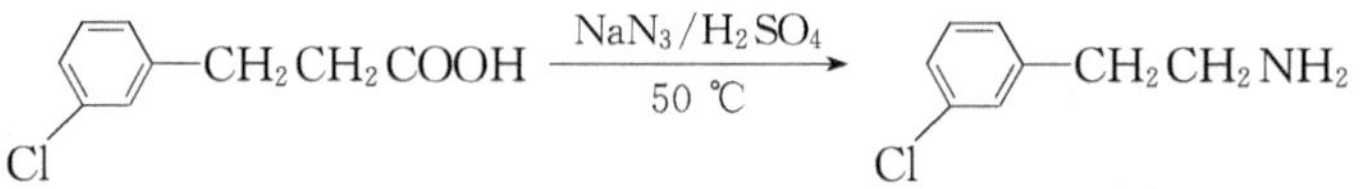

85%

三、腈的制备

卤代烃与 NaCN、KCN 等反应是合成腈的常用方法,有时也用氰化亚铜。反应通常在乙醇中进行,但反应较慢。用 DMF 或 DMSO 作溶剂,或采用相转移催化反应,可加快反应速率,提高反应产率。例如:

$$CH_3(CH_2)_6CH_2Br + KCN \xrightarrow[80\ ^\circ C,4\ h]{\text{冠醚}/H_2O} CH_3(CH_2)_6CH_2CN$$

97%

酰胺脱水也是合成腈的常用方法之一,常用的脱水剂有五氧化二磷、五氯化磷、三氯氧磷、氯化亚砜等。用氯化亚砜作脱水剂时,生成的副产物是二氧化硫与氯化氢,因此产物很容易提纯。例如:

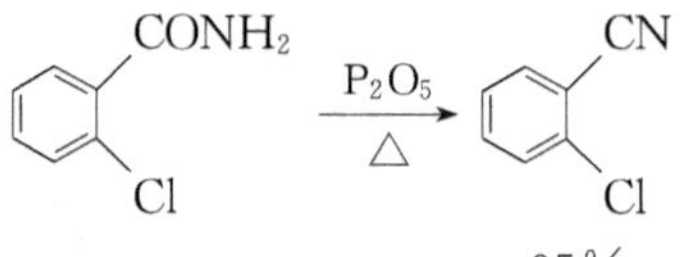

95%

四、季铵盐和季铵碱的制备

季铵盐通常由氨或胺与卤代烃通过彻底烃基化反应来制备。例如:

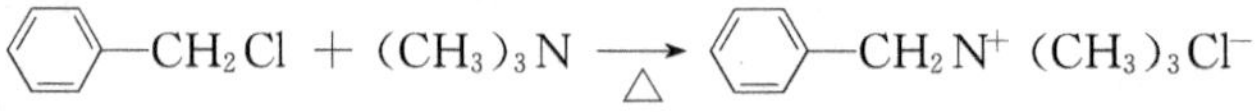

季铵碱的碱性与氢氧化钾、氢氧化钠相当，通常由季铵盐与湿的氧化银作用制得。反应产生卤化银沉淀，把沉淀过滤后，滤液蒸干就可以得到季铵碱。例如：

$$(CH_3)_4N^+I^- \xrightarrow{AgOH} (CH_3)_4N^+OH^- + AgI\downarrow$$

五、重氮盐及偶氮化合物的制备

重氮盐由芳香族伯胺与亚硝酸在过量无机酸存在下反应制备。通常的制备方法是将芳胺溶解或悬浮于过量的稀酸中，冷却至 0～5 ℃，然后加入亚硝酸钠水溶液。常用的酸为盐酸或硫酸，尤以盐酸更为常用，因其反应速率快且伯胺的盐酸盐较其硫酸盐具有更大的溶解度，但有时为了防止生成含氯化合物，也用硫酸代替盐酸。

$$ArNH_2 \xrightarrow[0\sim5\ ℃]{NaNO_2/HCl} Ar—\overset{+}{N}\equiv N\ Cl^-$$

重氮盐大多不稳定，干燥情况下易发生爆炸，所以反应常在较低温度下进行，生成的重氮盐不加分离，直接进行下一步反应。

制备重氮盐时，反应体系应控制在一定的酸度，以防止生成的重氮盐与尚未反应的伯胺生成重氮氨基化合物；亚硝酸的用量也需适当，如果过量，则多余的亚硝酸会导致重氮盐分解，因此，实际操作中需及时用淀粉-碘化钾试纸检测。

重氮盐用途很广，可用来合成多种有机化合物。偶氮化合物就是其中的一类。芳香族重氮盐与芳胺或酚偶联生成偶氮化合物。例如：

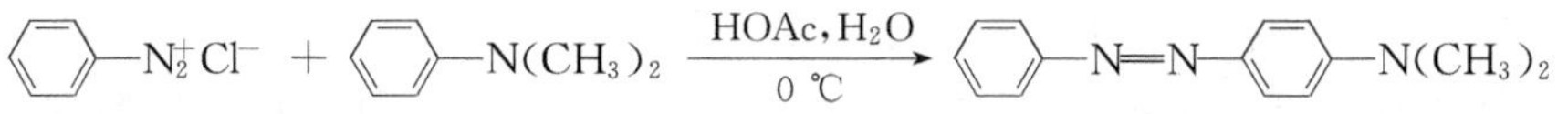

反应受 pH 影响较大，只有反应体系的 pH 在合适的范围，才能有效地发生偶联。与酚偶联时，常在弱碱性(pH＝8～10)条件下进行，因为碱性条件下，酚与碱作用生成盐，酚氧负离子更有利于发生偶联，但碱性不能太强，因重氮盐在强碱条件下易变成重氮酸盐。重氮盐与芳胺（通常是叔胺）偶联时，常在弱酸性(pH＝5～7)条件下进行，因为在弱酸性条件下，芳胺形成铵盐增大了其在水中的溶解度，有利于反应的进行。但是，酸性太强会抑制铵盐的电离，使反应体系中的胺浓度降低，进而使反应减弱甚至不能发生。

第四节　卤代烃的制备

卤代烃的制备方法很多，常用的有醇的卤代、不饱和烃与卤素或卤化氢的加成、芳烃的卤代、卤素交换及重氮盐的卤素置换等方法。

一、由醇制备法

醇的卤代是合成卤代烃最常用的方法，常用的卤化剂有氢卤酸、卤化磷和卤化亚砜。此法主要用于制备氯代物和溴代物，碘代物则由氯代物或溴代物与 NaI 的置换反应来制备。

对于活性较高的叔醇和苄醇等，可以直接用浓盐酸或氯化氢气体进行氯代，伯醇常用卢卡斯试剂。例如：

$$CH_3CH_2C(OH)(CH_3)_2 \xrightarrow[\text{室温}]{HCl} CH_3CH_2CCl(CH_3)_2 \quad 97\%$$

醇和氢溴酸反应，常在反应中及时分馏出水分，以保持反应中氢溴酸浓度，也可用溴化钠及过量的浓硫酸代替氢溴酸。例如：

$$CH_3CH_2CH_2CH_2OH \xrightarrow{NaBr/H_2SO_4} CH_3CH_2CH_2CH_2Br \quad 58\%$$

醇和三卤化磷或五卤化磷反应也是制备卤代烃的经典方法，卤化磷的活性比氢卤酸高，而且反应大多属于 S_N2 机理，所以相比而言，反应较易进行，重排副产物也较少。例如：

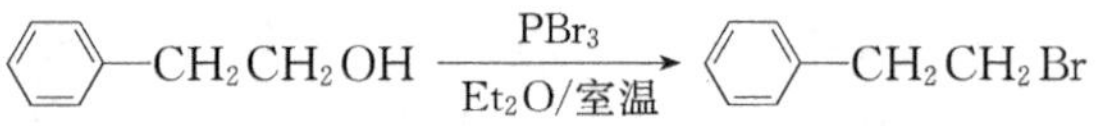

82%

氯化亚砜是醇氯代的良好试剂，反应中生成的副产物为氯化氢和二氧化硫气体，且二氯亚砜本身沸点也不高，即使过量，也很容易除去。

氯化亚砜的反应中常加入少量吡啶或 DMF，可以增加反应活性，提高反应产率。例如：

$$CH_3(CH_2)_4CH(OH)CH_3 \xrightarrow{SOCl_2/HMPT} CH_3(CH_2)_4CHClCH_3 \quad 79\%$$

二、烯烃、炔烃的加成法

烯烃和炔烃可与多种含卤化合物发生加成反应生成卤代烃，常用的卤化试剂有卤素、卤化氢、次卤酸等。

烯烃与卤素的加成是制备 1,2-二卤代烃的重要方法，常用的卤化剂是氯和溴。由于氟太活泼，反应时易发生取代、聚合等副反应，难以得到正常的加成产物，实用价值很小。碘加成反应是一个可逆反应，生成的二碘化物易发生消除，所以在合成上也不常用。

炔烃和卤素的加成通常得到反式二卤代烯烃。例如：

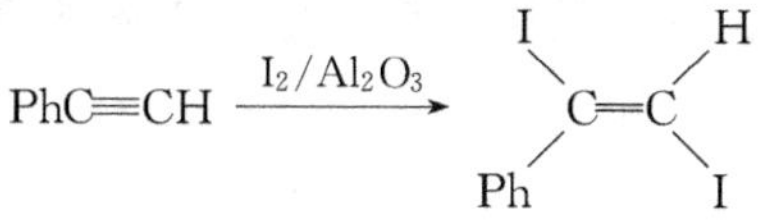

96%

烯烃和卤化氢的加成可得到卤代烃，卤化氢的活性次序依次为 HI>HBr>HCl。实际应用时，常用卤化氢气体或其在有机溶剂中的饱和溶液或者浓的氢卤酸。例如：

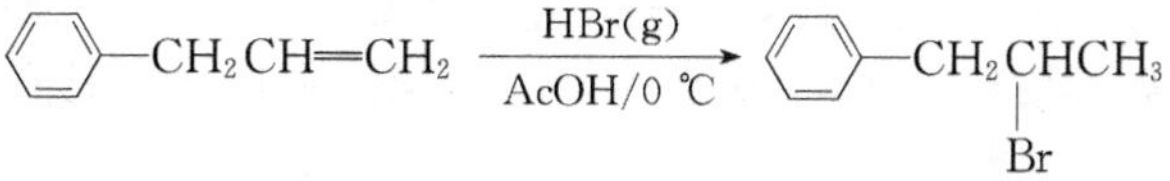

71%

在过氧化物存在下，溴化氢与烯烃的加成按自由基机理进行，主要生成反马氏规则的产物，与末端烯烃加成可制备 1-溴代烷。例如：

$$CH_3(CH_2)_6CH{=}CH_2 + HBr \xrightarrow{\text{过氧化物}} CH_3(CH_2)_7CH_2Br$$

82%

炔烃与卤化氢的加成可生成卤代烯烃。例如：

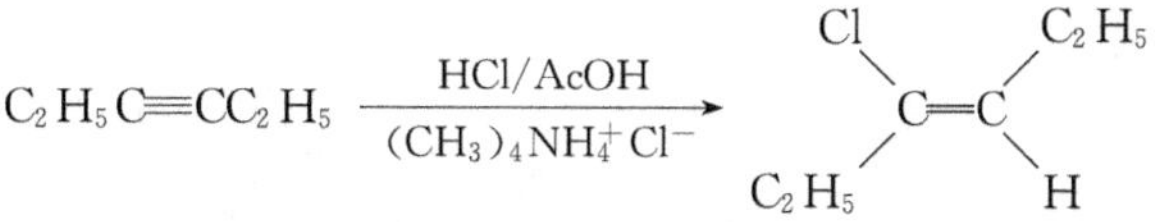

95%

三、丙烯及烷基芳烃的 α-卤代

烯丙位和苄位卤代是制备不饱和卤代烃的常用方法。实验室常用的卤代试剂有 *N*-溴代丁二酰亚胺、*N*-氯代丁二酰亚胺（NCS），*N*-溴代乙酰胺（NBA）和 *N*-氯代乙酰胺（NCA）等。例如：

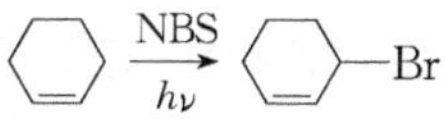

43%

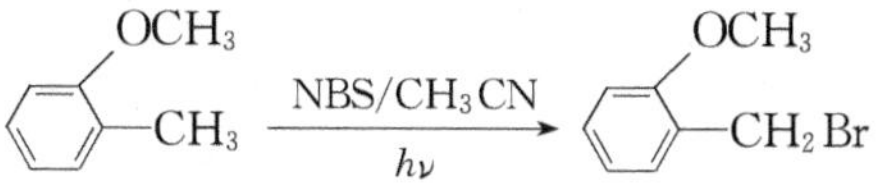

95%

四、卤代芳烃的制备

芳环的亲电取代反应和芳香族重氮盐法是制备卤代芳烃最常用的两种方法。

前者属于直接法，后者属于间接法。当由于芳环反应性能差而难以实现卤代时或因定位效应的限制，而无法通过直接法将卤原子引入所期望的位置时，常采用间接法来制备卤代烃。

1. 芳环的卤代反应

常用的卤化试剂是卤素。反应通常需要用 FeX_3、AlX_3、$ZnCl_2$ 等路易斯酸作催化剂。氯和溴是最常用的试剂，反应比较容易进行。由于氟反应活性高，与芳烃的反应激烈，不易控制，一般不直接氟化来制备氟代芳烃。碘的反应活性较弱，而且反应中生成的碘化氢具有还原性，能使碘代芳烃还原成芳烃，因此，通常在反应介质中加入过氧化氢、过碘酸、乙酸汞等氧化剂来除去反应中生成的碘化氢。例如：

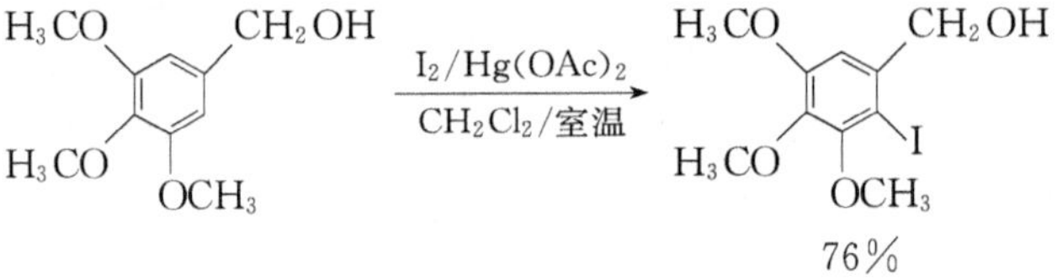

2. 芳香族重氮盐法

对于重氮盐的氯代和溴代来说，常需用氯化亚铜或溴化亚铜在相应的氢卤酸存在下反应。例如：

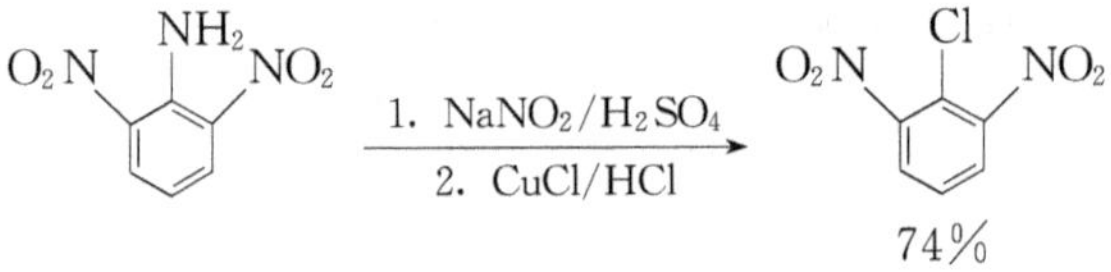

碘代时，由于碘负离子的反应能力较强，反应中不必使用亚铜盐作催化剂，只需将芳香重氮盐和碘化钾或碘直接加热反应即可。例如：

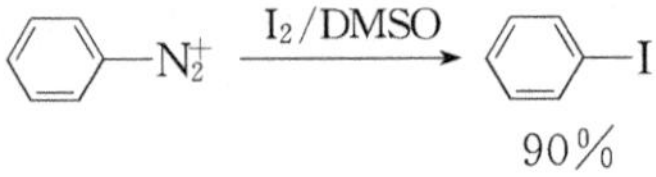

氟负离子由于活性很小，通常不能利用该反应制备氟代芳烃，需将重氮盐转化成不溶性的重氮氟硼酸盐或氟磷酸盐，然后加热分解，得到芳香族氟化物。例如：

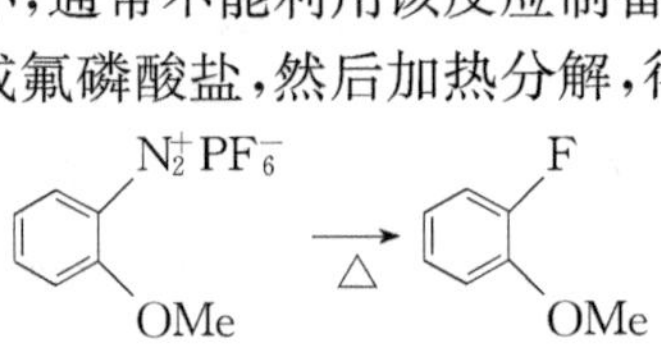

五、卤素交换法

有机卤化物（氯化物或溴化物）与无机卤化物（NaI、KI、KF 等）之间发生卤素交换的反应称为芬克尔斯坦(Finkelstein)反应,或卤素交换反应。该反应一般用于由氯代物制备溴代物、碘代物和氟代物。该反应机理为双分子亲核取代,反应一般在无水丙酮中进行。卤代烃的反应活性次序为伯卤代烃 > 仲卤代烃 > 叔卤代烃。乙烯型卤代物和芳香族卤代物一般不发生反应,但若卤原子的邻、对位有强吸电子基团时也可发生此类反应。例如:

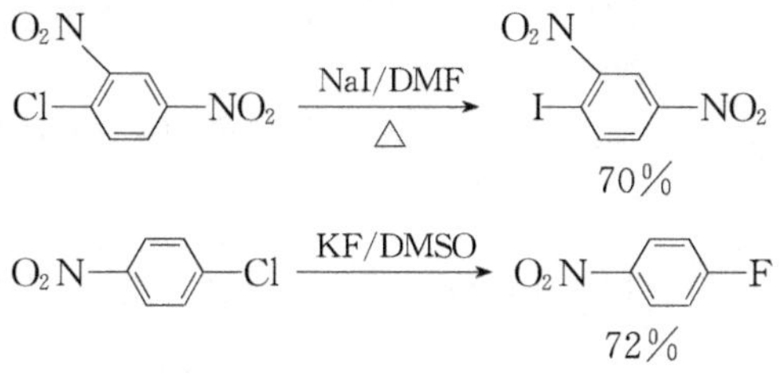

六、羰基化合物的α-卤代

醛、酮的α-氢被卤素取代后生成α-卤代醛或酮,常用的卤化剂有卤素、N-卤代酰胺、五卤化磷等,常用的溶剂有乙酸、氯仿、四氯化碳及乙醚等,反应可被酸或碱催化。例如:

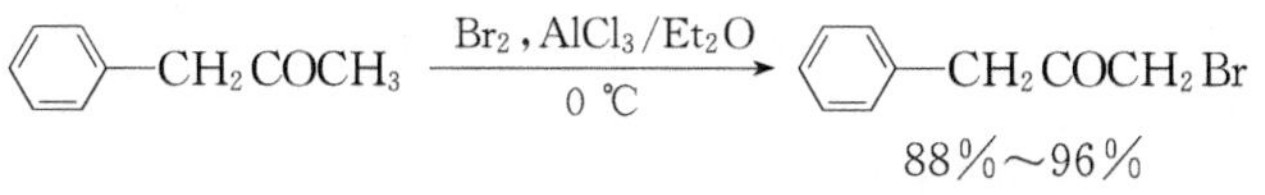

在酸催化下,α-卤代反应易停留在单卤代产物,而在碱催化下容易生成α-多卤代和α-全卤代产物。因此,根据目标物——α-卤代羰基化合物的要求选择合适的催化条件是很重要的。

醛由于α-H和醛基上的氢都可以被卤素取代,而且醛也容易发生聚合等副反应,因此通常不直接用该方法制备α-卤代醛,而是先把醛变成相应的烯醇酯,再卤化,然后在酸性条件下水解。例如:

$$CH_3(CH_2)_5CHO \xrightarrow{Ac_2O/AcOK} CH_3(CH_2)_4CH{=}CHOAc \xrightarrow[2.\ CH_3OH]{1.\ Br_2/CCl_4}$$

$$CH_3(CH_2)_4CHBrCH(OCH_3)_2 \xrightarrow{H_3O^+} CH_3(CH_2)_4CHBrCHO$$

羧酸及酯的α-H原子活性较差,卤代较困难,而酰卤或酸酐的α-位卤代则较容易。因此,羧酸的卤代可先转化成相应的酰卤,然后卤代。实际操作中,两步反应合为一步,即在反应中加入催化量的P或PX_3。例如:

$$CH_3COOH + Cl_2 \xrightarrow{P} ClCH_2COOH$$

96%

习　题

1. 完成下列转化。

(1) $(CH_3)_2CHCl \longrightarrow (CH_3)_2CHCH_2CH_2CH_3$　　(2) $(CH_3)_2CHCH_2Cl \longrightarrow (CH_3)_3CCH_2CCl(CH_3)_2$

(3) $CH_3CH_2CH_2Br \longrightarrow CH_3CCl_2CH_3$　　(4) 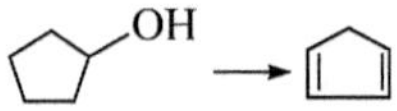

(5) 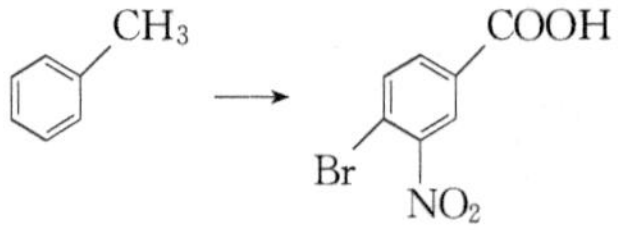　　(6) 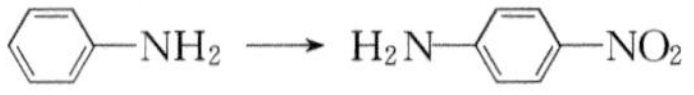

(7) $CH_3CH_2CH_2COOH \longrightarrow CH_3CHClCH_2COOH$　　(8) 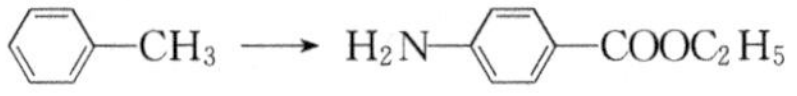

(9) 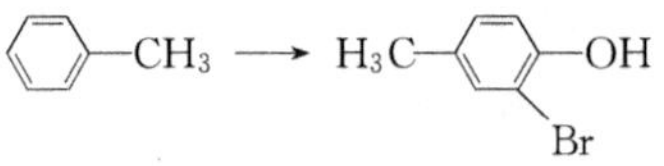　　(10) 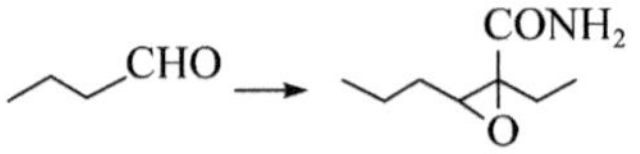

(11) 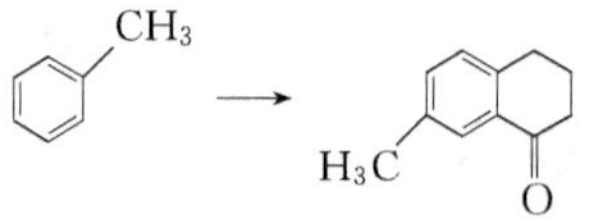　　(12) 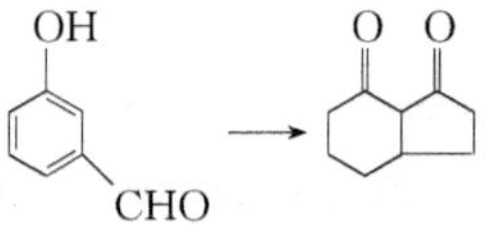

2. 以 2-甲基-1-溴丁烷和其他不超过两个碳的有机物为原料合成下列化合物。

(1) 2-甲基丁烷　　(2) 3,6-二甲基辛烷　　(3) 3-甲基己烷

3. 以丙烯为原料合成下列化合物。

(1) 1,5-己二烯　　(2) 4-甲基-1-戊烯

4. 利用环氧乙烷合成下列水溶性溶剂。

(1) $C_2H_5OCH_2CH_2OCH_2CH_2OH$　　(2) $HOCH_2CH_2OCH_2CH_2OH$

(3) $HOCH_2CH_2NHCH_2CH_2OH$　　(4) 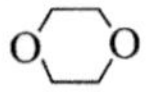

5. 以苯、甲醇及乙醇为原料合成 1-苯基-2-丙酮。

6. 以四氢呋喃为原料合成己二酰氯，无机试剂任选。

7. 以甲苯为原料合成邻磺酰苯甲酰亚胺(糖精)。

8. 由苯、甲苯和其他需要的试剂经过重氮盐合成下列化合物。

(1) 邻氯甲苯　　(2) 间氯甲苯　　(3) 间溴氯苯

(4) 1,3,5-三溴苯　　(5) 对二硝基苯　　(6) 3-甲基苯酚

9. 由甲苯、丙二酸二乙酯及必要试剂合成 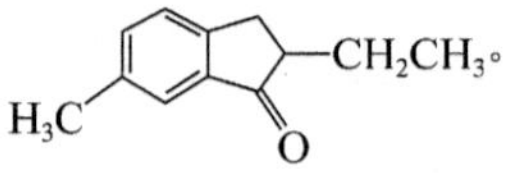。

10. 以  为有机原料合成 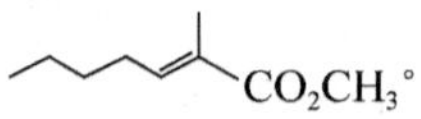。

11. 由苯甲醛及不超过三个碳的有机物为原料合成 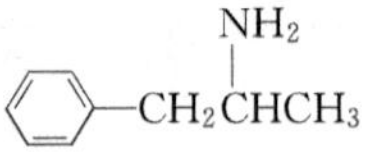 。

12. 由苯及不超过三个碳的有机物为原料合成 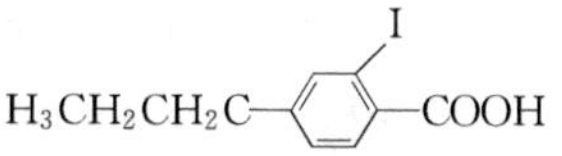 。

13. 完成下列转化：

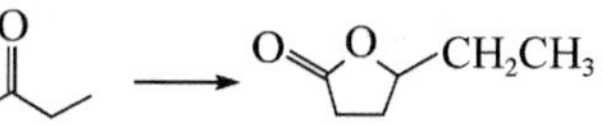

14. 以乙酰乙酸乙酯和 3-丁烯-2-酮为原料合成 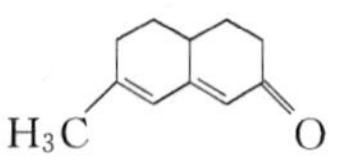 。

15. 写出下列合成步骤中所用试剂。

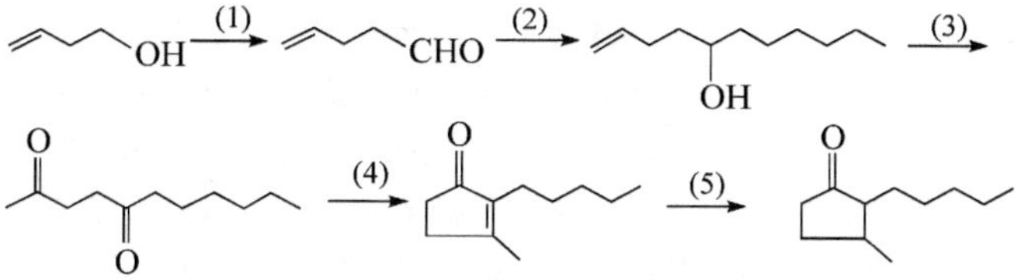

有机合成简介

有机合成一般是指通过一系列有机反应，将一些廉价、易得的原料转化成新的较为复杂的、更有价值的有机化合物的过程，有时也包括从复杂原料降解为较简单化合物的过程。自 1828 年德国科学家魏勒首次人工合成尿素开始，有机合成就伴随着有机化学一起成长、发展。100 多年来，有机化学家合成了几千万种有机化合物，包括自然界已有的结构非常复杂的有机化合物，以及许多自然界不存在的、具有各种特殊性能的有机功能分子，如塑料、药品、农用化学品、香料、染料等。人类生产和生活的需要以及科学本身发展的要求，都在不断推动着有机合成的发展。

有机合成的任务主要包括两方面，一是合成新的功能分子，探索新的试剂、方法和理论，二是实现有价值的已知化合物的工业生产。根据所承担任务的不同，有机合成可分为实验室合成和工业合成，工业合成又可分为基本有机合成和精细有机合成。基本有机合成主要是指以廉价、易得的天然资源，如煤、石油、天然气、农副产品以及基础加工产品等为原料，合成重要的有机化工原料，其特点是大批量连续生产、范围广、附加值较低。精细有机合成是以基本有机合成产品为起始原料，用技术密集的生产工序进行深度加工，合成较为复杂的化合物，其特点是小批量、多品种、附加值高，具有专用功能，如医药、农药、染料、香料、添加剂、试剂等。

有机合成的研究内容大体上可分为两个方面，一是涉及各种各样的单元反应，包括各种碳碳键、碳-杂键的形成和断裂以及官能团的引入、转换和除去。到目前为止，有机化学反应已超过 3000 个，而且新反应、新试剂、新方法仍在不断涌现。这是有机合成方法学的问题，是有机合成的基础。二是利用这些反应和方法进行多步有机合成，包括目标分子的导向合成(target oriented synthesis)与多样性的导向合成(diversity oriented synthesis)。目标分子导向的合成主要包括天然产物的全合成、衍生自天然的或设计的药物、农药、染料等各种功能有机分子的合成。天然产物全合成一直是有机合成中最富有创造性和挑战性的领域，许多结构复杂的有机分子如奎宁、马钱子碱、维生素 B_{12}、海葵毒素、紫杉醇、thiostrepton 及 brevetoxin-B 等被成功合成。在有机合成尤其是结构复杂的有机物合成过程中，需要首先考虑设计合理的合成路线和选用合适的原料，这就需要对目标分子的结构加以分析，选择最佳合成路线。利用各种碳碳键及各种官能团之间的转换，通过切断法推导出目标化合物的反应路线和可能的起始原料，这就是科里(E. J. Corey)提出并发展的逆合成分析法(retro-synthetic analysis)。逆合成分析法主要有三个步骤：①根据分子的结构特点对化学键切断产生合成子；②找出对应于合成子的试剂和可靠的合成反应；③根据逆合成分析写出合成路线及反应条件。逆合成分析法的关键是进行合理的切断。而多样性导向的合成由于没有目标结构，因而无法采用逆合成分析法来设计合成路线，由此哈佛大学的 Shreiber 等人提出了正向合成分析法(forward-synthetic analysis)，即从起始原料出发，通过选择合适的反应设计合成路线，从而提高产物的多样性和复杂性。

有机合成经过 100 多年的发展，已经取得了巨大成就，为人类社会的进步和发展做出了重要贡献。尽管如此，有机合成在许多方面还远远不能满足科学的发展和社会的需求。如何设计合成具有特定功能的有机分子和分子聚集体，如何进行快速有效、经济适用、环境友好的合成等仍是有机合成工作者所面临和需要解决的问题。

第十七章　碳水化合物

碳水化合物(carbohydrate)又称糖类化合物,是自然界中分布最广的一类有机化合物,对维持动物、植物的生命起着重要作用。各种植物种子中的淀粉,根、茎、叶中的纤维素,动物肌肉中的糖原以及水果和蜂蜜中的葡萄糖、果糖、蔗糖等都是碳水化合物。碳水化合物是人类生存的三大营养素之一,除了直接应用之外,也是许多工业的重要原料。

早期研究发现,糖类都含有C、H、O三种元素,组成上都符合通式$C_m(H_2O)_n$;糖类高温加热后会分解,放出水分而留下碳,故从组成和实验现象上看,糖类似乎是由C和H_2O组成的。因此,在早期人们把糖类称为"碳水化合物"。但后来的研究发现,糖类的组成并不是都符合$C_m(H_2O)_n$。例如,鼠李糖的分子式是$C_6H_{12}O_5$,脱氧核糖的分子式是$C_5H_{10}O_4$。另外,有的化合物的组成虽然符合上述通式,但其结构和性质却与糖类不同。例如,甲醛(CH_2O)、乙酸($C_2H_4O_2$)、乳酸($C_3H_6O_3$)等,它们都不具有糖的性质。现在所说的碳水化合物是泛指多羟基醛(酮)或多羟基醛(酮)的聚合物。碳水化合物之所以仍在使用,主要是缘自人们的习惯。

第一节　分类与命名

一、分类

从分子结构上看,碳水化合物可根据其水解情况将其分为三类。

(1) 单糖(monosaccharide):不能水解的糖,也是最简单的糖。常见的有葡萄糖、果糖、核糖等。单糖还可根据分子中羰基的类型或所含碳原子的数目来分类。分子中含有醛基的单糖称为醛糖,含有酮基的单糖称为酮糖。单糖通常含3～7个碳原子,因此有丙糖、丁糖、戊糖、己糖和庚糖之称。上述两种分类方法也常结合使用,如丙酮糖、丁醛糖等。

(2) 低聚糖(oligosaccharide):又称为寡糖,水解后能生成2～10个单糖分子的碳水化合物。最常见的是双糖,如蔗糖、麦芽糖等。多数低聚糖易溶于水,有甜味。

(3) 多糖(polysaccharide):水解后能生成10个以上单糖分子的碳水化合物。常见的有淀粉、纤维素等,它们都是由成百上千个单糖聚合而成的。多糖大多是无定形固体,不溶于水,无甜味。

二、命名

碳水化合物可以用俗名来命名，也可以用系统命名法命名，但更多的是采用俗名来命名。其原因是，单糖都含有多个官能团和多个手性碳原子，其系统命名法不仅操作比较麻烦，而且其名称也比较长，这对于糖的口头表达和书面表示都是不方便的，因此糖更多地采用俗名来命名，尤其是口头表述时更是如此。糖的俗名一般是根据其来源来命名的。例如，来源于葡萄的糖叫葡萄糖，来源于麦芽的糖叫麦芽糖，来源于核糖核酸的糖叫核糖。另外，还有果糖、蔗糖、乳糖等均是按其各自的来源来命名的。

除了丙酮糖，其他的单糖都是手性分子。当用俗名命名单糖时，还需要同时注明糖的手性构型，糖的手性构型一般采用 D/L 标记法。天然的单糖基本上都是 D 型的，因此，天然的葡萄糖和果糖可分别称为 D-葡萄糖和D-果糖。

碳水化合物的系统命名法是以含有羰基和羟基的最长碳链作为主链，从醛基或靠近羰基一端给主链碳原子编号，命名时注明取代基的位次、个数和各个手性碳的构型。应该注意的是，使用系统命名法时，手性碳的构型必须采用 R/S 来标记，而不能采用 D/L 来标记。例如：

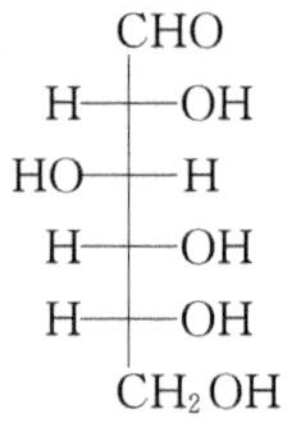

(2R,3S,4R,5R)-2,3,4,5,6-五羟基己醛
(D-葡萄糖)

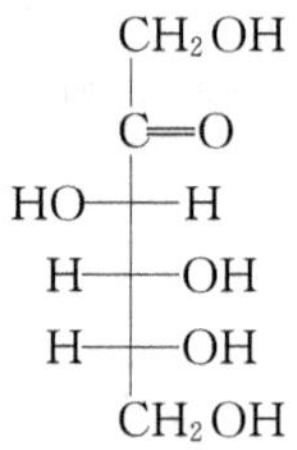

(3S,4R,5R)-1,3,4,5,6-五羟基-2-己酮
(D-果糖)

第二节　糖的立体化学和费歇尔投影式

一、单糖的旋光异构现象

除丙酮糖外，所有的单糖都有手性碳，且多数都有几个手性碳。例如，葡萄糖有 4 个手性碳，果糖有 3 个手性碳。单糖的旋光异构体的总数可按公式 2^n（n 为手性碳原子数目）来计算，其最多有 2^n 个旋光异构体。例如，葡萄糖有 16 个旋光异构体。由于酮糖比其相应的醛糖异构体少一个手性碳原子，所以酮糖旋光异构体数目只有其醛糖异构体的一半。部分醛糖和酮糖的手性碳原子个数和旋光异构体数目见表 17.1。

表 17.1　部分单糖的手性碳原子数和旋光异构体数目

单糖名称	手性碳原子个数	旋光异构体数目	单糖名称	手性碳原子个数	旋光异构体数目
丙醛糖	1	2	丁酮糖	1	2
丁醛糖	2	4	戊酮糖	2	4
戊醛糖	3	8	己酮糖	3	8
己醛糖	4	16			

二、单糖的费歇尔投影式

实验证明，天然葡萄糖是右旋体，分子式为 $C_6H_{12}O_6$，是一个己醛糖。但是，要想证明天然葡萄糖是16个己醛糖异构体中的哪一个，就要把葡萄糖中4个手性碳原子的构型都一一确定出来，这在有机化学发展的初期是一项非常困难的工作。德国化学家费歇尔从1884年起，前后花费了10多年的时间，直至19世纪末才用化学方法确定了天然葡萄糖的构型，并因此荣获了1902年的诺贝尔化学奖。

单糖费歇尔投影式的投影原则与第三章所述相同。为简便起见，常将费歇尔投影式写成不同简化程度的简写式。在最简式中，三角形代表醛基，圆圈代表羟甲基。D-葡萄糖的费歇尔投影式可用图17.1中四种形式的任何一种来表示。

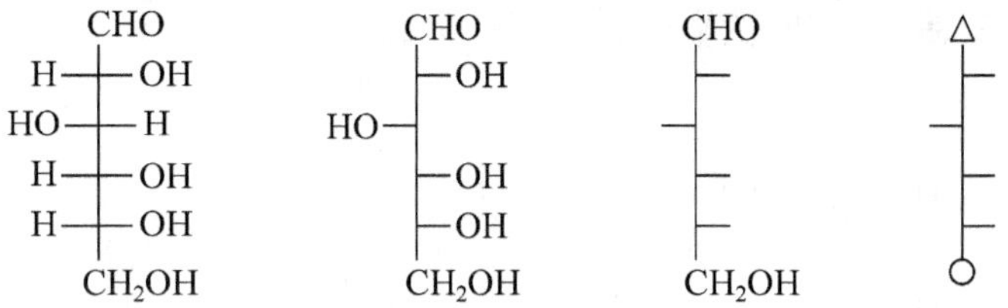

图 17.1　D-葡萄糖费歇尔投影式的四种表示

单糖的构型可以用D/L法来标记，也可以采用 *R*/*S* 法来标记。前者用于俗名命名，后者用于系统命名。需要指出的是，单糖的D/L标记法所标记的是单糖分子中编号最大的手性碳的构型，其他手性碳的构型则是隐含于单糖的俗名中。例如，D-葡萄糖中的D表示的是葡萄糖中的5号碳(C-5)的手性构型。由于天然葡萄糖中的C-5构型与由D-甘油醛通过三次增碳反应而形成的D-己醛糖的C-5构型相同，因此按照D/L构型标记法，天然葡萄糖的构型也应标记为D。D-甘油醛转变成D-己醛糖的过程如下：

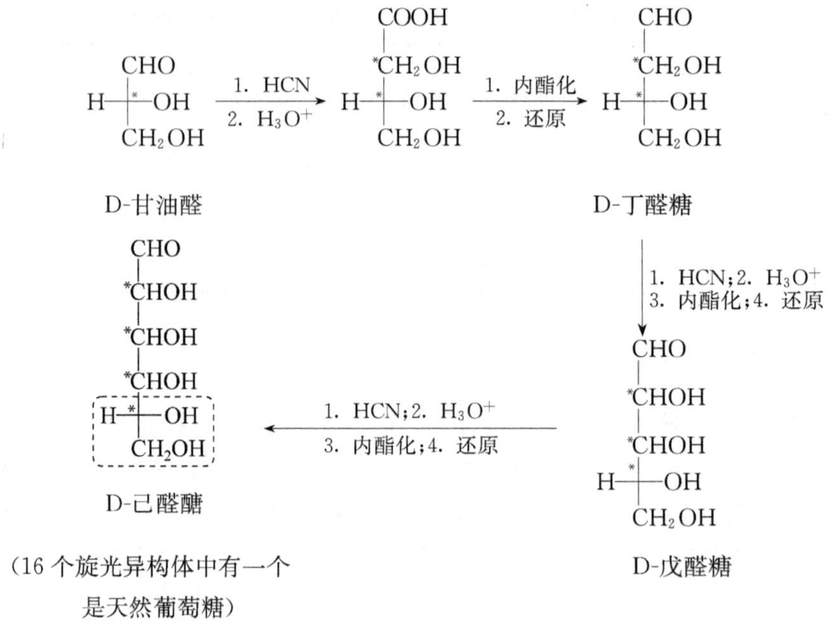

单糖的增碳反应

单糖构型标记的另一个规定是，俗名相同的D型单糖和L型单糖为一对对映体。例如，D-葡萄糖和L-葡萄糖互为对映体。

自然界中存在的单糖大多是D-构型的。D-葡萄糖、D-甘露糖、D-半乳糖和D-果糖是常见的单糖，它们的费歇尔投影式如下：

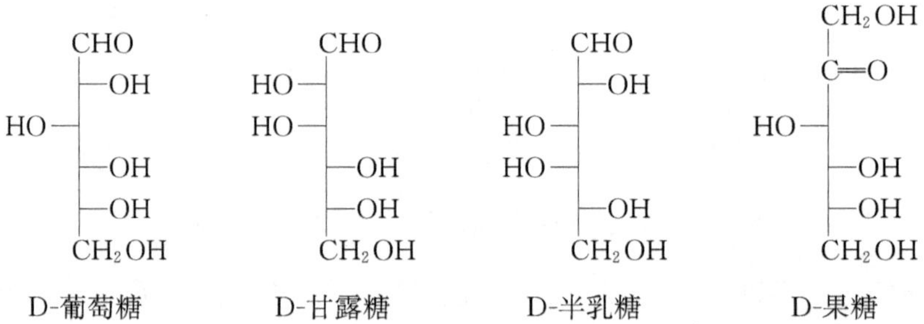

以上四种D型糖都是六碳糖，结构相似，互为旋光异构体。D-葡萄糖与D-半乳糖以及D-葡萄糖与D-甘露糖均只有一个手性碳原子的构型相反，其他手性碳原子的构型相同。这种只有一个手性碳原子的构型相反，而其他手性碳原子的构型完全相同的旋光异构体称为差向异构体。D-葡萄糖和D-甘露糖是C_2差向异构体，D-葡萄糖和D-半乳糖是C_4差向异构体。

六碳以下D-型醛糖的费歇尔投影式及构型如下：

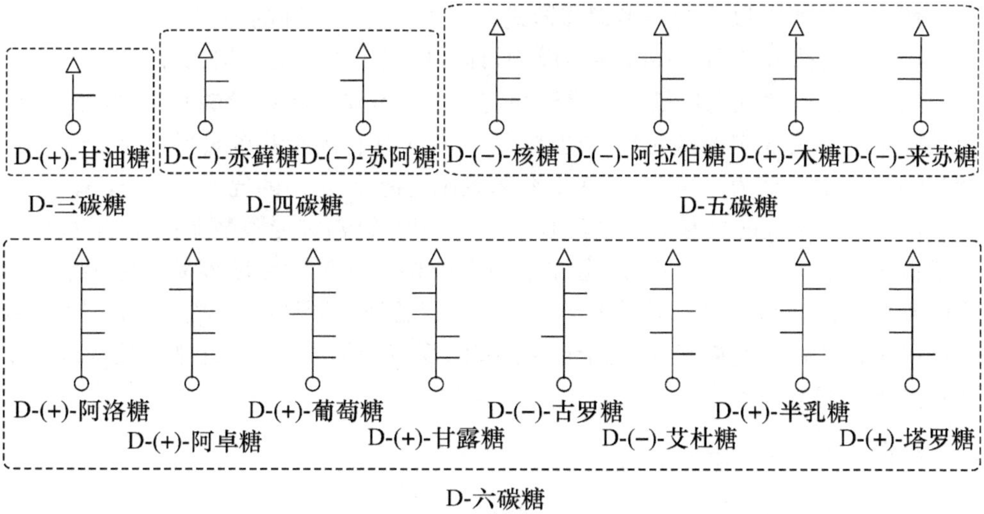

第三节　单糖的环状结构

实验发现,新配制的糖溶液的比旋光度会随着时间的变化而变化,最后达到一恒定值。例如,从 50 ℃的温水或乙醇溶液中结晶得到的 D-葡萄糖[m. p. 146 ℃(分解)],其新配制的水溶液的$[\alpha]_D^{20}$为+112°,但随着时间延长,其$[\alpha]_D^{20}$会逐渐减小,最后恒定于+52.7°;从 98 ℃以上的热水溶液或从吡啶中结晶得到的 D-葡萄糖(m. p. 150 ℃),其新配制的溶液的$[\alpha]_D^{20}$为+18.7°,随着时间的延长其$[\alpha]_D^{20}$则会逐渐增大并最终恒定于+52.7°。这种比旋光度随时间而变化的现象称为变旋现象(mutarotation)。

一般旋光性物质的比旋光度在一定条件下都是一个固定的常数。可是,为什么葡萄糖会有变旋现象呢? X 射线晶体衍射实验证明,在葡萄糖晶体中,其分子内的醛基和羟基是呈半缩醛环状结构的,且主要以 C_5 上的羟基形成的六元环半缩醛形式存在,另有极少数的以 C_4 上的羟基形成的五元环半缩醛形式存在。当葡萄糖晶体溶于水时,其半缩醛环状结构会发生开环,形成链状结构,并最终形成环状结构和链状结构共存的一个动态平衡体系(图 17.2)。

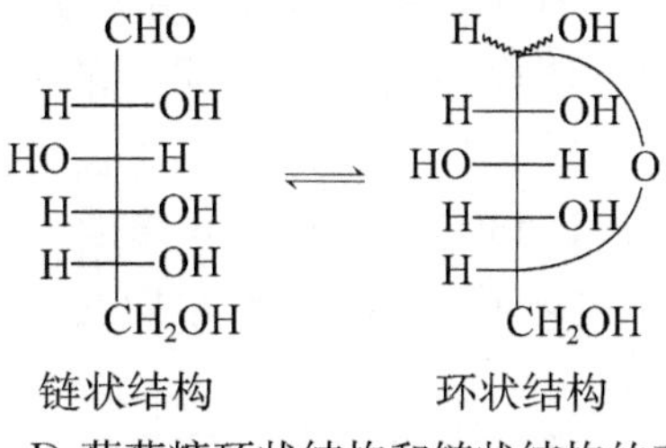

图 17.2　D-葡萄糖环状结构和链状结构的动态平衡

葡萄糖之所以以六元环半缩醛形式存在主要有三方面的原因。

(1) 葡萄糖分子内存在醛基和羟基,具备形成半缩醛的结构条件。

(2) 六元环和五元环是自然界最稳定的两个环系。葡萄糖的 C_5 上的羟基与 1 位的醛基能形成稳定的六元环结构,能量方面的有利因素是葡萄糖形成分子内半缩醛结构的主要动力。事实上,在平衡体系中还有 0.14%的五元环半缩醛。

(3) 醛基邻位的羟基对醛基具有吸电子诱导效应,并导致醛基的亲电性增强,易于被亲核试剂——羟基进攻,形成半缩醛结构。这是葡萄糖容易发生半缩醛反应的主要原因。与三氯乙醛易于形成水合三氯乙醛是同样的道理。以上因素的综合结果不仅使得葡萄糖形成六元环半缩醛的反应能够发生,而且这一反应还能够在室温下很容易地发生。

一、环式结构的费歇尔投影式

当 D-葡萄糖由链式结构转变为半缩醛环状结构时,原来分子中的醛基碳原子就变成了手性碳原子。由于羟基可以从醛基平面的任何一面去进攻醛基,因此,新产生的半缩醛手性碳将会产生 R 或 S 两种构型。R 构型又称为 β-型,其半缩醛羟基(又称为苷羟基或甙羟基)与原来 C_5 上羟基位于费歇尔投影式的异侧;S 型又称为 α-型,其半缩醛羟基在费歇尔投影式中位于原来 C_5 上羟基的同侧。α-葡萄糖和 β-葡萄糖的费歇尔投影式可分别表示如下:

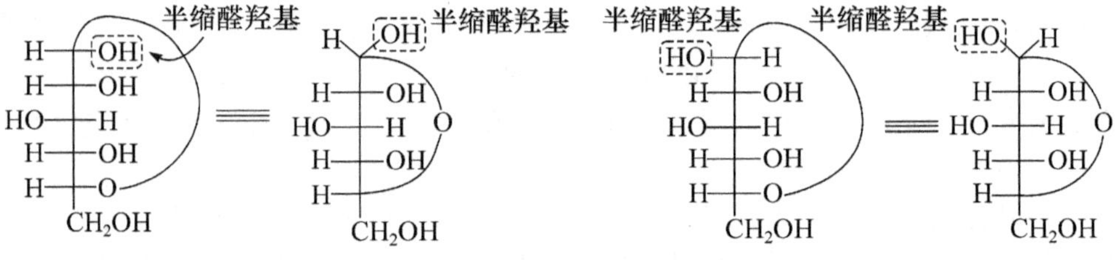

α-D-(+)-葡萄糖　　　　β-D-(+)-葡萄糖

在 α-葡萄糖和 β-葡萄糖中,只有 C_1 构型不同,其他手性碳的构型都相同,二者互为差向异构体和非对映异构体。这种只有 C_1 构型不同的差向异构体在糖化学中称为"异头物"(anomer),C_1 原子称为"异头碳"(anomeric carbon)。

在用俗名命名糖的环状结构时,需要注意:用 D 或 L 标记糖的原有构型,用 α 或 β 标记异头碳的构型,同时还要在名称中表明环的类型。六元环的半缩醛称为吡喃环,五元环的半缩醛称为呋喃环。在口头表述且不会产生误解的情况下,名称中常省略环的类型。例如,α-D-吡喃葡萄糖在很多时候常简化为 α-D-葡萄糖。如果已知其旋光方向,也可在名称中将旋光方向标出,但这并不是必须的,如 α-D-(+)-吡喃葡萄糖。

前面提到的从 50 ℃的温水或乙醇溶液中结晶得到的葡萄糖为 α-D-(+)-吡喃

葡萄糖，从 98 ℃以上的热水溶液或从吡啶中结晶得到的葡萄糖为 β-D-(+)-葡萄糖。

二、哈沃斯式

为了更好地表示单糖环状结构中各个原子和基团的空间取向，英国化学家哈沃斯(Haworth)提出了一种平面环状结构的表示方法，这种环状结构式称为哈沃斯透视式，简称哈沃斯式。图 17.3 为 D-葡萄糖费歇尔投影式改写成哈沃斯式的过程。

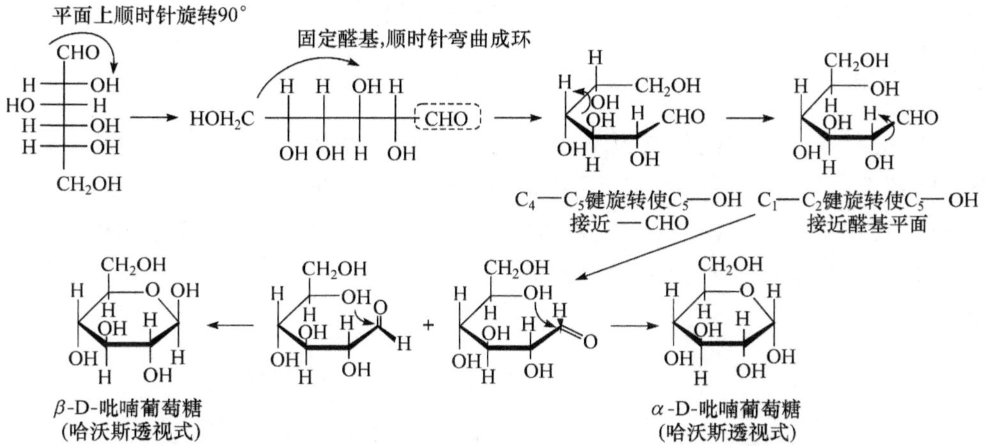

图 17.3　D-葡萄糖费歇尔投影式改写成哈沃斯式的过程

在书写哈沃斯式时，通常把环上的氧原子写在环的右上角，使 C 原子的编号顺时针排列。这样得到的六元环平面在空间上是垂直于纸面的，即 C_2、C_3处于靠近我们一侧。为了简便，环碳上的 H 可以不写出。在 D 型糖的哈沃斯透视式中，α-型的半缩醛羟基位于环的下方，β-型的羟基位于环的上方。相反，在 L 型糖的哈沃斯透视式中，α-型的半缩醛羟基则是位于环的上方，β-型的羟基位于环的下方。

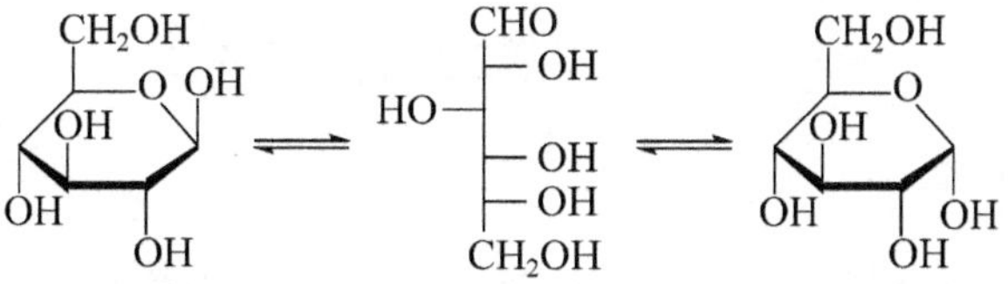

葡萄糖在晶体状态时，其分子全部都是以半缩醛形式存在的。因此，葡萄糖在晶体状态时，分子中没有醛基存在，其 IR 光谱中也无醛基的特征吸收峰。但是，无论是哪一种葡萄糖晶体，当其溶于水时，都能通过半缩醛的开环和再次关环而形

成α-D-吡喃葡萄糖和β-D-吡喃葡萄糖的动态平衡体系。在平衡体系中，β-D-吡喃葡萄糖和α-D-吡喃葡萄糖的含量分别为62.6%和37.3%，开链式只有0.002%，溶液的$[\alpha]_D^{20}$为+52.7°。

由此可见，葡萄糖的链状结构只是实现葡萄糖两种环状结构互变并达到平衡的一个桥梁，葡萄糖无论是在晶体状态还是溶液中都主要是以环状半缩醛结构存在的。

与醛糖类似，酮糖溶于水时也会形成动态平衡体系。例如，果糖在水溶液的平衡体系中存在有链式结构、β-D-吡喃果糖、α-D-吡喃果糖、β-D-呋喃果糖和α-D-呋喃果糖5种结构的化合物，其含量分别为65%、0.8%、2.5%、25%、6.5%，其中，吡喃果糖是通过C_6位羟基与酮羰基缩合而形成的。

三、构象式

哈沃斯式是将构成环的原子看成是在一个平面上的。实际上，和环烷烃一样，糖环上的原子并不共平面，而是有各种构象的。糖的六元环和环己烷一样，也有船式构象和椅式构象，并主要以稳定的椅式构象存在。最稳定的椅式构象是有较多的羟基位于平伏键的构象。下面列出了六种常见单糖的最稳定的椅式构象式。

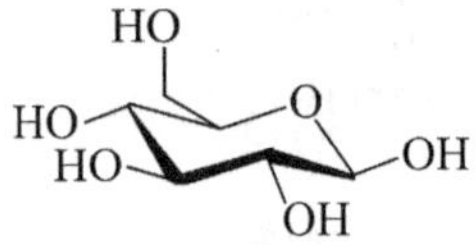

β-D-吡喃葡萄糖

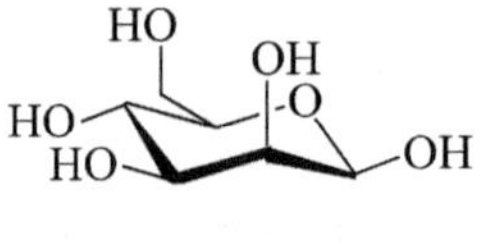

β-D-吡喃甘露糖

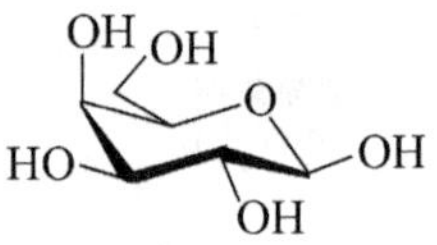

β-D-吡喃半乳糖

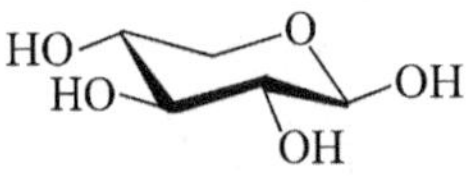

β-D-吡喃木糖

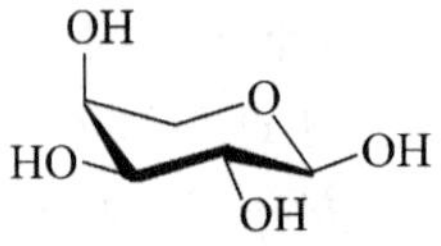

β-D-吡喃阿拉伯糖

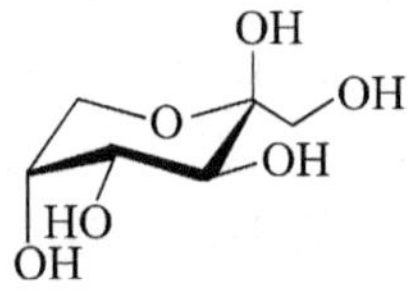

β-D-吡喃果糖

第四节 单糖的结构与性质

一、结构与物理性质

单糖一般为无色晶体，大多数有甜味，易溶于水，可溶于乙醇和吡啶，但不溶于乙醚、丙酮、苯等极性小的有机溶剂。水-醇混合液常用于糖的重结晶。除丙酮糖外，所有单糖都有旋光性，天然的单糖大都是D型，具有环状结构的单糖有变旋光现象。表17.2列出了一些单糖的熔点和比旋光度。

表 17.2　一些单糖的物理性质

化合物	比旋光度$[\alpha]_D^{20}$			糖脎	化合物	比旋光度$[\alpha]_D^{20}$			糖脎
	α-型	β-型	平衡体系	m.p./℃		α-型	β-型	平衡体系	m.p./℃
D-葡萄糖	+112.2	+18.7	+52.7	210	D-木糖	+93.6	−20	+18.8	163
D-甘露糖	+29.9	−16.3	+14.6	210	麦芽糖	—	+112	+136	206
D-半乳糖	+150.7	+52.8	+80.2	186	乳糖	+85	—	+55.4	200
D-果糖	—	−133.5	−92	210	纤维二糖	—	+14	+34.6	208
D-阿拉伯糖	−55.4	−175	−104.6	160	蔗糖		66.5		—
D-核糖	—	—	−25	160					

二、结构与化学性质

由单糖的结构可知，单糖分子在固体和水溶液中的存在形式是有所不同的。在固体时，单糖以单纯的环状半缩醛结构存在，而溶于水时，单糖则是以两种环状半缩醛结构和链状结构共存的混合物，且形成动态平衡体系。因此，根据结构决定性质的思想，单糖在固体状态和在水溶液中的反应性能并不完全相同。

在糖的水溶液中存在醇羟基、苷羟基、醛基或酮基等多种官能团，同时糖分子中还存在邻二羟基和 α-羟基醛或 α-羟基酮的特殊结构，因此单糖不仅能表现出醇、半缩醛(酮)以及醛或酮的一些典型化学性质，如醇的成酯反应、成醚反应和脱水反应，醛的氧化反应、还原反应和亲核加成反应，半缩醛形成缩醛的反应等，但同时也具有由糖自身特殊结构单元所决定的一些特殊反应，如形成糖脎的反应，差向异构化反应，邻二醇的高碘酸氧化反应和形成环状缩酮的反应、酮糖的氧化反应等。另外，由于受邻位基团的吸电子诱导效应，无论是羟基还是羰基，其反应性能都比单纯的羟基或羰基要活泼一些，同时受影响较大的还有羰基α-H 的酸性。

(一) 氧化反应

1. 异构化和碱性氧化反应

一种化合物变成它的异构体的反应称为异构化反应。由第十章可知，有活泼α-H的醛、酮或酮酸可以发生互变异构。单糖的α-H 受羰基和羟基的双重吸电子诱导效应的影响而变得更为活泼，在碱性溶液中也可以发生互变异构，生成烯醇式结构。由于烯醇式互变异构反应属于可逆反应，因此，在糖的碱性溶液中存在如图 17.4 所示的互变平衡体系。

在烯醇式结构中，C═C 双键所在的平面是垂直于纸面的。当 C_1 羟基上的 H 再转向 C_2 时，如果从双键平面的左侧(b)加到 C_2 上，则仍然得到 D-葡萄糖；如果从双键平面的右侧(c)加到 C_2 上，便形成 D-甘露糖；如果 C_2 羟基上的氢转移到 C_1 上(c)，则得到 D-果糖。所以在葡萄糖的碱性溶液中，D-葡萄糖、D-甘露糖、D-果糖和

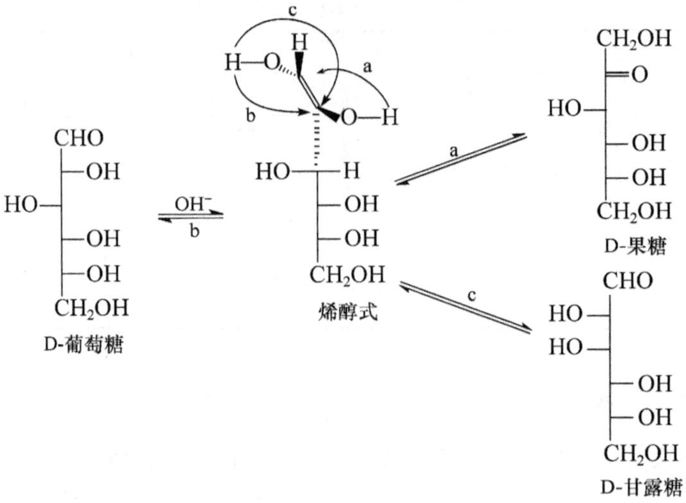

图 17.4　D-葡萄糖、D-果糖、D-甘露糖的差向异构化反应

烯醇式是共存在的，且形成动态平衡。

同样的道理，D-甘露糖和 D-果糖的碱性溶液也存在和葡萄糖一样的动态平衡体系。实际上，所有的单糖，无论醛糖还是酮糖，在碱性溶液中都能发生类似的异构化反应，生成动态平衡混合物。因此，所有单糖在碱性介质中的还原性能几乎都是相同的，都能被费林试剂、土伦试剂和本尼迪克特试剂等碱性弱氧化剂氧化。药店里出售的有些糖尿病自检试剂盒用的就是本尼迪克特试剂，只要尿液中含有 0.1%以上的葡萄糖，检测结果即呈阳性。在糖化学中，能还原土伦试剂和费林试剂的糖称为还原性糖(reducing sugar)，不能还原土伦试剂和费林试剂的糖称为非还原糖(nonreducing sugar)。

所有的单糖和大多数低聚糖都是还原糖，多聚糖和部分低聚糖是非还原糖。

2. 溴水氧化

单糖在弱酸性条件下不发生异构化，故醛糖和酮糖在弱酸性条件下的还原性是不同的。例如，在 pH=6.0 的缓冲液中，D-葡萄糖可被溴水氧化生成 D-葡萄糖酸，而果糖(酮糖)不能被氧化。

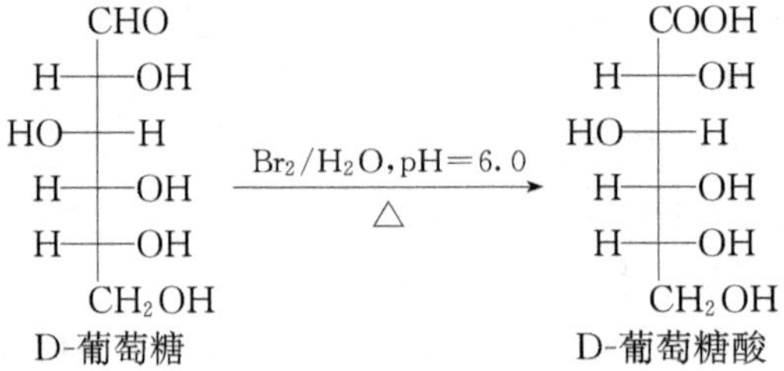

葡萄糖被溴水氧化的产物是葡萄糖酸，该反应具有制备上的价值，同时也可用于区别醛糖和酮糖。

3. 硝酸氧化

硝酸的氧化能力比溴水强，可把醛糖的醛基和羟甲基都氧化，生成糖二酸。例如，D-葡萄糖在稀硝酸中加热，即生成葡萄糖二酸。

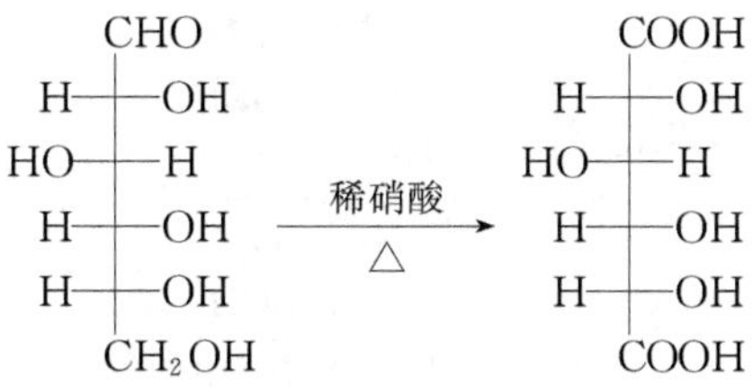

葡萄糖二酸

利用糖二酸的某些性质，可推测醛糖的构型。例如，D-半乳糖被 HNO_3 氧化后，得到没有旋光性的糖二酸，说明该二酸分子中有对称面，是个内消旋体。而 D-葡萄糖被 HNO_3 氧化后，得到有旋光性的糖二酸，说明分子内没有对称因素。

4. 高碘酸氧化

具有邻二醇结构或 α-羟基醛（酮）结构的化合物，都可被 HIO_4 氧化断键，反应常定量进行，每断裂一个 C—C 键消耗 1 mol 的 HIO_4。

单糖是一个多羟基醛（酮），因此也能被 HIO_4 氧化。D-葡萄糖氧化时，消耗 5 mol的 HIO_4，生成 5 mol 的甲酸和 1 mol 的甲醛。

糖苷也可被 HIO_4 氧化，但只从邻二醇处断键。

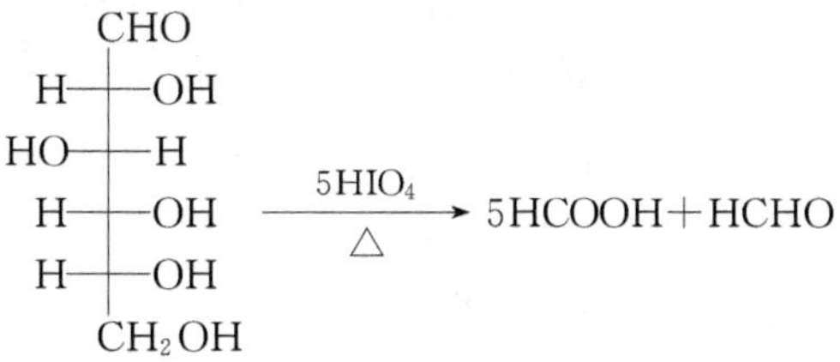

（二）还原反应

单糖催化氢化或用化学还原剂如 $NaBH_4$、$Na\text{-}Hg/H_2O$ 等还原，可生成相应的糖醇。

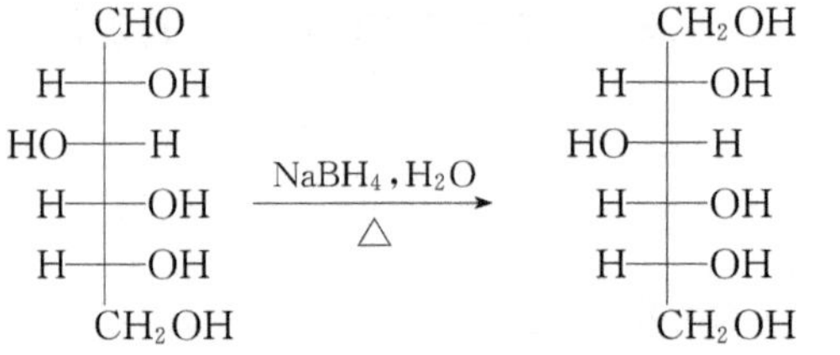

D-葡萄糖　　D-葡萄糖醇(山梨醇)

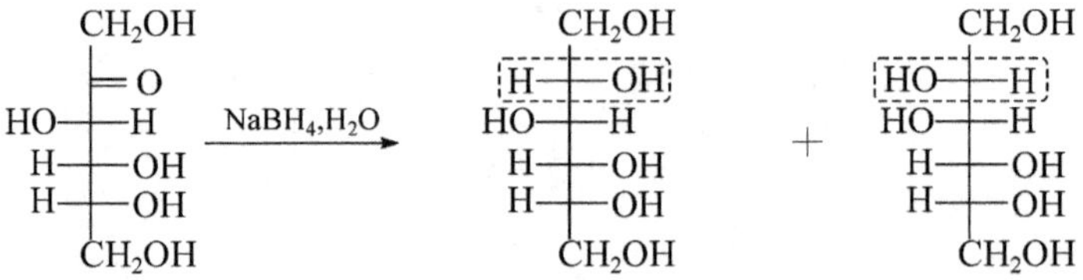

D-果糖　　D-葡萄糖醇（山梨醇）　　D-甘露醇

由于葡萄糖醇还可以由 L-山梨糖还原制得，故 D-葡萄糖醇又称为 L-山梨醇。

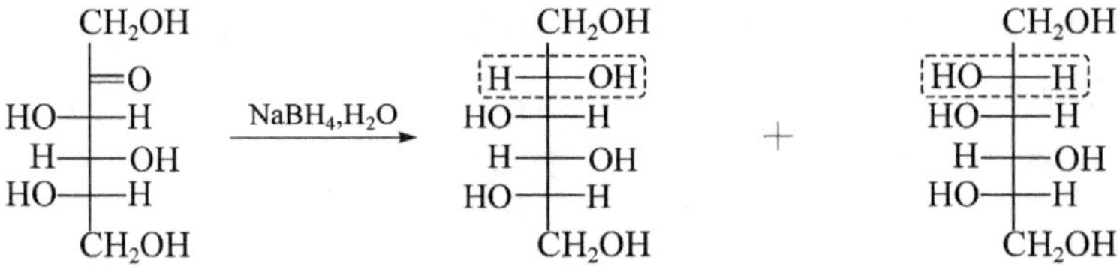

L-山梨糖　　L-艾杜糖醇　　D-葡萄糖醇(L-山梨醇)

山梨醇和甘露醇都具有凉爽、清甜的感觉，常用作牙膏、烟草和食品的添加剂。山梨醇和甘露醇广泛存在于植物中。李子、桃、苹果、梨等果实中都含有大量的山梨醇；甘露醇主要存在于甘露蜜、柿子、胡萝卜、葱等植物中。山梨醇还可用作细菌培养基及合成维生素 C 的原料。

（三）成脎反应

醛糖或酮糖与苯肼作用，首先生成相应的糖腙，后者再与过量的苯肼反应，则生成不溶于水的黄色晶体，称为糖脎，简称脎。例如：

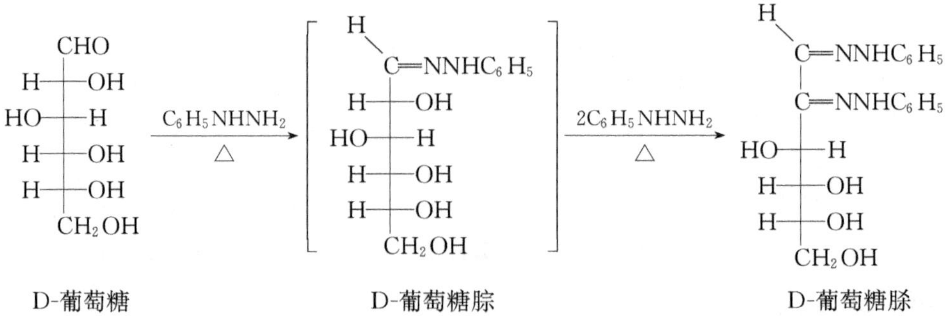

D-葡萄糖　　D-葡萄糖腙　　D-葡萄糖脎

一般来说,反应很难停留在糖腙这一步。关于糖脎第二步反应的机理还不是很清楚,一般认为是醛糖腙的 2 位或酮糖腙的 1 位先被一分子苯肼氧化成相应的羰基,后者再与另一分子的苯肼进行反应,形成糖脎。由此可知,糖脎反应只在糖的 1 位和 2 位发生,不涉及其他的 C 原子,分子中其他的手性碳的构型保持不变。因此,D-葡萄糖、D-果糖和 D-甘露糖形成的糖脎是同一种物质。但是,不同的糖形成糖脎的反应速度不同,具体表现在形成糖脎晶体的快慢不同。另外,糖脎都是不溶于水的黄色晶体,不同的糖脎晶体具有不同的晶型和不同的熔点,故成脎反应常用于糖的定性鉴定。

(四) 成醚反应和成苷反应

1. 成醚反应

与脂肪醇一样,糖分子中的醇羟基及半缩醛羟基也可以成醚。但由于糖分子中官能团较多,分子容易被破坏,因此糖的醚化一般都采用一些活性较高的醚化试剂在温和的反应条件下完成。例如:

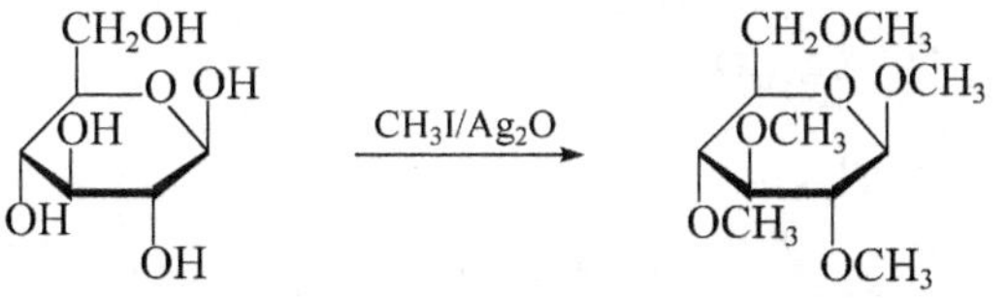

β-D-吡喃葡萄糖　　1,2,3,4,6-五-*O*-甲基-*β*-D-葡萄糖苷

威廉姆孙成醚反应的一般条件并不适用于含半缩醛羟基的单糖,因为太强的碱会引起糖的降解。但是,对于半缩醛羟基已经成醚的糖即不能在水中自行开环的糖,则可以采用强碱条件下的醚化反应,如硫酸二甲酯的强碱溶液。

2. 成苷反应

单糖环状结构中的半缩醛羟基由于受到同碳上成环氧原子吸电子诱导效应的影响,其化学性质较分子内的其他醇羟基活泼,可与醇在氯化氢催化下发生脱水反应,形成缩醛结构,此物质称为糖苷(glycoside),其反应称为成苷反应。例如:

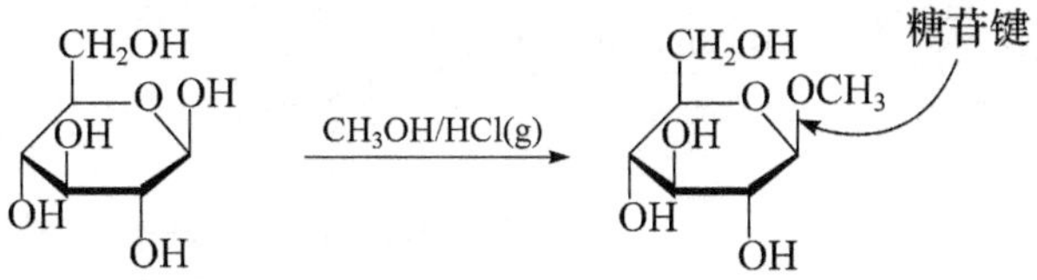

β-D-吡喃葡萄糖　　甲基-*β*-D-葡萄糖苷
85%

在糖苷分子中,糖的部分称为糖基,与糖成苷的其他部分称为配糖基。连接糖基和配糖基的缩醛型醚键称为糖苷键(glycoside bond)。由糖的 α-半缩醛羟基形

成的糖苷称为 α-糖苷，其糖苷键称为 α-糖苷键；由 β-半缩醛羟基形成的糖苷称为 β-糖苷，其糖苷键称为 β-糖苷键。

与所有缩醛和缩酮一样，糖苷在中性和碱性条件下是稳定的，糖环是不能自行开环的，但可被稀强酸水解成相应的单糖。因此，糖苷溶于水没有变旋现象，本身也不发生糖脎反应，不与费林试剂、土伦试剂和本尼迪克特试剂等氧化剂发生反应。

糖苷广泛存在于自然界中，如淀粉、纤维素等都是由很多单糖相互以糖苷键相连而形成的高分子。另外，生物体内有很多次生代谢物质也是以糖苷形式存在的。例如，植物洋地黄中的洋地黄毒苷是治疗心脏病的重要药物，它是由甾醇与三个D-洋地黄毒糖而形成的三糖苷(trisaccharide)。

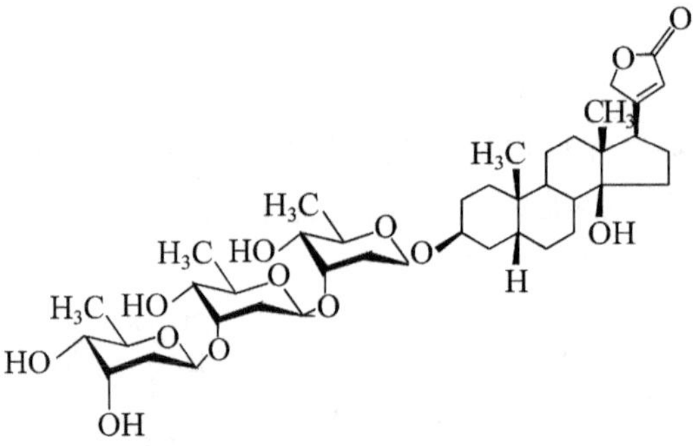

洋地黄毒苷

天然糖苷都能被某些生物酶催化水解，但不同的酶对不同构型的糖苷键具有一定的选择性。例如，麦芽糖酶只能水解 α-葡萄糖苷，而苦杏仁酶只能水解 β-葡萄糖苷。

(五) 酯化反应

糖分子中含有醇羟基，故可发生酯化反应。为了避免强酸可能产生的脱水、氧化等副反应，糖的酯化一般都采用较活泼的酰化试剂在温和的反应条件下完成。乙酸酐/叔胺是常用的酰化方法，产物一般是五乙酰基糖。例如：

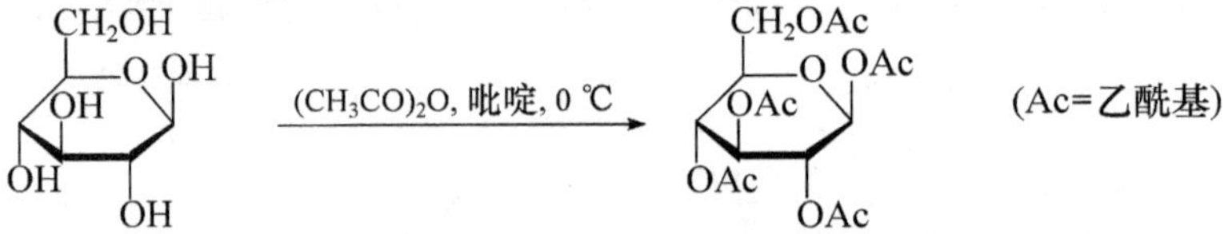

β-D-吡喃葡萄糖　　1,2,3,4,6-五-*O*-乙酰基-β-D-吡喃葡萄糖 91%

糖的乙酰化反应在糖苷的凯及格斯-诺尔(Koenigs-Knorr)法合成方面具有重要的应用。半缩醛羟基形成的乙酸酯比糖上其他羟基形成的乙酸酯活泼，可与HBr通过 S_N2 反应形成相应的溴代物，后者在 Ag_2O 存在下可与醇或酚发生 S_N2

反应，形成与原糖构型相同的糖苷。例如，存在于梨子中的甲基熊果苷可用下面的方法来合成。

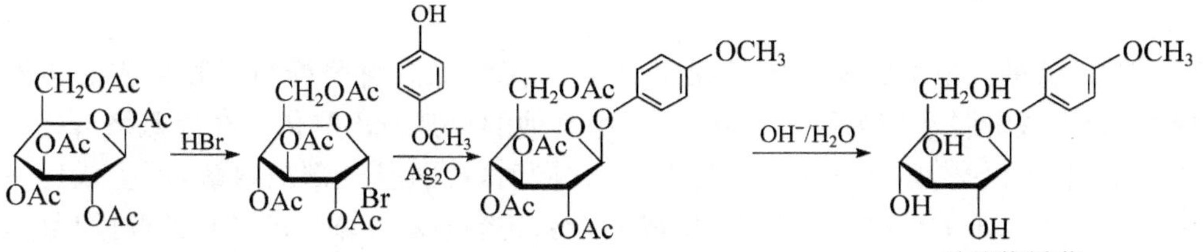

甲基熊果苷

糖在生物体内也能与无机酸形成酯，其中磷酸酯在生命活动中具有重要的作用。例如，在肝糖的生物合成和降解过程中，都含 α-D-吡喃葡萄糖基-1-磷酸酯和 D-吡喃葡萄糖基-6-磷酸酯。

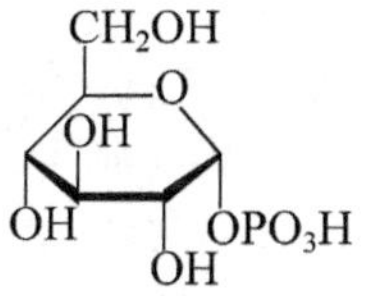

α-D-吡喃葡萄糖基-1-磷酸酯

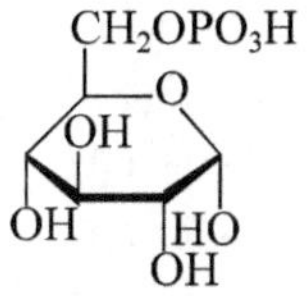

D-吡喃葡萄糖基-6-磷酸酯

(六) 糖链的增长和缩短

1. 糖链的增长

将醛糖与 HCN 作用，得到多一个手性碳的氰醇，将其水解生成糖酸，再用钠汞齐在水中还原就得到了比原糖多一个碳的醛糖。此法称为 HCN 加成法即克利安尼(Kiliani)-费歇尔合成法。目前多采用其改进法，即采用催化氢化法对氰醇进行部分氢化，然后水解。例如：

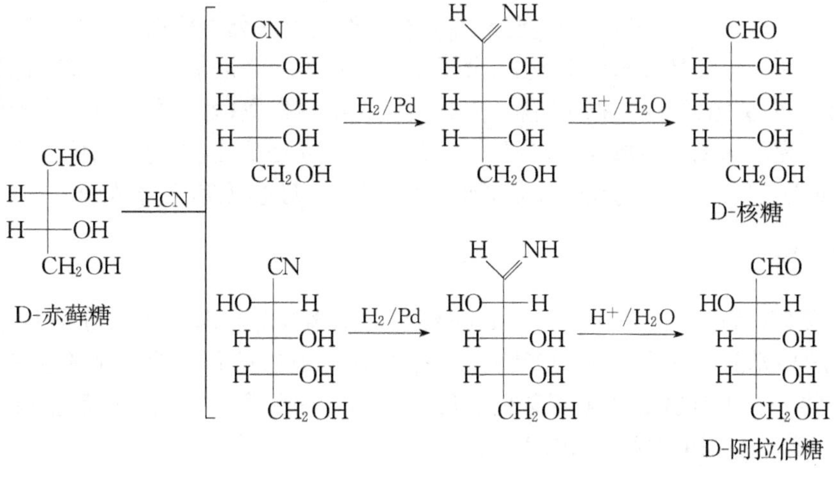

如果按上述过程再进行一个循环的反应，又会得到多一个碳的醛糖。

2. 糖链的缩短

缩短醛糖碳链的方法主要是沃尔(Wohl)降解法。将醛糖与羟胺反应制得醛糖肟，经乙酸酐脱水变为氰基，同时分子中其他的羟基被乙酰化。在银氨络合物的作用下，脱去氰基，原2-位碳变为醛基，与此同时，乙酰基全部被氨解，即生成比原糖少一个碳原子的醛糖。实际上，生成的新糖还会与乙酰基氨解产物乙酰胺反应，生成二乙酰胺的衍生物。因此，要得到真正的目标糖，还需要对糖二乙酰胺的衍生物进行水解。

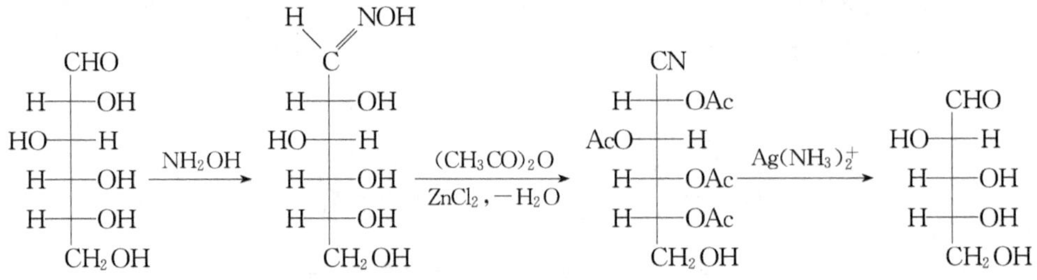

齐柏林(Zemplén)对沃尔法进行了改进，用甲醇钠代替银氨络合物进行氰基脱除，产率不仅比沃尔法要高一倍，且操作更简单。

第五节 双　糖

水解后能生成2～10个单糖分子的碳水化合物称为低聚糖，其中最常见、最重要的是双糖(disaccharide)。双糖是由两分子单糖失水通过糖苷键连接而形成的。根据单糖的脱水方式不同，可以把双糖分为两类：一类是由一分子单糖的半缩醛羟基与另一分子单糖的醇羟基失水而形成的，分子中仍存在半缩醛羟基，这样的双糖称为还原性双糖，如麦芽糖、纤维二糖和乳糖等，其性质与单糖相似；另一类是由两分子单糖分别以半缩醛羟基脱水而形成的，分子中不存在半缩醛羟基，这样的双糖称为非还原性双糖，如蔗糖等，其性质与糖苷相似，即无变旋现象，无还原性，不能成脎。

一、麦芽糖

麦芽糖(maltose)是由一分子 α-D-葡萄糖的半缩醛羟基与另一分子D-葡萄糖4-位的醇羟基脱水缩合而成的产物。麦芽糖分子中的糖苷键为 α-1,4-苷键，所有葡萄糖的 α-1,4-苷键都能被麦芽糖酶催化水解。一分子麦芽糖水解后生成两分子D-葡萄糖。麦芽糖的结构如图17.5所示。

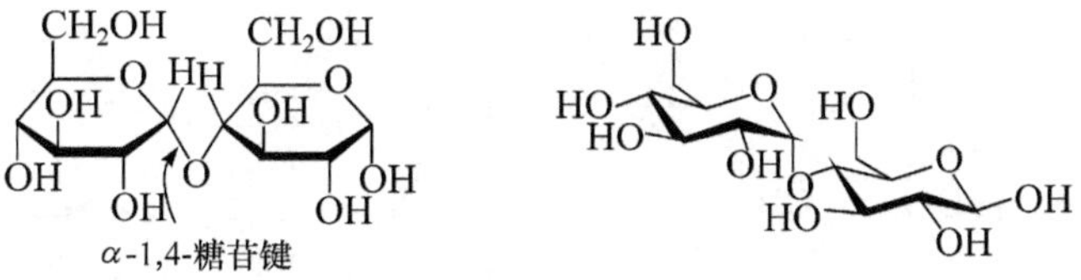

图 17.5　麦芽糖的结构

由于在麦芽糖中仍然存在半缩醛羟基，故在水中有一个糖环仍能通过开链式发生互变异构，因此有变旋光现象，可与苯肼作用成脎，也能被土伦试剂和费林试剂氧化，所以麦芽糖是一个还原性糖，具有单糖的化学性质。

麦芽糖是淀粉在淀粉酶作用下水解得到的产物。在大麦芽中含有 α-糖苷酶，常用它来催化水解淀粉并生成麦芽糖，麦芽糖的名称也由此而来。

二、纤维二糖

纤维二糖(cellobiose)可看成是一分子 β-D-葡萄糖的半缩醛羟基与另一分子 D-葡萄糖 4-位的醇羟基脱水缩合而形成的。它的糖苷键为 β-1,4-糖苷键。纤维二糖不能被麦芽糖酶催化水解，但能被苦杏仁酶催化水解。一分子纤维二糖水解后得到两分子 D-葡萄糖。纤维二糖的结构如图 17.6 所示。

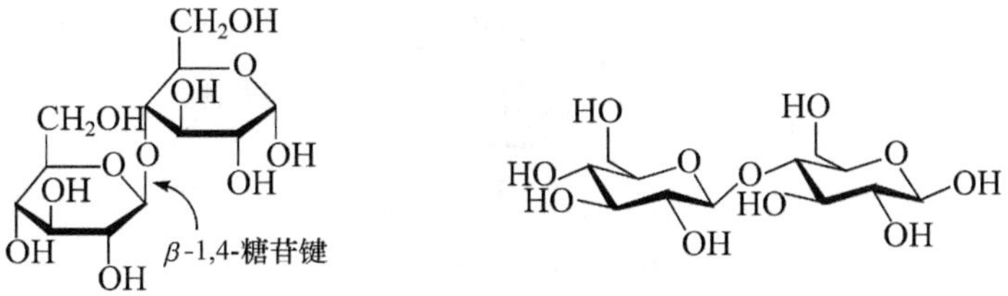

图 17.6　纤维二糖的结构

在纤维二糖分子中，由于仍保留一个半缩醛羟基，固态时主要以稳定的β-型存在。但在水溶液中，这个半缩醛羟基可通过开链式而发生互变异构，因此纤维二糖有变旋光现象，能成脎，能还原土伦试剂和费林试剂，是一个还原性二糖，具有单糖的性质。

三、乳糖

乳糖(lactose)是由一分子 D-(+)-半乳糖和一分子 D-(+)-葡萄糖通过 β-1,4-糖苷键形成的一个半乳糖苷，因此不能被麦芽糖酶催化水解，但能被苦杏仁酶催化水解。乳糖的结构如图 17.7 所示。

由结构式可以看出，乳糖的葡萄糖单元中仍然存在着游离的半缩醛羟基，故乳糖也是一个还原性二糖。

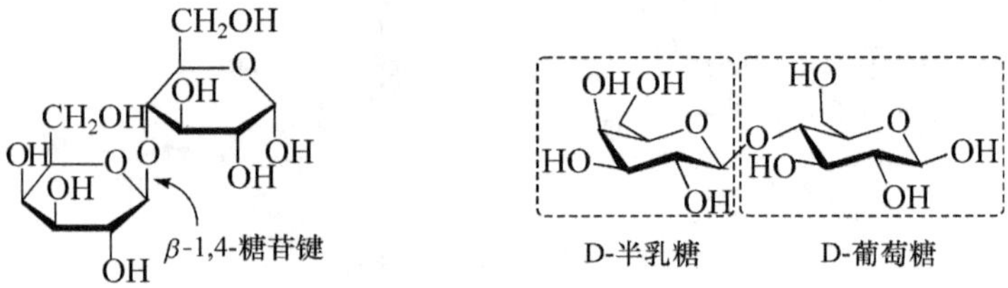

图 17.7　乳糖的结构

乳糖存在于人和哺乳动物的乳汁中，人乳中含量为 6%～8%。乳糖是白色晶体，没有吸湿性，熔点 203 ℃（分解）。

四、蔗糖

蔗糖（sucrose）是由一分子 α-D-葡萄糖的半缩醛羟基与一分子 β-D-果糖的半缩醛羟基脱水缩合而形成的。它既是 α-葡萄糖苷又是 β-果糖苷，故能被麦芽糖酶催化水解，也能被苦杏仁酶催化水解。蔗糖的结构如图 17.8 所示。

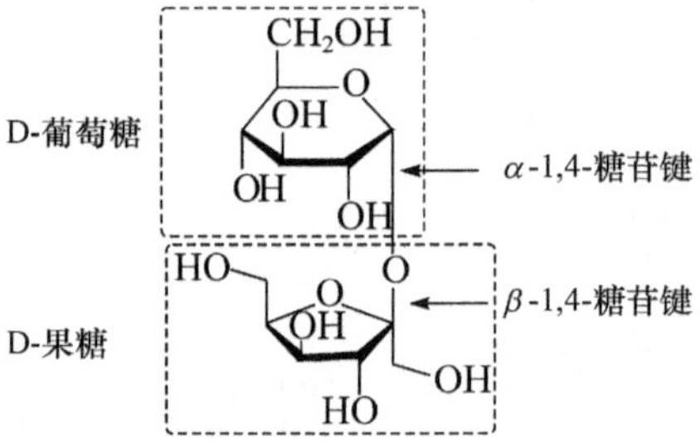

图 17.8　蔗糖的结构

由于蔗糖分子中无半缩醛羟基存在，在水溶液中不能转化成开链式，不能发生互变异构，因此它无变旋光现象，不能成脎，也不能被土伦试剂和费林试剂氧化，是一个非还原性糖。

蔗糖是无色晶体，易溶于水，甜度仅次于果糖，$[\alpha]_D^{20}=+66.5°$。在稀酸或酶的催化下水解，生成葡萄糖和果糖的等量混合物，该混合物的比旋光度为 −20°。由于在水解过程中，溶液的旋光性由右旋逐渐变为左旋，因此通常把蔗糖的水解反应称为转化反应。转化反应所生成的葡萄糖和果糖的等量混合物称为转化糖（invert sugar）。能促进蔗糖水解的酶称为转化酶（invertase）。

$$\text{蔗糖} \xrightarrow[\text{(转化酶}-H_2O)]{H_3O^+} \underset{(+52°)}{\text{葡萄糖}} + \underset{(-92°)}{\text{果糖}}$$

$$[\alpha]_D^{20}=+66.5° \qquad\qquad [\alpha]_D^{20}=-20°$$

蔗糖是自然界中分布最广的二糖，几乎有光合作用的植物都含有蔗糖，在甘蔗和甜菜中含量最高，分别为 18%～20%和 12%～19%，它们也是提取蔗糖的主要原料，故蔗糖又称甜菜糖。

第六节　多　　糖

多糖是自然界中分布最广和最丰富的一类天然高分子化合物，与生命现象有密切联系。例如，淀粉是植物体内储备的养料，纤维素是构成植物体骨干的物质，糖原是动物体内血糖的储存形式等。

多糖水解后能生成数百到数千个单糖分子。若水解后只生成一种单糖，这种多糖称为均多糖，如淀粉、纤维素等；若水解产物不止一种单糖，这种多糖称为杂多糖，如阿拉伯胶、肝素等。

多糖的分子链端虽然含有半缩醛羟基，但由于相对分子质量太大，半缩醛羟基在分子中所占的比例极低，因此，多糖与单糖和还原性双糖不同，它不能形成糖脎，也无变旋现象和还原性。大多数多糖不溶于水，也没有甜味。多糖中以淀粉和纤维素的存在量最多，应用最广。

一、淀粉

淀粉(starch)是绿色植物光合作用的产物，是植物的主要能量储备形式，也是人类膳食中碳水化合物的主要来源，因此具有重要的经济价值。植物的种子、果实、叶、块茎中都含有淀粉。谷物中淀粉的含量在 75%以上。

淀粉是无色、无臭、无味的粉状物质，一般都是由直链淀粉(amylose)和支链淀粉(amylopectin)组成的混合物，二者在淀粉中的比例随植物的品种而异，一般直链淀粉占 10%～30%，支链淀粉占 70%～90%。

直链淀粉溶于热水，难溶于冷水，在淀粉酶催化下水解得到麦芽糖，在酸性水溶液中水解最终得到 D-葡萄糖。

直链淀粉是由 200～980 个 D-葡萄糖通过 α-1,4-糖苷键连接起来的线型高分子聚合物，其结构如图 17.9 所示。

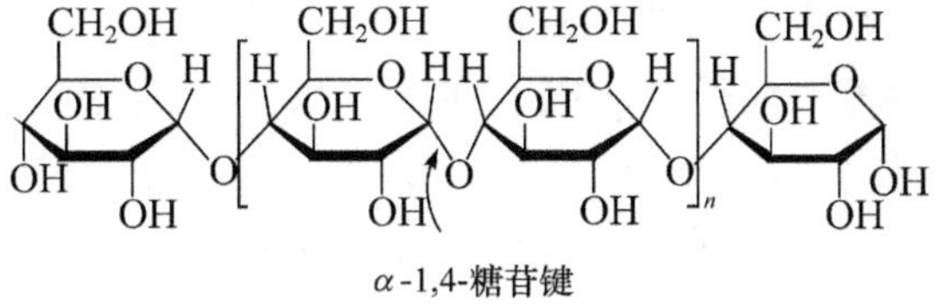

图 17.9　直链淀粉的结构

直链淀粉的结构并非是直线型的，由于分子内氢键的作用，分子链呈高度卷曲的螺旋状或圆筒状，每圈约含六个葡萄糖单元。圆筒的内径正好能容纳碘分子，筒状结构能使直链淀粉与碘分子形成稳定的蓝色复合物（图 17.10）。实验室常用此显色反应来检验淀粉的存在。

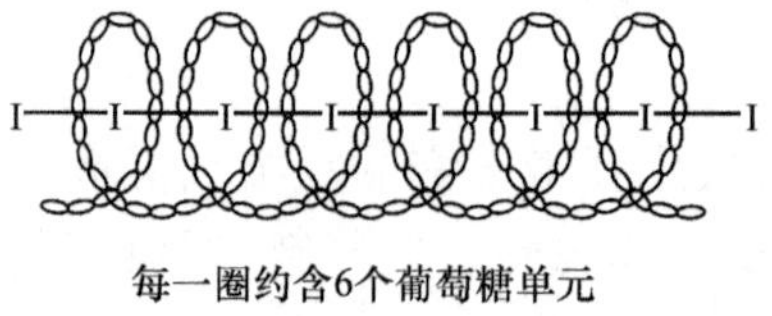

图 17.10　直链淀粉与碘形成的复合物

直链淀粉的螺旋状结构在受热时会变得松散甚至解螺旋，但再次冷却时，螺旋结构可重新形成。在受热情况下，虽然直链淀粉与碘分子的相互作用依然存在，但却无法形成稳定的蓝色复合物。因此，加热直链淀粉与碘的混合液，蓝色将会消失。当混合液冷却后，蓝色又会重新形成。

支链淀粉含有 600～6000 个 D-葡萄糖单元。在支链淀粉中，其主链是由 α-1，4-糖苷键连接起来的，支链以 α-1，6-糖苷键与主链相连，支链中的糖苷键则与主链相同，为 α-1，4-糖苷键。每个支链含 20～25 个葡萄糖单元（图 17.11）。

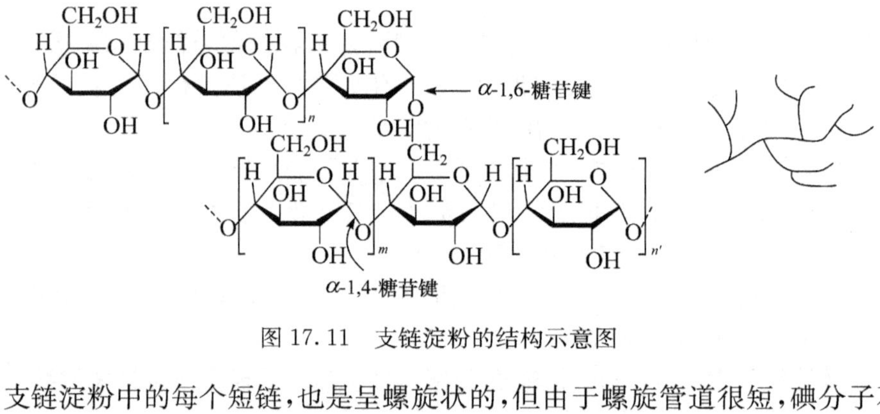

图 17.11　支链淀粉的结构示意图

支链淀粉中的每个短链，也是呈螺旋状的，但由于螺旋管道很短，碘分子不能钻得很深，所以支链淀粉与碘作用呈现的颜色不同，为紫红色。支链淀粉不溶于水，在热水中吸水糊化，膨胀成黏稠溶液。

淀粉在酸性水溶液或淀粉酶催化下会逐步水解，先生成相对分子质量较小的多糖混合物，称为糊精。继续水解，得到麦芽糖和少量的异麦芽糖（通过 α-1，6-糖苷键相连的二糖），完全水解则最终生成 D-葡萄糖。

$$\text{淀粉} \xrightarrow[\text{酶}]{H_2O} \text{糊精} \xrightarrow[\text{酶}]{H_2O} \text{麦芽糖} \xrightarrow[\text{酶}]{H_2O} \text{葡萄糖}$$

工业上就是利用这种原理由淀粉生产糊精、麦芽糖、葡萄糖或葡萄糖浆的。淀粉水解的程度不同，所得糊精的分子大小也不同，当遇碘作用时，分别呈现蓝紫、紫、红、橙等不同颜色。当淀粉完全水解成麦芽糖或葡萄糖时，就没有这种颜色反应了。因此根据水解产物与碘所呈的颜色可以判断水解反应的进程。

二、纤维素

纤维素(cellulose)是植物界分布最广的一种多糖，是构成植物细胞壁和植物体骨架的重要成分，其相对分子质量比淀粉大。棉花中纤维素含量最高，可达88%～98%，其次是亚麻中含量为65%～70%，其他如木材、农作物秸秆中纤维素的含量也在40%～50%。

纤维素是由1000～10 000个D-葡萄糖以β-1,4-糖苷键连接而成的一条没有分支的长链，其结构如图17.12所示。

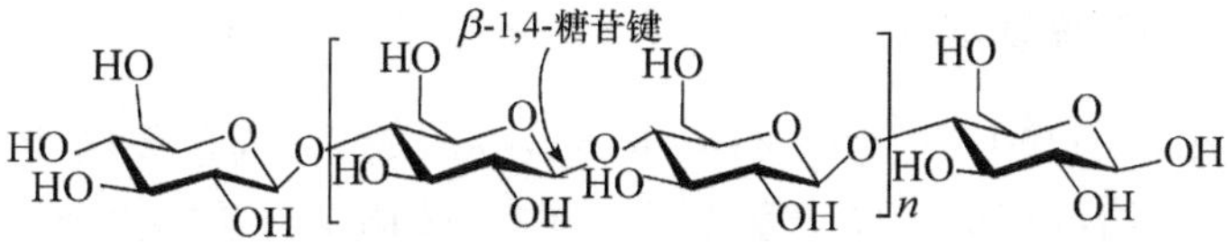

图17.12　纤维素的结构

纤维素与直链淀粉不同，不能卷曲成螺旋状，而是略带弯曲的长链状结构，这些长链上的羟基能形成氢键而将纤维素分子联系起来，结成牢固的纤维素胶束(图17.13)。每个胶束大约由60个纤维素分子构成，胶束再定向排布形成网状结构，这样使纤维素具有良好的机械强度和化学稳定性。

图17.13　纤维素胶束示意图

纤维素的水解比淀粉困难，在强酸或稀酸中加热、加压可水解，最终产物是D-葡萄糖。纤维素不能被淀粉酶水解，但可被纤维素酶水解。由于人体内无纤维素酶，所以纤维素不能作为人的营养品。在食草动物(如牛、羊等)的消化系统中含有这种酶，这些动物可以用纤维素作为营养源。

三、糖原

糖原(glycogen)是人和动物体内储存的一种多糖，又称动物淀粉。食物中的淀粉经人或动物消化道中各种酶的催化水解，最终变成葡萄糖并被人体或动物体吸收。吸收的葡萄糖再被人体或动物体重新合成为糖原并储存于肝脏和肌肉中，因此糖原有肝糖原和肌糖原之分。人体内含糖原约400 g。当人体或动物体需要葡萄糖时，糖原便会被分解成葡萄糖并进入血液；当葡萄糖在血液中的含量增高时，多余的葡萄糖就聚合成糖原储存下来。因此，糖原在体内具有调节血液中葡萄糖含量的功能，以保持血糖含量平衡，并为各组织提供能量。肌糖原是肌肉收缩所需的主要能源。

糖原的结构和支链淀粉相似，结构单元是 D-葡萄糖，但其分子更大，所含葡萄糖单元可高达 100 000 个，比支链淀粉的分支更多、更短，所以糖原的分子结构比较紧密，也更为复杂。

糖原是无定形白色粉末，能溶于水及三氯乙酸，不溶于乙醇及其他有机溶剂。它遇碘呈红棕色，无还原性。糖原可被淀粉酶水解成糊精和麦芽糖；若用酸水解，最终可得 D-葡萄糖。

第七节　其他重要的糖

一、D-核糖和 D-2-脱氧核糖

D-核糖(ribose)和 D-2-脱氧核糖(deoxyribose)是极为重要的戊醛糖，分别是 RNA 和 DNA 的组成成分。D-核糖和 D-2-脱氧核糖常与磷酸及某些杂环化合物结合而存在于核蛋白中。它们的哈沃斯式和开链式结构如下：

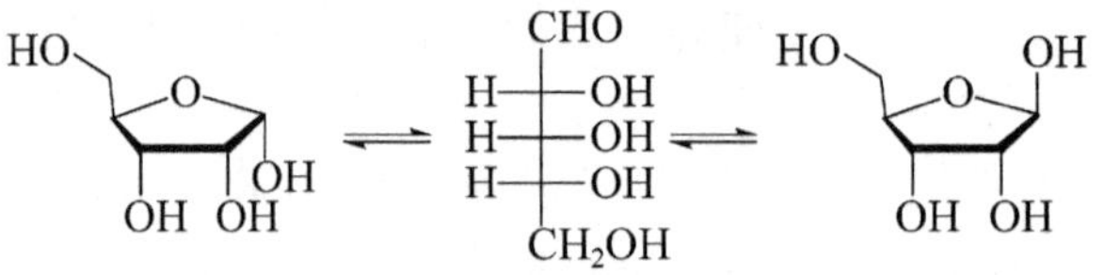

α-D-呋喃核糖　　D-核糖　　β-D-呋喃核糖

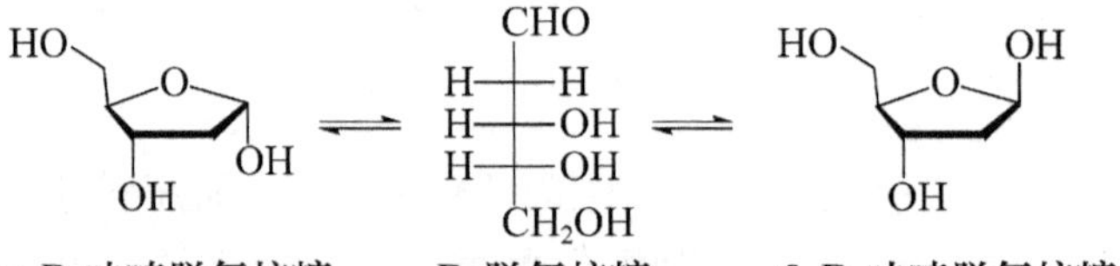

α-D-呋喃脱氧核糖　　D-脱氧核糖　　β-D-呋喃脱氧核糖

二、果糖

果糖(fructose)是典型的己酮糖，天然果糖为 D 型糖，左旋体。果糖在水溶液中也存在着互变异构现象和变旋现象。在果糖的互变异构平衡体系中存在五种异构体：开链式、两种吡喃果糖和两种呋喃果糖。虽然呋喃果糖在其衍生物中大量存在，且在水溶液中也存在着游离状态，但迄今为止尚未分离出纯的呋喃果糖。

D-果糖的费歇尔投影式和哈沃斯式结构如下：

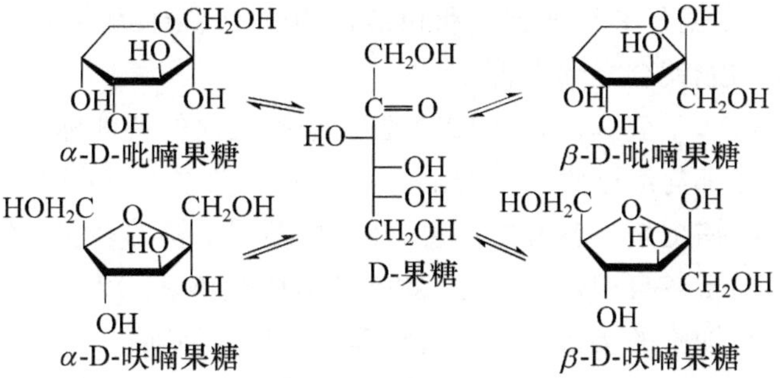

三、氨基糖

糖分子中醇羟基被氨基取代后的化合物称为氨基糖(aminosaccharide)。自然界中多数天然氨基糖是己醛糖分子中 C_2 上的羟基被氨基取代后的产物。例如，2-氨基-D-葡萄糖(i)和 2-氨基-D-半乳糖(ii)是许多糖和蛋白质的组成成分;2-乙酰氨基-D-葡萄糖(iii)是甲壳素的组成单元。甲壳素存在于虾、蟹和某些昆虫的甲壳中,其天然产量仅次于纤维素,其用途正在逐渐得到开发。在抗生素药物链霉素分子中含有 2-甲氨基-α-L-葡萄糖(iv)。

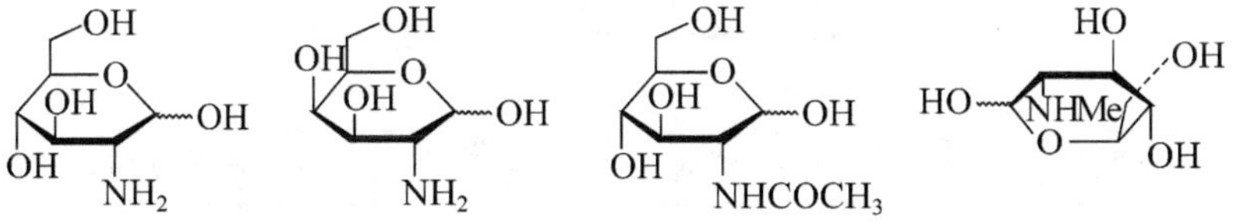

(i)　　(ii)　　(iii)　　(iv)

第八节　细胞膜表面的多糖和糖疫苗

一、细胞膜表面的多糖

细胞膜又称质膜,是一种将细胞内容物与外界隔开的半透膜,它的主要功能是进行离子转运、能量转换和信息传递,以维持细胞的正常生理功能。细胞膜由脂类、蛋白质和多糖构成,多糖占细胞膜质量的 1%～10%。在动物细胞膜上的糖类主要有以下 7 种:半乳糖、甘露糖、岩藻糖、葡萄糖、葡萄糖氨、半乳糖氨和唾液酸。它们以各种形式连接在膜蛋白或膜脂分子上,以糖蛋白(glycoprotein)或糖脂(glycolipide)的形式出现。

1. 糖蛋白

糖蛋白是由比较短的、往往是有分支的寡糖链与蛋白质以共价键相连的缀合物。细胞膜外被一层多糖蛋白所覆盖,起保护细胞、传递营养物质到细胞内部等作用。细胞表面的多糖是参与细胞识别和结合的分子基础，如果细胞膜上的多糖不足，细胞的正常功能就会受到损害。

多糖构型复杂，千变万化，往往成为各类细胞表面的特殊标记。细胞间信号的产生、传递和感受都与细胞膜上多糖的分布有密切关系。这些多糖分子正像安装的天线一样，随时捕捉来自各方的信息。同时，不同结构的多糖又像不同的人有各异的相貌一样，便于各自识别。这样，多糖可组成细胞表面对各种抗原、激素和药物的受体，它参与细胞的接触、激活、增殖等重要生命活动。

糖蛋白作为细胞膜生物化学标记物的典型例子就是人类的血型抗原。人类的血型分类就是根据不同血型的血红细胞表面含有结构各异的糖蛋白，不同血型的血红细胞相遇会发生血红细胞凝集，如A型血和B型血。只有血型相互兼容的人之间才可以进行相互输血。下面是决定A、B、O三种血型的糖蛋白的糖结构。

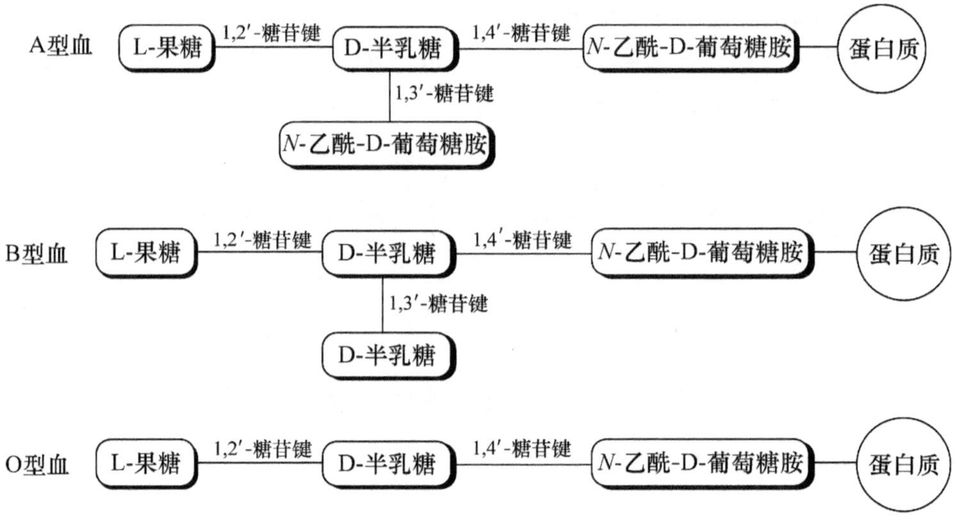

2. 糖脂

糖脂是含有一个或几个糖基的脂类，属双亲性分子，存在于所有动物的细胞膜中，约占膜外层脂类分子的50％。糖脂可分为甘油糖脂和鞘糖脂两类。前者简单，是1,2-二脂酰甘油和一个单糖或寡糖以糖苷键在甘油的3位连接而成的，最重要的是，在高等生物和脊椎动物的神经组织中发现了单半乳糖基二酰基甘油。鞘糖脂与遗传关系密切，它的基本构件是神经酰胺和糖。神经酰胺是由鞘氨醇和一长链脂肪酸(C_{18}～C_{26})以酰胺键连接而成。按照连接的糖不同，神经酰胺分为中性鞘糖脂、脑硫脂和神经节苷脂三类。脑苷脂类是最简单的中性鞘糖脂，分子中只含单糖；脑硫脂是中性鞘糖脂的硫酸酯，分布最广的是来自半乳糖脑苷脂上的 C_3-硫酸酯的化合物；神经节苷脂是最复杂的鞘糖脂，在细胞膜表面，神经节苷紧密地折叠排列，以其高度亲脂区域伸向自身的非极性区，而以高度亲水部分（寡糖区域）伸向围绕在细胞膜外的水相，因此寡糖部分能与扩散在细胞周围的大分子相遇并相互作用，从而起到细胞识别并进一步发挥细胞功能的作用。

二、糖疫苗

疫苗是一类特殊的药物，它能刺激肌体产生特异性的抗体或激活免疫细胞抵御外来病毒、寄生虫和细菌的侵入。不同类型的细胞表面抗原决定簇一般都能作为疫苗使用。

由于糖基化是生命过程中普遍存在的现象，而承载重要生物学功能的糖缀合物的糖链在病理过程中的异常和高表达以及异种生物糖链的特异性，使糖类化合物作为抗原决定簇而引起特异性免疫反应。基于此的糖疫苗研究在近几年取得了突破性的进展，已有针对新生儿、幼儿肺炎和脑膜炎的 Hib 疫苗上市，有针对疟疾、肿瘤、艾滋病和多种真菌、细菌和原生物感染的糖类疫苗还处于不同的研究阶段，显示了诱人的发展前景。

肿瘤细胞表面结构异常的糖链可被机体的免疫系统视为非己外来物，从而成为肿瘤相关糖抗原（TACA）。细胞表面的 TACA 比任何蛋白质抗原都更为丰富。迄今为止，以整个肿瘤细胞或其质膜为抗原所获得的单克隆抗体大多是针对糖表位的。最近，有人采用 TACA 的肽模拟物作为肿瘤疫苗，具有很好的抗肿瘤细胞免疫反应。

在乳腺癌、前列腺癌、卵巢癌及大肠癌患者中用糖疫苗治疗均取得了可喜的成果。以糖疫苗治疗肿瘤、干预肿瘤转移是一个具有巨大社会效益和应用前景的研究课题。

习　题

1. 按要求写出下列化合物的结构式。
   (1) α-D-呋喃核糖（哈沃斯式）　(2) α-D-吡喃甘露糖（优势构象式）
   (3) 甲基-β-D-吡喃半乳糖苷（优势构象式）　(4) β-乳糖（哈沃斯式）
   (5) α-纤维二糖（优势构象式）　(6) 蔗糖（哈沃斯式）
2. 试写出下列各对化合物的费歇尔投影式，并判断它们是属于对映体、非对映体还是差向异构体。
   (1) D-葡萄糖和 L-葡萄糖的开链式结构　(2) D-葡萄糖和 D-半乳糖的开链式结构
3. 分析下列化合物的结构，并说明：(1)有无还原性；(2)有无变旋性；(3)能否被水解；(4)如果能水解，其产物能否成脎。

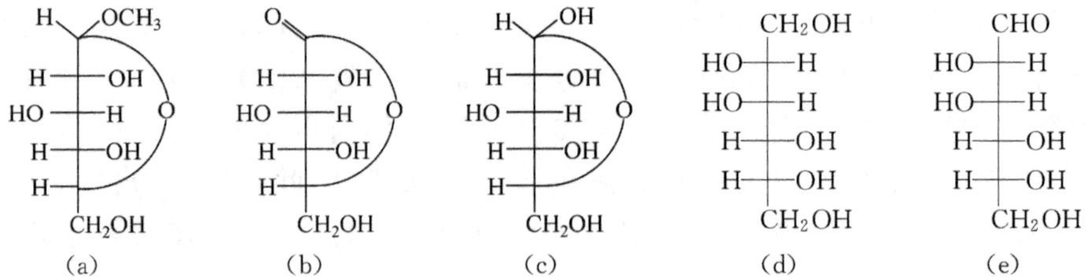

4. 请写出 D-果糖在水溶液中形成的平衡体系及各物质的哈沃斯式。
5. 用化学方法鉴别下列各组化合物。
   (1) 纤维素和淀粉　　(2) 葡萄糖、果糖和蔗糖
   (3) 甲基-D-吡喃葡萄糖苷、2-*O*-甲基-D-吡喃葡萄糖和 3-*O*-甲基-D-吡喃葡萄糖
6. 写出 D-葡萄糖与下列试剂反应的主要产物。
   (1) H_2NOH　(2) Br_2/H_2O　(3) CH_3OH/HCl　(4) HNO_3　(5) 苯肼
7. 一种 D-戊醛糖(A)用硝酸氧化得一内消旋的糖二酸(B)。(A)用递降反应得一丁醛糖(C),(C)用硝酸氧化得有旋光性的糖二酸(D)。请写出(A)~(D)的结构式。
8. 两个 D 型糖(A)和(B),分子式均为 $C_5H_{10}O_5$,它们与盐酸-间苯二酚溶液反应时,(B)很快产生红色,而(A)反应很慢。(A)和(B)可生成相同的糖脎。(A)用硝酸氧化得内消旋物,(B)的 C_3 构型为 *R*。试推导出(A)和(B)的结构式(提示:酮糖在浓盐酸存在下可以与间苯二酚很快生成红色物质,而醛糖在 2 min 内不显色)。
9. 某三糖用酶催化水解可产生 D-葡萄糖和蔗糖,在分步酸水解时可产生 D-果糖和双糖 6-*O*-(α-D-吡喃葡萄糖苷基)-D-吡喃葡萄糖(D-吡喃葡萄糖基-6,1-D-吡喃葡萄糖苷)。试写出该三糖的结构,并指出其是否具有还原性。

维生素 C 简介

维生素 C(vitamin C)又名抗坏血酸(ascorbic acid),是在 1928 年首先由匈牙利生物化学家 Albert Szent-Gyorgyi 从牛的副肾腺中发现的,并于 1937 年由哈沃斯确定了其化学结构。二人因此而分别获得了 1937 年诺贝尔医学奖和化学奖。

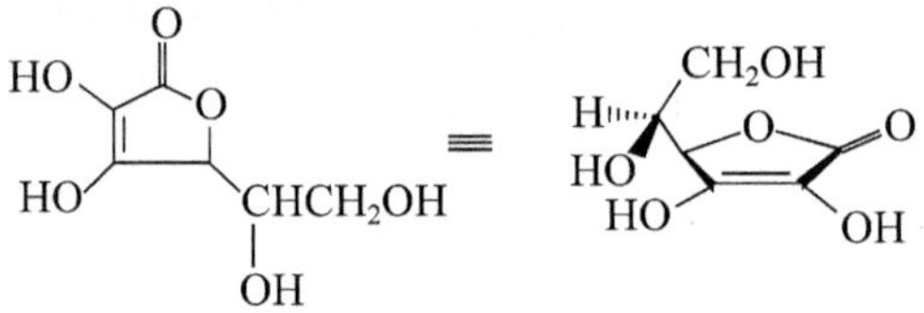

维生素 C 在结构上可以看成是不饱和的糖酸内酯,分子中烯醇式羟基上的氢显酸性,所以常将维生素 C 当成单糖的衍生物。维生素 C 最显著的生理作用就是防治坏血病。此外,维生素 C 还参与体内多种反应,如参与氧化还原过程,在生物氧化和还原作用以及细胞呼吸中起重要作用。从组织水平看,维生素 C 的主要作用是与细胞间质的合成有关,包括胶原、牙和骨的基质以及毛细血管内皮细胞间的接合物。因此,当维生素 C 缺乏所引起的坏血病时,伴有胶原合成缺陷,表现为创伤难以愈合,牙齿形成障碍和毛细血管破损引起大量瘀血点,瘀血点融合而形成瘀斑。目前,普遍认为大剂量的维生素C可以预防普通感冒,治疗不育症,延迟艾滋病症状的发生和抑制胃癌和子宫癌的

发生。尽管最近的研究已经证实，维生素 C 能有效抑制胃癌，但上述大部分观点还是缺少足够的证据。

维生素 C 的还原性较强，极易被氧化形成脱氢抗坏血酸。后者又可被重新还原为抗坏血酸，所以维生素 C 在动物体内生物氧化过程中具有传递电子和氢的作用。

目前，工业生产维生素 C 采用的是生物转化和有机合成相结合的方法。此法由 5 步组成：先将葡萄糖还原成为山梨醇，经过细菌（*Acetobacter suboxydans*）发酵成为山梨糖。用丙酮保护山梨糖的两个邻二羟基，剩余的一个伯羟基再被 NaOCl 氧化成为二丙酮古洛酸 DAKS(di-acetone-ketogulonic acid)。DAKS 经酸催化水解，脱去丙酮保护基，即得维生素 C。其中每步产率都高达 90%以上。

维生素 C 为无色晶体，熔点 190～192 ℃，L 构型，$[\alpha]_D^{20}=+21^\circ$，属于水溶性维生素。维生素 C 广泛存在于水果和蔬菜中，以沙棘、猕猴桃和山楂中含量较多。人体本身不能合成维生素 C，必须从食物中获得。如果人体内缺乏维生素 C，将引起坏血病。由于维生素 C 有较强的还原性，故还用作食品的抗氧剂。

第十八章　氨基酸、多肽和蛋白质

蛋白质(protein)是生命现象的物质基础，是参与生物体内各种生物变化最重要的组分。蛋白质存在于一切细胞中，它们是构成人体和动植物的基本材料，肌肉、毛发、皮肤、指甲、血清、血红蛋白、神经、激素、酶等都由不同蛋白质组成。蛋白质在有机体中承担不同的生理功能，供给机体营养、输送氧气、防御疾病、控制代谢过程、传递遗传信息、负责机械运动等。

蛋白质被酸、碱或蛋白酶催化水解，最终均产生 α-氨基酸(amino acid)。因此，α-氨基酸是构成蛋白质的基本单元，要了解蛋白质的组成、结构和性质，就必须先了解 α-氨基酸。

第一节　氨基酸的分类与命名

氨基酸是羧酸分子中烃基上的氢原子被氨基($-NH_2$)取代后的衍生物。目前发现的天然氨基酸约有 300 种，构成蛋白质的氨基酸约有 30 余种，其中常见的有 20 余种，人们把这些氨基酸称为蛋白氨基酸。其他不参与蛋白质组成的氨基酸称为非蛋白氨基酸。许多氨基酸具有药用价值，如精氨酸注射液可用于肝昏迷的急救。在一些分子中引入氨基酸侧链，可以提高药效，如阿莫西林和丁胺卡纳霉素等。α-氨基酸可通过深度加工得到构型各异的化合物，后者在生理学和药理学中均有重要用途；手性的 α-氨基酸还可作为手性诱导试剂用于手性合成。某些氨基酸还可作为食品添加剂，如半胱氨酸盐酸盐可作为面粉改良剂。

α-氨基酸的构型、分类和命名

与羟基酸类似，氨基酸可按照氨基连在碳链上的位次不同而分为 α、β、γ、…、ω-氨基酸。蛋白质水解生成的 20 余种天然氨基酸都是 α-氨基酸，除了甘氨酸外，其他都含有手性碳原子，有旋光性。其构型一般都是 L 型(某些细菌代谢中产生极少量 D-氨基酸)。它们与 L-甘油醛之间的关系如下：

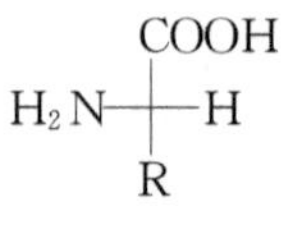

L-α-氨基酸

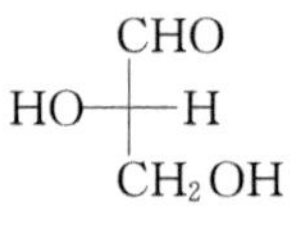

L-甘油醛

除了脯氨酸外，其他氨基酸之间的差异主要是 R 基不同。氨基酸的构型一般都采用 D/L 法标记，但也可用 *R*/*S* 法标记。

根据 α-氨基酸通式中 R 基团的类型不同，α-氨基酸可分为脂肪族氨基酸、芳香族氨基酸和杂环族氨基酸；根据 α-氨基酸分子中氨基（—NH_2）和羧基（—COOH）的相对数目不同，α-氨基酸可分为中性氨基酸（neutral amino acid）（羧基和氨基数目相等）、酸性氨基酸（acidic amino acid）（羧基数目多于氨基数目）和碱性氨基酸（basic amino acid）（氨基数目多于羧基数目）。组成蛋白质的 20 种常见氨基酸中，有 15 种为中性氨基酸，2 种酸性氨基酸，即天冬氨酸和谷氨酸，3 种碱性氨基酸，即赖氨酸、组氨酸和精氨酸。值得注意的是，尽管半胱氨酸和色氨酸被当成中性氨基酸，但实际上却都有弱酸性的边链，可在强碱性条件下失去质子。

氨基酸通常根据其来源或性质等采用俗名来命名。例如，氨基乙酸因具有甜味称为甘氨酸，丝氨酸最早来源于蚕丝而得名。在使用中为了方便起见，常用英文名称缩写符号（通常为前三个字母）或用中文代号表示。例如，甘氨酸可用 Gly 或 G 或“甘”字来表示其名称（表 18.1）。氨基酸的系统命名法与其他取代羧酸的命名相同，即以羧酸为母体，氨基作为取代基来命名。

表 18.1　蛋白质中存在的氨基酸

分类	结构式	中文俗名（代号）	英文名称（代号）	溶解度#	$[\alpha]_D^{25}$ (H_2O)	等电点	熔点/℃
中性氨基酸	$H_2NCH_2CO_2H$	甘氨酸（甘）	glycine (Gly)	23.0	—	5.97	292（分解）
	$CH_3CH(NH_2)CO_2H$	丙氨酸（丙）	alanine (Ala)	16.65	−1.8	6.00	297（分解）
	$HOCH_2CH(NH_2)CO_2H$	丝氨酸（丝）	serine (Ser)	33	−6.83	5.68	228（分解）
	$HSCH_2CH(NH_2)CO_2H$	半胱氨酸（半胱）	cysteine (Cys)	溶	−16.5	5.02	240（分解）
	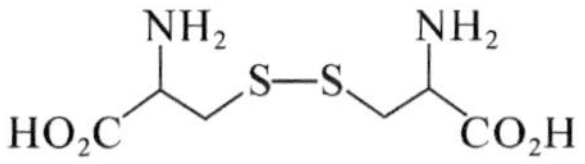	胱氨酸（胱）	dicystine (Cys-Cys)	不溶	−223.4**	5.06	258
	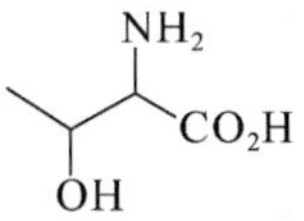	苏氨酸*（苏）	threonine (Thr)	20	−28.3	5.60	253（分解）
	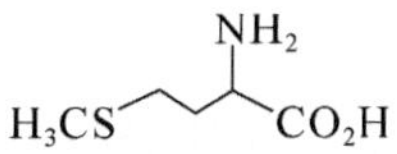	蛋氨酸*（蛋）	methionine (Met)	溶	−8.2	5.47	283
	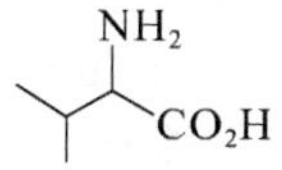	缬氨酸*（缬）	valine (Val)	8.85	−6.42	5.96	315（分解）
	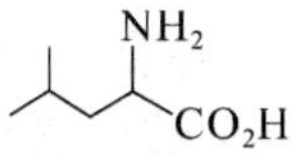	亮氨酸*（亮）	leucine (Leu)	2.43	−10.8	5.98	337（分解）

续表

分类	结构式	中文俗名（代号）	英文名称（代号）	溶解度#	$[\alpha]_D^{25}$ (H_2O)	等电点	熔点/℃
中性氨基酸	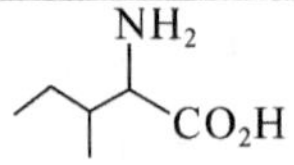	异亮氨酸*（异亮）	isoleucine (Ile)	2.23	−12.4	6.02	284（分解）
	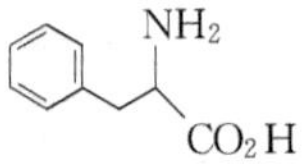	苯丙氨酸*（苯丙）	phenylalanine (Phe)	3.1	−35.1	5.47	283
	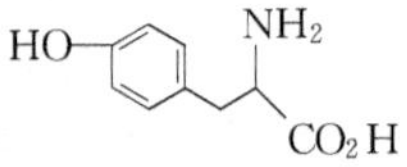	酪氨酸（酪）	tyrosine (Tyr)	0.045	−10.6***	5.66	342
	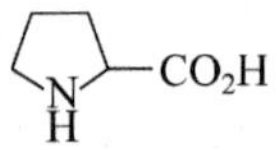	脯氨酸（脯）	proline (Pro)	163.2	−85	6.30	220
	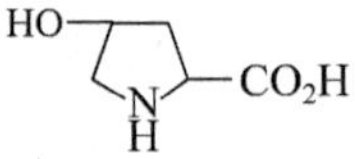	羟脯氨酸（羟脯）	hydroxyproline (Hyp)	易溶	−75.2	6.33	270
	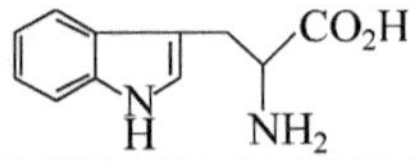	色氨酸*（色）	tryptophan (Try)	0.25	−31.5	5.89	283
酸性氨基酸	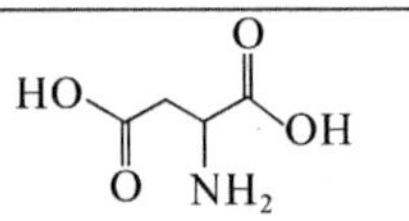	天冬氨酸（天冬）	aspartic acid (Asp)	$0.5^{16℃}$	−5.0	2.77	269
	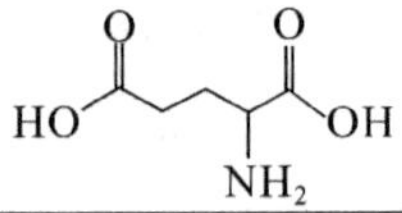	谷氨酸（谷）	glutamic acid (Glu)	0.86	−12.0	3.22	247
碱性氨基酸	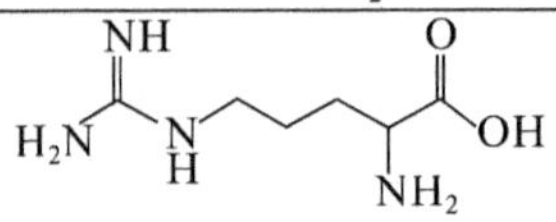	精氨酸（精）	arginine (Arg)	15.0	−12.5	10.76	244（分解）
	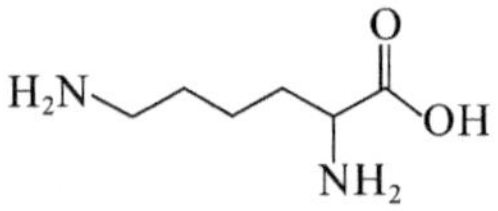	赖氨酸*（赖）	lysine (Lys)	易溶	−14.6	9.74	224
	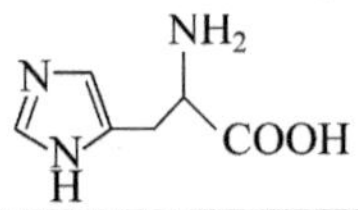	组氨酸（组）	histidine (His)	4.16	−39.7	7.59	287

* 为必需氨基酸；# 为 25 ℃每 100 g 水中溶解的克数；** 为浓度 1%，溶剂 1 mol · L^{-1}的 HCl；*** 为浓度 4%，溶剂 1 mol · L^{-1}的 HCl。

组成蛋白质的氨基酸中，有 8 种人体自身不能合成但又是人体所必需的，称为必需氨基酸（表 18.1 中用“ * ”标记）。人体缺乏必需氨基酸时会引起疾病，因此人们必须每天从食物中获取一定量的必需氨基酸。生物体一般都能自行合成其他的氨基酸。人们可以从不同的食物内得到必需的氨基酸，但从一种食物内常常不能获取全部的必需氨基酸，因此食物的多样化有利于人体获得足够的必需氨基酸。

进入体内的蛋白质必须被消化道中的酶水解成氨基酸后才能被人体所利用。

除了 20 种常见的蛋白氨基酸外，生物体内还有一些具有重要生理活性的非蛋白氨基酸。例如，存在于大脑的γ-氨基丁酸(GABA)是一种神经传导介质，存在于血液的高半胱氨酸(homocysteine)与冠心病有关，存在于甲状腺的甲状腺素(thyroxine)是一种激素。

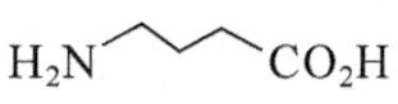

γ-氨基丁酸

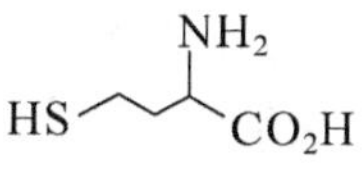

高半胱氨酸

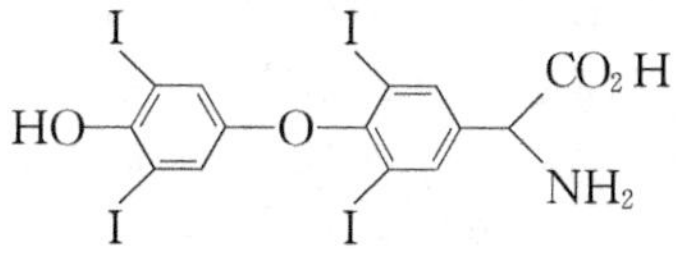

甲状腺素

第二节　氨基酸拆分

氨基酸的制取主要有三条途径：蛋白质水解、有机合成和发酵法。例如，用毛发水解可以制取胱氨酸，用糖发酵能得到谷氨酸等。水解法和发酵法的产物一般含有单一对映体的手性氨基酸，但由于水解产物或发酵产物组成复杂，常需要经过复杂的分离过程才能得到较纯的目标氨基酸。虽然近十年来氨基酸的手性合成随着不对称氢化反应的发展已取得了长足的进展，但目前主要还处于实验阶段。传统的氨基酸人工合成方法一般都得到氨基酸的外消旋体，单一对映体的氨基酸需要经过一定手性拆分才能获得。

氨基酸外消旋体的拆分方法主要有化学法、酶法和微生物法。常用的化学法是手性胺拆分法，即先将氨基酸混合物同乙酸酐作用，使氨基酸转化为相应的酰胺(目的是封闭氨基)，然后再用一个手性胺拆分剂与乙酰氨基酸反应，形成盐。然后利用两个对映体氨基酸的盐为非对映体的性质，采用重结晶等方法，获得单一对映体的乙酰氨基酸盐。最后，再通过水解除去乙酰基，萃取回收手性胺拆分剂，即可得到光学纯的氨基酸。其主要反应如下：

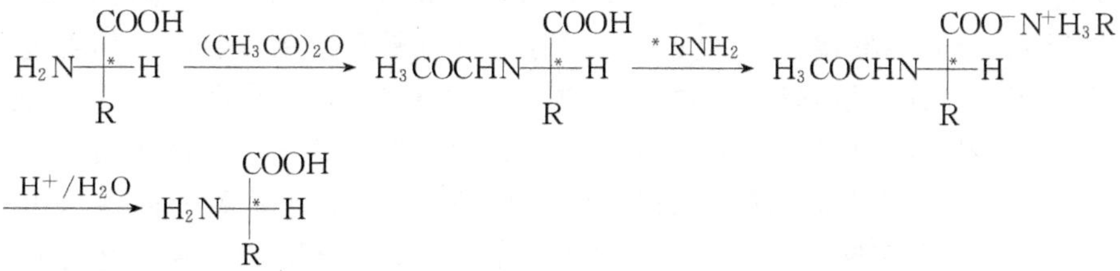

微生物拆分法和酶拆分法的基本原理是相同的，前者实际上是基于微生物中特定酶的一种拆分方法，酶拆分法是基于酶促反应的立体专一性或立体反应动力学的差异来完成的，即一种特定酶或微生物只催化具有某一特定构型的氨基酸或氨基酸衍生物，而与其对映体不反应或反应速率非常低。最常用的氨基酸酶拆分

方法是:先将氨基酸混合物转化成乙酰氨基酸,然后采用羧肽酶(carboxypeptidase)或酰化酶(acylase)对乙酰氨基酸进行酶催化水解。羧肽酶是一种选择性催化水解 L-乙酰氨基酸的酶。因此,D-乙酰氨基酸不被水解。然后利用 L-氨基酸和 D-乙酰氨基酸为非对映体的特点,再采用常规分离方法如重结晶法等将其分离开来。

微生物拆分法和酶拆分法比化学拆分法具有明显的优越性:①酶法通常具有高度立体专一性;②副反应少,产率高,产品分离提纯简单;③反应条件较温和,一般为0～50 ℃,pH 接近中性;④酶无毒,易降解,不会造成环境污染,适于规模化生产。由于多数合成的氨基酸外消旋体不易用化学方法拆分,因此用酶拆分外消旋体氨基酸显得特别重要。

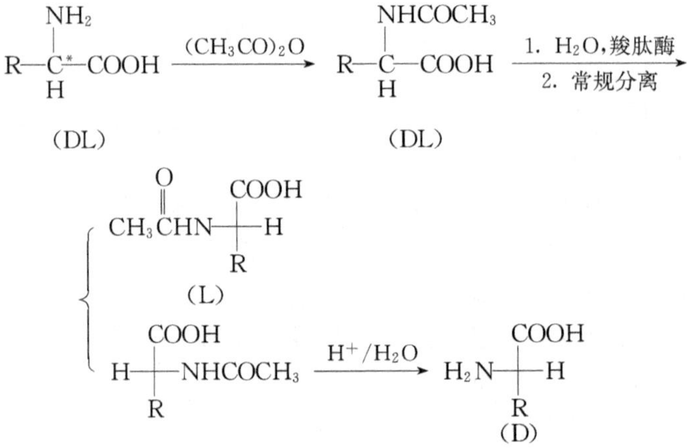

第三节　氨基酸的结构与性质

一、α-氨基酸的结构与物理性质

α-氨基酸一般为无色或白色晶体。氨基属于碱性基团,羧基属于酸性基团,二者能够反应,形成羧酸铵。氨基酸分子同时含有氨基和羧基,因此,固体氨基酸一般以内盐形式存在。虽然氨基酸分子整体上为电中性,但分子的正、负电荷中心并不重合,因此氨基酸分子之间主要是以离子键相互作用的。由于离子键的作用力远强于分子间力,因此氨基酸一般都具有比相应的羧酸或胺类要高得多的熔点(200～300 ℃),没有挥发性。多数氨基酸加热至一定温度都会分解。内盐的存在形式也决定了氨基酸易溶于水,难溶于非极性有机溶剂,如氯仿、苯、乙醚、乙酸乙酯等。

由于氨基酸具有手性中心,因此氨基酸都具有旋光性(除甘氨酸外)。组成蛋白质的氨基酸都是 L 构型。

二、α-氨基酸的结构与化学性质

氨基酸分子中既含有氨基又含有羧基，属于典型的双官能团化合物，因此氨基酸具有羧酸和胺的一些典型反应，如酯化反应、形成酰胺的反应等。

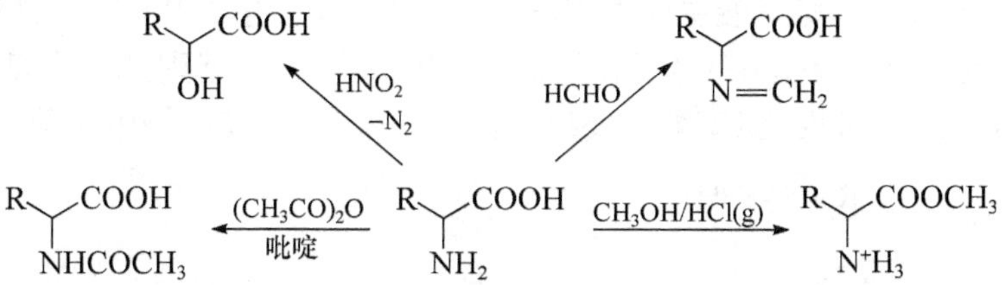

氨基酸与亚硝酸反应，可定量地释放出氮气，通过测定释放出 N_2 的体积可计算出分子中氨基的含量或数目，该法称为范斯来克(van Slyke)氨基测定法。氨基酸与甲醛的反应可起到封闭氨基的作用，然后通过酸碱滴定法可定量测定分子中的羧基含量或数目。氨基酸与醇的成酯反应以及与酸酐形成酰胺的反应，可用来选择性保护氨基酸的羧基和氨基。

但是，对于 α-氨基酸来说，氨基和羧基是连接在同一个碳原子上的，且二者都属于较强的吸电基团，因此一个基团的吸电子诱导效应会显著地影响到另一基团，具体表现在基团上的电子密度和相关化学键的极性，进而影响到官能团的反应性能。例如，α-氨基酸中 α-氨基的碱性较脂肪族伯胺小，其羧基的酸性则较一般脂肪族羧酸强。再者，由于氨基和羧基在空间上距离较近，加上多数情况下二者都以离子形式存在，因此，离子间的场效应也会显著地影响到对方的反应性能。综合以上两方面的影响，α-氨基酸虽能表现出羧酸和胺的一些典型反应，但其反应性能(主要是指反应速率和反应条件)却与单纯的羧酸或胺有较大的区别，这种区别使得α-氨基酸很难或根本不能发生羧酸或胺的个别典型反应。

另外，虽然氨基酸中的氨基和羧基都可以以离子形式存在，但与一般的离子化合物不同，氨基酸中的氨基与羧基以共价键的形式连接于同一分子骨架中，因此氨基酸中的羧酸根离子和铵离子不能相对自由运动，二者形成了一个有机的整体。这种整体性不仅使氨基酸能够表现出一些不同于羧酸，也不同于胺的独特反应，也使得氨基酸中的氨基和羧基能够发生一些二者共同参与的反应。下面是氨基酸的特殊反应或具有特殊应用的反应。

(一) 氨基酸的两性性质和等电点

氨基酸分子中同时含有酸性基团(—COOH)和碱性基团(—NH_2)，不仅能与酸和碱生成盐，而且还能发生分子内的成盐反应，这种性质称为氨基酸的两性性质

(amphoteric property)。氨基酸内盐(internal salt)是既带有正电荷又带有负电荷的离子,故内盐又称为两性离子(zwitterion)或偶极离子(dipolar zwitterion)。

另外,氨基酸中的羧基和氨基分别属于弱酸性和弱碱性基团,因此,在强酸性溶液中,氨基酸的氨基可几乎全部形成铵盐,羧基几乎全部呈游离状态,即—COOH状态,此时,氨基酸主要以阳离子形式存在,在电场中向阴极移动;在强碱性介质中,氨基酸的羧基几乎全部形成羧酸根离子,而氨基则几乎全部呈游离状态,即—NH_2状态,此时,氨基酸主要以阴离子形式存在,在电场中向阳极移动。

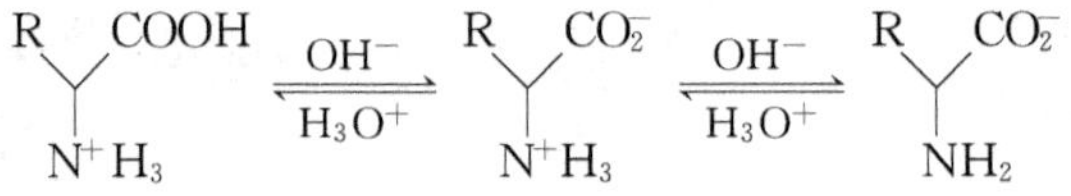

阳离子 pH<pI　　两性离子 pH=pI　　阴离子 pH>pI

显然,改变氨基酸溶液的 pH 就可以改变溶液中羧酸根离子(—CO_2^-)和铵离子(—N^+H_3)的相对数目。当调节氨基酸溶液的 pH 至一定值时,溶液中羧酸根离子(—CO_2^-)和铵离子(—N^+H_3)的数目便有可能相等。此时,氨基酸主要以内盐形式存在,分子整体上不带电,在电场中既不向阳极移动,也不向阴极移动。此时的 pH 称为该氨基酸的等电点(isoelectric point, pI)。

不同的氨基酸具有不同的等电点(表 18.1)。氨基酸的等电点主要与其分子中酸性基团和碱性基团的相对数目有关。表 18.1 中 15 种中性氨基酸的等电点位于弱酸性区域 pI=5.0～6.5。两种酸性氨基酸的等电点位于酸性较强的区域(pI<3.3),三种碱性氨基酸的等电点位于碱性较强的区域(pI=7.5～11.0)。

如果将氨基酸中的氨基当成铵离子(—N^+H_3)看待的话,任何中性氨基酸的等电点其实都等于其羧基的 pK_a 值和铵离子的 pK_a 值的平均值,而酸性氨基酸的等电点则等于两个酸性较强的基团(—COOH)的 pK_a 值的平均值,碱性氨基酸的等电点等于两个酸性较弱的基团(—N^+H_3)的 pK_a 值的平均值。例如:

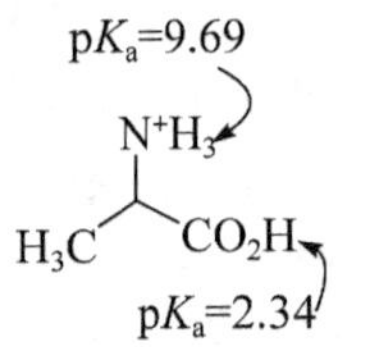

丙氨酸

$$pI=\frac{2.34+9.69}{2}=6.01$$

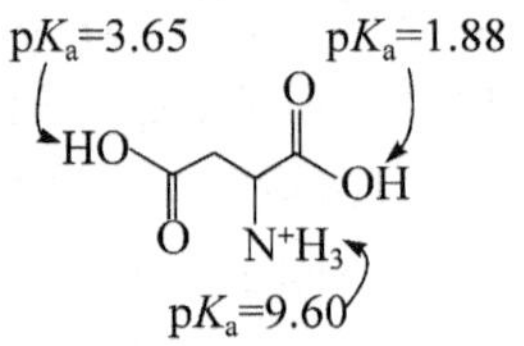

天冬氨酸

$$pI=\frac{1.88+3.65}{2}=2.77$$

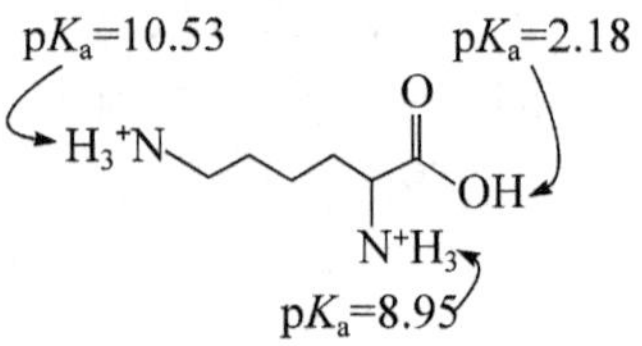

赖氨酸

$$pI=\frac{8.95+10.53}{2}=9.74$$

在等电点时,两性离子的浓度最大,氨基酸在水中的溶解度最小,容易形成沉淀,因此利用不同的氨基酸具有不同的等电点,通过调节不同的 pH 可以分离氨基酸的混合物。

（二）与水合茚三酮的颜色反应

α-氨基酸与水合茚三酮溶液共热，生成蓝紫色物质。这个反应非常灵敏，可用于氨基酸的定性分析和定量测定。如果加入过量的水合茚三酮，则生成蓝紫色物质的多少或颜色深浅与反应液中氨基酸的浓度成正比。根据朗伯-比尔定律，通过测定蓝色物质的吸光度，便可计算出溶液中氨基酸的浓度。在氨基酸色谱（电泳、纸层析及薄层层析等）分离过程中，水合茚三酮是常用的氨基酸显色剂，用于氨基酸的位置检识。氨基酸与茚三酮反应的机理还不是很清楚，但其生成的主要蓝紫色物质的结构如下：

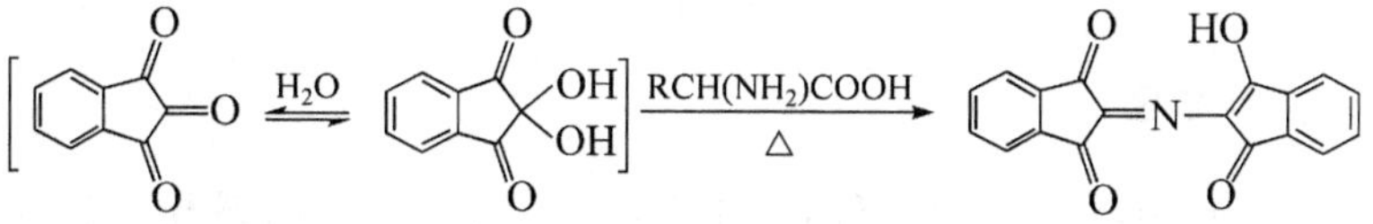

蓝紫色

凡是有游离氨基的氨基酸都能和水合茚三酮试剂发生显色反应，脂肪族伯胺、仲胺和多肽、蛋白质也有类似的颜色反应，N 取代氨基酸、脯氨酸和羟脯氨酸与水合茚三酮发生反应时，生成黄色化合物。

（三）与 2,4-二硝基氟苯反应

氨基酸能与 2,4-二硝基氟苯（DNFB）反应生成黄色的 N-（2,4-二硝基苯基）氨基酸，简称 N-DNP-氨基酸。这个反应属于胺与卤代芳烃的亲核取代反应，F 原子能够很容易被取代的主要原因是，DNFB 芳环上连有两个强吸电子的硝基。在过量 DNFB 存在下，这个反应几乎是定量的，借助 N-DNP-氨基酸在紫外区的特征吸收峰，该反应可用于氨基酸的定量测定。例如：

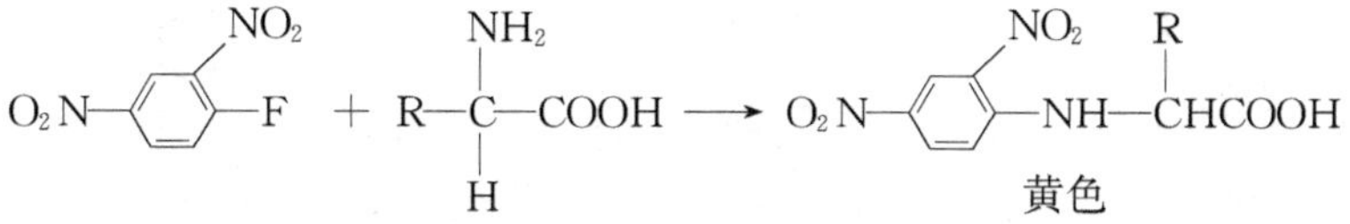

该反应的另一个用途是多肽或蛋白质的 N 端氨基酸分析，这是由英国科学家桑格尔（Sanger）首先建立的。氨基酸含游离氨基的一端称为 N 端，能够与 DNFB 反应，而其他氨基一般是形成酰胺键的，不能与 DNFB 反应。反应之后对多肽或蛋白质进行完全水解，通过检测和分析带有黄色的 N-DNP-氨基酸，便可知道多肽或蛋白质 N 端的氨基酸。

（四）成肽反应

α-氨基酸直接加热，可发生分子间脱水，形成环二肽，又称 3,6-二烃基-2,5-哌嗪二酮。这是属于氨基和羧基共同参与的反应,反应特点类似于 α-羟基酸受热形成交酯的反应(参见第十一章)。

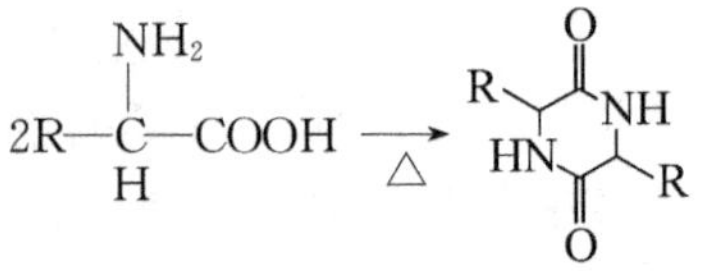

环二肽

氨基酸之间以酰胺键连接而形成的化合物称为肽,肽中的酰胺键通常称为肽键。

第四节 肽

一、肽的结构与命名

肽(peptide),也叫多肽,是指由少于 50 个的氨基酸以肽键相互连接而形成的聚合物,其相对分子质量小于 1 万。多肽可以通过人工合成,也可以由蛋白质部分水解来获得。由两个氨基酸缩合形成的肽称为二肽,由三个氨基酸缩合形成的肽称为三肽,即根据肽分子中氨基酸数目,分别叫二肽、三肽、四肽等。由多个氨基酸缩合形成的肽称为多肽。氨基酸是肽的基本组成单元,常将肽链中的氨基酸称为氨基酸残基。肽链含有游离 α-氨基的一端称为 N 端,含有游离羧基的另一端称为 C 端。链状多肽都含有 N 端的游离氨基和 C 端的游离羧基,一般情况下,这两个基团分别以铵离子($—N^+H_3$)和羧酸根($—CO_2^-$)的形式存在。

两个相同的氨基酸可以成肽,两个不同的氨基酸也可以成肽。但是,当两个不同的氨基酸成肽时,就可以形成两种不同的肽。例如,甘氨酸与丙氨酸可形成两种二肽。当很多不同的氨基酸形成多肽时,由于不同氨基酸的连接次序不同,会形成很多不同的肽,它们互为异构体。例如,三肽会有 6 种,四肽可以有 24 种,六肽则多达 720 种。

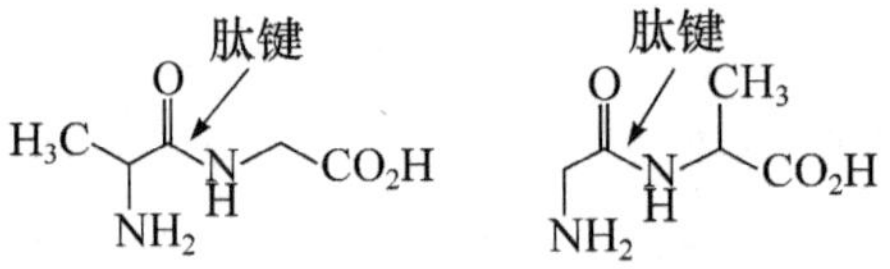

丙氨酰甘氨酸　　甘氨酰丙氨酸

甘氨酸与丙氨酸形成的二肽

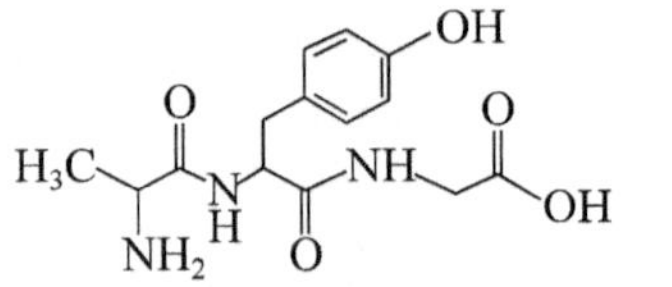

丙氨酰酪氨酰甘氨酸

(或丙-酪-甘;或 Ala-Tyr-Gly)

肽的命名示例

为了能够区别各个肽因氨基酸连接次序不同而形成的肽异构体,肽的命名一般按照氨基酸的连接顺序从 N 端到 C 端依次写出每一个氨基酸的名称,其中除了 C 端最后一个氨基酸给以"某氨酸"的名称外,其他的氨基酸则给以"某氨酰"的名称。更简单的方法是按照氨基酸的连接顺序从 N 端到 C 端依次写出每一个氨基酸的英文或中文代号,各氨基酸代号之间用"-"相连。后一种方法更适宜于含氨基酸较多的肽。

生物体内存在很多具有重要生理或药理活性的多肽。例如，垂体后叶分泌的催产素是一种八肽；胰脏分泌的胰岛素是一种五十一肽；九肽，精-脯-脯-甘-苯丙-丝-脯-苯丙-精，又叫舒缓激肽，存在于血浆中并参与调节血压。在生物体内广泛存在的三肽，谷-胱-甘，参与着生物体中一些重要的氧化还原反应。

多肽链的主要特征是酰胺键的序列性。和所有的 p-π 共轭效应一样，酰胺中的 C—N 键由于 N 原子上孤对电子与 C═O 的 p-π 共轭效应，导致其氮的碱性减弱和 C—N 键具有部分的“双键特征”。饱和脂肪胺的 C—N 键长一般为 0.147 nm，而肽键的 C—N 键长为 0.132nm。更重要的是，C—N 键的部分双键性引起 C—N 键的旋转受阻。这种旋转受阻对于蛋白质的三维结构有重要影响。

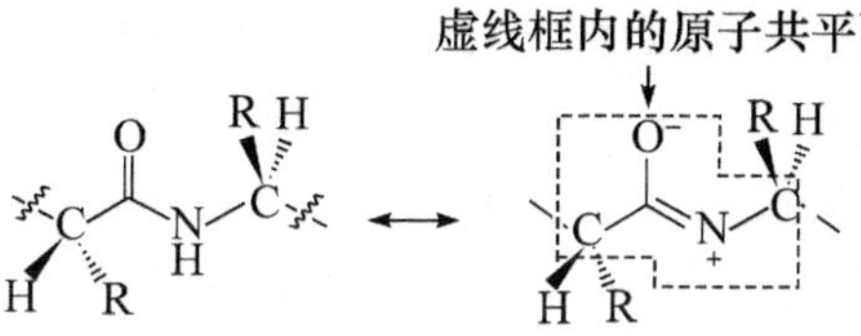

肽键的共振式

多肽中另一种重要的化学键是二硫键(—S—S—)，它是两个半胱氨酸的巯基通过脱氢氧化而形成的。两个半胱氨酸之间的 S—S 键也被称为二硫桥。二硫键可使单链肽形成环状结构，也可以使不同的肽链相互连接起来。一个肽分子中可以有一个二硫键，也可以有几个二硫键。例如，牛催产素中含有一个二硫键，而牛胰岛素中含有三个二硫键。

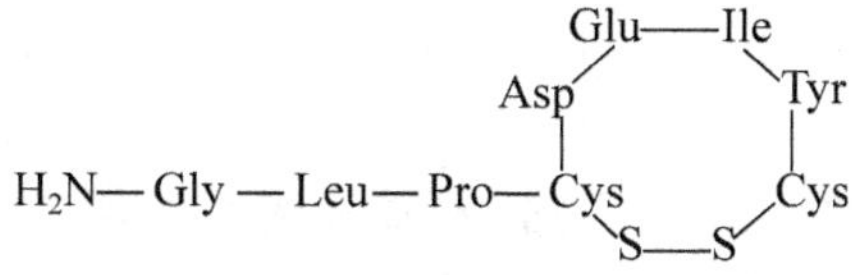

牛催产素的结构

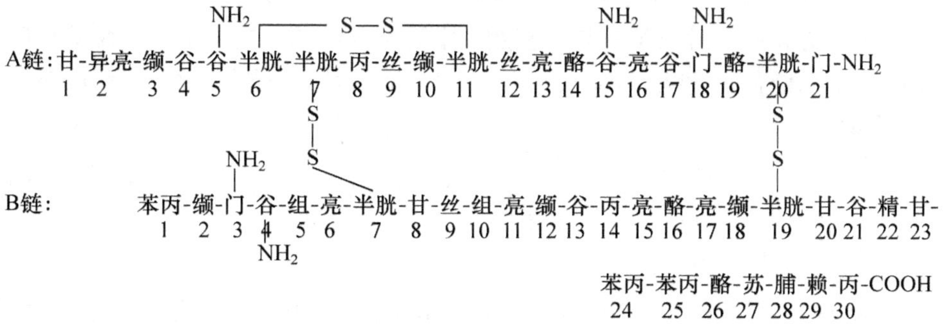

牛胰岛素的结构

二、肽的合成

尽管酰胺键的形成可以通过酰氯或酸酐与胺反应来完成，但要将很多氨基酸按照特定的顺序而不是随机地通过酰胺键连接起来而形成多肽并不是一件简单的事情，甚至可以说是一项十分复杂的化学工程。

作为目标物，合成的多肽需要符合以下几个基本要求：①氨基酸的连接次序即氨基酸序列必须与目标物的要求一致；②所有氨基酸的手性必须与目标物的要求一致，且在合成过程中不能发生外消旋化；③具有与目标物同样的生物活性，这要求合成的多肽能够形成特定的活性空间构象。为此，多肽合成的基本思想和策略是：①对氨基酸可能形成副反应的基团进行必要的保护；②选择条件温和且产率高的成肽反应，避免采用高温、高压、强酸、强碱等反应条件；③综合采用线型法和收敛法的合成设计策略。线型法是从多肽的一端开始，按照目标多肽的氨基酸顺序，逐一将各个氨基酸连接成肽，收敛法则是将一个较长的肽链先分割成两个或几个较小的肽链，先按照线型法合成出各个较小的肽链，然后再将各个小肽链连接起来，形成目标多肽。

多肽的合成有液相法和固相法两种。

(一) 肽的液相合成

肽的液相合成是指所有合成反应的反应物都是溶解在溶液中来完成的合成方法。液相合成法又称均相合成。但是，无论是液相合成法还是固相合成法，为了避免同种氨基酸之间的不必要反应，或有些氨基酸中其他基团(如羟基、巯基、咪唑基等)可能参与的一些反应，都需要对一些基团进行封闭或保护。氨基和羧基是两个经常需要保护的基团。

根据多肽合成的基本思想和策略，氨基和羧基的保护基团必须在不影响肽键的条件下脱除，且产率最好是定量的。羧基常采用成酯法加以保护。因为酯比酰胺容易水解，可用碱催化水解脱除保护基。常用的酯有甲酯和苄酯两种，一般采用无水氯化氢饱和的甲醇或苄醇与氨基酸在室温下反应来制备。苄酯的脱保护反应更多的是采用催化氢化法。该法的优点是没有副反应，产物分离容易，反应条件温和，产率定量。

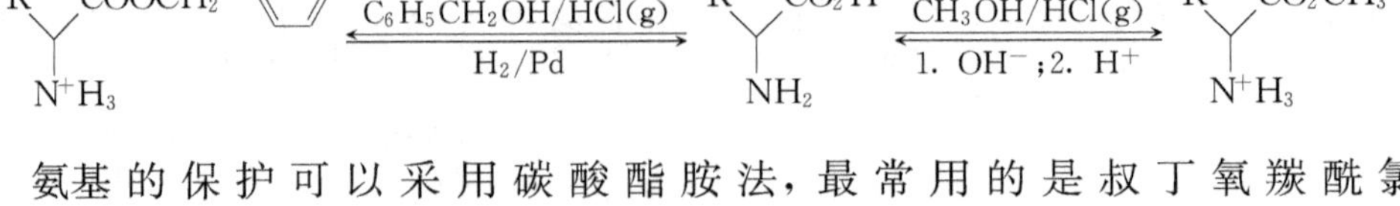

氨基的保护可以采用碳酸酯胺法，最常用的是叔丁氧羰酰氯[$(CH_3)_3C—O—CO—Cl$]或苄氧羰酰氯[$C_6H_5CH_2—O—CO—Cl$]。叔丁氧羰酰基

常用符号 BOC 表示。苄氧羰酰氯与氨基酸的氨基形成的碳酸酯胺可通过催化氢化脱保护，叔丁氧羰酰氯与氨基酸的氨基形成的碳酸酯胺可用三氟乙酸脱保护。例如：

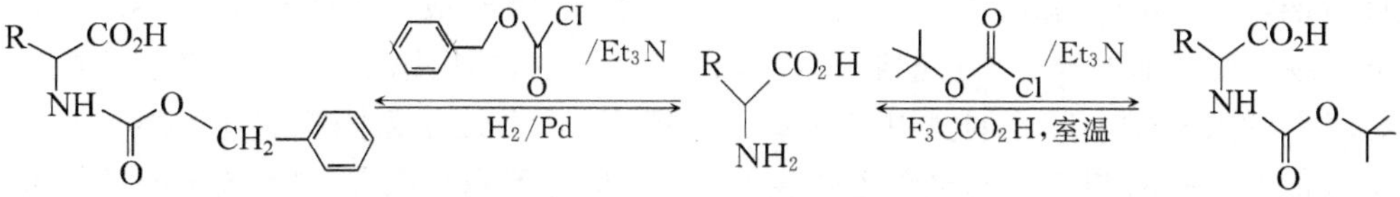

肽键的形成一般采用 *N*,*N*-二环己基碳二亚胺(dicyclohexylbodiimide, DCC)缩合法，DCC 为脱水剂。反应后，DCC 变成 *N*,*N*-二环己基脲。其反应机理如下：

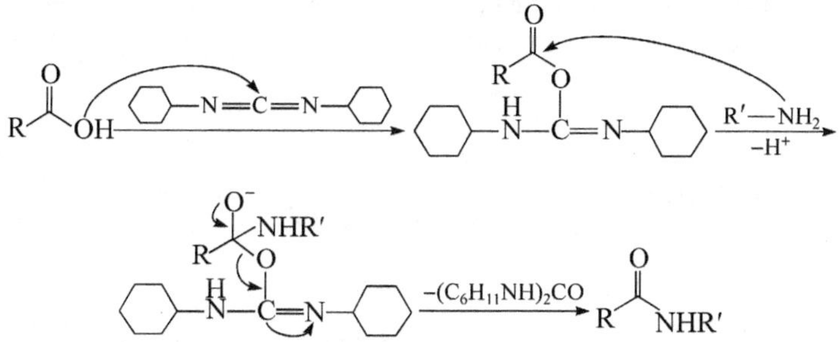

如果将氨基保护的氨基酸和羧基保护的氨基酸用 DCC 缩合，便可形成氨基和羧基保护的二肽，后者脱去保护可得二肽。例如，二肽——甘氨酰丙氨酸可用如下方法合成：

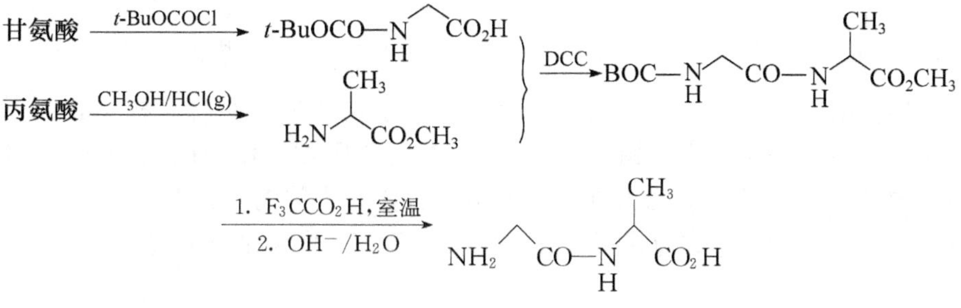

甘氨酰丙氨酸

在多肽合成中，每连接上一个氨基酸之后都需要将其氨基或羧基的保护基脱掉才能进行下一个氨基酸的连接。随着肽链的不断增长，后续反应中生成副反应的可能性会迅速增加，中间产物和终产物的分离、提纯和鉴定工作也越来越困难。自 1953 年首次合成催产素之后，1965 年我国科学家在世界上首先合成了具有生物活性的结晶牛胰岛素，1971 年又完成了猪胰岛素晶体的测定。

(二) 肽的固相合成

为了解决多肽合成中中间产物和终产物分离上的麻烦和困难，20 世纪 70 年代后期，美国化学家梅里菲尔德发明了多肽固相合成方法（solid-phase technique)。其基本原理是，首先将聚苯乙烯（用 P 表示，参见第二十一章）转变成能与氨基酸的羧基发生反应的氯甲基聚苯乙烯树脂，并将其作为固相载体。然后将氨基保护的氨基酸与氯甲基聚苯乙烯树脂反应，将氨基酸以酯键的形式连接于固相载体上。然后，脱除保护基，释放出氨基，再与第二个氨基保护的氨基酸进行 DCC 缩合，形成肽键。接下来，将固定相上形成的二肽脱保护后，再与第三个氨基保护的氨基酸发生成肽反应。依次重复相同的操作程序便可合成所需要的肽链序列。最后用三氟乙酸和溴化氢裂解酯键，把合成的肽链从高分子上分离下来。原来的树脂就变为溴甲基化的树脂，还可以重复使用。多肽的固相合成过程可用下面的反应式来表示：

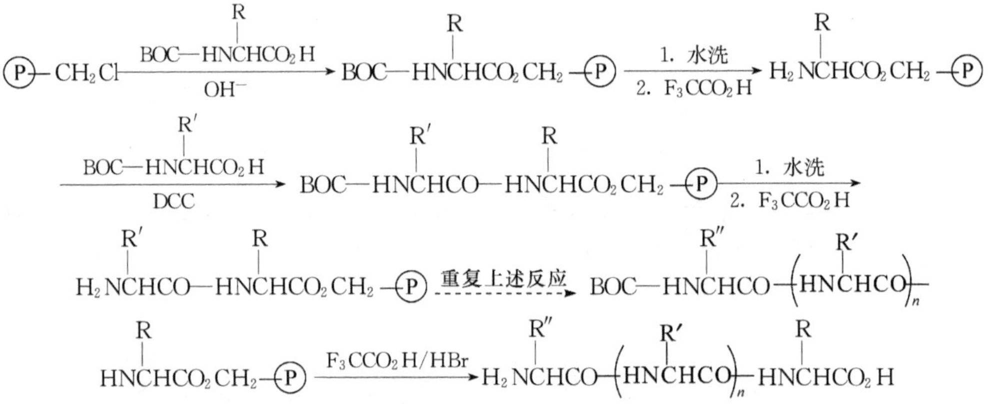

固相合成的最大优点是产物容易分离。由于生成的肽结合于树脂表面，故每步反应完成后只需对滤出的树脂进行洗涤，洗去杂质和未反应的氨基酸即可用于下一步的反应。梅里菲尔德用自创的固相多肽合成法首先合成出了第一个人工合成蛋白质——含 124 个氨基酸残基的核糖核酸酶 A，并因此而荣获了 1984 年诺贝尔化学奖。

但是固相合成也有不足之处，如合成多肽时，由于每步反应都不是 100%，故给最后提纯造成困难。目前，固相合成仍在迅速发展中，其不足之处也将在发展中逐步得到改进。

(三) 肽的结构分析

天然多肽一般都是由多种氨基酸组成的，测定多肽的结构需要解决三个主要问题：多肽由哪些氨基酸组成，各种氨基酸的数目比是多少；各个氨基酸的连接顺序即氨基酸序列是什么；多肽中有无二硫键，有几个二硫键及其连接位置。

1. 多肽的氨基酸组成分析

氨基酸的组成分析一般采用彻底水解后通过离子色谱分析来完成。如果多肽链中存在二硫键，一般先用过量的硫醇将其还原成巯基，然后再进行水解。多肽完全水解(6 mol · L^{-1} HCl，110 ℃，11 h)后，形成各种氨基酸的混合溶液。水解液再经过色谱柱进行分离。根据不同的氨基酸具有不同的保留时间，可完成氨基酸组成的定性分析。流出色谱柱的每一种氨基酸再与茚三酮反应，通过测定其吸光度可完成各种氨基酸的定量分析，确定出各种氨基酸的组成比例。

2. 多肽的氨基酸序列分析

(1) N端分析法。氨基酸的序列分析一般采用端基分析法来完成，最常用的方法是艾德曼降解法(Edman degradation)，它是一种N端分析法。其原理是，用*N*-苯基异硫氰酸酯(PITC)与多肽的N端氨基酸的氨基反应，然后在酸催化下进行水解。控制合适的酸解条件，N端的氨基酸才能够被水解下来，并形成氨基酸的苯基硫乙内酰脲(PTH)衍生物。后者可通过色谱法进行分析，比较待测氨基酸的苯基硫乙内酰脲衍生物和20种已知蛋白氨基酸的苯基硫乙内酰脲衍生物的色谱保留时间，便可确定出N端氨基酸的种类。水解后剩余的多肽部分重复上述分析，可逐一确定出多肽的氨基酸序列。目前该方法已实现自动化分析。

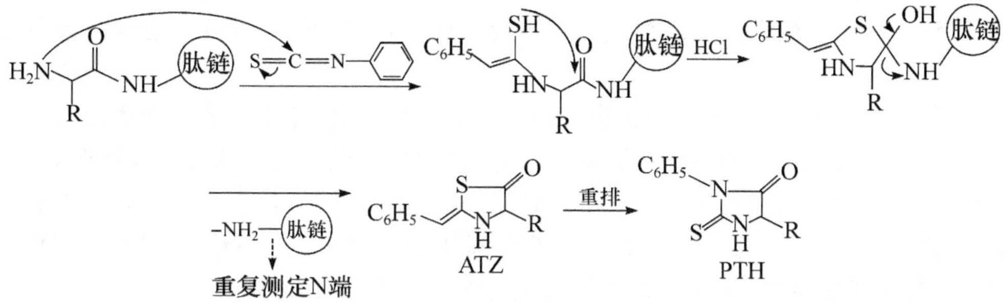

N端氨基酸的分析还可用2,4-二硝基氟苯与多肽反应来完成。但由于需要对多肽进行完全水解，因此该法不适宜于序列分析。

(2) C端分析法。C端氨基酸的分析，一般是用具有选择性的羧肽酶对多肽进行水解来进行的。一般羧肽酶可以有选择地只把C端氨基酸水解下来，然后对水解下来的氨基酸进行鉴定，就可以知道原来C端是什么氨基酸。羧肽酶A和B的选择性不同，但二者具有互补性。羧肽酶A能水解C端除Arg和Lys之外的任何氨基酸残基，而羧肽酶B只水解C端为Arg或Lys的氨基酸残基。通过两种羧肽酶的结合使用和反复多次分析，便可以完成整个多肽的氨基酸序列分析。

第五节 蛋 白 质

蛋白质是一类很重要的天然有机物，是生物体内一切组织的基础物质，并在生命现象和生命过程中起决定性的作用。

蛋白质是由多种 α-氨基酸组成的一类天然高分子化合物，相对分子质量一般为一万到几百万，有的甚至可达几千万，但其元素组成比较简单，主要含有 C、H、N、O、S，有些蛋白质还有 P、Fe、Mg、I、Cu、Zn 等。

各种蛋白质的含氮量很接近，平均为 16%，即每克氮相当于 6.25 g 蛋白质，生物体中的氮元素，绝大部分都是以蛋白质形式存在的，因此，常用定氮法先测出农副产品中的含氮量，然后计算成蛋白质的近似含量，称为粗蛋白含量。

$$W_{粗蛋白}=W_{氮}\times 6.25$$

一、蛋白质的分类

蛋白质种类繁多，结构复杂，目前只能根据蛋白质的形状、组成或功能进行粗略地分类。

1. 根据蛋白质的形状分类

(1) 纤维状蛋白质：如丝蛋白、角蛋白等。纤维状蛋白质的分子呈线状，分子中的多条肽链扭在一起或平行并列，且以氢键互相连接着。这类蛋白质在水中不能溶解。纤维状蛋白质是动物组织的主要结构材料，角蛋白、骨胶蛋白和肌蛋白都是纤维状蛋白质。

(2) 球状蛋白质：如卵清蛋白、酪蛋白、血红蛋白、γ-球蛋白等。球状蛋白质的分子形状是一球团状的，它们的多肽链自身扭曲折叠成特有的球形。在折叠时，分子内某些基团之间通过氢键、二硫键或范德华引力相互作用着。分子中的疏水基团(如烃基等)分布在球形内部，而亲水基团(如—OH、—NH_2、—SH、—COOH 等)分布在球形表面。因此，球状蛋白质的水溶性比较大。

2. 根据蛋白质组成分类

(1) 简单蛋白质。仅由氨基酸组成的蛋白质称为简单蛋白质。水解后只生成多种 α-氨基酸，也叫单纯蛋白质，如卵白蛋白、血清球蛋白、米精蛋白等。

(2) 结合蛋白质。水解后除生成 α-氨基酸外，还有非蛋白质物质(如糖、脂肪、含磷化合物、含铁化合物等)生成的一类蛋白质，称为结合蛋白质，如核蛋白、黏蛋白、肌肉中的脂蛋白、血红蛋白等。结合蛋白中的非蛋白质部分叫做辅基。辅基为糖时称为糖蛋白，辅基为核酸时称为核蛋白，辅基为血红素时称为血红素蛋白。

3. 根据蛋白质的功能分类

(1) 活性蛋白。这是具有生物活性的蛋白质,按生理作用不同又可分为酶、激素、抗体、收缩蛋白、运输蛋白等。

(2) 非活性蛋白。这是担任生物的保护或支持作用的蛋白质,但本身不具有生物活性,如储存蛋白(清蛋白、酪蛋白等)、结构蛋白(角蛋白、弹性蛋白胶原等)。

简单蛋白质的分类列于表 18.2 中。

表 18.2　简单蛋白质的分类

分　类	溶解性	举　例
清蛋白	溶于水和稀中性盐溶液,不溶于饱和硫酸铵溶液	血清蛋白、乳清蛋白、卵清蛋白、豆清蛋白
球蛋白	溶于稀中性盐溶液,不溶于水和 50%饱和硫酸铵溶液	血清球蛋白、植物种子球蛋白
组蛋白	溶于水及稀酸,不溶于稀氨水	小牛胸腺组蛋白
糖蛋白	溶于水及稀酸	鱼精蛋白
谷蛋白	溶于稀酸及稀碱,不溶于水、中性盐及乙醇	米谷蛋白、麦谷蛋白
醇溶蛋白	溶于 70%～80%乙醇,不溶于水	小麦和玉米醇溶蛋白
硬蛋白	不溶于水、稀酸、稀碱	角蛋白、胶原蛋白

蛋白质一方面起组织结构的作用,如角蛋白组成皮肤、肌肉等;另一方面起调节作用,如血红蛋白在血液中输送氧气;胰岛素调节葡萄糖的代谢。在生物体内起重要催化作用的各种酶都是蛋白质。

二、蛋白质的结构

蛋白质分子是由 α-氨基酸经首尾相连形成的多肽链,肽链在三维空间具有特定的复杂而精细的结构。这种结构不仅决定蛋白质的理化性质,而且是生物学功能的基础。蛋白质种类繁多,结构极其复杂。蛋白质的结构通常分为一级结构、二级结构、三级结构和四级结构四个层次,蛋白质的二级、三级、四级结构又统称为蛋白质的空间结构或高级结构。

(一) 蛋白质的一级结构

氨基酸按一定的排列顺序结合而成的多肽链(50 个以上氨基酸)称为蛋白质的一级结构。

对于某一蛋白质来说,若其氨基酸序列发生改变,则可引起疾病或死亡。例如,血红蛋白是由两条 α-肽链(各为 141 肽)和两条 β-肽链(各为 146 肽)共 574

个氨基酸残基组成的。若将β-肽链中的 N-6 位的谷氨酸换为缬氨酸，则会造成红血球附聚，即由球状变成镰刀状。若患有这种镰刀形贫血症，不到十年就会死亡。

（二）蛋白质的二级结构

1. 蛋白质的α螺旋结构

如前所述，由于受 p-π 共轭效应的影响，肽键中的 C—N 键一般是不能自由旋转的，因此，酰胺键中的 C—N 键实际上有顺、反两种构型。但是，与肽键中 N 和 C 原子上连接的基团是可以自由旋转的，即相邻肽键的平面是可以旋转的，因此肽链也含有顺、反两种构型。由于 C—N 键的反式结构较顺式结构稳定，因此蛋白质中的肽键实际上都是以反式构型存在的。

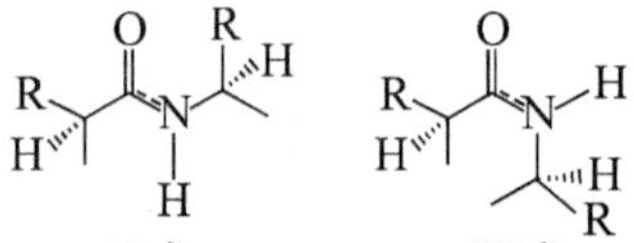

反式　　顺式

肽键的顺反异构体

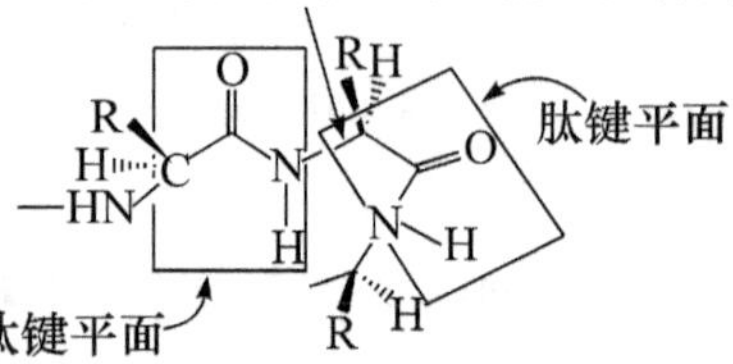

肽链中的氨基酸通过氢键的作用而形成的空间构象称为蛋白质的二级结构。由于肽链的价键之间有一定键角，因此肽链不是直线的。由于一条肽链中的不同肽键之间可以相互形成氢键，借此肽链能形成特定的平面或三维的形状。例如，纤维状蛋白形成一个右手螺旋，和普通螺丝钉的方向一样，称为α螺旋型（图 18.1），又称为右螺旋型。这个螺旋每转一圈的垂直距离大约是540 pm，这样的旋转幅度大约相当于 3.6 个氨基酸单位。多肽链中的每个羰基的氧原子都与下一层螺旋圈中的亚氨基形成氢键，氢键的方向与螺旋轴的方向平行。毛发就是一种α角蛋白，其α螺旋型多肽链的结构如图 18.1 所示。

2. 蛋白质的β折叠结构

蛋白质二级结构的另一种形式是褶纸型（图 18.2），又称为β折叠型。蚕丝蛋白就是一种β折叠结构。β折叠式的特点是，两条或多条肽链呈线型锯齿型平行或反平行排列在一起，其结构就像一把打开的折扇的扇面。多肽链之间也是通过肽键之间的氢键相结合，氢键的方向与肽链伸展的方向近乎垂直，相连氨基酸残基上的侧链上下交替分布。

此外，很多蛋白质分子链还有一种无规则卷曲的二级结构，这种二级结构没有确定的规律性。

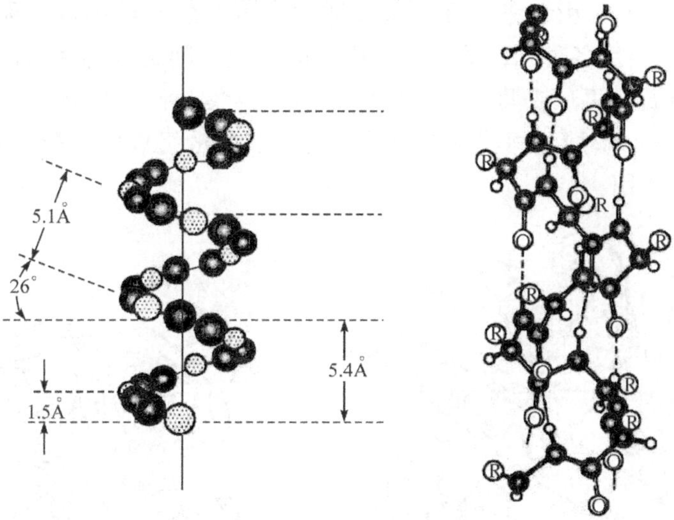

图 18.1　蛋白质的 α 螺旋结构

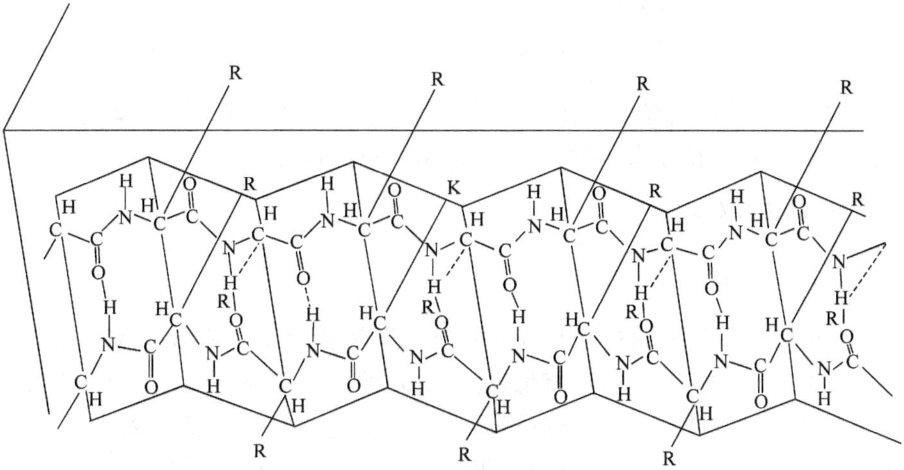

图 18.2　褶纸型多肽链结构示意图

(三) 蛋白质的三级和四级结构

由蛋白质的二级结构在空间盘绕、折叠、卷曲而形成的更为复杂的空间构象称为蛋白质的三级结构。维持三级结构的作用力有二硫键(—S—S—)、静电键(盐键)、氢键、疏水交互作用(烃基之间的相互作用等)。图 18.3 是肌红蛋白的空间结构示意图。

在三级结构中,亲水基团一般位于其结构外面,憎水基团位于结构的内部,故球状蛋白可溶于水。由一条或几条多肽链构成蛋白质的最小单位称为蛋白质亚基,由几个亚基借助各种副键的作用而构成的一定空间结构称为蛋白质的四级结构。许多蛋白质由两个或两个以上成对的多肽链集合而形成蛋白质的四级结构(图 18.4)。例如,磷酸化酶就是由两条相同的多肽链组成的,只有两条肽链一起存在才有催化作用。

图 18.3 肌红蛋白的空间结构示意图

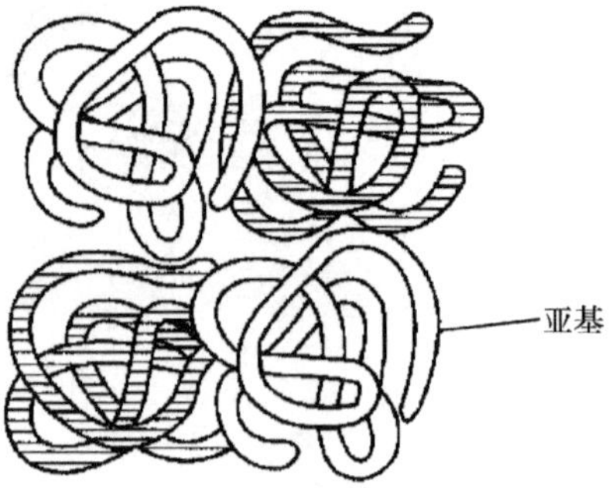

图 18.4 蛋白质的四级结构示意图

蛋白质四级结构的缔合体在温和条件下可解离成单个亚基。只要每个亚基的三级结构没有损伤,在除去解缔条件后,还可以重新恢复缔合。

三、蛋白质的理化性质

1. 蛋白质的两性和等电点

蛋白质多肽链的 N 端有氨基,C 端有羧基,其侧链上也常含有碱性基团和酸性基团。因此,蛋白质与氨基酸相似,也具有两性性质和等电点。蛋白质溶液在某一 pH 时,其分子所带的正、负电荷相等,即成为净电荷为零的偶极离子,此时溶液的 pH 称为该蛋白质的等电点(pI)。蛋白质在不同的 pH 溶液中,以不同的形式存在,其平衡体系如下:

$$\mathrm{Pr}\begin{cases}NH_2\\CO_2^-\end{cases} \underset{OH^-}{\overset{H^+}{\rightleftharpoons}} \mathrm{Pr}\begin{cases}NH_3^+\\CO_2^-\end{cases} \underset{OH^-}{\overset{H^+}{\rightleftharpoons}} \mathrm{Pr}\begin{cases}NH_3^+\\CO_2H\end{cases}$$

阴离子	两性离子	阳离子
pH<pI	pH=pI	pH>pI

式中,Pr 表示蛋白质分子;羧基代表分子中所有的酸性基团;氨基代表所有的碱性基团。

2. 蛋白质的胶体性质

蛋白质是大分子化合物，其分子直径一般为 1～100 nm，在胶体粒子的直径范围，所以蛋白质水溶液具有胶体溶液的一般特性，如丁铎尔（Tyndall）效应、布朗（Brown）运动、不能透过半透膜以及较强的吸附作用等。

维持蛋白质胶体溶液稳定性的因素有两个：水膜和带电。从蛋白质的三级结构可知，蛋白质立体结构的外层主要是一些亲水基团，它们与水分子之间的水合作用可以在蛋白质的外层形成一层水膜。这层水膜可有效抵御蛋白质粒子间因碰撞而相互聚集，从而阻止蛋白质的沉淀；只要不是在蛋白质的等电点，蛋白质粒子就带有一定数量的净电荷，且电性一致。由于相同电性的离子相互排斥，因此蛋白质粒子不易相互靠近和聚集。

3. 蛋白质的沉淀

蛋白质溶液的稳定性是有条件的和相对的。如果改变这种相对稳定的条件，如除去蛋白质外层的水膜或者电荷，蛋白质分子就会凝集而沉淀。蛋白质的沉淀分为可逆沉淀和不可逆沉淀。

1）可逆沉淀

可逆沉淀是指蛋白质分子的内部结构仅发生了微小改变或基本保持不变，仍然保持原有的生理活性。只要消除了沉淀因素，已沉淀的蛋白质又会重新溶解。

盐析一般不会破坏蛋白质的结构，当加水或透析时，沉淀又能重新溶解。所以盐析作用是可逆沉淀。盐析的原因既有破坏蛋白水膜的因素，也有中和蛋白质离子电荷的因素。

2）不可逆沉淀

蛋白质在沉淀时，空间构象发生了很大的变化或被破坏，失去了原有的生物活性，即使消除了沉淀因素也不能重新溶解，这种沉淀称为不可逆沉淀。不可逆沉淀的方法有：

（1）水溶性有机溶剂沉淀法。向蛋白质中加入适量的水溶性有机溶剂如乙醇、丙酮等，由于它们对水的亲和力大于蛋白质，使蛋白质粒子脱去水化膜而沉淀。这种作用在短时间和低温时，沉淀是可逆的，但若时间较长和温度较高时，则为不可逆沉淀。

（2）化学试剂沉淀法。重金属盐如 Hg^{2+}、Pb^{2+}、Cu^{2+}、Ag^{+} 等重金属阳离子能与蛋白质阴离子结合，形成不溶性盐，从而导致不可逆沉淀。

（3）生物碱试剂沉淀法。苦味酸、三氯乙酸、鞣酸、磷钨酸、磷钼酸等生物碱沉淀剂，能与蛋白质阳离子结合，使蛋白质产生不可逆沉淀。

此外，强酸或强碱以及加热、紫外线或 X 射线照射等物理因素都可导致蛋白质的某些副键被破坏，引起构象发生很大改变，使疏水基外露，引起蛋白质沉淀，从而失去生物活性。这些沉淀也是不可逆的。

4. 蛋白质的变性

由于物理或化学因素的影响，蛋白质分子的内部结构发生了变化，导致理化性质改变，生理活性丧失，这种现象称为蛋白质的变性。蛋白质的变性不会引起它的一级结构发生改变。变性后的蛋白质称为变性蛋白质。蛋白质变性一般产生不可逆沉淀，但蛋白质的沉淀不一定变性（如蛋白质的盐析）；反之，变性也不一定沉淀。例如，蛋白质受强酸或强碱的作用变性后，常由于带同性电荷而不会产生沉淀现象。然而不可逆沉淀一定会使蛋白质变性。

引起蛋白质变性的因素很多，物理因素有加热、高压、剧烈振荡、超声波、紫外线或X射线照射等。化学因素有强酸、强碱、重金属离子、生物碱试剂和有机溶剂等。蛋白质变性的原因一方面是维持具有复杂而精细空间结构的蛋白质的副键被破坏，原有的空间结构被改变，疏水基外露；另一方面是蛋白质分子中的某些活泼基团如—NH_2、—COOH、—OH等与化学试剂发生了反应。

蛋白质的变性分为可逆变性和不可逆变性，若仅改变了蛋白质的三级结构，可能只引起可逆变性；若破坏了二级结构，则会引起不可逆变性。

变性蛋白质与天然蛋白质有明显的差异，主要表现在以下几个方面：

(1) 物理性质的改变。蛋白质变性后，多肽链松散伸展，导致黏度增大；侧链疏水基外露，导致溶解度降低而沉淀等。

(2) 化学性质的改变。蛋白质变性后结构松散，生物化学性质改变，易被酶水解；侧链上的某些基团外露，易发生化学反应。例如，—S—S—、—SH、酚羟基等很容易检测。

(3) 生理活性的丧失。蛋白质变性后失去了原有的生物活性。例如，酶变性后失去了催化功能；激素变性后失去了相应的生理调节功能；血红蛋白变性后失去了输送氧的功能等。

蛋白质的变性作用对工农业生产、科学研究都具有十分广泛的意义。例如，通常采用加热、紫外线照射、利用酒精、杀菌剂等杀菌消毒，其目的就是使细菌体内的蛋白质变性。菌种、生物制剂的失效，种子失去发芽能力等均与蛋白质的变性有关。基于苯酚或甲醛能使蛋白质沉淀变性的原理，可用苯酚作杀菌剂，用甲醛水溶液来保护生物标本。

5. 水解作用

蛋白质可以被稀强酸、稀强碱或酶水解，经过一系列中间产物后，最终生成α-氨基酸。其水解过程如下：

蛋白质⟶蛋白际⟶蛋白胨⟶多肽⟶二肽⟶α-氨基酸

蛋白质的水解反应对蛋白质的应用和研究蛋白质在生物体中的代谢等都具有十分重要的意义。例如,农业上广泛应用的氨基酸叶面肥就是通过对牛角、动物毛发等进行水解而制成的;很多护肤产品所含的氨基酸是由蚕丝等蛋白质水解而来的。

6. 颜色反应

蛋白质可以和多种试剂产生颜色反应(表 18.3),利用这些颜色反应可以对蛋白质进行定性鉴别。

表 18.3 蛋白质的颜色反应

反应名称	试 剂	颜 色	反应基团	蛋白质结构特点
二缩脲反应	稀碱,稀硫酸酮	粉红-蓝紫	两个以上肽键	所有氨基酸
茚三酮反应	水合茚三酮	蓝紫	游离氨基	所有氨基酸
黄蛋白反应	浓硝酸,加热,稀 NaOH	黄-橙黄	苯基	含 Phe 或 Tyr 或 Try 的蛋白质
米隆反应	米隆试剂,加热	白-砖红	酚基	含 Tyr 的蛋白质
乙醛酸反应	乙醛酸试剂,浓硫酸	紫	吲哚基	含 Try 的蛋白质

第六节 酶

1836 年,德国科学家施旺(T. Schwann)从胃液中提取出了消化蛋白质的物质(胃蛋白酶),解开了胃的消化之谜。20 世纪 30 年代,科学家们相继提取出多种酶的蛋白质晶体,并指出酶(enzyme)是一类具有生物催化作用的蛋白质。人体内存在大量的酶,结构复杂,种类繁多,到目前为止,已发现 4000 种以上。例如,米饭在口腔内咀嚼时,咀嚼时间越长,甜味越明显,这是由于米饭中的淀粉在口腔分泌出的唾液淀粉酶的作用下,水解成葡萄糖的缘故。此外人体内还有胃蛋白酶、胰蛋白酶等多种水解酶。人体从食物中摄取的蛋白质,必须在胃蛋白酶的作用下,水解成氨基酸,然后再在其他酶的作用下,选择人体所需的 20 多种氨基酸,按照一定的顺序重新结合成人体所需的各种蛋白质,这其中发生了许多复杂的化学反应。可以这样说,没有酶就没有生物的新陈代谢,也就没有形形色色、丰富多彩的生物界。

一、酶的类型

按照酶的化学组成可将酶分为单纯酶和结合酶两大类。单纯酶的分子中只有氨基酸残基组成的肽链,催化活性仅由蛋白质的结构决定。结合酶分子中除了多肽链组成的蛋白质之外,还含有非蛋白成分。非蛋白成分可以是无机金属元素,如铜、锌、锰等，也可以是相对分子质量较小的有机分子，如血红素、叶绿素、某些维生素（如 B_1、B_2、B_6、B_{12} 等）。结合酶的蛋白质部分称为酶蛋白（apoenzyme），非蛋白质部分统称为辅助因子（cofactor），酶蛋白与辅助因子结合后形成的复合物称为全酶（holoenzyme）。只有全酶才有催化活性，如果酶蛋白和辅助因子分开则酶活性消失。有机辅助因子根据其与酶蛋白连接方式又可分为辅基（prosthetic group）和辅酶（coenzyme）两种。其中，辅基与酶蛋白以共价键相连，如 B 族维生素。辅酶则与酶蛋白以非共价键相连。因此，透析或超滤等方法不能将辅基与酶蛋白分开，但能将辅酶与酶蛋白分开。

结合酶中的金属离子有多方面的功能，它们有的可能是酶活性中心的组成成分；有的可能在稳定酶分子的构象上起作用；有的可能作为桥梁使酶与底物相连接。

根据酶催化反应的类型，可将酶分成六大类：

(1) 氧化还原酶（oxidoreductase）：能促进底物的氧化还原反应的酶，如细胞色素氧化酶。

(2) 转移酶（transferase）：催化底物分子中的某一基团转移到另一底物上去，如转氨酶。

(3) 水解酶（hydrolase）：催化水解反应，如淀粉酶、脂肪酶、胃蛋白酶。

(4) 裂解酶（lyase）：促进一种化合物分裂为两种化合物或由两种化合物合成一种化合物的反应，如碳酸酐酶。

(5) 异构酶（isomerase）：促进异构化反应，如磷酸葡萄糖异构酶。

(6) 合成酶（ligase）：促进两分子连接起来，如谷氨酰胺合成酶等。

酶的命名有习惯命名法和国际系统命名法两种方法。习惯命名法不太精确，但较简便，如催化乳酸脱氢生成丙酮酸的酶就称为乳酸脱氢酶；催化水解作用的酶命名时略去反应类型，如水解蛋白质的酶称为蛋白酶，水解淀粉的酶称为淀粉酶；有时还在酶的名称前面标上酶的其他特点，如来源、酸碱性等以示区别，如胃蛋白酶、胰淀粉酶、中性蛋白酶等。

二、酶的催化机理

酶作为生物催化剂，具有以下几个特点：

(1) 高效性。酶是自然界中催化活性最高的一类催化剂。酶的催化作用可使反应速率提高 $10^6 \sim 10^{12}$ 倍。酶的催化效率比一般无机或有机催化剂约高108～1010倍。有机化学家无法进行的许多反应，在酶的作用下却很容易进行，并且都是在常温常压下进行的。

(2) 高度选择性。主要表现在两个方面：反应专一性（reaction specificity）和底物的专一性（substrate specificity）。酶的反应专一性是指酶只能选择性地催化一种或一类相同类型的化学反应。例如,蛋白酶只能催化蛋白质水解成多肽,酯酶只能催化甘油三酯等酯键的水解。酶的底物的专一性大致可分为:结构专一性(structure specificity)、立体专一性(stereospecificity)和几何专一性(geometric specificity)。结构专一性是指一种酶只催化一种底物进行反应,属于绝对专一性(absolute specificity),如脲酶只能水解尿素而对尿素衍生物不起作用。有些酶能催化一类化合物或一类化学键进行反应,称为相对专一性(relative specificity),如胰凝乳蛋白酶能选择性水解含有芳基侧链的氨基酸残基形成的肽键。立体专一性是指酶能专一性地与手性底物结合并催化其反应,如胰蛋白酶只能水解 L-氨基酸形成的肽键,不能水解 D-氨基酸形成的肽键;淀粉酶能选择性水解 D-葡萄糖形成的 1,4-α-糖苷键,而不能水解 L-葡萄糖形成的糖苷键;L-乳酸脱氢酶只催化 L-乳酸脱氢,对D-乳酸无作用。几何专一性是指某些酶只能选择性地催化某种几何异构体底物的反应,而对另一种构型无催化作用,如延胡索酸水合酶只能催化延胡索酸水合成苹果酸,而不能催化马来酸发生水合。

(3) 温和性。酶促化学反应一般都是在常温常压,pH 近于 7 的条件下起催化作用。但也有一些酶的催化条件比较特殊。例如,胃蛋白酶可在 pH 1～2 时催化。

酶的这些性质使细胞内错综复杂的物质代谢过程能有条不紊地进行,使物质代谢与正常的生理机能互相适应。若因遗传缺陷造成某个酶缺损,或其他原因造成酶的活性减弱,均可导致该酶催化反应的异常,使物质代谢紊乱,甚至发生疾病。因此酶与医学的关系十分密切。

为什么酶具有这样的特异性?这是有机化学工作者多年来力图解决而尚未很好解决的重大问题之一。1894 年,费歇尔提出了酶作用的锁-钥匙假说:酶的催化专一性和酶的结构特点特别是活性中心的空间结构有密切关系。酶和底物分子之间有一种特殊的三维空间的配合,这种配合类似于锁和钥匙的关系。酶就像一把钥匙,只能打开一把锁(特定结构的反应底物)。锁被打开相当于生物化学反应的完成。目前,锁-钥匙假说的研究已深入到分子水平。

酶促反应是将底物通过各种键合力(静电引力,氢键,疏水交互作用)定向地吸附到酶表面的手性环境中。一般酶用"三点附着"方式来选择并结合手性底物。假如催化甘油醛的酶的三个键合中心如图 18.5 所示排列,一个适合—H,一个适合—OH,另一个适合—CH_2OH。则这个酶只能结合 R-甘油醛,不能结合 S-甘油醛,即只催化 R-甘油醛反应,不能催化 S-甘油醛反应。酶活性中心的空腔在空间上与底物的立体结构有很好的互补性,可以把底物套入或套住。由于活性中心是手性的,所以与底物中 R 和 S 对映体的作用不同。从图 18.6 可清楚地看到底物的 S 构型完全适合手性的活性中心,即可套入酶的活性中心,而底物的 R 构型与酶的活性中心不完全适合。如果 X 套入适当的位置则其他基团就不完全合适。

若其他基团适合，则 X 的位置就不合适。这是酶之所以能辨别对映体的原因。应该指出，酶的这种特异性是由酶的三级结构所决定的，一旦破坏了酶的空间结构，也就是破坏了它的活性中心，酶的这种特异性也随之消失。

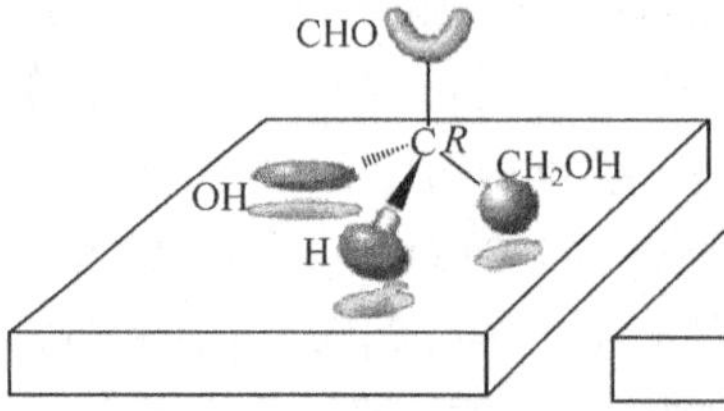

图 18.5　酶与甘油醛的选择性结合示意图

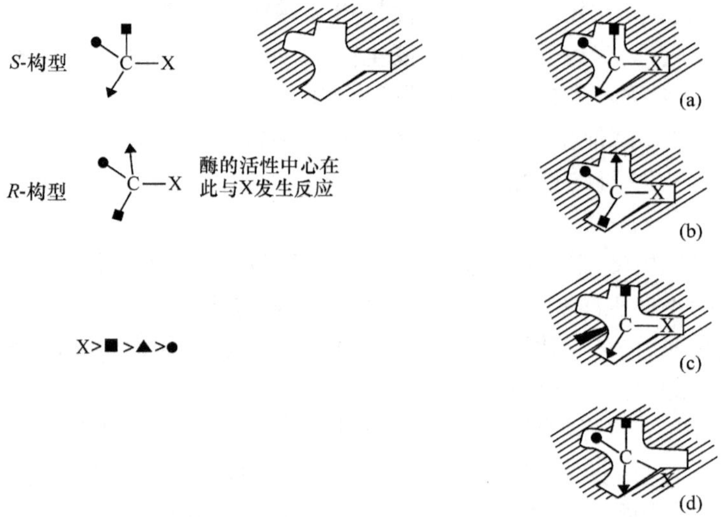

图 18.6　酶的活性中心与底物 R/S 构型的作用图解

习　题

1. 写出 L-谷氨酸、L-苯丙氨酸、L-脯氨酸的费歇尔投影式。
2. 谷氨酸和赖氨酸在下列条件下主要以什么形式存在？
   (1) 强酸性水溶液中　(2) 强碱性水溶液中　(3) 等电点
3. 用苯、不超过 3 个碳原子的有机化合物、丙二酸酯以及必要的试剂合成下列氨基酸。
   (1) 亮氨酸　(2) 异亮氨酸　(3) 苯丙氨酸　(4) 酪氨酸
4. 写出 Pro-Ser-Ile-Ala-Phe 五肽的结构式。
5. 写出甘氨酸与下列各物质反应的主要产物。
   (1) NaOH 水溶液　(2) HCl 水溶液　(3) 苯甲酰氯＋NaOH 水溶液
   (4) 乙酐　(5) $NaNO_2$＋HCl　(6) C_2H_5OH＋H_2SO_4
   (7) 苄氧甲酰氯

6. 写出用相应的羧酸合成苯丙氨酸和异亮氨酸的反应式。可否用此法合成丝氨酸和酪氨酸？
7. 某五肽经部分水解生成下列三个三肽，试推测该五肽的结构。

   Gly-Glu-Arg　　Glu-Arg-Gly　　Arg-Gly-Phe
8. 说明为什么 Lys 的等电点为 9.74，而 Try 的是 5.88。
9. 试写出下列肽的氨基酸单元的顺序。

   (1) 某五肽经部分水解生成四个二肽：组-谷；半胱-甘；亮-组；谷-半胱。

   (2) 某十肽经部分水解生成五个三肽：缬-半胱-甘；甘-苯丙-苯丙；谷-精-甘；酪-亮-缬；甘-谷-精。
10. L-多巴胺(3,4-二羟基苯丙氨酸)是一种稀有氨基酸，用于治疗帕金森病。如何由 3,4-二羟基苯乙醛合成(±)-多巴胺？
11. 一个氨基酸的衍生物 $C_5H_{10}O_3N_2$(A)与 NaOH 水溶液共热放出氨气，并生成 $C_3H_5(NH_2)(COOH)_2$ 的钠盐，若把(A)进行霍夫曼降解反应，则生成 α,γ-二氨基丁酸，推测(A)的结构式。

手性合成技术

一个经过反应中心能够产生某一构型异构体过量的反应称为立体选择反应(stereoselective reaction)。利用立体选择性反应制备两个对映体之一过量的反应称为不对称合成。不对称合成反应广泛应用于手性化合物的制备、手性构型的测定、反应机理的研究以及研究酶催化机理的研究等。

多数化学反应在形成新的手性碳原子时都是产生两种手性构型且二者产率相等。若要实现某一构型的产物过量，最常用的方法就是让反应在手性环境中进行。构建手性环境的方法主要有两种：在反应中心附近预先引入一个手性中心，用于诱导后续反应的手性选择性；另一个方法是选用手性溶剂或手性催化剂(chiral catalyst)等。其中，选用手性催化剂是最常用和最有效的方法。酶是天然的手性催化剂。

虽然酶是天然高效的手性催化剂，但其所能催化的反应类型和底物是有限的，远不能满足有机合成的需要。为此，众多的化学家一直致力于研究和开发新型人工手性催化剂，手性催化剂的研究是近十几年来有机合成化学最引人注目的热点之一。人类合成的第一个手性催化剂是由日本化学家野依良治 1966 年研制的手性席夫碱与 Cu^{2+} 的配合物。但真正具有开创性意义的是 1968 年美国孟山都公司的诺尔斯发现了手性三价膦配体与金属铑形成的催化剂。诺尔斯的发现立即引起了人们对手性膦配体的研究兴趣和热情。经过几十年，尤其是近 20 年的研究，手性膦配体催化剂的研究已经在理论和实践方面取得了长足的发展，人们已经发现了数以千计的手性膦配体，其中最具代表性的当属野依良治发现的可进行催化不对称氢化反应的具有手性轴的 BINAP[2,2′-双(二苯膦基)-1,1′-二萘]。有些手性膦配体的催化剂已经在工业生产上得到了应用。

与野依良治的工作不同，沙普利斯开创了双键的不对称催化氧化反应。目前，双键的不对称环氧化反应和双羟基化反应已成为应用最为广泛的化学反应之一。近年来，沙普利斯还提出了不对称催化氧化反应中的手性放大及非线性效应等新概念，在理论和实际上都具有重要意义。

瑞典皇家科学院2001年10月10日将该年度诺贝尔化学奖授予了三位科学家，他们是美国孟山都公司的诺尔斯、日本名古屋大学的野依良治和美国斯克里普斯研究所的沙普利斯，以表彰他们在不对称催化反应研究领域取得的突出贡献。

目前，不对称催化合成已应用到几乎所有的有机反应类型中，并开始成为工业上，尤其是制药工业合成手性物质的重要方法。需要指出的是，目前不对称催化合成研究依然处在方兴未艾的发展阶段，许多与手性相关的科学问题还有待解决。相信不对称催化合成将继续成为21世纪有机化学研究的热点，并将进一步拓展到超分子化学和化学生物学的研究中，实现生物催化的人工模拟，并将在高技术领域发挥重要作用。

第十九章　油脂和类脂

油脂(fat and oil)和类脂(lipid)统称脂类，是一类不溶于水或部分溶于水且能被非极性溶剂从生物体中萃取出来的天然小分子化合物。油脂是植物油和动物脂肪的统称，如菜籽油、花生油、牛油和猪油等。类脂是指物态及物理性质方面与油脂类似的化合物，通常包括磷脂、蜡、萜类、甾族化合物、前列腺素等多种类型。油脂和类脂广泛存在于生物体内，是维持生命活动不可缺少的物质。

第一节　油脂和蜡的结构

一、油脂的结构与组成

油脂是甘油(glycerine)与高级脂肪酸(higher fatty acid)生成的三羧酸甘油酯。组成三羧酸甘油酯的三个脂肪酸，可以相同，也可以不同。如果三个脂肪酸是相同的，称为单纯甘油酯。反之，称为混合甘油酯。例如：

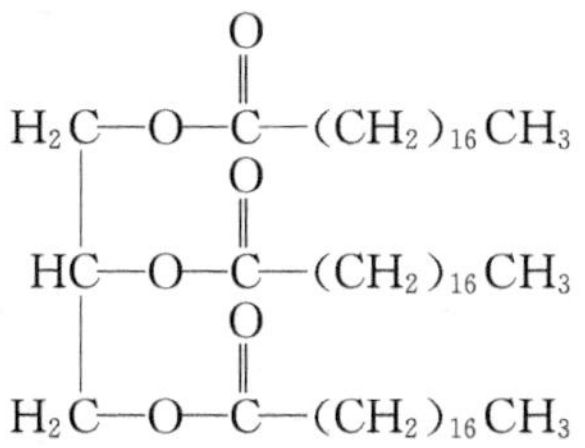

三硬脂酸甘油酯或甘油三硬脂酸酯(单纯甘油酯)

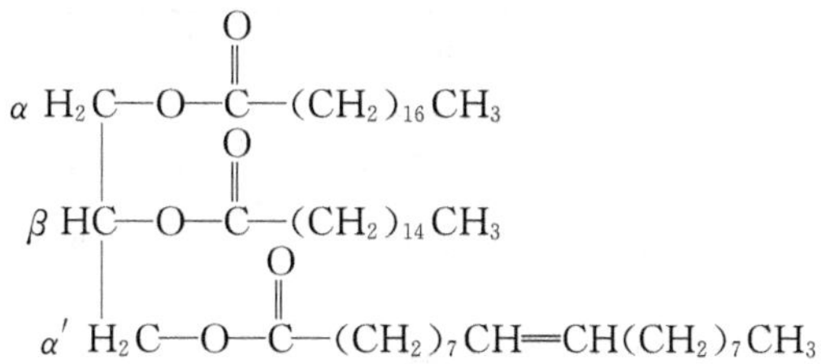

α-硬脂酸-β-软脂酸-α′-油酸甘油酯
或 1-硬脂酸-2-软脂酸-3-油酸甘油酯
(混合甘油酯)

组成三羧酸甘油酯的脂肪酸有饱和脂肪酸和不饱和脂肪酸。绝大多数脂肪酸是含偶数碳原子的直链羧酸，支链、环链上带着羟基的脂肪酸以及奇数碳原子的脂肪酸是极少见的。表 19.1 列出了油脂中常见的一些饱和脂肪酸。

表 19.1　油脂中常见的饱和脂肪酸

俗　名	系统命名	结构式	熔点/℃	分　布
羊蜡酸	癸酸	$CH_3(CH_2)_8COOH$	32	椰子油、奶油
月桂酸	十二碳酸	$CH_3(CH_2)_{10}COOH$	44	鲸蜡、椰子油
肉豆蔻酸	十四碳酸	$CH_3(CH_2)_{12}COOH$	58	肉豆蔻油

续表

俗　名	系统命名	结构式	熔点/℃	分　布
软脂酸	十六碳酸	$CH_3(CH_2)_{14}COOH$	63	动、植物油脂
硬脂酸	十八碳酸	$CH_3(CH_2)_{16}COOH$	71.2	动、植物油脂
花生酸	二十碳酸	$CH_3(CH_2)_{18}COOH$	77	花生油
山萮酸	二十二碳酸	$CH_3(CH_2)_{20}COOH$	80	山萮油
掬焦酸	二十四碳酸	$CH_3(CH_2)_{22}COOH$	87.5	花生油，鞘磷脂

在组成油脂的饱和脂肪酸中，软脂酸分布最广，它几乎存在于所有的油脂中。其次是硬脂酸、月桂酸(十二碳酸)和肉豆蔻酸(十四碳酸)。少于12个碳原子的脂肪酸较少见，大于18个碳原子的脂肪酸分布虽广，但含量较少。硬脂酸在动物脂肪中含量较多(10%～30%)，椰子油含有大量的月桂酸，有的可以高达50%。奶油中含有丁酸，海豚的油脂中含有异戊酸，天然的油脂很少含有这样低级的脂肪酸。天然油脂中的脂肪酸基本上都是双数碳原子的，这是因为这些脂肪酸都是以乙酸为结构单位进行生物合成的。

油脂中常见的不饱和脂肪酸列于表19.2中。

表19.2　油脂中常见的不饱和脂肪酸

俗　名	系统命名	结构式	熔点/℃	分　布
鳖酸	9-十六碳烯酸	$CH_3(CH_2)_5CH{=}CH(CH_2)_7CO_2H$	0.5	动物油
油酸	9-十八碳烯酸	$CH_3(CH_2)_7CH{=}CH(CH_2)_7CO_2H$	16.3	动、植物油
亚油酸	9,12-十八碳二烯酸	$CH_3(CH_2)_4CH{=}CHCH_2CH{=}CH(CH_2)_7CO_2H$	−5	植物油
亚麻酸	9,12,15-十八碳三烯酸	$CH_3CH_2(CH{=}CHCH_2)_3(CH_2)_6CO_2H$	−11.3	亚麻仁油
桐油酸	9,11,13-十八碳三烯酸	$CH_3(CH_2)_3(CH{=}CH)_3(CH_2)_7CO_2H$	49	桐油
蓖麻醇酸	12-羟基-9-十八碳烯酸	$CH_3(CH_2)_5CH(OH)CH_2CH{=}CH(CH_2)_7CO_2H$	5.5	蓖麻油
晁模酸	13-(2-环戊烯)十三碳酸	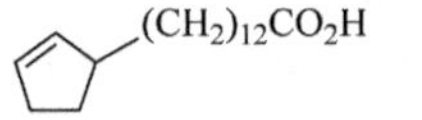	68.5	—
花生四烯酸	5,8,11,14-二十碳四烯酸	$CH_3(CH_2)_4(CH{=}CHCH_2)_4(CH_2)_2CO_2H$	−49.5	卵磷脂
芥酸	13-二十二碳烯酸	$CH_3(CH_2)_7CH{=}CH(CH_2)_{11}CO_2H$	33.5	菜油

组成油脂的不饱和脂肪酸一般大于10个碳，其中以油酸、亚油酸、亚麻酸等18个碳原子的烯酸分布最广。油酸是橄榄油的主要成分，含量高达83%，亚油酸

是葵花籽油的主要成分，亚麻酸是亚麻子油的主要成分，花生四烯酸是一个含有四个双键的 20 碳不饱和酸。亚油酸、亚麻酸和花生四烯酸等不饱和脂肪酸是哺乳动物自己不能合成的，必须从膳食中摄取，故称之为必需脂肪酸。天然不饱和脂肪酸绝大多数是顺式构型，命名时常用符号“Δ”代表双键，将双键的位置编号写在“Δ”的右上角，“Δ”读作 delta。

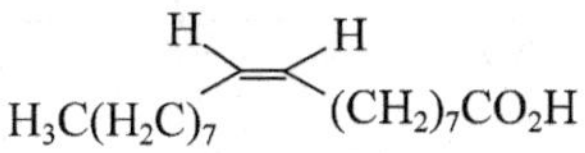

油酸

(顺-9-十八碳烯酸或顺-Δ^9-十八碳烯酸)

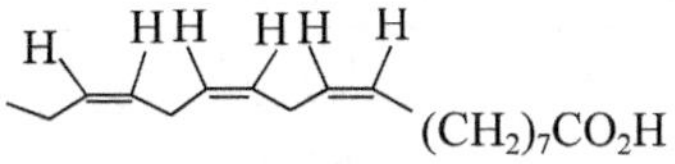

亚麻酸

(顺,顺,顺-9,12,15-十八碳三烯酸或顺,顺,顺-$\Delta^{9,12,15}$-十八碳三烯酸)

天然油脂绝大多数是多种混合甘油酯的混合物。不同来源的油脂，其甘油酯的组成不同(表 19.3)。

表 19.3　一些天然油脂的组成

油脂来源		饱和脂肪酸/%				不饱和脂肪酸/%	
		C_{12} (月桂酸)	C_{14} (肉豆蔻酸)	C_{16} (棕榈酸)	C_{18} (硬脂酸)	C_{18} (油酸)	C_{18} (亚油酸)
动物脂肪	猪油	—	1	25	15	50	6
	奶油	2	10	25	10	25	5
	人脂肪	1	3	25	8	46	10
	鲸脂	—	8	12	3	35	10
植物油	可可油	50	18	8	2	6	1
	棉籽油	—	1	10	4	35	45
	橄榄油	—	1	5	5	80	7
	花生油	—	—	7	5	60	20
	亚麻油	—	—	5	3	20	20

此外，还有为数不多的羟基不饱和酸、环氧酸等。例如：

$CH_3(CH_2)_5CH(OH)CH_2CH{=}CH(CH_2)_7COOH$

蓖麻油酸

$CH_3(CH_2)_4CH{-}CHCH_2CH{=}CH(CH_2)_7COOH$（$C_{12}$、$C_{13}$ 间以 O 成环氧）

12,13-环氧油酸

二、蜡的结构

蜡(wax)是高级脂肪酸与高级一元饱和醇生成的酯。例如，蜜蜂蜡就是软脂酸三十烷醇酯[$CH_3(CH_2)_{14}CO_2(CH_2)_{29}CH_3$]。组成蜡的脂肪酸和醇都在 16 个碳原子以上，且都为偶数。最常见的是软脂酸、二十六碳酸、十六烷醇、二十六烷醇、三十烷醇等。此外，蜡中还存在一些相对分子质量较高的游离羧酸、醇以及高级的碳氢化合物及酮。

表 19.4 列出了几种重要的蜡。

表 19.4　几种重要的蜡

名　称	熔点/℃	主要组分	来　源
白蜡（又称虫蜡）	81.3～84	$C_{25}H_{51}COOC_{26}H_{53}$	白蜡虫
蜂蜡	60～62	$C_{15}H_{31}COOC_{30}H_{61}$	蜜蜂腹部
鲸蜡	41～46	$C_{15}H_{31}COOC_{16}H_{33}$	鲸鱼头部
巴西棕榈蜡	83～90	$C_{25}H_{51}COOC_{30}H_{61}$	巴西棕榈叶
羊毛脂	38～42	羊毛脂肪酸的高级醇酯	羊毛

第二节　油脂和蜡的性质

一、结构与物理性质

1. 油脂的物理性质

在室温下，不饱和度较高的油脂一般呈液体，常称为油。含饱和脂肪酸较多的油脂一般呈半固态或固态，常称为“脂”或“脂肪”。由于油脂中的不饱和脂肪酸绝大多数是顺式构型，致使油脂分子在空间占有较大的体积，分子之间不能紧密排列，分子间范德华力较小，故含不饱和脂肪酸较多的油脂多为液体。相反，饱和脂肪酸的烃基中各相邻碳原子都以对位交叉式的优势构象排列，整个烃基呈锯齿状，分子间能较紧密靠近，范德华力较大，故含饱和脂肪酸较多的油脂一般多为半固态或固态。

纯净的油脂是无色、无味和无臭的。天然油脂都是混合物，并含有少量色素和低沸点成分，故天然油脂都具有一定的颜色和气味，且没有恒定的沸点和熔点。

油脂的相对密度都小于 1，不溶于水，易溶于乙醚、石油醚、氯仿、丙酮、苯及热乙醇中，因此，提取生物样品中的油脂时，一般都用乙醚或石油醚作溶剂。

2. 蜡的物理性质

蜡在常温下呈固态，比脂肪硬而脆，不溶于水，可溶于非极性有机溶剂。蜡在工业上用作纺织品的上光剂，是制造蜡纸、药膏基质、蜡烛和化妆品的原料。

蜡广泛存在于动物、植物界，按其来源蜡可以分为植物蜡和动物蜡两类。植物蜡存在于植物的叶、茎和果实的表面，是防止细菌侵害和水分散失的保护层。动物蜡存在于动物的分泌腺、皮肤、毛皮、羽毛和昆虫外骨骼的表面，也是起保护作用的。

二、结构与化学性质

从油脂和蜡的结构式可以看出，它们的主要官能团都是酯基。因此，油脂和蜡都能发生水解反应。但由于蜡是高级脂肪酸和高级脂肪醇形成的酯，酯基是分子中唯一的极性基团，酯基在整个蜡分子中所占的比例远远小于油脂，因此蜡在水中的溶解度也远小于油脂，造成蜡比油脂更难发生酯水解。在一般酸、碱条件下，蜡是比较稳定的。

油脂在酸、碱或酶的催化下能比较容易地水解成丙三醇（甘油）和游离脂肪酸或其盐。对不饱和油脂来说，分子中的双键能表现出烯烃的典型反应（加成、氧化、聚合等）。利用双键的氢化反应，可以由不饱和油脂制备饱和油脂，又称氢化油脂或人造黄油。利用双键与碘的加成反应，可以定量测定油脂的不饱和度，常用碘值来表示，即 100 g 油脂所能吸收的碘的质量（单位：g）。长期存放的油脂在有少量水的情况下，能被氧和细菌氧化成具有刺激性气味的小分子醛、酮、酸，这种现象称为油脂的酸败。氧化部位一般是双键、双键的 α 位和酯基的 β 位，其中还涉及酯的水解。因此，为了防止油脂的酸败，应尽量减少其中所含的水分，还常向油脂中加入一定的抗氧化剂，如卵磷脂、维生素 E 等，另外还要注意阴凉和避光。对于分子中含有共轭多烯结构的不饱和油脂（如桐酸）来说，在有引发剂（如 O_2）的情况下，还能发生聚合反应，形成固体高分子聚合物。具有这种特性的油脂称为干性油，常用作天然油漆。

（一）皂化反应与表面活性剂

1. 皂化反应

油脂在碱性条件下发生的酯水解反应称为油脂的皂化反应（saponification reaction）。皂化反应后生成甘油和脂肪酸盐。高级脂肪酸钠盐俗称肥皂，皂化反应便由此得名。

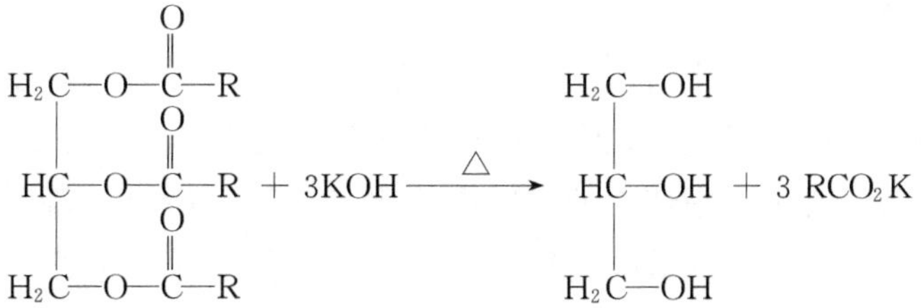

皂化 1 g 油脂所需要的 KOH 的质量（单位：mg）称为皂化值。每种油脂都有一定的皂化值。根据皂化值的大小，可以粗略地计算油脂的平均相对分子质量：

$$平均相对分子质量 = 3 \times 56 \times 1000 / 皂化值$$

由上式可知，皂化值越大，油脂的平均相对分子质量越小。

2. 表面活性剂

表面活性剂是指能够降低液体表面张力的物质。从结构上讲，它必须含有亲水基和疏水基。肥皂(高级脂肪酸钠)就是一种表面活性剂。当表面活性剂溶于水时，其链状的烃基由于范德华引力互相接近，并聚成近似球团状。在球状物的表面为极性的水溶性基团，如羧酸根离子，球团内部为疏水基，这种球状物称为胶束，如图 19.1 所示。

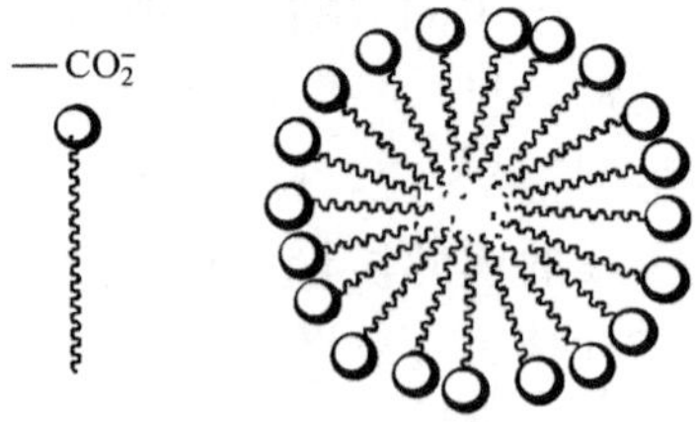

图 19.1　胶束的横切面

表面活性剂如肥皂遇到油滴后，其胶束的烃基部分通过范德华引力与油脂相互作用，并深入到油酯内部，羧酸根离子部分则伸到水中，这样油就被肥皂分子包围起来，并分散、悬浮于水中。去污时受机械力的震动和摩擦，大的油珠多数分散成细小的油珠，然后再受肥皂分子的包围而分散，不能彼此结合，只能成为极小的被表面活性剂包着的油珠，悬浮在水中，于是肥皂就变成乳状液。

根据表面活性剂的结构特点，人们已经合成了很多人造表面活性剂。按用途可将表面活性剂分为乳化剂、润湿剂、起泡剂、洗涤剂、分散剂等；按结构类型可分为离子型表面活性剂和非离子型表面活性剂。

1) 离子型表面活性剂

离子型表面活性剂按功能离子的电性不同可分为阴离子型表面活性剂和阳离子型表面活性剂。

(1) 阴离子型表面活性剂。这一类表面活性剂在水中可以生成带有疏水基的阴离子。肥皂实际上就是一种阴离子型表面活性剂，它是带有烃基的阴离子($RCOO^-$)。在日常生活中使用的合成洗涤剂，有烷基磺酸钠、烷基苯磺酸钠和烷基硫酸钠(实际上是烷基硫酸酯的钠盐)等，其中烷基长度多为 C_{12}～C_{18}，且一般为直链型。这主要是因为直链型烷基易被微生物降解。

RCH_2SO_3Na　　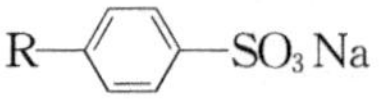　　$CH_3(CH_2)_{10}CH_2OSO_3Na$

烷基磺酸钠　　烷基苯磺酸钠　　十二烷基硫酸钠

它们在水中都能生成带有疏水基的阴离子，可用作发泡剂、润湿剂、洗涤剂，也用作制造牙膏、化妆品、洗发精和洗衣粉等的原料。由于它们都是强酸强碱盐，其钙盐和镁盐在水中的溶解度较大，所以它们既可在酸性或碱性溶液中使用，也可以在硬水中使用。

(2) 阳离子型表面活性剂。这一类表面活性剂在水中可以生成带有疏水基的阳离子，常用的主要是季铵盐（详见第十四章）。例如：

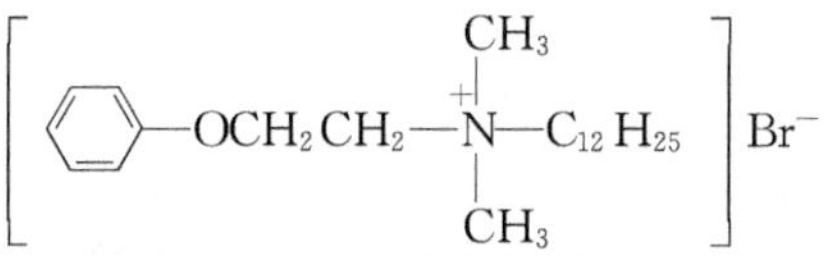

溴化二甲基-苯氧乙基-十二烷基铵
（杜灭芬）

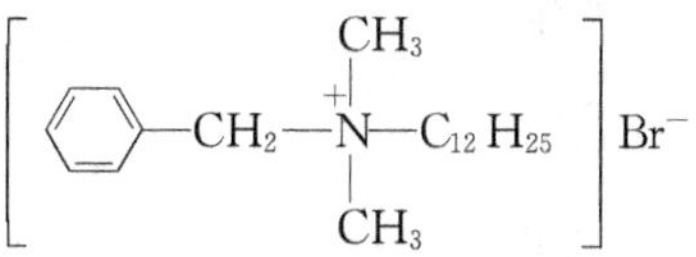

溴化二甲基-苄基-十二烷基铵
（新洁尔灭）

它们除了用作乳化剂外，还有较强的杀菌作用，常用作消毒剂。例如，新洁尔灭在外科手术时用于皮肤和器械的消毒；杜灭芬用作预防和治疗口腔炎和咽炎等的杀菌剂。

2) 非离子型表面活性剂

非离子型表面活性剂在水中不生成离子，它们的亲水基主要是羟基和多个醚键。例如：

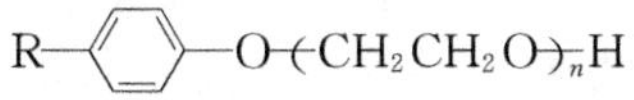

聚氧乙烯烷基酚醚

$C_{12}H_{25}—O—(CH_2CH_2O)_n—H$

十二烷基聚乙二醇醚

$C_{17}H_{35}CO_2CH_2C(CH_2OH)_3$

一硬脂酸季戊四醇酯

式中，R 为 C_8～C_{10}的烷基；n＝6～12。

前两个化合物带有多个醚键，第三个化合物带多个羟基。它们极易与水混溶，常用作洗涤剂和乳化剂。由于它们在水中不解离，所以不会和硬水中的 Ca^{2+}、Mg^{2+}形成沉淀而失去乳化能力。

（二）氢化反应

油脂中不饱和脂肪酸的碳碳双键可以催化加氢，使液体的油转化为固体或半固体的脂肪。利用油脂的氢化可以制造人造奶油。例如：

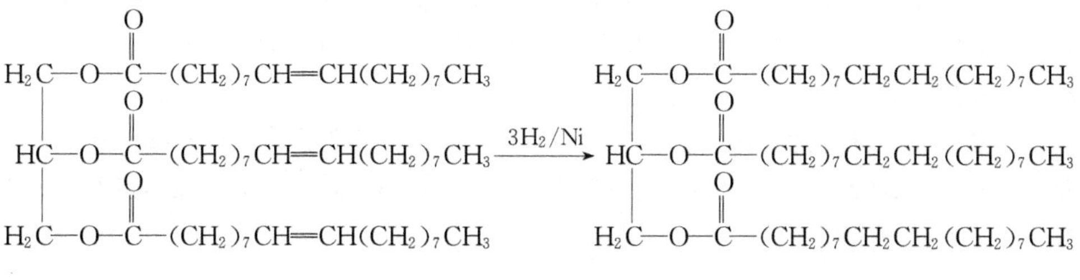

油脂中脂肪酸的不饱和程度对油脂的物理及化学性质具有很大的影响。由于不饱和酸的熔点较低，因此用含有较多不饱和酸的油脂制肥皂质量较差。为了克服这个缺点，采取催化氢化法可提高油脂的熔点。油脂中的不饱和脂肪酸可以在镍的催化作用下被氢化到任何饱和程度。因为氢化可以逐步提高熔点，所以这个氢化过程，又称为油脂的硬化。例如，部分氢化的产品具有约 40 ℃的固化点，适用于作食物或制肥皂，而全部氢化产物的固化点约 50 ℃，可供取得软脂酸或硬脂酸。

(三) 油脂硬化

桐油曾是我国特有的一种植物油，因其存在于桐树的种子中而得名。其主要成分为桐油酸，分子中含有三个共轭双键，其结构式如下：

$$CH_3(CH_2)_3CH{=}CH{-}CH{=}CH{-}CH{=}CH(CH_2)_7COOH$$

顺，反，反-9，11，13-十八碳三烯酸

桐油和亚麻酸是异构体，但是它们的性质很不相同。含有共轭双键脂肪酸的油脂，具有一个特殊的性质：当把它刷在一个平面上和空气充分接触时，就逐渐变为一层干硬而有弹性的膜，因此这种油脂又称为干性油。干性油变成硬膜的详细过程还不十分清楚，但是和氧化聚合有很大关系。双键 α 位的亚甲基容易和空气中的氧发生自动氧化，形成一个自由基，自由基可以相互结合成高分子化合物。共轭体系的 α-位自由基因其能被共轭体系更好的稳定，故较非共轭体系的 α-位自由基更容易形成。这可能是含亚麻酸的亚麻油不如桐油干性好的主要原因。例如，把生的亚麻油和氧化铅一同加热，干性可以大大提高，这可能是因为在处理过程中，除氧化外，一部分双键发生转位，变为共轭体系，进而增强了它的干性。

第三节　类　　脂

一、磷脂

(一) 磷脂的结构与分类

磷脂(phospholipid)是一类含有磷和氮的类脂化合物。磷脂广泛存在于动物的脑、卵、肝、蛋黄和植物的种子以及微生物中。例如，干蛋黄中含有 9.2%的磷脂，牛脑髓中含 6%，大豆种子中含 1.82%。

根据磷脂的组成和结构可把它们分为磷酸甘油酯类(glycerophospholipid)和神经鞘磷脂类(sphingomyelin)。磷酸甘油酯种类很多，最重要的有卵磷脂(lecithin)和脑磷脂(cephalin)。

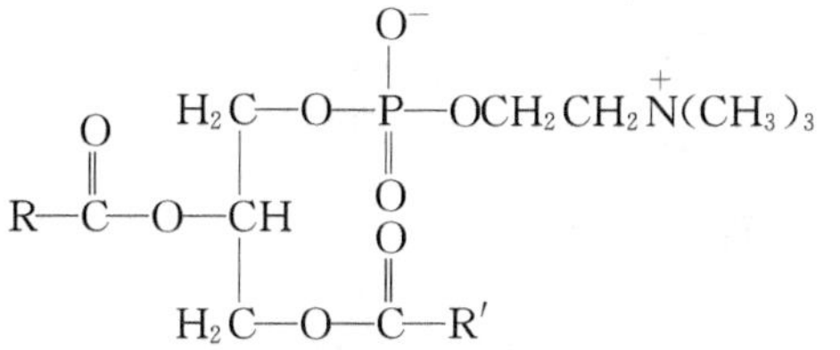

L-α-卵磷脂

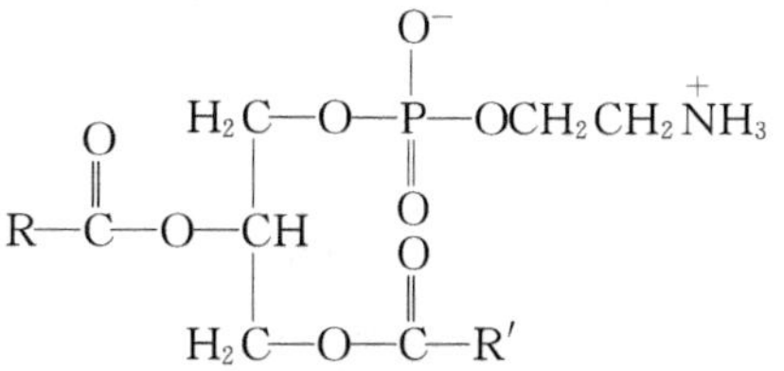

L-α-脑磷脂

(R=不饱和烃基;R′=烷基)

卵磷脂也是一种甘油酯,它与油脂的不同在于甘油的三个羟基只有两个与高级脂肪酸结合,而另一个羟基则通过酯键与磷酸结合(该部分为卵磷脂和脑磷脂的母体——磷脂酸),磷酸又通过酯键与含氮碱(胆碱)相结合。与卵磷脂不同的是,脑磷脂中的含氮基为胆胺,而不是胆碱。在卵磷脂和脑磷脂的分子中,磷酸还有一个可解离的氢,而胆碱和胆胺都为碱性基团,因此它们都以内盐的形式存在。

磷酸与甘油 α-碳原子上的羟基生成的酯称为 α-磷脂。磷酸与甘油 β-碳原子上的羟基生成的酯叫 β-磷脂。此外,在磷脂中,甘油部分的 β-碳原子是手性碳原子,手性碳原子上的酯基位于左侧的是 L 构型,位于右侧的是 D 构型。天然磷脂主要是 L 构型。

生物膜几乎完全是由蛋白质和脂类两大类物质组成,甘油磷脂是生物细胞膜的主要成分,约占细胞膜的脂类成分的 40%。细胞膜的脂双层结构(厚度约 5.0 nm)也主要是由甘油磷脂构成的(图 19.2),因此,细胞膜的生理功能与甘油磷脂有很密切的关系。生物膜对各类物质的透性不一样,脂溶性物质可以通过生物膜的类脂部分扩散入细胞,极性分子或离子可以通过生物膜蛋白质部分的作用扩散入细胞,所以生物膜在细胞吸收外界物质和分泌代谢产物的过程中起重要作用。

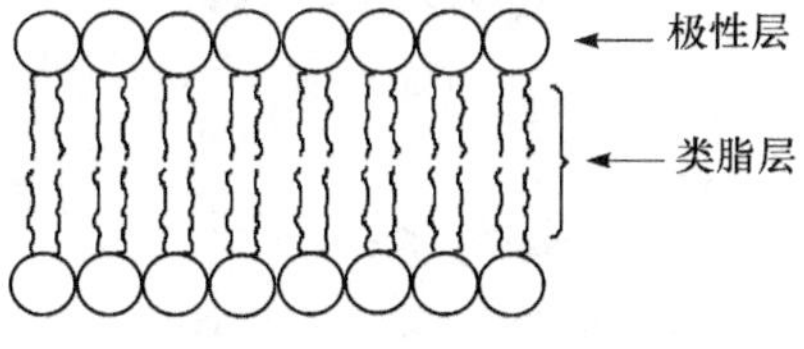

图 19.2　磷脂双分子层横切面

另一类重要的磷脂是神经鞘磷脂,简称鞘磷脂。神经鞘磷脂不是甘油酯,它是由磷酸、胆碱、高级脂肪酸和鞘胺醇分子间脱水结合而成的,其结构式如下:

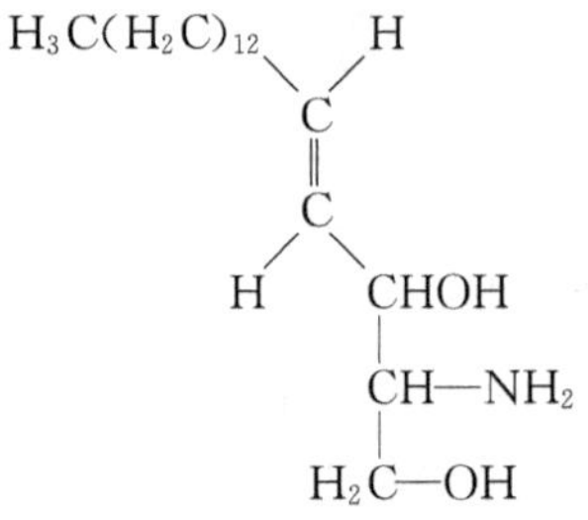

鞘胺醇

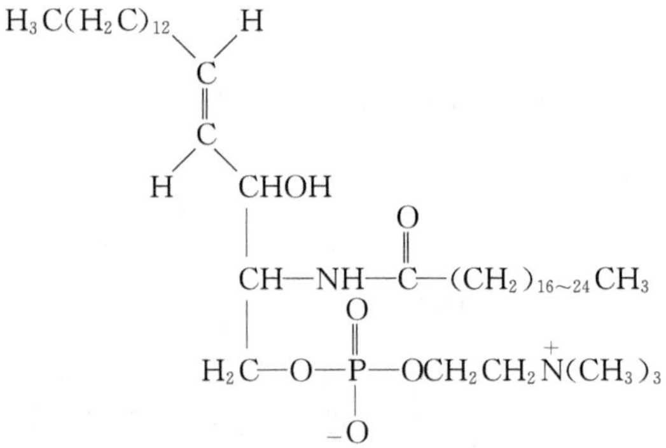

神经鞘磷脂

神经鞘磷脂主要存在于动物的脑、神经及肾、肝、脾、肺等组织中，它与蛋白质、多糖构成神经纤维或轴索的保护层。

（二）磷脂的性质

磷脂的分子中同时存在疏水基（脂肪烃基部分）和亲水基（偶极离子部分），因此，它们是良好的乳化剂，在细胞膜中起着重要的生理作用，还能使生物体内油脂乳化，有助于油脂的运输、消化和吸收。磷脂可溶于水及某些有机溶剂，但不溶于丙酮，借此可把它们同其他的脂类分开。

磷脂分子中都含有酯键，因此，它们都能水解。如果磷脂分子的组成中含有不饱和脂肪酸时，也能发生加成反应和氧化反应等。

二、前列腺素

前列腺素（prostaglandin，PG）是具有 20 个碳原子的不饱和脂肪酸，在体内由花生四烯酸所合成。构成 PG 的基本骨架为前列烷酸，有一个环戊烷骨架和两条侧链。根据五元环或整个分子结构不同，可把前列腺素分为 A、B、C、D、E、F、G、H、I 等类型。研究较多的有 E、F、A、B、I 型。例如，前列腺素 E1 和前列腺素 $F_{2\alpha}$具有下列结构：

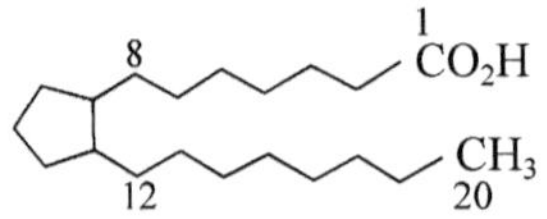

前列烷酸

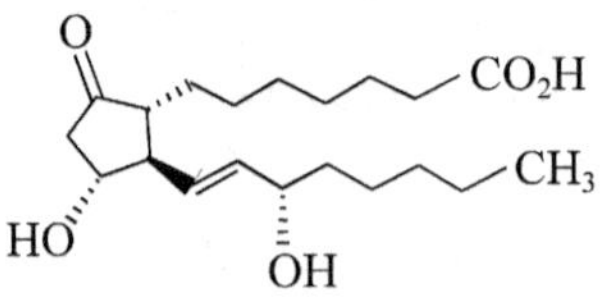

前列腺素E1

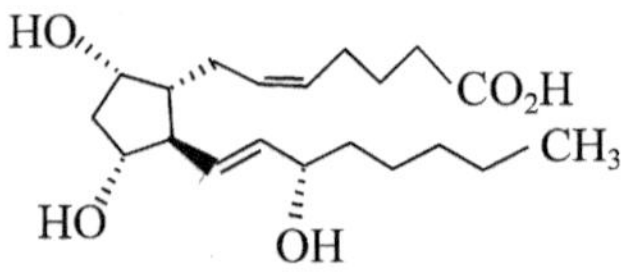

前列腺素$F_{2\alpha}$

前列腺素是在 20 世纪 30 年代首先从绵羊的前列腺中分离得到的，并因此而得名。现已证明前列腺素存在于哺乳动物和人体的所有组织和体液中，且是一类重要的活性物质。各类型的前列腺素对不同的细胞可产生完全不同的作用。例如，PGE 能扩张血管，增加器官血流量，降低外周阻力，并有排钠作用，从而使血压下降；而 PGF 作用比较复杂，可使兔、猫血压下降，却又使大鼠、狗的血压升高。PGE 和 PGF 对胃液的分泌都有很强的抑制作用，但对胃肠平滑肌却有增强其收缩的作用；它们还能使妊娠子宫平滑肌收缩，所以用作催产素。

三、萜类化合物

（一）萜类的含义及分类

萜类(terpenoid)是广泛存在于自然界的次生代谢产物，其结构特点是分子中的碳原子数是 5 的倍数，基本结构单元是异戊二烯(称为异戊二烯规则)，因此萜类可看成是一个或几个异戊二烯单元组成的烃及其衍生物。异戊二烯单元的连接方式主要是头尾相接，少数为头头相连或尾尾相连。异戊二烯规则对阐明萜类化合物的结构和植物化学分类是非常有用的。

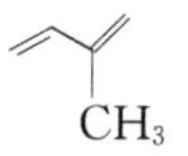

异戊二烯

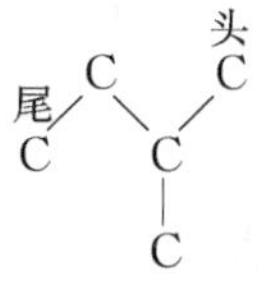

异戊二烯单元

根据萜类分子中的官能团，萜类可以是饱和烃类、醇类、醛类、酮类、酸类、内酯或其他氧化物等。根据异戊二烯单位是否成环，萜类可以分为环萜和链萜。根据分子中环的多少，萜类可分为单环萜、二环萜、三环萜、四环萜和五环萜。根据分子中异戊二烯单元的多少，萜类可分为单萜、倍半萜、二萜、三萜等(表 19.5)。此外还经常采用混合分类法，如五环三萜等。

表 19.5　萜类的分类及存在形式

类　别	碳原子数	异戊二烯单元数	存在形式
单萜	10	2	挥发油
倍半萜	15	3	挥发油
二萜	20	4	树脂、苦味素、植物醇、叶绿素
二倍半萜	25	5	海绵、植物病菌、昆虫代谢物
三萜	30	6	皂苷、树脂、植物乳汁
四萜	40	8	植物胡萝卜素

萜类化合物大多都难溶于水，易溶于石油醚、乙醚、氯仿等非极性和弱极性溶剂。大多数单萜类化合物的沸点较低，容易挥发，能与水蒸气一起蒸馏。实验室和工业上常用水蒸气蒸馏法或溶剂萃取法从植物的根、茎、叶、花或果实中提取单萜

类化合物，提取物一般为有香味的油状液体，称为香精油或精油(essential oil)或挥发油(如薄荷油、玫瑰油、松节油等)。

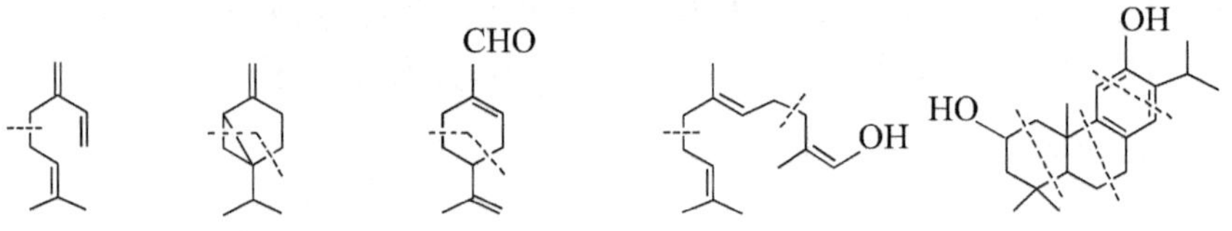

月桂烯　　刺柏烯　　紫苏醛　　金合欢醇　　丹参酚

(二) 单萜

单萜(monoterpenoid)的基本碳架由 10 个碳原子，即 2 个异戊二烯单元构成，多存在于植物挥发油中。植物香精油的提取有水蒸气蒸馏、溶剂萃取、直接压榨、超临界流体萃取等方法。

单萜类按其碳骨架不同可分为开链、单环、双环等。

1. 开链单萜类

芳樟醇具有铃兰香气，存在于芳樟油、玫瑰木油、伽罗木油等精油中，广泛应用于化妆品、香精，也是合成芳香樟酯类香料和维生素 E 的重要原料。

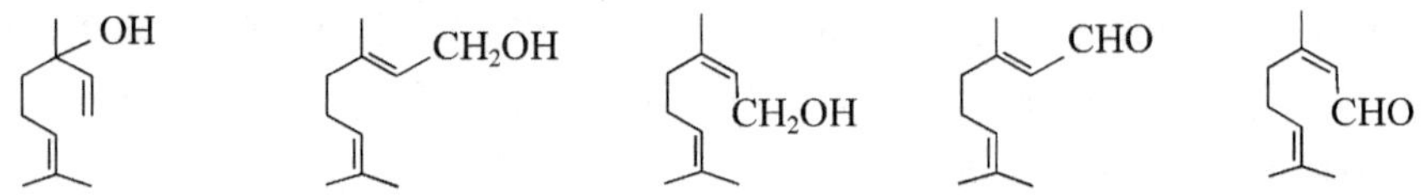

	芳樟醇	香叶醇 (牻牛儿醇)	橙花醇	α-柠檬醛 (牻牛儿醛)	β-柠檬醛 (橙花醛)
b.p.	198 ℃	229~230 ℃/0.1 MPa	226~227 ℃	92~93℃/346Pa	91~92 ℃/346Pa

香叶醇存在于玫瑰油、香叶天竺葵油及另一种香茅叶的挥发油中，是玫瑰系香料必含的成分，也是香料工业不可缺少的原料。

橙花醇是香叶醇(反式)的几何异构体，存在于橙花油及柠檬果皮挥发油中，也是香料工业不可缺少的原料。

柠檬醛又称枸橼醛，有顺反异构体，反式为 α-柠檬醛，又称香叶醛(geranial)，顺式柠檬醛又称橙花醛。它们通常混合共存，但以反式柠檬醛为主，具有柠檬香气，为重要的香料。在香茅油中可达 70%～85%，在山鸡椒、橘子油中均大量存在。

2. 单环单萜类

柠檬烯和薄荷醇是主要的单环单萜化合物。

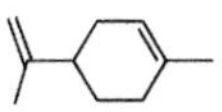

柠檬烯(苧烯)
b.p. 176 ℃

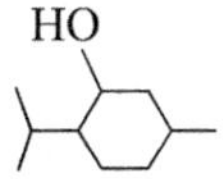

薄荷醇
m.p. 43 ℃;b.p. 213.5 ℃

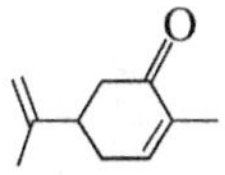

香芹酮
b.p. 231 ℃

柠檬烯广泛存在于自然界。例如，在松节油、薄荷油、柠檬油、橙皮油中都曾发现。它是有柠檬香气的无色液体，在工业上用作配制香料及合成橡胶的原料；薄荷醇的左旋体称薄荷脑，是薄荷油中的主要组成部分。薄荷醇具有弱的镇痛、止痒和局麻作用，也有防腐、杀菌和清凉作用；香芹酮在绿薄荷挥发油中占 60%，具有留兰香香气，多用于泡泡糖和其他糖果香料。

3. 双环单萜类

常见的双环单萜有龙脑、樟脑、刺柏烯、莰烯和茴香酮。

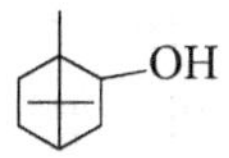

龙脑(冰片)

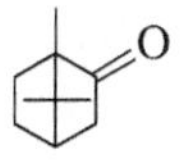

樟脑

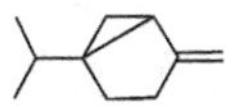

刺柏烯

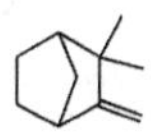

莰烯

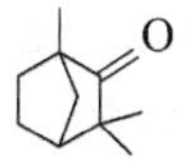

茴香酮

龙脑即中药冰片。龙脑的右旋体$[\alpha]_D^{20}$ +37.7°(乙醇)得自龙脑香树的树干空洞内的渗出物。左旋龙脑$[\alpha]_D^{20}$ −37.7°(乙醇)在海南省产的艾纳香全草中存在。龙脑的合成品是外消旋体，用于香料、清凉剂及中成药；樟脑的右旋体在樟脑油中约占 50%，左旋樟脑在菊蒿油中存在。樟脑有局部刺激作用和防腐作用，可用于神经痛、炎症及跌打损伤；刺柏烯又称冬青油烯，存在刺柏挥发油中；莰烯是唯一结晶性萜烯，右旋体熔点 51～52 ℃，存在于樟木、樟叶挥发油中。左旋体熔点 49～50 ℃，存在于缬草油、香茅油中。二者沸点均为 158～160 ℃；茴香酮在小茴香果实挥发油中含量较多。

(三) 倍半萜

倍半萜类(sesquiterpenoid)的基本碳架由 15 个碳原子，即 3 个异戊二烯单元构成，多与单萜类共存于植物挥发油中，是高沸程(250～280 ℃)挥发油的主要组分，也有低沸点的固体。倍半萜的含氧衍生物多有较强的香气和生物活性，是医药、食品、化妆品工业的重要原料。

保幼酮是从昆虫的咽侧体分泌物中得到的，其作用使幼虫不能成蛹。法尼醇存在于香茅草、茉莉、玫瑰等植物精油中。

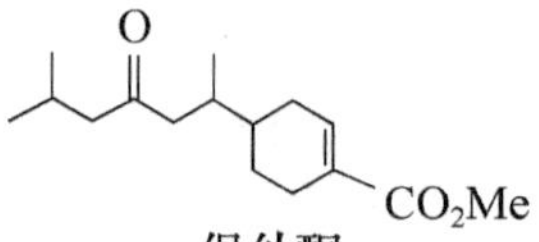

保幼酮

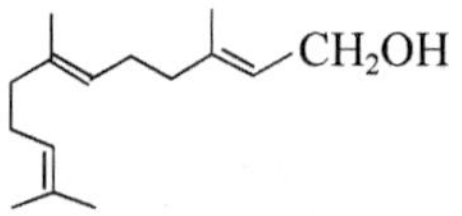

法尼醇

(四) 二萜类

二萜(diterpenoid)的基本碳架由 20 个碳原子,即 4 个异戊二烯单元构成,绝大多数不能随水蒸气蒸馏出来。二萜在植物界分布很广,凡绿色植物均含有之,植物的乳汁及树脂多以二萜类化合物为主成分,在松科中分布尤为普遍。其中,植物醇和维生素 A 可以作为代表化合物。

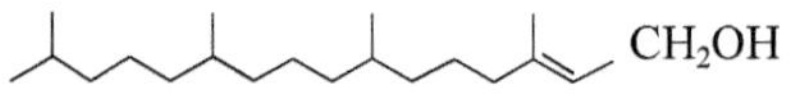

叶绿醇 (b.p. 203~204 ℃/1330 Pa)

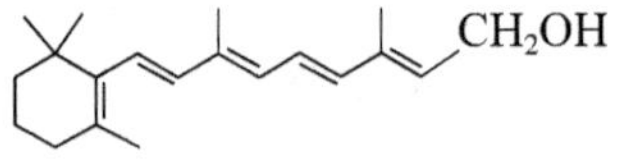

维生素A_1(m.p. 64 ℃)

叶绿醇是叶绿素的组成成分,也是维生素 E 和 K_1的合成原料。用碱水解叶绿素可得叶绿醇。叶绿醇为无色或浅黄色液体,有芳香气味,不溶于水,可溶于有机溶剂。

维生素 A(vitamin A)存在于动物乳、肝脏、蛋黄和鱼肝油中,特别是鱼肝中含量更丰富,往往以酯的形式存在。维生素 A 有 A_1 和 A_2 两种,二者具有相似的结构和相同的生理作用,故称为同工物,但维生素 A_2 的生理活性只有维生素 A_1 的 40%。维生素 A_1 是淡黄色晶体,熔点 64 ℃,属于脂溶性维生素之一。受紫外线照射即失去活性,在空气中易被氧化,但其油溶液相当稳定。

维生素 A 是哺乳动物正常生长发育所必需的营养素。体内缺乏维生素 A 时,生长停止,皮肤粗糙、干燥,眼角膜硬化,并发生干燥性眼炎及夜盲症。

(五) 四萜类

四萜类(tetraterpene)的碳架是由 8 个异戊二烯单元连接而成的。分子中一般有一个较长的 π-π 共轭体系,多呈黄到红的颜色,所以又称多烯色素(holyene pigment)。胡萝卜素(carotene)是发现最早的四萜类化合物,现将与胡萝卜素结构类似的物质通称为胡萝卜素类化合物。胡萝卜素类化合物广泛存在于植物和动物的脂肪中,其中大多数化合物为四萜,其不溶于水,易溶于有机溶剂。遇浓硫酸或三氯化锑的氯仿溶液显蓝色,故常用此性质对胡萝卜素类化合物进行定性鉴定。具有代表性的胡萝卜素类化合物有 α-、β-、γ-胡萝卜素和番茄红素(lycopene)(烃类),叶黄素和玉米黄素(leuteole)(醇类),辣椒红素(capsanthin)(酮类)。

α-胡萝卜素为暗红色板状晶体,熔点 187~188 ℃,具有旋光性;β-胡萝卜素熔点 184 ℃,无旋光性;γ-胡萝卜素熔点 178 ℃,无旋光性。

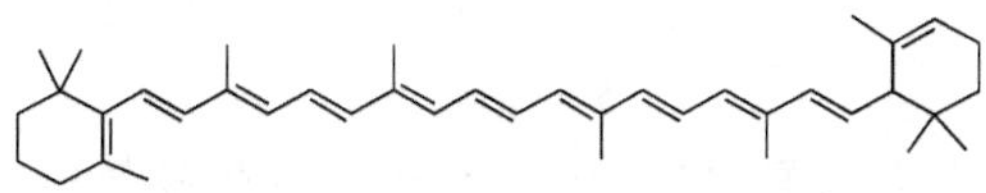

α-胡萝卜素

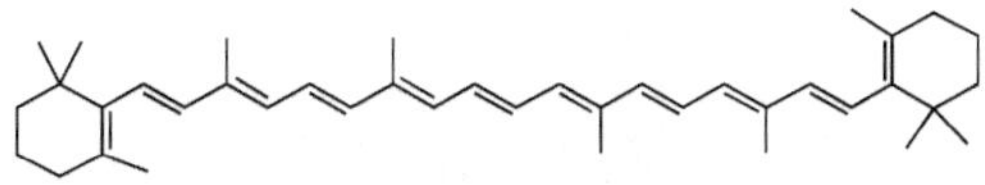

β-胡萝卜素

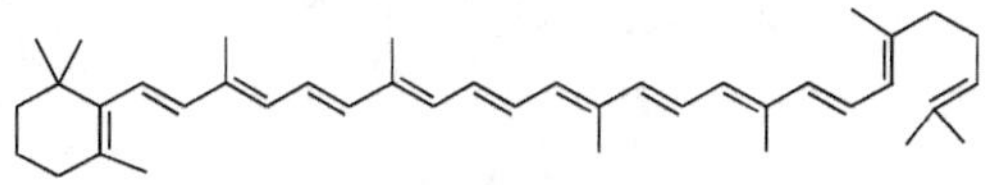

γ-胡萝卜素

这三种胡萝卜素的结构极为相近，特别是α-胡萝卜素和β-胡萝卜素的区别只在一个双键的位置。它们都具有一定的营养价值，通过人体生理作用可转换成维生素A而被吸收，所以称胡萝卜素为维生素A原。

叶黄素是α-胡萝卜素的二羟基衍生物，是黄色柱状晶体，熔点193 ℃，有旋光性，广泛存在于植物叶中；番茄红素是胡萝卜素的开链异构体，但无维生素A的生理作用，为褐红色晶体，熔点175 ℃，是番茄中主要色素，也存在于西瓜、柿、杏、桃等果实中；玉米黄素是β-胡萝卜素的二羟基衍生物，为橙红色晶体，熔点99 ℃，含于玉米、辣椒、柿、桃果肉中；辣椒红素，是红色针状晶体，熔点175～176 ℃，$[\alpha]_D^{20}=-70°$，主要含于辣椒中。

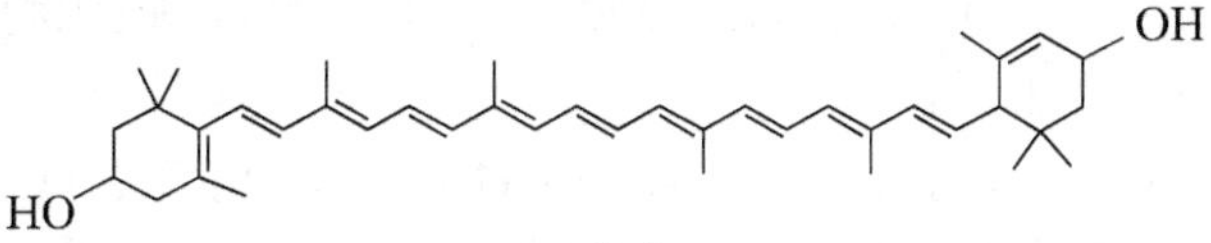

叶黄素

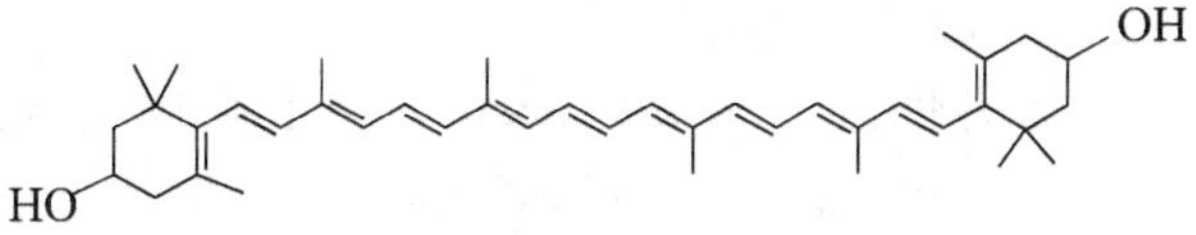

玉米黄素

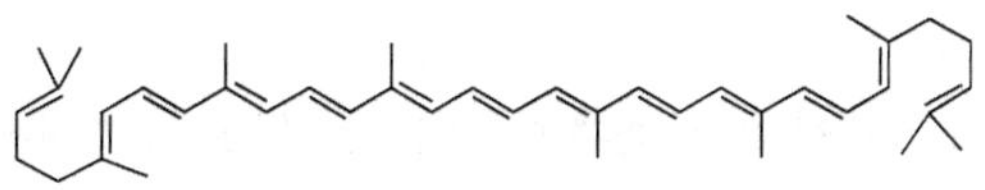

番茄红素

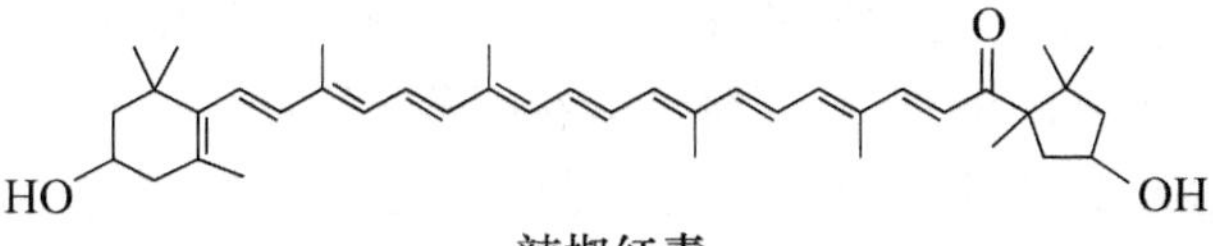

辣椒红素

四、甾族化合物

甾族化合物又称为类固醇化合物(steroide),在生物体内是由三萜类化合物合成的。这一类化合物在结构上的共同特点是,都有一个由 17 个碳原子构成的环戊烷并氢化菲的母环。

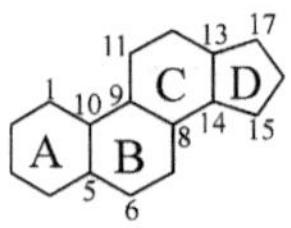

环戊烷并氢化菲

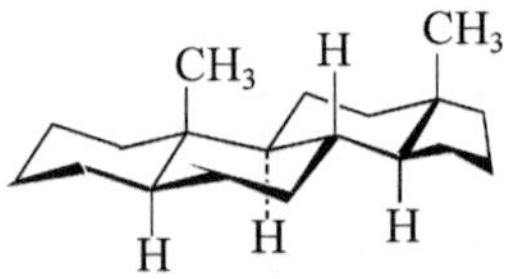

异系或5α
(A,B反式)

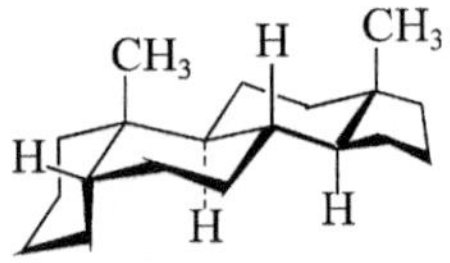

正系或5β
(A,B顺式)

通常用 A、B、C、D 四个大写英文字母标记结构中的四个环。绝大多数甾族化合物在 C_{10} 和 C_{13} 处连有甲基,通常称为角甲基。不同的甾族化合物在 C_{17} 上连有不同的取代基。"甾"作为象形文字相当形象地描述了该类化合物的基本结构。"甾"字中的"田"表示四个稠合环,"巛"表示 C_{10}、C_{13} 和 C_{17} 上的三个取代基。天然甾族化合物的 B 环、C 环和 D 环之间的骈合基本上都是以反式相连,只有 A、B 环之间存在顺式和反式两种连接方式。A、B 环按椅式构象的 ea 键互相稠合(顺式)时,C_{10} 上的角甲基与 C_5 上的氢原子或取代基处于环同侧,其构型用 β 表示,故正系也称为 5β 系;A、B 环按 ee 键互相稠合(反式)时,C_5 上的氢原子或取代基与 C_{10} 上的甲基处于环两侧,其构型用 α 表示,因此异系也称为 5α 系。正系和异系中的 5 位 H 可分别表示为 5β-H 和 5α-H。显然,反式稠合的 5α 系为优势构象。为了书写方便,经常用平面式表示甾核。

在甾环中 C_5、C_8、C_9、C_{10}、C_{13}、C_{14} 都是手性碳原子,按 2^n 公式,应有 64 个旋光异构体,但由于这些手性碳原子都是两环共用的碳原子,限制了它们在空间的构型,因此它的衍生物的异构体数目大大减少。

重要的甾族化合物有性激素(sex hormone)、肾上腺皮质激素(adrenocortical hormone)、昆虫蜕皮激素(molting hormone)和甾醇(sterol)。

(一) 性激素

性激素(sex hormone)是高等动物性腺的分泌物,分为雌性激素和雄性激素两类,其中主要的有孕甾酮、雌二醇和睾丸酮。

孕甾酮是卵泡排卵后形成的黄体的分泌物,故俗称黄体酮,它能使受精卵在子宫中发育,并能促进乳腺发育和抑制排卵,在医药上可防止流产。雌二醇是卵巢产生的,它诱发雌性动物的性周期。睾丸酮是由睾丸产生的,它可以促进雄性动物的发育和维持雄性动物的第二性征。

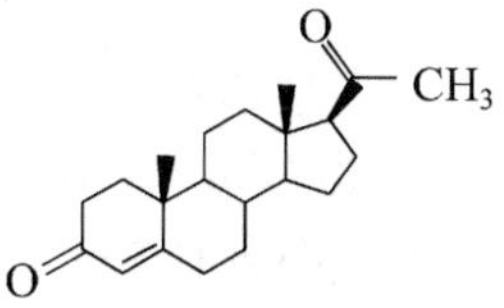

孕甾酮
(4-孕甾烯-3,20-二酮)
(无色或淡黄色晶体, m.p. 127～131 ℃)

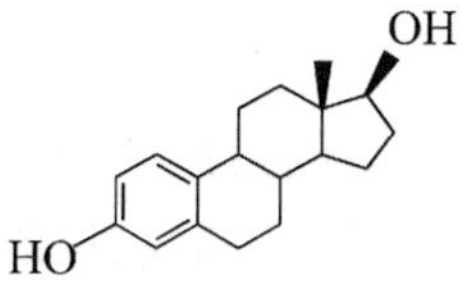

雌二醇
(3,17*β*-二羟基-1,3,5(10)-雌甾三烯)
(白色晶体,m.p. 173～179 ℃)

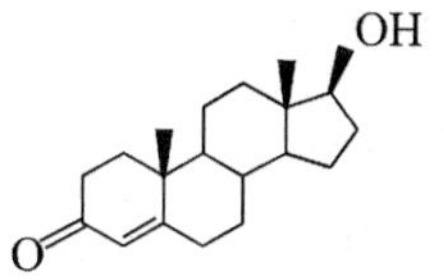

睾丸酮
(17*β*-羟基-4-雄甾烯-3-酮)
(无色晶体,m.p. 151～156 ℃)

(二) 肾上腺皮质激素

肾上腺皮质激素也称类皮质激素(adrental cortex hormone),是由肾上腺皮质产生的一类甾族激素,现已发现 30 多种。它们的结构特点是 C_3 为羰基,C_4 和 C_5 间为双键,C_{17} 上连有—$COCH_2OH$ 基团。例如:

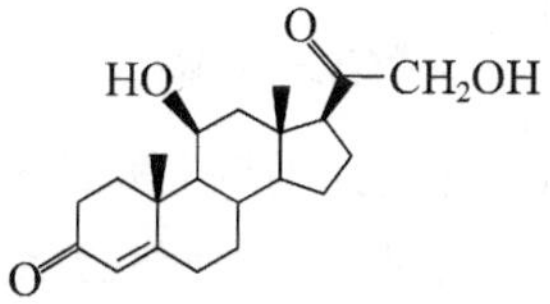

皮质甾酮
(11*β*,21-二羟基-4-孕甾烯-3,20-二酮)

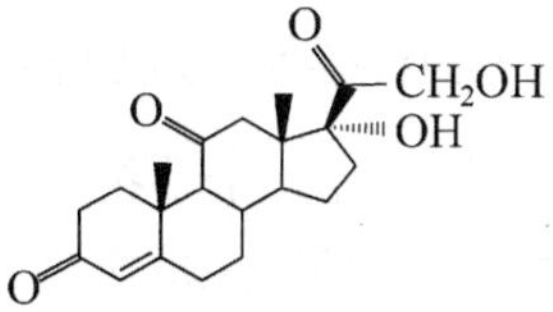

可的松
(17*β*, 21-二羟基-4-孕甾烯-3,11,20-三酮)

肾上腺皮质激素具有控制糖类和蛋白质的代谢,调节水和电解质平衡的功能。其中,可的松临床上用于治疗风湿性关节炎、气喘及皮肤过敏等疾病。

(三) 昆虫蜕皮激素

蜕皮激素(moulting hormone)是由昆虫中胸部前胸腺分泌的一种甾族类激素物质,其作用是控制昆虫的蜕皮行为。第一个昆虫蜕皮激素——蜕皮甾酮,是由布亭南德(Butenandt)和卡尔松(Karlson)从蚕蛹中以晶体形式分离得到的,并命名为蜕皮激素。除了昆虫外,有些植物中也含有昆虫蜕皮激素,使植物具有抵御昆虫侵害和自我保护的作用。在生产上,蜕皮激素被作为无公害农药用于害虫防治,也被用于促进家蚕的增产。

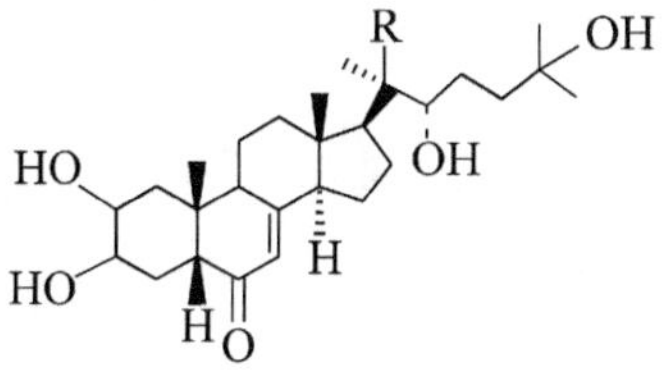

R=H 蜕皮激素
R=OH 蜕皮甾酮

（四）甾醇类

甾醇类(sterol)是 C_3 上连有羟基的甾族化合物，有动物甾醇(animalsterol)和植物甾醇(phytosterol)之分。比较常见的动物甾醇有胆甾醇(俗称胆固醇)和 7-脱氢胆甾醇。

胆固醇(cholesterol)广泛地存在于人和动物的血液内，多集中在脊髓及脑中。纯粹的胆固醇是无色或略带黄色的晶体，熔点 148.5 ℃，在高真空度下可以升华，微溶于水，易溶于热乙醇、乙醚、氯仿等有机溶剂。人体内胆甾醇过量时，往往会导致胆结石、动脉粥样硬化。

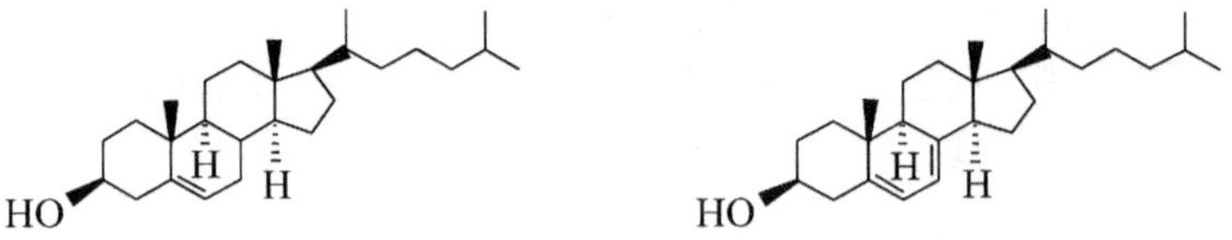

5-胆甾烯-3β-醇(胆固醇)　　7-脱氢胆甾醇

7-脱氢胆甾醇存在于动物的皮肤中，当受到紫外光照射时，其 B 环可发生逆第尔斯-阿尔德开环反应，生成维生素 D_3。因此，7-脱氢胆甾醇是动物维生素 D_3 的重要来源。

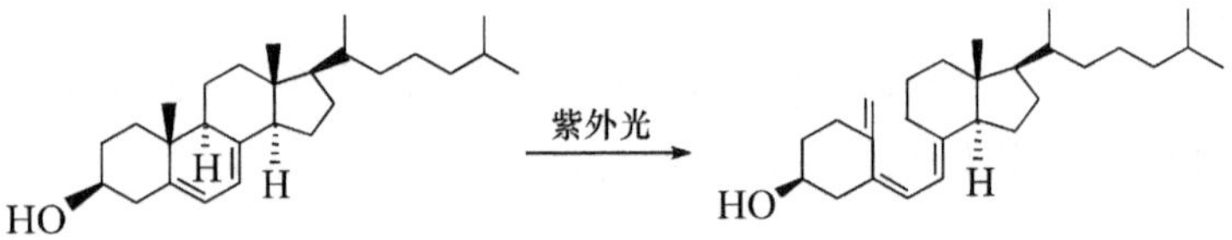

7-脱氢胆甾醇　　维生素 D_3(m.p. 82～83℃)

植物甾醇中最重要的是麦角甾醇(ergosterin)，它存在于酵母、麦角和香蕈中。比 7-脱氢胆甾醇多一个甲基和双键。在紫外线照射下能与 7-脱氢胆甾醇发生类似的开环反应，生成维生素 D_2。

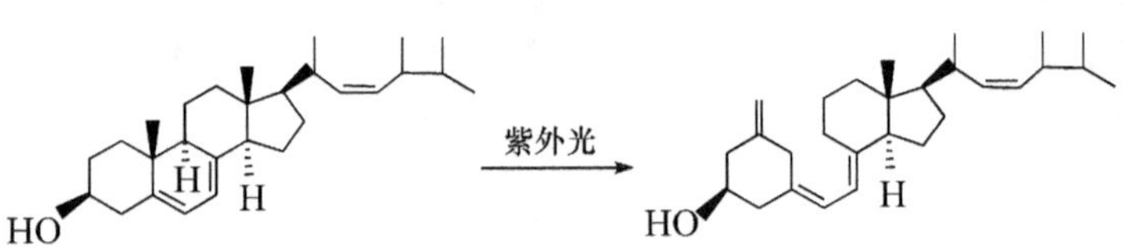

麦角甾醇　　维生素 D_2(m.p. 115～117 ℃)

第四节　萜类化合物和甾族化合物的生物合成

一、萜类化合物的生物合成——甲瓦龙酸途径

在生物体内，萜类化合物是以 3-甲基-3，5-二羟基戊酸（又称甲瓦龙酸，mevalonate）为前体物质，经过一系列复杂的生化过程而合成的。3-甲基-3，5-二羟基戊酸的合成途径是：两分子乙酰辅酶 A（简写为 $CH_3COSCoA$）通过克莱森酯缩合反应，首先形成乙酰乙酰辅酶 A；后者再与第三分子乙酰辅酶 A 发生醇醛缩合反应，接着水解，形成 3-甲基-3-羟基戊二酸单酰辅酶 A；后者再经烟酰胺腺苷二磷酸（NADPH）还原，生成 3-甲基-3，5-二羟基戊酸。

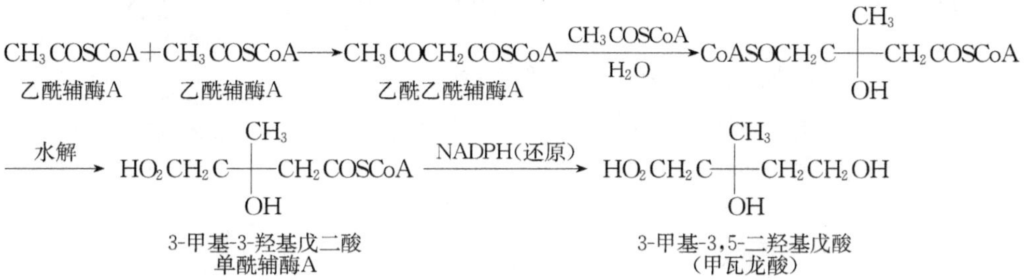

由甲瓦龙酸变为异戊二烯体系还需失去羧基。现在证明是经过腺苷三磷酸酯（ATP）的作用，两羟基分步骤进行磷酸化，然后再失磷酸和失羧，得到焦磷酸异戊烯酯，由焦磷酸异戊烯酯再进行结合就可生成各种萜类化合物（图 19.3）。

有些萜类化合物的基本碳架不符合异戊二烯规则或其基本碳架的碳原子数不是 5 的倍数，这是由其在生物合成过程中产生异构化或产生脱羧降解反应所致。

二、甾族化合物的生物合成

甾族化合物的前体是链状三萜化合物——角鲨烯（图 19.3），因此，甾族化合物可以看成是三萜的衍生物，其生物合成也是经过甲瓦龙酸途径来完成的。但由角鲨烯合成甾族化合物还需要经过一个由多个反应组成的相当复杂的途径，布洛克（Bloch）和康福思（Cornforth）为此工作做出了杰出的贡献，并因此而分别获得了 1964 年诺贝尔生理学或医学奖和 1975 年诺贝尔化学奖。图 19.4 显示了羊毛甾醇的主要合成途径。

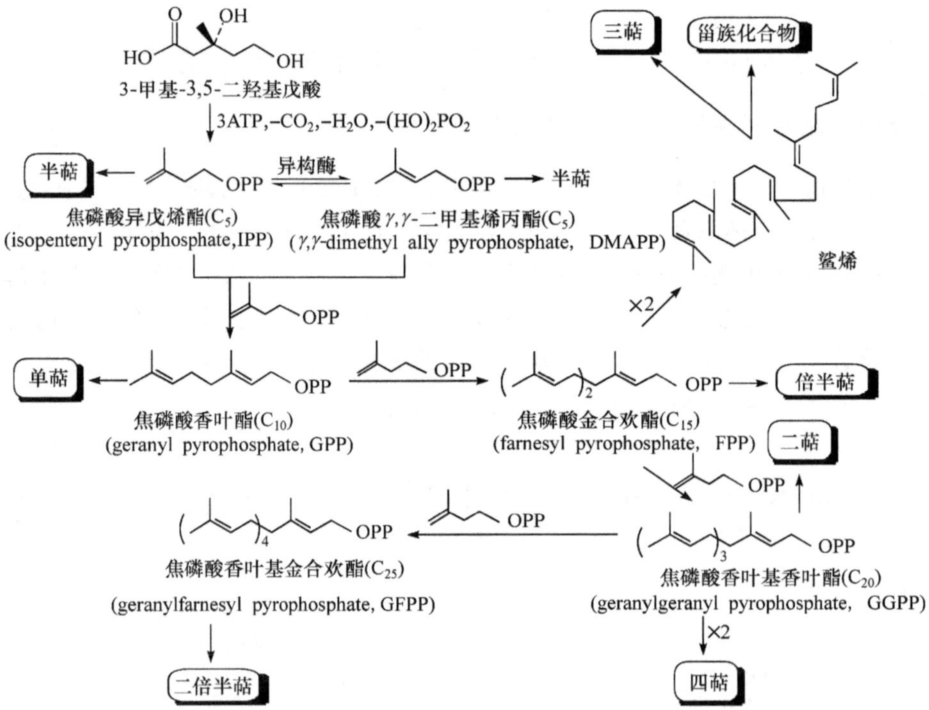

图 19.3 萜类化合物的主要生物合成途径

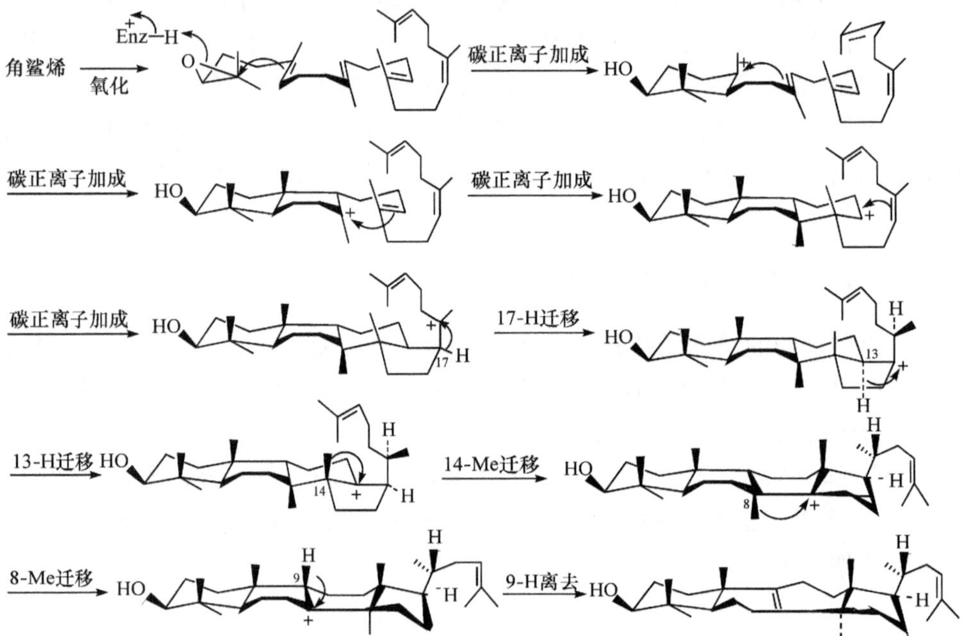

羊毛甾醇(lanosterol)

图 19.4 羊毛甾醇的主要合成途径

其他甾族化合物可由羊毛甾醇进一步衍生而得(图 19.5)。

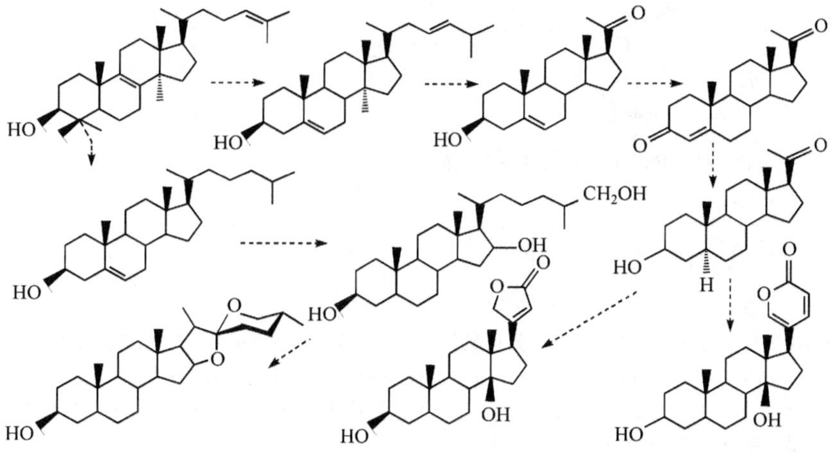

图 19.5　由羊毛甾醇合成其他甾族化合物的途径

习　　题

1. 命名下列化合物。

(1) 

(2) 

(3) 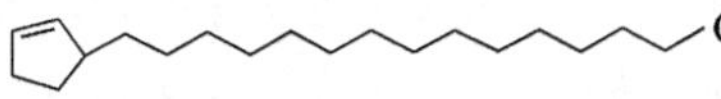

(4)
$H_2C—O—C(=O)—(CH_2)_7CH=CH(CH_2)_7CH_3$
$HC—O—C(=O)—(CH_2)_{16}CH_3$
$H_2C—O—C(=O)—(CH_2)_{14}CH_3$

(5)
$H_2C—O—C(=O)—(CH_2)_7CH=CH(CH_2)_7CH_3$
$HC—O—C(=O)—(CH_2)_7CH=CH(CH_2)_7CH_3$
$H_2C—O—C(=O)—(CH_2)_{12}CH_3$

2. 写出下列化合物的结构式。

(1) 桐油酸　(2) 花生四烯酸　(3) β-卵磷脂　(4) 虫蜡

(5) 雌二醇　(6) 三乙酸甘油酯　(7) 顺-12-羟基-Δ^9-十八碳烯酸

3. 2.0 g 油脂完全皂化，消耗 15 mL 0.5 mol · L^{-1} KOH，试计算该油脂的皂化值和平均相对分子质量。

4. 以硬脂酸为原料合成下列化合物。

(1) 正十七胺　(2) 2-溴正十八烷

5. 某化合物(A)的分子式为 $C_{57}H_{108}O_6$，有旋光性。1 mol(A)水解后生成 1mol 甘油，2 mol 不饱和脂肪酸(B)和 1 mol 饱和脂肪酸(C)。1 mol(B)用 $KMnO_4$ 的硫酸溶液氧化得到 1 mol 壬酸和 1 mol 壬二酸。试推导出(A)～(C)的结构式。

6. 用化学方法鉴别下列化合物。

(1) 樟脑　(2) 龙脑　(3) 柠檬醛　(4) 柠檬烯

7. 完成下列反应式。

(1) 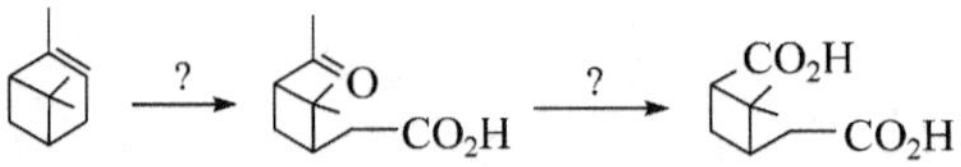

(2) 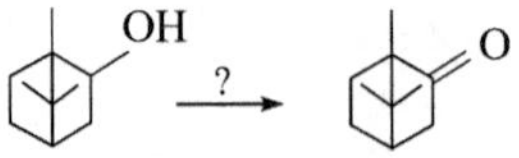

8. 画出下列化合物异戊二烯单元。它们各属于几萜？

(1) 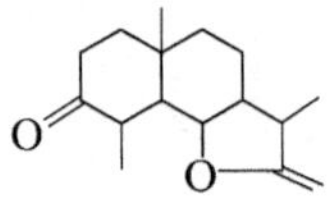
山道年

(2) 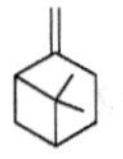
β-蒎烯

(3) 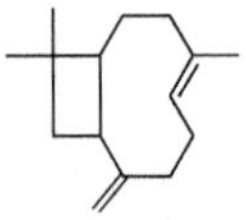
石竹烯

9. 有一种单萜(A)的分子式为 $C_{10}H_{18}$，经催化氢化后得到分子式 $C_{10}H_{22}$ 的化合物，若用酸性 $KMnO_4$ 氧化(A)得 $CH_3COCH_2CH_2COOH$、CH_3COOH 和 CH_3COCH_3，试推测(A)的结构式。

10. 分子式为 $C_{10}H_{16}O$ 的酮还原成薄荷醇($C_{10}H_{20}O$)。把原来的酮经 $KMnO_4/H^+$ 氧化得到丙酮和 4-甲基-1,2-己二酮，推测原来酮的结构，并写出反应式。

11. 从某香精油中分离出两个分子式相同的化合物($C_{10}H_{18}O$)，小心氧化后两者都变成醛，剧烈氧化时生成丙酮、4-戊酮酸和乙二酸。

(1) 推测这两个化合物的结构，并用反应式表示推断过程。

(2) 这两个化合物不同点在何处？

(3) 用系统命名法命名这两个化合物。

生物柴油简介

生物柴油(biodiesel)是生物质能源的一种。狭义的生物柴油是指以油料作物、野生油料植物和工程微藻等水生植物油脂以及动物油脂、餐饮垃圾油等为原料油，通过酯交换工艺制成的可代替化石柴油的可再生性柴油燃料。其主要成分是高级脂肪酸烃基酯的混合物。其中，适宜的烃基主要有甲基、乙基、丙基、丁基等。广义的生物柴油则是指由天然生物质形成的或含有天然生物质成分的可替代化石柴油的一类燃料。例如，直接由天然油脂经过微乳化而形成的或与化石柴油以一定比例混合而成的可替代纯化石柴油的燃料也称为生物柴油。

与化石柴油相比，生物柴油具有以下优点：

(1) 优良的环保特性。生物柴油不仅含硫量低，而且不含对环境造成污染的芳香烃，同时其燃烧排放的有毒有机物仅为柴油车尾气中的10%，颗粒物占20%，CO_2 和 CO 排放量占10%，其废气排放指标可满足欧洲Ⅱ号和Ⅲ号排放标准。

(2) 使发动机具有良好的低温启动性能。

(3) 较好的润滑性能。生物柴油可降低喷油泵、发动机缸体和连杆的磨损率，延长发动机的使用寿命。

(4) 较好的安全性能。生物柴油可降解率高、闪点高，不属于危险品。

(5) 良好的燃料性能。其十六烷值高，燃烧性能优于普通柴油。

(6) 生物柴油的生产简单，使用方便，不像其他能源需要制作专门的设备，同时不会受到气候环境的影响。

(7) 能源利用率高于太阳能和风能等其他能源。

(8) 可再生性。生物柴油作为一种可再生能源，其资源不会枯竭。由于全球化石燃料的日益枯竭以及人们对环境保护的重视，生物柴油的开发和应用已经开始引起了许多国家的高度重视，尤其是西方发达国家，如美国、德国等。

生物柴油的生产方法主要有物理法、化学法和微生物转化法。化学法就是以酸或碱为催化剂，通过植物油或动物脂肪与甲醇或乙醇等低级饱和醇的酯转化反应，将油脂转化为高级脂肪酸烃基酯。一般多为高级脂肪酸甲酯。化学法研究的核心是寻找廉价、高效、可重复使用且耗能低的酯交换反应催化剂。目前，生产上常用的催化剂主要是无机强酸(如硫酸等)或强碱(如氢氧化钠等)。在化学法酯转化方面，最具前景的是无催化剂的超临界二氧化碳酯转化法。目前这一技术还处于实验室研究阶段。

第二十章　杂环化合物和核酸

杂环是指由碳原子和其他原子共同形成的环状结构，因此杂环化合物（heterocyclic compound）就是指分子中含有杂环结构单元的有机化合物。组成环的非碳原子称为杂原子。常见的杂原子有氮、氧、硫等。显然，杂环化合物是根据分子结构的特征骨架而分类的一类化合物，而前面各章所介绍的则是基于官能团分类的化合物。

杂环化合物数量庞大，种类繁多，并且对人类有重要作用。早在 16 世纪奎宁的结构还不被世人知晓的时候，就已用于治疗疟疾。安替比林（1887 年）是合成的第一个解热镇疼药物，而磺胺吡啶（1938 年）则是临床应用的首例高效抗菌药物。农药分子中的杂环结构对其药效也非常重要，如内吸性杀虫剂吡虫啉、具有高效广谱杀虫活性的锐劲特等分子中都含有杂环结构单元。

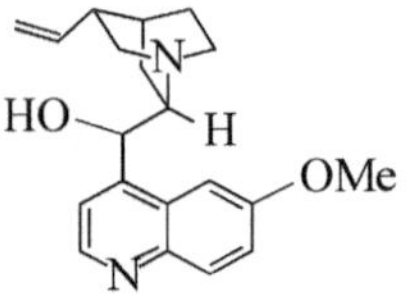

奎宁

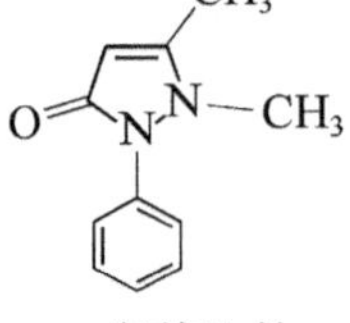

安替比林

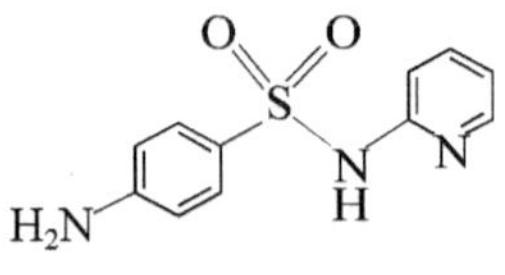

磺胺吡啶

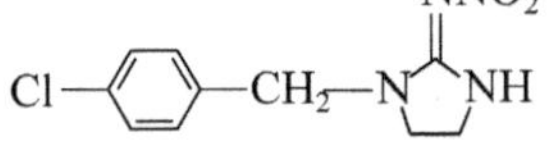

吡虫啉

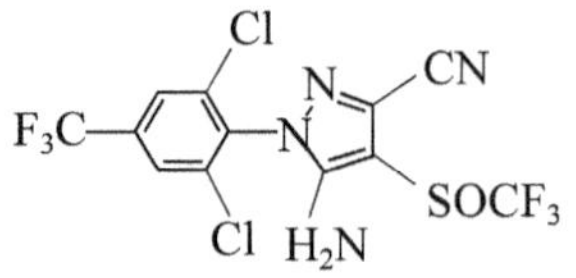

锐劲特

第一节　杂环化合物的分类与命名

一、杂环化合物的分类

杂环化合物数量庞大且种类繁多，对其进行分类是学习和研究这类化合物的前提。依据杂环化合物的结构可有以下几种分类方法：

根据杂环化合物有无芳香性分为脂杂环和芳杂环两大类。没有芳香性的杂环化合物称为脂杂环化合物，具有芳香性的杂环化合物称为芳杂环化合物。

根据环数的多少将芳杂环化合物分为单杂环、多杂环和稠杂环。多杂环是指分子中含有多个孤立环状结构且其中一个或多个为杂环的化合物。稠杂环则是由苯环(或单杂环)与一个(或多个)单杂环稠合而成的化合物。单杂环又可根据环的大小分为三元、四元、五元、六元和七元杂环等类型。最常见的杂环化合物是五元和六元单杂环及稠杂环化合物。

此外,还可根据分子中杂原子的数目分为含一个、两个或多个杂原子的杂环化合物。

脂杂环的性质与带有杂原子的脂肪族化合物类似,如四氢呋喃(tetrahydrofuran)和 1,4-二噁烷(1,4-dioxane)具有典型的醚性质,四氢吡咯(也称为吡咯烷,pyrrolidine)和六氢吡啶(也称为哌啶,piperidine)是典型的脂肪族仲胺。丁二酸酐与脂肪族酸酐性质相似,故狭义的杂环化合物一般不包括这些具有相应脂肪族化合物性质的化合物。

四氢呋喃　　1,4-二噁烷　　四氢吡咯　　六氢吡啶　　环丁二酸酐

本章主要介绍芳杂环化合物,这些化合物在结构上大多符合休克尔规则(参见第八章),在性质上与芳香烃非常类似。

二、杂环化合物的命名

杂环骨架的命名一般采用其英文名称的音译名,即使用与杂环骨架的英文名称发音相近的汉字,并在各汉字的左边加“口”字旁来表示。因此,用于表示杂环骨架的汉字都是化学家自创的,仅用于表示特定的化学含义。

1. 杂环的命名和编号

特定的杂环骨架既有特定的名称,还有一定的环原子编号规则。对于稠杂环来说,环原子的编号一般都是固定不变的。

(1) 含一个杂原子的杂环编号:规定编号的起点为杂原子,即杂原子的编号始终为 1 号。关于其他环原子是按顺时针编号还是逆时针编号,主要取决于杂环上所连取代基的种类、个数和位置,这一点与取代芳香烃的芳环编号相同(参见第八章)。

杂环上的碳原子除了可用阿拉伯数字进行编号外,还可用希腊字母进行编号。呋喃、吡咯、噻吩的 2-位和 5-位称为 α-位,3-位和 4-位称为 β-位。吡啶的 2-和 6-、3-和 5-、4-位分别称为 α-位、β-位和 γ-位。

(2) 当环上有两个或多个杂原子时,杂环的编号有两种情况。若几个杂原子不同,规定按 O→S→N 的顺序依次编号,此时环上的每个原子都有固定不变的编号,且不受环上取代基种类、个数和位置的影响;若环上的几个杂原子为同种原子,规定编号从饱和杂原子开始，并使其他杂原子的编号尽可能小。若所有杂原子都是不饱和杂原子，规定编号可以从任何一个杂原子开始，并给其他杂原子以尽可能小的编号。当环上含有取代基时，在遵循上述编号规定的基础上，还应考虑编号的起点能给取代基以尽可能小的编号。例如：

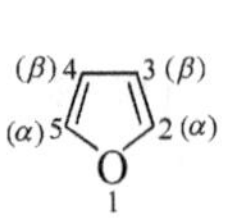
呋喃
furan

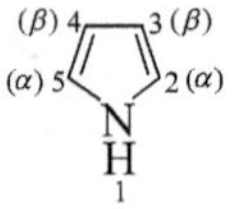
吡咯
pyrrole

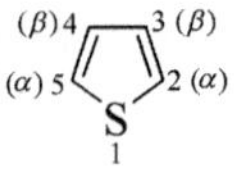
噻吩
thiophene

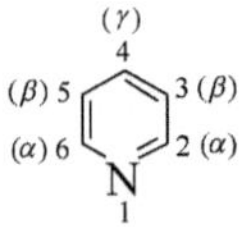
吡啶
pyridine

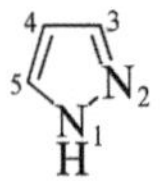
吡唑
pyrazole

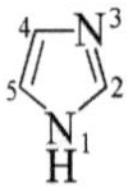
咪唑
imidazole

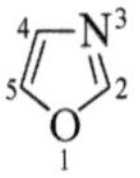
噁唑
oxazole

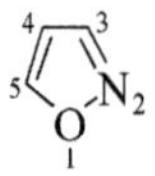
异噁唑
isoxazole

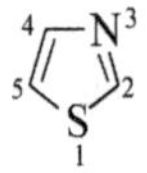
噻唑
thiazole

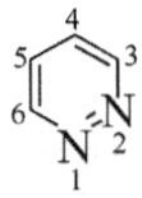
哒嗪
pyridazine

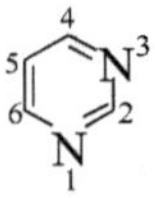
嘧啶
pyriamidine

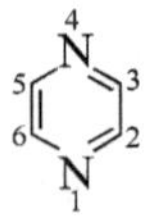
吡嗪
pyrazine

(3) 稠杂环的编号具有固定起点和顺序，每个环原子都有固定不变的编号，且不随环上取代基的种类、个数和位置的变化而变化。例如：

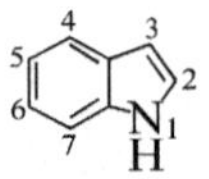
吲哚
indole

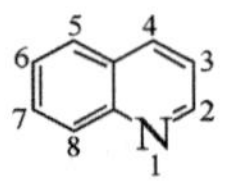
喹啉
quinoline

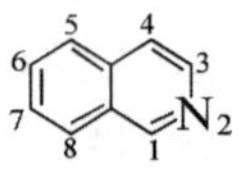
异喹啉
isoquinoline

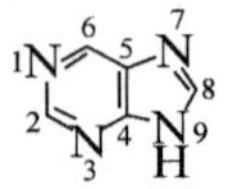
嘌呤
purine

2. 杂环衍生物的命名

杂环衍生物的命名类似于芳香烃衍生物。杂环上连有结构简单的烷基时，以杂环作为母体。若烷基的结构复杂，则以杂环为取代基。杂环上连有官能团时，杂环或作为母体，或作为取代基。以杂环为取代基命名时，还要表示出杂环作为取代基的具体环原子位置，而环的编号不是以官能团所在位次为最小，而是采用母环固有的编号原则。例如：

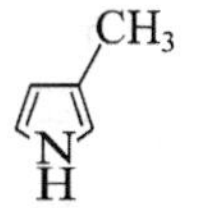
3-甲基吡咯

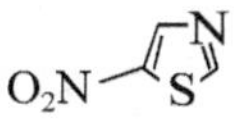
5-硝基噻唑

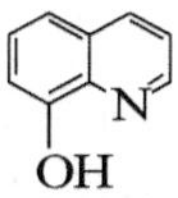
8-羟基喹啉

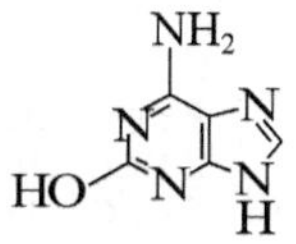
6-氨基-2-羟基嘌呤

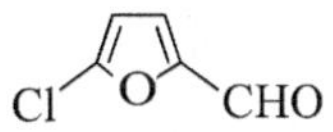
5-氯-2-呋喃甲醛

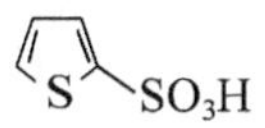
2-噻吩磺酸

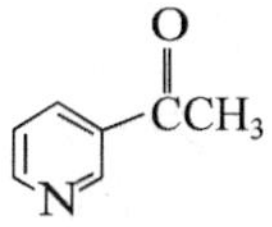
3-乙酰基吡啶

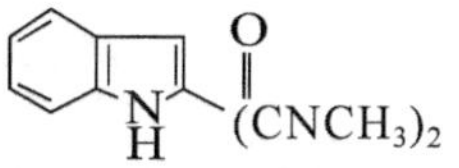
N,*N*-二甲基-2-吲哚甲酰胺

第二节　五元芳杂环的结构与性质

最常见的含一个杂原子的五元杂环化合物是吡咯、呋喃和噻吩。由第八章第二节对芳杂环结构的讨论可知，这三个杂环化合物的成环原子是共平面的，且形成闭合环状的 π_5^6 共轭体系，共轭体系有 6 个 π 电子，符合休克尔规则，具有芳香性。但是，这种环状 π_5^6 共轭体系与苯环的 π_6^6 共轭体系有所不同。对苯环来说，由于参与成环的 6 个原子都是电负性相同的碳原子，因此 π 电子云在环上的分布是均匀的，每个成环原子上的 π 电子密度都等于 1.0，成环原子间的键长是完全相等的。对于吡咯、呋喃和噻吩等杂环所形成的环状 π_5^6 共轭体系来说，5 个成环原子共用了 6 个 π 电子，每个成环原子上的 π 电子密度大于 1.0。另外，由于杂原子的电负性与碳原子的不相同，导致杂环上的 π 电子云分布不均匀，成环原子间的化学键键长也不再完全相等。这种较高的 π 电子密度和 π 电子密度的不均匀性显著地表现在芳杂环比苯环更容易发生亲电取代反应，且具有一定的位置选择性。

在五元芳杂环中，π_5^6 共轭体系中的 2 个电子是由杂原子提供的，因此，杂原子对共轭体系既具有 +C 效应，又有 −I 效应。对于呋喃和噻吩而言，−I 效应强于 +C 效应，但吡咯的 +C 效应强于 −I 效应，因此吡咯氮原子上的电子密度低于一般的饱和仲胺上的氮。这种氮原子上的电子密度的减小显著地增强了吡咯 N—H 键的极性和氮上氢的酸性。

吡咯环上离域的 π 电子密度分布可用电荷分离的共振极限式描述：

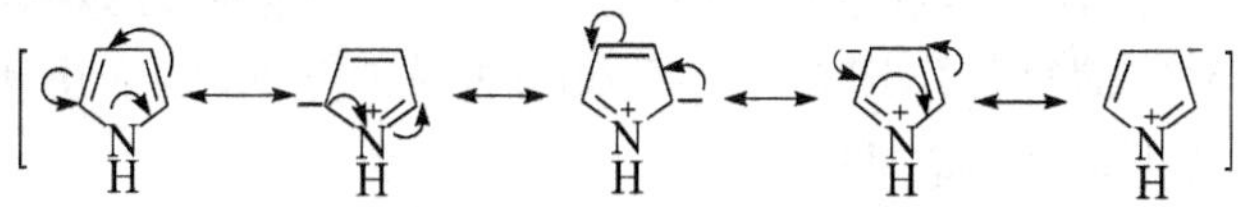

呋喃和噻吩的结构与吡咯类似，也属于富电子芳杂环。

X 射线衍射测定和分子轨道理论计算结果证实了上述分析：与苯的结构相比，呋喃、噻吩和吡咯的成环原子间的键长、键角只是趋向于平均化，并不完全相等；π 电子密度高于苯且不均等(图 20.1 和图 20.2)。

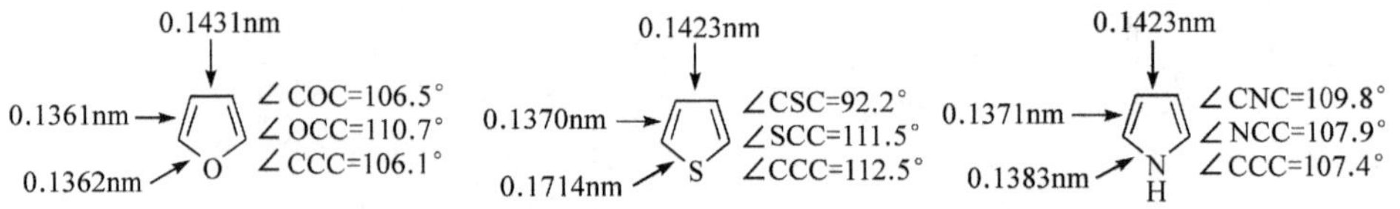

图 20.1 呋喃、噻吩和吡咯分子中的键长和键角

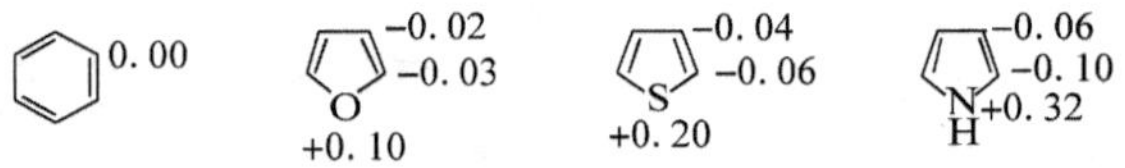

图 20.2 呋喃、噻吩和吡咯的电子密度

呋喃、噻吩和吡咯的共振能比苯小。共振能的大小反映了它们的热力学稳定性和芳香性的大小，其次序如下：

	苯	>	噻吩	>	吡咯	>	呋喃
共振能/(kJ·mol^{-1})	150.6		117.5		90.4		66.9

一、结构与物理性质

呋喃、噻吩、吡咯都是无色液体，其物理性质和波谱数据列于表 20.1 中。三种五元杂环都难溶于水，其原因是与－I 效应方向相反的＋C 效应使杂原子上的电子云密度降低，与水缔合能力减弱。但三者的水溶性存在差异，吡咯氮上的氢可与水形成氢键；呋喃环上的氧也可与水形成氢键，但相对较弱；而噻吩环上的硫不能与水形成氢键。因此这三种杂环化合物在水中的溶解度顺序为吡咯＞呋喃＞噻吩。

表 20.1 呋喃、噻吩和吡咯的物理性质

化合物	熔点/℃	沸点/℃	d_4^{20}	^{1}H NMR(δ/ppm)
呋喃	−86	31	0.937	7.42(H_α), 6.37(H_β)
噻吩	−38	84	1.070_4^{15}	7.30(H_α), 7.10(H_β)
吡咯	−24	131	0.970	6.68(H_α), 6.20(H_β)

与苯类似，呋喃、噻吩和吡咯环上的氢受 π 电子环电流的影响，环外的氢处于去屏蔽区，^{1}H NMR 信号都出现在低场 7 ppm 左右(表 20.1)。由于杂原子的吸电子诱导效应，H_α的化学位移较 H_β大。

在呋喃和噻吩分子中，氧原子和硫原子的－I 效应被＋C 效应部分抵消，因而偶极矩比相应的脂杂环化合物小。在吡咯中，氮原子的＋C 效应大于－I 效应，故偶极矩的方向发生了变化，且偶极矩值比相应的脂杂环化合物大。下面是脂杂环化合物与相应的芳杂环化合物的偶极矩值：

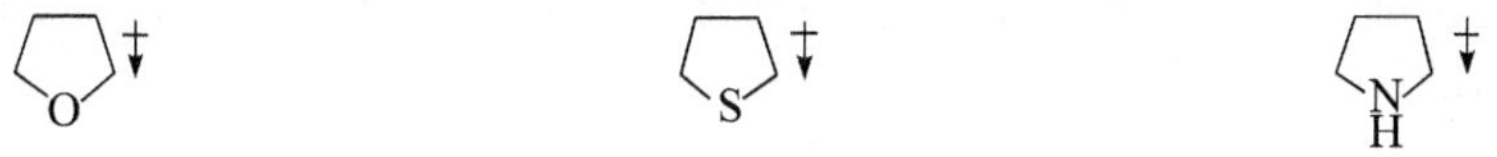

$\mu/(C\cdot m)$　　5.77×10^{-30}　　　　6.34×10^{-30}　　　　5.27×10^{-30}

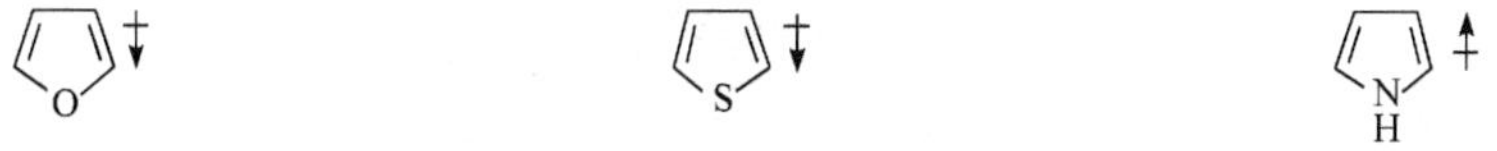

$\mu/(C\cdot m)$　　2.33×10^{-30}　　　　1.70×10^{-30}　　　　6.04×10^{-30}

二、结构与化学性质

1. 亲电取代反应

闭合环状的 π_5^6 共轭体系使呋喃、噻吩和吡咯都能发生芳香性的典型反应——亲电取代反应，如硝化、卤化、磺化和傅-克反应；环原子上较高的 π 电子密度使呋喃、噻吩和吡咯比苯容易发生亲核取代反应，且具有如下活性次序：吡咯＞呋喃＞噻吩＞苯；成环原子上不均一的 π 电子密度和 α-碳上较高的 π 电子密度使三种杂环的亲电取代反应具有较高的位置选择性，即亲电取代反应主要发生在 α-位；共轭体系的共振能较小，单、双键的平均化程度低以及环上 π 电子密度的不均等使得呋喃、噻吩和吡咯比苯容易发生氧化、开环等反应。此外，三种杂环的杂原子都含有孤对电子，在强酸条件下还能发生质子化，并因此而更容易发生开环反应。因此，三种杂环的亲电取代反应一般都要避免在强酸溶液中进行并尽量控制较低的反应温度。

利用共振论并结合反应机理，很容易解释呋喃、噻吩和吡咯亲电取代反应的区域选择性。三者发生 α-位和 β-位取代得到的碳正离子中间体结构可表示如下：

进攻α-位:

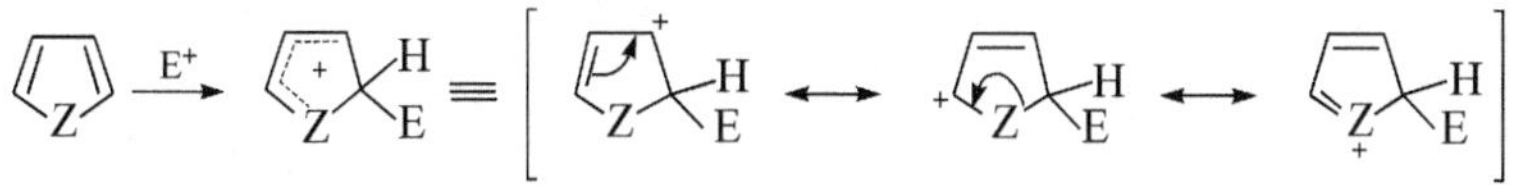

进攻β-位:

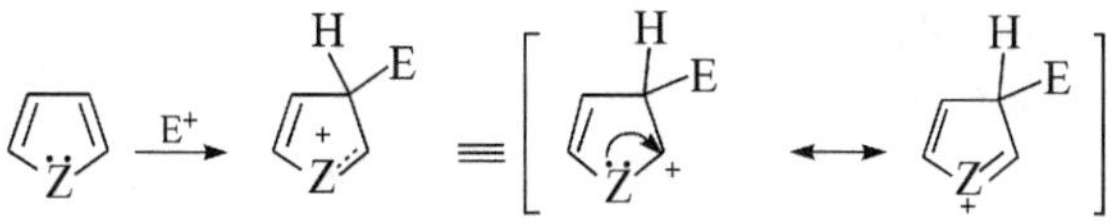

(Z=O, S, NH)

显然，亲电试剂进攻 α-位得到的正离子中间体具有三个极限共振体，而进攻β-位得到的正离子中间体只有两个，即进攻 α-位生成的中间体比进攻 β-位得到的中间体更稳定，因此呋喃、噻吩和吡咯的亲电取代反应主要生成 α-取代产物。

(1) 卤代反应。吡咯反应活性最高，常得到四卤代产物。呋喃、噻吩在室温下与氯和溴反应强烈，会得到多卤代产物。若希望得到一卤代产物，需要在低温及溶剂稀释条件下进行。碘不活泼，需要在催化剂存在下才能反应。

芳香性最小的呋喃具有明显的共轭二烯烃的特性,低温下的亲电取代反应常通过加成-消除的方式进行。

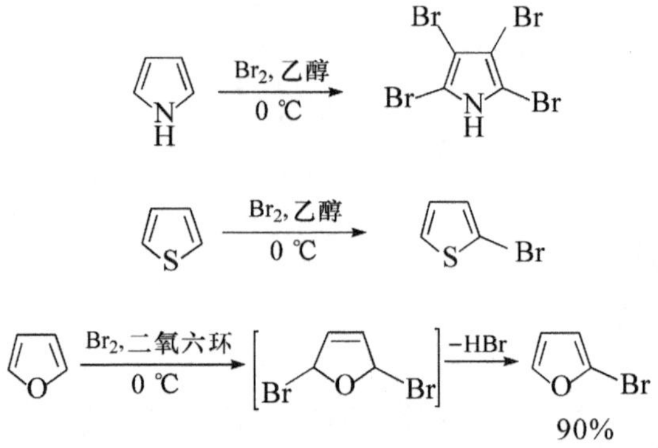

(2) 硝化反应。由于呋喃和吡咯对酸和氧化剂都很敏感,不能用硝酸直接硝化。通常用温和的非质子硝化试剂——硝乙酐在低温下进行硝化。噻吩虽可以用一般的硝化试剂硝化,但反应非常剧烈,故也常用硝乙酐进行硝化。硝乙酐一般现制现用,由乙酸酐和硝酸反应得到。

$$CH_3\overset{O}{\overset{\|}{C}}O\overset{O}{\overset{\|}{C}}CH_3 + HNO_3 \longrightarrow \underset{\text{硝乙酐}}{CH_3\overset{O}{\overset{\|}{C}}ONO_2} + CH_3\overset{O}{\overset{\|}{C}}OH$$

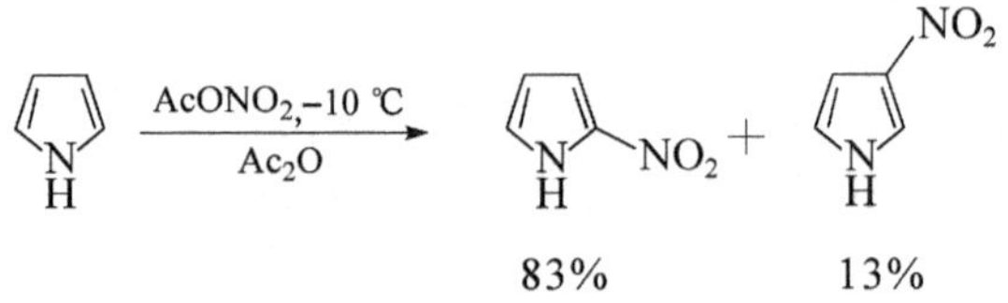

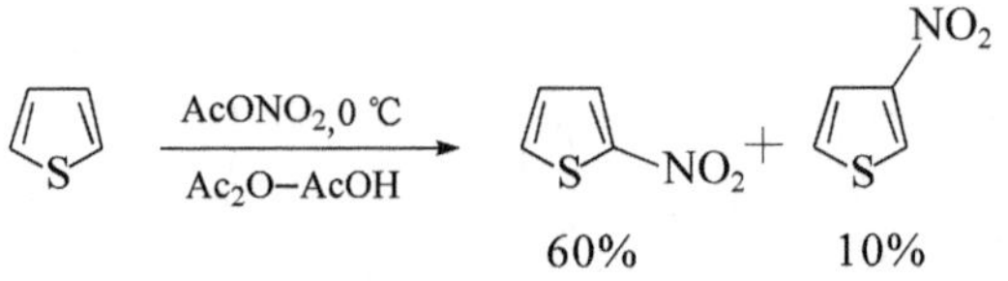

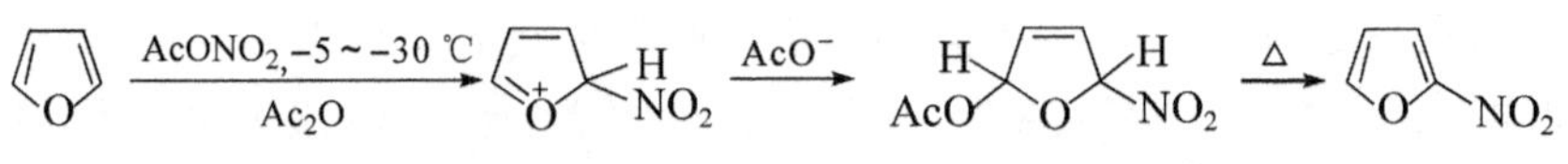

(3) 磺化反应。呋喃、吡咯的磺化反应也需要使用温和的非质子磺化试剂,实验室常用吡啶与三氧化硫的加合化合物作为磺化试剂。比较稳定的噻吩在室温下可用硫酸直接磺化,但产率较低。由于苯在室温下不与硫酸反应,因此利用噻吩的磺化反应以及噻吩磺酸能溶于硫酸的特点可以除去苯中少量的噻吩。

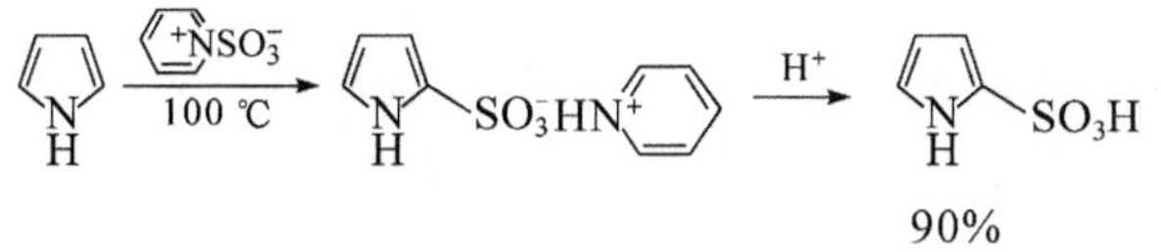

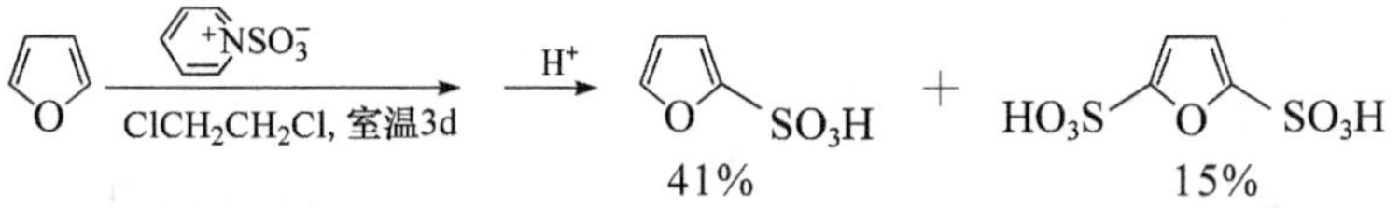

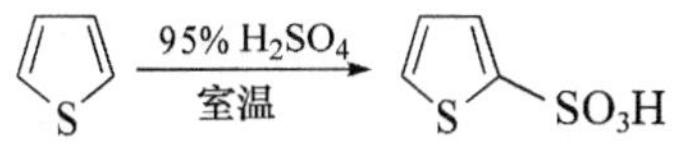

(4) 傅-克酰基化反应。吡咯的反应活性最高，可以在无催化剂的条件下发生傅-克酰基化反应。呋喃需要在 $SnCl_4$、BF_3等催化下进行酰基化反应。

噻吩的酰基化反应必须小心控制反应条件，无水三氯化铝、氯化锡等路易斯酸容易与噻吩产生树脂状物质，通常先将三氯化铝等催化剂与酰化试剂混合后再与噻吩反应。

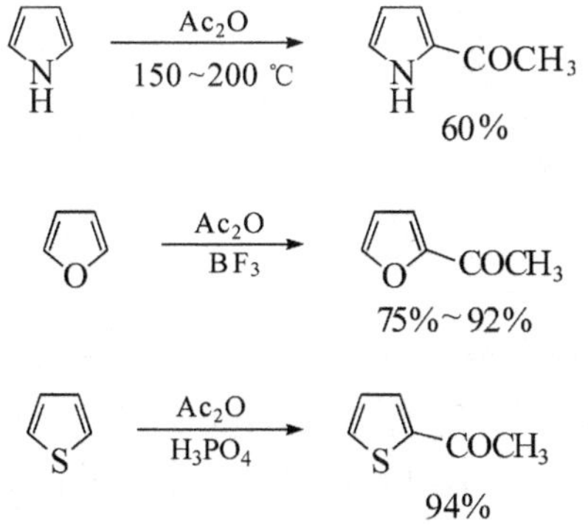

由于呋喃、吡咯、噻吩很活泼，其烷基化反应往往得到多烷基取代混合物，甚至产生树脂状物质，因此在合成中没有应用价值。

2. 第尔斯-阿尔德反应

吡咯、噻吩、呋喃的 π_5^6 共轭体系具有一定程度的共轭二烯成分，因此在一定条件下能与亲双烯体发生第尔斯-阿尔德反应，但三者的反应难易不同。稳定性最小的呋喃具有最明显的共轭二烯烃的性质，很容易发生第尔斯-阿尔德反应。噻吩能发生第尔斯-阿尔德反应，但活性比呋喃低，可以与活泼亲双烯体反应，加成产物通常不稳定，易脱硫得到苯的衍生物。吡咯则难以发生第尔斯-阿尔德反应。

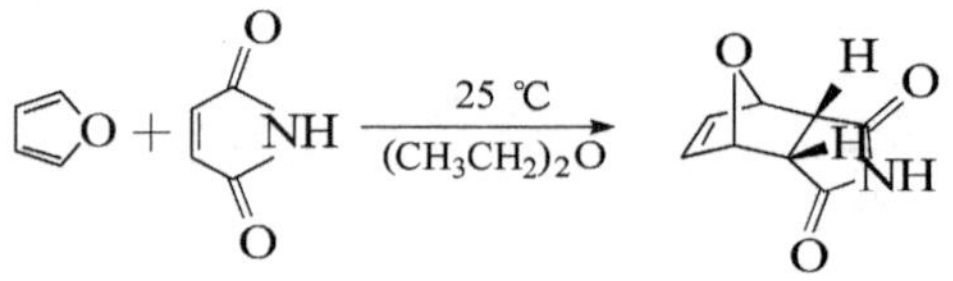

内向型(动力学控制产物)

95%

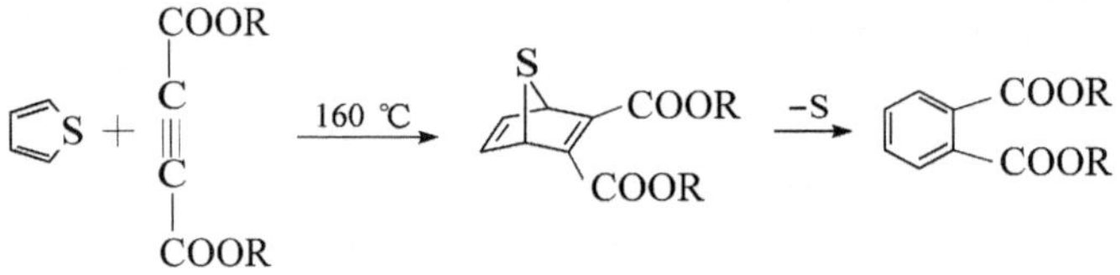

3. 催化氢化

呋喃、噻吩、吡咯均可进行催化氢化反应,得到失去芳香性的饱和杂环化合物。呋喃和吡咯可以用 Ni、Pd、Pt 等常用催化剂,而噻吩能使常用的金属催化剂中毒,需要使用特殊的催化剂。

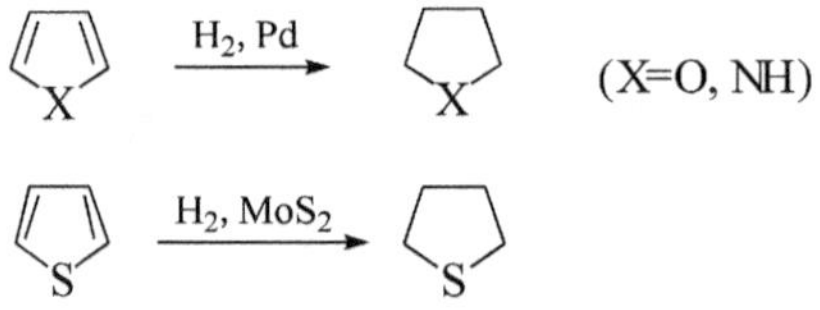

4. 吡咯的酸碱性

在吡咯的结构中,氮原子含有一对非键电子,填充于 2p 轨道上。由于 2p 轨道参与了 π_5^6 共轭体系的形成,使 2p 轨道上的电子在一定程度上分散到了其他的成环原子上,因此吡咯中的 N 原子向外界提供电子对的能力减弱,其碱性(共轭酸的 $pK_a=11.27$)较四氢吡咯(共轭酸的 $pK_a=0.4$)弱。另外,由于吡咯氮原子的+C 效应大于−I 效应,致使氮原子上的电子密度小于四氢吡咯的氮原子,因此 N—H 键的极性增大,吡咯氮原子上的氢($pK_a=16.5$)比四氢吡咯氮上的氢($pK_a=35$)酸性强,与强碱或格氏试剂能发生酸碱反应,生成吡咯盐。

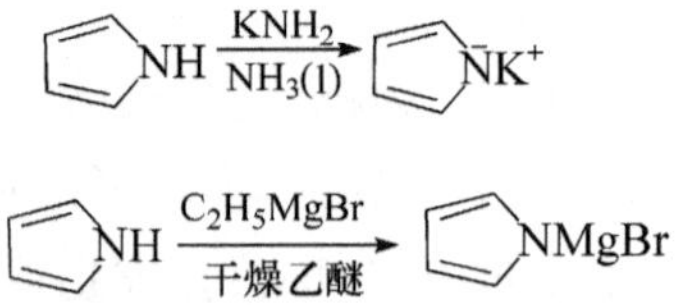

吡咯盐中的氮负离子就像盖布瑞尔反应(参见第十四章)中的氮负离子一样,具有亲核性,可以与烷基化试剂或酰基化试剂反应,生成 *N*-烷基吡咯或 *N*-酰基吡咯。*N*-酰基吡咯在加热时能重排为 2-酰基吡咯。

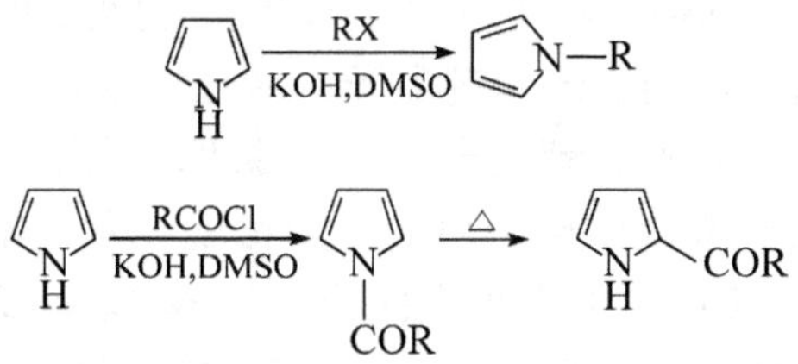

第三节　六元芳杂环的结构与性质

吡啶是最常见和最重要的含一个杂原子的六元芳杂环化合物。吡啶存在于煤焦油和骨焦油中，工业上用无机酸从煤焦油的轻油部分中提取得到。吡啶衍生物广泛存在于自然界中，许多药物中都含有吡啶环。

一、吡啶的结构与物理性质

吡啶和吡咯的氮原子都是 sp^2 杂化，但吡啶中的环状大 π 键属于 π_6^6 体系，氮原子对 π_6^6 体系的贡献与其他环碳原子一样，只提供了一个电子。由于氮的电负性大于碳，故吡啶中的氮原子对其他的环碳原子具有－C 效应和－I 效应，环上的成键电子因此而显著地偏向于氮原子一方，氮原子上的电子密度明显大于六氢吡啶的氮原子，这种环上成键电子的不对称分布集中地表现在吡啶较六氢吡啶具有更强的极性和更大的偶极矩。

μ/(C·m)　　7.40×10^{-30}　　3.90×10^{-30}

较大的偶极矩决定了吡啶比六氢吡啶、苯、呋喃、吡咯噻吩等具有较高的沸点(115 ℃)和凝固点(－42 ℃)以及较大的水溶性。吡啶是有恶臭的无色液体，相对密度 0.982，能与水以任何比例互溶，又能溶解大多数极性和非极性有机物(如乙醇和乙醚)，甚至能溶解某些无机盐类，是一种良好的溶剂和重要的化工原料。另外，吡啶较大的水溶性还与其氮原子上填充于 sp^2 杂化轨道的未成键孤电子对能与水形成氢键有很大关系。

二、吡啶的结构与化学性质

第八章已对吡啶的结构及芳香性做了简要介绍。虽然吡啶和吡咯的氮原子都是 sp^2 杂化，但吡啶中的非键电子对填充于一个 sp^2 杂化轨道，而不是吡咯中的p 轨道。此时，非键电子对所在的 sp^2 杂化轨道与成环原子共平面，并不参与环上大 π 键的形成。氮原子因此而能较好地向其他缺电子体提供电子对，从而使吡啶表现出明显的碱性，其碱性远强于吡咯，也强于苯胺。另外，吡啶中的非键电子对所在的 sp^2 杂化轨道较六氢吡啶中的非键电子对所在的 sp^3 杂化轨道具有相对较小的轨道半径，吡啶氮原子上的非键电子对受到氮原子核的束缚力较六氢吡啶的氮原子要强，氮原子向外界提供电子对的能力也就较六氢吡啶的氮原子要弱，因此吡啶的碱性（pK_b＝8.64）弱于脂肪族仲胺，如六氢吡啶、四氢吡咯等。

吡啶存在环状 π_6^6 体系，有芳香性。与五元芳杂环化合物类似，由于有杂原子的参与，吡啶成环原子间的键长、键角也只是发生了一定程度的平均化，并不完全相等，π 电子密度在成环的 6 个原子上也不均等，所以其芳香性小于苯。

吡啶中氮原子对其他环碳原子的－C 效应导致环上 π_6^6 体系的电子强烈地偏向于氮原子，其他成环碳原子上的 π 电子密度因此而小于 1.0（相对于苯环碳而言），吡啶环也因此比苯环更难发生亲电取代反应。相反，碳原子上电子密度的降低却增强了 C—H 键的极性和氢原子的酸性。吡啶各成环原子上 π 电子密度的分布可由量子化学计算获得，而 C—H 键的极性增强既可通过比较苯环和吡啶环 ^{1}H NMR数据（图 20.3）来证实，也可由吡啶环的亲核取代反应性能来证明。

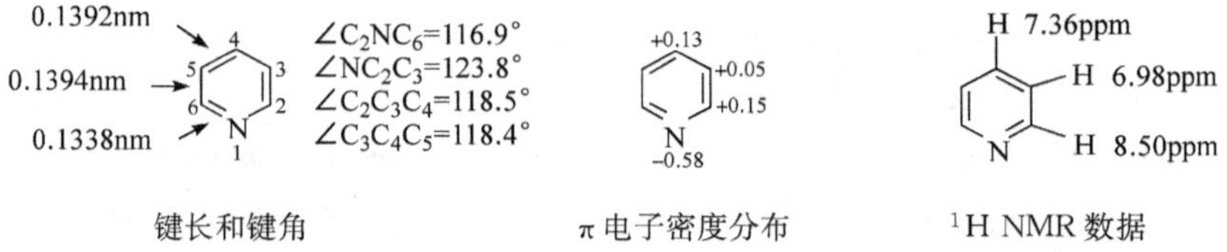

图 20.3　吡啶分子中键长、键角、电子密度分布和 ^{1}H NMR 数据

1. 吡啶的碱性和亲核性

吡啶不仅能与质子酸形成盐，也能与很多缺电子体的路易斯酸形成盐。吡啶与路易斯酸反应生成的盐是有机合成中常用的试剂。例如：

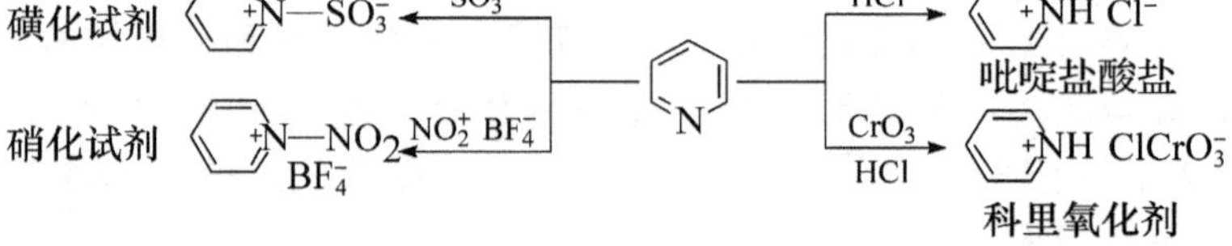

作为亲核试剂的吡啶能与卤代烷、酰氯进行亲核取代反应生成季铵盐，在有机合成中用作烷基化试剂和酰基化试剂。

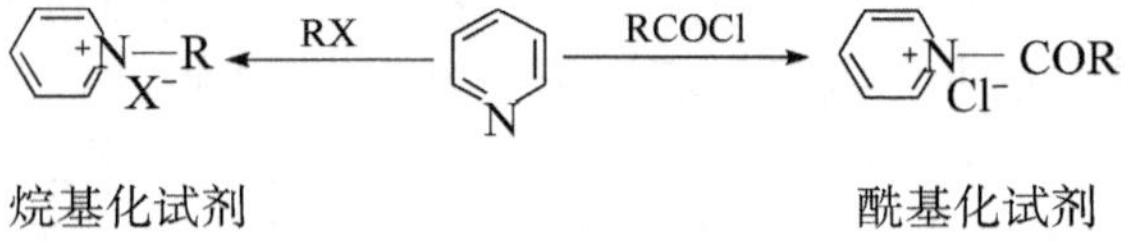

2．亲电取代反应

吡啶的氮原子相当于一个强致钝基团，因此吡啶的亲电取代反应活性与硝基苯相似，不能进行傅-克反应。吡啶的卤代、硝化和磺化反应要在很高温度下才能发生，且主要发生在 π 电子密度相对较高的 β-位上。

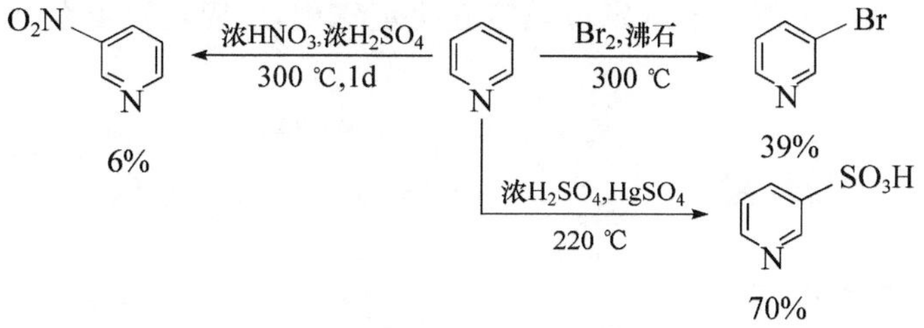

与芳香烃类似，当吡啶环上有强致活基团存在时，其亲电取代反应变得比较容易，产率也较高。例如：

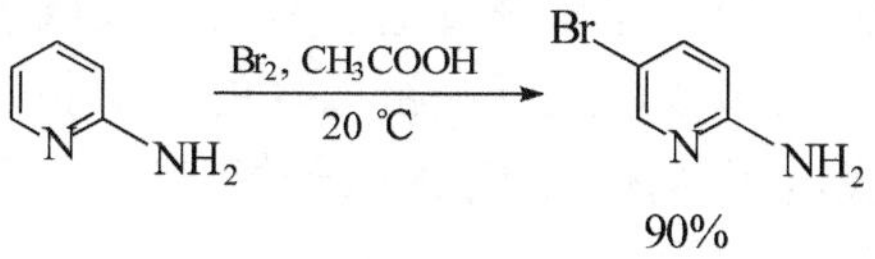

吡啶环不容易发生亲电取代反应的另一个原因是吡啶作为碱能与作为路易斯酸或质子酸的亲电试剂反应，形成吡啶盐。吡啶盐的形成进一步降低了吡啶环上碳原子的 π 电子密度，从而使吡啶环更难发生亲电取代反应。

利用共振论并结合反应机理，可以解释为什么吡啶的亲电取代反应主要发生在 β-位。

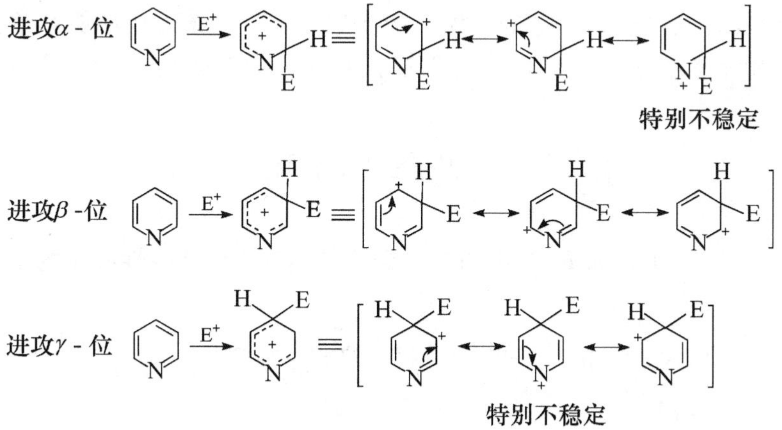

从上述反应中间体的共振极限式可以看出，亲电试剂进攻 α-位和 γ-位，都有一个特别不稳定的极限式（正电荷位于电负性较大的氮原子上），而进攻 β-位没有

这种极限式，中间体正离子相对比较稳定，所以反应主要发生在β-位。

与取代苯的亲电取代反应类似，取代吡啶的反应同样存在区域选择性。如果吡啶环的α-位和γ-位有供电子基团，亲电取代反应发生在β-位，得到3-位或5-位取代产物。如果供电子基团在β-位，则取代反应发生的位置取决于该基团与氮原子定位效应的相对强弱：若是强供电子基团，则反应主要发生在α-位；若是烷基等弱供电子基团，则环上氮原子的定位效应起决定作用，反应仍发生在β-位。

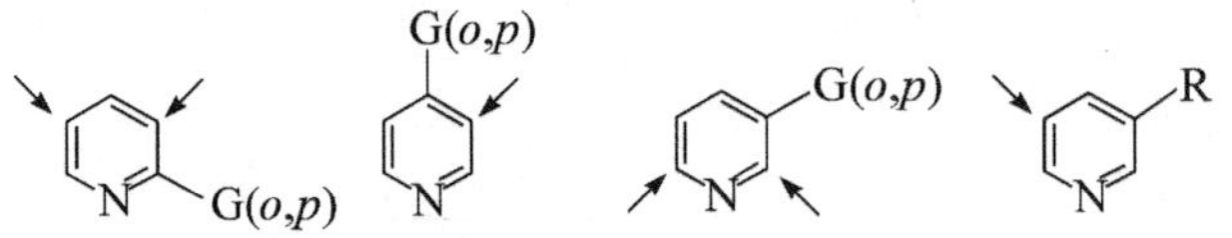

3. 亲核取代反应

虽然吡啶环上碳原子的π电子密度下降导致其难以发生亲电取代反应，但却使碳原子成为一个容易受亲核试剂进攻的中心。正因为如此，吡啶较苯环容易发生亲核取代反应，且亲核试剂更容易进攻电子云密度较低的α-位和γ-位。亲电取代反应被取代的是质子，而亲核取代反应被取代的是α-位、γ-位氢负离子。如果吡啶的α-位或γ-位连有吸电子基团，如卤素原子等，则吸电子基团更容易被亲核试剂所取代。

吡啶的亲核取代反应与卤代烃的亲核取代反应不同，它的机理既不是S_N1，也不是S_N2，而是亲核加成-消除反应。只因反应的结果相当于亲核试剂取代氢负离子而得名亲核取代反应，因此吡啶的亲核取代反应只具有形式上的意义，并不是针对其反应机理而言的。

亲核取代反应最常见的是烷基化、芳基化和氨基化反应。齐齐巴宾(Chichibabin)反应是有机化学史上吡啶的第一个亲核取代反应，该反应用氨基钠在液氨中(或在N-甲基苯胺中于70～100 ℃加热)使吡啶α-位氢被氨基取代，得到α-氨基化产物。

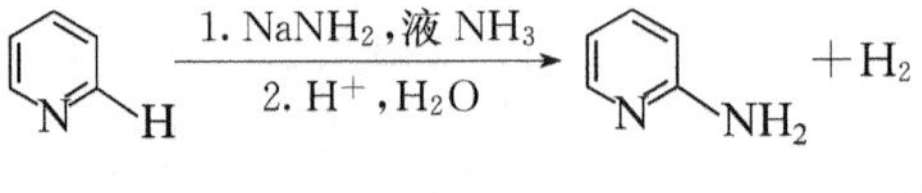

其加成-消除反应机理如下，其中的钠络合物是实现区域选择性控制的重要因素。

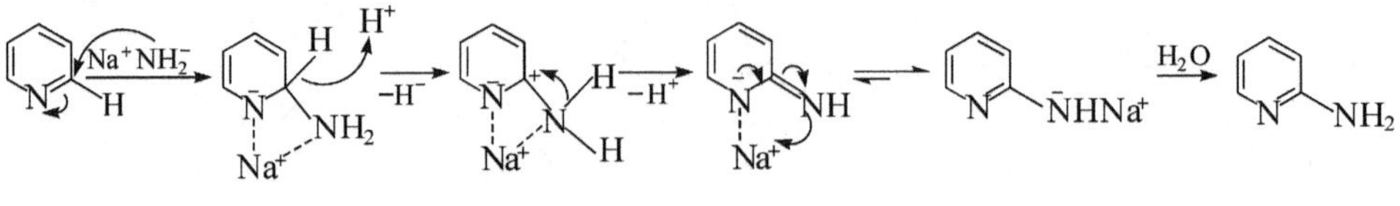

吡啶与烃基锂也能发生类似的反应，得到α-烃基化产物。如果吡啶环的α-位或γ-位上有容易离去的氯、溴等基团，可以发生类似于酰氯的氨解或醇解反应(参

见第十二章)以及硝基卤苯的亲核取代反应。

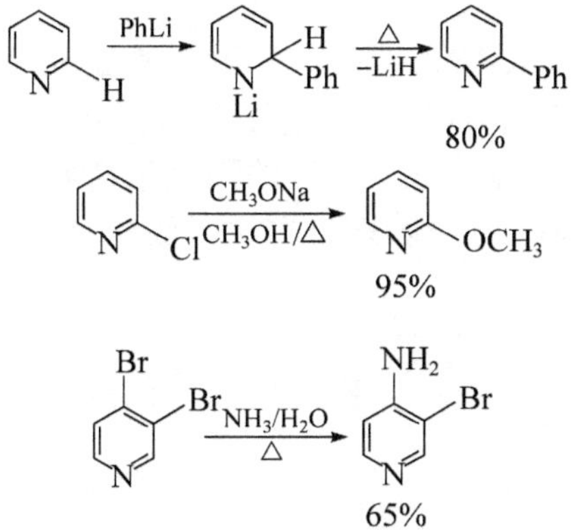

亲核取代反应的位置选择性(α-位和γ-位)与反应决速步骤形成的负离子中间体的稳定性有关。负离子中间体的稳定性可以从其共振极限式来判断。

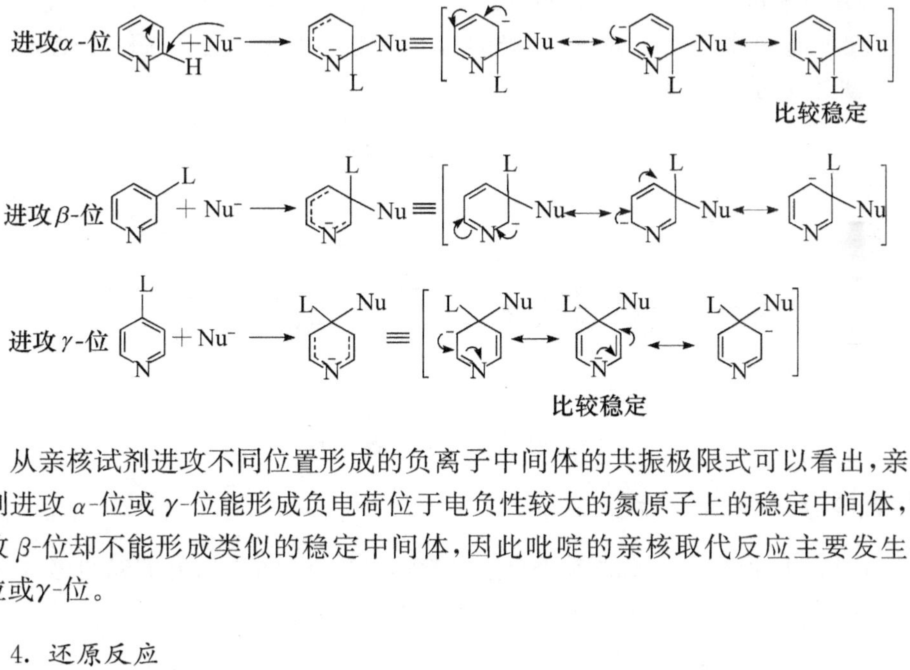

从亲核试剂进攻不同位置形成的负离子中间体的共振极限式可以看出,亲核试剂进攻α-位或γ-位能形成负电荷位于电负性较大的氮原子上的稳定中间体,而进攻β-位却不能形成类似的稳定中间体,因此吡啶的亲核取代反应主要发生在α-位或γ-位。

4. 还原反应

吡啶比苯容易还原,苯的催化氢化需要高温高压,而吡啶在常温常压下即可定量生成六氢吡啶。另外,钠与无水乙醇也能将吡啶还原成六氢吡啶。六氢吡啶具有一般脂肪族仲胺的性质,沸点 106 ℃,碱性比吡啶强,是常用的有机碱。

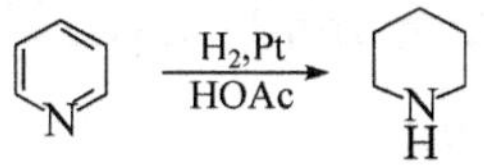

5. 氧化反应

由于吡啶环上的电子云密度比较低，一般不易被氧化，尤其在酸性条件下，吡啶成盐后氮原子上带有正电荷，吸电子的诱导效应增强，使环上的电子云密度低于吡啶，更增加了对氧化剂的稳定性。一般的强氧化剂如浓硝酸、酸性高锰酸钾、重铬酸钾都不能氧化吡啶环。当吡啶环带有烷基侧链时，可发生类似于苯环侧链的氧化反应。例如：

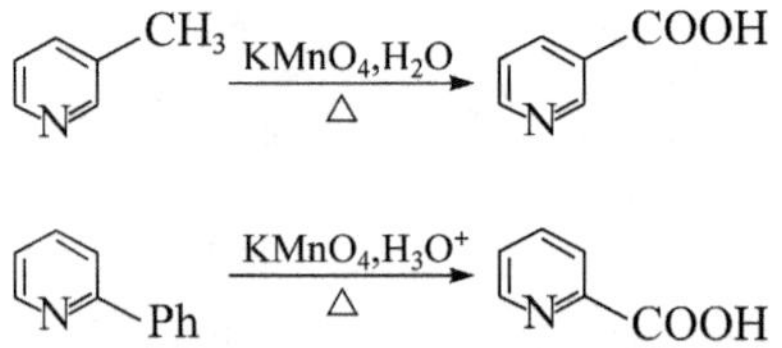

吡啶属于叔胺，与过氧化氢反应得到吡啶 *N*-氧化物（参见第十四章），该化合物不仅比吡啶更容易发生亲电取代反应，而且也能发生亲核取代反应。反应产物用 PCl_3 处理，可脱去 N 上的氧，故吡啶 *N*-氧化物在合成上常用来活化吡啶，以利于进行取代反应。例如：

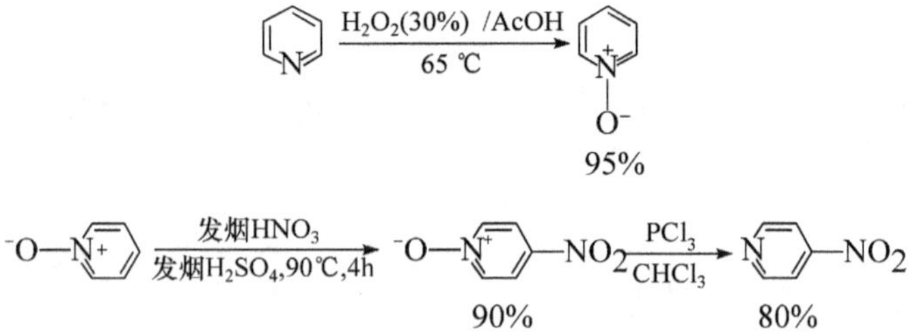

第四节　稠　杂　环

一、吲哚的合成和化学性质

苯环与呋喃、噻吩和吡咯稠合而成的稠杂环化合物属于苯并五元杂环体系，分别称为苯并呋喃、苯并噻吩、吲哚，其中吲哚类化合物较为重要。

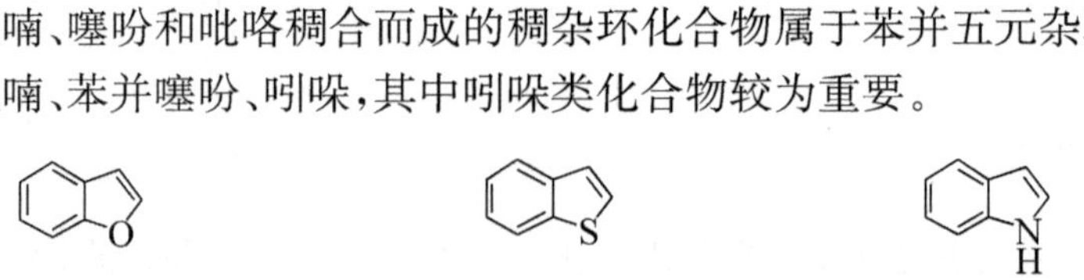

苯并呋喃(benzofuran)　苯并噻吩(benzothiophene)　吲哚(indole)

吲哚为白色片状晶体，熔点 52 ℃，有极臭的气味，但在极稀薄时则有香味，可作香料。吲哚环系化合物在自然界分布广泛，已发现的吲哚类生物碱就有上千种，其中大多数具有重要的生理作用。

1. 吲哚环的合成

吲哚环的合成方法很多，其中费歇尔吲哚合成法是最为广泛使用的方法之一。该方法是指苯腙在酸催化下经加热发生重排并消除一分子氨得到取代吲哚的环化反应。合成中常用醛（或酮）与苯肼（或取代苯肼）在乙酸中加热回流得苯腙，苯腙不经分离而直接在酸催化下进行环化而得吲哚环系。环化反应最常用的催化剂是氯化锌、三氟化硼、多聚磷酸（PPA）。

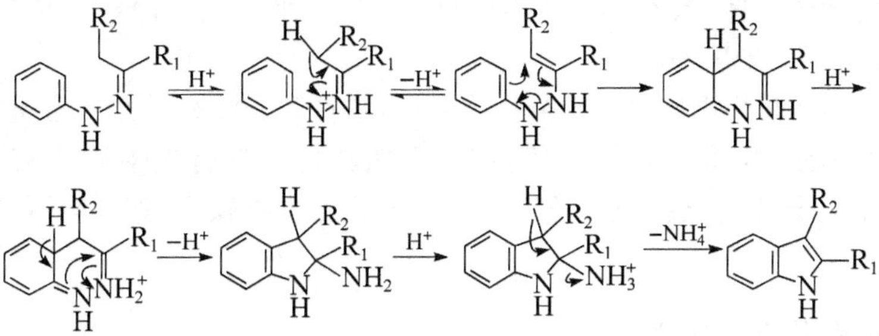

工业上制备 2-苯基吲哚（一种阳离子染料的中间体）用的就是这一方法。

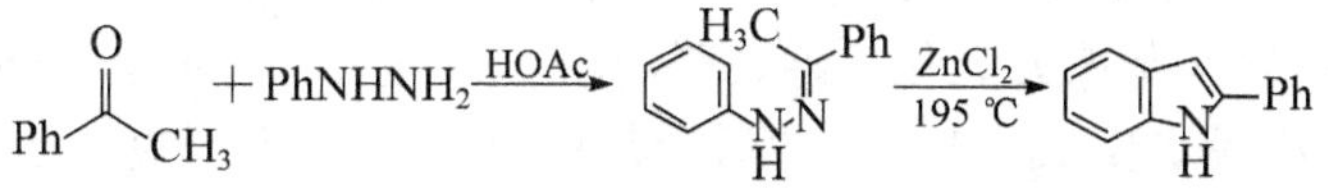

2. 吲哚的化学性质

吲哚的吡咯环与单纯的吡咯相似，碱性极弱（$pK_a = -3.5$），吡咯环上的电子云密度高于苯环，所以吲哚的亲电取代反应主要发生在吡咯环上。例如：

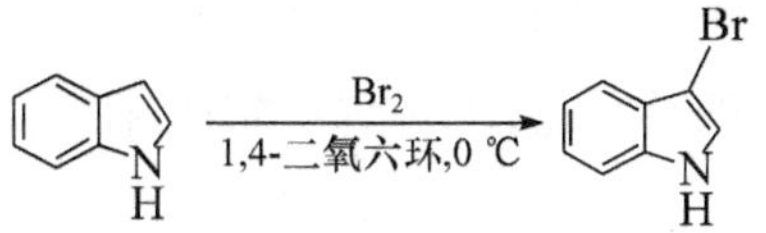

吲哚的亲电取代的位置选择性与单纯的吡咯有所不同，可以发生于 2-位和 3-位，但主要得到 3-位取代产物。这主要是因为 2-位和 3-位反应所形成的正离子中间体都能被苯环通过 p-π 共轭或 π-π 共轭所稳定。

进攻 2-位只得到一个保留苯环的稳定极限式，而进攻 3-位得到两个保留苯环的稳定极限式。因此吲哚环的亲电取代反应主要发生在 3-位。

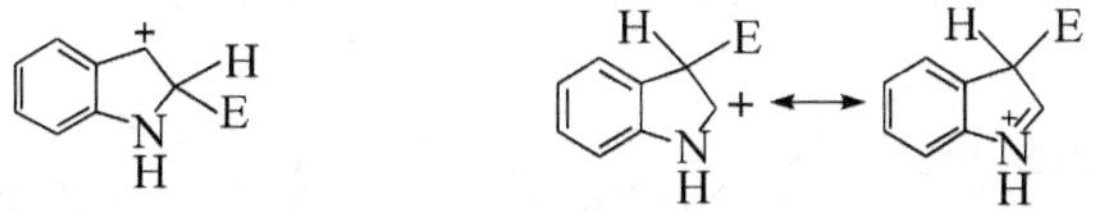

进攻2-位的稳定极限式　　进攻3-位的稳定极限式

二、喹啉和异喹啉的合成和化学性质

喹啉和异喹啉属于苯并六元杂环化合物，这两个化合物是苯环和吡啶两种不同稠合方式的产物，其结构式如下：

喹啉(quinoline)　异喹啉(isoquinoline)

喹啉为无色液体，具有类似吡啶的臭味，沸点 237 ℃；异喹啉气味与苯甲醛类似，熔点 26.5 ℃，沸点 243 ℃。

在含一个杂原子的苯并六元杂环体系中，喹啉和异喹啉环系非常重要。其中，喹啉衍生物在医药中有着重要作用，许多天然药物中都有喹啉的环系结构，如奎宁、喜树碱等。异喹啉结构也广泛存在于许多天然生物碱中，如吗啡碱、罂粟碱、小檗碱等。

1. 喹啉和异喹啉环骨架的合成

最常用的合成喹啉骨架的方法为斯克洛甫(Skraup)法。该方法是苯胺、甘油、硫酸和氧化剂(硝基苯或五氧化二砷、三氯化铁等)进行“一锅煮”反应。第一步是甘油受硫酸作用脱水生成丙烯醛，然后丙烯醛与苯胺发生迈克尔加成，生成 3-苯胺基丙醛，后者接着在酸作用下成环、脱水、氧化脱氢后得到喹啉。此反应产率很高。

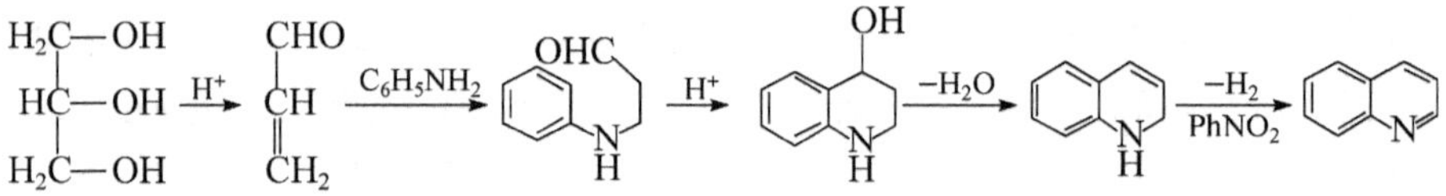

若直接用取代苯胺和取代的 α,β-不饱和醛或酮反应，则可制备取代的喹啉。例如：

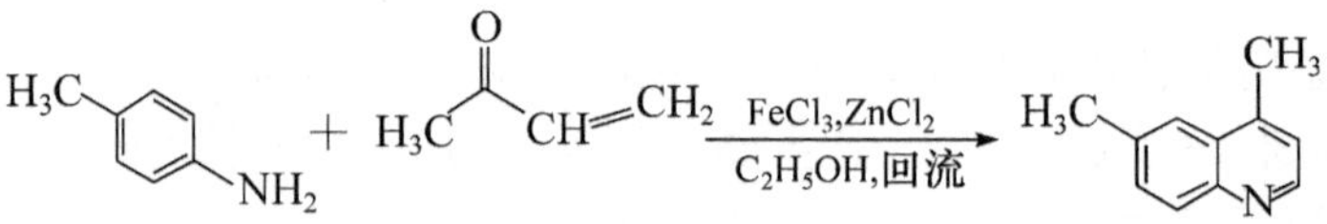

合成 1-取代异喹啉化合物最常用的方法是毕歇尔-纳皮尔拉斯基(Bischler-Napieralski)异喹啉合成法。该方法先用苯乙胺与羧酸或酰氯生成酰胺，然后在脱水剂如五氧化二磷、三氯氧磷或五氯化磷的作用下失水关环，再脱氢得 1-取代异喹啉化合物。

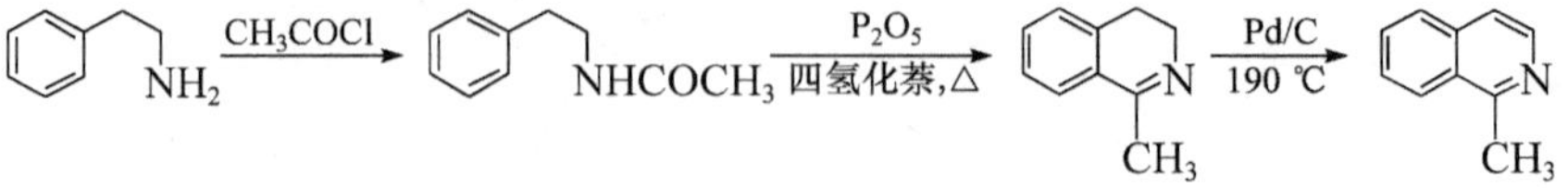

其中，关环反应为亲电取代反应，因此苯环上的其他取代基对关环的难易和位置选择性有很重要的影响，其中供电子基团对关环反应有利。如果供电子基团在间位，则在其对位关环，得 6-取代异喹啉。若环上有吸电子基团，则对反应不利。例如：

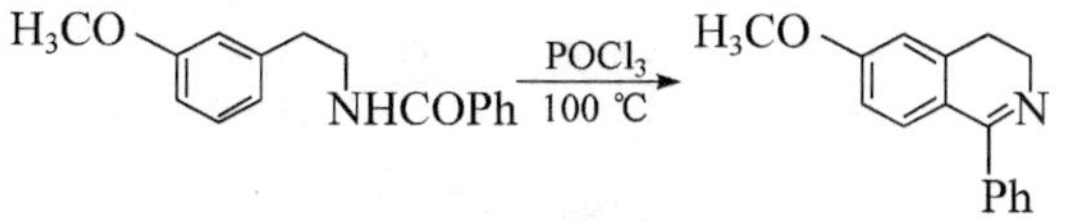

皮克特-盖穆斯(Pictet-Gams)改进了上述方法，用 β-甲氧基或 β-羟基苯乙胺衍生物进行反应，首先酰化，得到的酰胺在反应条件下失去甲醇，关环后得到异喹啉衍生物。在皮克特-盖穆斯反应中关环和脱氢是一步完成的。例如：

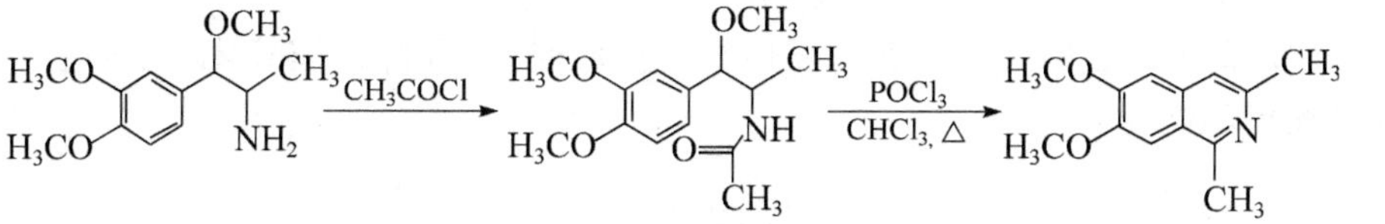

2. 喹啉和异喹林的化学性质

喹啉和异喹林与吡啶类似，有一定碱性，其中喹啉的碱性(共轭酸的 $pK_a=4.94$)比吡啶(共轭酸的 $pK_a=5.17$)稍弱，而异喹啉的碱性(共轭酸的 $pK_a=5.40$)稍强于吡啶。

(1) 亲电取代反应。相对而言，喹啉和异喹林中的苯环是富电子的，吡啶环是缺电子的，因此苯环比吡啶环容易发生亲电取代反应。喹啉和异喹啉的亲电取代反应主要生成 5-位和 8-位取代产物。例如：

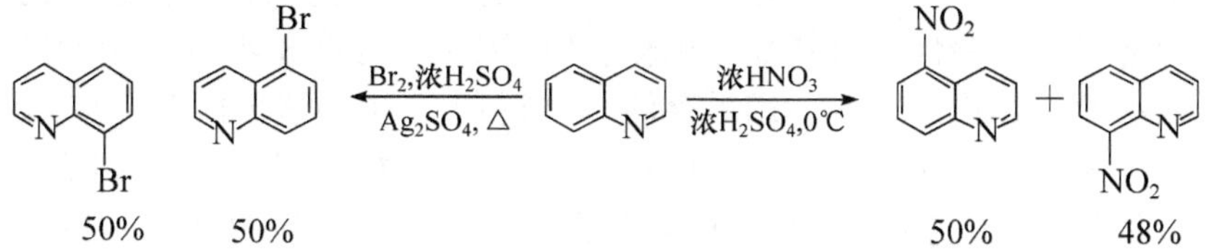

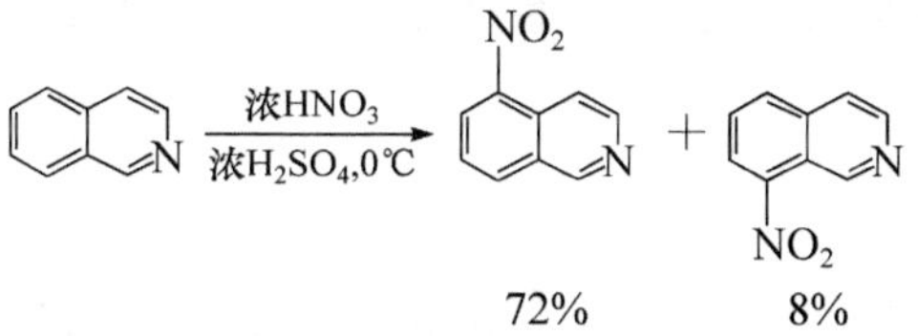

(2) 亲核取代反应。与吡啶相似，喹啉和异喹啉的吡啶环可发生亲核取代反应，而且反应活性大于吡啶。这主要是因为反应生成的氮负离子能被苯环通过 p-π 共轭效应而稳定。喹啉的亲核取代反应主要在 2-位发生，4-位较少；2-位被取代时，反应发生在 4-位。异喹啉主要在 1-位发生，几乎没有 3-位产物。例如：

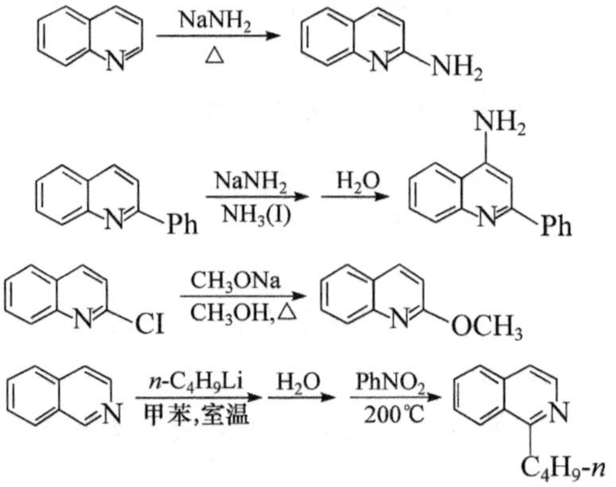

(3) 氧化及还原反应。喹啉发生氧化反应时，苯环优先被氧化，而发生还原反应时吡啶环优先被还原。

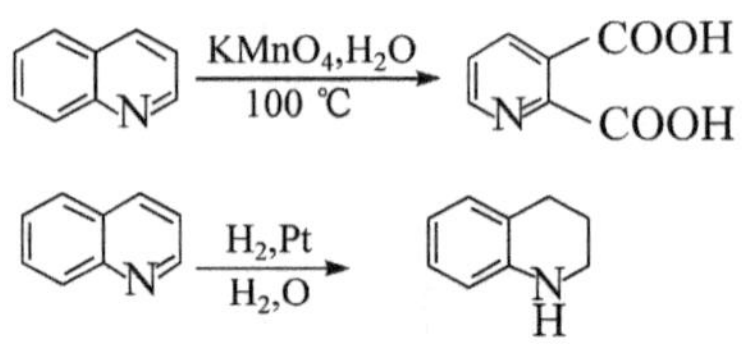

异喹啉的氧化反应和还原反应产物与反应条件有关，比较复杂，在此不做讨论。

第五节　核酸和核苷酸

核酸(nucleic acid) 和糖、蛋白质一样，都是对生命现象有重要意义的生物大分子。核酸是一类酸性的含磷高分子化合物，因主要存在于细胞核中而被称为核酸。核酸在生物体内的主要作用是存储、复制和表达生物遗传信息，控制酶和蛋白质的合成。核酸化学研究的深入开展对于研究生命现象的各学科起到了极为重要的作用。例如，分子遗传学、遗传工程等学科是在核酸研究的基础上建立与发展的。这些学科在植物与农作物育种、畜禽品质改良、人类疾病防治等领域的作用是无可替代的。

一、核酸的组成与分类

核酸分为核糖核酸(ribonucleic acid，RNA)和脱氧核糖核酸(deoxyribonucleic acid，DNA)两大类。所有生物的细胞都含有这两类核酸，它们占细胞干重的5％～15％。DNA 主要存在于细胞核中，线粒体、叶绿体也含 DNA。RNA 主要分布于细胞质中。对于病毒来说，或者只含 RNA(称为 RNA 病毒)，或者只含 DNA(称为 DNA 病毒)，还没有发现同时含 DNA 和 RNA 的病毒。

就像多肽和蛋白质是由氨基酸组成一样，核酸是由核苷酸聚合而成的生物大分子，因此核苷酸是核酸的单体或称为基本单元。核苷酸是核苷与磷酸形成的磷酸酯，核苷则由一个杂环碱基和一个戊糖（D-核糖或D-脱氧核糖）结合而成。根据戊糖的类型，核苷酸可分为核糖核苷酸和脱氧核糖核苷酸两类。核糖核苷酸是RNA的基本单元，核糖脱氧核糖核苷酸是DNA的基本单元。根据核苷酸中所含杂环碱基结构的不同，核糖核苷酸和脱氧核糖核苷酸一般各有4种（表20.2）。

表20.2　DNA和RNA的基本化学组成

核酸	DNA				RNA			
核苷酸	脱氧腺苷酸（dAMP）	脱氧鸟苷酸（dGMP）	氧胸苷酸（dTMP）	脱氧胞苷酸（dCMP）	腺苷酸（AMP）	鸟苷酸（GMP）	尿苷酸（UMP）	胞苷酸（CMP）
碱基	腺嘌呤（A）	鸟嘌呤（G）	胸腺嘧啶（T）	胞嘧啶（C）	腺嘌呤（A）	鸟嘌呤（G）	尿嘧啶（U）	胞嘧啶（C）
戊糖	脱氧核糖				核糖			
酸	磷酸				磷酸			

1. 碱基与戊糖

DNA彻底水解后得到脱氧核糖、磷酸以及腺嘌呤、鸟嘌呤、胞嘧啶和胸腺嘧啶等4种碱基。RNA彻底水解后得到核糖、磷酸以及腺嘌呤、鸟嘌呤、胞嘧啶和尿嘧啶等4种碱基，结构如下：

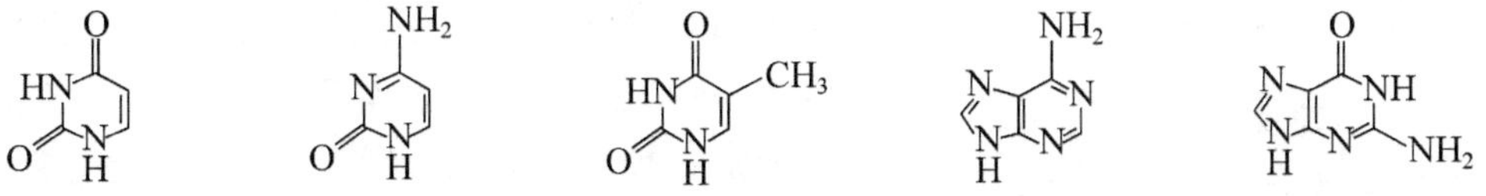

尿嘧啶 uracil(U)　胞嘧啶 cytosine(C)　胸腺嘧啶 thymine(T)　腺嘌呤 adenine(A)　鸟嘌呤 guanine(G)

在核酸中，D-核糖和D-脱氧核糖均以β-呋喃糖（参见第十七章）形式存在。

2. 核苷和核苷酸

核苷是一种糖苷，由戊糖和碱基缩合而成，并以N—C糖苷键相连，这种糖苷又称为N苷。戊糖的C_1与嘧啶碱基的N_1或嘌呤碱基的N_9之间形成苷键，称为*N*-苷键。在核酸分子中的*N*-苷键均为β型。由核糖和脱氧核糖形成的核苷分别称为核糖核苷和脱氧核糖核苷。例如，胞嘧啶核苷属于核糖核苷，而腺嘌呤脱氧核苷属于脱氧核糖核苷。

在给核苷编号时，碱基和糖基分别编号，碱基的编号用1、2、3、…表示，糖基的编号则用1′、2′、3′、…表示。

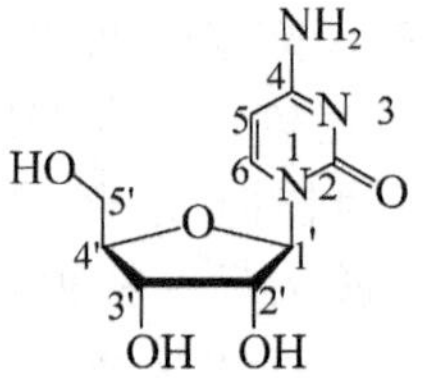

胞嘧啶核苷

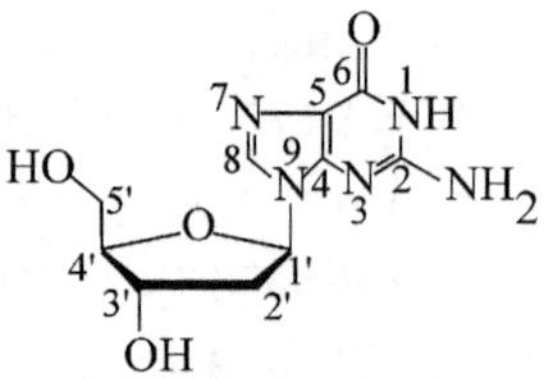

腺嘌呤脱氧核苷

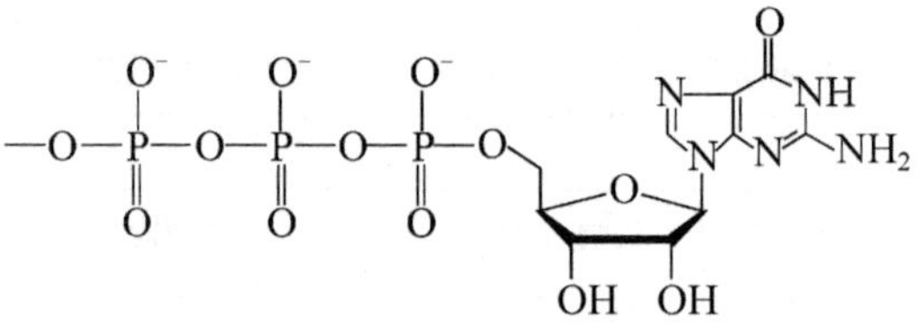

三磷酸腺苷(ATP)

核苷分子中戊糖上的羟基被磷酸酯化，就形成核苷酸。磷酸酯可在 3-位形成，也可在 5-位形成，生物体中存在的游离核苷酸多是 5-核苷酸或称为核苷-5-磷酸。组成 DNA 和 RNA 的核苷酸核一般各有 4 种(表 20.2)。也有含 2 个或 3 个磷酸基的二磷酸核苷和三磷酸核苷等多磷酸核苷，如二磷酸腺苷(ADP)和三磷酸腺苷(ATP)，这些化合物都具有非常重要的生理功能。

二、核酸的结构

各种单核苷酸之间通过 3′,5′-磷酸二酯键连接形成多核苷酸，即核酸。天然核酸的相对分子质量一般很大，如 DNA 中的核酸相对分子质量高达 1500 亿。与蛋白质类似，核酸也有一级、二级和三级结构。核酸分子中各种核苷酸的排列顺序称为核酸的一级结构。在 DNA 或 RNA 链中，每个核苷酸残基的戊糖部分都是相同的，区别仅在于碱基部分，因此核苷酸的连接顺序一般都称为碱基序列。核酸的一级结构可用碱基的缩写字母按次序加连字符表示，如-A-A-T-C-G-T-G-G-G-(片段)，也可以不用连字符，如 AATCGTGGG(片段)。图 20.4 是一个 AAT 的结构片段。

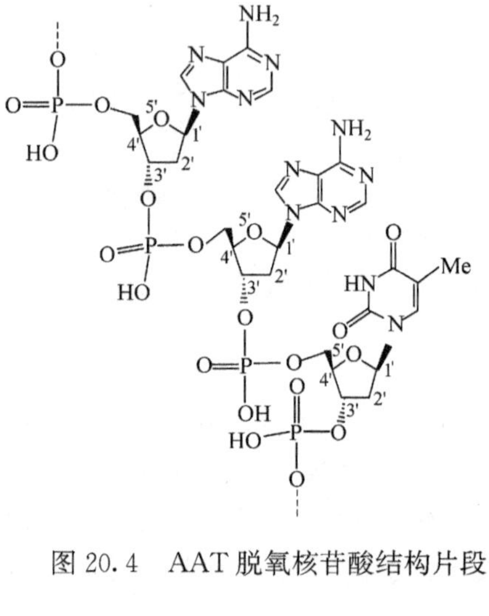

图 20.4　AAT 脱氧核苷酸结构片段

天然 DNA 中四种碱基的含量随 DNA 的来源不同而有很大差异，但其中 A/T 和 G/C 的含量比都为 1∶1。

核酸的空间结构包括二级结构和三级结构，是指多核苷酸链内或链与链之间通过氢键折叠卷曲而成的构象。例如,DNA 中的双螺旋结构就是核酸的二级结构。DNA 双螺旋结构模型(图 20.5)是沃森(Watson)和克里克(Crick)根据 X 射线衍射实验于 1953 年提出的。在双螺旋结构中有两条 DNA 链,双链之间通过碱基两两之间的氢键结合在一起。这种双链之间的碱基结合又称为碱基配对,且具有严格的一一对应关系,即 A…T,G…C。A…T 之间以两个氢键结合,G…C 之间以三个氢键结合。这一规律称为碱基配对原则(图 20.6)。

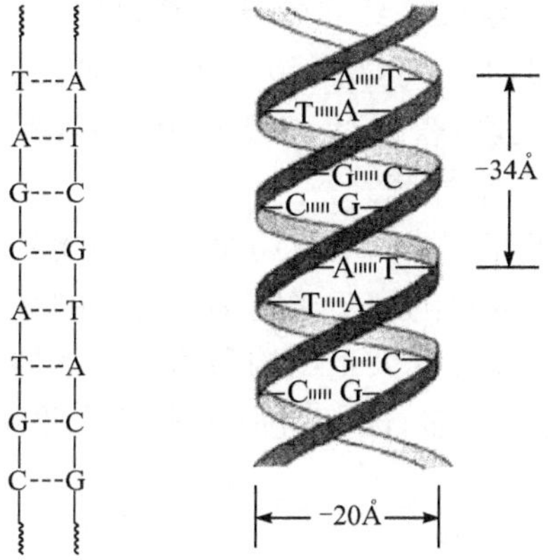

图 20.5　DNA 的双螺旋结构模型

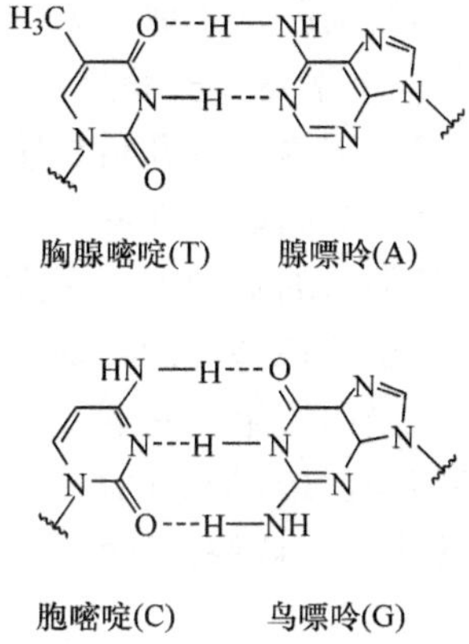

图 20.6　碱基配对

如果一条 DNA 链的一个片段具有-A-T-T-T-T-G-G-C-C-的碱基顺序,则这个片段一定与互补链上的-T-A-A-A-A-C-C-G-G-序列通过氢键结合。

由于其他结构上的限制,使 DNA 双链间的氢键作用最强而空间排斥力最小的空间排列形式是两条链绕同一轴盘绕,形成右手双螺旋,碱基对被裹在螺旋的内部,碱基的环平面与中心轴垂直,脱氧核糖基和磷酸酯基在螺旋外(图 20.5)。

第六节　DNA 的序列测定

在分子生物学研究中,DNA 的序列分析是进一步研究和改造目的基因的基础。DNA 测序既可通过酶促方法也可通过化学方法进行。和蛋白质分析类似,庞大的 DNA 链首先用限制性内切酶在特定的位点切开。现在已经有 200 种以上这样的酶,从而提供了多种得到重叠序列的工具。得到的 DNA 片段再用酶法在 5′-磷酸末端贴上标签,即放射性磷(^{32}P)标记。标记过的片段再用化学法将末端单核苷酸"切割"下来,然后用色谱方法分析产物,用照相底片自显影法分析带有放射性标记的单核苷酸,便可知道 DNA 片段的末端单核苷酸。对剩余的 DNA 片段重复进行上述操作,便可逐一确定 DNA 片段的序列。将所有 DNA 片段的序列综合在一起,便可知道完整 DNA 的序列。目前,这种方法已实现了半自动化,效率非常高,一天内可鉴定几千个碱基对。通过与其他生物学测序方法相结合,这种方法已经使 DNA 测序成为阐明蛋白质结构的首选方法。

人类基因组计划被誉为生命科学领域的“阿波罗登月计划”，是人类生命科学史上最伟大的工程之一，是人类第一次系统、全面地解读和研究人类遗传物质 DNA 的全球性合作计划。该计划 1990 年在美国正式启动，第一步的目标是要完成人体 23 对染色体中全部碱基对的测序任务。我国于 1999 年加入人类基因组计划，负责测定人类基因组全部序列的 1%，也就是 3 号染色体上的 3000 万个碱基对。该工作目前已经完成。人类基因组的大部分是重复的链段构成的长链，为何如此排列，尚不清楚。一个极大的意外是人类只有 30 000～50 000 个基因，比预期的要少得多。因为十字花科植物有 26 000 个基因，果蝇有 13 000 个基因，其数量居然和人类的基因数量在同一个数量级，令人非常惊诧。

人类基因组的解读已经激发了几个新的研究领域的形成与发展。功能基因组学的目的在于发现基因的功能。比较基因组学的目的在于确定不同物种的基因组的相似性。蛋白质组学是通过研究编码基因从而发现大量结构和功能新颖的蛋白质。与基因组比较，相应的蛋白质组可能要复杂得多，因为蛋白质多以磷酸化、糖苷化、硫酸化等多种修饰形式存在。

第七节　DNA 的化学合成

尽管核酸的结构非常复杂，但其人工合成已经不再是个难题。基于核苷酸偶联技术的 DNA 自动化合成仪使我们能够很容易制备自己所需要的 DNA 产品。该合成方法是将各种保护的核苷酸“砌块”通过固相合成技术，按照所需要的碱基序列逐一连接成所需要的 DNA 链。碱基胞嘧啶、腺嘌呤和鸟嘌呤的氨基需要以酰胺的形式加以保护(图 20.7)，胸腺嘧啶没有氨基，无须保护。

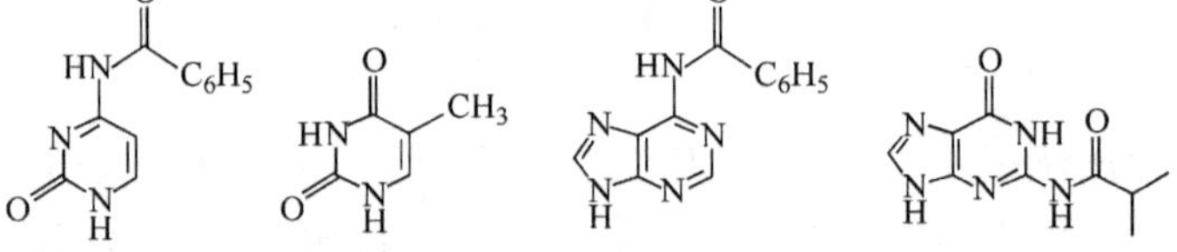

图 20.7　保护的 DNA 碱基(胸腺嘧啶除外)

糖部分在 C-5′位以二(4-甲氧基苯基)苯甲基(DMT)醚的形式保护，它容易通过 S_N1 机理用温和的酸切断。第一个保护的核苷可用活性酯法固定于带有氨基的特殊硅胶(SiO_2)表面(图 20.8)。

从第二个核苷酸开始，所有的单核苷酸都将以选择性保护和活化的形式被逐一地连接于固定化的核苷或核苷链上。其具体的操作如下：首先将第一个固定化的核苷用酸处理，选择性脱去 5′-位的 DMT，然后加入 3′-OH 被活化而其他活性基团被保护的核苷，简称活化核苷。在四氮唑等有机碱存在下，活化核苷与固定化核苷通过亲核取代反应以 5′,3″-亚磷酸二酯的形式连接起来。3′-OH 活化的方法是将其衍生成特殊的氨基亚磷酸二酯。

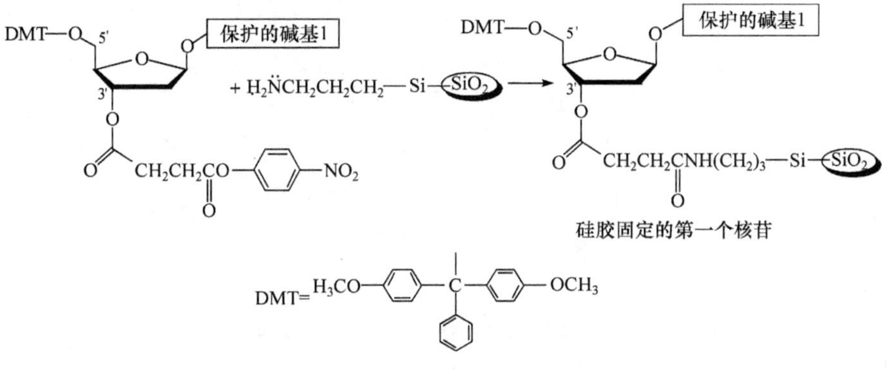

图 20.8　保护的核苷在固相载体上的固定化

连接后的二个核苷是亚磷酸酯，还需要用碘将磷由三价氧化成五价磷，即磷酸酯。接下来可重复上述"5′-OH 脱保护→连接→氧化"程序，直到完成所有单核苷的连接。第三步，用氨水处理固定于硅胶上的寡聚核苷，可一步完成所有碱基保护基和磷酸酯基的脱保护，并将寡聚核苷酸从硅胶表面解离下来。这些反应的简单让人出乎意料，只需要酸处理，再与氨水反应即可。其反应如图 20.9 所示。

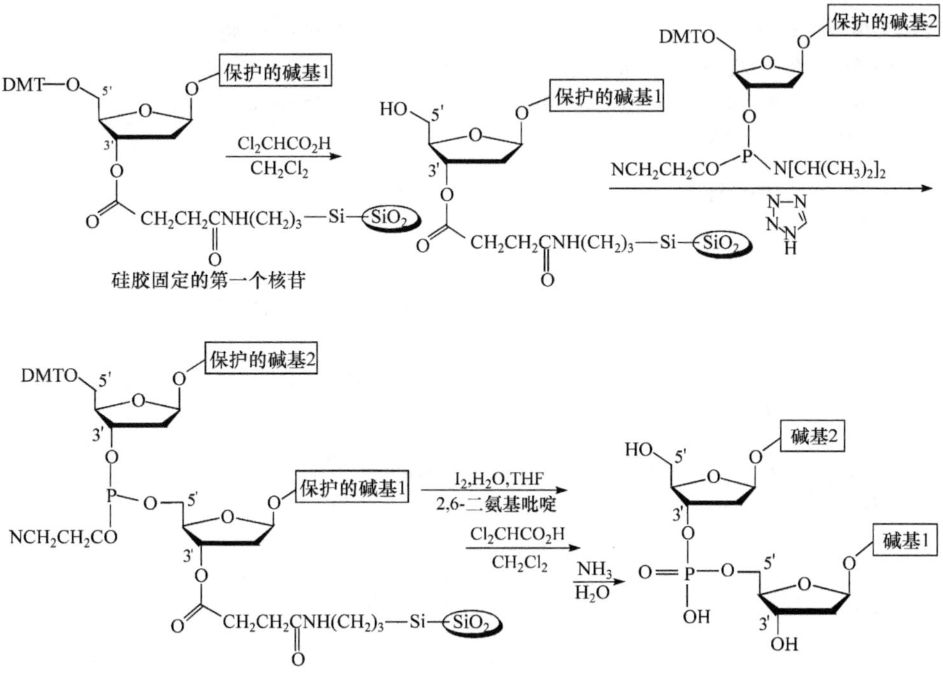

图 20.9　二核苷酸的固相合成

习　题

1. 命名下列化合物。

(1) 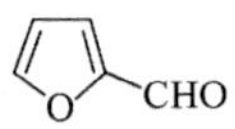 (2) 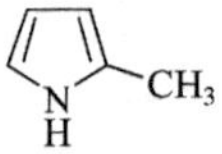 (3) 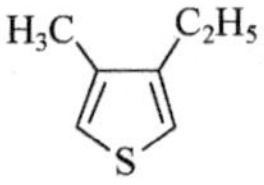 (4) 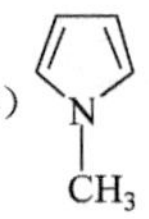 (5) 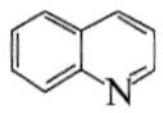

(6) 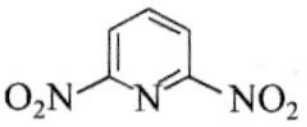 (7) 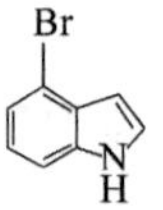 (8) 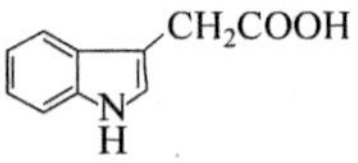 (9) 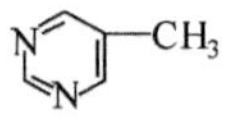

2. 写出下列化合物的构造式。

(1) 4-甲氧基-2-噻吩磺酸　　(2) 六氢吡啶　　(3) 5-硝基噻唑

(4) 4-甲基-8-硝基喹啉　　(5) 8-溴异喹啉　　(6) 2,5-二氢呋喃

3. 按碱性由强到弱的顺序排列下列化合物。

(1)  (2) 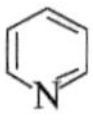 (3) 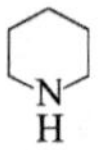 (4) 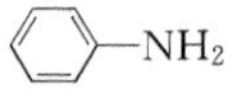

4. 用箭头表示出下列杂环化合物发生亲电取代反应时,亲电试剂取代的位置(主要产物)。

(1) 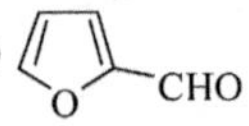 (2) 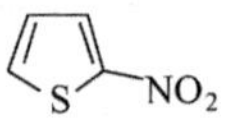 (3) 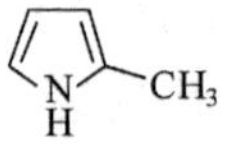 (4) 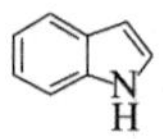 (5) 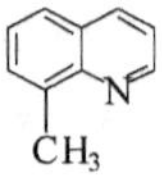

5. 3-噻吩甲酸的单溴化反应只有一个产物,其结构是什么? 为什么只有一个产物?

6. 用简便合理的化学方法除去下列化合物中的少量杂质。

(1) 甲苯中的少量吡啶　　(2) 苯中的少量噻吩　　(3) 吡啶中的少量哌啶

7. 写出下列反应的主要产物。

(1) 

(2) 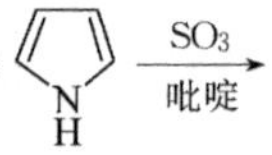

(3) 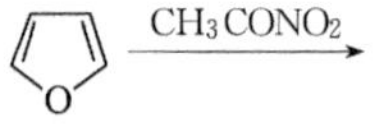

(4) 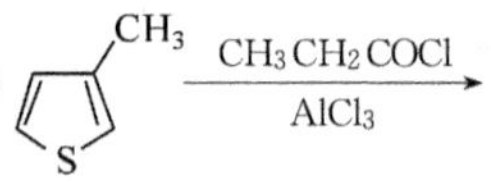

(5) 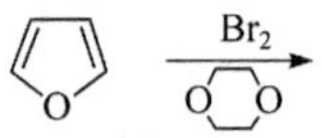

(6) 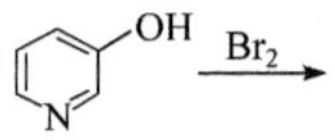

(7) 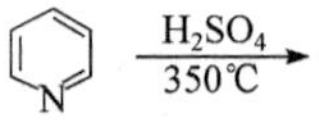

(8) 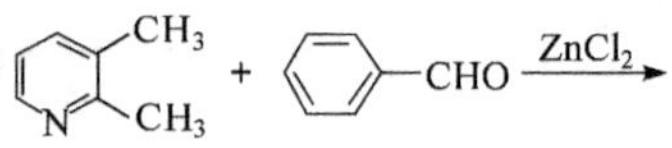

(9) 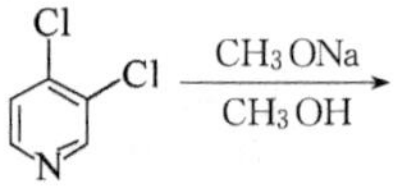

(10) 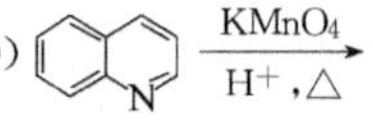

8. 由指定原料和必要试剂合成目标化合物。

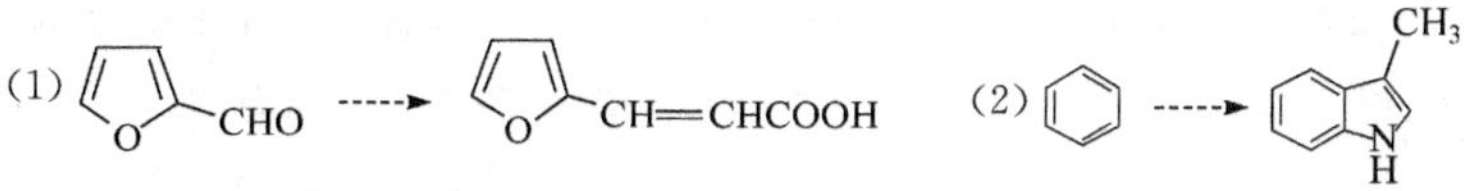

9. 写出下列反应的反应机理。

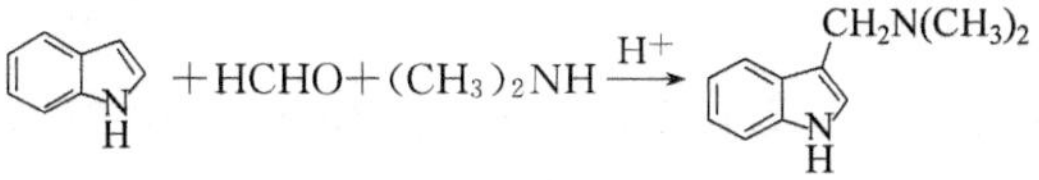

10. 简答题。

(1) 核酸的基本结构单元是什么？

(2) DNA 和 RNA 结构上的主要区别是什么？它们在生命活动中的主要功能是什么？

β-内酰胺类抗生素简介

在现在的医院里，青霉素是最普通和最常用的抗生素药物之一。但在六七十年前青霉素却是价值千金的名贵药品。当时的许多流行传染病，如猩红热、白喉、脑膜炎、淋病、梅毒等都没有有效的治疗方法。青霉素的发现，给那些在种种传染病折磨下的人们带来了生机。可以毫不夸张地说，青霉素的发现开辟了全世界现代医疗革命的新阶段。

青霉素最早是由英国细菌学家弗莱明(Fleming)于 1928 年夏天在一次极其偶然的机会中发现的。当时，他的实验室正在进行葡萄球菌的培养。由于培养皿受到了地板上青霉菌的污染，他便决定放弃培养，并将培养皿放入盛有杀菌剂溶液的托盘里进行消毒。幸运的是，培养皿并没有完全浸入到杀菌剂溶液中。因此，等到他度假后再回到实验室的时候，他不经意地注意到了青霉菌似乎溶解了葡萄球菌的群落。他意识到青霉菌一定是产生了一种能杀死葡萄球菌的化学物质。后来，他花费了数年的时间来分离这种化学物质。终于在 1939 年，由澳大利亚病理学家弗洛里(Flory)和德国人钱恩(Chain)分离得到了这种活性物质，并称之为青霉素。青霉素的强大抗感染能力很快被动物和人体试验所证实。1943 年和 1944 年分别开始在军队和老百姓中大规模应用。弗莱明、弗洛里和钱恩因此共同获得了 1945 年诺贝尔医学奖。

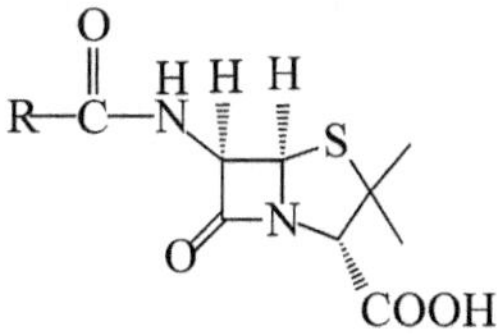

青霉素 F　$R = CH_2CH{=}CHCH_2CH_3$

青霉素 G　$R = CH_2C_6H_5$

青霉素 X　$R = CH_2C_6H_4OH$(对)

青霉素 K　$R = CH_2(CH_2)_5CH_3$

青霉素的结构通式

最初被发现的青霉素是苄基青霉素，又称为青霉素 G。后来的研究表明，青霉素不是单一物质，而是一系列化合物的混合物，其区别在于侧链上取代基(R)的不同。

青霉素G在早期的应用中具有重要地位,因为它可以在含有苯乙酸的培养液中大量制备。青霉素中的β-内酰胺结构是一个高张力环,其中的羰基和氮原子的孤电子对不能有效共轭,容易被胃酸或十二指肠的碱性环境水解,因此限制了青霉素的口服用药。另外,有些细菌可通过变异变成了能水解β-内酰胺的耐药菌。这些缺点促使人们不得不对其进行更深入的研究。

青霉素的核心结构是6-氨基青霉素酸,通过改变其边链R,可以合成数以百计的具有不同抗菌谱的青霉素类似物。对细菌β-内酰胺水解酶具有很强抑制作用的metbicillin和可以口服的阿莫西林以及比青霉素活性更强、可抑制耐药菌的头孢氨苄等都是通过对青霉素的结构改造而开发的新的青霉素类药物。

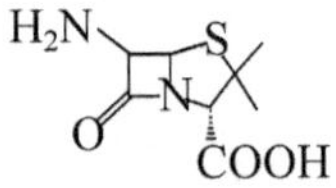

6-氨基青霉素酸

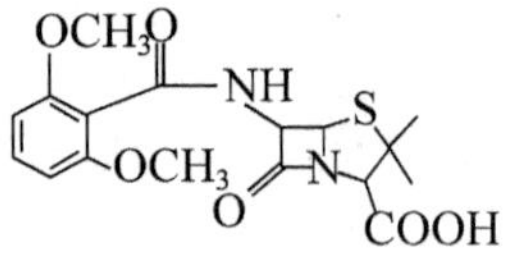

metbicillin

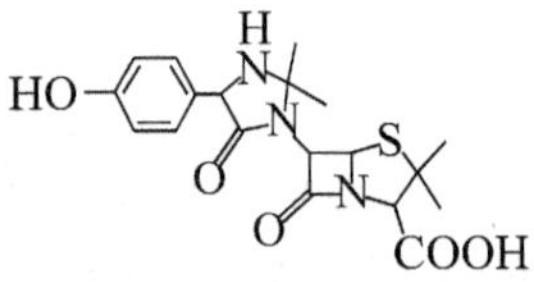

阿莫西林

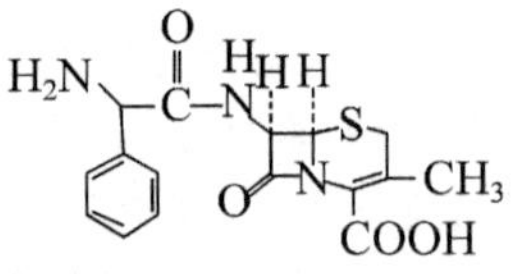

头孢氨苄(cephalexin)

青霉素除了具有优异的抑菌能力,还有对哺乳动物毒性低的优点。青霉素的抗菌作用机理是通过抑制细菌细胞壁黏肽合成酶的活性而阻碍细胞壁黏肽的合成,使细胞壁缺损,菌体膨胀裂解。由于哺乳动物无细胞壁,不受β-内酰胺类抗生素的影响,故对机体的毒性小。

第二十一章　合成高分子化合物

有机高分子化合物(high molecular compound)简称高分子化合物或高分子，又称高聚物。自20世纪70年代以来，高分子材料的功能化已经成为高分子的重要发展方向，尤其是耐高温、耐辐射、高强度的高分子以及具有物理、化学、生物功能的高分子材料更是发展迅速。本章简要介绍合成高分子化合物的结构、性能、合成方法和应用等方面的基础知识。

第一节　概　　述

高分子化合物是由许多相同的、简单的结构单元通过共价键或配位键重复连接而成的化合物。例如，聚苯乙烯分子是由许多苯乙烯分子聚合而成的。

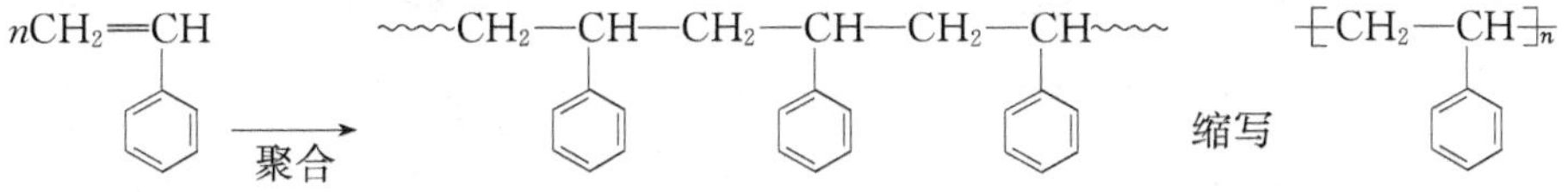

苯乙烯(单体)　　　　聚苯乙烯　　　　重复结构单元(链节)

能够聚合成高分子化合物的小分子化合物(如苯乙烯)称为单体(monomer)，是合成聚合物的基本原料。大分子链上以单体结构为基础，化学组成和结构均可重复出现的最小基本单元，称重复结构单元，又称链节(chain element)。n为重复结构单元的数量，称为聚合度，是衡量聚合物相对分子质量大小的一个指标。高分子化合物是由小分子单体聚合而成的，其相对分子质量为聚合度的整数倍，因而，高分子化合物也常称为聚合物(polymer)或高聚物(high polymer)。当一个化合物的相对分子质量足够大，以至多一个链节或少一个链节都不会影响其基本性能时，称为高分子。

由一种单体聚合而成的高聚物成为均聚物(homopolymer)，如聚氯乙烯、聚乙烯、聚苯乙烯等。由两种以上单体共聚而成的高聚物称为共聚物(copolymer)，如苯乙烯-丙烯腈共聚物、氯乙烯-乙酸乙烯酯共聚物等。根据各种单体单元在分子链中的排列状况，又可将共聚物分为无规共聚物(random copolymer)、交替共聚物(alternating copolymer)、嵌段共聚物(block copolymer)、接枝共聚物(graft copolymer)等。

（一）高分子的相对分子质量

通常小分子化合物的相对分子质量是在1000以下，而高分子化合物的相对分子质量则是在5000以上(表21.1)。因此，相对分子质量很大是高分子化合物的特征，是高分子与小分子的最根本区别，也是高分子物质具有各种独特性能，如相对密度小、强度大、具有高弹性和可塑性等的根本原因。至于相对分子质量介于1000～5000的物质是属于小分子还是高分子，这要由它们的物理机械性能来决定。只有当相对分子质量达到其物理机械性能与小分子化合物具有明显差别时，才能称为高分子化合物。

表 21.1　小分子与高分子的相对分子质量比较

有机小分子物质		高分子化合物			
		天　然		合　成	
物　质	相对分子质量	物　质	平均相对分子质量($\times 10^4$)	物　质	平均相对分子质量($\times 10^4$)
甲烷	16	直链淀粉	1～8	聚苯乙烯	1～30
乙醇	46	天然纤维素	约57	聚氯乙烯	1.2～16
苯	78	酪素	15～37.5	聚乙烯	1.5～100
葡萄糖	198	丝蛋白	约15	聚甲基丙烯酸酯	5～14
三硬脂酸甘油酯	890	天然橡胶	20～50	尼龙-66	2～2.5

高分子化合物的相对分子质量M_w是单体的相对分子质量(M_{w0})与聚合度(n)的乘积：$M_w = nM_{w0}$。例如，聚合度为10 000的低密度聚乙烯的相对分子质量为28×10 000＝280 000。

由表21.1可见，小分子化合物的相对分子质量是固定的，而聚合物的相对分子质量却是一个范围。这是因为聚合产物一般都是由聚合度不同的多种同系聚合物组成的混合物。因而，高分子化合物的相对分子质量一般是指平均相对分子质量，聚合度也是指平均聚合度。高分子化合物的这种相对分子质量大小不等的现象称为高分子相对分子质量的多分散性(不均匀性)。这种现象对高分子化合物的性能影响很大。一般来说，分散性越大，性能越差。相对分子质量和分散性都是合成高分子时必须注意控制的问题。

（二）高分子化合物的分类

高分子化合物的种类很多，主要可按如下方法分类。

1. 根据来源分类

根据来源可把高分子分成天然高分子和合成高分子两大类。其中，天然高分子主要包括天然橡胶、多糖、核酸、蛋白质等；合成高分子则可分为有机和无机合成高分子。

2. 根据高分子主链结构分类

根据高分子主链的结构，可将高分子化合物分为碳链聚合物、杂链聚合物、元素有机聚合物和无机高分子四种。

(1) 碳链聚合物的主链全部由碳元素组成，侧键上可有其他元素，如聚乙烯、聚氯乙烯、聚苯乙烯等。

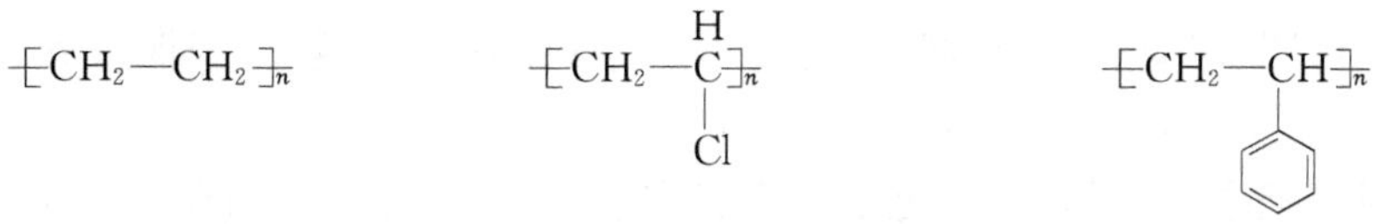

聚乙烯　　聚氯乙烯　　聚苯乙烯

(2) 杂链聚合物的主链上以碳元素为主，但还存在其他元素，如 O、N、S、P 等杂元素。

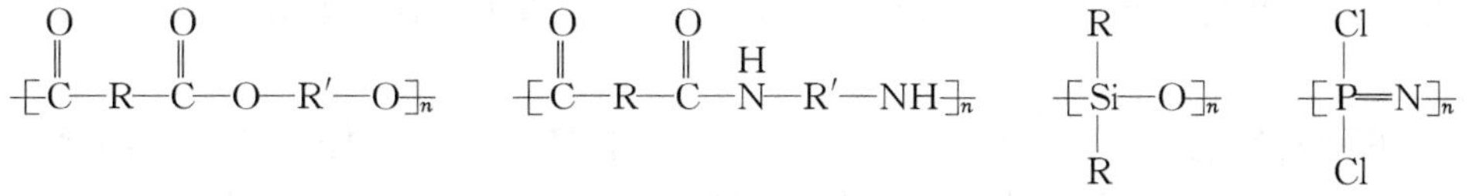

聚酯　　聚酰胺　　聚硅氧烷　　无机耐火橡胶

(3) 元素有机聚合物的主链上没有碳元素，一般由 Si、B、N、P、Ge 和 O 等元素组成，但侧链上含有有机基团，如聚硅氧烷等。

(4) 无机高分子无论在主链还是侧链上均没有碳元素，如无机耐火橡胶等。

3. 根据高分子受热后的形态变化分类

根据高分子受热后发生的形态变化，可将高分子化合物分为热塑性高分子和热固性高分子两大类。这两种高分子材料的机械强度均较好（尤其是体型结构的高分子），常作结构材料使用。

热塑性高分子为线型结构的高分子，在受热后会从固体状态逐步转变为流动状态，这种转变理论上可重复无穷多次。或者说，热塑性高分子是可以再生的。目前，绝大多数高分子化合物为热塑性高分子。聚乙烯、聚丙烯、聚氯乙烯、聚苯乙烯和涤纶树脂等均为热塑性高分子。

热固性高分子为体型结构的高分子，在受热后先转变为流动状态，进一步加热则转变为固体状态。这种转变是不可逆的，一经固化成型便不能再加热软化和重新成型。换言之，热固性高分子是不可再生的。能通过加入固化剂使流体状转变为固体状的高分子，也称为热固性高分子。典型的热固性高分子有酚醛树脂、环氧树脂、氨基树脂、不饱和聚酯、聚氨酯、硫化橡胶等。

4. 根据高分子的用途分类

根据高分子的实际用途，可将其分为橡胶、化学纤维、塑料、涂料、黏合剂和功能高分子六大类。

橡胶具有良好的延伸性和回弹性，弹性模量较低。橡胶大多为热固性高分子。近年来也发展了热塑性弹性体，如 SBS、TPO、TPU 等。化学纤维在外观上为纤维状，弹性模量很高，对温度的敏感性较低，尺寸稳定性良好。重要的化学纤维高分子有涤纶树脂、尼龙、聚丙烯腈、聚氨酯等。塑料的性能一般介于橡胶和化学纤维之间。

涂料的基本特点是：在一定条件下能成膜，对基材起到装饰和保护作用。大部分高分子均可用作涂料。重要的涂料高分子有聚丙烯酸酯、聚酯树脂、氨基树脂、聚氨酯、醇酸树脂、酚醛树脂和有机硅树脂等。

黏合剂的特点是对基材有很高的黏结性，可将不同材质的材料黏合在一起。重要的黏结剂高分子有环氧树脂、聚乙酸乙烯酯、聚丙烯酸酯、聚氨酯、聚乙烯醇等。

功能高分子包含了一大批高分子类型。它们是一些具有特殊功能的高分子，如导电性、感光性、高吸水性、高选择吸附性、药理功能、医疗功能等，是近年来高分子研究中最活跃的领域。

（三）高分子化合物的命名

1. IUPAC 系统命名法

命名的主要原则为：①确定聚合物的最小重复单元；②排好重复单元中次级单元的次序；③按小分子有机化合物的 IUPAC 命名法命名这个重复单元；④在此重复单元命名前加“聚”字。

例如：

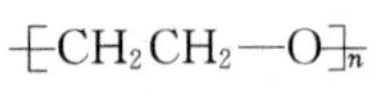

聚环氧乙烷

polyethylene oxide

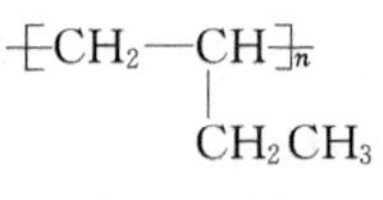

聚(1-丁烯)

poly(1-butylene)

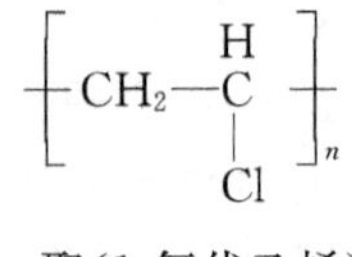

聚(1-氯代乙烯)

poly(1-chloroethylene)

高分子化合物的系统命名比较复杂，实际上较少使用，通常按下列方法来命名。

2. 按制备方法及原料名称命名

（1）由一种单体获得的聚合物，在单体名称前面冠以“聚”字。如聚乙烯、聚氯乙烯、聚丙烯等。此外，未加助剂或填料的加聚物的粉料也常称为“树脂”，如聚氯乙烯树脂、聚乙烯树脂等。

（2）由两种或两种以上单体获得的聚合物，则在两种单体名称间以短线相连，并冠以“聚”字，如聚苯乙烯-丙烯腈。

（3）由两种单体缩聚而成的聚合物，在简化后的原料名称后面加“树脂”两字，如酚醛树脂、脲醛树脂、醇酸树脂。

3. 俗名

（1）根据商品命名。商业上常常给高分子物质以商品名称，如有机玻璃：聚甲基丙烯酸甲酯；树脂：酚醛树脂、脲醛树脂、醇醛树脂、聚氯乙烯树脂；橡胶：丁苯橡胶、丁腈橡胶、乙丙橡胶；纤维：涤纶（聚对苯二甲酸乙二酯）、锦纶（聚 ε-己内酰胺）、维尼纶（聚乙烯醇缩甲醛）、氯纶（聚氯乙烯纤维）、丙纶（聚丙烯纤维）；音译：尼龙-66（聚己二酰己二胺）、尼龙-1010、尼龙-610。

（2）聚合物也常用英文缩写符号表示。

第二节　高分子的结构和性能的关系

一、高分子的基本结构

高分子的形态呈多样性。绝大多数聚合物呈长链线型，因此也有“分子链”之称（图 21.1）。

1. 线型结构

由许多链节相互连接成一条长链的结构即为线型（linear）结构，如图 21.1(a) 所示。其长链可以比较伸展，也可以卷曲成团，这主要取决于链的柔顺性和外部条件，一般为无规则线团。在线型结构高分子物质中有独立大分子存在，在热溶液中或在加热熔融状态下，大分子可以彼此分离开来。因而具有弹性和可塑性的特点，其硬度和脆性较小。加入适当的溶剂可将其溶解，加热可以使之熔融（可溶可熔）。例如，纤维、天然橡胶、低压聚乙烯等均属于此种结构，高分子可由仅含 2 个官能团的单体（包括单烯类单体、环状单体）聚合而成。

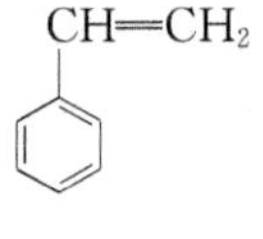

苯乙烯

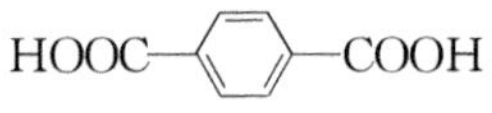

对苯二甲酸

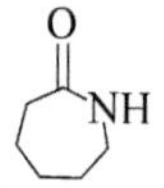

环己内酰胺

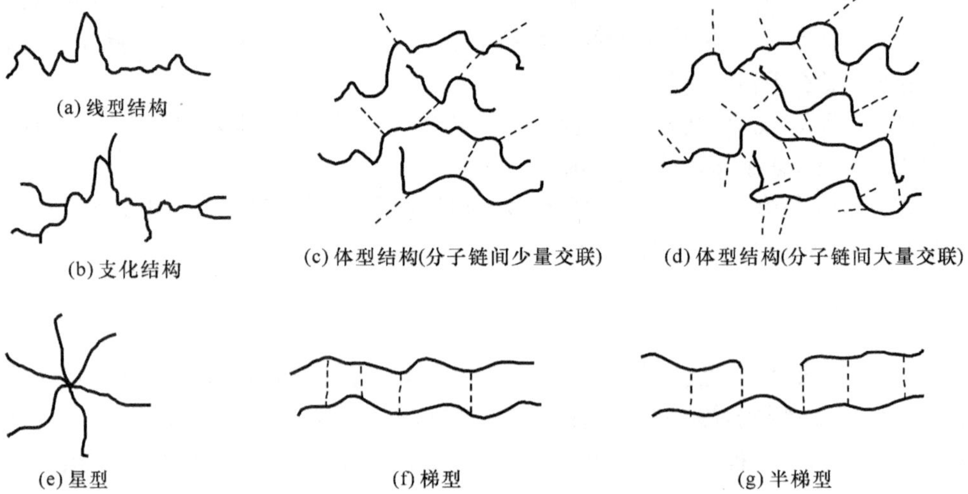

图 21.1　高分子的结构示意图

2. 支化结构

大分子链中具有较多支链的结构为支化(branched)结构,如图 21.1(b)所示。支链的长短和数量可以不同,但单体中的取代基不属于支化结构。支化高分子的化学性质与线型高分子相似,均可溶可熔,有的是在线型高分子形成后人为地通过反应接枝(grafting)上去的,有的则是在聚合过程中自然形成的。低密度聚乙烯(LDPE)是支化的支链型聚合物。支链分布密度为 10~50 个重复单元含一个支链。没有支化的聚乙烯是线型聚合物,甚至有侧链的聚丙烯等都是线型聚合物。

支化高分子的化学性质对物理机械性能影响较大。例如,高密度聚乙烯(HDPE)分子链中有较多的长短支链,破坏了分子的规整性,使结晶度大大降低,熔点、相对密度和硬度都较低压聚乙烯小。

3. 体型结构

体型(cross-linked network)高分子[图 21.1(c)、(d)]又称网状高分子或交联高分子,可以看成是线型或支链高分子以化学键交联(cross linking)而成的,因此又称为交联结构。整个高分子键合成一个整体,已无单个大分子可言,因而也没有相对分子质量的意义,只有交联度的意义。这一类高聚物中交联程度小的,受热可软化,在一些溶剂中可溶胀;交联程度大的,不溶解也不熔化(不溶不熔)。例如,用于制造电绝缘零件的热固性酚醛塑料就是具有较高交联程度的体型结构的高分子。

4. 其他结构

除了上述三种基本形状外,还发展了新型结构的高分子,如星型聚合物、梯型聚合物、半梯型聚合物等,如图 21.1(e)～(g)所示。

二、高分子化合物的聚集状态

高分子通过分子间作用力聚集在一起,形成了特定聚集态结构,由于其相对分子质量大,分子间的作用力也大,因此只有固态和液态两种。高聚物的性能不仅与高分子的相对分子质量和分子链结构有关,也和高分子链之间的排列和堆砌方式,即聚集状态有关。

晶态高聚物的分子链排列规整有序,分子间的作用力较大。此类高分子可以结晶,但不能达到 100%,即结晶高分子多处于晶态和非晶态两相共存状态。高分子的结晶能力与内因(大分子结构规整性、分子柔性和分子间作用力)和外因(取向、温度等)均有关系。

非晶态高聚物的分子链无规则排列,分子间作用力相对较小。此类高分子的分子链处于无规则线团状态,但是这种缠结、混杂的状态也可能存在一定程度的有序性。

由于高分子的分子链很长,分子链间某些部分的排列是有序的,称为结晶区(crystallite),而分子链的另一些部分的排列可能是无序的,称为非晶区。结晶区所占的百分数称为结晶度(degree of crystallinity)。例如,线型高聚物多为非晶态或部分结晶的,而交联结构的高聚物由于分子链的大量交联,不可能产生有序排列,所以都是非晶态的。

高聚物的结晶度大小对其性能有很大影响。结晶度增加,其熔点、相对密度、硬度增大,耐热性和耐溶剂性(溶解度)提高。例如,低压聚乙烯是线型高分子,分子链排列规整,结晶度可高达 95%,而高压聚乙烯由于分子链有较多的支链,结晶度约 65%。纤维拉伸的目的就是为了改变高聚物内部分子的聚集状态,使高聚物的无定形部分排列得更规整一些,或使原来方向不一的结晶区顺着纤维方向伸直排列。分子一旦较规整地排列后,就增强了分子间的吸引力,使机械强度更好。对于橡胶,少量结晶能提高它的机械强度,但结晶度太大,易使橡胶硬化而失去弹性。由于晶态高聚物具有熔点高、强度大的性能,给我们指出了提高合成材料机械强度的一个重要方向。

三、高分子的热运动及物理状态

相同结构的高聚物分子由于运动状态不同，可以表现出不同的宏观物理性质。例如，当温度降低到 −100 ℃以下，橡胶就失去弹性而变成像玻璃一样硬而脆的固体。

1. 高分子的热运动特点

线型大分子链是柔顺的，由于单键能自由旋转，通常情况下分子链处于卷曲状态。这种卷曲的大分子链具有两种运动单元：由若干链节组成的链段和整个大分子链，如图 21.2 所示。每一条大分子链都含有若干个链段。链段的运动比整个大分子链的运动容易得多，因而，链段运动所需要的能量也较整个大分子运动需要的能量少。不同高聚物的分子链的柔顺性和运动难易的程度是不同的，同一种高聚物在不同温度下分子链的柔顺性和运动难易情况也会发生改变。

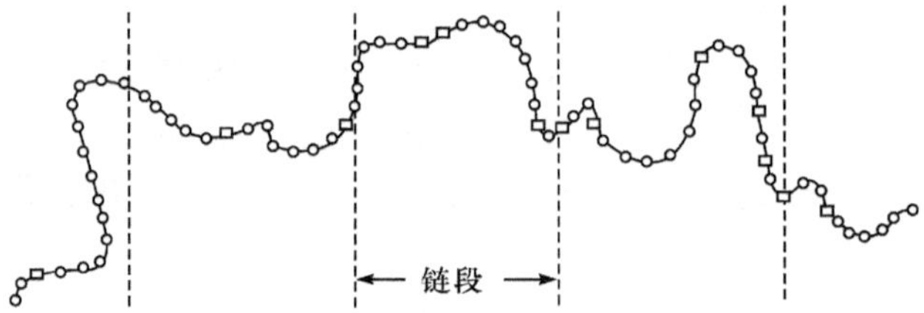

图 21.2　卷曲状态的大分子链和链段

2. 高分子的物理状态及性能

与小分子物质具有固、气、液三态一样，线型非晶态高聚物也具有三种不同的物理状态：玻璃态、高弹态和黏流态。

玻璃态(glass state)的温度较低，分子运动的能量不能引起大分子链和链段的运动，因而玻璃态实际上是两种运动单元都不能发生运动所表现出来的物理状态。处在玻璃态的高聚物很难发生形变，然而在适当的外力作用下，从微观上看也能产生“瞬时弹性形变”(又称“普弹形变”)。这种形变是可逆的，是靠键角、键长的瞬时变化而产生的。塑料通常是处于玻璃态或部分结晶状态，在室温时，塑料处于玻璃态。

高弹态(high-elastic state)是由于链段运动而整个分子链不运动所表现出来的物理状态。链段的运动使分子链发生形变。在外力作用下，分子链可以被拉长

至不稳定的伸展状态。若除去外力，立即又恢复到稳定的卷曲状态，表现出高弹形变的性能。因而，高弹形变也是可逆的，橡胶在室温下处于高弹态。

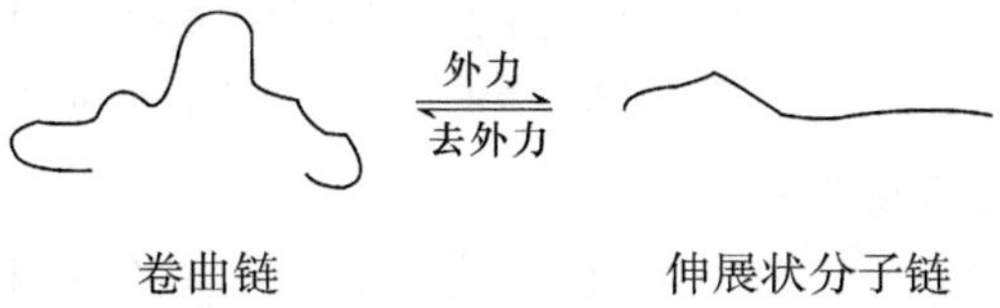

黏流态(viscous state)是两种运动单元都容易发生运动的物理状态。分子链之间可以相互滑动，因而是不可逆的形变，表现出流动性能。把高聚物加热至熔融时所处的状态就是黏流态。

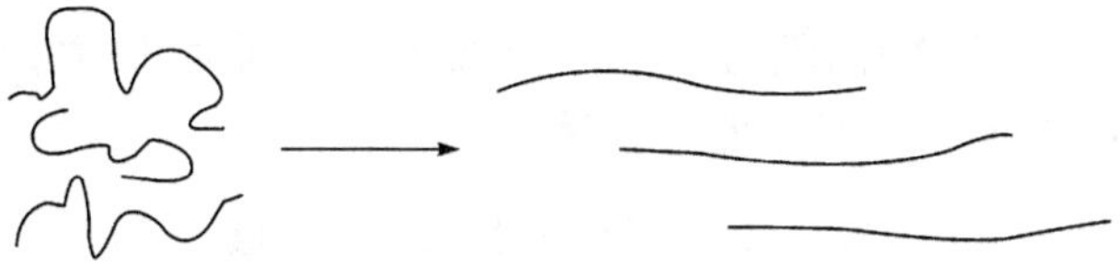

高聚物的这三种物理状态在一定条件下可以相互转化，如下所示：

温度降低 ←

玻璃态 ⟷ 高弹态 ⟷ 黏流态

(塑料所处状态)　(橡胶所处状态)　(流动树脂所处状态)

→ 温度升高

将一非晶态高聚物试样，施以恒定外力，记录试样形变随温度的变化，可得到温度-形变曲线或热机械曲线，如图 21.3 所示。

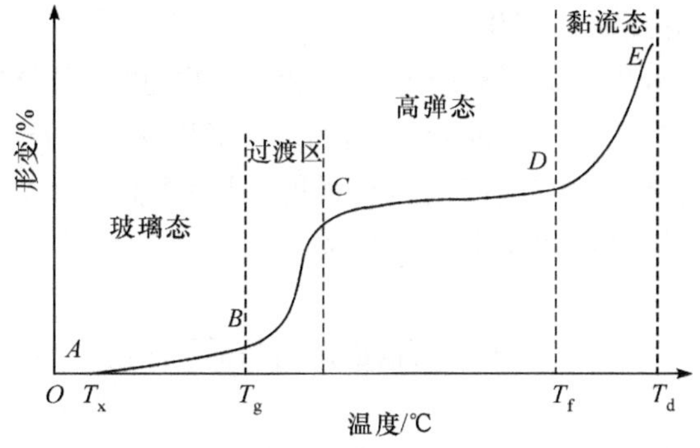

图 21.3　线型非晶态高聚物在恒定外力下的温度-形变曲线

图 21.3 中 T_x、T_g、T_f、T_d分别指的是线型非晶态高聚物的脆化点、玻璃态化、黏流态、分解的温度。从图中可以看出，在玻璃态温度段(AB 段)，高聚物的形变随温度的变化并不大，而当温度升高到玻璃态化温度 T_g时，形变突然发生很大变

化。直至恒定值(点 C)时,形变基本上不随温度的升高而变化,因而 CD 段呈一水平线,这一区间内高分子的状态被称为高弹态。温度升至黏流态温度 T_f时,形变急剧变化,几乎成直线上升,实际上就是能任意发生形变,这是高聚物黏流态的特征。若温度降低到脆化点 T_x以下,高聚物就表现出脆而硬的性能,而若温度升高至分解温度 T_d,高聚物便发生分解。

通过形变温度指标(T_g,T_f),可以确定高分子材料使用和熔融加工的温度范围。表 21.2 列出了几种高聚物的 T_g和 T_f值。T_g值高于室温的高聚物在室温下是处于玻璃态的,T_g值低于室温的高聚物在室温下是处于高弹态的。例如,聚氯乙烯塑料只能在 75 ℃以下使用。因为高于此温度时便会失去其应有的强度,表现出柔软而富有弹性。温度升高至 175 ℃时,便熔融了。又如,天然橡胶要在−73～122 ℃才有高弹性,因为低于−73 ℃会使高聚物失去弹性,变得像塑料一样坚硬,而当高于 122 ℃时则发生熔融。

表 21.2 几种高聚物的 T_g和 T_f值

聚合物	T_g/℃	T_f/℃	(T_f-T_g)/℃
聚氯乙烯	75	175	100
聚苯乙烯	90	135	45
尼龙-66	48	265	217
天然橡胶	−73	122	195
聚异丁烯	−74	200	274

交联结构的高聚物,因分子链间有大量交联,因此只有一种物理状态——玻璃态。温度加热到足够高时便发生分解。

综上所述,可以看出高分子化合物的高弹性、可塑性和机械强度、硬度等基本性能主要是由其组成、相对分子质量、分子结构、聚集状态、分子的运动状态等因素决定的。例如,塑料之所以有较好的机械强度,是因为它是线型或交联结构的高聚物,在室温下分子链和链段都不能发生运动。

第三节 有机高分子的合成

高分子的合成主要是由单体聚合及高分子的化学反应来实现的。按单体和聚合物在组成和结构上发生的变化可分为加成聚合反应(简称加聚反应)和缩合聚合反应(简称缩聚反应);而按聚合反应机理和动力学分类,则可分为链式聚合(chain polymerization)和逐步聚合(step growth polymerization)。下面分别加以介绍。

一、逐步聚合反应

逐步聚合是高分子合成最基本的类型之一。逐步聚合的基本特征是官能团之间的反应。聚合度随时间逐步增长，而转化率在聚合初期即可达到很高，因此表现出与链式聚合完全不同的规律。

缩聚反应是最常见的逐步聚合反应。聚酰胺、聚酯、聚碳酸酯、酚醛树脂、脲醛树脂、醇酸树脂等均为重要的缩聚产物。许多特殊结构的聚合物也都是通过缩聚反应制得的。

逐步聚合反应主要有两大类：逐步加成聚合和缩合聚合。

1. 逐步加成聚合

通过打开双键互相连接起来而形成聚合物的反应称为加聚反应，是含活泼氢功能基的亲核化合物与含亲电不饱和功能基的亲电化合物间的聚合，所得聚合物称为加聚物。这类聚合物的组成与其单体相同，聚合物主链由碳链组成，结构上主链不含官能团，如聚氨酯的制备。

$$n\mathrm{O{=}C{=}N{-}R{-}N{=}C{=}O} + n\mathrm{HO{-}R'{-}OH} \longrightarrow \left[\underset{\underset{\mathrm{O}}{\|}}{\mathrm{C}}{-}\underset{\underset{\mathrm{H}}{|}}{\mathrm{N}}{-}\mathrm{R}{-}\underset{\underset{\mathrm{H}}{|}}{\mathrm{N}}{-}\underset{\underset{\mathrm{O}}{\|}}{\mathrm{C}}{-}\mathrm{O}{-}\mathrm{R'}{-}\mathrm{O} \right]_n$$

含活泼氢的功能基主要有$-NH_2$，$-NH$，$-OH$，$-SH$，$-SO_3H$，$-COOH$，$-SiH$等；亲电不饱和功能基主要为连二双键和叁键，如$-C{=}C{=}O$，$-N{=}C{=}O$，$-N{=}C{=}S$，$-C{\equiv}C-$，$-C{\equiv}N$等。

2. 缩聚反应

缩聚反应(condensation polymerization)通常是单体分子的官能团间的反应，在形成缩聚物的同时，伴有小分子产物的失去。缩聚物在组成上和单体不同，主链结构中通常有单体官能团间反应生成的键。例如，聚酯反应即二元醇与二元羧酸、二元酯、二元酰氯等之间的反应。

$$n\mathrm{HOOC{-}R{-}COOH} + n\mathrm{HO{-}R'{-}OH} \xrightleftharpoons{\text{缩聚}} \mathrm{HO{+}OC{-}R{-}COO{-}R'{-}O{+}_n H} + (2n-1)\mathrm{H_2O}$$

缩聚反应是最典型、最重要的逐步聚合反应，因而下面对缩聚反应做较详细的介绍。

1) 缩聚反应的基本特征

(1) 聚合反应是通过单体功能基之间的反应逐步进行的。缩聚反应的单体常带有的官能团有$-OH$、$-COOH$、$-NH_2$、$-COX$(酰卤)、$-COOR$(酯基)、$-OCOCO$(酸酐)、$-H$、$-X$、$-SO_3H$、$-SO_2Cl$等。

(2) 每步反应的机理相同，因而反应速率和活化能相同。

(3) 反应体系始终由单体和相对分子质量递增的一系列中间产物组成，任何两分子的单体及中间产物之间都能发生反应。

(4) 聚合产物的相对分子质量是随反应时间的增加而逐步增大的，但单体的转化率却与反应时间无关。

(5) 反应中有小分子(如 H_2O、HX、NH_3、ROH 等)产生。聚合物的化学组成与单体不同。

2) 缩聚反应的类型及机理

根据生成高聚物的结构不同，可以将缩聚反应分为线型缩聚和体型缩聚。线型缩聚是可逆反应，单体都含有两个官能团，反应中可有两个方向。而体型缩聚则是不可逆的反应。

(1) 线型缩聚。参加反应的单体都带有两个官能团，大分子向两个方向增长，产物为线型结构。例如：

$$n\mathrm{HOOC{-}R{-}COOH} + n\mathrm{HO{-}R'{-}OH} \rightleftharpoons \underset{\text{聚酯}}{\mathrm{HO{+}OC{-}R{-}CO{-}O{-}R'{-}O{+}_{n}H}} + (2n-1)\mathrm{H_2O}$$

$$n\mathrm{HOOC{-}R{-}COOH} + n\mathrm{H_2N{-}R'{-}NH_2} \rightleftharpoons \underset{\text{聚酰胺}}{\mathrm{HO{+}OC{-}R{-}CO{-}NH{-}R'{-}NH{+}_{n}H}} + (2n-1)\mathrm{H_2O}$$

$$n\mathrm{HO{-}R{-}COOH} \rightleftharpoons \underset{\text{聚酯}}{\mathrm{H{+}O{-}R{-}CO{+}_{n}OH}} + (n-1)\mathrm{H_2O}$$

通过线型缩聚反应可以合成许多用途广泛的高分子材料。例如：

$$\mathrm{HO\overset{O}{\overset{\|}{C}}(CH_2)_4COOH} + \mathrm{H_2N(CH_2)_6NH_2} \xrightarrow[260\sim265\ ℃]{-\mathrm{H_2O}} \left[\mathrm{\overset{O}{\overset{\|}{C}}(CH_2)_4\overset{O}{\overset{\|}{C}}NH(CH_2)_6NH}\right]_n$$

尼龙-66

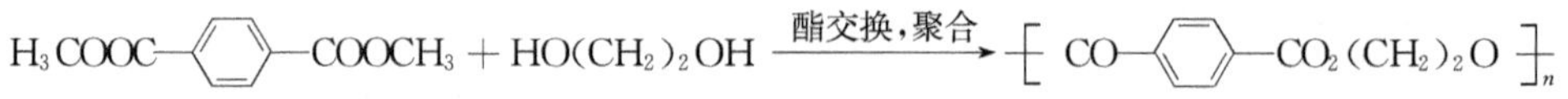

乙二醇　　的确良

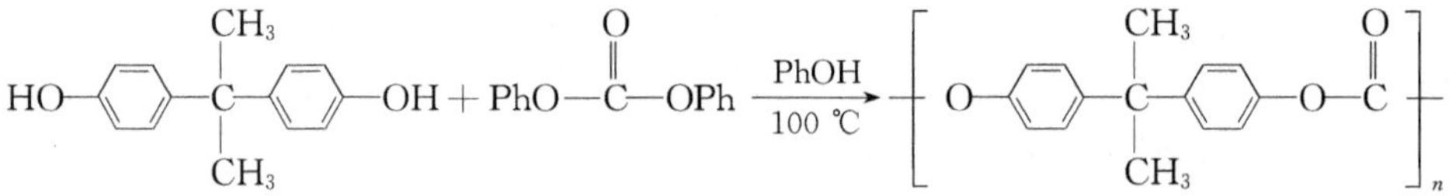

碳酸二苯酯　　聚碳酸酯

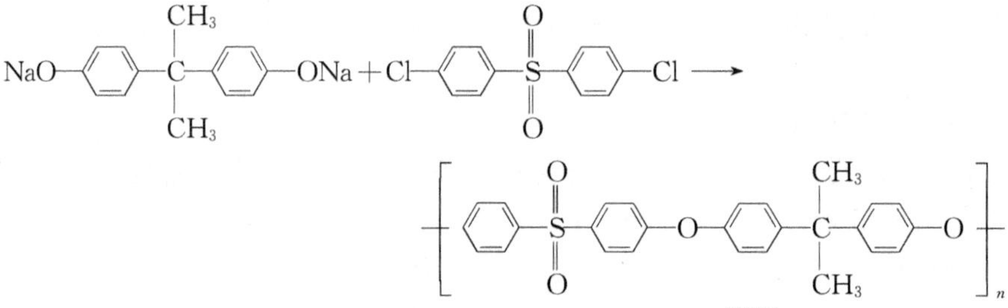

聚砜

就二元酸和二元醇的缩聚反应来说，其线型缩聚的反应机理为：在链开始阶段，单体在酸或碱催化并加热下，发生成酯缩合反应，生成二元酸和二元醇的单酯产物（二聚体）；由于单酯分子中仍存在可反应的羧基和羟基，故可继续与单体或单酯反应，生成三缩或四缩产物（三聚体或四聚体）。由于所有的产物都能像单酯产物一样继续发生缩合反应，故分子链逐渐增长，相对分子质量不断增大。这个阶段就是链的增长阶段；最后一个阶段就是链增长的终止阶段。造成线型大分子生长过程停止的因素主要包括：与平衡有关的因素和官能团失活因素。与平衡有关的因素主要是指反应物浓度降低，副产物浓度增加；而且高温条件下，容易发生各种副反应；再者，随反应的进行，大分子浓度不断增加，体系黏度不断增大，造成副产物排出困难，官能团相互碰撞的概率也减少。但这不是主要的因素。引起链终止的主要原因是链端官能团的封闭。

首先是高温可能导致官能团的分解（如脱羧反应），从而使分子链的一端失去可进一步缩合的基团。

$$\sim\!\!\sim R—COOH \longrightarrow \sim\!\!\sim R—H + CO_2\uparrow$$

其次是某一单体组分（如二羧酸）的过量使反应体系的另一反应基团（羟基）消耗殆尽，此时链的增长便停止下来。

$$\underset{\text{活性大分子链}}{HOOC\sim\!\!\sim R'—OH} + \underset{\text{过量的二元酸}}{HOOC—R—COOH} \longrightarrow \underset{\text{稳定的大分子链}}{HOOC\sim\!\!\sim R'—OOC—R—COOH}$$

再者，原料中混有单官能团杂质如单羧酸也会通过成酯使链端羟基得到封闭。此外，分子链内或分子链间发生环化反应也会导致链端反应基团的封闭而使反应终止。

在实际过程中，常常利用某一单体组分的适当过量或加入适量单官能团物质的方法，使反应终止在某一阶段，得到相对分子质量符合要求的产物，这就是所谓相对分子质量的控制。

由于缩聚反应是可逆的平衡反应，影响链终止的因素也很多，因此缩聚物的相对分子质量一般比加成聚合物的相对分子质量小，通常只有几千至一万左右，很少有四五万的。

（2）体型缩聚。合成具有体型结构的缩聚物的反应称为体型缩聚反应。例如，具有体型结构的酚醛树脂的合成，就是苯酚和甲醛在酸或碱催化下制得的。

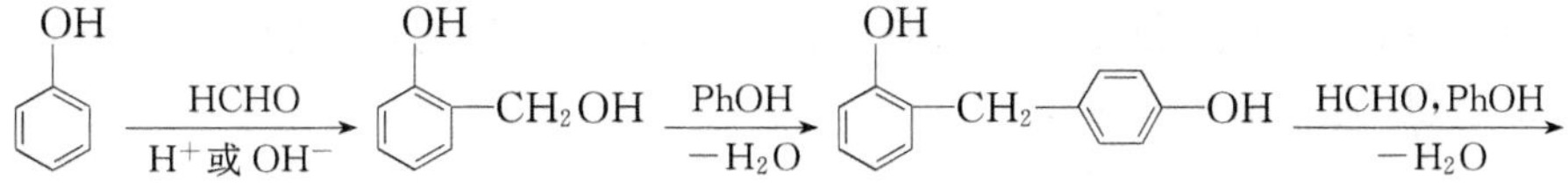

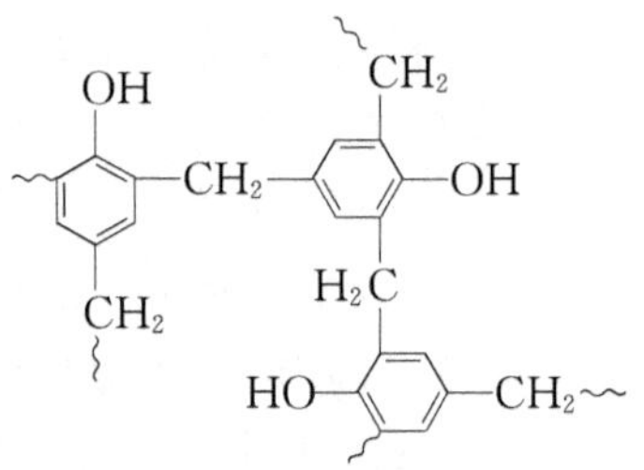

所用的单体起码要有一个组分是含有两个官能团以上的物质，链增长时才有可能向两个以上的方向增长，生成体型缩聚物。当反应进行到一定程度时，反应体系黏度突然增加，出现不熔不溶的弹性凝胶现象，称为凝胶化现象(图 21.4)。

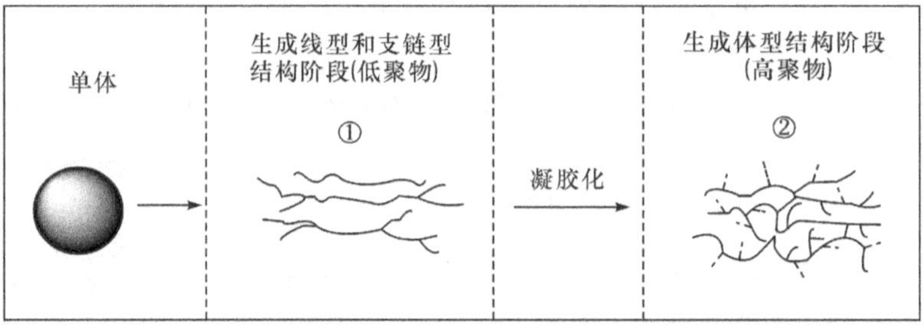

图 21.4　体型缩聚的过程

凝胶化现象是从第一个阶段过渡到第二个阶段时出现的。对于凝胶点的预测有重要的意义，即可以防止发生"结锅"事故，合理控制固化时间，确保产物质量。在实验室，通常以聚合体系中的气泡不能上升时的反应程度为凝胶点。在合成酚醛树脂时，反应要控制在形成体型结构前终止下来，生成的才是线型结构的利于加工成型的酚醛树脂，从而在成型过程中再使之进一步转化成体型结构。

二、链式聚合

链式聚合反应又称连锁聚合反应，它与逐步聚合反应的本质区别是，在链开始和链增长的每一步反应中只形成活性反应中间体，而不是稳定的反应中间产物。因此，链式聚合反应过程没有小分子物质生成，聚合物的化学组成与单体相同，相对分子质量为单体的整数倍。

(一) 链式聚合反应的类型

1. 均聚反应

链式聚合反应中，仅由一种单体发生聚合的反应为均聚反应(homopolymerization)，反应通式可表示如下：

$$M+M\xrightarrow{M}M_2\xrightarrow{M}M_3\xrightarrow{M}M_4\xrightarrow{M}\cdots\xrightarrow{M}M_n$$（M 代表单体分子）

例如，氯乙烯合成聚氯乙烯属于均聚反应。

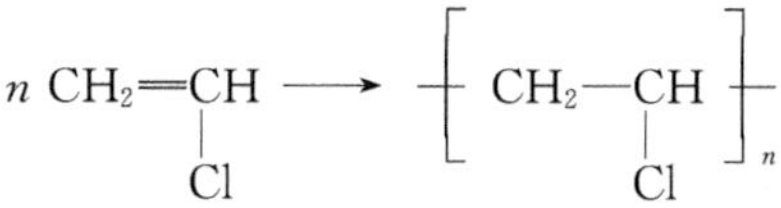

2. 共聚反应

由两种以上单体共同聚合的反应称为共聚反应（copolymerization）。例如，苯乙烯与甲基丙烯酸甲酯共聚。

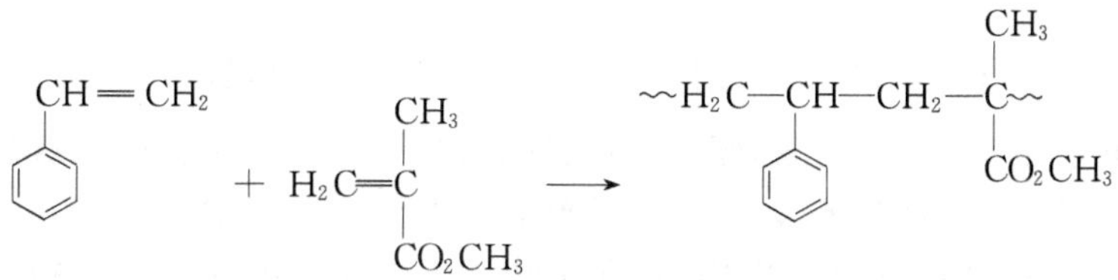

共聚物的性能往往优于均聚物。均聚仅由一种单体聚合，往往种类有限，性质单一。如果两种或两种以上的单体共聚，可以改善高分子的性能，适应实际应用的要求。例如，聚丁二烯弹性好，但强度差，不耐磨；聚苯乙烯强度好，但性脆，弹性差；聚丁二烯-苯乙烯即丁苯橡胶则弹性好，又耐磨，可用作汽车轮胎的材料。

根据反应中心的不同，链式聚合反应可主要分为自由基聚合、离子型聚合、配位聚合等。

（二）自由基聚合机理

1. 链引发

链引发反应（chain initiation reaction）是形成单体自由基活性中心的反应。引发剂、光能、热能、高能粒子辐射能等均能使单体生成单体自由基。

$$M\xrightarrow{\text{引发剂或光、热、辐射}}M\cdot$$

链引发反应速率由引发剂的分解速率控制。引发剂分解成活性中心时，共价键有两种裂解形式：均裂和异裂。均裂的结果产生两个自由基，异裂的结果形成阴离子和阳离子。自由基、阴离子和阳离子均有可能作为链式聚合的活性中心，因此有自由基聚合、阴离子聚合和阳离子聚合之分。

链式聚合的单体包括单烯类、共轭二烯类、炔类、羰基和环状化合物。不同单体对聚合机理的选择性由共价键断裂的方式控制。例如，醛、酮中 C═O 双键属于极性共价键，故其中的 π 键易于发生异裂，因此只能由阴离子或阳离子引发聚合，不能进行自由基聚合。环状单体一般也按阴离子或阳离子机理进行聚合。

常用的自由基引发剂有有机过氧化物（如过氧化二苯甲酰）、偶氮化合物（如偶氮二异丁腈）、无机过氧化物（如过硫酸盐），以及氧化还原体系的引发剂（如 $Fe^{2+}+H_2O_2$）等。

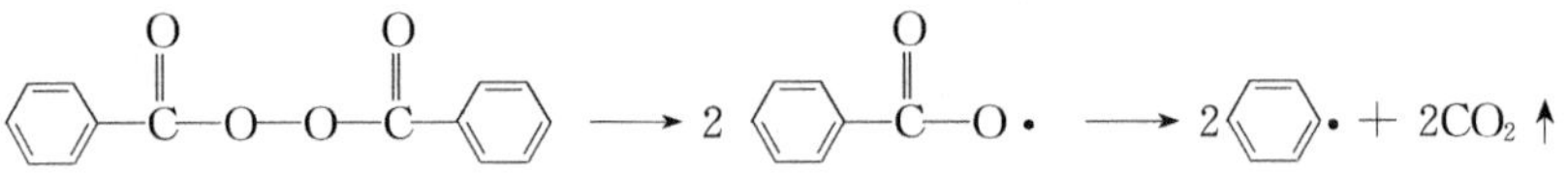

过氧化二苯甲酰　　　氧化苯甲酰自由基　　　苯自由基

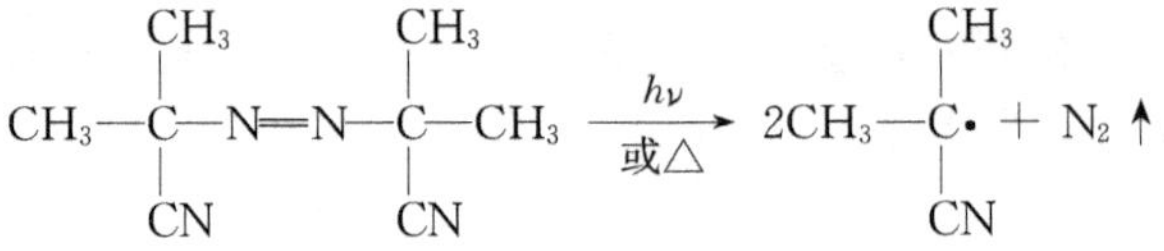

偶氮二异丁腈　　　异丁腈自由基

在光和热条件下，引发剂分解生成初级自由基，而活性很强的初级自由基立即与单体分子结合，生成单体自由基。物理引发则不需要引发剂，单体在光、热、辐射等物理能量的激发下，π 键发生均裂，直接转化为单体自由基。得到的单体自由基是双自由基。双自由基一旦生成将立即与单体分子结合并进入到链增长阶段。

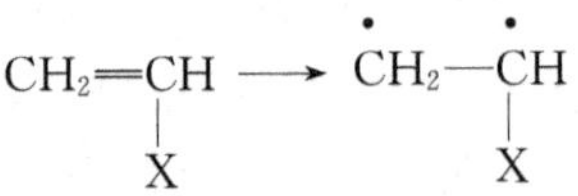

双自由基

2. 链增长

链引发反应产生的单体自由基具有继续打开其他单体 π 键的能力，形成新的链自由基，如此反复的过程即为链增长反应（chain propagation）。反应过程表示如下：

$$RM_1\cdot \xrightarrow{M} RM_2\cdot \xrightarrow{M} RM_3\cdot \xrightarrow{M} RM_4\cdot \xrightarrow{M} \cdots \xrightarrow{M} RM_n\cdot$$

单体自由基　二聚体自由基　三聚体自由基　　　n 聚体自由基（大分子链自由基）

例如：

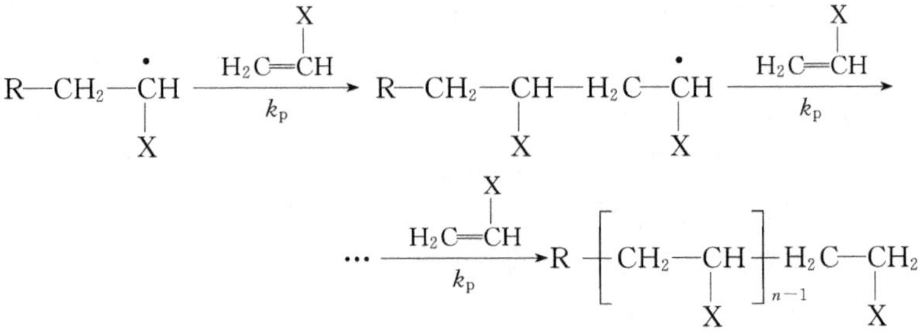

以上反应式中，k_p为链增长速率常数。

自由基聚合反应是放热反应，聚合热为 55～95 kJ · mol^{-1}。链增长反应活化能低，为 20～34 kJ · mol^{-1}，因而反应速率极高，在 0.01s 至几秒钟内聚合度就可达几千至几万，难以控制。因而通常在自由基聚合反应体系内，往往只存在单体和聚合物两部分，不存在聚合度递增的一系列中间产物。

结构单元在高分子链中的排列方向有头尾和头头（或尾尾）两种形式，通常以头尾结构为主。头尾连接时，自由基上的单电子与取代基可形成共轭体系，使自由基稳定，而头头连接时无共轭效应，自由基不稳定。两者活化能相差 34～42 kJ · mol^{-1}。而且，以头尾方式结合时，空间位阻要比头头结合时的小，故有利于头尾结合。

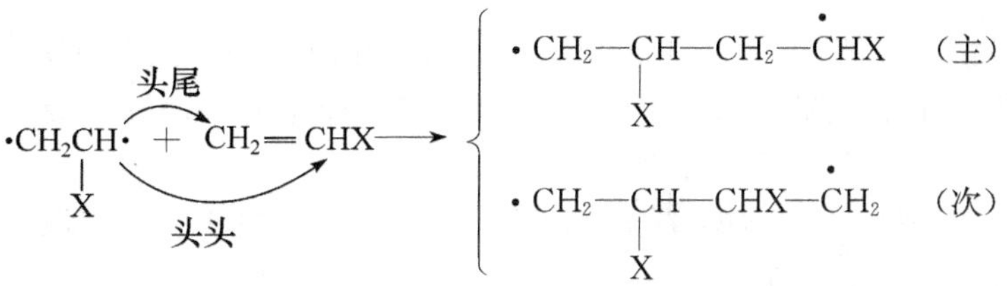

3. 链终止

反应体系中的自由基通过其他的反应而消失，并形成稳定聚合物的反应称为链终止反应。链终止反应可以分为偶合终止和歧化终止。

偶合终止反应：两个链自由基的单电子相互结合成共价键，生成饱和高分子的反应。产物两端都是引发剂碎片，聚合度为链自由基重复单元数的两倍。

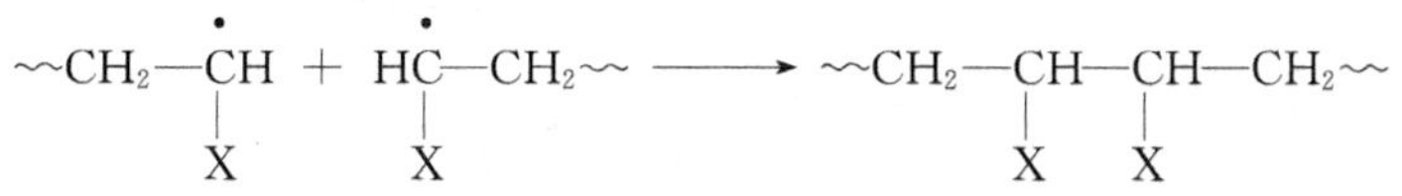

歧化终止反应：一个链自由基夺取另一个自由基上的氢原子或其他原子而相互终止的反应。此时生成的高分子只有一端为引发剂碎片，另一端为饱和或不饱和结构，两者各半，聚合度与链自由基中的单元数相同。

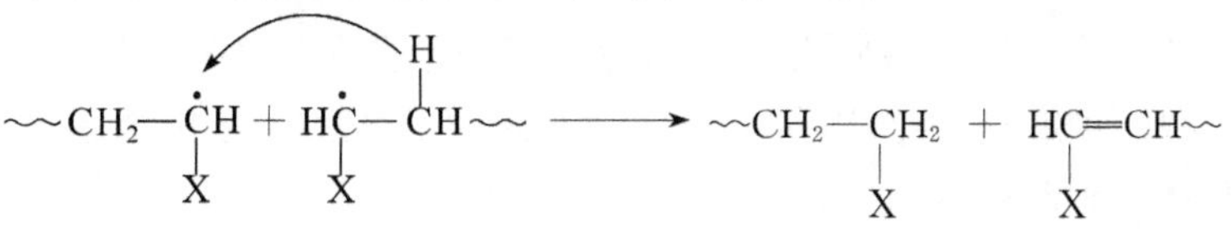

链的终止方式与单体种类和聚合条件有关。一般而言，单体位阻大，聚合温度高，难以发生偶合终止，多以歧化终止为主。

4. 链的转移

链自由基通过与单体、溶剂、引发剂或大分子之间的原子转移而将链自由基变成稳定分子,同时将其他的分子变成新的自由基,新自由基可继续新的链增长,使聚合反应继续进行的过程称为链转移反应。

向单体链转移的反应如下:

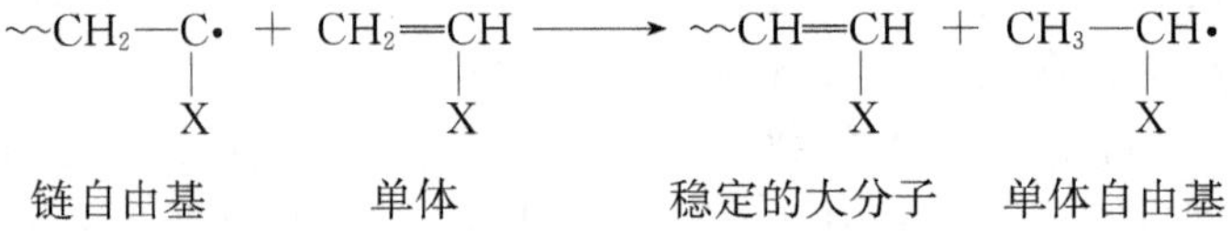

向溶剂、添加剂或杂质分子转移的反应如下:

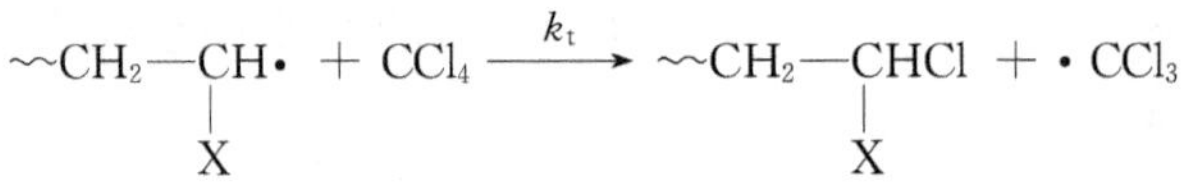

链的转移反应使得活性大分子链停止增长,相对分子质量不再增大,起控制相对分子质量的作用。在实际工作中就是利用这种作用来控制相对分子质量的,从而合成各种不同聚合度的化合物。

向大分子链转移的反应:链自由基可从已形成的大分子上夺取原子而转移,结果是形成支链型大分子。

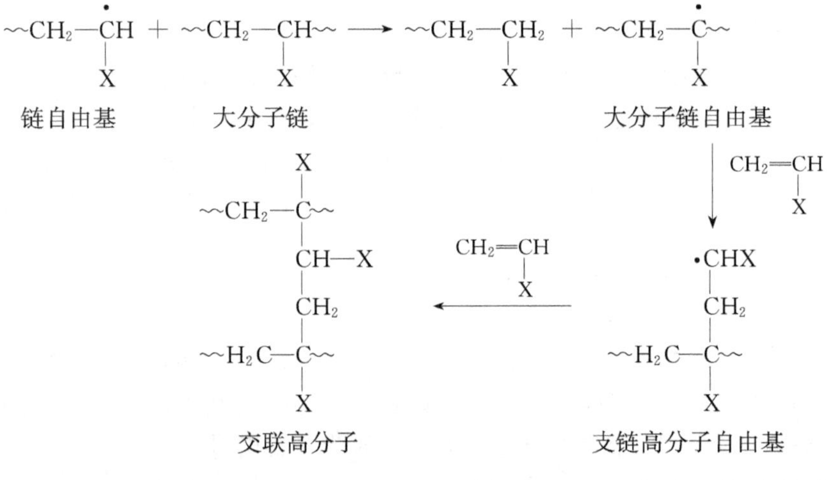

向小分子转移的结果是使聚合物相对分子质量降低,而向大分子转移的结果是形成支链型结构或交联结构的高分子。例如,用作农用薄膜的低密度聚乙烯,其聚合物链上就带有乙基或丁基这样的短支链。

(三) 离子型聚合

离子聚合(ionic polymerization)也属于链式聚合。它的活性中心为离子。根据活性中心的电荷性质,可分为阳离子聚合(cationic polymerization)和阴离子聚合(anionic polymerization)。多数烯烃单体都能进行自由基聚合,但是离子聚合却有极高的选择性。原因是离子聚合对阳离子和阴离子的稳定性要求比较严格。例如，只有带有 1,1-二烷基、烷氧基等强推电子的单体才能进行阳离子聚合；带有腈基、硝基和羰基等强吸电子基团的单体才能进行阴离子聚合。但含有共轭体系的单体，如苯乙烯、丁二烯等，由于所形成的正、负离子都很稳定，故既可进行阳离子聚合，也能进行阴离子聚合。

1. 阳离子聚合

单体在进行阳离子聚合之前，首先需要形成活性阳离子，这个过程称为引发。引发剂一般是强质子酸或强路易斯酸。

能用于阳离子聚合的单体有烯类化合物、羰基化合物、含氧杂环化合物等，其中以烯类化合物居多。例如：

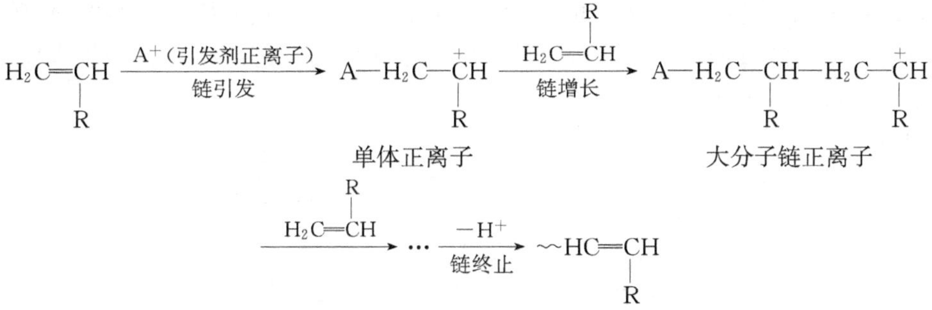

在阳离子聚合中，活性中心离子与负离子形成离子对，增长反应在离子对中进行。溶剂的极性大小影响离子对的松紧程度，从而影响聚合速率。一般情况下，离子对为松对时的聚合速率和聚合度均较大。溶剂的极性越大，松对比例越高，因此聚合速率和聚合度越大。

2. 阴离子聚合

在阴离子聚合反应中，单体首先形成活性负离子，然后再与其他单体分子发生聚合反应。与阳离子聚合不同，阴离子聚合中的活性中心可以是自由离子、离子对，甚至是处于缔合状态的阴离子。

阴离子聚合的单体分子中一般既有吸电子基团，又有 π-π 共轭结构，因此容易进行阴离子聚合。常见的阴离子聚合的单体有丙烯腈、甲基丙烯酸酯、丙烯酸酯、硝基乙烯等。例如：

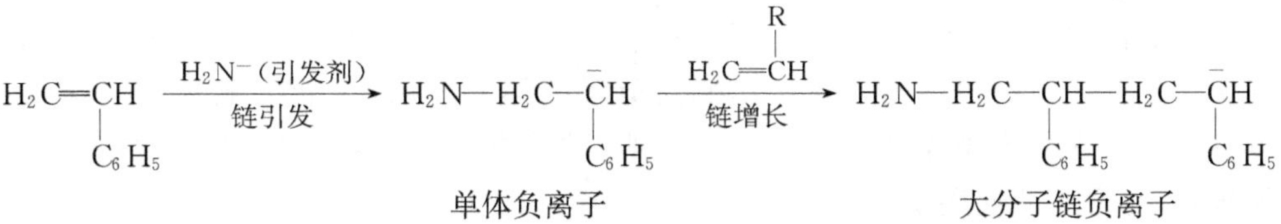

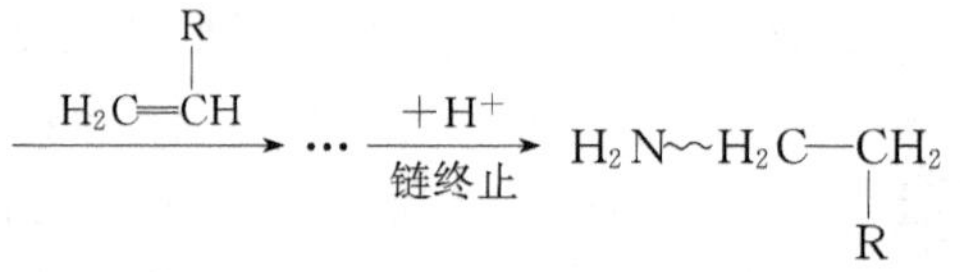

溶剂和反离子性质不同，离子对的松紧程度可以差别很大，影响到单体插入增长的速率。一般而言，活性中心可以处于各种状态，如共价键、紧离子对、松离子对、自由离子等，彼此互相平衡。聚合速率是处于平衡状态的离子对和自由离子共同作用的结果。

（四）配位聚合

配位聚合(coordination polymerization)是指烯类单体的 C═C 双键首先在过渡金属引发剂活性中心上进行配位、活化，随后单体分子相继插入过渡金属-碳键中进行链增长的过程。链增长过程的本质是单体对增长链端络合物的插入反应。链增长反应可表示如下：

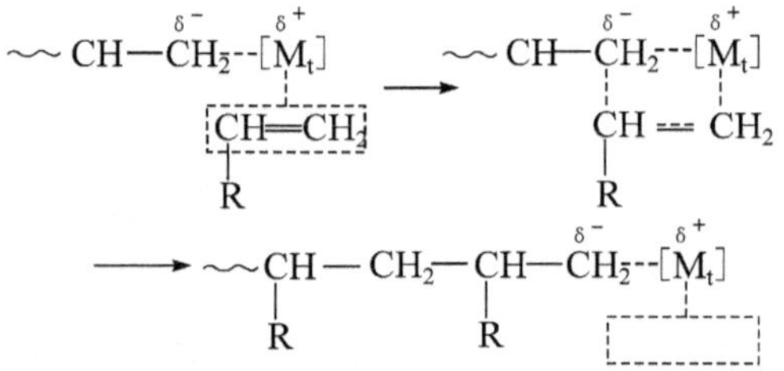

1. 配位聚合的特点及立体规整性

单体首先在过渡金属上配位形成 π 络合物，反应是阴离子性质，而且 α-烯烃的聚合速率随双键上烷基的增大而降低。

$$CH_2{=}CH_2 > CH_2{=}CH{-}CH_3 > CH_2{=}CH{-}CH_2{-}CH_3$$

另外，配位聚合反应较自由基聚合反应有两个突出优点：①反应产物是没有支链的线型结构的高分子；②能控制分子结构的空间构型，得到分子结构规整的聚合物。例如，α-烯烃聚合时得到的大分子链中，每个链节上都有一个手性碳原子。

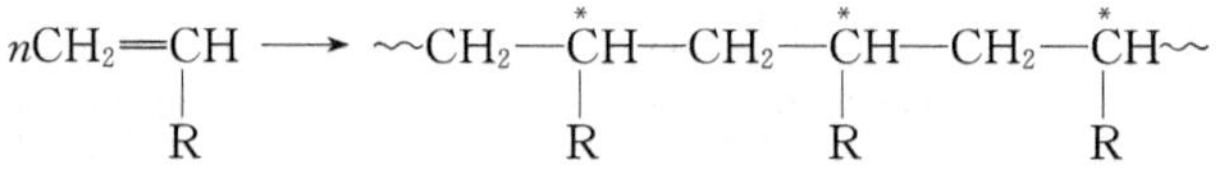

如果手性碳的构型相同，则为全同立构聚合物；若相邻的手性碳的构型相反，而且交替排列，则为间同立构聚合物；若分子链中的手性碳成无规则排列，则为无规聚合物。聚合物的立构规整性影响大分子的结晶能力，进而影响相对密度、熔点、溶解性、强度等物理机械性能。立构规整聚合物在强度或高弹性等性能上优于无规物，有更高的使用价值。

2. 配位聚合的引发剂

金属有机络合物催化剂又称为齐格勒-纳塔催化剂，种类很多，如 $Al(C_2H_5)_3$-$TiCl_4$，$Al(C_2H_5)_2$-VCl_4等。聚合时，单体与聚合物在催化剂上按一定方向结合，称为取向生长(epitaxy)，生成具有规整结构的大分子链。故这类聚合反应又称为定向聚合反应。例如，乙烯在 $Al(C_2H_5)_3$-$TiCl_4$催化下，聚乙烯链可能按如下方式增长，烯链分子与过渡金属原子的 d 轨道发生络合作用，单体分子在金属与烷基之间插入，如此反复进行，生成大分子链。

$Al(C_2H_5)_3$仅起到使 Ti 烷基化的作用：

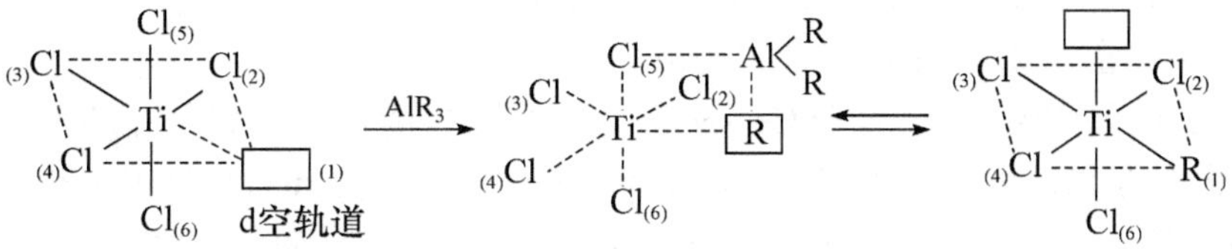

链引发、链增长：

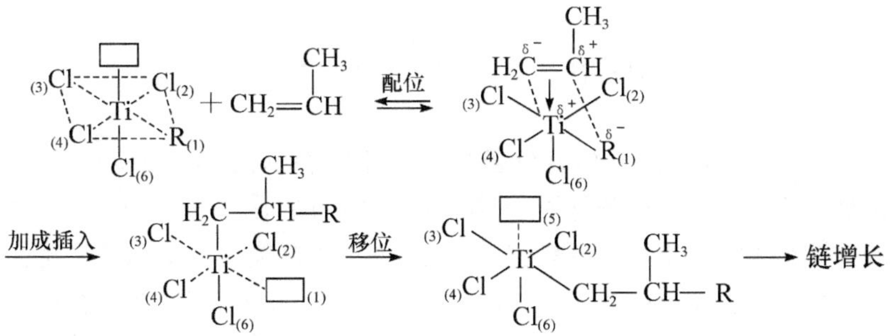

（五）开环聚合

环状单体在引发剂或催化剂作用下形成线型聚合物的过程称为开环聚合。与缩聚反应相比，其聚合过程中无小分子生成；与烯烃加聚相比，其聚合过程中无双键断裂，因此是一类独特的聚合反应。

X 指的是杂原子(如 O，N，S)或官能团(如—CH═CH—)

开环聚合的推动力是环张力的释放。从机理上分析，大部分开环聚合属于连锁机理的离子聚合，小部分属于逐步聚合。可以进行开环聚合的单体包括环醚、环缩醛、环酯、环酰胺、环硅烷等。环氧乙烷、环氧丙烷、己内酰胺、三聚甲醛等的开环聚合都是重要的工业化开环聚合反应。例如，聚己内酰胺可由环酰胺开环聚合而得。

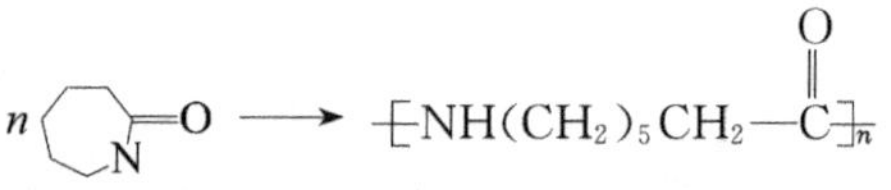

己内酰胺　　　　聚己内酰胺

醚是路易斯碱，故环醚一般可用阳离子引发剂引发开环聚合。但三元环的张力较大，阴、阳离子聚合均可进行。聚醚可由环醚开环聚合而成。例如：

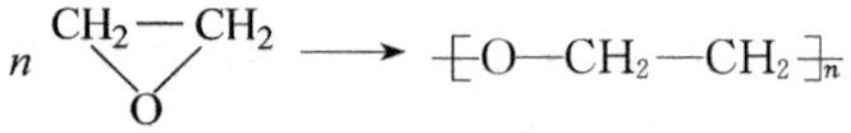

环氧乙烷　　　　聚环氧乙烷

环氧化合物的开环聚合虽有阴离子聚合的性质，但其相对分子质量和转化率随时间逐步增加，又有逐步聚合的特征。

工业上最重要的环醚聚合有环氧乙烷、1,2-环氧丙烷的阴离子开环聚合，3，3′-二(氯甲叉)丁氧环和三聚甲醛的阳离子开环聚合等。三元环氧化物阴离子聚合的引发剂常采用氢氧化物(如 NaOH、KOH 等)、烷氧基化合物(如甲醇钠)。环氧乙烷聚合后再加入环氧丙烷生成嵌段共聚物，是聚醚类表面活性剂的重要品种。

第四节　高分子的应用与发展

近 30 年来，高分子化学与高分子材料工业发展迅猛，功能高分子材料也得到了蓬勃发展。例如，在温和条件下有高度选择能力的化学反应活性，对特定金属离子的选择螯合性，薄膜的选择透气性、透液性和透离子性，其功能性还有催化性、相转移性、光敏性、光致变色性、光导性、导电性、磁性和生物活性等，这些都与高分子材料中具有特殊结构的官能团密切相关。功能高分子的独特性能使其在诸多领域得到了广泛应用，并具有巨大的发展潜力，引起了人们的广泛注意。

功能高分子材料按其功能特性可分为化学功能高分子、物理功能高分子、复合功能高分子和生理功能高分子。下面对各种功能高分子材料的应用与发展做简单介绍。

一、离子交换树脂

离子交换树脂最主要的功能是离子交换，此外，它还具有吸附、催化、脱水等功能。这类高分子化合物的特点是具有交联结构的高分子“骨架”上带有酸性或碱性基团。酸性基团中的质子可以与溶液中其他的阳离子如 K^+、Na^+、Ca^{2+}、Mg^{2+} 等进行交换，故称为阳离子交换树脂。碱性基团在溶液中能解离出阴离子 OH^-，并可与其他阴离子如 PO_4^{3-}、SO_4^{2-}、CO_3^{2-}、CN^-、Cl^-、HCO_3^- 进行交换而结合在树脂上，故称为阴离子交换树脂。

所有的阳离子交换树脂和阴离子交换树脂均可进行中和反应和复分解反应。由于交换功能基团的性质不同，其交换能力有所不同。中性盐反应则仅在强酸型阳离子交换树脂和强碱型阴离子交换树脂的反应中发生。

（一）离子交换树脂的品种

离子交换树脂的品种很多，从高分子“骨架”看，主要有交联聚苯乙烯型和丙烯酸型。从活性基团看，主要有磺酸基型、羧基型、磷酸基型、仲氨基型、叔氨基型和季铵盐型等几类。

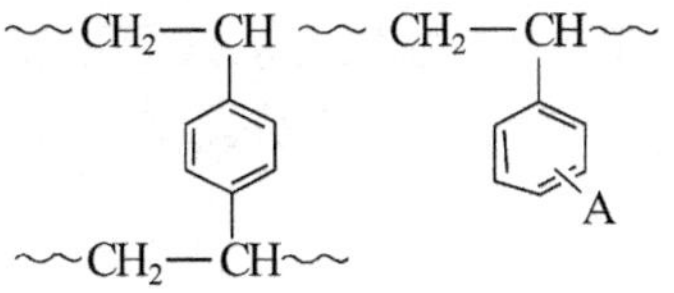

A为—SO_3H，—COOH，—PO_3H，—OH

交联聚苯乙烯型阳离子交换树脂

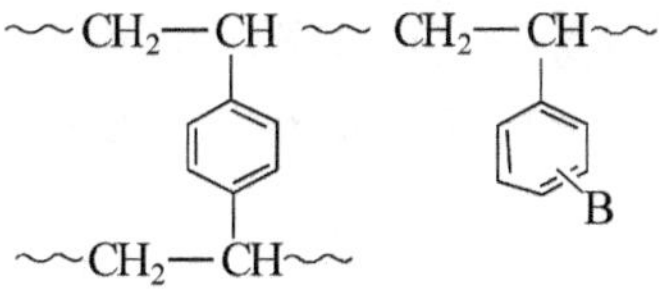

B为—$\overset{+}{N}(CH_3)_3OH$，—NH_2，$>$NH

交联聚苯乙烯型阴离子交换树脂

（二）离子交换树脂的应用

1. 水处理

水处理包括水质的软化、水的脱盐和高纯水的制备等。水处理是离子交换树脂最基本的用途之一。当水经过阳离子交换树脂时，水中的阳离子进入树脂，而树脂中的 H^+ 被交换下来；相反，水经过阴离子树脂时，则阴离子与树脂中的 OH^- 交换，从而得到了纯水。离子交换反应一般是可逆的，当树脂的工作交换量消耗尽时，出水质量就会降低，需用碱（NaOH）和酸（HCl）溶液分别淋洗阴、阳离子交换树脂，使之恢复原样，称为离子交换树脂的再生。

$$RSO_3H + Na^+ \underset{\text{再生}}{\overset{\text{交换}}{\rightleftharpoons}} RSO_3Na + H^+$$

$$RN(CH_3)_3OH + Cl^- \underset{\text{再生}}{\overset{\text{交换}}{\rightleftharpoons}} RN(CH_3)_3Cl + OH^-$$

$$H^+ + OH^- \longrightarrow H_2O$$

2. 冶金工业

离子交换是冶金工业的重要单元操作之一。在铀、钍等超铀元素、稀土金属、重金属、轻金属、贵金属和过渡金属的分离、提纯和回收方面，离子交换树脂均起着十分重要的作用。

离子交换树脂还可用于选矿。在矿浆中加入离子交换树脂可改变矿浆中水的离子组成，使浮选剂更有利于吸附所需要的金属，提高浮选剂的选择性和选矿效率。

3. 原子能工业

离子交换树脂在原子能工业上的应用包括核燃料的分离、提纯、精制、回收等。用离子交换树脂制备高纯水，是核动力用循环、冷却、补给水供应的唯一手段。离子交换树脂还是原子能工业废水去除放射性污染处理的主要方法。

4. 海洋资源利用

利用离子交换树脂，可从许多海洋生物（如海带）中提取碘、溴、镁等重要化工原料。在海洋航行和海岛上，用离子交换树脂以海水制取淡水是十分经济和方便的。

5. 化学工业

离子交换树脂在化学实验、化工生产上已经和蒸馏、结晶、萃取和过滤一样，成为重要的单元操作，普遍用于多种无机、有机化合物的分离、提纯、浓缩和回收等。

离子交换树脂用作化学反应催化剂，可大大提高催化效率，简化后处理操作，避免设备的腐蚀。离子交换树脂的功能基连接上作为试剂的基团后，可以当成有机合成的试剂，称为高分子试剂，用来制备许多新的化合物。这种方法具有控制及分离容易、副产物少、纯度高等特点。目前在有机化合物的酰化、过氧化、溴化、二硫化物的还原、大环化合物的合成、肽链的增长、不对称碳化合物的合成、羟基的氧化等方面都已取得显著的效果。

二、医用高分子材料

人体内部器官随年纪的增加常会发生病变而机能衰退，甚至损坏。近年来，人们先后研制成功一些合成高分子材料，用来修复或替代某些器官，起到很好的效果。这一类高分子称为医用功能高分子。

医用功能高分子必须具有与所修复或代替的人体器官相应的功能。从天灵盖到脚趾骨，从内脏到皮肤，从血液到五官都已有了人工代用品。

例如，聚甲基丙烯酸甲酯（PMMA）、高密度聚乙烯等材料可作人工关节、人工骨、齿科材料、骨骼黏合剂等，具有稳定、不降解、耐物理磨损、有良好的物理机械性能；聚甲基丙烯酸-β-羟乙酯（PHEMA）和聚乙烯吡啶（PVP）等可作人工角膜和软质隐形眼镜的材料，具有良好的透明性、易加工、弹性好、含水量高、透气性好的特点。硅橡胶、聚醚聚氨酯脲（SPEUU）等聚烯烃可作人工心脏的泵体材料。

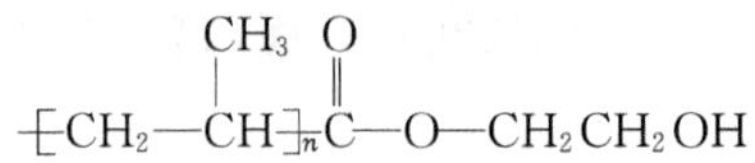

聚甲基丙烯酸-β-羟乙酯（PHEMA）

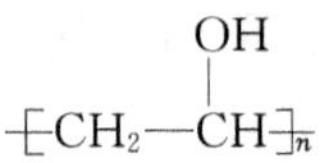

聚乙烯醇

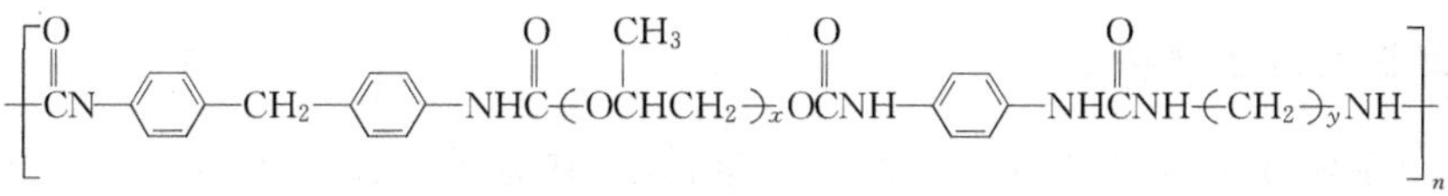

聚醚聚氨酯脲(SPEUU)

现在的药物不论是天然的还是人工合成的，几乎都是小分子化合物。如今，科研人员从药物的“分子设计”出发，已经合成了具有药效的高分子化合物。这些药物毒性小，疗效较高，进入体内能有效地到达患病部位，缓慢释放药物，具有长期疗效。目前合成的高分子药物有两种类型。

一类是以高分子作载体，将小分子药物通过化学键接到高分子链上。例如，阿司匹林与聚乙烯醇进行熔融酯化，其聚合物(i)具有比阿司匹林更长的消炎镇痛、抗血小板凝聚等药效，且降低了对胃的刺激。高分子还可作为药物的载体，如肠溶性高分子甲基丙烯酸甲酯共聚物(ii)作为包衣包裹药剂，可在胃液(pH=1～2)留存3～4h，避免了药物对胃的刺激。

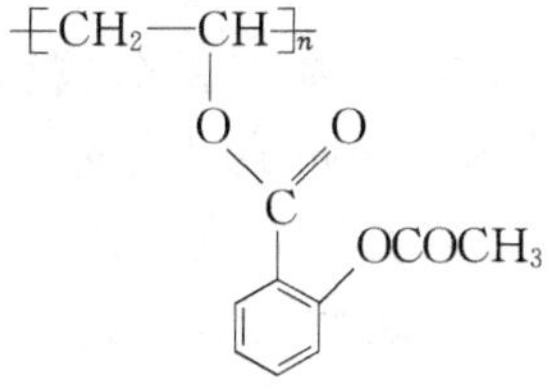

(i)

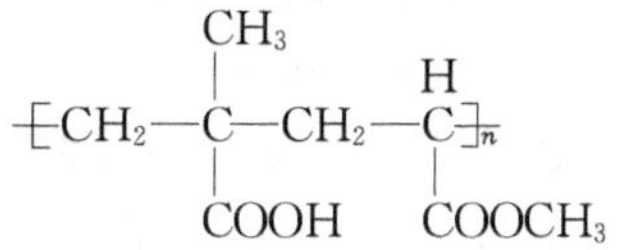

(ii)

另一类即高分子本身就有药物作用。例如，聚乙烯基磺酸钠(iii)具有抗凝作用，对浮肿、斑痕等具有软化和促进吸收作用，用于血栓性静脉炎及褥疮的治疗。

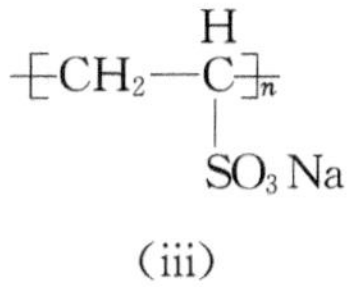

(iii)

由二乙烯基醚与马来酸酐共聚的产物吡喃聚合物(iv)，能抑制很多病毒的繁殖，有持续的抗肿瘤活性，用于治疗白血病、脑炎等疾病。

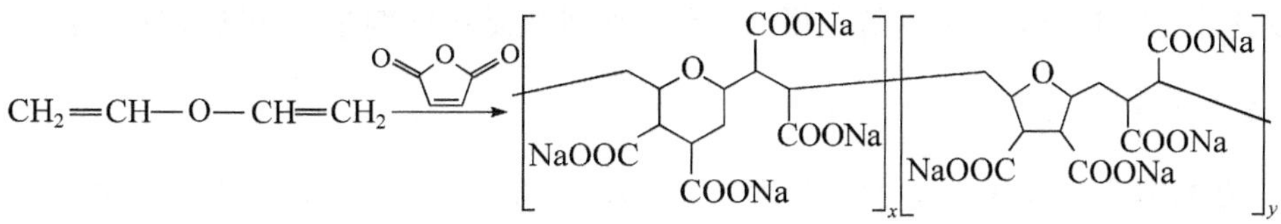

(iv)

三、感光性高分子材料

感光性高分子材料是指在吸收了光能后，能在分子内或分子间产生化学、物理变化的一类功能高分子材料。而且这种变化发生后，材料将输出其特有的功能。从广义上讲，按其输出功能，感光性高分子材料包括光导电材料、光电转换材料、光能储存材料、光记录材料、光致变色材料和光致抗蚀材料等。其中，开发比较成熟并有实用价值的感光性高分子材料主要是指光致抗蚀材料和光致诱蚀材料，产品包括光刻胶、光固化黏合剂、感光油墨、感光涂料等。

（一）光致抗蚀

光致抗蚀是指高分子材料经过光照后，分子结构从线型可溶性转变为网状不可溶性，从而产生了对溶剂的抗蚀能力。而光致诱蚀正相反，当高分子材料受光照辐射后，感光部分发生光分解反应，从而变为可溶性。例如，目前广泛使用的预涂感光版，就是将感光材料树脂预先涂敷在亲水性的基材上制成的。晒印时，树脂若发生光交联反应，则溶剂显像时未曝光的树脂被溶解，感光部分树脂保留了下来；反之，晒印时若发生光分解反应，则曝光部分的树脂分解成可溶解性物质而溶解。

紫外光致抗蚀剂主要有两大类，一是由环化橡胶与双叠氮化合物组成的负性抗蚀剂，光照时反应生成交联的不溶物(v)，二是由线型酚醛树脂与邻醌偶氮化合物组成的正性抗蚀剂，光照时分解生成烯酮使之易溶于碱溶液(vi)。

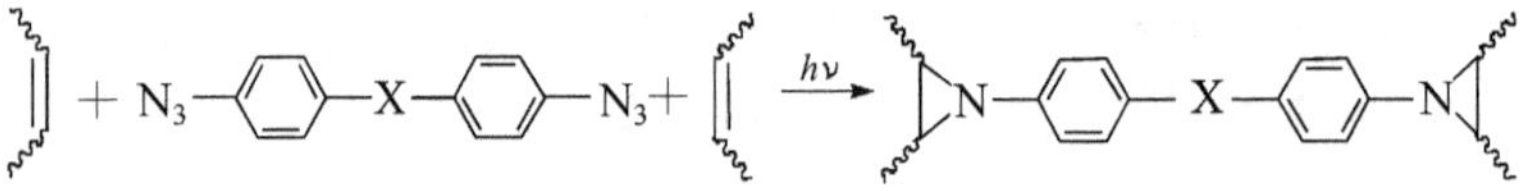

(v)

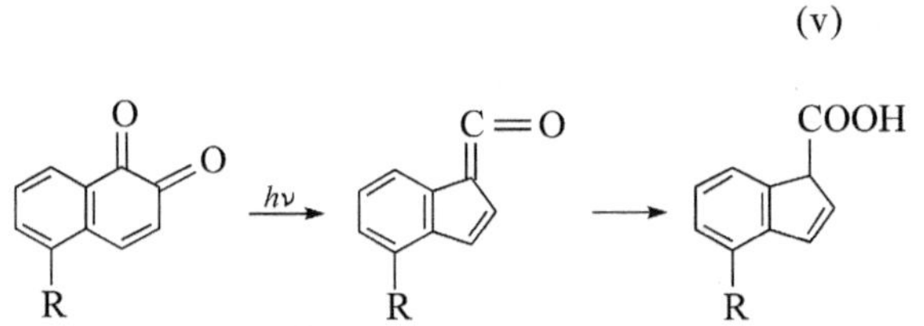

(vi)

紫外光致抗蚀剂主要用于光刻技术上，可制作 2 μm 以下的微细图形。而远紫外线抗蚀剂、电子束抗蚀剂等制得的图形比紫外光致抗蚀剂更小，可达到 0.1 μm。

（二）光降解塑料

塑料是目前发展较快的材料之一，如地膜、棚膜、各种塑料包装材料等。近年来，为了解决塑料不可降解的问题，人们研制了光降解塑料。它主要有两类，一类是共聚性的，就是乙烯与一氧化碳或乙烯酮共聚，共聚物中的羰基遇光分解。

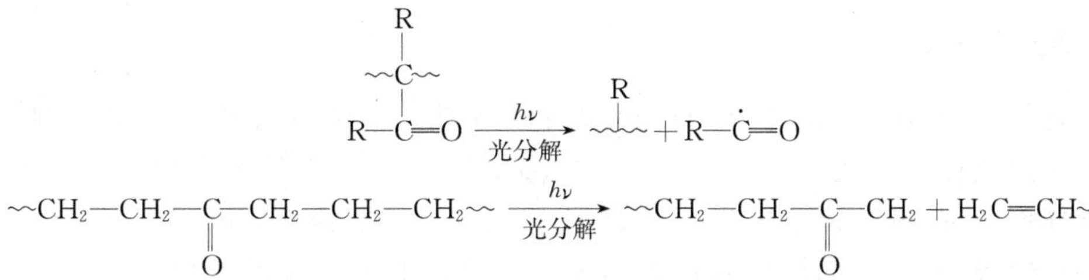

第二类是在聚烯烃中添加光敏剂，如二丁基硫代氨基甲酸铁、二茂铁等，光照下产生能引发聚合物分子降解的自由基，使塑料降解。

四、导电高分子材料

导电高分子材料主要包括聚乙炔 PA，杂环聚合物（聚吡咯 PPy、聚噻吩 PT 等），芳香聚合物（聚苯胺 PAn、聚对苯 PPP 等），不饱和碳氢及芳香族并存的聚合物（如对聚对苯乙炔 PPV）等。这些高分子材料早在 1977 年以前即被合成出来，但到 PA 被发现经掺杂而大幅提高导电度之后，才被广泛研究。各类高分子具有不同的电子结构，其骨骼具有不同光电、导电、电化学等特性，因而有不同的应用方向。例如，将不同功能的基团引入主链及侧链，可调节其光电特性、溶剂溶解性，扩大应用范围。未经掺杂为半导体，掺杂后为导体，除各具有无机半导体及导体类似之特性外，在组件制作时尚有可低温加工、可大面积化、可挠曲等特性，故具有低制作成本及独特组件特性之优点，对电子及信息工业也产生巨大影响。导电高分子材料以其易于成型、加工、耐腐蚀、质量轻等优点越来越受到重视。

五、高吸水性材料

高吸水性树脂又称为超级吸水聚合物，是近年来合成的一种新型材料，它是一种含有强亲水性基团如羧基、羟基、酰胺基和醚基等，并具有一定交联度的高分子材料，不溶于水，也不溶于有机溶剂，但与水接触后在很短的时间内溶胀，可吸收超过自重几百至几千倍的水，同时保水能力强，并可反复使用。

高吸水性树脂可用淀粉、纤维素或合成树脂通过接枝共聚、羧甲基化和树脂交联等方法制备。例如，淀粉-丙烯腈接枝共聚、淀粉-聚丙烯酸钠接枝共聚、纤维素-丙烯腈接枝共聚，聚丙烯酸、聚丙烯腈、聚乙烯醇、聚丙烯酰胺等都可以自身交联制得高吸水性树脂。

高吸水性树脂可用作农、林、园林等的土壤改良剂，将其与土壤混合，可改良土壤的团粒结构，增加透水性和透气性，下雨时它能储存水，干旱时则能释放水，在沙漠防治与绿化方面极具前景；高吸水性树脂作为建筑和光纤电缆的防渗堵漏材料已成功用在英法海底隧道修建中。目前，高吸水性树脂的市场需求量居所有功能高分子材料的首位，发展前景广阔。

六、高分子分离膜

高分子分离膜是用高分子材料制成的具有选择性透过功能的半透性薄膜。采用这样的半透性薄膜，以压力差、温度梯度、浓度梯度或电位差为动力，使气体混合物、液体混合物或有机物、无机物的溶液等得到分离，具有省能、高效和洁净等特点，因而被认为是支撑新技术革命的重大技术。膜分离过程主要有反渗透、超滤、微滤、电渗析、压渗析、气体分离、渗透汽化和液膜分离等。高分子分离膜用来制备分离、渗透汽化和液膜分离等。用来制备分离膜的高分子材料有许多种类，现在用得较多的是聚砜、聚烯烃、纤维素脂类和有机硅等。

推广应用高分子分离膜能获得巨大的经济效益和社会效益。例如，利用离子交换膜电解食盐可减少污染、节约能源；利用反渗透进行海水淡化和脱盐，要比其他方法消耗的能量都小；利用气体分离膜从空气中富集氧，可大大提高氧气回收率等。

七、高分子磁性材料

高分子磁性材料是人类在不断开拓磁与高分子聚合物（合成树脂、橡胶）的新应用领域的同时，而赋予磁与高分子的传统应用以新的涵义和内容的材料之一。早期磁性材料源于天然磁石，以后才利用磁铁矿（铁氧体）烧结或铸造成磁性体，现在工业中常用的磁性材料有 3 种，铁氧体磁铁、稀土类磁铁和铝镍钴合金磁铁等。它们的缺点是既硬且脆，加工性差。为了克服这些缺陷，将磁粉混炼于塑料或橡胶中制成的高分子磁性材料便应运而生了。这样制成的复合型高分子磁性材料，因具有密度小、容易加工成尺寸精度高和复杂形状的制品，还能与其他元件一体成型等特点，越来越受到人们的关注。

习　题

1. 解释下列概念。

   （1）单体　（2）链节　（3）聚合度　（4）玻璃化温度　（5）缩聚反应　（6）配位聚合

2. 橡胶为什么有弹性？低相对分子质量的物质有这种性质吗？为什么？
3. 如何从高聚物的聚集状态区别塑料、橡胶和纤维这三大材料？
4. 为什么缩聚物的相对分子质量往往比加聚物的相对分子质量小？缩聚物的相对分子质量的多分散性比加聚物的多分散性小？
5. 用煤、石灰石、食盐为基本原料合成下列高聚物，用反应式表示。

   （1）聚氯乙烯　　（2）聚丙烯腈（合成羊毛）

功能高分子材料简介

功能高分子材料(functional polymer)是相对于通用高分子材料而言的。通用高分子材料是指应用面广、量大、价格较低的高分子，通常分为五大类：化学纤维、塑料、橡胶、油漆涂料、黏合剂。而功能高分子是指有着特殊性质和用途的高分子。如分离材料(离子交换树脂、分离膜等)、导电高分子、感光高分子、高分子催化剂、高吸水性树脂、医用高分子、药用高分子、高分子液晶等都属于功能高分子。因此，功能高分子是指当有外部刺激时，能通过化学或物理的方法做出相应反应的高分子材料。它有别于高性能高分子，高性能高分子是对外力有特别强的抵抗能力的高分子材料。它们都属于特种高分子材料的范畴。这种高分子材料有特殊物理、力学、化学性质和功能，其性能和特征都大大超出了原有通用高分子材料的范畴。特种高分子和功能高分子是目前高分子学科中发展最快、研究最活跃的新领域。

功能高分子材料的类型，国内一般按其性质、功能或实际用途来分为 8 种类型：①反应型高分子材料，包括高分子试剂、高分子催化剂和高分子染料，特别是高分子固相合成试剂和固定化酶试剂等；②光敏型高分子，包括各种光稳定剂、光刻胶、感光材料、非线型光学材料、光导材料和光致变色材料等；③电性能高分子材料，包括导电聚合物、能量转换型聚合物、电致发光和电致变色材料以及其他电敏感性材料等；④高分子分离材料，包括各种分离膜、缓释膜和其他半透性膜材料、离子交换树脂、高分子螯合剂、高分子絮凝剂等；⑤高分子吸附材料，包括高分子吸附性树脂、高吸水性高分子、高吸油性高分子等；⑥高分子智能材料，包括高分子记忆材料、信息存储材料和光、磁、pH、压力感应材料等；⑦医药用高分子材料，包括医用高分子材料、药用高分子材料和医药用辅助材料等；⑧高性能工程材料，如高分子液晶材料、耐高温高分子材料、高强高模量高分子材料、阻燃性高分子材料和功能纤维材料、生物降解高分子等。

从上面分类和应用可以看出，随着社会发展、生活水平提高和科学技术迅速发展，能源、交通、宇航技术、信息、电子和生命科学等领域的发展，对高分子材料提出了新的要求。既要求高分子材料具有迄今还不曾有过的高性能和高功能，甚至要求既具有高功能也具有高性能的高分子材料。同时随着国际原油价格的飙升，从经济效益来讲也是有必要发展附加值高的功能高分子材料。

特种与功能高分子材料是一门涉及范围广泛、与众多学科相关的新兴边缘学科，内容包括有机化学、无机化学、光学、电学、结构化学、生物化学、电子学甚至医学等，是目前国内外异常活跃的一个研究领域。可以说，特种与功能高分子材料在高分子科学中的地位，相当于精细化工在化工领域内的地位。因此也有人称特种与功能高分子为精细高分子，其内涵指其产品的产量小，产值高，制造工艺复杂。

特种与功能高分子材料之所以能成为国内外材料学科的重要研究热点之一，最主要的原因在于它们具有独特的“性能”和“功能”，可用于替代其他功能材料，并提高或改进其性能，使其成为具有全新性质的功能材料。可以预计，在今后很长时期，特种与功能高分子材料研究将代表着高分子材料发展的主要方向。

主要参考文献

蔡孟深,李中军. 2007. 糖化学. 北京:化学工业出版社

杜灿屏,刘鲁生,张恒. 2002. 21世纪有机化学发展战略. 北京:化学工业出版社

樊杰. 1995. 有机化学习题精解. 北京:北京大学出版社

傅建熙. 2005. 有机化学. 第二版. 北京:高等教育出版社

高鸿宾,任贵忠,王绳武等. 1997. 实用有机化学辞典. 北京:高等教育出版社

高鸿宾. 2004. 有机化学. 第三版. 北京:高等教育出版社

胡宏纹. 2006. 有机化学(上、下册). 第三版. 北京:高等教育出版社

黄培强,靳立人,陈安齐. 2004. 有机合成. 北京:高等教育出版社

黄宪,王彦广,陈根初. 2003. 新编有机合成化学. 北京:化学工业出版社

李东风,李炳奇. 2007. 有机化学. 武汉:华中科技大学出版社

迈斯利克 H,尼卡姆金 H 等. 2002. 有机化学习题精解. 佘远斌等译. 北京:科学出版社

倪沛洲. 2007. 有机化学. 第五版. 北京:人民卫生出版社

荣国斌,苏克曼. 2000. 大学有机化学基础. 上海:华东理工大学出版社

闻韧. 2003. 药物合成反应. 北京:化学工业出版社

吴毓林,麻生明,戴立信. 2005. 现代有机合成化学. 北京:化学工业出版社

谢如刚. 2007. 现代有机合成化学. 上海:华东理工大学出版社

邢其毅,裴伟伟,徐瑞秋等. 2005. 基础有机化学. 第三版. 北京:高等教育出版社

尤田耙. 1993. 手性化合物的现代研究方法. 合肥:中国科学技术大学出版社

袁履冰. 1999. 有机化学. 北京:高等教育出版社

朱玮,马希汉. 1997. 有机化学. 西安:西北工业大学出版社

Bernard M. 2005. 高等有机化学——反应和机理. 吴范宏译. 上海:华东理工大学出版社

McMurry J. 2004. Organic Chemistry. Sixth Edition. Belmont,CA:Thomson Brooks/Cole

Smith M B. 2002. Organic Synthesis. Second Edition. New York:McGraw-Hill

Vollhardt K P,Schore E N. 2006. 有机化学:结构与功能. 第四版. 戴立信,席振峰,王梅祥等译. 北京:化学工业出版社